금융황제 J. P. 모건

J.P. Morgan

그의 삶은
금융의 역사이자
살아있는
경제 교과서이다!

금융 황제 J. P. 모건

진 스트라우스 지음 | 강남규 옮김

이상

금융황제 모건의 긴 그림자

한 시대가 있었다. 올망졸망한 회사들이 주축이던 시기였다. 회사들은 치열하게 경쟁해야 했다. 시장은 적자생존의 원리에 따라 아주 원활하면서도 치열하게 작동했다. 승자는 즐길 수 있었지만 패자는 시장이란 우주에서 퇴출됐다. 경제학자들이 말하는 완전경쟁 시대다. 미국 역사에선 남북전쟁(1861년) 이전이다. 그때 시장엔 리더도 없었고 정부의 간섭도 용납되지 않았다. 투자와 생산은 순전히 개인 판단의 영역이었다. 중복과잉 투자가 빈번할 수밖에 없었다. 자연스럽게 누군가 나서서 합리적으로 경쟁을 제한해주길 바라는 단계에 이르렀다. 바로 독점의 씨앗이 경쟁이란 토양 속에서 싹트기 시작한 셈이다. 이때 '금융 황제' J. P. 모건이 등장했다.

모건이 가진 힘의 원천은 금융이었다. 미국 경제 규모와 함께 커진 거대한 금융(신용) 시스템이 바로 그의 무대였고 권력의 원천이었다. 은행, 채권·주식 시장 메커니즘을 활용해 경쟁이 낳은 자원 낭비와 이익률 하락을 해결하기 시작했다. 거대 트러스트(독점 기업)의 구축이다. 그의 손을 거쳐 '철강 공룡' U. S. 스틸이 탄생했고 '해운 왕국' IMM이 출현했다. 한 마디로 모건은 독점 금융자본 시대의 개척자였다. 막강한 자금 동원 능력을 바탕으로 경쟁에 매몰돼 있던 산업자본을 묶어 독점 기업으로 만들었다.

회사의 성격이 바뀌기 시작했다. 전통적인 회사 주인은 그가 주도한 거대 기업에선 종이쪽지(주식이나 채권)의 보유자로 왜소해졌다. 대신 전문 경영자라는 새로운 존재가 탄생했다. 이른바 소유와 경영의 분리가 시작됐다. 개인 재산 성격이 뚜렷한 회사가 모건의 손을 거치며 사회적 자산 성격(사회성)이 강한 기업으로 바뀌었다. 이는 또 다른 변화의 시작이었다. 미국인들이 기업의 행태에 민감하게 반응하기 시작했다. 그럴 수밖에 없기도 했다. 기업이 거대해질수록 일반 미국인은 왜소해졌다. 빈부격차, 소외, 박탈은 분노를 낳고, 분노는 정치적 갈등으로 번졌다.

모건은 분노의 원흉이었다. 그가 죽음 직전까지 의회 청문회 증인석에 서야 했던 까닭이다. 후손들은 겉으론 부정하지만 1912년 미 하원의 푸조위원회가 벌인 금융 트러스트 청문회, 다른 위원회가 벌인 정치자금 청문회가 그를 죽음으로 이끈 중요한 요인이라는 점은 역사적 사실이다. 그가 설립한 거대 기업이 사회·정치적 갈등을 거쳐 끝내 그의 목숨을 앗아간 셈이다. 사회주의 이론가 카를 마르크스가 말한 '거대 기업의 사회성'이 낳은 후폭풍이다.

역사의 유사성은 시대와 장소를 초월해 드러난다고 했던가. 모건을 죽음으로 몰고 간 후폭풍이 2017년 한국에서도 불고 있다. 이재용 삼성그룹 부회장이 뇌물 제공 혐의로 구속됐다. 그가 쥔 빈약한 지분과는 달리 삼성그룹 자체는 사회성이 더욱 커졌다. 이 부회장의 할아버지와 아버지가 모건처럼 현대 금융 시스템을 활용해 막대한 자본을 조달해 거대한 기업을 구성한 탓이다. 이 부회장은 기업의 커진 사회성을 부정하고 그룹을 사유재산으로 계속 유지하기 위해 상속 트릭을 구사하다 결국 감옥으로 가는 차에 올라야 했다.

이처럼 '금융황제' J. P. 모건은 막강한 미국의 현대 경제가 어떻게 탄생했고 현재 우리나라가 어떤 교훈을 얻을 수 있는지 보여주는 경제 교본이다. 한 부호의 성공담이나 교훈으로 가득한 진부한 전기는 아니다. 경쟁이 독점 체제로 바뀌는 시대의 투자자와 경영자의 행태가 생생하게 드러난다. 사회 구성원의 분노 속에서 기업과 정치 권력이 각자 생존과 이익을 위해 어떻게 움직였는지도 보여준다. 정경유착, 로비, 국제정치, 음모, 여론조작 등 경제 권력이 돈을 매개로 할 수 있는 모든 행태가 숨김없이 공개된다. 또 워크아웃(기업 구조조정)과 금산분리의 역사적 기원도 이 책을 통해 알 수 있다. 한 마디로 이 책은 지극히 추상화한 모델로 가득한 경제 교재가 아니라 돈을 둘러싼 모든 변수가 유기적으로 통합돼 있는 경제서인 셈이다. 덕분에 금융과 경제사를 조금이나마 공부해온 옮긴이가 이 책을 번역하면서 어떤 주류 경제학 교재보다 경제를 더 많이 알 수 있게 되었다.

중세엔 영주 등의 주변에서 예술과 사랑, 스캔들이 요동했다면 자본주의 시대엔 자본가 주변에 예술과 사랑, 스캔들이 소용돌이를 일으킨다. 모건은 미국 경제의 전환기에 활동한 메디치였다. 그를 중심으로 예술과 고고학이 발흥했고 러브 스캔들이 만개했다. 그의 사후 긴 세월이 흐른 만큼 후손이 부끄러움을 초월해서인지 그의 사생활은 담담한 수묵화처럼 책 속에 펼쳐진다. 이 또한 전기를 읽는 즐거움이리라.

번역을 마칠 때마다 마음을 무겁게 하는 한 마디가 늘 떠오른다. '오역의 책임은 모두 옮긴이에게 있습니다'라는 말이다.

존 피어폰트(J. P. 모건: John Pierpont Morgan)는 1913년 일흔 다섯의 나이로 숨을 거뒀다. 그때까지 그는 세계에서 가장 막강한 영향력을 발휘한 투자 은행가였다. 거대한 철도 네트워크와 독점적 기업 결합(Trust)을 창조했다. 막대한 부가 유럽에서 미국으로 이동하는 일을 주도했다. 미국에 중앙은행이 없던 시대에는 금융시장의 감독자였으며 사실상 마지막 대부자(Lender of Last Resort, 중앙은행)였다.

J. P. 모건은 미국이라는 나라가 거대한 농업 국가에서 근대적 산업 국가로 변신하는 데 크게 기여했다. 건국의 아버지들인 토머스 제퍼슨(Thomas Jefferson)과 알렉산더 해밀턴(Alexander Hamilton) 이후 이어진 국가 정체성에 관한 정치투쟁에 뛰어들기도 했다.

누구나 갖고 싶어 하는 지위와 영역을 차지한 사람은 정치적 공격에 노출될 수밖에 없다. J. P. 모건도 마찬가지였다. 그는 우파한테서는 '경제 진보를 이끌어낸 영웅'으로 추앙받았다. 좌파한테서는 '자본주의 탐욕의 화신'으로 공격받았다. 그가 숨을 거둔 지 100여 년이 흐른 지금에도 그에 대한 추앙과 비판이 씨실과 날실처럼 여전히 교차하고 있다.

왜 그럴까. J. P. 모건의 뛰어난 전기작가인 프레드릭 루이스 앨런(Fredrick Lewis Allen)은 그 이유로 몇 가지를 든다. J. P. 모건이라는 과묵한 인간 자체에 대한 부족한 기록, 자료 대부분이 무미건조한 금융 보고서인 점, 모호하기 짝이 없는 역사적 사실, 찬반 양 진영의 감정적인 주장 등이다. 앨런은 1949년 "그가 남긴 전설과 에피소드는 수없이 많지만, 대부분은 믿기지 않는다… 증거라고 할 만한 자료도 찬양 일색이거나 아니면 비난 일색"이라고 지적했다.

실제 J. P. 모건의 추앙자인 예일대학의 한 교수는 1908년 명예박사 학위를 모건에게 수여하면서 그를 알렉산더 대왕과 견주었다. 더 나아가 "더 많은 능력을 타고난 사람은 더 많은 역할을 요구받으며, 인간은 더 큰 임무를 스스로 떠안은 사람에게 더 많이 요구한다"며 J. P. 모건이 더 강한 힘을 갖기를 기원했다. 베르티 찰스 포브스(Bertie Charles Forbes: 경제주간지 〈포브스〉의 창간인)는 구약성경을 살짝 바꿔 J. P. 모건을 '신세계의 금융 모세'라고 상찬하기도 했다.

J. P. 모건의 사위인 허버트 새터리(Herbert Satterlee)는 장인의 동의를 받아 전기를 썼다. 귀중한 자료를 수집했지만, 분석하지 않았다. 그의 공적·사적 삶에 관한 수많은 자료를 방치했다. 새터리는 장인에게 쏟아지는 비판에 대응하기 위해 그의 애국심과 크리스마스 파티에서 보여준 쾌활한 모습을 강조하는 데 힘을 쏟았다. 그 바람에 에피소드들의 생명력을 앗아버렸다.

비판 진영은 J. P. 모건에게 악마 이미지를 덧씌웠다. 위스콘신 출신 공화당 상원의원인 로버트 W. 라 폴레트(Robert W. La Follette)는 1910년 J. P. 모건이 "돼지처럼 살찌고 목이 한아름이나 되며 얼굴은 불그스레하다"고 묘사했다. 또 "그는 부와 권력에 취한 금융시장의 골목대장"이라며 "증권시장과 기업의 이사회, 사법부, 행정부는 말할 것도 없고 국가들마저 쥐락펴락하고 있다"고 독설을 퍼부었다.

J. P. 모건은 1930년대 존 도스 패서스(John Dos Passos)의 소설에서 "도박판 월스트리트의 바람잡이 두목"으로 등장한다. 그 두목은 "쥐새끼처럼 눈은 작고 황소처럼 목이 굵으며 걸핏하면 핏대 올리는" 존재다. 사람 앞에 불쑥 나타

나 등쳐먹을 거 없나 위아래를 훑어보는 인물로도 악명 높다.

매튜 조셉슨(Mathew Josephson)은 역사서 《악덕 자본가Robber Barron》(1934년)에서 "(J. P. 모건은) 아주 오만하고 무례하기 짝이 없으며, 외톨이고 독선적일 뿐만 아니라… 원하는 것을 가져다주지 않은 하인들에게 음식과 옷을 집어 던지는 인물"로 그렸다.

작가 E. L. 닥터로우(Doctorow)가 1979년에 발표한 소설 《래그타임Ragtime》에서 J. P. 모건은 "6척 장신에 흰 머리카락이 듬성듬성한 큰 머리를 가지고 있고, 흰 콧수염과 정신병적인 고집쟁이임을 말해주는 강렬하고 꼬장꼬장한 눈빛을 한 억센 놈"으로 등장한다.

출판사 랜덤하우스의 편집자인 제이슨 엡스타인(Jason Epstein)이 1980년 내게 J. P. 모건 전기를 써보라고 강력히 권했다. 그때 나는 J. P. 모건의 전설과 에피소드를 재해석할 수 있는 새로운 자료들이 발견돼야만 그에 대해 다시 이야기할 만하다고 생각했다.

다행히 나는 뉴욕의 피어폰트 모건 도서관에 그의 어릴 적 일기와 교재, 성인 시절의 편지·전보, 비즈니스 서신 뭉치, 수백 장의 사진, 엄청난 분량의 예술품 구매목록 등이 뒤섞여 잠자고 있다는 사실을 알게 되었다. 그때까지 그 자료를 본 사람은 한두 명뿐이었다. J. P. 모건의 사위 새터리는 선별적으로 그 자료들을 읽고 활용했다. 전기작가 앨런도 일부를 활용해 300쪽짜리 책으로 J. P. 모건을 훌륭하게 스케치하기는 했지만 그의 전모를 그리진 못했다.

J. P. 모건 전기를 권유 받고 몇 년이 흐른 뒤 나는 영국 런던의 투자은행 모건 그렌펠(Grenfell) 문서보관소에서 귀중한 개인 소유의 문서와 대서양 양쪽에서 발행된 책을 발견했다. 이 책은 내가 J. P. 모건의 자료를 분석하고 있던 순간에 발간된 금융 역사서 세 권이었다. 바로 J. P. 모건이 숨을 거둔 1913년까지 금융회사 J. P. 모건의 금융거래를 학술적으로 훌륭하게 분석해낸 빈센트

그라소(Vincent Grasso)의 《더 모건The Morgan》과, 투자은행 J. P. 모건의 창립부터 1980년까지를 읽기 쉽게 정리한 론 처노우(Ron Chernow)의 《금융제국 J. P. 모건The House of Morgan》, 영국 금융회사인 모건 그렌펠의 1838~1988년 역사를 간추려 놓은 캐스린 버크(Kathleen Burk)의 《모건 그렌펠》이다.

나름대로 확보한 자료들을 이용해 나는 마침내 J. P. 모건 전기를 쓰기 시작했다. 그런데 초고를 절반쯤 마쳤을 때다. 순간 원고가 전혀 쓸모없다는 생각이 들었다. 몇 달 뒤 그 이유를 알아챘다. 처음엔 J. P. 모건의 숭배자들보다 비판 세력의 주장이 내게는 더욱 설득력 있게 들렸다. 비판자들의 글솜씨가 더 뛰어났다. 또 평범한 사람들이 미국의 '악덕 자본가 시대'에 대해 가지고 있는 생각을 더 잘 반영했다. 게다가 J. P. 모건에 대해 적대감을 품고 있어 비판가들의 이야기엔 힘이 넘쳐흘렀다. 반면, 옹호자들은 수세적이었고, J. P. 모건을 치켜세우는 데 여념이 없었다.

나는 '도박판 월스트리트의 바람잡이 대장'이 '정신병적인 고집으로 전 미국의 경제를 쥐락펴락했던 모건'을 조금이나마 완곡하게 비판한 자료를 간절히 원하고 있었다. 하지만 그 소망은 이뤄지지 않았다. 그때까지 수집한 증거는 내가 머릿속에 그리고 있던 그림과는 전혀 어울리지 않았다. 솔직히 말해 그 순간 나는 증거가 무엇을 의미하는지도 제대로 이해하지 못하고 있었다.

예를 들어, 매튜 조셉슨은 《악덕 자본가》에서 J. P. 모건이 "잔인하고 고삐 풀린 망나니처럼 날뛰어 수천 명을 파산의 늪으로 밀어넣고 그 여파가 전 세계 금융 중심지까지 퍼져갔던 1901년 주가폭락(패닉)을 일으킨 뒤 자신을 인터뷰하려는 멍청한 기자들과 악당에게 독설을 퍼붓고 죽이겠다고 협박했다"고 했다. 또 기자가 고통 받는 시민들에게 한 마디 해야 하는 것 아니냐고 말하자 "난 시민들에게 잘못한 게 없어!"하고 응수했다. 이 기록은 대부분 픽션이다.

반면 진실을 살펴보면, 당시 기업 사냥꾼들은 J. P. 모건이 프랑스에 머물고 있는 틈을 타 노던 퍼시픽 철도의 주식을 매집해 경영권을 장악하려고 시도했다. J. P. 모건의 파트너들은 급전을 띄워 그들의 공격을 모건에게 알린 뒤 아직 남아 있는 노던 퍼시픽 철도의 주식을 모두 사들여 버렸다. 순식간에 주가가 급등했다.

이때 제3의 세력이 끼어들었다. 모건-기업 사냥꾼 매집을 엿보고 있던 투기 세력들이었다. 이들은 노던 퍼시픽 주식을 공매도(보유하고 있지도 않은 주식을 팔아놓고 주가가 떨어지면 싸게 사서 넘겨주고 목돈을 챙기려는 매매)하기 시작했다. 급등한 주가가 조만간 떨어질 것으로 예상했기 때문이다. 공매도 세력이 판 주식을 산 쪽은 J. P. 모건의 파트너들과 기업 사냥꾼들이었다.

운명의 날이 다가왔다. 공매도꾼들이 주식을 넘겨주기로 한 날이다. 하지만 시장엔 노던 퍼시픽 주식을 파는 사람이 없었다. 주가는 떨어지지 않았다. 이때만 해도 결제일에 주식을 건네주지 않으면 감옥에 가야 했다. 공매도 세력은 두려움에 허겁지겁 주식 매수에 나섰다. 그 바람에 주가는 더욱 뛰었다. 순식간에 146달러 수준에서 1,000달러까지 솟구쳤다.

공매도 세력이 화수분은 아니었다. 터무니없이 치솟은 노던 퍼시픽 주식을 사기 위해선 다른 주식을 팔아 자금을 마련해야 했다. 그들의 덤핑으로 결국 증권시장은 붕괴했다. 문제의 1901년 패닉이 시작되었다.

프랑스에 머물고 있던 J. P. 모건은 패닉 때문에 수천 명이 파산할 수밖에 없음을 잘 알았다. 서둘러 진화에 나섰다. 파트너들과 기업 사냥꾼들에게 급전을 띄워 공매도 세력한테서 주식을 넘겨받는 일을 늦추도록 했다. 동시에 양쪽이 이미 보유한 노던 퍼시픽 철도의 주식을 공매도 세력들에게 150달러 선에서 팔아 결제할 수 있도록 했다.

J. P. 모건의 진화작전으로 패닉은 한풀 꺾였다. 그제서야 그는 런던으로 이동했다. 이후 얼마 지나지 않아 시장의 패닉은 가라앉았다. 조셉 말대로, J. P.

모건이 "나는 공공의 의무(시장 안정)를 지고 있지 않다"고 일갈했던 사람이라면, 그때 시장 안정에 뛰어들었을까?

조셉은 "루이스 코리(Lewis Corey)가 비판적으로 쓴 J. P. 모건의 자서전 《금융 제국 모건(1930)》을 인용했다"고 밝혔다. 그런데 코리는 조셉 퓰리처(Joseph Pulitzer)가 쓴 1901년 5월 11일치 〈월드World〉의 기사를 인용했다.

그때 퓰리처의 〈월드〉는 대중의 관심을 차지하기 위해 랜돌프 허스트(Randolph Hearst)의 〈저널Journal〉과 치열하게 경쟁하고 있었다. 이런 〈월드〉는 J. P. 모건이 파리에 도착했고 패닉을 진정시키기 위해 24시간 일한 사실을 '모건, 노던 퍼시픽 혈투에서 승리 & 주가 반등'이라는 제목의 기사로 전했다.

J. P. 모건은 "상황을 제대로 알지 못하고 있다"는 이유를 들어 〈월드〉지 기자의 인터뷰 요청을 거부했다. 그리고 몇 시간이 흐른 뒤 모건은 "상황이 조금 좋아졌다"고 〈월드〉 기자들에게 말한다.

하루 뒤인 5월 12일 〈월드〉는 "J. P. 모건이 인터뷰하려는 멍청이들과 악당들에게 독설을 퍼부었다"고 보도하지 않았다. 대신 J. P. 모건이 자신의 경고를 무시하고 공황을 유발해 결국 파산의 구렁텅이 빠진 세력들을 바보와 멍청이라고 불렀다고 전했다.

〈월드〉는 J. P. 모건이 다급했던 그날 파리에서 어떻게 보냈는지도 자세히 스케치한다. 그는 새벽 3시까지 일한 뒤 아침 7시에 다시 일어나 블로뉴 숲(Bois de Boulogne)까지 마차를 타고 움직였다. 그가 숲 속의 한 벤치에 앉아 생각에 빠져든 순간 〈월드〉의 기자가 접근해 다시 인터뷰를 요구했다. 그러나 "그 거물은 죽여버리겠다고 위협한 뒤 마차로 들어가며, '지금 인터뷰할 수 없다. 내일 런던으로 떠난다'고만 했다"고 〈월드〉는 전했다.

기사 내용은 파리에서 있었던 일이 분명하다. 그런데 기사는 런던발로 돼 있다. 도대체 누가 파리에서 J. P. 모건을 만났다는 말인가? 또 다른 기자가 있었다는 이야기인가? 기자의 상상으로 창작한 소설인가?

사실을 추적해보면, 〈월드〉지 기자는 그때 "어제 오늘 다시 오라고 하셨습니다"고 말하며 J. P. 모건에게 다가선다. 그 기자는 J. P. 모건이 패닉을 일으켰다는 비판을 받고 있음을 지적하며, 시민들에게 한 마디 해야 하는 것 아니냐고 말한다. 이때 J. P. 모건은 "나는 시민들에게 잘못한 일이 없소!"라고 말했다. 사실이 이런데도 대공황시기였던 1930년대 이후 역사가들은 대부분 거두절미하거나, 사실을 왜곡한 조셉슨의 글을 사실처럼 인용하고 있다.

J. P. 모건은 부유한 집안에서 태어났다. 노블리스 오블리제(Noblesse Oblige)를 제대로 인식했던 인물이었다. 비범한 목적도 가지고 있었다. 그가 돈만을 목적으로 했다면 더 많은 부를 축적할 수 있었다. 그는 다른 부잣집 자녀들과는 달리 한평생 일에 열과 성의를 다했다.

J. P. 모건은 재산의 절반을 예술에 쏟아부었다. 이렇게 수집한 예술품 컬렉션에 대해서도 추앙과 비판이 교차하고 있다. 독일에서 교육받은 학자 윌리엄 발렌티너(William Valentiner)는 J. P. 모건을 "내가 만난 예술품 소장자 가운데 가장 중요한 사람"이라고 높이 평가한 반면, 영국 비평가이면서 큐레이터인 로저 프라이(Roger Fry)는 "좋게 말하면 역사에 대한 천박한 상상력이 그의 유일한 결점이고, 그렇지 않다면 그는 예술을 전혀 모르는 사람"이라고 잘라 말했다.

J. P. 모건의 외모마저도 에피소드의 소재가 되었다. 그는 코 주변이 딱딱해지고 거칠어지는 피부병을 앓고 있었다. 그 병 탓에 50대에 그의 코는 쫘리처럼 변해버렸다. 어느 날 파트너인 드와이트 머로(Dwight Morrow)의 부인이 차 한 잔을 대접하기 위해 J. P. 모건을 초대했다. 그녀는 J. P. 모건이라는 거물에게 딸 앤(Anne)을 인사시키고 싶어 했다.

그녀는 몇 주 동안 딸에게 거물의 방문을 열심히 설명하며 어떻게 인사하고 행동해야 하는지를 가르쳤다. 절대로 J. P. 모건의 코를 "뚫어지게 봐서도, 코에 대해 뭐라고 해서도 안 된다"고 딸에게 단단히 일렀다. 또 돌발 사건을 막기 위해 인사를 마치자마자 즉시 방으로 돌아가라고 딸에게 지시하기까지 했다.

마침내 그날이 왔다. J. P. 모건과 머로 부인은 거실 소파에 앉아 찻잔을 기울였다. 딸 앤이 들어와 "안녕하세요!"라고 인사했다. 앤은 그의 코를 응시하지도 않았고, 코에 대해 한 마디도 하지 않았다. 인사를 마치자마자 방으로 총총 사라졌다. 딸이 머로 부인의 지시를 잘 따른 것이다. 순간 머로 부인은 안도의 한숨을 슬며시 내쉬었다. 긴장의 고삐를 내려놓으며 묻는다. "모건 씨, 각설탕 한두 개를 코에 넣으시겠습니까?"

머로 부인의 말실수 이후 무슨 일이 벌어졌을까? 드와이트 머로는 투자은행 J. P. 모건을 떠나야 한 것으로 소문났다. 그는 J. P. 모건이 죽기 전까지 복직할 수 없었던 걸로 알려져 있다. 나는 이게 사실인지 아닌지를 머로 부인의 딸 앤 머로 린드버그(Lindbergh)에게 확인해보았다. 그녀는 내게 보낸 편지에서 "그 황당한 에피소드에는 진실이라곤 눈곱만큼도 없지만, 그 이야기가 너무 재미있어 앞으로도 많은 사람들의 입에 오르내리겠다"고 말했다. 이처럼 사실을 하나씩 확인하면서 내 머릿속에는 J. P. 모건의 모습이 명료해졌다. 나는 J. P. 모건의 에피소드가 지니고 있는 힘을 실감하기 시작했다.

전기 작가뿐만 아니라 그의 친구들마저도 J. P. 모건을 파악하기 힘들다고 한다. J. P. 모건의 영국 파트너인 에드워드 C. 그렌펠(Edward C. Grenfell)은 1906년 "J. P. 모건은 말 걸기가 불가능한 사람"이라며 "그가 가장 가까이 다가와 하는 것이라고는 무뚝뚝한 한 마디"라고 말했다. 실제로 J. P. 모건은 퉁명스럽고 나서지 않은 인물이었다. 아주 내성적이어서, 목소리가 또렷한 사람도 아니었다.

J. P. 모건의 가치관은 일관적이지 않았다. 그가 어떤 일을 결정한 뒤엔 이유나 배경 등을 설명하지도 않았다. 본래 투자 은행가는 고객의 비밀을 엄격하게 지켜야 한다. 그렇다고 그가 한 치의 빈틈도 허용치 않는 철저한 비밀주의

자는 아니었다. 비밀을 비교적 잘 지킨 사람이었다.

그가 시카고에서 자신을 기념하는 디너파티에 참석한 어느 날, 〈시카고 트리뷴〉은 '돈이 말할 뿐 J. P. 모건은 말하지 않는다'는 제목의 기사를 내보냈다. 실제 그의 서재 벽난로 위에는 프로방스 격언으로 '많이 생각하고 적게 말하되, 절대 기록하지 말라!'는 금언이 적힌 흰색 액자를 달아 놓았다.

J. P. 모건은 '인간이란 어떤 일을 할 때 두 가지 동기를 갖는데, 첫째는 선한 동기이고, 둘째는 진짜 동기이다'는 금언을 늘 마음속에 새기고 다녔다고 한다. 그의 행동에서는 그 두 가지 동기가 일치했다.

그는 "왜 철도회사들을 인수합병하고 한 보험회사의 경영권을 장악했는가?'라는 물음에 대해 "해야 할 일이었기 때문"이란 간명한 말로 자신감을 보여 묻는 이들의 말문을 막아 버리곤 했다. 이런 의미에서 J. P. 모건은 "진정한 행동주의자"였다. 이 말은 애초 헨리 애덤스(Henry Adams)가 시어도어 루스벨트(Theodore Roosevelt)를 두고 한 말이다.

J. P. 모건은 상당한 모순덩이로 보인다. 그는 태생적으로 보수주의자였다. 전통을 아주 존중했다. 하지만 혈통이나 유산보다는 후천적인 업적을 중시했다. 새로운 방식을 기꺼이 받아들였다. 그는 연하의 파트너들보다 오래 살았고 더 많이 일했지만, 늘 건강을 염려하기도 했다. 사교적이었지만 수줍음이 많았다. 심사숙고하기도 했지만 즉흥적이기도 했다. 아낌없이 돈을 썼으면서도 검소했다. 순박하면서도 치밀하기도 했다. 권위적이면서도 유연했다. 감정을 절제하면서도 다분히 감성적이기도 했다.

J. P. 모건은 상당한 분량의 육성 녹음을 남겨두었다. 지금까지 전기 작가들이 발굴하지 못한 것들이다. 미국 대통령, 유럽 정치가, 미학 전문가, 비즈니스 파트너, 아버지, 성직자, 내과의사 등이 그를 증언하는 기록을 남겼다. 이들 외에도 아들, 첫째와 두 번째 부인, 그가 특별히 사랑했던 딸, 그에게 유달리 반항

적이었던 딸, 분별없기로 유명한 도서관 사서인 벨 다 코스타 그린(Belle da Costa Greene) 등 수많은 사람들이 그를 기억하고 기록을 남겼거나 증언해주었다. 또 아흔 살이 넘은 한 여성과 그녀의 가족들은 J. P. 모건을 잘 알았다. 그녀는 J. P. 모건이 방에 들어설 때 느낌을 내게 말해주었다.

"순간 전기에 감전된 느낌이었어요. 그의 덩치가 거대하지는 않았지만, 거대한 느낌을 받았다오. 왕처럼 보였어요. 맞아! 왕이었어!"

미국 매사추세츠의 성공회 주교인 윌리엄 로런스(William Lawrence)는 J. P. 모건이 방문했을 때 "마치 돌풍이 집 전체를 감싸고 부는 듯했다"고 말했다. J. P. 모건의 도서관 사서인 벨 그린은 '두목'이 "넋을 빼놓는 사람이었다"며 "모건이 내 캐릭터를 좋아한다고 말하곤 했지만, 내가 그를 떠나야 하는 순간에는 내쳐진 느낌이 들었다"고 말했다.

투자은행가 그렌펠은 1906년 "모건이 가장 가까이 다가와 하는 일이라고는 무뚝뚝한 한 마디"라며 J. P. 모건의 말투를 흉보았다. 하지만 3년 뒤에는 그의 다른 면모를 발견한다. 그렌펠은 1909년 친구에게 보낸 편지에서 J. P. 모건의 여러 얼굴을 소개한다.

"사람들이 모건에 대해 알고 있는 것들은 진실과는 상당한 거리가 있다. 그는 딱딱지도 않고 그렇다고 교활하게 사근거리지도 않는다. 겉보기에 강한 인상을 갖고 있지만 상당히 수줍어하고 말수도 적어 무뚝뚝한 사람으로 비친다… 그는 중대한 실수를 범해왔고, 치밀하게 계획을 세웠어도 소인배나 치졸한 무리 탓에 넘어지거나 공격당할 수 있는 위험을 무릅썼다… 그가 너무나 독특한 탓에 단점마저 매력적으로 느껴진다."

J. P. 모건은 근대 자본주의의 정점에 이른 인물이었다. 하지만 자유 시장을 전적으로 신뢰하지는 않았다. 그는 성인이 된 이후 투기세력에게 시장의 규율을 인식시키고 시장의 파괴적인 힘을 적절히 조절해 '이머징 마켓인 미국 경제'

를 안정시키려고 노력했다.

미국은 1차 세계대전이 시작된 1914년까지 순채무 국가였다. J. P. 모건은 원시적인 금융 시스템을 근대화하도록 워싱턴 정치인들에게 강력히 촉구했다. 동시에 개인적인 힘으로 달러 가치를 안정시키는 책임을 다했다. 치열하게 경쟁하는 철도기업 오너와 철강회사 총수뿐만 아니라 노동자·경영인 등 서로 갈등하는 이해 당사자를 자신의 권위를 활용해 협상 테이블로 끌어냈다. J. P. 모건은 도시 빈민을 위해 일하는 활동가와 저명한 노동 운동가들을 조용히 후원했다. 그들을 동료 자본가처럼 존중했다.

J. P. 모건은 많은 희생자를 양산했다. 강한 달러를 지지하는 바람에 농민들의 피해가 컸다. 그들은 화폐 가치가 높아지는 만큼 추락하는 밀 값에 신음해야 했고, 실질적으로 늘어나는 이자 부담에 허덕일 수밖에 없었다. 많은 미국인들은 1900년 독점자본의 출현에 전율했다. 그때 J. P. 모건은 정파적 이익에서 자유로운 인물은 아니었다. 독립 이후 오랜 세월 이어진 미국의 정체성에 대한 투쟁에서 수십억 달러를 투자하고 있던 사람들을 대표하는 인물이었다. 그러나 그는 미국을 번영으로 이끌고 있다고 스스로 확신했다. 개인과 공공의 이익을 따로 생각하지 않은 자본가였다.

영국 파트너 그렌펠이 말했듯이 그는 큰 실수를 범했고, 독특한 단점을 지니고 있었다. 그가 산업화에 따른 사회적 비용을 인식했더라면, 많은 현대인들이 애정어린 시각으로 그를 보았을 것이다. 자신의 처지를 제대로 설명할 줄 아는 사람이었다면, 나 같은 전기 작가에게 수월한 인물로 비쳐졌을 것이다. 불행히도 전기 작가들은 이런 가정법을 좋아해서는 안 되는 군상들이다.

미국의 역사에서 거대 자본가들이 19세기 말 정치적으로 힘을 거머쥐었지만, 그들의 등장을 어떻게 서술하고 설명해야 하는지를 두고 벌어진 투쟁의 승자는 민중주의자·혁신주의자, 그리고 이들과 사상을 공유하는 지식인들이었다.

민중주의자 등은 역사 인식과 사상의 투쟁에서 승리했다. 이들은 농민과 노동자의 고혈을 짜 제 주머니를 불린 무자비한 포식자로 J. P. 모건을 덧칠했다. 덕분에 오늘을 살아가는 우리는 대부분 그때 농민과 노동자의 편이 되었다. 그 대가로 J. P. 모건이라는 인물의 다른 면을 보지 못하고 있다. 민주적 전통이 정의롭지 못한 부작용을 낳은 셈이다.

다행히 많은 사람들이 세상사의 다면성을 이해하고 있다. J. P. 모건 시대 거대 자본의 비판가인 링컨 스테펀스(Lincoln Steffens), 아이더 타벨(Ida Tarbell), 시어도어 루스벨트는 자본가들이 엄청난 괴물이 되었다는 점을 인식하기는 했다. 하지만 그들의 비판이 시민들의 일반적인 시각으로 확산되지는 않았다.

스테펀스의 지적 전통을 이은 월터 리프먼(Walter Lippmann)은 1914년 추문을 폭로하는 행위만으로는 시민의 짜증만을 초래한다는 점을 간파한다. "성공을 숭배하기로 악명 높은 나라가 성공한 자를 야만적으로 대하지 않을 것"이라고 지적했다. 리프먼은 음모론의 맹신도 비판한다. "거대 자본과 무자비한 그 수족들이 이면에서 뭔가를 했다는 음모론과 비밀작전 논리가, 경제적 변화로 삶의 양식이 송두리째 변한 사람들 사이에서 크게 흥미를 끌고 있다"고 그는 질타했다. 또 "인간 삶의 모든 픽션은 치밀하고 사악한 지성 탓이다. 전지전능한 인물로 분칠해진 J. P. 모건과 록펠러(Rockfeller) 같은 인물은 차가운 이성이 단 10분 동안만 회복되면 원시적인 신화로 바뀐다"고도 했다.

한 세기 이상 흐른 지금 새로운 증거들이 발굴되고 있다. 담담하게 과거 역사를 지켜볼 만큼 시간도 흘렀다. 이제 J. P. 모건의 인생과 비즈니스를 좀 더 사실적으로 살펴볼 수 있게 되었다. 그의 인생 궤적이 남긴 이슈들이 냉정한 토론의 화두가 되고 있다. 시간이 흐른 만큼 상황도 많이 바뀌었다. 시장은 글로벌화했다. J. P. 모건 시대에는 미국이 이머징 마켓이었지만, 지금은 아시아가 신흥시장이다. 금융감독 당국이 날카로운 눈초리로 지켜보고 있는 기업은 철도회사나 U. S. 스틸이 아니라 마이크로소프트(MS)와 인텔이다.

요즘 많은 난제들이 있다. 중앙은행가가 경기변동을 효과적으로 다룰 수 있을까? 경제 위기 국면에서 어떤 기업과 나라가 구제금융을 받아야 할까? 반대로 어떤 기업과 나라가 무너지도록 내버려 둬야 하는가? 인플레이션을 어떻게 관리해야 가장 좋은가? 경쟁은 자연스럽게 독점으로 이어지는가? 거대 기업은 본래 나쁜가? 부유한 사회와 경제적 불평등은 어떻게 상쇄될 수 있을까? 정부는 언제 어떻게 시장에 개입해야 하는가?

우리가 오늘날 안고 있는 경제적 현안과 관련이 있는 이런 질문에 답을 내놓아야 하는 책임을 지고 있는 조직은 재무부, 법무부, 연방준비제도이사회, 증권거래위원회, 공정거래위원회, 주요 7개국(G7), 국제통화기금(IMF), 세계은행 등이다. 그러나 19세기 말에는 J. P. 모건이라는 인물이 주로 그 물음에 답을 내놓았다. 그 결과는 누구나 알고 있듯이 늘 복합적이고 논쟁거리가 되었다.

CONTENTS

PART 3

PART 4

전기 작가가 관심 가질 만한 인물 가운데 일반 시민의 기억과 기록상의 이미지들이 나폴레옹만큼 큰 차이를 보인 사람은 없었다. 어떤 역사가는 그를 극찬하고 추앙했다. 반면 다른 역사가는 그를 무자비하게 비판했다. 불행하게도 우리는 서로 상반된 시각과 내용으로 가득한 기록에 의지해 그의 삶을 판단하고 평가해야만 한다.

— 존 피어폰트 모건이 고등학교 시절인 1854년 나폴레옹에 대해 쓴 에세이에서

J. P. 모건(가운데)이 의회의 푸조(Pujo)위원회가 연
청문회에 참석하기 위해 딸 루이자(Louisa)와 아들 J.
P. 모건 2세와 함께 워싱턴에 도착하고 있다.
(출처: 뉴욕 피어폰트 모건 도서관)

자본과 트러스트

J. P. 모건이 의회에 모습을 드러냈다. 의원들은 조용히 한 참고인의 증언을 듣던 중이었다. 순간 모건의 등장으로 회의장이 놀라움에 술렁였다. 그가 의회에 나타난 시각은 1912년 12월 푸근한 수요일 오후 2시였다. 의회가 출석 요구를 하기는 했다. 하지만 스타 증언자가 직접 나타나리라고는 예상하지 못했다. 정치인·변호사·언론인뿐만 아니라 의회를 찾은 일반 시민들이 그의 등장 순간 일을 멈췄다.

청문회의 모든 사람의 눈이 일흔 다섯 살의 은행가와 그의 일행이 청문회장 가운데 있는 자리에 앉는 순간까지 그들의 궤적을 좇았다. 딸 루이자는 늘 그렇듯이 아버지 곁을 지키며 걸었다. 아들 J. P. 모건 2세(잭 모건)가 몇 걸음 뒤에서 보좌하듯 움직였다. 이들의 뒤에는 모건의 젊은 파트너인 토머스 W. 라몬트(Thomas W. Lamont)와 헨리 P. 데이비슨(Henry P. Davison), 이들의 부인, 변호사 몇 명이 따랐다.

모건 부자는 먼 거리에서 보면 무척 닮아 보인다. 두 사람 모두 6척 장신이고, 90킬로그램이 넘는 육중한 몸매였다. 최고급 체스터필드 코트를 손에 걸치고, 연한 붉은색과 갈색 빛을 내는 마호가니 지팡이를 들고 있다.

가까운 곳에서 서 있는 사람들의 눈에 두 사람은 하나같이 얼굴이 넓어 보였다. 다만 아들 잭 모건의 머리카락 색이 더 검고, 외모는 더 깔끔해 보였다.

그의 눈썹은 웃자라 이마에 둥근 아치가 있는 듯했다. 사람들은 지방세포가 지나치게 커져 꽈리가 돼버린 모건의 코를 감히 정면으로 바라보기 주저했다. 눈빛도 오랫동안 응시하지 못했다. 청문회에 앞서 몇 년 전 그의 사진을 찍은 적이 있던 에드워드 스타이컨(Edward Steichen)은 그의 눈빛이 마치 빠르게 돌진해오는 고속 기차의 헤드라이트 같았다고 말했다.

뉴욕 사람들(모건 일행)이 청문회장에 자리 잡고 앉았다. 먼저 증언하고 있던 통계학자 필립 스커더(Philip Scudder)가 말을 이어간다. 그는 현장에 있는 모건을 아랑곳하지 않는 듯 그의 이름을 몇 차례 입에 올렸다. 스커더는 도표·그림, 통계수치를 이용해 거대 금융회사 18곳이 금융자산 250억 달러를 어떻게 장악하고 있는지를 설명한다. 250억 달러! 이는 1912년의 미국 국민총생산(GNP)의 3분의 2에 해당하는 거액이다. 그때 달러 가치를 현재 수준으로 정확하게 환산할 수 있는 길은 없다. 소비자물가지수와 인플레이션을 감안해 조정한 추정치로 환산할 수 있을 뿐이다. 그때 250억 달러는 1990년대 가치로 3,750억 달러쯤이다. 좀 더 실감나게 비교한다면, 1998년 미국 GNP의 3분의 2가 5조 달러였다. 250억 달러가 1912년 GNP 가운데 3분의 2를 차지한다는 점을 감안하면 쉽게 이해할 수 있으리라.

모건은 푸조 위원회가 연 청문회에 소환됐다. 위원회는 루이지애나 출신인 아센 푸조(Arsene Pujo)의 이름을 딴 것이다. 그는 하원의 금융통화위원회 위원장이었다. 그는 1912년 독점 금융독점자본(Money Trust)이 미국의 주요 기업, 철도산업, 보험회사, 증권시장, 은행 등을 사실상 장악하고 있다는 주장을 입증하려는 중이었다.

위원회 조사는 타이밍이 절묘했다. 미국인들 사이에 20년 넘게 지속되고 있던 거대 기업에 대한 적대감이 절정에 이른 순간이었다. 이 적대감의 뿌리를 좇다 보면 식민지 시절 미국까지 거슬러 간다. 적대감은 1912년 절정에 이르렀

다. 결국 맹렬하게 진행되던 금융회사의 인수합병을 지휘한 '월스트리트 나폴레
옹'이라고 불리는 거물이 소환장을 받고 의회까지 출두하는 사태에 이르렀다.

모건이 그해 월스트리트를 걷는 것만으로도 증권시장에서는 투기가 벌어졌
다. 그는 월스트리트에 모습을 드러낼 수가 없었다. 대서양 횡단보다 더 어려
울 정도였다. 그런데 그해 12월 18일(수요일) 청문회 출석은 조용하게 이뤄졌다.
일정이 갑자기 바뀐 탓이었다.

푸조 위원회의 조사 책임자는 새뮤얼 언터마이어(Samuel Untermyer)였다. 그
는 하루 전인 17일 오전 모건의 사무실에 전화를 걸어 본래 출석하기로 돼 있
던 18일에는 심문할 수 없다고 말했다. 대신 목요일인 19일에 출석할 것을 통
보했다. 모건은 아랑곳하지 않았다. 그는 17일 워싱턴행 전용 열차에 몸을 실
었다. 그 수행진은 화려했다. 그중 한 명이 당대 최고의 기업 변호사인 조셉 하
지스 초트(Joseph Hodges Choate)였다. 그는 영국 주재 미국대사를 지냈고, 뉴욕
변호사협회의 전 회장이었었다.

전직 상원의원인 존 C. 스푸너(John C. Spooner)도 모건을 따라 나섰다. 그는
위스콘신의 유명한 철도회사 변호사 출신이다. 여기에다 변호사 리처드 V. 린
더버리(Richard V. Lindabury)도 함께했다. 이 인물은 미국 정부가 모건이 창조한
당대 최대 트러스트(기업 결합체)인 U. S. 스틸을 반독점법 위반 혐의로 기소했
을 때 모건 쪽 변호사였다.

그 밖에도 뉴욕 전 지방검사인 드 랜시 니콜(De Lancy Nicoll), 뉴욕 부지사 윌
리엄 F. 쉬언(William F. Sheehan), 뉴욕 로펌인 화이트 앤 케이스(White & Case)의
대표 변호사인 조지 B. 케이스(George B. Case), 투자은행 'J. P. 모건의 법무부'로
불리는 스테츤, 제닝스 앤 러셀(Stetson, Jennings & Russell)의 대표 변호사인 프랜시
스 린드 스테츤(Francis Lynde Stetson) 등이 모건을 수행했다. 흥미로운 사실은 이
들 누구도 모건의 의회 증언을 도와줄 수 없었다는 점이다. 그들은 사실상 정

치적 병풍 효과만을 낼 수 있었다.

모건 일행은 17일 저녁 일찍 워싱턴에 도착해 펜실베이니아 애비뉴 14번지에 있는 빌러드 호텔(Willard Hotel)로 직행했다. 그날 모건은 우울했고 짜증스러워했다. 지독한 감기에 시달리고 있기도 했다. 그는 저녁을 마친 뒤 심한 피로감을 느껴 변호사와 더 이상 이야기할 수 없었다. 대신 그는 늦은 시각까지 특별 주문한 쿠바산 시거 페드로 뮤리어스(Pedro Murias)를 피우며 혼자서 하는 카드게임을 즐겼다.

그때 모건은 청문회와 관련된 모든 게 싫었다. 그는 오랜 기간 자신이 믿을 만하다고 여긴 정치인들과 함께 일했다. 금융 전문가들이 스스로 국가의 최고 이익을 위해 알아서 일하도록 국가가 내버려 두면 미국 시장은 더욱 번성할 것이라고 그는 믿었다. 정부와 언론 모두 그를 내버려두지 않았다. 정작 무엇이 국가의 최고 이익인지에 대해서는 어느 누구도 모건의 말에 귀 기울이지 않았다. 그는 사업가의 지갑은 유리지갑이어야 한다고 말하곤 했다. 푸조 위원회는 이미 투명하게 보이는 모건의 유리지갑 속으로 들어가 모든 것을 들춰내는 과정을 통해 정치적 이익을 얻으려 했다.

모건이 금융산업을 자신에게 맡겨두어야 한다고 주장하는 데는 나름대로 근거가 있었다. 미국이 경제적 미숙아에서 반세기 정도만에 당대 세계에서 가장 탄탄한 산업국가로 바뀌는 데 투자은행 J. P. 모건이 크게 기여했기 때문이다.

미국은 1850년대 필요한 자본을 스스로 조달할 수 없었다. 자본 축적이 돼 있지 않았다. 이때 모건 사단은 유럽에서 막대한 자금을 조달했다. 이 돈으로 거대한 철도 네트워크를 구축했고, 정부의 채권을 매입했다. 20세기 벽두에 이르러 모건은 미국 내 자본을 활용해 U. S. 스틸 같은 거대한 독점 기업을 창조했다. 한 걸음 더 나아가 세계 금융 중심을 영국 런던에서 미국으로 뉴욕으로 이동시켰다.

미국이 신흥시장에 지나지 않았을 때 투자는 엄청난 리스크를 자초하는 일이었다. 그만큼 수익이 높기는 했지만. 투자자들은 모건이 인수·유통한 주식과 채권에 투자할 때 그의 이름을 보증과 동의어로 여길 정도였다.

월스트리트에 '돈은 이윤을 좇는다'는 격언이 있다. 투자은행 J. P. 모건은 격언대로 수익이 꾸준하고 성장이 오랜 기간 이어질 수 있는 기업이나 사업에 금융을 지원해 명성을 얻었다. 모건은 자본의 소유자와 사용자 사이에서 중개자로 활동하면서 동시에 금융 감독자 역할도 했다. 이때 모건의 고객은 주로 외국인이었다. 그들은 모건을 믿고 철도·철강·발전, 농기계 산업 등에 투자했다. 모건은 이들 기업이 위기에 봉착하면 직접 뛰어들어 경영자를 해고하고 재무구조를 개선시켰다. 이를 위해 관리인을 선임해 기업이 제대로 굴러갈 때까지 감독하도록 했다. 그는 국제적으로 경쟁력을 갖춘 금융과 산업 구조를 구축했다. 그의 영향력은 금고에서 나오는 게 아니었다. 업적에서 나왔다. 이 업적 덕분에 다른 금융회사와 기업들이 그를 신뢰했다.

월스트리트의 또 하나의 격언은 '시장은 불확실성을 싫어한다'는 말이다. 모건의 인생은 전쟁, 패닉, 시장붕괴, 공황 등으로 점철되어 있었다. 전쟁 등 불확실성은 자본이 '미래'에 투자되는 데 걸림돌이 된다. 그는 스스로 '미래'의 바람막이가 됐을 뿐만 아니라, 제멋대로 요동치며 진행돼온 미국 경제발전 과정에서 질서를 세우고 유지하는 임무를 수행하기도 했다.

그는 미국 철도산업을 새롭게 개편했다. 그의 철도산업 구조개편은 이른바 '모건화(Morganization)'로 불렸다. 또 그는 세계 최초로 자본금이 수십억 달러에 이르는 U. S. 스틸을 구축했을 뿐만 아니라 한때 미국 기업의 상징이었던 인터내셔널 하베스터(International Harvester)와 제너럴 일렉트릭(General Electric)을 세우는 데도 참여했다. 그는 경쟁하는 기업의 이해관계를 조정해 거대하고 안정적인 시스템을 만들어내는 게 되풀이되는 붐과 파열, 가격 전쟁, 자원 낭비, 투기적 광란보다도 좋다는 자신의 원칙에 따라 U. S. 스틸 등 독점 기업을 만들었다. '월스트리트 나폴레옹'은 완전 경쟁보다는 관리된 경쟁을 적극적으로 주장했다. 경쟁 관리는 정부의 관료 조직이 아니라 복잡한 금융 메커니즘을 이해하고 다룰 줄 아는 전문가, 달리 말하면 모건 자신이 해야 한다고 생각했다.

금융시장은 신비롭다. 이런 금융시장에서 금융가가 대서양을 넘나들며 활동할 수 있고, 정확한 정보를 확보할 수 있으며, 신뢰의 지킴이로 구실할 수 있으면, 놀라운 영향력을 발휘할 수 있었다. 실제로 1912년 모건의 지휘 아래 뉴욕의 메이저 금융회사들이 사실상 중앙은행으로 구실했다.

미국 중앙은행은 설립과 폐지를 되풀이했다. 알렉산더 해밀턴이 독립과 함께 설립한 미합중국은행(The Bank of United States)은 금융을 혐오한 앤드류 잭슨(Andrew Jackson) 대통령의 결정으로 모건이 태어나기 직전인 1830년대에 폐지됐다.

흥미롭게도 해밀턴의 정치적·이념적 라이벌인 토머스 제퍼슨-앤드류 잭슨의 정치적 계승자라고 할 수 있는 우드로 윌슨(Woodrow Wilson)이 모건이 숨을 거둔 해인 1913년 연방준비제도(Fed)를 세웠다. 이때까지 70여 년 동안 미국에는 화폐의 공급과 마지막 대부자 구실을 하는 중앙은행이 존재하지 않았다. 금융시장이 극심한 통증을 보이며 요동하는 공황과 패닉에 대처하기 위한 연방정부 차원의 프로세스도 마련되어 있지 않았다. 그 시절엔 농업이 주력 산업이었다. 1861년 남북전쟁 이전엔 신대륙 미국이 하나의 시장으로 통합되지도 않았다. 금융 시스템 자체가 아주 원시적이었다.

중앙은행이 존재하지 않고, 은행 시스템 자체도 낙후된 상황에서 1895년 금이 해외로 대거 유출되는 사건(자본유출)이 발생했다. 모건은 6,500만 달러어치의 금을 마련해 재무부 금고에 예치함으로써 금융 위기를 수습했다. 1907년 금융위기가 발생했을 때도 뉴욕 거물 은행가들을 동원해 진화에 나섰다. 특히

1907년 금융위기 진화는 그가 국가적인 영웅으로 떠오르는 계기였다. 그가 월스트리트를 걸어 내려갈 때 시민들이 환호성을 올렸고, 정치인들도 경외심을 갖고 그의 위기 진화를 칭송했다.

그러나 이런 환영은 오래가지 못했다. 얼마 지나지 않아 한 금융인이 엄청난 영향력을 행사한 사실 자체가 시민들의 두려움을 자아냈다. 부의 집중에 대한 미국인들의 전통적인 거부감이 되살아났다. 비판 세력은 그가 금융시장 구제 작전을 벌인 대가로 막대한 이익을 거둬들였다고 공격했다. 심지어 자산 가격이 헐값으로 떨어졌을 때 사들이기 위해 위기를 의도적으로 유발했다고 비난하기도 했다.

미국인들은 1907년 공황을 계기로 시민의 금융적 복지를 한 개인에게 맡겨 둬서는 안 된다고 생각하기 시작했다. 독점적 금융자본에 대응하기 위해 정부 차원의 금융위원회가 조직되었고, 이는 나중에 연방준비제도로 발전한다.

J. P. 모건이 빌러드 호텔에서 카드게임을 몇 판 하는 동안 의회에 출두하는 문제 외에도 몇 가지 문제가 그의 마음속에 자리 잡고 있었다. 그는 뉴욕의 메트로폴리탄 예술박물관의 이사회 의장으로서 발굴 계획을 지휘하기 위해 1913년 1월 이집트로 여행할 예정이었다.

이집트를 여행하는 동안 모건은 이집트 나일강 상류 테베지역의 데르 엘-바흐리(Deir el-Bahri)에 있는 발굴 사무소를 방문할 계획이었다. 이어 그가 자금을 지원한 로마의 아메리칸 아카데미의 신축 빌딩을 살펴본 뒤 배를 타고 프랑스 남부의 액스레뱅(Aix-les-Bains)으로 향할 계획이다.

모건은 단 9개월만 1년치 일을 모두 할 수 있다고 말하곤 했다. 그만큼 건강에는 자신감을 가지고 있었다는 의미이다. 하지만 그는 자주 우울증과 신경쇠약에 시달려, 주기적으로 해외로 나가 온천욕을 즐기며 기분을 전환해왔다. 그가 해마다 프랑스 액스레벵에 가는 까닭은 바로 온천욕이었다.

그의 아내도 음울한 기분에 시달리기는 했지만, 그와 함께 온천욕을 가는 경우는 거의 없었다. 두 사람의 결혼 생활은 법률적인 관계였다. 오래전부터 사실상 끝난 관계였다. 모건은 여름이면 아내를 몇 달씩 유럽에 보냈다. 운전기사가 딸린 차를 제공했고 딸 하나와 유급 도우미를 함께 보냈다.

아내가 유럽에서 돌아올 때쯤이면 모건이 나갔다. 그는 애인을 비롯해 해외에 수십 명의 친구와 만나기로 약속한다. 실제로 그녀가 1912년 12월 집에 돌아가기 위해 대서양 위에 있을 때 모건은 해외에 가기 위해 준비하고 있었다. 더욱이 모건의 관심이 비즈니스가 아니라 예술에 집중됨에 따라 유럽에 머무는 시간은 더욱 길어졌다.

1901년 인수건과 관련해 영국 파트너인 클린턴 도킨스(Clinton Dawkins)는 서둘러 모건의 암호명인 '뉴욕회사'에 서둘러 전보를 날렸다. "저희가 미리 알려드릴 수는 없지만, 저는 플리치(Flitch: 모건의 암호명)가 올해 말에 내셔널 갤러리를 인수하지 않기를 바랍니다."

이듬해인 1902년 '플리치'는 런던에서 영국왕 에드워드 7세와 런던에서 저녁을 같이 하고 독일 빌헬름(Wilhelm) 황제를 키일(Kiel) 항구에 있는 요트 코르세어(Corsair)에 초대해 대접하고 있었다. 이때 도킨스는 "저희는 그를 보지 못하고 있습니다. 그를 붙잡아 두기가 어렵습니다. 그는 왕들이나 카이저와 오찬을 함께 하거나, 라파엘(Raphael) 그림을 매입하는 데 시간 대부분을 쓰고 있습니다."

라파엘 그림은 '콜로나 마돈나(Colonna Madonna)'를 의미한다. 그 그림은 1912년 메트로폴리탄 박물관에서 모건이 런던에서 보낸 뛰어난 예술작품들과 함께 전시될 예정이었다.

미국에서 처음으로 그때 전시된 그림들은 렘브란트(Rembrant)의 '니콜래스 루츠의 초상화(Nicolaes Ruts)', 얀 베르메르(Jan Vermeer)의 '편지 쓰는 아가씨(A Lady's Writings)', 게인스보로(Gainsborough)의 '데번셔 공작부인(Duchess of Devonshire)', 로런스(Lawrence)의 '미스 파렌(Miss Farren)', 터너(Turner), 반 다이크(Van Dyke), 레이놀스(Reynolds), 장-밥티스트 그뤼즈(Jean-Baptiste Greuze) 등의 작품 등이었다.

모건이 런던에 특별한 방까지 마련해 전시하고 있던 장 오노레 프라고나르(Jean Honor Fragonard)의 '사랑의 진화(The Progress of Love)'는 방을 마련하지 못해 메트로폴리탄 박물관에 전시되지 못하고 있었다.

그는 1912년 12월 피에졸레(Fiesole)의 빌라 알레산드리(Villa Alessandri) 교회당에서 필리포 리피(Filippo Lippi)의 작품으로 알려진 '네 명의 성자와 함께 즉위하는 마리아(Madonna Enthroned with Four Saints)'를 20만 달러에 구입하기 위해 작업하고 있었다.

모건은 이처럼 예술 애호가로서 엄청난 작품을 매입해 미국의 예술품 포트폴리오를 늘렸다. 그의 예술품 포트폴리오에는 명화만 있는 게 아니었다. 유명한 작가의 조각품·도자기, 궁정 가구, 청동작품, 보석, 시계, 상아, 동전, 갑옷, 조상, 17세기 독일의 금속 공예품, 구텐베르크 인쇄기로 찍은 성경, 카롤링거 왕조의 금, 희귀 도서, 유명한 작가의 육필 원고, 중세 유물함, 프랑스 리모주 도자기, 고딕 양식의 브와제리(Boiserie), 중국 도자기, 고대 바빌론시대 유물, 아시리아시대의 부조, 프레스코화 등이 포함되어 있다.

그가 예술품 매입에 1912년까지 쏟아부은 돈은 6,000만 달러였는데, 이를 1990년대 가치로 따져보면 9억 달러 수준이다. 그가 예술품 매입을 위해 포기한 것까지 포함할 경우 그 투자 규모는 더욱 불어난다.

그런데 모건 사후에 예술품을 어떻게 처리할지는 1912년까지도 분명하게 정해지지 않았다. 뉴욕 메트로폴리탄 박물관은 모건의 기증을 받았지만, 그가 조건으로 내세운 별도 전시관 건립은 이뤄지지 않고 있었다. 뉴욕 시정부도 별도 전시관 마련에 필요한 자금을 준비하고 있지 않았다.

모건은 희귀 도서와 유명작가의 육필 원고, 그림 등을 보관하기 위해 찰스 맥킴(Charles McKim)이 디자인한 이탈리아 대리석 건물을 뉴저지 머레이 힐(Murray Hill)에 지었다. 영국 〈더 타임스The Times〉는 1908년 머레이 힐의 도서관에 소장된 작품을 소개하면서 한 백만장자 애호가의 다음과 같은 말을 전한다.

"10명 가운데 한 명은 예술품에 대해 나름대로 심미안을 갖고 있고, 100명 가운데 한 명은 천재적인 감각을 소유하고 있다. 미국에서는 프릭(Frick), 알트먼(Altman), 와이드너(Widener), 프랑스에서는 숨을 거둔 로돌프(Rodolphe)가 심미안을 갖추고 있는 사람들이었다. 하지만 천재적인 감각을 갖춘 인물은 피어폰트 모건이다."

업적과 예술품 컬렉션 때문에 모건처럼 〈더 타임스〉의 극찬을 받은 미국인은 당시까지 거의 없었다.

미국 연방정부는 1890년에 제정된 반독점법인 서먼법(Sherman Act)을 20세기로 접어들면서 본격적으로 적용하기 시작했다. 서먼법은 시장에서 우월적 힘을 가진 사람이나 기업이 가격을 담합하거나 독점 기업을 구성하지 못하도록 금지했다.

우드로 윌슨 대통령 시절 법무부는 모건, 제임스 J. 힐(James J. Hill), E. H. 해리먼(Harriman)이 구축한 철도 지주회사를 서먼법 위반으로 기소해 역사적인 승리를 거뒀다. 재판부가 법무부의 손을 들어주자, 모건의 영국 파트너인 도킨스는 "신의 은총이 어린 말인 '기업 결합'이라는 단어를 미국에서 입에 올리는 일은 프랑스 제정시대에 폭군에 대한 전쟁을 찬양한 라마르세에즈(프랑스 국가)를 부르는 일만큼이나 파장을 일으킨다"고 말했다.

기업 결합, 독점, 인수합병, 기업연합 등은 모건 사단에겐 금융적으로나 산업적으로 일리가 있는 전략이었다. 시장 지배자의 등장은 기업의 영업비용을 줄이고, 효율성을 높여 국가의 어마어마한 부를 창출하게 했던 대량 생산과 소비의 자연스런 결과였다. 반면 뉴욕 등 일부 동부지역을 제외한 미국 여타 지역에서 대기업이란 노동을 착취하고 시장의 자유로운 경쟁을 억제할 뿐만 아니라 금융적·정치적 권력을 쥐고 흔드는 경제적 신종 괴물로 비쳤다. 또 국가의 기본적 가치에 대한 위협으로 여겨졌다.

독점 자본에 대한 거부감, 집권당인 공화당이 혁신주의자인 시어도어 루스벨트 진영과 보수세력인 윌리엄 하워드 태프트(William Howard Taft) 진영의 분열 덕분에 민주당 출신인 우드로 윌슨이 '모건 청문회 한 달 전인' 1912년 11월 대선에서 승리했다. 윌슨은 집권 순간 노동자와 농민을 보호하기 위해 독점 자본과 전쟁을 벌이겠다고 선언했다.

설상가상이었다. 마치 푸조 위원회의 출두·증언만으로는 모건이 밤잠을 설치도록 하는 데 부족한 듯이, 그가 설립한 독점 기업 가운데 상당수가 어려움에 시달리고 있었다. 가장 큰 U. S. 스틸은 이미 셔먼법 위반 혐의로 기소된 상태였다. 또한 그가 내심 뉴잉글랜드 지역의 중심 철도 네트워크로 키우려 했던 뉴욕-뉴 헤이븐(New Haven)-하트포드(Hartford) 철도는 정치적 공격에 시달리고 있을 뿐만 아니라 사실상 파산 상태였다. 해상운송 관련 업체인 인터내셔널 머컨타일 머신(IMM: International Mercantile Mashine)의 주식도 그가 인수했지만, 처분하는 데 애를 먹고 있었다.

IMM은 셔먼법 위반으로 기소되지는 않았다. 하지만 이 회사가 보유하고 있던 화이트 스타 라인(White Star Line)의 타이타닉호가 1912년 4월 빙하와 충돌해 침몰했다. 그 바람에 모기업인 IMM 주식을 인수할 사람이나 기업이 나서지 않고 있었다. 그때 사람들은 타이타닉호의 침몰을 생생하게 기억하고 있었다. 심지어 "IIM 주식에는 타이타닉호보다 더 많은 물이 차 있다"고 말할 정도였다.

푸조 위원회는 그해 3월 모건이 구축한 금융 독점체를 조사하기 시작했다. 그때 모건의 아들인 잭(Jack) 모건은 "의회가 사려 깊고 조용하게 조사할 것"이라고 기대 섞인 예상을 했다. 하지만 의회에서 뛰어난 기업 변호사이고 금융 독점자본을 강력히 비판해온 새뮤얼 언터마이어를 조사 책임자로 지명하면서 그의 예상은 보기 좋게 빗나가버렸다. 잭은 상황이 예상과 달라지자 "조사활동은 아마도 가장 좋지 않은 방식으로 전개될 것 같습니다"라고 아버지 모건에게 말했다.

———————

청문회 하루 전인 화요일 밤 늦은 시각, 모건은 시거를 끄고 카드를 밀쳐놓은 뒤 잠자리에 들었다.

그의 일행이 하원의 푸조 위원회 청문회장에 들어선 수요일 오후, 모건은 이미 지쳐 있었다. 감기 때문에 숨을 쉬기조차 어려웠다. 딸 루이자와 변호사 린더버리가 모건의 한쪽 편에 가까이 앉았다. 파트너 데이비슨 부부와 아들 잭이 모건의 반대편에 앉았다. 모건의 바로 뒤에는 라몬트 부부와 니콜이 자리 잡았다.

모건 일행은 조사 책임자인 언터마이어가 뜻밖으로 친절한 데 깜짝 놀랐다. 그는 진행 중인 통계학자에 대한 청문을 서둘러 마쳤다. 유명 증인이 오래 기다리지 않아도 되도록 배려한 셈이다. 언터마이어는 그날 오후 3시 모건을 증언대에 세웠다.

언터마이어의 첫 질문은 평범했다. 투자은행 J. P. 모건의 설립 이후 역사, 필라델피아, 런던, 파리에 있는 현지 법인, 파트너들의 이름, 사업 내용 등에 대한 간단한 사실 확인이었다.

모건은 금융회사 J. P. 모건이 예금을 받을 뿐 아니라 기업의 채권이나 주식을 도매로 사들여(인수) 투자자에게 중개하는 일을 하고 있다는 점을 정리해 설명했다. 참고로 프랭클린 루스벨트(Franklin Roosevelt) 대통령이 금융개혁법인 글래스-스티걸(Glass-Steagall)법을 제정한 1933년까지는 미국의 시중은행과 투자은행의 구분이 없었다.

모건은 언터마이어의 질문에 대해 파트너들이 미리 준비한 대로 1912년 11월 1일 현재 금융 계열사 78개들에서 유치한 예금은 8,200만 달러이고, 전체 자산 규모는 100억 달러라고 말했다.

언터마이어와 모건의 대화는 오래 진행되지 않았다. 위원장인 푸조가 갑자기 끼어들어 의원 전원이 하원 전체 회의에 출석해야 한다며, 하루 뒤인 목요일 오전에 회의를 속개한다고 선언했다. 의원들이 위원장의 정회 선언으로 자리를 뜨려고 한 순간, 모건이 말문을 열었다. 그는 "해외 여행이 이미 잡혀 있다"며 가능한 한 빨리 청문회를 끝내 달라고 부탁했다.

모건은 다음 날 오전 9시 푸조 위원회 회의실에 출석했다. 수백 명이 그의 출석을 지켜보기 위해 회의실을 가득 메우고 있었다. 사진 기자들은 더 좋은 사진을 찍기 위해 맨 앞줄에서 치열하게 경쟁하고 있었다.

그날 모건을 수행한 사람들은 전날보다 적었다. 딸 루이자, 아들 잭, 파트너인 데이비슨과 라몬트를 비롯해 조셉 초트와 존 스푸너, 윌리엄 쉬헌, 조지 케이스 변호사 등이 모건 주위를 장식했을 뿐이다. 모건의 상태도 전날보다는 훨씬 좋아 보였다. 충분히 휴식을 취한 듯했고 정신상태도 초롱초롱해 보였다.

청문회 속개와 함께 모건은 바닥보다 약간 높게 설계된 심문단으로 불려 나갔다. 심문자인 언터마이어가 팔을 뻗으면 닿을 수 있는 거리에 앉게 되었다. 언터마이어는 "이제 잘 들을 수 있게 되었습니다. 나는 난청입니다. 아시다시피 나이가 들어서"라고 말했다.

본격적인 질문과 대답이 오가면서 모건의 목소리가 쉬었다. 그는 몸을 돌려 딸 루이자에게 알약을 달라했다. 언터마이어가 "물을 한 컵 드릴까요?"라고 묻자, 모건은 "아니요. 감사합니다"고 말하고 넘어간다. 언터마이어는 고령인 모건의 안색을 슬쩍 살피며, 배려하듯이 말한다.

언터마이어 : 피곤하시면, 망설이지 말고 말씀하십시오.
모건 : 피곤하지 않습니다.

두 사람의 질문과 답변이 본격화한 이후 처음으로 회의장이 쾌활해졌다. 언터마이어가 모건이 또 다른 대형 금융회사인 내셔널 시티은행의 대주주가 아닌지 묻자, 모건은 이렇게 대답한다.

"아닙니다. 그 은행 주식을 100만 달러어치쯤 보유하고 있습니다."

거액의 지분을 보유하고 있으면서도 "아니다"고 대답하는 바람에 회의장은 순식간에 웃음이 터져 나왔다. 모건은 청중의 웃음에 약간 당혹한 듯했지만 이내 자신도 웃었다.

언터마이어는 당대 뉴욕의 5대 은행인 J. P. 모건(J. P. Morgan & Co.), 내셔널 시티, 퍼스트 내셔널(The First National), 뱅커스 트러스트(Bankers Trust), 개런티 트러스트(Guaranty Trust) 등이 미국의 전체 자본과 신용을 틀어쥐고 있음을 입증해 보이고 싶어 했다.

실제로 청문회 과정에서 5대 금융회사의 막강한 경제 지배력이 드러났다. 당시 미국의 은행업, 유틸리티 기업(전기와 가스 등), 보험회사, 철도 등 운송회사, 제조업체, 무역업체 112곳의 이사 341명이 5대 금융회사의 관계자들이었다. 모건의 파트너들이 맡고 있는 이사 자리만 해도 72곳이었다. 대신 모건은 복잡한 금융시장에서 개인적으로 장악하고 있는 자금은 거의 없다는 사실을 알리고 싶어 했다.

모건은 잘 모르고 있거나 기억하고 있지 않은 사항을 묻는 10여 개의 질문에 답해야만 했다. 그는 한때 보고서의 숫자를 모두 파악할 정도로 총명했지만, 나이 들어감에 따라 기억력이 희미해지는 운명을 피할 수 없어 보였다. "기억력이 많이 떨어졌다"고 모건은 말하며 "최근 수년 동안 구체적인 실무도 상당 부분 젊은 파트너 등에게 넘겼다"고 진술했다. 그의 몇몇 답변은 질문의 의도와는 상관없어 보였다. 그의 파트너들과 가까운 지인들이 알고 있듯이, 모건은 기본적으로 분석적이지 않았다. 말솜씨가 조리 있지도 않다. 단지 통찰력을 갖고 있으며 구체적인 사안에 집중하는 사람이었다. 이는 숫자, 구체적인 목표, 행동에 익숙한 사람이라는 뜻이다.

모건과 언터마이어의 대화는 모호성을 극대화한 코믹 드라마 같았다. 두 사람이 서로 다른 나라말을 사용하고 있는 듯했으나, 마치 상대방 말을 다 이해한 것처럼 연기하는 게임을 벌이고 있는 것 같았다.

언터마이어가 자유 경쟁 시장과 독점 시장에 대해 묻기 시작했다.

언터마이어: 증인은 경쟁을 싫어하지요, 그렇지 않나요?
모건: 싫어하지 않습니다. 경쟁에 개의치 않습니다….
언터마이어: (다시 압박하며) 증인은 경쟁보다는 기업 결합 또는 기업간 담합을 주장하지요. 그렇지 않나요?

모건은 '기업 결합'과 '담합' 가운데 덜 도발적인 것을 선택해 답변한다.

모건: 그렇습니다. 저는 담합을 선호합니다.

언터마이어: 경쟁에 반하는 것으로서 기업 결합은?

모건: 저는 경쟁에 반대하지 않습니다. 저는 치열하지 않은 경쟁을 좋아할 뿐입니다. 평소에는 말하고 싶지는 않지만… 이 청문회가 제가 말할 수 있는 마지막 기회로 보여 민감한 문제에 대해 답변을 계속하고 싶습니다.

언터마이어: (고개를 끄덕이며) 기업의 합병(Consoliation) 등 독점을 의미하는 겁니까?

모건: 그렇습니다.

모건은 몇몇 기업을 완전히 해체한 뒤 새로운 법인을 설립해 합병했으나 실패한 사례를 머릿속으로 생각했다. 또 경쟁이 기업에 주는 압력 때문에 자연스럽게 기업 결합으로 이어지는 현상도 떠올리면서 답변을 계속해 나갔다.

모건: 지배 문제와 관련해 말씀 드리면, 지배하지 않으면, 아무것도 할 수 없습니다.

언터마이어: (모건의 답변을 제대로 알아듣지 못해) 지배하지 못한다면, 그 다음 뭐라 했죠?

모건: 지배하지 않으면 아무것도 할 수 없습니다.

모건은 수수께끼 같은 답변을 되풀이 말했다.

언터마이어: 그래요. 맞는 말 같습니다. 그래서 모든 것을 지배하고 싶어 하나요?

모건: 저는 아무것도 지배하고 싶지 않습니….

언터마이어: 도대체 무슨 말씀이지요? 모건 씨. 내가 증인의 말을 이해하지

못하기 때문에 모건 씨에게 되묻는 것입니다만.

모건은 지배하기를 원한다고 스스로 생각해본 적이 없었다. 그는 평생 동안 국제 금융시장에서 무리 지어 헤엄치는 물고기 떼처럼 움직이는 돈의 흐름을 유심히 관찰해왔다. 또한 호황과 불황의 부침 속에서 수없이 되풀이되는 패닉, 공황, 살인적인 가격인하 경쟁, 정부의 지급불능 사태 등을 겪으면서 돈과 함께 해왔다.

'모건화'가 성공했을 때 주가는 상승했다. 반대로 기업 결합이 실패하면 그가 보유하고 있는 전 재산과 정치적 영향력을 동원해도 떨어지는 주가를 떠받칠 수 없었다. 사람들이 증권시장이 어떻게 움직일 것인지 물으면, 그는 단순히 "오르내림을 되풀이할 것"이라고 말했다. 모건 자신의 시각으로 보면, 그는 시장·경제 상황이 이끄는 대로 시장을 안정시키고 미국 경제가 제 궤도에서 벗어나지 않도록 하기 위해 필요한 조처를 했을 뿐이다. 결과를 놓고 보면, 아무도 돈을 통제할 수 없었다. 그의 청문회 답변이 애매모호하고 서툴 수밖에 없었다는 점이 이해될 만한 이유다.

언터마이어가 좀 더 분명하게 답변하라고 요구하자, 모건은 "귀하는 돈에 대한 지배를 말씀하시고 있습니다. 하지만 어느 누구도 돈에 관한 한 독점체를 만들 수 없습니다"고 말했다.

언터마이어는 모건의 진술을 이해하는 데 상당한 어려움을 느꼈다. 충분히 그럴 만한 상황이었다.

언터마이어: 증인은 어떤 사람이 증인처럼 거대한 힘을 갖고 있을 때… 증인은 거대한 힘을 갖고 있다고 인정했습니다. 그렇지요?
모건: (순간 더듬으며) 모르겠습니다….
언터마이어: 어쨌든 증인이 거대한 힘을 가지고 있다고 가정해봅시다. 그 힘

을 남용하면 결국 잃는다는 말씀이지요?

모건: 맞습니다. 잃어버린 것을 결코 되찾을 수 없습니다.

두 사람의 문답이 진행된 뒤 언터마이어는 점심을 위해 잠깐 정회를 원하느냐고 물었다.

모건: 정회를 원치 않습니다. 점심을 건너뛰고 답변할 수 있습니다. 계속하고 싶습니다… 바로 그게 제가 당신을 이해시키고 싶어 하는 것이었습니다. 그러나 그 질문에 대한 저의 답은 이것으로 마치고 싶습니다.

모건의 희망과는 달리 푸조 위원회는 점심을 위해 정회에 들어갔다.

뉴욕의 〈이브닝 포스트〉는 모건이라는 노인이 오랜 기간 동안 스스로 생각해 왔던 논리를 공개된 자리에서 말할 수 있다는 사실을 순간순간 즐기는 듯했다고 보도했다. 하지만 "그는 갑자기 주위를 둘러보며 많은 사람들이 있다는 사실에 놀란 듯했다. 마치 그처럼 많은 관중은 처음 본다는 듯한 표정이었다. 그의 표정의 변화가 빠르게 일어났다. 눈에 띄게 인상을 찌푸리기도 했다. 사람들 사이에 노출되는 일과 자신의 생각을 드러내야 하는 상황이 달갑잖은 본래 성격대로 회의장 분위기를 낯설어 했다. 금융 세계에서 거대한 파워를 행사하고 주위 사람들을 장악하고 통솔하는 용기 있는 사람에서 대중 앞에 나서지 않고 예술에 대한 심미안을 가지고 있으며 낯선 사람 앞에서는 위축되는 모습까지 쉴 새 없이 변하는 한 개인의 성격을 상상하는 일보다 흥미로운 것은 없다"고 묘사했다.

언터마이어는 점심 정회 이후 다시 모건 왕국의 빗장을 열어보려고 했지만, 매번 완강한 저항 때문에 물러서야 했다.

언터마이어: 증인은 쥐고 있는 권력을 인식하고 있지 못한다는 말이지요?
모건: 그 경우는 맞습니다.

심문관은 에둘러 철도와 철강회사, 은행들을 결합시켜 독점 기업을 만들어내는 배경을 짚어 내려고 했다. 그는 최소한의 민주주의적 사고체계를 가진 사람에게 모건이 터무니없는 정치적 특권의식을 갖추고 있음을 드러내 보이는 데는 성공했다.

모건의 수수께끼 같은 답변 이면에는 나름대로 그의 경제 철학이 존재했다. 그는 독점화는 피할 수 없는 자연의 힘과 같다고 확신했다. 그는 독점이 자신의 손에 의해 창조되었다는 주장을 강력히 부인했지만, 저항할 수 없는 독점화는 다른 사람의 손보다는 자기의 손에 의해 추진된 쪽이 더 좋은 결과를 낳았다고 믿었다.

언터마이어: 왜 기업을 합병해 거대 독점체를 만들었나요?
모건: 국가의 이익을 위해 좋다면, 저는 그걸 합니다.
언터마이어: 그러나 사람들은 증인의 비즈니스에 좋다고 해서 국가 이익에도 도움이 된다고 생각하지 않을 것 같은데요?
모건: 맞습니다!
언터마이어: 개인적인 이해가 걸려 있는 데도 증인은 개인적인 이익과는 아무런 상관이 없다는 듯이 객관적으로 공적인 일과 사적인 일을 구분할 수 있습니까?

모건: 네, 그렇습니다.

언터마이어: 증인은 늘 공과 사를 구분할 수 있다고 생각하십니다. 그렇지요?

모건: 늘 그렇습니다.

언터마이어: 물론 증인의 판단이 잘못된 경우도 있지요. 그렇지요?

모건: (한 발 물러서듯이) 제 판단이 틀릴 수 있지만, 그런 이야기는 아닙니다.

언터마이어: 소망에 따라 논리가 달라질 수 있다는 말과 크게 다르지 않지요?

모건: 무슨 말씀이신지…?

언터마이어: 기업들을 하나로 묶어보고 싶다는 소망 때문에 나라가 경제력 집중으로 큰 피해를 보지 않는다고 믿는 것 아닙니까?

모건: 그렇지 않습니다.

두 사람의 공방이 이렇게 이어진 뒤 수천 페이지에 이르는 그들의 발언록에서 하이라이트가 나온다. 둘은 금융 지배 문제로 되돌아온다.

언터마이어: 금융의 밑바탕은 신용이지요. 그렇지 않나요?

모건: 늘 그렇지는 않습니다. 신용이 여신 제공의 근거이기는 하지만, 돈 자체를 의미하지는 않습니다. 화폐는 금에 지나지 않습니다.

두 사람이 공방을 벌인 1912년 미국에서는 금속 화폐인 동전과 은행권, 채권, 청구서 등으로 표시되는 여신에는 상당한 차이가 있었다. 또한 미국은 금본위제를 채택하고 있었다. 모건이 화폐를 지배할 수 없다고 되풀이 말하고 있을 때 언터마이어는 "채무자가 제때에 상환할 돈을 가지고 있다고 여겨지기 때문에" 뉴욕의 대형 금융회사들이 여신을 제공하는 것 아니냐고 물은 바 있다.

모건: 아닙니다. 사람들이 채무자의 가치를 인정하기 때문입니다.

언터마이어: 채무자가 무가치할 수도 있지 않습니까?

모건: (문법적으로 약간 실수하며) 채무자에게 아무런 가치가 없을 수 있습니다. 언젠가 '한 사람'이 제게 찾아온 적이 있습니다. 저는 '그들이' 한 푼도 갖고 있지 않다는 점을 알면서도 '그에게' 100만 달러짜리 수표로 돈을 빌려주었습니다.

언터마이어: 그에게 돈을 빌려주는 행위는 비즈니스가 아니었나요?

모건: 불행히도 비즈니스 맞습니다. 저는 그에게 돈을 꾸어준 행위가 좋은 비즈니스라고 생각하지는 않습니다.

언터마이어: (모건의 말을 잘 귀담아 듣지 못한 듯) 돈이나 자산을 바탕으로 한 비즈니스 차원의 여신 제공이 아닙니까?

모건: 아닙니다. 가장 중요한 것은 사람의 캐릭터입니다.

언터마이어: 그 사람이 가지고 있는 돈이나 자산이 아니란 말이지요?

모건: 돈이나 자산, 여타 다른 것에 앞서 캐릭터가 중요합니다. 돈으로 캐릭터를 살 수는 없습니다.

모건은 몇 가지 질문에 대해 더 답변한 뒤 '캐릭터가 중요하다'는 말을 좀 더 자세히 설명한다. "믿을 수 없는 사람이 하느님 나라의 채권을 담보로 제시해도 저는 한 푼도 꿔주지 않습니다."

―――――――᠆᠊᠊᠊᠊᠊᠊―――――――

푸조 위원회가 목요일 오후 산회했다. 모건 일행은 곧장 워싱턴의 유니언 역으로 가 대기하고 있던 전용 열차를 타고 뉴욕으로 돌아갔다. 주가는 모건의 증언이 있던 한 주 동안 약세를 면치 못했다. 월스트리트의 애널리스트들은 그런 시장의 분위기를 '푸조 장'이라고 불렀다. 그런데 그가 뉴욕으로 돌아온 뒤인 금요일 주가는 활기차게 반등했다. 애널리스트들은 그날을 '모건 장'이라고 불렀다.

한 트레이더는 그날 〈뉴욕 타임스〉와의 인터뷰에서 "우리는 오늘 모건과 같은 색깔의 옷을 입고 있다. 그가 우리를 안정시켰다"고 말했다. 아들 잭 모건은 아버지의 런던 파트너들에게 "아버지의 증언은 아주 성공적이었고, 솔직했으며, 상황을 호전시키는 데 상당한 도움이 되었다. 아버지도 상당히 기뻐하고 있고, 아주 건강하다. 온 나라도 기뻐하고 있으며 만족해한다"고 타전했다.

런던의 〈더 타임스〉는 들뜨지 않은 논조로 그 노인(모건)이 청문회 이슈에 대한 사람들의 생각을 바꿔놓지는 않았다고 평가했다. 신문은 "상원과 하원 의원들이 중시하는 강력한 인상을 남기기는 했다. 모건은 청문회 출두로 명예가 실추되지 않았다… 반대로 그의 자발적인 출두와 성실하고 솔직한 증언이 아주 좋은 이미지를 남긴 것으로 보인다"고 분석했다.

뉴욕의 〈이브닝 포스트〉는 사설에서 금융 전문가로서 '탁월한 능력'을 높이 평가하면서 그의 금융 비즈니스 방법을 비난하는 사람들을 질타했다. 하지만 신문은 "그의 몇몇 주장이 인간의 일반적 성격에 배치된다"고 지적하면서 "좋은 사람이 쥐고 있다고 해서 견제 받지 않은 권력을 좋다고 말할 수는 없다"고 말했다.

의회 청문회가 끝나고 2주 뒤에 모건은 딸 루이자와 몇몇 친구들과 함께 이집트를 찾았다. 이듬해인 1913년 2월 초 나일강 변에서 그는 환각상태까지 이르는 우울증을 다시 앓기 시작했다. 아무것도 먹을 수 없었고, 악몽에 시달려야 했다. 또한 그는 환각 속에서 자신에 대한 음모, 출두 요구서, 법정모독에 따른 소환장 등에 가위눌렸다. 딸 루이자에게 "온 나라가 파멸을 향해 치닫고 있다", "내 경주는 다 끝났고, 평생 동안 내가 한 일이 아무 쓸모없이 막 내린다"

는 말을 하기도 했다.

모건 일행은 카이로를 거쳐 이탈리아 로마에 있는 그랜드 호텔로 급히 이동했다. 교황과 이탈리아 국왕, 독일 황제 등이 그의 건강 악화를 우려하는 메시지를 보내왔다. 그런데도 모건은 새로 지은 아메리칸 아카데미 빌딩을 보기 위해 로마 근처에 있는 자니콜로(Janiculum)를 향해 향했다. 3월 23일에는 성 바오로 아메리칸 교회에서 열리는 부활절 예배에 참석했다.

그리고 존 피어폰트 모건은 76세 생일을 코앞에 둔 1913년 3월 31일 잠 든 채 숨을 거뒀다.

모건이 숨을 거두고 이틀이 지났을 때 파리의 〈헤럴드〉지가 "그는 얼마나 부자였을까?"라고 묻는 기사로 사람들의 호기심을 자극했다. 이 물음에 대한 답은 그의 주검이 미국 하트포드에 묻히고, 런던·파리·로마에서 열린 추도행사가 끝난 뒤인 1913년 4월 말 공개됐다.

모건 재산은 1억 달러가 채 되지 않는 듯했다. 모건이 숨진 지 약 4년 뒤인 1916년 그가 남긴 땅의 상속자가 정해졌다. 그리고 그가 남긴 은행 지분, 기타 증권, 부동산 등은 얼추 5,800만 달러로 평가되었다. 그가 남긴 예술품 가치는 2,000만 달러였고, 영국에 있는 부동산 가치는 250만 달러였다.

모건의 유산 가치는 당시 아주 낮게 평가되었다. 1910년대 미국 연방정부는 상속세를 부과하지 않았지만, 뉴욕 주정부는 징수하고 있었다. 1916년 모건의 유산 상속세는 300만 달러였다. 생전에 모건 스스로 예술품 수집에 5,000~6,000만 달러 정도를 투자한 것으로 보여진다. 물론 그가 지불한 값이 적절한 가격이었는지는 알 수 없다. 하지만 예술품 수집에 들인 비용과 가격 등을 감안하면, 그가 죽은 직후를 기준으로 6,000~8,000만 달러 수준은 된다고 볼 수 있다. 예술품 가치가 부동산보다 더 큰 셈이다.

참고로 1913년 7,000만 달러는 1990년대 달러 가치로 10억 달러 수준이지만, 예술품 가격의 상승을 단순히 소비자 물가지수로 평가할 수는 없다. 그때 모건이 수천 달러를 주고 매입한 작품은 대부분 현재 수백만 달러는 족히 된다고 봐야 한다.

모건이 남긴 전체 유산의 가치는 당시 8,000만 달러(1990년대 기준으로 대략 12억 달러) 수준이었다. 그가 상당한 돈을 보유하고 있었지만, 사람들이 생각하는 것만큼 많지는 않았다. 그는 앤드류 카네기(Andrew Carnegie)가 보유하고 있던 카네기 철강을 매입해 다른 철강회사와 합쳐 U. S. 스틸을 설립하면서, 신디케이트를 구성해 4억 8,000만 달러를 지급했다. 이 가운데 절반쯤은 카네기에게 지급되었다.

존 D. 록펠러(John D. Rockfeller)는 1913년 10억 달러를 보유하고 있었다. 록펠러는 모건이 죽은 이후 언론보도를 통해 그의 재산 규모를 듣고는 고개를 저으며 "그의 재산은 일반적 부자 수준도 아니다"고 말한 것으로 알려졌다.

그해 봄 많은 사람들이 모건의 '시골 농부 같은 정직성과 바위처럼 굳건한 윤리의식'을 상찬했다. 시어도어 루스벨트는 그의 '성실성과 신뢰성'이, 〈월스트리트 저널〉은 그의 '가장 고귀한 정신'이, 런던의 〈더 타임스〉는 그의 '탁월한 신중함'이 국제 금융시장의 안정에 기여했다고 평가했다. 다른 사람들은 그를 무관의 제왕으로 불렀으며, '미국 경제사 가운데 영웅적인 시대를 체현한 인물'이라고 평가하기도 했다.

비판 세력 가운데 일부는 그가 건설자였으며 전통 가치의 보전에 노력한 사람이었다고 평가했다. 조지 퓰리처가 발행한 〈월드〉는 모건이 "사멸하고 있는 금융 봉건주의의 핵심 인물"이라고 규정했다. 신문은 이어 "더 이상 한 금융인이 거대한 아폴로 신처럼 나라에 걸터앉아 호령하는 정치상황은 불가능하다… 모건은 월스트리트의 어떤 인물보다 강력한 힘과 더 뛰어난 지성, 더 강한 생명력을 가지고 경제·금융의 지도자로 살았다… 그가 다양한 테크닉과 많은 노력을 기울여 만든 시스템은 이제 흔들릴 것이다… 자주적인 시민들이라면 한 인간이 아무리 뛰어난 능력과 천재성, 힘을 가지고 있다고 하더라도 자신들의 번영과 복지를 좋든 나쁘든 쥐락펴락하도록 허용하지 말았어야 한다는 교훈을 제외하곤 남아 있는 게 거의 없을 것"이라고 평했다.

푸조 위원회에서 조사 책임자로 모건을 공격했던 새뮤얼 언터마이어는 언론과의 인터뷰에서 "금융 독점의 강화가 금융과 경제 시스템에 미치는 악영향을 보는 시각은 다를지라도, 모건이 고상한 목적을 위해 왕성하게 움직였고, 믿을 수 없을 만큼 강력한 영향력을 남용하지 않았다는 사실은 영원할 것"이라고 말했다.

"세계 비즈니스를 수행하는 과정에서 신용은 개인의 캐릭터와 신뢰감에 달려 있다"는 모건의 발언은 그의 경험에서 우러난 말이었다. 그는 이 말을 다른 사람보다 자신에게 엄격히 적용했다. 그러나 1912년이란 시기는 민간 은행가 한 사람이 그토록 강력한 공적인 권한을 행사해서는 안 되는 시기였다. 이런 시대에 맞춰 모건이 막강한 권력을 포기하고 변하기엔 너무 늦었다.

피어폰트와 모건 가문

모건 가문은 19세기 후반 30년 사이에 부를 일군 다른 가문과는 달랐다. 그 뿌리는 뉴잉글랜드 개척 초기까지 거슬러 올라간다. 그의 친가와 외가 모두 독립 전쟁 이전에 미국에 건너와 정착했다. 피어폰트 사람들은 지적이고 신앙심이 깊었다. 모건 사람들은 도전적인 기업가 정신에 충만했다. 두 가문의 후예들이 함께 일군 역사가 바로 미국 200여 년이다.

　존 피어폰트는 노르만족이 도버해협을 건넌 시절에 영국으로 이주한 프랑스 피어폰트 가문의 후손이다. 그는 1640년 런던에서 보스턴으로 이민 와 미국에 터를 잡았다. 그의 아들 제임스는 하버드대학을 졸업하고 뉴 헤이븐의 회중교회(미국 청교도의 한 분파. 하버드와 예일을 설립한 교단) 목사가 되었다. 그는 예일대학의 설립자 가운데 한 명으로 도덕철학을 강의했다. 《코네티컷의 회중교회Congregationalist Church in Connecticut》를 쓰기도 했다.

1847년 당시 피어폰트(가운데), 그리고 누이인 사라(Sarah: 왼쪽)와 매리(Mary)
(출처: 뉴욕 피어폰트 모건 도서관)

　제임스의 딸 사라(Sarah)는 젊은 신학자 조너선 에드워즈(Jonathan Edwards)와 결혼해 딸 여럿을 두었다. 그 딸들이 뛰어난 남자들과 결혼한 덕분에 피어폰트 가문의 인재가 더욱 풍성해질 수 있었다. 예를 들면, 매리(Mary)는 상인인 티모시 드와이트(Timothy Dwight)와 맺어져, 작가이면서 회중교회 성직자이고, 예일대학 총장을 지낸 아들 티모시를 낳았다. 또 다른 아들인 시어도어는 변호사이고 연방주의자들의 리더로 성장한다.

사라와 조너선의 또 다른 딸인 에스더(Esther) 에드워즈는 목사이고 프린스턴대학의 설립자 가운데 한 명인 애런 버(Aaron Burr)와 결혼해 미국 역사에 한 줄을 차지하는 인물을 낳는다. 그 아들이 바로 애런 버 2세다. 이 인물은 나중에 토머스 제퍼슨 대통령 시절에 부통령을 지냈고, 결투에서 미국 초대 재무장관인 알렉산더 해밀턴을 숨지게 했을 뿐만 아니라 반역혐의로 재판정에 선다.

피어폰트 가문이 잉글랜드에 정착한 이후 몇 세대가 지난 1785년에 J. P. 모건의 외할아버지인 존이 코네티컷 주의 리치필드(Litchfield)에서 태어난다. 외할아버지 존은 먼 친척인 티모시 드와이트가 총장으로 있던 예일대학을 1804년에 졸업하고, 남부로 내려가 캐롤라이나 대농장 가문의 가정교사가 된다. 그는 플랜테이션 농장주의 화려하고 사치스런 저택과 노예들의 비참한 생활을 직접 목격하고 엄청난 충격에 휩싸였다. 그는 친구에게 "노예들이 겪고 있는 고통의 신맛은 모든 음식을 역겹게 하고, 우정의 잔에 든 축배마저 쓴 맛으로 바꿔놓는다"고 말했다. 그는 남부 노예들의 참상을 겪은 뒤 개혁주의자가 되었다. 북부에 돌아와서는 법학을 공부한 뒤 1812년 매사추세츠 에섹스 시의 변호사협회 회원이 된다. 하지만 대부분의 시간을 시를 쓰는 데 쏟았다. 얼마 되지 않아 그는 법률가의 인생을 접고 포목점을 시작했다. 하지만 1816년 그의 회사는 파산해버린다.

외할아버지 존은 1810년 먼 친척인 매리 셀던 로드(Mary Sheldon Lord)와 결혼했다. 자신의 천직을 찾아 고민하고 있던 와중에 아이 셋을 낳았다. 그는 포목점이 파산한 1816년 집 안에 있는 은붙이를 팔아 시집《팔레스타인의 정취

The Airs of Palestine》를 펴냈다. 그의 시는 문학적 가치보다는 민족주의적인 분위기와 낭만적인 활력으로 가득했다. 자국 출신의 문화적 영웅을 고대하는 젊은 나라 미국을 매료시켰다. 존 피어폰트가 미국의 대표 시인으로 떠오른 것이다.

모건의 외할아버지는 시를 발표한 뒤 신학을 공부했다. 처음에는 볼티모어에서 나중에는 하버드대학의 디비니티(Divinity)신학대학으로 옮겼다. 당시 하버드대학은 유니테리언 교리(Unitarianism)가 주류를 이루고 있었다. 유니테리언 교리는 회중교회의 교리 가운데 가장 자유주의적이었다. 캘빈주의의 예정설과 원죄론을 거부하는 대신 인간의 자유 의지와 영적인 민주주의, 보편적 구원의 가능성을 믿었다. 이 교파 사람들은 종교와 세속의 관심사를 구분하지 않았다. 모든 인간은 개인적인 자유와 사회적 개혁을 위해 일해야 한다고 믿었다. 역사학자 시드니 알스트롬(Sydney Alstrom)이 그들을 '완벽한 능력을 추구하는 사람'이라고 부른 이유다.

모건의 외할아버지 존 피어폰트는 하버드대학과 유니테리언의 윤리주의적 기풍과 궁합이 잘 맞았다. 그는 윌리엄 엘러리 채닝(William Ellery Channing: 노예제 폐지 운동가)과 함께 신학을 공부했으며, 디비너티신학대학의 설립자인 헨리 웨어(Henry Ware)와 함께 지냈다. 1819년 그는 목사가 된 뒤 보스턴의 홀리스 스트리트 교회에서 목회활동을 시작했다. 그때 그가 받은 연봉은 2,200달러였다. 변호사, 시인 등을 거쳐 34세의 나이에 이르러서야 마침내 평생을 바칠 만한 직업을 발견했다. 존 피어폰트 목사는 6척 장신에 짙은 파란 눈을 가진 사람이었다. 손자인 J. P. 모건만큼 중증은 아니었지만, 코 피부병 때문에 딸기코를 가진 인물이었다. 그는 너무 열정적으로 설교해 "눈은 이글거렸고 딸기코가 인상적이었다"는 평을 받았다.

존 피어폰트와 매리는 자녀 여섯을 두었다. 윌리엄, 매리, 줄리엣(Juliet), 존 2

세, 제임스, 캐롤린(Caroline)이었다. 그들은 여기저기 여행을 다닐 만큼 넉넉하지 않았다. 피어폰트 목사는 목회활동 외에도 글쓰기와 강연으로 부수입을 올려야 했다. 또한 그는 사회개혁 운동에도 열심히 참여했다. 금주, 노예 폐지, 교도소 개혁, 여성 교육, 군대 해체, 골상학 등을 강력히 주장했다. 흥미로운 점은 그가 여성 교육을 주장하면서도 딸들의 교육에는 별 관심이 없었다는 사실이다. 그는 사회개혁 운동에 아주 열정적이었다. 그가 금주 강연을 하는 바람에 교회의 지하를 임대해 럼주를 보관하고 있던 부유한 양조업자와 갈등을 빚기도 했다. 교회의 운영 책임자들은 주위 사람들의 적대감을 누그러뜨리기 위해 그를 유럽과 중동에서 안식년을 지내도록 했다.

존 피어폰트 목사가 안식년을 보내기 위해 떠나 있는 동안 가족들은 보스턴에 머물렀다. 당시에 부인인 매리는 이상한 병에 시달리고 있었다. 그녀는 정서불안과 옴으로 보이는 '가려움을 유발하는 피부질환'을 앓았다. 피어폰트는 아내의 질환이 "성직자인 내 인내심으로도 감당할 수 없고, 내 천사(아내)의 성격마저 나쁘게 만들어버린 고통스런 질병"이라고 말했다. 결국 그 천사는 도저히 어머니와 아내의 역할을 다할 수 없었다. 그는 "아내의 병은 때때로 가족들을 괴롭혔지만, 그녀가 고통을 이기고 참아낸 것이 놀랄 정도"라고 말했다.

그런데도 존 피어폰트 목사는 1835~36년에 집을 떠나 있었다. 그가 1년 정도 떠나 있는 동안 아내 매리는 가족의 생계를 위해 하숙을 쳤다. 어린 아이들은 여전히 학교를 다니고 있었지만, 존 피어폰트 목사는 집을 떠나며 나이가 든 두 딸인 매리와 줄리엣은 생계를 도울 것이라고 아내에게 말했다.

줄리엣의 마음속에는 어머니의 하숙치는 일을 돕는 것 외에도 다른 하나가 더 있었다. 그녀는 이미 1년 전에 약혼한 상태였다. 그녀의 약혼자는 주니어스 스펜서 모건(Junius Spencer Morgan)으로 불리는 코네티컷 주 하트포드 출신인 젊은 상인이었다. 주니어스는 포목점인 하우·마더(Howe, Mother, and Co.)에서 일하게 되자 약혼자인 줄리엣과 결혼하면 "좋은 집에서 안락한 생활을 할 수 있다"고 여행 중인 피어폰트 목사에게 편지를 썼다. 이어 주니어스는 5월 1일을 결혼 예정일로 생각하고 있다며, "모든 게 준비되어 결혼식을 빨리 하면 할수록 더 좋다고 생각합니다. 목사님도 이에 동의하시리라 믿습니다. 불행히도 그녀가 아버지의 손을 잡고 식장에 들어서지 못한다는 게 제게는 너무 아쉽지만, 두 분이 모두 그녀의 선택을 못마땅하게 생각하시지 않기를 소망합니다"고 덧붙였다.

줄리엣에 관한 기록은 많지 않다. 그녀가 어머니를 보살폈으며, 능력이 아버지만 못하고 자신과 관심사도 다른 사람을 선택해 결혼했다는 점만이 기록으로 남아 있을 뿐이다. 남편 주니어스는 나중에 "그녀의 어릴 적 모습이 아름다웠다"고 말했다. 하지만 그녀는 친정아버지한테서 딸기코를 물려받았다. 딸기코는 본래 여성들에게 일반적이었다. 다만 남자가 더 심하게 앓는 피부병이었고, J. P. 모건이 시달린 코끝이 꽈리처럼 변하는 병의 전조였다.

줄리엣이 결혼할 남자는 완벽한 청년이었다. 멋지게 각이 진 얼굴에 지적인 눈빛을 가진 주니어스 모건은 편안함과 함께 사교 모임의 사람들이나 군대의 부하들을 휘어잡을 수 있는 카리스마를 갖추고 있었다. 미국의 한 저널리스트는 런던 교외에 있는 주니어스 모건의 저택을 방문해 매력적인 장식에 감탄했다. 그는 "저택의 주인이 집안에서 가장 매력적인 존재로… 지시를 내리고 아랫사람의 순종을 이끌어내는 데 익숙했고, 신속하게 올바른 결정을 내렸다"고 묘사했다.

주니어스는 이미 21세 때 피어폰트 목사가 멀리했고 사실상 성취하지 못했던 물질적 풍요를 이뤘다. 그의 조상을 거슬러 올라가면, 처음으로 미국에 정착한 사람은 마일즈(Miles) 모건이었다. 그는 1636년 영국 웨일스에서 보스턴으로 건너왔다. 참고로 모건이라는 이름을 가진 사람들은 여성들이 결혼해도 성을 바꾸지 않아도 되는 웨일스 지역에 아주 많았다. 마일즈의 어머니인 브리제트(Bridget)는 앤서니(Anthony) 모건이 남편과 사별한 여인과 결혼해 낳은 딸이었다. 브리제트의 풀 네임은 '브리제트 모건 모건 모건'이다.

마일즈는 스무 살이 되는 해에 보스턴에 발을 디뎠다. 그는 윌리엄 핀천(William Pynchon) 소령이 이끄는 탐사대에 합류해 코네티컷 주의 리버 밸리(River Valley) 탐사를 떠났다. 그는 탐사대가 스프링필드(Springfield)라고 이름 붙인 지역에 땅을 확보하고 후손들이 이후 200여 년 동안 살아가는 터를 닦았다. 그는 탐사팀원 가운데 가장 젊었다. 하지만 순식간에 서열 2위에 올랐다. 그는 확보한 땅을 일궈 농장으로 바꾼 뒤 가축을 길러 마련한 돈으로 몇 에이커를 더 사들였다. 또한 읍사무소와 교회 등을 지었다. 그의 자녀는 모두 아홉에 달했다. 막내는 그가 쉰다섯에 난 너새니얼(Nathaniel)이었다. 너새니얼은 J. P. 모건의 친할아버지인 조셉을 낳았고, 너새니얼의 '손자'인 또 다른 조셉은 미국 독립전쟁 때 대위로 참전한다.

너새니얼의 아들 조셉은 1780년 태어나 스프링필드의 자작농에서 19세기에 본격적으로 만개한 상업과 금융에 뛰어들었다. 고향을 떠나기 전인 1807년 그는 미들타운의 사라 스펜서와 결혼해 매리, 루시(Lucy), 주니어스 등 자녀 세 명을 낳았다. 주니어스는 1813년, 지금은 홀요크(Holyoke)로 불리는 웨스트 스프링필드에서 태어났다. 딸인 매리와 루시는 미모와는 거리가 멀었다. 아들 루시어스의 멋진 외모는 아버지 조셉으로부터 물려받았다.

조셉은 손자인 J. P. 모건이 숨을 거두기 100년 전인 1813년 말에 아버지 너새니얼을 저승으로 떠나보냈다. 이때까지 조셉은 가족의 농장에서 일했다. 아버지에게서 물려받은 재산은 1만 5,000달러였는데, 이는 1990년대 가치로 환산하면 얼추 22만 5,000달러였다. 조셉은 생전에 370달러를 주고 36에이커를 사들였다. 그는 매달 6~12달러씩 지급하는 방식으로 땅을 사들였다. 그는 아버지가 숨을 거둔 지 2년 뒤에 역마차와 선술집 여인숙을 매입하기 위해 유산 가운데 1만 달러를 썼다. 1817년에는 식솔들을 거느리고 코네티컷 강을 따라 내려가 하트포드에 정착했다. 그는 이곳에서 '익스체인지 커피 하우스(The Exchange Coffee House)'라는 간판이 걸린 또 다른 선술집 여인숙을 매입했다. 그곳은 상인과 정치인, 지역 지주들이 모여 대화하고 거래를 하는 곳이었다. 그의 가족은 선술집 여인숙과 객실 50개짜리 시티호텔과 맞교환한 익스체인지 커피 하우스에서 1829년까지 살았다. 그는 아들 주니어스를 미들타운에 있는 기숙사 학교에 보냈다. 딸들은 뉴욕의 트로이에 있는 엠마 빌러드(Emma Willard) 스쿨에 넣었다.

미국에서 도시 문화가 형성된 시기는 19세기 초반이었다. 선술집과 여인숙, 호텔이 문화의 중심이었다. 조셉은 미국이 도시화로 진입한 시기에 본능적으로 시골을 떠나 도시에 정착한 운 좋은 사람이었다. 그의 숙박업은 초기에 혼자 감당할 만큼 소규모였지만, 자본이 축적되고 미국의 경제변화와 궤를 같이하면서 성장했다. 그는 하트포드의 경제 붐을 뒷받침하기 위해 은행 설립을 지원했다. 유명한 애트나(Aetna)보험의 설립에도 직접 참여했다. 또 조셉은 사업 규모가 커지는 바람에 하트포드의 인력과 자본으로 감당할 수 없어 주식을 발행해 자금을 조달해야 했다. 전문 경영인을 고용해야 하는 대규모 비즈니스인 증기여객선, 철도, 교량, 운하 사업에도 참여했다. 그가 손을 댄 사업은 대부분 성공했다. 그는 1835년 주식 공모가 시작되자마자 하트포드-뉴 헤이븐 철도 주식을 100주 매입했다. 그의 1839년 12월 14일 일기에는 "증기 기관차가 처음으로 하트포드 엔진 정비소에 도착했다"는 기록이 있다. 그가 보유하고 있던 애트나 지분 가치는 1819년 15만 달러에서 1881년 400만 달러로 높아졌다.

정치적으로 조셉은 알렉산더 해밀턴의 후예들인 존 퀸시 애덤스(John Quincy

Adams)와 헨리 클레이(Henry Clay)의 민족주의(연방주의)를 지지했다. 해밀턴은 미국 초대 재무장관이었다. 그는 신생국 미국 경제가 영국의 그늘에서 벗어날 수 있는 기초를 놓았으며, 농업보다는 상공업에 더 많은 혜택을 주어 미국을 상공업 국가로 발전시키려고 했다. 또한 그는 풋내기 나라의 금융시장을 안정시키고 지역간 교역을 돕기 위해 1791년 중앙은행인 '1차 합중국은행'을 설립했다. 그의 이런 노력은 강력한 저항에 부딪혔다. 특히 농업지역인 남부의 반발이 거셌다.

미국인들은 거대 정부와 경제력 집중에 대한 뿌리 깊은 반감을 정치논리로 발전시킨 사람들이다. 공화파인 토머스 제퍼슨의 세력은 연방파인 조지 워싱턴과 알렉산더 해밀턴이 설계한 미국의 미래상을 거부했다. 공화파는 강력한 연방정부와 전국적인 단일 시장을 바탕으로 한 경제체제보다는 분권화한 정부 시스템을 바탕으로 개인의 자유와 농업을 우선시하는 경제 체제를 지향했다. 공화파는 상대적으로 약한 정부가 지방 자치를 발전시키고 평등적 민주주의에 도움이 된다고 믿었다. 경제는 멀리 떨어진 도시 출신 상업 엘리트들이 아니라 독립 자영농에 의해 주도되어야 한다고 생각했다. 이들의 리더인 제퍼슨은 1781년 "하느님이 인간을 선택한다면, 땅을 일구며 살아가는 농민이야말로 하느님이 선택한 사람들"이라고 말했다. 심지어 "…일반적으로 말해 한 나라의 전체 인구 가운데 비농업 인구의 비율이 그 나라의 부패 수준을 말해준다"고 주장했다.

미국 산업혁명이 발생하기 30여 년 전쯤인 1820년대에는 상공업자들의 지위가 상승하기 시작했다. 때 맞춰 켄터키 출신 상원의원인 헨리 클레이는 이른바 '미국 시스템(American System)'을 주장했다. 그는 고율의 관세를 부과해 미국 상공업을 유럽과의 경쟁에서 보호해야 한다고 목청 높였다. 연방정부가 직접 세금을 거둬 자금을 조성해 철도·운하를 건설해야 하고, 안정적으로 화폐를 공급하기 위해 중앙은행을 설립해야 한다고 말했다. 1824~1828년까지 대통령을 지낸 존 퀸시 애덤스는 클레이의 '미국 시스템'을 적극적으로 받아들였을 뿐만 아니라 그를 국무장관에 임명했다.

조셉 모건은 클레이와 애덤스의 경제정책을 적극적으로 지지하면서 1812년 미국과 영국 전쟁의 영웅인 앤드류 잭슨을 강하게 비판했다. 잭슨은 단단하고 거친 히코리(Hickory)나무와 닮았다는 이유로 '늙은 히코리나무(Old Hickory)'로 불렸다. 잭슨은 애덤스 행정부의 정책이 귀족적이고 엘리트주의적이라고 비판했다. 그는 애덤스 정책이 민주주의 정부의 진정한 주인인 농민들은 무시하고 경제력을 쥐고 있는 계층만을 위한 정책이라고 성토했다. 그는 이처럼 정치적으로 제퍼슨의 후예였다.

잭슨은 1828년 대통령 선거전에 뛰어들었다. 그는 1812년 뉴올리언스 전투에서 대첩을 이끈 경력과 평민 출신이라는 점을 내세우며 "평범한 미국인들 편에 서겠다"고 목청을 돋우었다. 흥미로운 사실은 애덤스, 클레이, 잭슨 모두 1824년 민주공화당원(Democratic Republican)이었다는 점이다. 하지만 이들은 분열했다. 4년 뒤인 1828년 선거에서 잭슨은 민주당 소속이었다. 반면 클레이와 애덤스는 자신들을 국민공화당원(National Republican)이라고 불렀다. 이 국민공화당원은 1830년대에 잭슨 행정부를 사실상 왕정이라고 보고, 이에 반대한다는 의미에서 스스로 휘그당원(Whigs)이라고 불렀다.

조셉 모건은 잭슨이 1828년 선거에서 떨어질 것이라고 예상했다. 하지만 투표함을 열어본 결과 잭슨이 56퍼센트의 지지를 받는 바람에 조셉은 내기에 걸었던 비버가죽으로 만든 모자를 잃었다. 반연방주의자인 앤드류 잭슨은 일반적으로 포퓰리스트(민중주의자)라고 불리기도 한다. 그는 '괴물' 2차 합중국은행을 동북부 상공인들의 이익을 대변하는 상징으로 덧칠하고, 자신이 무너뜨려야 한다고 생각했다.

대통령 선거전이 다시 시작된 1832년 조셉 모건은 워싱턴으로 여행을 떠났다. 그곳에서 그는 카리스마로 가득한 클레이와 대화했다. 클레이가 보호관세를 철폐하려는 사우스캐롤라이나 사람들을 비판하는 연설을 할 때 조셉은 현장에 있었다. 관세는 영국 공산품의 값을 올려 북부 제조업을 보호하기 위한 것이었다. 반면 면화 수출을 어렵게 해 남부 농장주와 농민은 반발하고 있었다. 조셉은 대통령도 만났다. 그는 "잭슨 장군과 마주했을 때 그는 아주 정중하고 옷을 잘 입어 내 예상보다 좋은 사람이라는 인상을 받았다"고 말했다.

잭슨은 그해 선거에서도 쉽게 승리했다. 그는 선거인단 선거에서 219표를 얻었고, 경쟁 후보는 49표를 받는 데 그쳤다. 조셉은 일기에 "정치 수평선 너머에서 먹장구름이 다가오고 있다. 남부 사람들이 연방 해체를 주장하며 우리를 위협하고 있다. 보호관세 철폐로 제조업이 위기를 맞을 것 같다. 잭슨이 다시 재선되어 모든 것이 험악해지고 있다"고 썼다.

잭슨은 재선하자마자 2차 합중국은행을 폐지하겠다는 공약을 곧바로 실행하기 시작했다. 해밀턴이 설립한 1차 합중국은행의 면허는 1811년에 면허가 갱신되지 않아 폐지됐다. 연방정부가 합중국은행을 지렛대로 삼아 너무나 큰 권력을 행사하는 게 헌법을 위반하는 것은 아닌지를 두고 격렬한 논쟁이 벌어진 뒤였다. 주정부 면허를 받은 지역 은행들도 주경계를 뛰어넘어 활동할 수 있는 합중국은행과 경쟁해야 할 뿐만 아니라 이 은행의 감시·감독을 받아야 하는 데 반발했다.

그러나 1812년 전쟁이 야기한 금융 위기와 기하급수적으로 늘어난 지방 군소 은행들 때문에 의회는 합중국은행에 20년짜리 면허를 부여했다. 이것이 바로 2차 합중국은행이다. 지나치게 자신만만하고 당파적 인물인 니콜라스 비들(Nicholas Biddle)이 은행장이었던 이끈 2차 합중국은행은 1823~1832년까지 필라델피아에 본점을 두고 있었다. 해밀턴이 세운 1차 합중국은행만큼 맹렬한 논란의 대상이었다. 2차 합중국은행은 기본적으로 민간 은행이었다. 하지만 사실상 정부 기관과 같은 권위를 가지고 있었다. 급성장하는 당시 미국 경제를 적절하고 효율적으로 조율했다. 또 은행권을 발행했고, 여신을 제공했으며, 자체 준비금을 보유·관리했다.

합중국은행은 국제 결제를 위해 외환을 보유하고 있었고, 중소 지역 은행도 적정 수준의 지급 준비금을 유지하도록 하는 방식으로 건전성까지 감독했다. 지역 은행의 건전성 감독은 금융 시스템의 안전성을 위해 필요한 일이었지만, 군소 은행의 반발을 샀다. 게다가 합중국은행이 금리를 올려 인플레이션을 억제하는 바람에 금융자본을 장악한 동북부 사람들은 이익을 봤다. 하지만 돈을 빌려다 쓴 농민, 노동자, 중소 상인뿐만 아니라 투기세력들은 손해를 볼 수밖에 없었다. 미국 남부와 서부 사람들이 합중국은행을 혐오한 이유다.

지역 은행들은 합중국은행이 연방정부의 지원을 받는 독점 금융회사이고, 민간 기업의 숨통을 조인다고 강력하게 비판했다. 월스트리트의 플레이어들은 합중국은행이 금융 중심지인 뉴욕이 아니라 경쟁 도시인 필라델피아에 본점을 두고 있다고 불평했다. 남부 주정부들은 합중국은행이 지방 자치권을 빼앗아가는 위헌적인 조직이라고 공격했다. 하원 민주당파의 리더인 제임스 K. 포크(James K. Polk)는 합중국은행이 스스로 연방정부의 라이벌처럼 행동하고 있다며, "우리는 중앙은행 없는 공화국에서 살아가야 할지 아니면 공화국 없는 중앙은행 아래에서 살아야 할지"를 공개적으로 물었다.

합중국은행에 대한 비판과 혐오는 은행장 비들의 서툰 처신 때문에 더욱 거세졌다. 그는 의회에서 합중국은행이 지역 은행들을 무너뜨린 적은 없지만, 그럴 능력은 있다고 서툴게 대답하는 바람에 은행이 가지고 있는 괴물 이미지를 더욱 부추겼다. 또한 그가 정치인들과 유력 저널리스트들에게 상당한 뒷돈을 대준 사실이 비판 세력의 두려움을 정당화시켜 주었다.

잭슨은 찬반 논란이 뜨겁게 진행되고 있던 1932년 의회가 합중국은행의 면허를 갱신하기 위해 통과시킨 법안을 거부해버렸다. 그는 "무책임한 소수의 사람들이 쥐고 있는 권력이 국민에게 돌아갈 수 있게 되었다"고 말했다. 은행장 비들은 1832년 대통령 선거에서 헨리 클레이를 지지했다. 잭슨은 마틴 밴 뷰런(Martine Van Buren)에게 "그 놈의 은행이 나를 죽이려 하지만, 내가 먼저 없애버리겠다"고 말했다. 그는 두 번째 임기 동안 재무장관 두 명을 갈아치우면서까지 합중국은행을 없애려 했다. 임기 4년 동안 그 은행을 효과적으로 무력화시키는 데는 성공했다(2차 합중국은행은 1841년에 폐지됐다—옮긴이).

조셉 모건은 급박하게 돌아가는 정치 상황을 걱정하면서도 아들이 상인으로 성장할 수 있도록 뒷바라지에 최선을 다했다. 아들 주니어스는 열여섯 살에 학교를 마치고 보스턴으로 가 상인 출신 은행가인 알프레드 웰리스(Alfred Welles)의 밑에서 점원으로 일하기 시작했다. 그는 5년 동안 보스턴에 머물렀다. 그는 21세의 나이로 수습을 마친 1834년에 한 여성과 약혼한다. 그녀가 바로 존 피어폰트와 매리가 결혼해 낳은 줄리엣 피어폰트였다. 그해 주니어스는 모리스 케첨(Morris Ketchum)과 파트너십을 맺고 뉴욕 월스트리트 40번지에 '모건·케첨(Morgan, Ketchum, & Co.)'이라는 회사를 세웠다.

그 시절 뉴욕은 상당한 호황을 누리고 있었다. 이리 운하(Erie Canal)가 1825년 개통되어 뉴욕이 5대호 연안까지 뱃길로 연결됐다. 농산물과 상품의 물류비용이 대폭 절감되었다. 주니어스가 뉴욕에 진출한 순간 월스트리트는 이미 미국의 금융 중심지가 되어 있었다. 뉴욕은 미국 대외 교역량 가운데 40퍼센트를 처리할 정도였다. 당시 월스트리트의 투기 바람은 거셌다. 1834년 미국의 금융 사정은 요동쳤다. 철도·도로·운하·교량들이 건설되어 거대한 서부 시장이 열렸다. 철도가 건설된다는 뉴스 하나만으로 지방의 땅값이 치솟았고, 공장과 소도시들이 마치 잡초처럼 광활한 평원에 건설되었다. 1829년 미국 전역에는 은행 329개가 영업 중이었다. 은행 숫자는 1837년 두 배로 늘었다. 이들은 예금을 받아 최소한의 지급 준비금만을 남겨두고 대출하는 방식으로 돈을 굴렸다. 이들 은행의 대출 규모는 1827~1837년에 1억 3,700만 달러에서 5억 2,500만 달러로 급증했다. 합중국은행이 무력화된 이후 지역 은행들은 통제를 받지 않고 마구잡이로 돈을 굴렸다.

주니어스 모건은 애초 뉴욕에 신혼살림을 차리려고 했다. 그런데 그가 사업을 시작한 지 18개월이 지난 뒤 마음속에서 일렁이는 야망을 억누르는 데 애를 먹고 있었다. 그는 1836년 하트포드의 하우·마더와 손잡기로 결정한다. 그는 미래의 장인인 피어폰트 모건에게 "제가 빨리 부자가 되지는 못하겠지만, 월스트리트보다는 안전하게 사업할 수 있을 것 같다"고 말했다. 그는 아버지인 조셉 모건에게 빌린 것으로 보이는 1만 달러를 하우·마더에 투자했다. 주니어스는 좀 더 탄탄해지고 자본금을 확충하자마자 회사의 본거지를 하트포드에서 뉴욕으로 옮길 뜻을 갖고 있었다.

주니어스는 뉴욕에서 마지막 일을 마무리한 뒤 3월 초 하트포드로 이사했다. 아버지 조셉은 아들 내외가 살 집을 하트포드 로드스힐(Lord's Hill)에 있는 어사일럼(Asylum) 거리 26번가에 지었다. 마침 도시의 상업주의 열풍에 염증을 느낀 1840년대 사람들은 조셉이 아들 내외의 집을 지은 어사일럼 거리로 몰려들었다. 그 바람에 어사일럼 힐이라고도 불리는 이곳은 하트포드의 최고급 주택가가 된다. 거리 이름 어사일럼은 코네티컷 주가 1821년 장애인들의 교육과 적응을 위한 학교를 거리의 북쪽 끝에 설립하면서 비롯되었다.

주니어스는 그해 5월 줄리엣 모건과 결혼하기 위해 보스턴으로 갔다. 주례는 새뮤얼 K. 로스롭(Lothrop) 목사였다. 결혼식 장소는 신부의 아버지인 피어폰트가 목회를 맡아보고 있던 교회였다. 두 사람은 프로비던스(Providence)에서 열흘 동안 허니문을 보냈다. 조셉은 5월 11일 일기에다 "주니어스가 신부와 함께 집에 왔다"고 기록했다. 그해 여름 줄리엣의 어머니 매리와 할머니, 여동생이 주니어스 집에서 머물다 떠났고, 그해 8월 중순 줄리엣이 아이를 가졌다.

조셉의 일기에는 곧 태어날 손자에 대해서는 별다른 언급이 없다. 대신 보험회사 애트나의 손실에 대한 자세한 기록과 아들 주니어스의 사업 여행 내용, 안식년을 보낸 피어폰트 목사의 귀국과 내방 사실, 하트포드 센터 교회의 가족석을 구입한 이야기, 그해 농사의 결과, 지역사회 인사들의 부고, 정치 상황 등이 자세히 기록되어 있다.

1836년 미국에서는 대통령 선거가 있었다. 민주당의 마틴 밴 뷰런이 연방파 진영의 후보 네 명을 물리치고 백악관 주인이 되었다. 이듬해인 1837년 앤드류 잭슨이 대통령으로서 마지막 연설을 한다. "저는 이 위대한 국민이 번영하고 행복해지도록 노력했다." 조셉은 잭슨이 백악관을 떠나는 게 무척 기뻤다. 그는 일기에다 "앤드류 잭슨이 마침내 은퇴하고 허미티지(Hermitage)로 간다. 우리는 기뻐해야 한다"고 썼다.

1837년 4월 17일치 조셉의 일기에는 특별한 내용이 들어 있다. "주니어스의 첫째 아이가 새벽 3시에 태어났다." 주니어스와 피어폰트 목사의 생일은 나란히 4월에 들어 있다. 두 부부는 첫째 아이에게 누구의 2세가 되는 이름을 붙이지 않기로 했다. 대신 존 피어폰트 모건(J. P. 모건)이라는 이름을 주었다.

J. P. 모건이 태어난 해 이 아이의 운명을 예고라도 하듯이 공황이 미국을 엄습한다. 태어난 지 3주 뒤에 합중국은행의 면허 연장기간의 만기가 다가오고 있었고, 당시 세계 금융을 사실상 지휘하고 있던 영국의 중앙은행인 영란은행(The Bank of England)이 인플레이션을 억제하기 위해 돈줄을 조이기 시작했다. 게다가 그해 미국 밀농사는 흉작이었다. 국제 면화 가격은 폭락했다. 미국은 대외

교역에서 심각한 적자를 기록했다. 조건들이 이렇게 무르익은 상황에서 마침내 1837년 뉴욕에서 금융 위기가 발생했다. 미국 역사에 깊은 상흔을 남긴 경제 공황이 뒤를 이었다. 19세기 미국은 10년이나 20년 주기로 크고 작은 경제 공황을 경험했다. 1819, 1837, 1857, 1873, 1884, 1893년에 위기가 엄습했다. 경제학자 존 케네스 갤브레이스(John Kenneth Galbraith)에 따르면, 공황과 공황 사이의 기간은 대게 "사람들이 지난 공황의 아픔을 잊을 만한 세월이었다."

—————

주니어스는 첫 아들이 태어난 뒤 2주 동안 하트포드에 머물고 있었다. 1837년 5월 금융 위기의 여파가 그가 파트너로 있는 하우·마더에도 엄습했다. 회사의 고객들이 자금난에 빠져 물건 대금을 제때에 지급하지 못했다. 미수금을 받기 위해 그가 직접 남부 지역으로 가야 했다. 파트너인 마더는 수금 출장을 나가 있는 주니어스에게 편지를 써 "그들에게 달라붙어서라도 물건 대금을 받아 오고, 절대 포기하지 말라"고 강조했다. 주니어스가 받은 그 편지에는 기쁜 소식도 들어 있었다. "당신의 아내와 아이는 잘 지내고 있습니다. 그녀는 어제 가게에 들렀는데 아주 좋아 보였고, 어린 J. P. 모건도 잘 지내고 있다고 말했습니다."

사업은 위기 와중에도 잘 운영되었다. 파트너 마더는 "가게는 당신이 출장가기 전보다 잘되고 있습니다. 우리는 어려움을 잘 견디어 낼 것이라고 확신합니다"라고 주니어스에게 편지를 썼다. 이어 뉴욕에서 온 소식은 하나같이 "어렵다. 어렵다. 어렵다는 말뿐"이라고 편지에 적혀 있었다.

뉴욕 은행들은 1837년 5월 중순이 되자 금태환 중단을 선언했다. 이는 은행권을 금화로 지급할 수 없다고 선언했다는 의미이다. 금태환 중단은 뉴잉글랜드 지역의 전 은행으로 확산되었다. 마더는 남부에서 수금 중인 주니어스에게 "돈의 가치가 허공을 딛고 서 있는 최악의 상황이 벌어졌다"며 물건 대금을 금화나 탄탄한 은행이 발행한 은행권으로 받아내라고 했다. 다행히 주니어스는 그해 6월 말 집에 돌아올 때까지 남부에 머물며 미수금 대부분을 받아내는 데 성공했다.

한편 모건 3대는 할아버지 조셉이 마련한 공간에서 편안하게 지냈다. 아들 주니어스는 주당 9달러를 아버지에게 임대료 형식으로 주었다. 그들의 둥지에는 손님들이 꾸준하게 찾아 들었다. 줄리엣의 여동생 매리가 조카를 돌보아주기 위해 보스턴에 왔다. 주니어스 여동생 루시는 보스턴의 명문 가문인 굿윈(Goodwin)가에 시집갔는데, 아이들을 데리고 친정을 방문하곤 했다.

모건 가문은 백인과 흑인이 섞인 일단의 직원들을 고용하고 있었다. 농사 일꾼, 정원사, 요리사, 허드렛일 하는 여자 아이들, 가정부 등이 그들이었다. 주니어스 아내인 줄리엣은 '미세스 주니어스 모건'으로서 하트포드의 유복한 저택에서 지냈다. 이는 보스턴에서 '미스 피어폰트'로서 곤궁하게 지낸 삶과 완전히 달랐다.

그녀는 아들 J. P. 모건의 세례를 받기 위해 1837년 7월 친정아버지가 목사로 있는 홀리스 스트리트 교회를 찾았다. 그런데 양가 어른들의 이름을 섞어 이름을 지은 탓에 J. P. 모건은 여러 가지로 불렸다. 가족들끼리 주고받는 편지나 가족들의 일기에서는 '주니어스의 아이', '주니어스의 꼬마', '어린 미스터 모건', '마스터 J. P.' 등으로 불렸다. 부모들은 사랑하는 아들을 '버브(Bub)'라고 불렀고, J. P. 모건의 학교 친구들은 나중에 '핍(Pip)'이라는 별명을 썼다. 꼬마 J. P. 모건이 읽고 쓸 수 있는 나이가 되었을 때는 스스로 'J. 피어폰트 모건'이라고 서명했는데, 이는 평생토록 그의 공식 명칭이 된다.

가족의 병은 불규칙적인 날씨 때문에 어린 J. P. 모건까지 이어졌다. 그가 돌을 맞이하기 2개월 전인 1838년 2월 '어린 미스터 모건'은 심상치 않은 경련을 일으켰다. 이는 나중에도 되풀이되었다. 할아버지 조셉은 2월 17일 일기에 이렇게 기록한다. "주니어스의 아이가 발작을 일으켰다." 그의 3월 초 일기에는 "주니어스의 꼬마가 일주일 내내 아팠지만 매리 피어폰트가 보스턴에서 와 우리 집에 머물고 있는 동안에는 다행히 경련을 일으키지는 않았다"는 대목이 있다. 또한 3월 24일 일기에 그는 "주니어스의 꼬마가 더 나빠져 여러 차례 경련을 일으켰다"는 기록을 남겼다.

어린 J. P. 모건이 경련을 일으킨 뒤 어머니 줄리엣이 고열로 춥고 떨리며 피부 발진이 일어나는 성홍열을 앓았다. 그녀가 유모와 함께 아이를 데리고 친정을 방문했을 때인 그해 4월 말 할아버지 조셉은 이렇게 일기를 쓴다. "아이가 너무 안 좋다. 그 녀석을 다시 볼 수 없을까봐 두렵다." 어머니 줄리엣과 어린 J. P. 모건, 유모는 3주 동안 보스턴에 머문 뒤 도시의 뜨거움을 피해 코네티컷주의 해변으로 피접을 떠났다. 아버지 주니어스는 말미를 얻을 때마다 아내와 아들을 보기 위해 하트포드에서 달려왔다. 당시의 조셉의 일기에서는 "아이가 건강과는 거리가 아주 멀다"는 구절이 발견된다.

손자와 며느리에 이어 조셉이 고열로 쓰러져 두 달 동안 침대에 누워 지내야 했다. 1838년 가을 다행히 J. P. 모건의 발작이 멎었다. "마스터 J. P.의 상태가 나날이 좋아지고 있다." 아버지 주니어스는 이해 11월과 12월에 장인에게 "버브가 잘 지내고 날마다 놀라움을 준다"고 말했다.

19세기 중반 부모들은 높은 영아사망률이라는 망령에 늘 시달려야 했다. 굿윈가에 시집간 고모 루시는 세 돌도 지내지 못한 아이 셋을 잃었다. 당시 실상이 이러했기에 어린 J. P. 모건의 발작으로 놀란 부모들은 그의 건강을 아주 세심하게 살폈다. 그럼에도 그가 나이 들어가는 동안에는 애매하고 이름을 알 수 없는 질환을 겪어 학교를 가지 못한 경우도 많았다. 그래서 J. P. 모건도 평생 동안 자신의 건강 문제에 과민반응하게 된다. 실제로 이상한 질병이 그를 평생토록 따라다녀, 그는 하나를 앓고 난 뒤 또 다른 질병이 찾아오는 것은 아닌지 두려워하게 된다.

J. P. 모건의 사위가 썼으나 출판되지 않은 회고록에서 그의 두려움을 엿볼 수 있다. "그(J. P. 모건)를 괴롭힌 질병이 무엇이든 한동안 극단적으로 괴롭히는 바람에 가족들이 모두 전전긍긍하는 등 심각한 후유증에 시달려야 했다. 이 때문에 안면 변형(파리처럼 부풀어 오른 코)이 발생한 듯하다. 그 안면 변형은 그가 어릴 적 앓은 질환을 보여준다. 유명한 의사들은 코의 웃자란 부분을 조기에 제거할 수 있었을 것이라고 말한다. 하지만 그는 한 번도 치료하려고 하지 않았다. 이는 미스터 모건이 제거한 뒤 다른 질병이 찾아올까 두려워해서 인 듯하다."

<hr/>

모건과 피어폰트 가문의 차이점은 J. P. 모건이 어릴 적에 극명하게 드러났다. 그의 하트포드 친척들은 다들 능력이 뛰어났고, 서로 밀접한 관계를 맺고 있었으며, 열정이 가득한 인물들이었다. 그들은 빈틈이 없었고, 조금은 엄격했다. 반면 J. P. 모건의 보스턴 외가 사람들은 약아빠지지 못했고, 순진한 사람들이었다. 외가 사람들은 서로 의견 차이를 보이고 갈등하기도 했고, 영육이 약해 적잖은 고통을 겪고 있기도 했다. 집안 분위기도 어수선했지만 어린 아이들에게는 친근했다.

J. P. 모건의 친할아버지와 할머니인 조셉과 사라는 또 다른 부모로서 J. P. 모건을 효과적으로 보살펴 그의 인생에서 중요한 역할을 담당했다. 그의 부모인 주니어스와 줄리엣은 1838년 집을 임대해 독립 가정을 꾸렸다. 그들이 어사일럼 거리에서 부모들과 산 지 2년째 되던 해인 1839년 한 달 동안의 휴가를 즐기기 위해 멀리 떠났다. 이때 J. P. 모건의 어머니인 줄리엣은 또 다른 아이를

가진 상태였다.

할아버지 조셉은 아들 내외가 독립해 살 집을 로즈힐 근처에 짓는 일을 관리하느라 바빴다. 잠시 틈을 내 여행 중인 아들 부부에게 편지를 썼다. "너희들의 귀여운 개가 마침내 숨을 거뒀다. 피어폰트(J. P. 모건)는 애먹이지 않고 잘 지내고 있다."

1838년 크리스마스에 줄리엣의 친정 부모가 하트포드를 찾았다. 주니어스는 장인·장모가 떠난 뒤 "탁자 위에 파파 P와 마마 P(외할아버지와 외할머니)를 위한 접시가 놓여 있지 않아 버브가 슬퍼했다"며 "그가 곧잘 파파 P와 마마 P를 말한다"고 얘기했다. 외조부모는 J. P. 모건에게 크리스마스 선물로 개 한 마리를 선물했다. 그 개는 J. P. 모건이 유달리 사랑한 수컷이었다.

외할아버지 피어폰트 목사를 좋아한 사람은 "그가 성격이나 사고방식에 전형적인 청교도이지만 어린 아이처럼 순수해 어떤 것도 고려하지 않고 진실과 옳은 것을 말하는 사람"이라고 평했다. 실제로 그가 의도적으로 진실에만 귀를 기울인 나머지 세상 물정에 대해서는 백지나 마찬가지였다. 피어폰트 목사는 콘스탄티노플 여행을 주제로 하트포드 청소년 회관에서 강연할 때 유달리 터키 여성의 다산을 강조해 설명했다. 그곳 여성들이 평균적으로 열두 살 이전에 결혼해 마흔 일곱 나이에 숨지며 아이 27명을 낳기도 한다고 그는 말했다. 사실 코네티컷의 리버 밸리의 농촌 지역은 그가 사는 보스턴과는 달리 상당히 보수적인 동네였다. 그 지역 사람들은 여성의 출산 등을 입에 올리기를 꺼렸다. 조셉은 사돈의 강의가 "상당히 길었지만 그다지 좋은 평을 받지는 못했다. 그가 터키 여성들의 출산 문제 등을 공개적으로 강의해 정숙한 이곳 여성들이 당황했다"고 일기에 적었다.

외할아버지 피어폰트 목사는 스스로 믿는 진실과 사회 정의에 너무 많은 정력을 쏟았다. 반면 가족이 겪는 고통에 대해서는 무관심했다. 줄리엣의 친정

아버지와 형제들은 알코올 중독자들이었다. 첫 아들 윌리엄도 알코올 중독자가 돼가고 있을 때 피어폰트 목사는 혐오감을 느끼고 아들을 멀리할 정도였다. 윌리엄은 나이 마흔에 알 수 없는 이유로 숨을 거둔다. 그의 여동생 매리는 아버지에게 "오빠는 정직하고 사랑스런 영혼을 가졌으며… 다른 잘못은 전혀 저지르지 않았는데, 아빠께서는 그보다 더 많은 잘못을 저지르고 있다"고 말했다.

피어폰트 목사의 둘째 아들인 존 2세는 아버지와 비슷한 삶의 궤적을 따라 걸었다. 그는 하버드대학을 졸업하고 회중교파의 성직자가 되어 나중에는 조지아 주 사바나(Savanah)에서 목회활동을 했다. 아버지 존은 아들이 낙태 반대주의자로서 신념을 끝까지 지킬 수 있는지를 걱정한 적이 있었다. 그러자 남부에서 지내고 있는 아들은 "저의 신념은 아버지만큼 강하지 않습니다"고 답했다. 그렇지만 1854년 아들 존은 설교 시간에 낙태를 비판하는 데 망설이지 않았다. 아버지 존은 아들이 노예제 문제마저 언급하기를 바랐지만, 그는 남부 지역에서 민감한 그 문제만은 비판하지 못했다. 그는 "아버지! 저는 아버지와 똑같지 않습니다. 아버지의 시각으로 인간의 삶을 보지 않고… 제 의지가 약하지만 내 자신이 정직하다고 믿고 있습니다"라고 설명하려 했다.

막내 제임스는 트러블 메이커였다. 그는 스물네 살에 결혼해 두 아이를 두었다. 심지어 금광을 찾겠다고 가족을 아버지에게 맡기고 캘리포니아로 떠나버렸다. 금광을 발견하지 못한 뒤에 그는 여러 가지 일을 해봤지만 번번이 실패했다. 그의 아내가 1856년 숨을 거둔 뒤 그는 아이들을 아버지에게 맡기고 형 존 2세와 누이 캐롤린이 살고 있는 곳에서 가까운 조지아로 이사했다. 그때 캐롤린은 남부 출신 상인과 결혼해 그곳에서 살고 있었다. 제임스는 작곡도 하고 형 존 2세의 교회에서 오르간을 연주하면서 지냈다. 하지만 그는 형과 달리 아버지의 철학과 반대되는 인생 역정을 걷는다. 남북전쟁이 일어나자 남부 기병이 되어 참전한 것이다. 문학적인 소양 면에서는 아버지를 능가했다. 크리스마스 시즌이면 전 세계적으로 울려 퍼지는 캐럴인 '징글 벨(Jingle Bells)'이 바로 그의 작품이다.

———◆◆◆———

안식년 여행을 다녀왔지만, J. P. 모건의 외할아버지인 존 피어폰트의 개혁주의적 열정은 전혀 사그라지지 않았다. 1839년 가을, 그가 노예제와 '미치광이 럼주 파티'를 강력히 공격하고 나서자 홀리스 스트리트 교회의 설립자들은 "법률적인 문제에 너무 간여할 뿐만 아니라 분별력과 자중하는 노력과 기독교적 온유함이 부족하고, 설교를 할 때 친절과 겸손함을 보이지 않는다"는 이유로 경고하는 사태까지 발생했다. 더 나아가 투표를 통해 63대 60으로 그를 쫓아내기로 결정해버렸다.

J. P. 모건의 아버지 주니어스는 교회 설립자들의 행태가 괘씸하기는 하지만 사건이 정리되어 기쁘다고 장인에게 말했다. 그런데 사태는 그것으로 끝나지 않았다. 그의 장인이 그만 두기를 거부했다. 그는 지역 양조 업자들이 가족 예배석을 사주는 방식으로 설립자들을 매수했고, 반대자들이 가지고 있는 투표권 이상으로 표를 행사했기 때문에 부당한 징계라고 주장했다. 그는 원천적으로 무효인 징계 투표에 저항하며 유니테리언파의 자유를 위해 기나긴 투쟁을 시작했다. 지역 사람들이 그의 투쟁을 '7년 전쟁'이라고 부를 정도로 그의 싸움은 오랜 기간 이어졌다. 그는 자신이 구체적으로 무엇을 잘못했는지 설명해보라고 요구했다. 피어폰트 목사의 적들은 그가 너무 민감한 주제를 설파하는 바람에 대중이 '채무자 감옥', '징집제 반대', '프리메이슨 비판', '골상학과 금주 설파', 무엇보다도 '노예제 폐지' 같은 불순한 사상에 물들게 되었다고 비난했다.

비판 세력이 그의 문제점을 지적하자 모든 항목에 대해 "유죄!" "유죄!" 유죄!" 라고 스스로 인정했다. 하지만 그는 경제적 물질주의와 광범위한 우상숭배에 위협받고 있는 미국의 정신을 구원하는 성전을 벌이고 있다고 스스로 생각했다. 다니엘 웹스터에게 "설교자들이 침묵한다면, 진실을 배반하는 것"이라고 주장하면서 자신의 사건을 회중교파의 장로회의에 회부해줄 것을 요구했다.

뉴잉글랜드의 많은 사람들이 피어폰트 목사를 지지했다. 다만 '화합의 현인'으로 불리는 랠프 왈도 에머슨(Ralf Waldo Emerson)만이 유보적인 태도를 보였다. 그는 시어도어 파커(Theodore Parker)에게 보낸 편지에서 "내가 생각하기에 교회 목사들과 싸움에서 신도들이 옳은 경우가 많다. 그러나 그들은 왜 그들이 불만을 품는지 제대로 설명하지 못할 뿐"이라고 썼다.

주니어스는 장인을 진정시키려고 노력했다. 좋은 변호사를 추천하면서 사태 진전을 지켜보자고 권했다. 그런데 그는 하트포드 신문을 통해 장인이 노예제를 반대하는 자유당 공천을 받아 1842년 의회에 진출하려고 한다는 사실을 알고, 장문의 편지를 보낸다. 그는 편지에서 장인이 개인적인 경력보다 신념을 더 중요시한다는 사실을 몰랐거나 무시하려고 했다는 사실을 고백했다. 이어 "저는 아버님이 출마 제안에 동의하지 않았기를 소망합니다. 제안을 받아들였더라도 그만 두시길 바랍니다"라고 말했다. 그는 한 걸음 더 나아가 "아버님께서 출마하신다면, 성직자로서 쌓아온 명성을 한순간에 잃게 되고 회복할 수 없는 상흔을 입게 됩니다… 저는 아버님을 위해서 이 편지를 드립니다. 아버님 나름대로 이유를 가지고 있으시겠지만, 저는 그 변명은 듣지 않길 바랍니다"라고 경고까지 했다.

존 피어폰트 목사는 자유당 공천을 받아들이지 않았다. 사위의 경고 때문이 아니었다. 교회 지지 세력의 충고 때문이었다. 그들은 반대파와의 투쟁에서 승리하기 위해 피어폰트 목사가 에너지를 아낄 필요가 있다고 충고했던 것이다. 교회 설립자 대 존 피어폰트의 분쟁은 유니테리언파 장로회의에 회부됐다. 마침내 청문회가 열렸다. 그런데 청문회에서는 노예제 반대나 금주 옹호보다도 책 출판과 골상학 등에 대한 이야기가 더 많이 나왔다.

회중교파 장로회의의 결과가 1845년에 나왔다. '7년 전쟁'에 종지부를 찍은 것이다. 하지만 평결 내용은 양비론의 전형이었다. 그들은 설립자들이 타당한 근거도 없이 피어폰트 목사를 해임했다고 판단하면서도 "일부 문제에 대해 그의 설교 등이 부적절했다"고 비판했다. 결론은 해임을 인정하는 것이어서, 피어폰트 목사는 홀리스 스트리트 교회를 떠나 뉴욕 트로이(Troy)에 있는 회중교파 교회에 자리를 잡았다.

—— ⁂ ——

J. P. 모건의 할아버지인 조셉은 나이가 예순에 이르는데도 기력이 약해지는 기미를 보이지 않았다. 그는 1839년 4~8월 아들 주니어스에게 줄 결혼 선물의 준비가 어떻게 되고 있는지를 일기에 세세하게 기록했다. "집터에 복숭아나무를 심었다… 주니어스 집터를 정했다… 헛간을 올렸다… 지하실 터를 파냈다… 지하실 벽을 쌓기 시작했다… 마침내 본채를 짓고 있다."

어머니 줄리엣은 그해 12월 둘째 아이를 순산했다. 부부는 할머니의 이름을 따 사라 스펜서로 부르기로 했다. 동생 사라가 태어난 지 3개월 뒤인 1840년 2월께 주니어스 가족은 파밍턴(Farmington)가 108번지에 있는 2층짜리 목조 주택으로 이사했다. 집에는 이단으로 만들어진 지붕과 지붕창이 있었고, 2층에는 넓은 벽공간이 있었다. 그 집은 굴뚝이 두 개였고, 하트포드를 내려다 볼 수 있었으며, 농장으로 둘러싸여 있었다. 아버지 주니어스는 집 주변 나무를 관리하기 위해 정원사를 고용했다. 매리라는 이름을 가진 흑인 가정부를 들여 집안일을 돕도록 했다. 할아버지 조셉은 그해 봄 내내 아들 집에서 일했다. 담장을 치고, 땅을 고르고, 딸기와 나무들을 심느라 분주하게 봄날을 보냈다.

할아버지 조셉은 여전히 헨리 클레이를 지지했다. 그는 1844년 켄터키로 여행하면서 헨리 클레이를 방문해 직접 만나기도 했고, 그해 가을 대통령 선거에서 연방과 후보로 나설 때 적극적으로 지지했다. 클레이는 그해 선거에서 남부 농장주로 흑인 노예를 거느리고 있는 제임스 K. 포크(James K. Polk)에게 졌다. 포크는 농민표를 얻기 위해 관세율을 낮추고, 오리건과 텍사스를 병합할 뿐만 아니라 연방정부은행의 설립을 반대하겠다고 공약했다. 조셉은 이에 대해 "테네시의 제임스 포크가 연방정부를 난장판으로 만들 심산"이라고 투덜거렸다.

주니어스는 정치와 경제 문제에서 철저하게 아버지 조셉을 따르겠다고 약속했다. 파트너로 참여한 하우·마더는 다행히 나날이 번창했고, 1837년 공황이 완전히 끝난 1840년 아버지의 도움을 받아 하우·마더의 주식 2만 5,000달러어치를 더 사들였다. 그는 여기에다 은행과 보험회사, 철도 주식을 매입해 이들 회사에 이사로 이름을 올렸다. 다만 그는 종교 문제에서 아버지와 다른 길을 택했다.

잉글랜드에 대한 독립 투쟁이 일단락되자, 뉴잉글랜드의 도시 부자들은 19세기 중반부터 영국과 밀접한 성공회로 몰려들었다. 성공회 신부들은 당시 도시 부자들의 입맛에 맞게 설교했다. 청교도 순결주의의 재등장과 유니테리언파, 초월주의, 근본주의 등 극단주의 종파들이 주장하는 사회개혁 논리들을 강력히 비판했다. 성공회와 가톨릭의 화려한 교회 건물 양식도 부자들의 기호에 맞았다. 둥근 아치와 거대한 석조 기둥, 세밀한 스테인드글라스 장식, 신고딕 양식의 첨탑 등은 온통 흰색으로 도배한 뉴잉글랜드 도시의 광장에 자리 잡은 청교도 예배당과는 질적으로 차이가 났다.

주니어스는 독실한 회중교회파인 아버지와 유니테리언파인 장인과는 달리의례적인 절차를 소중히 여기는 영국 성공회를 선택했다. 그런데 1853년 성공회와 뉴잉글랜드 도시 부자들의 연대의식이 너무 커져 성공회 성직자들마저 "부자들만의 교회가 되었다"고 비판했다.

J. P. 모건은 아버지를 닮아 짙은 갈색 머리카락과 담갈색 눈동자, 확신에 찬 눈빛 등이 잘 어우러진 모습이었다. 진중한 태도를 가진 소년으로 성장하고 있었지만, 여전히 병치레엔 시달려야 했다. 1841년 겨울에는 폐렴으로 쓰러졌고, 6개월 뒤에는 성홍열을 앓기도 했다. 하지만 그는 할아버지 조셉을 도와 허드렛일을 했다. 여덟 살이 되어 혼자 여행할 수 있게 되었을 때 뉴욕 트로이에서 목회활동을 하는 외할아버지 존 피어폰트를 방문하기도 했다.

J. P. 모건의 어머니는 1844년 두 번째 딸인 매리 리먼(Lyman)을 낳았고, 이로부터 2년 뒤인 1846년에는 두 번째 아들인 주니어스 스펜서 2세를 출산했다. J. P. 모건이 아홉 살 되던 해 가을 하트포드와 뉴 헤이븐 중간에 있는 체셔(Chershire)의 성공회 아카데미에 입학해 집을 떠났다. 하지만 석 달 뒤 할아버지 조셉이 앓아눕자 집으로 돌아왔다.

조셉은 일기에서 자신의 건강문제를 거의 쓰지 않았지만, 1846년쯤부터 허리통증과 소화불량을 호소하기 시작했다. 그는 예순일곱 번째 생일 직전 일기에 "내 병은 곧 나을 것 같지 않고, 이 속세에서 내가 가지고 있는 볼품없는 가산은 조만간 사라지고 없을 것"이라고 썼다. "신이 내게 육신의 고통을 주셨다… 조만간 하늘나라에서 내 손으로 만들지 않은 영원한 거처를 갖게 될 것이다. 거기에서는 영원히 나갈 일이 없을 테지"라고 일기에 남기기도 했다.

그해 크리스마스가 지난 뒤 J. P. 모건은 하트포드 교외에 있는 파빌리온 패밀리 스쿨의 기숙사에 들어갔다. 할아버지 조셉은 이듬해인 1847년 4월 어느 날 일기에 "몸 상태가 너무 좋지 않다. 아마도 긴 여정을 마쳐야 할 시간인 성싶다… 유언장을 쓰고 있다"고 썼다. 그는 이해 4월 17일 손자 J. P. 모건의 열 번째 생일을 축하기 위해 손자들을 모두 불러 모아 차를 마셨다. 6월 말에는 감자를 수확했고, 건초 시장에 내다 팔았다. 그리고 그해 7월23일 가족들이 지켜보는 가운데 눈을 감았다.

조셉은 유산으로 100만 달러를 남겼다. 저택과 땅 등 부동산 가치를 정확하게 산정하면 90만 달러였고, 나머지는 은행, 운하회사, 증기 여객선 회사, 철도회사, 애트나 보험 등의 주식 등이었다. J. P. 모건은 할아버지가 돌아간 지 3년 뒤부터 일기를 쓰기 시작했는데, 첫 페이지에 '아버지 생신', '내 생일' 등 가족의 중요 이벤트를 기록했고, 7월 23일에는 '할아버지가 1847년 돌아가셨다'고 썼다.

CHPATER 3

윤리 교육

J. P. 모건은 8~12세 사이에 학교를 아홉 번이나 옮겼다. 그가 2년 동안 다닌 기숙사 학교인 하트포드의 파빌리온 패밀리 스쿨은 세 번째 학교였다. 1848년 초 그는 학교에서 '미국 병사들을 상대로 한 워런의 연설(Warren's Address to American Soldiers)'이라는 시를 낭송했다. 그 시는 미국 학생 수백 명이 환호성을 올리고 발을 구르도록 했던 유명한 시다. 그 시의 첫 구절은 이렇게 시작된다.

> 일어서라!
> 이 땅은 그대들의 것이다.
> 나의 용맹한 병사들아
> 이 땅을 포기하고 노예로 살 것인가?

이는 1825년 외할아버지 존 피어폰트 목사가 벙커힐(Bunker Hill) 기념관에 초석이 놓인 것을 기리기 위해 쓴 시이다. 그날 저녁 시의 낭송자는 아주 쾌활한 톤으로 그날 행사를 외할아버지에게 보고했다. 외할아버지는 이에 앞서 귀여운 외손자에게 황금 펜을 선물했다. J. P. 모건은 그 펜을 받고 그에게 이렇게 편지를 쓴다.

"펜은 오랫동안 제가 바라는 것이었습니다. 그런데 산타클로스가 할아버지께서 시킨 대로 새해 첫날 그 펜을 가져다주지 않았기 때문에 더 이상 산타클로스를 좋아할 수 없다고 말씀 드리는 것을 죄송하게 생각합니다… 따라서 제가 할아버지라면 선물을 가져다주라고 산타클로스에게 믿고 맡기지 않을 겁니다."

J. P. 모건은 봄 방학 동안 뉴욕에 올라가 외할아버지를 만나기를 손꼽아 기다리면서 다시 편지를 썼다. "저는 4월이 오지 않을 것만 같은 기분이 듭니다. 트로이에 가는 것을 고대하고 있습니다." 장난꾸러기 소년답게 그는 외할아버지를 놀래기 위해 뉴욕에 도착하는 날을 말하지 않는다고 쓰면서 "하지만 엄마가 그 주에 편지를 드릴 겁니다"라고 덧붙였다.

그러면서 이 꼬마는 유명한 문장가인 외할아버지에게 숙제까지 부탁했다. 그는 곧 에세이를 써 낭독해야 하기에 "무엇을 써야 할지 모르겠어요. 길지 않은 산문 하나를 써주시면 제게 무척 큰 도움이 될 겁니다"라고 편지를 썼다. 이어 가족과 자신의 건강 이야기를 간단하게 쓴 뒤 추신을 덧붙인다. "빠른 답장을 기대합니다. 그리고 짧은 산문도 좀 부탁드립니다." J. P. 모건이 외할아버지한테서 에세이를 받았는지 확인할 수 있는 기록은 남아 있지 않았다.

J. P. 모건은 그해 4월 11일 뉴욕 트로이로 갔다. 그가 뉴욕에 갈 때마다 부모들은 걱정하면서 부탁하는 편지를 따로 보내고는 했다. 주니어스는 J. P. 모건을 보낼 때마다 장인에게 이런 편지를 썼다. "짧은 기간 머물기 위해 피어폰트가 내일 갑니다. 그 녀석은 좀 통제가 필요합니다. 아버님께서는 그 녀석이 날마다 일정 분량을 읽고 공부하도록 해주십시오. 피어폰트가 별 문제를 일으키지 않기를 바라고 있고, 외할아버지와 외할머니를 귀찮게 하지 않기를 소망합니다."

일주일 뒤 주니어스는 J. P. 모건에게 열한 번째 생일에 대해 편지를 쓰면서도 이것저것 주문하면서 꾸짖기도 했다. "지난번 네 편지에서 철자가 틀린 단어가 몇 개 있던데, 다음번에는 그런 일이 없으리라 생각한다."

J. P. 모건은 봄방학 한 달 동안을 외가에서 보내기를 바랐지만, 주니어스와 줄리엣이 2주 뒤에 그를 불러들였다. 어머니인 줄리엣은 그가 떠날 때 친정 부모들이 기쁜 마음과 함께 아쉬움을 가질 수 있도록 아들이 2주 정도만 머물게 했다. 게다가 J. P. 모건은 외가에 가기에 앞서 하트포드 공립고등학교의 입시에 응시해놓은 상태였다.

주니어스는 아들 J. P. 모건의 윤리와 실용적인 교육에 정성을 쏟았다. 그는 아들을 어떻게 길러야 할지에 대해 확고한 철학을 갖고 있어서, 아내의 형제들을 바른 길로 인도하지 못한 장인을 곧잘 비판했다. 처남 윌리엄이 알코올 중독으로 숨을 거둔 뒤에는 "아이들을 어떻게 키우느냐에 따라 그들이 은총을 받았는지 아니면 저주를 받았는지가 드러난다"고 도덕적으로 질타하기도 했다.

19세기 다른 미국 청교도인처럼 주니어스는 아이들은 어린 시절에 놀고 탐험해야 할 뿐만 아니라 미래의 직업을 위한 훈련도 받아야 한다고 믿었다. 그가 아들의 구체적인 행동에 대해 윤리적으로 훈육하면서도 교육 내용은 대부분 양키들이 중요하게 생각한 근면, 신중함, 절제, 정직, 절약 등 '캐릭터'에 관한 내용들이었다.

J. P. 모건이 다른 학교로 전학을 갈 때 아버지 주니어스는 "네게 바람직한 영향을 주지 않는 친구들과 사귈 때는 조심해야 한다. 지금은 네가 캐릭터를 제대로 갖추어야 하는 때이고, 지금 만들어진 캐릭터는 오랜 기간 남아 네 운명에 큰 영향을 끼친다"고 주의를 환기시켰다.

주니어스는 J. P. 모건을 다른 학교로 자주 전학시켜 지속적인 환경을 만들어주지 못했고 그가 바라지 않은 충고를 계속했지만, 그의 훈육과 통제는 아들에게 아주 긍정적으로 작용하게 된다.

아버지 주니어스는 아들을 데리고 하우·마더의 주주 나들이를 가기도 했

J. P. 모건의 아버지 주니어스 스펜서 모건
(출처: 로버트 M. 페노이어(Robert M. Pennoyer))

고, 회사 일 가운데 한 가지를 아들에게 맡기기도 했다. 게다가 그는 역사, 위인의 일생, 상업, 장부 정리 등을 J. P. 모건에게 가르쳤다. 아버지와 아들은 산수 문제를 놓고 몇 시간씩 씨름하고 논쟁하기도 했다. 서로 답이 엇갈릴 때 결국 J. P. 모건의 답이 옳은 것으로 드러난 경우도 많았다.

모자 사이의 애틋한 사랑을 알아볼 수 있는 기록은 거의 남아 있지 않다. 어머니 줄리엣 모건은 결혼생활 10년이 넘어가면서 약간은 비뚤어진 자기만의 세계로 몰입해 들어갔다. 그녀가 아들에게 남긴 편지는 아버지와 다름없이 주의와 경고로 가득했고, 때로는 자신이 느끼는 고통이 드러나 있기도 했다. 어머니다운 살뜰한 애정이 아니라 훈육과 충고가 대부분이라는 얘기다.

J. P. 모건이 열세 살이 되는 해 겨울에 기숙학교에 들어갈 때 어머니 줄리엣은 충고의 편지를 아들에게 쓴다. "네가 네 자신에게 진실하고 다른 사람을 이롭게 하는 일을 하면 너는 계속 행복할 것이다. 어떤 일이 있더라도 진실에 마음의 문을 열어라. 진실에서 멀어지지 말거라."

그녀는 꾸짖기도 한다. "너무 많이 편지를 써 우표를 낭비하지 말라." 그녀는 아들에게 (어머니 자신이 아니라) 가족이 얼마나 사랑하고 있는지를 전하면서, 다시 멀리 있는 아들에게 훈계한다. "10시 30분에 잠자리에 드는 것은 너무 늦다."

그녀는 훈계를 계속하는 바람에 정작 그가 부탁한 것을 보내주지 않았다. 심지어 어머니가 보낸 것을 좋아하지 않는다고 J. P. 모건을 혼내기까지 했고, 틀린 철자를 바로잡아 주기도 했다. 아들이 떠나기 전 키우는 비둘기 몇 마리를 잃어버린 사실을 말하면서, 아버지와 이웃들이 아쉬워한다고 말했다. 정작 그 비둘기를 키웠던 아들은 서운해 하지 않을 것이라고 말했다.

모건 가문의 어른들은 책을 통한 교훈을 강조했다. J. P. 모건이 일곱 살이었을 때 아버지 주니어스는 《지식을 찾아 떠나는 마르코 폴의 여행과 모험: 이리 운하Macro Paul's Adventure and Travel for Knowledge: On the Erie Canal》을 선물했다. 마르코의 책은 엄지손가락 길이만한 두께의 책이었다. 상업·신용·이윤을 특별한 지적 능력의 소산이라고 주장하는 책이다.

책 내용 가운데 일부를 소개하면, 마르코와 그의 사촌 포레스터(Forester)는 어느 날 증기 기관차가 지나가는 모습을 함께 지켜보고 있다. 포레스터가 증기 기관차를 조종하는 기관사 월급이 많을 것이라고 얘기한다. 마르코는 이에 대해 이유를 묻자 포레스터는 "기관차를 조종하기 위해서는 인내심과 기술, 정신집중을 필요로 하기 때문이지. 그리고 정신적으로 높은 자질을 요구하는 일은 보수가 다른 일보다 높은 법이고, 그런 일에는 높은 책임감이 필수적이지"라고 대답한다.

주니어스는 J. P. 모건에게 책임감의 중요성을 일깨워주기 위해 1845년 크리스마스 선물로 자레드 스파크스(Jared Sparks)가 쓴 조지 워싱턴(George Washington)의 전기를 주었다. 지은이 스파크스는 유니테리언파 목사로 외할아버지인 존 피어폰트와 함께 하버드에서 공부한 인물이었다. 그는 자신의 시대의 렌즈로 조지 워싱턴을 바라봤다. 열심히 일하는 사람의 전형으로 상업 정신에 투철한 인간으로 그를 해석했다.

스파크스는 조지 워싱턴을 아세인트루이스칸 플루타크로 규정했다. 지은이는 하버드대학에서 역사를 가르치기도 했는데, 《미국 전기 시리즈Library of American Biography》를 맡아 편집했고, 직접 쓴 《조지 워싱턴》은 무려 12권짜리 대작이다. 이 가운데 열두 번째 책이 전기인데, 주니어스는 아들에게 축약본을 선물했고, J. P. 모건은 그 책의 목차에서 읽어야 할 장을 골라 체크했다.

J. P. 모건이 읽은 또 다른 책인 《훈계받은 젊은이들Young Men Admonished》은 주니어스의 여동생인 루시 굿윈이 선물한 책이다. 주로 음주·도박·방탕과 진실에서 벗어남을 경계한 책이다. 이 책의 지은이는 "캐릭터는 거짓을 행하지 않게 하는 안전장치인데, 인간이 가진 다른 것보다 중요하다"고 말한다. 그는 더나아가 "월스트리트에서 거래되는 어떤 증권보다 큰 가치를 가지고 있다"고 선언한다. J. P. 모건은 60여 년이 흐른 뒤 푸조 위원회에서 지은이와 아주 비슷한 말을 한다.

꼬마 J. P. 모건의 부모들이 권한 책처럼 딱딱하지 않고 재미를 곁들인 책은 외할아버지 피어폰트 모건이 1847년 크리스마스를 맞이해 선물한 것이다. '젊은이들을 위한 역사 선물… 고대 영국 연대기 작가들인 프로이사트(Froissart)와 몬스트렐렛(Monstrellet) 등이 기록한 행정·군사·해군의 중요 이벤트'였다. 이 책의 표지는 황금 직인이 찍힌 기사 모습이 고풍스럽게 새겨져 있었다.

J. P. 모건은 1838년 가을 하트포드 공립고등학교로 전학했다. 부모들의 지속적인 간섭으로 그는 한 학교에서 꾸준하게 지낼 수 없었다. 하트포드 고등학교의 친구들은 나중에 모건이 "들짐승 같은 생활태도와 활기로 가득한 아이였지, 결코 학구적이지는 않았다"고 회상한다. 또한 "가능한 한 수업에 들어오지 않았다"고 증언한다. 모건 자신도 노년기에 회상하면서 "얼굴 표정이 근엄하지 않았다"고 말해 학교 친구들의 회상에 동의한다.

그는 교실에서 너무 떠들고 명랑한 바람에 교실 밖으로 쫓겨나기도 했지만, 그의 반응은 결코 가볍지 않았다. 그는 봉투에 '기소된 제자로부터, 아주 중요한 문제에 관하여'라고 쓴 뒤 선생님에게 항의하는 편지를 써 보낸다.

"미스 스티븐스(Stevens) 선생님, 제가 교실에서 도저히 참을 수 없고, 어떤 꾸지람으로도 억제할 수 없이 크게 웃었다는 이유로 선생님이면서 훈육관인 당신께서 비인간적인 처벌, 즉 교실 밖으로 나가도록 한 연유를 여쭙고자 합니다." 선생님은 편지를 읽은 뒤 그의 주장이 옳다고 할 수밖에 없었다. 그는 계속해서 "제가 최근까지 교실에서 잘하려고 노력하지 않았다는 것은 사실입니다. 또한 제가 원한다면 구석에 앉아 반성할 수도 있었습니다. 다른 학생들이 저를 따라할 수 있었다고 하셨습니다만, 선생님은 다른 학생들이 그렇게 어리석다고 생각하시는지요?"라고 말했다.

J. P. 모건은 장난꾸러기 열두 살 꼬마가 아니라 부모님처럼 강경하게 선생님이 교육 방법을 바꾸지 않는다면, 다른 반으로 가거나 수업을 빼먹겠다고 선언해버린다. "저의 이런 결정은 결코 홧김에 내린 게 아니라는 점을 분명히 말씀드립니다. 선생님은 제가 반항한다고 말하기 힘드실 겁니다. 또한 선생님은 돌이켜보시면서 제가 부당하게 처벌받았다는 사실을 인정하지 않을 수 있습니다… 그러나 제가 다른 반으로 가는 것은 오랜 시간 생각한 결정입니다. J. P. 모건 드림."

J. 피어폰트 모건이 그날 교실에서 장난친 상대는 두 살이나 많은 사촌인 제임스 주니어스 굿윈(짐)이었다. 짐의 아버지는 당시 코네티컷 뮤추얼 생명보험의 회장이었고, 모건의 아버지와 마찬가지로 신연방주의자였으며, 성공회 신도였다. 게다가 앤드류 잭슨에 반대한다는 점에서도 모건과 짐의 아버지는 같았다. 두 소년은 학교 이웃에 있는 미스 드래퍼스(Miss Draper's) 여학교를 다니는 소녀들을 훔쳐보느라 쉬는 시간 대부분을 허비했다. 처음에는 여학생들이 오후에 조심스럽게 무리지어 지나갈 때 살며시 훔쳐봤으나 시간이 흐르면서 대담해졌다. 어느 날 짐은 수업을 마치고 소녀들이 무리지어 걸어가는 길을 통해 집에 돌아가는 것처럼 하다, 갑자기 여학생 대열을 가로 지르면서 자신의 이름을 큰소리로 외쳤다. 이날 이후 그들은 여학생 대열을 가로지르면서 꽃이

나 캔디, 쪽지를 건네주었다.

어떤 날은 여학교의 마음씨 좋은 선생님이 조금 거리를 두고 여학생들과 걷는 것을 허락하기도 했다. 반대로 엄격한 선생님을 만나면, 그들은 잡히지 않기 위해 서로 갈라져 한 사람은 왼쪽에서, 다른 사람은 오른쪽 반대편에서 다가오며 여학생들에게 관심을 표시했다. 이후 한 번 더 시도하기 위해 한 블럭을 돌아 같은 방법으로 여학생들에게 접근했다. 이때 그들은 숨을 헐떡이지 않으려고 노력했다.

J. P. 모건은 간혹 드래퍼스 학교와 이웃한 나무에 기어오르기도 했다. 나무에 올라 그들은 학교 3층에 있는 학생들과 나무 위에서 대화할 수 있었다. 그는 몇 년 뒤 짐에게 그때를 환기시키며 "우리가 그런 짓을 하면 해당 여학생은 꾸중을 들어야 했음에도 놀랍게도 우리를 좋아했다"고 즐거워했다.

모건은 하트포드 기하학 교재의 뒤 여백을 이용해 친구에게 편지를 쓴다. "나는 말이야, 미스 다이애나(Diana)와 함께 집에 가자고 약속했다." 편지 내용에 따르면 그는 그녀에게 할 말이 있는 성싶다. "등교 전이나 방과 후에 그녀에게 그것을 말할 참이다." 그는 심지어 여성들의 옷맵시에 대해서도 쓴다. "그녀가 입은 그 옷을 그다지 좋아하지 않아. 구식이야. 너는 미스 P의 옷차림에 대해 어떻게 생각하니?" 그때는 풋사랑이 그의 최대 관심사였다. "거트루드(Gertrude)가 가버렸다고 미스 피바디(Peabody)에게 말 좀 해주라. 우리도 기다릴 수 없다고도 좀 전해주고, 내일 기하학 시간이 어떻게 될지 모르겠다고 말해주렴."

J. P. 모건이 거꾸로 쓴 다른 메모들은 거울 없이는 읽을 수 없었다. 모건은 로마시 교재의 뒤편 여백을 이용해서는 친구에게 "네가 알몸을 봤다는 첫 번째 여자에 대해 빨리 답장 좀 써주라"라고 부탁했다. 그리고 그 여백에는 "매리 도일(Mary Doyle)을 봤어야 하는데"라는 구절도 있다.

1850년대 하트포드에서 소녀의 알몸을 볼 수 있는 기회는 거의 없었다. 아마도 그들은 매리 도일이라는 하녀의 알몸을 열쇠 구멍을 통해 봤을 것이다. 또는 드래퍼스 여학교의 이웃 나무에 올라 장난끼 어린 스파이 짓을 했을 수도 있다.

⸻⸻

아버지 주니어스는 1850년 영국 잉글랜드를 방문했다. 그는 포목점 하우·마더에서 고참급 파트너가 되었고 회사 이름도 마더·모건(Mather, Morgan & Co.)으로 바뀌었다. 또한 그는 뉴잉글랜드에서 비즈니스 엘리트 반열에 올라 있기도 했다. 그는 아마도 마일스가 1636년 대서양을 건넌 이후 처음으로 대서양을 가로질러 본 모건 가문의 첫 번째 사람일지 모른다. 주니어스는 J. P. 모건에게 여행 중 있었던 일을 자세히 편지에 썼다.

그는 먼저 잉글랜드 북서부에 있는 호수마을에 들러 "유명한 아놀드(Arnold) 목사의 생가와 앰블사이드에서는 해리엇 마티뉴(Harriet Martineau)의 통나무집을 볼 수 있었다." 그가 잉글랜드를 방문하기 직전에 시인 워즈워드(Wordsworth)가 숨을 거두었다. 그래스미어(Grasmere)에 있는 시인의 묘를 방문한 주니어스는 아들에게 "네가 워스워드와 사우디(Southey)의 작품을 읽어보면, 내가 편지에 자주 소개한 곳을 알게 될 것이다"고 썼다.

이 코네티컷 양키는 런던으로 가면서 잉글랜드 역사·제도·전통에 깊이 감명받는다. 그는 역대 왕들이 즉위식을 할 때 앉았던 용상을 보기도 했고, 그레이(Grey) 경과 스탠리(Stanley) 경이 상원(The House of Lords)에서 벌인 곡물법 찬반양론을 주의 깊게 듣기도 했다. 그는 J. P. 모건에게 "두 사람 모두 내가 익히 들어 알고 있던 인물들이란다. 그들을 직접 보고 그들의 주장을 재미있게 들었다"고 말했다.

아버지는 편지에서 베어링 브라더스(Baring Brothers), 영란은행, 왕립증권거래소(Royal Stock Exchange) 등을 자세히 묘사하여 당시 세계 금융의 중심이었던 런던의 더 시티(The City)[1]를 자세히 소개한다. "왕립 증권거래소는 네가 들어봤을 뉴욕 증권거래소와 비슷하단다." 그는 이어 "런던 주재 미국 대사인 애보트 로런스(Abbott Lawrence)는 웰링턴(Wellington) 공작의 저택 가까이 있는 아주 훌륭한 집에서 멋지게 살고 있다. 영국인들은 코네티컷에서 우리보다 늦은 6시 30분에 저녁을 먹는다"고 설명했다.

주니어스는 집에 아서 웰링턴 공작인 아서 웰리슬리(Arthur Wellesley)의 사진을 가지고 있을 만큼 관심이 많았기에, 런던을 방문한 김에 공작의 저택인 앱슬리 하우스를 찾았다. "그는 워털루에서 나폴레옹을 물리친 인물로 네가 기억하고 있는 사람이란다"라고 아들의 기억을 되살렸다. 그는 웰링턴 공작의 집에서 나폴레옹한테서 빼앗은 마차를 구경했다. 그는 5월에는 영국 하원 근처에 있는 '철의 공작(Iron Duke: 웰링턴 공작)'을 먼발치에서 볼 수 있었는데, "그는 내가 가장 만나보고 싶어 했던 영국인이란다. 그는 말을 타고 있었고, 내 반대편에 있는 사람에게 뭔가 말하기 위해 잠시 가던 길을 멈췄단다. 그래서 운좋게 이 아빠는 그를 볼 수 있었고 매우 기뻤다"고 자신의 기분을 전했다.

주니어스는 웰링턴 공이 눈에서 멀어지는 사이 아들이 그와 같은 인물이 되기를 소망했다. "아비는 네가 스스로 알아서 할 나이가 되었을 때 큰 인물이 될 것이라고 기대한다." J. P. 모건은 아버지에게 보낸 답장에서 집에서 일어난 최근 소식을 전했다. 사업 이야기에서 시작해 집안의 딸기 정원과 지역 정치까지 자세히 설명했다.

할아버지 조셉이 미국의 도시화가 진척되자 1817년 스프링필드에서 하트

---

1. 런던 중심지에 있는 금융 중심가이다. 증권거래소와 세계적인 금융회사들이 밀집해 있는데, 지역적으로는 런던에 속해 있으면서도 시장이 따로 선출된다. -옮긴이

포드로 사업 무대를 옮겼듯이, 아버지 주니어스는 1850년 하트포드보다 더 넓은 세상을 꿈꾸었다. 그는 꿈을 실현하기 위해 런던에서 국제적인 은행가와 무역상들을 만났다. 영국 기행을 마친 뒤 4개월 만에 돌아와 마더·모건을 해체하기로 결정한다. 그리고 1849년에 200만 달러어치의 포목을 판매한 보스턴의 대형 수입업자와 손잡았다. 이렇게 해서 1851년 1월 1일 J. M 비비·모건(J. M. Beebe, Morgan, Co.)이 설립되었다.

주니어스는 보스턴에 살 집을 마련하는 동안 가족을 J. P. 모건의 할머니가 살고 있는 어사일럼의 집으로 보냈다. 모건은 1851년 귀, 얼굴, 목 등이 아파 집에 머물고 있었다. 그리고 1851년 2월에는 할아버지 조셉이 앓아누운 동안 잠깐 다녔던 체셔의 성공회 아카데미로 전학가야 했다.

그는 이 학교에서 교장 선생님인 세스 패독(Seth Paddock)의 집에서 하숙했다. 그는 목과 머리에 통증을 앓고 있었고 입술이 부르텄지만, 축구와 체스를 즐겼다. 이와 함께 라틴어와 그리스어를 공부했고, 그해 봄, 낚시, 개구리 잡기, 말 타기, 보트 타기, 야생화 꺾기, 정원 가꾸기로 시간을 보냈다.

J. P. 모건은 장난꾸러기 같고 공부하기를 싫어하는 성격 때문에 열네 살 때 독특한 데 관심을 쏟기 시작한다. 그는 체셔에서 열리는 금주 강연회에 열성적으로 참여했다. 수백 년 뒤 아이들이 프로야구 선수들을 쫓아다니는 것처럼 금주 강연을 한 성공회 신부들을 졸졸 쫓아 다녔을 뿐만 아니라 그들의 사인을 열성적으로 수집했다. 이 밖에도 그는 1850년 재커리 테일러(Zachary Taylor)가 죽는 바람에 대통령직을 계승한 휘그파 대통령인 밀러드 필모어(Millard Fillmore)의 사인을 운좋게 얻기도 했다.

J. P. 모건은 봄방학을 맞아 집에 머물고 있던 1851년 시청사에서 열린 휘그 당원 모임에 참석했고, 주지사 선거 기간에는 하트포드 쿠란트(Hartford Courant)의 사무실에서 시시각각 들어오는 뉴스를 정리하기도 했다.

그는 1850년부터 일기를 쓰기 시작했다. 그는 요즘 다이어리처럼 생긴 노트에다 그날 일어난 일을 시간 순으로 기록했다. 하나의 주제를 놓고 생각을 정리하는 방식으로 쓰지 않았다. 예를 들면, 1850년 1월 그의 일기에는 "썰매타기와 윷놀이(서양식)에서 아버지를 이겼다"는 내용이 있다. 다음날 일기에는 "어머니를 위해 면화 실 일곱 타래를 감았다. 어떤 사람이 새로 지은 백화점 타워에서 떨어져 숨졌다"는 기록도 있다.

그는 형제들에 대해서는 거의 언급하지 않았다. J. P. 모건이 쓴 이후 몇 달 동안의 일기를 살펴보면, "학교에서 춤췄다", "아가씨들과 티를 마셨다", "아버지가 집에 돌아오지 않았다", "어머니가 아프시다", "청어를 25센트 주고 샀다", "목이 너무 아파 학교에 가지 않았다", "로마시의 세 번째 책을 다 읽었다", "체리를 땄다"는 등의 내용이 들어 있다. 그는 어느 사람이 죽었는데도 별다른 감정을 드러내지 않는다. "(함께 살던) S. B. 패독이 오전 10시 쉰여섯의 나이로 숨을 거두었다. 저녁에는 집에 머물며 책을 읽었다"고 간단하게 기록했을 뿐이다.

드물게 감정의 편린이 드러난 경우도 있기는 하다. J. P. 모건은 오랫동안 아픈 뒤 쓴 일기에는 "병이 나아 기쁘다"고 기록했다. 상당한 기간 동안 집에서 편지를 받지 못한 1851년 3월에는 "어머니가 편지를 쓰지 않는 게 참 이상하다"고 속마음을 살짝 드러냈다. 어느 날 하트포드에 머물면서는 "아무도 없는 집에 있으니 외롭다"고 털어놓기도 했다.

그의 일기를 통해 알 수 있는 사실은 바로 마음을 다스리도록 훈련된 아이의 모습이다. 게다가 그는 1년의 기간 동안 지나간 날과 남은 날을 꼼꼼하게 따져 일기했다. 참을성 있고, 신중하며, 스스로 절제할 줄 아는 모습은 할아버지 조셉을 닮았다고 할 수 있다. 아버지 주니어스도 아들이 감정적인 외가 사람들보다는 할아버지를 닮도록 가르쳤다.

리스트를 만들고 사건의 일지를 기록함으로써 어린 J. P. 모건으로서는 도저히 통제할 수 없는 가족의 갈등, 빈번한 전학과 자주 바뀌는 친구, 어머니의 변덕스런 성격, 할아버지의 죽음, 자신의 병치레 앞에서 무력해진 마음을 추스르고 나름대로 사태를 파악하는 듯해 기뻐한 성싶다. 누구의 손아귀에 놀아났다는 기분보다 사태를 장악하지 못한 낭패감이 그에게 더 큰 고통이었는지는 알 수 없다.

《조지 워싱턴》의 지은이 스파크스는 미국의 영웅이 어릴 적 가졌던 관심사를 묘사하면서 "열세 살 된 아이가 아직 때가 이른데도 비즈니스의 건조함과 오묘함을 배우는 데 전념했다는 것은 아주 드문 경우"라고 썼다. J. P. 모건도 유달리 사업에 관심이 많았다. 그는 아버지 가게에서 장부를 정리하고 문서를 필사했으며, 그가 학교에서 배운 수학은 나중에 금융인으로서 생활하기 위한 훈련이 되었다.

또한 그는 달러를 파운드화로 환산해보았고, 이자율을 계산했으며, 순이익을 파트너 숫자에 따라 나눠보기도 했다. 어느 날에는 일기에 "뉴올리언스의 상인이 발행한 1만 5,265달러 85센트짜리 어음을 1퍼센트 할인율에 보스턴에서 계산하면 그 비용이 얼마인지를 계산해야 했다"고 썼다. 또 "98온스 순금을 동전으로 만드는 비용으로 0.1퍼센트를 제하고 나면 내게 얼마나 남을까"라고 일기에 적기도 했다.

어느 날 그는 한 자본가가 빌려준 원금 가운데 5분의 4는 연 4퍼센트의 이자를 받고, 나머지 5분의 1은 5퍼센트의 이자를 받기로 했는데, 그의 연간 이자소득이 2,940달러라면, 그 원금은 얼마인가를 계산해야 했다. 정답은 7만 달러이다.

J. P. 모건이 1851년 7월 체셔를 떠난 때 나이는 열네 살이었다. 그해 8월 아버지 주니어스가 상인이면서 자선가였던 아모스 애덤스(Amos Adams)한테서 빌린 보스턴 시내 집으로 가족들이 모두 이사했다. 모건은 보스턴에 도착하자

마 바뀐 환경을 탐험하기 시작했다. 항구의 배들을 살펴보면서 몇 시간씩 보냈고, 공터에 나가서는 연을 날려보았다. '의사'라는 별명을 가진 동생을 데리고 벙커 힐 기념관을 다녀오기도 했다. 이날 저녁에는 극장에 들러 '곱사등 & 당신의 세탁부와 어떻게 셈을 끝내지?'라는 연극을 본 뒤 일기에 "아주 좋았다"고 평을 남겼지만, '햄릿'을 본 뒤에는 별다른 느낌을 표현하지 않았다. 그는 대통령인 필모어의 연설을 주정부 청사에서 들었고, 올리버 웬델 홈스(Oliver Wendell Holmes)가 '자연의 사랑'에 대해 연설한 현장에 참석하기도 했다. 케임브리지에서는 하버드대학 총장을 맡고 있는 《조지 워싱턴》의 지은이 스파크스의 사인을 받는 데 성공했다. 그리고 당시 뉴욕 트로이에서 보스턴으로 옮긴 외할아버지 피어폰트 목사를 찾아갔다.

그해 9월 J. P. 모건은 상인으로 성장할 젊은이들에게 수학을 전문적으로 가르치는 고등학교 과정의 보스턴 잉글리시(Boston English)에 합격했다. 이때 보스턴 라틴(Boston Latin)은 좀 더 인문학적인 교육을 담당하고 있었다. 입학하고 며칠이 흐른 뒤 모건은 일기에 "학교를 아주 좋아하기 시작했다"고 기분을 기록했다. 그는 33명이 있는 학급에서 11등이었고, 캐릭터 면에서는 최우수 평가를 받았다. 수학시간에는 2차 방정식과 무한 소수, 루트 곱셈을 배웠다.

주변 인물 가운데는 J. P. 모건이 쓴 작문 숙제를 보관하고 있는 사람도 있다. '보스턴 잉글리시에 들어오면서 느낀 소감과 결의'라는 주제의 작문에서 J. P. 모건은 학교를 졸업하고 곧바로 사업을 시작하겠다고 적었다. 이어 그는 그 작문에서 "어떤 경우에도 스스로 행동하고 생각하겠다"고 결의를 다졌고, 가게나 사무실에서 "좋은 것을 이루기 위해서는… 내가 마지막으로 다닌 학교에서 캐릭터(사람 됨됨이)를 갖춰야 한다. 어느 누구도 엄밀하지 않고 신사적으로 행동하지 않으며 일에 열심이지 않는 직원을 두려고 하지 않는다"고 썼다.

그는 '근면성'에 대한 작문에서 "(부지런함은) 한 인간이 사회에서 가난하고 비참한 가장 밑바닥 인생에서 부와 명예를 얻는 데 가장 기본적인 자질"이라고 규정했다. 다른 작문에서 그는 자랑스럽게 옛날의 원시적인 교통수단과 "철마가 끄는" 기차를 비교하고, 그가 태어나기 전인 1652년 숲과 야생 동물로 가득한 지역을 회고하면서 "상업이 우리를 이렇게 발전시켰다… 다른 해안의 상품을 우리에게, 우리 지역의 산물을 그들에게 보내주고 있다"고 썼다.

놀랍게도 그는 작문에서 개인적인 속내를 털어놓기도 했다. 그는 어린이가 집을 떠나야 할 수밖에 없는 상황을 고민하는 흔적을 남겼다. 부유한 상인을 위해 상품을 싣고 거친 풍랑을 해치며 달려오는 '가난한 뱃사람'과 "마지막 숨을 거칠게 내쉬어야 하는 게 신의 뜻인지를 알지 못하고 선혈이 낭자한 핏빛으로 물든 전장에 뛰어들어야 하는" 병사의 이야기를 작문했다. 1852년 노예제에 관한 작문에서 그는 노예제에 반대하는 생각을 사실적으로 묘사한다.

"자유롭고 남을 공격하지 않는 니그로(흑인)들이 무자비한 노예상인들에 의해 사랑했던 집과 고국에서 끌려와 야만적인 채찍으로 다스려지는 다른 나라에서 살아야 하는 운명에 처해 있다."

그는 계속해서 "노예제가 광활한 공화국의 지주를 흔들어 놓고 있다. 텍사스가 양보했고, 노예제가 공식적으로 허용된 지역이 정해졌을 뿐만 아니라 이 나라의 수도에서는 탈주 노예 추적법들이 만들어졌다"고 비판했다.

당시 미국 상황을 설명하면, 노예제를 두고 남북의 갈등을 봉합하기 위해 1850년 대타협이 이뤄졌지만, 사람들 마음속에서 일어나고 있는 남북간 갈등은 더욱 커져만 갔다. J. P. 모건의 외할아버지 피어폰트 목사 같은 인물은 강력히 남부의 노예제를 비판했지만, 아버지 주니어스 같은 저명한 북부 상공인들은 노예제 폐지보다는 남북의 분열을 더 걱정하고 있었다.

J. P. 모건도 작문에서 아버지 등이 걱정하는 바를 언급한다. "북부가 남부의 노예제를 인정하지 않는다면, 우리나라의 깃발은 내려질 수밖에 없다. 100

년도 채 되지 않은 자랑스러운 우리의 독수리(미국)는 그동안 커다란 날개를 자유롭고 독립적인 땅 위에 펼쳤지만, 끝내 염증을 느끼고 떠나버릴 것이다. 우리나라의 명예는 실추될 수밖에 없고 합중국이라는 공화국은 사람들의 기억에서 사라져버릴 것이다."

―――――――

J. P. 모건이 보스턴으로 옮겨오면서 유년 시절과 대가족, 절친한 친구들은 하트포드에 남겨두어야만 했다. 그와 함께 여학생들을 훔쳐봤던 짐은 매주 편지를 주고받았고, 회사 세우는 놀이를 하며 우정 어린 이름을 단 '굿윈·모건(Goodwin, Morgan, Co.)'이라는 가공의 회사를 설립했다. 모건은 대도시에서 잘 팔리는 신발, 책 등을 주문해 마진을 하나도 붙이지 않고 사촌인 짐에게 넘겼다. 그 대가로 그는 사촌에게 하트포드 소식을 요구했다. 특히 '드래퍼스' 여학생들의 근황을 알고 싶어 했으며, 자신이 그리고 있는 족보 나무를 업데이트하기 위해 친인척들의 근황을 물었다.

J. P. 모건이 짐보다 두 살 아래였지만, 명령을 내리는 쪽이었다. 친구들 사이에 사인을 나눠주고 군대의 선임하사처럼 이것저것 지시했다. "내가 말한 대로 W. R. 로런스에게 O. W. 홈스의 사인을 주었니? 사인을 주었다면, 너는 왜 그에게 R. C. 윈드롭(Winthrop)의 사인을 달라고 말하지 않았지? 지금 당장 가서 사인을 달라고 해. 내가 이미 그에게 말해 놓았기 때문에 그는 줄 거야."

그 밖에도 모건은 비정상적인 철도 요금을 편지에서 언급하기도 했다. 당시 보스턴에서 뉴욕까지의 철도 요금이 2달러였는데, 이는 거리가 절반밖에 되지 않는 하트포드에서 뉴욕까지의 요금보다 쌌다. 모건은 또한 예술에 대해서는 남다른 안목을 가졌다. 그는 〈일러스트레이티드 런던 뉴스Illustrated London News〉 특별호를 런던에 주문하면서 짐에게도 주문하라고 권했다. "일반판보다 특별판이 훨씬 좋기 때문에 내가 너라면 주문하겠다. 너는 아마도 계속 갖고 싶을 것이다."

J. P. 모건이 1852년 봄 다시 병치레를 하는 바람에 '굿윈·모건의 비즈니스(편지 교환)'는 중단될 수밖에 없었다. 모건은 열병에 걸려 쓰러졌다. 엉덩이와 무릎에 염증이 생겨 도저히 걸을 수 없었다. 그해 3~5월 사이에 29일 동안 학교를 빼먹어야 했고, 그해 여름을 집에 머물며 건강을 회복해야 했다. 그는 10월 메드포드(Medford)에 있는 할머니를 찾았다. 그는 짐에게 쓴 편지에서 "시골의 맑은 공기가 내게 얼마나 좋은지 느껴보기 위해서"라고 그 여행의 목적을 말했다.

시골의 맑은 공기와 외할아버지의 따뜻한 보살핌이 어린 모건의 기분을 맑게 했지만, 몸이 너무 약해져 학교에 돌아갈 수는 없었다. 10월 말 모건의 부모들은 확실하게 공기를 바꾸는 게 아들에게 좋다고 결론 내린다. 아버지 주니어스는 선박 소유자이면서 비즈니스맨이고 포르투갈에서 미국 영사로 근무하고 있는 찰스 W. 대브니(Charles W. Dabney)에게 아들을 보낼 테니 보살펴 달라고 부탁했다. 소년 J. P. 모건은 학교를 졸업하고 곧장 취업할 생각이었지만, 병 때문에 인생 항로를 바꿔야 했다. 그는 1852년 11월 8일 태양 아래에서 요양을 위해 집을 떠났다.

J. P. 모건은 걸을 수 없어 사각형처럼 생긴 특별 장구에 의지해 보스턴에서 배에 올려졌다. 그의 몸무게의 변화를 보면 그의 상태가 얼마나 악화되었는지 짐작할 수 있는데, 아프기 전에는 키 170여 센티미터에 68킬로그램이었던 몸무게가 61킬로그램으로 줄었다. 배가 보스턴 항구를 떠나자 그의 항해 일지에 "바람 북서풍… 오전 8시에 코드(Cod) 곶을 지났다"고 기입했다. 다음날 일지

에는 "대서양의 배 위에서 바라보니 태어난 이후 처음으로 땅이 내 눈에 들어오지 않는다"는 내용이 들어 있다.

날씨가 거칠어 다른 승객 7명은 선실에 머물고 있었지만, J. P. 모건과 보호자 대브니는 갑판으로 올라와 맑은 공기를 즐겼다. 소년 모건의 건강은 바다 공기 덕분에 빠르게 호전되었다. "저는 더 이상 신경통에 시달리지 않습니다"라고 부모에게 편지를 썼다.

소년 모건은 작문에 쓴 대로 병사와 가난한 선원, 흑인 노예처럼 사랑하는 가족과 집을 떠나 미지의 땅을 향해 가고 있었다. 그는 보스턴에 있을 때보다 꼼꼼하게 위치 등을 일기에 적어갔다. 심지어 위도·경도·기압·여정과 함께 보스턴에서 멀어진 거리 등을 꼼꼼하게 정리했다.

J. P. 모건이 탄 배는 강력한 서풍에 힘입어 예정보다 빨리 아조레스(Azores)에 도착했다. 아조레스는 여러 개의 섬으로 이뤄진 군도이고, 포르투갈에서 서쪽으로 900마일 떨어진 곳에 위치해 있다. 7일 동안 대서양을 지나 파이알(Faial) 섬의 호르타(Horta) 항구에 도착했다. 모건은 항구가 내려다보이는 호텔 방에 짐을 풀었다.

11월이면 보스턴에서는 모든 나무들이 나뭇가지만 앙상해지고 하늘이 잿빛으로 변하면서 음산하지만, 이국적인 이곳에서는 햇볕이 여전히 따가울 뿐만 아니라 기온도 화씨 55~70도 정도를 유지한다. 정원에는 수국과 진달래 등이 만발했다. 그는 크리스마스를 위해 보스턴에 있는 부모들에게 오렌지와 아조레스 지역에서 만든 포도주를 기념으로 보냈다. "산타클로스 할아버지가 펨퍼튼 광장(Pemperton Square)을 방문할 때 나를 잊지 않기를 바란다"는 편지를 포도주 등과 함께 보냈다.

모건은 얼마 지나지 않아 호텔에서 친구 하나를 사귀었다. 폐결핵을 앓고 있는 영국인 내과의사였다. 그도 건강 때문에 요양차 파이알에 온 사람이었다. 두 병자는 함께 식사를 즐기기도 했고, 저녁 식사 뒤에는 체스를 두었으며, 호르타 항구의 좁은 길을 산책했다. 하지만 모건은 외로웠다. 그는 부모에게 보낸 편지에서 "대브니씨 가족이 아니라면 살 이유가 없을 것 같다"고 말했다.

대브니 가문은 1807~1892년에 3대가 파이알 공사를 지내면서 미국의 이익을 대표하고 있었다. J. P. 모건은 저녁 초대를 받고 영사관저와 대브니의 맨션을 방문했다. 그 섬에는 청교도 교회가 없어 대브니 집안에서 예배를 드리기도 했는데, 모건은 그곳에서 가족 도서관, 당구장 등을 자유롭게 이용할 수 있었고, 정원과 운동장에서 놀기도 했다.

건강 상태가 호전되면서 J. P. 모건은 점차 파이알 항구를 거닐며 선주와 선장 등을 만나 대화하면서 배에 대해 많은 것을 듣고 배웠다. 배들이 얼마나 빠르게 항해하고, 어떻게 수리되는지 등등. 그가 배에 관심을 가진 것은 호기심 때문이기도 했지만, 배가 가족들의 소식을 전해주는 유일한 수단인 까닭이었다.

소년 모건의 파이알 생활은 자발적인 유배라고 할 수 있었다. 그는 적적한 유배 생활 동안 편지를 통해 가족과 끈을 유지하려고 애썼다. 미국으로 가는 배편에 편지와 개인 일지 등을 계속 보내고, 오는 배편에는 미국 신문 다섯 가지를 주문하기로 마음먹었다. 또한 매주 집에서 편지가 올 것이라고 예상했다.

미국과 집에 관한 아주 사소한 소식에도 그는 흥미를 느꼈고, 그도 사소한 소식까지 전하려고 애썼다. 배가 들어올 때마다 항구로 뛰어내려가 배가 싣고 온 물건 가운데 수취인이 자신으로 되어 있는 게 있는지 샅샅이 뒤졌다. 그러나 나날이 흘러갈수록 그는 매번 "가슴이 무너지도록 실망해야 했다."

보스턴의 침묵이 오래 되면 될수록 편지를 기다리는 소년 모건의 바람은 더욱 커졌다. 타고온 배편으로 편지 한 묶음을 보스턴에 보낸 뒤 그는 일기에 "배가 되돌아오기를 얼마나 간절히 기다렸던가!"라고 썼다. 심지어 돌풍이 불면, 거센 바람 덕분에 배가 한순간이라도 빨리 도착할 수 있다고 스스로 말하며 위안했다.

그가 파이알에 도착한 지 7주가 지난 뒤 크리스마스에 쌍돛대 범선이 싣고 온 가족의 첫 편지를 받을 수 있었다. 산타클로스 할아버지는 그를 잊어버렸거나 크리스마스에 맞춰 선물을 보내지 못했다. 실망스런 상황인데도 가장 밝은 표정을 지으며, 가족의 편지를 "아주 좋은 크리스마스 선물"이라며 일기에 그날을 "아주 행복한 날"이라고 기록했다.

모건의 부모들이 왜 편지를 자주 쓰지 않았는지는 분명하지 않았다. 그들의 침묵이 길었던 이유 가운데는 원활하지 못한 교통통신과 불안한 날씨 탓도 있었다. 증기선이 돛단배를 대체하기 시작한 시점이 바로 1850년대였고, 우편물은 대부분 영국을 거쳐 다른 나라로 우송되었다. 영국 리버풀을 거쳐 파이알까지 가는 항해 기간만도 28일이었다. 여기에다 미국을 경유하는 시간까지 더하면 편지 한 통을 주고받는 데 두세 달은 족히 걸렸다고 봐야 한다.

J. P. 모건이 미국 보스턴에서 파이알까지 오는 데 열하루가 걸렸고, 여러 척의 배들이 대브니에게 오는 편지를 싣고 곧장 미국에서 그곳까지 온 적이 있었다. 그러나 모건의 우편물은 그 기간 동안 전혀 도착하지 않았다. 그의 부모들은 자주 편지를 주고받으면, 아들의 독립심이 약해질 것이라고 생각하고 일부러 편지 쓰기를 자제했을 수 있다.

소년 모건은 "시간을 즐겁게 보내기 위해서 카나리아 몇 마리와 검은새 한 마리를 사 돌보기 시작했지만" 무료함과 고향 소식을 기다리는 마음은 달래지지 않았다. 12월 들어 폭풍 때문에 "다리 하나 없는 오리처럼 기우뚱거리는 배들이" 되돌아와 여러 날 항구에 머물기도 했다. 그는 당구나 공을 나무에 매달아 치는 게임을 즐기거나, 편지를 쓰는 것으로 자신을 다잡으려고 했다. 특히 영국 여왕들에 관한 책과 제임스 페니모어 쿠퍼(James Fennimore Cooper)가 쓴 《집을 향해Homeward Bound》를 즐겨 읽었다. 《집을 향해》는 그순간 소년 모건의 마음을 말해주는 제목이었다. 그러나 쉽게 책에 몰입할 수 없었다. 한 시간 쯤 읽은 뒤에는 "너무 애가 탔다… 책이 재미없게 느꼈다"고 일기에 적었다.

소년 J. P. 모건은 늘 하던 대로 쓴 돈을 꼼꼼하게 기록해 나갔다. 숙박비는 주당 5 스페인 달러였고, 세탁을 부탁할 경우 40센트나 50센트가 추가되었다. 금전출납부를 작성하면서 자연스럽게 환율의 의미도 알게 되었다. 이를 통해 25센트짜리 미국 동전을 괜히 준비했다는 사실을 깨달았다. 미국 1달러 지폐는 1.10 스페인 달러로 교환됐고, 영국의 1파운드는 5.4달러에서 5.6달러로 교환된다는 사실도 알게 되었다. 파운드 가치가 높은 데 대해 그 소년은 "영국으로 송금하려는 유태인들 탓에 파운드 수요가 많았기 때문"이라고 나름대로 해석했다.

그는 포르투갈 전통 기념일 파티나 댄스파티에 몇 차례 참석하기는 했지만, 지역 원주민에 대해서는 큰 관심이 없었다. 그가 뱃사람과 노예들에 동정을 느낀 이유는 가족과 떨어져 있는 상황 탓이었지 사회적 비판의식은 아니었다. 그는 배운 대로 가난한 사람들은 남을 탓하기에 앞서 스스로 반성해야 한다고 생각했다. 아버지에게 보낸 편지에서 그는 "이곳 사람들은 너무 가난하고 게으릅니다. 땅 바닥에서 돈이나 음식을 구걸하는 사람들이 많아 길을 지나가기가 힘들 정도입니다"고 말했다. 어느 날 그는 황폐해진 집과 제멋대로인 거리를 살펴본 뒤 "게으른 포르투갈 사람들은 소유물을 제대로 관리할 만큼 자존심을 가지고 있지 않다"고 결론내리기까지 했다.

모건은 1853년 1월 독감에 걸려 쓰러졌다. 친구인 의사 콜이 그의 곁을 지켰다. "그가 없었더라면 나는 어찌할 바를 몰랐을 것"이라며 병약한 소년은 한숨을 내쉬었다. "우리 둘은 서로 잘 웃겼다. 콜 선생은 봄에 집에 돌아가는 데 문제가 없다고 장담했다." 소년 모건은 사실 봄이 오기 전에 미국으로 돌아가고 싶어 했다. "아주 불행하고 외로운" 그해 1월 그는 부모님에게 다음 편 리버

풀 증기선을 타고 돌아가고 싶다며 허락을 청했다. 그리고 예의 불평을 털어놓았다. "저는 가능한 한 자주 아버지와 어머니 편지를 받고 싶습니다. 지난 10주 동안 단 한 차례 받았을 뿐입니다."

감기가 떨어지기 무섭게 이번에는 그의 발끝이 부풀어 올라 도저히 걸을 수 없는 지경이 되었다. 그는 병을 달고 다니는 자신이 짜증났다. "내가 한 가지 병을 이겨내면 다음 것이 찾아오는 듯하다." 그러나 그의 병은 나날이 호전되었다. 하루에 오렌지 20개를 먹었고, 바지춤을 채우지 못할 만큼 살도 올랐다. 그는 "1인치 반이나 불어난 듯하다"고 일기에 썼다.

1853년 2월 어느 날 모건이 타고 왔던 배가 도착했음을 알리는 깃발이 항구에 올랐다. 소년 모건은 대브니의 저택으로 달려갔다. 그순간 대브니 가족들이 "기쁨에 뛰고 춤을 추고 있었다. 몇 달 동안 받지 못한 친구와 가족의 편지를 싣고 오는 배가 항구에 들었다는 기쁨을 경험하기 전까지는 이해할 수 없었다"고 일기에 썼다.

그는 잽싸게 배에 올라 이것저것을 살펴보았고, 마침내 아버지 주니어스가 보낸 편지를 발견해냈다. 대브니의 도움을 받아 다른 편지들을 뭍에 올려 놓았다. 그러나 소년 모건은 "내게 온 게 고작 편지 한 통뿐이라는 사실을 알고는 너무 우울해졌다. 나쁜 소식뿐만 아니라 모든 것들이 뒤에 남겨지고 이번에는 오지 않았다고 생각했다. 밤에 잠을 이룰 수 없었다"고 일기에 적었다.

그는 다음날 아침 일찍 배로 가 다시 뒤져보았다. 아니나 다를까 친척과 친구들이 보낸 편지 묶음을 발견했다. 그 다음날에는 또 다른 노다지를 캐냈다. 그가 보스턴을 떠난 지 석 달 만에 정든 가족들한테서 처음 받은 편지 다발이었다.

모든 화물은 세관을 거쳐야 했다. 세관 검색원들이 배에서 모든 화물을 내려 검사하는 며칠 동안 그는 초조하게 기다려야 했다. 다음날 아침 일찍 아우성 소리에 모건은 잠에서 깨어났다. 사람들이 모건 방의 아래층에 묵고 있던 선원들에게 항구를 보라고 소리치고 있었다. 모건은 항구를 내려다보기 위해 침대에서 뛰어내렸다. 해변에는 밤새 불어 닥친 폭풍으로 난파한 배들의 잔해가 널려 있었다. 모건이 고대하던 물건을 싣고 온 배는 돛대가 세 개였으나 선원들이 폭풍에 휩쓸려 가는 것을 막기 위해 외대박이 돛단배로 바뀌어 있었다. 소년 모건은 항구로 내달려 소중한 물품을 싣고 온 배가 온전한지 여부를 먼저 살폈다. 그 배가 도착한 지 이틀 뒤 그는 잠을 설치며 고대하던 우편물을 받았다. 새 바지, 슬리퍼, 사탕, 그리고 시계가 들어 있었다.

수리를 마친 그 배의 돛들이 더 작아진 것처럼 보였다. "프랭클린 피어스 (Frankline Pierce)가 미국 대통령으로 취임한 날이었던 것 같다"고 그는 나중에 그때를 회고한다. 바로 1853년 3월 4일의 풍성한 선물 덕분에 고립감이 덜해졌다. 그는 일기에 "어떤 이들이 장관이 되었는지 알고 싶지만, 대서양 한가운데 있는 외로운 이 섬까지, 특히 소식을 전하는 사람이 돛이 잘려 여기에 여러 날 머물게 되면 소식은 늘 한참 지난 뉴스"라고 일기에 적었다.

소년 J. P. 모건은 요양 초기 가능한 한 쾌활하게 지내려고 노력했지만, 그해 2월 들어서는 노력하지 않아도 쾌활해졌다. 그는 "시간이 지날수록 이곳이 좋아지고 있지만 그렇게 많이 좋아하지는 않다"고 부모에게 말했다. 대브니 가족과 의사 콜이 그곳 생활을 견딜 만하게 해주기는 했다.

의사 콜이 그해 3월 중순 각혈을 하는 바람에 소년 모건은 밤에도 그의 곁을 지켜야 했다. 그런데 3월 29일 그는 일기에 비극적인 사실을 기록해야 했다. "내 친구 콜이 어제 저녁 오후 5시에 숨을 거두었다. 그는 진정한 신사였고, 나를 기쁘게 해준 사람이었다… 그는 내일 아침에 안장될 예정이다." 며칠 뒤에는 "그는 말을 잘 들어주는 사람이었는데, 오늘은 그가 너무 그립다"고 썼다.

아열대 섬에서 4개월이 흐른 뒤 그의 몸 상태는 몰라보게 좋아졌다. 그는

"다른 사람들 못지않게 빨리 걸을 수 있습니다"라고 보스턴에 알렸다. 지난 가을 병치레를 심하게 할 때 빠진 살도 다시 올랐다. "내가 여기 온 목적은 다 이뤄졌습니다. 이제 집을 향해 가야 할 때입니다." 모건의 부모들도 동의하고, 문화적 소양을 높이기 위한 교육을 위해 아들을 영국에 보내기로 했다. 결국 모건은 보스턴이 아닌 영국에서 보고 싶은 아버지와 어머니를 만나야 했다.

―――――◆◆◆―――――

1853년 4월 15일 J. P. 모건은 증기선 그레이트 웨스턴호를 타고 파이알을 떠나 여드레 만에 런던에 도착해 캐슬앤팔콘(Castle & Falcon) 호텔에 짐을 풀었다. 그는 대브니의 부탁을 받고 로이드(Lloyd)를 방문해야 했고, 어느 날에는 버킹검궁, 웨스트민스터 수도원, 앱슬리 하우스, 하이드 파크, 상원 건물 등을 둘러보았다.

아버지 주니어스가 경영하는 J. M. 비비·모건은 1852년 한 해 동안 매출액이 700만 달러에 이르렀고, 영국 주요 무역상들도 회사 이름을 기억할 정도로 성장했다. 1853년에는 영국에서 활동 중인 미국 금융인 가운데 가장 유명한 조지 피바디(George Peabody)조차 주니어스를 런던으로 초청해 파트너십을 제안했다. 나중에 주니어스는 보스턴 파트너와 이미 맺고 있는 계약 때문에 아쉬워하면서 거절해야 한다. 주니어스 부부는 그해 5월 18일 미국 신임대사의 부임을 축하하기 위한 만찬에 초대받았다. J. P. 모건은 이때도 너무 아파 파티에 참석할 수 없었다.

소년 모건은 부모들이 영란은행을 돌아보려고 할 때 같이 갈 수 있어서 전날 아쉬움을 달랠 수 있었다. 영란은행은 당시 세계 경제·금융 흐름을 쥐락펴락했던 최고의 금융기관이었다. 건물은 18세기 말 존 손(John Soane) 경이 설계했고, 본채는 코린트 양식의 거대한 기둥 뒤에 자리 잡고 있다. 모건은 그날 저녁 일기에 "내 손으로 100만 파운드를 쥐어보았다"고 썼다.

모건 가족은 그해 5월 말 유럽 대륙을 향해 출발했다. 프러시아[2]의 프리드릭 빌헬름(Fredrck William) 4세의 모습을 드레스덴에서 직접 보기 위해 벨기에와 독일을 들른 뒤 프랑스 파리에 도착해서 2주 동안 한가한 시간을 즐겼다. 그들은 호텔에 머물며 오페라 극장, 루브르 박물관, 노틀담 사원, 룩셈부르크 궁전 등을 구경했다. 모건은 팰리스 로열(Palace Royal)과 카페 드 파리(Café de Paris)에서 잊을 수 없는 최고급 저녁을 즐길 수 있었다고 여행 일기에 기록했다. 어느 날 나폴레옹 3세와 황비 외제니(Eugénie)를 볼 수 있었고, 나폴레옹 무덤을 구경하고 '블로뉴 숲'을 거쳐 베르사유 궁전에 들렀다.

J. P. 모건 가족은 그해 6월 런던에 돌아와 유럽에 이어 영국에서 왕의 행렬을 구경할 수 있었다. 소년 모건이 태어난 해 즉위한 빅토리아 여왕을 우연히 지켜볼 수 있었다. 다음날 저녁에 오페라를 보기 위해 들른 극장에서 다시 빅토리아 여왕 일행을 보았다. 블룸스버리에서 캔터베리 대주교의 강론을 들었다. 그의 여행 일지에 따르면, 모건과 부모는 사이든험에 있는 크리스탈 궁전을 살펴봤고, 채트워스에 있는 데번셔 공작의 저택을 들렀다. 7월에는 귀국하기 앞서 월터 스코트(Walter Scott)의 고향인 애봇스포드를 여행했다.

J. P. 모건이 보스턴 집을 떠나 생활한 기간이 아홉 달에 이르렀다. 미국으로 돌아온 모건은 보스턴에서 잠시 머문 뒤 하트포드에 갔다. 그곳에서 그는 굿원 사람들과 '드래퍼의 여학생들', 할머니 등을 두루 만날 수 있었다. 다른 날과는 달리 하루 동안 소풍간 날에 대해서는 흥분해 마음을 쏟아 내놓는다. "내

---

2. 독일 통일은 19세기 후반에 이루어졌다. 모건 일행이 영국을 방문한 1850년대 독일은 여전히 수많은 공국이 할거하고 있던 시대였고, 프러시아 왕국이 가장 큰 영향력을 행사하고 있었다. -옮긴이

생애에서 최고의 날이었다. 헬렌 웰스(Helen Wells)가 나와 함께 말을 탔다. 모든 게 환상적이었다."

그해 9월 보스턴에 돌아온 뒤 친구 짐에게 이런 편지를 띄운다. "아버지는 말이야, 우리가 샴쌍둥이처럼 함께 참석하면 좋다고 생각해서. 이게 환상적인 계획이라고 생각하지 않니?" 이어 그는 "여기 보스턴에서도 가장 멋진 여자 아이를 알고 지내며 수업이나 콘서트 등에 함께 갈 수 있기를 간절히 원하고 있다"고 말했다.

보스턴에 돌아온 J. P. 모건은 거의 1년 동안 수업을 빼먹었지만, 옛날에 속해 있던 반에 다시 들어갔다. 천문학, 윤리 철학, 그리고 가장 지루한 기독교 교리의 진도를 따라가기 위해 최선을 다했다. 오전 8시에서 밤 12시까지 책상에 붙어 앉아 공부해야 하는 사실을 불평하기도 했다. 이때 그는 "정말 눈코 뜰 새 없을 정도로 바쁘다"고 일기에 써넣었다.

소년 모건은 이렇게 바쁜 와중에도 틈을 내어 보스턴에서 열리는 휘그파 정치 집회에 참석했다. 그날 연사는 웬델 필립스(Wendel Phillips), 에드워드 에버레트(Edward Everett), 헨리 워드 비처(Henry Ward Beecher)였고, 청중들이 주로 던진 질문은 노예제 문제와 남북 갈등이었다. 이 자리에서 그는 연극 〈엉클 톰스 캐빈Uncle Tom's Cabin〉을 관람했다.

모건은 휘그파적인 정치적 견해를 가지고 있었지만, 미시시피 출신 민주당 의원이었고, 남북전쟁 당시 남부의 전쟁 장관과 대통령을 지낸 제퍼슨 데이비스(Jefferson Davis)에게 사인을 요청하는 편지를 쓴다. "많은 전임자들의 사인을 보관하고 있는데, 여기에 귀하의 사인을 보탠다면 제게는 더할 나위없는 영광입니다."

반노예제 단체 이름이 그의 일기에 살짝 등장한 시점은 1854년 6월이었다. 이때 앤서니 번스(Anthony Burns)라는 흑인 노예가 탈출했다가 탈주노예 추적법에 따라 보스턴에서 붙잡혀 남부 파견관에 의해 억류되었다. 반노예제를 지지하는 보스턴 시민들은 그의 송환을 막기 위해 갖은 노력을 다했다. 유명한 노예제 폐지론자인 T. W. 히기슨(Higgison)이 이끄는 일단의 흑인과 백인들은 무력으로 억류된 노예를 석방시키려고 시도했다.

결국 피어스 대통령이 기병과 해병대를 동원해야 하는 상황으로 번졌다. 그들의 무력 시도는 실패로 끝났고, 기병대는 그해 7월 2일 번스를 보스턴항까지 호송했다. 번스의 호송 행렬은 노예를 강제 송환하는 연방정부의 태도를 한탄하는 의미의 교회 종소리, 거꾸로 게양 된 올드 글로리(Old Glory)[3]와 검은 천이 드리운 건물 사이를 걸어가야 했다. 이날 모건가의 지주인 A. A. 로런스는 "우리는 그날 전통적이고 보수적이며 타협적인 휘그로 잠에 들었지만, 깨어났을 때는 열정적인 노예폐지론자가 되어 있었다"고 기록했다.

윌리엄 로이즈 개리슨(William Lloyd Garrison)은 항의의 표시로 헌법을 '죽음의 약정서'라고 부르며 불태웠다. 소년 J. P. 모건이 그날 일기에 속내를 드러내지 않아 당시 뉴잉글랜드 사람들과 같이 생각했는지는 알 수 없다. 단지 "도망친 번스가 다시 송환되어 보스턴에는 소용돌이가 일었다. 화창한 날이었다"고만 적었다.

J. P. 모건이 사촌인 짐과 교환한 편지에는 모자·코트·신발 등 의류 교역과 하트포드의 기독교 교회와 보스턴의 성바오로 성당 비교, '언젠가 그에게 콩을 선물하고 그가 콩을 아는지 보겠다'는 등 제3의 인물과 알고 지내는 사실, 이성에 대한 얘기 등이 적혀 있다.

소년 모건은 짐에게 엘렌 테리(Ellen Terry)라는 이름을 가진 하트포드의 여자

---

3. 미국 국기의 이름은 크게 두 번 바뀐다. 현재 별 50개와 가로줄이 쳐진 국기는 스타스 앤 스트라이프스(Stars & Stripes)이고, 독립 초기 별 13개짜리 국기는 베트시 로스(Betsy Ross)라고 불렸다. 올드 글로리는 미국 주가 48개여서 국기의 별의 숫자가 48개였던 1912~1959년에 쓰였던 미국기를 의미한다. -옮긴이

아이에 대해 경고하기도 했다. "그녀는 지독하게 이기적이다. 자신이 원하는 것은 모두 이루어야 직성이 풀리고, 네가 뭔가를 해준다면 그녀는 당연하게 여길 것이다." 이 엘렌 테리는 유명한 영국 배우와는 아무런 관련이 없다. 그런데 그는 미스 T에 대해 관심을 표현한다. "네가 그녀를 만나 나에 대해 어떻게 생각하는지를 알아봐주라."

사춘기 소년인 J. P. 모건은 마침내 보스턴에서 최고의 소녀들을 만나게 된다. 아쉽게도 그의 일기에는 그 소녀들의 이름은 나타나 있지 않고 오직 이니셜만 기록되어 있을 뿐이다. 특히 'E. D.'라는 소녀는 사춘기 모건과 함께 콘서트, 파티, 강연장, 박물관 등을 함께 갔다.

그 소녀의 이름은 엘리자베스 달링(Elizabeth Darling)이다. 드래퍼 여학교의 학생이었고, '숭배자'보다 세 살이 많았다. 사춘기 모건은 가능한 한 그녀를 집까지 데려다 주었고, 그 소녀의 부모와 오빠, 남동생들과 인사까지 했다. 그는 보스턴과 하트포드에서 다른 소녀들과 만나기도 했지만, 리지[4] 달링을 정말로 좋아한 성싶다.

학교 졸업반 선배들은 웅변술이나 "양심이 인간의 법 위에 있는가?", "캐릭터에 관한 지적인 탐구가 낳은 효과" 등을 발표했다. J. P. 모건은 역사적 기록을 하기로 결정해놓은 상태였다. 그는 북소리와 함께 울려 퍼지는 목소리로 발표한다. "사악하고 사리분별이 없는 루이 15세는 죄책감에 시달리고, 시민들의 저주를 받으며 1769년 코르시카의 작은 섬에서 무덤 속으로 사라졌는데, 그는 삶의 원형 무대에서 동시대인으로서 가장 기억에 남을 만한 인간이다."

나폴레옹은 19세기 사람들의 상상력을 자극한 인물이다. 그가 숨을 거둔 지 10년 뒤에 출판된 그에 관한 책은 당시 언론의 각광을 받았다. 그의 '제국'

---

4. 엘리자베스의 애칭 -옮긴이

은 패션·건축·가구··예술 등에 크게 영향을 끼쳤다. 장군들은 그의 전략을 탐구했고, 정치가들은 그가 권력의 정점에 오른 과정을 분석했다. 학교 꼬마들은 전쟁놀이에서 그의 역할을 맡기 위해 다투었다. 랠프 왈도 에머슨에게는 통탄할 일이었지만, 그 프랑스의 황제는 미국인들을 자신의 숭배자로 만들어 버렸다.

J. P. 모건은 선정한 인물인 나폴레옹을 진정으로 탐구했다. "보나파르트라는 이름과 명성이 지구의 한 끝에서 다른 끝까지 퍼져 나갔다. 타의 추종을 불허하는 그의 용기와 최고의 천재성, 끝없는 돌출행동 등은 문명화된 지역에서 전설로 만들어지고 있다." 소년 모건은 나폴레옹의 별 볼 일 없던 초기 인생을 강조했다. "그는 한때 평민 출신임을 자랑스러워한 것처럼, 황손의 후예도 아니라는 점에 비춰볼 때 나폴레옹 보나파르트는 놀라울 정도로 자수성가한 사람이다."

소년들은 이쯤 되면 누구나 나폴레옹과 같이 될 수 있다고 상상하는 법이다. 특히 흥미로운 사실은 나폴레옹의 꺾이지 않은 용기였다. "그의 앞길에 놓인 어떤 장애물도 그를 막지 못했다… 그가 실제 전장에서 몇 차례 패했듯이 그 장애물에 걸려 넘어질 수도 있었지만, 인내심이 부족해서 고난 앞에 움츠러들지 않았고 비겁함 때문에 위험을 회피하는 일은 하지 않았다."

부모는 소년 J. P. 모건에게 다른 영웅들도 소개해주었다. 스파크스 버전의 조지 워싱턴은 민주적 리더의 전형이었고, 정직하고, 부지런하며, 희생할 줄 아는 사람이었다. 반면, 아버지 주니어스가 좋아한 웰링턴 공작은 강한 군사력과 귀족적 전통의 화신이었다. 그러나 모건과 동시대인들에게 미국의 아버지나 보수적인 영국 귀족은 그다지 매력적이지 않았다. 그들의 마음을 앗아간 사람은 바로 그 코르시카 출신 모험가였다.

미국인들의 나폴레옹 숭배는 이후에도 상당 기간 이어진다. A. L 제라드

(Guérard)가 1924년 하버드대학 신입생들을 상대로 설문 조사한 결과 나폴레옹이 가장 좋아하는 인물로 나타났다. 하워드 멈포드 존스(Howard Mumford Jones)와 다니엘 아론(Daniel Aaron)은 1930년대에 나폴레옹 대해 "운명의 아들인 나폴레옹은 그의 무시무시하고 얼을 빼놓는 위엄에 영향 받지 않는 사람들에게도 올림푸스 거인 같은 조지 워싱턴보다 흥미로운 사람으로 비추어지고 있다"고 말했다.

열일곱 살 소년인 모건은 계속해서 논란의 대상이고 신화적인 인물인 나폴레옹의 시대로 되돌아가 풍성한 문체로 그 영웅을 서술했다. 이는 후세인들이 모건 자신의 인생에 대해 극단적으로 엇갈린 평가를 내놓는 상황을 암시하는 듯하다.

"전기 작가가 관심 가질 만한 인물 가운데 일반 시민의 기억과 치밀한 기록상의 이미지들이 그만큼 큰 차이를 보인 사람은 없었다. 한 역사가는 그를 극찬하고 추앙한 반면, 다른 역사가는 무자비하게 비판하고 있다. 불행히도 우리는 서로 상반된 시각과 내용으로 가득한 기록에 의지해 그의 삶을 판단하고 평가해야만 한다."

그는 이어 한 역사가가 "나폴레옹을 극찬하고, 다른 역사가는 극단적으로 비판한다고 해도" 그의 용기나 천재성을 부정할 사람은 없다고 주장했다.

J. P. 모건은 '프랑스의 부국강병을 위해 일했다'는 나폴레옹의 주장에 대해 예외적으로 비판적인 평가를 내린다. "채워지지 않는 그의 야망 때문에 그는 조국 프랑스 미래의 복지보다는 개인적인 성취를 우선했다." 모건의 해석에 따르면, 나폴레옹은 "개인의 야망과 천재성 때문에 이웃 나라를 정복해 승리의 칼 아래 굴복시켜 정복자가 되었다."

J. P. 모건은 외로운 섬에서 유배생활처럼 요양을 마친 직후 세인트헬레나섬에서 유배생활을 하는 나폴레옹을 자신의 경험에 비추어 상상했다. "사면이

바다로 둘러싸여 있고, 더 이상 황제도 아니고, 적들이 배치해 놓은 경비병에 포위되어 있는 상황에서 그의 기분은 어떠했을까? 그리고 수많은 시간이 흐른 뒤 그는 임종을 맞이해야 할 침대에 누워 있고, 영혼은 황폐해졌으며, 석방될 것이라는 희망은 사그라졌고, 육신은 지독한 병 때문에 약해질 대로 약해졌을 때 프랑스의 영웅이었고 유럽의 정복자였던 화려한 시절을 얼마나 떠올려야 했을까?"

모건의 작문은 긴 역사적 관점을 소개하는 것으로 끝난다. "인간이 구성한 어떤 법정도 나폴레옹에 대해 모든 사람들을 만족시킬 수 있는 판결을 내놓을 수 없다." 그럼에도 모건은 스스로 몇 가지 점에 대해 판단을 내린다. "고집불통과 지독한 혐오가 보나파르트에 대한 비판자들의 특징이다. 반면 그의 천재성과 용기에 대한 찬미는 그의 팬들을 도드라지게 한다"고 쓰면서, "사람들이 나폴레옹의 진정한 동기를 제대로 평가하기 위해서는 그에 대한 정치적 감정과 의견이 어느 정도 안정되는 데 필수적인 시간은 아주 많이 흘러야 한다." 즉, 나폴레옹에 대한 개인적인 적대감과 찬미도 망각의 너머로 사라져야 하고, 그 정복자의 적과 친구들도 모두 삶을 마쳐야 하며, 그의 재위 동안 발흥하기 시작한 제도와 문화가 제대로 만개할 필요도 있다는 것이다.

"이 모든 조건들이 충족된 뒤에야 비로소 '나폴레옹 보나파르트'의 삶과 동기에 대한 평가가 가능해질 수 있다"고 '미래의 월스트리트 나폴레옹'은 결론 내린다.

외국 생활

조지 피바디는 19세기 글로벌 금융 중심인 영국 런던에서 금융가로 성공한 미국인이었다. 그는 J. P. 모건의 아버지 주니어스와 동업하기를 원했다. 하지만 쉽게 파트너십이 성사되지는 않았다. 피바디는 주니어스와 조인트 벤처를 포기하지 않았다. 1853년 말 제안서를 수정해 다시 동업을 제안했다. 모건의 아버지는 파트너십을 논의하기 위해 런던으로 갔다. 그는 보스턴의 파트너십이 거의 끝나고 있었다. 결국 그는 피바디의 제안을 검토한 뒤 파트너십에 동의했다. 그는 그해 10월 1일 앵글로 아메리칸(Anglo American) 은행에 파트너로 합류했다.

피바디가 1854년 당시 지위까지 오는 길은 가파른 경사로였다. 그가 금융계의 유명인사 반열에 올랐을 때 매사추세츠 살렘(Salem) 지역에는 이런 말이 사람들 입에 오르내렸다. "당신은 피바디 가문 사람이거나 아니면 별 볼 일 없는 인생이다." 하지만 젊은 시절 피바디는 두 가지 모두에 해당했다. 그는 지금은 피바디로 지명이 바뀐 매사추세츠 덴버 남부에서 1795년 가난한 피바디 가문에서 태어났다. 그는 열한 살 때 학업을 포기하고 잡화상에서 일하기 시작했고, 1812년엔 영·미 전쟁에 참여했다. 전쟁에서 돌아와서는 워싱턴에서 포목 도매상을 시작했다. 그의 사업은 번창했고 1827년엔 그는 더 이상 '별 볼 일 없는 인생'이 아니었다. 그는 필라델피아와 뉴욕에도 지점을 둘 만큼 성장했다.

그의 재산은 8만 5,000달러에 이르렀다. 1837년에는 영국·유럽·인도·중국과 교역해 매출액이 70만 달러에 이르렀다. 이 해 그는 런던으로 본거지를 옮겨 금융 중심지인 더 시티에 사무실을 열었다.

피바디는 런던에서 투자 은행가들이 제품을 사고파는 대신 국제 교역을 금융으로 뒷받침한 대가로 부가 상인에서 금융가로 이전되는 현상을 목격했다. 그는 곧바로 금융에 뛰어들었다. 먼저 미국 농부와 면화 플랜테이션 농가, 외국 바이어들에게 상거래 자금을 제공했고, 수출과 수입 시장에선 환전업무를 대행했다. 외환 시장에서 단기 트레이더 역할을 맡은 셈이다. 그는 장기 투자도 벌여 유럽의 자금을 미국으로 유도했다.

피바디가 영국에서 금융가로 발돋움하고 있을 때인 1830년대 미국의 경제 붐이 꺼졌다. 영국 자본가들이 1842년 현재 보유한 미국 주정부의 부도 채권은 1억 달러에 이르렀다. 그 바람에 연방정부조차 유럽에서 채권을 발행해 자금을 빌릴 수 없었다. 그 이전에 미국 기업의 채권은 철도회사, 유료도로, 운하, 지역 은행 등이 발행한 것들이었다. 모건의 할아버지 조셉도 이 채권에 주로 투자했었다.

조셉과 마찬가지로 피바디는 신중하게 분석해 이머징 마켓인 미국에 투자하면 상당한 수익을 얻을 수 있다는 사실을 잘 알고 있었다. 문제는 미국이 필요한 자본을 보유하고 있는 유럽 자본가들로선 3,000마일 떨어진 미국과 이 나라 기업들을 파악할 수 없었다는 점이다.

자본시장은 기본적으로 장기 자본을 조성·배분·교환하기 위해 조직화한 과정이라고 할 수 있다. 특히 자본시장은 투자 대상의 가치를 평가하는 장치이다. 피바디가 한 일은 유럽인에게 생소한 미국이라는 투자 대상을 평가할 수 있는 길을 연 것이다. 그는 미국의 증권이나 채권을 인수했는데, 주로 주정부나 철도회사가 발행한 채권이었다. 그는 스스로 인수한 채권을 보증해 유럽의 자본가들이 감수해야 할 리스크를 최소화했다. 의회가 주정부의 지불의무를 저버리도록 하는 법안을 통과시킬 경우 어떤 미국인도 런던의 자본시장에 접근할 수 없었다. 이를 막기 위해 그는 미국 주정부들이 디폴트 상태에서 벗어나는 노력을 하도록 하는 캠페인을 런던에서 벌였다. 그는 언론과 인터뷰도 하고 성직자, 정치인, 다른 은행가들을 통해 메릴랜드와 펜실베이니아 주가 다시 빚을 갚기 시작하도록 설득해 나갔다. 투자자의 대리자인 투자 은행가로서 그의 개인적인 이해는 유럽의 자본이 대서양을 건너 서쪽으로 흐르도록 하는 채널을 다시 열어야 하는 미국의 이해와 맞아 떨어졌다.

미국 주정부들은 1848년 다시 유럽 투자자의 관심을 끌었다. 디폴트 사태가 야기한 충격이 어느 정도 진정됐다. 그해 유럽에선 민중봉기(칼 마르크스의 공산당선언이 발표된 해)에 대한 불안이 증폭되고 있었다. 유럽의 부유한 사람들이 투자처를 찾다가 미국이 가지고 있는 기회에 관심을 돌리기 시작한 것이다. 미국에서는 1840년대에 철도 6,000마일이 부설되는 등 자본수요가 급증하고 있었다.

피바디는 미국의 건전한 벤처 기업을 지원하면서 쌓은 명성 덕분에 상당한 투자를 유치할 수 있었다. 그는 철도 건설 붐으로 레일 수요가 급증하자 철강 무역업까지 벌였다. 그는 1852년 봄 미국 증권에 대해 커진 유럽 관심과 자신의 회사를 친구에게 설명하면서 "우리가 시장 가격을 상당히 관리하고 있다"고 말했다. 메이저 플레이어가 됐다는 자신감을 드러내 보인 것이다. 당시 세계 최대 투자은행은 로스차일드와 베어링 브라더스였다. 이들은 고객을 좇아다니며 영업하지 않았고, 서로의 영역을 존중했다. 그들은 각국 왕과 정부, 모험가 정신이 있는 기업가들이 제 발로 찾아오기를 기다렸다. 피바디는 로스차일드와 베어링 등이 구축한 구세계의 질서를 어기지 않으면서 자신만의 금융적 통찰력과 정치적 수완을 발휘해 비즈니스를 확장해갔다.

1856년 스위스에서 여행 중인 J. P. 모건
(출처: 뉴욕 피어폰트 모건 도서관)

미국 연방정부는 1851년 영국 크리스탈 궁전에서 열린 알버트(Albert) 왕자가 주최한 산업박람회에 참석하려고 했지만 필요한 자금을 조달하지 못했다. 피바디가 자금을 대기 전까지 전시된 미국 공산품은 조잡하기 짝이 없었다. 와인 잔과 소금병, 비누 등이 고작이었다. 그는 1만 5,000달러를 제공해 많은 미국 기업들이 제품을 전시하도록 했다. 1851년 5~10월 사이에 600만 명이 사이러스 맥코믹의 밀 수확기, 새뮤얼 콜트의 리볼버 권총, 리처드 휴의 인쇄기 등을 관람했다. 미국 의회는 피바디에게 빌린 1만 5,000달러를 상환했다. 그가 구축한 외교 네트워크와 알버트 왕자의 부인, 즉 빅토리아 여왕에 대한 영향력을 감안한 조치였다.

피바디는 미국의 독립기념일인 7월 4일 영·미 친선을 위해 만찬을 열었다. 영국 주재 미국대사 애보트 로런스는 애초에 그의 만찬을 만류했다. 그날이 미국인에게는 기념일이지만, 영국인에게는 패배한 날이기 때문이다. 피바디는 이에 굴하지 않고 알버트 왕자를 초대했고, 왕자는 이에 응했다. 알버트가 미국 독립기념일 파티에 참석하자, 런던의 주요 인물들도 초대를 받아들였다. 1,000여 명이 런던의 세인트 제임스 거리의 알맥(Almack)에서 열린 파티에 참석했다. 조지 워싱턴과 빅토리아 여왕의 초상화가 영국 국기인 유니언 잭과 미국의 성조기로 장식되었다. 웰링턴 공작이 밤 11시에 도착하자, 관현악단이 '보라! 여기 정복 영웅이 도착했다'를 연주했다. 피바디는 웰링턴 공작을 로런스 미국 대사가 있는 자리로 조용히 안내했다.

1852년 독신인 피바디의 비즈니스는 더욱 번창했다. 국제적인 지명도도 높아졌다. 자산 규모도 300만 달러에 이르렀다. 그러나 나이가 쉰일곱이 되었는데도 후계자가 없었다. 그가 주니어스 모건과 파트너십을 맺으려고 했던 이유는 바로 그에게 후계자가 없었기 때문이다. 19세기 주요 투자은행은 유럽 전역에 사무실을 두고 가문을 중심으로 움직였다. 금융회사가 막대한 자금을 조성해 멀리 떨어진 기업이나 나라에 장기 여신으로 제공하는 과정에서 엄청난 리스크가 발생했는데, 당시 금융 가문은 혈연과 혼맥으로 맺어진 네트워크를 활용해 리스크를 완화했다.

로스차일드(Rothschilds) 사람들은 유태인 메이어 암첸(Mayer Amschen)이 18세기 독일 프랑크푸르트에서 금융업을 시작한 계기로 금융 가문으로 발돋움했다. 혈연을 바탕으로 세계적인 금융 네트워크를 확립했다. 친인척들이 파리·런던·빈 등에 있는 사무실의 수장을 맡았다. 그들은 유랑 민족인 유태인 출신들이었기 때문에 다양한 언어를 구사할 수 있고, 정치적인 감각을 소유하고 있었으며, 가족 관계로 탄탄한 조직을 구성했다. 유럽 문화의 귀족 사회에서 그들은 독특한 성격을 가진 인물들이었다. 로스차일드 은행에 대한 그들의 참여와 책임은 법적인 범위를 초월했다. 메이어 암첸의 손자 18명은 유대인이라는 인종적 한계 때문에, 동시에 가문의 재산과 비즈니스를 지키고 발전시키기 위해 친인척끼리 결혼했다. 이들은 호화로운 저택과 대형 영지에서 예술품들에 둘러싸여 생활했다.

반면, 검소한 피바디는 런던 리젠트(Regent) 스트리트 호텔의 방을 장기 임대해 생활했다. 그는 예술에 대해서는 별다른 관심을 보이지 않았다. 피바디는 하루 열 시간씩 일했고, 술을 마시지 않았다. 담배도 피우지 않았다. 휴가를 모르고 지냈으며, 런던의 비바람을 맞으며 1페니짜리 버스를 타기 위해 하루 30분씩 기다리곤 했다.

J. P. 모건은 사촌 짐을 위해 피바디에 대해 편지에서 상세하게 묘사한다. "사교성이 뛰어나고 위트가 있는 신사다. 그가 미국에 여행할 때 가지고 간 물품을 보면, 정확하고 빈틈없는 신사인 그의 트렁크는 중부 아프리카 등을 탐험하기 위해 필요한 장비처럼 정확하게 정리되어 있다." 이 '정확하고 빈틈없는 신사'는 자신의 외모를 꼼꼼하게 챙겼다. 그는 늘 맞춤 양복을 입고 다녔고, 백발로 변하기 시작한 머리를 치밀하게 염색했다. 그가 명사의 반열에 오른 지 오래되지 않아 외모와 처신에 신경을 많이 썼다고 할 수 있다. 애인과 딸을 가지고 있기는 했지만, 그들은 "브라이튼에서 우아하고 전통 있는 저택에서 은둔 생활을 했다." 이는 "신사는 아무리 좋아하더라도 애인과 결혼하지 않는다"는 빅토리아 시대의 전통을 따른 것이다.

피바디는 주니어스 모건의 영입으로 투자은행을 확대했다. 하지만 그는 이렇게 시작한 금융 왕국이 나중에 세계 금융을 쥐락펴락한 로스차일드나 베어링 브라더스를 능가하게 될 것이라고는 상상하지 못했다. 단, 미국이라는 이머징 마켓의 잠재성은 간파하고 있었다. 그가 주니어스 모건을 영입한 덕분에 미래의 강대국 미국에 대한 지분을 확보한 셈이었다.

조지 피바디와 주니어스 모건의 파트너십이 발표됐다. 한 영국인 친구는 주니어스에게 피바디가 조만간 은퇴할 예정이기 때문에 "우리는 당신이 이 나라에 파견된 미국 신용의 대표자라고 생각한다"고 말했다. 베어링스의 미국 에이전트는 런던 본사에 이렇게 보고한다. "미스터 피바디가 지금까지 믿을 만한 거래 상대였다면, 미스터 모건의 합류로 더 믿을 만한 사람이 되었다." 따라서 미국에서 베어링의 경쟁 환경은 "더욱 힘들어질 전망"이라고 그는 보고했다.

피바디는 독신 남자에게 따르는 사회적 제약을 잘 알고 있기 때문에 일가를 이루고 부유하게 생활하는 사람을 새로운 파트너로 원했다. 이때 그의 눈에 들어온 인물이 바로 주니어스 모건이었다. 그는 1854년 5월 주니어스에게 "당신도 알고 있는 내 친구가 그로브너 광장 근처에 있는 멋진 집을 하나 발견했다"고 편지에 썼다. "그 집의 위치가 제 마음에 듭니다. 연간 임대료가 1,000파운드(약 5,000달러)인데 당신과 부인은 어떻게 생각하시는지요?"

J. P. 모건의 아버지는 그동안 벌어놓은 사업을 반 년 만에 정리하고 이사할 준비를 했다. 모건은 1854년 6월 학교를 마치자 아버지를 거들었다. 그는 그순간 일자리를 구해 사회에 진출하고 싶어 했다. 그가 내심 마음먹고 있던 일은 동인도 무역과 관련된 것이었지만, 아버지는 프랑스어와 독일어를 배우기 위해 유럽에 있는 학교에 다닐 것을 원했다. 주니어스는 영어 외에는 외국어를 구사할 줄 몰랐다. 짐 굿윈에게 보낸 편지에서 "프랑스어를 배우면 얻는 이점을 굳이 과장할 필요는 없을 것 같다… 외국어를 공부하지 않았던 것을 너무 후회했기 때문에 나는 내 아이들이 같은 이유로 후회하지 않도록 하겠다고 결심했다"고 말했다.

1854년 9월 초 J. P. 모건은 가족과 친구들에게 작별인사를 하기 위해 돌아다녔다. 보스턴의 비즈니스 리더들은 9월 12일 주니어스를 환송하기 위해 만찬을 열었다. 파티에서 보스턴 상인들이 주니어스를 얼마나 존중했는지, 그리고 그 시절 빅토리아식 취향이 어땠는지를 알 수 있다. 주니어스는 "내가 선택한 행로가 얼마나 중요했는지 알았을 때 두려움을 느꼈습니다"라고 그동안 보스턴에서 살아온 과정을 회고했다. 그가 보스턴 동료들한테서 받은 격려는 "제가 해야 할 일을 하도록 한 큰 원동력이 되었습니다"라고 말했다.

모든 참석자들이 요리를 다 먹지는 않았지만 그날 파티의 요리는 아주 뛰어났다. 싱싱한 굴로 시작한 요리는 두 가지 스프가 이어 나왔고, 구운 농어와 대구가 상에 올려졌다. 캐퍼 소스가 곁들인 양의 다리 고기, 샴페인 소스와 베스트팔렌 지역의 햄, 버섯을 곁들인 쇠고기 절편 등이 중간 메뉴로 나왔다. 이날 환송 파티에 올라온 요리는 30여 가지였으며, 다양한 과일과 디저트 메뉴가 뒤따랐다. 이렇게 풍성한 파티를 마치고 모건 가족은 하루 뒤인 9월 12일 잉글랜드로 떠났다.

주니어스는 그로브너 광장에 있는 멋진 궁전을 고사하고, 가족들을 당분간 호텔에 머물게 했다. 금융회사 조지 피바디는 그해 10월 2일 보스턴 출신인 J. S. 모건(주니어스 스펜서 모건)과 파트너십을 맺기로 했다고 공식적으로 발표했다. 이날 J. P. 모건은 일기에 "아버지가 런던에서 비즈니스를 시작했다"고 간단하게 기록했다.

피바디와 모건이 합작해 설립한 회사의 납입 자본금은 45만 파운드(약 225만 달러)였다. 이 가운데 피바디가 40만 파운드를 투자해 가장 큰 지분을 보유하게 되었다. 주니어스가 4만 파운드를, 다른 영국 파트너인 찰스 쿠비트 구치(Charles Cubitt Gooch)가 1만 파운드를 투자했다. 그들의 투자액을 지분율로 표현하면, 전체 100퍼센트 가운데 피바디 몫이 65퍼센트였고 모건은 28퍼센트, 구치가 7퍼센트였다. 순이익이나 손실이 발생하면 이 지분율에 따라 나눠 갖거나 책임져야 했다. 주니어스는 지분율에 따른 배분 외에 해마다 2,500 파운드를 더 받기로 했다. 그해 가을 회사는 런던의 올드 브로드 스트리트에 있는 새 건물로 이전했다.

J. P. 모건은 동생들에게 시내를 구경시켜 주었다. 부모들과 함께 살집을 찾아보기도 했다. 모건 가족은 런던 하이드파크 북쪽에 있는 글로체스터 광장 근처의 집을 짧게 빌려 쓰기로 결정했다. 나이가 좀 든 여동생 사라와 매리는 새 집으로 이사하자마자 랭카스터 게이트 근처인 웨스트본 테라스에 있는 기숙학교에 들어갔다. '닥터'라는 별명을 가진 여덟 살짜리 동생 주니어스 2세는 리치몬드 거리를 따라 런던에서 25마일 떨어진 트위크넘에 있는 학교로 갔다. 영국 아이들은 갓 전학 온 주니어스 2세를 무자비하게 놀려댔다. 보스턴과 양키 촌닭으로 모건의 동생을 불렀다. 하지만 그는 빨리 적응하고 자신의 자리

를 차지했다. 학교 교장은 "그가 아주 양순해 고분고분하게 따르는 소년"이라고 묘사했다. 게다가 "아주 총명하고 솔직하며 정이 많은 아이였다… 그는 담임·친구들과 편안하게 지내고… 친구들과 명랑하게 지내 조만간 좋은 결실이 있을 것"이라고 말했다.

아버지 주니어스는 J. P. 모건을 위해 스위스 제네바 호숫가의 베비(Vevey)라는 곳에 있는 학교를 골랐다. 모건은 1852년 11월 1일 열일곱 나이에 유럽 대륙에서 공부하기 위해 스위스로 떠났다. 여동생 '리틀 줄리엣(어머니 줄리엣과 구분하기 위해 가족들은 이렇게 불렀다)'만이 뉴잉글랜드에서 3,000마일 떨어진 런던에 남아 부모들과 같이 생활하게 되었다.

J. P. 모건은 공부 때문에 독립적인 비즈니스가 지연되는 데 따른 초조감과 낯선 땅에서 겪게 될 모험으로 들뜬 기분이 섞인 채 런던을 떠났다. 그가 런던을 떠나기 직전 영국 주재 미국 대사인 제임스 뷰캐넌(James Buchanan)은 미국 정부 문서를 파리에 전달해줄 것을 부탁했다. '젊은 외교관'이 된 모건은 외할아버지인 피어폰트 목사에게 자랑 어린 편지를 쓴다. "할아버지의 장손이 정부의 문서를 지니고 런던을 떠나 칼레와 파리를 여행한다는 사실을 한번 상상해보세요." 배가 짙은 안개 때문에 칼레에서 정박해 있는 동안 다른 승객들은 선상에 머물러 있어야 했다. 하지만 "저는 공식 문서를 지니고 있기 때문에 파리를 향해 달려갔습니다"라고 외할아버지에게 편지를 썼다. 모건은 문서를 전달한 뒤 프랑스 남동쪽을 향해 달렸다. 프랑스와 스위스 국경을 따라 자리 잡고 있는 쥐라(Jura) 산맥에서 잠시 묵었다. 그는 "내가 본 경치 가운데 가장 뛰어났습니다"라고 말했다. 맑은 하늘을 이고 있는 몽블랑과 "제 인생에서 잠깐 동안 머물게 될 마을에 둘러싸인 채 제네바 호수가 제 발 밑에 펼쳐져 있습니다"라고 편

지에 썼다.

모건이 제네바 호수에서 네 시간 동안 배를 타고 가자 베비가 나타났다. 그가 다닐 고등학교인 벨레리브(Bellerive)는 마을에서 1마일 정도 떨어져 있었다. 에두아르드 실리그(Edouard Sillig)가 운영하는 학교였다. 1894년 가을 학기에 학생 수는 84명이었다. 그들은 대부분 영국과 미국에서 왔다. J. P. 모건은 교과 진도를 따라잡기 위해 프랑스어와 독일어 과외를 받았다. 보스턴에서 온 페이슨(Payson)이라는 쌍둥이와 가까워졌다. 그는 여러 가지 불편한 점을 겪어야 했다.

기숙사의 아침식사는 커피와 마른 빵이었다. 옷은 군수품처럼 매주 지급되었다. 교실엔 너무 많은 학생들이 있었다. 그들이 빈번하게 영어를 쓰는 바람에 모건은 프랑스어를 공부하는 데 애를 먹었다. 그는 "교실은 보스턴의 우리 가게만 했지만, 폭은 훨씬 좁습니다"라고 외할아버지에게 불평했다. "열다섯 명이 그날 숙소를 찾아나서야 했습니다." 교장 선생이 담배를 피우지 말라고 했을 때, 모건은 "열다섯 살 이상 된 아이들이 갈 만한 곳이 여기에는 없습니다"라고 부모에게 말했다. 쌍둥이 페이슨 형제는 시내에서 하숙집을 찾아냈다. "그들은 어떻게 헤치고 나가야 할지를 아는 아이들 같습니다"라고 모건은 편지에 썼다.

아버지 주니어스는 교장 실리그에게 J. P. 모건을 친아들처럼 대해 달라고 부탁했다. 실리그는 학부형인 주니어스에게 보낸 첫 번째 편지에서 "아드님이 지적으로 탁월해 개인생활이 적은 이곳 환경에 쉽게 적응하고 있으며, 학교생활에 행복해합니다"라고 썼다. 그러나 실리그가 이후 보낸 편지에는 J. P. 모건이 적응하는 데 애를 먹었음이 드러난다. 그가 일주일 뒤 보낸 편지에는 "적응하는 데 느립니다"라는 내용이 있고, 이후 편지에서는 "아드님이 주위 사람들을 놀려대기를 좋아합니다. 담배도 피웁니다… 수업 시간에 차분하지 않습니다… 숙소에서 전등이 꺼진 뒤 떠들고 잡담을 합니다… 농담을 즐겨 하는 아이입니다… 말이 많은 아이입니다… 제대로 처신하지 못하고 있습니다… 말대꾸를 잘합니다… 샐쭉해합니다… 무서운 성격을 가지고 있습니다" 등의 문제점이 적혀 있다.

J. P. 모건의 병치레가 다시 시작되었다. 그는 목이 아프고 뻣뻣해 쓰러지기까지 했다. 폐렴이 발병했고, 발끝에 종기가 돋아 올라 간단한 수술을 받았다. 모건은 "문명화되지 않은 나라의 끔찍한 날씨 때문"이라며 "제가 여기에 있는 동안 잘 지내지 못할 것 같습니다"라고 부모에게 불평 어린 편지를 보냈다. 이와는 달리 J. P. 모건이 굿윈과 외할아버지 피어폰트 목사에게 보낸 편지 내용은 그다지 음울하지 않다. 런던에 있는 결정권자인 부모들에게는 자신을 이역만리에 떨어뜨려 놓은 사실을 불평했지만, 궁합이 맞는 친구와 외할아버지에게는 아주 좋은 시간을 보내고 있다고 인정했다.

모건이 기숙사에서 나와 칠론(Chillon)에 있는 스위스 농가로 숙소를 옮긴 이후 그의 방은 베비에 있는 미국 학생들의 아지트로 돌변했다. 그는 회비를 거두어 관리했고, 양키 청소년들은 모건의 지휘에 따라 당구를 치고 담배를 피웠다. 썰매를 즐기거나 하이킹을 떠나기도 했으며 제네바 호수로 달려가 배를 타고 놀았다. 시큼한 소시지와 달콤한 샴페인도 마셨고, 미국 신문을 돌려보기도 했다. 그리고 가끔 모여 공부했다.

열여덟 살인 J. P. 모건은 스위스 경찰의 자의적인 법집행 때문에 분노했다. 이때 분노는 열세 살 때 하트포드 학교에서 수업 중에 웃었다는 이유로 교실 밖으로 쫓겨났을 때 느꼈던 것과 비슷했다. 어느 일요일 실리그는 지역 사회에서 군대의 수호성자로 숭배받는 페테 드 라 상테(Fête de la Sainte)를 기리는 축제 기간 동안 사제들이 학교 운동장에 화포를 설치하고 제네바 호수를 향해 발사하는 것을 허용했다. 화포의 첫 번째 폭발음이 새벽 5시에 J. P. 모건의 잠을 깨워놓았다. "그날은 우리가 늦잠을 잘 수 있는 날이었다." 그리고 축제 일정이 바뀌는 바람에 예배 이후 점심도 걸러야 했다. 그를 가장 화나게 한 사건은 일요일 저녁에 "시내에서 열린 대형 무도회였다." 그는 친구이자 사촌인 짐에게 보낸 편지에서 이렇게 분통을 터뜨린다.

"내가 생각하기에 말이야, 기독교 국가에서 일어난 일 가운데 가장 수치스러운 것들이었어. 나는 실리그 교장에게 기독교를 믿는 부모들 밑에서 자라난 청소년들이 그런 파티에 참석하는 바람에 하느님을 기려야 하는 날에 방탕한 여신을 숭배하도록 했다고 간단히 불평했는데, 그가 내 말을 잘 알아듣고 자신이 한 일이 부적절했음을 인정했단다."

J. P. 모건이 수면과 식사를 방해받아 열이 올라 있는 불평을 길게 늘어놓았을 때 실리그 교장이 고분고분하게 들었는지는 알 수 없지만, 키 180센티미터에 몸무게가 70킬로그램이나 되는 미국 학생이 내려다보면서 불평하는 것을 좋아하지 않았을 수는 있다.

⚊⚊⚊

J. P. 모건은 종교 문제에 대해 거의 속내를 털어놓지 않았다. 하지만 1854년 그의 일기 내용에 비추어 볼 때 그는 자비와 정당하게 받아야 할 대접을 구분한 예수의 말에 동의한 성싶다. "…전지전능한 하나님께서 내 목숨을 지켜주어 또 다른 1년을 지낼 수 있도록 해주신 데 감사한다. 아마도 하나님께서 내 나쁜 생각과 행동 등을 용서하면서 기뻐하실 테고… 나는 나중에 그를 섬기는 데 전심전력할 것이다. 전지전능하신 아버지께서 제가 더 살도록 해주시며 기뻐하신다면, 내 생애 마지막 날 하나님의 귀중한 아들한테서 '잘했다! 믿음직하다'는 말을 듣게 될 것이다."

모건이 이 세상에서 누리는 기쁨에 대해 감사한 것은 다음 세상에서 받게될 징벌에 대한 두려움 때문이 아니었다. 그가 1850년대 작성한 금전출납부를 보면 조용하면서도 관조적인 감수성과 함께 보수적인 관료와 같은 성향을 엿볼 수 있다. 그는 파리에서 가죽 부츠와 어린이용 흰 장갑, 115프랑(23달러)짜리 코트를 샀다. 그 코트는 판타롱 스타일의 넓은 칼라가 달려 있었다. 그 밖에도 비버 모피로 만들어진 모자와 담배인 줄 잘 모르도록 포장된 시거를 샀다. 그는 파리에 머무는 동안 베르사유 궁전과 나폴레옹 묘, 고블랑 태피스트리(Goblin Tapestry), 국립미술학교(Ecole Nationale des Beaux-Arts) 등을 돌아보느라 지출한 입장료까지 기록했다. 또한 어느 날에는 거지에게 "1수(프랑스 동전 단위)를 준다"는 게 실수로 2프랑을 내주기도 했다. 베비에서 그는 콘서트 관람을 위해 10프랑(2달러)을 썼고, 과자를 사 먹는 데는 6프랑을, 콜로뉴 향수를 사는 데는 2.5프랑을, 꽃다발을 사기 위해서는 17.5프랑을 각각 지출한 것으로 출납부에 올렸다. 그는 마담 드 스탈(Madame de Staël)이 지은 《코린느Corinne》[1]와 30년 전쟁(Guerre de Trente Ans)을 다룬 몇 권의 책을 구입했다. 이렇게 자세하게 지출한 항목을 기록한 뒤 잔고를 미국 달러, 프랑스 프랑, 영국 파운드, 네덜란드 플로린, 오스트리아 굴덴 등의 각국 화폐단위로 환산해 밝혀 놓았다.

J. P. 모건은 자주 치른 약값과 의사 진료비도 꼼꼼하게 적어 놓았다. 1855년 그는 짐에게 보낸 편지에서 "얼굴 여드름이 갑자기 마구 생겨 내 표정이 일그러졌다"고 말했다. 벨레리브 내과의사는 모건을 로마시대 이후 온천 휴양지로 유명한 발라이스(Valais)의 로체 레 벵(Loeceh-les-Bains)으로 보냈다. 여기는 건강에 좋은 광물질이 녹아 있는 온천이 지표면 위로 샘물처럼 솟아오르는 곳이다. 남녀가 같이 들어가는 탕에서 사람들은 긴 셔츠를 입고 몸을 달구었다. 모건은 새벽 다섯 시에 일어나 오전 10시까지 온천욕을 했고, 이후 아침 식사를 하고는 다시 온천에 들어가 물 위에 띄운 커다란 쟁반 위에서 도미노 게임을

---

1. 19세기 초반에 출간된 낭만주의 여성주의 소설 -옮긴이

즐겼다. 이어 "매일 온천욕을 하는 대가로 받는 징벌인" 수면을 한 시간 반 동안 취하기 위해 침대로 돌아가야 했다.

잠에서 깨어나서는 정오부터 오후 2시까지는 두 번째 아침을 먹고 '의무사항'인 운동을 해야 했다. 호프만(Hoffman)이라는 이름을 가진 볼티모어 출신 미국인 가족 덕분에 온천 치료는 생각보다 길어졌다. "너무 자주 소풍을 갔고, 너무 많은 시간 춤 추고, 쇼핑하고… 정신없이 보냈다"고 그는 일기에 적었다. 그는 일기에 말줄임표의 의미를 곧바로 설명해 놓았다. 바로 열여덟 살 먹은 이탈리아 처녀와 지낸 시간을 의미하는 것이었다. 그는 그녀에 대해 "내가 만난 여자 가운데 가장 멋있고 솔직한 사람"이라고 평가했다. 그는 얼굴에 커다란 여드름이 달려 있는데도 그 여자에게 접근해 프랑스어로 말을 걸었지만, "겁먹은 의붓오빠가 막는 바람에" 성공하지 못했다. 그는 "그 교도소 간수(의붓오빠)는 그녀가 어떤 남자에게도 말을 붙이지 못하도록 막는 데 갖은 노력을 다했다"고 일기에 썼다.

어느 날 오후 J. P. 모건이 호프만의 부인에게 책을 읽어주고 있는데, 갑자기 지진이 발생했다. 의자가 호텔 룸을 가로질러 미끄러졌고, 굴뚝이 충격을 받아 지붕에서 떨어졌다. 2~3일 뒤 다시 지진이 새벽 2시쯤에 발생해 투숙객들이 놀라 깨어났다. 모건은 급하게 옷을 챙겨 입고 호프만 부부가 묵고 있는 방으로 건너갔다. "3분 동안 뛰어갔는데도 지진 때문에 그들의 방에 이르지 못했다"고 짐에게 보낸 편지에 적었다. 지진이 낳은 놀라움과 흥분이 그를 시인으로 바꾸어 놓았다. "호텔 손님들이 놀라 뛰어나오는 과정에서도 옷을 그런대로 갖춰 입었지만, 그 이탈리아 아가씨는 잠옷차림으로 뛰어나와 놀라 숨을 헐떡이며 대리석처럼 굳어 있었다… 나는 그때까지 그토록 아름다운 장면을 본 적이 없었다. 그녀는 의자에 한 시간 동안 옷차림이나 자신이 있는 장소가 어떤 곳인지 아랑곳하지 않고 앉아 있었다. 그녀의 그런 모습은 아름다웠지만,

애정을 갈구하거나 교태부리는 모습은 전혀 아니었다. 충분히 아름다운 소녀였다."

드래퍼 여학생 가운데 한 명이 결혼했을 때 모건은 "그 결혼 소식을 듣는 순간 너는 그들과 함께 지냈고, 그들을 모두 결혼시켜 보낸 사람만큼 나이 들었다는 생각이 들지 않니?"라고 짐에게 물었다. 하지만 큐피드가 사촌이자 친구인 짐에게 상당한 상처를 안겼다는 사실을 깨닫는 순간 모건의 편지는 진중해진다. "그토록 저기압 상태에서 편지를 쓰면서 그 문제의 의미를 명확하게 알려주고, 네가 왜 슬퍼하는지를 알려주지 않았니? 어떤 여성이 너를 그토록 슬프게 만들었니? 나는 너의 냉정함을 존경한다."

모건도 냉정할 수 없는 청년이었다. 짐이 놀림당한 데 대해 화를 내자, J. P. 모건은 "결코 그런 뜻이 아니었다. 절대 놀리지 않았다. 내가 너를 얼마 좋아하는지 네가 더 잘 알잖니! 그렇게 냉정하지 못하다는 사실이 내게는 정말 불만이다. 어떤 한 사람을 좋아하면, 그런 감정을 조절하기가 힘들단다"고 답장했다. 모건이 집에 머물 때 소녀들에게 보낸 편지의 분량과 외국에 있을 때 여자들에게 보인 관심 등에 비춰볼 때 J. P. 모건이 한번에 여러 여자들을 좋아할 성격이라고 할 수 있다.

1855년 8월 J. P. 모건은 짧은 휴가 기간 동안 파리에서 가족과 상봉했다. 가족 중에 유일하게 프랑스어를 할 줄 아는 사람이 그뿐이었기 때문에 파리에 머물고 있는 동안 "프랑스어를 할 수밖에 없었다." 그는 휴가를 마치고 프랑스어 공부를 마무리하기 위해 벨레리브로 돌아왔다. 그해 가을 학기에 그는 1등이

---

2. 로마시대 베르길리우스가 쓴 서사시 -옮긴이

었다. 모건은 〈아이네이스(Aeneid)〉[2]를 읽었고, 루이 14세 이야기, 〈로빈슨 크루소우〉를 프랑스어로 읽었다. 〈세비뉴 마담의 편지(Mme de Sévigné)〉를 독일어로 번역하기도 했고, 미국에서 그가 오래전에 생각했던 바를 잘 표현하는 격언 등을 영어·독어·불어로 정리했다. "모든 노동은 이익을 낳고 입으로만 떠드는 것은 적자로 이어진다", "현명함의 정상은 부를 낳지만, 어리석은 사람의 우둔함은 우습기 짝이 없다" 등이었다.

J. P. 모건의 탁월한 숫자 감각은 벨레리브에 있는 모든 사람들을 놀라게 했다. 학교 친구 한 명은 모건에 대해 "거의 천재나 다름없었다"고 말했다. 그는 읽는 순간 세제곱근을 암산할 정도였다. 실제로 그는 빠르게 기하학과 대수학을 마치고 삼각함수를 공부한 뒤 물리학을 공부하기 시작했다.

볼티모어에서 온 호프만 부부는 베비에서 그해 겨울을 보냈다. J. P. 모건은 자주 호프만 부부를 방문해 가슴속 이야기를 주고 받았다. 그는 어느 날 호프만 부부를 만나고 온 뒤 짐에게 "너를 보면 언제나 반갑게 맞아주는 사람들과 함께 있으면 집에 있는 것 같은 편안함을 느낄 수 있다는 게 얼마나 기쁜지 아니?"라고 편지 썼다.

사실 십대 모건에게 집은 너무 멀리에 있었다. 그의 어머니는 자신의 고통에 너무 민감한 나머지 편안함을 주지 못했다. 호프만 부부는 집을 그리워하고 어머니의 정에 굶주려 있는 십대 모건에게 편안함을 주었다. 그해 겨울에는 그의 조카딸이 건강 때문에 베비에 오는 바람에 모건이 더 빈번하게 방문할 수밖에 없었다. 모건은 너무 병치레에 시달린 나머지 의사나 다름없었다. 호프만의 조카가 앓고 있는 병을 담박에 알아보았다. 그는 짐에게 보낸 편지에서 "같은 상황에 있는 사람들 사이에서 흔히 볼 수 있는 불편함인데, 그녀는 최고이고 나는 그녀에게 이상한 기분을 느껴"라고 말했다.

J. P. 모건은 로맨스에 대해서는 극단적으로 비밀주의자였다. 하트포드 사

람들이 짐의 어깨 너머로 그의 편지를 읽으리라 생각했을까? 짐이 자신의 비밀을 쉽게 소문낸다고 의심했기 때문일까? 그는 모든 사람들이 자신을 지켜보고 있다는 영웅주의적인 사고방식을 가졌기 때문일까? 마지막 추측이 그럴듯해 보인다.

"이는 너와 내만 아는 비밀인데, 난 말이야 그녀에게서 뭔가를 느꼈어. 그녀는 말이야, 어떤 여자애보다도 좋은 성격을 가졌다. 아주 예쁘지는 않지만 활달하고 편하게 이야기할 수 있는 소녀야. 너는 이런 아이에게 한 마디도 건네지 못할 거야. 내가 그녀에게 그때 그곳에서 어떻게 했는지 말해줄게. 그녀의 아저씨와 아줌마와 이미 친한 덕분에 그녀를 원하는 만큼 살펴볼 수 있었다는 게 너무 행복하다."

J. P. 모건은 친구를 잘 가려 사귀라는 아버지의 충고를 잘 따랐다. 그는 베비에서 공부하면서 "잘 고른 친구들만 불러" 개인적인 파티를 열었다. 짐에게 보낸 편지에서 그는 "파티에 들어간 돈은 하루 저녁에 1.7 달러인데, 호프만 부부의 조카 같은 예쁜 여자 아이들과 마음껏 대화하고 춤추고 웃고 하는 데 들어가는 비용치고는 푼돈"이라고 말했다. 얼굴에 난 여드름은 모건의 사교활동에는 문제되지 않았지만, 마음이 쓰이기는 했다. 그해 초겨울에 사진을 찍어 하트포드 할머니에게 편지와 함께 보낸다. 그 편지에는 비문이 한 문장 들어있다. "할머니는… 얼굴에 여드름 투성인 사람이 사진을 '찍어야 바람직했다'는 사실을 '듣고' 놀라실 겁니다." 다행히 사진에는 문법 실수와 같은 일은 없었다. 사진 속 모건은 어엿하고 매력적인 청년이었다. 연한 갈색 머리카락이 이마까지 내려와 매끄럽게 넘겨져 있고, 산뜻한 옷 맵시 등이 눈에 띈다. 그는 널찍한 타이와 땡땡이 무늬 셔츠, 넓은 칼라가 흥미로운 자켓을 입고 있다. 그의 표정은 사진이 제대로 나올까 반신반의하는 듯하다. 나중에 그는 그해 봄 "내 얼굴이 좋아졌는가를 알아보기 위해" 프랑스 파리에 잠시 들렀다. 하지만 아무런

변화가 없었다.

베비에 머물고 있는 동안 J. P. 모건은 독특한 미국인의 눈으로 영국과 프랑스, 오스트리아가 러시아의 공격으로부터 터키를 지켜내기 위해 벌인 크리미아 전쟁을 지켜보았다. 징고이스트(Jingoist)라는 단어가 만들어지기 20여 년 전이었지만, 그는 극단적으로 미국적이었다. 유럽의 제국주의는 대서양 동쪽에 국한되어야 하고, 새롭게 일어나고 있는 아세인트루이스카 지역을 눈독들이지 않아야 한다고 생각했다.

러시아의 난공불락 요새인 세바스토폴(Sebastopol)이 연합국 수중에 떨어진 1855년 10월 모건은 짐에게 편지를 쓴다. "유럽의 서쪽 전체가 승리감에 들떠 있고, 동방에서 승리한 연합국의 병사들 때문에 기쁨의 환호성을 지르고 있다." 그는 유럽인들과 함께 기뻐하지 않았다. "진심을 말한다면, 나는 오히려 걱정스럽다." 그는 잉글랜드와 프랑스가 러시아를 어떻게 요리해야 할지를 알게 되면, "쿠바나 샌드위치 섬(하와이)에 눈독드릴 수 있다는 점"을 걱정하면서 "… 그들이 하와이 등을 차지하려고 한다면 영국과 프랑스는 손잡고 나란히 움직일 것"이라고 보았다.

아버지 주니어스는 1856년 아들이 자신이 생각하는 학업 일정을 거의 절반쯤 마쳤을 때 또 다른 계획을 마음속에 그렸다. J. P. 모건이 프랑스어를 유창하게 할 줄 알기 때문에 이제는 독일어를 더 훈련하기 위해 괴팅헨대학에 진학시키겠다고 결정했다. 모건은 스위스를 떠나야 했다. 모건은 유학 초기 스위스를 싫어했지만, 친구들과 헤어져야 하는 게 너무 아쉬웠다. 특히 "호프만 부부가 건강할 때나 아플 때나 18개월 동안 같이 지내며… 아버지와 어머니가 내게 해줄 수 있는 것을 뺀 나머지를 모두 해주었다"며 슬픈 마음을 짐에게 털어놓았다. 그는 일상생활에서 일반적으로 느끼는 감정과 자신을 분리하면서 그들과 헤어지는 감정을 계속 털어놓는다. "내가 그동안 가족과 헤어질 수밖에 없었던 것처럼 사람들이 집이나 친구들을 떠나야 할 때, 그 헤어짐이 일시적이고 다시 만나 정든 탁자에 앉아 이야기할 수 있기까지 시간이 많이 지나지 않아도 된다는 사실을 알면 아쉬움이 덜하고, 가슴속 가장 깊은 곳에서 느껴지는 고통을 조금이나마 덜 수 있다."

불행하게도 그순간 그는 그런 위안을 가질 수 없었다. "어떤 가능성을 따져봐도 다시 만날 가능성이 낮은 상황에서 진정으로 좋아했던 친구들과 헤어져야 할 때 쉽게 헤어지는 게 너무 힘들다." 그는 이렇게 속내를 털어놓은 뒤 사촌이자 친구인 짐에게 자신이 너무 침울한 것을 사과한다. "짐! 너는 이렇게 슬픈 기분으로 네게 편지 쓰는 나를 달가워하지 않을 것이다. 하지만 슬픔 자체보다 진심을 말하고 싶다. 이 대목을 읽고 싶지 않다면, 넘어가도 좋다."

———※※———

J. P. 모건은 보스턴 출신으로 베비에서 같이 공부했던 프랭크 페이슨과 함께 독일 하노버 남쪽 작은 타운에 있는 괴팅헨대학에 도착했다. 그런데 프랭크의 쌍둥이 형제인 찰스는 모건이 베비에서 공부하기 시작한 지 몇 주 뒤 일기와 편지에 나타나지 않는다. 그 대학은 "라인강에서 100마일 떨어진 평원 위에 자리 잡고 있고, 타운의 거리마다 서점과 도서관이 가득하다"고 그는 짐에게 보낸 편지에서 말했다. 그는 건설 중인 철도가 완공되면 작은 도시의 고적함은 사라지고, 현대적인 교통수단에 의지하는 학생들이 늘어날 것으로 예상했다. 하지만 당분간 괴팅헨이라는 도시는 "정적이 모든 것을 지배하고 있다"고 썼다. "독일에서 가장 좋고 멋진" 그 대학은 특히 화학과 수학으로 유명했다. 게다가 당대 유럽 최고의 석학인 프리드리히 뵐러(Friedrich Wöhler)[3]가 괴팅헨대학에

있었는데, 그는 "유스투스 본 리비히(Justus von Liebig)[4]와 함께 가장 위대한 살아 있는 화학자"였다.

괴팅헨대학의 독일 학생들은 '학구파'와 '놀자파'로 확연하게 구분되었다. J. P. 모건은 중도의 길을 걸었다. 그는 삼각함수와 뷜러 교수가 가르치는 화학에서 우수한 성적을 거뒀다. 매일 독일어 과외를 받았으며, 자유 시간에는 볼링, 가든 콘서트, 맥주 파티, 오페라 감상, 펜싱 레슨, 댄싱 등을 즐겼다. 그는 독일어 발음이 "두려울 정도로 어렵다"고 느꼈지만, 6개월 안에 독일어를 정복하겠다고 별렀다. 그는 독일어 공부를 "헤엄치느냐 아니면 가라앉느냐, 또는 사느냐 죽느냐"의 문제로 인식했다. 특히 전혀 새로운 언어로 여자 친구를 어떻게 사귀어야 할지 걱정했다. 하지만 얼마 지나지 않아 "자신들의 언어를 갓 배우기 시작한 파트너와 춤추는 것 이상으로 독일 처녀들을 즐겁게 하는 일은 없다"는 사실을 알아채고 놀라움을 금치 못했다. 그는 집에게 보낸 편지에서 "여성들을 정말로 웃기고 싶을 때 프랑스 말을 갑자기 내뱉는다"고 말했다. 그러나 금세 "여자 아이들과 대화할 수 있을 만큼 독일어를 배우는 게 최선이고 예쁜 여자의 지도를 받아 발음교정을 받는 것만큼 기쁜 일은 없다"고 결론 내린다.

모건과 프랭크는 방을 "왕실의 화려함과 동양적인 웅장함을 느낄 수 있도록 꾸몄다." 그들은 한 달에 2탈러(Thaler)[5]를 주기로 하고 하인을 하나 고용했다. 그때 2탈러는 좋은 시거 50개 값이었다. 그리고 아버지가 주문한 대로 가려 친구를 사귀었다. 괴팅헨의 상류 사회 출신들과 어울리며 친분을 돈독히 한 것이다.

아버지 주니어스가 1856년 아들을 보기 위해 괴팅헨에 왔다. 두 부자는 미

---

3. 무기물에서 유기물인 '요소'를 처음으로 인공 합성한 화학자 -옮긴이
4. 유기화학의 성과를 농업에 응용하여 비료의 이론을 확립하였다. -옮긴이
5. 미국 화폐단위인 달러의 기원이 된 독일 화폐의 옛 이름 -옮긴이

국의 정치 상황과 국제 교역에 대해 이야기를 나누었다. 남부와 밀접하게 연결되어 있는 뉴햄프셔 출신이고 잭슨의 정치적 후예인 프랭클린 피어스(Franklin Pierce)는 노예제를 찬성하는 세력을 제대로 견제하지 못하고 있었다. J. P. 모건은 짐에게 보낸 편지에서 피어스 대통령에 대한 염증을 드러냈다. 남북이 전쟁을 피한다면, "피어스는 제 할 일을 했을 뿐이기 때문에 감사할 일은 전혀 없다"고 그는 편지에 썼다.

제퍼슨파 정치세력은 앤드류 잭슨이 존 퀸시 애덤스를 물리치고 권력을 잡은 이후 28년 가운데 20년 동안 백악관을 차지하고 있었다. 의회에 있는 민주공화파는 북부 주들이 제안한 보호관세, 홈스테드 법, 대륙횡단 철도, 토지 기여를 통한 대학설립 등을 거부했다. 한 마디로 해밀턴의 후예인 휘그파 정치인들을 전부 무력화한 셈이다. 특히 1854년 캔자스-네브래스카법(Kansas-Nebraska Act)을 계기로 기진맥진하지 못하고 있는 휘그파가 완전히 붕괴되었고, 정당 구조가 남북 갈등 전선을 기준으로 재편되었다. 그 법은 서부지역의 노예제를 금지하는 법을 완전히 폐기하는 것이었다. 남부 휘그파들은 북쪽 휘그파들이 강력히 반발하는 가운데 민주당 다수파와 함께 캔자스-네브래스카법을 통과시켜버렸다.

북부의 제퍼슨파들도 그 법에 강력히 반발하고 나섰다. 이들은 노예제를 반대하는 그룹들과 손잡고 새로운 정당을 만드는데, 그 당 이름이 바로 '공화당'이다. 이들은 네오 해밀턴주의를 받아들여 연방의 권한은 주보다 우선하고, 지역의 정치권력이 중앙집권화한 권력보다 개인의 자유에 더 위협적이라는 주장을 폈다.

J. P. 모건의 외할아버지인 피어폰트 목사는 두 아들 윌리엄스와 제임스에게 1855년 캔자스의 자유 땅 투쟁에 참여하라고 종용했다. 하지만 두 아들은 아버지의 뜻을 따르지 않았다. 결국 피어폰트 목사는 두 손을 들고 말았다. 그

는 존 2세에게 보낸 편지에서 "그들에게 돈을 주고 캔자스에서 터를 잡고 살도록 하는 것을 빼고는 그들을 움직이게 할 방법이 내게는 없다"고 말했다. 두 형제는 캔자스에 가지 않았다. 대신 그들은 아버지에게 재봉틀이나 사달라고 설득했고, 가난한 생활을 겨우 꾸릴 수 있는 돈을 벌었을 뿐이다.

모건은 1856년 11월 괴팅헨 모의 선거에서 공화당을 지지했다. 그리고 민주공화파 제임스 뷰캐넌에게 패한 존 프레몽(John Frémont)을 적극적으로 지원했다. 하지만 노예제에 대한 그의 관심은 무역만 못했다. 1850년대 면화 수출은 미국 전체 수출의 절반 이상을 차지하고 있었고, 아버지 주니어스가 참여한 회사인 피바디는 고객의 주문을 대행했을 뿐만 아니라 고객 돈이 아닌 자체 자금(고유 계정)으로 면화 교역을 중개했다.

J. P. 모건은 사촌이면서 친구인 짐에게 영국 장군의 말을 인용해 편지를 쓴다. 영국은 "어떤 나라와 전쟁할 때 자본이라는 함대를 가지고 싸우지만… 불행하게도 미국은 우리의 해군을 무력하게 할 배 한 척을 가지고 있다. 그 배가 바로 면화이다." 피바디와 이해관계를 맺고 있던 그 누구도 미국이 남북전쟁에서 면화라는 배를 침몰시키기를 원하지 않았다.

J. P. 모건이 짐에게 보낸 편지에서 정치 이슈가 주요 내용은 아니었다. 그의 가슴속 이야기가 대부분이었다. 그는 사촌이 1856년 봄 깊은 관계로 연애하고 있다는 생각이 들자, 모건은 아버지 주니어스처럼 충고한다. "내가 비록 젊지만, 네가 경험한 것보다 더 넓은 세계와 사회를 경험했어… 그래서 내가 네게 이런 정도도 충고하지 못하리라고 생각하지는 말아라. 네가 보낸 최근 편지를 보니 너는 네 자신보다도 어떤 젊은 여성에게 깊은 관심을 갖고 있는 성싶다. 이 편지를 다른 사람이 읽을 수 있기 때문에 그 여성의 이름은 밝히지 않겠다."

모건은 짐에게 "그녀에 대한 관심이… 네 자신의 명예를 더럽히지 않고, 나중에 너의 인생에서 후회하는 사태를 야기하지 않도록 조심하라"고 충고했다.

숙녀의 미덕을 소중히 생각하는 열아홉 살 먹은 이 보호자는 자신이 고생해야 했던 상황을 설명했다. 이 설명 과정에서 그는 '~할 수밖에 없었다'는 표현을 무려 세 번이나 반복한다. 그의 설명에 따르면, 그가 베비에서 만난 한 친구는 결혼할 준비나 마음이 없었으면서도 아름답고 배운 여성에게 "마음을 먹고 관심을 표현했다." 그 여성도 그 친구와 사랑에 빠졌다. 부모들은 결혼을 종용했다. 모건이 보기에 그 친구는 "명예가 너무 손상되어 모건이 간섭할 수밖에 없었는데도 그는 다른 사람들의 뜻에 따라 결혼할 수밖에 없었다"고 설명한 뒤 짐이 요구하지 않았는데도 충고한다. "그런 상황에서 내가 의무감을 느꼈다면, 필요한 시점에 네게 경고하는 게 내게 얼마나 중요할까?"

더 나아가 모건은 사촌이 결혼에 대해 가지고 있는 "명백하게 잘못된 생각"을 바로잡아 주어야 한다는 의무감을 갖는다. 문제의 여성은 음악에 천부적인 재능을 가지고 있어, 짐은 그녀에게 유학을 종용하고 있었다. 모건은 짐이 아내를 위해 무엇인가를 할 때가 아니라고 생각했다. "나와 마찬가지로 너의 사회 경력은 개인적인 노력에 달려 있다. 우리는… 비즈니스 세계에서 활동할 사람들이다. 이를 위해서 우리는 일을 마치고 집에 들어갔을 때 우리를 기쁘게 해주고, 집안을 잘 관리하고 우리에게 만족감을 줄 수 있는 여성을 아내로 골라야 한다고 생각한다."

훈계조의 이 편지에 비춰볼 때 모건에게 비즈니스는 신의 소명인 성싶다. 물론 아버지 주니어스의 눈에 장사는 신의 소명인 게 분명했다. 결혼의 행복에 대한 모건의 생각은 그의 가정환경과 잘 맞지 않는다. 이는 어머니가 직업을 가지고 있었기 때문이 아니다. 그러나 그의 희망 사항이 가정환경과 다르다는 사실은 결코 그의 신념을 약화시키지 못했다. 그가 갖고 있는 아내 상은 가정적인 여성이었다. "아내는 모든 관심을 세상이 아니라 남편과 아이들에게 집중해야 한다." 사촌 짐도 "대중 앞에 노출된 적이 있거나 남편과 관련이 없는 사회적 지위를 가지고 있는 여성과 살아서는 행복하지 않을 것이다." 짐은 모건의 "지루한 설교"를 그렇게 좋아하지 않았다. 대신 그는 모건과 다시 만나면 인간의 문제에 대해 깊이 토론하겠다고 약속했다.

─────※※※─────

J. P. 모건은 헌신적인 독일 여성들의 도움을 받아 6개월 동안 독일어를 공부했다. 하지만 사업을 시작하려는 계획은 다시 한 번 연기해야 했다. 유럽 대륙에서 겨울을 한 번 더 지내도록 아버지가 지시했기 때문이다. 1856년 8월 비스바덴에서 배를 타고 런던에 있는 집을 방문했다. 그때 주니어스 가족은 프린시스 게이트 14번지에 완전히 정착하고 있었다. 하이드파크를 마주보는 나이트브리지 가까이에 있는 5층짜리 도시 주택이었다. 도로변에서 떨어져 있어 한적했고, 코린트 양식으로 장식되어 있는 현관이 있었다. 1층에는 코린트 양식으로 떠받쳐져 있는 박공이 있었고, 처마에는 꽃과 과일이 조각되어 있었다. 프랑스 양식의 문은 테라스를 향해 열려 있었고, 돌계단을 따라 내려가면 넓은 잔디밭과 이웃들과 공유하는 정원이 나왔다. 엑서비션(Exhibition)가를 따라 조금만 걸어 내려가면 1851년 크리스탈 궁전 전람회를 마친 뒤 대중들에게 산업 예술과 혁신적인 디자인을 선보이기 위해 세워진 사우스켄싱턴 박물관이 나왔다.

오랜만에 집에 돌아온 J. P. 모건의 눈에 비친 어머니는 완전한 폐인이었다. 대서양을 가로지르는 어떤 이동도 남편 주니어스의 동의를 받아야 했다. 그러나 주니어스는 일과 영미 친선 활동에 매달려 있어, 어머니 줄리엣은 우울증에 시달리고 있었다. 몸 상태도 날이 갈수록 나빠졌다. 그녀는 가까운 친인척들과 헤어져 낯설고 미국인을 그다지 반기지 않는 타국 수도에서 생활해야 하는 게 고단할 수밖에 없었다. 영국과 미국이 영어를 공통으로 사용한다고 해도 그녀가 폐쇄성이 두터운 영국인들과 사귀기는 쉽지 않았다. 교육수준마저 낮아 외국 생활이 주는 문화생활을 쉽게 즐길 수도 없었다. 한 세기쯤 흐른 뒤에는 발랄하고 개방적인 미국 여성들이 런던 사교클럽을 지배하게 되지만, 1850년대 미국 여성인 줄리엣은 자신감이 배어 있는 우아함도 가지고 있지 않았다. 한마디로 남편은 일에 빼앗겼고 자녀 4명은 집을 떠나 공부하고 있고, 자신에 대한 관심도 크지 않았다. 결국 줄리엣은 그녀의 어머니가 겪은 것처럼 애매모호한 여러 가지 병을 앓으면서 침대에서 은둔했다.

어머니 줄리엣이 우울증을 앓게 된 데는 유전적인 요인도 한몫했다고 할 수 있다. 피어폰트 사람들은 정서불안, 알코올 중독, 신경증 등에 시달렸고 심지어 스스로 목숨을 끊은 사람들도 여럿 있었다. 줄리엣의 친정어머니가 1855년 숨을 거둔 뒤 피어폰트 목사는 아내의 병 때문에 결혼생활이 얼마나 엉망이 되었는지를 털어놓은 적이 있다. 줄리엣의 친정어머니는 "집안을 행복한 크리스마스 분위기, 즉 안온하고 가족만의 공간으로 만드는 데 기여하지 못했다." 이런 어머니의 딸인 줄리엣도 가족들이 화목하게 지내는 데 거의 보탬이 되지 못했다. 그래서 J. P. 모건이 "남편을 행복하게 하고 집안을 만족스럽게 꾸릴 수 있는 가정적인 여성"을 아내로 원하게 되었다고 할 수 있다.

줄리엣의 동생인 존 2세는 자신의 어머니와 누나 줄리엣의 공통점을 잘 설명한다. "어머니와 누나의 성격과 기질은… 정말 똑같다." 또한 그는 줄리엣이 속앓이 하는 이유가 "육체적인 게 아니라 심리적 원인"이라고 의심했다. 말이 의심이지 그는 그녀의 질병이 심리적인 것이라고 확신했다. 실제로 런던의 최고 의사들이 줄리엣을 검진했지만, 육체적인 문제점은 발견하지 못했다.

줄리엣은 우울증을 남편과 아이들이 있는 런던에 남겨두고 1856~1857년 겨울을 정든 미국에서 보내기로 결정했다. 1856년 9월 J. P. 모건은 어머니를 리버풀까지 배웅했다. 그는 어머니가 배에 올라 영국 땅에서 멀어지는 것까지 본 뒤 런던으로 돌아왔다.

J. P. 모건은 그해 가을 프린시스 게이트홀에서 짐에게 보낸 편지에서 불평을 늘어놓는다. "내가 집에만 오면 가족들은 나를 하인처럼 생각하고 이것저것 시킨다." 실제로 모건은 여동생 둘이 학교로 돌아가기 전까지 런던 이곳저곳을 구경시켜주었다. 그는 여동생 매리를 특별히 아꼈다. 그녀는 활발했고 호기심이 넘쳐흘렀다. "그녀는 오랜 기간 조용하게 지내야 하는 것을 전혀 개의치 않는다." 그 자신도 마찬가지였다. 모건이 "아이들"이라고 부른 여동생들이 학교로 돌아가자, 집은 다시 적막해졌다. 프랭크 페이슨과 엄청나게 상냥한 호프만의 여자 조카가 런던을 방문하기로 한 게 지루함을 덜어주었다. 미스 호프만은 결혼하기 위해 아버지와 함께 미국으로 돌아가는 길에 런던을 거치게 되어 있었다. 하지만 그녀에 대한 모건의 호감은 줄어들지 않았다. 그는 미스 호프만과 그녀의 아버지, 친구 프랭크를 데리고 저녁을 먹으러 나갔다. 극장에서 연극도 관람했다. 마담 투소의 인형관(Madame Tussaud's)도 들렀고, 왕립 조폐국(Royal Mint)과 여왕의 마구간을 구경했을 뿐만 아니라 악명 높은 영국 가을비가 부슬부슬 내리는 와중에도 마차를 타고 넓은 대로를 달렸다.

J. P. 모건은 "짐! 너와 나만의 비밀인데"라고 편지에서 속내를 털어놓기 시작한다. "미스 호프만은 가장 멋진 아가씨이다. 느낌과 취향이 섬세하고 달콤한 성품을 가지고 있으며, 늘 우아하다… 내가 아무리 오래 산다고 해도 그녀와 같은 여성은 만나기 힘들 거야. 아니 그녀 같은 여성을 만나지 못하리라 확신한다."

괴팅헨대학의 동창인 프랭크는 아버지 주니어스의 파트너였고 당시에는 뉴욕에서 도매상을 경영하고 있는 P. 머튼(Morton)과 일하기 위해 1856년 9월 말

보스턴으로 떠났다. 그들이 떠난 뒤 모건은 승마를 즐기기 위해 매일 아침 하이드 파크에 갔고, 오후 시간에는 20년치 전보 파일을 정리하느라 투자은행 피바디에서 일해야 했다. 그때 피바디는 고객들을 위해 미국 채권과 주식을 중개하고 있었다. 예금을 받는 은행업을 하고 있었을 뿐만 아니라 고유 계정으로 상품교역을 벌이기도 했다. 심지어 요즘의 벤처캐피탈처럼 유망한 벤처기업을 발굴해 자금을 투자했는데, 그 가운데 하나가 바로 1856년 대서양 해저 케이블 부설 벤처였다.

뉴욕의 부유한 제지 상인인 사이러스 필드(Cyrus Field)는 새뮤얼 모스(Samuel Mores)가 개발한 모스부호가 국제 통신과 무역에 아주 쓸모 있다는 사실을 간파하고, 대서양 횡단 케이블 부설권을 따냈다. 투자은행 피바디는 1856년 7월 사이러스 필드 벤처에 자금을 대기로 결정했다. 넉 달 뒤 주니어스는 애틀랜틱 텔레그래프가 유명해지고 있어 나중에 상당한 자산이 될 것 같으며, 케이블이 작동하기 시작하면 "상당한 수익을 낳을 게 분명해 보인다"고 피바디에 보고했다. 또한 미국 연방정부의 보조금을 받기 위해 미국을 여행하는 동안 조용하게 로비하는 게 필요하다고 회사 대표인 피바디에게 조언했다. "미국 정부는 정책적인 이유로 기업을 돕기 위해 뭔가를 할 수밖에 없습니다. 그리고 보조금 지급 문제를 긍정적으로 추진하려는 워싱턴 사람들에게 당신의 말 한마디는 크게 도움이 될 겁니다."

주니어스는 한 걸음 더 나가 대표인 피바디가 애틀랜틱 텔레그래프의 이사를 맡아 경영의 투명성과 건전성을 높여야 한다고 설득했다. "우리가 미국과 이 나라의 비즈니스와 밀접한 관계를 맺는 일은 아주 바람직하기 때문에 우리는 좋든 나쁘든 그 나라에 영향을 끼치게 되어 있는 회사에 영향력을 행사할 수 있어야 합니다." 이처럼 영향력을 행사하는 정치역량과 경영에 대한 엄격한 감시는 반세기 동안 모건식 금융의 기본 바탕이 된다.

영국과 미국 정부의 보조금을 받기는 했지만, 대서양을 가로지르는 통신 케이블 부설 사업의 물리적·금융적 어려움을 푸는 데는 10년이 더 걸렸다. 화재, 케이블 절단, 와이어 유실, 재정난, 폭풍우… 남북전쟁이 그 사업의 걸림돌이 되었다. 애초 주당 1,000달러에 발행된 애틀랜틱 텔레그래프의 주가는 1858년 7월에는 300달러로 곤두박질했다. 단, 원시적인 2,900마일의 케이블이 영국과 미국 사이에 연결된 그해 8월에는 900달러까지 회복했다. 케이블이 해저에 부설되기는 했지만, 빅토리아 여왕이 뷰캐넌 대통령에게 보낸 축전이 전달되는 데는 16시간이 걸렸다. 그순간 피바디는 필드가 "신대륙을 발견한 콜럼버스와 같은 기분일 것"이라고 생각했다. 주니어스는 J. P. 모건에게 엄청난 일을 완수했음을 말해준다. "우리 가운데 누구도 이 사업의 성공이 세계에 어떤 영향을 끼칠지 가늠할 수 없고, 우리가 성취한 일이 어떤 의미를 가지고 있는지 제대로 파악하기 힘들다." 그러나 3주 뒤 케이블은 절단이 났고, 주가는 박살이 났다.

대서양 횡단 통신은 당시 거대한 배인 S. S. 그레이트 이스턴(Great Eastern)호가 두꺼운 장갑을 입혀 내구성을 높인 케이블을 발렌티아와 세인즈 존스, 뉴펀들랜드 해역에 부설하는 데 성공한 1866년 마침내 제대로 작동하기 시작했다. 이런 시행착오를 겪는 과정에서 애틀랜틱 텔레그래프는 해산되고 다시 투자를 유치해 세워진 앵글로-아세인트루이스칸 텔레그래프(Anglo-American Telegraph)는 배당금을 지급할 수 있었다. 주니어스는 부실해진 대서양 횡단 해저케이블 회사를 다시 일으켜 세우는 10년 동안 희망이 무너져 내리는 기분을 수차례 느껴야 했다. 모든 상황이 최악인 순간 애초 창업자인 필드는 투자은행 피바디가 회사를 말아먹었다고 비난했다. 이때 주니어스는 "당신이 시작해 투자를 권유한 사업에 우리가 자금을 대고 뛰어들었다가 엄청난 손해를 봤다는 사실을 기억하지 못하는 것 같다"고 반박했다.

대서양 횡단 케이블은 1866년 이후 세계가 돌아가는 모습을 획기적으로 바꾸어 놓았다. 미국인들이 유럽과 몇 주가 아니라 몇 분 만에 통화할 수 있도록 했다. 게다가 투자은행 피바디 같은 금융회사들은 빠르게 시장에 뛰어들고 철수할 수 있게 되었다. 또 외환거래도 더 빠르고 쉽게 할 수 있게 되었다. 이전에는 상상할 수 없는 짧은 시간 안에 정보를 확보해 여파를 판단할 수도 있었다. 더욱이 투자은행 피바디는 위험성이 엄청난 대서양 횡단 케이블 부설 사업에 자금을 대고 끝내 성공시킨 덕분에 명성과 높은 수익을 얻었을 뿐만 아니라 중요한 정보에 접근할 수 있는 채널도 확보했다.

———⟨⟨⟨———

J. P. 모건은 석 달 동안 머물 예정으로 1856년 10월 독일 괴팅헨으로 되돌아갔다. 프랭크 페이슨이 미국으로 떠나 외로워진 유학생활을 달래기 위해 하노베라(Hanovera)라는 학생 클럽에 가입했고 토요일에는 거위 고기를 구워 맥주와 함께 즐겼다. 그는 환송파티의 연설에서 '기간과 길이'를 의미하는 다우어(Dauer)와 '후회하다' 또는 '아쉽게 생각하다'는 뜻을 가진 베다우에른(Bedauern)을 바꾸어 독일 친구들에게 '만수무강 대신 큰 슬픔을 기원한다'고 말해 그들이 한바탕 배꼽을 잡고 웃을 수 있게 했다. 괴팅헨대학의 한 교수가 학교에 남아 수학 공부를 더 하라고 제안했다. 하지만 그는 숫자에 대해 가지고 있는 재능을 살려 다른 일을 할 계획을 가지고 있었다.

J. P. 모건은 1857년 초 마침내 학교를 마쳤다. 독일과 프랑스 말도 상당히 유창하게 구사할 수 있게 되었다. 그는 견문을 더 넓히기 위해 유럽 남쪽으로 향했다. 로마에 한 달 동안 머물며 교회와 갤러리, 로마 유적의 잔해들을 둘러보았다. 모자이크와 보석, 향수, 청동 꽃병, 이탈리아 신고전주의 조각가인 안토니오 캐노바(Antonio Canova)가 조각한 청춘의 여신 '헤베(Hebe)'와 '죽어가는

검투사(Dying Gladiator)'의 복제품을 샀다. 그는 사촌이자 친구인 짐에게 보낸 편지에서 "세상을 여행하면서 많은 것을 본다는 일은 무척 즐겁지만, 나는 오랜 기간 불안하게 여러 나라를 옮기며 살아야 했기에 다시는 안정된 삶을 고대하지 않도록 편안한 내 삶을 위한 여건을 스스로 만들고 싶다. 그리고 이제 내 일을 정말 하고 싶다. 그때가 진정한 내 전성기"라고 말했다.

모건의 병치레는 계속되었다. 1857년 봄 그는 목의 통증, 기침, 가슴 통증 때문에 다시 주저앉을 수밖에 없었다. 주니어스는 조카 짐에게 보낸 편지에서 "그의 병치레 때문에 그를 위해 내가 세운 계획 가운데 상당 부분이 무산되었다. 앞으로 그의 미래를 어떻게 설계해주어야 할지 모르겠다"고 말했다. J. P. 모건은 아버지 주니어스가 자신의 미래와 관련해 어떤 계획을 마음속에 품고 있는지 대신 알아보아 달라고 편지로 부탁했다. 모건은 그순간 중국 여행을 하고 싶었다.

짐은 외국에서 공부하기 위해 그해 6월 대서양을 건넜다. 편지만을 주고받았던 모건과 3년 만에 재회했다. 학교에 들어가기에 앞서 친구이자 사촌인 모건의 안내를 받으며 유럽 여행을 다녔다. 그해 7월 주니어스는 아들과 조카의 여행을 중단시키고 아들을 집으로 불러들였다.

J. P. 모건이 런던 프린시스 게이트의 집 현관을 들어선 순간 그의 눈에는 모든 동생들과 친구들이 들어왔다. 어머니는 거의 1년 동안 미국에 머물고 있었지만, 장남 모건이 그즈음에 마음속에 품고 있던 계획을 무산시키지 못할 만큼 아픈 상태는 아니었다. 그는 7월 중순 짐에게 띄운 편지에서 "어머니가 나의 중국행에 가장 강력하게 반대하셨다"고 말했다. 주니어스는 런던의 북쪽 교외에 위치한 바넷에 여름에 머물 집을 이미 임대해놓고 있었다. 모건이 도착하자마자 전 가족이 그 집으로 옮겨갔다.

1857년 미국은 1840년대 공황의 여파에서 완전히 벗어났다. 산업은, 특히 철도산업은 활황 국면에 진입했다. 주니어스는 그해 봄 친구들에게 자랑스럽게 말한다. "우리 가운데 아무도 미국의 자본 증가를 깨닫지 못하고 있다. 미국인들이 런던 스레드니들(Threadneedle) 거리에 있는 영란은행(BOE)의 금리 정책을 두려운 눈길로 지켜보지 않아도 되는 날이 멀지 않았다." 영국에서 발행되는 〈이코노미스트〉는 1851년 주니어스보다 더 낙관적으로 미국 경제를 예측했다. "미국 경제가 조만간 영국 경제를 능가한다는 사실은 다음 월식만큼이나 자명하다." 그 '놀라운 자본 증가'의 무대는 필라델피아가 아니었다. 보스턴도 아니었다. 바로 뉴욕의 월스트리트였다. 1850년대 철도 주식과 채권 시장의 극단적인 활황은 뉴욕증권거래소의 엄청난 투기 붐으로 이어졌다. 거래 규모를 살펴보면, 1830년대 뉴욕증권거래소의 주당 거래량은 가장 많았을 때가 1,000주 정도였지만, 20년 뒤인 1850년대 일주일 동안 100만 주의 주인이 바뀌었다. 증권시장 활황은 수많은 투자회사들이 철도투자 전문회사로 특화했는데, 대표적인 회사가 바로 뉴욕에 본거지를 두고 있는 던컨·셔먼(Duncan Sherman & Co.)이었다.

던컨·셔먼의 시니어 파트너인 윌리엄 왓츠 셔먼(William Watts Sherman)은 1857년 당시 외국에 거주하고 있었다. 그는 런던의 주니어스와 바넷을 방문하곤 했다. 이해 7월 피바디에게 보낸 편지에서 "친애하는 경에게! 당신께서 주니어스 같은 사람을 파트너로 만난 것은 행운이거나 당신의 총명함 때문입니다. 저는 당신이 어디서 그의 월등함을 발견했는지 알 수 없습니다"고 말했다.

피바디는 던컨·셔먼이 설립된 1851년 이후 긍정적인 눈빛으로 그 회사를 오랜 기간 관찰했다. 셔먼의 파트너인 스코틀랜드 출신인 알렉산더 던컨(Alexander Ducan)은 "건전하고 폭넓은 시각을 가진 사람이고… 미국에서 가장 많은 부를 갖고 있는 사람 가운데 하나"로 피바디는 알고 있었다. 그는 실제 당시 400만 달러를 보유하고 있었다. 피바디는 1854년 주니어스에게 "내가 보기에 던컨·셔먼은 현재 미국에서 대규모 금융업을 벌일 능력과 자본, 도전정신을 가진 유일한 회사"라고 말했다. 이런 자신의 판단에 따라 피바디는 던컨·셔먼에게 사실상 무한대의 크레디트 라인(긴급자금 라인)을 개설해주었을 뿐만 아니라 그 회사를 미국 내에서 투자은행 피바디의 사업의 대리인으로 지정했다. 이는 피바디가 뉴욕의 어떤 금융회사에 제공한 특혜보다 파격적인 것이었다.

그러나 1857년 증시 호황에 자신감을 얻은 던컨·셔먼은 피바디의 미국 내 대리 회사가 되기를 거부했다. 오히려 런던의 피바디가 자신들의 영국 내 대리인이 되는 계약을 원했다. 그해 7월 주니어스 모건과 왓츠 셔먼은 줄다리기 협상을 벌이다, 양쪽이 타협할 수 없는 그 문제를 풀기 위해 우회하기로 했다. 주니어스는 두 회사를 강력한 연결고리로 묶을 뿐만 아니라 아들 J. P. 모건의 문제를 동시에 해결하기로 했다. 모건이 "미국 금융을 공부하는 셈치고" 무보수로 던컨·셔먼에서 직원으로 일하도록 했다. "아드님 모건은 장래가 촉망되는 청년이라고 생각합니다"라고 셔먼은 주니어스에게 보낸 편지에서 말했다.

주니어스는 월스트리트에서 꿈을 제대로 펴보지 못했다. 1836년 혼란스러운 상황에서 아쉬움을 뒤로 하고 뉴욕을 떠나야 했다. 그는 뉴욕으로 되돌아가는 꿈을 가지고 있었지만, 그의 사업 본거지는 하트포드에서 보스턴으로, 다시 런던으로 바뀌었다. 그는 월스트리트에서 부를 일궈보겠다는 꿈을 접은 지 20년이 흐른 그때 금융수련을 위해 아들을 뉴욕에 보내게 되었다. 그해 7월 '장래가 아주 촉망되는 청년'은 셔먼과 함께 뉴욕으로 방향타를 잡고 항해를 시작했다. 유럽 대륙을 향해 떠날 때와 마찬가지로 그는 중요한 편지와 문서를 지니고 있었다. 다른 점이 있다면, 유럽으로 떠날 때는 미국 정부의 공문서를 지녔지만, 뉴욕으로 갈 때에는 아버지가 맡긴 문서를 지녔다는 사실이었다.

아들 J. P. 모건이 '페르시아(Persia)'호를 타고 뉴욕으로 향하기 직전에 아버지 주니어스는 모건에게 서류를 안전하게 지니고 가라고 신신당부한다. 그리고 그는 이렇게 말한다. "네가 앞으로 내딛게 될 발걸음이 얼마나 중요하고 네 미래에 어떤 영향을 끼칠지 깨닫기를 바란다. 네 자신에게 정직하면 모든 게 잘될 것이다. 서면 부부에게 안부를 전하라, 잘 지내라. 신의 은총과 보호가 있기를 너를 사랑하는 아비가 늘 기도하마."

뉴욕

J. P. 모건은 모든 것의 중심에 이르고 싶어 몸이 근질근질했다. 그런데 1857년 당시 뉴욕은 '모든 것의 중심'이었다. 미국 도시 가운데 가장 크고, 가장 흥미로운 도시였다. 애초 네덜란드인들에 의해 개척되었고, 개척 초기 이름은 뉴암스테르담이었다. 처음부터 위그노 영국인·독일인·유태인들이 마구 섞여 살고 있었다. 유럽의 북아세인트루이스카 식민지 가운데 가장 다원화한 도시였다.

1860년대 J. P. 모건
(출처: 뉴욕 피어폰트 모건 도서관)

니커보커(Knickerbocker)[1] 귀족들은 뉴암스테르담에서 영국인들과 권력을 나눠가져야 했기 때문에 보스턴의 터줏대감인 브라민스(Bramins)와 필라델피아의 옛 가문들, 찰스턴(Charleston)의 플랜테이션 농가 등처럼 지역 사회에서 권력과 위세를 독점하지 못했다. 한마디로 뉴욕은 권력이 분산된 도시였다. 활력

---

1. 뉴욕으로 건너온 네덜란드인들을 부르는 말 -옮긴이

있고 여러 나라 말이 혼재하는 맨해튼은 날로 번창하는 시장들과 함께 모든 이들에게 열려 있었고, 소용돌이치는 도시였으며, 외부자들이 원하는 것은 무엇이든 얻을 수 있는 공간이었다. 이민자, 해적들, 도박꾼, 탈주범, 뭔가를 이루어 보려는 사람, 비뚤어진 인간 등 다양한 군상들이 뉴욕으로 몰려들었다.

뉴욕의 금융시장이 팽창하는 미국 경제를 뒷받침하자, 월스트리트는 세계 금융의 수도로 성장하기 시작했다. 뉴욕의 잡동사니 문화와 걸맞게, 스무 살 성년이 된 J. P. 모건은 당시 미국 사람들과는 달리 다양한 문화를 경험한 인물로 성장해 있었다. 그는 뉴욕에 도착하자마자 뉴욕의 문화에 쉽게 젖어 들었고, 평생 동안 살 집처럼 뉴욕을 편안하게 생각했다.

대서양 횡단 여객선 '페르시아'가 뉴욕항에 도착했다. 모건은 당시 새롭게 리조트로 떠오르던 로드아일랜드에 있는 뉴포트로 곧장 달려갔다. 이후 그는 보스턴과 하트포드로 달려가 어사일럼가에서 사라 모건과 함께 지내고 있는 어머니 줄리엣과 상봉했다. 변한 게 거의 없었다. 변하지 않는 주위 환경에 모건은 약간 실망했다.

1857년 9월 초 J. P. 모건은 뉴욕으로 돌아왔다. 아버지 주니어스의 파트너인 피바디의 친척인 또 다른 조지 피바디와 보즈(Vose)라는 사람과 함께 맨해튼 17번가 웨스트 45번지에 있는 곳으로 이사했다. 보즈는 모건이 한 집에서 살게 된 세 사람 가운데 가장 어렸다. 짐 굿윈의 여동생인 샐리(Sally)는 함께 살게 된 트리오를 재미있게 묘사한 기록을 남겼다. 그들이 살게 된 곳은 당시 뉴욕에서 새롭게 개발되고 있었다. 뉴욕은 19세기 들어서면서 북쪽으로 확장되고 있었다. 독립전쟁 이후 장사꾼과 선주, 무역상들은 맨해튼 맨 끝자락에 있는 항구 주변에 신생국 패션에 맞는 집들을 짓고 모여들었다. 1820년대 월스트리트 상업이 번성했다. 그 바람에 건국 초기 지어졌던 주거용 집들이 은행, 회사 사무실 등으로 개조되었다. 맨해튼의 부자들은 허드슨 강을 따라 2마일

쯤 북쪽에 자리 잡은 그리니치(Greenwich) 지역으로 옮겨갔다.

상업이 더욱 활발해지고 교통량도 늘어 소음이 커진 1840년대, 돈 좀 있는 뉴요커들은 더 북쪽으로 이동해 조용하고 나무가 늘어선 유니언(Union) 광장 주변에 살기 시작했다. 이때 지어진 집들은 이탈리아 르네상스 풍의 맨션 등이었다. 모건 등이 살 집을 마련한 곳이 바로 그 지역이었다. 1857년 당시 사이러스 필드는 21번가 이스트 84번지에 살고 있어 모건 일행의 이웃이었다. 주니어스의 옛 파트너인 모리스 케첨이 23번가 이스트 60번지에, 또 다른 주니어스의 옛 파트너이고 지금은 모건의 지기인 프랭크 페이슨을 데리고 있는 P. 머튼은 17번가 웨스트 15번지에 살고 있었다. 5번가 주변에는 왓츠 셔먼과 영국 금융가문의 미국 대리인인 어거스트 벨몽트(August Belmont), 시티은행의 회장 모제스 테일러(Moses Taylor) 등이 살고 있었다.

〈뉴욕 헤럴드〉는 5번가 14번지에 살고 있는 상인이면서 선주인 모제스 그린넬(Moses Grinnell)이 "그 지역에 사는 유명한 사람 가운데 가장 큰 거물"이라고 평했다. J. P. 모건은 파인(Pine)가의 나소(Nassau) 코너 11번지에 있는 던컨·셔먼까지 브로드웨이를 따라 마차를 몰고 출퇴근했다. 그의 사무실 동쪽에 위치한 윌리엄가에는 1817년에 설립된 뉴욕 스톡 앤 익스체인지 보드(New York Stock & Exchange Board)[2]가 있었다. 이때 거래소에서는 철도회사 40개, 운하회사 10개, 광산회사 8개, 가스 전등회사 3개, 은행 4개 등의 주식과 채권이 거래되고 있었다. 서쪽으로 한 블록 떨어진 곳에는 높이가 86.5미터에 이르는 새 트리니티(Trinity) 교회가 월스트리트를 굽어보고 있었다.

던컨·셔먼은 런던에서 영입된 새 직원인 J. P. 모건에게는 급여를 주지 않았다. 그는 아버지한테서 매달 200달러씩 받아 생활비로 썼다. 그의 첫 번째 업

---

2. 현재 뉴욕증권거래소(New York Stock Exchange)의 전신 -옮긴이

무는 회사의 통신실에서 각종 편지 등을 받아 복사하는 일이었다. 주니어스는 아들이 그런 일을 맡는 데 동의하면서 "다른 곳에서는 비즈니스가 어떻게 이뤄지는지에 대한 전반적인 정보를 얻을 수 없다고 생각한다"고 아들에게 말했다.

모건은 요양을 위해 머물렀던 파이알에서 만난 대브니 가문의 출신이고, 회계를 담당하고 있는 파트너인 찰드 H. 대브니한테서 회계를 배운다. 그는 투자은행 피바디의 비공식 뉴욕 에이전트로서 거래 상대의 신용 상태를 조사하고 증권거래소에서 매매 주문을 내는 일도 맡았다. 피바디의 고객과 파트너들에게 돌아갈 배당금 등을 관리하기도 했다. 증기 여객선이 런던을 향해 떠날 때마다 미국 금융시장 동향을 편지로 써 아버지에게 보고했다.

대서양 횡단 케이블이 개통되기 9년 전인 1857년 런던 은행가들은 미국의 정보를 얻는 데 우편에 의지했다. 주니어스는 그해 가을 J. P. 모건을 칭찬한다. "이 모든 일에 네가 보여준 열정과 활발함에 아주 흐뭇하다… 다른 일에서도 그런 자세를 유지하기 바란다. 눈을 크게 뜨고 일어나는 일을 살펴보고, 어떤 일이 일어난 순간 정보와 의미를 파악해 이용하거라. 네가 신속하게 정보를 제공해주니 피바디 씨도 아주 기뻐하고 있단다."

주니어스는 1857년 아들이 신속하게 전해준 정보의 내용을 그다지 마음에 들어 하지 않았다. 당시는 1837년 패닉이 발생한 지 20년이 흐른 뒤였다. 모든 사람들이 인플레이션과 시장 참여자들의 비정상적인 확신감이 얼마나 위험한지 잊고 있었다. 하지만 주니어스는 그렇지 못했다. 그는 월스트리트에서 발생한 패닉과 공황의 소용돌이 때문에 뉴욕을 탈출해야 했던 1836년을 잊을 수 없었다.

'경이로운(Miraculous)' 1850년대는 거대한 미국 운송 시스템이 구축되기 시작한 때였다. 이후 철로 2만 2,000마일이 대서양 연안의 인구 밀집 도시를 서로 연결했을 뿐만 아니라 당시 기준에서 보면 서쪽 변방은 오대호 연안까지 이어졌다. 철도 덕분에 오대호 연안의 시카고에서 뉴욕까지 여행 시간이 1830년대 3주에서 3일로 줄어들었다. 증기선과 운하 바지선과는 달리 철도는 거의 모든 곳까지 접근할 수 있었다. 산맥을 넘고 대평원을 가로질렀을 뿐만 아니라 숲을 뚫고 건설되었다. 기후가 어떠하든 거의 정시 운행으로 물류의 예측 가능성을 높여주었다.

전신망이 철로와 나란히 구축됐다. 전신망과 철도가 거대하지만 흩어진 채 고립된 북아메리카를 하나의 시장으로 통합했다. 철도 건설만으로도 생산이 늘어났고, 대서양 연안의 도시와 미시시피 강과 중서부 지역의 평원을 연결했다. 철도 건설 덕분에 이렇게 호황을 보인 1850년대 미국 경제는 또 하나의 호재로 더욱 들썩거린다. 바로 캘리포니아의 금광 발견이었다.

그때 미국 은행들은 보유한 금을 기준으로 각자 은행권을 발행하고 있었다. 금 자체가 희귀한 금속이어서 절대적으로 양이 부족했다. 마침 산업 팽창에 따른 자본 수요가 급증했다. 시장에서는 늘 돈이 귀했다. 이런 상황에서 발견된 캘리포니아 금은 신용을 팽창시켰다. 전반적인 가격 수준이 오르도록 했다. 증시에 기름을 부어 증권과 부동산에 대한 투기 열풍을 일으켰다. 이때 미국 증권은 상대적으로 높은 수익률을 자랑해, 많은 외국 투자자들이 관심을 가지고 있었다. 이 시절 미국 철도의 연평균 수익률은 10퍼센트 남짓이었지만, 영국 철도회사는 5퍼센트 정도였다.

1856년 미국 경제는 외국의 자본과 시장 상황에 민감했다. 유럽인들이 1853년 보유한 미국 증권은 2억 2,200만 주였다. 이는 당시 미국에서 발행된 주식과 채권의 19퍼센트 정도이다. 3년 뒤인 1859년 미국 재무부는 미국 철도에 투자된 외국 자본이 8,300만 달러라고 추정했다.

그런데 1856년 크리미아 전쟁이 끝나고 러시아산 곡물이 서유럽 시장에 밀려들었다. 미국 상품에 대한 유럽의 수요가 곤두박질했다. 때맞추어 영란은행이 인도와 중국으로 빠져나가는 자본을 붙잡기 위해 단기 금리를 인상했다. 미국에서 외국 자본이 철수하기 시작했다. 유럽의 투자자들은 런던시장의 높은 금리를 이용하기 위해 보유하고 있던 미국 채권 등을 처분했다.

주니어스는 그해 가을 전세계 금융시장이 시련을 맞을 것이라고 예상하고 한 동료에게 경고한다. "폭풍우가 몰려오기 시작할 때 가장 작은 돛을 달고 나가는 선장이야말로 가장 현명한 사람이다." 역사에서 우연한 사건이 발생해 예정된 재난이나 불행을 더 빨리 불러들이듯이 이때에도 돌발적인 사건이 발생해 호황이 갑자기 마침표를 찍는다. 1857년 뉴욕을 향해 캘리포니아 금 150만 달러어치를 싣고 항해하던 배가 노스캐롤라이나 해터러스(Hatteras) 곶에서 허리케인을 만나 침몰하고 만다. 이 사건으로 미국 시장에 자본이 마르기 시작했다.

주니어스가 예견한 대혼란은 그해 10월초 미국 경제를 엄습한다. 주가가 곤두박질했고, 철도회사들이 유동성 위기에 빠져 파산했다. 채권자들은 자금 회수에 나섰고, 채무자들은 그들의 요구를 따르지 못했다. 은행과 일반 기업들도 도산의 운명을 피하지 못했다. 미국발 눈보라는 순식간에 대서양을 건너 유럽에 몰아쳤다. 주니어스는 10월 7일 마침 여행 중인 피바디에게 "우리 회사는 탄탄하고 좋은 상태를 유지하고 있으며 앞으로도 그럴 겁니다. 폭풍이 지나간 뒤에 높은 수익을 얻을 수 있는 기회가 있을 것이기 때문에 어떤 일이 빚어지더라도 우리의 보수적인 방침은 변하지 않습니다"라고 재확인했다.

하루 뒤인 10월 8일에 주니어스는 아들 J. P. 모건에게 편지로 "다양한 사건이 터지는 와중에 너는 사회에 첫발을 내디뎠구나. 네가 지금 겪고 있는 경험을 잊지 말아라. 일확천금을 얻으려는 사람들이 얼마나 많이 무너져 내렸는지 기억해야 한다. 느리지만 확실하게 나가는 전략이 너 같은 젊은이가 취해야 할 자세"라고 충고했다.

주니어스는 영란은행이 믿을 만한 런던 상인과 은행에 긴급자금을 지원하는 방식으로 위기를 다스리는 모습을 지켜봤다. 그는 미국 금융시장에 영란은행 같은 리더가 없다는 점을 아주 아쉬워한다. "미국 은행들이 위기 전까지 정상적으로 영업해 믿을 만한 상인들에게 과감하면서도 합법적인 지원을 해줘, 그들이 포기하지 않고 위기를 견딜 수 있도록 해주는 것을 경험하지 못한 게 너무나 아쉽다."

주니어스는 일기예보와 비슷한 예측을 선호했다. 그래서 항해 용어를 즐겨 사용했다. "금융이라는 배는 쉽게 폭풍우에서 벗어나 평화로운 항로로 자동으로 진입하지 못한다" 등이다. 특히 막강한 영향력을 쥔 사람이 없다면, '금융이라는 배'가 자동적으로 안정을 되찾지 못한다고 예측했다.

투자은행 피바디의 미국 고객 가운데 여러 명이 디폴트를 선언했다. 피바디를 통해 이들에게 돈을 꾸어준 영국 채권자들은 피바디에게 갚으라고 요구했다. 자금흐름의 연쇄사슬의 미국 쪽 고리인 던컨·셔먼은 피바디한테서 자금을 끌어다 미국 상인 등에게 빌려줬다. 던컨·셔먼은 채무자 가운데 상당수가 원리금을 상환하지 못하는 바람에 대신 빚을 피바디에 갚아주어야 했다. 신용평가회사인 R. G. 던(Dun & Co.)은 피해 규모가 250만 파운드에 이를 것이라고 추정했다. 그런데 R. G. 던은 1933년 최대 경쟁회사인 브로드스트리트(Broad Street Co.)와 합병한다. 1857년 11월 주니어스는 디폴트된 채권액이 230만 파운드(1,150만 달러)에 이르자 평상심을 유지하기가 힘들었다. 피바디가 영란은행에서 긴급 자금을 지원받지 못하면, 파산을 선언해야 하는 상황에 몰려 있었다.

이 순간 맨해튼에 있는 왓츠 셔먼은 노바 스코타의 핼리팩스 항구에 입항하는 배에서 보낸 전보를 통해 피바디가 영란은행의 긴급자금을 받을 수 있는지에 관한 소식을 기다리고 있는 중이었다. 고대하던 전보가 도착하지 않자,

서먼은 J. P. 모건을 뉴욕 전신국에 급파해 전보를 직접 받아오라고 지시했다.

서둘러 뉴욕 전신국에 이른 모건은 비밀 전보가 언론의 눈을 의식해 핼리팩스에 묶여 있다는 사실을 알아챘다. 당시 언론은 전보를 중간에 가로채 볼 수 있었다. 그는 핼리팩스-뉴욕 사이에 전신망을 구축한 사이러스 필드에게 달려가 서먼에게 급전을 날린다. "제가… 전신국 담당자가 가지고 있는 것을 보여달라고 요구해 확인한 결과 'G. P. & Co(투자은행 피바디). 영란은행 긴급자금 1,000만 파운드 받아 & 모든 상황이 OK'라는 내용의 전보가 도착해 있었습니다."

J. P. 모건이 영국발 긴급 전보를 직접 가지고 사무실에 도착하기 직전 뉴욕 신문들은 투자은행 피바디가 디폴트를 선언했다는 루머를 기사화했다. 증권사 사람들이 던컨·서먼 사무실에 몰려들었다. 던컨·서먼은 서둘러 비밀 급전 내용을 인쇄해 언론에 알려 사태를 진정시켰다. 당시 영란은행이 투자은행 피바디에 실제로 지원한 긴급 자금은 80만 파운드, 달러로 환산하면 400만 달러였다. 피바디는 영국계 은행 14곳의 보증을 얻어 긴급자금을 지원받을 수 있었다.

모건은 서먼이 자신을 신뢰하지 않은 데 대해 분노했다. 전보 내용을 미리 보고했으면, 서먼은 이를 서둘러 시장에 알려야 했다고 생각했다. 필드가 "모건 자네를 도울 일이 있으면 좋겠다"고 말했기 때문에 그는 전보를 띄워 서먼이 자신을 믿지 못해 사태를 더욱 악화시킬 뻔 했다고 보고했다. 이 사건을 계기로 과거 선생이었던 미스 스티븐스와 스위스 학교의 교장 선생 실리그처럼 결정권을 쥐고 있는 사람이 모건 자신을 진중하게 대하지 않으면 불끈 화가 솟는 모건의 성격이 다시 드러났다. 그는 중요한 문제는 자신이 직접 장악하고 관리해야 한다고 생각하기 시작했다. 정확한 정보의 중요성도 절감했다.

투자은행 피바디가 파산 일보 직전까지 간 사실 자체 때문에 신중한 주니어스는 낙담했다. 그는 명예가 훼손되었다고 스스로 생각했다. 22년 동안의 노력이 물거품이 되었다고 판단했다. 그는 자신을 달래려고 노력하는 아들에게 편지를 보낸다. "미국에서 발생한 패닉 때문에 너의 영육이 괴롭힘을 당한 사실이 네게는 너무 고통스럽구나."

모건은 실의에 빠진 아버지에게 월스트리트 사람들은 영란은행의 긴급자금 뉴스가 "적절한 조처였다고 생각하고 있습니다. 저는 위기가 투자은행 피바디를 약화시켰다기보다는 강하게 변신시켰다고 생각한다"는 답장을 보냈다. 이와 함께 우호적인 신문기사를 아버지에게 보냈고, 비판적인 논조를 보인 신문기사는 터무니없다며 무시해버렸다. 또한 월스트리트의 루머 등을 듣기 위해 조용히 거리에 나가보았다. "아무도 나를 알아보지 못해 편하게 모든 이야기를 들을 수 있었습니다." 월스트리트 여론은 투자은행 피바디에 상당히 우호적이었다.

모건은 화제를 바꿔 아버지가 자신에게 충고했던 것처럼 말한다. "저는 아버지가 잠깐 동안 휴가를 내 일에서 벗어나 쉬시라고 다시 간청합니다. 잠깐 동안이나마 스트레스에서 벗어나셔야 합니다. 그렇지 않다면, 일해서 번 돈보다 더 귀중한 것을 잃게 될 겁니다."

주니어스는 스무 살 먹은 아들이 간청했는데도 휴가를 내지 않았다. 영란은행이 긴급하게 자금을 지원해준 다음 한 달 뒤인 1857년 말 빚 230만 파운드를 상환했다. 이를 위해 영란은행이 꾸어준 돈 가운데 절반 정도인 30만 파운드를 소진했다.

투자은행 피바디는 이듬해인 1858년 3월 모든 빚을 청산했다. 폭풍우가 몰아칠 때 끌어다 쓴 영란은행 돈도 모두 상환할 수 있었다. 그러나 1857년 위기와 영란은행 긴급자금 지원 상황을 겪는 동안 투자은행 피바디의 위상은 상당히 흔들렸다. 파트너들은 더욱 조심스러워했다. 다행히 파산하지는 않았다.

그해 피바디와 주니어스는 모든 비용을 제하고 비상 적립금 3만 3,000파운드를 비축하면서도 순이익 5만 파운드를 파트너들에게 배당할 수 있었다. 그 액수는 25만 달러 정도의 금액이다. 그해 배당금은 1856년 8만 7,469파운드와 견주어 절반 이하로 줄어든 금액이었다. 이듬해인 1858년 전체 배당금은 더욱 줄어들어 4만 3,043파운드에 지나지 않았다. 배당금의 감소세는 1859년에 들어서야 멈췄다. 그해 피바디는 파트너들에게 6만 파운드를 나눠줄 수 있었고, 1860년에는 7만 6,437파운드를 분배할 수 있었다.

던컨·셔먼도 위기에서 잘 회복하고 있었지만, 시장에서 평판이 훼손될 수밖에 없었다. 1857년 말 신용평가회사인 R. G. 던이 파산을 예상할 정도로 회사 상태가 좋지 않았다. J. P. 모건은 이때에도 월스트리트에 나가 시장의 여론을 들었다. 하나같이 월스트리트 사람들은 던컨·셔먼에 대해 부정적으로 평가했다. 그러나 던컨·셔먼은 1858년 4월 위기의 상흔을 모두 극복해 '믿을 수 있고 건전하다'는 평가를 받게 되었다.

미국 북동부 큰 도시들은 1857년 금융시장 패닉에 이어 발생한 경제 공황 때문에 상당한 고통을 겪는다. 20만 명이나 되는 사람들이 갑자기 일자리를 잃었다. 뉴욕의 실업자만도 4만 명에 이르렀다. 유달리 스산했던 1857~58년 겨울 일단의 실업자들이 석탄 야적장에 침투해 연료용 석탄을 훔쳐갔다. 실직자의 시위가 폭력사태로 돌변했다. 종교 지도자들은 시민들에게 진정하라고 간청했지만 아무런 효과가 없었다. 개신교의 부흥 전도사 수천 명이 미국이 지은 죄를 용서해달라고 간청하면서 힘든 시기의 끝을 보여달라고 기도했다.

당시 언론은 경기 변동보다는 미국의 부적절한 금융 시스템과 외국 금융시장에서 1857년 공황의 원인을 찾으려 했다. 월스트리트 사람들을 비난하지는 않았다. 금융시장과 경제의 위축은 1858년 12월까지 이어졌다. 이후 경제가 다시 회복하기 시작했다. 철도 건설이 재개되었다. 1859년에는 외국 자본 2,600만 달러가 미국에 투자되었다. 전반적인 물가 수준이 하락하는 동안에 산업생산은 늘어나 미국 상품의 국제 경쟁력이 높아졌다.

━━━◆◆◆◆━━━

J. P. 모건이 1850년대 후반에 남긴 편지 등에서는 10대 후반 그의 모습이 분명히 드러나지 않는다. 하지만 그는 여러 나라말을 할 줄 알고, 유럽 패션을 즐기는 등 코스모폴리탄 매너 덕분에 뉴욕 사교계의 정상에 쉽게 이를 수 있었다. 그때 그가 작성한 연락처 첫머리에는 니커보커 가문이 올라 있지만, 대부분은 상업과 금융 부문의 엘리트들이었다. 명단에서 가장 북쪽에 살고 있는 사람은 메디슨 코너와 36번가가 만나는 곳에 살고 있는 금융가인 아이작 뉴튼 펠프스(Issac Newton Phelps)였다.

당시 맨해튼 42번가 위에는 질척거리는 빈민가가 펼쳐져 있었다. 마른 땅 위에는 판자촌과 푸줏간, 여인숙, 허름한 병원들, 쓰레기 수거장 등이 띄엄띄엄 들어서 있다. 맨해튼 시민의 식수는 대리석 수도관을 통해 크로튼(Croton)강에서 끌어다 86번가에 있는 저수지에 일단 저장되었다. 이후 42번가와 5번가가 만나는 지점에 설치된 분배 시설을 거쳐 다운타운으로 전해졌다.

뉴욕 시정부는 1850년대 후반에 센트럴파크를 조성하기 위해 103만 평 정도를 매입했다. 뉴욕공원위원회는 그린스워드(Greensward)라는 프로젝트를 추진해 공원 디자인을 공모했다. 프레드릭 로 옴스테드(Fredrick Law Ulmsted)와 캘버트 보우(Calvert Vaux)의 디자인을 채택해 1857년 센트럴 파크 조성에 나섰다.

뉴욕은 부자와 가난한 사람들이 하트포드나 보스턴보다 조밀하게 몰려 살고 있는 도시였다. 부자의 우아한 집들이 몰려 있는 유니언 광장에서 얼마 떨어지지 않은 동쪽 해안 저지대에는 가난한 세입자들이 몰려 살고 있었다.

몇 편 남아 있지 않은 J. P. 모건의 편지에는 그 시대 뉴욕의 극심한 빈부격

차나 1857~58년 겨울의 실업자 폭력시위에 관한 기록이 거의 없다. 어느 날 박스터(Baxter)와 워스(Worth), 파크(Park) 거리가 만나는 곳에 위치한 악명 높은 슬럼가의 감리교파가 세운 자선단체인 파이브 포인츠 미션(Five Points Mission)에 10달러를 내기도 했다. 그가 다니는 교회는 맨해튼 동쪽 저지대의 가난한 사람들을 위해 뉴욕 교회 가운데 최초로 예배당을 세웠다. 그의 교회는 세인트 조지 성공회 교회로 2번가와 16번가가 만나는 곳에 자리 잡고 있었다. 교회 위치는 묘하게 가진 자와 못가진 자 동네의 중간이었다. 모건 교회의 대표적인 설교자인 스티븐 H. 타잉(Stephen H. Tying)은 카리스마를 가진 사람이었고, '설교단의 왕자'로 불렸다. 그의 라이벌인 헨리 워드 비처(Henry Ward Beecher)는 타잉에 대한 세간의 평가를 부정했다.

영국의 헨리 8세가 로마 교황청에 반발해 성공회를 설립한 이후 이 교회 안에서는 가톨릭계와 개신교계가 계속 경쟁·갈등했다. 타잉은 개신교파에 속한 비타협적인 인물이었다. 타잉은 말로 영감을 표현하고 성경의 권위를 숭상하며, 개인적인 교리 해석과 믿음이 성직자의 해석이나 교회의 의식보다 우월하다고 주장하는 복음주의(Low Church)를 강조했다. 그는 로마 교황청과 가까워지려는 전통주의(High Church)를 반대하는 사람들을 이끌었다. 비타협적인 타잉이 이끄는 세인트 조지 교회는 뉴욕에서 복음주의 성공회의 전초기지였다.

J. P. 모건은 성공회 내부의 전통주의자들과 사회개혁(Broad Church) 주의자들과 깊은 교분을 가지고 있었다. 단 믿음 측면에서는 평생 동안 복음주의자들의 교리를 따랐다. 그의 외할아버지가 사회 개혁에 헌신한 목사였다면, 타잉은 교회가 죄 짓도록 하는 유혹에 끊임없이 시달리고 있는 사람들에게 피난처가 되어야 한다고 믿었다. 개인은 선한 행동과 도덕 추구, 성스러운 의식을 통해 구원받는 게 아니라 인간을 대신해 죽은 그리스도에 대한 믿음에 의해서만 구원받는다고 주장했다. 그는 모건에게 1861년 보낸 편지에서 "깊은 죄책감을

느끼고 의심이나 두려움 없이 은혜로운 구세주에게 감사해야 합니다. 그리스도 안에서 당신은 사함을 받고… 이제 구원받은 당신 자신을 존중하십시오"라고 썼다.

J. P. 모건은 1857년 경제 위기 동안 추수감사절과 크리스마스를 지내기 위해 하트포드에 머물고 있는 어머니를 찾아갔다. 어머니 줄리엣은 좋지 않은 상태였다. 몇 달 동안 남편 주니어스에게 편지를 보내달라거나, 자신이 런던을 방문하게 해달라고 간청하고 있었다. 그순간 그녀는 "곁에서 자문해주고 충고해줄 사람이 필요한 상황이었다." 친정아버지 피어폰트 목사는 그녀와 자주 연락하거나 찾아가지 않았다.

일흔두 살인 피어폰트 목사는 놀랍게도 사랑에 빠져 있었다. 연인은 해리엇-루이스 캠벨 포울러(Harriet-Louise Campbell Fowler)라는 이름을 가졌고 남편과 사별한 마흔 여섯의 여성이었다. 그는 아들 존 2세에게 보낸 편지에서 "외모가 가장 멋진 여자"라고 소개했다. 그가 그녀를 진심으로 사랑하고 있다는 사실에 대해서는 놀란 사람이 없었지만, 그녀가 일흔두 살이나 된 할아버지를 사랑한다는 사실은 기적이었다. 루이스 캠벨은 멋진 외모 외에도 피어폰트 목사가 빠질 수밖에 없었던 장점을 하나 가지고 있었다. 그녀는 건강의 화신이었다. "분만을 빼고는 한 번도 쓰러져 침대 신세를 진 적이 없는 건강한 여성"이라고 목사는 존 2세에게 편지로 알렸다. 두 사람은 1857년 12월에 결혼했다. 그는 "완벽한 행복을 위해 해야 할 일은 빚에서 탈출하기 위해 열심히 일하는 것"이라고 말했다.

두 사람이 결혼한 뒤 줄리엣은 아버지와 새엄마 곁에서 겨울을 지내고 싶다고 편지에 썼다. 당시 새엄마는 줄리엣보다 단지 다섯 살 위였을 뿐이다. 피어폰트 목사는 두 사람이 살기도 빠듯한 생활인데, 식객 하나를 더 받을 수 없다는 요지의 편지를 보냈다. 딸 줄리엣의 헤픈 씀씀이를 감당할 수 없음을 넌지시 말한 것이다.

친정아버지의 편지는 그녀의 신경증을 악화시켰다. 줄리엣은 자기 정당화와 아버지에 대한 모욕으로 가득한 답장을 보낸다. "아버지는 정서불안을 스스로 알고 느낄 수 있는 분입니다. 새어머니마저 정서불안에 시달리도록 하기에 앞서 사려 깊게 생각했어야 합니다. 아버지의 정서가 불안하다는 점을 새어머니가 알고도 맹목적으로 결혼을 강행했다면, 나중에 아무 말도 할 수 없을 겁니다."

주니어스가 1858년 아내 줄리엣에게 경고의 편지를 보냈다. 이때 그녀는 18개월 동안 남편과 아이들 네 명을 보지 못한 상태였다. 작은 '의사'로 불리는 모건의 동생은 열두 번째 생일을 앞두고 심각한 건강상태였다. 그는 수개월 동안 한쪽 다리의 통증과 무감각을 호소해왔다. 의사가 그해 2월 진단한 결과 고관절 한쪽이 병균에 감염되어 있다고 했다. 그리고 그쪽 다리를 쓰지 말아야 한다고 처방했다.

아버지 주니어스는 "이 불쌍한 작은 소년은 한 가지 자세만으로 이 방에서 저 방으로 움직이고 있다"고 아내에게 전했다. 그의 편지에 따르면, 모건의 동생은 몇 달 동안 가장 고통스런 나날을 보내야 했음에도 "그가 가장 하고 싶은 크리켓 경기를 놓쳤을 때만 소리 내어 울었을 뿐" 아픔을 꿋꿋하게 참아냈다. "아이는 훌륭한 아이이고, 자신에게 어떤 일이 닥쳐오든 체념하고 견디어 낼 것으로 본다"고 주니어스는 말했다.

그 후 몇 주 동안 열두 살 꼬마의 고통은 더욱 커졌고 몸은 나날이 쇠약해졌다. 아버지 주니어스는 그의 곁을 지키며 먹을 것을 떠먹이고, 미약한 의식 회복에도 희망을 품으며 지냈다. 그러나 그의 노력은 아무런 효과가 없었다. 1858년 3월 12일 5시 15분에 그 소년은 숨을 거두었다. 탈진한 아버지 주니어스는 장남 J. P. 모건에게 그날 밤 편지를 쓴다. "그의 거룩한 영혼이 마침내 떠났구나. 달콤한 잠에 빠진 듯이 조용하게 떠났단다… 우리 작은 가정의 영웅인 리틀 주니어스가 순식간에 우리 곁에서 멀어졌다."

모건이 동생 주니어스 2세의 죽음을 알리기 위해 하트포드에 도착했을 때 어머니 줄리엣은 영국으로 가기 위해 짐을 싸고 있었다. 아들의 죽음을 전해 들은 순간 그녀는 무너져 내렸다. 잉글랜드로 돌아가는 계획은 무기한 연기되었다.

슬픔과 비탄으로 지친 주니어스는 아들에게 띄운 편지에 이렇게 적었다. "그의 마지막 뜻을 충실하게 따르려고 마음먹고 있지만, 내 마음은 아직 이 작은 영혼에 묶여 있다. 이런 내 마음이 진정되지 않는구나."

J. P. 모건은 어린 시절 대부분을 집에서 멀리 떨어져 지냈다. 아버지 주니어스는 "사랑하는 아들아, 너는 단지 하나의 남동생만을 잃었을 뿐이다. 네가 우리와 멀리 떨어져 있지만, 네가 그를 너무 많이 사랑한다는 사실을 잘 알고 있다. 신사적이며 이기적이지 않으며 사랑스런 그를 아는 모든 사람은 그를 좋아할 수밖에 없었다… 너는 그에 대한 사랑을 가슴속 깊이 간직하고, 부름을 받을 때 언제든지 따를 준비가 되어 있어야 한다"고 말했다.

주니어스는 아들이 숨을 거둔 지 몇 개월 뒤 집안 분위기를 전환하기 위해 딸 줄리엣과 그녀의 가정교사를 데리고 브라이튼으로 갔다. 그는 브라이튼 해변에 앉아 미국에 있는 장남에게 편지를 쓴다. "네가 얼마나 외롭고, 이 불행한 사건으로 내가 얼마나 충격 받았는지 말로 표현할 길이 없구나. 내 가슴을 휘감고 있는 사랑하는 그를 다시 보지 못한다는 사실이 실감나지 않는구나." 그는 다시 일손을 잡기 힘들었다. "지난해 내가 겪은 비탄·고통·실의가 너무 커한때 전념했던 일로 다시 돌아가기 힘들 성싶구나."

피어보지 못한 채 숨을 거둔 어린 아들에 대한 비탄은 큰 아들에 대한 주니어스의 훈계를 막지는 못했다. 주니어스는 편지의 주제를 급작스럽게 전환한다. J. P. 모건은 주당 63달러에 퍼시픽 메일 스팀십(pacific Mail Steamship Co.)을 5주 산 바 있다. 이 회사는 1848년 뉴욕 상인 윌리엄 헨리 어스핀월(William Henry Aspinwall)에 의해 세워졌고, 샌프란시스코를 기점으로 남아메리카와 아시아 지역에 증기선을 운항하고 있었다. 우편물을 우송하는 덕분에 정부의 보조금을 많이 받고 있었다.

어스핀월과 그의 파트너들은 1850년대 파나마를 가로지르는 철도 47.5마일을 건설하기도 했다. 이 철로가 건설되기 전 상품과 우편물, 승객들이 태평양 쪽에 있는 샌프란시스코에서 대서양인 뉴욕까지 이르기 위해서는 남아메리카 대륙 끝을 돌아야 하는 바람에 1만3,000 마일을 항해해야 했다. 그가 건설한 철도는 항해 거리를 5,000마일로 줄인 획기적인 투자였다. 어스핀월이 설립한 철도회사는 건설 초기 6년 동안 700만 달러가 넘는 매출을 올렸다. 이 철로는 두 개의 대양을 연결하는 지름길이었고, 나중에 파나마 운하 건설의 촉매가 된다.

주니어스는 아들이 퍼시픽 메일 스팀십의 주식을 매입한 것을 꾸짖는다. "나는 네가 주식을 매입하거나 마음을 그런 쪽에 쓰는 것을 좋아하지 않는다. 얼마나 많은 배가 침몰했는지를 살펴보거라. 너의 행위는 투기이다. 나는 네가 마음을 가라앉히고 조용하게 일상적인 일에 충실하기를 바란다… 투기의 목적으로 다시는 그런 주식을 매수하지 않겠다고 마음먹어라."

첫 번째 질타가 있은 지 3주 뒤에 주니어스는 어스핀월에게 회사 상황 등을 물어본 뒤 다시 아들에게 편지를 띄운다. "어스핀월조차도 네가 보유한 주식이 위험하다고 한다. 5월에 배당금 10퍼센트를 받으면, 주식을 팔아 마련한 돈은 다른 곳에 투자하거라."

J. P. 모건은 아버지의 충고를 이번에는 무시했다. 그는 아버지만큼 리스크를 싫어하지 않았다. 그해 6월 76.25달러에 그 회사 주식을 10주 더 사들였다.

회사는 이보다 한 달 앞선 5월에 배당금 10퍼센트를 지급했다. 그는 이후에도 주가 상승에 발맞추어 주식 매입을 이어갔다. 그러나 모건은 1년 뒤 보유하고 있던 주식을 매입가격대인 81~82달러보다 낮은 72~73달러대에 150주를 팔아 1,467.30달러를 손해봤다.

당시 퍼시픽 메일 스팀십의 이사진은 코넬리어스 반더빌트(Cornelius Vanderbilt)와 치열하게 다투고 있었다. 반더빌트는 자신의 애틀랜틱-퍼시픽 스팀십이 니카라과를 경유한 지협 횡단 항로를 경영하고 싶어 했다. 모건이 퍼시픽 메일 스팀십의 주식을 계속 보유했더라면, 상당한 수익을 남길 수 있었다. 이 회사는 오랜 기간 동안 높은 순이익을 창출하며 번창했다. 1884년엔 다우존스 지수에 편입된 첫 번째 종목이었다. 모건은 퍼시픽 메일 스팀십을 제외하고 다른 자잘한 투기에서 재미를 보았다. 1858년 1월에 미시건 센트럴 철도의 주식을 31.25달러에 사들여 한 달 뒤에 65달러를 받고 팔아 100퍼센트 수익을 올리기도 했다.

1858년 3월 던컨·셔먼은 그를 통신 관련 업무에서 빼내 승진시켰다. 모건은 승진했지만 여전히 무급 직원이었다. 주니어스는 특정한 업무가 정해지지 않은 아들의 승진을 축하했다. 지칠 줄 모르는 이 폴로니어스(Polonius)[3]는 "네가 맡은 책임과 네 자신에게 충실하라. 어떤 상황에서도 다른 사람들이 의문을 품도록 처신하지 마라. 네 위에도 눈이 있다는 사실을 잊지 말고, 너의 말과 행동은 나중에 곤란을 야기할 수 있음을 명심하라"고 훈계했다.

주니어스는 타인의 돈을 관리해야 하는 은행가가 불명예스러운 일을 하지 말아야 하고, 권위와 전문성이 탐욕에 흔들리지 않아야 한다고 강조했다. 그에 따르면, 은행가가 불명예와 탐욕을 멀리한 대가로 받을 수 있는 보상은 안

---

3. 셰익스피어의 《햄릿》에 나오는 재상. 극중에서 그는 참견하기 좋아하고 한번 말하면 끝없이 지껄이는 인물이다. - 옮긴이

전한 시장에서 자유롭게 일할 수 있게 되는 것이다. 높은 윤리성 덕분에 얻은 명성은 도덕적인 이익뿐만 아니라 물질적인 이익까지 얻을 수 있다. 반면 특권적 지위를 개인적인 이득을 위해 남용하는 사람은 두 가지 모두 잃을 수밖에 없다는 게 그의 믿음이었다.

주니어스는 편지를 통해 "불명예스럽게 얻은 재산은 나쁘고, 네가 급박하게 필요로 할 때 쓸모가 없다"고 아들에게 훈계했다. 그가 이처럼 지칠 줄 모르고 충고한 것은 유일하게 남은 아들인 J. P. 모건에게 가장 큰 기대를 품고 있었기 때문이다. "나는 네게 많은 것을 의존하고 있고, 너는 나를 실망시키지 않을 것이라고 믿고 있다. 현명하고 사려 깊게 행동하거라. 너의 존재가 갖고 있는 위대한 목적을 잊지 말거라."

J. P. 모건은 1858년 4월 생일이 지나면서 스물 한 살의 어엿한 청년이 되었다. 이때에도 주니어스는 다시 탐욕을 주제로 강의한다. "성공이나 축재의 욕망에 흔들려 나중에 후회할 일을 하는 우를 범하지 말거라. 스스로 생각하기에 정당하고 신조차 인정할 만한 기준과 판단에 따라 처신하면 이 세상이 네가 줄 수 있는 부보다 더 큰 행복을 얻을 게다."

줄리엣이 결국 런던으로 돌아왔을 때 주니어스는 "그녀의 상태가 약간 좋아 보입니다"라고 장인 피어폰트 목사에게 편지를 띄우며 이렇게 덧붙였다. "그녀는 여전히 불안하고 그런 상태가 오래 갈 것 같아 걱정하고 있습니다. 아버님께서 이미 경험하셨기에, 그녀의 상태가 가족의 행복과 안락에 끼치는 영향을 잘 아실 겁니다."

J. P. 모건은 어머니의 우울증이 자신에게 어떤 영향을 주었는지 말하거나 기록을 남기지 않았다. 하지만 우울증에 시달리고 매사에 짜증부리며 까다롭

게 구는 어머니의 존재 때문에 즐겁지 않은 것은 분명해 보인다. 그나마 자신이 외할아버지처럼 돈 문제를 관리해주고 여행 예약을 해주며 자주 성공하지는 못했지만 웃기려고 노력하는 등의 방법으로 어머니를 돌볼 수 있다는 사실 자체가 다행이었다. 그는 이후 삶에서 자신이 보살펴야 하는 사람들에게 끌릴 뿐만 아니라 여러 가지 면에서 자신을 보살펴주는 의사와 성직자, 동정심이 많은 여성에게도 관심을 많이 보인다.

아버지 주니어스는 결혼생활에서 행복함과 안락감을 이미 포기했다. 아내 줄리엣이 런던으로 돌아온 직후 그는 맏딸 사라와 함께 그해 가을에 미국으로 갈 계획을 세운다. 그리고 4년이 흐른 뒤에야 집에 돌아온다. 그해 8월 주니어스는 세 들어 살고 있는 집에 바로 붙어 있는 런던 프린시스 게이트 13번지의 집을 사들였다. 하지만 가족들이 새로 산 집에 들어가기 위해서는 11월까지 기다려야 했다. 반면, 당시 살고 있는 집은 9월 1일까지 비워주어야 했다.

주니어스는 가족들을 위해 이것저것을 지시하고 정리했지만, 모건에게 보낸 편지에서는 아내가 가을 동안 머물 집에 대해서는 별다른 언급을 하지 않았다. "네 엄마가 가을에 무엇을 할지 나는 모르겠다." 두 사람이 사실상 남남처럼 지냈고 있음을 보여준다. 그는 예정대로 8월 말 사라와 함께 뉴욕으로 가는 배에 올랐다.

1858년 여름 J. P. 모건은 주말을 주로 허드슨 강의 웨스트포인트(West Point)에 있는 코젠스(Cozzens') 호텔에 머물렀다. 오스번(Osborn)의 집을 자주 방문하기도 했다. 그의 친구는 사업상 도움이 되고 만나면 기쁨을 얻을 수 있는 존재들이 대부분이었다. 윌리엄 헨리 오스번은 일리노이 센트럴 철도의 회장이었고, 이 회사의 주식은 1850년대 초반 이후 투자은행 피바디가 인수해 유통시킨

바 있다.

오스번과 그의 아내 버지니아(Virginia)는 어린 아이 둘과 함께 살고 있었다. 그는 여러 성향의 손님들을 즐겁게 해주었다. 그 손님 가운데 J. P. 모건의 눈길을 끄는 존재가 한 명 있었다. 그 사람은 버지니아의 여동생인 애밀리아(Amelia)였다. 당시 두 사람은 이미 구면이었다. 그해 여름 뉴욕 뉴포트에서 서로 만나 인사를 나누었다.

미미(Memie)라는 애칭을 갖고 있는 애밀리아 스터지스(Sturges)는 모건이 과거에 로체-레-벵에서 만난 이탈리아 여성처럼 '가식적이지' 않는 여성스러움을 가졌다. 베비에서 만난 미스 호프만처럼 '생기발랄하고 붙임성이 있는' 성격이었다. 애밀리아의 얼굴은 작고 하트 모양이었다. 머리 한가운데에 가르마를 탄 뒤 목덜미에서 딴 머리를 하고 있었다. 미미는 그해 겨울 뉴욕 무도회에서 최고의 미인으로 뽑히기도 했다. 그녀를 좋아한 한 인물은 "풍성함뿐만 아니라 상상 속에서나 존재할 만한 우아한 침착성과 자연스러운 탁월함을 가지고 있는 여성"이라며 "여왕에 대한 충성심은 미덕이 될 수밖에 없다"고 극찬했다.

애밀리아는 1858년 당시 스물세 살로 J. P. 모건보다 두 살 연상이었다. 그녀는 성악과 피아노를 공부했다. 독일과 프랑스 말을 할 줄 알았다. 가난한 사

애밀리아 스터지스
(출처: 뉴욕 피어폰트 모건 도서관)

람들이 모여 살고 있는 맨해튼 동쪽 저지대에 있는 윌슨 여자산업학교(Willson Industrial School for Girls)에서 재봉질을 가르치고 있었다.

그녀가 열세 살 때 가족들을 따라 풀턴(Fulton)가에 있는 네덜란드 개신교인 올드 노스(Old North)파 교회에 다녔다. 1858년에는 라 브레 크로(La

Vraie Croix)라는 소책자를 영어로 번역했다. 그녀는 어머니에게 "출판할 만큼 좋지는 않지만" 재미있게 읽고 번역했다고 평했다.

그녀의 아버지 조너선(Jonathon) 스터지스는 뉴욕의 거상이었다. 미국 초창기 예술품 수집가로 유명한 루먼 리드(Ruman Reed)와 파트너십을 맺고 청과물 도매상을 했다. 1836년 리드가 숨을 거둔 뒤 스터지스는 옛 파트너의 사업과 예술품 수집을 이어받아 계속했다. 그는 차(tea)와 커피 교역을 벌여 크게 성공했다. 뉴욕-뉴헤이븐-하트포드 철도의 이사로 선임되기도 했다. 또한 내셔널 뱅크 오브 커머스(National Bank of Commerce)를 설립하는 데도 참여했다. 사람들을 모아 리드의 예술품을 매입해 보존하는 데 애썼다. 그가 이때 사들인 예술품은 현재 뉴욕 히스토리컬 소사이어티(New York Historical Society)의 핵심적인 소장품들이다.

1830년대 미국 예술품 시장에선 잠시 유럽의 옛날 거장들의 작품이 인기를 끌었다. 하지만 그들의 작품 값이 고가였을 뿐만 아니라 모조품이 많이 나돌았다. 예술품 시장은 위험하기 짝이 없었다. 리드는 위험한 유럽 거장의 작품보다는 당대의 미국 예술가들의 작품에 관심을 돌렸다. 스터지스는 장학금을 주어 미국 최초의 인기 풍경화 작가이고 허드슨 리버 스쿨(Hudson River School)의 설립자인 토머스 콜(Thomas Cole)을 외국에 유학시켰다. 그는 콜의 제자인 애셔 B. 뒤랑(Asher B. Durnad)을 후원하기도 했다. 리드는 그리니치가에 있는 자신의 저택 3층을 갤러리로 전환해 일주일에 하루 동안 시민들에게 공개했다.

스터지스는 예술가와 작가들이 모여 저녁을 먹으며 예술과 세계를 논하는 사교모임인 스캐치 클럽(The Scatch Club)도 이끌었다. 클럽의 초창기 멤버는 콜을 포함해 뒤랑, 새뮤얼 F. B. 모스, 제임스 페니모어 쿠퍼(James Fenimore Cooper), 윌리엄 쿨런 브라이언트(William Cullen Bryant), 워싱턴 어빙(Whashington Irving), 루먼 리드, 조너선 스터지스 등이었다. 회원들은 1846년 예술에 관심이 많은 회원들을 더 받아들여 더 큰 조직으로 확대·개편하기로 결정했다. 예술 애호가 100여 명이 참가했다. 이들은 센트리 어소시에이션(Century Association)을 조직하고 1847년 브로드웨이 남쪽에 있는 건물에 사무실을 마련하고 첫 모임을 갖는다. 센트리 클럽은 1858년 유니언 광장 주변에 있는 15번가로 이전하고 무도회를 열어, 애밀리아 스터지스를 그해 최고의 미인으로 뽑았다. 1891년에는 43번가 웨스트 7번지에 스탠퍼드 화이트(Stanford White)가 디자인한 클럽 하우스를 개장한다. 클럽 하우스의 첫 번째 회원은 조너선 스터지스, 프레드릭 처치(Fredric Church) 등이었다.

스터지스는 1850년 자신이 운영하는 회사뿐만 아니라 다른 기업에도 투자할 만큼 넉넉한 자본을 가지고 있었다. 19세기 중반 자본을 쥐고 있던 동시대 사람들과 마찬가지로 그는 철도에 눈을 돌렸다. 일리노이 주정부는 1830년대 이후 오하이오와 미시시피 강을 중간 지점으로 해서 중서부 철도를 남부와 연결하기 위해 갤러나(Galena)에서 카이로(Cairo)까지 철도를 건설하려고 했다. 그러나 정치적 갈등, 투기 세력간 분쟁, 1840년대 초반 주정부의 신용 파탄 등으로 철도 건설에 필요한 자금을 조달할 수 없었다.

일리노이 출신 상원의원인 스티븐 더글러스(Stephen Douglass)는 주 의회를 설득해 미시시피 계곡에 있는 주 소유의 연방정부 땅 250만 에이커를 철도 건설에 쓰도록 무상 불하하도록 설득했다. 철도가 건설되면 더글러스는 노선 주변에 상당한 땅을 가지고 있어 떼돈을 벌 수 있었다. 그는 개인적인 목적 외에도 철도를 건설해 남부와 북부의 갈등을 조금이라도 줄여보려고 했다. 그의 노력 덕분에 1851년 일리노이 주의회는 땅을 무상 불하하기로 결정했다. 조너선 스터지스와 윌리엄 어스핀월을 중심으로 한 동부 자본가들에게 일리노이 센트럴 철도를 건설할 수 있는 면허를 부여한 것이다.

그해 4월 열여덟 살인 버지니아 스터지스는 일기에 당시 상황을 엿볼 수 있는 내용을 남긴다. "아버지는 어젯밤 12시 반까지 600마일에 달하는 철도 건설 문제를 신사 12명과 의논하느라 밖에 계셨다. 어머니는 철도 건설 문제 때문에 때로 한숨을 쉬신다… 나는 먼 미래를 내다보며, 이 거대한 사업이 성공할지를 생각하고 있다."

4년 뒤인 1855년 일리노이 센트럴 철도의 건설은 끝내 성공하지 못했다. 전체 구간 가운데 절반도 채 건설되지 않았다. 땅의 매각 작업도 지지부진했다. 회사는 거의 파산상태에 몰려 있었다. 회사의 회장인 로버트 쉴러(Robert Schuyler)는 철도 건설과 무관한 사기사건에 연루되었다. 투자자들이 센트럴 철도 주식을 팔아치웠다. 결국 회사 설립자들은 그를 물러나게 하고 1855년 말 윌리엄 오스번을 새 회장으로 추대했다. 오스번은 매사추세츠 살렘(Salem)에서 태어나 필라델피아에서 해외 무역으로 부를 축적한 인물이었다. 오스번은 휴가 중에 뉴욕 사라토가 온천에서 스터지스 가족을 만나 1853년에 버지니아와 결혼했다. 애밀리아는 사라토가에서 버지니아를 잃어버린 이후 언니와 함께 어딜 가기를 겁낸다고 몇 년 동안 형부를 놀리기도 했다.

오스번은 회장으로 취임한 이후 토지 매각을 적극적으로 추진했다. 새로운 경영 간부와 엔지니어를 고용했을 뿐만 아니라 외부 전문가인 에이브러햄 링컨(Abraham Lincoln)과 일하면서 일리노이 센트럴 철도를 회생시켰다. 오스번은 기존 주주들한테서 추가 자금을 출자 받았다. 해외에서 채권을 발행해 신규 자금을 끌어들였다. 피바디 등 런던 은행가들이 일리노이 철도를 믿고 자금을 지원하도록 하는 데 성공한 것이다. 결국 1856년 외국 투자자들이 회사에 대한 지배권을 갖게 되었다.

1857년 대공황으로 물동량이 급감했다. 일리노이 센트럴의 순이익과 주가도 곤두박질했다. 다행히 오스번 덕분에 철도의 물동량과 주가는 회복할 수 있었다. 그는 개인 재산으로 일리노이 센트럴 철도의 유동성을 유지했다. 남북전쟁이 발발했을 때 미시시피 계곡을 따라 뻗어 있는 이 철도는 북부의 병력과 군수품을 수송하게 되어 상당한 이익을 올렸다.

J. P. 모건은 오스번이 1857년 대공황 여파를 수습하는 일을 돕는 과정에서 애밀리아와 다시 만나 친분을 쌓을 수 있었다. 1858년 여름에는 자주 그녀를 볼 수 있었다. 그해 가을에는 정기적으로 맨해튼 14번가 이스트 5번지에 있는 그녀의 아버지 집을 찾아갔다. 네 명의 남동생과 애밀리아는 아버지 집에 살았다. 그녀의 가족들은 스터지스가 코네티컷 페어필드(Fairfield)에 미국 고딕 양식으로 지은 별장에서 여름휴가나 주말을 보냈다.

그녀는 세계 여러 곳을 돌아다니며 공부했던 모건과는 달리 유럽을 여행한 경험이 없었다. 하지만 유럽의 고전 거장의 작품뿐만 아니라 당대 미국 화가들의 그림·문학·음악 등을 자주 접하면서 살았다.

토머스 콜의 제자인 프레드릭 처치는 1856년 가을에 휴가차 오스번을 방문했다가 나이아가라 폭포를 파노라마 양식의 멋진 풍경화로 그려냈다. '나이아가라'는 워싱턴의 코코런 갤러리에 전시되어 있다. 세로 107.5센티미터, 세로 229.87센티미터의 대작인 '나이아가라'는 물이 몰려드는 가장 자리에서 하늘의 구름 사이에 보이는 무지개와 멀리 보이는 물의 낙하 장면을 묘사한 그림이다. 윌리엄스, 스티븐스 앤 윌리엄스 갤러리는 당시 거금인 4,500달러를 주고 그림을 매입했다. 시민들은 돈을 내고 그 걸작을 감상할 수 있었다. 유럽의 한 비평가는 "미국 자연과 예술을 완전히 새롭고 고차원적인 시각으로 표현했다"고 평했다. 처치는 이외에도 통신사업가인 사이러스 필드와 1857년 남아메리카를 방문해 '안데스 산맥의 심장(The Heart of The Andes)'을 그려 선풍적인 인기를 끌었다. 이 작품은 뉴욕 10번가 스튜디오 빌딩에 3주 동안 전시되었고, 1만 달러에 팔렸다. 이 가격은 당시 미국 풍경화로선 가장 비싼 값이었다. '안데스 산맥의 심장'은 뉴욕 전시가 끝난 뒤 영국에서 전시되었고, 이후에는 미국 전역에 순회 전시되었을 뿐만 아니라 금속 조각으로 만들어지기까지 했다. J. P. 모건은 1863년 60달러를 주고 인쇄본을 하나 구입했다. 이 그림은 현재 뉴욕 메트로폴리탄 예술 박물관이 보유하고 있다.

미미는 그해 7월 처치와 함께 그 통나무집에 잠시 머물고 있었다. 그녀는 어머니에게 처치의 일상생활을 풍경화처럼 자세히 얘기한다. "우리가 머물고 있는 통나무집은 처치의 붓으로 탄생한 멋진 나이아가라 폭포로 장식되어 있습니다… 그는 술을 많이 마셔, 해가 뜰 때 일어납니다. 우리는 식사시간에만 그를 만날 수 있습니다. 그는 마치 새로운 빛의 효과를 잃어버린 듯이 느끼면서 붙잡아 둘 수 없는 가을 풍경에 안절부절못하고 있습니다."

J. P. 모건은 1858년 가을 아버지, 누이동생, 사촌 여동생인 샐리 굿윈과 함께 14번가에 자리 잡고 있는 스터지스의 집을 방문했다. 아버지 주니어스가 스터지스와 철도 문제를 놓고 열심히 대화하고 있는 동안 아들 모건은 미미에 정신이 팔려 있었다. 1859년 1월 그녀는 어머니에게 "주니어스가 농담 삼아서 '내가 런던에 함께 가지 않으면 2월까지 뉴욕에 머물러야 한다'고 말씀하셔서 저는 '아버지가 허락하면 같이 갈 수 있습니다'라고 대답했습니다. 이 말을 들은 그분은 다음날 바로 아버지에게 부탁해 허락을 받아냈습니다"라고 말했다.

J. P. 모건은 아버지가 미미를 데리고 런던으로 가는 동안 뉴욕에 머물러야 했다. 그 바람에 모건은 그녀의 친구가 될 수 있는 기회를 놓쳤다. 그녀와 함께 여행하고 런던 구경을 할 수 있는 기회도 갖지 못했다. 그는 아버지의 독단적인 결정에 감정적으로 반대하는 1차원적인 대응을 삼갔다. 하지만 그 사건은 그를 새로운 환경에 처하게 했다. '사람의 마음이 관장하는 사업'과 직면하게 되었다. 그가 가족 누구보다 그녀를 좋아하고 있다는 사실을 분명히 깨달을 수 있었던 계기였다.

주니어스는 마흔여섯 번째 생일을 앞두고 있었다. 그는 자신의 나이의 절반밖에 되지 않은 젊은 여성이 런던 집과 겨울의 지루함을 견디지 못할까 걱정했다. 3월에 개관되는 갤러리의 그림을 보여주기로 약속하고, 샐리 굿윈이 그녀와 동행하도록 했다. 언니인 스터지스 부인은 동생 미미가 여장을 꾸리고 있는 순간 흥분된 감정을 털어놓는다. "애밀리아 네게 때가 온 것 같은 느낌이다… (모건 사람들은) 런던의 하이드파크와 킹스턴 가든 근처에 살고 있고, 자가용 마차와 최고급 영국제 물품을 다양하게 갖고 있단다."

1858년 2월 J. P. 모건과 스터지스 부부는 런던으로 가기 위해 페르시아호에 오르는 주니어스와 사라 모건, 샐리 굿윈을 배웅하기 위해 허드슨 강 근처에 있는 저지(Jersey)시로 예인선을 타고 갔다. 겨울 대서양은 거칠었다. 출항 초기 며칠 동안 풍랑이 거셌다. 북극 빙하가 남쪽으로 멀리 내려와 떠다니고 있었다. 뱃길이 이런데도 미미의 위장은 모험심만큼이나 강했는지 멀미를 하지 않았다.

미미는 어느 날 저녁 주니어스의 코트를 빌려 입고 선장과 갑판을 거닐었다. 그녀는 항해 첫날부터 작성한 일지에 "평생 잊지 못할 장면을 보고 있다"고 썼다. "갑판은 가끔 바다와 수직으로 보일 때가 있다… 바닷물이 우리 머리 위로 덮쳐 나는 물에 젖었다." 그녀는 항해 도중 서양식 윷놀이를 즐기기도 하고, 19세기 영국시인 A. 테니슨(Tennyson)의 작품을 읽기도 했다. 선장의 안내를 받아 기관실을 돌아보기도 했다. 샐리 굿윈은 그녀를 "생기 충만한 여성"이라고 평했다.

주니어스는 미미가 프린시스 게이트 집에 도착해 짐을 풀자 마차에 그녀를 태우고 나가 하이드 파크와 런던의 유명한 거리를 드라이브했다. 그날이 "경이로운 날"이었다고 그녀는 기록했다. 그날 이후 몇 주 동안 생기발랄한 미국인 처녀는 새로운 세계를 만끽했다. 그녀는 피바디와 함께 극장에서 연극을 구경하고 오페라를 즐겼다. 런던 내셔널 갤러리를 돌아보았고, 로튼(Rotten) 거리의 존 손(John Sonne) 경의 박물관을 관람했다. 그 밖에도 프랑스 아카데미에서 세계적인 걸작들을 감상했다. 영국의 풍경화도 음미했으며, 직전에 숨을 거둔 웰링턴 공작의 장례식 차를 구경했다. 무엇보다 그녀는 당시 최강국의 상징인 빅토리아 여왕의 행차를 볼 수 있었다. 시내 구경을 나가지 않아 조용하게 집에 머물고 있는 동안 그녀는 주니어스가 그녀를 즐겁게 해주기 위해 직전에 구입한 것으로 짐작되는 그랜드 피아노를 연주했다.

주니어스는 그녀에게 정신을 빼앗기고 있었지만, 뉴욕에 머물고 있는 아들의 소화기관까지 감독하고 나섰다. "너는 식사를 너무 빨리 끝내더구나." 3월에 보낸 편지에서는 아들을 혼낸다. "너는 식사를 불규칙하게 하더구나. 내가 뉴욕에 있는 동안 몇 차례 말했잖니. 당장 고치라고 이 애비는 충고한다. 불규칙적인 식사를 고치지 않는다면, 소화불량과 여러 가지 문제가 너를 괴롭힐 것이다."

줄리엣은 남편과 손님들이 집에 들이닥쳤을 때 아주 저기압 상태였다. 방에 칩거하고 있었다. 샐리 굿윈은 "우리의 젊은 친구가 주니어스 아저씨와 함께 지내는 것을 즐겨야만 했다"고 말했다. 주니어스는 손수 온실에서 재배한 딸기와 샴페인, 프랑스 요리를 미미에게 종종 대접했다. J. P. 모건은 미국 사과, 야생 칠면조, 굴, 하바나산 시거, 사로토가의 콩그레스 샘물에서 나는 생수를 끊이지 않고 런던으로 보내주었다.

애밀리아는 프린스턴 게이트의 저녁 만찬에서 없어서는 안 될 존재였다. 샐리는 "그녀는 예쁘고 붙임성이 있었으며, 자신감에 충만했다. 성격 자체가 하늘의 은총"이라고 평했다.

미미의 부모와 두 남동생 아서(Arthur)와 헨리(Henry)는 그해 봄 영국 전역을 돌아보기 위해 런던에 도착했다. 이역만리에서 가족이 상봉했다. 그 여행이 그들에게는 첫 해외여행인 점을 감안해 J. P. 모건은 일정을 꼼꼼하게 챙겼다.

"그 지역들은 제가 직접 몇 번씩 돌아본 곳들"이라고 모건은 자신감 있는 목소리로 스터지스에게 말했다. 이어 "이번에 방문하실 곳은 이미 제가 예약과 준비를 다 마쳐 놓았기 때문에 즐겁고 편안한 여행이 될 겁니다. 좋은 추억거리가 되고요"라고 덧붙였다.

주니어스는 그들이 일반적인 여행 안내서에서 필요한 정보를 얻을 수 있다는 점을 감안하면서 여행 일정표 중간에 해당 지역의 전반적인 설명과 함께 개인적인 느낌도 적어 놓았다. 그들은 모건이 짠 여행 일정대로 돌아다닐 경우 안트워프(Antwerp)에 도착해 화가 루벤스(Rubens)의 걸작들을 감상하게 되고, 비싼 브뤼셀의 레이스를 사고 싶어 할 것이다. 그리고 베를린 박물관에 반할 테고, 파리를 여행하기 위해서는 두 주 정도 필요할 전망이었다.

모건은 일정표에 "모자 장수와 의류 디자이너에게 이것저것 직접 물어보십시오. 본격적으로 쇼핑하기 전에 몇 가지 물건을 사게 될 겁니다"라고 적어놓았다. 마르세유에서 이탈리아 제노아까지 루트는 "세계 최고의 드라이브 길입니다." 로마는 "여러분들이 머물며 투자한 시간만큼 돌려주는 곳인데, 나폴리도 마찬가지 입니다"라고 그는 일정표에 설명해놓았다.

스터지스 사람들이 남긴 여행 일기와 편지들은 당시 처음 해외여행을 떠난 풋내기 미국 심미주의자들이 유럽에서 어떻게 지냈는지를 잘 보여준다. 그들은 런던에 도착해 로열 아카데미와 토머스 베어링(Thomas Baring)의 아트 갤러리를 들렀다. 미미는 이곳에 대해 "끌로드 모네(Claude Monet)의 작품이 뛰어나고, 뮤릴로(Murillo)의 작품도 좋았다. 테니에르(Tenier)의 작품은 아주 좋았다"고 기록했다. 또한 그들은 19세기 유명한 출판사인 피크워크 페이퍼(Pickwick Paper)에서 낭송되는 디킨스(Dickens)의 소설을 들었다. 《히파티아Hypatia》와 《서쪽으로 가라Westward Ho!》를 쓴 유명한 영국 소설가 찰스 킹슬리(Charles Kindsley)의 강연회에도 참석했다.

스터지스 일행은 1859년 5월 말 도버해협을 건너 프랑스로 갔다. 그들은 오스트리아와 이탈리아의 전쟁 때문에 여행 일정에 차질이 발생할 수 있다고 걱정했다. J. P. 모건이 만들어준 일정표 가운데 가능한 곳만 들르기로 했다. 미미는 아버지가 헤이그에서 본 네덜란드 플랑드르 지역의 예술품 가운데 주옥같은 작품에 황홀해하는 모습을 일기에 기록했다. 하지만 그녀는 몇 주 동안 수많은 작품을 감상하는 바람에 자신들이 유럽을 처음 여행하는 다른 사람들과 마찬가지로 갤러리 구경을 과식했다는 사실을 알아챘다. "사람들은 단기간에 너무 많은 작품을 감상해 소화불량 증세를 보인다."

그녀는 오스트리아 병사들로 가득한 이탈리아 베로나에서 셰익스피어의 《로미오와 줄리엣》의 여자 주인공인 줄리엣의 묘를 발견했다. 그 묘소는 "담장이 무너져 내려 있고, 포도나무들이 죽어 가는… 황폐한 작은 정원에 자리 잡고 있다"고 그녀는 여행 일기에 적었고, 그녀가 본 로미오의 집 주변은 "치즈 볼로나 소시지와 양파 냄새가 한밤중의 세레나데와 사랑의 전설과 불쾌하게 뒤섞여 있는 상태"였다고 썼다. 미미 가족은 그해 11월 초 파리를 거쳐 런던으로 돌아왔다.

스터지스 가족들이 유럽을 여행하고 있는 사이 J. P. 모건은 일하고 있었다. 짐 굿윈은 유럽 여행을 먼저 마치고 미국에 돌아와 샐리가 쓴 런던 여행 일지를 모건에게 읽어주었다. 사라 모건은 어머니가 제 역할을 하지 못하고 있는 동안 동생들을 잘 건사하고 있었다.

주니어스는 그해 9월 아들 모건이 던컨·셔먼에서 수습사원 생활을 2년 동안 했기 때문에 충분하다고 판단했다. J. P. 모건은 던컨·셔먼을 그만두었다. 공식적인 작별 편지에서, 던컨·셔먼의 파트너들은 "모건이 자발적인 무보수로 일한 데 대해 감사한다"고 말했다. 모건이 "지칠 줄 모르는 부지런함, 성실성, 열정뿐만 아니라 정직성까지 갖췄다"고 칭찬했다. 그들은 모건이 비즈니스에 관해 많이 배웠고, "우리 회사의 어떤 일을 맡겨도 충분히 해나갈 수 있는 자질을 보였다"며 "이는 우리뿐만 아니라 우리가 존경하는 친구이자 당신의 아버지도 기뻐할 일"이라고 말했다.

그들은 모건이 앞으로 하게 될 모든 일에서 성공하기를 기원했다. 또 "오해하지 말기를 바란다"는 문구와 함께 그가 성격이 급하고 다른 사람의 실수를 용납하지 않고 화를 잘 낸다고 지적했다. 실제 모건은 아버지 주니어스의 완벽주의를 본받았다. 반면, 다른 사람의 실수 등을 참으며 해결해 나가는 도시적 세련미는 아직 배우지 못했다. 바로 이점을 던컨과 셔먼, 대브니는 부드럽게 경고한다. 그들은 "우리가 느끼기에 자네가 꼭 알아야 한다고 생각해 충고를 덧붙이네만, 기분 나쁘지 않기를 바라네"라고 말했다. 그들의 충고에 따르면, 모건은 부드럽고 자유로운 태도가 날카롭거나 경직된 태도보다 더 좋은 결과로 이어진다는 사실을 어떤 비즈니스 영역에서 일하든 명심해야 했다. "우리가 거래해야 하는 당사자들에게 상냥하고 신사적으로 대하는 게 성공에 꼭 필요한 자본을 얻는 데 중요하다네."

질책이나 충고를 받는 데 익숙한 J. P. 모건은 정성 들여 감사의 답장을 쓴다. "저는 여러분의 친절한 편지를 오늘 받아 잘 읽었습니다. 말씀을 소중히 생각하고 저에 대해 좋은 평가를 해주신 데 대해, 그리고 특히 저의 장래를 걱정하셔서 해주신 충고에 대해 감사의 뜻을 표현하지 않고 편지를 서랍에 넣어둘 수 없어 펜을 들었습니다. 여러분께서 보내주신 편지를 받는 것보다 자랑스러운 만족은 없었습니다." 가장 행복하다고 생각할 수밖에 없는 첫 사회생활 2년 동안 "여러분이 주신 사랑과 충고" 때문에 모건은 나중에 성공할 수 있었다.

모건은 던컨·셔먼을 그만둔 이후 런던으로 가는 페르시아호에 몸을 실었다.

영국에 도착한 그는 몇 주 동안 휴식을 취하며 아버지와 장래 문제를 의논했고, 유럽 대륙을 여행하고 있는 미미와 그녀의 가족을 기다렸다. 무려 아홉 달 동안이나 그녀를 보지 못한 상태였다. 스터지스 사람들은 1859년 11월 10일 밤늦게 호텔에 도착했다. 미미의 남동생인 헨리는 일기에 "내일 아침을 먹고 피어폰트와 사라 모건…, 샐리 굿윈을 만나기 위해 걸어간다"고 썼다. 그리고 다음날 일기에는 "그들이 여행에 대해 많은 것을 물었다. 우리도 그들에게 이것저것을 물어보기도 했다… 얼마 뒤 모건 부인이 와 나는 그녀를 처음 볼 수 있었다… 내가 보기에 그녀는 좋아 보이지 않았다"고 적었다.

스터지스 일행이 런던에 돌아온 이후 J. P. 모건은 미미를 매일 만날 수 있었다. 그는 그녀와 함께 내셔널 갤러리와 사우스켄싱턴 박물관, 크리스탈 궁전을 둘러보았고, 쇼핑도 즐겼다. 어느 날 그녀는 일기에 "어두워진 뒤 저녁을 먹기 위해 돌아왔다. 즐거운 시간을 가졌다"고 썼다. 그녀는 데번셔 공작의 채트워스로 여행을 갔는데, "봄날처럼 화창한 날씨에 그림자가 드리운 잔디 언덕을" J. P. 모건과 함께 여행한 덕분에 그녀는 특히 즐거워했다.

그해 11월 말 모건은 스터지스 사람들의 귀국을 안내했다. 그는 그들이 떠나기 하루 전에 리버풀로 달려가 페르시아호의 선장 전용식당에서 그들을 위한 파티를 준비했다. 특히 그는 자신이 묵기 위해 선장실을 특별히 빌리기로 예약했다. 페르시아호를 타고 대서양을 횡단하는 동안 미미가 쓴 일기에는 놀리는 글투가 나온 것으로 봐서, 모건이 어깨너머로 훔쳐보고 있다는 사실을 알고 그녀가 일부러 재미있게 쓴 성싶다. 모건은 가벼운 차림으로 여행해본 적이 없었는데, 이번만은 "작은 가방 하나만을 들고" 리버풀 호텔에 들어섰다.

그들이 떠나는 날 그녀는 "사람들이 기분을 전환하기 위해 일부러 '좋다'라고 스스로 말하는 것 이상으로 아주 기분이 좋다. 아침 일찍 일어났다."고 말했다. 페르시아호가 리버풀을 떠나 대서양으로 들어섰다. 파도가 넘실대 승객들 대부분 선실에 머물고 있었지만, J. P. 모건과 미미는 돌아다녔다. 출항 3일째 그녀는 일기에 "오전 10시에 아침을 먹었다. 미스터 모건과 나만이 파티 테이블에 있다"고 썼다. 그날 점심에 대해서는 "미스터 모건은 '착한 사마리아 여인'을 흉내내며 우리가 만족할 때까지 구운 사과와 크래커, 무릎 덮개를 들고 오르락내리락했다. 비가 내려 우리는 객실(모건이 묵고 있는 선장 전용방)으로 들어가야 했다."고 썼다.

다음날 그녀의 일기에는 "우리 '대부분'은 우리 자신과 다른 사람들에게 무척 까다로웠다. 우리는 거의 하루 종일 쾌적한 객실에 앉아 있었다"는 문장이 있다. 또한 다음날 일기에는 "내 친구들 가운데 한 명이 하루 종일 우울했다. 갑자기 저녁 식사 자리에서 사라졌다. 그 남자가 배 밖으로 내던져져 비명을 지르지 않은 것으로 봐서 그에게 별 문제가 없었던 것 같다"고 적어놓았다. 모건이 왜 우울했는지를 적진 않았다. 하지만 '연적의 출현' 때문인 성싶다. 페르시아호의 선장은 스터지스 사람들이 런던으로 갈 때 이미 미미에게 기관실과 자신의 방을 보여주었다. 차를 마시기 위해 모건 일행이 있는 곳으로 종종 왔다. 그러나 미미는 항해 기간 대부분 모건과 함께 지냈다.

다음날 그녀는 '배 밖으로 내던져지지 않은 남자'를 발견하고, 아침에는 갑판을 나란히 거닐었고, 오후에는 서양식 윷놀이를 즐겼다. 저녁 식사 뒤에는 바닷물 위에서 넘실대는 인광을 보기 위해 갑판으로 나갔다. 미미는 "미스터 모건이 두려울 정도로 지쳤다. 배 멀미 때문이 아니라 날씨 때문인 성싶다"고 일기에 썼다. 다음날 하루 종일 모건은 방에 머물렀다. 저녁 이후 서양식 윷놀이를 위해 나타났을 뿐이다. 이번에는 그녀가 이겼고, 일기에는 새로운 단어가 등장한다. '내 적수'라는 단어가.

뉴욕에 가까워지고 있던 어느 날 밤 폭풍우가 몰아쳤다. 미미는 저녁을 먹은 뒤에 함께 걷자고 모건과 선장에게 제안했다. "공기는 차가웠고 상쾌했다.

선장은 내 팔 한쪽을 잡아주었고, 미스터 모건은 다른 한 팔을 붙잡아 주었다. 갑판이 미끄러웠지만 겁나지 않았다." 날씨가 맑아지자 "사람들이 마치 거북이처럼" 갑판으로 몰려나왔다. 그 여행자들은 12월 8일 뉴욕에 도착했다.

미미는 근 1년 동안 해외에 나가 있었다. 그녀가 귀국했다는 소식이 전해지자, 친구들이 그녀를 보기 위해 모여들었다. 모건은 그들이 도착한 날 다음날에 그녀를 보러 들렀다. 그 다음날도, 또 그 다음날도 그녀의 집에 들렀다. 이때 그녀의 일기에는 "미스터 모건이 저녁을 우리 집에서 보냈다"는 말이 있다. 사실상 그는 매일 방문하다시피 했다.

남북전쟁

J. P. 모건이 1859년 11월 영국 런던을 떠났다. 그의 미래에 대해서는 아무것도 결정된 게 없었다. 런던의 아버지 주니어스가 여러 가지 옵션을 놓고 생각하고 있는 동안 미국으로 돌아온 모건은 던컨·셔먼 사무실 한쪽에 있는 책상을 지켰다. 영국 투자은행 피바디를 위해 좀 기묘한 일을 하고 있었다.

남북전쟁 2년 전인 그해 12월 모건은 런던에서 한 가지 지시를 받았다. 미국 남부를 돌아보고, 투자은행 피바디가 비즈니스 관계를 맺고 있는 철도회사, 은행, 면화 상인들을 살펴본 뒤 보고하라는 지시였다. 주니어스는 미국 남북부의 갈등이 고조되는 상황에서 현장을 직접 본 보고서가 필요했다. 또한 아들이 프로가 되기 위해서는 로맨스보다 일을 중요시해야 한다고 여겼다.

주니어스가 아들과 애밀리아 스터지스의 관계를 도와주려고 했다면 아들을 남부에 보내는 일은 좀 이상한 결정일 수밖에 없다. 두 사람은 1859년 2~11월까지 떨어져 지내야 했다. 그는 또 다른 긴 이별을 아들에게 명한 셈이다.

J. P. 모건이 미미에 대해서만 관심을 갖고 있는 것은 아니었다. 얼어 죽을 정도로 추웠던 그해 12월 어느 날 그는 "업 타운에 있는 여자 친구들에게 들러 작별인사를 할 틈도 없이" 서둘러 뉴욕을 떠나야 했다. 이는 그가 남동생 프랭크와 어빙 플레이스(Irving Place)에서 함께 지내고 있는 짐 굿윈에게 보낸 편지에서 한 말이다. 필라델피아에 있는 "우리의 오랜 친구인 미세스 피터스 집

의 따뜻한 벽난로에 도착하기 전에 나는 거의 얼어붙은 상태였다."고도 했다. 그곳 아침 기온은 섭씨 0도 수준이었다. "밖으로 나가 썰매를 타다가 코와 귀가 얼어붙어 절단 수술해 코와 귀가 없이 남쪽으로 떠나야 하는 리스크를 감수하는 것보다 벽난로 앞에서 여성 B와 담소하는 것을 더 좋아한다."

애초에 모건은 이틀 동안 볼티모어에 머물 예정이었지만 나흘 동안 머물렀다. 당시 그가 열정적으로 좋아했던 미스 호프먼 때문이었다. 그녀는 막 결혼할 찰나였다. 모건은 그순간의 느낌을 편지에 적어 짐 굿윈에게 띄웠다. "나는 마음먹고 그녀를 만났네. 하지만 내가 그녀의 남편 될 사람에 대해 질투심을 느끼고 있다는 사실을 고백하지 못했다네. 그 사람이 이 세계가 낳은 가장 달콤한 여성 가운데 한 명을 아내로 맞이하기 때문에 나는 그가 행복하기를 바랄 뿐이네."

모건 가문의 한 사람과 스터지스 가문의 한 여성이 약혼한다는 소문이 뉴욕에 떠돌고 있다는 사실을 짐이 알렸을 때, J. P. 모건은 "터무니없는 소리!"라고 무시했다. 그가 생각하기에 실제로 그런 일이 있다면 사촌인 짐이 가장 먼저 알았어야 했다. 모건은 터무니없는 소리라고 무시하기는 했지만, 다소 기분이 가라앉은 상태에서 여행을 계속했다. 그는 짐에게 부탁의 편지를 쓴다.

"이제 네가 스터지스 양과 친숙해졌기 때문에 좀 더 가까이 지내라고 권하고 싶다. 스터지스 가족 가운데 어느 누구라도 만나면, 가장 친절하게 내가 안부를 전하더라고 말 좀 해줘. 너는 뉴욕 시라는 곳에서 친하게 지낼 만한 가족을 발견하려고 해도 스터지스 가족만한 사람들은 발견하기 어려울 거야. 이는 우리와 우체부 아저씨만이 알고 있는 비밀이다."

모건은 1860년 1월 회기 중인 의회를 참관하기 위해 볼티모어를 떠났다. 이때 민주당파 의원들은 오하이오 출신 공화당 의원인 존 셔먼이 하원 의장이 되는 것을 막고 있었다. 분란은 셔먼이 논란을 불러일으킨 책 한 권을 추천한 데서 비롯되었다. 바로 로원 헬퍼(Hinton Rowan Helper)가 쓴《눈 앞의 위기Impending Crisis》였다. 헬퍼는 책에서 노예제가 "남부 사람들의 수치·빈곤·무지·폭정·고집을 보여주고 있다"고 비난했다. 노예를 보유하고 있지 않은 백인들이 들고 일어나 노예제를 뒤엎어야 한다고 주장하기도 했다. 남부 극단주의자들은 연방에서 탈퇴해야 한다고 주장하며 맞섰다. 정치인들이 칼과 총으로 무장하고 그해 1월 의사당에 몰려들었다. 결국 하원에서 주먹다짐을 벌였다.

모건은 몇 시간 동안 정치인들의 날 선 논쟁을 지켜봤다. 하원의원들을 명예롭지 못한 인간들이라고 판단했다. 그는 아버지와 마찬가지로 연방주의자였다. 미국 내부의 다툼을 싫어했다. 또한 아버지처럼 사태가 돌아가는 상황을 살펴본 뒤 최악의 상황을 빠르게 간파할 줄 알았다. 그는 짐에게 보낸 편지에서 치열하게 내부 투쟁이 벌어지고 있는 미국 민주주의 시스템 내부에 자리 잡고 있는 윤리적이고 이데올로기적인 요인에 대해서는 별다른 언급이 없었다. 대신 "내가 이 나라와 유럽에서 본 의원들 가운데 가장 천박한 군상들이다"라고 결론 내렸다. 그는 하루 동안 워싱턴에 머문 뒤 "모든 것 대한 강한 염증과 실망"을 안고 떠났다.

맹추위가 리치몬드까지 모건을 따라왔다. 그는 워싱턴을 흐르는 포토맥강이 얼어붙는 바람에 강추위 속에서도 버지니아 산맥을 넘어야 했다. 노스캐롤라이나에서 노예 1,000명이 열차에 실려 가는 장면을 봤다고 짐에게 알렸다. 그는 찰스턴에서 투자은행 피바디의 현지 에이전트이면서 면화 무역을 연구하고 있는 H. W. 코너(Corner)와 함께 10일 동안 머문 뒤 사바나(Savanah)로 갔다. 이곳에서 그는 은행가와 상인들을 만났고, 면화와 관련된 뉴스를 전문적으로 다루는 신문을 살펴보았다. 셰익스피어의 연극 '오델로'를 관람하고는 "형편없다"고 평했다. 그는 조지아 메이컨(Macon)에서 외삼촌인 존 피어폰트 2세를 만났다. 증기선을 타고 몽고메리에서 모빌(Mobile)까지 사흘 동안 여행했다. 그는 일기에다 "하루 종일 강 위에 있었다. 내가 탄 배는 매 순간마다 멈춰 면화를 선적했다. 내게는 놀라운 장면이었다"라고 썼다.

남부의 핵심 항구인 뉴올리언스에서 그는 H. W. 코너 앤 선(Corner & Son)의 현지 사무실에 들러 처음으로 인사했다. 이어 코로델리트(Corodelet) 거리를 따라 형성되어 있는 상업 지구에 들러 여러 비즈니스맨들을 만났고, 마차를 타고 폰트차트레인(Pontchartrain)까지 코너의 딸을 안내해 일 트로바토르(Il Trovatore)호에 승선시켜 주었다.

모건은 여행 도중 하루나 이틀 간격으로 면화 가격, 면화 선적 실태, 미시시피 센트럴 철도의 채권 가격 동향, 남부 지역 시장의 현황 등을 편지로 보고했다. 그 밖에도 그는 양키 변호사이면서 뷰캐넌 대통령의 보좌관인 새뮤얼 바로우(Samuel Barlow)가 보수주의자이면서 루이지애나 상원의원인 주다 P. 벤저민(Judah P. Benjamin)에게 모건을 소개하는 편지를 지니고 있었다. 벤저민은 남부 출신이면서도 남부의 연방 탈퇴를 막으려고 노력했던 사람이다.

모건은 이런 편지를 지니고 있으면서도 일기에다 언급하지 않았다. 주니어스는 아들을 거물에게 소개하는 편지를 써준 바로우에게 감사하면서 노예제를 두고 남북이 벌이는 투쟁을 냉소적으로 말했다. 그는 흑인이 중요한 이슈로 등장하는 나라에서 '인종주의자 백인'으로 간주되지 않기를 희망했다.

모건이 남부를 실태조사하고 있던 1860년대 남부의 면화 수확은 거의 400만 꾸러미(Bale) 정도였다. 이 해 면화 수출 규모는 1억 9,100만 달러에 이르렀다. 이는 당시 미국의 수출 총액의 절반 이상이었다.

모건은 4월 북부로 돌아오는 길에 민주당 전당대회가 열리는 찰스턴에 들렀다. 그곳에서 "대통령 선거인단에 참여하고 싶어 하는 사람들"과 만날 수 있기를 기대했다. 당시 대통령 8명 가운데 6명이 민주당이었듯이 모건이 남부를 여행하고 있을 당시 분위기로 봐서 민주당 대통령이 될 가능성이 높았다. 그런 때 민주당 전당대회는 모건에게 의미 있는 행사였다. 이때 민주당 전당대회는 양쪽으로 갈라져 치열하게 투쟁하고 있었다. 주 정부의 독립성에 기초해 남북이 평화적인 관계를 유지해야 한다고 주장하는 스티븐 더글러스(Stephan Douglas)와 연방 탈퇴를 부르짖는 극단주의자들이 목숨을 걸고 벌인 노선 투쟁이 한창이었다. 전당대회에 참가한 민주당 대의원들은 분명한 선택을 하지 못했다. 그해 6월에 열리는 전당대회에서 다시 의논하기로 했다.

공화당원들은 1860년 5월 시카고에서 모였다. 이때 대통령에 출마한 후보자 두 명은 모두 노예제 확대를 반대하고 있었다. 뉴욕 출신 상원의원으로 워싱턴 정가에서 유명세를 확보한 윌리엄 H. 수워드(Seward) 후보와 독특한 인물이었지만 그다지 알려지지 않은 일리노이 출신 에이브러햄 링컨이 그날 경선 후보였다. 링컨은 1858년 스티븐 더글러스를 상대로 후보 지명전에 뛰어들었다. 그는 복음성가의 한 구절을 인용해 미국의 단결을 부르짖어 눈길을 끌었다.

"서로 앙숙이 되어 쪼개진 집안은 결코 지속할 수 없듯이, 한 나라 안에서 한쪽은 노예제를 지지하고 다른 반쪽은 노예제를 반대하는 상태로 하나의 정부가 유지될 수는 없습니다! 전체가 노예제를 지지하든지, 아니면 노예제를 폐지해야 하는 겁니다."

수워드는 노예제에 대한 투쟁을 경제 통합으로까지 확장했다. 연방정부 아래에서 노예노동과 자유노동 시스템이 오랜 기간 공존해왔지만, 상업·교통·인구의 변화 때문에 주 정부들은 "더 높고 더 완벽한 단결이나 통합으로" 갈 수밖에 없을 뿐만 아니라 이질적인 시스템은 결국 충돌하게 되어 있다고 그는 선언했다. 다시 말해 "서로 정반대 입장을 지속적으로 견지하고 있는 권력"은 결국 느슨하게 협력하는 지역주의나 연방제 가운데 하나를 선택할 수밖에 없다는 얘기이다.

공화당원들은 떠들썩한 내부 소용돌이 속에서 합종연횡을 거쳐 1860년 링컨을 공화당 후보로 지명했다. 그가 주창한 정강정책은 노예제 확대 반대, 관세 인상, 홈스테드법 제정, 대륙횡단 철도 건설 등이었다. 민주당은 6월 전당대회를 다시 개최하고 대통령 후보를 내보내려고 했으나 합일점을 찾지 못했다. 남부 내에서도 지역적으로 분열되어 있었다. 남부의 북쪽 사람들은 연방 유지를 주장하면서 스티븐 더글러스를 지지한 반면, 남쪽 사람들은 켄터키 출신의 존 브레킹리지(John Breckingridge)를 선호했다.

J. P. 모건은 1860년 5월 뉴욕으로 돌아왔다. 다섯 달 동안이나 집을 떠나 있었다. 그는 그해 여름 페퍼필드에서 미미와 함께 대부분의 시간을 보냈다. 아버지 주니어스는 고조되는 남북 갈등에 따라 면화 수급과 가격 문제를 비롯해 아들이 월스트리트에서 바람직한 직장을 발견하지 못하고 있는 점 때문에 신경이 날카로웠다. 이는 주니어스의 입맛에 맞는 직장의 폭이 너무 좁았거나, 던컨·셔먼 파트너들이 지적한 대로 아들의 "날카롭고 빡빡한" 성격 때문일 수도 있다.

그해 7월 주니어스는 중국과 교역을 검토하고 있었다. 그는 아들에게 동방 지역에 대한 관심을 갖도록 하는 편지를 띄운다. "나는 어떻게 하면 네가 잘 정착할 수 있을까 노심초사하고 있는데, 이제 결정해야 할 시간인 것 같다. 월스트리트 회사들이 네게 자리를 제의하지 않았다면, 직장 없이 뉴욕에 머물기보다는 동방 지역을 여행하는 게 더 좋을 성싶구나."

J. P. 모건은 1857년 중국에 가기를 바랐다. 하지만 어머니 줄리엣이 극구 반대하는 바람에 꿈을 접어야 했다. 아버지 주니어스가 1860년에 다시 중국 여행을 권하고 나섰다. 이번에는 모건이 뉴욕에 있고 싶어 했다. 여기에는 아주 중요한 이유가 있었다. 결혼이었다. 그는 가족을 보기 위해 런던을 방문하기 직전인 그해 8월 애밀리아 스터지스에게 청혼했고, 그녀는 그가 원하는 대답을 해주었다. 그녀는 해외여행을 같이 가기로 한 막내 동생 헨리에게 이렇게

편지를 띄운다. "우리 여행 계획을 단축해야 할 일이 생겼다. 며칠 안으로 너는 미스터 모건을 만나, 그가 좋은 사람임을 알게 되리라 믿는다… (그리고) 너도 내가 최근 내린 결정이 마음에 드는지 여부를 편지로 알려주기 바란다."

양가는 모두 두 사람의 결혼 결정을 환영하고 기뻐했다. 주니어스는 아들의 뜻을 받아들였다. 아들이 지구를 반 바퀴나 돌아야 하는 비즈니스 여행을 취소했다. 장래 며느리가 될 미미에게 1861년 초 편지를 띄워 놀란다. "내가 말이야, 네 친구를 중국으로 보내지 않고 다시 뉴욕으로 돌려보낸다. 내가 생각하기에 너는 중국으로 보내기를 좋아하겠지만, 나의 이런 결정이 두 사람에게 모두 손해는 아닌 성싶다."

J. P. 모건은 파리에서 뉴욕으로 출발하기에 앞서 미미를 위해 반지와 폭죽을 샀다. 두 사람은 약혼한 뒤 1년 동안 기다려 1861년 10월에 결혼식을 올릴 참이었다. 버지니아 오스번은 친척 한 명에게 재미삼아 가족 가운데 아무도 그해 겨울 약혼식에 참여하지 않겠다고 투정했다. "미미가 말이야, 최근 너무 양순해졌어요. 여러 사람들이 있는 곳보다 두 사람이 안락하게 속삭이는 것을 더 좋아해요." 1860년 미미는 심한 감기로 몇 주 동안 누워 있어야 했다. 모건은 그녀 곁을 맴돌면서 극진하게 간호했다. 그녀가 어느 정도 회복하자 산책을 나가자고 권유하기도 했다.

모건은 그녀와 약혼하는 게 너무 기쁜 나머지 "하찮은 일을 하는 데 애를 먹고 있다"고 아버지에게 편지를 띄운다. 그 하찮은 일이란 아직 풀리지 않은 취직 문제였다. 그는 이때 익스체인지 플레이스 53번지에 있는 사무실에서 일하고 있었다. 주니어스는 미래의 며느리에게 보낸 편지에서 "우리는 모건에게 몇 가지 일을 시키고 있다. 그 일이 그에게는 큰 이익이 되지 않겠지만, 노는 것보다 좋다"고 말했다.

주니어스는 아들이 직장을 구하지 못하는 불행이 끝나고 있음을 느꼈다.

"내가 생각하기에 '이런 시기'에 그가 현업에서 한 걸음 떨어져 있는 것은 행운이다… 그는 올해가 자기 명의로 비즈니스를 시작하는 첫해가 아니라는 점을 감사하게 여겨야 한다"고 말했다. 그가 말한 '이런 시기'는 미국 역사에서 전례가 없었다. 공화파 연합세력은 1860년 11월 에이브러햄 링컨을 대통령으로 뽑았다. 민주당은 심하게 분열해 대통령 선거에서 승리할 수 없었다. 노예제를 강력히 비판해온 대통령과 당이 승리하는 바람에 남북 갈등이 표면화하기 시작했다. 링컨이 백악관으로 들어가기에 앞서 넉 달 동안에 이미 남부 7개주가 연방을 탈퇴했다.

링컨이 당선된 1860년 12월 사우스캐롤라이나가 연방 탈퇴를 선언했고, 미시시피, 플로리다, 앨라배마, 조지아, 루이지애나, 텍사스가 뒤따라 연방 체제를 벗어났다. 이 시기 미국 대통령 당선자는 이듬해 1월이 아니라 3월에 취임했다. 처음으로 1월에 취임한 대통령은 1933년 백악관에 들어간 프랭클린 루스벨트였다.

J. P. 모건은 "연방 탈퇴가 신성모독과 다름없다"고 생각했다. 그는 1861년 1월 친구에게 "이 나라의 진정한 애국자들의 피가 연방을 위협하는 작자들의 도전 때문에 들끓고 있는 와중에 임기 말년에 몰려 있는 불쌍한 뷰캐넌은 완전히 무력한 상태일 뿐만 아니라 어리석기 짝이 없다"고 분통을 터트렸다.

미국 북동부 상공인들은 이 시기 남쪽과 어떻게든 화해하기를 바랐다. 전쟁이 터지면, 면화 공급이 끊겨 방직 공장의 가동이 중단될 뿐만 아니라 대서양 횡단 무역도 극심하게 타격 받을 수밖에 없다. 게다가 유럽 투자자들이 미국 증권을 매입하길 꺼려하고, 남부가 북부 공산품을 더 이상 매입하지 않는 사태가 발생할 수 있기 때문이다.

그러나 주니어스는 반역자들과 화해하는 데 찬성하지 않았다. "북부 사람들이 사태가 호전되어 안도감이 가신 뒤 후회할 수밖에 없는 양보나 타협을 하지 않을 것이라고 믿어 의심하지 않는다." 그는 남북의 타협이 남부 쪽에도 치명적인 상처를 남길 것이라고 예상하기도 했다. 남북 갈등이 본격화하면 "남부 연합의 사람들은 노예제 종말이라는 여명과 직면하게 될 것이다."

연방에서 탈퇴한 남부 7개주 대표들이 모여 남부 연합을 구성한 1861년 2월, 모건은 미래의 아내 미미에게 "혼란스러운 이 시기에 한 발 떨어져… 당신 곁에 머물고 있는 게" 매우 기쁘다고 말했다. 가장 친밀한 애인에게 보낸 편지에서 유감없이 남부에 대한 혐오감을 드러낸다. "현재 혼란이 어떤 결과를 낳더라도 우리나라의 명예가 더럽혀졌다고 봐야 합니다. 우리는 이 나라 역량 가운데 가장 적은 부분만을, 그리고 우리의 정부가 정의로운 일 앞에서 얼마나 무력한지를 보여주었습니다. 따라서 우리는 이 나라가 중남미의 아름다운 나라 수준은 된다는 점을 여러 나라에 보여주어야 한다고 생각합니다. 이 순간 내가 이번 사태에 얼마나 화가 나 있는지 다 말할 수 없습니다."

대통령 당선자 에이브러햄 링컨은 1861년 3월 초 취임식을 위해 워싱턴으로 가는 길에 뉴욕을 경유했다. 스터지스 부인은 링컨 당선자가 4인승 무개 마차를 타고 14번가를 지나가는 모습을 보았다. 그녀의 눈에 비친 링컨은 "밝고 좋은 인상을 가진" 남자였다. 예상보다 젊어 보였을 뿐만 아니라 앞날이 밝은 사람이었다. 그는 3월 4일 대통령 취임사에서 기존 노예제를 채택한 주에는 간섭하지 않겠지만, 어떤 대가를 치르더라도 연방은 유지하겠다고 밝혔다.

이날 링컨이 보좌관의 충고로 애초 생각보다 톤을 낮췄는 데도 남부는 그 취임사를 전쟁 선포로 받아들였다. 남부 연합군(남군)은 링컨이 취임한 지 한 달 남짓 되었을 때인 4월 12일 사우스캐롤라이나의 찰스턴 외각 섬에 있는 섬터(Sumter) 요새를 지키고 있던 북부 연합군(북군)에게 발포했다. 남북전쟁의 시작이었다.

헨리 애덤스는 취임 파티에 출현한 링컨 대통령한테서 기대한 뭔가를 애타게 찾고 있었다. 그의 눈에 비친 링컨은 "크고 촌스러운 외모를 가지고 있었고, 평평하고 쟁기질을 한 것 같은 얼굴 모양과 백인 부자들이 우려하는 사고방식을 보여주었으며, 자신감에 차 있거나 미국식 행동양식을 보여주지 못했다. 무엇보다 힘이 느껴지지 않는 인물"이었다.

남군이 섬터 요새에 공격을 가한 직후 버지니아 오스번은 친구에게 "링컨 대통령이나 수워드 국무장관을 신뢰하는 사람은 그 어디에서도 찾기 힘들다"고 말했다. 심지어 링컨이 구성한 내각 멤버들도 대통령의 집무실에 앉아 있는 시골촌뜨기 같은 신참이 너무 소심할 뿐만 아니라 국가적 위기를 관리할 준비가 전혀 되어 있지 않았다고 생각했다.

그러나 북부 지역에서 애국주의는 넘쳐흘렀다. 그때 열다섯 살이었던 헨리 스터지스는 4월 19일 뉴욕에서 "전장으로 떠나는 용감한 7연대"를 지켜보았다. 다음날에는 유니언 광장에서 열린 군중대회에 참석하기도 했다. 군중대회 참석자 수천 명은 전원 북부를 상징하는 모자 장식을 달고 나왔고, 사람들이 멋진 연설을 했는데, 그런 광경은 처음이었다."

헨리의 형인 에드워드는 스물한 살이어서 7연대의 후발대에 합류해 워싱턴으로 떠났다. 버지니아는 "나름대로 성공하고 존경 받는 집안 출신들이 7연대에 합류해 전장으로 향했다"고 기록했다. 전장으로 가는 청년들은 "하나같이 잘 먹고 자랐고, 까다롭게 보였"지만 자발적으로 전장으로 향했다고 말했다.

J. P. 모건은 애국주의 열풍에 들뜨지 않았다. 그는 아버지와 마찬가지로 미국식 정부 구조가 제 기능을 하지 못하고 실패했다고 생각했다. 버지니아는 몇 달 뒤 미국 헌법을 옹호하느라 모건과 치열하게 논쟁하기도 했다. 그는 남북전쟁 첫 해인 1861년 봄과 여름 내내 런던 투자은행 피바디의 지시를 받아

면화와 철도회사 채권, 남부의 주정부 채권을 거래하는 데 바빴다. 그는 런던에서 조달한 자금을 연방정부의 전쟁부에 중개하기도 했다. 연방정부는 전쟁자금을 마련하기 위해 보유 자산을 매각하고자 했다. 이때 모건은 애서 B. 뒤랑의 '자연의 스케치(Sketches from Nature)'와 헨리 인먼(Henry Inman)의 '당신의 검은 부츠(Black Your Boots Sir)', 제임스 수이담(James Suydam)의 '달빛(Moonlight)'을 구입했다.

모건의 외할아버지 존 피어폰트 목사는 매사추세츠 메드포드에서 시를 쓸수 있는 열정으로 능력을 발휘해 선혈이 낭자한 전투에서 북군의 승리를 기원하는 애국시를 발표했다. 1861년 여름에는 매사추세츠 주지사인 존 앤드류(John Andrew)를 붙잡고 설득해 노인인데도 북군 대위가 되기도 했다. 일흔 여섯에 두 번째 결혼으로 기대했던 행복감에 젖어 있던 이 노인은 전장을 향해 진격했다. 그의 아들 존 2세는 "잘하셨습니다. 일흔 여섯 영웅이여!"라고 추어주었다.

매사추세츠 22 의용대에 속한 대위 피어폰트는 군인으로서는 부적합한 것으로 드러났다. 그는 '버지니아에서 할양 받은 땅'인 홀스 힐(Hall's Hill)에 세운 텐트에서 아들 존 2세에게 캠프생활을 담은 편지를 띄운다. "천으로 되어 있고, 창문도 없으며, 맨땅 외에는 아무것도 깔리지 않은 텐트 안에서 하루하루를 혼자 지내고 있다. 전등도 없고 매트리스도 없는 야전 침대에서 지내고 있다… 불도 없고… 먹을 수 있는 식사라고는 영양가가 전혀 없는 삶은 감자, 짠 돼지기름에 튀긴 딱딱한 비스킷 등이다. 2주 동안 한 번밖에 지급되지 않는 60그램 정도의 고기가 특별식이다. 하지만 무엇보다 중요한 사실은 내가 군대에 적을 두고 있다는 점이다. 아주 쓸 만한 일자리이다. 내가 할 만한 일이라고 생각한다. 이 일을 하는 덕분에 내 나라를 구할 수 있다는 부질없는 희망을 갖고 있단다."

하지만 기온이 뚝 떨어지고, 늙은 전사가 새벽 3시에 몸을 데우기 위해 홀스 힐을 이리 뛰고 저리 뛰는 자신을 발견하자 희망은 이내 사라져 버렸다. 그리고 "죽을 정도로 추위에 떨면서 있는 게 자신과 국가를 위해 좋지도 않다"는 결론을 내리고 현역에서 물러나기로 결정한다. 이어 그는 살로먼 P. 체이스 (Saloman P. Chase)가 장관으로 있는 재무부에서 일자리를 얻어 일하게 된다. 워싱턴으로 돌아와 아내와 재회한 그는 아들 존에게 의기양양하게 편지를 쓴다. "내가 여기 워싱턴에서 봉사하고 있노라. 매달 100달러를 미국에 지불하고 있단다."

모건의 막내 외삼촌 제임스는 아버지의 반대편을 위해 봉사하며 돈을 지급하고 있었다. 1861년 그는 사바나의 비즈니스맨이 낳은 딸인 엘리자 제인 퍼스 (Eliza Jane Purse)와 결혼생활을 하고 있었다. 그의 장인은 사위를 철저하게 자기 식대로 움직이도록 했다. 이에 따라 제임스는 남부 조지아 제1기병대 소속으로 참전했다. 그는 1850년에 작곡한 가볍고 흥거운 노래 '징글벨'이 나중에 크게 히트하리라곤 꿈에도 생각지 못했다. '징글벨'은 1857년 보스턴에서 '말 한 마리가 끄는 썰매(One Horse Open Sleigh)'라는 곡명으로 발표되었다. 이후 1859년에는 '징글벨'이나 '말 한 마리가 끄는 썰매'라는 이름으로 다시 리바이벌되었고, 20세기가 되기까지는 유행하지 못했다. 제임스는 1893년 숨을 거둔다. 남북전쟁 기간 동안 그는 남군의 승리를 기원하는 노래인 '승리가 아니면 죽음이다(We Conquer or Die)', '남부를 위해 싸워라!(Strike for the South)' 등을 작곡해 명성을 얻었다.

~~~✕✕✕~~~

J. P. 모건은 나중에 심각한 논란거리가 되는 거래를 1861년 늦여름 벌였다. 섬터 요새에서 북군의 패배가 확정될 즈음인 그해 4월 무장이 빈약한 북군은

화급하게 총을 보급해달라고 아우성쳤다. 아서 이스트먼(Arthur Eastman)이라는 불리는 사람이 이때 홀 카빈(Hall Carbine) 소총 5,000정이 멕시코와의 전쟁에서 쓰고 남아 맨해튼 남쪽 끝에서 있는 가버너스 섬(Governors)의 연방정부 창고에 있다고 말했다. 그런데 이 인물은 나중에 상거래를 해본 일이 없고 "무기와 병기조달 등에 익숙할 뿐"이라고 고백했다. 이런 그가 그해 5월 낡아빠진 총을 당시 기준에 맞춰 개량해 공급하겠다고 북군에 제의했다. 병기 책임자인 제임스 W. 리플리(James W. Repley)는 총들이 형편없고, 개량해봐야 나빠지기만 한다고 판단해 그의 매입 제안을 거절한다. 제안을 거절당한 이스트먼은 그 총을 전량 구매하겠다고 다시 제안했다. 리플리는 한 정당 3.5달러씩에 팔기로 동의했다. 문제는 총을 사는 데 필요한 1만 7,500달러가 그의 수중에 없었다는 사실이다.

북군이 1861년 7월 22이 불런(Bull Run)에서 두 번째 패배를 당한 직후 링컨은 서부지역에 주둔하고 있는 북군에게 공격명령을 내렸다. 1856년 대통령 선거에서 뷰캐넌의 경쟁자였고, 당시 서부 지역군을 지휘하고 있던 존 C. 프레몽(John C. Frémont)은 대통령의 명령을 받자마자 여기저기서 총을 마구 사들였다. 프레몽의 에이전트이고 뉴욕 변호사인 시몬 스티븐스(Simon Stevens)는 이때 이스트먼이 카빈 소총 5,000정을 마음대로 처분할 수 있는 권한을 보유하고 있다는 사실을 알게 되었다. 그는 서둘러 이스트먼과 접촉해 한 정당 12.50달러(매입가 3.5달러)씩 모두 6만 2,500달러를 지급했다. 계약금으로 2만 달러를 줬다. 그런데 이스트먼과 마찬가지로 스티븐스도 충분한 현금을 수중에 가지고 있지 않았다.

스티븐스는 8월 5일 프레몽 장군에게 급전을 띄웠다. 전보에는 58구경 카빈소총 5,000정을 팔 수 있다는 제안이 들어 있었다. 그는 총이 개량돼 현대화한 총이라고 부풀려 말했다. 정당 가격은 22달러라고 밝힌다. 프레몽은 조건을 받아들이겠다고 답했다. 이어 5,000정을 단번에 미주리로 보내라고 요구했다. 스티븐스는 하는 수 없이 총은 아직 개량되지 않았다고 고백해야 했다. 대신 한 정당 21달러를 지급하면 당장 총을 보내줄 수 있고, 수리하고 개량해 납품하면 애초 제시한 22달러를 받아야 한다고 전보를 쳤다.

프레몽 장군은 스티븐스의 두 번째 전보를 받은 지 열흘 뒤에 개량작업을 시작하되 "서둘러야 한다"고 전보를 통해 밝혔다. 이 거래의 첫 번째 당사자인 이스트먼은 스티븐스한테서 6만 2,000달러를 받고 총을 넘겨주기로 했다. 이 가운데 1만 7,500달러는 총기 매입원가로 정부에 건넸다. 두 번째 당사자인 스티븐스는 11만 달러를 받고 정부에 되팔아 넘기기로 했다.

프레몽 장군의 주문을 받은 스티븐스는 J. P. 모건과 접촉해 장군의 구매 주문을 근거로 2만 달러를 빌렸다. 이때 스티븐스는 가문끼리 접촉을 통해 모건과 알고 지내고 있었을 가능성이 높다. 그의 동생 헨리는 미국의 도서 딜러로 조지 피바디와 주니어스 모건을 위해 런던에서 일하고 있었다. 그의 누이인 소피아 스티븐스는 하트포드 시절 교실에서 크게 웃었다고 모건을 밖으로 내쫓은 여선생이었다.

조지 피바디는 1854년 고향인 매사추세츠 사우스 덴버에 가문 도서관을 지으려고 하면서 헨리 스티븐스와 관계를 맺었다. 헨리는 권당 1실링[1]이나 1파운드를 받고 책을 납품할 수 있다고 제안했다. 피바디는 권당 1실링 조건을 받아들였다. 스티븐스에 따르면 흥정하는 동안 피바디가 "오늘 책 가격이 얼마나 되냐"고 물어온 적이 많았다고 말한 적이 있다. 피바디는 책값도 면화나 일리노이 센트럴 철도 주식처럼 나날이 바뀐 것으로 생각한 성싶다.

모건은 1861년 8월 7일 이스트먼과 스티븐스를 대동하고 가버너스 섬에 있

---

1. 1실링은 1파운드의 20분의 1 -옮긴이

는 병기창을 직접 방문했다. 그는 홀 카빈 소총 4,996정을 받는 대가로 1만 7,486달러짜리 수표를 끊어 담당 장교에게 주었다. 그리고 2,514달러짜리 두 번째 수표를 끊어 이스트먼에게 지급했다. 그는 모두 2만 달러를 빌려준 것이다.

모건은 스티븐스가 이스트먼에게 지급해야 할 6만 2,000달러 가운데 그날 지급한 2만 달러를 뺀 나머지 4만 2,000달러에 대해서도, '스티븐스가 정부한 테서 돈을 받기 시작하면' 이스트먼에게 지급하는 조건으로 '발행일로부터 20일 뒤에 지급하는' 수표를 끊어주었다. 문제의 총은 이스트먼이 개량 작업을 하는 동안 사실상 담보물이었고, 'J. P. 모건'의 명의로 그 창고에 계속 보관되었다.

총기 개량 작업은 생각보다 시간이 오래 걸렸다. 1차 선적분 2500정은 8월 말에야 세인트루이스에 있는 프레몽 장군에게 전달될 수 있었다. 개량 작업이 지지부진해지자, 모건은 거래에서 발을 빼기로 결정한다. 주니어스의 전 파트너인 모리스 케첨이 거래에 참가하기로 결정했다. 프레몽의 병기 장교는 개량과 선적 비용 등을 모두 합해 한 정당 22달러씩 쳐 2,500정 값인 5만 5,550달러를 모건에게 9월 10일 지급했다.

모건은 돈 가운데 빌려준 2만 달러와 이자, 수수료 등을 합해 2만 6,344달러를 제하고 나머지를 케첨과 손에 보냈다. 그는 연 9퍼센트 이자 수익(156 달러)을 받았다. 수수료 5,400달러도 챙겼다. 원금의 25퍼센트가 넘는 금액이었다.

남북전쟁이 발발한 1861년에 이자율 연 9퍼센트는 과한 것이 아니었다. 25퍼센트의 수수료는 스티븐스가 화급하게 돈이 필요하고, 거래가 끝나면 엄청난 수익을 올린다는 사실을 모건이 잘 알고 요구한 것이었다. 북군이 별다른 전공을 올리지 못하고 있던 그해 자금 사정이 좋지 않아 시중은행은 돈을 대출해주지 않았다. 이런 저런 사정을 감안한 모건과 스티븐스는 거래를 위해 자금을 지원받는 대가로 이익을 나눠 갖기로 계약을 맺은 성싶다.

모건은 현금 정산을 끝낸 9월 중순 마지막 총기를 내보내 선적토록 했다. 그는 더 이상 거래 당사자가 아니었다. 스티븐스는 5만 8,175달러가 적힌 청구서와 함께 나머지 총을 모두 페르몽 장군에게 보냈다. 장군은 9월 26일 총이 "좋은 상태"로 도착했다는 전보를 스티븐스에게 띄운다. 하지만 자금이 부족하다는 이유로 대금을 치르지 않는다. 케첨은 1861년 10월 초 전쟁부에 페르몽이 서명한 군납 확인증을 제시하고 대금을 지급해달라고 요구했다.

이때 의회는 정부를 상대로 사기행각을 벌여 돈을 벌어먹는 전쟁 모리배들을 조사하고 있던 중이었다. 그 사이 정부의 모든 지급이 중단되어 있었다. 의회 조사위원회는 J. P. 모건과 스티븐스, 이스트먼이 개입한 총기거래도 조사했다. 위원회는 1862년 "건전한 사고방식을 가지고 있는 공직자라면", 1만 7,500달러를 받고 판 총을 11만 달러를 지급하고 되사는 짓은 하지 않는다고 결론 내렸다. 전쟁이라는 급박한 상황에서 한 정당 22달러라는 가격은 정당화될 수 없다고 못 박았다.

시몬 스티븐스와 모리스 케첨은 위원회의 결정을 수긍할 수 없었다. 군수 책임자인 리플리는 그 총이 쓸모없다고 판단하고 한 정당 3.5달러에 팔았다. 하지만 수천 마일 떨어진 곳에서 피흘리며 싸워야 하는 페르몽 장군에게는 현대적으로 개량하면 22달러만큼 가치가 있다고 주장했다.

본래 상품에 대한 서로 다른 가치 평가는 자유로운 거래의 기본이다. 연방정부 전쟁부가 1862년 1만 1,000달러를 지급했다. 스티븐스와 케첨은 5만 8,175달러를 지급하라며 연방정부를 상대로 소송을 제기했다. 그 거래에서 금융회사로 구실했던 케첨은 전쟁시기에 은행은 페르몽 장군이 발행한 지급증명서만을 믿고 거래할 수밖에 없는데도 정부가 이를 무시하고 거래계약을 없던 일로 해버린다면, 아무도 군납과 관련된 거래를 뒷받침하려 하지 않는다고 주장했다. 연방법원은 1867년 케첨 등의 상고 내용을 분석해 연방정부가 페르몽의 전보를 통한 계약을 인정하고 돈을 지급해야 한다고 판시했다. 결국 전쟁부는 5만 8,175달러와 그동안 밀린 이자를 지급해야 했다.

J. P. 모건은 왜 그가 총기 거래에 뛰어들고, 왜 발을 뺐는지에 대해 일기나 편지에 설명을 남기지 않았다. 모리스 케첨은 1861년 "모건 씨가 거래를 완벽하게 뒷받침할 수 있는 자금을 보유하고 있지 않았다"고 증언했다. 그의 증언대로 모건은 그때 당장 현금을 가지고 있지 않았을 수 있지만, 마음만 먹으면 언제든지 자금을 동원할 수 있었다. 모건은 케첨처럼 순전히 상업적인 시각으로 그 거래를 보았다. 위험과 수익을 경제논리로 살펴봤다는 얘기이다. 그 거래를 전쟁 모리배의 장난이라고 판단하는 데 기준이 되는 윤리적 측면은 그에게 고려사항이 아니었다.

1941년 금융회사 J. P. 모건의 부회장인 R. 고든 와슨(Gordon Wasson)은 그 사건을 주제로 책을 썼다. 모건은 당시 스티븐스가 총을 정부에 팔 줄은 알지 못했고, 나중에 알게 되었을 때 도저히 거래에 참여할 수 없어 중간에 발을 뺐다고 주장했다. 그러나 모건이 페르몽 장군의 전보를 바탕으로 거래에 뛰어들었고, 직접 병기창에 들러 돈을 치렀다는 사실 등을 종합해볼 때 거래의 성격을 초기부터 간파하고 있었다고 볼 수 있다. 게다가 모리스 케첨은 아버지 주니어스의 친구였다는 점에 비춰볼 때 그가 중간에 정부를 상대로 한 거래라는 사실을 알게 되어 발을 빼고 싶었다면, 아버지의 친구에게 넘기지 않았을 것이다.

J. P. 모건이 1861년 홀 카빈 소총 거래에서 발을 뺀 이유 가운데 가장 그럴듯한 것이 하나 있기는 하다. 그가 애밀리아 스터지스(미미)와 결혼할 찰나였고, 유럽으로 떠나야 했기 때문에 미리 거래를 마감하고 싶어 했다는 것이다. 거래가 예정대로 이루어졌다면, 그의 수수료와 이자 수입은 8월 말에 모두 결제되었을 것이다. 총 개량 작업이 생각보다 오래 걸렸고, 정부의 지급도 지연되

어 발을 빼는 게 당시로선 현명한 선택이라고 할 수 있다.

———◆———

홀 카빈 소총 거래가 일단락됐다. J. P. 모건은 모든 관심을 미미에게 집중했다. 그녀는 호흡기 질환으로 몸져누워 있었다. 그녀는 그해 여름을 반반씩 나눠 페어필드와 개리슨(Garrison)에 있는 오스번의 새 집에서 머물렀다. 그녀는 8월 말 오한과 고열, 가슴 통증, 쉴 새 없는 기침에 시달려야 했다. 모건에게 너무 아파 결혼할 수 없다고 말했다. 그는 단호하게 그녀의 말을 물리쳤다. 결혼한 뒤 그녀를 햇볕이 따뜻한 지중해 지역으로 데리고 가 요양할 계획을 세웠다.

그녀의 아버지 조너선 스터지스는 결혼을 계속 진행해야 할지를 고민하면서 사돈이 될 주니어스에게 편지를 보내 의논한다. 주니어스는 모건이 뉴욕을 떠날 것이라고 생각지는 않고 있었다. 그는 조너선에게 보낸 답장에서 "이렇게 중요한 시기에 그가 뉴욕에 없다면, 그가 맡고 있는 다른 일에 비추어볼 때 그에게 손해이고, 우리에게도 불편하고 예의가 아닙니다"라고 말했다.

주니어스는 양가가 모건의 결혼 문제를 일과 연관지어 생각하지 말아야 한다고 여겼다. 그는 아들의 미래가 "미미와 맞물려 있다"고 생각했다. "그녀는 여러 자질 가운데 모건을 행복하게 해줄 수 있는 따뜻한 마음을 가지고 있습니다"라고 미래의 사돈에게 보낸 답장에서 말했다. 그리고 미미의 건강 문제와 "우리 아이들이 살아야 할 미래를 감안할 때 결혼을 흔쾌하게 계속 추진해야 한다고 생각합니다"라고 조너선의 물음에 답했다. 그는 "지금 예상보다 더 큰 희생을 해야 하더라도" 결혼은 계속 추진되어야 한다고 말했다. 모건과 미미가 치료를 위해 신혼여행을 길게 다녀오는 동안 짐 굿윈이 일을 대신하면 그만이었다.

결혼식이 한 주 앞으로 다가왔다. 미미는 발작성 기침이 "내가 지금까지 경험한 어떤 병보다도 심한 구토로 바뀌었다"고 개리슨에서 달려온 어머니에게 말했다. 그녀는 밤잠을 설쳐야 했고, 반대로 낮에는 평상시보다 긴 낮잠을 잤다. 의사가 처방한 흑맥주를 마시려고 노력했지만 구역질만 나왔다. 그녀는 "얼굴이 쉬는 동안 너무 야위어" 결혼식에서 자신의 모습이 어떻게 비쳐질까 걱정해야 했다. 버지니아가 면사포로 얼굴을 가리자는 아이디어를 냈을 때 미미는 기쁜 마음으로 받아들였다. 면사포로 얼굴을 가리면 "많은 사람들이 내 얼굴을 지켜보는 것을 막을 수 있다"고 그녀는 말했다.

모건의 어머니 줄리엣은 결혼식에 참석하기 위해 사라와 함께 런던에서 달려왔다. 두 사람은 21번가 웨스트 42번지에서 겨울을 지낼 예정이었다. 그들이 새로 임대한 집에서 머물고 있는 동안 신랑과 신부는 여행을 다닐 참이었다. 굿윈가 사람들은 하트포드에서 병력이 이동하듯이 떼 지어 뉴욕으로 왔다. 외할아버지 피어폰트 목사는 명령을 받고 버지니아로 이동하는 길에 손자의 결혼식에 참석하기 위해 뉴욕에 들렀다.

결혼식 전날 모건과 미미는 세인트 조지스 교회의 성찬식에 참석했다. 모건은 공동기도서(Book of Common Prayer)의 책날개에 "미미를 위해 피어폰트로부터. 1861년 10월 6일 세인트 조지스 교회 성찬식에서"라고 기록했다.

1862년 J. P. 모건의 모습
(출처: 뉴욕 피어폰트 모건 도서관)

월요일인 1861년 10월 7일 날씨는 화창했다. 오전 10시 스터지스 저택의 꽃으로 가득한 응접실에서 결혼식이 조촐하게 열렸다. J. P. 모건은 수염을 길러 나이가 서너 살 더 들어 보였다. 신부 미미는 프랑스 파리에 특별히 주문해 만든 상아색 물결무늬가 새겨진 비단 드레스를 입었다. 소매는 손목으로 내려올수록 풍성해지는 파고다 양식이었다. 치마는 허리받침이 달려 아주 풍성했고 길게 뒤로 끌렸다.

신부는 고급스런 웨딩드레스를 입고 있었지만, 병치레로 창백한 얼굴은 감추지 못했다. 꼭 맞고 가슴과 등으로 깊게 파인 보디스가 달려 있어 그녀의 유난히 잘록한 허리가 강조되었다. 짧은 결혼식 내내 그녀는 면사포로 얼굴을 가리고 있었다. 신랑 모건의 팔에 기대어 있었다. 참석자들은 그녀가 긴장하고 있다고 느꼈을 뿐이었다.

신부의 아버지 조녀선 스터지스는 오후에 딸의 결혼을 축하하는 파티를 열었다. 미미는 다음날 대부분 쉬면서 체력 회복에 힘썼다. 결혼 이틀째인 10월 9일 모건의 외할아버지가 속한 매사추세츠 연대가 14번가를 따라 행진했다. 그리고 신랑신부인 피어폰트 모건 부부는 애나 맥어퍼티(Anna McAfferty)라는 이름을 가진 여성 도우미와 함께 페르시아호에 올랐다.

J. P. 모건은 뉴저지의 샌디 후크(Sandy Hook)에서 딸을 걱정하고 있을 장인 조녀선에게 간단한 편지를 보낸다. "미미는 아주 밝고 기분이 좋은 상태입니다. 점심시간에 왕성한 식욕을 자랑하고 있습니다. 제가 걱정했던 것보다 아주 좋은 상태입니다. 파티에서도 아주 밝아 보입니다. 저와 아내가 보내는 사랑을 받으십시오."

가을의 거친 대서양을 건너고 있는 동안 미미는 결혼 전 몇 달 동안보다 훨씬 좋아졌다. 기침도 하지 않고 밤잠도 잘 잤다. 식사 때마다 선상 레스토랑에 나타나는 유일한 여성이었다. 신혼부부는 유명한 내과의사인 헨리 홀랜드(Henry Holand) 경에게 검진받기 위해 잠시 런던에 들렀다. 주니어스는 아들 모건이 수염을 길러 일찍 일어나 출석을 체크하는 사람처럼 보인다고 말했다.

파리에서 미미는 흉부 전문의인 아르망 트루소우(Armand Trousseau)와 줄레스 A. 베클라르(Jules A. Béclard)의 검진을 받았다. 이들은 남편 모건에게 그녀가 결핵을 앓고 있다고 말해주었다. 모건은 진단 결과를 장인 스터지스에게 편지로 알렸다. 그는 신부에게서 전염되지 않았다. 미미의 왼쪽 폐는 오른쪽보다 더 심하게 감염되어 있었다. 마땅한 치료 방법이 없었다. 하지만 의사들은 그녀가 충분히 휴식을 취하고 섭생을 잘 조절하며, 따뜻한 공기를 마시면 회복할 수도 있다고 말했다. 사실 과학자들이 결핵의 원인균을 발견한 시점은 20년 뒤인 1882년이었다. 또 효과적인 치료제가 나온 시기도 20세기 중반인 1952년이었다. 모건이 결혼할 당시 결핵은 불치병이었다.

미미는 자신이 무슨 병을 앓고 있고, 상태가 얼마나 좋지 않은지를 알지 못했다. 의사가 시키는 대로 잘 따라 몸을 관리했다. 식사 뒤에는 작은 숟가락으로 테레빈[2] 기름을 꼬박꼬박 먹었다. 테레빈은 "위에서 녹아내릴 때까지는 무슨 맛인지 알 수 없었지만, 독특한 향을 좋아하게 되었다"고 친정어머니에게 띄운 편지에서 말했다. 테레빈은 "제가 아침과 저녁으로 토해내는 폐에 점액이 너무 많이 축적되는 것을 막아주는 기능을 하고, 기침으로 가슴에 충격이 가기 때문에 발생한 체온을 낮춰준다"고 그녀는 어머니에게 말했다.

미미는 테레빈 외에도 "하루에 두 번씩 티스푼에 가득 젤리 같은" 간유를 따라 마셨다. 당나귀 젖을 마시기도 했다. 그녀는 의사의 처방을 잘 따랐지만 한 가지만은 처음에 마뜩잖아 했다. 요오드를 왼쪽 어깨 부위에 바르는 처방이었다. 처음에는 곧잘 잊어버리고 건너뛰었지만 나중에는 상쾌한 공기와 충분한 식사, 여러 약들, 정성을 기울인 치료 등을 권한 의사의 말을 믿고 요오드 처방

---

2. 상수리나무에서 뽑은 액체. 콜레스테롤을 낮추는 효과가 있지만 그때에는 결핵치료제로 쓰였다. -옮긴이

도 잘 받아들였다.

미미는 지극한 정성으로 자신을 살피는 사람들에 대해서도 찬사를 아끼지 않았다. J. P. 모건은 파리에서 그녀를 안고 계단을 오르기도 했다. "계단에서 저를 안고 오르내리는 일은 그에게 힘겨운 일인데, 현재 저는 그에게 그만큼 해주지 못하고 있습니다." 친정 부모들에게 보낸 편지에서 말했다. 다른 날 편지에서 그녀는 "그가 얼마나 저를 지극 정성으로 보살피는지 보여주고 싶습니다. 그는 저의 안락과 건강을 위해 최선을 다합니다"라고 썼다.

신랑은 낭만적인 파리 거리를 혼자 걸어야 했다. 그가 돌아올 때는 신부가 좋아하는 음식과 벨벳으로 만들어진 덧신, 꽃을 사와 호텔에 혼자 머물고 있는 미미를 행복하게 해주었다.

1861년 11월 초 신혼부부는 알제리로 가기 위해 남쪽으로 향했다. 알제리에는 지중해 햇빛이 하얀색 작은 탑을 내리 쬐고, 바닷물이 벽에 부딪혀 하얀 포말을 일으키고 있었다. 미미의 휴양을 위해서는 안성맞춤인 곳이다. 미미는 묵고 있는 호텔 드 라 리젠스(Hotel de la Regence)의 프랑스식 침실 문을 열고 아래 광장에서 펼쳐지는 그곳 사람들의 일상적인 삶을 내려다보면서 "6월처럼 부드러운 공기를 마시며" 편지를 읽고 쓰는 것을 유달리 좋아했다.

그해 여름 이후 미미는 생리를 하지 못했다. 너무 체중이 줄어든 까닭인 듯했다. 과거 늘 오던 '손님'이 찾아오지 않고 있는 데 대해 파리의 의사들은 그녀의 건강 상태에 비추어볼 때 몸무게가 줄어 그렇다는 점을 인정했다. 결혼식을 올린 지 5주째 알제리에 머물고 있는 미미는 어머니에게 편지를 띄워 속삭인다. "엄마는 괜히 이상한 것을 생각하면 안 됩니다. 손님이 오지 않는 이유는 그 때문이 아닙니다." 미미가 임신 때문에 생리를 하지 못한 게 아니라고 밝힌 점에 비추어볼 때 알제리에 머물고 있는 시점까지 그들은 관계를 갖지 않은 듯하다. 의사들이 모건 부부에게 휴양으로 신부의 체력이 회복되는 시점까지 기다리라고 권했을 수도 있다.

J. P. 모건은 매일 밖으로 나가 말을 달렸다. 울타리를 뛰어넘었고, 알제리 시골을 샅샅이 수색하듯이 돌아다녔다. 그해 12월 미미의 건강은 갑자기 악화되었다. 복통이 발생해 몸져누웠다. 매일 오후에는 신경성 고열이 찾아왔다. 그녀가 신혼여행을 떠난 이후 항해 중에 몸 상태가 가장 좋았기 때문에 몸이 악화된 이후에는 바다를 동경했다. "누군가 나를 안고 바다 위의 배에 내려놓으면 좋겠습니다."

누군가 매일 아침 햇빛을 쪼여주기 위해 그녀를 안고 알제리 작은 도시의 광장에 내려놓기는 했다. 일광욕을 즐긴 뒤 그녀는 돌아와 휴식을 취했다. 모건은 프랑스 마르세유에서 특별 음식을 주문해 그녀에게 대령했다. 장미와 제라늄, 목서초를 가져오기도 했다. 오후에는 그녀와 함께 마차를 타고 드라이브를 즐겼다. 또한 그가 어릴 적 아조레스에서 요양할 때 했던 것처럼 따뜻한 벽난로 곁에서 사과를 구워 그녀의 입 속에 넣어주었다. 그녀의 친구가 될 수 있는 나이팅게일 두 마리와 카나리아 세 마리를 사 왔다. 그녀가 건강했더라면, 모건이 베푸는 사랑을 진정으로 만끽할 수 있었을 것이다. 그녀가 어머니에게 띄운 편지에서 "하지만 누군가 고열을 앓고 누워 있으면 모든 게 캄캄할 것입니다. 전지전능한 신이 나눠주는 사랑에 대해 강하게 반항할 것입니다"라고 말했다. 그녀는 "남편이 나쁜 상황에서도 제게 친절하고 저를 행복하게 해주지만" 친정 가족을 애타게 그리워했다. 병을 앓고 있는 상태에서 집에서 멀리 떨어져 있는 고통을 느끼고 있었다. "이제 우리가 결혼한 지 고작 두 달밖에 되지 않았는데, 1년은 지난 것 같습니다."

미미의 친정어머니는 모건이 필요하다고 생각하면, "우리가 함께 해줄 수 있다"고 편지했다. 모건은 장모가 추운 겨울에 대서양을 건너도록 할 마음은 없었지만, 신부의 상태가 너무 좋지 않았다. 홀로 설 수도 없는 상태가 되었다.

그와 도우미로 따라온 맥어퍼티가 함께 부축해야 그녀는 겨우 걸어 다닐 수 있었다. 또한 너무 오래 누워 있는 바람에 뼈가 약해져 통증까지 앓고 있었다.

그해 12월 그녀의 상태는 친정어머니의 보살핌을 필요로 하게 되었다. 모건은 결단하고 장모를 불렀다. 하루가 급한 그는 시간을 절약하기 위해 런던에 있는 아버지에게 자기 대신 메시지를 전달해달라고 부탁했다. 알제리에서 뉴욕으로 전보를 치는 것보다, 런던에서 보내는 게 훨씬 더 빠른 시대였다. 조녀선 스터지스는 딸의 건강이 걱정되었지만, 사위 모건이 과민반응을 보이는 것은 아닌지 물어보았다.

모건은 장인의 걱정을 위로하기라도 하듯이 주니어스가 편지를 보낸 직후 자신의 건강상태에 대해 길게 설명한 편지를 띄운다. "저는 아버님을 놀라게 하고 싶지 않습니다. 그리고 위태로운 상황도 아닙니다만, 미미의 건강 상태를 숨기는 게 바람직한 일이 아니라고 생각하고 있습니다. 그녀가 매우 아픕니다." 그는 그녀의 상태가 나빠지는 것을 급격히 악화되는 알제리 기후와 자신의 탓으로 돌렸다. "가장 큰 실수는 제가 여기에 온 것 자체입니다. 그녀가 여기에 도착할 때 보여준 상태로 회복하는 데는 겨울 한 철이 다 걸릴 것 같습니다."

그는 배를 타면 나아질 것이라는 그녀의 생각이 옳다고 판단하고, 프랑스 마르세유까지 3일 동안 바다 여행을 하기로 했다. 그의 일행들이 알제리 항구에 도착해 배에 오르려 했으나, 그녀의 상태를 살펴본 선장은 승선을 거부했다. 선장은 미미가 마르세유 도착 이전에 숨을 거둘 것이라고 예상했다. 모건과 미미, 도우미인 맥어퍼티는 실망한 채 호텔로 돌아왔다. 모건은 장인 스터지스에게 편지를 쓴다. "미미의 상태가 아주 좋지 않다는 사실을 숨길 수 없습니다." 그녀의 왼쪽 폐의 병은 두려울 정도로 빠르게 진행되고 있었다. 한때 미미가 의사에게 들었던 말처럼 급성 결핵이었다. 알제리 의사는 오른쪽 폐마저도 악화하고 있다고 말했다. "그녀의 상태 악화는 저를 포함한 모든 사람들에게 충격임을 말할 필요도 없습니다. 앞으로 일어날 일이 하늘에 계신 아버지께서 우리를 버리지 않을 것이라는 희망과는 반대일지라도 끝까지 포기하고 싶지 않습니다… 그녀가 이것으로 끝나지 않기를 소망합니다."

J. P. 모건은 마침내 파리 의사들이 내린 진단을 아내에게 알려주었다. 그녀는 너무 좋지 않아 모건의 설명에 충격 받지 않았다. 그는 편지를 이어간다. "미미가 두 분과 멀리 떨어져 있어 그리움의 눈물이 볼을 타고 흘러내릴지라도 가장 행복하고 희망적입니다." 그는 장모가 도착하기를 애타도록 기다렸다. "미세스 맥어퍼티가 없었다면 무엇을 어떻게 해야 할지 몰랐을 겁니다. 그녀는 미미를 헌신적으로 돌보고 있습니다. 미미가 지금 너무 아프기 때문에 여성들만이 할 수 있는 부드럽고 세심한 보살핌을 바라고 있습니다. 저는 어쩔 수 없이 자리를 비켜줘야 합니다."

매리 스터지스는 1862년 1월 15일 병역 휴가 중인 아들 에드워드와 함께 뉴욕항을 떠나 알제리로 향했다. 현재는 아일랜드 최남단 항구인 코브(Cobh)로 불리는 퀸스타운에서 모자는 '모건 부부가 니스를 향해 지중해를 건너고 있다'는 내용이 담긴 주니어스의 편지를 받았다. 매리와 에드워드는 서둘러 런던과 파리를 거쳐 마르세유로 갔다. 그곳에서 증기선을 타고 니스로 향했다.

1862년 2월 2일 모건은 부두에서 그들을 맞았다. 그들은 돌담으로 둘러쳐진 도로를 질주해 미미가 머물고 있는 세인트 조지스 빌라로 갔다. 마을은 올리브와 오렌지 나무로 가득했고, 알프스의 만년설이 보이는 환상적인 경치를 자랑하고 있었다. 스터지스 부인이 머물 방에서 조금 떨어져 있는 온실에서는 카나리아가 자유롭게 날아다니고 있었다. 나이팅게일 한 쌍이 애밀리아가 묵고 있는 방과 연결되어 있는 살롱에서 살고 있었다.

따뜻한 날 모건은 목욕의자에 아내를 태우고 빌라 게이트를 나가 산책했다. 장미 정원을 거쳐 가로수들이 우거진 거리를 아내와 함께 거닐었다. 날씨가 싸늘해지면, 실내에서 장작 나무에 불을 붙여 집 안을 따뜻하게 해주었다. 친정 어머니가 도착할 때까지 미미는 밖에 나가고 싶은 마음이 없었다. 기침 때문에 잠을 거의 이루지 못해 주로 낮에 잠을 자야 했다.

주니어스는 비즈니스 문제를 의논하기 위해 아들에게 런던으로 오라고 요구했다. 장모가 도착하자 모건은 런던을 향해 떠났다. 장모인 매리 스터지스는 매일같이 편지를 띄워 그에게 딸의 상태를 알렸다. 그녀의 글씨는 좋아졌다 나빠졌다 했다. 모건은 이미 그녀의 글씨에 적응한 상태였다. 그녀는 어느 날 일기에 "우리 모두, 그가 그립다"라고 적었다.

J. P. 모건이 런던에서 들은 뉴욕 소식은 대부분 전쟁 뉴스였다. 미미의 언니인 버지니아는 1862년 2월 "우리 곁에 없는 사람들을 생각할 때마다 그리움이 몰려듭니다. 하지만 우리나라가 겪고 있는 현재 고통이 모든 것을 잊게 합니다"고 편지에 썼다.

남북전쟁이 발발한 이후 북군이 처음으로 실질적인 승전보를 날릴 수 있었다. 율리시스 S. 그랜트(Ulysses S. Grant) 장군과 해군 제독 앤드류 푸트(Andrew Foote)가 미시시피 강을 저지선으로 삼아 남군의 진격을 봉쇄하는 데 성공했다. 켄터키-테네시 접경 지역에서 남군의 요새 두 곳을 점령했다. 테네시와 북부 앨라배마의 주민들이 강력히 연방정부를 지지한다고 선언한 데 고무된 버지니아는 편지에서 "우리가 나쁜 반역자들을 '곧' 진압할 수 있다면 감사를 드리는 기분이 온 나라에 퍼질 것"이라고 말했다. 그녀는 제부인 J. P. 모건에게 특별한 메시지를 전했다. "제부에게 우리의 헌법이 실패한 게 아니라 헌법 아래에서 살 수 있을 만큼 아주 좋은 것이라는 점을 이제야 증명할 수 있다고 생각해요. 현재 의원들이 헌법을 지켜낼 것이고, 제부 등이 유럽에서 돌아오면 그들이 미국인임을 자랑스럽게 생각할 것이라는 점을 꼭 전해주셔요."

1862년 당시 사람들은 전쟁이 봄이면 끝날 것이라고 예상했다. 조너선 스터지스는 시집간 딸을 간호하고 있는 아내에게 편지를 띄워 이렇게 말했다. "일찍 귀국하지 않으면 승리의 영광을 놓칠 수밖에 없다고 아들 에드워드에게 말해주오."

〜〜〜〜〜

모건이 곁을 떠난 열흘 사이에 미미는 남아 있던 체력마저 잃어버렸다. 그녀의 기침은 날이 갈수록 심해졌다. 입속마저 쓰리고 아파 달걀노른자와 닭고기 스프밖에 먹을 수 없게 되었다. 런던에서는 주니어스가 아들에게 며칠 더 머물고 가라고 권했다. 하지만 그는 아내 곁으로 가기 위해 필사적으로 서둘러 니스로 향했다. 그는 48시간 동안 여행을 강행군해 일요일인 2월 16일 아내 곁에 도착했다. 미미는 거의 탈진한 상태였다. "마르고 탈진한 팔로 남편의 목을 감고 사랑의 키스를 퍼부었다"고 그녀의 어머니는 전했다. 그는 잠을 자기 위해 침대로 갈 때만 아내 곁을 장모와 맥어퍼티에게 내주었을 뿐이었다. 한밤중에 미미는 어머니에게 가서 눈을 붙이라고 권했다. 여섯 시간 뒤에 어머니가 돌아오자 "엄마, 애나와 내가 힘겹게 밤을 보냈어요"라고 말했다. 매리는 애나를 쉬라고 보낸 뒤 딸에게 신선한 달걀과 따뜻한 물, 그녀가 특별히 탄 차를 먹였다. "내가 무릎을 꿇고 그녀의 팔을 잡으면, 미미는 '엄마, 나를 위해 기도하시는군요. 생각만 해도 좋아요'라고 말했다." 미미는 눈을 뜬 채 잠을 자곤 했다.

그런데 갑자기 1862년 2월 17일 오전 8시 30분 그녀의 숨소리가 이상해지기 시작했다. 그녀의 말이 평상시와는 달랐다. 매리 스터지스는 편지를 계속 써내려 간다. "내가 딸아이를 부축해 일으키려고 노력했다. 애나를 소리쳐 불러 그녀가 달려왔다. 그녀는 딸아이의 얼굴을 보고는 죽음의 그림자가 드리우고 있다고 말했다. 나는 모건에게 달려가 깨웠다. 딸아이 곁으로 달려온 그는 몸을 숙여 그녀의 마지막 숨소리를 들으려 했다. 불쌍한 모건은 무릎을 꿇고 딸아이의 이름을 애타게 부르며, 마지막 한 마디만이라도 해달라고 애원했다."

그녀가 숨을 거둔 날 하루 종일 비가 내렸다. 모건은 소식을 아버지에게 전보로 알리기 위해 나갔다. 세인트 조지스 빌라에 있던 사람들은 아무도 잠을 이루지 못했다. 화요일인 2월 18일 간호사가 방문해 숨을 거둔 그녀의 몸을 수습했다. "사위 모건이 너무 슬퍼해 그의 몸 상태가 좋지 않다"고 스터지스 부인은 일기에 적었다. 목요일인 2월 20일 성공회 신부인 C. 칠더스(Childers)가 장례 예배를 주관했다. 칠더스 신부는 사도 바울이 빌립보인들에게 보낸 편지를 담은 신약의 빌립보서 1장 21절에서 24절까지 낭송했다.

"이는 내게 사는 것이 그리스도이니 죽는 것도 유익함이니라. 그러나 만일 육신이 사는 이것이 내 일의 열매일진대 무엇을 가릴지 나는 알지 못하노라. 내가 그 둘 사이에 끼었으니 떠나서 그리스도와 함께 있을 욕망을 가진 이것이 더욱 좋으나 육신에 거하는 것이 너희를 위하여 더 유익하리라."

J. P. 모건은 미미의 성경에서 해당 부분을 표시해두었다. 신약성경이 시작되는 부분에다 "애밀리아 S. 모건. 1862년 2월 17일, 월요일, 오전 8시 30분 프랑스 니스 근처에 있는 세인트 조지스 빌라에서 숨을 거두었다. 그녀의 마지막은 평화로웠다."고 적었다. 그리고 결혼식 전날 메모를 남긴 기도서에다는 "당신을 위한 자리를 마련하기 위해 나는 갑니다"라는 문장을 추가했다.

미미의 시아버지인 주니어스는 며느리가 숨을 거두었다는 전보를 아들한테서 받자마자 편지를 쓴다. "슬프고 슬픈 소식에 내가 얼마나 애통한지 말로 표현할 수 없구나… 네가 알다시피 미미의 병을 비관적으로 생각하고 있었지만, 이렇게 예고도 없이 황망하게 갈 줄은 꿈에도 생각하지 못했다. 사랑하는 내 아들 네게는 엄청난 충격이라는 점을 잘 알고 있다. 하지만 네가 군말 없이 네게 가장 값진 것을 하나님께 드렸다고 확신한다. 하나님은 네게 그녀를 주었고, 이제 데려갔다.”

주니어스는 아들이 미미를 알제리로 데려갔고, 그녀를 살려내지 못한 것을 자책하는 줄 익히 알기 때문에 다음 날에도 편지를 띄운다. “사랑하는 아들아, 그녀의 병 외에 다른 이유를 찾는 것은 잘하는 일이 아니란다.” 아무것도 결과를 바꾸어놓을 수 없었다. 주니어스는 미미를 검진한 런던의 헨리 홀랜드 경을 만나 이미 그녀에게 희망이 없다는 사실을 알고 있었고, 그녀의 빠른 죽음이 하나님의 은총이라고 생각했다. “아들아! 우리의 목숨과 우리가 갖고 있는 모든 게 하늘에 계신 하나님 아버지의 뜻에 달려 있단다.”

주니어스는 “미미가 생의 마지막 주에 애타게 그리던 어머니와 함께 지냈다”는 것으로 그나마 위안 삼았다. 그는 아들이 며느리 곁을 떠나 있도록 요구한 것에 대해서는 언급하지 않았다. 그리고 “도움이 필요하면 니스로 달려가겠다”고 밝혔다. 하지만 아들은 아버지가 오지 않아도 된다고 말했다.

J. P. 모건은 그녀를 하나님의 품으로 보낼 준비가 되어 있지 않았다. 인간을 이롭게 할 뿐 해를 끼치지 않는다는 하나님에게 기댈 생각도 없었다. 도덕적 훈계를 끊임없이 늘어놓는 세속의 부모들에게도 기댈 생각이 없었으리라.

미미의 죽음이 뉴욕에 있는 사람들에게 알려지기까지는 거의 3주가 걸렸다. 뉴욕 사람들의 위로가 모건에게 전달되기까지는 또 3주가 걸렸다. 그 사이 그들이 니스에 머물고 있는 동안 가족은 미미의 치유를 기원하는 편지를 고통스럽게 읽어야 했다.

J. P. 모건이 신부를 위해 준비한 21번가 집에서는, 어머니 줄리엣이 ‘미미가 고통에서 벗어나게 되어 다행’이라며 ‘아들에게 마음 편하게 먹으라고 요구하는 대열’에 합류했다. “우리는 미미가 지금까지 숨을 거둔 사람 가운데 가장 사랑 받은 존재이기 때문에 그녀를 다시 데려올 수 없단다.” 그녀는 아들에게 위

로를 전하는 편지 중간에 쇼핑을 주문한다. "네가 사라와 나를 위해 검은색에 단추가 두 개 달린 본디에르 장갑을 사오기를 바란다. 여기서는 내게 꼭 맞는 것을 찾을 수 없구나. 내 손가락 사이즈는 6¾이고 사라는 6½란다. 거기서는 한 켤레에 1.5달러이다."

세인트 조지스에서는 모건, 매리, 에드워드, 애나 맥어퍼티가 그들의 여장과 미미의 물건들을 챙겼다. 미미의 주검은 에드워드가 관을 준비해올 때까지 교회에 안치되어 있었다. 모든 짐들은 마르세유를 거쳐 뉴욕으로 보내졌다. 슬픔에 젖은 그들은 2월 26일 비가 쏟아지는 와중에 니스를 떠났다. 이후 4주 동안 천천히 이탈리아와 프랑스를 거쳐 움직였고, 슬픔 속에서 하나가 되었다. 이때 J. P. 모건은 스물네 살이었다.

일반적으로…(헨리 애덤스는) 같은 시대 사람들만큼은 인생에서 성공했다고 생각했다. 어떤 인물의 동시대인들은 그가 위대한 세계에서 일정한 역할을 하리라 미처 생각하지 못하는 경향이 있다. 월스트리트의 뛰어난 예언자가 있었다면, 그는 J. P. 모건의 이름 밑에 표시를 했겠지만, 록펠러 가문의 사람들이나 윌리엄 C. 휘트니(William C. Whitney)나 화이트로 리드(Whitelaw Reed) 등에게는 별 관심을 두지 않았을 것이다. 어느 누구도 윌리엄 매킨리(William McKinley)나 존 헤이(John Hay), 마크 한나(Mark Hanna)를 대단한 정치인이라고 생각하지 않았다. 보스턴 사람들은 알렉스 애거시즈(Alex Agassiz)와 헨리 히긴슨(Henry Higginson)이 작은 가게에서 인생을 시작했다는 점을 알지 못한다. 필립스 브룩스(Philips Brooks)는 알려지지 않은 인물이었고, 헨리 제임스(Henry James)의 이름을 들어본 사람은 거의 없었다. 리처드슨(Richardson)과 라파지(LaFarge)는 사회에 나온 초기 살아남기 위해 밑바닥에서 발버둥쳐야 했다. 이름과 명성이 후세까지 전해진 사람들 가운데 1867년에 일을 시작한 서른 살 젊은이가 동시대 사람들이 인정할 만한 능력을 미리 선보인 사람은 거의 없다.

― 《헨리 애덤스의 교육The Education of Henry Adams》 중에서

완벽주의자

아버지 주니어스는 1862년 3월 편지를 띄워 모건에게 뉴욕으로 가라고 지시했다. 하지만 그의 아들은 장모 매리와 처남 에드워드 스터지스 등과 함께 4월까지는 해외에 머물 계획이었다. 짐 굿윈은 뉴욕에서 혼자 업무를 처리하고 있었다. 굿윈은 스트레스로 거의 쓰러질 지경에 몰려 있었다. 모건은 대서양이 평온해지기를 기다리는 장모를 남겨두고 싶지 않았다. 그는 짐에게 편지를 띄워 "함께 하면 일을 멋지게 해낼 수 있다고 생각한다"고 말했다. 그는 "쉼 없이 일해야 지난 몇 달 동안에 벌어진 일과 아내를 잃은 슬픔에 젖지 않을 수 있다"고 말했다.

모건은 뉴욕에 도착한 직후 짐과 프랭크 굿윈과 함께 어빙 플레이스에 있는 집으로 이사했다. 그의 어머니와 여동생은 미미와의 신혼생활을 위해 임대한 21번가 집에 여전히 묵고 있었다. 모건이 그 집에서 1862년 봄을 지내면 아내를 잃은 슬픔에 빠져 지내야 할 것 같았다. 뉴욕에 돌아온 그의 모습은 경건하면서도 넋이 나간 모습이었다. 그는 배우자를 잃은 사람이 입는 검은 양복을 입고 다녔다.

미미의 장례식은 5월 3일 페어필드에서 열렸다. 화창한 봄날이었다. 목련과 배꽃이 활짝 피어 그녀가 떠나는 날을 기려주는 듯했다. 모건은 신혼 여행지에서 숨을 거둔 아내를 위해 이탈리아에서 핑크빛 대리석 묘비를 특별히 주문했다. "잊지는 않았지만 그녀는 떠났다"라고 새겨 넣었다. 줄리엣과 사라는 미미의 장례식이 끝난 뒤 런던으로 떠났다.

장모 매리 스터지스는 5월 중순 "모건이 여기서 차를 마셨다. 아주 슬퍼 보였고, 낙담하는 모습이었다"고 전했다. 다음 날에는 "모건이 아프다는 이야기를 듣고 그를 보러 갔다. 독감으로 목이 많이 아팠다"고 썼다. 일주일 뒤 모건의 피부에 발진이 돋았다. 의사는 천연두를 의심하면서 그를 격리시키라고 지시했다. 발진이 가라앉기 시작하자 유사 천연두라고 진단했다.

1862년 6월 말 J. P. 모건은 출근하기 시작했다. 주말은 미미의 부모·형제들과 함께 보냈다. 조너선 스터지스의 권유를 받고 예술가와 후원가들의 모임인 센트리 어소시에이션에 가입했다.

모건은 그해 9월 사촌이면서 친구인 짐 굿원과 파트너십을 맺고 익스체인지 플레이스 53번지에 사무실을 냈다. 두 사람은 10년 전부터 소꿉놀이하면서 굿원·모건이라는 회사를 공동으로 설립하고 장사를 함께 해왔다. 소꿉놀이가 아닌 실제 동업을 위해 세운 회사 이름은 'J. 피어폰트 모건(J. Pierpont Morgan & Co.)'이었다. 짐은 나중에 "나는 그 이름에서 Co.였다"고 말한다.

두 사람의 비즈니스는 정부의 채권과 외환 거래였다. 미국 경제와 정치 동향에 관한 보고서를 만들어 런던에 알리는 일도 했다. 이들이 회사를 세울 즈음 남북전쟁 여파로 면화의 수출과 철 수입이 사실상 중단됐다. 유럽 투자자들은 미국 정부의 채권을 내던지고 있었다. 철도 건설 규모도 남북전쟁 직전의 해인 1860년에 1,500마일이었지만, 1864년에는 574마일로 줄어들었다.

미국 철도회사들이 줄줄이 디폴트를 선언했다. 전시 금융상황은 취약하고 위험하기 짝이 없었다. 주니어스는 과거 어떤 때보다 조심스러워 했다. 그는 믿을 만한 고객만을 상대했다. 담보 비율이 특별히 높은 경우만 자금을 대출해주었다. 투자은행 피바디의 주식과 채권 투자 부문은 1860년 수익 3만

6,493파운드를 거두었다. 하지만 남북전쟁이 터진 1861년에는 손실 1만 3,910 파운드를 기록했다. 이듬해인 1862년에는 손실 규모가 5,771파운드로 줄어들 었다.

어떤 회사에는 전쟁이 하늘이 준 기회이다. 연방정부의 후원과 전시 특수 로 1862년 가을 일부 업종은 전례 없는 호황을 누렸다. 북군을 먹이느라 시카 고의 포장육 업체들, 푸줏간, 은행들이 전쟁 특수를 누렸다. 방적 공장에는 군 복 주문이 밀려들었다. 제화공장 등은 군모와 군화 제작에 여념이 없었다. 밀 값이 급등했다. 일리노이 센트럴과 이리, 뉴욕 센트럴 철도가 병력과 보급품을 주로 수송했다. 모건은 "어마어마한 운송량과 이익을 달성했다"고 기록했다. 이와 함께 북군이 그해 가을 앤티텀(Antietam)에서 승리한 이후 광적인 주식 투 기 붐이 일고 있었다.

J. P. 모건은 그해 9월 중순 연방정부의 채권발행에 참여하기 위해 뉴욕 공 화당파의 거두 서로우 위드(Thurlow Weed)를 수행하고 재무장관 살로먼 체이스 를 만나기 위해 워싱턴으로 갔다. 당시 체이스는 몇몇 증권사와 은행가들이 참여한 경매를 통해 채권을 발행·유통해왔다. 전쟁이 길어지면서 전비 지출이 급증함에 따라 점점 더 효과적인 시스템 채택을 고민하고 있었다.

모건은 체이스를 만나 채권 경매 참여를 타진했으나 뜻대로 되지 않았다. 그는 아버지 주니어스에게 "체이스는 자기 생각을 굽히지 않았다"고 보고했 다. 그해 10월 연방정부는 필라델피아의 제이쿡 은행을 채권발행 주관 금융 회사로 지정했다. 제이쿡은 미국 역사상 처음으로 대중들에게 채권을 판매하 는 거대한 캠페인을 벌였다. 정부한테서 인수한 채권 값을 가능한 한 낮게 책 정해 일반 국민들도 매입할 수 있도록 했다. 제이쿡 은행이 1864년 인수·유통 시킨 채권 규모는 무려 3억 6,000만 달러에 이르렀다. 런던의 투자은행 피바 디는 인수시장에 뛰어들지 못하는 바람에 유통시장에 적극적으로 참여했고

1862~1866년에 뉴욕의 모건을 내세워 연방정부 채권을 대량으로 사고팔았다. 그들이 벌인 채권 거래 규모는 22만 9,200만 파운드(100만 달러 이상)어치를 거래해 1만 6,600파운드를 벌어들였다. 순이익을 당시 달러 가치로 환산하면 8만 3,000달러였다.

모건은 정신없이 일하는 바람에 아내 미미의 죽음에 따른 고통을 훨씬 적게 느꼈다. 1862년 여름 그는 심각한 두통으로 몸져누웠다. 친구들과 의사는 휴가를 가져야 한다고 강력히 권했다. 그는 온천욕으로 두통을 풀려고 9월 사라토가의 온천을 찾았다. 두통은 점점 더 악화했다. 그는 병치레에 시달리는 과정에서 드물게도 자가 진단을 내려 아버지에게 편지로 설명한다. 그의 문제의 원인은 외부에 있지 않았다. "저의 건강 쇠약은 필사적으로 피하려고 해도 소용이 없습니다. 모두 내 자신에서 비롯되고 있습니다. 타고난 체질 때문이어서 피할 수도 없습니다. 책임이 내 자신에게 있다는 것을 알면서도 일을 믿을 만한 사람에게조차 넘겨줄 수 없습니다. 그가 아무리 능력이 뛰어나도 말입니다. 제가 모든 일을 도맡아 하거나, 모든 거래를 감독해 장부에 올리는 순간까지 마쳐야 제 직성이 풀립니다. 일을 시작한 이후 계속 그런 상태이기 때문에 다른 방법을 찾을 수도 없습니다."

모든 일을 직접 도맡아 하는 그 '버릇'은 그가 금융 업무를 배우기 시작하면서 얻었다. 그 바람에 그는 큰 성공을 거둔다. 그의 버릇은 일을 장악하고 싶어 하는 그의 욕망과 정확하게 관리하고 감독하는 아버지와 깊은 관련이 있다. 또한 이는 그의 완벽주의와 본능적인 장악력을 보여주기도 한다. 후세 분석가들은 그가 세부적인 일까지 관장했는지, 아니면 큰 윤곽에만 집중하는 사람인지에 대해 엇갈린 평가를 내놓고 있다. 결론부터 말하면, 그는 양쪽 모두였다. 사회 진출 초기에 그는 장부의 동전 한 닢과 거래의 세세한 점까지 살피고 또 살폈다. 시간이 흐르고 비즈니스 규모가 점점 커져 한 사람의 힘으로는 도저히 관장할 수 없는 상태가 되었을 때에야 실무 부분들을 보좌하는 사람들에게 맡겨 처리하도록 했다. 그는 부하 직원들이 저지른 실수에 불평하기는 했다. 하지만 사무실의 어떤 직원이 자리를 비운 경우 기꺼이 그의 업무를 대신했다.

모건의 병치레는 미미와 사귀고 신혼여행 겸 요양을 다니는 과정에서는 두드러지지 않았다. 그녀가 숨을 거둔 이후 병마는 다시 찾아왔다. 두통과 우울증, 탈진 등의 증상이 나타나는 의문투성이 신경성 질환 때문에 몸져눕기 시작했다. 그가 엄청난 열정과 에너지를 갖고 있기는 했다. 하지만 남북전쟁 때문에 급증한 거래를 벌이는 동안 때로는 일을 감당할 수 없다고 느끼기도 했다.

일에 대한 그의 집착이 병을 불렀다. 병은 그가 처리할 수 있는 일의 양을 제한했다. 결국 그가 중시하는 장악력이 줄어드는 결과로 이어진 셈이다. 이런 사태는 그의 의지 문제가 아니라 어찌해볼 수 없는 건강 때문이었다. 때로는 아버지 주니어스와 벌이는 게임에서 요긴한 카드이기도 했다. "제가 알고 느끼는 제 자리는 현재 있는 자리"라고 그는 1862년 9월 아버지에게 편지를 썼다. "제가 일을 맡아 처리하고 의무를 다해야 하는 한 책임과 의무를 내려놓을 생각이 없습니다."

J. P. 모건은 1862년 10월 결혼 1주년을 맞아 페어필드로 가 아내의 묘소에 꽃다발을 놓았다. 그는 남몰래 사랑과 상실감을 노래한 시를 적어두었다. 사람들이 '저물어가는'이라고 부르는 그 시는 이렇게 시작한다.

한때 아름다운 꽃 한 송이가 내 곁에 자라나
내 가슴을 사로잡았다.
그러나 그 꽃은 이내 시들었다. 슬픔 속에서
내 운명도 그 꽃과 같을 텐데…:

모건은 1862년 가을 짐 굿원과 함께 신혼집으로 마련한 21번가 웨스트 42번지로 이사했다. 부유한 뉴요커들의 취향에 맞춰 유럽풍 인테리어를 막 시작한 젊은 디자이너 구스타프 하터(Gustave Harter)한테서 가구를 사 집 안을 장식했다. 스터지스 부부가 그해 크리스마스 직전 저녁을 먹기 위해 "사랑스런 내 딸 아이를 위해 마련된 집"에 들렀다. 미미의 친정어머니 매리는 흐느꼈다. 모건은 집안 구석구석에서 그녀의 추억을 떠올렸다. 그의 장모는 일기에서 "불쌍한 친구는 딸아이가 지녔던 모든 것을 소중하게 보관하고 있었다"고 적었다.

링컨 대통령은 1862~1865년 남부 민주당파의 반대가 없는 틈을 이용해 건국 초기 알렉산더 해밀턴이 그토록 바랐던 연방정부의 권한 강화와 권력 통합을 밀어붙였다. 링컨 행정부와 의회는 주정부의 권한을 축소하는 대신 연방정부의 권한을 강화하고 경제 통합을 촉진하는 데 필요한 조처들을 입법·시행해나갔다. 철도 건설을 위해 국유지를 대규모로 불하했다. 이민자들을 적극적으로 받아들였고 홈스테드 법을 제정했다. 또 대학을 키우기 위해 국유지를 불하해주기도 했다. 북부 상공업을 보호하기 위해 보호관세를 부과했다. 달러의 금태환을 중단했고, 정부의 채권을 매각해 엄청난 전비를 조달했다. 재무부의 요구에 부응할 수 있는 연방의회 인가 은행을 설립했다. 게다가 미국 역사상 처음으로 소득세를 부과했다.

연방정부는 새로 도입된 소득세를 담당하는 내국세국(Bureau of Internal Revenue)을 설립했다. 이때 소득세율은 3~5퍼센트 수준이었다. 그러나 소득세는 1872년 다시 폐지되었다. 한참 세월이 흐른 뒤 민주당 출신인 우드로 윌슨이 집권한 1914년에 다시 부활한다. J. P. 모건은 격동의 시대 수혜자 가운데 한 명이었지만, 많은 동시대인들과 마찬가지로 혁명적인 조처가 전쟁 초기에 시행될 것이라고는 생각하지 않았다.

북군은 1862년 여름 크게 패해 수세에 몰렸다. 모건은 아버지 주니어스에게 링컨 정부가 우왕좌왕하고 있을 때 편지를 띄워 상황을 보고한다. "워싱턴의 정권 담당자들에 대한 불만이 나날이 고조되고 있습니다. 장관들의 업무처리 능력을 불신하는 분위기가 여기저기서 느껴지고 있습니다. 변화를 요구하는 목소리가 크게 들립니다." 주니어스는 북부의 패배가 육군과 워싱턴을 책임지고 있는 사람들의 무능 탓이라고 말했다.

그때 헨리 애덤스는 런던 주재 미국 대사로 있는 아버지의 개인비서로 일하고 있었다. 그는 1862년 미국 대통령과 관련해 영국 사회는 "거의 발작 증세를 보이고 있고, 영국인들은 한 마디도 말하려고 하지 않았다"고 기록했다. 이런 분위기 속에서 치러진 1862년 의회 선거에서 공화당은 패했다. 매리 스터지스는 분위기를 자세히 기록해 남겼다. "모든 사람들이 링컨 행정부에 적대적인 감정을 가지고 있다."

지지도 추락으로 궁지에 몰린 링컨은 그해 12월 친구에게 이렇게 말한다. "지옥보다 더한 곳이 있다면, 그곳이 바로 내가 있는 곳이다." 애덤스에 따르면 미국인들은 1863년 봄이 되자 "혼돈의 늪에 빠진 워싱턴 어디선가 권력이 부상하고 있음"을 느끼기 시작했다.

링컨 대통령은 1863년 1월 1일 노예해방을 선언했다. 3월에는 의회가 나서 20~45살 사이의 남성 가운데 싸울 수 있는 자들을 징발할 수 있는 징집법을 통과시켰다. 이때 모건이 쓴 편지가 서너 통 남아 있지만, 편지엔 그가 노예해방과 징집법의 통과를 어떻게 생각하는지 말해주는 구절은 없다. 그는 분명히 징집 대상이었다. 아버지 주니어스는 아들이 비즈니스를 계속하기 위해 월스트리트에 남아 있어야 한다고 생각했다. 그래서 그는 당시 부유한 집안사람들과 마찬가지로 300달러를 내고 입영하지 않았다.

모건처럼 돈으로 징집을 피한 사람들 가운데는 20세기 초반 미국 대통령을 지내는 시어도어 루스벨트, 석유 재벌로 성장하는 존 D. 록펠러, 철강왕 앤드류 카네기, 1912년 노벨평화상을 수상한 엘리후 루트(Elihu Root), 세계적인 정육업자로 성장할 필립 아모(Philip Armour), 모건이 주역으로 떠오르기 전 월스트리트를 주름잡은 금융 플레이어인 제이 굴드(Jay Gould)와 짐 피스크(Jim Fisk), 철도왕이 되는 콜리스 P. 헌팅턴(Collis Huntington), 금융가 제이 쿡(Jay Cooke) 등이 있다.

반대로 모건 주변의 10여 명은 전투에 참여했다. 미미의 동생들인 에드워드와 프레디를 비롯해, 올리버 웬델 홈스 2세, 찰스 러셀 로웰, 로버트 굴드 쇼(Robert Gould Shaw), 토머스 웬트워스 히긴슨, 찰스 프랜시스 애덤스 2세, 로버트슨(Robertson)과 가스 위킨슨 제임스(Garth Wilkinson James) 등이 참전했다.

보스턴의 노예폐지론자의 자녀들 모두가 군대에 참전한 것은 아니었다. 윌리엄과 헨리 제임스는 집에 머물렀다. 헨리 애덤스도 전장에 가지 않았지만, 런던 주재 미국 대사로 있는 아버지를 도왔다. 정부의 징집 장교가 1863년 뉴욕 시 대상자들의 명단을 발표했을 때 민주당파인 아일랜드계 젊은이들이 가장 많이 호명되었다. 그들은 정부의 징집에 강력히 반발했다. 심지어 폭력 시위까지 벌였다. 그들은 징집 사무소, 연방빌딩, 친공화당 신문사, 노예폐지를 주장하는 사람들의 집 등을 공격했다. 길을 가고 있는 부유한 사람들을 향해 "부자들은 물러가라!", "여기 300달러짜리 인간이 있다"고 외쳤다.

헨리 스터지스는 1863년 7월 15일 일기에 "뉴욕이 두렵고 수치스러운 폭력으로 얼룩졌다. 유색인들이 고아원과 난민 수용소에서 산 채로 불태워졌다"고 적었다. 모건이 징집과 300달러를 내고 징집을 피한 일을 어떻게 생각하는지 알 수 있는 기록은 전혀 없다.

아내 미미가 숨을 거둔 지 18개월이 지났다. J. P. 모건은 일상생활과 완전히 약혼한 듯이 보였다. 1863년 7월말 그는 아서와 헨리 스터지스, 에드워드 케첨, 모리스의 아들 등이 포함된 그룹과 함께 오지 여행을 떠났다. 그들은 허드슨 강의 웨스트포인트를 출발했다. 열차와 역마차를 타고 뉴욕주의 주도인 올버니 근처에 있는 조지 호수(Lake George)에 이르렀다. 이후 주로 배편으로 샴페인 호수까지 갔다. 이어 버몬트의 벌팅턴을 출발해 마차를 타고 주를 가로질러 뉴햄프셔의 화이트 산맥에 이르렀다. 모건은 수영도 하고, 배도 타고, 걷기도 했다. 어느 날에는 캐논산과 라파예트산을 올랐다. 헨리 스터지스를 간발의 차이로 따돌리고 워싱턴산을 오르는 경주에서 1등을 하기도 했다.

J. P. 모건의 비즈니스는 날이 갈수록 번창했다. 아버지가 참여한 투자은행 피바디와 공동 계정으로 사업을 했다. 자신의 고유 계정을 별도로 보유하고 있기도 했다. 단기 여신을 제공했다. 외환거래에 참여했다. 증권사로 나서 매매 주문을 체결해주기도 했다. 게다가 면화 등 상품 거래에 자금을 대주었다. 이렇게 해서 달성한 신생 투자은행 'J. 피어폰트 모건'의 순이익 가운데 그의 몫은 1862년 3만 달러에서 1963년 5만 8,000달러까지 늘어났다. 회사 회계장부의 특별 계정에는 그가 자신과 아버지의 시거를 사기 위해 1863년 지출한 300달러가 기입되어 있다. 이는 징집을 피하기 위해 지불한 300달러와 정확하게 일치하는 금액이다.

전쟁이 최고조에 이르렀다. 그의 소득도 거의 두 배로 늘어났다. 그의 주변 인물들은 모건보다 더 많이 벌었다. 사실 1843년 미국에는 백만장자 20명이 존재했다. 그런데 20년이 흐른 1863년에는 뉴욕에만도 백만장자가 100여 명이 살았다. 예를 들어 이때 미국 최대 포목 상인인 알렉산더 T. 스튜어드(Alexander T. Steward)의 재산은 180만 달러였고, 윌리엄 B. 애스터(William B. Astor)는 83만 8,525달러를, 코넬리어스 반더빌트는 68만 728달러를 가지고 있었다.

주니어스는 이때에도 지치지 않고 아들을 훈계했다. 아들 모건은 듣지 않기 시작했다. 1863년 가을 그는 시세 조종 작전에 참가해 주니어스의 분노를 샀다.

연방 의회는 눈덩이처럼 나날이 불어나는 전비를 충당하기 위해 1862년 법정화폐법을 통과시켰다. 그린백(Greenbacks)이라고 불리는 불태환 지폐를 통화로 유통시키는 권한을 재무부에 부여하는 법이었다. 이는 미국 최초로 발행된 법정화폐였다. 그린백 도입으로 북부는 금과 종이 화폐로 구성된 이중 본위제를 채택한 지역이 되었다.

금과 그린백은 공식적으로 아무런 연관이 없었다. 고정된 환율에 거래되지도 않았다. 하지만 여전히 금은 종이 화폐인 그린백보다 가치가 높았다. 외국과 거래에서는 금화 결제가 기본이었다. 이는 금의 가치가 국제 시장에서 결정됨을 의미한다. 당시 미국의 주요 교역 파트너는 금본위제를 채택하고 있던 영국이었다. 그린백으로 계산된 금의 가치는 영국 화폐 1파운드의 가치였다. 남북전쟁 초기 1파운드의 가치는 4.86달러였다. 1862년에 들어서면서 금과 그린백의 비율은 급격히 출렁거렸다. 가장 높았던 1864년 비율은 1파운드당 12달러였다.

종이 달러인 그린백은 정부가 필요할 때마다 인쇄기를 돌려 찍어내면 그뿐이었다. 금과 그린백의 교환비율은 정치적인 사건에 민감하게 반응했다. 북군이 패하면, 시장 참여자들은 그린백을 내던지고 안전한 금으로 피신했다. 반대로 전선에서 좋은 소식이 전달되면 금값이 하락했다.

J. P. 모건은 외환거래와 상품 수출을 겸하고 있었다. 금과 그린백의 가치를 제대로 간파하고 이용할 수 있었다. 그는 1862년 런던 투자은행 피바디에 금이 "외환시장에서 기준이었지만, 이제 증권시장에서 나날이 그 가치가 변하고 있다. 가장 투기적인 종목만큼 매일매일 가격이 출렁거린다… 전쟁과 그린백 때문에 물가도 급격히 오르고 있다"고 보고했다.

그는 1863년 여름 여행 멤버인 에드워드 케첨과 함께 개설한 계좌를 활용해 몰래 금을 매집했다. 그해 10월 그들이 매집한 금 규모는 무려 200만 달러어치에 달했다. 매집 가격은 1온스당 146~147달러 선이었다. 그들은 매집 비용을 조달하기 위해 보유하고 있는 금을 담보로 제공하고 돈을 빌렸다. 여차하면 금을 팔아 빚을 청산할 수 있을 뿐만 아니라 수익을 남길 수 있는 수준에서 머니 게임을 벌였다.

그들은 그해 10월 중순 매집한 금 가운데 115만 달러어치를 배에 실어 런던으로 보냈다. 이는 월스트리트에서 일시적인 금 부족사태를 야기했다. 금값을 밀어 올렸다. 그들이 금을 런던으로 실어 보낸 10월 10일 금값은 1온스당 148.75달러였다. 이후 꾸준하게 올라 156.875달러까지 치솟았다. 그들은 런던으로 보내고 남은 금을 오른 값에 팔았다. 13만 2,407달러의 수익을 거둬들였다. 두 사람이 50대 50으로 나눠가지면 한 사람에게 6만 6,000달러씩 돌아가는 수익이었다. 금값은 다시 평상시 수준으로 떨어져 140달러 선에서 거래되었다.

〈뉴욕 타임스〉는 금을 영국으로 보낸 주인공들이 익스체인지 플레이스에서 노는 '젊은 머니 플레이어들'이라고 전했다. "그들은 대서양 양쪽과 커넥션이 있는 플레이어들"이라고 보도했다. 이어 "그들 딴에는 머리를 굴렸지만, 그들의 테크닉은 시장에는 널리 알려진 수법"이었고 평했다. 실제로 런던과 뉴욕의 플레이어가 한 해 전에 시도했지만 실패하곤 했던 수법이었다. 월스트리트 사람들은 모건과 케첨의 플레이가 시장에 심각한 영향을 주지 않으면서도 불안한 시기를 틈탄 영리한 쿠데타라고 봤다. 모건의 게임에서 잃은 자들은 당연히 금값이 하락한다는 쪽에 베팅했다. 이들은 또 다른 투기세력이었다. 금 매집 사건으로 모건의 평판은 그다지 나빠지지 않았다. R. G. 던 파트너들은 두세 달 뒤 익스체인지 플레이스 53번지에서 게임을 펼치는 사람들이 '최고급 플레이'를 펼칠 줄 아는 능력 있는 친구들이라고 평가했다.

J. P. 모건의 투기 행위에 주니어스는 너무 화가 나 비즈니스 관계를 중단하겠다고 위협했다. 그는 금 매집이 연방정부의 금융상 약점을 이용해 개인적인 이익을 추구해서가 아니라 모건의 캐릭터상 문제, 즉 고의적인 불복종과 조심성 없음, 탐욕 등을 보여주는 증거이기 때문에 화를 벌컥 냈다. 모건의 비판자들은 전쟁 중인 연방정부의 금융상 약점을 이용한 플레이를 펼쳤다는 이유로 그를 공격하고 있다.

주니어스는 이듬해 초 짐 굿윈에게 보낸 편지에서 "모건이 내가 여러 번 주의를 주었는데도 눈에 띄는 규모로 투기행위를 계속하고 있다. 그는 현재 맡고 있는 자리 때문에 머리가 이상하게 된 것 같고, 제 의견 외에는 귀를 막고 있는 성싶다"고 말했다. 이 편지의 날짜는 1863년 1월 31일로 찍혀 있었다. 하지만 여러 정황과 증거들을 살펴본 결과 그 편지는 1864년에 쓰인 것으로 확인되었다. 사람들은 새해가 되면 실수로 전년도로 표기하듯이 그도 1864년을 1863년으로 썼던 셈이다.

주니어스는 1863년 뉴욕 플레이어들의 순이익과 손실을 조사했다. 그의 사촌은 9만 달러를 벌었다. 짐 굿윈은 2만 9,000달러, 아들 모건은 5만 8,000달러를 번 것으로 나타났다. 그는 그들의 실적을 살펴본 뒤 분통을 터트렸다. "좋은 비즈니스 환경에서 위험 등을 감수하지 않고 한순간에 모든 것을 날릴 수도 있는 투기를 벌인 결과 딴 돈이 고작 이 정도란 말인가?" 주니어스는 낮게 평가했지만, 모건이 당시 과외로 횡재한 6만 6,000달러는 더 큰 의미를 지녔다.

주니어스는 모건이 개인적인 플레이를 위해 런던을 무시하는 것 같다고 말했다. 그리고 짐에게 "투기로 자본금의 두 배를 날릴 수 있는 사람은 다른 사람들이 믿고 거래할 만한 상대가 되지 못하고, 고객의 이익을 돌보는 능력을 말할 자격도 없는 인간"이라고 강조했다. 실제 그는 투기꾼을 믿고 의지하지 않았다. 따라서 그는 "네가 맡고 있는 업무를 모두 4월 1일자로 다른 사람에게 맡긴다"고 선언했다. 이어 "너희들이 사업을 하는 방식과 모건이 내 경고를 완전히 무시한 사실 때문에 그런 결정을 내릴 수밖에 없다. 나는 내 의무를 충실히 이행했다고 생각한다. 앞으로 그가 하고 싶은 대로 할 수 있도록 내버려 두어야 한다"라는 말로 긴 장광설을 마무리했다.

그러나 주니어스는 모건이 관리하는 업무를 빼앗지 않았다. 그가 아버지의 지시를 받지 않고 자유롭게 하도록 오랜 기간 내버려두지도 않았다. 대신 1864년 이후 20년 동안 그는 고집 센 아들의 플레이를 감시했을 뿐만 아니라 뉴욕 사무실에 감시자를 하나 두었다. 감시자는 찰스 대브니였다. 그는 은행가였다. 던컨·서먼에서 모건에게 회계를 가르쳐준 인물이었다. 모건은 그와 친밀한 관계를 유지하고 있었다. 그의 딸이 모건의 절친한 친구인 프랭크 페이슨과 결혼할 정도였다. 1864년 11월 15일 투자은행 J. 피어폰트 모건은 청산됐다. 대신 투자은행 '대브니·모건'이 새로 설립되어 익스체인지 플레이스 53번지 사무실에서 비즈니스를 시작했다. 대브니·모건의 납입 자본금은 35만 달러였다. 주니어스와 모건이 각각 10만 달러를 투자했고, 짐 굿윈과 그의 아버지가 각각 7만 5,000달러와 5만 달러를, 대브니가 2만 5,000달러를 출자했다. 순이익 가운데 40퍼센트는 모건과 대브니가 가져가고, 짐이 20퍼센트를 차지하기로 했다. 대브니의 명성은 뉴욕에서 상당했다. 그는 많은 현금을 출자하지 않았다.

주니어스는 그해 12월 뉴욕 회사의 구조에 만족하면서 안도의 목소리로 짐의 아버지에게 "딱 알맞은 구조가 갖춰졌다. 그들이 순이익을 내지 못한다면 그들의 잘못이다. 그들이 하고 싶어 하는 모든 것은 건전한 판단에 따라 실행되고 이제 기다리는 일만 남았다. 과도한 사업과 순이익 욕심을 내지 말아야 한다… 나는 모건과 짐에게 대브니만큼 적합하거나 우리가 완전히 믿고 맡길 수 있는 사람을 알고 있지 않다"고 말했다.

링컨은 1862년 말 의회에서 연설했다. 그는 "우리가 현재 겪고 있는 이 힘겨운 시련은 좋든 나쁘든 우리와 바로 다음 세대까지 영향을 끼친다"고 강조했다. J. P. 모건은 국가가 엄혹한 시련에 시달리고 있는 시기에 전장에 나가지 않은 것과 관련해 일기나 편지에 별 다른 생각을 남기지 않았다. 그의 사위는 나중에 모건이 건강 문제로 징집되지 않았다고 주장했다. 그가 징집이 진행되고 있던 그해 겨울에 유사 천연두에 이어 히스테리성 졸도를 하는 바람에 의사의 병역 부적격 판정을 받았다고 사위는 말했다.

그해 겨울 모건이나 스터지스 사람들이 쓴 편지나 일기 등에는 히스테리성 졸도와 관련된 내용은 없다. 그가 그해 유사 천연두를 앓기는 했지만 1862년 초여름엔 완전히 나았다. 그의 첫 번째 징집 명령은 1년 뒤인 1863년 여름에 내려졌다. 그가 병 때문에 면제받았다면, 굳이 돈 주고 산 사람을 대신 전장에 내보낼 필요는 없었다. 사실 1863년 여름 그의 건강은 처남인 헨리 스터지스와 산에 오르는 경주를 할 만큼 좋았다.

그가 건강 문제로 남북전쟁에 참가하지 않았다고 변명해야 할 필요성을 느낀 사람은 J. P. 모건 자신이 아니라 그의 사위였을 수도 있다. 당시 월스트리트는 그가 개입한 홀 카빈 소총의 고가 납품 거래와 금 투기 행위를 정상적인 비즈니스 행위라고 평가했다. 아버지 주니어스도 금 투기를 도덕적인 이유가 아니라 실질적인 문제를 이유로 그를 질타했다. 모건 부자는 자신들이 정치적인 수사 이상으로 애국적인 시민이라고 믿었다. 미국의 장기적인 경제 발전에 모든 관심을 집중한다고 스스로 여겼다. 단지 링컨 대통령의 진가를 나중에야 알게 된다. 한참 뒤 그가 미국의 미래에 필수적인 연방 통합을 제대로 이뤄냈다고 두 사람은 인정했다.

J. P. 모건은 남북전쟁과 관련된 모든 사안을, 특히 최고 사령관으로 있는 링

컨을 다분히 감정적으로 판단했다. 전쟁이 끝나자 그는 존 브라운(John Brown)의 죽음과 월터 화이트먼(Walter Whiteman)의 참전 일기, 주요 장군들의 자서전, 아티스트 에드윈 포브스(Edwin Forbes)와 A. R. 우드(Waud), 토머스 내스트(Thomas Nast)가 그린 전투 장면 그림 등을 열심히 수집했다. 또한 링컨의 초상화, 편지, 법률 문서, 연설 초안, 1863년 프리맨스 에이드 소사이어티(Freemen's Aid Socity)와 관련해 의회에 전달한 메시지, 1846년에 '곰사냥(The Bear Hunt)'이라고 불리는 22연의 시 원고 등도 모았다. 이 밖에도 링컨이 손이 부러졌을 당시에 사용한 석고 깁스 붕대도 입수했고, 1910년에는 링컨이 1863년 3월 뉴욕 주지사 호레이시오 세이머(Horatio Saymour)에게 띄운 편지를 손에 넣었다. 모건 개인 도서관의 사서는 1863년에 작성된 편지는 링컨 도서관에 귀중한 자료가 되었다고 말했다. 이어 "아시다시피 미스터 모건은 링컨의 대단한 숭배자였습니다"라고 덧붙였다. 그러나 모건이 입수한 링컨의 그 편지는 카피본으로 판명되었다. '곰사냥' 원고는 현재 뉴욕 피어폰트 모건 도서관에 보관되어 있다.

J. P. 모건은 나중에 남북전쟁의 영웅인 그랜트와 서먼 장군을 위한 개인 연금 펀드에 상당액을 기부한다. 그는 장인인 조너선 스터지스 등이 앞장서 1863년에 결정한 북부 명사들의 모임인 유니언 리그 클럽(Union League Club)에 1873년에 가입한다. 이 모임은 전쟁이 끝난 뒤 공화당 정치와 군사 문제, 예술 등의 분야에서 중요하게 구실한다.

게다가 그는 1877년 의회가 육군과 해군 병사들의 월급을 지급하는 데 필요한 예산을 정하지 않고 휴회하자, 전쟁장관에게 "명백하고 신성한 의무를 수행하는 데" 정부가 실패했다고 지적했다. 이어 "나라와 정부가 가장 먼저 걱정해야 하는 사람들이 낙담과 실의에 빠지는 것을 막고 싶다"고 말했다. 그리고 행동에 나서 신디케이트를 구성해 넉 달 동안 매달 55만 달러를 육군에 지원했다.

의회는 그해 가을 뒤늦게 모건의 신디케이트가 제공한 자금을 인정하고 이자를 합쳐 220만 달러를 돌려주었다. 조지 피바디가 1851년 미국 회사가 영국 박람회에 참가하는 데 드는 돈을 감당해준 것처럼 모건도 군대의 월급에 필요한 자금을 지원했다. 모건의 외교적 행동도 그의 명성을 더욱 높여주었다. 전쟁 기간 동안 그가 보여준 생각과 행동에 대한 일반적인 평가는 링컨에 대한 숭배와 군대를 성스러운 임무로 보고 벌인 금융지원 덕분에 많이 바뀐다.

주니어스는 조지 피바디와 10년 동안 파트너십을 유지했다. 그 사이 44만 4,468파운드(220만 달러)를 수익으로 거둬들였다. 투자은행 피바디는 남북전쟁 개전 초기 2년 동안 적자를 봤을 뿐이다. 1863년에는 순이익 6만 1,217달러로 회복되었다. 조지 피바디는 1864년 가을 일선에서 은퇴했다. 그는 현직에 있을 때는 돈 버는 일에 온 정열을 바쳤고, 은퇴한 뒤에는 돈을 쓰는 데 온 힘을 기울였다. 그는 거의 900만 달러를 다양한 목적을 위해 썼다.

먼저 피바디는 '부지런하지만 가난한 사람들을 위해' 250만 달러를 들여 퍼블릭 하우스를 지었다. 이는 나중에 피바디 이스테이트(Peabody Estate)로 불린다. 빅토리아 여왕은 그가 영국에 기여한 공로를 인정해 준남작의 지위를 수여하겠다고 했다. 하지만 그는 영광스런 미국 시민이라는 이유로 작위를 정중하게 거절했다. 대신 여왕은 자선사업에 기여한 공로를 인정해 감사편지를 보냈고, 자신의 초상 미니어처를 하사했다.

피바디는 하버드대학의 인류학과 고고학 박물관 건립을 위해 15만 달러를, 예일대학의 박물관 건립 등을 위해 15만 달러를 기부했다. 매사추세츠 살렘의 자연박물관 건립에는 14만 달러를 쾌척했다. 여타 미국 도서관과 역사 연구회 등에도 적잖은 금액을 냈다. 남북전쟁이 끝나자, 그는 피바디 서던 교육

펀드(Peabody Southern Education Fund)를 구성해 남부 지역의 무료 공립학교 설립과 교사 재교육 프로그램에 쓰라고 200만 달러를 지원했다.

그의 고향인 매사추세츠 사우스 덴버는 1868년 피바디 시로 이름을 바꾸었다. 같은 해 하트포드의 모건 가문과 친분이 두터운 조각가 윌리엄 웨트모어 스토리(William Wetmore Story)가 빚은 그의 동상이 당시 세계 최대 증권거래소인 런던의 로열 익스체인지 뒤뜰에 세워졌다. 그가 숨을 거둔 1869년 영국 정부는 웨스트민스터 사원에서 장례식을 거행토록 해주었고, HMS 모나크호로 그의 주검을 미국으로 옮겨주었다.

피바디가 은퇴한 직후인 1864년 10월 1일 투자은행 피바디는 'J. S 모건'으로 재편되었다. 주니어스가 런던과 뉴욕의 회사를 재편성하는 동안, J. P. 모건에게도 약간의 변화가 있었다. 1864년 봄 모건과 짐은 21번가 집에서 나와 P. 머튼한테서 연간 4,500달러를 주기로 하고 임대한 38번가 북쪽에 자리잡은 매디슨 애비뉴의 집으로 이사했다. 그는 허터(Herter) 형제에 의뢰해 새로 이사한 집의 인테리어를 담당하도록 했다.

구스타프는 이복동생인 크리스티안(Christian) 때문에 모건의 인테리어 공사에 참여하기도 했다. 크리스티안 허터는 나중에 매사추세츠 주지사와 국무장관을 지내는 크리스티안 A. 허터의 할아버지이다. 모건은 전문가들에게 인테리어를 맡기면서도 경매에서 브론즈 장식을 낙찰받았다. 백화점 A. T. 스튜어트와 W. & J. 슬로안에서 이것저것을 구입했다. 싱글 남자들이 살아갈 집을 관리하기 위해, 모건과 짐은 가정부와 요리사 등을 고용했다.

1864년이 저물어 갈 무렵 J. P. 모건은 새로운 여성을 발견하고 대시한다. 상대는 프랜시스 루이자 트레이시(Francis Lousia Tracy, 패니)였다. 두 사람이 어디서 처음 만났는지는 분명하지 않다. 하지만 세인트 조지 교회에서 조우했을 가능성이 높다. 그녀의 아버지 찰스는 예일대학을 졸업하고 유티카(Utica)에 있는 유명한 법무법인 조셉 커클랜드(Kirkland)에서 변호사 수습을 받았다. 그가 속한 법무법인의 대표 변호사 딸인 루이자와 결혼했다. 그리고 1849년 개업하기 위해 뉴욕으로 옮겨온 인물이었다. 부부는 17번가 이스트 81번지에 살면서 트레이시를 비롯해 딸 다섯과 아들 하나를 두었다.

'패니(Fanny)'는 미미보다 키와 골격이 큰 여성이었다. 크고 연한 파란 눈을 가졌다. 세상을 다 넣을 수 있을 것처럼 보였다. 미미보다는 상상력과 활력이 풍부하지는 않았지만, 맑고 매력적인 달콤함을 가진 사람이었다. 그해 그녀는 스물두 살이었고, 모건은 스물일곱이었다.

두 사람이 만난 이후 몇 달 동안 모건은 트레이시가 살고 있는 17번지를 정기적으로 찾는 방문객이 되었다. 1865년 3월 그가 남부 여행을 떠나기에 앞서 그녀에게 메모를 띄운다. "당신을 한 번 더 보지 않고는" 남부 여행을 떠날 수 없다고 말하며, 그날 저녁 방문하겠다고 알렸다. 그가 그날 저녁 17번지에서 저녁 식사를 하기 위해 들렀을 때 그녀의 부모는 두 사람이 조용하게 이야기할 수 있도록 자리를 피해주었다. 그 자리에서 패니는 모건의 청혼을 받아들였다.

1875년 프랜시스 트레이시 모건의 모습
(출처: 로버트 M. 페노이어)

두 사람은 모건이 여행에서 돌아오면 결혼하기로 약속을 했다. 하지만 그가 작별인사를 할 때 매우 들떠 보였기 때문에 "호기심이 가득한 81번지 사람들(패니의 가족들) 눈에 그 약속은 공공연한 비밀이 되어버렸다." 그는 이틀 뒤 볼티모어에서 편지를 띄운다. 자기 식대로 패니의 스펠링을 바꾸어 '나의 패니(Fannie)에게'라고 했다. "이 편지를 쓸 수 있다는 게 실감나지 않습니다." 그날 아침 교회 설교도 그의 귀에 들어오지 않았다. "지난 몇 달을 돌이켜보면, 나는 당신을 생각했고, 당신에게 마음을 빼앗겼다오. 당신이 어떻게 나를 사로잡았는지 알 수 있었고, 당신이 네게 얼마나 소중한 존재인지도 알았답니다. 당신 이외의 사람들과 만났을 때 내가 얼마나 행복하지 않았는지도 알았습니다. 저조차 이 사실을 믿을 수 없지만, 이는 사실이라오. 내게 이런 과분한 축복을 준 하나님께 감사하기 위해 내 자신을 던지고 싶답니다."

사람들은 사랑으로 들떠 있을 때 감정을 표현하기엔 일상적인 언어가 부적절하다고 느끼고, 표현을 스스로 만들어 사용한다. 하지만 모건은 별다른 어색함 없이 일상적인 언어를 그대로 사용해 감정을 표현했다. 그는 첫 번째 부인인 미미의 죽음과 아버지의 비관주의, 오랜 기간 살펴본 부모의 불행한 결혼 생활 등에 너무 심하게 영향받았기 때문에 그는 결혼의 기쁨보다는 새로운 사랑이 마주하게 될 어려움들을 더 자세히 설명해야 했다.

"오! 패니, 지난 금요일 우리가 함께했던 순간의 경건함을 느꼈나요? 우리의 삶이 서로 하나가 된다는 사실을 실감했습니까? 삶이 하나가 되는 것은 슬픔을 피할 수 없기에, 서로의 슬픔과 기쁨을 감내해야 하는 것이라오. 어려운 순간 우리는 서로를 지탱해주고, 우리의 가슴은 책처럼 서로에게 열려 있어야 하는 것이라오. 상대가 모르고 공유하지 않는 것이 없어야 한다오. 의심도 두려움도 말입니다." 이런 결합이 "두려울 정도로 비참할지라도, 완벽한 결합만이 당신을 위한 사랑을 충족시켜줄 것이고, 당신도 그런 사랑을 돌려줄 수 있습니다."

그는 다음 달 버지니아 남동쪽 햄튼가에 있었다. 그는 프랭크 페이슨과 함께 여행 중이었다. 하지만 "비밀스런 이야기를 주고받을 때 유달리 흥분하는 성격"인 프랭크에게는 약혼 사실을 털어놓지 않았다. 더욱이 그는 약혼자에게 보낸 편지에서도 왜 여행을 하는지에 대해 말하지 않았다. 단지 군대와 관련해 일하기 위해 여행 중이라는 사실만을 말해주었다. 그가 침실 창문을 통해 본 거리는 군대 마차로 가득했다. 그가 패니에게 띄운 편지에서 "내가 지금 느끼는 고요와 평화를 말로 표현하기 힘들다오… 오, 패니, 한 인간을 행복하게 할 수 있는 능력을 당신이 보유하고 있음을 기쁘게 생각해야 하오. 하지만 진정으로 내가 받은 사랑만큼 당신에게 되돌려줄 수 있을까요?"라고 말했다.

북군이 버지니아 피터스버그에서 패퇴하는 리 장군의 군대를 포위하고 있을 즈음 모건은 전선으로 향했다. 전투 때문에 피앙세에게 되돌아가는 게 지연되지 않기를 소망할 뿐이었다. "떨어져 지내는 이 기간이 상당히 고통스럽지만, 더 이상 그 고통이 커지지 않고 있음을 감사해야 한다오."

모건은 아내가 숨을 거둔 이후 새로 사랑에 빠졌다. 다만 경험에 비추어 볼 때 이번에는 사랑하는 여인에게는 상대적으로 덜 취해 있었다. 그는 자신이 패니를 '내 여자'라고 주장할 수 있는 권리를 가지고 있다고 생각했다. 두 사람만의 비밀에 옆 사람들이 호기심을 느낄 수 있다고 봤다. 신의 은총이 물줄기처럼 자신의 정수리에 쏟아지고 있다고 생각했다. 또한 피앙세가 자신을 행복하게 만들 수 있는 능력을 갖고 있음을 기쁘게 생각해야 한다고 여겼다. 전쟁이 그녀 곁으로 돌아가려는 데 가장 큰 걸림돌일 뿐이었다.

1865년 봄 전쟁은 거의 종말을 향해 치닫고 있었다. 남북의 마지막 대회전이 그해 4월 초 버지니아에서 벌어졌다. 그곳은 출장 중인 모건이 머물고 있던 햄턴 거리에서 그리 멀지 않았다. 남군의 리 장군은 4월 9일 마침내 항복했다. 5일 뒤 존 윌크스 부스(John Wilkes Booth)가 링컨 대통령을 저격했다. 5월 말 제퍼슨 데이비스가 연금되었다. 남군의 마지막 군대도 백기를 들었다. 현재 남아 있는 모건의 편지 등에는 그순간 그가 무슨 생각을 하고 있었는지 알 수 있는 대목은 없다.

모건은 3월 31일 아버지 주니어스에게 패니와 약혼한 사실을 알린다. 주니어스는 4월 11일과 15일 답장을 보내 "너의 계획에 전적으로 동의한다… 네가 현명하게 생각하고 처신해왔다고 생각하고, 너의 약혼을 계기로 과거의 불행한 기억이 되살아나기는 하지만, 네가 그것에 얽매여 있지 않을 것이라고 믿는다"고 말했다.

J. P. 모건은 스물여덟 번째 생일인 4월 17일 뉴욕에서 피앙세에게 결혼생활 동안 지킬 약속을 서면으로 말해준다. "오페라 시즌에 적어도 3주에 한번은 프랜시스가 오페라에 참석하도록 할 것이며, 그녀가 원하면 나는 오페라 극장에 동행한다고 서약한다."

1865년 봄 연방주의를 지지하는 사람들은 링컨의 죽음을 애도했다. 앤드류 존슨(Andrew Johnson)이 링컨이 떠난 백악관에 들어갔다. 미국 전체는 종전 상황에 적응하기 시작했다. 모건과 패니는 결혼하기 전까지 3년 동안 서로 알고 지냈고 사귀었다. 그 사이에 위험한 병치레를 하기도 했다. 모건은 3월 17일 패니에게 청혼했다. 결혼식 날짜를 6월 1일로 정했다. 하지만 연방정부가 6월 1일을 애도의 날로 정하는 바람에 결혼식 날짜를 하루 앞당겨 5월 31일로 확정했다. 결혼식 장소는 세인트 조지 교회였다.

그의 가까운 친척들은 결혼식에 아무도 참석하지 않았다. 짐 굿윈, 트레이시 가족들, 케첨가 사람들, 대브니가 사람들, 피바디가 사람들, 스터지스가 사람들, 페이슨가 사람들이 참석해 축하해주었다. 신랑과 신부는 2주 동안 뉴잉글랜드 지역에서 머문 뒤 페르시아호를 타고 유럽으로 떠났다.

모건에게 신혼여행을 위한 대서양 횡단은 두 번째였다. 1861년 10월 첫 아내 미미는 차가운 바다 공기를 머금으며 상태가 호전되었다. 하지만 두 번째 아내 패니는 1865년 6월 혹독한 병치레를 했다. 모건은 신부를 극진히 간호했고, 하루 다섯 번의 식사를 즐겼다. 그들이 런던에 도착할 무렵에는 매우 행복했다. 신부에게 가족과 친구들을 소개했다. 런던의 주요 볼거리를 구경시켜주었다. 그러고 나서 모건은 신부와 함께 파리로 갔는데, 그녀는 이곳에서 하루 종일 방에 머물러 있었다.

버지니아와 윌리엄 오스번은 파리에서 모건과 재회했다. 버지니아는 어머니에게 보낸 편지에서 패니가 불편한 상태이고, 모건은 신랑답게 행복해하고 있다고 전했다. 새로운 모건 부인은 6월 초 이후 새 생명을 잉태하고 있는 상태라는 사실도 귀띔했다. "그녀는 파리를 거의 구경하지 못했습니다. 저는 그녀가집을 떠난 이후 가장 행복한 시간을 보내고 있다고 생각하지만, 그녀의 상태가너무 좋지 않아 하나도 즐기지 못하고 있습니다."

모건의 누이들인 사라와 줄리엣은 신랑과 신부를 따라 뉴욕에 왔다. 짐 굿윈은 모건과 같이 살았던 매디슨 애비뉴에 있는 집을 떠나야 했다. 그리고 그해 9월 초 모건 가족의 절반이 그 집으로 이사해 들어왔다.

J. P. 모건이 신혼여행 중일 때 1863년 금 매집 작전의 파트너인 에드워드 케첨이 체포되었다. 그가 아버지 은행에서 증권 300만 달러어치를 훔쳤다는 이유였다. 그 은행은 불행하게도 '케첨·선'으로 불렸다. 그는 다른 혐의도 받았다. 금 증서 150만 달러어치를 위조했다는 혐의였다. 그가 위조한 금 증서 가운데일부는 J. P. 모건의 이름으로 된 것도 있었다.

〈뉴욕 타임스〉는 트리니티 교회 지척에서 발생한 "경악스러운 협잡"이라고평했다. 그랜트 장군이 리 장군의 항복을 받은 이후 월스트리트가 가장 심하게 술렁이고 있다고 전했다. 에드워드의 스캔들로 아버지 모리스 케첨은 파산할 수밖에 없었다. 그는 아들의 스캔들의 피해자들에게 모두 배상해주고, 조지아로 떠나야 했다.

주니어스는 에드워드의 금증서 위조 사건에 경악했다. 그는 사건을 "혈육의 배반"이라고 불렀다. 그는 "내가 지금까지 들은 뉴스 가운데 가장 경악스럽다"고 말했다. 그는 짐 굿윈에게 보낸 편지에서 "우리가 그를 근본적으로 나쁜 사람이라고 생각하도록 하는 사건이고, 어떻게 그가 아버지를 파멸의 늪으로 밀어 넣은 행위를 하면서 태연한 모습을 보여줄 수 있었을까?"라고 의문을 표시했다.

에드워드의 게임에 관심을 가진 사람 가운데 하나는 바로 주니어스의 아들 모건이었다. 모건은 고수익을 달성한 금 매집 이후 에드워드와 계속 거래했다. 주식 매입에 선금을 지급했다. 친구의 모험에 적잖은 돈을 투자하고 있었다. 에드워드가 체포된 직후 월스트리트는 투자은행 대브니·모건도 케첨·선처럼 파산할 것이라고 속삭였다. 그해 에드워드 케첨의 범죄 때문에 대브니·모건이 본 피해액은 5만 달러에 달했다. 모건은 피해를 모두 떠안았다.

에드워드 스캔들이 최고조에 이른 순간 찰스 대브니는 짐 굿윈에게 "케첨과 관련해 우리가 입은 피해는 절대 밖으로 알려지지 않아야 한다. 소용돌이를 키우기보다는 우리가 피해를 감수하는 게 더 낫다. 시간이 흐르면 회사 운영에 필수적인 신뢰를 회복할 수 있을 테고, 우리가 이 순간 되찾고 싶은 액수보다 더 큰 돈을 벌 수 있다"고 말했다. 대브니·모건의 기본 방침은 침묵이었다. 회사 사람들은 정중한 태도를 견지하기도 했다. "에드워드 케첨의 부채를 어느 누구에게도 언급하지 않는 게 그에게 더 큰 경고이다… 우리는 함구해야 한다." 실제로 그들은 철저히 함구했고, 에드워드 케첨은 뉴욕의 싱싱(Sing Sing) 교도소에 수감되었다.

━━━◆◆◆━━━

20대인 J. P. 모건은 핸섬한 아버지보다는 둔탁하게 각진 턱을 가진 어머니를 많이 닮았다. 그는 피부병, 신경질적인 성격, 급격한 변덕 등 별로 좋지 않은 것들을 물려받기도 했다. 그는 비뚤어진 성격을 가진 외할아버지를 어릴 때는 자주 만났다. 하지만 성인이 된 뒤에는 외가 쪽 가족들과는 거의 어울리지 않았다.

1864년 뉴욕으로 돌아온 어머니 줄리엣이 친정아버지를 초대했을 때 피어폰트 목사는 "아들 집에 머물고 있는 딸을 자주 봐야 한다"고 말했다. 하지만 그는 외할아버지를 한 번도 초대하지 않았다. 피어폰트 목사는 후손들과는 원만하게 지내지 못하고 있었다. 하지만 워싱턴에서는 인생의 전성기를 구가했다. 그는 개혁적인 언론인인 호레이스 그릴리(Horace Greeley)와 랄프 왈도 에머슨(Ralph Waldo Emerson)과 같은 당대 저명인사들이 포함된 강연단을 이끌었다. 월터 화이트먼 같은 백발이 성성한 연방정부 관료들과 함께 프랑스어를 공부하는 모임에도 매주 참여했다. 화이트먼이 빅토르 위고의 《레미제라블》을 읽을 수 있게 되자, 두 시인은 대중들에게 그 책을 낭송해주기도 했다.

피어폰트 목사는 1865년 4월 여든 번째 생일 파티를 열었다. 그는 링컨이 저격당한 직후 백악관 잔디 위에서 애절한 시를 낭송하기도 했다. 미국 대법원의 판결을 요약하는 작업도 했다. 이렇게 말년을 왕성하게 보낸 그는 1866년 8월 숨을 거뒀다. 향년 81살이었다.

남북전쟁 여파 가운데 하나는 산업 자본가들이 미국 비즈니스 세계를 재편성하기 시작했다는 점이다. 주니어스 모건은 미국의 미래가 어떻게 펼쳐지든 금융으로 뒷받침할 수 있는 막강한 금융 네트워크를 건설했다. 그의 두 딸이 아버지 작업을 적극적으로 돕고 나섰다.

1866년 첫째 딸 사라 모건은 조지 헤일 모건(George Hale Morgan)이라는 은행가와 결혼했다. 그는 은행가 조지 디멘 모건(George Dimenson Morgan)의 아들이었고 전 뉴욕 주지사이고 당시에는 상원의원인 에드윈(Edwin) 디멘션 모건의 조카였다. 그도 웨일스 출신이었다. 하지만 J. P. 모건 집안과 관련성은 거의 없다. 사라의 남편은 결혼한 즈음인 1866년 투자은행 대브니·모건에 참여했다. 하지만 회사 이름은 바뀌지 않았다. 다만 순이익 배분 비율은 변경되었다. 대브니와 모건은 39퍼센트를, 짐 굿윈은 12퍼센트, 조지는 10퍼센트를 가져가기로 했다.

주니어스의 둘째 딸인 매리는 1867년 초 P. 머튼이 설립한 회사에 금융 부문을 맡고 있는 파트너인 월터 헤이스 번스(Walter Hayes Burns)와 결혼했다. 머튼은 1863년 남부의 채무자가 빚을 갚지 못하는 바람에 포목 사업을 청산하고 월스트리트에 회사를 차렸다. 갓 결혼한 월터 번스와 매리는 번스가 경영하는 머튼·번스의 본거지인 런던에 정착했다.

막내딸인 줄리엣은 어머니인 줄리엣을 가장 많이 닮았다. 트러블 메이커이기도 했다. 줄리엣은 플로레스(Flores)라는 이름의 에콰도르 사람과 사랑에 빠져 부모들을 크게 실망시켰다. 그녀는 그와 결혼하지 않았지만, 부모들이 희망하는 대로 은행가와 결혼하지도 않았다. 그녀는 결국 성공회 신부이고 언니 사라의 시동생인 존 브레이너드(John Brainerd) 모건과 결혼했다.

J. P. 모건도 가문의 영역을 넓히는 데 자신의 몫을 다했다. 결혼한 지 딱 9개월 10일 만에 1866년 3월 10일 아내 패니가 딸을 낳았다. 두 사람은 모두 아들을 원했다. 하지만 딸이 태어나자 아이와 사랑에 푹 빠졌다. 그들은 이름을 루이자 피어폰트 모건으로 지었다.

모건은 아버지가 된 게 너무 자랑스러웠다. 그런데 1867년 1월 그의 아내는 두 번째 아이를 가졌다. 그는 아이들·친척들·손님들로 북적거리는 가정의 가장이 되고 싶어 했다. 그는 혼자인 게 싫었다. 아내 패니가 루이자를 데리고 하트포드 친척집을 방문했을 때인 2월 어느 날 저녁 그는 회사에서 집으로 돌아왔다. 요리사가 저녁을 준비하고 있었지만, 그는 혼자 먹고 싶지 않아 산책을 갔다. 밖에서 저녁을 먹고 카드를 즐긴 뒤 밤 11시 30분이 돼서야 빈 집으로 돌아왔다. 아내가 하트포드에 있는 동안 그는 매일 외식했다. 저녁엔 친구들과 어울렸다. 손님들에게 양고기 등심을 대접하고 11시까지 카드놀이를 했다. 그들은 유니언 리그 클럽의 당구장으로 가 한참을 보낸 뒤에야 집으로 돌아왔다. 그는 패니에게 "혼자인 게 지긋지긋하다"고 말했다. 그는 혼자 내팽개쳐진 상황을 싫어했다. 하지만 그가 혼자인 적은 아주 드물었다. 중요한 약속 때문에 그는 주말에 하트포드에 달려가 아내를 만날 수 없을 정도였다. 거의 매일 저녁 약속이 잡혀 있었다. 뮤지컬이나 무도회에 참석해야 했다. 일요일 오전에는 세인트 조지 교회에 갔다. 점심은 아내 친정 식구들과 먹었다. 그는 다시 교회로 돌아와 프레디 스터지스와 그때 아들을 갓 출산한 프레디의 아내를 만났다. 그는 "프레디의 아이가 아들인 점을 위로했다." 게다가 그는 옛 장인과 장모, 대브니 가문의 사람들을 만나기 전에 버지니아 오스번 집에 들러 간단하게 차를 한 잔 했다. 다음날 그는 머튼의 집에서 아침을 먹었고, "누군가 나를 불쌍하게 여기지 않는다면" 유니언 리그 클럽에서 저녁을 먹을 예정이었다.

모건과 패니는 결혼 첫해 서로 정말 맞지 않은 점을 알게 되었다. 모건은 도시의 활동성과 자극을 아주 좋아했다. 끊임없이 새로운 경험과 친구들을 선호했다. 반면, 패니는 시골을 좋아했다. 그녀는 조용한 저녁 시간에 책을 읽고 오랜 친구들과 오붓하게 정담을 나누기를 선호했다. 남편의 생활 패턴은 그녀의 생활과 심리 리듬에 상당한 압박으로 작용했다. 그녀는 혼자 있고 싶어 했다. 모건은 이를 혼자 내팽개쳐진 것으로 받아들였다.

패니가 1866년 7월 프로비던스에 살고 있는 동생을 만나려고 갔을 때 그는 아내에게 불평했다. "당신과 루이자가 없는 썰렁한 집에서 지내는 게 얼마나 두려운지 몰라… 밤마다 검은 비가 내리는 것 같고… 나야 잘 지내지만 외롭다오. 루이자에게 마음대로 뽀뽀해주고 '맘마'라고 해보라고 속삭이고 싶어요."

이틀 뒤 모건은 심한 두통을 앓았다. 앉아서 편지를 읽거나 쓸 수 없었다. 다행히 저녁 때 두통은 덜해졌지만 다음날에도 하루 종일 몸 컨디션이 좋지 않았다. 그는 "충분히 혼자 지낼 만큼 지냈다오. 앞으로 상당한 시간이 흐른 뒤에야 당신이 여행 가도록 하겠소"라고 불평했다.

모건은 서른 살이 되자 상당히 건강해졌다. 하지만 과거보다 건강에 대해 더 걱정하게 되었다. 이때 그의 모습은 1862년 니스에서 돌아왔을 때 날씬하고 낭만적인 외모와는 차이가 많이 났다. 체중이 무려 90킬로그램이나 되었다. 그는 비만에다가 소화불량, 간헐적인 무기력과 우울증 등에 시달렸다. 그와 아내는 동시에 우울증을 겪기도 했다. 그녀는 도시를 떠나 시골로 가거나 혼자 시간을 많이 갖는 방식으로 우울증을 해소하려고 노력했고, 모건은 다른 사람과 만나거나 온천욕을 즐기는 방식을 택했다.

모건 부부는 여름을 뜨거운 도시에서 벗어나 지내기로 합의했다. 1867년 허드슨 강 동녘인 어빙스턴(Irvingston)에 자리 잡은 큰 저택을 빌렸다. 모건은 배를 타고 월스트리트까지 출퇴근하기로 했다. 주말에는 대부분 친구들을 초대해 어울렸다. 좌중을 지배하는 그의 습관은 모든 사람이 좋아하지는 않았다. 프레디 스터지스는 아내와 아들을 데리고 패니와 함께 지내기로 했다. 그 기간 동안 프레디와 모건은 배로 출퇴근했다. 프레디는 모건 집과 주위 경치, 그 집에서 일하는 사람들을 좋아했다. 모건의 안내를 받으며 주변 농장 등을 둘러보고 싶어 했다.

모건 가족과 프레디의 생활습관은 맞지 않았다. 모건 가족은 밤 10시에 정확하게 잠자리에 들었다. "아침 6시면 어김없이 시계 종이 울렸으며, 아침 식사는 정확하게 7시, 배를 타는 시간은 8시였다. 이 프로그램은 한 치의 오차도 없이 정확하게 진행되었다"고 프레디는 동생 헨리에게 말했다. 그는 "모건이 아침을 마친 뒤 기도시간을 가졌고, 8시 8분에 마차를 타고 보트 선착장으로 갔으며, 9시 45분에 정확하게 사무실에 도착했다"고도 말했다. 그들은 오후 4시면 일을 마치고 집으로 향했다. 프레디는 "일주일 동안 먼지투성이인 마차가 아니라 배를 타고 신선한 공기를 마시며 강을 오르내려 매우 행복했지만, 매일 오후 4시 20분에는 반드시 모건의 마차를 타고 배를 타러 가야 하는 일정을 감당하기 버겁다"고 털어놓았다.

스터지스 가족들이 떠난 뒤 모건은 사라토가에 있는 온천에 갔다. 패니는 임신 8개월째였다. 루이자는 풍진을 앓고 있어 허드슨 서쪽, 웨스트포인트 바로 아래에 위치한 하이랜드 폴스(Highland Falls)에 있는 집을 잠시 빌려 지내고 있는 외할아버지와 외할머니와 함께 지냈다. 모건은 멋진 휴양지인 사라토가에서 기대와는 달리 친구들을 거의 만날 수 없었다. 델라필드(Delafield)와 스튜어트, 알소프(Alsop), 바틀렛(Bartlett), 브룩스(Brookse), 그리스올드(Griswold), 펠프스(Phelpse), 블리스(Bliss), 굿리지(Goodridge), 코닝(Corning) 가족들과 타잉 목사를 만났을 뿐이다. 그는 "두렵게도 혼자" 칼레돈 호텔에 머물렀다. 그는 아내에게 보낸 편지에서 "자고 일어나 온천욕하고 아침 먹고… 저녁 먹고 잡니다"라고 말했다. 다람쥐 쳇바퀴 도는 생활은 어김없이 지속되었고, 단 5일 만에 몸무게가 3파운드 줄었다.

모건은 매일 아내에게 편지를 띄웠다. 그는 편지에서 아내의 수고와 딸 루이사의 건강을 늘 염려한다. "당신과 루이사가 없는 이곳 생활이 얼마나 외로운지 다시 말할 필요가 없다오. 나는 방향타가 없는 배 같은 신세라는 생각이 듭니다. 온천이 치료하는 데 도움이 되지 않는다면, 내가 굳이 당신과 떨어져 지내야 할 이유가 없다오. 당장 그곳으로 달려가고 싶소"라는 한탄도 빼놓지 않았다.

모건의 건강에 대한 염려는 일종의 의무와 같았다. 신경쇠약과 몸져눕는 일을 막기 위해 자신을 달래는 게 의무가 되어버렸다. 그는 애타게 그리운 임신한 아내와 아픈 딸과 함께 지내고 싶었다. 하지만 1867년 사라토가 온천에서 지낼 수밖에 없었다. '친구들과 함께 지내는 유배지' 생활이 외롭더라도 견뎌내야 했다. 의사는 아무런 문제가 없다고 진단했다. 하지만 건강에 대한 그의 노이로제는 엄연한 사실이었다.

모건은 아주 고상하고 도덕적인 어조로 원하는 바를 말하곤 했다. 이런 그의 모습은 1856년에 짐 굿윈에게 자상한 아내를 얻어야 한다며 길게 늘어놓은 훈계를 떠올리게 한다.

1885년 아버지 주니어스는 사람의 모순적인 면을 말했다. "사람들이 하느님이 주신 의무 등을 이행하는 과정에서 만족감을 느낀다고 믿는다. 하지만 그들은 자신이 하고 싶은 것에 맞춰 말을 적절히 바꾼다고 생각하지 않는가?". 이런 아버지의 말처럼 J. P. 모건이 그가 말과 행동, 의무와 욕망, 명분과 실제 이유의 차이를 인식했다면, 1867년 두 주 동안이나 사라토가에 머물지 않았을 것이다.

모건이 어빙턴으로 돌아온 지 며칠 뒤인 9월 7일 아내 패니는 두 번째 아이를 낳았다. 아들이었다. 아이는 태어난 이후 3주 동안 이름을 얻지 못했다. 패니는 일기에 남편 모건이 행복해한다고 적었지만, 루이자를 얻었을 때처럼 들뜨지는 않았다. 미래에 그가 가장 좋아하는 아이는 첫째 루이자였다. 아내가 모건의 이름을 아들에게 붙여주자고 했지만, 모건은 그렇게 하고 싶지 않았다. 아마도 그는 모건 가문의 전통을 생각하고 있는 듯했다. 할아버지 조셉이나 아버지 주니어스는 자신들의 이름을 첫째 아이에게 주지 않았다.

또는 그는 자신이 유일하게 존 피어폰트 모건이라는 사실을 계속 유지하고 싶었을 수도 있다. 자신이 가문 계승의 중심에 서고 싶어 했다는 얘기이다. 그는 후계에 대해 별다른 관심이 없었다. 그는 늘 자신의 앞에 놓은 일에 더 많은 관심을 두려고 했다. 물론 그는 루이자가 태어나기 전에 아들을 원했다. 마침내 아들을 갖게 되었다. 그런데 그는 그다지 기뻐하지 않았다. 하지만 아내 패니가 이겼다. 그들은 아들에게 '존 피어폰트 모건 2세'라는 이름을 주었고, 간단하게 잭(Jack)이라고 부르기로 했다.

———

J. P. 모건은 여러 가지 일에 얽매여 있었다. 그는 가장으로 한 가정을 이끌었다. 건강에 노심초사했다. 대서양을 사이에 두고 아버지와의 사업을 관리했다. 금, 면화, 철도 레일, 비료로 쓰이는 페루 새들의 배설물, 외환, 정부 채권, 기업어음 등을 회사와 고객의 돈으로 사고팔았다. 이때 미국은 치열한 정치 투쟁에 휘말려 있었다.

링컨의 뒤를 이은 앤드류 존슨은 공화당 급진세력과 정면대결을 벌였다. 공화당 급진세력은 흑인들도 참정권을 가지고 정치적으로 평등하게 살아갈 수 있는 강력한 연방정부를 원했다. 역사학자 에릭 포너(Eric Foner)에 따르면, 노예제 폐지 투쟁 과정에서 급진파들은 지역과 중앙 권력이 따로 움직이는 바람에 인간의 자유가 침해당했다고 확신했다. 그들의 주장은 "권력의 중앙 집중이 개인의 자유를 위협한다"는 건국의 아버지들의 주장과 정반대였다.

존슨 대통령의 생각은 급진파보다는 건국의 아버지들이 믿었던 신념에 더 가까웠다. 그는 둔감하기 짝이 없고 비정치적인 우파 정치인으로 비쳤다. 그는 과거 남부 연합에 참여했던 백인들을 사면복권시켜 화해하려고 했다. 의회가 자유민국(Freemen's Bureau) 설치법과 민권법(Civil Rights Act)을 통과시키자 거부권을 행사했다. 게다가 흑인에게 완전한 시민권과 투표권을 주기 위해 시도한 미국 헌법 14차 개정도 반대했다. 결국 급진파는 모건이 워싱턴에 머물고 있을 때인 1867년 12월 대통령을 탄핵하겠다고 나섰다.

모건은 정치 개혁보다 경제 안정에 더 관심이 많았다. 그는 정부가 화폐 가치를 안정시키고 산업의 생산성을 높여야 한다고 생각했고, 전쟁의 참화에서 회복하는 게 급한 시점에 대통령 탄핵은 쓸데없는 것이라고 여겼다. 그는 워싱턴에 머물면서 의회의 탄핵 토론을 경청했다. 투표 결과 "2대 1이었다. 탄핵이 무산되었다"는 말로 급진파의 패배를 기록했다.

그러나 공화당 온건파까지 탄핵 대열에 가세해 두 달 뒤에 "대통령직을 수행하는 과정에서 중죄 등을 범했다"는 이유로 존슨의 탄핵안을 통과시켰다. 이로써 존슨 대통령은 1998년 빌 클린턴 이전까지 유일하게 하원에서 탄핵안이 통과된 미국 대통령이었다. 존슨에 대한 탄핵은 상원에서 한 표 차이로 부결되었다.

존슨에 대한 2차 탄핵안이 통과되기 전 모건은 워싱턴에 머물며 국가 재정에 관한 토론회에도 참석해 다양한 의견을 경청했다. 당시 미국은 재정 위기에 몰려 있었다. 전쟁 직후 정부 부채는 28억 달러에 달했다. 미국인들은 전쟁 전 금본위제로 복귀하기를 원했다. 정부는 이를 위해 한순간에 불태환 지폐인 그린백을 회수해 없애버려야 했다. 아니면 그린백과 기타 은행권의 가치를 안정시켜 태환이 가능하도록 해야 했다.

의회는 1866년 그린백을 순차적으로 퇴장시킬 수 있도록 하는 휴 맥클루치(Hugh McCulluch) 법안을 통과시켰다. 6개월 안에 1,000만 달러어치의 그린백을 회수하고, 이후 매달 100만 달러씩을 퇴장시키는 안이었다. 그린백이 시장에서 사라지면서 경기가 위축했다. 증시가 가라앉자 여론이 바뀌었다. 전쟁 호황이 끝나고 극심한 불황이 찾아왔다. 모건이 워싱턴에 머물고 있을 때인 1867년 12월 경기는 최악의 수준이었다. 이런 상황에서 통화 긴축은 치명타로 보였다.

20세기 중반 경제학자 존 케네스 갤브레이스는 "남북전쟁 시기 금융과 상업이 전례가 없을 정도로 탐욕에 취해 있었고, 금융 시스템은 극단적으로 혼란스러웠다"고 평했다. 연방정부가 그린백을 도입한 1862년 이전까지 미국 통화는 주정부가 인가한 은행이 발행한 은행권이었다. 1860년대에 유통된 은행권은 6,000가지가 넘었다. 이렇게 수많은 은행권을 관리하고 감독할 정부 기관이나 제도는 없었다.

연방정부는 남북전쟁 와중인 1863년 은행법(National Bank Act)을 제정해 혼란스러운 은행권을 정리하려고 했다. 이 은행법에 따르면, 연방정부가 인가한 은행은 정부에 돈을 꾸어주고 받은 채권 가치의 90퍼센트 이하에서 은행권을 발행할 수 있었다. 이렇게 해서 단일 화폐가 창출될 수 있었다. 게다가 그 연방정부 인가 은행은 작은 은행이 유동성 위기에 빠지면 긴급 자금을 제공할 권한을 보유했다. 연방정부 인가 은행이 보유한 정부 채권으로 유동성 위기에 빠진 은행이 발행한 채권을 흡수하려는 방식이었다. 그런데 의회는 1865년 주정부 인가 은행이 발행한 은행권에 세금 10퍼센트를 부과하기로 했다. 잡동사니 은행권을 아예 죽여버렸다.

우여곡절 끝에 탄생한 연방정부 인가 은행의 은행권은 연방준비제도(Fed)가 출범한 1913년까지 가장 핵심적인 화폐로 유지된다. 그러나 이 은행권에는 결정적인 결함 두 가지가 있었다. 은행권을 발행할 수 있는 연방정부 인가 은행들은 대부분 북동부 지역에 밀집해 있었다. 남부와 서부에서는 이른바 화폐 기근이 발생할 수밖에 없었다. 또 은행권 발행은 연방정부의 채권 보유량에 따라 연동했다. 한마디로 경제적 필요보다는 연방정부의 부채 규모에 연동(Pegged)하는 셈이었다.

농부와 중소 상공인, 노동자들에게는 쉽게 접근할 수 있고 이용할 수 있는 종이화폐 그린백이 아주 좋았다. 그린백은 생산을 촉진해 일자리를 창출했다. 채무자들도 인플레이션으로 실질 채무 규모가 줄어들어 상환하기 편한 그린백을 선호했다. 한 농부가 봄에 1,000달러를 빌렸다면, 가을 추수 뒤에 갚을 때에 그가 내놓은 1,000달러는 빌릴 때보다 가치가 떨어졌다. 그린백은 시중에 흘러 넘쳤다. 상품은 귀해 자연스럽게 물가가 치솟았다.

반면 채권자들은 인플레이션을 싫어했다. 그들은 가치가 떨어진 화폐로 상환 받고 싶어 하지 않았다. 1867년 당시 대략 4억 8,600만 달러에 이르는 연방정부의 채권이 외국인 수중에 있었다. 외국인 채권 투자자들은 강력한 무기를 가지고 있다. 정부가 통화가치를 떨어뜨리면, 그들은 보유 중인 채권을 팔아치우고 다시는 매입하지 않는다. 외국인들이 이렇게 나오면 미국 금융시장은 엄청난 충격에 휩싸일 수밖에 없었다. 따라서 연방정부 재무부와 시중 은행가들은 하루라도 빨리 금본위제로 복귀해 외국 자본의 미국 유입을 유지해야 한다고 주장했다.

은행가와 무역상들에게 금본위제 달러는 단순히 교환의 수단이 아니었다. 금은 가치를 보장해주는 안전장치였고, 상품의 가치가 얼마인지를 누구나 인정한 수단으로 평가하기 때문에 상품을 안심하고 사고파는 결정을 내릴 수 있는 보편적인 가치척도였다. 금융시장이 극도로 불안한 상황에서 금본위제 달러가 갖는 '질서를 유지하는 힘'이 절실했다. 그 힘은 통화시장을 규율하고, 인플레이션을 억제하며, 구매력을 상대적인 의미에서 안정적으로 지킬 뿐만 아니라 미국의 교역 파트너들에게 정부의 지불약속은 무슨 일이 있어도 지켜진다는 확신감을 준다.

또한 금본위제는 '통화가치와 금융시장, 교역 파트너에 대한 신뢰 등을 중시하는 사람들'이 미국 경제를 장악하게 해준다. 이들은 바로 미국 동북부의 은행가들과 외국 투자자 등이었다. 이들은 화폐 시스템에 대해 근본적으로 견해가 같았다. 반면 남부와 서부의 농부, 미국 전역의 노동자 등은 '그들'의 시각에 동의하지 않았다. 두 진영의 갈등이 이후 30년 동안 미국을 갈라놓는다.

모건은 당연히 금본위제로 돌아가려는 정부의 정책을 강력히 지지했다. 대신 시간과 경제 성장 덕분에 자연스럽게 통화가치가 안정되며 따로 조치를 취할 필요가 없다고 주장하는 사람들을 비난했다. 1867년 그는 워싱턴에서 아내에게 띄운 편지에서 버몬트 출신 의원인 저스틴 모릴(Justine Moriill)을 거세게 공격한다. "모릴은 바닷가에 서서 파도에게 오라 가라 명령할 수 있다고 생각하는 고대 황제와 비슷한 태도로 금융과 경제에 관한 법률을 바라보는 다른 의원들과 비슷해 보인다. 내가 보기에 그의 많은 예상들은 나중에 그 자신을 실망시킬 것이다."

모건은 1868년 의회가 그린백 퇴장을 취소한 조처에 크게 실망했다. 그해에는 대통령 선거가 있었다. 그해 여름 공화당은 전쟁 영웅인 율리시스 그랜트 장군을 후보로 지명했다. 그는 모건이 불편하게 여기는 급진파 공화주의자의 주장을 상당히 받아들이는 사람이었다. 민주당은 전 뉴욕 주지사 호레이시오 세이머를 후보로 정했다. 모건은 혐오스럽다고 평했다. 그는 "당선될 가능성이 낮더라도 이제 모든 것을 쥐고 흔들려는 맹렬한 급진주의자들의 간담을 서늘하게 해줄 민주당 후보"를 원했다. 세이머는 1863년 뉴욕 징집 폭동을 일으킨 사람들을 '내 벗들'이라고 불렀다. 이 사실만으로도 그는 "영원히 침몰할 사람"이었다. 모건은 아내 패니에게 "그를 가장 혐오한다"고 말할 정도였다. 국무장관 수워드는 민주당원들이 "공화당 지지자들의 표를 잠식할 만한 후보를 지명하지 않았다"고 평했다.

당시 공화당은 새롭게 등장한 산업 자본가들의 정당이었다. 1868년 보호주의와 금본위제를 채택했다. 반면 민주당은 무너진 남부를 소생시키려고 했다. 중소 상공인, 농부, 노동자 등 이른바 공화당 동맹에서 소외된 계층을 끌어들이라고 노력했다.

J. P. 모건은 '싸구려' 돈인 그린백을 상대로 한 긴 싸움에서 중요한 역할을 했다. 하지만 1868년 당시엔 건강 문제를 경제·정치 이슈보다 중요하게 여겼다.

모건은 소년 시절 금융 세계에서 플레이어가 되려고 갈망했다. 청년 시절에는 스스로 독립해 자신의 게임을 펼쳐보려고 부심했다. 하지만 그해 모건은 그가 실제로 하고 싶은 일이 무엇인지 분명하게 인식하지 못했다. 그는 몸져눕는 사태가 과로 때문에 빚어졌다고 판단했다. 1868년 여름을 혼자 유럽에서 보내기로 결정했다. 장인이 그해에도 허드슨 강 인근에 있는 하이랜드 폴스에 있는 농가 주택을 빌렸다. 그는 장인이 빌린 농가 주택 주변인 스토니허스트라는 곳에 있는 집으로 아내 패니와 두 아이를 보냈다. 그리고 그는 유럽을 향해 출발했다. 그는 런던에 도착해 첫 아내 미미를 1861년 진찰했던 헨리 홀랜드 경을 찾았다. 이번에는 자신이 진찰받았다. 홀랜드 경은 모건의 위장 장애를 치료하는 게 필요하다고 봤다. 칼스배드(Carlsbad)의 뜨거운 온천을 추천했다. 그는 홀랜드 경의 추천에 따라 유럽 대륙으로 건너갔다. 파리에 도착한 그는 부모를 비롯해 누이 줄리엣과 함께 칼스배드로 가기에 앞서 미미의 폐결핵을 진단했던 흉부 전문의를 찾아가 자신의 폐를 점검했다. 모건은 첫 아내를 잊지 못한 나머지 무의식적으로 그녀와 비슷한 증상을 느낀 것은 아닐까?

모건은 애초에 칼스배드가 살풍경한 마을이라고 생각했다. 실제로 "상당히 실망스런 도시였다." 칼스배드는 울창한 숲으로 둘러싸여 좁고 바람이 부는 골짜기에 자리 잡고 있었다. 뜨거운 온천물이 바위틈에서 용솟음치고 있었다. 간즈(Ganz)라는 온천의 의사는 모건의 폐에는 아무런 이상이 없다고 말했다. 하지만 간의 기능이 약해져 있다고 지적했다. 그는 많이 걷고 매일 칼스배드 물을 여러 잔 마시라고 권했다.

그때 칼스배드를 찾은 관광객은 미모의 여성을 포함해 적잖은 러시아인, 몇

몇 프랑스인, 독일인, 유태인 등이었다고 모건은 아내에게 띄운 편지에서 말했다. 그는 "종달새처럼 곧 유쾌해졌고, 몸무게가 줄어들고 있다"고도 말했다. 그의 체중은 눈에 띄게 줄어들지는 않았다. 하지만 "허리둘레가 뉴욕에 있을 때처럼 크지 않다. 큰 어려움 없이 신발 끈을 맬 수 있는데, 아주 기분 좋다"고 덧붙였다. 그는 "머리도 맑아지고 수년 동안 짓눌렀던 스트레스에서 벗어난 느낌이고… 옛날에도 이처럼 맑은 적이 없었다. 여기서는 오직 한 가지만을 하면 된다. 당신이 너무 과민반응 할까봐 말하고 싶지 않다"고도 말했다. 이어 "당신과 아이들이 보고 싶어 안절부절 못하고 있다"며 "그들이 아버지를 잊어버릴까 걱정"이라고 편지를 보낼 때마다 강조했다.

모건 일행은 칼스배드에서 4주를 보낸 뒤 오스트리아 비엔나로 이동했다. 주니어스와 모건 부자는 오후 시간에 예술품을 감상했다. 저녁 시간에는 시민 공원에서 스트라우스의 왈츠를 감상하며 커피와 시거를 즐겼다. 모건은 벨베데르(Belvedere) 궁에 있는 작품들에 대해 "그저 그렇다"고 평했다. 하지만 리히텐슈타인(Lichtenstein) 왕자가 보유한 라파엘과 코레지오(Corregio), 뮤릴로, 구이도(Guido)의 작품은 높이 평가했다. 마리아 테레사(Maria Theresa)의 그림 쉰부른(Schönbrunn) 궁의 작품들도 감상했다.

나폴레옹은 1809년 바그람(Wagram) 전투에서 승리한 이후 쉰부른 궁에 머물며 오스트리트와 강화협상을 맺은 바 있다. 나폴레옹 3세는 이 궁에서 숨을 거두었다. 모건은 프란츠 요제프(Franz Joseph) 황제가 소유하고 있는 아파트들을 둘러보았다. "아파트들이 다른 귀족들이 보유하고 있는 아파트보다 월등히 훌륭하다고 말할 수 없다"고 평가했다. 또 그는 합스브루크 왕가의 이름이 새겨진 납골함과 석관들을 살펴봤다. 프란츠 요제프 황제의 동생인 페르디난트 막시밀리언 요제프(Ferdinand Maximilian Joseph)의 주검 앞에서 잠시 멈춰 상념에 젖어보았다. 그는 아내에게 보낸 편지에서 "수많은 희망이 사라져간 무덤 앞에

선 사람들은 결코 슬픈 상념에만 젖어 있을 수 없다"고 그순간 느낌을 전했다.

모건 일행은 뮌헨에도 들러 당대 미술 갤러리인 노이에 피나코텍(Neue Pina-kothek)을 구경했다. 그곳에서 그는 그동안 그토록 보고 싶었던 빌헬름 폰 카울 바하(Willhelm von Kaulbach)가 그린 예루살렘 파괴 장면을 볼 수 있었다. 카울바 하(1804~1874년)는 독일 낭만파의 거장으로 거대하고 극적인 장면을 주로 그린 작가였다. 1850년대와 1860년대에 뮌헨을 중심으로 한 바바리안 지역의 미술 을 주도했을 뿐만 아니라 미국에서 인기를 끌었던 예술가였다.

그는 루드비히 1세를 위해 궁정 화가로 일했다. 가로 세로 20피트와 23피트 짜리 거대한 그림을 보관할 수 있는 노이에 피나코텍을 건설했다. 이 그림은 19세기에 가장 비싼 그림이었다. 모건이 그곳을 구경한 순간까지 감히 사려고 나서는 사람이 나타나지 않았다.

모건은 카울바하가 작업하는 뮌헨의 스튜디오도 방문했다. 카울바하는 그 때 신시네티의 프로바스코(Probasco)를 위해 '자선'이라는 주제로 아름다운 작 품을 만들고 있었다. 그는 아내에게 보낸 편지에서 "카울바하는 '자선'에 이어 영국 엘리자베스 여왕과 스코틀랜드의 여왕 매리가 조우하는 순간을 뉴욕 웨 트모어에 머물고 있는 조지 피바디를 위해 그리기 시작하려는 참이다"고 말했 다. 이어 "아버지는 그의 작품에 매료되어 그가 막 붓을 내려놓은 카툰 한 점 을 샀다. 그 작품은 나중에 엄청난 가치를 지니게 될 것"이라고 말했다. 주니어 스는 카툰을 아들 모건에게 선물했다. 작품 이름은 '보겔레상(Vogelesang)'으로 '새들의 노래'라는 의미였다. 쉴러의 시를 형상화한 그림이었다. 그림 속에는 맨 발에 가슴을 드러낸 예쁜 양치기 소녀가 연못 옆의 잔디 위에 누워 있다. 그녀 는 한 방랑 시인의 노래를 들으며, 끌어안으려는 그의 가슴을 밀쳐내는 듯하면 서도 가슴에 묻혀 있는 모습이었다.

모건 일행은 뮌헨 여행을 마치고 파리를 거쳐 런던으로 향했다. 모건이 뉴욕에 돌아온 때는 그해 9월 초였다.

———≫≪———

남북전쟁 이후 모험 정신에 충만한 미국 상공인들은 문화의 가치를 인식하기 시작했다. 부유한 가문의 사람들은 모건이 1850년대에 했던 유럽 여행을 앞다퉈 떠났다. 그들은 예술품이 주는 흥분을 가슴 가득 안고 미국으로 돌아왔다. 그 시절 미국은 비평가 로버트 휴즈(Robert Hughes)가 말한 '얄팍한 심미주의'에 취해 있었다. 미국엔 왕실이 존재한 적이 없었다. 왕가의 작품 컬렉션이 남아 있을 턱이 없었다. 프랑스 루브르 박물관이나 대영박물관 같은 공공시설이 있는 것도 아니었다.

　게다가 당시 미국에는 유럽의 공작이나 부유한 상인처럼 그림과 교회 보물, 장식용 예술품, 육필 원고, 고서 등을 수집하는 상인들도 거의 없었다. 진중하게 예술을 공부하고 싶은 미국인은 유럽으로 달려가야 했다. 그러나 남북전쟁 이후 민족주의적 심미주의가 강해졌다. 부자들이 예술품을 구입해 미국으로 가져오기 시작했다. 이때 미국 부자들은 대부분 바비존(Barbizon)이나 뒤셀도르프(Düsseldorf) 학파의 동시대 작품이나 미술로 이야기를 전해주는 카울바하의 작품을 선호했다. 예술사가인 니콜라스 홀(Nicholas Hall)에 따르면, "1914년 이전 미국인들이 수집한 예술품들은 잘해야 풍경화가 코로(Corot)의 작품이었고, 도비니(Daubigny)와 디아즈(Diaz)의 작품이 다수였다."

　예외를 꼽는다면, 보스턴 출신 저널리스트이면서 예술품 수집가인 제임스 잭슨 자브스(James Jackson Jarves)였다. 그는 13세기에서 15세기 초에 창작된 이탈리아 예술품을 집중적으로 수집했다. 그는 시몬 마티니(Simon Martini)와 사세타(Sassetta) 등의 작품에 심취했다. 그는 당대 유럽 애호가들과 비슷한 취향을 보였다. 실제론 그들보다 폭넓게 여러 시대 작가의 작품에 관심을 가지기도 했다.

자브스 컬렉션이 뉴욕에서 전시되었을 때 비평가들은 혹평했다. 보스턴 애서니엄(Athenaeum)은 전시를 거부했다. 예일대학이 나서 1871년 그의 컬렉션을 단돈 2만 2,000달러를 주고 사들였다. 이는 그가 평가한 가치인 10만 달러의 4분의 1도 안되는 금액이었다. 예일대학의 한 학부생은 그때 학보에 "비어슈타트(Bierstadt)의 '요세미티'를 한 시간 공부하는 게 그의 컬렉션을 모두 감상하는 것보다 가치가 있다"고 무시하기도 했다.

—————

모건의 아이들이 자라나고 식구수도 늘어났다. 매디슨 애비뉴 227번지 집이 비좁게 느껴지기 시작했다. 모건은 1868년 여름 여행 중이었다. 아내 패니는 편지로 뉴저지 엥글우드(Englewood)로 이사하고 싶다"고 알렸다. 그는 맨해튼을 떠날 생각이 없었다. 교외에서 생활하는 게 쾌적할 수 있지만, 그는 열차 시간에 얽매여 지내거나 추운 겨울을 시외에서 머물고 싶지 않다고 답장했다. 그는 "10월이나 11월까지는 충분한 집을 마련할 수 있다"고 덧붙였다.

모건은 친구들과 도시 사교 모임, 클럽, 교회 등을 떠나 지내고 싶지 않았다. "타잉 박사와 친하게 지내기 때문에 시골에 파묻혀 지내다 마음대로 가고 싶은 곳을 가지 못하는 상황을 좋아하지 않는다." 그는 아내가 얼마나 교외 생활을 원하는지 잘 알고 있기는 했다. 그가 사업상 피치 못함을 애걸하는 투로 설명한 까닭이었다. "내가 일해야 하는 한, 도시에 머물러 있어야 하는 이유는 충분해요. 엥글우드의 생활이 아무리 쾌적하다고 해도 우리는 맨해튼에 머물러야 한다오."

그해 가을 모건은 뉴욕으로 돌아왔다. 옛 처가인 스터지스한테서 맨해튼 14번가에 있는 큰 집을 빌렸다. 그 집은 "다운타운 집보다 훨씬 좋다"고 그는 아내에게 말하기는 했다. 하지만 더 좋은 점을 발견할 수 없었다. 임대료가 연간 5,000달러였다. 당시 시세보다 높지는 않았다. 그들은 율리시스 그랜트 장군이 대통령 선거에서 이긴 날 새로 임대한 집으로 이사했다. 공화당은 상·하원 모두를 장악했다. 공화당의 당내 갈등이 끝나지 않았지만, 연방정부의 재정 상태에 별 문제가 없어 모건이 그나마 안도할 수 있었다. 당시 재무부는 금융시장을 안정시키려고 노력했다. 중앙은행의 역할을 일부 맡고 있었다.

터닝 포인트

미국 역사에서 남북전쟁~19세기 말은 소설가 마크 트웨인(Mark Twain)이 비판적으로 부른 '도금시대(The Gilded Age)'였다. 금으로 도금을 한 것처럼 번쩍거렸다는 의미다. 이 시기에 철로 수천 마일이 깔렸다. 미국은 세계에서 가장 방대한 철도 네트워크를 가진 나라가 되었다. 북아메리카 대륙의 절반을 차지하는 서부 지역에 백인들이 거주하기 시작했다. 엄청난 자원이 개발되었다. 미국 대륙이 하나의 시장으로 통합되었다. 산업의 생산성이 급격히 높아졌다. 존 D. 록펠러는 석유 독점체를 만들다. 앤드류 카네기는 철강 왕국을 건설했다. 필립 아모와 구스타브 스위프트(Gustavus Swift)는 육류 포장 산업을 혁명적으로 바꾸어 놓았다. 보스턴의 은행가들은 벨의 전보통신에 막대한 자금을 투자했다. 뉴요커들은 에디슨의 전기 발명품을 상품화하기 위해 베팅했다.

도금시대의 경제적 격변은 전통적인 정치 메커니즘을 해체했다. 링컨이 숨진 이후 시어도어 루스벨트 시대까지 백악관에서 막강한 권한을 행사하는 대통령은 사실상 없었다. 경제적 격변으로 미국은 전반적으로 부유해졌다. 인구는 1870~1910년에 두 배 이상 늘어났다. 그 사이 전체 부는 무려 네 배나 증가했다. 소비자 물가는 40퍼센트 정도 떨어졌다. 미국인의 1인당 소득은 1874~1879년에 연평균 3퍼센트씩 증가했다. 노동 인구와 자본의 급격한 증가가 가파른 경제 성장을 가능하게 했다. 자본 증가는 기본적으로 기계·설비, 정유 시설 등에 대한 장기적인 투자를 위해 오늘의 소비를 줄인다는 의미다. 19세기 후반 미국의 자본 증가율은 연평균 5.4퍼센트에 달했다. 이때 노동력은 2.8퍼센트 늘어났고, 신규 토지 공급량은 2.9퍼센트 증가했다. 1870~80년대 국민총생산의 25퍼센트가 산업시설을 건설하는 데 투입되었다.

장기적인 사업을 위해 필요한 막대한 지금을 동원하기 위해 필수적인 금융시장을 조직하는 일은 J. P. 모건 같은 은행가들의 임무였다. 주니어스는 1857년 "미국의 자본 축적이 놀라운 수준으로 이뤄져 월스트리트가 미래에는 더이상 (영란은행이 자리 잡고 있는) 런던의 스레드니들 스트리트를 더 이상 두려운 눈길로 쳐다보지 않아도 될 것이다"라고 예상했다. 하지만 유럽 투자자들이 1869년 보유한 미국 증권은 10억 달러 정도였다. 미국은 1914년까지 외채를 짊어지고 있었다. 더욱이 남북전쟁 직후 미국에는 중앙은행이 존재하지 않았다. 미국 은행가들이 산업발전에 필요한 자금을 조성해야 했을 뿐만 아니라 국가의 대외 신인도까지 관리해야 했다. 그들은 금융시장 패닉을 예방하기도 했다. 미국 시장을 안정적으로 유지해야 했을 뿐만 아니라 경제의 요란한 성장이 야기한 문제를 해결하는 실질적인 대안까지 제시해야 했을 정도였다.

해학과 현실 비판적인 용어인 '도금시대'가 의미하는 것처럼 그 시절 미국인 모두가 부자가 되진 않았다. 1860~1890년대는 미국 역사에서 최장의 디플레이션 기간이었다. 농민들은 곡물 가격 하락과 실질 부채의 증가로 이중고에 시달려야 했다. 노동자들의 임금 증가율은 경제 성장률 아래에서 맴돌았다. 1873~1910년 사이의 노동자의 임금 증가율은 33퍼센트 수준이었다. 반면 인플레이션을 반영한 실질 임금 증가율은 20퍼센트에 지나지 않았다. 한 가지 이유는 이민자의 급증이었다. 1885~1910년 신규 이민자가 1,400만 명이나 미국으로 몰려들었다. 급격한 임금 상승이 억제됐다. 이때 몰려든 이민자는 주로 유럽 남부 지역의 가톨릭과 유태인들이었다. 초기 이민자들은 주로 북유럽 출신이었다. 유럽 남부 출신들은 먼저 와 정착한 유럽 북부와 개신교도 사람들의 눈에 이방인으로 비쳤다. 유럽 남부 출신들은 미국이라는 거대한 문화·인종 용광로에서도 쉽게 녹아 융합되지 못했다. 이들은 주로 일자리를 찾기 쉬운 복잡하고 요란한 대도시에서 모여 살았다. 하루하루를 지탱해야 하는 생존의 무게 때문에 부자가 되는 꿈은 시간이 흐를수록 깨질 수밖에 없었다.

미국의 엄청난 경제성장과 농업지역, 공장지대, 대도시 슬럼가의 고통은 건국 초기에 미국의 정체성을 놓고 제퍼슨-해밀턴 세력이 벌인 갈등과 논쟁을 부활시킨 사회 구조적 배경이었다. 건국의 아버지들은 미국이 농업국가를, 아니면 상공업 국가를 지향할 것인지를 두고 치열하게 논쟁했다. 정치적·경제적 투쟁까지 감수했다. 그런데 1873년과 1884년, 1893년의 공황 시기에 그 갈등은 다시 불거졌다.

≈≈≈

남북전쟁 직후에 대륙 횡단 철도가 완공되었다. 이는 대서양 횡단 해저 케이블이 건설된 1866년 이후 미국 경제사에서 기념비적인 사건이었다. 링컨 대통령의 꿈이기도 했다. 대륙 횡단 철도는 고립 분산된 미국을 하나의 시장으로 통합했다. 캘리포니아에서 건설되기 시작한 센트럴 퍼시픽 철도와 동부 연안에서 건설되기 시작한 유니언 퍼시픽 철도는 대평원을 가로지른 뒤 1869년 5월 10일 유타주 오그던(Ogden)에서 가까운 프로몬터러 포인트(Promontory Point)에서 만났다.

두 달 뒤 J. P. 모건과 아내 패니는 대륙 횡단 여행을 떠난다. 모건은 미대륙 횡단에 관심이 아주 높았다. 그는 일반 뉴요커들이 보스턴을 여행하듯이 유럽 대륙을 수시로 들락거렸다. 하지만 미국의 다른 절반인 서부 지역에는 한 번도 발을 디뎌보지 못했다. 사업을 위해서도 서부는 한번쯤 여행할 필요가 있었다. 본래 그는 저축자의 돈을 모아 당시 거대 자본에 목말라하던 철도산업에 제공하고 있었다.

대륙 횡단 철도는 미국의 미개척지를 열었을 뿐만 아니라 경제적 상상력을 극대화했다. 기술혁신을 자극하기도 했다. 석탄·철광·원료 생산을 촉진했다. 1860년대 철도산업은 미국에서 다른 산업을 압도했다. 펜실베이니아 철도가 1865년 세계에서 가장 큰 기업일 정도였다. 직원이 3만 명에 달했고, 철로 길이는 3,500마일이었다. 자본 규모는 6,100만 달러에 이르렀다.

당시 철도산업은 천문학적인 돈을 집어삼키는 업종이었다. 1850년대 미국 최대 산업인 섬유업과 비교하자면, 섬유회사를 세우는 데 들어간 돈은 100만 달러 남짓이었다. 하지만 미국 4대 철도 노선인 펜실베이니아와 이리, 뉴욕센트럴, 볼티모어-오하이오 노선을 건설하는 데 들어간 돈은 각각 1,700만~3,500만 달러였다. 1815~1860년대 붐을 이룬 운하건설 등에 투입된 자금은 1억 8,800만 달러였다. 이는 대부분 주정부나 시정부가 채권을 팔아 조달한 자금이었다. 나머지는 조셉 모건의 하트포드은행 같은 민간 은행과 부유한 개인들이 투자한 돈이었다. 반면 철도는 대부분 민간 자본이 뛰어들어 건설했다. 1859년 당시 11억 달러가 주식 발행·매각을 통해 조달되었다. 여기에 정부가 공여한 땅이나 빌려준 돈은 포함되어 있지 않다.

J. P. 모건의 서부 원정에는 아내 패니와 처제 매리 트레이시, 사촌 여동생 매리 굿윈이 참여했다. 그들은 1869년 7월 5일 오후 5시 정각 저지(Jersey) 시를 출발했다. 모건 일행은 풀먼 팰리스(Pullman Palace) 객차회사의 간부이고, 시카고 철도·은행의 이사인 존 크레러(Crerar)의 안내를 받았다. 그들은 열차에 오른 지 이틀 뒤인 7월 7일 시카고에 잠시 들렀다.

아내 패니의 여행기는 모건의 느낌과 생각을 보여주지는 않는다. 하지만 그들이 언제 어디를 거쳐 서부로 갔는지 잘 나타나 있다. 4인조 서부 원정대는 열흘 동안 시카고에 머물며 친구들을 만나기도 했다. 저녁 만찬을 즐기고 오페라를 관람했다. 거대한 곡물 야적지를 둘러보았다. 크레러의 안내를 받아 세인트루이스가에서 켄터키 렉싱턴까지 마차 드라이브를 즐겼다.

크레러가 본거지인 시카고에 내린 뒤 모건 일행은 '미네소타'라고 불린 풀먼 팰리스를 타고 서부로 여행을 계속했다. 그들은 조지 M. 풀먼의 호화로운 객차를 타고 여행했다. 호화로운 카펫이 바닥과 의자에 깔려 있었다. 유리 샹들리에가 달려 있었다. 묵직한 커튼과 공들여 조각한 나무로 천장과 벽이 장식되어 있는 궁궐 같은 객차였다. 패니는 "이렇게 고급스럽고 안락한 객차는 일찍이 없을 것 같다"고 일기에 적었다. 하지만 풀먼 객차에는 식사를 마련할 공간이 따로 있지 않았다. 모건 일행은 가져온 샌드위치나 케이크를 먹거나 정차한 지역의 식당 등에서 끼니를 때워야 했다. 모건은 부산하게 움직여 구할 수 있는 최대한의 음식물을 조달해왔다.

1869년 당시 건설된 대륙 횡단 철도는 서로 경쟁관계인 회사에 의해 건설되었다. 합리적인 계획이나 표준적인 철로 폭 등이 마련되지 않아 호환되지 않았다. 철도회사는 자사 노선에 자사 열차를 운행했다. 승객과 화물이 새로운 노선에 진입하기 위해서는 열차를 바꿔야 했다. 심지어 화물은 새로 포장되어 다른 회사의 화차에 실려야 했다. 모건 일행은 귀빈대접을 받기는 했지만 열차를 갈아타기 위해 다른 승객과 마찬가지로 몇 시간씩 기다릴 수밖에 없었다.

그들은 "섬 하나나 두 개에 의지해 건설되어 아슬아슬해 보이는 다리를 거쳐" 일리노이 풀턴(Fulton)에서 미시시피 강을 건넜다. 아이오와 카운슬 블러프스에서 페리를 타고 다시 미시시피를 건넌 뒤 네브래스카의 사시나무 숲 지역으로 향했다. 이 동부 사람들은 오마하에서는 유니언퍼시픽 철도를 기다려야 했다. 야생화를 따거나 몸무게를 재보면서 시간을 보냈다. 매리 굿윈은 50.8킬로그램이었고, 패니와 매리 트레이시는 각각 63.5킬로그램, 모건은 90.7

킬로그램이었다.

네브래스카 콜럼버스에서 아메리칸 인디언 가운데 포니족을 만난 패니는 이렇게 적었다. "다른 인디언 부족과 전투를 한 뒤 노획한 말을 타고 몰려왔다. 그들은 옷을 걸치지 않고 담요와 작살 등을 들고 있는 야생 피조물 같았다… 그들 가운데 한 명이 남편에게 다가와 말을 걸었다. 하지만 그는 인디언 말을 이해할 수 없다. 우리는 황급하게 열차로 피했다." 모건 일행은 유타주 우인타(Uinta)에서 역마차를 타고 솔트 레이크 시티로 향했다. 패니는 "잘 건설되었고 번성하는 도시로 보였지만 끔찍할 정도로 더러운 도시였다"며 "호텔의 침대는 화강암 자갈로 채워져 있는 듯했다"고 썼다. 모건과 처제, 사촌 여동생은 우연히 몰몬교도인 브리검 영(Brigham Young)과 마주쳤다. 그들은 농담으로 영이 처제인 매리 트레이시를 좋아하는 것 같다고 말하며 즐거워했다. 그들은 프로몬터리 포인트까지 열차를 타고 갔다. 그들은 그 포인트에서 센트럴 퍼시픽 열차로 갈아탄 뒤 네바다 주와 캘리포니아 주를 가로질러 새크라멘토에 이르게 된다.

모건 일행은 캘리포니아 북부지역에 도착한 뒤 농촌 지역과 바닷가 산, 광산지역을 구경했다. 그들은 여름인데도 선선한 캘리포니아 날씨에 놀랐다. 샌프란시스코에 도착해서는 남북전쟁 동안 노예제를 찬성한 상원의원이었고, 당시에는 런던·샌프란시스코 은행의 경영을 맡고 있던 밀턴 슬로컴 래섬(Milton Slocum Latham)의 '궁전'에서 머물렀다.

패니는 샌프란시스코에 모기는 전혀 없고 의사와 신선한 과일, 정장을 입고 참석해야 하는 파티가 있다는 사실에 너무 기뻤다. 어느 날 그녀는 윌리엄 C. 랠스턴(William C. Ralston)의 맨션에서 열린 저녁 만찬에 참석했다. 랠스턴은 다리어스 O. 밀즈(Darius O. Mills)와 파트너십을 구성해 막 뱅크 오브 캘리포니아(Bank of California)를 설립했다. 패니는 구멍이 뚫린 종이를 따라 자동으로 연주되는 기계식 피아노(Mechanical Piano)와 신선하고 아름다운 장미꽃을 구경했다.

랠스턴은 어느 날 말 네 마리가 끄는 마차에 패니를 태우고 교외를 드라이브했다. 모건은 래섬과 비즈니스에 착수했다. 패니의 일기에는 모험 정신이나 서부 지역의 눈부심 등을 묘사한 대목이 거의 없다. 또 다시 병치레가 찾아와 남편과 함께 파티 등에 참석하는 시간이 줄어들었다. 남편 등이 8월 초 요세미티를 구경하기 위해 떠났다. 그녀는 설사와 티눈 때문에 숙소에 머물러야 했다. 이때 그녀의 일기에는 "P가 약을 챙겨주면서 놀아주었다"는 내용이 있다. 그녀는 여러 소일거리를 찾아 해보았지만, "신경질적인 사람에게는 해로운 것들"이었다.

모건과 처제, 사촌 여동생은 말을 타고 만년설이 보이는 초지인 투올룸(Tuolumne)을 가로질러 달렸다. 야생 블랙베리를 따먹기도 했으며 협곡을 여행했다. 아내와 함께 여행을 떠난 어느 날 갑자기 쏟아진 비에 흠뻑 젖어 통나무 모닥불을 만들어 옷을 말렸다. 모건은 아마포를 뒤집어 써 키 큰 신병처럼 보였다. 그는 오후 내내 여기저기를 돌아다녔다고 아내 패니는 일기에 적었다. 두 명의 매리(처제와 사촌 여동생)는 검은색 물이 든 치마를 강물에 빨았다. 패니는 "더러운 곳에서는 더 이상 머물 수 없어" 떠날 때까지 기다릴 수 없었다. 끝내 래섬 가문의 사람들이 살고 있는 '문명화한 곳'으로 돌아왔다.

모건 일행이 서부 해안을 떠나기 며칠 전 샌프란시스코의 중국인 거주지역과 알머든(Almaden) 광산, 나파 계곡, 소노마, 발레조 지역을 마지막으로 돌아보았다. 그의 일행은 8월 21일 엄청난 음식물을 가지고 새크라멘토를 떠났다. 서부로 오는 길에 안내해준 존 크레러가 시카고로 가는 도중 그들을 맞이했다. 사람들이 시골 마을을 지날 때는 호화열차를 구경하기 위해 철로 주변에 몰려들기도 했다. 패니는 "그들이 캘리포니아산 배의 견본을 보고 기뻐하고 있다"고 생각했다. 모건 일행은 사흘 동안 시카고에 머물렀고, 오대호 가운데 하나인 온타리오 호숫가를 따라 뉴욕으로 돌아왔다.

———◆◆◆———

J. P. 모건은 '철마'를 타고 6,000마일을 여행하는 동안 소년처럼 탄성을 지르기도 했다. 그는 자신의 은행이 자금을 지원한 철도가 안고 있는 문제점과 희망을 함께 확인했다. 수많은 돈이 철도 건설에 몰리면서 투기 열풍이 불었다. 노선이 경쟁적으로 건설되었다. 연방정부의 땅을 불하 받은 사람은 누구나 노점상이 장사하듯이 주식을 팔면서 철도가 건설될 것이라고 큰소리쳤다. 악덕 설립자들은 주식을 팔아 거둬들인 돈을 가지고 줄행랑치기도 했다. 어떤 이는 정부가 노선의 길이를 기준으로 자금을 지원해주기 때문에 원형 노선에 고물 철로를 부설했다. 사정이 이쯤 되자, 19세기 중반 사람들은 투기꾼들이 기점과 종점이 명시되지 않은 철도를 놓고 있다고 한탄했다. 철도 노선이 제대로 선정되어 수익을 얻으면, 경쟁 기업이 같은 노선에 중복으로 철로를 부설하는 일이 속출했다.

흑자 노선에 뛰어든 회사는 기존 철도회사에서 물동량을 빼앗아오거나 기존 철도를 인수하기 위해 중복 노선을 깔았다. 해적 같은 철도 회사의 대주주와 경영자들은 주가를 조작해 회사가 보유하고 있는 자본금을 빼먹었다. 정부의 땅 불하와 자금 지원을 받기 위해 공직자들을 매수하기도 했다. 건설 자회사를 설립해 과도한 비용을 자신이 경영하는 철도기업에 청구한 경영자들도 있었다. 이 모든 것들은 고전적인 자유경쟁 시장 체제에서 흔히 볼 수 있는 사건들이었다. 수요가 붐을 이루면, 공급이 폭증해 나중에는 시장 참여자들끼리 사활을 걸고 치열한 경쟁을 벌이다 공황으로 번지기도 했다.

1860년대 미국 철도회사의 재무구조와 치열한 경쟁 등은 은행가·경영자·투자자 등에게 어려운 문제를 야기했다. 철도회사가 매출을 올리기 전에 부지를 매입하고, 노반을 닦아야 했으며, 화차와 객차를 매입해야 했다. 노동자 임금도 지급해야 했다. 따라서 철도회사들은 수익을 내기에 앞서 상당 기간 빚을 내서 충당할 수밖에 없었고, 이에 따라 비용이 늘어났다. 철도회사가 주식을 발행해 자본을 조달하면 고정비용인 이자를 지급하지 않아도 되었다. 하지만 당시 성숙되지 않은 미국 자본시장에서 주식은 상당히 위험하고 투기적인 수단이었다. 보수적인 투자자는 주식보다는 철도회사의 자산이 담보로 달려 있고 높은 이자가 약속된 채권을 선호했다. 미국 철도회사 대부분이 채권을 발행해 자금을 조달한 이유는 이 때문이다.

철도가 일단 건설되면, 건설과 수송 비용을 약간 웃도는 돈을 받고 어마어마한 화물과 사람들을 실어나를 수 있었다. 철도회사 경영자들은 이 점을 간파하고 이른바 규모의 경제를 이용하기 위해 긴 열차에 화물을 가능한 한 가득 싣고 한 시간이라도 빨리 수송하려고 했다. 적게 수송하는 것보다 많이 수송하는 게 단위 비용을 줄일 수 있었다.

철도 같은 업종에서는 개별 기업이 경쟁력을 유지할 수 있는 여지가 있을 때 가장 효율성이 높아진다. 하지만 경기가 호황을 누리면 경쟁 기업들이 과도하게 진입해 공급 과잉이 발생했다. 가격 전쟁이 벌어지기 마련이었다. 결국 효율성이 높은 승자 하나만을 빼놓고 나머지는 모두 사라지는 상황으로 이어졌다. 최후 승자는 가격을 제멋대로 조종하게 된다.

철도산업은 독특한 특징을 가지고 있다. 거액이 초기에 투자되어야 하고, 다른 업종보다 높은 고정비용을 초래한다. 이 고정비용은 대부분 채권의 이자 비용이었다. 이 밖에도 연료비와 노동자의 임금도 무시할 수 없는 규모였다. 트럭이 출현하기 전까지 철도산업은 한 지역 안에서 자연독점이나 마찬가지였다. 한 노선이 두 노선보다 훨씬 싸게 운송할 수 있었다.

한 철도회사가 수익을 내면서 유지하기 위해서는 높은 고정비용 때문에 화물 운송량이 많아야 한다. 화차를 만재하고 달려야 비용을 최소하고, 부채의 원금과 이자를 상환하고 주주에게 배당할 수 있을 만큼 수익을 낼 수 있다. 경쟁 라인이 부설되고 가격을 낮추면, 기존 회사도 화물량을 유지하기 위해 가격을 낮출 수밖에 없다. 결국 같은 구간에 부설된 복수의 철도는 치열한 경쟁에서 살아남아야 한다.

승객과 화물 주인은 한 철도회사가 어떤 노선을 독점하고 있으면 높은 가격을 치러야 하기 때문에 자연스럽게 복수 노선이 부설되어 철도회사끼리 치열하게 경쟁하기를 바란다. 반면 철도회사들은 모두 적정한 수익을 내지 못하게 된다. 파산하는 회사가 속출하는 이유다. 역설적으로 부도난 철도회사는 고정 비용이 줄어들기 때문에 낮은 가격에 승객과 화물을 유치할 수 있다. 그 바람에 동일한 노선에 참여하고 있는 모든 철도회사가 파산하게 된다.

바로 이런 점 때문에 자본 집약적인 철도산업에서 무제한적인 경쟁이 주주와 경영자 모두에게 치명적일 수밖에 없다. 19세기 중반 미국 경제 측면에서 보면, 외국인들이 대부분 철도회사의 주주나 채권자였다. 철도업종이 치열하게 경쟁하다 모두 망하면 경제 전반에 엄청난 타격을 줄 수밖에 없다.

J. P. 모건과 같은 금융 자본가들은 이전투구식 경쟁으로 철도회사가 망해 투자자와 고객이 종이쪽지로 변한 주식이나 채권을 들고 있는 바람에 미국 금융시장 자체가 흔들리게 되는 상황을 원하지 않았다. 뉴욕의 금융회사인 윈슬로우·래니어(Winslow, Lanier & Co.) 등 금융 자본가들은 위험하기 짝이 없는 철도 주식을 장기 투자에 알맞은 안정적인 주식으로 바꾸기 위해 철도산업을 재편·규율하려고 했다. 철도산업 자체가 지속적인 자금을 수혈 받아야 했기 때문에 금융가들은 큰 영향력을 행사했다.

자유경쟁 시장은 여러 철도회사들이 뛰어들어도 수익을 낼 수 있는 장거리 노선에서도 운송 요금 등을 낮추게 했다. 하지만 철도는 한 노선에서 기본적으로 자연 독점적인 성격을 가지고 있기 때문에 외부 규제가 필요하다. 19세기 말 미국 주정부와 연방정부가 철도 운송 요금을 규제하기 시작한 이유다. 하지만 1870년대와 1880년대 미국 철도산업에는 아무런 규제 장치가 마련되어 있지 않았다.

J. P. 모건이 서부 탐험을 마치고 뉴욕으로 돌아온 직후인 1869년 9월 초 뉴욕의 북쪽에 위치한 작은 철도회사인 올버니·서스쿼하나(Albanny & Susguehanna)를 두고 치열한 전투가 시작된다. 회사는 뉴욕의 주도인 올버니와 빙햄턴(Binghamton) 사이 짧은 142마일짜리 노선을 가지고 있었다. 하지만 펜실베이니아 석탄광산지역으로 이어지는 주요한 노선 네 개와 연결되어 있었다. 그 가운데 하나가 '월스트리트의 메피스토펠레스(Mephistopheles)'[1]로 알려진 제이 굴드(Jay Gould)가 장악한 이리 철도였다. 굴드는 작달막하고 말수가 적었다. 강력한 추진력과 음울할 정도로 치밀함을 갖춘 당대 최고 플레이어였다. '월스트리트 괴물'은 1868년 12월 갓 완공된 올버니-빙햄턴 노선을 군침을 흘리며 눈여겨보고 있었다.

굴드는 올버니-빙햄턴 노선을 두고 일합을 벌이기에 앞서 이리 철도를 수중에 넣었다. 증기선 업계의 '제독(Commodore)'이었고, 뉴욕 센트럴 철도의 지배자인 코닐리어스 반더빌트와 불법·탈법·편법을 총동원한 지분 전쟁을 벌인 뒤였다. 애초에 반더빌트는 허드슨 강을 따라 뉴욕-올버니를 연결하는 철도를 건설했다. 남북전쟁 시기에 늘어난 물동량을 처리하기 위해 오대호 연안까지 노선을 확장했다. 그런데 이리 철도가 건설되어 뉴욕 센트럴 철도의 화물을 빼앗아가기 시작했다. 그는 이리 철도를 수중에 넣기로 마음먹는다. '반더빌트 제독'은 거친 싸움닭이었다. 그는 조직 폭력배들이 지배하고 있던 증기선 업계

---

1. 괴테의 파우스트에 나오는 운명의 악마로 파우스트가 그에게 영혼을 팔아먹는다. -옮긴이

를 평정해 '제독'이라는 별명을 얻을 정도였다. 한마디로 치열하게 싸움을 벌여 원하는 것을 손에 넣고 마는 인물이었다.

하지만 1867년 반더빌트는 이리 철도의 주가조작으로 엄청난 부를 일군 '노련한 해적' 다니엘 드류(Daniel Drew)를 과소평가했다. 게다가 반더빌트는 제이 굴드와 '다니엘 아저씨', 활기 넘치고 길거리 깡패들이 즐겨 쓰는 전술을 잘 동원할 줄 알고 화려한 몸치장과 번뜩이는 순발력을 갖춘 또 다른 약탈자 짐 피스크(Jim Fisk)로 구성된 연합군을 상대해야 했다. '드류·굴드·피스크 트리오'는 뉴욕 주정부 관료들을 매수했다. 가짜 주식 수백만 달러어치를 발행해 이리 철도의 경영권을 방어하는 데 성공했다. 드류는 이리 철도를 쥐어짜 원하는 만큼 돈을 벌었다고 생각하고 이리 철도 회장직을 굴드에게 넘겨주고 물러났다. 굴드는 경영권을 확보하자마자 뉴욕의 부패한 정계를 이끈 윌리엄 M. '보스' 트위드(Tweed)를 이리 철도 이사로 영입한다.

드류가 저지른 협잡 가운데 하나는 나중에 월스트리트에서 정상적인 기법으로 자리잡는다. 바로 '물타기(Watering)'이다. 그는 젊은 시절 가축 몰이꾼을 했는데, 푸트넘에서 뉴욕으로 소 떼를 몰고 오는 와중에 소금을 강제로 먹인 뒤 물을 주지 않았다. 소 떼가 뉴욕에 거의 다다를 즈음 강물을 실컷 마시게 해 소의 무게를 불렸다. 실제 무게와 판매 시점의 무게 차이는 순전히 물뿐이었다. 드류가 월스트리트에 진출해 하는 짓이 바로 소에 물을 먹이는 행위와 같았다. 한 회사의 경영권을 장악하거나 방어하기 위해 불법으로 신주를 마구 발행해 시장에 풀어버렸다. 결국 기존 주주의 지분율을 현격히 떨어뜨렸다. 월스트리트는 이를 '물타기'라고 부르기 시작했다.

굴드는 뉴잉글랜드 시장과 펜실베이니아 석탄을 연결하는 노선을 이리 철도에 통합하고 싶어 했다. 더욱이 한판 전쟁을 벌인 뉴욕 센트럴의 반더빌트가 올버니-빙햄턴 노선을 장악하는 것도 막아야 했다.

J. P. 모건은 은행가로서 올버니-빙햄턴 노선에 관심을 갖고 있었다. 1869년 5월 회사가 발행한 3차 담보채권 50만 달러어치를 발행·유통하는 데 참여해, 공동 경영인 가운데 한 명을 자기 사람으로 선임해놓고 있었다. 그해 여름 모건이 대륙횡단을 하는 동안 굴드와 짐 피스크는 올버니·서스쿼하나의 주식을 시장에서 매집하기 시작했다. 그들은 경영권을 장악할 만큼 지분을 확보했고 자기 사람들을 이사와 경영자로 선임하기 위한 작전을 세웠다. 하지만 그들은 당시 회사의 경영자였던 조셉 램지(Joseph H. Ramsey)의 필사적인 저항에 부닥쳤다.

굴드는 올버니·서스쿼하나의 주식을 최대한 매집했다. 지역 주주들마저 매수해놓고 있었다. 램지는 굴드의 매집 작전에 대응하기 위해 정관상 발행할 수 있는 신주를 찍어내 우호적인 주주들에게 배정해 팔았다. 심지어 그는 사무실에서 주주 명부를 훔쳐내 올버니 공동묘지에 묻어버리기까지 했다. 굴드와 피스크는 이미 뇌물을 듬뿍 건네 매수한 뉴욕 주 대법원의 판결을 근거로 램지의 경영권을 중지시키려 했다. 당시 뉴욕 주 최고 판사는 보스 트위드와 함께 민주당 진영인 조지 G. 버나드(George G. Bernard)였다. 반면 램지는 공화당 진영이며 나중에 미국 대법원 판사에 임명되는 루퍼스 W. 페컴(Rufus W. Peckham)을 동원했다. 페컴은 램지가 만들어 제출한 명령서에 단 몇 분 만에 서명하고 만다. 민주·공화 양 진영이 올버니-빙햄턴 노선을 장악하도록 물심양면에서 지원하고 나선 셈이다.

양쪽의 싸움은 애초 주식 매집-신주 덤핑과 법원의 명령서 동원을 통해 이뤄졌다. 하지만 2~3일이 지나면서 한 판의 어릿광대극과 육탄전으로 변질된다. 늘 10대 소년처럼 뚝심과 억제할 수 없는 용기에 충만한 짐 피스크는 뉴욕 갱들을 이끌고 올버니·서스쿼하나의 사무실을 급습했다. 하지만 현장에 대기 중인 경찰에 의해 교도소로 직행해야 했다. 그런데 경찰은 경찰복을 입은 램지의 부하 직원으로 나중에 드러난다.

피스크는 교도소에서 풀려나자마자 맨해튼으로 철수했다. 한 손엔 자기편 판사인 버나드가 발행한 램지 경영권 행사 중지 명령서를 들고, 다른 한 손에는 새로 충원된 갱단의 지휘봉을 쥐고 올버니·서스쿼하나의 사무실을 다시 치고 들어갔다. 피스크의 무리들은 회사의 사무실을 장악했을 뿐만 아니라 기관차 한 대를 징발해 올버니로 향해 있는 노선을 따라 진격하기 시작했다.

램지의 부하 직원들은 기관차를 탈선시키기 위해 선로 변경 스위치를 바꾸기도 했다. 하지만 두 세력은 하퍼스빌(Harpursville) 근처에 있는 한 터널에서 조우한다. 그들은 각목을 휘두르고 투석전을 벌였을 뿐만 아니라 총질까지 서슴지 않았다. 전투는 뉴욕 주지사가 주방위군을 동원해 올버니-빙햄턴 노선을 장악할 때까지 계속되었다.

두 진영의 전장이 하퍼스빌에서 런던의 한 시중은행 이사회의실로 전환되기까지는 상당한 시간이 걸렸다. 짐 굿윈은 1869년 8월 말 런던의 주니어스에게 보고한다. "굴드와 피스크가 맹공을 퍼붓고 있지만, 램지라는 호적수를 만났습니다." 대브니와 모건은 굴드 세력이 올버니-빙햄턴 노선을 지배하는 상황을 우려했다. 하지만 민주당파 판사인 버나드는 탄핵 위기에 몰려 있었다. 물론 그가 굴드와 커넥션을 가지고 움직였던 적은 이번만이 아니었다. 시민들의 여론도 램지 편이었다. 짐은 "굴드와 피스크가 어느 정도 타격을 받고, (우리가) 적극적으로 나선다면 그들을 제거할 수 있는 기회가 있다. 그들은 이 나라의 수치"라고 말했다.

J. P. 모건은 그해 9월 1일 뉴욕에 도착하자마자 램지 세력의 지원세력으로 징집되었다. 그는 변호사인 장인과 협의한 뒤 올버니에서 활동 중인 변호사 새뮤얼 핸드(Samuel Hand)를 변호사로 선임했다. 그는 미국 항소심 판사를 역임한 런드(Learned) 핸드의 아버지이다. 모건은 대브니와 자신의 명의로 올버니·서스쿼하나 주식 600주를 모건의 이름으로 매입했다. 이때 주주명부는 이미 올버

니 공동묘지에 묻혀 있는 상태였다.

이와 함께 그는 램지 편에 서 있는 주주들을 모두 접촉해 9월 7일 올버니에서 열리는 주주 총회에 출석하거나 자신에게 의결권을 위임해주겠다는 약속을 확실하게 받아냈다. 그는 직접 주총에 직접 참여해 의결권을 행사해 스스로 올버니·서스쿼하나의 부회장과 이사가 되었다.

굴드와 피스크는 별도의 총회에서 자기 사람들을 회사의 임원에 선임했다. 두 달 뒤 뉴욕 최고법원은 램지 그룹의 승리를 인정했다. 모건은 석탄 운송회사인 델라웨어-허드슨 운하에 올버니-빙햄턴 노선을 99년 동안 임대해주었다. 사실상 올버니·서스쿼하나 철도는 사라지게 된다.

굴드는 '서스쿼하나 전쟁'을 치른 뒤 뉴욕 금거래소를 동원한 금 매집에 뛰어들었다. 그의 매집엔 율리시스 그랜트 대통령의 친인척까지 동원됐다. 하지만 재무부가 보유 물량을 시장에 풀어버림에 따라 그의 작전은 실패로 끝났다. 그 바람에 '제이 굴드의 검은 금요일'이 발생한다. 굴드는 그해 늦여름 금 매집에 몰두하고 있었기 때문에 올버니-서스쿼하나 전투를 사실상 피스크에게 일임해두었다.

J. P. 모건은 5년 전에 금 매집 작전을 펼쳐 아버지 주니어스의 분노를 샀다. 이후엔 아버지의 원칙을 지키려고 노력했다. 올버니-서스쿼하나 전투는 모건이 이후 게임을 어떤 원칙에 따라 벌일지 보여주는 상징적인 사건이다. 즉, 회사의 채권 보유자의 이익을 보호하기 위해 기업 사냥 세력의 기동전을 무력화하고, 그가 생각하기에 안전한 길을 뚜벅뚜벅 걸어가는 것이다.

〈뉴욕 타임스〉는 올버니·서스쿼하나 회전이 펼쳐진 지 2~3년 뒤에 "법정 다툼과 물리적인 충돌이 벌어진 올버니·서스쿼하나 경영권 쟁탈은 모건이 유능한 금융인으로서 널리 존경 받는 계기가 되었다"고 평가한다. 실제 J. P. 모건은 여러 가지 사업에서 두각을 나타내고 있었다.

신용평가회사인 R. G. 던은 비밀 보고서에서 모건의 재산을 60~70만 달러 수준으로 평가했다. 하지만 아직 그는 월스트리트에서 진정한 찬사를 받는 존재가 아니었다. R. G. 던은 모건의 성격에 대해 이렇게 말했다. "뛰어난 캐릭터를 보유하고 있고, 놀라운 재능과 노련함, 재빠른 상황판단 능력을 갖췄다. 그러나 때로 폐쇄적이고, 사소한 일에 핏대를 잘 올려 자신과 회사가 대중성을 얻지 못하고 있다. … 그의 회사는 친구들과 파트너들끼리 수익성이 높고 탄탄한 비즈니스를 하고 있으며, 보수적으로 움직여 이해 당사자들에게 안정적인 수익을 제공하고 있다."

R. G. 던은 모건의 재산 규모를 높게 평가했다. 실제로 주니어스는 1869년 당시 500만 달러를, 모건은 35만 달러를 갖고 있었다. R. G. 던의 보고서 마지막 부분은 주니어스를 기쁘게 했을 수 있다. 하지만 첫 부분은 던컨·셔먼의 파트너들이 모건에 대해 했던 평과 비슷했다. 사실 정확한 지적이었다.

모건은 보고서의 지적이 사실임을 보여주기라도 하듯이 파트너들과 흉금을 터놓고 지내지 않았다. 그는 조지 모건이 안고 있는 업무를 덜어주고 싶어 했다. 두 사람들은 모든 사안을 두고 의견을 달리했다. 게다가 모건은 대브니를 충분히 활용하지도 않았다. 짐 굿윈은 모건이 아버지 주니어스와 개인적으로 정보와 의견을 주고받는 바람에 회사의 다른 사람들은 주니어스의 의견을 알지 못한다고 불평했다. 더 나아가 모건의 정보 독점 때문에 상당히 불편했던 짐은 1869년 말 주니어스에게 편지를 띄워 문제점을 지적했다.

대브니는 당시 예순세 살이었다. 그는 "모건에 대해 어떤 영향력도 행사할 수 없게 되었다"며 "과거 내 밑에서 훈련 받던 모건이 존경하는 마음 없이 나를 대하고 있다"고 짐에게 말했다. 그는 이에 따라 5년간 파트너십이 종료되는 1871년 모건과 관계를 정리할 계획이었다. 짐은 모건 혼자 회사를 경영할 수 없다고 생각했다. 그는 주니어스에게 보낸 편지에서 모건의 일처리 방식이 문

제임을 지적한다.

"회사에 대한 대브니의 도덕적 기여는 전반적으로 봐서 대외 관계에 상당한 가치를 지니고 있습니다. 이는 부정할 수 없는 사실입니다." 짐은 R. G. 던의 보고서를 인용해 "모건의 신경질적인 매너는 여러 사람들과 일하는 데 상당한 문제입니다. 많은 사람들이 그를 불편하게 여기고 있다는 사실은 우리의 비즈니스에 좋지 않습니다."

짐과 대브니는 프랭크 페이슨의 파트너인 에밀 하이네만(Emil Heinemann)을 영입하고 싶어 했다. 하이네만은 대브니의 사위였다. 페이슨의 아내와 하이네만의 아내는 자매 사이였다. 반면 모건은 그를 영입하고 싶어 하지 않았다. 짐은 주니어스에게 보낸 편지에서 자신의 주장이 정당하다는 사실을 더듬거리듯이 강조한다. 대브니의 도움으로 회사가 상당한 명성을 얻었는데, "모건 혼자 이를 계속 유지·성장시킬 수 없습니다"라고 말했다.

"…(모건이) 탁월한 능력을 갖고 있습니다만, 아주 정중하게 말씀드리건대, 많은 사람들이 그의 충동적인 일처리 방식과 매너를 좋아하지 않습니다. 제가 이렇게 생각하는 데는 충분한 이유가 있습니다. 저는 그를 통제할 힘을 충분히 갖고 있지 않습니다." 이어 "신속한 사태파악 능력과 꼼꼼함을 갖고 있는 모건이, 계획을 세우고 사업 방향을 설정하는 데 수완과 판단력을 갖춘 하이네만"과 궁합이 잘 맞는다고 강조했다.

하이네만의 기획 능력은 모건의 회사에서 활용되지는 않았다. 주니어스는 조카의 솔직함을 그다지 높이 평가하지 않았다. 짐은 결국 "모건에게 아무 말도 하지 말아주세요. 제가 쓴 편지 내용을 모두 잊어주시길 소망합니다"라고 편지했다. 주니어스는 뉴욕에 있는 회사의 문제를 해결하지 않은 채 상당 기간 덮어두었다. 대신 그는 뉴욕 시장의 불안한 신용 상황을 우려하면서 금융이 불안한 상황에서는 "시장 상황을 관조하라"고 충고했을 뿐이다.

J. P. 모건은 파트너들과 불편하게 지내는 동안에 투기세력이 자신의 고객들이 보유하고 있는 채권과 주식을 가지고 장난치지 못하도록 막는 데 부심했다. 이때 아버지 주니어스는 리스크를 정확하게 파악한 뒤 감수하기로 결심한다. 주니어스는 앤드류 카네기를 만나기로 했다. 카네기는 열두 살에 영국 스코틀랜드에서 펜실베이니아 앨리게니(Allegheny)로 이민 온 사람이었다. 그는 펜실베이니아 철도의 평사원으로 시작해 스물네 살이 되던 해인 1858년 회사의 피츠버그 지사 책임자가 되었다. 스코틀랜드 직조공 아들인 이 사람은 10년 뒤 증권 40만 달러어치를 보유했을 뿐만 아니라 철도회사, 은행, 제철소, 전신회사 등의 파트너로 성장했다. 키스톤(Keystone)이라는 철제 교량 건설회사도 장악했다.

카네기는 1869년 모건과 패니가 서부여행을 하면서 건너야 했던 '한두 개의 섬에 의지한 아슬아슬한 다리'를 대신해 튼튼한 철제 교량을 미시시피에 놓기로 결정한다. 그는 펜실베이니아 철도에서 스승으로 모시는 사람의 도움을 받아 철제 교량 건설권을 따내는 데 성공했다. 세인트루이스 지역의 전직 공병장교였던 제임스 B. 이즈(James B. Eads)에게 설계를 맡겼다. 이즈는 철제 아치 3개가 강바닥보다 28.34미터 아래에 있는 암반층을 딛고 서 있는 석제 다리 발 위에 다리를 놓기로 했다. 비관적인 사람들은 이즈의 설계대로 다리를 놓기 위해서는 700만 달러의 돈이 들고 700만 년이 걸린다고 비판했다.

카네기는 700만 달러보다 적지만 상당한 액수였던 건설 대금을 조달하기 위해 1870년 런던의 주니어스에게 교량 건설 계획을 브리핑한다. 그는 펜실베이니아 철도회사의 회장인 J. 에드가 톰슨의 소개장을 들고 런던 금융회사 J. S. 모건을 찾았다. 카네기는 당대 미국 기술의 독창성을 보여줄 뿐만 아니라 건설할 경우 철강 판매를 촉진하고 "대륙횡단 고속도로에서 기념비가 될 수 있는" 교량 건설계획을 열정적으로 설명했다.

주니어스는 카네기의 설명을 듣고 우선 교량을 담보로 발행될 채권을 매입하게 될 투자자들이 이 멋진 계획을 어떻게 평가할지 의문이었다. 하지만 그는 투자은행 J. S. 모건이 입을 수 있는 피해를 최소화할 수 있는 장치를 계약서에 추가했다. 일리노이-세인트루이스 교량이 발행한 100만 달러어치의 채권을 액면가 85퍼센트 수준에서 인수하기로 결정했다.

카네기는 철강업과 철도 건설에 익숙한 사람이었다. 런던의 올드 브로드 스트리트(Old Broad Street) 방식에 매혹되어 있었다. 전기작가 조셉 월(Joseph Wall)은 카네기 전기에서 이렇게 묘사했다. "피츠버그 주물공장을 달구고 5,000마일 떨어진 오지의 뻘에 철제 빔을 놓기 위해 꼼꼼한 논의, 서너 가지 수정, 간명한 합의가 이루어졌다. 이후 자본주의가 가장 강력한 힘을 발휘했다. 카네기는 조용하면서도 신속하게 이뤄지는 모든 작업을 관리하는 동안 피곤한 줄도 몰랐다."

일리노이-세인트루이스가 발행한 채권은 날개 돋친 듯 팔려나갔다. 투자은행 대브니·모건도 참여하고 싶어 했으나 주니어스는 단호하게 거절했다. "J. S. 모건에 배정된 물량은 애초 보유하고 싶어 했거나 보유해야 할 물량보다 적다"는 이유에서다.

일리노이-세인트루이스 다리 건설 기간은 700만 년까지 걸리지는 않았다. 하지만 주니어스 은행은 준공 시일이 지났을 때 돈을 계속 투입해야 했다. 건설 기간 동안 노동자 15명이 수면 아래에서 오랜 기간 작업하는 바람에 잠수병으로 숨져야 했다. 원인을 알 수 없는 질환으로 많은 노동자들이 불구가 되었다. 이즈는 애초 설계안을 일부 수정하기를 원했지만, 카네기는 철강 교량을 고집했다.

온갖 어려움 끝에 다리가 완공된 1874년 7월 미국 경제는 공황 중에 있었다. '대륙 횡단 톨게이트'를 지나는 철도 물동량이 급격히 줄어들었다. 회사는 기존 채권 보유자들에게 원리금을 되돌려주기 위해 채권을 추가로 발행해야 했다. 하지만 1878년 회사는 끝내 파산하고 말았다. 런던의 투자은행 J. S. 모건은 고객인 채권 보유자들을 보호하기 위해 직접 나섰다.

주니어스는 새로운 회사를 설립하고 채권과 주식을 발행해 조달한 자금으로 문제의 다리를 인수했다. 1881년 J. P. 모건은 일리노이-세인트루이스 다리를 제이 굴드에게 임대해준다. 워버시-미조리(Wabash-Missouri) 퍼시픽 철도가 다리를 독점적으로 이용하게 된다. 세인트루이스 다리는 설계자의 이름을 따 '이즈 다리'라고도 불린다. 엔지니어링의 뛰어난 개가였다. 모건 가문 사람들은 회사의 파산과 관련해 카네기의 책임을 묻지 않았다. 주니어스는 이미 대서양 횡단 케이블 건설 등 장기 프로젝트에 익숙해 있었다. 카네기가 이후 건설하는 여러 다리에도 자금을 지원했다. 1873년 그가 피츠버그 남쪽 모노가엘라(Monogahela) 강가에 세운 철도 레일 주물공장에도 자금을 도왔다.

카네기는 무쇠의 시대가 가고 사용도가 다양하고 내구성이 강한 강철의 시대가 온다는 사실을 간파했다. 그는 재빠르게 움직였다. 먼저 기존 회사의 이름을 펜실베이니아 철도의 회장 이름을 따 '에드가 톰슨 스틸 웍스(Steel Works)'로 바꾸었다. 회사는 1875년 9월 강철 생산을 개시했다. 첫 주문은 철도 레일의 2,000마일 생산이었다. 펜실베이니아 철도가 주문한 것이었다.

카네기는 철을 생산하는 데도 규모의 경제가 작동한다는 사실을 알아챘다. 그는 거대하고 효율적이며 최첨단 철강공장을 설립해 풀가동 체제를 구축했다. 이는 생산량을 늘렸을 뿐만 아니라 단위 비용을 낮추는 효과를 냈다. 카네기는 1876년 주니어스에게 달려간다. "우리가 놀라운 성공을 거두었습니다. 어떤 분석치보다 더 많은 생산을 달성해 매우 기쁩니다. 우리는… 1톤당 50달러 이하에서 철도 레일을 만들어내고 있습니다."

그는 경쟁 기업이 도저히 따라올 수 없는 가격에 제품을 시장에 내놓았다.

물론 카네기 철강은 당시 연방정부의 보호관세 덕을 보기는 했다. 하지만 "정부가 보호관세를 철폐하더라도 가격 경쟁력을 가지고 철로를 서부로 보낼 수 있다"고 그는 주니어스에게 장담했다.

카네기는 철강회사를 설립하고 운영하는 데 부분적으로 주니어스의 도움을 받아 자금을 조달했다. 제철소는 늘 뭉칫돈이 들어가야 하는 철도회사와는 달리 상당한 수익을 냈다. 그래서 그는 더 이상 은행가들에게서 자금을 조달할 필요가 없었다. 카네기는 1876년 미국 독립 100주년을 기념해 열린 필라델피아 콘티넨탈 전람회 건물 절반을 건설했다. 2년 뒤에는 뉴욕 브루클린 다리의 건설계약을 따냈다. 1885년에는 미국의 각종 공구, 공장, 대형 빌딩, 선박, 도시철도, 기계장비 등에 들어가는 철강제 대부분을 생산하는 '철강왕'에 등극했다.

규모의 경제를 활용한 그의 경영전략과 그에게 맞서기 위해서는 엄청난 돈을 투입해 거대 철강회사를 지어야 한다는 사실 덕분에 카네기는 대규모 철강업계에서 선두 주자의 이점을 최대한 활용할 수 있었다. 그는 경쟁을 사랑했다. 이기는 방법을 잘 알고 있었다. 카네기는 1875~1901년까지 철강왕으로 군림했다.

카네기가 철강왕으로 발돋움하던 시기에 J. P. 모건의 아버지인 주니어스도 금융계의 거물로 부상하기 위해 발걸음을 재촉했다. 그는 각국 정부의 펀딩에 참여하는 유럽 '오늘의 은행가'들과 어깨를 나란히 할 수 있을 정도로 성장했다. 당대 최고의 은행은 누가 뭐라 해도 로스차일드와 베어링 브라더스였다. 로스차일드는 웰링턴 공작이 이베리아 반도를 공략할 때 자금을 지원했다. 1818년 프로이센이 처음 발행한 채권을 인수했고, 크리미아 전쟁의 자금을 지원했다. 베어링 브라더스는 워털루 전투에서 나폴레옹이 실각한 이후 루이지 애나를 매입하기 위해 프랑스가 발행한 채권을 인수해 유통시켰다.

투자 은행가들은 정부의 펀딩에 뛰어들어 얻은 수익과 명성 못지않은 정치적 영향력도 확보했다. 프랑스의 총리인 리셜리외 경(Duc de Richelieu)은 1818년 "유럽에는 6대 슈퍼 파워가 있는데, 잉글랜드와 프랑스, 프러시아, 오스트리아, 러시아, 그리고 베어링 브라더스가 바로 그들"이라고 선언할 정도였다.

모건 하우스는 1862년 미국 재무부 채권의 발행시장에서 독보적인 지위를 확보하고 있던 제이 쿡의 위상을 흔들지는 못했고 틈새시장에서 성공하려고 노력했다. 주니어스는 남북 전쟁 기간 동안 남아메리카의 칠레와 페루를 비롯해 스페인의 정부가 발행한 채권을 인수·유통했다. 그는 한창 뻗어나가는 회사를 보고 기뻐했다. 하지만 로스차일드와 베어링 브라더스 등 유럽의 당대 최고 금융가문과 아직 어깨를 나란히 할 정도는 아니었다.

기회는 노리는 자에게 찾아온다고 했던가. 주니어스는 1870년 자신에게도 기회가 오고 있음을 직감한다. 그해 프랑스와 프러시아 전쟁이 발발했다. 나폴레옹 3세가 이끄는 빈사상태의 프랑스 제2제정은 오토 본 비스마르크가 버티고 있는 독일 북부 동맹을 공격했다. 주니어스는 순간 나폴레옹의 조카인 야심찬 나폴레옹 3세가 "사망 증명서에 서명했다"고 판단했다. 실제 전쟁 발발 4주 만에 나폴레옹 3세는 굴복했다.

프랑스 공화파는 파리를 점령하고 항복을 거부했다. 프러시아 군대가 남진해 파리를 향해 치고 들어갈 즈음, 프랑스 정부의 관료들이 화급하게 런던으로 달려와 자금지원을 간청했다. 로스차일드나 베어링 브라더스가 그런 상황에서 자금을 지원할 투자은행은 아니었다. 결국 프랑스 관료들은 정상급 금융회사는 포기하고 2순위 금융회사와 접촉하고 나섰다. 바로 투자은행 J. S. 모건의 문을 두드린 것이다. 주니어스는 즉각 1789년 이후 프랑스 정부의 신용

상태를 점검했다. 그때까지 프랑스가 정치적 격변을 겪기는 했지만 채무를 불이행한 적은 한 번도 없었다. 주니어스는 신속하게 움직여 신디케이트를 구성해 1,000만 파운드(5,000만 달러)를 제공하기로 계약했다.

주니어스는 상당한 성공을 거뒀다. 하지만 유럽 대륙의 요동하는 정치 상황에 비추어볼 때 프랑스의 펀딩에 참여한다는 것은 위험한 도박이었다. 파리는 1871년 독일 철혈 재상 비스마르크의 말발굽 아래 굴복하고 만다. 프랑스는 결국 비스마르크가 요구한 가혹한 항복조건에 서명한다. 그 조건 가운데 하나가 전쟁 배상금 10억 달러 지급이었다.

프랑스의 내정도 심각했다. 왕당파로 구성된 의회가 구성되었다. 하지만 공화파는 코뮌을 건설했다. 두 진영은 내전에 뛰어들었다. 주니어스가 인수해 유통시킨 프랑스 채권 가치가 급락했다. 그는 자신이 보유하고 있는 프랑스 채권을 꼭 쥐고 앉아 있었을 뿐만 아니라 헐값에 매물로 나온 프랑스 채권까지 사들였다. 심지어 프랑스가 프러시아에 전쟁 배상금을 지급하기 위해 런던에서 자금을 조달할 때 거들기까지 했다.

1875년 프랑스는 주니어스를 통해 5년 전인 1870년에 발행한 채권을 액면가에 전량 회수하기로 결정한다. 주니어스는 발행 당시 액면가의 80퍼센트에 인수했을 뿐만 아니라 시중에서 헐값에 막대한 양을 사들여 보유하고 있었다. 결국 프랑스가 전량 회수했을 때 주니어스는 인수 커미션과 시세차익 등을 모두 합해 150만 파운드(700만 달러)를 거두어들였다. 전체 발행 대금의 15퍼센트에 해당하는 거액이었다. 프랑스 채권의 인수를 계기로 투자은행 J. S. 모건은 국제적인 은행가로서 명성도 얻게 되었다.

1870년대로 접어들 즈음 J. P. 모건은 파트너들과의 불협화음을 해소하지도 못했다. 하지만 다른 부문에서는 잘 지내고 있었다. 그는 1869년 말 뉴욕의 업타운이었던 40번가 이스트 6번지에 있는 커다란 저택을 구해 이사했다. 새 집은 널찍한 현관 테라스가 있었다. 코닐리어스 반더빌트의 아들은 윌리엄 헨리(William Henry) 반더빌트의 50번가 저택과 이웃했다. 근처에는 이집트 스타일 벽이 둘러쳐진 크로톤 저수지가 자리 잡고 있었다.

당대 미국 최고의 인테리어 디자이너인 허터 형제들이 이번에도 모건의 새 집을 단장했다. 이들이 디자인했던 윌리엄 반더빌트나 그랜트 대통령의 사저와 견주어볼 때 모건의 새 집 인테리어는 수수했다. 이듬해인 1870년 여름 다시 하이랜드 폴스에 있는 스토니허스트 집을 다시 빌려 여름을 났다. 이해 7월에는 세 번째 아이인 줄리엣 모건이 태어났다. 모건의 가족만도 다섯이 되었다.

19세기 후반 부유한 미국인들이 유럽 부자들을 본떠 개인 갤러리를 경쟁적으로 세웠다. 모건도 그때 뉴욕에서 나름대로 큰 구실을 하고 있었다. 그는 1869년 미국의 자연사박물관(American Museum of Natural History)을 세우는 데 시어도어 루스벨트(20세기 초 미국 대통령이 되는 시어도어 루스벨트의 아버지)와 P. 머튼 등 유명 인사들과 함께 거들고 나섰다. 또 유니언 리그 클럽의 유명한 뉴요커들이 1869년 예술박물관 건립을 추진할 때 1차 서명자로 참여했다. 1871년에는 1,000달러를 기부해 뉴욕 메트로폴리탄 예술 박물관의 후원자가 되었다.

그러나 모건의 회사 일은 순탄하게 이뤄지지 않았다. 결국 그는 서른세 살의 나이에 회사 일에서 손을 떼기로 결정한다. 찰스 대브니가 1871년 초 파트너십이 만료되는 7월 1일자로 회사를 떠나겠다고 발표했다. 이때 모건은 진심을 감추기에는 서투른 메모를 짐 굿윈과 조지 모건에게 건넨다. 메모의 요지는 모건 자신도 회사를 떠나기를 원한다는 것이었다. 그는 외부 상황과 건강이라는 조금 진부한 이유를 든다. "회사의 경영 일선에서 후퇴하고 파트너로서 지분을 정리하겠다고 일찍 알리는 게 나의 의무라고 생각한다"고 밝혔다.

이어 "경영 일선에서 물러나 휴식을 취할 것을 강력히 요구받은 상황"이었기 때문에 "망설이기는 했지만 다른 파트너들의 능력 등을 의심하지 않고 물러난다"고 했다.

그가 경영 일선에서 물러나야 한다고 강력히 주장한 사람은 누구일까? 의사였을까? 가족이었을까? 모건은 얼마나 그리고 누구와 일할 것인가를 두고 갈등을 빚어왔다. 그는 의무적으로 일할 필요는 없었다. 도금시대 미국의 부잣집 후손들은 부모의 돈으로 사냥과 보트 타기, 외국 여행, 경마 등을 즐기며 시간을 죽였다. 반면 당대 거대한 산업국가 미국을 건설하고 있던 사람들은 그저 그런 배경을 지닌 '새로운 인물들'이었다.

J. P. 모건은 동시대 부잣집 후손들과는 달리 화려한 생활보다는 열심히 일해야 한다는 윤리의식으로 충만한 인물이었다. 런던의 아버지한테서 엄청난 업무 압박에 시달리고 있었다. 하지만 그는 일이 주는 스트레스를 감당할 만한 인물은 되지 못했다. 주기적인 우울증이 업무 추진을 가로막았다. 신경쇠약이 모든 책임과 제약을 없애버린 셈이다.

아버지 주니어스는 아들이 그만두도록 할 마음이 없었다. 아들이 건강 문제로 휴식을 원한다면, 그에게 휴가를 줄 수 있었다. 그는 회사가 세계적인 금융회사로 발돋움하고 있고, 아주 중요한 미국 금융시장에서도 비즈니스를 확대할 계획을 갖고 있었다. 계약서에 명시하지는 않았지만, 모건이 참여하고 있는 뉴욕 회사는 그의 원대한 계획에서 없어서는 안 되는 조직이었다.

주니어스는 원대한 계획을 실현하기 위해 조지 모건과 충성심은 크지만 능력은 그만그만한 짐 굿윈을 실망시켜야 한다면, 그럴 마음도 있었다. 그렇지만 대브니와 이별은 상당한 손실이었다. 대브니를 대체할 인물을 물색해야 하는 게 그의 당면 과제였다. 그는 아들이 파트너들 사이에서 인기가 없다는 짐 굿윈의 보고서를 싫어했다. 하지만 아들이 지니고 있는 문제점을 잘 알고 있었다. 능력 있는 멘토를 구해 모건 옆에 두고 싶어 했다.

주니어스가 대브니를 대신할 인물을 간절히 찾고 있던 1871년 우연하게 필라델피아의 유명한 은행가인 앤서니 J. 드렉셀(Anthony J. Drexel)이 눈에 들어왔다. 정확하게 말해 주니어스의 조건에 앤서니 드렉셀이 맞아떨어졌다고 해야 할 것이다. 그는 금융회사 드렉셀(Drexel & Co.)을 경영하고 있었다.

드렉셀 세 형제는 오스트리아의 가톨릭 집안의 후손이었다. 이들은 뉴욕 법인인 드렉실·윈스롭(Drexel, Winthrop, & Co.)과 파리 법인 드렉셀·하제스(Drexel, Harjes, & Co.)를 통해 국제 무역을 벌였다. 이들은 통일 국가로 발돋움하려는 독일과 밀접한 유대관계를 맺고 있었다. 세 형제가 보유한 재산은 700여 만 달러였다. 그들의 미국 회사들은 순이익으로 해마다 35만 달러를 벌어들였다.

1870년 말 마흔다섯 살인 토니(Tony) 드렉셀은 필라델피아 경제권에서 라이벌인 제이 쿡을 제치고 펜실베이니아 지분을 확보하는 데 성공했다. 파리나 뉴욕 법인의 현재 파트너들보다 좀 더 강력하고 다이내믹한 파트너를 물색하고 있는 중이었다. 그는 주니어스가 1870년 인수한 프랑스 채권을 중개해주는 과정에서 인연을 맺었다. 토니 드렉셀은 파트너 선정과 관련해 자문을 요청하기 위해 주니어스를 찾았다.

바로 그때 주니어스가 토니 드렉셀에게 파트너십을 구축하자고 제안한다. 모건의 아버지는 필라델피아와 런던에서 각자 강력한 근거지를 마련하고 있고, 뉴욕에 있는 아들 J. P. 모건이 가세하면 파리에서도 "수익성이 높은 조인트 벤처를 만들 수 있다"고 설명했다.

J. P. 모건은 1871년 3월 8일 펜실베이니아 서부 필라델피아에 있는 토니 드렉셀의 집으로 찾아간다. 토니는 모건보다 열두 살 연장자였다. 두 사람은 상당한 시간 동안 파트너십 구성을 토론한 뒤 런던에 있는 주니어스의 승인을 받는다는 조건 아래 모건이 투자은행 '드렉셀·모건(Drexel, Morgan & Co.)'의 시니어

파트너로 참여하기로 합의했다. J. P. 모건은 토니 드렉셀의 동생 조셉 드렉셀과 다른 파트너인 은행가 J. 노리스 로빈슨(Norris Robinson)을 지휘할 수 있는 등 독자적인 권한을 보장받았다. 또한 그는 필라델피아에 있는 토니 드렉셀과 그의 형인 프란시스 드렉셀과도 밀접한 관계를 유지하며 일하기로 했다. 그러나 두 사람의 합의는 일단 런던 주니어스의 동의를 받아야 했다. 그때까지 모건은 1년 동안 휴식을 취할 예정이었다.

J. P. 모건은 토니 드렉셀과 협의를 마치고 뉴욕으로 돌아와 짐과 조지에게 은퇴 후 회사를 청산하겠다고 통고했다. 그의 말은 모두 진실은 아니었다. 그는 드렉셀 쪽과 의논하고 합의한 사항에 대해서는 함구하면서 파트너인 짐과 조지에게 넉 달 전에 자신이 '적절한 시기'에 통고하겠다고 한 내용을 일깨워주었다.

그는 "많이 망설인 끝에 내 자신의 이익보다는 존중하고 지켜주어야 하는 가장 가깝고 친한 파트너들의 이익을 위해 파트너십을 해체하기로 결정했다"고 말했다. 이는 그가 아버지와의 일뿐만 아니라 은행 비즈니스까지 그만 두기로 했다는 의미인가? 아니면 아내와 아이들을 의미하는 것일까? 복잡한 문장이 그의 불편함을 말해준다. 그는 "짐과 조지 당신들의 노력과 함께 내가 지난 10년 동안 열정적으로 만들려고 했던 사업과 지위를 일정 정도 희생하는 게 불가피하지만, 내 몸을 희생해야 하는 상황이기 때문에" 휴식이 필요하다고 말했다.

모건의 변은 평가 받을 만하다. 그는 "우리는 오랜 기간 함께 일했고 큰 성공을 거두기도 했다. 이런 관계를 끝낼 때는 큰 용기가 필요했다"고 말했다. 이어 "미래를 불안하게 여기고 있고, 지금처럼 열정을 가지고 비즈니스에 전념할 수 있을지 의문"이라고도 말했다. 그런데 그는 곧 설립될 드렉셀·모건에 전념하겠다고 이미 약속해놓은 상태였다.

주니어스는 모건과 토니 드렉셀이 합의한 파트너십에 동의했다. 조지 모건은 J. P. 모건이 떠난 뒤 새로 설립한 하이네만·페이슨에서 일하게 되었고, 짐 굿윈은 물러나라는 지시를 충실히 따르는 좋은 군인처럼 모건의 결정을 받아들이고 모건이 자리를 비운 1년 동안 드렉셀·모건의 뉴욕 사무실을 지키기로 했다. 결과적으로 월스트리트를 떠나는 사람은 J. P. 모건이 아니라 짐 굿윈이었다. 그는 1873년 필라델피아에서 사라 리핀코트(Lippincott)와 결혼했다. 이후 그는 하트포드와 뉴욕을 오가면서 모건이 요청할 경우 회사의 이사로 이름을 올려놓기도 했다. 또 동생인 프랭크가 가지고 있는 하트포드 농장을 관리해주었다.

투자은행 드렉셀·모건은 1871년 7월 1일 뉴욕 익스체인지 플레이스 53번지에 문을 열었다. 2~3일 뒤 J. P. 모건은 1년을 기약하고 가족들과 함께 외국 여행을 떠난다.

제로섬 게임

J. P. 모건은 1871년 유럽 여행을 떠났다. 아내 패니와 자녀 셋, 도우미 2명, 처제 매리가 동행했다. 이들은 아버지 주니어스와 어머니 줄리엣을 보기 위해 런던에 잠시 들른 뒤 시저(Cesar)라는 이름을 가진 집사와 함께 독일로 건너가 오스트리아와 스위스를 둘러본다. 모건은 어릴 적 프랑스어를 공부했던 베비의 학교를 아이들에게 보여주었다. 그는 그해 겨울을 이탈리아에서 보낼 계획이었다. 하지만 로마의 분위기가 부산하고 우울해 모건은 가족들을 모두 데리고 이집트로 가기로 했다.

모건 일행은 1871년 12월 중순 이탈리아 브린디시(Brindisi)에서 배를 타고 이집트 알렉산드리아로 향했다. 동서의 문화 차이를 구분하는 문화 국경을 넘는 여행이었다. 모건은 유구하고 신비스러운 유산으로 가득한 이집트에 도착해 느낀 첫 인상을 기록으로 남기지 않았다. 하지만 그가 이후 "내가 진정으로 사랑하는 이집트"라고 말한 점에 비추어볼 때 강렬한 인상을 받았을 것이다.

수많은 외국 통치자들이 이집트를 지배하면서 수천 년 동안 축적된 문화유산에 대해 소유권을 주장해왔다. 나폴레옹이 1789년 이집트를 점령해 유럽인들이 연구하고 문화유산을 발굴해 가져갈 수 있도록 했다. 이때까지는 기원전 5세기 그리스인 헤로도토스가 쓴 책이 신비한 이집트를 이해하는 디딤돌이 되었다.

프랑스 사람들은 1809~1828년에 열아홉 권짜리 《이집트 백과사전Descrip-tion de l'Égypte》를 펴냈다. 영국의 동방 탐험가인 존 가드너 윌킨슨(John Gardner Wilkinson)과 에드워드 W. 레인(Edward W. Lane)은 이집트에 대한 자신들의 치밀한 분석에 따라 탐험했다. 모건은 학술적인 연구보다 직접 보고 느끼는 방식으로 이집트를 여행했다. 그는 이집트를 직접 여행하고 상당한 시간이 흐른 뒤에 프랑스와 영국 사람들이 쓴 책을 읽었다.

장 프랑수와 샹폴리옹(Jean F. Champollion)은 1820년대 나폴레옹이 가져온 로제타석에 기록되어 있는 상형문자의 의미를 해독했다. 고대 이집트에 대한 연구에 대한 혁명적인 변화였다. 이집트와 유럽의 연결도 본격화했다. 1835년 프랑스 마르세이유와 알렉산드리아를 연결하는 정기 증기선이 도입되었다. 19세기 중반 이후 카이로는 세계 일주 여행에서 핵심적인 기항지가 되었다. 프랑스 외교관 페르디낭 드 레제프스(Ferdinand de Lesseps)는 1859년 수에즈 운하 건설을 제안했다. 미국의 대륙횡단 철도가 완공된 지 10개월 뒤에 운하의 정식 개통을 기념하기 위해 나폴레옹 3세의 황후인 외제니(Eugénie)가 이스라엘 사이드 항구를 출발해 수에즈까지 공식 항해를 시작했다.

외제니의 기념 항해엔 영국 웨일스 왕자와 왕자비, 프란츠 요제프 황제, 교황의 사절단, 역사적인 수에즈 운하의 개통을 기념하기 위해 오페라를 작곡할 음악가 베르디가 함께했다. 불행히도 베르디는 '아이다'를 제시간에 완성할 수 없었다. 1871년 카이로에서 첫 공연이 이루어졌다. 미국인으로서는 토머스 쿡(Thomas Cook)이 수에즈 운하가 개통한 직후 나일강 원정을 떠난 이후 1870년 당시 카이로 미국 영사관에 등록된 이집트 채류 미국인은 300명에 달했다.

모건은 1872년 1월 개인 항해 허가를 받아 나일강을 남쪽으로 거슬러 가는 탐험에 들어갔다. 하지만 동행한 원주민이 배를 운항하는 데 서툴렀을 뿐만 아니라 큰 삼각돛이 달린 배도 매우 느렸다. 결국 그는 쿡(Cook) 증기선으로 맞바꿔 출항했다. 고대 이집트인들은 자기들의 땅을 '두개의 대지(The Two Lands)'라고 불렀다. 나일강 상류지역인 애스원 지역과 저지대인 카이로 일대를 의미한다. 나일강 탐험을 떠나는 사람들은 남쪽으로 항해한 뒤 다시 북쪽인 카이로로 돌아왔다.

그 뉴요커는 3주 동안 풍요로운 나일강 계곡을 지나면서 수천 년 동안 변하지 않은 장면들을 목격할 수 있었다. 진흙으로 지어진 촌락과 대추야자 나무, 클로버와 보리가 가득한 들판, 오리와 거리 떼를 비롯해 멤피스와 카낙, 테베의 신전, 뜨거운 태양 아래에서 묵묵히 돌을 캐는 석공 등이었다. 그는 나일강 상류 지역에 퍼져 있는 거대한 피라미드와 신전 등을 둘러본 뒤 애스원에서 배를 돌려 다시 북쪽으로 향했다. 모건의 시저호는 물품을 구매해 배에 선적했다. 차와 초콜릿, 커피, 오렌지, 비스킷, 토마토, 약품, 콜드크림, 포도주, 담배, 숯, 고대 칼, 타조 알, 목욕용 왕겨, '여인네들을 위한 비단' 등을 구입해 실었다.

J. P. 모건 일행은 1872년 1월 중순 로마로 돌아왔다. 모건은 이집트 여행에서 돌아온 즉시 하트포드 시절 친구이고 당시에는 퀴리날의 팔라조 바베리니에 있는 르네상스 양식의 웅장한 저택에서 살고 있는 조각가 윌리엄 웨트모어 스토리를 찾았다. 스토리는 런던 더 시티에 있는 로열 익스체인지에 세워진 조지 피바디 동상을 조각했다. 그가 살고 있는 저택은 로마에 망명하다시피 살고 있는 미국 예술가들의 아지트였다.

스토리의 집이 있는 팔라조 바베리니에서 모건은 조각가 해리엇 호스머(Harriet Hosmer), 화가 유진 벤슨(Eugene Benson)과 루서 테리(Luther Terry), 작곡가 프란시스 부트(Francis Boot), 스토리의 아들이고 조각가인 왈도(Waldo)를 만났다. 헨리 제임스(Henry James)는 스토리의 집을 주기적으로 찾았을 뿐만 아니라 1903년에는《윌리엄 웨트모어 스토리 & 그의 친구들》이라는 책을 쓴 인물이다. 그는 스토리가 재능 있는 조각가라기보다는 여러 사람들이 좋아하는 사교적인 인물이라고 했다. 그는 스토리의 인생이 "고상한 실수를 위한 아름다운 희생"이었다고 평가했다.

모건은 1872년 4월 17일 서른다섯 번째 생일을 파리의 호텔 브리스톨에서 가족과 처제 등과 함께 보냈다. 호텔 브리스톨은 지금은 없다. 현재 파리에 있는 호텔 브리스톨은 1차 세계대전 이후 옛 이름을 따 붙인 것이다. 당시 호텔 브리스톨은 여행 안내서인 베데커(Baedeker)의 일류 호텔 명단에 '최고급 호텔'로 등재되어 있었다. 19세기 호텔로선 드물게 객실에 욕실이 달려 있었고 주방과 응접실이 있었다. 이후 모건은 파리를 방문할 때면 호텔 브리스톨에서 줄곧 지냈다.

J. P. 모건은 1872년 5월 초 가족들을 파리에 남겨 두고 혼자 런던을 방문했다. 몇 달 동안 여행한 덕분에 그는 원하는 효과를 봤다. 심신이 새로운 기운으로 충만했다. 그는 런던의 로열 예술 아카데미의 개장에 참석했지만 "내 포켓북을 개비해야 했기 때문에" 아무것도 사지 않았다고 패니에게 보낸 편지에서 말했다.

그때 아내 패니는 다시 병치레에 시달리고 있었다. 모건은 아내에게 적합한 간호사를 발견했다. 그녀는 하노버 출신이고 개신교도였다. "외모는 나쁘지 않았고, 다른 독일인처럼 엄격하지도 않은" 사람이었고 상냥했으며 추천서를 갖고 있었다. 그는 "내가 그녀와 함께 가도 되겠소?"라고 아내에 편지를 띄워 물었다. 모건은 그해 6월 몸 상태를 마지막으로 끌어올리기 위해 아버지 주니어스와 함께 독일 월드바드 온천을 찾았다. 그리고 그해 8월 모건 일행은 뉴욕에 있는 집으로 돌아왔다.

———◆◆◆———

J. P. 모건은 1871년 초 여름 뉴욕을 떠나기 전 새로 이사한 하이랜드 폴스의

집에서 남쪽으로 반 마일 정도 떨어진 곳에 있는 커다란 농장이 매물로 나왔다는 소식을 들었다. 그는 1년 동안 외국에 머물 예정이었기 때문에 장인 트레이시에게 구매 권한을 위임해 두었다. 그의 장인은 1872년 4월 마침내 6만 달러(현금 5만 8,000달러)를 주기로 하고 농장을 매입했다. 그는 그 농장을 크래그스톤(Cragston)이라고 불렀다. 그해 7월 장인 트레이시는 사위에게 편지를 띄워 "자네의 새로운 영지가 여름 태양 아래에서 눈부시게 빛나고 있다"고 말했다.

허드슨 강을 굽어볼 수 있는 한 언덕 위에 목재 농가주택이 1859년 볼드윈(Baldwin)이라는 사람을 위해 지어졌다. 그 집은 '밀리어네어스 로(Millionaire's Row)'라고 불린 허드슨 강 동편의 부촌과는 거리가 좀 있었다. 당시 허드슨 강 동편에는 오스번 가문과 국무장관인 해밀턴 피시의 저택이 자리 잡고 있었다. 반면 서편은 웨스트포인트에서 가까웠고, 좀 덜 세련된 지역이었다.

모건은 계약이 마무리되기 전부터 새로 산 농장에서 무엇을 할 것인지 궁리했다. 그는 농장을 리모델링하는 방안을 수천 가지나 생각했다. 하지만 아내 패니는 가장 단순한 디자인을 원했다. 그는 거실에는 매트리스를 깔고 싸구려 무명천으로 덮인 가구들을 원했다. 그녀는 남편과 취향이 아주 다르다는 점을 익히 알고 있었다. 그녀는 남편이 농가 주택을 너무 웅장하게만 꾸미지 않기를 소망했다. 그녀는 유럽에서 남편의 전처 친정식구인 매리 스터지스에게 보낸 편지에서 "저희 부부는 각자 원하는 바가 다릅니다. 저는 우아한 가구를 별로 좋아하지 않습니다. 대신 돈을 책이나 그림 등 누가 훔쳐가지도 깨먹지도 않고 오랫동안 유지되는 물건을 구입하는 데 썼으면 합니다"라고 말했다. 그녀가 원하는 그림은 도둑조차 가치를 높이 매기지 않을 것들이었다. 그런데 남편은 모든 것을 원했다.

두 사람이 서로 다른 꿈을 꾸고 있는 그 '영지'가 모건의 수중에 들어온 시기는 1872년 가을이었다. 넓이는 45만여 평이었고, 가축우리와 착유 공간 등이 마련되어 있었다. 패니는 자신의 뜻대로 무명천으로 장식하려고 했다. 하지만 모건은 이후 몇 년 사이에 농장을 영국식 영지로 탈바꿈시켰다. 그는 바위와 숲을 제거해 시야를 탁 트이게 했다. 널찍한 잔디밭이 허드슨 강 언덕까지 이어지도록 했다. 집 안은 그림으로 채웠다. 빅토리아시대에 유행한 곡선이 많은 가구와 꽃나무 등으로도 집 안을 장식했다. 페르시아산 카펫으로 집 안 바닥을 덮었다. 모건은 집 안 뜰에 테니스 코트를 마련했고 마구간과 개 사육장, 지하 포도주 저장소, 온실, 포도밭, 과실수, 여러 개의 정원, 마차 차고 등을 설치했다. 그의 정원사는 허드슨 강과 인접한 곳에 나팔 수선화를 심었다. 저택 주변에는 진달래와 비슷한 꽃나무를 심었다. 모건이 여행에서 돌아온 뒤인 1872년 여름 딸기와 토마토 등을 재배해 가족들이 먹을 수 있도록 했다.

〰〰

앤서니 드렉셀은 1872년 가을 안식년을 맞았다. 그는 일을 중단하고 여행을 떠났다. 모건은 그해 초 브로드 스트리트와 월스트리트가 만나는 곳인 23번지에 회사 빌딩의 신축공사가 끝나기 전까지 옛 사무실에서 업무를 처리했다. 새로 지어진 드렉셀 빌딩은 서쪽으로는 뉴욕증권거래소를, 북쪽으로는 도리아식으로 지어진 재무부 뉴욕 사무소의 빌딩과 인접해 있었다. 흰색 대리석 빌딩인 새 사옥은 6층이었다. 월스트리트 플레이어들 사이에서 '더 코너(The Corenr)'로 불린다.

주니어스의 오랜 지기인 P. 머튼은 1층을 임대해 은행인 머튼·블리스를 운영했다. 드렉셀·모건의 경영 자료 가운데 남아 있는 것들은 불완전하다. 파트너들이 어떻게 순이익을 나눠가졌는지를 말해주는 자료는 남아 있지 않다. 드렉셀·모건의 초기 납입 자본금은 100만 달러였다. 이 가운데 90만 달러는 드렉셀 형제들이 '언제든지 지급되는 특별어음'으로 납입했고, 나머지 10만 달러 가운데, 6만 1,000달러는 필라델피아 파트너인 토니 드렉셀과 프란시스 드렉셀, J. 후드 라이트(Hood Wright)가 납입했다. 그리고 3만 9,000달러는 뉴욕 파트너들이 담당했는데, 그 가운데 1만 5,000달러는 모건과 조셉 드렉셀이, 9,000달러는 J. 노리스 로빈슨이 담당했다.

J. P. 모건이 드렉셀·모건의 경영 책임자로서 첫 번째로 시작한 비즈니스는 미국 연방정부 채권 입찰에 참여할 수 있는 자격획득이었다. 애초에 제이 쿡은 남북전쟁 기간 동안 북부 연방정부의 채권을 도맡아 도매할 수 있는 권한을 쥐었다. 그가 엄청난 수익을 올릴 수 있는 비결이었다. 1865년 이후에도 쿡 은행의 배타적인 권리가 이어졌다. 모건과 머튼 하우스들이 제이 쿡의 독점권에 반발했다. 수익성과 회사의 지명도를 높일 수 있는 채권 입찰에 참여하고 싶어 했다.

독점과 경쟁은 철도나 철강 산업에만 국한된 현상이 아니었다. J. P. 모건은 연방정부가 남북전쟁 기간 동안 발행한 채권을 상환하기 위해 다시 채권 발행에 나섰을 때 기회를 포착했다. 재무부는 전쟁 채권의 매력도를 높이기 위해 일반 채권과는 달리 연 6퍼센트 이자를 약속했다. 이는 '5-20채권'으로 불렸다. 만기가 20년이었지만, 발행 이후 5년이 지나면 정부가 중도에 상환할 수 있었다. 재무부 관료들은 남북전쟁이 끝난 뒤 5년이 지났을 즈음부터 이자 부담을 줄이기 위해 이자율이 낮은 새 채권을 발행해 전쟁 채권을 상환하고 싶어 했다.

의회는 1870년 법안을 통과시켜 재무부가 기존 '5-20채권' 16억 달러어치를 상환하기 위해 연 4퍼센트와 5퍼센트의 새 채권을 발행할 수 있도록 했다. 채권 매각 대금은 연방정부 인가 은행들에 예치되었다. 액수가 일정 금액, 예를 들면 500만 달러 수준에 이르면 재무부 장관이 인출해 기존 '5-20채권'을 상환하는 데 사용할 수 있었다. 더욱이 1869년에 제정된 공공 신용법(Public Credit

Act)은 정부의 거래를 모두 금화를 바탕으로 하도록 규정했다. 그 채권은 두 가지 목적을 위해 발행되었다. 첫째 이자부담 경감이었고, 둘째 금본위제를 바탕으로 한 단일 통화 시스템을 본격화할 때를 대비한 금 보유 확대였다.

연방 정부가 전쟁 채권을 상환하기 위해 새 채권을 처음 발행했을 때 적극적인 은행과 에이전시 수백 개가 나서 인수·유통했으나 판매 실적은 그다지 좋지 않았다. 재무장관 조지 보우트웰(George Boutwell)은 다시 제이 쿡을 불러들였다. 당시 제이 쿡은 채권인수에 따른 리스크를 감당하기 위해 국제적인 신디케이트를 구성해 놓고 있었다. 쿡은 정부의 기대대로 채권 인수·유통을 훌륭하게 해치웠다. "이제 은행 제이 쿡이 유럽의 어떤 미국계 금융회사보다 우월한 위치를 점하게 되었다"고 머튼은 그랜트 대통령 앞에서 말했다.

투자은행 드렉셀·모건과 머튼·블리스도 그 채권을 인수하는 데 참여하고 싶어 했다. 워싱턴과 긴밀한 커넥션도 가지고 있었다. 주니어스와 머튼은 보스턴 시절부터 재무장관 보우트웰을 잘 알고 지냈다. 그랜트 대통령은 1867년 이후 조지 피바디가 종자돈을 마련해 설립한 서든 에듀케이션 펀드의 이사였다. 게다가 드렉셀은 대통령의 개인 자금을 관리하고 있었다. 머튼은 뉴포트에서 대통령 부부를 초대해 성대하게 대접한 바도 있었다.

1872년 대통령 선거에서 율리시스 그랜트는 승리해 백악관에 다시 들어갈 수 있게 되었다. 그는 민주당 후보로 나선 〈뉴욕 트리뷴〉의 편집장인 호레이스 그릴리를 물리쳤다. 그랜트의 승리와 함께 보우트웰은 상원의원이 되었다. 재무부는 보우트웰이 재무부를 떠나기 전에 채권 300만 달러어치를 발행하기로 결정했다. 제이 쿡은 런던의 셀리그먼 브라더스(Seligman Brothers)와 N. M. 노스차일드·선과 신디케이트를 구성해 물량을 전량 인수하고 싶어 했다. 반면 J. P. 모건은 쿡에 대항해 뉴욕의 드렉셀·모건과 머튼·블리스, 런던의 J. S. 모건과 베어링 브라더스, 머튼의 영국 법인 등이 참여한 신디케이트를 구성하고, 1873

년 1월 초 곧 상원의원이 될 보우트웰을 접견했다.

모건은 신디케이트 대표로서 몇 주 동안 워싱턴을 들락거렸다. 그해 1월 말 그와 머튼은 그랜트 대통령과 보우트웰 재무장관의 주선으로 쿡과 '슈퍼 신디케이트'를 구성하기로 타협했다. 슈퍼 신디케이트는 이자율 연 5퍼센트인 채권 300만 달러어치를 전량 인수·유통하기로 했다. 모건과 머튼은 협상 도중 대서양 횡단 케이블을 이용해 런던과 밀접하게 의논했다. 하지만 막판에는 스스로 판단할 수밖에 없었다. 주니어스는 자의적인 결정을 못마땅해했다. "우리는 여러분이 좋은 의도를 가지고 결정했다는 것을 의심하지 않지만, 참여자들의 동의를 받아 최종 결정을 내리는 게 바람직했다. 로스차일드가 동의할지 안 할지 알 수 없는 상황이고, 베어링 브라더스도 로스차일드의 입장과 비슷할 텐데, 최악의 경우 아주 위험한 상황이 발생할 수 있다."

주니어스의 판단은 결과적으로 틀린 것으로 드러난다. 로스차일드와 베어링 브라더스는 모건 등이 마련한 계획을 승인했다. 로스차일드는 제이 쿡이 주도하는 일은 믿고 나서는 경향이 있었다. 모건의 아버지는 서른다섯 살인 아들이 대통령과 재무부, 정부 쪽 주요 은행가들과 협상했고 정부의 채권을 인수하는 일에 직접 참여하게 되었다는 사실보다는 최종 승인을 얻지 못할까 봐 노심초사했다.

몇 달 뒤 주니어스는 제이 쿡이 왜 신디케이트 문서 작성을 주도했는지, 계약서상에 제이 쿡이 제일 먼저 나오는지도 따졌다. 모건은 이에 대해 전통적인 관행을 인정하면서 실용적인 이유를 댔다. 제이 쿡 쪽 참여자들이 먼저 서명했을 뿐 아니라 "제이 쿡이 재무부 관료들과 일한 경험이 많고", 그 회사의 사무실이 워싱턴에도 있다는 점 등에 비추어볼 때 쿡이 슈퍼 신디케이트의 주간 금융회사 자격을 맡을 만하다는 게 모건의 설명이었다.

'슈퍼 신디케이트'가 인수한 정부 채권은 1873년 잘 팔려나가지 않았다. 전체 300만 달러어치 가운데 50만 달러어치도 팔지 못했다. 당시 미국 경제는 침체 증상을 완연하게 보였다. 투자자들은 높은 수익을 얻을 수 있는 여러 투자 수단을 갖고 있었다. 결국 시장이 그 채권을 모두 소화하는 데는 3년이라는 세월이 걸렸다.

대서양 횡단 케이블이 완공된 이후 은행가들은 기밀을 유지하기 위해 암호로 전신을 주고받았다. 모건 사람들은 몇 년 동안 다양한 시스템과 이름을 활용했다. J. P. 모건은 '비엔나'나 '차콜(Charcoal)', '플린트록(Flintlock)', '플리치(Flitch)' 등으로 불렸다. 그의 뉴욕 회사는 '플로티지(Floatage)', 런던의 투자은행 J. S. 모건은 '플루티스츠(Flutists)' 등으로 불렸다. N. M. 노스차일드·선은 '포파더(Forefather)'라는 닉네임을 가지고 있었다.

모건이 1870년대 아버지 주니어스에게 보낸 전문을 보면, "호박이 평평한 정강이에게 알랑거리며 속삭이는 새끼사슴을 경멸하고 원숭이처럼 도망가며 다시 뛰어들어 되풀이해서 열정적인 당신의 혼수상태를…"처럼 이해할 수 없는 문장이 보인다. 이를 해독하면 "(보내는 쪽은) 3년 동안 델라웨어·허드슨 운하를 안정적인 기반 위에 놓을 수 있는 바람직한 협상을 선호합니다…그 계약은 500만 달러가 듭니다"라는 의미이다. 직원들은 '덴크스타인(Denkstein)'이라는 표시가 되어 있지 않은 전문은 해독했고, 그 표시가 되어 있으면 해독하지 않는 채 받는 사람에게 직접 전달했다.

남북전쟁 이후 경제 호황은 1869~1870년 사이 18개월 동안 이어졌다. 그리고 1873년 시장에서 신용 긴축이 발생했다. 신규 건설이 위축되기 시작하면서 경

제가 냉각되었다. 증권시장도 재채기를 시작했다. J. P. 모건은 은행 제이 쿡이 심상치 않다는 사실을 눈치챘다. 투자은행 드렉셀·모건이 제공한 여신 회수에 나섰다. 폭풍우를 대비하듯이 현금 자산을 확대했다.

모건은 아버지 주니어스에게 1873년 4월 보낸 편지에서 "추천할 만하고, 원리금 지급이 확실한 채권만을" 취급하고 있다고 보고했다. 반면 조셉 드렉셀은 위험도가 높아 고수익을 얻을 수 있는 채권도 취급하자고 주장했다. 하지만 모건은 단호하게 그의 말을 무시해버렸다. 모건은 다가오는 폭풍우를 대비하면서도 새로운 돌파구를 찾는 데도 관심을 기울였다. 그해 3월 반더빌트가 소유하고 있는 뉴욕 센트럴 철도의 채권을 인수하는 데 참여할 수 있도록 허락해달라고 아버지에게 요청했다. 주니어스가 거절하자 연거푸 허락을 요청했다. 모건은 뉴욕 센트럴의 채권이 가치를 지닌 자산이라고 강조했다. 이런 채권의 발행과 유통에 투자은행 드렉셀·모건이 참여하면 시장의 평판이 높아질 수 있다고 강조했다. 미리 참여하면 전량을 인수할 수 있다는 말도 했다.

J. P. 모건은 주식시장이 몸살 기운을 보이기 시작한 1873년 봄 역설적으로 "놀라울 정도로 좋은 상태"를 예감했다. 물론 이후 사태 흐름은 그가 여신을 회수하는 등의 신중함이 옳았음을 보여준다. 그해 5월에는 오스트리아 비엔나 증시가 급락했다. 여파는 독일 베를린과 네덜란드 암스테르담, 프랑스 파리, 영국 런던 증시로 확산되었다. 영국 투자자들은 미국 증권 매수를 중단했다.

모건은 1873년 여름을 나기 위해 크래그스톤 전원주택으로 이사했다. 크래그스톤에 머무는 동안 허드슨 강 증기선을 타고 월스트리트까지 출퇴근했다. 패니는 7월 네 번째 아이를 낳았다. 부부는 새로 태어난 아이에게 앤 트레이시라는 이름을 붙여주었다. 하이랜드 폴스는 "과거 어느 때보다 아름답다"고 런던에 있는 아버지에게 기쁨에 들떠 편지 썼다. "저는 제가 한 투자가 모두 좋은 결과를 낳기를 소망할 뿐입니다." 그는 모든 기쁨이 새로운 파트너십 덕분이라고 했다. 그해 6월 토니 드렉셀이 "제 어깨를 짓누르고 있는 거대한 책임을 나눠 지기 위해" 안식년을 마치고 돌아와 안도의 한숨을 내쉴 수 있었다. 사업은 "원활하게 이뤄지고 있습니다"라고 그는 말했다. 모건은 7월 주니어스에게 계속해서 편지를 띄운다. 대브니·모건의 마지막 해와는 달리 그는 "스트레스를 유발하는 요인이 하나도 없습니다"라고 아버지에게 말했다.

J. P. 모건이 미리 대비하기는 했지만 경제 위기는 1873년 가을 미국을 강타했다. 미국 역사상 가장 지독했던 경제공황이 시작됐다. 9월에는 철도회사 서너 개가 디폴트를 선언하는 바람에 주거래 은행들이 파산했다. 마침내 당대 미국의 최대 은행인 제이 쿡이 9월 18일 무너져 내렸다. 월스트리트는 충격에 숨을 멈추고 다음 사태를 예의주시했다.

쿡은 남북전쟁 동안 북부의 연방정부 채권을 전담해 인수한 시중은행가였다. 그는 철도 거품 때문에 몰락했다. 노던 퍼시픽(Northern pacific) 철도는 1864년 설립 면허를 받은 회사였다. 동부 오대호 연안에서 태평양 북서부 연안 사이를 연결하는 철로를 보유했다. 사태가 악화하려면 늘 그렇듯이, 철로의 모든 상황이 꼬였다. 노던 퍼시픽 철로는 연방정부의 대규모 토지 불하로 건설되기 시작했다. 하지만 회사는 땅을 거의 팔지 않았다.

쿡은 프랑스-러시아 전쟁으로 유럽의 투자 심리가 얼어붙기 직전인 1869년 노던 퍼시픽이 발행한 채권 1억 달러어치를 인수하면서 발을 들여 놓기 시작했다. 철도의 건설 비용은 예상치를 훨씬 웃돌았다. 노던 퍼시픽이 디폴트를 선언할 때 철로는 노스 다코타 주 비스마르크(Bismark)까지 밖에 부설되지 않았다.

쿡은 노던 퍼시픽의 부도로 자금난을 겪었다. 단기 자금에 의존해 위기를 견디어 내려고 했다. 시간이 흐를수록 만기가 단기화하는 상황에서 지불의무를 다할 수 없는 상황에 몰렸다. 결국 파산을 선언할 수밖에 없었다. 투자자들은 패닉에 빠졌고 주가가 폭락했다. 투자회사 57개가 무너져 내렸다. 9월 20일 뉴욕증권거래소가 역사상 처음으로 휴장을 선언해야 했다.

1873년 패닉은 미국 경제의 취약성을 낱낱이 드러내 보여줬다. 중앙은행이 없어 미국은 위기의 순간에 화폐 공급을 늘릴 수 없었다. 비틀거리는 기업들에게 긴급자금을 융통해줄 길도 없었다. 게다가 철도 거품으로 부실한 주식과 채권이 마구 발행되어 있었다. 투기적 열풍으로 치솟은 주가는 추락을 피할 수 없었다.

미국은 한순간에 사라져버릴 수 있는 외국 자본에 크게 의존하고 있었다. 유럽의 투자자들은 1873년 미국 주식과 채권 15억 달러어치를 보유하고 있었다. 제이 쿡이 디폴트를 선언한 다음 날 모건은 런던의 아버지에게 급전을 띄운다. "뉴욕과 필라델피아에서 과거에 보기 힘들었던 최악의 상황이 계속되고 있습니다." 그는 1873년 공황이 1837년과 1857년 공황보다 더욱 심하다고 동료에게 말했다. "거대한 태풍이 한 시간의 예고도 없이 우리를 엄습하고 있다."

J. P. 모건은 이미 예감하고 준비했다. 덕분에 그의 회사는 위기의 순간에도 잘 견뎠다. 그는 아버지 주니어스에게 "모든 사업이 적절한 이윤을 내고 있어 만족스럽다"며 "미래를 아무도 예측할 수 없기 때문에 비상 상황을 대비해야 합니다"라고 편지에 썼다.

실제 투자은행 모건·드렉셀은 자랑스럽게 "뉴욕과 필라델피아 회사에 아무런 문제가 없다. 우리 은행은 어젯밤 150만 달러를 받았다"고 발표했다. 모건은 회사의 안전성을 확신하고 더 큰 그림을 그리기 시작했다. 또 "우리는 패닉이 더 확산되지 않도록 노력하고 있습니다"라고 밝혔다. 모건·드렉셀은 런던에서 긴급 자금을 수혈받아 흔들거리는 기업들에게 긴급 자금을 융통해주는 등 비공식적으로 중앙은행으로 구실했지만 역부족이었다. 그랜트 대통령은 회수한 그린백 2,600만 달러를 재무부가 시장에 풀 수 있도록 했다. 이는 시장을 안정시키는 데 기여했다.

뉴욕증권거래소는 휴장 열흘 만인 9월 30일 다시 개장했다. 미국 경제는 공황으로 미끄러졌다. 공황은 이후 6년 동안 이어진다. 이때 공황은 1930년대 공황이 일어나기 전까지 '대공황'으로 불렸다.

시장에서 수요가 말랐다. 비즈니스 활동이 극도로 위축되었다. 노동자들의 임금이 대폭 삭감되었을 뿐만 아니라 집단 해고가 빈번하게 벌어졌다. 철도건설은 1872년 7,500마일에서 1875년 1,600마일로 줄어들었다. 1876년에는 철도회사 절반이 파산했다. 석탄 생산량은 1873~1875년에 500만 톤이 줄어들었다. 그 사이 선철(Pig Iron) 생산도 50만 톤이 줄었다. 자본 투자는 아예 자취를 감췄다. 외국 투자자들은 1873~1879년 미국의 주식과 채권 가격이 폭락하는 바람에 6억 달러의 손실을 기록했다. 1878년에는 은행 327개가 예금 등의 지급을 중단했다. 일반 회사 1만 여 개가 그해 종적을 감춰 자산 2억 5,000만 달러가 허공으로 사라졌다.

1870년대 대공황은 미국 경제·금융·정책의 구조를 혁명적으로 바꾸어 놓았다. 위기 직전 미국 사회계층은 더욱 다양해지고 있었다. 위기가 구성원들의 갈등을 더욱 증폭시켰다. 시대 화두도 노예제와 연방제, 민권운동에서 가진 자와 못가진 자의 갈등으로 바뀌었다. 시민들도 일상생활에서 돈 문제를 최우선시했다.

남북전쟁 이후 호황 국면 과정에서 전 업종에서 공급 과잉이 발생했다. 공황 이전부터 회사들은 대부분 공급과 수요의 불일치에 골머리를 앓았다. 화폐의 공급은 늘어나지 않는 상황에서 시장은 상품 홍수상태였다. 가격은 하락할 수밖에 없었다. 때맞추어 발생한 공황은 디플레이션을 더욱 악화시켰다. 생산자 물가(공장 출고가)는 전쟁 기간 동안 두 배 뛰어올랐지만 1873~1879년에는 30퍼센트 추락했다.

애덤 스미스는 1776년 "동일한 업종에 종사하는 사람들은 여흥과 기분전환 같은 문제에서 의견을 같이하기 어렵지만, 그들의 대화는 공공에 반하는 음모가 되거나, 가격을 담합하는 데는 쉽게 의견 일치를 본다"고 말했다. 그의 말대로 19세기 중반 미국에서는 잠재적인 순이익과 손실의 규모에 비례해서 가격 담합의 필요성도 급증했다.

역사학자 토머스 K. 맥크로(Thomas K. McCraw)는 "스미스가 지적한 그런 경향은 생산성 혁명으로 투기적 광기가 몰아칠 때와 더욱 심해진다"며 "생산성의 혁명적 향상은 손실 규모도 눈덩이처럼 키우는데, 거대한 자본 투자 때문에 발생하는 실패의 가능성도 스미스가 상상하지 못한 정도로 커졌다"고 말했다.

산업혁명에 따른 생산성 향상은 유럽에서도 심각한 과잉·중복 투자와 생산을 야기했다. 유럽 각국의 정부는 자국 내 산업 발전에 상당한 역할을 했다. 기업들의 카르텔을 규제했고 유럽 기업들은 시장의 경쟁을 어느 정도 누그러뜨렸다. 수평적으로 느슨하게 연대하는 길을 택했다. 경제적 갈등을 중재하는 등 시장 안정화 조처를 추진했다. 경쟁 완화 조처로 산업 생산성은 다소 하락하고 혁신도 주춤거리게 된다.

반면 19세기 미국은 개인주의와 무제한적인 시장 방임을 중시했다. 이는 중앙정부의 계획과 간섭을 반대하는 이데올로기에 의해 뒷받침되었다. 더 나아가 중앙정부가 과잉 생산을 해소하거나 경기 변동을 조절하는 권한이 없다는 논리로 발전했다. 치열한 경쟁이 미국 경제 성장을 촉진하기는 했다. 이윤을 좇는 민간 자본은 거대한 기업을 창조했다. 강력한 산업 자본가들은 직면한 문제를 스스로 해결하기 위한 장치를 만들어냈다.

개별 철도회사의 경영자들은 화물 시장을 안정시켜 고정비용을 충당할 만큼 순이익을 벌어들였다. 그들은 치열하게 경쟁해야 했기에 대도시 사이의 운임을 최저 수준으로 낮춰야 했다. 반대로 자사 철도가 독점적인 지위를 유지하고 있는 구간이나 단기 노선의 요금은 최대한 인상했다. 철도회사의 이런 차별적인 요금체계는 농부들과 중소 상공인들을 분노하게 했다. 그들의 분노는 연방 또는 주 정부 등 외부의 규제를 불렀다.

철도회사의 경영자들은 협력을 모색했다. 1854년 초 당시 4대 철도회사 대표들이 서부지역 회사 대표들과 뉴욕에서 회합했다. 일정한 요금을 부과하기로 약속했을 뿐만 아니라 노선을 연결하는 방법을 모색했다. 그들은 "동일한 화물을 운송하면서 경쟁하는 철도회사들이 자멸적인 경쟁을 피하기 위해 일반 원칙"을 정했다. 그러나 협력보다 경쟁함으로써 얻은 이익이 더 컸다. 강제할 수단이 뒷받침되지 않은 휴전 합의는 순식간에 파기되었다.

1873년 공황으로 물동량이 극심하게 줄어들었다. 경쟁이 살인적으로 치열해졌다. 주요 철도회사의 대표들은 서부지역을 나눠 갖기 위해 다시 회동했다. 볼티모어-오하이오 철도의 존 W. 개릿(John W. Garrett)은 모건의 단골이었다. 그는 1877년 3월 "경영자들이 모여 많이 벌고 적게 지출하도록 할 뿐만 아니라 모든 구간에서 합리적이고 표준적인 요금을 부과하도록 하는 대합의를 도출했다"고 주니어스에게 알렸다.

이때 합의가 이전과 다른 점은 실효성이 있어 보이는 내용이 합의에 포함됐다는 사실이다. 지역적으로 철로를 공동 소유하는 시스템을 구축하기로 했다. 덕분에 철도회사들은 효율을 극대화할 수 있고, 비용을 최소화하면서 정보를 공유하고 철도회사끼리 경쟁을 제한할 수 있었다. 실제로 주요 철도회사들이 이후 그 방향으로 움직였다.

1874년 거대 철도회사 펜실베이니아는 대서양 연안과 오대호, 미시시피 강 유역을 연결하는 6,000마일을 장악했다. 이는 당시 미국 전체 철도의 8퍼센트에 해당했다. 제이 굴드가 1870년대 영향력을 행사할 수 있는 철도는 유니언 퍼시픽과 워버시, 웨스턴 유니언 등이었는데, 이들 철도를 활용해 서부지역에서 운송과 통신 왕국을 세웠다.

앤드류 카네기와 존 록펠러도 자신의 분야에서 거대 기업을 만들었다. 기술 혁신 이점과 운영비용의 합리화, 거대한 규모의 이점을 충분히 활용할 수 있도록 시장의 치열한 경쟁을 억제하려고 했다. 규모는 거대하고 비용은 최소화할 수 있는 대기업을 1870년대 창조한 것이다.

카네기는 철강 설비를 최대한 가동해 단위 비용을 낮춰 낮은 가격에 제품을 시장에 내놓았다. 공황으로 제품 판매에 허덕이는 경쟁 기업을 물리쳐 철강시장의 지배권을 확립했다. 그는 회계를 면밀히 검토해 생산 감축보다 새로 고로를 신설하는 게 비용이 적게 든다는 사실을 간파했다. 공황인데도 생산을 늘리는 전략을 쓸 수 있었던 이유다. 그는 새로운 제철기법이 도입되면 과감하게 기존 설비를 없애고 새로운 설비를 도입했다. 그는 1873~1875년 E. T. 제철소에 값이 비싼 베세머(Bessemer) 전로를 설치해 놓고 있었다. 그런데 영국 아마추어 화학 연구자가 평로를 활용하면 철강을 더 많이 더 싼 값에 생산할 수 있다고 말하자 즉각 평로를 주문해 생산방식을 바꾸었다. 1톤당 절감되는 비용이 적더라도 많이 생산하면 절감 효과는 어마어마하다는 게 카네기의 생각이었다.

카네기는 대공황 때문에 경영난에 허덕이거나 파산한 경쟁 기업과 철광석 납품 회사를 헐값에 사들였다. 그는 1881년 제철소와 철광산, 석탄광산, 용광로 연료 공장 등을 인수합병해 카네기 브라더스(Carnegie Brothers & Co.)를 설립했다. 회사의 자본금은 500만 달러였다. 그는 새로 확대 개편한 이 회사의 지분 가운데 55퍼센트를 장악했다. 회사는 설립 첫해 순이익 200만 달러를 달성했다. 그는 높은 경쟁력을 갖추고 있었기 때문에 굳이 카르텔을 구성해 가격을 담합할 필요가 없었다. "시장은 내가 지배하기를 원하면 내 것인데, 왜 당신과 이익을 나눠가져야 하는지 이유를 알 수 없다"고 큰소리쳤다.

록펠러는 1873년 세계에서 가장 큰 정유회사인 오하이오 스탠더드 오일을 소유하고 있었다. 그도 공황 기간 동안 공격적으로 설비를 확장하고 석유의 질을 획기적으로 개선했다. 매의 눈으로 비용 변동을 감시했다. 비용 절감과 순이익 증대로 현금 자산을 축적해 경쟁 기업을 사들였을 뿐만 아니라 연관 업체까지 인수했다. 견고한 수직적 통합을 달성한 것이다. 유전지대와 원목 생산지, 석유 수송 차량과 열차, 수송선, 저장시설 등이 그의 수중에 들어간 셈이다. 시장의 변덕에서 자유로운 거대 석유왕국이 세워진 셈이었다.

록펠러 수법은 결코 신사적이지 않았다. 그는 경쟁 기업을 굴복시키기 위해 스파이 짓까지 서슴지 않았다. 그는 경쟁 기업에 원료를 공급해주지 않았다. 석유를 덤핑해 경쟁 기업이 망하거나 항복하도록 압박했다. 석유 운송을 맡은 철도회사까지 동원해 경쟁 기업을 압살했다. 스탠더드 오일의 생산량이 어마어마했기 때문에 물동량이 줄어든 상황에서 철도회사를 압박해 운임을 낮출 수 있었다. 반면 경쟁 기업의 운임을 높이도록 압박할 수도 있었다.

록펠러는 무자비한 확장 전략으로 1870년 말 미국의 석유 파이프라인과 집하시설, 석유 설비뿐만 아니라 정유시설의 90퍼센트를 장악했다. 1883년 그는 스탠더드 오일의 구조를 재편해 스탠더드 오일 트러스트를 설립했다. 계열사 40개가 발행한 주식의 시가총액만도 7,000만 달러에 이르렀다.

카네기와 록펠러 같은 '산업계 캡틴'은 교활하고 야수적이며 단호했다. 그랜드 플랜과 실용적인 본능에 따라 움직였다. 그들은 새로운 기술 덕분에 가능해진 고효율의 생산설비와 미국의 거대한 국내 시장을 적극적으로 활용했다. 거대 기업으로 세계 시장을 지배해 막대한 이윤을 챙겼다.

애덤 스미스는 산업혁명 이전에 시장의 보이지 않는 손이 경제 활동을 어떻게 지배하는지를 자세하게 설명했다. 개별 시장 참여자는 경쟁자보다 더 빨리 성장하고 더 많은 이윤을 얻으려 노력한다. 하지만 시장의 완전 자유 경쟁은 시장 참여자의 수익을 거의 평준화하고, 아무도 시장을 지배할 수 없게 한다. 스미스가 그린 완전히 자유로운 경쟁시장은 미국인들의 꿈이었다. 하지만 대규모와 자본 집약적인 기업의 등장으로 거대한 기업들은 경쟁을 제한하고 시장의 상당 부분을 장악할 수 있게 되었다. 거대 기업의 방대한 규모와 무자비한 효율성, 때로는 야수적인 전술은 정치적으로 극렬한 저항을 불러일으켰다. 하지만 기업이 거대해질 수밖에 없는 요인이 있었다. 바로 규모의 효율성과 신기술, 수직 통합, 생산과정의 합리화 등이었다. 이 요인들은 나름대로 경제적으로 설득력이 있었다.

20세기 초 미국 경제학자 알프레드 챈들러(Alfred Chandler)가 예측한 대로 경영자의 '보이는 손'이 시장을 장악했다. 미국은 경쟁과 규제를 두고 벌인 극심한 정치적·경제적 토론 국면으로 진입한다. 논쟁은 이후 100년 동안 진행된다.

모험정신으로 충만한 19세기 미국 기업들은 자신들의 행동이 낳을 정치적·사회적 결과를 전혀 고려하지 않았다. 양심의 가책을 느끼는 자본가들도 거의 없었다. 그들은 거대한 산업 제국을 건설하고 미국을 부유하게 하는 게 자신들의 임무라고 여겼다. 역사학자 리처드 호프스태터(Richard Hofstadter)는 나중에 "잠자고 있는 정의를 깨우는 사람은 낭만적인 센티멘털리즘을 가진 인간"이라며 "도금시대에는 천사마저도 (무자비한) 기업인들을 찬양했을 것"이라고 말했다.

도금시대의 모든 천사들이 야수적인 전술로 경쟁기업을 무너뜨린 기업인들을 찬양하지는 않았다. 농민들은 곡물 가격이 나날이 떨어지고 생필품 가격은 나날이 올라 생활고에 허덕거려야 했다. 중소 상공인들은 거대 기업의 횡포로 무너져 내리고 있었다. 노동자들은 안전장치도 없어 위험하기 짝이 없는 노동조건에서 장시간 일하고도 쥐꼬리만 한 급여를 받아 겨우 생계를 유지해야 했다. 이들의 눈에 카네기와 록펠러, 거대 철도 주인들이 추진한 기업결합과 생산의 기계화는 미국 건국의 아버지들이 들고 일어났던 상황과 모든 게 똑같이 보였다. 다만 1870년대 당시 그들은 정치적 지렛대를 가지고 있지 못했고, 정부의 도움도 기대할 수 없었다.

〈뉴욕 타임스〉는 미국에 관해 쓴 프랑스 저자의 책을 평가하면서 "(이 책은) 미국인들이 정부를 얼마나 우습게 생각하는지 고려하지 않고 있다"고 지적했다. 신문은 "정부의 힘은 아주 제한적이고, 역할을 결코 확장할 성격이 아니다. 유럽과 견주어볼 때 미국 연방정부와 국민, 연방정부와 주정부 관계는 그다지 중요하지 않다"고 했다. 이어 "오늘날 미국 시민들은 어느 정도 또는 거대한 부를 가지고 바쁘거나 한가하게 지내고 있다. 정부의 요직을 차지하고 있는 사람들의 고민 사항에 대해 개인적으로 관심 갖지 않는다… 우리 정부는 프랑스처럼 시민의 지갑이나 자부심을 놓고 이래라저래라 하지 않는다. 정부는 특별한 영예를 나눠주는 기관도 아니고, 사회주의로부터 우리를 지켜주는 보호자도 아니다… 우리의 일상적인 이해관계나 야망을 도와주거나 억제하는 장치도 아니다"고 했다.

실제 그 시절 미국 정부는 거대 기업의 횡포를 막아주지도 않았다. 오히려 거대 기업을 소유할 수 있는 사람들에게 특별한 혜택을 나누어주었다. 호프스태터에 따르면 남북전쟁 이후 미국 정부는 원칙보다는 특별한 사람들의 후원자로서 기능했다. 그는 "정치인들은 이슈에 따라 편을 가른 게 아니라 뇌물 등을 노리고 편을 먹었다"고 했다. 실제 도금시대에 기업의 은행 계좌는 커넥션 정치를 더욱 부추겼다. 정치계의 보스들은 나날이 거대해지고 복잡해지는 정당 조직과 나날이 증가하는 선거 비용을 감당하기 위해 기업인들의 거래를 앞장서 알선했다. 자리를 팔아먹었고 자금을 필사적으로 관리해야 했다. 공화·민주 양당 의원들은 거대 철도회사들이 지급하는 현금·주식, 이사직, 공짜 승차권, 여타 재정적 지원 등을 망설이지 않고 받아먹었다. 그 대가로 철도회사들을 위한 법안에 적극적으로 찬성했다.

예를 들면, 한 지역의 철도회사 네 곳은 공화당 전국위원회 의장인 윌리엄 E. 챈들러에게 돈 뭉치를 선사했다. 리버럴 공화당파인 리먼 트럼불(Lyman Trumbull)은 일리노이 철도의 변호사로 활동하면서 상원의원으로 일했다. 제이 쿡은 망하기 전 하원 의장인 제임스 G. 블레인(James G. Blaine)의 자산에 설정된 저당권을 풀어주었다. 또 오하이오 주지사 루서포드 B. 헤이스(Rutherford B. Heyes)에게 헐값에 땅을 파는 특혜를 주었다.

록펠러는 펜실베이니아 주 의회를 상대로 인간이 상상할 수 있는 모든 짓을 다했는데, 단 그 의원을 "정유하지는 못했다"고 도금시대의 한 개혁가가 비꼬았다. 펜실베이니아 철도는 주 최고법원을 마음대로 주물렀다. 개혁가는 "법원을 자사의 특별 열차"로 취급했다고 비판했다. 오하이오 출신 하원의원인 잡 스티븐슨(Job Stevenson)은 1873년 하원이 "의장의 의사봉에 따라 특혜가 배분되는 경매장"이라며 "이런 곳은 지구상 어디에도 없다"고 질타했다.

그랜트 행정부는 19세기 역대 행정부 가운데 가장 부패한 정부로 드러났다. 이런 저런 금융 스캔들 때문에 장관 대부분이 오점을 남겼다. 그와 함께 대통령 선거에 뛰어들었던 부통령 두 명 모두 당대 최악의 부패 스캔들인 1872년 크레디 모빌리에(Crédit Mobilier) 사건에 연루되었다. 스캔들은 유니언 퍼시픽 철도가 설립한 건설 계열사가 연방정부 보조금을 승인해주고 불법적으로 뒷배를 봐준 의원들에게 주식을 공짜로 배정하면서 시작되었다. 〈뉴욕 선New York Sun〉의 폭로로 그들의 커넥션이 세상에 알려졌다. 또 그랜트 행정부의 해군 장관은 군함 건조업체한테서 뇌물을 받았다. 내무 장관의 아들은 측량 계획을 팔아먹었다. 전쟁 장관은 인도 무역회사에게서 촌지를 챙겼고, 대통령의 개인 비서는 위스키 주세 협잡에 연루되었다. 대통령의 처남은 제이 굴드의 금 매집에 참여했다.

J. P. 모건은 그랜트 행정부에서 가장 청렴한 장관 가운데 한 명인 벤저민 브리스토 재무부 장관을 적극 지지했다. 모건은 워싱턴의 부패 실상을 역겨워했

다. 다만 공화당 전체가 건전한 화폐정책을 견지하는지 여부가 그의 관심사였다. 개별 정치인이나 스캔들은 그에게 중요한 의미를 갖고 있지 않았다.

그랜트 대통령은 1874년 그린백 6,400만 달러를 추가로 공급하도록 한 인플레이션 법안을 거부했다. 월스트리트는 거부권 행사를 환영했고, 리버럴 개혁주의자와 서부지역 은행들도 법안이 연방정부에게 화폐공급을 좌지우지할 수 있는 불건전한 권한을 준다고 봤기 때문에 대통령의 거부권 행사에 찬성했다.

공화당은 경제공황 때문에 1873년 가을 중간 선거에서 참패했다. 민주당은 8개 주에서 주지사를 차지했다. 남북전쟁 이후 처음으로 하원에서 다수당이 되었다. 개혁주의자로 뉴욕 주지사로 당선된 새뮤얼 J. 틸던(Samuel J. Tilden)은 선거결과가 "단순히 민주당의 승리를 의미하는 게 아니라 혁명적"이라고 평가했다.

선거결과는 민주당파들이 마음속에 그린 혁명과는 거리가 멀었다. 이후 20여 년 동안 양당은 상원과 하원, 백악관을 나눠 갖는다. 더 이상 워싱턴이 강력한 주도권을 행사할 수 없게 됨을 말한다. 더욱이 연방정부가 분명한 재정과 금융 정책수단을 보유하고 있지 않아, 경제 이슈에 대한 주도권은 금융수도인 뉴욕이 차지하게 됨을 의미하기도 한다.

모건의 투자은행은 극심한 공황 와중에도 꾸준하게 성장했다. 대공황이 발생한 1873년 필라델피아와 뉴욕 법인은 순이익 100여만 달러를 달성했다. 필라델피아가 58만 달러, 뉴욕이 46만 달러를 벌어들였다. 디폴트된 채권을 대손충당하느라 20만 달러가 들어갔다. 그 바람에 모건 투자은행의 순이익은 80여만 달러였다. 모건은 아버지 주니어스에게 띄운 편지에서 이렇게 말했다. "또 다른 걱정거리가 있다고 생각하지 않습니다. 이 정도의 실적은 나중에도 얻을 수 있다고 저는 생각합니다." 이 시기 J. P. 모건은 아버지의 말투를 많이 닮아 가고 있었다.

모건은 이렇게 덧붙였다. "1873년 경영 실적은 상당한 것입니다. 패닉이 일 어난 기간 동안 여러 사람들이 노심초사하고 열심히 노력한 덕분입니다. 우리 의 명성이 높아져 시민들이 인정한다는 점이 가장 만족스럽습니다." 그가 말 한 시민들의 범주에는 허드슨 강 서쪽이나 렉싱턴 애비뉴의 동쪽 사람들은 포함되지 않았다. 그가 생각하는 사회에 속한 사람들은 모건은행의 명성과 지 위가 올라간 사실을 인정했다. 모건은 1873년 말 유럽으로 떠나는 아내의 친 구를 대서양 횡단 증기선까지 배웅한 적이 있다. 그녀는 "패니! 어떻게 네 남편 에게 감사해야 할지 모르겠다. 그는 이제 거물이 되었다고 말해야 될 것 같아" 라고 말할 정도였다.

경제 활동이 극도로 위축된 공황시기에 월스트리트의 영향력과 갈등 또한 커졌다. 모건은 1875년 아버지에게 띄운 편지에서 "월스트리트의 경쟁이 아주 치열해 이윤폭이 급격히 줄어들고 있지만 지금까지 우리는 성공적으로 잘해 와 시장 점유율을 많이 늘렸습니다"라고 전했다. 그런데 금융시장 주도권 경쟁 에서 뉴욕이 필라델피아를 압도하면서 드렉셀·모건 내부에서 경쟁이 치열해졌 다. 드렉셀·모건은 1874년 순이익 60만 달러를 올렸다. 반면 필라델피아 법인 은 40만 달러를 달성하는 데 그쳤다. 모건은 "공황인 와중에도 상당이 좋은 결 과"라고 자평했다. 뉴욕이 완전히 주도권을 장악했다.

1875년 8월 모건의 첫 직장이었던 던컨·셔먼이 파산하는 바람에 "신규 계좌 가 많이 늘어났다. 다른 사람의 손해가 내 이익이 되는 제로섬(Zero Sum) 게임" 이라고 동료에게 말했다. 하지만 "최고의 비즈니스를 원하는 사람"은 이를 마 다하지 말아야 하는 법이다. 제이 쿡의 붕괴로 미국 국채의 도매시장이 무주 공산으로 바뀌어 경쟁이 치열해졌다. 미국 금융시장이 극도로 위축된 상황에서 유럽에서 연방정부의 채권을 유통시킬 수 있는 금융회사는 막대한 수익과 명성뿐만 아니라 미국의 금융정책에 영향력을 행사할 수 있는 힘까지 갖게 되었다.

부패 스캔들이 불거져 보우트웰의 뒤를 이어 재무부 장관을 지낸 사람이 1874년 물러나야 했다. 그랜트 대통령은 후임으로 벤저민 H. 브리스토를 지명했다. 그는 남북전쟁에 북군으로 참여한 예비역이었다. 1870~1872년에는 정부의 재건을 주도하고 법무차관을 역임한 인물이었다. 그의 외모는 상당히 위압적이었다. 6척 장신에 100킬로그램이 넘었다. 뉴욕 〈월드〉는 그의 각진 턱을 들어 재무부가 '공격적인 인내심'을 갖추게 되었다고 평했다. 국무장관 해밀턴 피시는 그랜트 대통령이 신뢰할 만한 브리스토를 재무장관에 임명해 자신감을 회복할 것이라고 말했다.

모건 부자는 브리스토가 취임 이후 처음 실시한 채권 공매에 뛰어들었다. 하지만 1875년 로스차일드가 주축이 된 2차 공매에서나 한 자리를 차지할 수 있었다. 주니어스는 브리스토에게 전보를 띄워 "장관이 하고 싶어 하는 일에 그리고 장관님과 친밀한 관계를 만들 수 있는 협상에 참여할 수 있게 되어 아주 기쁩니다"라고 말했다. 이어 J. P. 모건이 브리스토를 직접 찾아갔다. 그는 신임 재무장관이 "명석하고 신뢰할 만한 사람이고… 직전 장관들과는 아주 다른 사람"이라고 생각했다. 그는 부패한 주변 사람들과 같이 지내야 하는 상황을 "아주 못마땅하게 생각하는 사람"이어서 재무부 장관직에 오래 있지 못할 것이라고 모건은 예상했다.

미국 정부의 신규 채권은 시장에서 잘 소화되었지만, J. P. 모건은 로스차일드의 미국 에이전트인 어거스트 벨몽트의 교만함에 화가 났다. 모건은 "우리도 당당하게 채권 인수에 참여했는데 완전히 무시당했다. 벨몽트는 우리와 아무런 상의도 하지 않았고, 정보도 알려주지 않았다. 우리는 채권 인수단에 참여하지 않은 회사보다도 진행되는 일에 더 깜깜했다"고 분통을 터뜨렸다.

1876년 한 해 동안 모건과 재무장관 브리스토의 관계는 더욱 긴밀해졌다. 그는 그해 2월 재무장관에게 "저는 언제든지 장관께서 하시는 일에 적극적으로 참여할 뜻이 있습니다. 장관께서 저를 보고자 하신다면, 원하는 시간에 언제든지 워싱턴으로 달려가겠습니다"라고 말했다. 브리스토는 "굳이 그렇게 하겠다고 말할 필요가 없을 성싶습니다. 정부가 자금을 다시 조달해야 할 때 채권 공매에 참여하는 드렉셀과 귀하가 손을 잡으면 정부는 아주 큰 도움을 받을 것입니다"라고 말했다.

모건에게 답장을 보낸 지 2주 뒤부터 브리스토가 그랜트 대통령의 개인 비서가 연루된 비리를 조사하기 시작했다. 대통령의 개인 비서는 위스키 링(Whisky Ring)이 연방세 수백만 달러를 탈세한 사건에 깊이 관여한 혐의를 받고 있었다. 그랜트 대통령은 그 사건의 조사에 진노했다. 시장에는 브리스토가 재무부 장관에서 물러날 것이라는 루머가 나돌았다.

모건은 뉴욕에서 브리스토 장관에게 편지를 띄워 "정직하고 능력 있는 사람이 재무부를 지휘해야 한다고 생각하는 모든 사람들을 대신해서 말씀 드립니다. 어떤 희생을 치르더라도 장관의 뜻대로 재무부를 통솔하시기 바랍니다"라고 말했다. 브리스토는 "귀하의 신뢰 등에 감사드리면서 상황이 변했음을 말씀 드립니다. 제 자리에 대한 불안감은 몇 주 전과는 달리 크지 않습니다"라고 답장했다.

월스트리트는 '더 코너'와 재무장관의 관계가 긴밀하다는 사실을 눈치챘다. 브리스토가 장관직을 그만두고 투자은행 드렉셀·모건에 합류한다는 쪽에 베팅하기 시작했다. 그해 6월 그랜트 대통령의 사임 요구를 받고 브리스토가 물러났다. 그는 드렉셀·모건에 합류하지 않고 1876년 대선에서 공화당 대통령 후보가 되기 위해 출마했다. 그는 공화당 내에서 개혁주의자들의 지지를 받았다.

하지만 그랜트와 당 보스들의 연합세력 앞에서 패배의 쓴 잔을 마셔야 했다.

━◆◆◆━

J. P. 모건은 새로운 파트너십을 구축한 이후 상당 기간 우울증에 시달리지 않았다. 그런데 1875년 그는 다시 우울해졌다. 3월 극심한 감기에 시달린 뒤 그는 주니어스에게 편지를 띄워 "기분 좋게 못이라도 씹을 수 있을 것 같은 기분이었는데… 지금은 마음이 가라앉고 몇 푼에 내 자신을 팔아버리고 싶은 생각마저 듭니다"라고 털어놓았다. 이전 우울증은 늘 회사 내의 어려움과 동시에 발생했다. 이번에도 마찬가지였다. 드렉셀 3형제 가운데 막내인 조셉과의 관계가 그의 머리를 아프게 했다. 모건은 조셉 때문에 짜증이 나 있었다. 그는 모건의 지시에도 공황이 발생하기 전 여신 회수에 소극적이었다. 그는 아버지에게 "그는 아주 예민한 사람입니다. 문제를 피하기 위해 저는 항상 그의 기분을 살펴야 합니다"라고 불평했다.

　J. P. 모건이 조셉을 달가워하지 않음을 숨기지 않아 다른 사람들도 이 사실을 눈치챘다. 회사의 한 동료는 그해 봄 모건에 대해 "그는 거칠고 세련되지 않은 사람인데, 회사에서 늘 조셉 드렉셀과 아웅다웅한다"고 말했다. 드렉셀의 파트너인 J. 후드 라이트(Hood Wright)가 뉴욕 사무실의 긴장을 누그러뜨리기 위해 필라델피아에서 달려왔다. 피어폰트는 라이트가 조셉과는 정반대의 인물이라는 사실을 알아챘다. 라이트는 능력이 있고, 신속하며, 정확할 뿐만 아니라 '정상급 협상가'였다. 모건은 아마도 라이트와만 일하고 싶어 했을 수 있다. 하지만 토니 드렉셀의 동생을 어떻게 퇴출시켜야 할지를 알지 못했다. 모건이 5년 전 대브니·모건에서 시달렸던 기억이 되살아났다. 그가 당시 했던 것처럼 "가장 좋은 길은 내 자신을 포기하는 것인데, 이번에는 좋은 방법이라고 여겨지지 않는다"고 말했다.

조셉은 1875년 가을 스스로 물러나기로 결정했다. 그는 형들이나 모건과 잘 지내지 못했다. 부드럽지 않은 관계 속에서 같이 일하고 싶어 하지 않았다. 조셉이 회사를 떠났다. 하지만 모건은 여전히 "포기하고 싶은 마음"을 지울 수 없었다. 그는 흑백논리로 사물을 보는 경향이 있었다. 파트너들과 불협화음이 발생하면 일할 의욕을 잃어버리는 등 모든 상황이 악화되었다. 게다가 3년 동안 조용하게 생활한 뒤 갈등이 발생했기 때문에 그는 분위기를 확 전환하고 싶었다.

J. P. 모건은 도금시대 산업계의 거물들과는 달랐다. 그는 일에만 집중하는 성격이 아니었다. 카네기는 야심이 많고 아들을 전유하려는 어머니가 숨을 거둔 1887년 쉰두 살의 나이에 결혼했다. 이때까지 한 번도 일을 놓아본 적이 없었다. 뉴욕 서부의 사기꾼의 아들로 태어난 록펠러는 모건이 가지고 있던 특정 정파적 입장과 관계와는 무관하게 사업을 일군 사람이었다. 일자로 다문 얇은 입술, 금욕적인 습관, 독실한 침례교 신자, 엄격한 거래 등 스탠더드 오일의 설립자는 근검과 절약을 평생의 원칙으로 삼고 살았다. 록펠러가 동료들에게 이례적으로 가장 기뻐하는 모습을 보인 때는 부하 직원이 석유 수송선을 아주 싼 값에 사들인 순간이었다. 그의 동료는 이렇게 증언했다. "록펠러가 기쁨에 들떠 소리를 지르며 자리에서 벌떡 일어났다. 춤을 추며 나를 얼싸안고 모자를 집어던졌다. 도저히 잊어버릴 수 없는 미친 사람처럼 행동했다."

유능함과 풍요로운 삶 모두 모건에게 모두 중요했다. 그는 크래그스톤의 집을 페인트칠 할 때 마치 정부의 채권을 인수하는 것처럼 세심하게 살펴보고 판단했다. 1875년 가을 그는 장미꽃 278송이를 직접 따며 스스로 대견스럽게 생각했다. 관목을 영국의 한 양로원 책임자한테서 사들이면서 조건을 세세하게 지정하기도 했다. "줄기는 특별히 통통해야 하고, 관목의 머리와 뿌리는 2~3년 된 것이어야 한다. 특히 관목의 줄기는 1~1.5인치는 되어야 한다." 그가 30대 후반에 접어들면서 그의 관심은 은행 일에만 한정되지 않았다. 여행, 사교활동, 성공회 교회 참여, 역사, 예술 등에도 관심을 기울였다.

모건은 건강도 세심하게 관리했다. 엄청난 스트레스가 두려워 사활을 건 선택의 순간에 서지 않으려 노력했다. 그는 1875년 9월, 일을 잠시 접기로 마음먹었으면서도 아버지 주니어스와 의논한다. 자신의 결정은 "1876년 아버지의 계획에 달려 있다"고 편지에 썼다. 모건은 아버지가 드렉셀·모건의 해체를 고려하지 않고 있다는 사실을 알았을 때 그리 놀라지 않았을 것이다. 주니어스는 아들에게 새로운 파트너를 찾아보라고 지시한다.

J. P. 모건은 월스트리트 플레이어들을 샅샅이 조사했다. 평판이 좋은 월스트리트 금융가들은 활력이 떨어져 보였다. 명망가가 아닌 사람들은 그저 그랬다. 그는 아버지에게 월스트리트의 인재 부족을 불평한다. "캐릭터와 능력, 경험에서 탁월한 비즈니스맨은 거의 없습니다… 제가 나이 들수록(당시 그는 서른여덟 살) 인재의 빈곤을 더욱 실감할 것 같습니다. 한 분야에만 뛰어난 사람이 아니라 균형 감각을 가지고 있는 인재의 부족을 말씀드리는 겁니다."

끝내 모건은 적임자를 찾아낸다. 주니어스와 오랜 기간 비즈니스를 했던 이탈리아 출신인 국제 무역상인 에지스토 P. 패브리(Egisto P. Fabbri)였다. 모건이 패브리를 선택한 것은 이례적인 사건이었다. 주니어스가 외국인과 함께 일하는 것을 걱정하자, 그는 패브리가 완전히 미국사람이 된 인물이라고 설명했다. 드렉셀은 오스트리아 출신이고 라이트는 스코틀랜드 출신임도 지적했다. 실제로 모건 가문은 이후 100여 년 동안 미국 동부 백인 부호를 뜻하는 '블루-블러드(Blue-Blood) 양키'로 널리 알려졌다. 하지만 J. P. 모건은 개인의 능력을 중시하는 사람이었다. 그는 앵글로 색슨의 후예이고 청교도 미국인만을 좋아하지는 않았다.

패브리는 1876년 1월 1일 드렉셀·모건에 파트너로 합류했다. 패브리는 뉴욕의 민주당파 리더인 '보스' 트위드를 감옥으로 보낸 재판에서 배심원을 하다 배제된 상태였다. 모건은 그가 은행에 참여하는 일은 "오리가 물을 만난 격"이라고 평가했다. 새로 구성된 파트너십에 따라 드렉셀·모건의 연간 순이익 가운데 45퍼센트는 모건에게, 40퍼센트는 필라델피아 드렉셀 형제들에게, 나머지 15퍼센트는 패브리에게 돌아간다. 모든 파트너는 연간 배당금 가운데 절반을 회사에 유보해 금융회사로서 적절한 자본비율을 유지하기로 했다.

월스트리트에 인재가 없다는 J. P. 모건의 평가는 플레이어들과 거리낌없이 어울리지 못하게 하는 요인이었다. 그는 자신이 인정하지 않는 사람과 스스럼없이 어울리는 성격이 아니었다. 이런 모건을 모르는 플레이어들은 그의 고상한 척하는 태도를 아주 싫어했다. 하지만 주의 깊은 관찰자라면, 그의 주변에는 도덕성과 전문적 소양이 높은 인물들이 가득함을 눈치챌 수 있었다. 모건은 찰스 대브나 조지 모건, 짐 굿윈, 조셉 드렉셀이 아니라 토니 드렉셀과 벤저민 브리스토, J. 후드 라이트, 에지스토 패브리 등을 선택한 덕분에 미래를 위한 도약대를 한층 강화할 수 있었다.

주니어스는 여전히 명령권자였다. 그는 1875년 후반 대서양 건너편에서 아들이 활동 폭을 너무 넓힌다고 판단했다. 그는 아들이 맡고 있는 여러 기업의 이사 자리에서 물러나라고 지시했다. J. P. 모건은 아버지의 지시를 따랐다. 하지만 그가 기꺼이 맡았던 기업 10곳의 이사까지 그만두려고 하진 않았다. 이들 이사직은 결코 투자은행 드렉셀·모건에 부당한 이익을 가져다주지 않는 자리라고 생각했다.

당시 그는 내셔널 뱅크 오브 커머스와 센트럴 트러스트, 그가 올버니-서스쿼하나 철도를 장기 임대해준 델라웨어-허드슨 운하, 풀먼 팰리스 객차, 카네기 일리노이-세인트루이스 교량회사, 몇몇 철도회사의 이사로 등재되어 있었다. 몇몇 곳은 상당한 시간을 할애해야 했다. 다른 이사 자리는 시간을 상대적으로 적게 잡아먹었다. 그는 "내가 이사회에 참석하는데, 결코 들러리는 서지 않는다"라고 말했다. 그는 이사직을 유지하기로 하면서 아버지가 쉽게 반박하기 힘든 이유를 댄다. "저명하고 뛰어난 비즈니스맨들과 교류하는 것 외에도 우리가 하고 있는 비즈니스에 상당한 도움이 되기 때문에 이사직을 유지하렵니다." 1880년대에 그는 더 많은 기업에서 이사로 선임된다. 아버지 주니어스 모건에게 이사직은 시간 낭비로 비추어졌지만, 젊은 모건에게 기업의 이사는 감독과 통제의 요긴한 수단이었다.

모건은 아버지의 설득으로 회사를 떠나지 않기로 했다. 그는 미국의 독립 100주년을 맞은 1876년 가족들을 데리고 다시 유럽을 방문했다. 그의 부부와 패니, 자녀 4명 등 6명의 모건은 6월 뉴욕을 출발해 영국 런던에 도착한 뒤 곧장 아버지 주니어스가 빌려놓은 로햄턴(Roehamton)의 집으로 행했다. 런던에서 7마일 떨어져 있고, 프린스 게이트의 아버지 집에서 마차로 25분 거리에 있는 집이다. 주니어스는 2년 뒤인 1878년 이 집을 완전히 사들인다. 윔블던 커먼(Wimbledon Common)과 푸트니 히스(Putney Heath) 공원을 굽어보는 언덕 위에 자리 잡고 있었다.

모건 일행은 바람 부는 푸트니 공원 거리를 마차로 달렸다. 거대한 돌로 된 문과 잔디밭과 정원을 거쳐 양쪽으로 큰 기둥들이 세워져 있어 왕궁처럼 보이는 빌라에 도착했다. 주니어스는 아들 가족에게 8각형으로 된 현관 로비, 본채에 붙어 있으면서 유리로 지어진 온실, 햇빛을 받아 화려하게 비쳐지는 스테인드글라스 장식, 침실 16개와 드레스룸, 부엌 2개, 각각 분리되어 있는 석탄과 맥주, 포도주 저장소 등을 구경시켜주었다. 집 외부에는 마구간과 꽃이 핀 정원, 착유 시설, 테니스용 잔디 코트 등이 완비되어 있었다. 딸기와 아스파라거스 텃밭도 있었다. 난초와 배, 멜런, 무화과를 키우기 위한 온실 등이 자리 잡고 있었다.

주니어스는 그해 예순세 살이었지만 멋진 노인이었다. 그의 머리는 백발로 가득했다. 연륜으로 현명함이 넘쳐흘렀다. 여전히 정정했고 말쑥한 차림을 자랑했다. 매일 걷기 운동을 했으며, 테니스로 사위에게 도전했다. 반면 줄리엣은 덜 친절한 성싶었다. 그녀는 개인주의와 정신적 안락을 추구하면서 혼자 지내는 수준이 아니라 아예 사회성을 잃어버렸다. 자신의 방에 칩거하며 거의 여행도 하지 않았다. 도버 하우스에조차 한 번도 나타나지 않았다.

주니어스는 예술에도 상당한 취미가 있었다. 그는 오래 전부터 풍경화와 초상화를 집중적으로 수집했다. 루이지 팔머 디 세스놀라(Luigi Palma di Sesnola)는 1879년 뉴욕 메트로폴리탄 예술 박물관의 이사로 선임되었다. 그는 주니어스에 대해 "마음씨가 넉넉한 후원자였다"고 말했다. 이어 "주니어스는 미술 갤러리를 만들 것처럼 거들먹거리지 않았지만, 런던과 시골의 집을 장식하기 위해 많은 그림을 수집했다"고 했다.

모건 가족이 런던에 도착하기 직전인 1876년 봄 대담한 도둑이 주니어스가 마침 사려고 마음먹은 토머스 게인스버러(Thomas Gainsborough)의 작품인 '데번셔 공작부인 조지아나(Georgiana)의 초상화를 훔쳐갔다. 조지아나는 스펜서 백작 1세인 존의 딸이다. 1774년 열 일곱 살 나이에 데번셔 공작의 다섯 번째 부인이 되었다. 교통사고로 숨을 거둔 웨일스 공주, 다이애나 왕세자비의 4대조 고모뻘이다. 조지아나는 생전에 아름다음과 자유분방함으로 유명했다. 18세기와 19세기 영국에서 화제의 주인공이었고, 많은 장신구 장인들이 그녀의 소장품을 모방했다.

조지아나는 초상화를 그리는 순간 하얀 드레스와 파란 실크 코트를 입고 띠를 둘렀다. 정성 들여 물결 모양을 낸 머리에 커다란 검은 모자를 삐딱하게 쓰고 초상화가인 게인스버러 앞에 포즈를 취했다. 반쯤은 뾰로통한 모습으로, 반쯤은 미소를 지은 채 자신을 지켜보는 화가를 청순하면서도 압도하는 눈빛으로 바라보고 있다. 그녀의 손에는 덜 핀 핑크빛 장미와 완전히 개화한 장미가 들려 있다.

미술상 윌리엄 애그뉴(William Agnew)는 1876년 그녀의 초상화를 크리스티·맨슨·우즈 경매소(Christie, Manson & Woods) 경매에서 1만 파운드(5만 1,540달러)에 낙찰 받았다. 당시 최고 낙찰가였다. 그는 초상화를 본드(Bond) 거리에 있는 갤러리에 전시해두었다. 주니어스는 매입 당시에는 알려지지 않은 가격을 치르고 초상화를 입수했다. 1만 4,000~1만 5,000파운드 선인 것으로 추정되었다.

그림의 진품 여부가 한때 논란이 되었다. 한 영국 교장이 벽 선반에 맞춰 길이를 4분 3까지 축소한 것으로 알려졌다. 화가 존 에버렛 밀라이스(John Everett Millais)는 크리스티 경매소에서 그림을 감정한 뒤 "나는 게인스버러가 이 그림을 보았다고 생각하지 않는다"고 말했다.

애그뉴가 그림을 전시하자, 수많은 사람들이 조지아나의 초상화를 보기 위해 줄을 섰다. 사람들의 높은 관심은 미국 출신 도둑인 애덤 워스(Adom Worth)의 입맛을 자극했다. 그는 독일 유대인 가정에서 태어나 어릴 적에 부모를 따라 보스턴으로 이민 왔다. 그는 민중보다는 자산가의 집을 털어 명성을 얻은 도둑이었다. 그는 1869년 보스턴의 은행을 털어 100만 달러를 가지고 유럽으로 도망갔다. 이 시절 그는 마침 숨을 거둔 〈뉴욕 타임스〉 설립자인 헨리 J. 레이몬드(Henry J. Raymond)로 행세했다.

워스는 자신보다 범죄적 재능이 떨어져 잉글랜드 뉴게이트(Newgate) 감옥에 수감되어 있는 동생의 보석금을 마련하기 위해 한 건을 해야 하는 처지였다. 조지아나 초상화를 훔치기로 결정했다. 그는 본드 거리에 있는 애그뉴의 갤러리 창문을 기어올라 침투한 뒤 액자에서 조지아나의 초상화를 예리한 칼로 오려내 훔쳐갔다. 조지아나 초상화의 도난 사건은 대서양 양편의 신문에서 헤드라인을 장식할 정도의 큰 사건이었다. 애그뉴는 현상금 1,000파운드를 걸고 도둑을 추적했다. 워스가 동생의 석방을 위해 감옥 당국과 협상을 시작할 찰라 정작 그의 동생은 풀려났다. 그 바람에 그는 세계적으로 유명한 보물을 고스란히 차지하게 되었다.

반면 주니어스 모건은 귀중한 소를 잃어버린 농부 신세가 되었다. 워스는 여행용 트렁크 밑에 별도의 공간을 만들어 조지아나의 초상화를 숨겨 미국으로 귀국했다. 이후 25년 동안 애그뉴와 연락하면서 약을 올리고 협상을 추진한다. 그는 런던의 〈더 타임스〉에 개인 칼럼을 기재해 자신의 도둑질이 조지아나 초상화의 가치를 1876년 5월 당시보다 엄청나게 높여 놓았다고 주장하기도 했다. 그는 1만 5,000파운드를 요구했다. 사람들이 '칭찬하면 더 잘한다'는 피그말리온(Pygmalion) 효과를 제멋대로 해석하듯이, 그는 한술 더 떠 자신의 도둑질은 '조지아나와 함께한 애정의 도피행각'이라고 강변했다. 주니어스는 끝내 잃어버린 공작부인을 한 번도 보지 못하고 눈을 감는다.

1876년 7월 한 달 동안 젊은 모건은 도버 하우스에 머물렀다. 그는 아버지 모건과 함께 런던에 가 사람을 만나거나 저녁 만찬을 즐기기도 했다. 7월 4일에는 웨스트민스터 팰리스 호텔에서 미국 독립 100주년을 축하하면서 성대한 프랑스 요리를 즐겼다. 헨리(Henley)에서 보트 경주를 관람하기도 했다. 또 아버지 주니어스가 영입한 새로운 파트너인 제이콥 C. 로저스(Jacob C. Rogers), 조지 피바디의 먼 친척인 S. 엔디코트 피바디(Endicott Peabody)를 만나 비즈니스를 논의했다. 주말에는 아내와 함께 영국 의회 의원이자 영란은행 이사인 헨리 리버스데일 그렌펠(Henry Riversdale Grenfell)이 켄트에 가지고 있는 시골집에서 편하게 쉬기도 했다. 또 다른 주말에는 피바디 사람들과 함께 세븐 옥스(Seven Oaks) 와 가까운 곳에서 지냈다. 모건이 켄트 지역을 돌아보는 동안 아내 패니는 필립 시드니(Philip Sidney) 경의 펜스허스트(Penshurst)와 색빌(Sackville) 경의 놀 파크(knole Park), 그리고 "머리 염색제를 발명한 사람들이 보유한 아름다운 곳들을 들러보았다"고 일기에 썼다.

J. P. 모건은 혼자 비즈니스 문제로 파리를 찾았다. 아주 들뜬 어조로 아내에게 말한다. "오늘 아침 그리스 왕과 나는 나란히 안전하게 호텔 브리스톨에 도착했소. 그는 아파트 형식으로 된 최고급 호텔의 객실로 들어갔습니다. 나는 왕과는 다른 곳에 여장을 풀었다오." 이어 아내에게 충고와 자신이 얼마나 사랑하고 있는지를 덧붙인다. "항상 기분을 좋게 유지하구려. 기분 좋은 상태가 늘 오래가지는 않는다오. 내가 당신을 아주 사랑한다오. 늘 당신과 함께 하겠소." 편지 끝에 아내의 이름을 'Fannie'가 아니라 제대로 'Fanny'라고 썼다. 결혼 일곱 돌이 지난 뒤에야 아내 이름을 제대로 쓴 셈이다.

패니는 그해 8월 아들과 함께 스코틀랜드를 구경했다. 아주 행복하고 만족해했다. 남편과도 많은 시간을 함께했다. "저녁 식사 뒤 피어폰트와 나는 다리를 거닐다… 어두워지기 전에 집에 돌아왔다"고 그녀는 일기에 적었다. 또한 그녀는 "피어폰트와 나는 강을 따라 멀리까지 산책했고, 우리의 방에서 조용하게 밤을 보내기 위해 돌아왔다"고도 적었다. 모건은 가족과 함께 평화롭고 조용한 여가를 즐길 수 있었다. 그런데 스코틀랜드에 온 지 일주일 만에 사업 때문에 런던으로 가야 했다. 토니 드렉셀이 1876년 8월 미국 정부의 채권 매각을 협의하기 위해 런던을 방문했다. 이때 가장 큰 경쟁자는 그랜트 대통령의 절친한 친구이고 재정 자문인 조셉 셀리그먼(Joseph Seligman)이 이었다. 셀리그먼은 독일 바바리아 지역에서 태어나 열아홉 살이던 1837년 미국으로 이민 왔다. 1862년 그와 동생은 뉴욕에서 J. & W. 셀리그먼을 설립하고 은행업에 본격적으로 뛰어들었다. 회사 가치를 100만 달러까지 높였다.

셀리그먼은 독일계 유태인이었다. 그의 은행은 런던과 독일 프랑크푸르트에 지점을 뒀다. 남북전쟁 기간 동안 미국 채권을 독일에서 유통시켰다. 1876년 여름 재무장관인 브리스토는 '극비'라며 그랜트가 백악관에 있는 한 셀리그먼은 커넥션을 활용해 정부의 채권 발행에서 특혜를 받을 수밖에 없다고 드렉셀에게 경고한 바 있다. 브리스토가 강하게 권해 토니 드렉셀은 그해 7월 셀리그먼과 함께 그랜트 대통령과 브리스토의 후임으로 재무장관으로 내정된 로트 모릴(Lot Morrill)를 만났다.

대통령 선거 시즌이어서 정치가 연방정부의 채권 발행에도 상당한 영향을 미쳤다. 민주·공화 양당 모두 부패 때문에 홍역을 앓은 뒤여서 모두 개혁을 부르짖었다. 공화당은 철도회사와 깊은 커넥션이 있는 하원의장 제임스 블레인 대신 병약해 보이지만 존경받는 인물인 루서포드 헤이즈를 대통령 후보로 선출했다. 오하이오 주지사를 세 번이나 역임한 헤이즈는 금본위제를 강력히 주장했다. 헨리 애덤스는 그를 "무색무취한 3류 인간"이라고 평했다.

애덤스는 헨리 캐봇 롯지(Henry Cabot Lodge) 그리고 새뮤얼 볼스(Samuel Bowles)와 함께 브리스토를 적극적으로 지지했다. 볼스는 스프링필드에서 발행된 〈리퍼블릭〉의 편집장이었다. 그는 1876년 2월 "브리스토의 정치철학이… 모든 분야에서 활짝 피고 있다"고 주장했다. 민주당은 공화당 전당대회가 끝난 뒤 "공화당이 브리스토를 탈락시킨 것은 진정한 개혁에 관심이 없음을 분명히 한 셈"이라고 논평했다. 민주당은 전당대회에서 뉴욕의 부유한 주지사인 틸던(Tilden)을 대통령 선거전에 내보내기로 결정했다. 그는 뉴욕 민주당의 부패 세력인 '보스' 트위드의 태머니 홀(Tammany Hall) 파와는 거리를 두고 있었다. 그는 오랜 기간 금본위제를 지지했다. 제철회사의 변호사로 일한 덕분에 월스트리트의 유명 은행가의 지지를 받았다. 월스트리트의 대표적인 지지자는 바로 어거스트 벨몽트였다.

벨몽트는 민주당 전국위원회 의장을 맡은 적이 있었다. 그는 1876년 6월 전당대회에서 공화당을 맹렬히 공격했다. 그 바람에 셀리그먼과 그랜트 대통령은 연방정부가 다음에 발행할 채권의 인수단에서 로스차일드를 제외하고 싶어 했다. 대선으로 뜨겁게 달아오른 그 시기 워싱턴에 머물고 있던 토니 드렉셀은 대서양 횡단 케이블을 이용해 런던에 있던 주니어스 그리고 J. P. 모건과 채권 인수 문제를 긴밀하게 협의했다.

이때 새로운 파트너 패브리는 그랜트 행정부에 대해 시장이 느끼는 '대단한 불만'을 런던에 전달한다. "(그랜트가 브리스토 같은) 훌륭한 자질과 경력을 갖춘 인물을 제거한 것으로 봐서 아무 생각이 없거나 사리분별 능력이 떨어진 인간이라는 비판이 거세다. 힘의 집중과 단결이 아주 중요한 마당에 (그랜트가) 공화당의 위기를 유발하고 있다"는 내용이었다. 패브리는 원칙주의적인 정치관을 갖고 있었다. 전당 대회 결과에 기뻐하지 않았다. 그는 민주당이 대선에서 이기면, 벨몽트가 아주 유용한 협력자가 될 수 있다고 말했다. 로스차일드의 국제적 위상을 감안하면, 어떤 결과가 나오더라도 "그들을 무시하는 것은 실수"라고 경고하기도 했다.

J. P. 모건은 아내가 기다리고 있는 스코틀랜드로 돌아가는 것을 하루하루 연기하며 채권 발행 협상 결과를 점검했다. 마침내 1876년 8월 말 투자 은행가들과 재무부는 연 4.5퍼센트에 채권 2억 달러어치를 발행하기로 합의했다. 이때 로스차일드가 주간사가 되어 공동 인수단을 이끈다. 민주당을 지지하는 벨몽트의 서명이 계약서 맨 위에 기재되었다. 로스차일드가 2억 달러 가운데 1차분인 4,000만 달러의 41.25퍼센트를 인수했다. 나머지 가운데 33.75퍼센트를 드렉셀·모건과 J. W. 셀리그먼이 자사의 런던 법인들과 함께 가져갔다. 머튼·블리스의 몫은 25퍼센트였다. 셀리그는 대통령과 커넥션을 활용했다. 하지

만 드렉셀·모건그룹은 정정 당당하게 경쟁했다. 채권은 뉴욕과 런던에서 아주 잘 유통되었다.

모건이 8월 29일 아내와 아이들이 기다리는 스코틀랜드에 돌아오면서 놀라운 소식을 가져왔다. 가족 모두가 겨울을 외국에서 보내기로 했다는 결정이었다. 그의 미국 파트너가 회사를 잘 운영하고 있기 때문에 그는 가족들과 함께 1년 동안 휴식을 즐길 수 있게 된 것이다. 그런데 이는 여름만을 지내려고 계획하고 짐을 챙겨온 대가족에게 그리 달가운 소식만은 아니었다. 맏이 루이자는 그녀의 생애 가운데 가장 음울한 시기를 외국 여행으로 보내고 있었다. 아버지의 신경쇠약과 심각한 우울증에 비춰볼 때 "아버지와 어머니가 나쁜 시기를 함께 보내고 있는 것과 같다"고 어머니 패니에게 불평했다. 모건 가족은 1876년 가을을 파리에서 보냈다.

J. P. 모건이 1년 동안 외유를 하는 동안 미국에서 민주당이 그랜트 시대의 부패를 추적하는 사냥꾼을 자처했다. 금융에서는 양다리 걸치기 작전을 폈다. 금본위주의자인 틸던은 농민과 노동자, 중소 상공인의 표를 흡수하기 위해 인플레이션 정책을 주장한 인물을 부통령 후보로 지명했다. 민주당의 승리 가능성이 높아 보였다. 투자은행 드렉셀·모건은 9월 선거전에서 고전하고 있는 공화당 헤이즈 진영에 5,000달러를 기부했다. 뉴욕의 파트너들은 런던에 전보를 띄워 "우리의 기부는 미래에 정부 채권 인수단에서 우리의 이익을 키우는 데 도움이 된다"며 "공화당의 패배는 인플레이션을 의미한다"고 말했다. 그들은 런던 쪽도 헤이즈에게 기부해야 한다고 권했다. 주니어스는 드렉셀·모건 쪽의 주장에 동의하지 않았다. 그는 "우리는 미국 시장에 이해관계를 갖고 있는 외국 금융회사"라고 말했으나, 드렉셀·모건의 이름으로 5,000달러를 기부한 것은 지지했다. "나는 J. S. 모건이 기부자 명단에 오르지 않기를 바란다."

1876년 11월에 치러진 대통령 선거에서 기묘한 결과가 나왔다. 민주당 틸던

후보가 유권자 선거에서 51퍼센트를 차지했다. 하지만 선거인단 수에서는 양당 후보가 승리를 주장할 수 없는 결과를 얻었다. 남부 지역에서 민주·공화 양당은 각자 승리를 주장했다. 상대 당이 선거부정을 저질렀고 서로 공격했다. 의회가 위원회를 열어 선거 결과를 확정 짓기로 했다. 위원회는 오랜 기간 치열한 공격과 싸움을 벌인 끝에 취임식 이틀 전에 헤이즈의 승리를 선언했다.

J. P. 모건 가족은 그해 12월 이집트를 향했다. 그들은 카이로에 도착해 궁정 같은 뉴 호텔에 여장을 풀었다. 쿡 증기선인 베니 수프(Beni Souef)호를 임대해 나일강 남쪽으로 여행한다. 모건은 원주민들과 웃고 즐기는 데는 관심이 없었다. 그의 가족은 왕실처럼 통역사와 가이드, 프랑스인 내과의사, 이집트인 도우미, 간호사, 침모, 프랑스 출신 웨이터, 정규 집사, 패니의 사촌인 매리 헌팅턴(Mary Huntington)을 데리고 갔다. 그들은 낯선 땅 나일강을 여행하면서도 뜨거운 목욕을 할 수 있었다. 프랑스 요리를 즐겼으며 일요일에는 모건의 집전으로 예배까지 보았다. 나일강 중류 도시인 소하그(Sohag)에 이르렀을 때 그들은 진흙으로 지어진 원시적인 집 안에 들어가 보았다. 패니는 여행 일기에 "오!"라고 탄성을 기록했다. 저녁 시간에는 프랑스 의사가 모건에게 프랑스식 카드놀이를 가르쳐 주었다.

어느 날 모건 가족은 룩소르 주재 미국 영사와 이집트의 지방 책임자를 베니 수프호에 초대해 만찬을 즐겼다. 파티가 끝난 뒤 패니는 여행 일기에 "통역을 통해 이야기했지만 파티는 아주 성공적이었다. 참석자들은 모두 우리 아이들이 스코틀랜드에서 수집한 볼거리와 우리 가족사진에 관심이 높았다"고 적었다. 다음날 뉴요커들은 나일강 상류 유적인 카나크(Karnak)로 가 가족 전체가 기념비적인 거석 앞에서 사진 찍었다. 시종들은 터번 등을 둘렀다. 여성들은 장갑과 재킷, 무거운 치마 차림이었다. 햇빛을 피하기 위해 모자와 파라솔을 들었다. 장남 잭과 모건은 조끼와 양복, 탐험가 헬멧을 착용하고 부츠를 신

1877년 1월 나일강 여행중 카나크에 도착한 J. P. 모건 가족들(첫 번째 줄 왼쪽부터: 장녀 루이자(피크닉 바구니 옆), 줄리엣과 앤, 두 번째 줄 서 있는 사람들: 웨이터, 통역사, 모건 가문의 도우미인 기번스, 집사인 시저, 아이들을 돌보는 사람, 헌팅턴과 패니(앉아 있는 여성), 모건, 잭, 룩소르에 파견된 미국 공사의 직원, 통역사 뒤에 서 있는 사람은 플라스 의사). (출처: 뉴욕 피어폰트 모건 도서관)

었다. 지팡이에 기대 선 모건은 마치 로열 지리학회의 탐험대를 이끌고 나일강을 향해 떠나는 모습 같았다.

모건은 가족들을 이끌고 애스원과 필라에(Philae)를 구경했다. 그들은 필라에에서 통나무에서 자라나는 누비안 죽순을 봤다. 이들은 뱃머리를 북쪽으로 돌려 카이로로 향했다. 모건은 이때 귀금속과 투구벌레 모양으로 새긴 보석 등을 구입했다. 오페라 '아이다'의 제작현장을 관람하기도 했다. 카이로 도착 이후 그들은 로마로 가 1877년 겨울을 지냈다. 파리 브리스톨 호텔에서 모건 가문의 전체 멤버들과 만난다. 그해 4월 14일에는 주니어스의 예순네 번째 생일을, 얼마 뒤에는 모건의 마흔 번째 생일을 파리에서 축하했다.

모건은 다시 혼자 여행을 떠나야 했다. 그는 미국인 찰스 프레드릭 워스(Worth)가 운영하는 프랑스 의상실에 아내 패니와 딸들을 위해 비단 등으로 만든 고급 기성복과 레이스를 주문했다. 그는 1877년 봄 가족들을 대기하게 한 뒤 프랑스 침모 7명을 호텔방으로 불러 몸 치수를 재도록 했다. 그날 오후에는 아내 패니를 워스의 의상실로 데리고 가 파리 패션계의 '유력자'에게 소개했다. 이 뉴요커들은 그해 4월 말 도버해협을 건너 여행 중 마지막이 될 디너파티와 박물관 구경, 주말 시골여행을 즐기기 위해 런던으로 갔다. 그리고 그해 5월 중순 대서양을 건너 뉴욕 집으로 향했다.

CHPATER 10

미래는 미국의 것!

J. P. 모건과 패니는 1877년 5월 말 뉴욕에서 결혼 25주년 파티를 열었다. 모건의 콧수염은 듬성듬성 흰색으로 변했다. 패니는 서른다섯 살이었다. 여전히 얼굴 피부가 팽팽했다. 중년에 들어서면서 체중이 늘어나기는 했다. 결혼생활의 피로 현상도 드러나기 시작했다.

패니는 남편이 손님을 데리고 오는 것과 여성들과 어울려 여행과 피크닉을 떠나는 것을 참아주었다. 하지만 1870년대 후반 들어 모건은 혼자 집에 들어오는 경우가 거의 없었다. 혼자 귀가하는 날에 그녀는 일기에 흔적을 남긴다. "피어폰트가 오늘은 아무도 데리고 오지 않았다."

그 시절 모건과 패니는 여느 부부와 달리 서로 다른 세계를 살아가는 사람들이었다. 모건은 월스트리트 23번지에서 수도승처럼 지냈다. 새해 첫날 은행이 문을 닫을 때 같은 특별한 날을 빼고는 여성이 회사에 들어서는 것을 달가워하지 않았다. 심지어 한 파트너가 여성 비서를 두겠다고 고집부릴 때 월스트리트 건너편에 사무실을 얻어 비서를 배치해주기까지 했다.

30대의 J. P. 모건
(출처: 뉴욕 피어폰트 모건 도서관)

모건은 거의 매일 저녁 회합과 디너파티, 클럽 활동을 위해 외출했다. 아내와는 사업 이야기를 하지 않았다. 패니가 한 파티 석상에서 남편이 비밀이라며 이야기해준 것을 누설한 이후 그녀에게 사적인 정보를 전혀 말해주지 않았다.

반면 패니의 하루 일과는 대부분 집에서 가사일과 자녀들을 돌보는 것이었다. 그녀는 자선 사업에 참여하고 있었다. 친구들과 서로 집을 방문하기도 했다. 드물지만 오페라와 강연, 콘서트를 즐기기 위해 외출도 했다. 친정 식구들과 긴밀하게 지냈다. 친정아버지는 1874년 소토니허스트를 샀다. 모건 부부가 빌린 크래그스톤의 바로 북쪽에 자리 잡고 있는 집이었다. 시간이 흐르면서 그녀의 불만은 커져갔다. 나날이 우울해졌다. 가족들이 유럽 여행에서 돌아온 뒤인 1877년 6월 소화불량과 스트레스를 호소하기 시작했다. 그녀는 기분 전환을 위해 뉴포트에서 친구인 프레드(Fred), 어델(Adele)부부와 함께 지내기 위해 외출했다. 그녀는 부유한 제조업자의 딸인 어델 리빙스턴 샘슨(Livingstone Sampson)과 오래 전부터 알고 지내고 있었다.

1877년 어델은 예일대학을 졸업한 변호사이고 제퍼슨 대통령 시절 재무장관을 지낸 앨버트 갤러틴(Albert Gallatin)의 손자인 프레드릭 W. 스티븐스와 결혼해 생활하고 있었다. 그녀의 남편 스티븐스는 부자가 아니었다. 어델은 친정아버지가 숨을 거둔 이후 당대 미국에서 가장 부유한 여성이 된다. 그들은 아이 네 명을 낳았다. 건축사무실인 맥킴, 미드 & 비글로우(McKim, Mead & Biglow)가 자신들을 위해 디자인한 뉴포트 빌라에서 여름을 지내고는 했다. 그들은 뉴욕 맨해튼 5번 애비뉴와 57번가가 만나는 곳에 로마네스크 양식으로 지어진 맨션도 가지고 있었다.

패니는 1877년 8월 프레드와 어델 부부를 찾았다. 패니는 "프레드가 인종과 경제발전, 도덕적 책임 등 다양한 주제를" 토론하고 싶어 하는 것 같다고 일기에 적었다. 프레드가 남편 모건과는 다르다는 점을 암시하는 듯하다. 반면 어델은 남편 프레드가 지루한 사람이라고 생각했다. 모건을 높이 평가했다. 어델은 자신들이 유럽 여행을 떠날 때 항구까지 배웅 나온 모건을 보고 패니에게 "대단히 훌륭한 사람"이라고 말한 장본인이다.

J. P. 모건이 주말에 뉴포트에서 열린 파티에 참석했다. 패니가 여동생 클라라와 함께 시간을 보내기 위해 떠난 뒤였다. 모건은 뉴욕으로 돌아와 패니에게 편지를 띄운다. "무뚝뚝한 남편이 주는 스트레스를 당신이 견디는 게 어렵다는 점을 알지만, 당신이 더 밝게 생활했으면 합니다." 모건은 40번가 이스트 6번지의 집을 꽃으로 꾸몄다. 일주일 만에 돌아온 아내를 즐겁게 해주기 위해서였다.

무슨 일로 모건이 집을 꽃으로 장식하는 등 변화를 보였는지 알 수 없다. 하지만 당시 비슷한 사회적 지위를 가진 남자들 가운데는 드물게 그는 자신의 잘못을 인정하고 고치려고 노력한 사람이라고 할 수 있다. 하지만 아내 패니는 자신이 제대로 대접받지 못하고 있다는 감정을 품고 키우는 스타일이었다.

시간이 흐르면서 두 사람은 상대를 꼬집기 시작했다. 1878년 여름 열두 살인 장녀 루이자가 나이가 많은 월더 워너 호핀(Walder Warner Hoppin) 부부와 함께 보내기 위해 로드아일랜드 워릭으로 갔다. 호핀은 1850년대 로드아일랜드 행정을 책임진 바 있다. 패니의 여동생인 클라라가 그의 아들 프레드와 결혼했다. 패니는 로드아일랜드에서 루이자를 데려 올 때 며칠 동안 머물기로 약속했다. 하지만 사정이 생겨 남편을 보내야 했다. 사라토가에서 모건은 아내를 이렇게 힐난한다. "루이자가 좀 더 오래 머물고, 당신이 아이를 데리러 갔으면 했다오. 당신이 가지 않는 바람에 연로한 호핀씨 부부가 상처를 받을 겁니다. 우리에게 평소 친절하게 대한 사람들이 기분 나쁘게 느꼈다면 당신이 책임져야 합니다."

패니는 그해 겨울 심한 두통에 시달려 누워 지내야 했다. 3월 남편의 성미를 일기에 남기지 않았다. 하지만 남북전쟁 기간 동안 미국에서 인기를 끌었던 화가인 "끔찍한 툴무슈의 그림"을 950달러에 사들였다고 일기에 적었다. 오고스테 툴무슈(Auguste Toulmouche, 1829~1890년)는 주로 우아한 파리 사람들의 일상을 즐겨 묘사했다. 그는 미국에서 '부인 침실의 화가'로 불렸다. 모건은 그의 '기다림(Waiting)'이라는 작품을 구입했다.

❯❯❯❯❯❯❯

모건은 1877년 5월 유럽 여행을 마치고 돌아왔다. 미국은 정치·경제적으로 소용돌이에 휘말려 있었다. 그의 관심사는 '누가 재무장관이 되는가'였다. 헤이지는 오하이오 출신 상원의원 존 셔먼(John Sherman)을 재무장관으로 임명했다. 셔먼은 남북전쟁 당시 장군을 지낸 윌리엄 테쿰세(William Tecumseh) 셔먼의 동생인데 정치적 수완이 뛰어난 인물이었다. 상당 기간 상원 금융위원회와 하원의 세입위원회의 위원장을 맡았다. 모건과 마찬가지로 유럽 투자자들이 1873년 공황 시기에 미국 주식과 채권을 팔아 치우는 현장을 목격했다. 금본위제로 복귀하는 게 신뢰와 자본을 회복하는 길이라고 굳게 믿었다. 1873년 재무장관인 브리스토의 요청을 받은 그는 금본위제 부활을 규정한 법안을 제출했다. 의회에 금본위제 복귀 법안이 제출되기는 1862년 이후 처음이었다. 법안이름은 금태환 재개법(Specie Resumption Act: 셔먼법)이었다. 레임 덕 상태인 공화당이 주축이 되어 1875년 말 통과되었다. 재무부가 1879년 1월 1일부터 남북전쟁 전 교환비율인 1파운드당 4.86달러에 금태환을 재개해야 했다.

셔먼법은 이름 자체가 부정확했다. 정치적 타협 과정을 거치면서 두 가지 문제점을 안고 있었다. 첫째는 불태환 지폐인 그린백을 언제까지 어떻게 회수해돈의 가치를 회복시킬 것인지를 규정하고 있지 않았다. 파운드가 묶여 있는 금의 가치는 시장에서 그린백보다 높을 수밖에 없었다. 사람들은 그린백은 하루라도 빨리 쓰고, 금은 보유하려고 해 금화는 나중에 종적을 감추고 만다. 악화가 양화를 구축한다는 그레셤의 법칙이 작동하는 것이다. 셔먼법은 그저 시장에 유통 중인 그린백을 축소하고 금의 공급을 늘리는 것이었다. 그린백의 유통 규모를 3억 달러로 제한하기는 했다. 재무부가 연간 8,200만 달러를 회수해야 했다. 정부의 금 보유를 늘리기 위해 재무장관이 채권을 발행할 수 있도록 했다.

연방정부가 필사적으로 그린백 회수에 나섬에 따라 두 번째 문제가 불거졌다. 유달리 충격이 크고 오래간 1873년 공황 때문에 미국의 서부와 남부의 농민들은 심각한 타격을 받고 비틀거리고 있었다. 그들은 '값이 싼' 돈을 원했다. 폭력 시위까지 벌이며 그린백 긴축을 반대하고 나섰다. 연방정부의 긴축 재정과 금태환 재개에 반대하는 세력은 1875년 그린백당(Greenback Party)을 결성했다. 그들은 금본위제 복귀를 동부와 외국 자본가들이 꾸민 사악한 음모라고 봤다. 더 많은 그린백과 화폐 독점권 해소, 외국 투자자의 미국 내 투자금지, 연방정부의 부채 축소, 셔먼법의 폐지를 요구했다. 민주당 출신 오하이오 주지사 윌리엄 앨런(William Allen)은 셔먼법이 "금융 권력이 미국 민중의 고혈을 짜내기 위한 음모"라고 주장했다.

그린백당은 1876년 대선에 기업가 출신 개혁주의자인 피터 쿠퍼(Peter Cooper)를 제3후보로 내세웠지만 유효표의 1퍼센트를 얻는 데 그쳤다. 쿠퍼는 미국 최초로 증기 기관차인 톰 섬(Tom Thumb)을 1830년에 개발해 볼티모어-오하이오 철도에 납품한 인물이다. 1859년에는 뉴욕의 애스터 플레이스 바로 아래인 라파예트 거리에 쿠퍼 유니언을 설립해 대중이 참여할 수 있는 포럼과 노동자들을 위해 예술과 기술을 가르치는 장으로 쓰이게 했다. 링컨 대통령은 1860년 쿠퍼 유니언에서 연설해 공화당 대선 후보가 되었다.

J. P. 모건은 동부 은행가들과 국제 무역업자들과 같은 생각이었다. 이들은

미국 내 자본시장의 육성과 노련한 방식의 전쟁 채무 축소를 빼고는 외국 자본에 대한 의존도를 줄일 수 있는 길이 없다고 생각했다. 그는 채무국이 외국 자본을 안정적으로 빌리기 위해서는 금본위제를 장기적으로 유지해야 한다고 확신했다. 그가 보기에 싼 그린백을 찍어내면 달러 표시 자산의 가치가 나날이 떨어질 수밖에 없었다. 결국 외국 자본의 이탈과 정부의 이자 부담이 높아지게 된다. 또한 그는 그린백을 더 많이 공급하면 아이오와와 캔자스 지역의 고통이 일시적으로 잦아들기는 하겠지만, 국제 금융시장에서 미국의 신인도를 파괴할 뿐만 아니라 나중에는 국내 경제에 극히 해롭다고 믿었다.

1875년 금태환 재개법 통과로 유럽 투자자들은 미국이 금화로 채무를 이행할 것임을 믿게 되었다. 로스차일드·모건·셀리그먼 신디케이트가 인수해 유통한 1876년분 미국 채권을 적극적으로 사들였다. 채권 시세도 올라 신디케이트가 인수한 가격보다 4퍼센트 포인트 높은 값에 팔려나갔다.

미국 국민들이 통화 정책을 놓고 치열하게 논쟁하고 갈등하는 와중에 연방 채권 2억 달러의 수익이 발표되었다. '금융 권력'에 대한 서부와 남부 지역의 불만과 증오는 더욱 거세졌다. 신디케이트는 모두 300만 달러를 벌어들인 것으로 나타났다. 이 가운데 100만 달러는 커미션이었다. 나머지는 채권의 인수-유통 가격의 차이에서 비롯되었다.

서먼법 제정 이후 미국 재무장관은 1877년 채권 발행으로 금 보유량을 본격적으로 늘리기 시작했다. 그해 6월 재무장관은 순전히 금 매입을 위한 채권 4,000만 달러와 전쟁채무 상환을 위한 채권 2억 3,500만 달러어치를 발행하기로 했다. 월스트리트 내부 비판 세력과 의원들은 재무장관에게 채권을 투자은행 대신 국민에게 직접 발행·판매하라고 요구했다. 채무 상환도 금이 아닌 그린백이나 은화로 하라고 촉구하고 나섰다.

은은 미국 통화 시스템의 혼란을 더욱 가중시켰다. 앤드류 잭슨 행정부의 재무장관은 1830년대 은과 금의 비율을 16대 1로 정해 놓았다. 금화 1달러에는 금이 1.504그램이 들어 있었다. 은화 1달러에는 은 24.05그램이 포함되어 있었다. 하지만 여러 가지 요인 때문에 1848년 이후 은화의 주조량이 줄어들었다. 게다가 남북전쟁 직후에 네바다에서 거대한 은 광맥이 발견되어 농촌 지역에서 '값이 싼 화폐'가 늘어날 것이라는 전망이 우세해졌다.

은 광맥의 발견은 '건전한 화폐'를 주장하는 워싱턴과 월스트리트 사람들에게는 또 다른 위협이었다. 결국 의회는 1873년 은본위제를 폐지했다. 오래된 금과 은의 이중 본위제에 마침표를 찍었다. 은으로 돈을 만드는 게 중단되었다. 기존 은화의 유통도 중단되었다. 이는 미국사에서 가장 치열했던 정치적·사회적·경제적 갈등 가운데 하나인 '1873년 은화논쟁'을 유발했다. 농민과 노동자들은 1873년 조처를 '73년 범죄(Crime of '73)'이라고 불렀다.

사회적 갈등은 1873년 공황으로 더욱 끓어올랐다. 공황이 1870년대 후반까지 지속되었다. 은화 제조를 재개하라는 압력이 거세졌다. 금태환 재개법이 제정된 이후 그들의 요구는 더욱 극렬해졌다. 금태환이 본격화하면, 인플레이션 가능성은 거의 사라지게 된다.

대중은 그린백이 종이쪽지에 지나지 않는다는 점을 알고 있었다. 그들은 은화가 그린백과는 달리 진짜 돈이라고 생각하고 있었다. 게다가 서부에서 생산된 은이 본격적으로 출하되면서 통화팽창주의자들이 희망한 대로 은화 1달러 값은 금화 90센트까지 떨어졌다. 은화의 재주조 압력은 1877년 가을 결실을 맺는다. 미주리 출신 리처드 블랜드(Richard Bland)가 제안한 법안이 163대 34로 통과됐다. '은화의 자유롭고 무제한적인 주조'가 허용되었다.

유럽 투자은행 로스차일드의 미국 에이전트인 어거스트 벨몽트는 재무장관 셔먼에게 블랜드법이 전쟁채무를 상환하기 위해 발행한 채권 매각을 어렵게 한다고 경고했다. 당시 외국인들은 금으로 변제받을 것으로 믿고 미국 채권 수억 달러어치를 매입했다. 미국 정부가 금화와 견주어 가치가 10퍼센트 정도 낮은 은으로 빚을 갚으면 계약 위반이었다. 외국 채권자 처지에서는 앉아서 도둑질을 당하는 셈이었다. 벨몽트는 한 나라의 위신과 금을 동일시했다. 미국 재무부의 기록도 "한 나라의 신뢰도는 꼼꼼함과 헌신성에 의해 유지된다"는 사실을 잘 보여준다. 벨몽트는 "중요한 이 순간에 건전한 금융정책과 우리나라의 신뢰도에 대한 사랑을 위해서는" 행정부가 "가장 비타협적인 자세로 의회를 지배하고 있는 '맹목적'이고 '부정한' 광기와 맞서야 한다"고 주장했다.

당시 금융가들은 다분히 도덕적 의무 등을 강조하는 어휘를 동원해 자신들의 이익을 변호했다. '기강과 규율'이나 '건전한' 화폐, '흔들리지 않는' 신뢰, '야만적인' 인플레이션과 '부패한' 화폐에 대항하는 미국의 정신 등을 부르짖었다. 그들은 감성적이지 않고 지극히 합리적이라고 스스로 생각했지만, 중립적인 관찰자들이 아니었다. 수백만 달러를 미국의 주식과 채권에 투자한 외국인들과 엄청난 재산을 소유하고 있는 자신들의 이익을 강력히 옹호한 '또 다른 한 편'이었다. 남북전쟁 이후 장기간 지속된 디플레이션 때문에 그들의 자산 가치는 나날이 높아졌다. 정반대로 인플레이션이 발생하면 가만히 앉아서 자산 가치가 허공으로 사라진다. 투자 은행가들은 국제금융의 전문가로서 주장을 펼쳤다. 그들의 주장엔 일리가 있었다. 하지만 그들은 자신들이 옹호한 정책 덕분에 막대한 이익을 누리기 때문에 '다른 한편'은 그들의 주장이 정당하다고 여기지 않았다.

───────◆───────

반자본주의적인 그린백당은 농촌 지역인 남서부에서 주로 지지를 이끌어냈다. 19세기 후반 농업 생산성이 높아져 전 세계적으로 농산물 가격은 떨어지고 있었다. 그 바람에 소농들은 시간이 흐를수록 빚의 수렁에 빨려 들어갈 수밖에 없었다. 소작농들이 땅을 소유할 가능성은 더욱 낮아졌다. 농업 노동자의 임금도 하락했다. 궁지에 몰린 농민공제조합원들은 값이 싼 화폐의 추가발행과 철도 요금 규제를 강력히 요구했다. 중서부 지역의 주 의회는 1870년대 철도 요금 상한선을 규정하는 법을 제정했다. 철도회사들은 상한선을 불복해 법원에 소송을 제기했다. 하지만 1877년 연방대법원은 주 정부의 손을 들어주었다. 이게 바로 미국 사법역사에서 기념비적인 먼 대 일리노이(Munn vs Illinois) 판례다. 대법원은 '공공의 이익을 수행하는 민간 기업은 공공 규제를 받는다'고 판시했다.

제조업체에 고용된 노동자의 숫자는 공황기인 1870년대를 거치면서 약간 늘어났다. 실질 임금은 장기적이고 꾸준한 디플레이션 때문에 소폭 줄어드는 데 그쳤다. 하지만 대공황의 여파가 65개월 동안 지속되면서 대도시 실업자 수가 급격히 늘어났고, 명목 임금도 미국 전역에서 하락했다. 당시 노동자들은 시간당 몇 센트를 받는 대가로 하루 12시간씩 7일 동안 일해야 했다.

미국 경찰은 1874년 1월 뉴욕 톰킨스(Tompkins) 광장에서 "일자리나 빵"을 주장하며 시위를 벌인 노동자 7,000명을 강제로 해산했다. 수십 명을 붙잡아 감옥에 보냈다. 1년 뒤에는 몰리 맥과이어스(Molly Maquires)로 불리는 전투적인 아일랜드 출신 미국인 광부들이 펜실베이니아 무연탄 광산에서 게릴라전을 벌이며 저항했다. 광부들은 중세 농노와 같은 생활과 노동조건을 강요받았다. 필라델피아-레딩 철도의 회장인 프랭클린 B. 고웬(Franklin B. Gowen) 등 광산 소유주들은 노조를 만들려는 광부들의 움직임을 수단과 방법을 가리지 않고 분쇄했다.

고웬은 1873년 핀커튼(Pinkerton)[1]의 프락치인 아일랜드 출신 테러리스트를

---

1. 남북전쟁 당시 남부 지역에서 첩보활동을 했던 사설탐정·정보 수집회사. 설립자인 앨런(Allen) 핀커튼의 이름을 따 '핀커튼 탐정회사'라고 했다. 전쟁 이후 일거리가 줄어들자 노동조합 구성을 분쇄하는 일까지 맡았다. -옮긴이

광부 사회에 침투시켰다. 고웬은 불순분자를 색출한다는 명목으로 광부들을 기소했다. 그는 법학 학위를 무기로 검사와 증언자로 나서 노동자들에게 실형을 구형했다. 노동자 리더 20명이 사형에 처해졌다. 그들은 죽어가면서도 고웬을 저주했다.

1877년 철도회사의 실적이 줄어들자, 볼티모어-오하이오 철도는 1년 사이 두 번이나 임금을 삭감했다. 결국 볼티모어-오하이오 철도 노동자들은 7월 16일 파업을 일으켰다. 파업은 순식간에 다른 철도회사와 제조업체로 번져갔다. 숙련공과 비숙련공들은 하루 8시간 노동제와 미성년 노동 금지, 임금의 원상회복, 철도의 국유화 등을 요구하고 나섰다. 시카고와 세인트루이스가 봉쇄되었다. 주정부는 민병대를 조직해 노동자 시위를 해산하기 시작했다. 민병대의 발포로 피츠버그 철로 야적장에 모여 있던 시위대 가운데 100명 이상이 숨지고, 수백 명이 부상당했다. 자산 수백만 달러어치가 파괴되었다. 결국 대통령 헤이즈는 질서를 회복한다는 명분 아래 연방군대를 보냈다. 7월 29일에는 전국적인 총파업이 발생했다. 미국 역사상 가장 거대하고 강렬했던 파업이었지만 끝내 진압되었다. 파업사태는 막 움트기 시작한 계급 갈등의 공포를 전 미국으로 확산시켰다. 미국인들에게 뿌리 깊은 철도에 대한 불신을 심어주었다.

1870년대는 격랑의 시대였다. 그렇다고 미국인 전체가 정치·사회의 이슈에 휘말려 들지는 않았다. 1873년 마크 트웨인은 찰스 더들리 워너(Charles Dudley Warner)와 함께 쓴 《도금시대》를 발표했다. 3년 뒤에는 《톰 소여의 모험》을 펴냈다. 루이자 메이 알코트(Luisa May Alcot)는 《8명의 사촌Eight Cousins》과 《활짝 핀 장미Rose in Bloom》, 《라일락 아래에서Under the Lilacs》 등을 썼다. 에밀리 디킨슨(Emily Dickinson)은 암허스트에서 조용하게 시를 쓰는 데 전념했다.

윌리엄 딘 하웰스(William Dean Howells)는 〈애틀랜틱 먼슬리The Atlantic Monthly〉의 편집장으로 활동하면서도 소설과 에세이를 썼다. 찰스 W. 엘리엇(Charles W. Eliot)은 헤이즈 대통령의 하버드 동창이었다. 그는 헨리 애덤스를 하버드 조교수로 영입했다. 헨리 애덤스는 캠브리지 시절에 문학과 정치 계간지인 〈노스아메리칸 리뷰North American Review〉를 편집했다.

헨리 제임스는 완전히 잉글랜드로 근거지를 옮겨 미국과 유럽의 만남이라는 주제를 천착해 《아메리칸The American》(1877년)과 《데이지 밀러Daisy Miller》(1878년), 《유럽인들The Europeans》(1878년) 등을 세상에 내놓았다. 1880~1881년에는 자신의 첫 번째 진정한 걸작인 《한 여성의 초상화The Portrait of a Lady》를 발표했다.

헨리 제임스는 "아주 작은 전통을 세우기 위해서는 엄청난 역사가 흘러야 하고, 아주 낮은 심미안을 기르기 위해서는 수많은 전통이 세워져야 한다"고 말했다. 그는 1876년 당시에 독립 100년이 된 미국을 되돌아보면서, 미국인은 미적 전통이나 심미안이 아직 부족하다고 평했다. 이때 미국에는 문화 민족주의가 맹렬했다. 대도시가 문화의 핵심으로 떠오르고 있었다. 존 싱어 사전트(John Singer Sargent)와 토마스 이킨스(Thomas Eakins), 윈슬로 호머(Winslow Homer), 존 라파지(John LaFarge), 어거스터스 세인트 고든스(Augustus St. Gaudens) 등은 당시 막 경력을 시작한 상태였다. 건축가 헨리 홉슨 리처드슨(Henry Hoppson Richardson)과 랠프 애덤스 크램(Ralph Adams Cram), 리차드 모리스 헌트(Richard Morris Hunt), 찰스 폴른 맥킴, 스탠퍼드 화이트(Stanford White) 등도 날개 짓을 갓 시작한 새들이었다.

미국 부호들이 기부한 돈으로 건축되던 갤러리와 박물관 등이 1870년대 들어 완공되기 시작했다. 은행가 윌리엄 W. 코코란(Corcoran)은 1870년 자신이 소장하고 있던 미국 화가인 콜과 비어스타트의 작품을 전시하기 위해 워싱턴에 코코란 갤러리를 지었다. 보스턴의 파인 아트 박물관이 1876년 2월에 개관했다. 뉴욕에서는 건축 디자이너들인 캘버트 복스(Calvert Vaux)와 제이콥 레이 물드(Jacob Wrey Mould)가 복스가 설계한 센트럴 파크 동쪽 끝에 들어서는 메트로폴리탄 박물관을 디자인했다. 박물관은 본채가 완공되기 전까지 예술 작품들을 5번 애비뉴와 53번가가 만나는 곳에 자리잡은 댄싱 아카데미에서 임시로 전시했다. 이후에는 14번가 웨스트 128번지에 있는 개인 주택인 더글러스 맨션(Douglas Mansion)에서 전시하기도 했다.

헨리 제임스는 메트로폴리탄이 소장하고 있는 작품이 대단하지는 않지만 쓸 만하다고 평했다. 그는 "메트로폴리탄은 최고의 천재가 창작한 최고 걸작은 갖고 있지 않다. 하지만 제한적으로나마 유럽의 걸작을 감상할 수 없는 학생들이 중요한 영감을 얻을 있는 곳으로 길이 남을 것"이라고 말했다.

그랜트 대통령은 1874년 뉴욕 센트럴 파크 서쪽 77번지에 미국 자연사 박물관의 주춧돌을 놓았다. 화강암으로 지어진 5층짜리 이 박물관도 복스와 물드가 설계했다. 당시에는 맨해튼 중심에서 한참 벗어난 곳에 자리 잡고 있었다. 박물관 책임자는 박물관의 전망이 "황량하고 험악하다… 나의 유일한 동료는 들판에 노닐고 있는 염소 떼이고… 박물관 남쪽에는 센트럴 파크의 서쪽 모퉁이와 72번가가 만나는 곳에 서 있는 아파트식 호텔인 다코타(Dacotah)를 빼면 건물이 하나도 없다"고 말했다.

J. P. 모건은 초창기 뉴욕에 문화시설들이 들어서는 데 상당한 기여를 했다. 그는 뉴욕의 미국 자연사 박물관 설립의 발기인이었으며 메트로폴리탄 박물관의 후원자였다. 그의 아버지 주니어스는 미국 예술 기관들이 초창기 중요한 유물이나 작품을 구입하는 데 자금을 지원했다. 그는 키프로스의 미국과 러시아 영사관이 이탈리아 출신 고고학자 루이기 팔마 디 세스놀라(Luigi Palma di Cesnola)의 지휘 아래 유물을 발굴하는 데 자금을 지원했다.

메트로폴리탄 박물관 관장인 존 테일러 존스턴(John Tayler Johnston)은 1872~1873년 세스뇰라의 유물을 매입하기 위해 주니어스한테서 융통한 6만 달러를 지급했다. 3년 뒤에 지급한 두 번째 6만 달러도 주니어스한테서 빌려 지급했다. 세스뇰라는 자수성가한 독일 출신 미국 백만장자 하인리히 슐리만(Heinrich Schlieman)이 호메로스의 《일리아스》와 《오디세이》에 묘사되어 있는 키프로스 유적지를 탐사하고 있을 때 그 유물을 찾아냈다.

슐리만은 1873년 미케네와 트로이 지역에서 트로이 전쟁과 관련된 유물을 발견해 사람들의 이목을 한 몸에 받았다. 하지만 나중에 조사결과 트로이 전쟁 훨씬 이전의 유물로 드러났다. 세스뇰라는 슐리만이 발굴한 것과 같은 화려한 유물들을 발굴하지는 못했다. 하지만 기원전 3000년 전에서 기원 후 200년 사이에 만들어진 조각과 꽃병, 청동기, 보석, 문장 등 3만 5,000여 점을 뉴욕으로 보냈다.

당시 지중해 동부지역 국가들의 법이 느슨했기 때문에 외국인들은 자신이 발굴한 유물을 가져갈 수 있었다. 뉴욕 메트로폴리탄 박물관은 세스뇰라한테서 다양한 유물을 사들인 덕분에 키프로스 밖에서 가장 아름다운 키프로스 유물을 보유한 박물관으로 명성을 얻을 수 있었다. 박물관은 존스턴이 주니어스한테서 빌린 돈을 후원받은 기금으로 상환했다. 모건은 그때 2,500달러를 후원했다. 세스뇰라는 어느 누구보다도 그 유물에 대해 잘 알고 있었기에 2년 뒤에 키프로스 담당 이사로 선임되었다.

———— ❦ ————

모건 부자는 해마다 대서양을 서로 엇갈리며 여행했다. 아버지 주니어스 모건이 가을에 대서양을 건너 뉴욕에 왔다. 아들 모건은 봄철이면 런던으로 건너갔다. 미국 독립 100주년 이듬해인 1877년 뉴욕에서 일단의 인사들이 주니어스 모건을 보기 위해 회동했다. 미국의 거물 정치인과 비즈니스맨, 은행가 94명이 모여든 것이다. 이들은 "세계 비즈니스 수도에서 미국의 신용도와 명예를 위해 헌신한 주니어스"의 희생과 공로를 기리기 위해 5번 애비뉴와 26번가가 만나는 델모니코(Demonico) 레스토랑에 집결했다. 그날은 목요일이었다. 주요 게스트는 뉴욕과 매사추세츠, 코네티컷, 펜실베이니아 주지사들을 비롯해 전 재무장관 휴 맥클루치, 펜실베이니아 철도의 회장 토머스 스코트, 볼티모어-오하이오 철도의 회장 존 개릿 등이었다. 또한 사리어스 필드와 조지 풀맨, 조셉 셀리그먼의 동생이고 뉴욕법인의 책임자인 제시(Jessie) 셀리그먼, 머튼의 파트너 조지 블리스와 찰스 트레이시, A. A. 로우(Low), 어거스트 벨몽트, 세스놀라 등도 있었다. 모건 부자의 파트너로는 토니 드렉셀과 에지스토 패브리, J. 후드 라이트, S. 엔디코트 피바디 등이 참석했다. 엔디코트 피바디는 당시 런던의 J. S. 모건은행에서 은퇴한 상태였다.

파티장의 알파벳 M자 형태의 테이블을 중심으로 사람들이 모여 앉았다. 끝 자락에는 젊은 사람들이 무더기로 앉았다. 그때 마흔 살인 J. P. 모건을 비롯해 마흔두 살인 짐 굿윈, 시어도어 루스벨트 경, 서른아홉 살인 헨리 애덤스, 은행가인 찰스 래니어, 모리스 K. 제섭(Morris K. Jesup), 철도회사 변호사인 조지 맥클루치 밀러(Miller) 등이었다. 그런데 나중에 미국 대통령이 되는 시어도어 루스벨트는 그때 마흔여섯 살이었는데, 헤이즈 대통령의 지명을 받아 뉴욕항 세관 책임자로 부임한 상태였다.

다음날 〈뉴욕 타임스〉는 "한 민간인에 대한 가장 특별한 상찬 가운데 하나 였다"며 "연방을 대표하는 부자들과 두뇌들이… 미국 대도시 역사상 전례를 찾아보기 힘든 규모로 운집했다"고 평했다.

미국과 영국의 국기가 게양된 레스토랑 2층에 손님들이 모여들 때 오케스트라가 음악을 웅장하게 연주했다. 시계가 7시 정각을 알리자, 민주당 출신인 뉴욕 주지사 틸던이 주니어스와 손을 잡고 다른 손님들과 함께 파티 석상에 입장했다. 테이블과 발코니 등이 꽃으로 장식되어 있었다. 미국의 저널리스트인 H. M 스탠리가 영국 탐험가 데이비드 리빙스턴을 구출하기 위해 아프리카를 종단하는 모습과 증기 기관차와 객차가 터널을 통해 산맥을 지나는 모습이 설탕 조형물로 표현되어 전시되었다. 그날 손님들에게 제공된 식사는 페이스트리로 싼 집오리의 간장 요리와 소고기 필레, 누른 도요 등 10여 가지 요리를 비롯해 최고급 포도주와 샴페인이었다.

정치판 주사위만 제대로 굴렸다면 대통령이 되었을 수 있었던 틸던은 커피와 시거가 놓인 탁자에서 일어나 축사를 했다. 그는 당파적 선동과 역설, 짐짓 점잖은 체하는 태도, 경제적 혜안 등을 복잡 미묘하게 드러내면서 공황시기 미국이 겪고 있는 갈등을 언급했다. 듣는 이들이 보유한 막대한 부를 비꼬는 듯한 유머를 선보였다. 그는 먼저 모인 사람들의 기여를 높이 평가한다. "여기에 모인 여러분은 이사회가 요구하는 비용절감과 생산증대를 온갖 노력으로 달성한 주인공들이신데, 인간 노동의 생산 능력을 향상시키고 인간 노동의 결과를 확장하고 있습니다." 이 대목에서 참석자들은 박수로 화답했다.

틸던은 "거대한 자본의 소유자나 거대한 자본의 경영자이신 여러분들은 자신들의 이익을 위해 일한다고 생각할지라도, 일반 시민들을 대신해 여러분들이 공공의 이익을 위해 일한다고 말할 수 있어 아주 행복합니다"라고 놀림조로 말했다. 이 대목에서도 청중들은 박수로 호응했다.

틸던의 앞자리에 앉아 있는 그 사람들이 거대한 운송 혁명을 일으키지 않았다면 어떻게 되었을까? 틸던은 철도가 없었던 시절 농산물 수송비가 곡물 값보다 더 비쌌다는 사실을 잘 알고 있는 인물이었다. 철도 혁명 덕분에 미국 어느 곳에서 생산된 곡물은 싼 값에 동쪽 해안으로 수송되었고, 국제 시장에서 가격경쟁력을 유지할 수 있었다. 어쨌든 개인의 부를 격렬하게 비판하는 민주적 적대감이 극에 달한 그 시점에 틸던은 파티의 참석자들이 수행하고 있는 고귀한 공공 서비스를 상찬했다. "여러분이 모든 인간의 눈에 이기적인 이득을 위해 일하고 있는 것처럼 보일지라도, 현명하고 유용하며 전지전능한 설비가 세상일을 관장하기 때문에 자본가들은 모두 개인의 이익을 늘리기 위해서가 아니라 비용을 줄이는 데 기여하고 있습니다. 결과적으로 대중에게 이익이 돌아갑니다(환호성)."

틸던은 "철도회사들이 벌어들이는 이익을 조금이라도 재투자하면 더 좋은 기계를 생산하고 더 나은 생산과정을 도입하며, 더 높은 경쟁을 유발해 결국 대중에게 가장 낮은 비용으로 서비스할 수 있습니다"라고 목소리 높였다. 그리고 이어 "자본가들이 다시 되돌아올 수 없는 지점까지 긴 여행을 떠날 때, 그들이 기업의 이익 가운데 얼마를 개인적으로 가져가더라도 그만큼 대중에게 이익이 돌아오지 않는 법"이라고 목소리 높였다. 순간 청중이 폭소와 환성을 질렀다.

틸던은 1876년 여름 로햄턴에 있는 도버 하우스를 방문해 주니어스 모건을 만났던 일을 회고한다. 그는 주니어스의 안내로 저택에 있는 안락하고 호화로운 가구들과 정원, 착유시설, 잔디밭, 마구간 등을 기분 좋게 돌아본 적이 있다. 그는 파티 연설에 "그런데 저는 그순간 '미스터 모건께서 자신의 거대한 부와 막대한 비즈니스 순이익 가운데 개인적으로 얼마를 가져갈까?'하고 생각했습니다(웃음)"라고 말했다. 이어 주니어스 모건을 바라보며 "저는 당신이 위임받은 한 사람이라는 점을 알게 되었습니다. 당신은 자신의 음식과 옷, 집만을 가지고 있을 뿐입니다"라고 말했다. 그리고 델모니코 레스토랑에 모인 사람들을 향해 "물론 어떤 이는 권력을 쥐고 있다는 사실에, 어떤 이는 좋은 결과를 얻었다는 마음에 기쁠 수 있지만, 그의 마부는 그가 위임받은 자이기 때문에 재촉하고 채찍을 든다고 생각합니다(폭소)."

틸던의 클로징 멘트는 미국 경제를 대표하는 사람으로서 주니어스가 런던에서 25년 동안 봉사한 데 대한 건배를 제안하는 것이었다. 틸던은 비록 정치적인 견해가 달랐지만, 그 자리에 모인 다른 사람들처럼 주니어스가 단순히 돈이 아니라 더 훌륭한 것을 이뤄냈다고 생각했다. "탁월한 능력을 가진 주니어스의 친구들을 위해!"란 그의 말을 신호로 모든 사람들을 잔을 마주했다. 사실 그 자리에 모인 사람들은 "우리가 존재했기에 인간 사회가 더 좋아졌다는 자부심"을 가진 인물들이었다.

틸던의 축사가 끝난 뒤 주니어스는 환호성과 박수를 받으며 자리에 일어났다. 백발이 된 머리를 숙여 환호성 등이 잦아들기를 기다렸다. 장내가 조용해짐에 따라 그는 참석자들이 보여준 존경과 우정이야말로 "한평생 제가 책임감과 긴장감을 가지고 노력한 것에 대한 최고의 보상입니다. 여러분의 존경과 우정을 빼면 금전적 결과가 남는데, 이는 제게 아주 의미 없는 것입니다. 오늘이야말로 제 생애에서 가장 자랑스러운 순간입니다"라고 말했다.

그는 순서대로 스승과 파트너, 동료 등에게 정중하게 감사의 뜻을 전하면서 자신이 잉글랜드에서 따뜻한 우정과 신뢰를 받았기 때문에 "두 나라 사이에 가장 우호적인 느낌을 조성하는 데 노력하지 않는다면, 은혜를 모르는 인간이 된다"고 말했다. 이어 23년 동안 런던에서 한 비즈니스를 잠시 회고한다. 그가 처음 런던에 발을 내디뎠을 때 유럽 시장에서 미국의 채권과 주식은 거의 거래되지 않았다.

그런데 남북전쟁이 발발하고 북부의 엄청난 채권이 시장에 쏟아져 나왔다. 그는 당시 금융수도인 런던에서 활동하는 금융가로서 미국 경제를 도와야 한다는 책임감을 가진 사람이었다. 주니어스는 청중들에게 미국이 어떻게 그 많은 부채를 줄였는지 간략하게 설명했다. "결연한 의지와 건전한 금융 지식 덕분에 우리는 전례를 찾아보기 힘든 단기간 내에 부담을 줄일 수 있었습니다."

이제 남북전쟁이 끝났다. 미국인들은 유럽의 자본을 필요로 하고 있다. 그는 "자본을 장악하고 있는 유럽인들은 우리 미국인들의 능력과 신뢰성, 명예를 믿기에 우리의 요구에 흔쾌하게 응하고 있습니다"라고 유럽 자본시장 분위기를 전했다. 주니어스는 더 이상 장황하게 설명하지 않았다. 유럽 투자자들은 해외에서 미국의 이익을 대변하는 은행가들을 신뢰했다. 1877년 당시 유럽의 주요 증시에서는 미국 채권이 활발하게 거래되었다. "전통이 있고 가장 부유한 나라들의 채권과 어깨를 나란히 하고" 있었다.

주니어스는 미국 주들이 막 연방정부를 구성하기 위해 의논하고 있을 때인 1788년 조지 워싱턴이 영국 친구들에게 보내는 편지를 전달한 적이 있었다. 그는 그 편지를 파티 석상에 소리 내어 읽었다. "이 나라 국민이 계속 애국심으로 충만하다면, 이 국민이 자신들에게 계속 진실할 수 있다면, 지구상의 어떤 권력도 그들이 '위대하고 상업정신에 충만하며 강력한 나라'를 건설하는 것을 막지 못할 겁니다."

조지 워싱턴의 예측은 "놀라울 정도로" 이뤄지고 있다고 주니어스는 독립 100주년이 지난 시점에서 선언했다. 1877년에도 이후에 이뤄질 수 있는 꿈을 이야기할 수 있지 않았을까? 이번에는 주니어스가 과감한 예상을 내놓는다. 정치인들이 "이 나라의 명예와 도덕성을 가장 높은 수준까지 끌어올리고, 명예를 더럽히지 않고 지켜낼 수 있는" 법을 사려 깊게 제정하면, 다시 말해 정치인들이 금태환을 재개하면, "지구상의 어떤 권력도 우리나라가 강력하고 자유로우며 존경 받는 나라가 되는 것을 막을 수 없습니다"라고 말했다.

주니어스는 만찬을 열어준 주최 측에 감사를 전하면서 자신이 충실한 종복과 지킴이로서 헌신하겠다고 약속했다. 이어 주니어스는 "자상한 섭리가 우리들을 지켜주고 있고, 그 섭리에 충실하면, 미래는 미국의 것입니다"라는 말로 답사를 마무리한다. 그의 뒤를 이어 연설한 사람들은 미국이 가지고 있는 '무한한' 부존자원과 거대한 생산 능력, 근면하고 모험정신에 충만한 국민, 끝없이 펼쳐질 미래 등을 강조했다. 많은 사람들이 당시 하원을 통과한 블랜드의 은화법 등 자신들을 괴롭히는 현안을 간접적으로 언급했다.

맥클루치는 전직 재무장관이었고 당시 런던에서 시중 은행가로 활동하고 있었는데, 주니어스가 오랜 기간 노력해 구축해 놓은 국가 신인도에 은화법이 "치명적이지는 않지만 아주 해로운 상처를 입힐 것"이라고 직접적으로 경고했다. 맥클루치는 1863~1864년 미국 통화감독청장을 지냈다. 제이 쿡과 긴밀하게 협조하기도 했다. 1869년 재무부를 떠나면서 제이 쿡과 파트너십을 구성했다. 1873년 제이 쿡 은행이 무너진 뒤에도 런던에서 계속 금융가로 활동하고 있었다. 그의 주장에 따르면, 은화법이 발효되면 이제 공황에서 벗어나려고 하는 경제를 다시 얼어붙게 하고 전반적인 경제활동을 왜곡하며, 연방정부가 채권을 발행하면서 한 약속을 위반하게 되어 채권 발행이 어려워질 수 있었다. 그는 금과 은이 동시에 화폐로 인정되는 "이중본위제 같은 것은 어디에도 없다"고 말했다. 즉 상대적인 의미에서 악화(惡貨)인 은이 시장에서 금을 몰아내기 때문에 "미국의 통화는 영원히 그리고 가장 해로운 가치변동에 시달리게 될 것"이라고 목소리를 높였다. 청중들은 박수로 화답했다.

맥클루치는 상원이 블랜드의 법을 통과시키지 않을 것이라고 기대한 뒤 "우리의 저명한 친구가 런던의 집에 도착한 뒤에는 이 나라의 명예가 훼손되지 않고 유지된다는 기쁜 소식을 듣게 될 것"이라고 예상했다. 게스트들은 환호했다. 파티는 한밤중에 끝났다.

<hr />

1878년 초 전 재무장관 브리스토는 뉴욕에서 변호사로 활동 중이었다. J. P. 모건을 만나 서남부 지역을 뒤흔들고 있는 블랜드법에 대한 지지열기만큼 대

중의 뜨거운 반응을 남북전쟁 이후엔 보지 못했다고 말했다. 모건은 그해 6월 중순 언론과 시민들이 정부의 채권 인수단을 '개인의 이익을 위해 은화법에 반대하는 세력'으로 공격하고 있음을 런던에 전했다. 신디케이트 멤버들은 블랜드법이 없어야 이익을 보는 쪽이었다. 1878년 1월 의회가 마지막 결정을 내리기 전 상황에서 더 많은 이익을 누릴 수 있는 사람들이었다. 그때 의회는 연방 정부가 채권의 원금과 이자를 은화로 지급할 수 있도록 했다. 투자자들은 패닉 상태를 보였다. 미국 정부의 채권을 팔고 금을 보유했다. 채권시장이 순식간에 붕괴했다. 다급한 순간 J. P. 모건 등 금융가들은 그해 2월 서둘러 재무장관 셔먼과 면담했다.

서먼은 상황이 상황이니만큼 은행가들이 그해 3월에 발행될 신규 채권은 기존 계약과는 다르게 맺을 수 있도록 해주고 싶었다. 하지만 계약 내용이 시민들에게 공개되고 평가받을 수밖에 없다고 그는 미리 알려주었다. 모건 일행은 계약 내용의 공개에 따른 리스크를 감수할 것인지 말 것인지를 결정해야 했다. 그들은 하나같이 리스크를 떠안으려 하지 않았다.

모건은 "우리는 미국 전역에서 비판받을 수밖에 없는 상황"이라고 런던의 주니어스에게 보고했다. 이어 "다른 사람들이 우리가 당당히 맞서지 않았다고 말할 수 있도록 하기보다는 조용하게 손해를 감수하는 게 낫다고 생각합니다"라고 덧붙였다. 사실 모건 일행이 워싱턴에 갔을 때 "우리가 3월 6일 발행할 채권을 인수해야 할 의무에서 벗어나기 위해 재무장관을 만난 것으로 소문이 시장에서 무성해졌습니다"라고 말했다. 이날 이후 모건은 금융 게임을 펼치는 과정에서 시민들의 여론을 하나의 변수로 고려해야 했다.

1878년 1월 하순 의회는 하원을 통과한 블랜드법에다 동부 금융 자본가들의 요구사항을 적절하게 섞어 만든 수정안을 통과시켰다. 바로 블랜드·앨리슨법(Bland·Allison Act)이다. 애초 블랜드법의 무제한적인 은화 주조와는 달리 한 달에 200~400만 달러의 은화를 연방정부가 주조할 수 있도록 했다. 대통령 헤이즈가 거부권을 행사했다. 의회는 이를 다시 뒤집고 법으로 만들어냈다. 모건은 "의회에 충격적인 분위기가 팽배하다"며 "은화주의자들은 동부의 경화(Hard Money)주의자들을 상대로 일부 승리를 거두었지만 기뻐 흥분하고 있다"고 당시 상황을 보고했다.

농민과 노동자들의 승리는 나중에 의미 없는 것으로 드러난다. 재무장관인 셔먼은 법안이 허용하는 한도 안에서 최저 수준에서 은화를 만들어 시중에 유통시켰다. 1878년 3~12월에 늘어난 통화량은 미미했다. 블랜드·앨리슨법은 사회적 갈등을 표면화하지 않고 금본위제 복귀를 가능하게 했다. 결과적으로 동부의 경화주의자들을 이롭게 했다.

그해 4월 재무부는 로스차일드와 모건은행이 구성한 신디케이트를 상대로 채권 5,000만 달러어치를 발행했다. 이 채권은 금으로 지불될 예정이었다. 채권으로 조달한 금은 금태환 재개법에 따라 1879년 1월 1일로 예정된 금본위제 복귀를 준비하는 데 쓰였다. 채권은 순식간에 팔려나갔다. 미국은 예정대로 금본위제로 복귀했다. 채권발행을 처리하는 과정에서 재무부와 신디케이트의 작업이 너무 부드럽게 이루어졌다. 은행가들은 '친절한 공직 서비스'를 제공한 재무부 담당 간부를 보상해주었다. 도움이 되는 공직자를 보상하는 일은 당시에도 전혀 새로운 일은 아니었다. 뉴욕의 투자은행 드렉셀·모건은 런던의 투자은행 J. S. 모건에 "재무부 채권발행 전담부서인 다니엘 베이커(Daniel Baker)의 도움으로 상당한 비용을 절감했다"며 "그 사람을 적절하게 보상해주어야 한다"고 알렸다. 드렉셀·모건은 근거로 "다른 공무원들은 상당한 금액을 받은 사실"을 들었다. 따라서 신디케이트는 채권 발행 수수료로 받은 금액 가운데 0.5퍼센트인 1만 달러를 채권 담당부서 사람들이 나눠 갖도록 했다.

공황과 남북전쟁 이후 이어진 디플레이션, 재무부의 꾸준한 통화긴축 등이 함께 어우러지면서 물가가 전쟁 전 수준으로 떨어졌다. 1878년 말에는 회수된 그린백의 양이 재무부의 금 보유량과 맞먹게 되었다. 금본위제 복귀를 보름 정도 앞둔 1878년 12월 중순에는 그린백의 가치가 1862년 이후 최초로 금화 1달러와 같아졌다. 마침내 1879년 1월1일 금태환이 재개되었다. 월스트리트 금융회사들은 건물 전면에 축하 휘장을 드리웠다. 드렉셀·모건은 미국 국기를 게양했다. 미리 금을 준비한 은행들은 고객들이 들이닥쳐 금태환을 요구하는 사태가 발생하지 않아 만족해했다. 그린백 보유자들은 원하기만 하면 금으로 바꿀 수 있다고 생각했기에 그럴 필요가 없었다.

⚬⚬⚬⚬⚬

1879년 초 런던의 투자은행 J. S. 모건은행에는 변화가 있었다. 제이콥 로저스가 은행의 보스턴 에이전트 자격으로 귀국했다. J. P. 모건의 처남인 월터 번스가 로저스를 대신해 런던 모건은행의 파트너가 되었다. 서너 해 뒤에 번스는 머튼의 런던 파트너로서 파리에 있는 미국 모기지 회사의 이사로 선임된다. 번스의 프랑스어 실력은 정평이 나 있었다. 1870년 주니어스가 프랑스 채권을 인수하기 위해 협상할 때 그가 통역을 맡았다.

　J. P. 모건은 매리의 남편에게 가문의 회사에 참여하라고 몇 년째 권유하고 있었다. 새로운 계획이 구체화되면서 "나는 '이 일은 해야 할 일'이라며 자발적으로 동의하거나 강력한 믿음을 가진 비즈니스의 한 당사자가 되거나, 그런 비즈니스에 관심을 가져본 적이 없다"고 말했다. 그는 하고 싶은 마음이 강하게 일면, 할 말을 잃고 침묵하곤 했다. "당신에 대한 내 감정을 감안할 때 귀하는 이제는 그 문제를 스스로 철저하게 이해해야 합니다. 그렇지 않다면 서면으로 모든 내용을 설명할 수 없습니다." 결국 번스는 금태환이 재개된 1879년 1월 1일 J. S. 모건의 파트너가 되었다.

기나긴 공황이 끝나가고 있었다. 1879년 유럽의 농산물 작황이 악화해 미국산 농산물에 대한 수요가 증가했다. 농산물 가격이 꿈틀대며 오르기 시작했다. 월스트리트는 경기 회복 조짐을 농산물 가격의 회복이 나타나기 이전부터 간파하고 있었다. 그해 2월 모건은 제이콥 로저스에게 "올해 초 이후 비즈니스 사정은 최근 내가 경험한 것과는 아주 다르고, 한 가지 비즈니스 협상이 끝나기 무섭게 다른 협상이 잡히고 있습니다"라고 보고했다.

J. P. 모건이 주도한 금융 협상의 규모는 상대적으로 작았다. 하지만 잠재성 면에서 본다면 어마어마했다. 1878년 10월 20일 번스에게 보낸 편지에서 모건은 "지난 며칠 동안 금전적인 면에서 내겐 특별하고, 전 세계적으로 중요한 일에 매달려야 했다. 보안을 유지하는 게 매우 중요하기 때문에 편지로 설명할 수 없다. 일단 제목만 말한다면 에디슨 전구"라고 말했다.

토머스 에디슨(Thomas Alva Edison)은 1878년 전보와 전화기, 사진을 발명한 사람으로 알려져 있었다. 그의 첫 번째 특허는 전보를 활용한 주가 표시기(1869년)였다. 이후 40년 동안 그가 받은 특허는 1,092건이었다. 두 주마다 한 건씩 특허를 받아낸 셈이다. 에디슨은 1876년 뉴저지 멘로(Menlo) 공원에 작은 연구소를 세웠다. 1년 뒤 그는 소리를 녹음하고 재생할 수 있는 길을 찾아냈다. 그는 축음기 성능에 회의적인 태도를 보인 조수 앞에서 처음으로 성능을 실험해 보았다. 그는 굽은 손잡이처럼 보이는 축음기에 대고 동요인 '메리에게는 작은 양이 있었어요(Mary had a little lamb)'를 불렀다. 축음기는 아주 얇은 금속판이 입혀진 원통형 기록장치에 음파를 기록했다. 그는 노래를 마치고 실린더 위를 지나는 첨필(尖筆)을 바꿨다. 소리를 재생하기 위해서였다. 그는 녹음된 노래가 다시 흘러나온 순간 "내가 그렇게 놀란 적은 한 번도 없었다"고 나중에 말했다.

에디슨은 "발명품을 처음 실험하는 순간이 가장 두렵다"고 했다. 수많은 사람들이 축음기를 구경하기 위해 멘로 공원으로 몰려들었다. 에디슨은 신기의 발명품을 들고 1878년 4월 미국 워싱턴 과학아카데미에서 헤이즈 대통령 부부와 의원 여러 명이 지켜보는 가운데 시범을 보이기도 했다.

에디슨은 그해 가을 전구에 관심을 돌렸다. 19세기 후반인 당시 조명은 대부분 가스램프이거나 촛불이었다. 예술 애호가들은 가스램프가 다이아몬드의 영롱함을 제대로 살리지 못한다며 촛불을 선호했다. 대형 공공건물과 거리는 아크(Arc)등으로 불을 밝혔다. 아크등은 두 개의 카본 아크 전극판을 방전시켜 빛을 발하는 조명 장치이다. 하지만 불빛이 너무 강렬해 상업용이나 가정용으로 사용하기 곤란했다.

에디슨은 1878년 9월 초 코네티컷 아크등 공장을 돌아본 뒤 전기 에너지를 작은 단위로 줄이는 방법을 연구하기 시작했다. 몇 주일 뒤 그는 유리 전구 안에 백금 필라멘트에 전류를 흘려 불을 밝히는 방법을 발견해냈다. 잉글랜드 켈빈(Kelvein) 경은 나중에 다른 사람들이 왜 그런 방법을 생각해내지 못했냐고 물었다. 이 천재 발명가는 "제가 생각할 수 있는 대답은 다른 사람들이 에디슨이 아니기 때문"이라고 말했다.

〈뉴욕 선〉은 그해 9월 16일 '에디슨의 최신 기적: 저렴한 값에 빛과 열, 동력 전달시켜'라는 제목으로 에디슨의 전구 발명을 전했다. 에디슨은 "드디어 내가 해냈어!"라고 외쳤다. 500만 마력짜리 발전기로 시내 중심부를 밝힐 수 있다고 말했다. 한 걸음 더 나아가 그는 2~3주 안에 완벽한 시스템을 개발해 전기를 가스 값보다 싸게 하겠다고 큰소리쳤다. 그의 호언장담으로 가스회사 주가는 25~50퍼센트까지 추락했다.

전구를 개발하는 데는 돈이 필요했다. 에디슨은 변호사 그로브너 P. 로리(Grosvenor P. Lowrey)에게 전구개발을 위한 자금조달을 위임했다. 에디슨은 10

월 3일 "이 순간 내게 필요한 것은 전구 개발을 신속하게 하기 위한 자금 지원"
이라고 말했다. 변호사 로리는 웨스턴 유니언의 법률 고문으로 일한 바 있다.
에지스토 패브리와 오랜 관계를 유지하고 있었다. 그의 변호사 사무실은 드렉
셀 빌딩 3층에 자리 잡고 있기도 했다.

1878년 10월 15일 발기인 13명이 모여 에디슨 전구회사(Edison Electric Ligt)를
설립했다. 발명자 에디슨과 변호사 로리, 패브리, 로리법무법인의 파트너 3명,
웨스턴 유니언의 간부 몇 명 등이었다. 패브리는 이사와 다섯 명으로 구성된
집행 위원회, 회사 재무 책임자로 선임되었다.

회사는 백열전구를 개발하는 데 자금을 댄 대가로 생산된 백열전구를 소
유·판매할 수 있을 뿐만 아니라 에디슨 전구 사용 면허를 판매할 수 있었다.

회사는 최소 자본인 30만 달러를 조
성하기 위해 주당 100 달러에 주식
3,000주를 발행하기로 했다. 에디슨
이 발행 주식 절반을 가져갔다. 나머
지 절반은 패브리와 두 명의 토니 드
렉셀, J. 후드 라이트, 다른 투자자 등
이 참여한 신디케이트가 인수했다. 신
디케이트는 에디슨에게 5만 달러를
먼저 지급하기 위해 500주의 값을 즉
석에서 납입했다.

에디슨은 당시 서른한 살이었다.
학교 문전에도 가보지 않은 채 독학했
다. 발명하는 일에 너무 전념한 나머
지 머리를 거의 빗지도 않았다. 옷을

1878년 당시 토머스 에디슨
(출처: 미국 국립공원과 에디슨 역사 유적지 관리청)
에디슨에 대한 투자에 앞서 J. P. 모건은 새로운 투자를
개척하기보다는 기존 프로젝트를 통합하고 관리하는
데 집중하고 싶다고 말한 바 있다. 이런 그가 1878년
10월 에디슨의 프로젝트가 "금전적으로 세계에
이롭고 내 자신에게는 특별한 의미를 지녔다"고
판단한 뒤 런던 파트너들을 설득해 자신이 뛰어들
프로젝트를 지원해달라고 요청했다. 그는 번스에게
보낸 편지에서 "아버지는 에디슨의 발명품이
환상이라고 말할까봐 걱정이지만, 결국에는 생각을
바꾸게 될 것"이라고 말했다.

갈아입으려고도 하지 않았다. 잠자는 것도 잊고 발명에 매달린 외골수였다. 에디슨은 모건은행 사람들이 상대한 부류들과는 전혀 딴판이었다. 모건은행 사람들은 벤처 아이템의 상업성이 확인될 때까지 기다린 뒤 돈을 투자했다. 개발 초기부터 자금 지원을 해본 것은 에디슨 백열전구가 처음이었다.

모건은 신속하게 움직여야 했다. 세계의 금융가들이 에디슨의 전구를 분석·검토하기 시작했다. 모건이 런던에 있는 번스에게 1급 비밀이라며 편지를 쓴 순간 변호사 로리는 에디슨에게 모든 해외 업무는 드렉셀·모건은행에 일임하라고 주문했다. 영국에서 얻은 특허 덕분에 "당신은 큰 돈을 벌 수 있을 뿐만 아니라 세계가 필요로 하지만 아직까지는 세워지지 않은 연구소를 지을 수도 있다"고 설득했다. 이어 모험적인 사업이 성공하기 위해서는 "당신과 내가 가지고 있지 않은 금융적 전문지식과 힘을 가지고 있는 최고의 비즈니스맨들이 일을 해나가야 한다"고 에디슨에게 말하기도 했다.

모건은행은 당시 전 세계에서 벤처를 성공시킬 수 있는 네트워크와 역량을 보유하고 있었다. 에디슨 전구회사에 앞으로 투입해야 할 "수십만 달러를 조달할 수 있는" 능력도 가지고 있었다. 로리는 에디슨에게 "우리가 모두 위대한 자산이라 여기는 사업을 발전시키고 관리하기 위해 필요한 능력과 수단을 가지고 있는 새로운 세계 사람들과 당신은 만나게 되었다"고 말했다.

모건은 1878년 11월 19일 '보안에 극도로 주의해야 할 사안'이라며 번스에게 전보 한 통을 띄운다. 백열전구 사업은 "바람직한 구조로 진행되고 있다. 우리가 완벽하게 장악하고 관리해 전체 일정의 3분의 1 수준까지 진행되었다. 원한다면 런던 투자은행 J. S. 모건이 영국 시장을 담당할 수 있도록 지분을 확보해두는 게 좋을 것 같다"는 내용이었다.

모건의 권유대로 주니어스의 은행은 영국과 아일랜드, 기타 지역에서 5년 동안 특허권을 대행할 수 있는 권한을 갖기로 1878년 12월 31일에 계약했다.

뉴욕의 투자은행 드렉셀·모건은 에디슨에게 영국 지역 특허권 사용료를 지불하기로 했다. 계약 이후 3년이 흐른 시점까지 사용료가 지급되지 않으면, 에디슨은 영국 지역의 특허권을 회수할 수 있었다.

모건이 번스에게 띄운 전보에서 말한 "전체 일정의 3분의 1"은 1880년 3월에 포르투갈과 뉴질랜드, 오스트레일리아 일부 지역의 사업권 계약 협상이 3분의 1 수준에 이르렀음을 의미한다. 에디슨은 사업권 계약에 따라 수익의 65퍼센트, 드렉셀·모건은 35퍼센트를 차지하고, 로리는 드렉셀·모건의 몫 가운데 3분의 1을 가져가기로 했다. 드렉셀·모건은 대서양 양쪽에서 에디슨의 은행으로 구실하게 된다. 에디슨 백열전구 벤처의 위험도는 '은행 명예 훼손'이 발생할 수준이었다. 모건은 "백열전구를 실제 사용해본 결과 성공이라고 판단하기 전"까지 런던에 자금을 요구하지 않겠다고 약속했다. 반면 이 벤처로 얻을 수 있는 이익은 "어느 누구도 과대평가할 수 없을 정도"였다.

주니어스는 아들의 설득에도 시큰둥했다. 그의 비관적인 평가는 기록으로 남아 있지 않다. 그는 영국 무역전문지인 〈엔지니어링〉이 에디슨의 발명에 내린 평가와 같았다. 매체는 에디슨의 계획이 "대서양의 건너편 친구들에게는 충분히 좋을 수 있지만, 실용적이고 과학적인 영국인들이 관심 가질 만한 일은 아니다"고 보도한 바 있다. 모건은 아버지를 설득하기 위해 수없이 편지를 쓰다가 찢었다. 결국 그는 1879년 봄 런던으로 건너가 아버지와 대면해 설득하기로 결심한다.

하지만 모건은 1878년 말 마지막으로 아버지에게 편지를 쓴다. "아버지의 편지에 나타난 느낌을 높이 평가하지 않고는 접을 수 없어 이 편지를 씁니다." 주니어스의 회의적 평가에 힘겨워한 모건은 이렇게 적었다. "제 인생에서 가장 중요한 것이 있다면, 아버지께서 제 인생과 사업에 가진 관심입니다. 따라서 제가 동의하지 않지만 아버지께서 편지에 밝히신 생각을 한 번도 의심하지 않았습니다… 아버지께서 에디슨 발명품의 사업을 충분히 이해하신다면, 새로운 시각으로 사업계획을 보시게 될 겁니다." 그런데 모건은 이미 사업을 구체적으로 추진하고 있다는 점은 밝히지 않았다. 결국 모건은 아버지의 도움 없이 에디슨 프로젝트를 독자적으로 추진한다(12장 참조).

1878년 미국 중간선거가 치러졌다. 새로 창당된 그린백-노동당(Greenback-Labor Party)이 100만 표 이상을 얻어 의석 14개를 차지했다. 미국에서 가장 부유한 지역인 맨해튼 동편 위쪽은 모건 신디케이트에 참여한 파트너 리베 파슨스 머튼(Levi Parsons Morton)을 하원의원으로 선출했다. 머튼은 뉴잉글랜드에 정착한 청교도 집안의 후손으로 버몬트 주에서 활동한 목사의 아들로 태어났다. 훗날 뉴햄프셔에서 점원으로 인생을 시작했으며 보스턴 투자은행 J. M. 비비·모건에서 주니어스와 함께 일한 적도 있다. 1863년에는 혼자 뉴욕은행을 설립했다. 그가 파트너로 참여한 런던의 은행은 월터 번스가 파리로 떠난 이후 캐나다의 재무장관을 역임한 적이 있는 존 로즈(John Rose) 경이 이끌었다.

머튼은 금발에다 작은 눈을 가진 인물이었다. 얼굴빛이 불그스레했고 모든 사람 앞에서 우아하게 처신했다. 첫 아내는 1871년 숨을 거두었다. 2년 뒤에 네덜란드계인 안나 리빙스턴 레드 스트리트(Anna livingstone Leade Street)와 결혼했다. 그녀는 나중에 이름을 바꾸어 이디스 뉴볼드 존스(Edith Newbold Jones)가 된다.

두 사람은 자녀 다섯을 낳았다. 맨해튼 42번가 북동쪽 코너와 연결되어 있는 5번 애비뉴 85번지의 5층짜리 벽돌집에서 살았다. 이디스 뉴볼드 존스는 1879년 사교계에 처음 등장했다. 그녀는 구약 성경 냄새가 나는 남편의 이름을 그다지 좋아하지 않았다. 남편을 L. P.로 부른 이유다. 그들은 외동아들 이름을 루이스 파슨스 머튼(Lewis Parsons Morton)으로 지었다.

주니어스는 전 재무장관 부트웰과 현 재무장관 셔먼, 앤서니 드렉셀, J. P. 모건과 함께 1878년 선거에서 당선된 머튼에게 축하 인사를 전했다. 의원이 된 이후에도 머튼은 재무부의 전쟁 채무 상환을 위한 채권발행에 긴밀하게 관여했다. 당시에는 의원직을 유지하면서 은행가로 활동하는 것을 금지하는 법이 없었다. 당연히 그의 이중 활동은 월스트리트에 이점으로 작용했다. 하원의원인 머튼은 모건 부자와 마찬가지로 은행가와 의원의 이해가 서로 다르다고 생각하지 않았다. 그는 의원 임기가 시작된 지 두 달 뒤 하원 연설에서 미국이 금태환제를 고수해 명예와 신뢰도를 유지한다면, "뉴욕이 세계 증권거래에서 청산결제 중심지가 될 날이 얼마 남지 않았다"고 말했다.

미국 경제가 1873년 공황에서 벗어나고 있었다. 미국이 금본위제로 복귀도 했다. 그 바람에 J. P. 모건에게 "대형 협상"이 줄줄이 이어졌다. 모건은 협상에 집중하기에 앞서 연방정부가 전쟁 채무를 상환하기 위해 발행하는 마지막 채권을 인수하고 싶었다. 채권의 인수전은 매끄럽게 이뤄지지 않았다. 하지만 이는 금융 권력이 이동하는 분수령이 된다. 즉 전통 플레이어에서 신예 플레이어로, 런던에서 뉴욕으로, 로스차일드에서 주니어스 모건으로, 다시 J. P. 모건으로 주도권이 이동하는 계기가 된다는 얘기이다.

주니어스는 1870년대 후반에도 로스차일드를 선도 은행으로 대접해야 한다고 생각하고 있었다. 하지만 아들 J. P. 모건은 아버지처럼 로스차일드를 존중할 필요가 없다고 여겼다. 그때 로스차일드는 세계 금융에서 차지하고 있는 지위를 특권으로 여겼다. 자신들이 시작하지 않은 금융 거래에서도 우선권을 쥐려고 했다. 신디케이트 다른 멤버들과 정보를 공유하려고 하지 않았다. 실무적인 일은 뉴욕의 투자은행 드렉셀·모건에게 떠넘기기 일쑤였다.

모건은 1879년 월터 번스에게 "로스차일드가 내 아버지부터 나까지 아무도 자신들에게 맞설 수 없는 인물쯤"으로 대하고 있다고 불평했다. 모건은 한술 더 떠 '덜 성숙한 로스차일드 경은 미국 정부의 채권을 인수하는 데 더 이상 필요하지 않다'고 여겼다. 실제로 모건이 함께 일한 재무장관들은 "벨몽트를 싫어했기 때문에" 인수단에서 로스차일드를 "빼버리라고" 말했다.

리오넬 드(Lionel de) 로스차일드의 지위는 오스트리아인이었다. 그는 영국 빅토리아 여왕이 내린 남작 작위를 거부했다. 그의 아들인 네이선(Nathan) 로스차일드는 가문 내에서 처음으로 기사작위를 받아 로스차일드 경이 되었다. 1885년에는 영국 역사상 처음으로 유태인 상원의원이 되었다.

1879년 1월 모건과 머튼 그룹은 로스차일드를 따돌리기 위한 기동전을 개시한다. 그들은 로스차일드와 셀리그먼, 미국 내 금융자본이면서 국채 인수전에 새롭게 뛰어든 퍼스트 내셔널(First National) 은행이 주도한 신디케이트를 상대로 일합을 벌였다. 전리품은 미국 연방정부가 전쟁 채무를 상환하기 위해 연 4퍼센트 조건으로 발행하는 해외 매각용 채권이었다.

재무장관 셔먼이 채권 인수권을 퍼스트 내셔널의 신디케이트에게 막 주려고 할 순간 하원의원인 머튼이 장관의 방문을 두드린다. 재무부와 퍼스트 내셔널은 이미 상당한 단계까지 협상을 진행한 상태였다. 은행 부행장인 해리스 퍼네스톡(Harris Fahnestock)은 런던 파트너의 동의를 받기 위해 협상 내용을 전보치고 있었다. 긴요한 순간에 장관실에 들어선 머튼은 셔먼과 면담을 통해 즉석에서 채권물량을 전부 인수하기로 했다. 두 사람이 합의한 순간 뉴욕 퍼네스톡이 타전한 전보를 든 메신저가 장관실에 들어선다. 전보 내용은 퍼네스톡이 협의한 조건에 동의한다는 것이었다. 하지만 채권 인수권은 단 몇 초 차이로 모건과 머튼 그룹에게 넘어간 뒤였다.

주니어스는 1873년 모건의 금 매집과 마찬가지로 자신과 로스차일드에 아무런 연통도 없이 모든 것을 걸었다고 아들에게 발끈했다. 이번에는 모건의 태도가 고분고분하지 않는다. 그는 아버지에게 편지를 띄워 머튼이 신속하게 움직이지 않았다면 인수권을 놓치게 된다는 점을 강조했다. 그는 "제가 생각하기에 런던의 J. S. 모건은 로스차일드가 아니라 '우리'와 함께 해야 합니다"라고 쐐기를 박아버렸다. 그런데도 주니어스는 로스차일드 쪽에 채권 인수단 지휘권을 주어버렸다.

J. P. 모건은 넉 달 뒤 아버지를 더욱 화나게 하는 또 다른 기동전을 개시한다. 셔먼은 이자율이 연 6퍼센트나 되는 전쟁 채권을 하루라도 빨리 회수하고 싶어 했다. 그는 1879년 4월 4일 연 4퍼센트를 조건으로 전쟁 채권을 상환하기 위해 채권 4,000만 달러어치를 발행하기로 한다. 모건은 런던 쪽에 많은 양을 인수해야 한다고 주장했다. 하지만 그들은 단지 100만 달러어치만을 받으라고 결정했다. 모건은 발걸음을 돌려 1875년 이후 이사를 맡고 있는 내셔널 뱅크 오브 커머스로 간다. 경영진을 설득해 4,000만 달러를 전량 인수하기로 한다.

그런데 기묘한 일이 발생한다. 재무장관 셔먼은 내셔널 뱅크 오브 커머스가 인수 청약서에 400만 달러를 기입한 것으로 착각하고, 승인해버린다. 얼마 지나지 않아 자신이 실수했다는 사실을 알아챘다. 하지만 신의와 명예를 지키기 위해 모건이 나선 내셔널 뱅크 오브 커머스에 전량 인수권을 부여했다. 주니어스는 마흔두 살인 아들의 행동을 반란이라고 생각했다. 모건은 아버지의 전보 내용이 "아주 날카롭고 통렬하다"고 말했다. 그런 전보를 많이 받아본 터였다. 루이스 머튼의 뉴욕 파트너인 조지 블리스는 모건이 극도로 흥분한 상태여서 거의 말을 할 수 없었다고 전했다. "아버지에게 느끼는 것만큼 다른 사람에게 죄책감을 느껴본 적이 없다"고 모건은 말했다. 패브리는 모건이 반격을 당할까 두려워했다.

J. P. 모건은 자세한 정황을 런던에 알렸다. 내셔널 뱅크 오브 커머스가 확보한 채권 물량 가운데 일부를 J. S. 모건에 배정했다. 아버지한테서는 정중한 사과에 버금가는 말을 듣는다. "우리의 생각을 바꾸도록 한 너의 설명을 받아들인다… 내셔널 뱅크 오브 커머스가 배정한 물량 150만 달러어치 채권을 고맙게 받겠다." 주니어스는 한술 더 떠 250만 달러어치를 더 요구했다.

주니어스는 경제적 미래가 대서양 서쪽에서 있는 동맹자들의 것이라는 점을 인정하고 있었다. 하지만 모건이 월스트리트에서 강력한 플레이어로 떠오르고 본능적으로 영리하면서도 사려 깊게 행동할지라도 아직 '법정 상속자'에게 권위를 넘겨줄 준비가 되어 있지 않았다. 내셔널 뱅크 오브 커머스가 일으킨 소용돌이가 일단 진정되기 시작했다. 토니 드렉셀과 에지스토 패브리는 "우리의 미스터 모건"을 높이 평가하는 전보를 런던에 띄운다. "우리 신디케이트는 그의 신속한 행동에 많은 고마움을 느끼고 있습니다."

J. P. 모건의 미국 쪽 파트너들은 국내 자본시장이 건강하게 발전했다는 점을 강조했다. 최근 오해의 원인은 "대서양 건너편에 있는 귀측이 이번 채권에 대해 시장의 수요가 충분하다는 사실을 믿지 않으려고 한 것"이라고 말했다. 이어 "현장과 직접 연결되어 있고 개인적으로 풍부한 경험을 갖춘 사람만이" 미국 시장과 정치 현상을 가늠할 수 있다고 결론 내렸다.

모건 하우스는 1879년 5월에도 연방정부가 마지막으로 발행한 차환용 채권 1,500만 달러어치를 인수하는 신디케이트에 참여한다. 1863년 은행법에 따라 은행과 증권사 면허를 받은 퍼스트 내셔널 은행이 신디케이트 주축이었다. 이 은행은 두 가지 면허를 가지고 있었다. 많은 고객들을 상대하면서도 리스크는 적었다. 일반적인 여신업무 외에도 미국 전역에 있는 연방정부 인가 은행과 함께 영업했다. 위기의 순간에 중앙은행처럼 긴급 자금을 시장에 풀기도 했다. 행장인 조지 피셔 베이커(George Fisher Baker)는 보수적이었다. 그의 지휘 아래 퍼스트 내셔널 은행은 정부가 전쟁 채무를 상환하기 위해 발행한 채권을 꾸준히 사들였다. 놀란 은행 감사는 1877년 말 은행이 무려 2억 2,550만 달러 어치의 채권을 거래했고, 수익 67만 달러를 거두어 들였다고 보고했다.

퍼스트 내셔널 은행은 금태환 재개가 이뤄지기 이전에 '비싼 화폐(경화)'를 지키는 주역으로 활동했다. 재무부의 차환용 마지막 채권을 인수·유통하는 데 서도 탁월한 능력을 자랑했다. 월스트리트에서는 '셔먼 요새(Fort Sherman)'로 통했다.

1879년 5월에 구성된 신디케이트는 J. P. 모건이 더 이상 로스차일드에 의 존하지 않음을 보여주는 계기였다. 모건과 조지 피셔 베이커의 긴밀한 유대관 계가 시작됐음을 의미했다. 로스차일드는 주니어스와는 달리 미국의 정치적· 경제적 미래를 정밀하게 가늠해보지 않았다. 어거스트 벨몽트에 너무 의존한 나머지 신대륙에서 더 이상 '금융 파워'라는 지위를 유지할 없게 된다. 로스차 일드는 마지막 발행분을 인수하는 신디케이트 멤버가 아니었다. 협상이 종료 되었을 때 채권을 배정받지도 못했다. 조지 블리스는 "금융 거물이 사업에 참 여하지 못해 마지막 채권 발행을 아주 아쉬워할 것이라고 우리는 믿고 있다"고 타전했다.

대서양 양쪽의 금융인들은 1870년대 말 남북전쟁 채무 14억 달러를 상환하 기 위해 발행한 채권을 인수·유통시켰다. 그 바람에 연방정부는 연간 이자를 2,000만 달러까지 절약할 수 있었다. 채권의 인수에서 주니어스와 J. P. 모건이 한 일은 금융 전문가로서 효율성을 높이 드러내 보이는 것이었다. 그들은 입맛 에 맞는 전략과 파트너를 자유롭게 고를 수 있게 되었다.

모건은 1881년 새로운 프로젝트를 위해 신디케이트 구성에 나선다. 번스에 게 "우리 그룹은 경쟁을 무력화시킬 수 있는 기업 결합체를 만들어 다른 사람들과 이익을 나누지 않고 좋은 비즈니스를 주도적으로 착수할 수 있는 능력을 가지고 있다"고 말했다.

연방정부의 전쟁채권 차환 작업을 계기로 모건이 정부의 금융 자문관으로 부상한다. 이는 미국 시민들이 워싱턴과 월스트리트의 유착을 혐오하기 시작한 분수령이 되었다. 모건은 1880년 페르난도 우드(Fernando Wood)가 주도한 하원의 세입위원회에 출석해 "우리나라 금융회사의 미래를 감안할 때 아주 긴요한 것, 즉 '탄력적인 통화'를 지켜내야 한다"고 의회에 촉구했다. '탄력적인 통화'란 계절적 수요에 따라 화폐 공급량을 탄력적으로 운용하는 것을 의미한다. 불행하게도 의회는 43년 동안 그의 충고를 무시한다.

신디케이트는 일단의 금융가들의 그룹이다. 증권의 인수·판매·수익·위험을 공유한다. 대규모 채권과 주식을 인수하는 데 아주 요긴하다. 금융 전문가 존 무디(John Moody)는 1910년에 모건이 활동한 1870년대 신디케이트 채권 인수를 분석하면 미국-스페인 채무 차환용 채권발행은 "단일 사건으로서는 기념비적인 성공"이라며, 모건이 미국에서 자본 투자의 신기원을 개척했다고 평가했다. 이어 그는 이렇게 말한다. "거대한 규모로 자본을 조성하는 일은 인간사를 수행하는 데 기본이다… 엄청난 자원과 다양한 이해관계를 조율할 수 있는 성품을 지닌 신디케이트의 리더는 세계 역사에서 가장 강력한 금융 권력을 쥐게 되었다."

사생활과 금융윤리

J. P. 모건은 평생 동안 여성들 때문에 가슴앓이를 해야 했다. 그가 학교를 마치기도 전에 어머니 줄리엣은 혼자만의 세계로 숨어버렸다. 늘 우울증에 젖어 있었다. 모건에게 따뜻함을 보이기보다는 책망했다. 모건은 20대 초반에 첫 아내 미미를 죽음으로 잃었다. 미미의 죽음은 그의 뇌리에 빼앗긴 약속으로 각인되었다. 그는 사랑의 열정과 함께 결혼생활이 야기하는 고통에 대한 냉정한 경고로 패니와의 결혼생활을 시작했다. 이후 15년이 흘렀다. 모건과 패니는 상대한테서 기쁨보다는 더 큰 고통에 시달렸다.

모건은 어느 해 여름 지인의 결혼식에 참석해야 했다. 아내와 딸들이 입을 드레스를 파리 의상실인 워스에 주문했다. 결혼식 직전 모건과 패니는 심하게 다투었다. 그녀는 행사장에 아주 낡은 옷을 입고 딸들과 함께 모습을 드러냈다. 파리 일류 디자이너가 만든 드레스는 장롱 속에 처박아 두었다. 모건에게 분풀이를 한 셈이다.

패니의 조카는 "수많은 게스트 앞에서 화를 낼 기력조차 삼촌에겐 남아 있지 않았다. 결혼식 내내 노려보며 시거만 피워댔다. 어린 아이와 같은 소박한 기쁨은 철저히 깨졌고, 깊은 상처를 입었다. 그녀는 적절한 앙갚음이라고 생각했지만, 모건의 가슴에 생채기를 남기는 데 탁월한 수완을 발휘했다"고 회상한다.

J. P. 모건과 프란시스 트레이시 모건
(출처: 뉴욕 피어폰트 모건 도서관)

J. P. 모건은 1879년부터 해마다 방문하는 유럽에 가면서 열세 살이 된 큰 딸 루이자를 데리고 갔다. 그들이 집을 비운 사이 패니는 신경성 두통으로 몸져누웠다. 그녀는 일기에 "버림받은 느낌"이라고 적었다. 며칠이 지난 뒤에도 그녀는 "여전히 버림받은 느낌이다", "아주 비참하다. 심한 두통으로 8시에 침대에 누웠다"고 기록했다. 이때 모건은 런던에서 아내의 애칭 대신 정식 이름을 부르며 다음과 같은 말로 편지를 마무리한다. "잘 있으시오. 프란시스! 나는 당신을 아주 사랑한답니다. 당신은 이를 모르는 것 같지만 사실이라오."

큰 딸 루이자는 모건이 유달리 사랑했던 아이였다. 열세 살 이후엔 그가 가장 좋아하는 여행 동반자가 되었다. 당시 미국 소녀들은 집에서 교육받았다. 루이자에겐 아버지와의 일정 외에는 별일이 없었다. 모건은 햇살처럼 맑은 루이자의 성격과 아빠에 대해 품고 있는 진정한 존경심을 아주 사랑했다. 어머니와는 달리 그녀는 모건에게 아무것도 요구하지 않았다. 병치레를 하거나, 상대의 흠을 잡으려 하지도 않았다. 때로는 어린 아이였고, 때로는 여자처럼 굴었다. 때로는 모건 자신을 판박이 한 것 같았다. 별다른 노력 없이도 아버지 모건의 기분과 원하는 바를 알아챘다. 모건이 필요할 때는 늘 곁에 머물렀다. 혼자 있고 싶은 순간에는 몇 걸음 거리를 둘 줄 아는 아이였다.

모건은 1879년 여행 도중 사랑하는 딸이 원하는 대로 해주었다. 집에 있을 때 지켜야 했던 모든 룰을 내던졌다. 대서양 횡단 여객선 상에서 그녀는 어른들과 어울렸다. 시간을 지켜 잠자리에 들지 않아도 되었다. 모건은 런던의 콘서트와 예술 박물관, 꽃 전람회에 루이자를 데리고 갔다. 사랑하는 딸이 원하는 모자가 없으면, 따로 주문해 루이자만의 모자를 만들어주기도 했다. 파리에서 모건은 루이자에게 지갑을 통째로 내놓았다. 두 사람은 파리 오페라 하우스와 루브르 박물관, 왕궁을 둘러봤다. 모건은 최고급 의상실 워스에서 딸에게 드레스를 사주었다. 루이자가 친구와 같이 파리 시내를 드라이브 하도록 마차를 대절해주기도 했다. 그는 아내에게 쓴 편지에서 "매혹적으로 행동하고 모든 곳에서 쾌활한 인상을 남기는 루이자의 모습을 당신이 봤으면 하오"라고 자랑스럽게 말했다. 그런데 루이자가 부모를 쏙 빼닮은 한 가지가 있었다. 열세 살 나이에 몸무게가 64킬로그램이 넘었다.

모건은 이듬해 둘째 줄리엣을 데리고 유럽 여행을 떠났다. 이때 루이자에게 1년 전 여행을 그리워하는 편지를 띄운다. "지난해 여행 동안 너와 함께했고 보았던 모든 것들이 생생하게 떠오른 것으로 봐서 너는 내 머릿속을 온통 차지하고 있구나. 네가 당장 방 안으로 들어서지 않는다는 사실이 실감나지 않는다."

모건은 집 안 장식이나 드레스 스타일을 두고 아내와 다툼을 종종 벌였다. 이때 그는 "워스에서 사온 옷 때문에 집 안의 대장이 불쾌하게 생각할까 두렵지만"이라고 말하며 첫째 딸이 자신이 사온 옷을 좋아해주길 바랐다. 루이자를 자기편으로 끌어들이려는 노력이었다. 12월 어느 날 모건은 유럽으로 가기 위해 대서양을 횡단했다. 자신이 없는데도 가족들이 크리스마스를 즐길 것이라고 생각했다. 루이자에게 "너와 함께 하지 못하기 때문에 눈물이 나는구나. 내 마음은 늘 너와 함께하는 것을 알 테지… 네가 보고 싶어 가슴이 저민다. 항구에 너를 남겨두고 떠난 이후 나는 오랜 시간 슬펐단다"라고 했다.

모건은 첫째 딸 루이자에게 보인 특별한 애정을 아들에게 주지는 않았다. 그의 눈에 비친 아들은 서툴기 짝이 없고 어려워하고 부끄러워하는 아이였다. 지나치게 어머니에게 매달리는 녀석이기도 했다. 1879년 가을 열두 살 먹은 아들 잭은 앓아누워 몇 주 동안 학교에 가지 못했다. 아내 패니 여동생의 시아버지이고 로드아일랜드 지사였던 윌리엄 W. 호핀은 환경을 바꿔주기 위해 잭을 프로비던스(Providence)로 데려가겠다고 제안했다. 모건도 유년 시절 병치레에 시달렸다. 어머니처럼 자상한 외할아버지 피어폰트 목사에게 보내지기도 했다. 아조레스에 유배되다시피 하며 요양해야 했다. 어린 아들이 겪는 고통을 잘 알고 있는 모건은 호핀에게 "내 아들 녀석에 보여주신 호의에 감사하고 감동했다"고 말했다. 하지만 내심 잭이 학교를 다닐 수 있을 만큼 회복했음에도 "어머니 패니가 아들을 너무 끼고 도는 바람"에 호핀의 호의가 무의미해지는 것은 아닌지 걱정했다.

J. P. 모건은 독립심을 길러주고 "몇 년 동안 영국학교의 이점을 누리게 해주기 위해" 아들을 해외에 보내고 싶었지만, 가정의 평화를 위해 잭을 해외에 보내는 것을 '기꺼이' 포기해야 했다. "집안에 풍파를 일으키지 않기 위해 어미와 아들을 떼어놓으려는 시도를 몇 년 동안 포기하고 지냈다."

모건의 집안은 두 진영으로 나뉘어 있었다. 한쪽은 아버지-딸이었고, 다른 쪽은 어머니-아들이었다. 이 진영에 끼지 못한 줄리엣과 앤은 언니나 오빠보다 한결 자유롭게 자신들을 지켜낼 수 있었다.

1880년대 패니는 과거와는 달리 좋아 보였다. 그녀는 40번가 이스트 6번

모건의 아이들. (왼쪽부터)잭과 앤, 루이자, 줄리엣.
(출처: 뉴욕 피어폰트 모건 도서관)

지에 있는 집에 사람들을 초대해 차를 대접하기도 했다. 그녀의 초대에 단지 100명만이 찾아와 실망했다. 하지만 일주일 뒤에 무려 246명이 찾아와 안도할 수 있었다. 그녀는 친구들과 함께 강연에 참석하고 연극을 감상하기 위해 외출도 했다. 멘델슨 글리(Mendelson Glee) 콘서트에서는 W. S.

길버트(Gillbert)와 아서 설리번(Arthur Sullivan) 뒤에 앉아 음악을 즐겼다. 그녀가 읽은 책 목록에는 당시 막 출판된 조지 엘리엇(George Eliot)의《그리스 철학자 테오파라셀수스의 인상들Impressions of Theophrastus》과 제인 오스틴(Jane Austen)의《오만과 편견Pride and Prejudice》, 찰스 킹슬리(Charles Kingsley)의《하이퍼티아 Hypatia》, 필립스 브룩스(Phillips Brooks)의《예수의 영향Influence of Jesus》, 호레이스 월폴(Horace Walpole)과 프로스퍼 메리메(Prosper Merime)의 서간집 등이 있다. 또한 그녀는《유럽인과 미국인, 세계적인 에피소드The Europeans, The American, and An International Episode》등 헨리 제임스의 여러 책도 탐독했다. 그녀는 일기에 책 제목만을 적어놓았을 뿐 느낌 등은 밝히지 않았다.

1879년 2월 패니는 탈진했다. 여덟 살인 앤도 선홍열을 앓아누워 지내야 했다. 모건은 선홍열을 한 번도 앓지 않은 패니에게 플로리다에서 요양을 취하라고 권했다. 패니는 그의 주문대로 요양을 떠났다. 아들 잭만을 데리고 갔다. 딸들은 모두 아버지와 함께 집에 머물렀다. 가정부와 새 가정교사 플로런스 레트(Florence Rhett)가 집에 남아 있었다. 모건은 편지로 아내의 기분을 최대한 띄워주려고 노력했다.

모건은 밖에서 저녁을 먹는 경우가 많았다. 가정교사인 레트와는 단둘이 이야기를 거의 나누지 못했다. 첫째와 둘째 딸은 건강했고 활기찼다. 앤도 아주 좋아지고 있었다. 집안일도 놀라울 정도로 잘 처리되고 있었다. 그는 아내에게 이렇게 집안 분위기를 전한 뒤 특유의 생략법으로 편지를 마무리한다. "내가 당신에게 긴 편지를 띄웠다는 사실을 알리지 말아주구려. 이 사실이 알려지면 누구보다 당신이 소중하게 지켜주어야 할 내 명예가 훼손된답니다."

패니는 3주 뒤 놀라운 소식을 편지로 전했다. 그녀는 임신한 상태였다. 모건은 기쁨을 넘어 흥분으로 가득한 전보를 날렸다. "내가 회춘했구려!" 전보를 친 뒤 그는 바로 편지를 써 "아직도 그 소식이 믿기지 않다오"라고 말했다. 당시 그는 마흔두 살이었고, 아내는 서른일곱이었다. 그는 아이를 더 낳고 싶어 했다. 미국 전역에 친인척과 후손들이 좍 퍼져 살고, 자신도 대식구를 거느리고 시끌벅적하게 사는 것을 소망했다. 게다가 그는 아들 하나를 더 원했다. 아버지 주니어스는 딸 셋에 아들 둘을 낳았다.

패니는 모건보다는 기쁘지 않았다. 아이들이 넷 이상이면 어머니가 한 아이에게 충분한 정을 줄 수 없다고 믿는 쪽이었다. 그녀는 임신 자체를 좋아하지 않았다. 이를 잘 알고 있던 모건은 편지로 그녀를 기쁘게 해주려고 노력했다. "당신이 느낄 불편함과 고통·진통이 염려됩니다. 그러나 사랑하는 당신! 지금까지 모든 게 잘되었다는 사실을 감안한다면, 아이들은 놀라운 존재들이고 기쁨 그 자체라오. 태어날 아이가 남자애라면 얼마나 행복할까 생각 중이라오."

아내 패니가 플로리다에서 돌아왔다. 직후 모건은 둘째 딸 줄리엣을 데리고 유럽으로 떠났다. 그들이 탄 SS 저매닉(Germanic)호가 뉴욕 항구를 벗어날 즈음 아내에게 간단한 메모를 띄운다. "당신이 혼자 외톨이가 되고 우울한 기분을 느끼는데 곁을 떠나 가슴이 아픕니다." 이렇게 말하면서도 여행 일정을 변경하려고 하지 않았다. 패니는 자신이 원하지 않고 '모건의 것'이 될 성싶은 아이를 임신해 기분이 우울한 상태였다. 그런데도 그는 늘 가는 유럽 여행 일정을 변경할 수 없었고, 하지도 않았다.

모건은 아내를 기쁘게 해주기 위해 전혀 실현 가능성이 없는 말이지만, 자상함을 최대한 발휘한다. "당신 대신 내가 임신했으면 합니다. 나만 기뻐하는 것 같구려. 이번 여행이 끝난 뒤 무엇을 할 것인지를 깊이 생각해보구려. 그게 내키지 않는다면, 잭이나 루이자를 닮은 아이를 상상하는 게 좋다고 봅니다. 불편하게 보내야 하는 시간이지만 가치 있다오. 나는 당신이 겪고 있는 불편함을 나눌 수 없어 아쉽지만, 당신만큼 내 가슴도 아프다오. 그래서 당신을 진정으로 사랑한다오"라고 말했다.

줄리엣은 뉴욕 항구를 떠날 때 잠시 울음을 터트렸다. 하지만 아버지를 "보좌한다는 생각에 기뻐" 갑판을 이리 뛰고 저리 내달리며 말괄량이처럼 지냈다. 모건 부녀는 찰스 래니어와 데이비드 이글스턴스(David Eglestons), 줄리엣의 보모와 함께 여행했다. 모건은 뉴욕으로 이사한 직후 래니어를 만나 관계를 유지하고 있었다. 두 사람은 나이도 같았고, 하는 일도 같았다. 그는 아버지가 설립한 금융회사 윈슬로(Winslow)·래니어에 근무하고 있었다.

윈슬로·래니어는 철도 금융에 특화된 회사였다. 두 사람은 처음 만난 이후 계속 교유하며 지냈다. 이글스턴스는 윈슬로·래니어에서 철강 무역을 담당했다. 모건의 여동생 사라가 이글스턴스의 아내였다. 모건은 대서양 위에서 마흔세 번째 생일(4월 17일)을 맞았다. 사라 래니어는 뉴욕 귀금속 상점인 티파니에서 산 시계줄에 달 수 있는 황금 나침반을 선물했다. 모건이 생일날 점심을 먹기 위해 식당에 들어섰다. 선원들이 박수치며 채소 한 다발을 선물했다. 그날 저녁에는 선상 레스토랑 주방장이 핑크빛이 도는 아스크림으로 'J. P. 모건 43'이 적힌 생일 케이크를 선물했다. 주변에 있는 사람들이 박수로 축하해주었다.

모건은 생일 등 개인적인 것을 세세하게 챙겨주는 것을 좋아했다. 그가 타고 있던 SS 저매닉호는 아조레스로 유배 가듯이 요양을 떠나야 했던 30년 전의 화물선과 견주어 보면 아주 호화로웠다. 그가 서부 여행 때 탄 초호화 풀먼 객차와 어릴 적 외할아버지를 방문하기 위해 하트포드와 뉴 헤이번 사이에서 탔던 기차만큼이나 차이가 났다. 그의 일행들은 호화 유람선 여행을 "최대한 즐기고 있고, 모두들 배를 타고 여행하려면 화이트 스타(White Star) 증기선이 좋다고 말한다"고 아내에게 알렸다.

런던에 도착한 모건은 아버지의 건강은 좋았지만, 어머니가 위통과 두통, '신경성 경련' 등에 너무 시달리고 있다는 소식을 들었다. 아버지 집 대신 호텔에 머물기로 했다. 그는 딸 줄리엣을 데리고 오페라 '아이다'를 관람했다. "다시 보는 것이지만 여전히 재미있었다"고 패니에게 전했다. 모건과 딸 줄리엣은 런던에 살고 있는 여러 친구들을 찾아본 뒤 파리로 건너갔다. 늘 그랬듯이 그들은 호텔 브리스톨에 투숙했다. 이번에는 래니어 부부와 이글스턴스, 짐 굿윈 부부, 월터 & 매리 부부, 조지 & 사라 모건 등과 함께 웨일스 왕자가 머물렀던 방에 사용한 게 다를 뿐이었다. 그는 아내를 위해 파리 의상실 워스에서 임신복을 주문했다. 그는 아내에게 띄운 편지에서 "모건 가문의 사람들이 새 아이 소식을 듣고 모두 기뻐했다"고 전했다.

패니의 기분은 모건의 노력에도 좋아지지 않았다. 결국 1879년 4월 29일 유산했다. 그녀의 친정어머니는 모건에게 유산 소식을 전했다. 그는 일단 아내 패니의 건강을 걱정하며 실망감을 드러내지 않았다. 그러나 패니가 아주 쾌활하고 건강에 문제가 없을 뿐만 아니라 모건이 여행을 단축하기를 원하지 않는다는 점을 파트너 패브리의 전보를 통해 전해 들은 뒤에야 속마음을 드러낸다. "내 실망감은 날이 갈수록 끝없이 커지고 있습니다. 이번 사태는 우리가 경험하지 못한 일이지만 힘들더라도 최선을 다해 받아들이고 이겨내야 합니다." 그는 유산이 왜 일어났는지 물었지만 대답 없는 질문이었다.

아내의 유산에도 모건은 파리의 봄을 즐겼다. 래니어가 파리의 최고급인 카페 리용 도르(Café Lion d'Or)의 풀코스를 대접해주었다. 모건은 며칠 뒤 카페 앙글레(Café Anglais)에서 저녁을 냈다. 어느 날 마차를 타고 파리의 남쪽에 위치한 부르그 라 레느(Bourge-la-Reine)로 가서 크래그스톤을 장식할 장미를 주문했다. 줄리엣은 번스와 모건 사촌들과 어울려 즐겁게 놀고 와 아버지가 주문한 엄청난 옷들을 보았다. 그녀는 "(천국 가운데 가장 좋다는) 일곱 번째 천국에 놀고 있는 듯" 했다.

모건은 "그들은 고양이처럼 즐겁게 지내고 있습니다. 나는 아주 다양한 옷을 주문했다오. 아주 단순한 것에서 당신의 모성본능을 자극할 것까지. 그리고 내 허영심을 자극할 정도인 정교하게 디자인된 옷도 샀습니다"라고 패니에게 편지로 알렸다. 그는 편지를 마무리할 즈음에 다시 유산의 아쉬움을 다시 말한다. "내 사랑! 이제 펜을 내려놓아야 할 것 같소. 힘겨울 때 곁에 있지 못한 것이 못내 아쉽소. 하지만 당신은 내가 얼마나 사랑하는지 잘 알 거요."

J. P. 모건이 1879년 5월 다시 런던에 도착했다. 어머니 줄리엣은 심각한 충격을 받아 말을 제대로 할 수 없는 상태였다. 왼팔을 쓸 수 없었다. 아마도 심하지 않은 중풍을 맞은 성싶다. 다행히 증상은 곧 사라졌고 의사도 상태를 낙관적으로 보았다. 하지만 종종 아들을 알아보지 못했다. 모건은 어머니를 다시 못 볼 수 있다는 두려움을 갖게 되었다.

그해 5월 말 모건은 화이트 스타 소속 브리태닉(Britannic)호를 타고 뉴욕으로 복귀했다. 여행 중 모건은 자신의 운명도 영원하지 않음을 실감했다. 브리태닉이 대서양을 횡단하는 동안 기온이 급강하해 섭씨 13.3도에서 4.4도로, 다시 1.1도로 곤두박질했다. 날씨가 싸늘한 어느 날 모건은 갑판 위에서 짙은 안개 속을 거닐고 있었다. 항로 전방을 감시하던 선원이 "좌현에 위험물 출현!"이라고 외쳤다. 순간 모건은 배가 오른쪽으로 기울며 항로를 벗어나는 것을 느꼈다. 짙은 안개 속에서 어슴푸레하게 빛나는 어마어마한 빙산이 눈에 들어왔다. "(빙하가) 에메랄드처럼 푸른빛이 돌았다"고 주니어스에게 나중에 말했다. "비스킷을 던지면 빙하에 떨어질 수 있을 만큼 지척에 있었습니다." 빙하는 배의 굴뚝 높이만 했다. "우리가 탄 배가 빙하와 충돌했다면, 아무도 브리태닉호의 소식을 알 수 없었을 겁니다." 배는 야간 항해를 중단했다. 해상에서 하룻밤을 났다. 다음날 승객들은 60여 미터까지 접근한 더 큰 빙하를 목격할 수 있었다. 빙하의 높이는 짙은 안개 때문에 알아볼 수 없었다.

모건이 뉴욕 집에 도착한 직후인 6월에 패니는 아이들을 데리고 임신한 여동생 매리를 보기 위해 뉴포트로 갔다. 매리는 알프레드 펠(Alfred Pell)과 결혼해 일가를 이루고 있었다. 모건의 크래그스톤과 그의 장인의 스토니허스트 사이에 있는 땅을 보유하고 있었다. 매리 가족은 그 땅을 펠우드(Pellwood)로 불렀다. 모건은 주중에 크래그스톤으로 갔다. 아내에게 "문을 열었을 때 외로움이 밀려 왔고 적막감이 세상을 덮고 있는 듯했다"고 편지로 하소연했다.

그러나 모건과 패니는 만난 지 얼마 되지 않아 심하게 다투었다. 아마도 아이의 유산 문제인 듯했다. 모건은 먼저 자신이 "좀 부드럽지 않았다"고 사과한다. "당신을 나무랄 생각이 전혀 없었고, 나는 단지 내가 품고 있는 의문을 풀고 싶었다오. 나중에 생각해보니, 왜 그런 일이 발생했는지 내가 이해했어야 옳았습니다." 이어 "당신이 뉴포트에서 아주 즐거운 시간을 갖기를 바란다"며 "쾌활하고 기분 좋게 돌아와 시련과 아픔이 있는 집 분위기를 바꾸어주길 원한다"고 말했다. 하지만 그해 가을 패니의 개인 회계장부에는 아편과 몰핀을 사들인 기록이 남아 있었다.

⚜

J. P. 모건의 비즈니스는 연간 순이익으로 50만 달러를 벌어들였다. 그는 투자은행 드렉셀·모건의 지분 45퍼센트를 보유했다. 그는 1880년 80만 달러를 배당금으로 받았다. 1990년대 화폐가치로 환산하면, 1,200만 달러에 달하는 금액이다. 1879년 그의 지분 가치는 67만 2,000달러였다. 1881년 94만 8,000달러, 1882년 73만 9,000달러를 받았다. 이 밖에도 그는 이사를 맡고 있는 기업과 개인 투자에서 별도의 소득을 얻었다.

모건은 40번가 이스트 6번지의 집을 10년 동안 임대해 살고 있었다. 자신의 집을 가지고 싶었다. 그와 패니는 마침 두 사람 모두 갖고 싶어 하는 집을 발견했다. 매디슨과 3번 애비뉴 사이와 34번가와 40번가 사이에 자리 잡고 있던 머레이 힐(Murray Hill)에서 살고 싶어 했다. 큼직한 다갈색 돌로 지어진 집들과 벽돌로 지어진 마차 보관소, 조용하면서도 나무가 줄지어 서 있는 거리로 유명한 곳이었다.

이웃 사람들은 외부에 알려진 것 이상으로 우아한 사람들이었다. 스터지스 가문과 오스번 가문 사람들은 36번가 남쪽에 있는 파크 애비뉴의 표석을 마주보며 있는 집으로 1871년 이사했다. 그 집은 건축 디자이너 리처드 모리스 헌트가 그들만을 위해 설계한 주택이었다. 벽돌식 집 두 채가 함께 붙어 있는 구조였다. 짐 굿윈 부부도 여름날 대부분을 하트포드에서 지내기는 하지만, 34번가 웨스트 45번지의 집에 살고 있었다. 퍼스트 내셔널 은행의 조지 베이커는 38번가에서 가까운 곳에 맨션 주택을 짓는 중이었다.

래니어 가족은 37번가 웨스트 45번지에, 이글스턴스 가족은 35번가 이스트 8번지에, 로리스 K. 제섭은 매디슨 197번지에, 프랭크 페이슨은 36번가 웨스트 45번지에 각각 자리 잡고 있었다. 이들과 모건의 관계를 감안할 때 사람들이 모건 힐이라고 부를 만한 곳이다.

모건이 처음으로 뉴욕에 발을 내딛은 1857년 매디슨 36번가에 살고 있던 아이작 뉴턴 펠프스(Issac Newton Phelps) 부부와 알고 지내고 있었다. 1880년 모건 부부가 펠프스 부부의 맨션을 사들이기로 결정한 이유였다. 그의 아버지인 앤슨 그린(Anson Greene) 펠프스(1781~1853)는 철과 구리 교역을 전문적으로 했던 상인이었다. 1832년에 사위인 윌리엄 얼 다지(William Earl Dodge)와 제임스 B. 스트로크(James B. Stroke)와 함께 회사 펠프스·다지를 설립했다.

앤슨 그린은 1852년 가족들과 살기 위해 그 맨션을 짓기 시작했다. 불행히도 공사가 마무리되기 전에 숨을 거두었다. 맨션은 36번가와 47번가 사이에 있는 블록의 동쪽 면을 다 차지할 정도로 큰 저택이었고 이탈리아산 대리석으로 지어졌다. 당대 최고급 주택이었다. 가장 북쪽에 있는 맨션 229호는 가문의 소유였고, 중간에 있는 225호는 사위인 다지 가족의 것이었다. 219호가 바로

모건이 사들일 아이작 뉴턴의 맨션이었다. 이곳 가족들은 나무로 가득한 뒤뜰에 있는 마구간을 함께 썼다.

모건은 아버지 주니어스에게 전보를 띄워 집 사는 일을 허락해달라고 했다. 맨션의 대지는 329평이 넘었다. 당시 시세는 22만 5,000달러 수준이었다. 모건은 아버지에게 띄운 전보에서 "가격이 좀 높지만, 우리가 생각하기에 여건은 어떤 곳보다 좋습니다. 아버지 의견을 전보로 알려주십시오"라고 말했다. 주니어스는 부정적인 의견을 전보로 알렸다. J. P. 모건은 "아버지께서 현명한 판단이라고 말씀하지 않으면, 저는 그 맨션을 사지 않겠습니다"라고 답장했다. 그러면서도 매입 협상은 계속 진행했다. 두 달 뒤 모건은 런던을 방문하는 김에 아버지의 '완전한 동의'를 받아냈다. 이어 그는 아내 패니가 유산에서 회복된 시점에 런던에서 루이자에게 편지를 쓴다. "36번가와 매디슨 애비뉴가 만나는 곳에 있는 북동쪽 맨션을 매입하겠다고 펠프스 씨에게 타전했음을 엄마에게 말해주렴. 그 집을 사면 네 개와 고양이에게도 방을 줄 수 있고, 자연사 박물관의 남은 자료를 넣어둘 방도 생긴단다."

아버지 주니어스는 실제로 값이 너무 높다고 지적했다. 하지만 모건은 아버지가 "집이 만족스러운 상태이기를 바라고 있고, 그렇지 않다면 '완전히 허물고 새로 지어도 된다'고 말씀하셨다오"라고 아내에게 편지를 썼다. 모건은 내심 "좀 더 세련된 집"을 원했을 수 있다. 하지만 두 사람이 함께 만족할 만한 집이 머레이 힐에는 없었다.

결국 그는 집을 허물고 새로 짓기보다는 리모델링하기로 결정했다. 스트로크와 다지 부부가 그 블록의 기존 모습을 유지하고 싶어 했기 때문이다. 모건은 현관을 교체하는 선에서 만족했다. 집의 바닥을 비롯해 벽돌로 지어진 마차 보관소는 원래 모습대로 남겨주었다. 하지만 2년 안에 그는 맨션의 내부를 전체적으로 리모델링하게 된다. 이번에도 허터 형제가 골격 공사와 인테리어를 맡아 했다. 크리스티안 허터는 파리에서 디자인을 전공한 뒤 허터 브라더스를 경영하고 있었다. 그는 이미 도금시대 최고의 인테리어 디자이너였다. 패니가 커튼 등 몇 가지 아이디어를 냈다. 하지만 모건이 전체적인 레이아웃과 가구 선정·배치, 실내 디자인 등을 자기 스타일대로 강행했다. 리모델링이 진행된 2년 동안 빈번하게 공사를 중단하고 자문을 구한 뒤 다시 재개하곤 했다.

투자은행 드렉셀·모건 파트너들은 정부의 채권 인수를 마친 이후 철도에 관심과 시간을 집중했다. 긴 불황의 여파가 가셨다. 철도 건설이 다시 활기를 띄었다. 1880년대에만 7만 5,000마일이 부설되었다. 이전 어느 나라에서보다 더 많은 투자가 이뤄진 셈이다. 실제로 1870년 미국 철도에는 25억 달러가 투입되었다. 1890년에는 100억 달러가 집중됐다. 철도의 자본조달에 참여할 수 있는 역량과 전문성을 갖춘 금융회사는 당시 미국에서 서너 개에 불과했다. 이들을 굳이 나눈다면 두 그룹이었다. 첫째는 드렉셀·모건, 윈슬로·래니어, 키더·피바디 같은 양키 하우스였다. 둘째는 쿤·롭(Kun, Loeb), J. & W. 셀리그먼 같은 독일 출신 유태인 하우스였다.

철도 건설 부문에서 금융인들의 구실은 모건의 할아버지 조셉처럼 작은 사무실을 유지하면서 소규모로 예금을 받고 대출해주던 이전 은행가들보다 훨씬 컸다. 1880년 카네기 스틸과 스탠더드 오일 같은 거대한 개인 소유 기업들은 재투자에 필요한 돈을 충분히 벌어들이기 때문에 금융회사에 의존할 필요가 없었다. 반면, 철도회사는 끊임없이 예금을 유치해 자금을 지원해줄 수 있는 은행가들이 필요했다. 카네기 스틸과 스탠더드 오일은 당시 비공개·비상장 회사였다. 반면 철도회사들은 불특정 다수를 상대로 주식과 채권을 발행해 자본을 조달한 공개·상장 기업이었다. 철도 주식과 채권의 보유자들은 사실상 경영과는 거리가 멀었다. 경영자들을 효과적으로 통제할 길도 없었다.

은행가들은 바로 이런 틈을 활용해 영향력을 행사하기 시작했다. "당신의 철도는 우리 회사의 고객들의 것이오!"라고 한 모건의 말이 이를 웅변해준다. 모건 하우스는 수십억 달러를 미국에 투자한 해외 투자자들의 요구에 부응할 수 있는 역량을 가진 금융회사였다. 클라이언트의 이익을 제대로 대변하기 위해 매의 눈으로 자금 사용자인 경영자들의 행태를 감시했다.

실제 모건 하우스 사람들은 고객들을 보호하기 위해 모든 것을 다했다. 철도회사 경영진에게 금융 자문을 해주었을 뿐만 아니라 파산한 노선에 구제금융을 제공하면서 기존 경영진을 해고하고 새 경영진을 영입했다. 게다가 새로운 이사진을 구성하기도 했다. 적대적 인수합병 시도를 물리치기도 했다. 동일 구간에 중복 노선이 부설되는 것을 막았다. '공멸로 이어질' 지나친 경쟁을 억제한 것이다.

철도회사가 시장의 신뢰를 받는 금융인을 재무 이사 등으로 영입하면, 이후 꾸준하게 자금을 조달할 수 있었다. 폭발적으로 경제가 성장하고 위험성이 유달리 높은 기간에 은행가의 이익과 영향력은 금융과 경영의 전문적 지식과 실용적인 목적 때문에 더욱 커졌다. 모건 같은 금융인들이 개인의 이익을 위해 영향력을 남용하면 전문화한 시장에서 살아남기 힘들었다. 윤리와 도덕성이야말로 주니어스가 아들에게 늘 강조했던 것이었다. 모건이 말년에 의회 청문회에서 말한 '캐릭터'였다. 대표적인 예가 모건 하우스가 벌인 일리노이 주 카이로-빈센느(Cairo & Vincennes) 철도의 자금조달이다. 런던 투자은행 J. S. 모건은 1872년 카이로-빈센느 철도가 발행한 1차 담보채권을 인수·유통시켰다. 하지만 1년 뒤 회사는 디폴트를 선언했다. 결국 주니어스가 나서서 구제금융을 제공해야 했다. 디폴트 순간 경영 책임자는 남북전쟁에 참전한 장군인 앰브로스 번사이드(Ambrose Burnside)였다. 그는 시간만 나면 머리와 수염을 다듬어 '사이드번스(Sideburns: 구레나룻)'라는 별명을 얻었다. 모건 하우스 등은 고객과 채권 보유자들의 이익을 보호하기 위해 카이로-빈센느 철도를 장악하고 구조조정에 들어갔다. 금융가들이 회사의 이사회를 새로 구성할 때 주니어스는 "우리가 보낸 친구들의 절대적인 지배권은 흔들리지 않아야 한다"고 못 박았다.

새로 구성된 이사회의 의장은 아들 J. P. 모건이었고, 토니 드렉셀, J. 노리스 로빈슨, 짐 굿윈, 철도전문 은행가 모리스 K. 제섭, E. D. 모건 소속의 솔론 험프리스(Solon Humphreys), 일리노이 출신 3명 등이 이사들이었다. 며느리인 패니의 아버지가 철도의 뉴욕 변호사로 선임되었다. "번사이드는 우리의 친구들의 통제를 받아 움직이는 명목상 회사 대표"로 남아 있었다. 주니어스가 지명한 이사들은 이후 8년 동안 회사를 상대로 제기된 소송을 마무리했다. 채권을 회수하기도 했다. 또 'J. S. 모건'이라고 불린 기관차를 비롯해 철로 연결 장비 등을 매입했다.

그런데 윤리적인 문제가 1875년 불거졌다. 유럽 쪽 이사들이 카이로-빈센느 주식과 채권이 유통되는 시장을 통제하기 위해 사내에 펀드를 조성하고 싶어 했다. J. P. 모건은 즉각 반발하며 분노를 표시했다. 유럽 쪽 이사들이 펀드 조성을 주장하면, 미국 쪽 이사들은 사임하겠다고 모건은 선언했다. 이어 그는 "이사들이 회사의 주식과 채권 시세를 조정하기 위해 펀드를 사내에 설정했다는 게 알려지면, 회사의 신뢰도는 철저하게 무너진다"고 강조했다.

카이로-빈센느 철도는 모건 하우스에 애물단지였다. 결국 모건가 사람들은 1881년 회사의 철로를 제이 굴드가 운영하는 워버시-세인트루이스-퍼시픽 철도에 장기 임대하기로 결정한다. 모건 하우스는 고객과 채권 투자자의 이익을 보호하기 위해 오랜 기간 회사를 붙잡고 씨름했다. 그 바람에 47만 2,500파운드(200여만 달러)를 손해봐야 했다.

J. P. 모건은 카이로-빈센느 철도의 이사회 의장으로 오랜 기간 일한 덕분에 파산과 경영의 실패, 철도회사를 운영하는 방법 등 알고 싶은 것보다 더 많이 배웠다. 또한 카이로-빈센느 경영은 모건 하우스가 '신의와 성실을 위해, 그리고 고객과 채권 보유자의 이익을 위해 최선을 다한다는 이미지를 시장에 강하게 심어주었다.

모건은 경쟁을 격화시키는 불필요한 철도 건설을 막기 위해 어디든지 달려갔다. 1870년대 그의 회사는 시카고-앨턴(Chicago & Alton) 철도가 발행한 수십만 달러어치의 채권을 인수·유통했다. 회사의 이사진은 일리노이와 미주리 주를 관통해 캔자스 시까지 철로를 연결하는 데 드는 비용을 조달하기 위해 주식 300만 달러어치를 발행하고 싶어 했다. 모건이 반대하고 나섰다. 이사진이 말한 루트에는 이미 노선 3개가 부설되어 있었다.

모건은 시카고-앨턴 경영진에게 기존 철도회사들이 배당금을 한 푼도 지급하지 못하고 있음을 알려주었다. 이어 "우리는 지난 수년 동안 철로의 건설과 확장에 열을 올린 바람에 거의 모든 철도회사들이 심각한 경영난에 시달리고 있다. 최근 몇 년 동안의 교훈을 무시할 예정이라면, 그리고 시카고-앨턴 주주들이 애물단지 주식 300만 달러어치를 껴안을 마음이 있다면, 주식을 발행해 철로를 연장하라고 말하고 싶다. 그러면 심각한 주가 하락을 겪게 될 것이다"고 말했다. 결국 시카고-앨턴은 계획을 접는다. 모건 부자는 철도회사 경영진에 대한 철저한 감시·감독 덕분에 유럽 자본시장에 접근할 수 있었다. 1879년 말에는 새로운 고객을 많이 확보할 수 있었다.

모건의 이웃인 윌리엄 헨리 반더빌트(William Henry Vanderbilt)는 아버지 코닐리어스 반더빌트가 1877년 숨을 거두자 뉴욕 센트럴 철도의 지분 70퍼센트를 물려받았다. 반더빌트 패밀리는 미국 경제사에서 거대 철도망을 소유한 마지막 가문이다. 코닐리어스는 거들먹거리기 좋아했다. 그는 살아 있을 때 무려 4,500마일에 달하는 거대한 철도망을 구축해 소유했다. 뉴욕과 시카고 사이에 부설된 철로 가운데 메이저 노선이 반더빌트 가문의 소유였다. 코닐리어스 철도 네트워크는 평생 숙적인 제이 굴드의 공격에 대응하는 과정에서 형성되었다. 굴드는 숨을 거둔 순간까지 서부 지역에서는 유니언 퍼시픽을, 중서부에서는 워버시 철도를, 동부 지역에서는 군소 노선을 지배했다. 두 사람의 사활을 건 대결은 코닐리어스가 숨을 거두면서 자연스럽게 끝났다.

아들 윌리엄 반더빌트는 아버지와는 달랐다. 1879년 쉰여덟인 그는 뉴욕 센트럴의 지분을 처분하기로 결정한다. 두 가지 요인 때문이었다. 첫째 그는 현금을 더 선호했다. 둘째 뉴욕 주의회에 제출된 법안 때문이었다. 법안이 통과되면, 간선 철도를 한 가문이 보유하는 것은 불법이 된다. 반더빌트 가문 변호사인 천시 드퓨(Chauncey Depew)가 주식처분을 주문했다. 윌리엄은 주가 하락을 유발하지 않기 위해 자신의 지분 매각을 비밀리에 진행하고 싶어 했다. 그는 J. P. 모건을 찾아가 뉴욕 센트럴 철도의 기업 공개를 의뢰했다.

모건은 신속하면서도 비밀리에 국제적인 신디케이트를 구성했다. 신디케이트는 주당 120달러에 윌리엄의 보유 주식 15만 주를 인수했다. 두 달 안에 10만 주를 추가할 수 있는 옵션까지 보유했다. 신디케이트는 1880년 1월 뉴욕과 런던에서 주식 공모에 들어갔다. 공모가는 인수 가격보다 주당 11달러가 높은 131달러로 결정되었다. 공모 사실이 발표되자 주가는 즉각 하락하기 시작했다.

J. P. 모건은 공매도 세력을 강력히 비판했다. 그는 "우리는 주식 공모 때 일반적으로 사용되는 청약가격을 상향 조작해 투자자들에게 높은 가격에 주식을 팔고 있지 않다"며 주가 하락을 넘겨짚고 보유하고 있지도 않은 주식을 팔아 치우는 세력들을 질타했다. 그는 주가의 흐름을 유지하기 위해 노력했지만

실패했다. 신디케이트는 그해 3월 반더빌트의 남은 지분을 인수해 25만 주를 서서히 풀어놓기 시작했다.

모건은 시장의 변덕을 무시하면서 견디어냈다. 1880년 3월 아버지 주니어스에게 "우리는 주가가 하락세로 반전하리라 예상하지 못했지만, 현재까지 결과를 볼 때 실망할 필요는 없습니다"라고 말했다. 한 달 뒤인 1880년 4월, 모건은 주가가 오를 가능성이 있기 때문에 주식을 팔지 말라고 조지 블리스에게 지시했다. 그해 6월, 뉴욕 투자은행 드렉셀·모건은 주당 12달러씩 이익을 본 것으로 나타났다. 런던 투자은행 J. S. 모건은 41만 3,000주를 인수해 순이익 51만 4,000달러를 벌어들였다.

1884년 S. 엔디코트 피바디가 경제 공황 와중에 뉴욕 센트럴 철도를 매입하는 게 어떤지 모건에 자문했다. 그는 "주식을 사라고 아무에게도 권하지 않았지만, 나는 팔기보다는 더 많이 사들였다"고 말했다. 간접적인 매수추천인 셈이다. 하지만 펜실베이니아 철도와 치열한 경쟁을 벌인 1885년 말 뉴욕 센트럴 주가는 주당 90달러까지 하락했다. J. S. 모건은 1,100만 달러에 이르는 평가손실을 기록했다. 이때 모건이 다시 뛰어든다(13장 참조).

뉴욕 센트럴 철도의 경영권은 기업 공개 이후 반더빌트 가문에서 회사 이사회로 넘어갔다. 주식 인수·공모 계약에 따라 모건은 주간 금융회사의 대표로 이사회 멤버가 되었다. 게다가 그는 굴드의 사람인 사이러스 필드와 솔론 험프리스를 이사회에 진입시켰다. 월스트리트는 당시 미국 양대 철도회사 사이에 화해와 평화가 깃들기 시작한 것으로 받아들였다. 윌리엄은 "서부를 연결하는 양대 철도가 치열하게 계속 싸울 것인지, 아니면 굴드의 멤버를 내 친구로 만들 것인지를 선택해야 했다. 나는 후자가 더 낫다고 생각했다"고 말했다. 〈뉴욕 트리뷴〉은 "전례를 찾아보기 힘든 가장 강력한 철도 동맹"이라고 평가했다.

이 '가장 강력한 철도 동맹'으로도 뉴욕 센트럴 철도의 주가를 통제할 수 없었다. 하지만 모건은 자살행위나 다름없는 경쟁이 억제되기를 희망했다. 주식 공모가 시작된 지 한 달 뒤인 1880년 2월 뉴욕 센트럴과 워버시, 이리 철도의 수뇌들이 뉴욕에서 회동했다. 모건은 회동 내용을 자세히 주니어스에게 보고한다. "그들이 영원히 철도가 운영될 수 있는 합의", 즉 수송 요금 전쟁을 벌이는 대신 서로 시장을 나눠 갖는 데 합의했다고 전했다.

모건은 자신이 중재한 평화회담에서 굴드의 워버시 철도와 뉴욕 센트럴 철도 사이에 중서부 버팔로 지역의 철도 수송에 관하여 배타적인 계약이 체결되기를 바랐다. 이때 모건이 남긴 기록에는 뉴욕 센트럴 철도가 '우리'라고 표시되어 있다. 주식 인수·공모를 주도한 은행가이고, 회사의 이사회 멤버였기 때문이다.

그런데 그해 여름 굴드는 뉴욕 센트럴 철도의 라이벌과 함께 뉴욕 주 북쪽에 뉴욕 센트럴과 경쟁할 수밖에 없는 철로를 깔기로 계약했다. 모건은 실망했지만, 그리 놀라지는 않았다. 그는 주니어스에게 "다른 회사로 넘어갈 물동량을 뉴욕 센트럴이 확보할 수 있도록 하기 위해 그런 양해안을 생각하고 있었습니다"라고 말했다. 그는 굴드만을 비난하지 않았다. 반더빌트는 짜증내며 그가 합의해야 할 상대방을 괴롭혔다. 그리고 "맨해튼 남부지역인 바워리(Bowery) 변호사들마저도 불명예로 생각할 법정 다툼"에 뛰어들었다.

1881년 초 시장에 달갑지 않은 손님이 찾아왔다. 위기의 암운과 폭풍우가 수평선 너머에서 서서히 다가오고 있었다. 아물어가던 1873년 공황의 상흔을 다시 자극했다. J. P. 모건은 "거친 풍랑을 헤치고 항해하려고" 한다고 아버지에게 말했다. 그는 아버지가 즐겨 쓰는 비유법을 빌어 "저는 여기서 여러 차례 위기를 헤치고 나왔지만 이번만큼 앞이 캄캄한 경우는 없었습니다. 드렉셀 씨에게 보낸 편지에서 말했듯이 저는 단지 한 가지만을 해야 한다고 여기고 있습니다. 폭풍우를 정면 돌파하면서 사태변화를 기다려야 합니다"고 말했다.

모건의 친구 조지 베이커는 정신을 잃고 우왕좌왕하는 일만큼 나쁜 것은 없다고 말한다. "머리를 곧추세우고 정면 돌파하면 많은 돈을 벌 수 있다." 하지만 모건은 1881년 위기의 상황을 당분간 이용하지 않기로 했다. 그는 주니어스에게 "주식을 매입하고 거래하면 상당한 수익을 올릴 수 있었겠지만, 위기의 상황에서 주식 거래가 낳은 불안과 위기로 얻을 이익은 거의 없습니다"라고 강조했다. 이는 모건의 놀라운 변화를 보여주는 대목이다. 그가 남북전쟁 시기 에드워드 케첨과 금 매집을 벌였던 투기꾼에서 시장 전반을 고민하는 건전한 플레이어로 변신했다는 의미이다.

1881년 패닉은 단기 폭풍으로 끝났다. 하지만 불안과 불확실성, 지독한 두통 등으로 모건은 다시 월스트리트를 떠나고 싶어 했다. 그는 "최악의 우울증을 앓고 있고 탈진 상태입니다"라고 아버지에게 호소했다. 월스트리트를 떠나고 싶다고도 말했다. 하지만 그는 아버지의 반대 때문이 아니라 의무감 때문에 끝내 자리를 지키게 된다. 이전엔 그는 자신의 건강을 챙겨야 하고 가족을 배려해야 했다는 명분을 들어 회사를 떠나는 것을 정당화했다. 하지만 이번에는 아버지 주니어스가 늘 강조했던 대로 책임이라는 개념을 자신의 건강과 가족에 국한하지 않고 더 넓게 해석했다. 그는 어릴 적부터 속내를 털어놓은 짐 굿윈에게 그순간 중압감을 고백한다. "지금 걸려 있는 일이 내 개인적인 문제라면 당장 모든 사안을 정리하고 떠날 수 있겠지만, 내 어깨에는 무수한 사람들의 이해관계가 있기 때문에 그러지 못하고 있다… 내가 더 많은 시간을 '외부 일'에 쓸 수 있다면 바람직하다고 종종 생각한다."

아버지 주니어스가 말한 대로 의무라는 개념이 사람들이 하길 원하는 모든 것과 관련되어 있다면, 이제부터 모건의 문제는 '외부 일'과 직업에 따르는 더 큰 책임 사이에 '어떻게 시간을 배분해 쓸 것인가'이다.

———※———

모건은 1881년 말 일과 가정이라는 멍에를 당분간 벗기로 마음먹었다. 훌쩍 6 개월 동안 해외여행을 떠났다. 그는 뉴욕항에서 쿤나더(Cunarder)의 세르비아 (Servia)호에 몸을 실었다. 그는 본래 화이트 스타 소속 배들을 좋아했다. 가능하면 화이트 스타 증기 여객선을 애용했다. 그는 런던에서 부모들과 크리스마스를 보냈다. 어머니 줄리엣은 가장 비참한 상태였다. 1882년 1월에는 주니어스와 함께 브리티시 로열 스쿼드론(The British Royal Squadron) 소속의 증기 요트 판도라(Pandora)호를 타고 지중해 항해를 시작했다. 그들의 일행은 커널(Colonel)과 스탠리 클라크(Stanley Clarke) 부인, 밸포어(Balfour)라는 이름을 가진 스코틀랜드 출신 부부, 모건이 좋아한 여동생, 남편과 사별한 미모의 미국 여성인 앨리스 메이슨(Alice Mason) 등이었다. 스탠리 부인은 루이스 머튼의 런던 파트너 존 로우즈 경의 딸이다.

메이슨은 보스턴 비컨 힐(Beacon Hill) 출신 여성이었고, 남편 윌리엄 스터지스 후퍼(William Sturgis Hooper)를 남북전쟁에서 잃었다. 당시 그녀는 스물다섯 살이었다. 어린 딸을 데리고 있었다. 그녀는 2년 동안 보스턴에 머무른 뒤 시아버지인 매사추세츠 출신 의원인 새뮤얼 후퍼와 함께 살기 위해 워싱턴으로 이사했다.

메이슨은 파란 눈과 티 하나 없는 하얀 피부, 비단결 같은 머리카락, 가녀린 몸매 등을 가졌다. 부자 남편 가문과 자신의 재산 덕분에 화려하지는 않지만 적절한 재산으로 유복하게 생활하고 있었다. 그녀가 워싱턴에 발을 내딛자마자 숭배자들이 몰려들었다. 하원 의장인 쉴러 코팩스(Schuyler Cofax)와 매사추세츠 상원의원이고 외교위원회 위원장인 찰스 섬너(Charles Sumner) 등이었다.

섬너 상원의 외무위원장은 반노예제 투쟁의 선봉에 섰던 인물이었다. 링컨 대통령의 보좌관으로 활동하기도 했다. 남북전쟁 이후에는 공화당 급진 개혁파 가운데 한 명이었다. 그는 앨리스보다 서른 살이 많은 쉰다섯 살의 비만한 미혼남이었다. 두 사람은 1866년 여름 약혼을 발표해 워싱턴 사교계를 뒤집어 놓았다. 이들은 그해 가을 보스턴에서 조촐하고 조용하게 결혼식을 올렸다. 그들은 정치인들과 외교 사절, 지식인들을 즐겁게 대접할 줄 아는 부부였다. 보스턴 매체인 〈트랜스크립트Transcript〉가 "섬너 여사는 명망가들의 사교 모임에서 천부적인 재능을 가진 여성"이라고 평할 정도였다. 그들이 외출하면 사람들이 이목을 집중했다. 그들에게 반한 한 목격자는 "섬너와 그의 아름다운 아내는 그들 자체로 역사였고 로맨스였다. 그들은 멋지게 한 시대를 열고 마감했다"고 말했다. 이런 동화 같은 그들의 결혼 생활은 순식간에 끝난다.

섬너는 결혼한 그해 초겨울 의사당에서 거의 살다시피 했다. 존슨 대통령을 몰아내고 개혁과 재건을 지속하기 위해 온 힘을 기울였다. 앨리스는 남편이 단조로운 사람임을 알게 되었다. 그녀는 "그는 늘 뭔가를 읽고 쓰거나 코를 골면서 잠자기만 했다"고 불평했다. 섬너는 실제로 엄격하고 자기 생각이 옳다고 확신하는 사람이었다. 젊은 아내와 아이들과 함께 할 줄 몰랐다. 유머 감각도 없는 인물이었다. 실제 헨리 애덤스에 따르면 "섬너는 병적으로 학습에 집착한 인물이었다… 공부 자체가 목적이었다." 다른 사람들은 "섬너가 앨리스를 남자답지 않게 대했다. 그는 자연스런 감정이나 연민이 없는 사람"이라고 평했다. 반면 섬너 편에 있는 사람들은 앨리스가 아주 제멋대로 행동했고 입이 거친 여자라고 말했다.

섬너 부인이 1867년 2월 프러시아 출신 외교관이고 멋진 남성인 프리드리히 폰 홀슈타인(Friedrich von Holstein)과 시내에서 어울리는 게 주변 사람들에게 목격되었다. 남편 섬너에게 모욕감을 주는 스캔들이었다. 그해 4월 홀슈타인은 베를린으로 소환되었다. 앨리스는 외교 위원장인 남편이 영향력을 행사해 그를 추방했다고 비난했다. 그는 이를 완강히 부인했다. 그녀는 그해 6월 여름을 나기 위해 딸을 데리고 매사추세츠 레녹스(Lenox)로 가버렸다. 이후 섬녀와 앨리스는 한 마디도 하지 않았다.

영국 빅토리아 여왕이 제위한 시기인 1835~1901년 미국 사람들은 결혼한 상태에서 외도하는 것 자체는 그다지 문제 삼지 않았다. 하지만 다른 사람들이 높이 평가하는 남편을 버리고 떠난 여성에 대해서는 가혹했다. 보스턴 사회는 그녀를 외톨이로 만들었다. 새뮤얼 그리들리 하우(Samuel Gridley Howe)는 "명성 있는 집안 여성들은 그녀를 만나지 않는다"고 섬녀에게 전했다. 옛 시아버지인 후퍼도 그녀에게 아무런 재산도 남겨주지 않기로 했다.

메이슨 후퍼 섬녀는 결국 이혼하고 옛날 이름인 앨리스 메이슨으로 되돌아갔다. 그녀는 스스로 '미시즈 메이슨'이라고 불렀다. 그녀는 이디스 워튼이 상류사회 위선을 그린 《순수의 시대The Age of Innocence》의 올렌스카(Olenska) 백작부인처럼 유럽으로 본거지를 옮겼다. 에머슨은 유럽에 머물고 있는 그녀를 방문했다. 존 싱어 사전트는 그녀의 초상화를 그렸다. 헨리 애덤스는 나중에 그에 대해 호감을 갖고 말한다. "활짝 핀 젊은 여성이었다. 그녀는 환상적인 미모를 가졌다. 특히 말을 탄 그녀의 모습은 말로 형언할 수 없을 정도였고, 정직하고 솔직했으며, 꾸밈없는 여성이었다." 숭배하는 감정을 감추지 못한 표현이다.

앨리스는 1885년 초 파리에서 사전트를 위해 포즈를 취했다. 그녀의 초상화는 그해 여름 런던의 그로브너

앨리스 메이슨과 줄리엣 P. 모건
(출처: 앨리스-하버드대학 휴턴(Houghton)
도서관(bMS Am 1441{63}), 줄리엣-뉴욕 피어폰트
모건 도서관)

갤러리에 전시되었다. 사전트의 친구이고 버논 리(Vernon Lee)라는 필명으로 소설과 에세이를 발표했던 바이올렛 파젯(Violet Paget)은 그해 7월 그녀의 어머니에게 쓴 편지에서 사전트가 그린 버지니 고우트로우(Virginie Gautreau) 부인 초상화를 담담하게 묘사했다. 그리고 "여성들은 자신들을 모습을 기묘하게 그려놓지나 않을까 사전트를 두려워한다"며 "그런데 뛰어난 미모인 메이슨 부인은 그의 내부에 소용돌이를 일으켰다"고 말했다. 정작 앨리스는 자신의 모습이 "여성 살인범"으로 나왔다고 평했다. 초상화가 남들의 눈에 띄지 않게 다락방에 처박아 두었다.

앨리스의 딸인 이사벨라(Isabella) 후퍼는 1879년 영국 리버풀에서 해외 무역업을 하고 있는 젊은이인 에드워드 밸포어와 결혼했다. 밸포어 가문은 스코틀랜드 밸버니(Balbirnie) 출신이었다. 그는 1940년대 이스라엘 독립을 인정한 밸포어 경과는 아무런 관련은 없다. 헨리 제임스의 눈에 비친 유부녀 이사벨라는 "기본적으로 아주 매력적인 여성"이었다. 하지만 "이사벨라가 스코틀랜드 시골 지주 집안의 장식품이 되어버려 매력을 잃었다. 그녀는 밸포어 가문의 젊은이를 진정으로 좋아하는 눈치였다. 하지만 그는 지극히 평범한 친구였다. 그녀는 상냥하고 잘 교육받은 숙녀였으며 이기적이지 않고 때묻지 않았지만 사람을 끄는 매력은 가지지 않았다. 이런 측면에서 그녀는 미국 문화를 몸과 행동으로 보여주는 어머니를 닮았다. 하지만 다른 나라에서 그런 미모의 여성은 다듬어지지 않은 사람으로 평가받는다"고 평했다.

앨리스는 딸이 결혼한 시기에 유럽 여행을 떠났다. 이때 주니어스 모건을 만났다. 1882년 그녀는 양녀와 함께 주니어스의 지중해 유람에 참여했다. 그해 초 주니어스는 예순여덟이었고, 그녀는 J. P. 모건보다 한 살 아래인 마흔셋이었다. 사회적 관행을 일단 접어둔다면, 주니어스와 앨리스는 훌륭한 조합이라고 할 수 있다. 그녀는 현실적인 의미에서 예술에 관심이 많았다. 직접 예술 활동을 벌이기도 했다. 딸이 결혼한 이후엔 상당히 외로운 신세였다. 그녀는 엄청난 부가 주는 매력에 흔들렸을 것이다. 주니어스는 여전히 핸섬했다. 보스턴의 보수적인 윤리에 젖어 있지 않았다. 더욱이 그의 결혼 생활은 25년 동안 무너진 상태였다. 그는

매디슨 애비뉴 맨션 219호의 화실, 1882년
(출처: 뉴욕 피어폰트 모건 도서관)

유럽의 귀족들처럼 드러내놓고 아들과 이해할 만한 친구들이 함께 하는 여행에 '미시즈 메이슨'을 대동했다.

모건 부자의 지중해 크루즈는 1882년 니스에서 시작되었다. J. P. 모건은 어느 날 아침 혼자 마차를 몰아 첫 아내 미미가 묻힌 세인트 조지 빌라로 달려갔다. 그는 첫 아내의 묘소에서 느낀 감정을 패니에게 편지에 적어 보낸다. "20년 전과 마찬가지로 그곳은 조용하고 한적하다오. 내가 평생 지워지지 않은 상흔을 남긴 그 슬픈 날 이후 수많은 날들이, 그것도 행복한 날들이 지났다는 게 믿기지 않습니다." 그는 미미의 묘소에서 팬지꽃을 꺾어 아내에게 보낸 편지에 동봉하면서 "내 사랑과 함께" 매리 스터지스에게 전해달라고 부탁했다.

이틀 뒤 주니어스 일행은 청명한 하늘을 이고 크루즈에 나섰다. 그들은 코르시카 해변을 따라 항해했다. 나폴레옹의 고향인 아작시오(Ajaccio)를 지나쳤다. 보니파시오(Bonifacio) 해협을 지나 이탈리아 시칠리아로 뱃머리를 잡았다. 모건이 여행 도중 쓴 편지는 뉴욕에 도착하지 않았다. 하지만 항해 일지 성격을 가진 그 편지의 발췌본 42페이지를 베껴두었다.

모건은 시칠리아 수도인 팔레르모(Palermo)가 "산들로 둘러싸여 있어 원형 극장"처럼 보인다고 편지에 썼다. 도시의 길은 커다란 돌로 포장되어 있었다. 시칠리아 수도는 그런 자연 조건 덕분에 수세기 동안 침략을 견디어 낼 수 있었

다. 노르만족이 1072년 이후 팔레르모를 아시아와 유럽을 연결하는 무역 중심지로 활용했다. 동서양이 만난 흔적은 건축물에 잘 스며들어 있었다. 시칠리아는 유럽의 고고학 박물관으로도 불렸다. J. P. 모건은 영국인 추기경이 12세기에 옛 성당을 허물고 새로 지은 교회에 관심을 가졌다. 그는 편지에 "성당 외부의 조각과 꽈배기 같은 기둥, 첨탑 등을 몇 시간 동안 둘러보며 감탄을 금할 수 없다"고 적었다. 성당 내부에는 섬세하게 조각된 평평한 돌로 만들어진 중세 왕들의 관을 봤다. 이는 시칠리아와 신성로마제국(1215~1250년)을 지배했던 프레드릭 2세의 관이었다. 관은 아라비아 문양이 새겨진 천으로 덮여 있었다.

모건은 열아홉 살 때 괴팅헨대학을 다니며 "왕실처럼 찬란하고 동방지역처럼 웅장하게" 자신의 방을 치장한 적이 있었다. 시칠리아에서 그의 눈에 들어온 유적과 예술품들은 모두 그런 것들이었다. 그는 다음날 일찍 다시 그 성당으로 가 "실제 진주와 희귀한 색상과 드문 크기의 루비로 수가 새겨진 커다란 장막과 전날 구경하지 못한 조각품"을 보기 위해서 성당으로 다시 갔다.

성당을 나온 모건은 왕궁으로 갔다. 그는 왕궁에서 "아주 희귀하고 오래된 왕실 부속 예배당"을 발견했다. 예배당 안에서 단단한 석재로 만든 기둥과 "베니스의 세인트 마르크스(Marks)에 있는 것들과 비슷한 가장 완벽하면서도 오래된 모자이크가 방패처럼 장식된" 벽, 모자이크 장식이 있는 대리석 관 덮개가 그의 눈에 들어왔다. 그 관 덮개는 비잔틴 중기 유물 가운데 가장 가치가 높았다. 그날 오후 J. P. 모건은 비잔틴 교회를 구경하기 위해 몬레알(Monreale)로 갔다. 그는 비잔틴 교회가 "베니스의 세인트 마르크스를 능가한다고"고 생각했다. 두 시간 동안 모자이크 장식을 살펴보았다. 그곳에서 더 머물고 싶었다. 하지만 지역 "산적들이 해코지 할 수 있다"는 두려움이 들어 서둘러 팔레르모로 발길을 돌렸다. 그는 "산적들이 공격하지 않아 몸값을 한 푼도 낼 필요도 없이 안전하게 돌아왔다"고 아내에게 편지 썼다.

모건은 시칠리아를 둘러보는 동안 무척 행복했다. 미래의 미국 경제를 알리는 이 사도가 비즈니스와 가족에 대한 의무감에서 벗어나면, 가장 하고 싶었던 일은 과거의 문화에 젖어 드는 것이었다. 그는 40여 년 동안 유럽의 예술을 찾아 구경하고 수집한다. 그는 헨리 애덤스나 헨리 제임스처럼 지적인 심미안을 가지고 있지는 않았다. 하지만 모건이 지중해 크루즈 여행을 하는 동안에 쓴 편지는 이전과 달랐다. 그가 남다른 안목으로 예술품을 음미하고 있음을 보여준다. 무엇보다 모건이 열정적으로 탐험하는 사람이었음을 말해준다. 그는 틈을 이용해 매리와 클라크 가문의 사람들과 함께 애트나 산에 오르기도 했다. 메시나(Messina)에서 다른 사람들을 기다리며, 아내 패니에게 "다음 편지는 내가 사랑하는 이집트에서 보내겠다"고 편지를 썼다.

닷새 뒤 주니어스 일행은 이집트 카이로 세퍼드(Shepheard) 호텔에 도착했다. J. P. 모건은 경건한 목소리를 흉내 내며 "여러 가지 요인들이 방해하고 있다"며 자신이 매일 편지 쓰겠다고 약속하고 왜 지키지 못했는지를 아내 패니에 설명한다. 그는 "사람이 '판도라'에서 벗어난 것처럼 여기저기를 돌아다니게 되면 편지를 제대로 쓸 수 없다오"라고 말했다.

판도라호는 어느 날 조용한 오후에 메시나를 떠나 칼라브리와 시칠리아 사이의 뱃길을 따라 항해했다. "애트나 산이 웅장하게 솟아 핑크빛으로 빛나고 있는 모습은 여기서는 어디에서나 볼 수 있다오"라고 아내에게 편지로 말했다. 다시 시작한 첫날 저녁 식사는 오후 6시 30분이었다. 첫 번째 벨이 울리면 요트의 갑판 아래에 있던 사람들은 옷을 챙겨 입었다. 두 번째 벨이 울리기 전 요트는 이탈리아 남쪽 끝을 돌아가고 있었다.

모건은 패니에게 쓴 편지에서 "배가 멋지고 찬란한 경치 속에서 어둠 속으로 빨려 들어가고 있습니다"라고 했다. 그날 저녁 식사에 참석한 사람은 이 편지의 작가와 밸포어 부인뿐이었다. "나머지 사람들은 그날 저녁 내내 보이지 않았다." 모건은 저녁을 마친 이후 열두 시간 동안 "몸이 선실의 벽과 충돌할까 봐 두 팔로 꼭 붙잡고 지내야 했다." 그는 해마다 대서양을 적어도 두 차례씩 횡단했다. 하지만 "판도라처럼 너무 쉽게 물결이 이는 데로 날아다니는 배는 처음 보았다." 그는 판도라의 성능이 특별히 궁금했다. 그는 뉴욕을 떠나기 전 요트 한 척을 구입할 수 있는 자격을 얻었다. 모건은 지중해 크루즈를 하는 동안 "요트가 항해 중에 끊임없이 흔들렸지만 아주 안전하다"는 것을 알게 되었다.

알렉산드리아 항구의 관료들은 세심하게 준비해 주니어스 일행을 맞았다. 그해 겨울 이집트는 정치적 소용돌이에 휘말려 있었다. 이집트 국채 가격은 1860년대와 1870년대에 치솟았다. 서구화를 추진하고 면화와 국제 무역으로 상당한 돈을 벌어들였을 뿐만 아니라 철도와 수에즈 운하를 건설하기 위해 외국 자본을 적극적으로 받아들인 시기였다. 그런데 이집트 정부는 1879년 디폴트를 선언했다. 유럽 채권자들은 근대화를 주도한 지배자인 케디브(Khedive)가 물러나도록 했다. 그의 아들 타피크(Tawfiq)가 이끄는 꼭두각시 정권을 탄생시켰다. 이집트 민족주의자들은 타피크와 유럽인들을 상대로 반란을 자주 일으켰다. 관광객들이 불안한 이집트를 멀리했다. 정치가 안정되었던 1881년 나일강을 운항하는 쿡 증기선은 800명을 실어날랐다. 하지만 한 저널리스트의 전언에 따르면, 1882년에는 외국인 3명이 룩소르에서 배를 빌렸다. 그들은 모두 미국인들이었다. "영국인들은 거의 찾아볼 수 없었다"고 그 저널리스트는 전했다. 그런데 모건이 패니에게 쓴 편지에선 이집트 정치 상황에 대한 언급이 없었다.

모건이 이집트를 떠나고 서너 달 뒤인 1882년 7월 영국 군대가 알렉산드리아와 수에즈에 상륙했다. 민족주의자의 봉기를 진압했을 뿐만 아니라 이집트를 영국의 보호령으로 편입시켰다. 영국은 1922년까지 이집트를 지배한다. 1882~1907년까지 이집트 총독을 지낸 영국인은 에블린 베어링(Evelyn Baring)이었다. 그는 나중에 크로머(Cromer) 경이 된다. 이집트 총독으로 있는 동안 정부의 구석구석에 영국 관료를 배치했다. 경제 구조를 철저하면서도 완벽하게 재편해 이집트 정부가 발행한 채권의 원리금을 정확하게 지급했다.

주니어스 일행은 점심을 먹기 위해 알렉산드리아에 잠시 머문 뒤 카이로의 세퍼드 호텔을 향해 발걸음을 서둘렀다. 세퍼드 호텔은 1840년대 파라오의 영감을 반영해 지은 빅토리아식 궁전 같았다. 그들은 한적한 호텔에 밤 늦게 도착했다. 모건이 일행들에게 성곽과 뾰족탑, 모스크 사원, 바자 등을 설명해주었다. 일행 중 한 사람은 모건을 '이집트 마니아'라고 불렀다.

일행은 어느 날 나폴레옹 3세의 부인인 외제니가 머문 집을 빌리기로 했다. 그리고 기자의 피라미드를 구경 갔다. 몇몇은 점심을 마치고 그리스에는 케오프스(Cheops)로 알려진 고왕조 파라오인 쿠푸(khufu)가 지은 대피라미드 정상까지 등반하기도 했다. 모건이 이끈 등반대는 피라미드 정상에 다다른 뒤 스핑크스와 부근 신전을 구경하기 위해 내려왔다. 모건은 피라미드 정상 정복의 기쁨으로 들떴다. 하지만 "내일 아침 걸으려면 좀 힘이 들 것이다"라고 말했다.

그들은 정치적 소용돌이가 일고 있는 상황에서도 다른 여행객들보다는 용감하게 이집트 탐험을 하고 있다. 하지만 이집트에 대해서는 다른 식민주의자들과 같은 생각을 가졌다. 동양의 관습이나 안락함을 적게 훼손하는 선에서 이집트를 지배해야 한다고 생각했다. 일행은 일요일 아침 이집트에 있는 영국인 교회에 참석했다. 모건은 찬송과 설교가 "두려움을 자아냈다"고 말했다.

모건은 미국 영사와 저녁 파티를 마친 뒤 "아랍식 식사여서 손가락으로 먹어야 하는 상황이 아니라 유럽식 요리와 서빙을 받았고, 나이프와 포크로 식사를 할 수 있어 안도했다"고 속마음을 털어놓았다. 모건 일행은 불라크(Boulaq) 박물관을 방문하기도 했다. 그곳에서 그들은 1850년대 후반 프랑스 사람들이 발굴한 람세스 2세의 미라와 함께 발굴된 부장품을 살펴볼 수 있었다.

부장품은 박물관의 발굴 책임자인 가스통 마스페로(Gaston Maspero)가 그즈음 발굴해낸 것들이다. 고대 이집트 장례에 쓰인 물건들도 함께 발굴되었다.

람세스 대왕은 기원전 1290~1224년에 이집트를 지배했다. 성경의 출애굽기 시대의 왕으로 알려져 있다. 그는 나일강 계곡에서 아주 인상적인 건축물을 짓기도 했다. 아부 심벨(Abu Simbel)에 있는 신전들과 카나크의 그레이트 홀의 석조 기둥, 룩소르에 있는 커다란 안마당, 람세시움, 여왕의 계곡에 있는 아내 네페르타이(Nefertari)를 위한 거대한 무덤 등이 그가 세운 것들이다.

모건은 람세스 2세의 부장품이 "블라크 박물관이 지금까지 소장했던 어떤 유물보다 중요하다"고 단언했다. "나는 람세스의 머리뼈에 손을 대보았다오. 머리카락이 여전히 남아 있습니다"라고 패니에게 썼다.

주니어스 일행은 2월 룩소르와 '왕들의 계곡'에 가기 위해 나일강을 거슬러 곧바로 배를 몰았다. 모건은 보름달이 휘영청 밝은 밤에 친구들에게 '장엄한' 카나크를 보여주었다. 그들은 보름달 아래에서 폐허처럼 보이는 그레이트 홀의 웅장한 돌기둥 사이를 거닐었다. "내가 여기를 처음 와보았더라면 하는 생각이 듭니다." 일행은 다음날 나일강 건너편에 있는 메디네트 하부(Medinet Habu)에 있는 람세스 신전에서 점심을 먹었다. 식사 후 바람이 쓸고 간 절벽에 자리잡은 왕들의 무덤들을 살펴보았다. 그리고 배를 돌려 북상하기 시작했다.

일행은 카이로에 다시 도착했다. 주니어스와 앨리스 메이슨은 여독에 지친 몸을 회복하기 위해 이틀 동안 휴식을 취해야 했다. 하지만 모건은 쉬고 싶지 않았다. 그는 이슬람교도들이 성스럽게 여기며 지키는 라마단 시기에 카이로에 도착했다. 성지 메카를 순례한 사람들이 행렬을 이루며 거리를 가득 메웠다. 어느 날 저녁 모건은 카이로 외곽에서 군중들을 보기 위해 마차를 몰고 갔다. 며칠 뒤에는 성채의 언덕(Citadell Hill) 아래에서 열린 라마단 마지막 행사를 관람하기도 했다. 그는 이집트인 1만 5,000여 명 "눈에 띄는 옷"을 입고 "유명

인사들"과 왕실의 후궁들, 탁발승과 더불어 광장으로 몰려 나와… "소리치고 춤추었으며 '알라! 알라!'를 외쳤다"고 생생하게 현장을 묘사했다. 케디브가 성지 순례객들이 가져온 고급 카펫을 받기 위해 도착했을 때 시내 전역에서는 축포가 터졌다. 모건은 "내 생에서 이렇게 멋지고 장관인 모습은 보지 못했다"고 말했다.

모건은 성지와 유물 때문에 그토록 강렬하게 이집트에 매혹되었다. 동시대 이슬람인들이 보여준 의식과 화려함에서 기독교 일파인 이집트 콥틱 정교회 (Coptic Christianity)의 유적과 구약 성경이 묘사한 경치, 그리고 파라오시대 종교 유물 등이 J. P. 모건의 눈과 마음을 사로잡았다. 주니어스 일행은 2월 중순 판도라호로 돌아와 기독교인들의 성지 순례에 나선다.

이 기독교 순례자들은 1883년 2월 17일 예루살렘으로 향하는 마차에 올랐다. 모건은 시몬(Simon The Tenner)의 집과 다윗이 골리앗과 싸웠던 장소를 가보고 싶었다. 날이 어두워진 뒤에야 주니어스 일행은 성지 예루살렘에 도착했다. "예루살렘 문을 들어서는 순간 내가 느낀 감동을 글로 다 표현하기 힘들어 당신의 상상에 맡겨두겠소. 쉽게 잊히지 않을 것이오"라고 아내 패니에게 편지 썼다.

다음날 아침 일찍 그는 예루살렘의 성묘교회로 발걸음을 재촉했다. 아내 패니에게 이렇게 편지 쓴다. "패니 당신이 성묘교회의 문을 들어서면, 당신 앞에 바위를 덮고 있는 석판을 보게 될 거요. 바위는 우리의 구세주가 십자가형으로 숨을 거둔 뒤 유약을 바르기 위해 모셔진 곳이라오. 당신이 발걸음을 왼쪽으로 돌려 계단을 오르면, 아치형 예배소에 이르게 됩니다. 예배소는 갈보리의 정상으로 알려진 곳에서 자리 잡고 있다오. 죽음 같은 고요가 짓누르고 있고, 오르간 소리만이 들립니다. 지구상에서 가장 성스러운 이곳에서 당신은 외경감과 감동으로 숨을 쉬기조차 힘이 들 겁니다. 내 기분을 글로 옮기기가 힘겨울 정도입니다. 이 순간의 느낌을 표현하기에는 글이 부족합니다. 내 자신에게 할 수 있는 말은 '여기 오게 되어 좋다'는 말뿐입니다."

교회로 내려오면서 모건은 그리스 정교회와 가톨릭, 아르메니안 정교회, 콥트 정교회 등이 건설한 예배소를 거쳤다. 한 중앙에 작은 예배소가 마련된 커다란 돔에 있는 자신을 발견했다. "4피트 높이의 작은 문을 통해 문간방으로 들어서면 당신은 다른 문을 보게 됩니다. 바로 이곳이 우리 구세주의 성스러운 묘소입니다. 숨을 거둔 그의 주검이 놓인 돌판이 있습니다. 당신은 이 신전 앞에서 자신도 모르게 무릎을 꿇고 기도하게 될 겁니다."

———✦✦✦———

모건 부자는 1882년 3월 초 런던으로 돌아왔다. 직후 모건은 뉴욕에 전보를 띄워 요트를 구입하겠다고 알렸다. 요트의 이름은 코르세어(Corsair)였다. 길이는 56미터가 넘었고 검은색이었다. 본래 요트는 쌍둥이였다. 다른 하나는 스트레인저(Stranger)호였다. 두 척은 1880년 당시 미국에서 가장 크고 기술력이 가장 뛰어난 필라델피아의 윌리엄 크램·선스(William Cram & Sons, Co.)에서 건조되었다. 쌍돛을 조종할 수 있는 장치와 스크루 추진장치가 달려 있었다. 실린더 두 개짜리 엔진과 비스듬한 연돌이 장치되어 있고, 배꼬리는 타원형이었다. 그 밖에도 우아한 장비들이 갖춰져 있었다. 코르세어호의 격실 쪽으로는 메인 살롱이 마련되어 있었다. 검은색과 황금색 실크 천으로 장식되어 있었다. 퀼트 장식이 되어 있는 화장실과 쌍둥이 선반, 경사진 난로 등이 완비되어 있었다. 모건은 1882년 3월 코르세어를 완전히 리모델링해 6월에는 사용할 수 있도록 한다는 조건으로 계약을 맺었다. 그는 요트를 운영하기 위해 선장과 승무원까지 채용했다.

래니어와 이글스턴스 사람들은 그해 5월 파리 호텔 브리스톨에서 모건을 만났다. 다섯 사람이 8일 동안 호텔에 머문 비용은 1,900프랑으로 380달러 수준이었다. 여기엔 식사비까지 포함되어 있다. 모건은 그들과 회동한 뒤 영국으로 건너가 리버풀에서 배에 올랐다. 1881년 12월 떠나온 집에 돌아가기 위해서였다. 화이트 스타 소속 브리태닉호의 승선자 명단에는 래니어와 이글스턴스 가문 사람들이 들어 있었다. '미스터 J. 피어폰트 모건과 친구'로 기록돼 있어 궁금증을 자아낸다.

모건은 뉴욕에 도착한 직후 뉴욕 요트 클럽에 가입했다. L형태의 커다란 도크를 자신의 시골집 바로 아래에 있는 허드슨 강에 짓는다. 그는 6월 17일 크래그스톤 방명록에 "증기 요트인 코르세어가 1882년 6월 17일 토요일 오후 2시 30분에 23번가 노스 강을 출발해 강한 썰물을 헤치고 오후 6시에 크래그스톤에 도착했다"고 기록했다. 그는 그해 여름 대부분을 친구들과 어울려 동쪽 해안에서 선상파티를 즐겼다. 패니는 딸들과 함께 유럽으로 갔다.

요트 타기는 1880년대 미국 부유층 사이에서 선풍적인 인기를 끌기 시작했다. 뉴욕 요트클럽 회원 가운데 몇몇은 자가용 요트를 손수 운항하며 즐겼다. 하지만 대부분은 선장을 고용했다. 그들은 유럽의 귀족들 흉내를 내거나 도금시대의 사치 경쟁에서 돋보이기 위해 요트를 즐겼다. 모건이 장만한 코르세어호는 크기 면에서 경쟁자들의 요트를 압도했다. 자산가이면서 〈뉴욕 헤럴드〉의 사주인 제임스 고든 베네트(James Gorden Bennett)가 보유한 '자네트(Jeanette)'는 44.5미터였다. 베네트는 손수 요트를 조종할 줄 알았다.

또한 1871년 요트경기대회에서 성공적으로 아메리칸 컵을 지켜낸 새포(Sappho)호는 윌리엄 프록터 더글러스(William Proctor Douglas)의 소유였는데, 길이는 44.1미터에 지나지 않았다. 모건에게 위세를 눌린 베네트는 1881년 길이 68.8미터짜리 증기 요트인 내모우너(Namouna)를 진수시켰다. 인테리어 장식은 스탠퍼드 화이트(Stanford White)가 맡았다. "모습은 동화 같고, 화려한 장식은 동양식이었으며, 편의시설은 영국식 저택처럼 편안했다."

베네트가 요트를 즐기기 위해서는 승무원 50명을 고용해야 했다. 비용으로 1년에 15만 달러를 써야 했다. 〈뉴욕 헤럴드〉 기자들은 사주의 호화 요트의 이름을 바꾸어 '뉴모우니어(Pheumonia: 폐렴)'라고 불렀다. 경쟁을 천성적으로 싫어하는 제이 굴드는 1883년 70.1미터짜리 요트를 사들였다. 이름은 애틀랜타호였다. 선체는 흰색으로 칠해졌고, 돛대가 세 개인 떠다니는 궁전이었다. 뉴욕 요트클럽은 "악덕 자본가의 악명"을 이유로 그의 가입을 거부했다.

모건의 부와 명성이 커졌다. 요트클럽 회원들은 그에게 연설할 기회를 주기 시작했다. 요트를 운영하는 데 얼마나 드는가에 관한 스피치로 관심을 끌기도 했다. 그의 연설은 즉석에서 기록되어 의미가 불분명하지만 알 수 있는 대목을 소개한다면, 모건은 석유 자본가인 헨리 클레이 피어스(Henry Clay Pierce)에게 "당신이 '요트를 살 수 있는 능력이 있는지 스스로 물어야 한다면, 요트를 살 자격이 없습니다'라고 말하시오"라고 조언했다. 그는 또한 뉴욕 증권회사 사장인 W. P. 본브라이트(Bonbright)에게는 "요트를 즐긴다고 별다른 차이가 없다면, 굳이 사려고 하지 마십시오"라고 충고했다.

모건은 1891년 새 요트를 구입했다. 기존 코르세어호를 현금 7만 달러에 처분했다. 유지·보수를 위해 실제 얼마나 썼는지를 말해주는 기록은 없다. 비용이 얼마나 들었든 그의 요트는 제값을 했다. 1882년 이후 코르세어호는 여름을 날 수 있는 세컨드 홈이 되었다. 그가 열차 시간표와 사생활까지 파고들려는 대중의 관심에서, 그리고 가족에 대한 의무감 등에 얽매여 살아야 하는 신세에서 벗어나도록 해주었다. 그는 맨해튼의 소음과 뜨거움에서 벗어나고 싶을 때 23번가 서쪽 외곽에 정박해놓은 요트에서 며칠 동안 머물기도 했다. 4~11월 사이에는 비즈니스 미팅을 요트에서 했다. 숙박·항로·일정·식사 등에 관한 전권을 쥐고 있는 요트로 친구들을 초대해 크루즈 여행을 즐기기도 했다. 바다 항해는 그의 긴장을 풀어주었고, 건강을 호전시켰다. 1883년 초에는 래니어와 이글스턴스, 프레드 스터지스 등 6명으로 구성된 친목모임 코르세어 클럽을 만들었다. 멤버들은 여름이면 함께 요트 크루즈를, 겨울이면 선상 디너파티를 즐기기로 했다.

　모건의 요트는 시민들에게 이익을 주기도 했다. 조지 피바디가 1850년대 화려한 연회와 비공식적인 외교로 미국의 국익을 증진하는 데 도움을 주어 명성을 얻었는데, 30년 뒤 대서양 다른 한쪽에서는 검은 코르세어호가 모건의 건전한 이익추구와 왕족 같은 특권, 요동하는 경제의 바다에서의 안전한 항해 등을 상징하는 물건이 되었다.

아들 모건이 뉴욕에서 일과 요트에 흠뻑 빠져 지냈던 1882년 여름 주니어스는 런던의 도버 하우스에서 대부분의 시간을 보냈다. 7월 어느 날 저녁에는 당시 영국 수상인 윌리엄 에워트 글래드스턴(William Ewart Gladstone)을 위해 조촐한 디너파티를 열었다. 그날 손님은 앨리스 메이슨, 존 경과 그의 아내 로즈, 며느리 패니 모건과 그의 남동생인 찰스 트레이시 등이었다. 수상 글래드스톤은 주니어스의 훌륭한 외모와 날카로운 통찰력, '결단력 있는 캐릭터' 등을 추어주며 건배를 제안했다.

　거의 일흔이 된 주니어스는 서서히 활동 폭을 줄이고 있는 중이었다. 그는 대서양을 횡단하면서 비즈니스를 벌이고 있기는 했다. 하지만 깊은 사랑과 함께 권한을 아들에게 넘겨주면서 의존하기 시작했다. 주니어스는 1880년 초 봄날 아들 모건에게 "내가 방문해주어서 얼마나 즐겁고 행복한지 모르겠구나"라고 말했다. 이어 "너의 방문은 내 기분을 띄워주었고 과거 어느 때보다 내 자신을 느끼게 했다"고 말했다.

정치적·경제적·사회적인 측면에서 강력한 인물은 자신들의 일에 너무 파묻혀 지내기 때문에 자식들에게 큰 관심을 기울이지 않지만 주니어스 모건은 예외적인 존재였다. 그는 첫걸음을 내딛는 아들 모건을 이끌어주었고, 비즈니스 교육을 시켰으며, 숙제를 하는 데 도움을 아끼지 않았다. 심지어 아들의 독서 습관과 주머니의 변화까지 예의주시했다. 아들이 유럽 역사와 문화를 느끼고 배울 수 있도록 교육계획을 짰다. 외국어 습득 기회를 마련해주기도 했다.

주니어스는 모건의 캐릭터 형성을 위해 훈육교관을 자임했다. 그는 아들의 선생과 고용자, 동료, 파트너 등을 직접 골라주었다. 아들의 첫째 부인도 선택해주었다. 런던에 있으면서도 뉴욕의 아들이 맺은 계약을 원격조종했다. 비즈니스 과정에서 아들이 크고 작은 실수를 하면 준엄하게 꾸짖고 경계했다.

J. P. 모건은 당당하게 아버지의 충고·경계·훈육·교훈을 받아들였다. 아버지나 다른 사람의 책망에 주눅 들지 않았다. 그는 자신의 능력과 특권을 확실하게 자각했고, 놀라울 정도로 자신을 확신했다. 아버지가 진노했던 20대 초반 시절의 금 매집과 30대 초반 시절 툭하면 월스트리트를 떠나게 해달라고 간청했던 일들은 아버지의 지시와 가르침을 따를 것인지 말 것인지를 두고 빚어진 갈등이었을 뿐이다.

모건은 지치지 않은 아버지 때문에 때때로 침울해지기도 했다. 하지만 결국 아버지의 훈계와 지시에서 부정적인 내용은 걸러 받아들였다. 자신의 성과를 점검하고 평가하는 탐조등 같은 아버지한테서 역량과 힘을 얻어냈다. 아버지가 터무니없이 무의미한 것들에 야망과 집착을 보일 때면 자신을 소유물로 취급하는 아버지에 대한 거부감을 표출하는 방식으로 저항했다.

J. P. 모건은 아버지가 자신에게 했던 방식으로 아들 잭을 다루지 않았다. 그는 로드아일랜드 주지사인 호핀에게 아내 패니가 아들을 놓아주지 않는다고 불평한 적이 있었다. 하지만 잭은 열세 살 때 뉴 햄프셔의 콘코드(Concord)

에 있는 세인트폴 학교에 들어가기 위해 집을 떠났다. 잭은 집에서 멀리 떨어져 있는 동안 어머니를 무척 그리워했다. 시간이 적잖게 흘러 객지의 외로움에 적응된 1학년 봄에 잭은 어머니 패니에게 편지를 띄운다. "가능한 한 빨리 와주세요. 저는… 엄마가 죽도록 보고 싶어요." 그해 가을 잭은 "보고 싶은 엄마! 엄마를 본 지 수많은 시간이 흘렀고, 다시 보기까지 수많은 시간이 남아 있다는 생각을 지울 수 없어요. 엄마를 다시 볼 수 있다는 기대로 저는 기분 좋게 지내고 있습니다"라고 편지 썼다. 누나 루이자에게 보낸 편지에서 "여자로 태어나 집에서 교육받으면 얼마나 좋을까"라고 말하기도 했다.

패니의 유산은 모건 부부의 결혼생활에서 전환점이었다. 1880년대 들어 패니는 남편의 생활 반경에서 시간이 흐를수록 변방으로 더욱 밀려났다. 그녀는 아이들을 자신의 주변에 더욱 붙잡아 두었다. 특히 맏아들 잭을 끼고 돌았다. 잭은 심리와 정서불안에 즉각 반응했다. 정중하게 간청하는 목소리로 엄마에게 크래그스톤에 혼자 가지 말라고 경고한다. "그곳에 혼자 가면 엄마는 너무 우울해지고 외로움에 지쳐 아프게 돼요!"

잭은 어머니에게 자신을 돌보라고 간청하기도 했다. "왜 내가 이렇게 바보처럼 행동하고 신경을 곤두세워야 하는지 이해할 수 없지만, 어쩔 수가 없습니다!" 모처럼 그녀가 밝아 보이면, 그는 "나를 편안하게 해주기 위해 굳이 밝은 척하지 말아요. 그게 나를 더욱 불안하게 합니다"라고 했다. 그녀가 우울해 보일 때 그는 슬픔을 자신에게 넘겨달라고 말했다. "저는 아빠가 멀리 떨어져 있는 동안 엄마가 밝게 지내시길 바랍니다. 엄마가 우울해지면, '우울한 다른 사람을 밝게 해주면 자신이 더욱 밝아진다'고 한 엄마의 말을 기억하세요… 그래서 엄마가 나를 보러 올 때 가능한 한 우울하게 있을게요"라고 했다.

그의 마지막 말은 농담 반 진담 반이다. 잭은 그의 양친과 마찬가지로 우울증 증세를 보였다. 그는 어머니 패니에게 보낸 편지에서 "가장 특이한 점은 내가 우울하지 않았을 때 내가 어떻게 우울했을까 하고 의아해하고, 그 병이 다시 찾아올 때는 사람들이 어떻게 하면 기뻐할 수 있는지 의문이 든다는 사실입니다'라고 썼다.

모건과 잭의 관계에서 친숙함은 없었다. 잭은 아버지가 자신을 보러 와주기를 간절히 소망하기는 했다. "아빠가 언제 여기 오실 수 있을까요?"라고 그는 어느 봄날 어머니에게 물었다. "저는 아빠가 여기 오실 수 없다고 봐요. 그런데 엄마는 어떻게 생각하세요?" 잭은 약속한 아버지의 방문이 취소되거나 단축되었을 때 가능한 한 실망하지 않으려고 노력했다.

이때 모건과 잭이 직접 주고받은 편지는 대부분 돈과 관련이 있었다. 잭은 모자 등을 사는 데도 아버지 모건의 허락을 받아야 했다. 무엇을 사겠다고 아버지와 협상을 벌여야 할 때 두려운 마음을 가졌다. "내가 돈 이야기를 하는 것을 아빠는 싫어하세요. 저는 아빠가 싫어하시는 것을 하고 싶지 않습니다"라고 패니에게 말했다. 그는 세인트폴의 라켓 클럽에 가입하고 싶다고 말하면서, 아버지의 거절이 두려워 미리 움츠러든다. "아빠가 너무 사치스럽다고 생각하시면 저는 드릴 말씀이 없습니다." 하지만 '아빠'는 허락했고, 어머니 패니는 그에게 30달러를 보내주었다. 덕분에 잭은 테니스와 스쿼시, 라켓볼을 탁월하게 잘 치게 된다. 사실 모건은 시간이 있으면 아들의 요구를 거의 다 들어주었다. 하지만 잭은 예외 없이 아버지가 들어주지 않을 것이라고 예상했다.

모건은 학창시절에 아버지 주니어스의 허락을 받지 않고 사고 싶은 물건은 거의 알아서 구입했다. 아버지가 하는 비즈니스를 하고 싶어 안달해 짐 굿윈과 소꿉장난 회사를 차려보기도 했다. 그는 유명인사의 사인을 수집했다. 제임스 뷰캐넌의 부탁을 받고 미국 공문서를 파리로 전달한 적도 있다. 그는 역사와 외국어, 유럽 자체, 여자 아이들을 열심히 탐구했다.

잭은 뉴욕의 〈이브닝 포스트〉의 사설에 대해 어머니에게 이렇게 말한다. "저는 보호관세가 필요하거나 효과가 있다고 생각하지는 않지만, 제가 그런 문제를 깊이 생각할 만큼 나이 들지 않았습니다." 그는 세인트폴의 학보사 편집장으로 선출되었다. 그는 "(편집장이 된 이후) 스스로 책임지고 행동할 수 있는 사람이 되고 싶습니다. 저는 스스로 서고 싶은 마음이 강합니다'라고 말했다.

잭은 세인트폴을 마치면 하버드대학에 진학하도록 예정되어 있었다. 그는 입학시험을 생각하면서 "세상에 하버드 같은 곳이 없었으면 합니다'라고 불평했다. 잭과 어머니 패니는 잭이 1884년 가을 학기에 하버드 입학시험을 치를 준비가 되어 있지 않다고 판단했다. 1년 동안 '심판의 날'을 연기하고자 모건을 설득했다. 잭은 1885년 보스턴으로 옮겨 과학과 영어, 작문, 그리스어 등 과외 수업을 받았다. 그리고 1889년 가을 학기에 하버드에 합격했다.

패니는 하버드에 있는 아들을 보기 위해 어느 해 봄날 보스턴으로 갔다. 그곳에서 그녀는 큰 딸 루이자에게 띄운 편지에서 보스턴은 "평범한 생활과 고상한 생각이 있는 곳"이라고 했다. 뉴욕보다 더 지내기 편하다는 말도 했다. "내게는 큰 곳이라는 생각이 전혀 들지 않는구나. 나는 뉴욕의 넓은 곳을 어떻게 채워야 할지 모른다." 모건은 아내가 선호하는 평범한 생활과 고상한 생각을 좋아하지 않았다. 그녀가 이제 오랜 기간 집을 비우는 것에 익숙해졌다. 그녀는 1880년대 중반 들어 여름과 가을이면 몇 개월씩 유럽에 있는 딸뿐만 아니라 돈을 지급하고 고용한 도우미와 지냈다. 모건은 겨울과 봄에 외국으로 나갔다.

패니는 루이자와 잭한테서 감성적인 위안을 받고 싶었다. 하지만 루이자는 아버지를 극진히 배려했다. 그 바람에 패니는 어정쩡한 신세가 되어버렸다. 패니는 자신과 남편 모건이 대서양을 사이에 두고 다른 곳에 머물 때 루이자가 아버지의 친구가 되는 것을 인정했다. 아마도 모건이 외로움을 달래기 위해 다른 상대를 찾는 대신 딸이 남편의 벗이 되어주는 게 좋다고 판단한 성싶다.

패니는 어느 해 7월 유럽으로 향하면서 "내가 아버지와 함께 머무는 동안 아빠의 생활을 가능한 한 기쁘게 해주리라 믿는다"고 딸에게 편지했다. 하지만 아들 잭이 학교 때문에 멀리 떨어져 있는 동안 가장 좋아하는 딸아이가 자신의 편이 되지 못한 것에 화가 났다. 그녀는 한 달 뒤 다시 딸에게 편지를 쓴다. "네가 우리와 함께 있기를 엄마가 얼마나 원하는지 모른다. 하지만 엄마는 네가 아버지를 위해 집안을 안락하게 해주고 있어 기쁘단다." 패니가 루이자를 독차지하고 자신의 뜻대로 하고 싶은 의존성이야말로 모건이 벗어나고픈 무엇일 수도 있다.

패니는 루이자와 떨어져 지내는 외로움을 절절하게 호소했다. 그녀는 줄리엣과 앤이 자신의 외로움을 달랠 수 없다고 했다. 줄리엣과 앤은 당시 어렸고, "그들은 너처럼 편하지 않단다. 하지만 엄마가 이렇게 말했다고 그들을 슬프게 하지 마라. 나 하나만 슬프면 된다"고 말했다. 그녀의 말은 원하는 효과를 얻었다. 루이자는 울음을 터트리며 "엄마가 말한 대로 내가 집에 머물 수 있었으면 해요. 엄마가 괴로움을 느끼는 동안 나만 즐겁게 지내는 것 같아 죄책감이 듭니다"라고 답장했다.

패니는 루이자한테서 원하는 말을 듣지 않으면, 화를 내며 책망했다. "네가 말없이 있는 동안 나는 네가 없는 듯이 느낀다. 나만 우리 사이가 친밀하다고 상상한 듯싶구나." '사랑스런 배려'로 가득한 딸의 편지는 그녀를 다시 기쁘게 한다. 어느 날 밤에는 이런 편지를 띄운다. "잘 자거라. 내 소중한 딸아! 내 팔로 너를 안고 내 머리를 너의 어깨에 기대 있으며 5분쯤 울어봤으면 한다. 너의 어깨는 부드럽고, 너의 포옹은 무척 다정하고 사랑스럽구나!"

패니는 어느 해 여름에 도버 하우스에서 결혼생활을 돌이켜 보기도 했다.

시아버지 주니어스한테서 싸늘한 기분을 느낀 그녀는 루이자에게 "아주 우울하고 실망스럽다"고 털어놓았다. 이어 그녀는 "문제는 내게 기대할 수 있는 것보다 더 큰 사랑을 원한다는 사실"이라는 말로 편지를 마무리한다.

패니의 우울한 책망과 투정에 모건은 루이자보다 냉정하게 반응했다. 하지만 패니는 어느 해 가을 남편한테서 놀라운 반응을 이끌어냈다. 그녀는 당시 여름 내내 해외여행 중이었다. 남편이 편지를 자주 하지 않는 데 불평을 털어놓았다. 결국 모건은 그녀가 도버 하우스에 머물고 있던 그해 9월 펜을 든다. 그는 먼저 크래그스톤의 무도회가 아주 성대하게 끝났고, 윌리엄 헨리 오스번이 아프다는 등 주변 뉴스로 편지를 시작했다. 그리고 그녀가 비참하게 느끼는 감정을 어루만지기 시작한다. "당신이 편지에서 무엇을 말하는지 잘 알고 있소… 당신이 그 문제에 대한 나의 느낌과 생각을 알아주었으면 합니다."

모건이 욕망과 의무 사이에서 결단하지 못할 때 그의 갈등은 구체적인 형태를 띠었다. 그가 패니의 요구에 응하지 않으려 한 것은 아니었다. 이유를 알 수 없는 이유 때문에 그는 아내의 요구를 들어줄 수 없었다. "편지를 쓰는 어려움 때문에 나는 우울증에 시달려 탈진합니다. 내가 편지를 쓰고 나면 또한 완전히 탈진해 몇 시간 동안 다른 일을 잡을 수가 없다오." 이어 "이 세상에서 내가 가진 좋은 것을 기꺼이 주고 싶고 내가 앉을 시간이라도 있다면 답장을 쓰고 싶기도 합니다. 그렇다면 기꺼이 매일 편지를 쓰고 싶소"라고 했다. 그 자신도 당시의 기묘한 상황을 이해할 수 없었다. "이게 편지에 국한된 일이라면 나는 걱정하고 싶지도 않습니다. 하지만 나는 오해받거나 다른 사람이 염려하는 것도 원하지 않소. 지금 내가 알기 쉽게 설명하고 있는지 알 수 없지만, 솔직하게 쓰고 있다오. 노력 중인데 내가 이를 극복하면 나는 세상에서 가장 행복한 사람일 것이오"라고 했다. 이후 그는 편지 문제를 다시는 언급하지 않는다. 아마도 그가 하고 싶지 않은 일을 피하기 위해 그런 문제를 만들었지 싶다.

루이자는 천부적으로 아버지와 어머니를 잘 보살폈다. 부모에 대한 특별한 의무를 기꺼이 받아들였다. 그녀가 어느 한쪽을 더 좋아했다면, 그 독특한 의무감을 받아들이지 못했을 것이다. 그런데도 어머니에게는 어머니가 믿고 의지할 수 있는 사람이 되어야 했다. 어머니에게 자신의 어깨를 내주고 하루 24시간 동안 연민의 정을 표시해야 했다. 그녀는 아버지에게는 효를 다해 봉사하면서도 유럽 국가를 구경하고 저명한 사람들과 만났다. 뉴욕에서 아버지가 외교 행사에 참석할 때 같이 가기도 했다. 그녀는 자신의 일기에만 힘겨움을 털어놓았을 뿐이다. 어느 날 밤 어머니와 길게 이야기하는 바람에 탈진하기도 했다. 그리고 이렇게 적는다. "물론 해묵은 아픈 주제를 다루기 적절한 방법일 수 있다. 아마도 너무 오래 생각한 나머지 확대 해석했다는 어머니의 말씀이 옳을 수 있다. 하지만 내게 이는 과대망상이 아니고, 결단의 순간이 주는 중압감 때문에 어떤 때는 잊고 지낼 때도 있다. 당시 세상에서 가장 사랑하는 사람을 위해 뭔가를 하는 데 도움이 되지 않아 너무 힘들다."

루이자가 아버지와 함께 유럽 여행을 떠날 때마다 망가진 또 다른 결혼 생활을 가까이 접했다. 1883년 4월 할머니 줄리엣은 모건과 루이자에게 프린스 게이트 집에 머물러 달라고 간청했다. 하지만 아버지 모건은 주니어스와 도버 하우스를 선택했다. 루이자와 매리 번스는 어느 날 오후 줄리엣을 방문했다. 그들은 줄리엣이 잠옷차림에 머리는 핀으로 묶은 채 아래층에서 서성이는 것을 발견했다. 줄리엣은 "아무도 찾아오지 않아 너무 외로워" 지난 밤 잠자리에 들었다고 중얼거렸다. 매리가 다가가 위층으로 올라가거나 하인들이 보니 가운이라도 입으라고 말하자, 그녀는 화를 벌컥 냈다. "할머니는 매리 아주머니에게 방해하지 말라고 소리쳤고, 누군가 자신에게 관심을 주기라도 했다면 침대로 가지 않았을 것이라고 말했다." 세 사람은 줄리엣이 위층으로 올라가기까지 15분 정도 집 안 도서관에 앉아 있었다. 놀라고 두려운 줄리엣은 어머니 패니에게 쓴 편지에서 "할머니는 정말 이상해요. 내가 찾아볼 때마다 우리들이 무관심하다고 불평만합니다. 할머니가 너무 안됐어요. 하지만 그녀는 너무 이기적이고 할아버지한테 너무 가혹해요"라고 말했다.

～～～

주니어스는 겨울이면 해마다 석 달 동안 이탈리아 로마에서 지냈다. 아내 줄리엣이 프린스 게이트 집에서 팔과 안면의 경련 때문에 잠을 깬 1884년 2월 22일에도 그는 로마에 머물고 있었다. 몇 시간 뒤 그녀는 심장마미를 일으켜 쓰러졌다. 끝내 의식을 회복하지 못했다. 그녀는 다음날인 2월 23일에 숨을 거두었다. 매리 번스가 곁을 지켰다.

주니어스가 급행열차와 배로 로마에서 런던에 도착하는 데는 48시간이 걸렸다. 그는 아들 모건에게 쓴 편지에서 줄리엣의 얼굴에는 모든 고통의 흔적이 사라졌다고 말했다. "마치 어린 아이가 평화롭게 잠을 자는 듯하다"고 전했다. 그녀는 숨을 거둔 뒤에야 "젊은 시절 아름다운 모습을 되찾았다." 이는 주니어스가 기억하고 싶어 하는 것이었다.

장례식은 프린스 게이트 집의 식당에서 열렸다. 그녀는 브롬톤(Brompton) 공동묘지에 있는 두 번째 아들의 곁에 묻혔다. 이때 모건은 뉴욕에 있었다. 그는 한 친구에게 "너무 안타깝고 일이 손에 잡히지 않는다"고 했다. 줄리엣은 생을 마감하기 직전에 보스턴의 홀리스 스트리트 교회에 스테인드글라스 창문을 기증해 아버지를 기리기로 결정했다. 존 피어폰트 목사는 7년 동안 다툼 끝에 결국 자신을 쫓아낸 교회의 간부들을 용서하지 않았다. 딸이 한쪽 벽을 장식하는 그런 일로 자신을 기리는 게 못마땅했을 수도 있다.

그런데도 모건은 그해 3월 "하나님의 영광을 위해: 존 피어폰트 목사를 기리며. 1785년 4월 6일 코네티컷 리치필드에서 태어나, 매사추세츠 메드포드에서 (   )에 숨지다. 이 교회에서는 (   )에서 (   )까지 목사로 봉직했다. 그의 딸 줄리엣 피어폰트 모건 세움"이라고 명판을 새겨 어머니의 마지막 뜻을 이루어주었다. 누군가 나중에 빈 칸을 채운다.

몇 주 뒤 모건은 루이자를 데리고 런던으로 갔을 때, 삶의 환경이 바뀌어 있었다. 어머니 줄리엣의 존재는 풀리지 않은 숙제였다. 남편 주니어스와 자녀들은 그녀를 포기하고 돕지 않았다. 하지만 그녀는 병치레하고 투정부릴 뿐만 아니라 옆 사람을 괴롭히면서 단순히 그곳에 존재하고 있었다. 이제 그녀는 떠났다. 모건이 어머니에 대해 품은 사랑은 오래전에 안타까움으로 바뀌었다. 아버지 주니어스처럼 그의 슬픔은 오래전 과거 인물에 대한 것이 되어버렸다.

아내 줄리엣이 살아 있는 동안 주니어스는 앨리스 메이슨과의 만남에 더 신경을 썼다. 줄리엣 생전에는 런던 외곽이나 지중해 요트, 파리, 로마, 도버 하우스에서 다른 손님들과 함께 그녀를 만났다. 이제 아내와 사별한 상태에서 그는 자유롭게 앨리스와 만났다. 순식간에 런던 사교계에 소문이 퍼졌다. 손녀 루이자는 1884년 봄 "할아버지와 메이슨 부인"의 소문을 듣고 놀라 벌떡 일어나 할아버지를 변호해주었다. "일흔한 살 노인이 소문이 나지 않을 친구도 없다는 게 싫습니다"라고 그녀는 어머니에게 선언했다. "특히 할머니가 돌아가신 지 두 달도 안된 마당에… 나를 화나게 합니다."

루이자는 그날 저녁 식사를 위해 오는 앨리스 메이슨에게 싫은 티를 냈다. "내가 그녀를 어떻게 대해야 할지 모르겠습니다. 할아버지께 말할 때 그녀의 말투는 매우 다정해요. 그래서 소문이 난 것이지요"라고 했다. 앨리스는 주니어스와 이야기할 때 아주 친한 투로 말했다. 그 바람에 다른 사람이 두 사람을 연인으로 생각하도록 했을 수 있다. 루이자는 "그녀가 좋아지지 않을 겁니다"라고 편지에 적어 내려간다. "역겨워요. 사촌 루시가 이 사실을 아빠에게도 말씀드렸습니다." 그러나 그녀의 '아빠'는 몇 년 전부터 그 사실을 알고 있었다.

도금시대

19세기 마지막 30년은 미국 역사에서 가장 심한 격동의 시대였다. 그만큼 이 시대의 해석도 다양하고 극단적이다. '도금시대', '순수의 시대', '과잉의 시대(The age of Excess)', '개혁의 시대(The Age of Reform)', '에너지의 시대(The Age of Energy)', '기업의 시대(The Age of Enterprise)', '연보랏빛 시대(Mauve Decade)', '다갈색의 시대(The Brown Decade)', '포퓰리스트의 시대(The Populist Moment)', '확신의 시대(The Confident Age)', '아메리칸 르네상스(The American Renaissance)', '우아함이 사라진 시대(No Place of Grace)' 등으로 불릴 정도다. 시대의 유명한 인물들을 부르는 말도 다양하다. '노상강도 자본가(Robber Barons)', '창업공신들(The Lords of Creation)', '중요한 소수(Vital Few)' 등이다. 이렇게 다양한 해석과 의견 불일치가 발생한 배경에는 돈이 자리 잡고 있다.

'마지막 30년' 동안 미국의 부는 폭발적으로 증가했다. 1870년 300억 달러에서 1900년 1,270억 달러로 늘어났다. 부가 이렇게 부풀어 오르는 동안 개인의 재산 규모도 크게 늘었다. 윌리엄 헨리 반더빌트는 1877년 아버지한테서 7,000만 달러를 물려받았다. 1884년까지 7년 동안 두 배 이상 늘었다. 그는 물려받은 뉴욕 센트럴 철도의 지분을 팔아 부의 규모를 증식해 1885년 숨을 거두면서 후손에게 2억 달러를 남겼다. 록펠러의 1892년 재산은 8억 달러 수준으로 추정되었다. 이를 1990년대 달러 가치로 환산하면 120억 달러 정도다. 토머스 G. 셔먼(Thomas G. Sherman)이 1889년 포럼에 쓴 '미국의 주인들'(The Owners of The United States)'에 따르면, '100대 부자'의 연간 소득은 120~150만 달러 정도였다. 이는 당시 유럽의 왕가들이 벌어들인 것보다 많다.

반면 당시 미국인 80퍼센트의 연평균 소득은 500달러보다 적었다. 100대 부자들은 대부분 철도와 제조업, 금융계 출신이었다. 지역적으로는 뉴욕과 펜실베이니아, 일리노이, 오하이오, 서부 출신이었다. 뉴잉글랜드나 남부의 전통적인 부호의 자손은 드물었다. 셔먼은 1889년 재산 규모가 1억 달러 이상인 사람은 존 D. 록펠러, 반더빌트 가문, 제이 굴드, 캘리포니아 철도왕인 르랜드 스탠퍼드(Leland Stanford)라고 밝혔다. 3,000만 달러가 넘는 자산가로는 애스터 가문과 러셀 세이지, P. D. 아머, 헨리 플래그러(Henry Flagler), 윌리엄 록펠러, 콜리스 P. 헌팅턴(Collis P. Huntington), 대리어스 오그던 밀스(Darius Ogden Mills), 클라우스 스프레컬스(Claus Spreckels), 어거스트 벨몽트 등이었다.

셔먼은 몇 가지 이유 때문에 카네기를 리스트에 넣지 않았다. 그의 부자 명단 아래쪽에는 재산 2,000~3,000만 달러를 보유한 인물들이 자리 잡고 있는데, 마셜 필드(Marshall Field)와 올리버 해저드 페인(Oliver Hazard Payne), H. O. 해브메이어(Havemeyer), 앤서니 드렉셀, 주니어스 스펜서 모건, J. P. 모건 등이 눈에 띈다. 그는 모건 가문의 두 명과 토니 드렉셀의 재산은 각각 2,500만 달러 수준으로 평가했다. 조금은 고평가 된 느낌이다. 주니어스와 모건이 1889년 보유한 재산은 모두 3,000만 달러 정도였다.

부의 극심한 편중은 정치적·사회적으로 심각한 문제를 야기했다. 절대 다수의 미국인들뿐만 아니라 전통적인 엘리트층마저도 소외감을 갖게 했다. 보스턴의 브라민스와 뉴욕의 니커보커, 필라델피아의 리튼하우스(Rittenhouse) 광장 사람들도 '마지막 30년'에 상당한 금융 자산과 연줄 등을 가지고 있었다. 하지만 정치와 경제 권력은 '새로운 사람들'에게 넘겨주어야 했다. 헨리 애덤스는 '몰락의 위기감' 때문에 무자비하게 치고 올라오는 자본가·금융가, 골드버그 (Goldbug), 유태인 등을 강력히 비난했다. 이디스 워튼이 쓴 《순수의 시대》의 한 등장인물이 멍청한 정치꾼과 더러운 자본가들에 밀려 "고상한 사람들이 스포츠나 예술을 즐기게 되었다"고 불평할 정도였다.

전통적인 양키 귀족 가운데 순순히 예술이나 스포츠를 즐기기를 거부한 사람들은 자신들의 영역을 구분할 새로운 방법을 만들어낸다. 프라이빗 클럽을 만들어 졸부 성격이 강한 집단과 자신들을 구별지었다. 전통을 강조하기 위해 가문 중심의 사회를 구축하고 자녀들을 그들만의 학교에 입학시켰다. 잭 모건이 집을 떠나 학교에 들어간 해인 1880년 뉴잉글랜드의 몇몇 기숙사 학교는 백인이고 청교도 집안의 자녀들만을 선별해 받아들였다. 잭이 다닌 세인트폴은 남북전쟁 이전에 설립된 학교였다. 엑서터(Exeter)와 앤도버(Andover)는 18세기에 세워졌다. 새로 부를 일구어낸 사람들은 자녀들이 명문학교의 교육과 사회적 평판 등을 누릴 수 있도록 해주고 싶었다. 이들 학교는 상류사회에 진입하는 데 중요한 역할을 했다. 1880~1905년에 이런 부류의 학교들이 많이 설립되는데, 그로턴(Groton)과 초트(Choate), 태프트(Taft), 허치키스(Hotchkiss), 세인트 조지스(S. George's), 미들에섹스(Middlesex), 디어필드(Deerfield), 켄트(Kent) 등이 대표적인 예이다. 사람들은 이들 학교를 한데 묶어 세인트 그로틀에섹스(St. Grottlesex)로 불렀다.

또한 전통적인 양키 귀족들은 '지역사회 족보(Social Register)'를 작성했다. 새로 개발된 교외 주거단지로 옮겨가 그들만의 동네를 꾸리기도 했다. 특히 그들은 '마지막 30년'에 출현해 극성을 부리기 시작한 반유태주의를 옹호했다. 독일 출신 유태인 가운데 성공한 극소수는 신교도 사교모임에 받아들여지기는 했다. 하지만 양키 귀족들이 모여 사는 교외 주거지역과 회원제 휴양지, 호텔, 클럽 등에서 갑자기 축출되기도 했다. 조셉 셀리그먼은 연방정부의 채권 인수에서 모건과 함께 일하기도 했고, 남북전쟁 시기에는 유니언 리그 클럽을 창설할 때 도왔던 유태인이었는데, 1877년 어느 날 사라토가에 있는 그랜드 유니언 호텔의 입장을 거부당했다.

J. P. 모건은 당시 요동하는 사회적 계층 질서에서 독특한 신분이었다. 그는 전통적인 양키 귀족과 신흥 엘리트 양쪽에 모두 속했다. 아메리카와 유럽에서 공부했기 때문에 독일어와 프랑스어를 자유롭게 구사할 줄 알았다. 부유하고 영향력이 막강한 사람들 사이에서 성장하고 활동했을 뿐만 아니라 당대 최상류층 사람들이 사는 지역에서 거주했다. 명망가들이 회원으로 있는 클럽의 멤버였고, '지역사회 족보'에 이름이 올라 있는 인물이기도 했다. 게다가 아들 잭을 세인트폴과 하버드에 진학시켰다. 맨해튼과 보스턴, 뉴포트, 런던, 파리, 카이로, 로마 등 어디를 가든 최고급 호텔 등에서 편안하게 지냈다.

모건은 졸부처럼 응접실에 번쩍거리는 고가의 물품이나 작품을 진열해 부를 자랑할 필요도 없었다. 그는 생활 패턴과 스타일의 수준을 높이기 위해 뉴잉글랜드보다는 유럽으로 눈을 돌렸다. 하지만 그가 부를 일구고 축적하는 방법과 행태 등은 전통적인 양키 귀족보다는 '새로운 녀석들'과 비슷했다. 또한 모건 시대에 귀족적 지위를 타고난 인물들 가운데 철도 전쟁을 억제하고 정부의 채권 마케팅에 적극적인 인물은 거의 없다.

사교계 전문가인 워드 맥앨리스터(Ward McAllister)는 "뉴욕에 살고 있는 사람 가운데 단지 400여 명만이 이른바 '소사이어티'에 받아들여졌다"고 말하면서, 그 명단을 정리해 발표했다. 그의 《4백 명The 400》(1892년)에 들어 있는 사람들은 배우자와 자녀들까지 따지면 실제로는 550명이다. 애스터에서 반더빌트까지 포함된 유명 인사들이 대거 들어 있었다.

맥앨리스터는 책 서문에서 "각 분야의 선두주자들 가운데 금(경제력)이나 두뇌, 미모 등 지위를 유지할 수 있는 수단과 자질을 갖추고 있는 사람들만을 포함시켰다"며 "금은 언제나 가장 강력한 '열려라 참깨'이고 미모는 그 다음으로 주요한 수단이며, 두뇌와 가문은 그다지 중요시되지 않는다"라고 말했다. J. P. 모건은 루이스 P. 머튼과 윌리엄 버틀러 던컨(William Butler Duncan), W. W. 셔먼, 찰스 래니어, 어거스트 벨몽트, 반더빌트 가문 등과 함께 명단에 올라 있다.

헨리 애덤스는 명문 혈통에 뛰어난 머리를 가진 인물이다. 그는 금을 가장 중요시하는 데 대해 저서 《교육론》에서 냉소적으로 반응한다. "엄청난 부를 지닌 사람이 부의 힘으로 사회적 지위가 높은 경우가 거의 없거나 공직자로 선출된 경우도 드물다. 게다가 유명 클럽의 멤버가 된 사람도 찾아보기 힘들다." 하지만 그도 모건을 예외적인 존재로 인정했지만 "그의 사회적 지위는 부의 규모와는 별 상관이 없다"고도 말했다.

J. P. 모건은 전통적인 양키 귀족과 신흥 부자의 세계에서 두각을 나타내는 인물이었다. 다른 귀족들과는 달리 울타리를 치면서 배타적으로 행동할 필요가 없었다. 그는 1868년 대도시의 허름한 이웃들을 떠나 말쑥한 사람들이 사는 뉴저지로 가지 않았다. 몇 년 뒤에는 월스트리트에 두뇌가 없다고 아버지 주니어스에게 불평하기도 했다. 그는 개인의 재능과 에너지, 경쟁력을 중시해 혈통만을 내세우는 사람은 파트너로 받아들이지 않았다.

모건은 당시 통념과는 달리 미국 사회에서 이방인 취급을 받았던 이탈리아인 가운데 한 명인 에지스토 패브리를 파트너로 받아들였다. 배운 것 없는 토머스 에디슨을 지원했다. 모건이 사회적 자신감으로 충만한 《순수의 시대》의 한 등장인물처럼 뉴욕 명문가의 폐쇄성에 대해 발언할 기회가 가졌다면, "우리는 새로운 피와 돈이 필요하다"고 말했을 것이다. 그의 능력주의는 혈통주의를 중시하는 유태인들과도 어울리지 않는다. 20세기 초 그는 거래가 너무 "유태인적"이라며 참여하기를 거부한다. 자신의 금융회사와 베어링 브라더스의 미국 법인들을 '백인 회사'라고 말하기도 한다. 하지만 그는 자신이 속한 사회의 사람들과는 달리 유태인들을 무시하는 발언을 한 적이 드물었다. 유태인을 무덤 덤하게 대했다고 말할 수 있다.

앵글로-색슨 우월주의자인 헨리 애덤스나 아들 잭은 개인적으로 유태인을 혐오했다. 모건의 막내 딸 앤도 또래 집단이 일반적으로 가지고 있는 반유대주의를 표현한 적이 있다. 그는 어머니 패니에게 유태인들과 함께 새로 산 여자용 말안장에 오르고 싶지 않다고 말한 바 있다. "저는 미국 문화와 전통을 보호하기 위해 세워진 콜로니얼 댐스(Colonial Dames)의 어느 쪽 문으로도 들어갈 수 있지만, 그 말 때문에 저의 혈통 어느 쪽에 유태인의 피가 흐르고 있다고 생각하실 수 있지만 전혀 그렇지 않습니다"라고 했다.

모건은 그들과 달리 개인적인 혐오감을 가지고 유태인들을 대하지 않았다. 1904년 그는 가장 중요한 회사 가운데 하나를 책임지고 운영할 인물로 가장 적합한 한 인물을 영입하는데, 그는 독일 출신 유태인이었다(23장 참조). 또 세인트 조지 교회의 새 성직자를 결정할 때 그 시대의 통념과는 다른 결정을 내린 적이 있다. 그는 보수적인 성직자인 타잉과 20년 동안 교분을 맺었다. 그가 은퇴한 시점인 1878년 교회는 돼지우리로 변했다. 이민자와 빈민, 장사꾼들이 한때 부유하고 세련된 동네였던 유니언 스퀘어 주변에 모여들었다. 부자들이 더 북쪽으로 이사하는 바람에 남북전쟁 이후 교회 참석자들과 기부금이 급격히 줄어들었다. 기존 부자 신도들은 20여 가족밖에 남지 않았다. 17번가 동편에 살고 있던 트레이시 가족들은 맨해튼 북쪽 지역으로 이사했지만 모건 가족등은 여전히 세인트 조지 교회를 다녔다.

모건은 장인이 이끄는 교구위원회의 멤버가 되었다. 뉴욕 성공회 교구는 부자들이 새로 이사한 지역으로 교회를 재배치하고 있었다. 이미 20번가 이남에 있던 교회 40개가 1880년대와 1890년대에 북쪽으로 재배치되었다. 하지만 찰스 트레이시와 사위 모건은 세인트 조지 교회를 북쪽으로 이전하는 데 반대했다. 세인트 조지 교회의 문제는 동북부 도시 지역에서 당시 발생하고 있는 사건을 상징적으로 보여주는 것이었다.

타잉과 그의 후임들은 신자와 헌금 감소 문제를 풀지 못했다. 세인트 조지 교회를 이끌고 있는 사람들은 문제를 해결할 능력이 있는 성직자를 기필코 찾아내기로 했다. 마침내 1882년 가을 그들은 윌리엄 스티븐 레인스포드(William Stephen Rainsford)를 인터뷰하게 되었다. 그는 서른두 살의 젊은이로 성공회 신부의 아들로 태어난 인물이었다. 〈뉴욕 선〉은 "가슴이 두툼하고 어깨가 떡 벌어진 크리스천 운동선수"라고 그를 소개했다. 키는 180센티미터가 넘었고, 우락부락하지만 잘생긴 호남형이었다. 설교단보다는 무대에 더 어울려 보였다. 그는 카리스마 넘치는 설교자였고 사회 개혁을 주장하는 성직자 그룹에 속했다.

윌리엄은 아버지 마커스(Marcus)가 벨그레이브 광장의 예배당 설교자로 임명된 1860년대 아일랜드 더블린에서 런던으로 이사했다. 마커스는 19세기 중반에 발생한 교회 내 교리 갈등 상황에서 복음주의적 부흥(Evangelical Revival) 진영에 가담해 옥스퍼드 전통주의(High Church)에 대항했다. 아들 윌리엄은 성직의 길로 들어서기 전에 영국 케임브리지대학에서 학위를 받았고 1878년엔 캐나다로 이민 왔다. 그는 하나님의 신뢰를 통해 '새로 태어남(The New Birth)'를 중시했다. 하지만 그가 런던과 캐나다 토론토의 빈민들과 함께 지내기 시작하면서 아버지와 타잉의 교리를 강력히 비판하기 시작했다.

윌리엄은 극렬한 사회적 투쟁의 세기에 복음주의(Low Church)가 "노동계의 처절한 울부짖음에 귀를 막고, 부의 폭군들을 지원하고 있다"고 비판했다. 수백만 명이 지저분한 슬럼 지역에 살고 있고, 노동시간은 '도저히 참을 수 없을 정도로' 길며, 임금과 영양, 삶의 조건은 극도로 열악한데, 조직화된 교회는 도그마적인 주장만을 되풀이하고 있었다. 특히 복음주의자들은 "현세의 지옥에 가난한 사람들을 내버려 두어 영혼을 구원한다"고 주장했다. 그는 영국 교회의 사회주의 운동에서 탄생한 '개혁적 사회 복음' 진영에 뛰어들었다. 진영의 리더들은 타잉보다 모건의 외할아버지 피어폰트 목사처럼 '기독교는 하나님과 개인 사이의 사적인 대화가 아니라 실천적인 인도주의 사상'이라고 주장했다. 그들은 인기를 끌고 있던 사회적 진화론을 부정했다. 법적 평등과 공중 보건, 노동자의 권리 등을 위해 싸우기 위해 도시의 슬럼가에서 공동체를 조직했다.

세인트 조지 교회의 교구위원회는 1882년 가을 윌리엄을 캐나다에서 초청했다. 모건이 개인 서재에서 인터뷰했다. 은행가와 성직자는 이전에 만난 적이 없었다. 하지만 모건은 윌리엄의 주장에 아주 익숙했다. 윌리엄은 세인트 조지 교회가 겪고 있는 신도와 헌금 감소를 익히 알고 있었다. 윌리엄은 인터뷰에 앞서 한때 우아한 거리였던 스토이베산트 광장을 살펴보았다. 광장의 분수대는 말라 있었고, 고양이 시체와 쓰레기로 가득했다. 윌리엄은 근처에 있는 톰킨스 광장처럼 "완전히 황폐해지지는 않았지만, 대도시의 공원이 내버려져 얼마나 더러워질 수 있는지를 보여주는 것 같다"고 말했다. 이어 그는 톰킨스 광장에 대해 "밤에 걸어가 보면 실상을 볼 수 있을 것"이라고 덧붙였다. 윌리엄은 교회가 버려져 황폐한 공간으로 변하지 말라는 법이 없다면서 대도시에서 자신이 생각대로 사회적 개혁을 시도해볼 계획이라고 말했다.

윌리엄은 자신이 세인트 조지를 맡기 위한 조건을 제시했다. 윌리엄은 조건들이 보수적인 교구회의 멤버들이 받아들기 힘든 것들이었다고 말했다. 윌리엄은 세인트 조지 교회를 완전히 탈바꿈시켜 사회 개혁의 근거지로 만들기 위해 모든 힘을 쏟겠다고 했다. 교회의 신자가 될 때 받는 입회비를 없애고, 교구위원회를 제외한 잡다한 위원회를 폐지하겠다고 했다. 교구위원회도 자신이 새로 임명하겠다고 했다. 그는 3년 동안 해마다 1만 달러를 월급으로 요구했을 뿐만 아니라 교회에 필요한 사안이 발생하면 별도로 예산을 청구하겠다고 말했다. 윌리엄이 말을 마치자마자 "됐습니다"라는 말이 서재에 울려 퍼졌다.

그 목소리의 주인공은 모건이었다. 나중에 윌리엄은 "모건 씨가 내 손을 꽉 쥐고 '우리에게 오십시오. 우리가 잘 도와드리겠습니다'라고 말하는 거야"라고 회상했다.

윌리엄은 하고 싶은 일이 있었을 뿐만 아니라 구체적인 계획도 마련해두고 있었다. 그는 다른 사람들이 위기의식을 느끼는 곳에서 기회를 발견했다. 그는 인터뷰 순간 모건의 신속한 결정을 회상하면서 "신속하면서 정확하게 판단하고 결정할 수 있는 사람은 드물다… 그는 늘 교회를 이끌 만한 인물을 찾고 있었고, 다른 어떤 것보다 상대의 가치를 믿었다. 일단 자신이 찾고 있는 인물을 발견하면 그 사람을 전폭적으로 신뢰했다"고 말했다.

많은 사람들은 J. P. 모건에게 사람 보는 특별한 능력이 있다고 말한다. 정작 그는 "저는 사람을 제대로 볼 줄 모릅니다. 한 사람에 대한 1차 판단은 간혹 맞지만, 두 번째 판단은 잘 맞지 않습니다"라고 윌리엄 등에게 털어놓았다. 그는 자신도 설명하기 힘든 직관에 따라 사람을 평가했다. 그러다 보니 때로는 큰 실수를 범하기도 했다.

윌리엄은 말한 대로 세인트 조지 교회를 '실천 목회의 아지트'로 변화시켰다. 잭 모건은 1883년 기숙사 학교에서 집에 보낸 편지에서 "놀랍지 않으세요? 레인스포드님이 오랜 기간 지지부진했던 교회를 움직이도록 하고 있지 않아요? 교회가 활기차 예배 보러 가는 즐거움이 계속되고 있습니다"라고 말했다. 새 성직자는 빈곤층으로 가득한 교회 이웃 문제를 1차적으로 풀어나가기 시작했다. 당시 새로운 이민자와 농촌 지역에서 유입된 가난한 노동자들 때문에 뉴욕의 인구는 1825~1875년에 8배 늘어났다. 1880년에는 채 200만 명도 되지 않았는데, 1900년에는 350만 명으로 불어났다. 근 다섯 개 지역이 뉴욕 시에 통합된 1898년 새로 뉴욕 시민이 된 사람 가운데 절반은 외국에서 태어난 사람들이었다.

윌리엄은 교회의 사회사업을 맨해튼 아래 동편에 세 들어 살고 있는 이민자들까지 확대해 나갔다. 그는 신도 확보를 위해 유니언 스퀘어의 구멍가게까지 보좌 신부와 집사를 보냈다. 애비뉴 A에 주말학교와 유치원을 열기도 했다. 젊은 신도를 위해 클럽과 상업학교, 체육 시설 등을 세웠다. 성인들을 위해서는 토론회와 드라마 모임을 구성했다. 윌리엄이 벤치마킹하고 싶어 하는 삶은 보스턴 성공회의 행동주의자 필립스 브룩스(Phillips Brooks)와 덴마크 출신 저널리스트면서 사진작가인 제이콥 리스(Jacob Riis)였다. 리스는 1890년 슬럼가의 삶을 생생하게 그린《다른 반쪽의 삶들은How the Other Lives》을 펴내 충격을 던져 주었다.

윌리엄 신부가《다른 반쪽의 삶들은》에 관심을 쏟자 세인트 조지의 옛 신도들이 다시 찾아왔다. 래니어와 민턴(Minturn), 케첨, 올리히(Oelrich), 쉬펠린(Schieffelin), 패튼(Paton), 제이(Jay) 가족들이 돌아왔다. 윌리엄은 이들에게 사회적 참여 교리를 강요하지 않았다. 하지만 그들이 준 도움을 정확하게 기록해 두었다. 부유한 이 사람들은 윌리엄의 목회 사업에 돈을 댔고, 부유한 여성 신도들은 맨해튼 빈민촌 출신 소녀들에게 집안일 하는 법을 전수했다. 그들은 휴일이면 음식과 선물을 들고 저소득층 가정을 방문했다. 성금으로 상당한 액수를 내놓았다. 윌리엄은 교회가 보유한 집을 커뮤니티 센터로 쓰고 싶어 했다. 1885년 모건의 장인이 숨을 거둔 뒤 그는 예배당과 휴일학교, 사무실, 만남의 장소, 공중 화장실, 체육관 등이 갖춰진 찰스 트레이시 추모관을 마련하는 데 성금을 냈다.

윌리엄은 매주 하루는 매디슨 맨션 219호를 찾아 식사했다. 모건은 늘 윌리엄이 하는 일에 지지를 표시했다. 필요하면 백지수표를 건넸다. 심지어 두 사람의 의견이 엇갈릴 때도 일요일마다 윌리엄 곁에 서서 신도들을 맞이했다. 윌리엄이 추진하는 일을 적극적으로 지지한다는 사실을 행동으로 보여주었다.

윌리엄이 적극적으로 사회에 참여하면서 다른 종파의 평범한 사람들이나 성직자들을 초대해 세인트 조지에서 강연을 하도록 했다. 모건은 전통에서 벗어난 윌리엄의 연사 초대를 마뜩찮게 생각했다. 하지만 일반 시민의 비판이 일자 세인트 조지의 활성화와 '위대한 변화'가 일고 있음을 글로 써 언론에 투고하기도 했다. 그는 "그 변화는 미국에서 전례를 찾아보기 힘든 사건"이라며 윌리엄을 두둔했다. 그는 윌리엄의 시도가 성공회 교리를 위배한 일도 아니고, 눈에 띄게 해로운 것도 아니라고 강조했다. 이어 "기독교 세계의 사고방식에 큰 영향을 끼친" 주제를 토론하기 위해 "윌리엄 신부는 최고의 작가와 사상가, 성직자 등을 초대했다"고 설명했다.

모건과 윌리엄의 우정은 이후 30여 년간 지속된다. 이 기간 동안 모건의 자유주의 성향은 윌리엄이 알고 있는 것보다 깊고 넓어졌다. 윌리엄 가족이 1883년 캐나다 토론토를 떠나 뉴욕으로 올 때, 이 금융가는 철도회사와 의논해 이사 등의 비용을 무료로 해주었다. "그래서 윌리엄 신부는 알지 못하겠지만, 이사 비용 지급 등은 철도회사 입장에서 상당한 호의를 배푼 셈"이었다.

윌리엄이 몸져누운 1889년 모건은 유급 휴가를 제공해 휴식을 취하도록 했다. 휴가가 끝날 무렵 모건은 윌리엄 가족을 위한 신탁기금을 마련하면서 "너무 심하게 일하지 마십시오. 돈 걱정도 하지 마세요. 내게 감사할 것 없습니다. 그 돈에 대해 가족을 빼곤 누구에게도 말하지 마십시오"라고 말했다. 몇 년이 흐른 뒤 그는 윌리엄 신부의 가족이 코네티컷 리지필드(Ridgefield)에 집을 지을 수 있도록 적립한 돈을 주었다.

윌리엄은 모건이 숨을 거둔 뒤 그

윌리엄 스티븐 레인스포드
(출처: 뉴욕 피어폰트 모건 도서관)

에 관한 책 두 권을 발표한다. 개인 회고록이었다. 그는 자신의 후원자가 보여준 모순적인 행동과 사고를 자세히 써 내려갔다. 모건은 종교 문제에 대해서는 아주 관대했다. 하지만 사회 변화에 대해서는 완고할 정도로 보수적이었다. "내 설교나 말로는 그가 어릴 적부터 고수하고 있는 성공회식 구원 교리에서 1인치도 벗어나도록 하지 못했다. 그는 내가 주장한 급진적인 교리나 사회사상에 동의하지 않았다. 하지만 그는 나를 늘 적극적으로 지원했다. 그의 후원이 없었더라면 나는 아무것도 하지 못했을 것"이라고 회고했다. 신부의 눈에 비친 모건은 "성질을 부리고 때로는 불안해한 사람"이었지만 "아주 정직하고 헌신적인 인물"이었다. 윌리엄은 그의 독선적 행동 이면에서 사람들의 신뢰를 얻어내는 능력을 엿보았다. "다른 사람의 신뢰를 얻을 수 있는 능력을 발휘하면, 비범한 우아함이 드러났다… 그의 눈은 아주 비범했다. 놀라울 정도의 관통력과 친절함이 함께 묻어나는 눈이었다. 그가 뭔가를 이야기하는 순간 당신을 뚫어지게 응시하기 때문에 그의 말을 의심한다는 게 불가능했다"고 했다.

성직자로서 윌리엄은 다른 사람들이 보지 못한 모건의 사생활을 엿볼 수 있었다. 모건의 감성적인 측면을 이렇게 묘사한다. "그의 번뜩이는 통찰력에 대해 사람들은 천재라고 하기도 하고, 예언자라고 말하기도 한다." 그는 모건이 내적인 소양 덕분에 힘든 순간에도 "내가 만난 사람 가운데 가장 진중한 사람"이었다고 설명했다. 그는 "학자도 연구자도 아니었다. 그는 탐구하도록 훈련받은 사람도 아니었고, 휴식과 친밀함을 얻을 줄도 몰랐다"고 말했다. 그의 인내와 침착함이 흔들릴 때 "내부 깊숙이 자리잡은 감정이 급격히 분출하고, 가까운 사람들에게 도움을 호소했다."

윌리엄에 따르면 그 은행가는 "심하게 낙담하는 순간"에 "자신을 극도로 불신했다." 윌리엄은 "우리 두 사람이 30여 년 동안 친구 사이로 지내는 동안 우리 사이에 유지되었던 진중함과 예의가 그의 감정 표출로 사라진 경우가 세 번 있었다. 그가 매달리는 순간 내가 그를 도울 수 있을지 몰라 당황했지만, 적어도 내가 생각하기에 진실이라고 하는 것을 말해주었다. 사랑과 연민으로 한 사람을 도울 수 있다면, 그는 나한테서만 위로를 받았을 것이다'고 말했다.

윌리엄의 이야기는 다소 자기 과시적이다. 돌이켜 보면, 그는 자신의 신념의 우월성을 강조하는 방식으로 자신만이 그 위대하고 상처받은 영혼이 원하는 도움을 줄 수 있었다고 주장한다. 그리고 모건의 후덕한 후원에 전적으로 의지하면서도 개인적인 이익을 추구하지 않았음을 시사한다. 윌리엄은 권력자나 부호에 대한 찬사를 늘어놓는 평범한 사람들과 자신을 구별짓기라도 하듯이 "많은 사람들이 그 강력한 인물에게 머리를 숙이고 싶어 했고, 그가 움직이는 곳마다 아부와 찬사, 심지어 아첨과 비굴함이 가득했다"고 말했다. 그러나 윌리엄도 모건 앞에서 늘 꼿꼿하진 않았다.

윌리엄이 모건에 관한 책을 발표한 1922년 잭은 어머니 패니에게 "아주 편치 않다"고 말했다. 그는 아버지가 살아 있었다면, 그의 폭로를 싫어했을 것이라고 생각했다. 잭이 보기에 윌리엄은 공적인 의미가 아니라 내적인 감정을 위해 노력하고 슬퍼하는 사람도 있음을 모르는 것 같았다.

모건이 사람들과 친밀하게 지내는 것을 좋아하기 때문에 윌리엄을 적극적으로 후원하기도 했다. 그는 후원을 고귀한 소명이라고 생각했다. 자신이 경제적 특권을 얻는 데 바탕이 된 사회에 뭔가를 환원해야 한다는 헌신성 때문에 신부의 일을 돕기도 했다. 그러나 몇 시간 뒤 일상으로 돌아오면, 모건은 도금시대의 다급한 사회문제를 고민하고 해결하려는 의지를 가지지 않았다. 단지 그는 사회 문제와 정면으로 맞서보려는 십자군에게 힘을 주는 선에서 멈추었다. 특히 그 십자군이 영국인이고 성공회 소속이며 외모가 잘생기고 카리스마가 넘치면, 그리고 약간 감성적인 성향을 보이면 호감을 갖고 적극적으로 지원했다. 모건은 급진적인 성직자에게 베풂으로서 어릴 적 상흔을 달래고 싶었을 수도 있다.

—————※※※—————

뉴욕은 미국이 독립한 지 100년이 되는 시점에 경제와 문화의 중심지로 떠올랐다. 이 장사꾼의 도시에는 '미국의 르네상스' 시기에 나타난 성취와 갈등이 응축되어 있다. 윌리엄 레인스포드는 사회적 스펙트럼에서 빈곤층과 이민자와 가까이 서 있었다. 하지만 부유한 뉴요커들은 자신들의 본거지를 세계의 문화수도로 성장시키기 위해 한없이 팽창하고 민족주의적인 분위기에 젖어 있었다. 본래 예술과 응용과학은 대도시에서 융성했다. 고대 아테네와 알렉산드리아, 로마, 르네상스 시기에는 플로렌스, 17세기에는 암스테르담, 18세기에는 파리, 19세기에는 런던 등이 문화와 응용과학의 중심지였다. 양키의 거상들은 뉴욕이 20세기의 중심지가 될 것이라고 확신했다.

뉴욕은 미국적인 도시였다. 민주적인 에너지와 재능에서 과거 문화와 유산을 모두 보듬고 있다. 18세기 초 최신기술과 접촉할 수 있었던 뉴요커들은 전화기 사용법을 익혔다. 에디슨의 백열전구를 실험해볼 수 있었으며, 엘리베이터에 올라보기도 했다. 증기 에너지를 활용한 고가 철도는 뉴욕 전역의 지형을 바꾸어 놓았다. 1883년 브루클린 다리가 완공되었다. 다리는 당시 세계 최장 교량이었다. 미국인의 과학성과 천재성, 디자인 역량의 상징이었다.

뉴욕의 예술가들과 작가들은 구세계의 전통을 유지하면서도 미국적인 작품을 창작했다. 1884년 11월~1885년 4월 사이에 화보 잡지인 〈센트리 매거진 Century Magazine〉은 '이탈리아 초기 르네상스의 조각가들', '네덜란드 초상화가들', '셰익스피어의 숭배' 등의 기사를 게재했다. 동시에 '미국의 최근 건축'과 '미국의 파스텔 화가들' 등을 소개하는 데 지면을 할애했다. 잡지에는 엠마 라자러스(Emma Lazarus)의 에세이 '시인 하이네(The Poet Heine)'와 에드워드 피츠제럴드(Edward Fitzgerald)가 번역한 12세기 작가 오마르 카이얌(Omar Khayam)의 시집 《루바이야트Rubaiyat》에 대해 엘리휴 베르더(Elihu Verder)가 쓴 비평이 실리기도 했다.

베르더는 "한 미국 예술가가 페르시아 시인과 미국 번역가를 만나게 했는데, 그 결과는… 풍부하고 심오한 조화로 원문의 느낌을 잘 보여준다"라고 평했다. 잡지는 비평가들에게 글 쓰는 공간을 제공했을 뿐만 아니라 소설가 마크 트웨인의 《허클베리 핀》과 헨리 제임스의 《보스턴사람들Bostonians》, 윌리엄 딘 하웰스(William Dean Howells)의 《사일러스 라팜의 성공The Rise of Silas Lapham》, 조 챈들러 해리스(Joe Chandler Harris)의 《자유인 조와 나머지 세계Free Joe and The Rest of the World》, 남북전쟁에 관한 논픽션인 율리시스 그랜트 장군의 《사일로 전투The Battle of Shiloh》 등을 독자들에게 전했다. 또한 시어도어 루스벨트 2세는 잡지에 스미소니언과 대니얼 웹스터, 올리버 웬델 홈즈 등을 분석해 '주의회 입법 과정'과 남북전쟁 이후 미국 사회의 최대 화두인 인종문제를 다룬 '오늘날 미국인 앞에 놓인 가장 큰 사회 문제'라는 칼럼을 게재하기도 했다.

예술과 건축, 인테리어 디자인 등을 전문적으로 다루는 잡지들도 1880년대에 등장했다. 미국인이 교육과 예술의 중요성을 인식하자 전문적인 조직들이 꾸려졌다. 미국 역사협회(The American Historial Association)와 뉴욕 건축 리그(The Architectural League of New York) 등이다. 수많은 대학과 중등학교, 갤러리, 도서관, 오케스트라, 오페라 하우스, 박물관 등이 이 시기에 세워지고 구성되었으며 문을 열었다. 뉴욕 메트로폴리탄 예술 박물관이 1880년 제 건물을 갖추었다. 그해 3월 대통령 헤이즈와 뉴욕의 예술가들은 건축가 복스와 몰드가 5번 애비뉴와 80번가가 만나는 곳에 붉은 벽돌로 지은 고딕양식의 박물관 준공식에 참석했다. 준공식의 메인 연설은 법정 변호사이면서 박물관 후원 리더인 조셉 하지스 초트(Joseph Hodges Choate)가 맡았다.

초트는 빈자와 부자의 갈등이 첨예화하고 있는 당시 시대 상황을 반영해 "예술적 지식으로 생업에 종사하며 노동해야 하는 사람들을 교육시켜 인간화하고 세련되게 만들어야 한다"는 설립자들의 믿음을 일부러 역설했다. 박물관의 도덕적·사회적 책무를 강조한 말이었다. 실제로 메트로폴리탄 박물관의 설립 취지는 "일하는 수백만 명에게 중요하고 실용적인 이해관계를 위해 막대한 지식"을 전하는 것이었다. 런던의 사우스 켄싱턴 박물관을 벤치마킹해 미국 예술가와 학생들에게 "과거의 성과를 이해하고 능가하는 데 필요한 정보"를 주려고 했다.

경제·미학, 사회적 미덕이 결합해 탄생한 당시 박물관 갤러리 등은 엄청난 자금을 요구했다. 초트는 준공식에 참석한 미래의 후원자들에게 소득 가운데 일부를 예술에 지출할 것을 촉구한다. "백만장자 여러분! 어떤 영예가 여러분의 것인지 한번 생각해보십시오. 여윳돈을 가치를 매기기 힘든 도자기 등으로 바꾸거나 거친 쇳덩이를 위대한 조각품으로 바꾸고, 철도와 광산 회사의 주식 등을 세계적인 거장의 작품으로 바꾸라는 우리의 간곡한 충고를 받아들이신다면, 작품들이 수 세기 동안 이 박물관의 벽을 장식할 겁니다. 월스트리트의 격정이 금을 만드는 현자의 돌을 찾고, 무가치한 것을 금으로 바꾸기 위한 것이지만, 우리의 고상한 야망은 쓸데없는 금을 살아 있는 아름다움으로 바꾸는 일입니다. 그렇게 되면 천년 동안 전체 미국인들은 즐거울 겁니다"라고 말했다.

돈을 예술로 전환하려는 '고상한 야망'은 뉴욕 부호들의 마음을 움직였다. 하지만 1880년대 후반이 되어서야 그들이 보유한 작품들을 박물관에 기증하기 시작했다. 1880년대 초반 뉴욕의 부자들은 자신들의 집을 꾸미는 데만 열을 올렸다. 1882년 10월 M. E. 서우드(Sherwood)는 〈하퍼스 먼슬리Harper's Monthly〉에 쓴 글에서 "집의 내부 치장"이 "현재 세대의 소비 성향"이라고 지적하며 "예술의 절정기에 디자인된 뉴욕의 집보다 아름답고 균형 잡혀 있으며 조화로운 건축물은 없다"고 말했다.

'예술적인 집'을 가지려는 당시 뉴욕 부호들의 열망이 너무 강렬해져 존 라파지와 어거스터스 세인트-고든스(Augustus Saint-Gaudens), 루이스 컴포트 티파니(Lewis Comfort Tiffany)와 같은 예술가들도 인테리어 디자인에 관심을 기울이기 시작했다. 도금시대 부호들의 저택은 박물관이기도 했다. 그들은 뛰어난 집과 예술품 등으로 부와 예술 취향을 과시적으로 드러내 보였다. 헨리 마컨드(Henry Marquand)와 존 테일러 존스턴(John Taylor Johnstone), 존 클래그혼(John Claghorn), 존 울프(John Wolf) 등 극소수는 자신만의 예술적 심미안을 자랑했다. 하지만 1880년대 초반 미국 졸부들은 대부분 예술적 지식보다 더 많은 돈을 가지고 있었다. 그들은 프랑스 사람들을 놀라게 할 만큼 작품들을 대량으로 사들였다.

J. P. 모건과 함께 맨해튼 40번가에 산 윌리엄 헨리 반더빌트는 1879년 70만 달러를 들여 5번 애비뉴의 서편인 51~52번가 사이를 통째로 사들였다. 그해 그는 아버지한테서 물려받은 뉴욕 센트럴 철도의 지분을 매각했다. 그는 자신과 아내, 결혼한 두 딸을 위해 암갈색 돌로 쌍둥이 집을 짓는 데 200만 달러를 쏟아 부었다. 박스형 맨션의 인테리어는 허터 브라더스가 담당했다. 그가 지은 집은 윌리엄 반더빌트의 취향을 극적으로 보여준다. 그는 로마 양식의 발코니와 이탈리아 지베르티 양식의 문, 영국산 떡갈나무 바닥, 신고전주의 도서관, 일본식 거실, 베네치아 양식의 띠 모양 장식, 중국식 휘장 등을 마구 뒤섞어 집을 장식했다. 벽이란 벽에는 진주를 박았다. 그의 갤러리는 당시 미국의 개인 갤러리 가운데 가장 컸다. 프랑스 예술 아카데미 소속 작가들의 작품이 대거 전시되었다. 그는 일주일에 한번 초대한 사람들에게 갤러리를 공개했다.

반더빌트는 예술 비평가 얼 신(Earl Shinn)에게 돈을 주고 의뢰해 자신의 저택을 연구하도록 했다. 이 비평가는 도금시대에 대한 찬미와 편협성으로 가득한 여러 권의 찬가를 지었다. 얼 신에 따르면 당시 미국이 "놀라기 시작했다." 그는 1883~1884년에 필명 에드워드 스트라한(Edward Strahan)이라는 이름으로 이렇게 쓴다. "남북전쟁의 운 좋은 결과에 의해 재결합하고 독립 100주년으로 위상이 높아진 미국은 모든 것을 새롭게 발명하고 있다. 특히 그 집을 완전히 탈바꿈시켰다."

반더빌트의 집은 "미국 구석구석에서 느껴지고 있는 새로운 충동의 상징물이고 더 완벽한 폼페이와 마찬가지로 그 작품은 미국이 고유한 취향을 갖기 시작한 시점에 세워진 전형적인 미국 주택의 비전과 이미지"라고 얼 신은 상찬했다. 200만 달러를 들여 미국인 노동자 600명과 유럽인 60명을 동원해 지은 반더빌트의 저택이 '전형적인 미국인 주택'이라면, 이는 얼 신이 전혀 알지 못한 역설이다.

반더빌트의 두 아들이 1880년대 초반 맨해튼 5번 애비뉴를 따라 대궐 같은 집을 지었다. 이후 50~58번가 사이의 5번 애비뉴는 반더빌트 거리로 불렸다. 할아버지 이름을 딴 코닐리어스 2세는 후기 고딕과 르네상스 초기 양식을 섞어 붉은 벽돌과 흰색 돌로 프랑스식 대저택을 지었다. 저택의 정원은 그랜드 아미 플라자(Grand Army Plaza)와 센트럴 파크와 마주했다. 그의 동생 윌리엄 키샘(William Kissam)은 52번가와 53번가 사이에 프랑스 블루와성(Cha'teau de Blois)과 자크 쾨르(Jacques Coeur)를 모방해 석회석으로 성을 지었다.

1883년 3월 윌리엄 키샘의 부인 앨바(Alva)는 성의 준공식을 기념해 가장무도회를 열어 뉴욕 부호들의 판타지를 무한대로 자극했다. 그녀는 베네치아 공주의 옷을 입고 살아 있는 비둘기들과 함께 파티에 들어섰다. 남편 키샘은 프랑스 기즈 공작(Duc de Guise)으로 분장했다. 그녀의 시아주버니 코닐리어스 2세는 루이 16세로, 그의 아내는 에디슨의 백열전구로 변신해 파티 참석자들의 탄성을 자아냈다. 그날 파티에는 루이 16세로 분장한 사람이 16명이 더 있었고, 마리 앙투어네트로 분장한 여성은 8명, 스코틀랜드의 매리 여왕으로 변신한 사람은 7명, 리어 왕을 흉내낸 인물은 1명, 엘리자베스 여왕을 모방한 이는 1명, 스코틀랜드 지주와 북유럽의 여신인 발키리(Valkyrie)로 분장한 사람들도 끼어 있어 가장무도회의 구색을 맞추었다. 단지 율리시스 그랜트 장군 부부만이 정상적인 이브닝드레스를 입고 참석했다.

《순수의 시대》를 쓴 여류 작가인 이디스 워튼은 뉴욕의 옛날에 대해 이야기하면서 오그던 코드먼 2세에게 "반더빌트 가문 사람들이 문화를 그처럼 철저하게 퇴보시키지 않았으면 한다. 그들은 최악의 테르모필레(Thermopylae)에 포위되어 있어, 세상의 어느 군대도 그들을 구출할 수 없는 상태에 있다"고 비판했다. 다른 비평가는 19세기 말 미국의 건축물은 '기묘하면서도 미술적이다'고 말했다.

J. P. 모건의 친구 가운데 프레드와 어델 스티븐스가 처음으로 뉴욕에 유럽의 성을 본떠 집을 지었다. 5번 애비뉴의 남서쪽 모퉁이와 57번가가 만나는 곳에 그들은 로마네스크 양식의 붉은 벽돌집을 1876년에 완공했다. 모두 4층 건물이었고, 다섯 개의 탑이 세워져 있으며, 플랑드르와 스페인의 태피스트리(다채로운 색깔의 실로 그림을 짜 넣은 직물)로 장식된 아치, 벨기에 겐트(Ghent)에서 실어온 자재로 만든 왕실의 무도회장 등이 있었다. 그의 집 주변 건물들은 암갈색 돌로 지어져 이디스 워튼이 말한 대로 도시 전체가 초콜릿으로 채색된 듯했다. 이런 배경 속에서 솟아 있는 그들의 집은 아주 도드라져 보였다. 오스카 와일드(Oscar Wild)는 1880년대 1월 어느 날 5번 애비뉴를 따라 마차를 타고 가다그의 눈에 들어온 것들 때문에 우울했지만, 햇빛에 빛나는 스티븐스 집의 박공들을 보고 탄성했다. 그는 "그 집은 칙칙함과 황량함 속에서 '화창한 날! 화창한 날! 화창한 날!'이라고 울려 퍼지는 목소리 같았다"라고 말했다.

스티븐스의 집에서 남동쪽으로 가면 50번과 51번가 사이에 자리잡은 매디슨 451번지에는 철도 귀족 헨리 윌러드(Henry Willard)의 집이 있었다. 열린 정원 주변으로 암갈색 돌로 지어진 맨션 여섯 채가 붙어 있다. 맥킴·미드·화이트가 지은 그 저택은 이탈리아 르네상스 양식의 널찍한 개인 주택이었다. 5번 애비 뉴에 있는 프랑스 성의 양식을 본뜬 집보다는 고상하다고 생각하면서 지은 집 이었다. 그의 집에는 당대 첨단 기술이 적용되었다. 수력으로 움직이는 엘리베 이터와 전기선, 수세식 화장실 13개, 중앙 난방설비 등이 완비되었다. 특히 중 앙 난방설비는 하루 석탄 1톤을 소모했다. 이 집을 짓는 데 들어간 돈은 거의 100만 달러였다.

J. P. 모건은 재산으로 보나 사는 곳의 지역적 차이로 보나 반더빌트와 상당 한 격차를 보였다. 그는 1882년 매디슨 스퀘어와 36번가가 만나는 곳에 리모 델링한 맨션으로 이사했다. 그 집도 정도의 차이는 있지만, 당시 유행한 개인 박물관 형식이었다. 동양에서 수입한 양탄자와 도자기, 그림, 나무 세공품, 스 테인드글라스 등으로 치장됐다. 묵묵히 미국 스타일을 좀 더 강조한 스타일이 었다. 네오 클래식이라고도 할 수 없는 반더빌트 저택 등 동시대 거부들의 주 택과는 달랐다. 귀족적인 절제미가 풍겼다.

당시 정상급 실내 디자이너인 크리스티안 허터는 모건과 긴밀하게 의논하 며 작업했다. 코카서스 지방에서 자란 서양 호두나무로 만든 문을 36번가 쪽 으로 새로 낸 현관에 달았다. 모자이크 장식의 문간방 스테인드글라스 창문 은 전면 홀 쪽으로 열리게 했다. 그의 집을 방문하는 손님이 현관 쪽으로 몇 걸 음 들어가면, 경사진 선반에 걸려 있는 독일작가인 카울바하의 그림 '새들의 노래' 속에 있는 양치기 소녀와 방랑 시인을 만나게 된다.

대낮의 따가운 햇볕은 존 라파지의 스튜디오 쪽에서 들어와 스테인드글라 스를 통과하면서 부드러운 빛으로 변해 집 안의 중앙 벽을 비추고 또한 기둥 과 트리플 아치가 만나는 공복을 밝혀준다. 흰색 떡갈나무로 만들어진 촘촘

한 계단은 중앙 홀에서 침실 구역으로 연결되어 있다. 홀에서 좀 떨어진 곳에 엘리베이터가 설치되었고, 식료품을 저장하는 쪽에는 도둑을 대비한 안전한 2층 금고가 자리잡았다. 지하에는 아이들을 위해 운동 공간을 마련했다. 월스트리트 23번지에 있는 회사와 연결되어 있는 전보망도 완비되었다.

모건의 집 메인 플로어의 서쪽은 응접실로만 쓰도록 설계되었다. 스테인드글라스와 흰색 바탕에 금색이 점점이 찍힌 띠로 장식된 폼페이 양식의 기둥들이 응접실로 들어가는 쪽에 세워졌다. 홍예식(문의 윗부분을 무지개 모양으로 둥글게 만든 방식) 천장이 모자이크 장식처럼 그려져 있어 응접실의 천장을 더욱 높아 보이게 한다. 게다가 양탄자와 쿠션, 테이블, 의자, 일본 수예품, 실크 커튼, 그림, 책들이 세심하게 배열되어 있어, 빅토리아 시대의 난삽함을 없애주고, 형식적인 균형미를 느끼게 한다.

뉴욕 도시형 주택의 전형적인 공간인 서재는 메인 현관 오른쪽에 배치되었다. 모건은 시내에서 돌아오면 다른 사람들이 있는 공간을 거치지 않고 곧바로 서재로 직진할 수 있도록 하기 위해 그렇게 배치했다. 그는 이 서재에서 윌리엄 레인스포드 신부를 면접했다. 책상과 벽난로 주변 등은 산토 도밍고산 마호가니 나무로 만들어졌다. 남쪽으로는 길이 2.4미터인 판유리 창이 나 있다. 인테리어 디자이너 허터는 녹색 벨벳으로 책상과 의자를 덮었고, 황토색과 파란색 타일로 벽난로를 장식했다.

모건의 서재 천장은 팔각형 패널로 만들었다. 그 패널에는 역사와 시의 상징물을 그려 넣었다. 그는 내방객들에게 "허터가 직접 그의 손으로 그렸다"고 자랑스럽게 소개하기도 했다. 라파지가 만든 스테인드글라스는 이 남성의 은거지에서 본채에 바로 붙어 있는 온실로 연결되어 있다. 온실의 길이는 18미터가 넘었는데, 기둥 등을 타고 오르는 야생 포도나무, 난, 꽃, 양치류 등으로 가득했다. 화분에 담긴 나무들이 창문을 따라 놓여 있고, 검은 대리석으로 테두리가 되어 있는 사자의 머리가 작은 개울 쪽으로 물을 품고 있다.

매디슨 애비뉴 맨션 219호의 식당은 다른 곳과는 달리 둔탁한 느낌을 주는 빅토리아식이다. 영국산 떡갈나무로 만든 식탁, 시에나 대리석으로 만든 식탁 기둥, 동양식 휘장과 단지들, 작은 회전 탁자, 가죽의자, 넓이 3.6 제곱미터인 스테인드글라스 등이 눈에 들어온다. 커다란 선반 위에는 프레드릭 처치가 그린 '니어 다마스커스(Near Damascus)'가 걸려 있다.

J. P. 모건은 1882년 11월 〈아티스트들의 집, 미국에서 가장 아름다운 여러 명사들의 집들에 대한 인테리어 장식 리뷰와 내부 예술품의 설명(Artists Houses, Being a Series of Interior Views of a Number of the Most Beautiful and Celebrated Homes in the U. S., With a Description of the Art Treasures Contained Therein: 1883~1884)〉에 게재될 사진을 찍도록 했다. 책은 가죽 장정으로 되어 있고, 최고 부유층 500명만을 위해 한정본으로 만들어졌다. 책은 윌리엄 반더빌트, 조지 베이커, 마셜 필드, 헨리 마컨드, 존 테일러 존스턴, 프레드 스티슨븐스, 루이스 티파니, 새뮤얼 틸던, 헨리 윌러드의 집 등 모두 95채를 사진과 설명으로 소개한다. 사진은 대부분 D. 애플턴(Appleton & Co.)이 1883년에 찍었다.

1987년 아놀드 루이스와 제임스 터너, 스티븐 맥퀼린(Steven McQuillin) 등이 사진들을 다시 살려 《도금시대의 호화 인테리어The Opilant Interiors of The Gilded Age》로 펴냈다. 이 책은 귀중한 역사 자료이고 예술 비평의 원전이 되고 있다. 얼 신이 반더빌트 저택을 상찬했듯이, 《예술가들의 집》도 모건의 집이 미국의 예술적 성과와 심미안을 보여준다고 극찬했다. "세계에서 이처럼 독창적이고 풍요로워 보이거나 경탄할 만한 집은 없다"고 말했다. 이 글을 쓴 이는 당시 이름을 밝히지 않았지만, 예술 비평가인 조지 W. 셸던(George W. Sheldon)으로 나중에 밝혀졌다.

신과 셸던은 찬사를 파는 장사꾼으로 구실하면서 이름을 밝히지 않거나 익명으로 글을 써 비평가로서 위신을 지키려고 했을 수 있다. 하지만 1880년대 초반 예술이 발흥하고 있었기 때문에 자신들의 이야기를 믿었을 수 있다. 셸던은 부호들이 집에 보유하고 있는 "희귀하고 세련되고 고가"인 작품 등을 목록으로 만들었다. 또한 그 물건들을 가지고 있는 사람들이 "학자적인 열망과 심미안을 갖추었고 충분한 부를 가지고 있는 전문가들"이라고 추어주었다.

그런데 셸던의 극단적인 찬사야말로 그들의 심미안이 얼마나 부풀려졌고, 비평가의 날카로운 눈매로 그들을 평가하지 않았는지 여실히 보여준다. "그리스인들에게는 아름다움과 유용성 사이에 차이가 없었는데, J. 피어폰트 모건의 맨션도 마찬가지다."

'예술적인 저택'의 소유자들과는 달리 J. P. 모건은 매디슨 애비뉴 219호 맨션에 갤러리를 만들지 않았다. 하지만 당대 유럽 작가들이 그린 살롱화(Salon Paintings)를 수집하고 있었다. 여기저기 나서느라 바쁜 얼 신이 '에드워드 스트라한'이라는 필명으로 정리한 목록인 《미국이 보유한 예술품The Art Treasures of America》엔 "뉴욕의 J. 피어폰트 모건 씨가 작지만 귀중한 컬렉션을 보유하고 있다"는 대목이 있다. 그는 모건의 작지만 귀중한 컬렉션을 소개하는 데 네 페이지를 할애했다.

세 권으로 된 《미국이 보유한 예술품》은 1879년에 만들어졌다. 드렉셀과 반더빌트, 윌리엄 록펠러, 루이스 머튼, 어거스트 벨몽트, 해리스 파네스톡, A. T. 스튜어트, 제임스 고든 베네트, 크리스천 허터, W. T. 워커, H. P. 키더, 르랜드 스탠퍼드, 찰스 크로커(Croker), 밀튼 래섬(Latham), 대리어스 오그먼 밀스 등이 개인적으로 소장한 예술품과 워싱턴 코코런 갤러리와 보스턴의 파인 아트 박물관, 뉴욕 히스토리컬 소사이어티, 레녹스(Lenox) 도서관, 메트로폴리탄 박물관 등 박물관·갤러리 등이 보유하고 있는 작품 등을 목록화했다.

모건이 당시 보유한 작품들은 주로 풍경화이거나 메시지가 쉽게 읽히는 풍속화였다. 당대 산업화한 미국의 모습과 거리를 두고 있는 작품들이기도 했다. T. 모라거스(Moragas)가 그린 아랍의 야외 풍경화인 '법정(Court of Justice)'과 루이스 알바레즈(Luis Alvarez)가 찬미한 대운하(Grand Canal), 바르비종(Barbizon)파의 전통을 물려받은 나르시스 디아즈 드 라 페냐(Narcisse Diaz de la Pena)가 그린 스페인 풍경화, 헥터 레룩스(Hector Leroux)가 그린 '보낸 심부름을 잊어버린 호레이스의 하인' 등이었다. 캐롯(Carot)이 그린 것으로 알려진 '르 갈레(Le Gallais)'라는 작품도 모건의 집에 걸려 있었다. 신은 "신비롭고 영롱하며 부드러운 우아함"을 가지고 있는 작가의 "놀라운 장인정신"을 보여주는 작품이라고 극찬했다. 그런데 작품은 모건 집의 벽에서는 자취를 감춘다. 캐롯은 작품 600여 점을 생산했는데, 미국인이 보유한 작품 수는 무려 6,000여 개에 달했다.

신은 유달리 '진주처럼 영롱한(Pearly)'이라는 표현을 좋아했다. 모건이 소장한 J. L. 하몬(Hamon)의 '큐피드의 여자 세탁부(The Laundress of The Cupids)'에 대해 신은 "팔레트 시인(화가)의 대담함과 독창성이 엿보인다"며 "진주처럼 영롱한 새벽 장면 속에서 그 여성은 사랑의 의식을 지워낸다"고 평했다. 그의 비평에 따르면, 모건이 보유한 작품들 가운데 "가장 희귀한 것은 로마의 카발리에레 시피오네 바누텔리(Cavaliere Scipione Vannutelli)가 1875년에 그린 '카디널 축제(Cardinal Feasts)'"라고 말했다. "번쩍거림뿐만 아니라 허영과 경건함의 혼합, 방탕하면서도 공손한 성직자, 태피스트리와 성스런 나무판들로 바닥이 이뤄진 궁전이 화가에게 휘황찬란한 영감을 주었다"고 평하기도 했다.

예술의 전환기였던 1880년대 미국인들의 심미안은 유아기 상태였다. 신은 현재의 눈으로 보면 진부하기 짝이 없는 작품에 대해 황홀함과 함께 빅토리아 감성에 대한 무비판적인 찬사를 쏟아냈다. 또 작품들이 가지고 있는 재산 가치와 예술적 가치에 대해 침묵했고, 정작 뛰어난 작가들을 무시했다. 《미국이 보유한 예술품》이 당대 예술에 대한 정보의 원천보다는 도금시대 미국 부호들의 사고방식과 행태를 보여주는 훌륭한 창으로 평가받는 까닭이다. 실제로 신은 조셉 드렉셀이 소장한 카나레토(Canaletto)나 카라바지오(Caravaggio)의 작품에 대해서는 한 마디도 하지 않았다.

J. P. 모건의 취향은 유럽 작품에 한정되지 않았다. 예술에 관심이 많은 스터지스 덕분에 프레드릭 처치와 애셔 B. 듀런드, 존 F. 켄세트(Kensett: 〈아디론댁스의 일출Sunrise in the Adirondacks〉), S. R. 기포드(Gifford: 〈캐스킬스의 10월October in the Catskills〉), 엘리휴 베더가 그린 오디세이의 장면 등을 보유했다. 모건은 엘리휴 베더에게 의뢰해 '나우시카와 그녀의 동행자들(Nausicaa and Her Companions)'를 그리도록 하기도 했다. 신은 이 그림에 대해 "고풍스러우면서도 흥미롭다"고 평했다. 참고로 모건이 보유한 듀런드와 베더의 〈목욕하는 그리스 소녀들 Greek Birls Bathing〉 등은 현재 메트로폴리탄 박물관에 있다.

미국 부호들이 풍경화 등을 집중적으로 사들이는 동안 마네와 세잔, 드가, 르누아르 등 당대 혁신적인 예술가들은 자신들을 둘러싼 환경을 그리는 데 전통적인 주제와 형식을 부정했다. 빛과 색상, 재질, 구성 등에서 새로운 실험을 벌였다. 인상파 작가들의 첫 전시회가 1874년 프랑스 파리에서 열렸다. 이 전시회는 19세기 미술의 한 획을 긋는 사건이었다. 다른 하나는 사진술의 발전이다. 하지만 극소수의 예외를 제외하고 당대 비평가들과 수집가들은 그들의 시도와 작품을 제정신이 아니라며 무시했다. 모건 등 뉴욕 부호들의 취향이 살롱화에서 벗어나기 시작한 시점은 1890년대 후반이다. 그렇다고 반 고흐, 피카소, 마티스 같은 모더니스트의 작품에 심취하기 시작한 것은 아니다. 옛날 거장의 공허한 권위에 집착했을 뿐이다.

J. P. 모건은 1883년 매디슨 맨션 219호로 이사한 직후에 뉴욕의 도서 딜러인 조셉 F. 세이빈(Sabin)이 수집하거나 펴낸 책 가운데 자신이 보유하고 있는 것들을 목록화했다. 그의 초창기 소장 도서는 전형적인 1880년대 뉴욕 부호들이 지닌 책들과는 달랐다. 세이빈의 아버지 조셉(1821~1881년)은 미국의 정상급 출판가이면서 도서목록 편찬자였다. 도서 딜러이기도 했다. 그는 《미국에 관한 책들Dictionary of Books Relating to America》를 펴냈다. 그때 뉴욕 부호들은 최고급 장정으로 만들어진 유명한 작가의 책과 성경, 찬송가, 시편, 소책자 등 종교서적, 주류 시각에서 집필된 역사서 등을 보유했다.

그러나 모건은 좀 독특한 개인 취향 때문에 《나폴레옹과의 그의 장군들Napoleon and His Generals》과 로버트 버튼(Robert Burton)의 《멜랑콜리의 해부Anatomy of Melancholy》(1621년) 등 60권을 소장했다. 그의 서재에는 가볍게 읽을 책들도 있었는데, 조지 크뤼크섕크(George Cruikshank)가 그린 음란한 성격의 《존 팔스타프 경의 삶Life of Sir John Falstaff》과 윌리엄 4세의 애인인 영국 여배우에 관한 《미시즈 조던Mrs. Jordan》, 1792년에 발행된 《호머의 벌레스크 번역본Burlesque Translation of Homer》 등이다. 모건은 미학 서적도 상당량 수집했다. 크로위(Crowe)와 캐벌캐셀(Cavalcaselle)이 쓴 《플랑드르 초기 화가들Early Flemish Painters》과 바사리(Vasari)의 《화가의 삶Lives of the Painters》, 마이클 브라이언(Micheal Bryan)의 《화가와 조각가 사전Dictionary of Painters and Engravers》, 네니스와 폼페이에 관한 책, 도자기에 관한 책 여러 권, 1815년 이전 루브르 박물관 소장품 목록, 러스킨(Ruskin)의 《현대 화가들Modern Painters》, 《베니스의 석조물Venice Stones》, 《건축의 일곱 가지 램프Seven Lamps of Architecture》 등이었다.

모건은 하버드대학의 예술사가인 찰스 엘리엇 노튼(Charles Eliot Norton)만큼 심미안과 철학적 분석 능력은 없었지만 중세 예술에 빠졌다. 1883년 그는 19

세기 미국인들이 중세 예술을 어떻게 생각했는지를 말해주는 책들을 상당수 소장했다.

J. P. 모건은 문학가와 역사적인 작가의 진본 원고를 수집하기도 했다. 아버지 주니어스는 월터 스코트가 1815년에 발표한 소설 《가이 매너링Guy Mannering》의 1881년 자필 원고를 아들에게 주었다. 원고는 애초 18세기 스코틀랜드에서 작성되었다. 스코틀랜드의 소유물이 미국으로 넘어가는 바람에 영국인들은 불쾌할 수밖에 없었다. 모건도 1793년 로버트 번스가 쓴 육필 원고를 사들였다.

주니어스는 1877년 뉴욕 델모니코 호텔에서 연설할 때 읽었던 조지 워싱턴의 편지 원본을 갖고 있었다. 아들 모건이 1883년에 소장하고 있는 조지 워싱턴의 문건 등은 원본 편지 네 통과 건국의 아버지들이 서명한 독립선언서 세트, 알렉산더 해밀턴의 죽음과 관련된 서류 뭉치 등이었다. 1880년대 초반 그의 서재에서 가장 중요한 소장품을 꼽는다면, 존 엘리엇의 《인디언 성경》(매사추세츠 캠브리지: 1663)의 복사본이었다. 이 성경은 북미 원주민의 언어로 만들어진 최초의 성경이었다.

〰〰

모건의 맨션은 뉴욕에서 에디슨 백열전구로 불을 밝힌 최초의 저택이었다. 《예술적인 저택들》의 책을 보면 전등갓이 없는 전구가 묶음으로 빛을 발하고 있는 사진을 볼 수 있다. 이때 만들어진 백열전구는 불빛이 흐려 전등갓 등을 따로 달 필요가 없었다. 엔지니어들은 뒤뜰에 있는 마차 보관소의 아래에 증기 발전기를 설치하고 집 안에 전선과 스위치를 가설했다. 모건은 침대 머리맡에 있는 손잡이를 돌려 1층과 현관 홀, 포도주 저장실의 백열전구를 켜고 끌 수 있었다.

에디슨이 단 몇 주 안에 실용화할 수 있다고 한 1878년의 약속은 1882년 말까지도 지켜지지 않았다. 아버지 주니어스의 염려가 현실이 된 셈이다. 하지만 모건은 백열전구에 대한 기대를 가지고 있었다. '멘로 공원의 마술사(에디슨)'가 "백열전구의 실용화를 강력히 추진할 수 있는 펀드"를 원했다. 모건 등이 나서서 그 돈을 마련해주었다. 에디슨은 그 돈을 자기식대로 쓰고 싶어 했다. 그의 변호사 그로브너 로리는 벤처 초기부터 에디슨 전구의 이사진과 독선적이고 "쉽게 핏대를 올리고 발명의 성공 여부가 의심받을 때 거칠게 나오는" 마술사 사이에서 애를 먹고 있었다.

에디슨 전구가 설립된 지 몇 주 지나지 않은 1878년 12월 회사의 임원들은 에디슨이 새로운 빌딩에만 2만 달러를 지출했다고 불평했다. 임원들이 보기에 "필수적이라고 생각되지 않는 곳에" 지출된 것이었다. 그들은 자세한 사용내역서를 요구하고 나섰다.

한 달 뒤 로리는 투자은행 드렉셀·모건 회사를 들렀다. 그는 에디슨이 애초 사용한 백금 필라멘트가 제대로 작동하지 않는다는 사실을 알게 되었다. 모건의 파트너인 패브리와 드렉셀, 라이트는 자신들이 보유하고 있는 에디슨 전구의 주식을 살 만한 사람들이 없는지 로리에게 장난스럽게 물었다. 하지만 로리는 그 천재 발명가에게 "패브리 씨가 아주 심각하다"고 말했다.

로리는 자신이 과학 실험이라는 게 시행착오의 연속이라고 설명했을 때 모건은 묵묵히 듣고만 있었다고 에디슨에게 말했다. 모건은 당시 유럽에서 백열전구의 특허권과 관련한 일을 맡아 처리하기로 에디슨과 합의했다. 하지만 구체적인 진척이 거의 이뤄지지 않았다. 그의 파트너 한 명은 에디슨이 특허 사용료 명목으로 유럽의 에이전트한테서 1,800달러를 찾아 가려고 하는데, 모건이 에디슨을 의심해 선급금을 지급하지 않으려 한다고 말했다.

그런데 로리는 "모건 씨가 그 문제를 처음으로 직접 말했다"고 에디슨에게 말했다. 모건은 침묵을 지켰는데, 그는 그처럼 사실과 반대로 말했다. 그리고 아주 공정하게 양쪽의 문제를 이해하기 위해 이런 기회를 오랫동안 기다려왔다고 말했다. 로리는 기쁨에 들뜬 목소리로 "그 신사분들은 그들이 하기로 마음먹은 것에서 상황이 벗어나더라도 크게 겁먹지 않는다"며 에디슨에게 월스트리트 23번가에 있는 "우리 친구들"에게 어떤 어려움이 있는지 솔직하게 털어놓으라고 권했다. 그 자본가들은 결국 에디슨의 어려움을 알게 된다.

에디슨의 발명활동을 쓴 사람들은 그가 비전을 갖춘 시골 천재라고 주장했다. 에디슨은 무자비한 자본가들, 주로 모건을 상대로 명분 있는 싸움을 벌인 인물이라고 묘사했다. 냉정한 자본가들은 에디슨이 연구를 위해 회사 돈을 쓸 때마다 애걸복걸하도록 하고, 그의 발명 업적을 자신의 이익을 위해 마구 이용해 먹었다고 주장했다. 하지만 로버트 프리델(Robert Friedel)과 폴 이스라엘(Paul Israel)의 최근 저작인 《에디슨의 전구, 한 발명가의 인생Edison's Electric light, Biography of an Invenstion》과 모건의 자료들은 그들과는 전혀 다른 사실을 말해준다.

에디슨 전구와 관련한 비즈니스에서 J. P. 모건의 역할에 대해 많은 혼동이 발생했다. 프로젝트를 둘러싼 이해 관계자들이 세 그룹이었기 때문에 빚어진 혼동이었다. 모건과 에디슨 전기 등을 쓴 사람들은 복잡하고 다양한 이해 당사자의 성격을 구분하지 않고 뭉뚱그려 서술했다.

첫 번째 그룹은 에디슨 전구의 설립자들과 이사들이다. 패브리와 로리의 법무법인의 파트너들, 웨스턴 유니언의 몇몇 사람들이다. 두 번째 그룹은 투자자 신디케이트였다. 패브리, 드렉셀, 라이트, 그리고 1879년까지 지분을 보유한 헨리 윌러드 등이다. 세 번째 그룹은 에디슨 전구의 주거래 금융회사의 금융가들이다. 드렉셀과 모건은행이다.

패브리는 세 그룹에 모두 속하고, 윌러드는 이사이면서 투자자였다. 하지만 그들이 프로젝트를 추진하는 과정에서 보인 행동이나 이해관계는 서로 달랐다. 모건은 애초 에디슨 전구의 주식을 보유하지 않아 다소 방관자적인 태도를 보였다. 모건이 처음에 투자한 5만 달러는 손바꿈에 지나지 않았다. 왼손이 가지고 있는 돈을 오른손으로 옮겼을 뿐이라는 얘기이다. 그는 에디슨 전구의 비즈니스에 개인적으로 깊숙이 간여하기 시작했다. 1880년에는 그 회사의 최대 주주가 되었다.

천재 발명가의 놀라운 아이디어를 시장에서 팔아먹을 수 있는 상품으로 전환하는 데는 애초 예상보다 긴 시간과 많은 돈이 필요했다. 에디슨이 기술적인 문제를 해결하고 대형 중앙 발전소를 짓고, 필요한 설비를 생산하기 위해 공장을 신설하는 동안 뒷돈을 댔던 금융 자본가 가운데 몇몇은 인내심을 잃었다.

에디슨 전구는 애초 특허권을 보유할 목적으로 설립되었다. 회사의 이사들은 제조 문제에 간여할 생각이 전혀 없었다. 1879년 가을 회사의 이사들은, 로리가 에디슨에게 "당신이 그들에게 전구를 주기로 약속하면, 그들은 당신에게 5만 달러를 주기로 합의했다"고 한 사실을 들어 에디슨이 요청한 선급금 지급을 거부했다.

에디슨 전구는 여러 차례 증자를 단행해 1880년 11월에 자본금 규모가 48만 달러에 이르렀다. 새로 발행된 주식은 대부분 특허 사용 기간을 연장한 대가로 에디슨에게 지급되었다. 주식은 대부분 매각되어 현금으로 전환되었다. 이 '멘로 공원의 마술사'는 생산에 필요한 자금을 조달하기 위해 보유 주식을 팔았다. 보유 중인 주식을 담보로 돈을 차용했으며, 친구들의 저금까지 돌려썼다.

모건 은행은 비공식적으로 그 천재 발명가에게 조언했다. 패브리는 1879년 말 '친구 에디슨'에게 실험실에서 성공이 확인되기까지는 '위대한 발명품'을 공개하지 말라고 충고했다. 대중 앞에서 발명품이 작동하지 않을 경우 비즈니스에 심각한 타격을 줄 수밖에 없었다. 패브리는 "당신의 위신과 이해 관계자들을 위해 성공이 최종적으로 확인될 때까지 주의해야 한다"고 말했다.

드렉셀·모건은 1880년 로리가 에디슨 전구(Edison Illuminating Co.)를 설립하는 데 도움을 주었다. 회사의 납입 자본금은 100만 달러였다. 회사는 맨해튼 중심부인 펄 스트리트에 발전소를 짓기 위해 설립되었다. 모건은 1881년 1월 제이콥 로저스와 아들 잭을 데리고 에디슨이 일하고 있는 멘로 공원의 '발명 실험실'을 방문했다. 두 달 뒤 모건은 친구 윌리엄 W. 호핀에게 "에디슨의 발명품을 도시에 설치하겠다는 야심을 가지고 있다… 당신이 예정대로 그 발명품이 낳을 이익을 가져가길 소망한다"고 말했다. 하지만 에디슨의 백열전구가 얼마나 좋은 것인지 세상 사람들은 즉각 알아채지 못했다. 그들이 진가를 알아채기 전까지 드렉셀·모건은 에디슨 전구와 전력의 주거래 은행으로 구실하면서, 회사의 차입금 조달을 도왔고, 에디슨의 개인 투자도 대행해주었다. 그리고 로리가 예상한 대로 미국과 유럽에서 백열전구를 효과적으로 홍보해주었다.

1881년 에디슨의 요구에 따라 투자은행 드렉셀·모건은 에디슨 전구의 유럽 법인에 대해 그가 가지고 있는 지분 절반을 액면가에 인수해 투자자 신디케이트에 배정했다. 모건은 "회사의 이익을 지분율에 따라 배정함으로써 우리 서로가 이익을 보기 위해" 신디케이트에 지분을 인수시킬 예정이라고 에디슨에게 말했다. 드렉셀·모건이 이런 계획을 세우고 그 지분을 인수하기로 결정한 지 일주일 만에 주식가치가 추락했다. 모건은 "당신이 어려움을 겪게 되는 것을 막기 위해" 주식 인수를 중단한다고 말했다. 에디슨은 이때 "당신의 사려 깊은 배려에 감사한다"고 편지 썼다.

조지 피바디가 맥코믹 수확기와 콜트 리볼버식 총기류, 호우의 인쇄기를 런던 크리스털 궁전에서 열린 박람회에 전시하기 위해 그 비용을 미리 지급했듯이, 모건은 에디슨의 백열전구를 전람회에 전시하는 데 드는 비용을 대주었다. 1881년 프랑스 파리 전기 박람회에 전시된 에디슨의 백열전구는 상당한 관심을 끌었다. 프랑스의 한 건축가는 에디슨의 전구로 파리의 오페라 하우스를 장식했다. 미국의 도시 철도 시스템을 개발하고 있던 한 해군 장교와 독일의 엔지니어이면서 산업가인 에밀 라세나우(Emil Rathenau)와 베르너 폰 지멘스(Werner von Siemens)가 대단한 관심을 가지고 백열전구를 살펴보았다.

이듬해인 1882년 에디슨의 백열전구가 크리스털 궁전의 박람회에 전시되어, 결국 런던에도 발전소가 세워지게 되었다. 모건은 마침내 시큰둥한 아버지 주니어스의 생각을 바꾸어 놓을 수 있었다. 투자은행 J. S. 모건이 1882년 런던에 에디슨 전구회사를 세웠다. 1883년 10월에는 이 회사와 경쟁 기업을 한데 묶어 에디슨 & 스완(Swan) 전구 회사를 설립하는 데 성공했다.

역사가인 로버트 프리델과 폴 이스라엘은 "에디슨이 라이벌을 능가하는 이점을 가지고 있었다면, 그것은 의심 많고 요모조모 따져보기 좋아하는 월스트리트 플레이어들한테서 신뢰를 받았다는 사실이다"고 결론 내렸다. 월스트리트의 신뢰는 "그의 이전 발명가들이 갖지 못한 능력"이었다. 에디슨은 일정을 맞춰야 하는 의무와 다른 사람의 돈을 쓰는 데서 비롯된 간섭 때문에 상당한 스트레스를 받기도 했다.

에디슨과 금융 자본가들은 한차례 옥신각신했다. 직후 그의 비서는 "투자자인 드렉셀·모건은행의 사람들이 어떤 문제에 대해서는 상당히 깐깐하지만 지키지 못할 약속을 남발하지 않아 같이 일하기 좋은 사람들이라는 생각이 들기 시작했다. 그들은 어떤 일을 하기로 했으면 형식적으로 약속을 완수하는 게 아니라 전심전력을 다해 일이 성사되도록 했다"고 평가했다.

J. P. 모건은 에디슨의 발명품을 뉴욕에서 최고의 전시 공간에 배치했다. 1882년 9월 4일 천재 발명가는 막 완공된 맨해튼의 중앙 발전소를 나와 드렉셀·모건으로 발걸음을 돌렸다. 이 투자은행엔 당시 백열전구 106개가 가설되

어 있었다. 에디슨은 전구와 배선이 제대로 가설되었는지 점검했다. 그 날 오후 3시 정각 에디슨은 스위치를 조작해 백열등을 밝혔다.

〈뉴욕 타임스〉는 전등이 켜졌을 때 도시는 아직 환했지만, 오후 7시가 되었을 때 어두워져 백열전등이 "얼마나 밝은지 얼마나 꾸준하게 사람들의 눈에 부드럽고 따뜻하게 불을 밝히는지 드러났다"고 전했다. 〈뉴욕 헤럴드〉는 "어두운 외부에서 볼 때 전구들은 불길이 매달려 떨어지는 느낌을 주었다"고 표현했다. 에디슨은 〈뉴욕 선〉과의 인터뷰에서 "나는 약속한 모든 것을 지켰다"고 선언했다. 하지만 그가 모든 약속을 지킨 것은 아니었다. 맨해튼의 중앙 발전소를 짓는 데 예상보다 너무 많은 돈이 들어가는 바람에 다른 도시의 자본가들이 발전소 건설을 망설였다.

모건의 집에 설치한 전구는 월스트리트에 설치한 전구보다 산뜻하게 작동하지 않았다. 엔지니어가 매디슨 애비뉴 219번지의 집에 전구와 배선 공사를 마쳤을 때 모건은 에디슨의 수석 보좌역인 에드워드 H. 존슨(Edward H. Johnson)에게 제대로 설치되었는지 점검해달라고 요청했다. 그는 천천히 빌딩을 둘러보며 전선과 소켓, 전구 등을 살펴본 뒤 "이것들이 내 물건이라면 모두 거리에 내던져 버리겠다"고 말했다. 모건은 "그게 바로 모건 여사가 한 말입니다"라고 응수했다. 모건은 포기하지 않았다. 존슨에게 가족들이 이사 오기 전에 다시 전선 등을 설치해달라고 부탁했다. 존슨이 다시 설치를 마쳤을 때 마구간 아래에 설치한 발전기의 소음과 연기가 너무 심해 이웃들이 불평했다. 모건은 사과했다. 그는 일기에 "문제를 피하기 위해 모든 노력과 주의를 기울였고, 앞으로도 노력과 비용을 아끼지 않겠다. 하지만 가동이 중단된 발전기 때문에 온 집 안이 캄캄해 이웃들이 불평하더라도 아우성치는 발전기를 다시 가동할 수밖에 없었다"고 썼다.

그는 에디슨 전구와 발전 쪽에 수리공을 보내달라고 요청했다. 하지만 1882

년 12월 당시 회사는 너무나 많은 주문에 시달려야 했다. 그들은 회사의 주거래 은행의 실력자마저도 기다리게 했다. 3주를 기다린 뒤 모건은 결국 에디슨 전구의 회장인 서본 B. 이튼(Sherbourne B. Eaton)에게 "모든 게 나와 이웃들을 분노케 하고 있다고 솔직하게 말씀 드립니다. 더 이상 그 문제를 참고 기다릴 생각이 없습니다. 문제를 즉각 해결해주시기 바랍니다"라고 편지했다. 이듬해 1월 엔지니어가 모건 집을 찾아와 발전기 밑에 고무를 깔았고, 배선을 다시 정리해 깔았다. 정원에 굴뚝을 묻어 연기가 집 안과 이웃으로 밀려들지 않도록 했다.

소음과 매연 문제가 해결되자 모건은 친구 400여 명을 초대해 에디슨 전구를 소개하는 행사를 가졌다. 그런데 가족들이 오페라 관람을 위해 집을 비운 어느 날 저녁, 서재에 깔린 전선이 과열해 책상을 불태워버렸다. 시공 엔지니어인 존슨이 그 다음날 일찍 원인을 알아보기 위해 모건의 집을 찾았다. "카펫과 나무가 온통 물에 젖고 집 안은 탄 냄새로 진동했다"고 그는 나중에 회고한다. 서재의 나무 바닥이 드러나 있었고, 책상과 무거운 양탄자, 숯덩이들이 서재의 중간에 가득 쌓여 있었다.

서재를 둘러보고 있던 존슨은 가까이 다가오는 발자국 소리를 들었다. 그는 이렇게 회고했다. "모건 씨가 신문을 들고 서재 문 앞에 출현해 안경 너머로 나를 지켜보고 있었다. 불이 난 이유에 대한 설명을 미리 준비해두고 있었고, 정중한 사과를 할 준비가 되어 있었다. 말문을 막 열려고 하는 찰나 모건 부인이 나타나 모건 씨 뒤에서 서서 입술에 손가락을 대며 말하지 말라는 신호를 보낸 뒤 재빠르게 홀로 사라졌다. 나는 말없이 불탄 잔해 더미만을 바라보고 있었다." 모건이 마침내 말문을 열고 어떻게 처리할 것인지를 물었다. "시스템을 더 안전하게 만들겠다"고 그 엔지니어는 대답했다. 그는 전선이 문제일 뿐 전구에는 문제가 없다고 말하려고 했다.

"고치는 데 얼마나 오래 걸리겠소?"

존슨은 "지금 당장 해결하겠습니다"라고 말했다.

"좋소, 당신이 하는 걸 보겠소."

모건은 화재로 상당한 불편과 비용을 치르면서 감내해야 했다. 그는 대서양 횡단 케이블 부설과 세인트루이스 다리 건설 등을 금융지원하면서 좋은 아이디어가 실용화되는 게 얼마나 어려운 일인지를 이미 경험한 인물이었다. 에디슨의 발명을 지원했던 사람들이 모두 그와 같은 인내심과 정력을 가지고 있지는 않았다. 1882년 윌리엄 반더빌트는 새로 지은 저택에 전기를 설치했지만, 전선이 합선되면서 갤러리에 불이 나는 바람에 결국 포기하고 말았다. 에디슨은 그의 저택에 설치한 모든 설비를 철거해야 했다.

모건의 자녀들은 각자 성격대로 그 벤처 사업에 반응했다. 아들 잭은 1883년 세인트폴에서 누나 루이자에게 보낸 편지에서 "분명히 지금은 '전기 시대'에 접어들었다"고 선언했다. 이어 "학교 도서관에서 '과학적인 미국'이라는 기사를 읽었는데, 전기와 관련이 없는 발명품은 단 세 개뿐이었다. 이제는 전기를 모르는 사람은 부끄러워해야 할 것 같다"고 했다.

루이자는 1880년대 초반 가장무도회에 참석한 바 있다. 〈뉴욕 헤럴드〉는 "전기의 귀신이 아니라 영혼이라고 해야 할 것 같다. 그녀는 전기를 이용한 녹색 공단으로 만든 가운과 전기선으로 수를 놓은 덮개를 입고 있었다"고 전했다. 당시 그녀의 머리에는 전기를 이용한 장식이 달려 있었고, 버튼을 누르면 옷의 주름이 사라지게 되어 있었다. 아주 작은 전구들이 빛을 발하기도 했다. 〈뉴욕 헤럴드〉는 어떤 종류의 건전지가 쓰였는지에 대해서는 전하지 않았다.

"모든 것, 특히 주택을 재발명하려는" 미국인들의 열망은 1880년대에 도시뿐만 아니라 시골의 건물까지 재발명하는 데까지 이른다. 모건은 매디슨 애비뉴

219번지의 집에 가족들을 이사시킨 뒤 크래그스톤마저 리모델링해 현대화하기로 작심했다. 이를 위해 먼저 하일랜드 폴스 인근의 땅을 추가로 사들였다. 그 결과 대지가 82만 6,000여 평으로 늘어났다. 1886년에는 보스턴의 건축사 사무실인 피바디·스턴스(Peabody & Sterns)에 의뢰해 허드슨 밸리에 있는 전원주택마저 리모델링했다.

모건이 매디슨 애비뉴에 있는 집과 마찬가지로, 허드슨 밸리의 전원주택을 확 뜯어 고치기는 했지만 도금시대의 부호들이 가지고 있는 다른 전원주택과 견주어 그다지 도드라지지는 않았다. 조지 반더빌트는 300만 달러를 들여 노스캐롤라이나에 있는 1억 5,900만 평 대지에 프랑스식 성채를 지었다.

건축사 사무실인 피바디·스턴은 당시 '그림 같은' 스타일과 유기적인 일체감을 중시했기 때문에 상당히 존경받았다. 그들은 뉴욕의 유니언 리그 클럽의 건물을 디자인했다. 하버드대학의 헤밍웨이 체육관, 하버드대학의 총장 찰스 W. 엘리엇을 위한 메인 주 노스이스트 항구 인근에 검소한 전원식 저택 등 뉴잉글랜드 지역의 유명한 저택을 지어 명성을 얻었다.

로버트 스웨인(Robert Swaine) 피바디는 매의 눈초리로 지켜보는 모건의 동의를 받아 크래그스톤의 기존 목조 골격에 널찍한 기둥 사이 공간을 가진 비대칭적인 날개 건물을 덧붙였다. 현관 위에는 팔라디오풍 창문을 설치했다. 본채에 붙은 온실, 박공과 처마, 지붕 조망대 등을 마련했다. 게다가 허드슨 강을 남쪽과 동쪽으로 죽 조망할 수 있는 처마 밑에 방을 만들었다. 집 내부에는 크고 작은 방들과 많은 욕실, 서재, 포도주 보관실 등을 들일 수 있도록 벽을 배치했다.

누군가 건축사의 설계도에 이렇게 기록해 놓았다. "이 계단들은 맞지 않아 모두 바꾸어달라고 요구했다." 다른 도면 위에는 "모건 씨는 여기에 욕실을 두고 싶어 하지 않는다. 대신 경사진 싱크면 충분하다고 말했다"고 기록되어 있다. 기존 건물을 교체하고, 젖소 착유시설 등을 새로 설치하고, 통나무집 몇 채를 새로 들이는 데 들어간 돈은 7만 6,000달러였다. 이는 1871년 크래그스 톤을 사들이는 데 들어간 돈보다 1만 6,000달러나 더 많았다. 하지만 리모델 링 비용은 '그랜더빌트(Granderbilt)'[1]의 궁전의 행랑채를 짓는 데 들어간 비용보 다는 적을 것이다.

당시 모건은 거물 기업인만큼 부자가 아니었다. 그가 고객보다는 사적인 이 익을 더 추구한다는 인상을 주지 않기 위해 아버지의 경고를 명심하고 있었 다. 하지만 그는 자신과 친구들에게 최고 수준의 안락함을 대접하려고 했다. 그의 지출과 사치 행위는 부가 늘어나면서 더욱 커지고 심해졌다. 그는 크리스 마스 시즌이면 런던 파트너들에게 굴 꾸러미와 식용 거북이, 크래그스톤에서 딴 사과 등을 보냈다. 뉴욕에서는 새로 지은 메트로폴리탄 오페라 하우스에 대규모 손님을 초대해 접대했으며, 회원이 50명으로 제한된 클럽 멤버들을 위 해 성대한 파티를 열기도 했다. 그는 로드아일랜드의 푸줏간에서 뉴포트 양고 기를 일주일에 두 번씩 배달해 먹었고, 켄터키산 위스키를 특별히 주문해 즐겼 다. 그가 화이트 스타 소속 배를 타고 여행할 때면 상표가 붙은 과일과 특별히 제작한 크림 비스킷이 항구에서 그를 맞이했다. 그의 양복은 런던 최고급 양 복점의 맞춤이었고, 매년 7월 4일 크래그스톤에서 피크닉을 즐기는 그를 즐겁 게 해주기 위해 요트의 선원들이 허드슨 강에서 불꽃놀이를 했다. 그는 1880 년대 어느 날 오후 프랑스 파리의 최고급 보물상인 티파니에서 27만 5,000프 랑(5만 5,000달러)어치 보석을 사들인 적도 있었다. 어느 봄날 그는 아내 패니에 게 프랑스 출신 요리사를 보내주었다. 패니는 미국 여성 요리사가 "25달러짜 리 물건을 사면서 50달러를 지불했다"며 그녀를 해고해버렸다. 프랑스 요리사

---

1. 아버지가 물려준 재산으로 엄청난 궁궐을 짓는 윌리엄 반더빌트와 그 아들들을 빗대어 '그랜더빌트'라고 불렀다. - 옮긴이

를 프랑스에서 데려오고 뉴욕에 살 집을 마련해주기 위해서는 몇 곱절 많은 돈이 들어가지만, 모건은 그만한 가치가 있다고 생각했고 아내 패니는 그렇지 않았다. 패니는 "외국 남자 요리사는 미국 요리와 미국식 생활방식을 거의 알지 못한다"고 반발했다.

모건은 원하는 저택과 요트, 그림, 목걸이, 드레스, 승마용 말, 애완견 등을 사기 위해 들어가는 비용에 대해서는 그다지 개의치 않았다. 그는 낯선 사람들이 바가지를 씌우려고 덤빈다는 사실을 잘 알고 있었다. 새로 지은 크래그스톤의 젖소 착유시설 등에 새로운 설비를 추가하려고 하는 업자가 있을 때는 피바디·스턴스에 "그런 방식으로 하지 않겠다. 비용이 거의 두 배 들고, 여러 모로 따져보아도 너무 비용이 너무 높다"고 통보했다. 더 놀라운 일은, 그가 딸 루이자를 위해 도우미를 유럽으로 보낼 때 일어났다. 그 도우미는 뱃멀미를 너무 심하게 하는 바람에 근 1년 동안 몸져누워 있어야 했다. 루이자는 그녀를 독일로 보내 치료하자고 모건에게 말했다. 하지만 루이자가 들은 대답은 "안 된다!"였다. 루이자는 어머니 패니에게 쓴 편지에서 이렇게 말했다. "아빠는 그녀가 8주 동안 함께 있었다는 이유로 너무 많은 돈을 지불했는데, 그 가운데 2주 동안 아무런 쓸모가 없었고 게다가 독일에 치료차 보낸다는 것은 터무니없는 짓이라고 말씀하셨어요."

모건의 명성과 부가 늘어나면서, 그에게 손을 벌리는 사람들도 급증했다. 모건이 아버지 주니어스의 옛 파트너인 S. 엔디코트 피바디의 아들인 엔디코트 피바디 목사가 매사추세츠에 세운 그로턴(Groton) 스쿨을 위해 내놓기로 한 기부액 가운데 마지막 분인 4,000달러를 1884년 지급했다. 게다가 모건은 여러 친구들에게 무료로 투자 자문을 제공했다. 그는 로마에 머물고 있는 미국 출신 조각가인 윌리엄 웨트모어 스토리에게 "달걀을 한 바구니에 담지 말라!"고 1884년 충고했다. 스토리는 주식이나 채권을 팔면, 그 대금을 뉴욕으로 보냈다. 모건은 "안전하면서도 적절한 수익을 내는 증권"에 그 돈을 투자했다.

 J. P. 모건은 해마다 병원과 박물관, 성공회 교회, 성직자 개인 등에 수백 가지 선물을 보냈다. 1887년 한 해 동안 세인트 조지 교회에 그가 낸 헌금은 20만 달러에 달했다. 그는 조각가 스토리의 아들 왈도와 화가 루서 테리(Luther Terry), 그가 찬탄하는 작품을 만든 예술가들, 심지어 단순히 도움이 필요한 사람들에게 받을 것을 기대하지 않고 많은 돈을 꾸어주기도 했다.

 단순히 도움이 필요해 돈을 꾸어준 사람 가운데는 모건이 하트포드와 보스턴 시절에 친하게 지낸 여자인 'E. D.', 즉 리지 달링(Lizzie Darling)도 있다. 그녀는 결혼하지 않은 채 매사추세츠 데드험(Dedham)에 살고 있었다. 모건은 1886년 그녀를 위해 세금과 빌린 돈의 이자를 지급해주었다. 1년 뒤에는 그녀에게 채권을 팔아 빌린 돈을 상환하라고 충고하면서, 상당 기간 만나지 못한 것을 아쉬워했다. "당신이 살아가기 위해 들어가는 돈 때문에 어려움을 겪으면, 즉시 내게 알려주십시오. 수표를 보내드리겠습니다." 그녀는 도움을 청했고, 그는 수표를 보내주었다. 하지만 모건은 그녀를 무한정 도와주지는 않았다. 6년 뒤 그는 청소년 시절 좋아했던 그 여성에게 친절하면서도 확고하게 써 내려간 편지 한 통을 보낸다.

 "리지! 그동안 당신의 여러 가지 부탁을 받은 게 사실이오. 이제 그에 대한 대답을 해야 할 때인 것 같습니다. 저는 한번도 '노'라고 말한 적이 없습니다. 당신은 부탁할 때마다 이번이 마지막이라고 말했고, 그때마다 나는 당신이 필요한 만큼 보내주었습니다. 현재 여러 곳에서 저의 도움을 요청하고 있습니다. 그래서 나는 당신에게 할 만큼 했다고 생각합니다. 나는 당신을 곤궁한 처지에 남겨두고 싶지 않기 때문에 당신이 요구한 300달러를 보내드립니다. 하지만 당신은 이것이 마지막이라고 한 내 말을 오해하지 않길 바랍니다. 당신에 대한 존경심과 함께, 저는 영원히 당신의 것입니다…"

모건은 소득·명성과 함께 위험이 한층 더 높아졌다. 그가 좋아하는 화이트 스타의 매니저는 배 시간표를 약간 수정하면서 대서양 횡단 여객선의 일정을 변경하겠다고 모건에게 통고했다. 모건은 다시 재고해달라고 편지를 쓴다. "저는 귀사의 일을 방해하고 싶지는 않지만, 그 운항 시간표를 원상태로 회복하실 수는 없는지요?" 회사는 모건의 요구를 받아들여 운항 시간표를 원상회복해 5월 마지막 수요일에 배를 출항시켰다.

철도산업의 비스마르크

미국 뉴욕 월스트리트 23번지, '더 코너'의 핵심 인물은 J. P. 모건이었다. 그는 1880년대 철도 금융에 집중했다. 1879~1880년 모건은 윌리엄 반더빌트가 보유한 뉴욕 센트럴 철도의 지분을 인수·유통했다. 직후엔 노던 퍼시픽이 발행한 채권을 처리할 계획이었다. 노던 퍼시픽 노선은 오대호 가운데 하나인 슈페리오호에서 서부 워싱턴 주 푸젯 사운드(Puget Sound)까지 건설될 예정이었다. 하지만 모건이 채권을 인수한 시점까지 완공되지 않았다. 그 바람에 제이 쿡 은행이 몰락하고 1873년 극심한 공황이 발생했다.

노던 퍼시픽은 부도가 난 직후 재설립 과정을 밟았다. 재설립은 더디게 진행되고 있었다. 1875년 채권 보유자들에게 발송된 호소문에는 이런 내용이 있었다. "여러분의 철도는 아직 완공되지 않아 수익을 전혀 내지 못하고 있습니다. 하지만 일단 완공되면 이 나라의 최고 대동맥이 됩니다." 노던 퍼시픽의 회장은 1880년 뉴욕 투자은행 드렉셀·모건을 찾아 마지막 구간인 몬타나~서해안 구간 노선을 완공할 수 있도록 채권 발행을 도와달라고 요청했다.

모건은 그의 부탁을 받은 뒤 윈슬로와 래니어, 어거스트 벨몬트 등이 참여한 신디케이트를 구성했다. 노던 퍼시픽이 발행할 채권 4,000만 달러어치를 인수하기 위해서였다. 경제지 〈커머셜 앤 파이낸셜 크로니클Commercial & Financial Chronicle〉은 노던 퍼시픽의 채권 발행 규모가 "철도회사 발행 채권 규모 가운데 가장 크다"고 전했다. 주니어스는 모건의 채권 인수를 탐탁지 않게 여겼다. 뉴욕 파트너들이 자신의 의문점을 다 풀어주고, 내무장관인 카를 슈르츠(Carl Schurz)가 노던 퍼시픽의 회장에게 "당신의 수중에 있는 회사의 성공을 방해하거나 지연할 만한 일을 빼고는 내무부가 걱정하는 일은 없다"고 약속한 사실을 알고 난 뒤에야 주니어스는 채권의 유럽 유통을 맡겠다고 승낙했다.

노던 퍼시픽의 채권은 대서양 양쪽에서 잘 팔려나갔다. 런던 투자은행 J. S. 모건은 뉴욕에 "우리의 공동 노력이 대단한 성공을 거둔 것을 축하한다"고 타전했다. 뉴욕 투자은행 드렉셀·모건은 "여기서도 축하의 뜻을 전한다. 채권의 인수·유통 대성공이 화제"라고 화답했다.

채권 발행의 성공은 노던 퍼시픽 노선의 완공을 보장하는 셈이었다. 그 지역 다른 철도는 마지막 구간이 놓이기 전이었다. 이 회사의 관계자들은 노던 퍼시픽의 채권발행 성공만으로도 상당한 위협을 느끼기 시작했다. 그 가운데 한 명은 미국 북서부 지역에 철도 노선을 가지고 있었고, 증기선 회사를 운영하고 있던 헨리 윌러드였다.

윌러드는 독일에서 이민 왔다. 남북전쟁에 종군기자로 나서 여러 신문의 헤드라인을 쓰기도 했다. 노예제 폐지주의자인 윌리엄 로이드 개리슨(William Lloyd Garrison)의 딸과 결혼했다. 그는 1869년 철도가 건설되자 북서부 태평양 연안지역의 경제적 잠재성을 간파했다. 오리건 철도 앤 네비게이션(Oregon Railway & Navigation Co.)이라고 불리는 운송 네트워크를 구축했다. 그가 1879년 에디슨 전구의 이사회 멤버로 선임된 뒤 회사의 증기선에 백열전구를 달았다. 1880년 당시 그의 재산은 맥킴·미드·화이트에 의뢰해 매디슨 애비뉴 451번지의 집을 호화 저택으로 리모델링할 수 있을 정도였다. 심지어 한때 기자로 일했던 〈뉴욕 이브닝 포스트〉를 인수할 정도였다.

노던 퍼시픽이 1873년 파산했다. 윌러드는 이 잠재적 경쟁 기업을 잊고 지낼 수 있었다. 그런데 모건이 나서 채권발행을 성공시켰다. 4,000만 달러가 망한 줄 알았던 경쟁 기업의 금고로 들어갈 판이었다. 윌러드는 대책을 마련해야 했다. 1880년 11월 노던 퍼시픽을 통제할 수 있는 지분을 매입하는 계획을 세웠다. 그리고 노던 퍼시픽과 오리건 철도 앤 네비게이션을 묶어 오리건 앤 트랜스콘티넨털(Transcontinental)이라는 지주회사를 설립하겠다고 발표했다. 이때 오리건 앤 트랜스콘티넨털은 양쪽 계열사를 충분히 통제할 수 있을 만큼의 지분을 보유했고 이를 활용해 두 회사의 경영과 철도 운영을 결정할 수 있게 된다.

모건은 윌러드의 계획을 반대하지 않았다. 그는 치열하게 경쟁할 수밖에 없는 두 운송회사가 윌러드의 지붕 아래에서 공존하는 것을 지지했다. 노던 퍼시픽은 1881년 9월 윌러드를 회장으로 선임했다. 이후 2년 동안 드렉셀·모건의 지원을 더 받아 노선의 마지막 구간을 완공했다. 모건은 1883년 노던 퍼시픽의 이사로 선임된다.

그런데 그해 말 윌러드와 오리건 앤 트랜스콘티넨털이 유동성 위기에 빠진다. 모건은 악순환을 근거로 직접 개입을 선언했다. 그는 런던 파트너들에게 "노던 퍼시픽의 채권자들과 우리의 이익이 공식적으로 같기 때문"이라고 설명했다. 그해 12월 투기세력들의 공격이 시작되었다. 모건은 "그들의 공격에도 자산을 안전하게 유지하기 위해 아주 적극적인 조처를 취해야 한다"고 말했다. 이에 따라 내키지 않았지만 클라이언트를 보호한다는 자부심과 함께 여러 가지 책임을 떠안았다. "저는 어려움이 야기하는 부담을 짊어지고 싶지 않습니다"라고 월터 번스에게 토로했다. 하지만 "저는 책임을 회피할 수 없는 이해관계를 대표해 거기에 있습니다"라고 말했다. 그는 윌러드가 노던 퍼시픽 이사들에게 "솔직하지 않았고 투명하지 않았다"고 화냈다.

모건과 패브리는 윌러드를 설득해 노던 퍼시픽과 오리건 앤 트랜스콘티넨털의 회장직에서 물러나도록 했다. 이어 신규 여신을 제공하고, 보통주 매입과 신규 채권 인수를 통해 지주회사의 구조작전에 뛰어들었다. 그들은 노던 퍼시픽의 2차 담보채권을 발행해 마련한 돈은 모건의 서명이 있어야 지출할 수 있도록 묶어 두었다. 회사의 일선 운영을 "철저하게 통제할" 강력한 위원회를 구성하기도 했다.

1883년 12월 중순 모건이 노던 퍼시픽의 이사회에 합류한 지 석 달이 되었다. 그는 "회사의 '어두운 날'은 다 지나갔고 회사의 수익은 "의심할 바 없다"고 만족해했다. 모건의 구제 작전에 주식시장은 "환상적으로" 반응했다. 하지만 그는 주가에 대해서는 신경쓰지 않았다. 대신 투기세력들에게 어떻게 한방 먹일지를 고민했다. "다른 사람의 재산 가치를 급격하게 떨어뜨리는 그 녀석들이 응징받는 것을 보는 게 아주 즐겁다"고 했다.

J. P. 모건은 친구들에게 노던 퍼시픽 주식의 실제 가치는 시장 가격보다 훨씬 높다고 말했다. 실제 1883년 말 드렉셀·모건이 인수·유통한 4,000만 달러어치의 채권 시세는 발행가보다 높아졌다. 이듬해 여름 오리건 & 네비게이션이 철로를 노던 퍼시픽에 임대했다. 마침내 노던 퍼시픽은 1884년 순이익 200만 달러를 기록했다고 발표할 수 있었다.

모건은 번스에게 "노던 퍼시픽의 순이익이 얼마인지 상관없다. 지난 석 달 동안 온갖 노력을 다해 노던 퍼시픽과 오리건 & 네비게이션을 위기에서 구출했다는 사실보다 더 만족스러운 일은 없다. 힘겨운 일의 연속이었다"고 했다.

월러드는 모건이 무슨 일을 어떻게 했는지 알았다. 그는 1884년 초 신경쇠약을 앓고 몸져누웠다. 그가 50번가에 짓고 있던 이탈리아식 저택은 아직 완공되지 않았다. 그해 봄 그는 가족과 함께 요양하기 위해 독일로 갔다. 2년이 흐른 뒤 그는 도이체 방크(Deutsch Bank)의 에이전트 자격으로 미국으로 돌아왔다. 자신의 저택들을 화이트로 레이드(Whitelaw Reid) 부부에게 팔았다. 엘리자베스 밀스 레이드는 대리어스 오그던 밀즈의 딸이었다. 그녀의 남편은 〈뉴욕

트리뷴〉의 발행인이었다. 윌러드는 집을 처분한 뒤 1886년 매디슨 애비뉴와 72번가가 만나는 맨해튼 북부 지역으로 이사했다.

〜〜〜〜

1884년 미국 대선은 부패 스캔들로 얼룩졌다. J. P. 모건은 기존 공화당 지지에서 선회해 민주당 출신인 그로버 클리블랜드(Grover Cleveland)에게 표를 주었다. 그는 자신의 기준에서 신뢰할 만한 워싱턴 사람들과 함께 일하기는 했다. 하지만 정치인을 존경하지는 않았다. 정치적 통합보다는 당시 미국의 경제 안정을 더 추구했다. 그 시절 모건처럼 비판적인 시각으로 정치인들을 보는 사람은 아주 많았다. 영국 리버럴 진영의 주간지인 〈리퍼블릭Republic〉의 특파원으로 미국을 취재했던 제임스 브라이스(James Bryce)에 따르면, 19세기 말 미국인들은 정치인들을 의미하는 'Politicians' 대신 'The Politicians'라고 불렀다. 'The Politicians'는 "특정한 성격을 지닌 부류"라는 의미를 지닌다. 브라이스는 정치인들이 "뉴잉글랜드 엘리트 집단에서만 혐오받는 게 아니라 전 연방에서 웬만한 정치의식이 있는 사람들한테서도 비난받는 집단이 되어버렸다. '어찌해서 그 직업이 그토록 추락하게 되었는가?' 나는 평소 정치인들이 정부의 돈을 마구 남용하고 있다고 비판한 지인에게 물었다. 그는 '정치인들한테서 무엇을 그리고 왜 기대해야 하는가?'라고 반문해 놀라게 했다'고 했다.

모든 정치인들이 부패하지는 않았다. 벤저민 브리스토와 링컨 대통령의 개인 비서 출신인 존 헤이, 헨리 캐봇 로지, 앨버트 비버리지(Albert Beverage), 시어도어 루스벨트 2세 등은 야망을 품고 있고 강한 신념과 유연성을 겸비했다. 이들은 실용적이기도 했다. 단 그들은 예외적인 정치인이라고 할 수 있었다. 시어도어의 아버지 시어도어 루스벨트 1세는 니커보커 후예로 태어나 공화당 내에서 영향력 있는 비즈니스맨으로 성장했다. 뉴욕 세관의 책임자로 일하는 동안 부패한 공화당 내부를 겪었다. 그는 정치에 환멸을 느껴 거리를 두고 지냈다. 그의 아들인 시어도어 루스벨트 2세는 1880년대 초기 개혁을 부르짖으며 공화당 후보로 뉴욕 주의회에 출마한다. 그는 "내가 정치에 관심을 보이자 상류층 친구들이 놀라움과 혐오감을 드러냈다. 그들은 웃으면서 정치는 '수준 낮은 일'이며, 공화당 조직은 신사들이 아니라 술집에서 어슬렁거리는 시정잡배들의 수중에 있다고 말렸다"고 그 시절을 회상한다.

모건은 1880년 공화당 소속인 제임스 가필드(James Garfield)와 체스터 아서(Chester Arthur)의 정치자금 모금을 주도했다. 1881년에는 뉴욕 주의회에 진출하기로 한 시어도어 루스벨트 2세를 공개적으로 지지했다. 이런 모건이 1884년 대통령 선거에서는 공화당 후보에 표를 주지 않았다.

이때 공화당 대통령 후보인 제임스 G. 블레인(James G. Blain)은 허세 부리는 성격을 그대로 보여주는 옷차림 때문에 '깃털 꽂은 기사'로 불렸다. 그는 하원의장과 국무장관을 지냈다. 대통령 후보 선거전에서 자금을 마련하기 위해 스스럼없이 특혜와 공직, 의회 내 의결권을 팔았다. 심지어 철도회사와 뒷거래를 했다는 의혹을 받아 1876년 대통령 후보 자격을 박탈당하기도 했다. 리처드 호프스태터에 따르면, 이 부패의 선두주자가 미국 정치에 기여한 바는 "정치의 목소리를 낮추게 한 것"이었다.

1882년 중간 선거에서 민주당은 하원을 장악했다. 뉴욕 주지사인 클리블랜드를 후보로 내세워 1856년 이후 처음으로 대통령 선거에서도 이겨보려고 했다. 클리블랜드는 뉴욕 주 서부 버팔로 출신이었다. 이 정체 불분명한 변호사는 1881년 버팔로 시장으로 당선된 뒤 이듬해에 뉴욕 주지사로 선출되었다. 몸무게가 113킬로그램이나 되는 거구였다. 그는 높은 도덕성과 정치적 용기, 보수적인 재정정책으로 신망을 얻었다. 그는 '양심적인 그로버'로 불렸다. 보스 정치와 거대한 정부를 강력히 비판했다. 대국민 서비스의 개혁과 자유 교역,

사유재산권, 금태환제를 지지했다. 그는 새뮤얼 틸던의 정치적 후예였다. 많은 정치적·경제적 이슈에서 공화당과 별다른 차이가 없었다. 클리블랜드를 대통령 후보로 지명한 민주당원들은 그가 블레인을 싫어하는 머그웜프(Mugwumps)를 흡수해주길 소망했다.

머그웜프는 인디언 부족의 하나인 알곤킨의 말이다. '대추장'이라는 뜻이다. 존 엘리엇의 인디언 말 성경에 나오기도 한다. 정치적인 맥락에서 머그웜프는 정당의 기존 정강 정책이나 이데올로기보다 자신의 생각을 우선시하고, "정파를 초월한 탁월한 식견을 가진 유권자"이다.

민주당의 소망대로 머그웜프들은 정당에 대한 1차원적인 충성심을 거둬들이고 민주당 후보인 클리블랜드를 찍었다. 기존에는 공화당을 지지했으나 클리블랜드를 지지한 대표적인 인물은 마크 트웨인과 리버럴 개혁주의자인 E. L. 굿킨(Godkin), 조지 W. 커티스(George W. Curtis), 카를 슈르츠 등이었다. 모건을 비롯한 유명한 비즈니스맨들도 머그웜프였다. 〈월드〉의 발행인인 조셉 퓰리처는 왜 클리블랜드를 지지하는지 네 가지로 요약해 이렇게 밝힌다.

"첫째, 클리블랜드는 정직한 사람이다. 둘째, 그는 정직한 사람이다. 셋째, 그는 정직한 사람이다. 넷째, 그는 정직한 사람이다."

공화당의 내부자인 루이스 머튼은 머그웜프 대열에 합류하지 않았다. 1881년 가필드 대통령에 의해 프랑스 주재 미국 대사로 임명되었던 그는 가필드가 암살로 숨을 거둔 이후 체스터 아서의 지시에 따라 대사직을 계속 수행하고 있었다. 그는 1884년 가을 블레인의 선거자금을 모금하기 위해 미국으로 돌아왔다. 공화당에 충성심을 보이며 블레인을 지지한 또 다른 인물은 존 셔먼과 앤드류 카네기, 제이 굴드 등이었다. 당시 스물여섯 살인 시어도어 루스벨트 2세도 공화당 당원으로서 의무를 다했다.

1884년 대선에서 미국의 전통적인 정치적 이슈는 후보자 캐릭터 문제에 밀려 관심을 끌지 못했다. 민주당은 블레인이 철도회사와 커넥션을 갖고 있다고 공격했다. 더욱이 이를 은폐하기 위해 그가 거짓말을 했다는 과거의 어두운 전력을 쟁점으로 부각시켰다. 공화당 진영에서도 미혼인 클리블랜드가 숨겨 놓은 딸이 있다고 맞불을 놓았다. 공화당의 폭로로 '양심적인 글로버'는 하루아침에 "천하고 음탕한 사람"이나 "도덕적인 결함이 있는 환자", "야비한 난봉꾼으로 나중에 매춘부를 워싱턴으로 데리고 갈 사람으로 전락"했다.

영국의 저널리스트 제임스 브라이스는 그해 선거가 "한 후보의 성관계"와 "다른 후보의 발뺌"의 대결이라고 정리했다. 마크 트웨인은 블레인이 너무 뻔뻔스럽게 거짓말을 하는 바람에 "내가 나중에 다른 사람에게 거짓말을 할 수 있을지 의문"이라고 말했다. 반면 공화당원들은 "엄마! 엄마! 아빠는 어디 있어? 백악관으로 갔단다. 하! 하! 하!"라고 외치고 다녔다. 민주당은 자신들의 후보가 젊은 시절 저지른 부적절한 행위의 파장을 최소화하려고 갖은 노력을 다했다. 클리블랜드의 선거 참모들은 "공직은 공적인 신탁"이라는 캐치프레이즈를 내걸었다. 이는 클리블랜드가 당내 후보경선에서 주장하고 싶었던 말이었다.

1884년 가을 J. P. 모건은 런던 파트너에게 이런 전보를 날린다. "선거 결과를 예측하기 어려운 상황이다. 박빙의 선거일 것이다. 주식시장의 도박꾼들이 선거 결과에 내기를 벌이고 있다. 하지만 유권자들은 무관심해 보인다"는 내용이었다.

실제 선거 결과는 박빙이었다. 개표 결과 클리블랜드가 유권자 투표에서 0.1퍼센트 포인트 차이로 블레인을 눌렀다. 선거인단 선거에서는 37표 차이가 났다. 24년 만에 백악관을 차지한 민주당의 클리블랜드는 취임 연설에서 건전한 비즈니스 원칙을 존중한다고 밝혔다. 내각은 모두 보수적인 인물로 채워졌다.

미국 경제는 공황의 여파에서 벗어나 1882년 3월 정점에 이르렀다. 막 하강 곡선을 그릴 참이었다. 국제 교역이 경기 둔화의 중요한 원인이었다. 1876~1881년 영국 물가가 갑자기 하락했다. 이때 미국은 무역 흑자를 늘렸다. 미국 내 물가는 가파르게 상승하고 소득은 빠르게 늘어났다. 결국 영국 중앙은행인 영란은행은 1881~1882년 기준 금리를 인상했다. 미국 등 해외에 투자되었던 자본이 영국으로 되돌아갔다.

게다가 J. P. 모건이 두려워한 철도업종 내의 치열한 경쟁이 증권시장을 싸늘하게 했다. 미국 철도에 대한 외국인의 투자는 1876~1883년 사이에 3억 7,500만 달러에서 15억 달러로 네 배 늘어났다. 하지만 요금 경쟁과 중복 노선, 부실한 경영이 다시 고개를 들었다. 자본 유입이 유출로 바뀌었다. 외국인들은 1882~1885년 앞다투어 미국 철도의 채권과 주식을 해마다 2,500만 달러어치씩 팔아치우기 시작했다.

모건과 패브리가 노던 퍼시픽 철도의 기반을 튼튼히 하고 있을 때인 1883년 증권 가격이 하락했다. 순간 월스트리트는 잔뜩 긴장했다. 이듬해인 1884년 5월 뉴욕의 수많은 증권사들과 은행들이 파산했다. 위기의 시작이었다.

증권사의 도미노 파산을 촉발한 방아쇠는 그랜트·워드(Grant & Ward)였다. 율리시스 그랜트 전 대통령과 관련이 있는 증권사였다. 그랜트는 1877년 백악관을 떠난 뒤 전 세계를 돌아다니며 물러난 대통령의 삶을 즐겼다. 여행을 마친 뒤 그는 돈과 장래에 대한 특별한 계획 없이 뉴욕으로 돌아왔다. J. P. 모건은 그의 재임 중엔 재무장관 브리스토와 손잡고 그랜트 대통령과 맞서기도 했다. 하지만 그를 돕기 위한 모금에 적극적으로 참여했다. 모건과 토니 드렉셀, 필라델피아의 출판업자인 조지 차일즈(George Childs)가 20명에게 한 사람당 2,000달러를 내 전직 대통령을 위한 펀드를 조성하자고 설득했다. 사실 그들이 모금

할 돈으로는 남북전쟁의 영웅이자 대통령까지 지낸 명망가가 "넉넉하면서도 독립성을 유지하면서 지내기에는 부족했다." 세 사람은 '다른 큰 나라에서는' 민간인들이 나서서 모금할 필요가 없고, "영예로운 공직을 마친 사람들을 위해 정부가 나서서 필요한 돈을 지불해준다"고 강조했다.

모금에 참여할 사람들은 "그랜트를 위해 돈을 기부한 사실을 밝히지 않을 만큼 양식 있는 인물들이었다." 뉴욕 부호들의 도움을 받은 그랜트는 맨해튼 66번가 이스트 3번지에 살 집을 마련할 수 있었다. 2년 뒤 모건은 "말씀드린 대로 우리는 돈을 꾸어주지 않습니다"라고 말하면서 그랜트에게 상당한 액수를 빌려주었다. 대신 그는 "담보를 잡는 게 우리의 방침이고 왜 담보까지 잡아야 하는지를 잘 이해하시리라 봅니다"라고 말했다.

세상 물정을 모른 그랜트는 1880년대 초 노상강도 같은 트레이더인 페르디난드 워드(Ferdinand Ward)라는 사람과 파트너십을 맺고 증권사 사무실을 열었다. 워드라는 인간은 파트너인 그랜트의 명성을 이용해 자금을 모으고 클라이언트를 끌어들였다. 하지만 워드의 협잡은 오래가지 못했다. 1884년 5월 그의 비밀 투기 행각과 순이익 뻥튀기가 모두 탄로났다. 그랜트·워드가 무너지면서, 이 증권사에 돈을 빌려준 유명한 뉴욕은행이 유탄을 맞고 쓰러진다.

월스트리트가 다시 패닉에 빠져들었다. 그랜트는 파산을 선언할 수밖에 없었다. 전쟁 영웅과 전직 대통령으로서 그랜트의 명예는 땅에 떨어졌다. 그는 극도로 침울해졌다. 당시 그는 후두암을 앓고 있었다. 노장은 빚을 갚기 위해 남북전쟁 회고록을 쓰기 시작한다. 그는 마크 트웨인의 도움을 받아 자신이 썼던 기사를 확대해 회고록으로 집필했다. 그는 1885년 숨을 거두기 사흘 전에 원고를 탈고한다. 그가 유작으로 남긴 개인 회고록은 전쟁 역사 분야에서 위대한 작품이 된다. 이 책은 수십만 부가 팔려나갔고 그의 후손들은 50만 달러를 벌어들였다.

사이러스 필드는 런던의 주니어스에게 "우리의 많은 비즈니스맨들이 이성을 잃어버렸다. 우리에게 필요한 사람은 냉정하고 확고한 리더십을 갖춘 인물"이라고 타전했다. 주니어스의 아들 모건은 파산 사태를 막기 위해 패닉 상태에 빠진 투자자들이 던진 주식을 직접 매입했다. 친구들에게도 주식과 채권 등을 매입하라고 권했다. 월스트리트 플레이어들은 1857년과 1873년 공황의 후폭풍이 어떠한지를 잘 알고 있었다. 이들은 뉴욕 청산·결제협회(New York Clearing Association)를 '마지막 대부자(Lender of Last Resort)'로 삼아 사태 진정에 뛰어들었다. '마지막 대부자'라는 말은 영국의 저명한 금융 저널리스트인 1873년 월터 배지헛(Walter Bagehot)이 처음 만들어냈다. 협회는 '머니 마켓'의 돈 기근을 완화하기 위해 여신 증명서 형태로 2,500만 달러를 건전한 회사에 빌려주어 파산의 확산을 막으려고 노력했다. '그랜트 위기'는 뉴욕 경제에 심각한 상흔을 남겼다. 하지만 필라델피아 등 다른 곳으로 확산되지 않았다. 경제 공황으로 번지지도 않았다. 상황은 1885년 여름에 정리되었다. 이후 6년 동안 미국 경제는 비교적 안정적인 흐름을 보인다.

패닉 직후인 1882년 시작된 경기 침체는 월스트리트에 심각한 후유증을 남기지 않았다. 투자은행 드렉셀·모건은행의 순이익은 1882년 160만 달러에서 이듬해 66만 2,000 달러로 줄어들었다. 1884년에는 순손실 4만 1,000달러를 기록했다. 경기 상황이 악화할 때마다 우울했던 주니어스는 마침내 거의 탈진해 미래를 생각하기 시작했다. 런던의 투자은행 J. S. 모건은 1884년 12월 손실 2만 달러를 공시했다. 그는 런던의 파트너십을 재편해 아들 J. P. 모건이 자신의 은퇴나 사망 이후 자본금 100만 달러인 투자은행 J. S. 모건을 계속 운영할 것인지 아니면 청산할 것인지를 결정하도록 위임했다. 월터 번스는 모건이 회사를 맡지 않겠다고 할 경우 자신이 운영하고 싶다는 의견을 내놓았다. 하지만 주니어스는 좋은 아이디어가 아니라고 생각했다. 얼마 뒤 주니어스는 새로운 영국인 파트너 로버트 고든(Robert Gordon)을 영입했다. 자신의 어깨를 짓누르고 있는 책임을 일부 맡겼다. 그는 이들에게 이렇게 말했다. "큰 대로에 등을 대고 눕는 것과 같은 홀가분함을 느꼈다. 그렇다고 내가 비즈니스 하는 것을 즐거워하지 않은 것은 아니다. 지금보다 손실은 적었다. 하지만 내가 지금 필요하다고 생각하는 것은 '휴식'이구나."

J. P. 모건은 미래를 위한 포석을 놓고 있었다. 그는 1884년 새로운 파트너 두 명을 새로 영입했다. 한 사람은 조지 S. 보도인(George S. Bowdoin)이었고, 다른 한 사람은 찰스 H. 코스터(Charles H. Coster)였다. 보도인은 1871년 이후 루이스 머튼이 참여한 회사인 머튼·블리스의 파트너였다. 1882년 모건의 요트인 코르세어호의 매입을 담당했다. 코르세어클럽의 오리지널 멤버였다. 그의 조상을 추적하면 초대 재무장관인 알렉산더 해밀턴과 건국 초기 상원의원인 필립 스카일러(Philip Schuyler), 독립선언 공동 집필자인 구버너 모리스(Gouverneur Morris) 등이 나온다. 그는 모건은행에 참여할 만한 귀족적인 인물이었다. 그와 모건, 래니어가 1880년대 후반에 찍은 사진을 보면, 그는 덩치가 크고 붙임성

J. P. 모건(오른쪽 앉은 사람)과
조지 보도인(왼쪽 앉은 사람), 래니어(1887년)
(출처: 뉴욕 피어폰트 모건 도서관)

이 있어 보인다. 과묵한 인물이라고 할 수 있다. 이 책을 읽는 독자들이 할머니의 은행계좌마저도 믿고 맡길 수 있을 만한 사람이기도 하다.

모건이 영입한 또 다른 뉴 페이스인 찰스 H. 코스터는 에지스토 패브리가 운영하는 해상운송과 무역회사에 참여해 일했다. 패브리가 서른두 살인 코스터를 강력히 추천했다. 그는 투자은행 드렉셀·모건에 합류하자

마자 자신의 가치를 입증해 보인다. 모건은 월스트리트에 뛰어든 첫해 세세한 사항까지 신경 썼다. 다른 사람에게 책임을 맡기지 않았다. 모든 것을 도맡아 처리하는 바람에 주기적으로 신경쇠약에 따른 탈진을 경험했다. 20여 년이 흐른 1880년대 그의 회사는 한 사람이 모든 것을 맡아 결정하고 집행할 수 없을 정도로 성장해 있었다.

코스터는 모건이 나중에 말한 "나무와 숲을 볼 수 있는 마인드"를 가진 인물이었다. 그가 드렉셀·모건에 합류한 이후 기술적인 문제를 전담했다. 그는 약간 창백한 표정과 호리호리한 몸매를 가졌다. 늘 긴장을 유지했고 머리카락이 약간 회색으로 변한 사람이었다. 코스터는 미국 전역의 철도회사 사무실을 직접 찾아다녔다. 이곳에서 회의를 마친 뒤 다른 곳으로 달려가 또 다른 회의를 갖기도 했다. 밤늦게까지 회사의 회생 계획안을 만들고 다듬었다. 금융과 법률의 세세한 내용까지 마스터한 인물이기도 했다.

중서부 지역의 철도회사 자산을 가압류할 때 한 회사의 변호사가 채권자 쪽이 제시한 채권 1,200장에 배서가 없다는 이유로 무효라고 주장하고 나섰다. 코스터는 잠시 점심을 위해 휴식을 요청한 뒤 조수와 함께 그 철도회사의 건물을 나왔다. 조수가 "어디 가서 점심을 먹죠?"라고 묻자, 그는 통명스럽게 "점심 같은 소리하고 있네! 여기에 어디 인쇄기 있는 곳이 없을까?"라고 말했다. 다행히 한 곳이 있었다. 그는 사라진 배서를 인쇄한 뒤 자신의 서명을 모두 해 넣었다.

모건은 코스터가 요구하는 모든 것을 지원해주었다. 자신은 새로운 거래를 열고 철도 회사간의 전쟁을 끝낼 수 있는 협상을 벌이는 데 전념했다. 월스트리트 플레이어들은 1880년대 중반에서 19세기 말 사이에 그가 벌인 철도회사 갱생 작업을 전폭적으로 신뢰했다. 한때 모건은 회사 59곳의 이사로 등재되어 있기도 했다. 무디는 코스터가 '모건의 오른팔'이라고 말했다. 코스터가 드렉

셀·모건에 합류해 처음으로 맡은 일은 패브리한테서 넘겨받은 에디슨의 백열
전구 프로젝트였다. 에디슨이 백열전구 실험에 성공한 이후 6년이 흘렀다. 이
때 그는 특허권을 보유한 전구회사가 모든 것을 좌지우지하는 것을 싫어하기
시작했다. 본래 그를 도와 투자했던 사람들은 이때까지 수익을 내지 못하고 있
었다. 하지만 그가 램프와 엔진, 유리관 등을 생산하기 위해 스스로 설립한 회
사는 순이익을 내고 있었다.

처음부터 그의 발명을 지원했던 에디슨 전구의 이사들은 1884년 가을 순이
익을 내는 회사의 주식을 요구하고 나섰다. 에디슨은 애초 자금지원을 해달라
고 할 때는 거절하던 사람들이 이제 주식을 달라고 한다고 발끈했다. 그는 더
이상 자신의 변호사 그로브너 로리나 전구회사의 회장인 셔본 이튼을 신뢰하
지 않았다. 그는 로리나 이튼 등을 에디슨 전구의 수단으로 여겼다.

에디슨 전구와 맺은 특허보유 계약이 1884년 가을로 만료되었다. 에디슨
은 회사를 장악하기 위해 지분확보 전쟁을 벌였다. 결국 승리를 거둔다. 로리
와 이튼은 다른 사람들과 함께 회사에서 축출되었다. 이후 에디슨 전구는 모
건의 집에 전선과 전구를 다시 가설해준 엔지니어 에드워드 H. 존슨 부회장이
맡아 경영하게 되었다. 모건의 파트너 J. 후드 화이트는 이사직을 유지했다. 패
브리를 대신해 코스터가 새로 이사로 선임되었다. 코스터는 선임자가 '친구 에
디슨'이라고 부른 인물과 원만한 관계를 형성하는 데 성공했다. 그는 에디슨을
'교수님!'이라고 불렀다. 또한 그는 패브리의 뒤를 이어 에디슨 전구의 재무 책
임자가 되었다. 드렉셀·모건은 계속 에디슨 전구와 에디슨의 주거래 은행으로
남았다. 에디슨은 모건과 화이트에게 자신이 세운 머신 웍스(Machine Works)의
주식 150주씩을 몰래 주었다.

미국 최대 철도회사들인 펜실베이니아와 뉴욕 센트럴 철도가 1883~1884년 철도 전쟁을 시작했다. 미국 역사상 최악의 철도 전쟁이었다. 외국 투자자들이 염증을 느끼고 미국 시장을 떠나기 시작했다. 주니어스는 1884년 가을 정례 뉴욕 방문 때 두 회사의 간부들과 회동해 "이름뿐인 '최고 철도회사' 타이틀을 위한 전쟁을 그만두라"고 설득했다. 하지만 그는 설득하는 데 실패했다.

한 해 전인 1883년 6월 군소 철도회사 뉴욕-웨스트서-버팔로(NWB)가 파산해 정리절차에 들어갔다. 펜실베이니아가 헐값이 된 이 회사의 주식을 매집했다. NWB는 반더빌트 가문이 보유한 뉴욕 센트럴 철도에 대항하기 위해 건설되었다. 노선은 뉴저지의 위호컨(Weehawkan)에서 허드슨 강의 서쪽 제방을 따라 뉴욕 주도인 올버니까지 가다가 버팔로에 닿았다. 허드슨 강을 사이에 두고 뉴욕 센트럴과 정확하게 나란히 올버니까지 이어지는 노선이었다.

NWB 철도는 버팔로에서 다른 철도와 연결되어 시카고까지 이어졌다. 모건이 하이랜드 폴스 지역에 보유하고 있던 땅의 가장자리를 지나가는 철로였다. 노동자들이 1882년 5월 철로 공사를 시작했다. 크래그스톤 집에 머물고 있던 루이자가 런던의 아버지 모건에게 편지를 띄운다. "제 생각에는 그 철도가 이번 여름에는 우리를 괴롭히지 않을 것 같아요… 저와 엄마는 철로를 건설하고 있는 사람들도 아주 나쁜 사람들이라고는 생각하지 않습니다. 엄마는 정원에 서 서서 노동자들이 물건을 훔칠 수 있다고 말하지만, 그들이 우리 집에 들어올 것이라고 생각하지 않습니다"라고 했다.

NWB 철도는 제이 굴드와 조지 풀먼, 헨리 윌러드, 회사인 윈슬로·래니어가 구성한 신디케이트를 통해 자금을 조달했다. 모건이 그토록 싫어하는 전형적인 중복 노선이었다. 이미 뉴욕 센트럴 철도가 뉴욕-올버니를 운행하고 있는 상황이었다. NWB는 쓸데없는 투자였다. 그 짧은 구간에 철도 하나면 모든 물동량과 승객을 실어 나를 수 있었다. NWB 철도가 파산했다면, 청산되도록 내버려 두었어야 했다.

J. P. 모건은 윈슬로와 래니어가 NBW의 건설에 참여했다는 사실을 알고 놀랐다. 그는 그들에게 메모를 전달했다. "친애하는 찰리!… 귀하는 명예심이라고는 눈곱만큼도 없고 당신을 이용하려는 사람들에 둘러싸여 있는 것 같습니다. 그들은 귀하를 이용해 자신들을 보호하거나 이익을 챙기려는 인물들입니다"라는 내용이었다. 그는 친구들이 "걱정하고 괴로워하고 있다"는 점을 잘 알고 있었다. "내가 도울 수 있는 일이 있으면 무엇이든 하겠다"고 그는 약속했다. 모건은 "귀하가 그들과 뜻을 달리해야 하는 순간에 망설이지만 않는다면, 나와 귀하가 아는 모든 사람들이 곁에서 도와줄 겁니다. 언제든지 저를 찾아주시기 바랍니다"라고 말했다. 래니어는 1884년 초 NWB 철도의 이사직을 그만두었다.

NWB 철도가 펜실베이니아의 일부로 흡수되면서 공룡들의 싸움에 휘말려들었다. 윌리엄 반더빌트는 NWB 철도가 단지 뉴욕 센트럴을 위협하기 위해 건설되고 있을 뿐이라고 말했다. "NWB의 비즈니스는 단 1달러만큼의 가치도 없다. 이 회사의 모든 매출은 뉴욕 센트럴의 고객을 빼앗아 달성될 수밖에 없다. 내 눈에 그 철도회사는 내 금고에 손을 대고 있는 사람으로 비친다." 그는 펜실베이니아가 NWB의 설립부터 배후조종을 했다고 주장했으나 입증하지는 못했다.

우연이든 아니면 필연이든 NWB의 지분을 확보한 펜실베이니아 임원들은 펜실베이니아 탄광 지역에 침투해온 경쟁 철도회사들을 응징했다고 봐도 지나친 억측은 아니다. 1883년 반더빌트와 록펠러 형제들, 앤드류 카네기가 구성한 신디케이트는 해리스버그에서 피츠버그까지 이어지는 사우스 펜실베이니아 철도를 건설하기 시작했다.

카네기는 1870년대 초반 철강 사업을 시작한 이후 펜실베이니아 철도에서 일하던 시절에 인연을 맺은 옛 보스와 긴밀한 관계를 맺고 있었다. 하지만 그가 막대한 물량의 철로 자재와 철강 제품을 발송하기 시작하면서 스탠더드 오일처럼 운송 요금을 두고 거대 철도회사들과 다툼을 벌였다. 철강과 석유 업계의 두 거물은 펜실베이니아의 독점적 지위를 무너뜨리기 위해 사우스 펜실베이니아 철도를 건설하기 시작했다. 그들의 야망과 경쟁 기업의 금고에 손을 대고 싶어 했던 반더빌트의 야망이 어우러진 셈이었다. 마침내 사우스 펜실베이니아 철도가 탄생했다. 1884년 여름 이 신규 노선이 놓이기 시작하자 펜실베이니아 철도의 요금이 떨어졌다.

결국 뉴욕 센트럴은 사우스 펜실베이니아라는 칼로, 펜실베이니아는 NWB 이라는 칼로 상대 목을 겨눈 형국이 되었다. 주니어스는 1884년 가을 양쪽과 회동하면서 설득했다. 하지만 무기를 내려놓게 하지는 못했다. 그렇다고 주니어스가 끼어들지 말아야 하는 자리에 나선 것은 아니었다. 아들 모건이 뉴욕 센트럴 이사였고, 드렉셀·모건이 그 회사의 주거래 은행이었다. 게다가 드렉셀 형제들은 수년 동안 펜실베이니아 철도를 금융지원해주고 있었다.

J. P. 모건과 반더빌트는 1885년 5월 증기선을 함께 타고 런던에서 뉴욕으로 돌아왔다. 주니어스는 그들이 배에 오르기 직전에 반더빌트에게 "그리 멀지 않은 장래에" NWB 철도 문제를 해결할 수 있을 것 같다고 말했다. 이어 "귀하와 모건이 대서양 위에서 의견을 교환할 수 있는 기회가 있어 아주 기쁘다"고 덧붙였다. 모건은 반더빌트와 함께 대서양을 횡단하는 것이 좋았다.

대서양 횡단의 증기선 간부들은 한때 증기선 비즈니스 업계의 전설적인 존재였던 코닐리어스 반더빌트 아들인 윌리엄에게 "자신들의 배가 얼마나 빨리 항해할 수 있는지"를 자랑하고 싶어 했다. 배가 영국 리버풀에서 출발해 뉴욕으로 오는 동안 모건은 반더빌트의 명성이 철도회사에 달려 있음을 말해주었다. 사실 투자자들이 반더빌트 가문과 모건의 명성을 듣고 뉴욕 센트럴 주식을 주당 131달러에 매입했다. 하지만 회사가 아무런 의미 없는 철도전쟁을 벌이는 바람에 주가는 82달러까지 곤두박질했다. 투자자들이 주식을 내던지면 뉴욕 센트럴뿐만 아니라 미국 경제 자체가 충격을 받는다고 모건은 설명했다. 그의 설명 덕분에 배가 뉴욕항에 들어선 순간에 반더빌트는 협상할 마음을 먹었다. 모건과 코스터는 펜실베이니아 임원들을 그해 6월 만났다.

모건은 펜실베이니아 회장인 조지 B. 로버츠(George B. Roberts)와 부회장인 프랭크 톰슨(Frank Thomson), 뉴욕 센트럴의 새로 선임된 회장인 천시 드퓨를 자신의 요트인 코르세어로 초대했다. 촌시는 반더빌트의 전 변호사였다. 무더운 7월 어느 날 오전 모건과 드퓨는 로버츠와 톰슨을 저지 시의 한 부둣가에서 요트에 태워 허드슨 강을 따라 북상했다. 그들은 하루 종일 항해했다. 허드슨에서 개리슨까지 다시 내려와 샌디 후크(Sandy Hook)에 이른 뒤 다시 북쪽으로 뱃머리를 돌렸다.

그 사이 드퓨는 자신과 반더빌트 모건의 이익을 대변하면서 중복 노선 건설과 요금 할인 등 파멸적인 전쟁을 중단하자고 호소했다. 드퓨는 동북부의 핵심 철도인 두 회사가 전쟁을 지속하기보다 화합하면 더 큰 이익을 얻을 수 있다고 강조했다. 이어 경쟁 철도회사인 펜실베이니아의 회장과 부회장에게 시장을 "각자 회사가 분명하게 영향력을 행사할 수 있는 영역에 따라" 분할하자고 말했다. 이를 위한 첫 번째 조처로 두 회사가 각자 가지고 있는 애물단지 자산을 교환하자고 제안했다. 펜실베이니아는 NWB 철도를, 뉴욕 센트럴은 사우스 펜실베이니아 철도를 맞교환하자는 얘기였다.

모건은 쿠바산 시거를 입에 물고 경청했다. 은행가의 처지에서 왜 협력이 중요한지를 설명했다. 외국 투자자들이 지속적으로 미국 철도의 채권과 주식을 매입하기 위해서는, 두 거대 회사의 싸움질이 낳은 시장의 요동을 없애야 한다고 말했다. 두 진영이 휴전하지 않으면 더 이상 돈은 없다고 잘라 말했다. 코르세어호의 승무원들이 만찬을 준비해 철도 거물들을 대접했다. 토론은 계속 진행되었다. 날도 저물어갔다. 톰슨은 타협할 마음이 있어 보였다. 하지만, 로버츠는 경쟁 기업을 응징하기 위해 자기 회사의 파산도 불사할 수 있다는 자세를 보였다. 그날 저녁 오후 7시 코르세어호가 저지 시 부두에 들어설 때까지 침묵을 지켰다. 그런데 요트가 정박하고 발을 부두에 내딛는 순간 그는 모건에게 손을 내밀며 악수를 청했다. 그리고 "나는 모건 씨의 제안에 동의하고 우리 쪽이 해야 할 일을 하겠습니다"라고 선언했다.

드렉셀·모건의 은행가들이 즉각 행동에 나섰다. 당사자들이 마음을 바꾸기 전에 그날 합의한 내용을 문서화했다. 위원회를 조직해 NWB 철도의 주식 2,400만 달러어치를 매입했다. 회사의 철도를 뉴욕 센트럴에 임대해주었다. 당시 펜실베이니아 철도는 막 제정된 반독점법 때문에 사우스 펜실베이니아 철도를 매입할 수 없는 처지였다. 모건은 이 문제를 풀기 위해 직접 회사의 지분 60퍼센트를 매입했다. 그리고 펜실베이니아가 보유하고 있는 다른 회사의 채권과 교환했다.

월스트리트는 위원회가 NWB 철도 주식을 매입하고 노선을 임대한 일을 환영했다. 위원회 결정이 오랜 기간 지속된 철도 전쟁에 종지부를 찍을 수 있는 계기라고 봤다. 모건을 평화로운 철도산업의 건축가라고 칭송했다. 경제지인 〈커머셜 앤 파이낸셜 크로니클〉은 "무엇보다도 적자생존의 법칙이 철도업종에도 적용되어야 한다"며 "모건 씨가 철도업계에서 최초로 평화적인 타결을 주도했고, 이 타결은 나중에 온갖 현상을 야기할 것"이라고 내다봤다.

모든 사람의 모건의 중재를 환영하지는 않았다. 앤드류 카네기를 비롯해 철도 전쟁 종식 이후 철도회사가 요구하는 운송비를 받아들여야 하는 화주들이 모건의 중재에 반발했다. 특히 코르세어 합의 때문에 펜실베이니아 독점권이 복원되었다. 카네기는 크게 낙담했다. 그는 자신의 전 고용자의 '괴물 같은' 행태에 대항해 수년 동안 싸워왔다. 때로는 농부와 제조업자, 상인들과 연합했다. 이들은 주정부가 나서서 철도 요금을 규제해야 한다고 강력히 주장했다. 카네기는 석유업종의 지배력을 이용해 철도 요금을 깎아내리기도 한 록펠러와 연대하기도 했다.

결국 카네기는 피츠버그-세난고-이리호 철도의 지분을 1896년 확보하는 데 성공했다. 그는 철강 제품을 더 낮은 가격에 운송하게 되었다. 게다가 철광석의 운임도 낮출 수 있게 되었다. 또한 펜실베이니아의 로버츠와 톰슨을 협상 테이블로 끌어내는 원동력이 되기도 했다. 펜실베이니아 회장과 부회장은 요금을 낮추기로 결정해, 카네기는 물류비를 연간 150만 달러 절감할 수 있었다. 대신 그는 철도 건설에 나서지 않겠다고 약속했다.

윌리엄 H. 반더빌트가 1885년 숨을 거두었다. 두 아들인 코닐리어스 반더빌트 2세와 윌리엄 K. 반더빌트에게 재산 2억 달러 가운데 대부분을 물려주었다. 나머지 여섯 자녀에게 각각 10만 달러를 남겼다. 윌리엄은 모건이 반더빌트 가문 사람들 가운데 유일하게 좋아했던 인물이었다. 그는 윌리엄과 천시 드퓨 뉴욕 센트럴 철도의 회장과 원만하게 일을 처리했다.

코르세어호의 선상 합의는 모건에게 월스트리트의 찬사를 얻는 계기가 되었다. 새로운 법률가를 만나는 계기이기도 했다. 아내 패니의 아버지가 숨을 거둔 이후 그녀의 동생인 찰스 에드워드 트레이시가 NWB 철도와 관련된 법률적인 문제를 전담해 처리했다. 모건이 새로 영입한 변호사는 프랜시스 린드 스테츤(Francis Lynde Stetson)이다. 그는 비즈니스 거래를 아주 효과적으로 처리한 경험이 있었다. 모건이 법률적인 자문을 구한 까닭이었다.

투자은행 드렉셀·모건은 1년 동안 찰스 E. 트레이시한테 법률 자문을 맡겼다. 하지만 1887년 모건의 처남이 스테츤 법무법인에 합류했다. 법무법인의 이름이 뱅스·스테츤·트레이시·맥비그(Bangs, Stetson, Tracy & MacVeagh)로 바뀌었다. 찰스 트레이시는 얼마 지나지 않아 드렉셀·모건과 관련된 법률 문제에서 사이드라인 밖으로 밀려났다. 모건은 전적으로 스테츤과 법적인 문제를 협의했다.

유명한 민주당파인 프랭크 스테츤은 뉴욕 시 기업자문인 윌리엄 C. 휘트니(William C. Whitney)의 보좌관으로 일했다. 뉴욕의 부패한 민주당파의 대명사인 '보스' 트위드를 기소하는 데 도움을 주었다. 스테츤은 1876년 대통령 선거에서 새뮤얼 틸던의 참모로 활동하기도 했다. 하지만 그때는 실패했다. 1884년 대통령 선거에도 다시 뛰어들어 클리블랜드를 지원해 이번에는 성공했다. 클리블랜드는 각료 자리를 제시했으나 그는 고사했다. 그의 친구 휘트니는 해군성 장관이 되었다. 대신 스테츤은 대통령의 비공식적인 보좌관으로 일하기로 했다. 스테츤은 이후 30여 년 동안 미국의 현대적인 경제 관련 법을 발전시키는 데 크게 공헌한다. 또한 모건의 '법무장관'이라는 별명을 얻는다.

주니어스는 1760년대 초 로스차일드와 베어링 브라더스처럼 친인척 관계를 바탕으로 한 국제적인 금융회사를 구축하기 위해 노력했다. 하지만 그의 뜻대로 이뤄지지 않았다. 아버지가 혈연으로 맺어진 사람들 가운데 골라 뉴욕의 회사를 차렸지만, 모건은 그들이 시원찮다고 불평했고 결국 갈라섰다. 모건은 능력을 기준으로 새로운 네트워크를 구성했다. 아버지가 고른 사람 가운데 모건과 관계가 유지된 인물은 토니 드렉셀과 월터 번스뿐이었다.

패브리가 1885년 은퇴하고 이탈리아로 물러났다. 모건이 고른 코스터가 패브리의 자리와 업무를 물려받았다. 처남인 찰스 트레이시 대신 프랭크 스테츤을 고르면서도 그는 혈연관계보다는 전문성을 중시했다. 그가 1880년대 가장 친하게 지냈던 인물은 래이어와 보도인이었다. 이들은 좋은 사람이었지만 뛰

어난 은행가들은 아니었다. 비즈니스 판단을 내려야 할 때 모건이 의지한 사람
은 코스터와 스테츤이었다.

〜〜〜

다급한 철도 전쟁 와중에도 J. P. 모건은 해마다 봄철에 떠나는 유럽여행을 건
너뛰지 않았다. 그가 윌리엄 반더빌트와 함께 대서양을 횡단해 뉴욕으로 돌아
오기 직전인 1885년 5월 베니스에서 큰 딸 루이자가 어머니 패니에게 "아빠는
교회만을 빼면 아주 즐겁게 지내고 계십니다. 아빠는 교회 밖에 머물며 곤돌
라를 모는 사람이나 구걸하는 사람과 이야기를 나누면서 담배를 피우셨어요"
라고 썼다. "나머지 일행은 지극히 경건한 마음으로 아주 진한 붉은색으로 만
들어진 여행 안내서에 따라 훌륭한 교회의 내부 장식을 둘러보았습니다"라고
그녀는 분위기를 전했다.

이듬해인 1886년 주니어스와 모건은 로마에서 나란히 4월에 들어 있는 자
신들의 생일을 기념하기 위해 파티를 열었다. 에지스토 패브리가 그들을 보기
위해 플로런스에서 내려왔다. 기록으론 남아 있지 않지만 앨리스 메이슨도 같
이 있었을 것이다. 루이자는 어머니에게 할아버지가 "로마에는 현지 법인이 없
고, 더 쉬고 싶어 하셨기 때문에" 모건의 돈으로 로마에 더 머무르려 한다고 전
했다. 그러나 모건은 지독한 치통을 앓아 예정보다 관광을 즐기지 못했다.

미국인 의사가 그의 치통을 치료해준 뒤에야 모건은 로마에 며칠 동안 머
물며 관광도 하고 조각가 윌리엄 웨트모어 스토리 가족을 방문해 만나기도 했
다. 루이자는 이역에서 머물고 있는 미국 조각가가 만든 거대한 조각상인 '아
메리칸 빅트릭스(American Victrix)'를 보고 감탄했다. 조각품은 미국 동상으로 만
들어질 예정이어서 샌프란시스코로 보내질 예정이었다.

루이자는 스토리의 아들 왈도의 작품이 "강렬하고 웅장한 맛은 없지만 섬

세하고 서정적"이라고 평했다. 모건은 왈도의 작품 몇 점을 600달러에 구입했다. 글래디에이터와 마지막 로마 황제인 호너리우스(Honerius)의 흉상을 비롯해 실버 큐피드를 안고 있는 프리네(Phryne)의 좌상이 그가 구입한 작품들이다.

루이자는 어머니에게 "제가 생각하기에 프리네 좌상은 아주 절묘해 엄마도 감탄할 겁니다. 특히 그녀가 상당히 많은 옷을 입고 있어 더 좋아하실 겁니다"라고 편지로 말했다.

━━━━━◆◇◆━━━━━

뉴욕-웨스트 셔-버팔로(NWB) 철도에 관한 '빅2'의 합의서 잉크가 마르지도 않은 순간 J. P. 모건은 또 다른 철도회사의 일에 뛰어든다. 그는 치열하게 전쟁을 벌이는 라이벌 설득에 나섰다. 서로 제살 갉아먹을 수밖에 없는 전쟁을 중단하라고 촉구했다. 서로 이익을 극대화하도록 설득했다. 한 철도회사가 유동성 위기에 빠지면, 그는 더욱 강력한 권위를 발휘해 가장 합리적이라고 생각하는 안을 관철시켜 나갔다.

필라델피아-레딩 철도(레딩 철도)는 동부 펜실베이니아 지역의 무연탄을 주로 수송하는 노선이었는데, 1880년 법정관리에 들어갔다. 2년 뒤 레딩 철도의 회장인 프랭클린 B. 고웬(Frankline B. Gowen)은 런던 투자은행 J. S. 모건을 찾아가 회사를 회생시켜 달라고 요청했다.

토니 드렉셀은 "고웬의 재무제표가 믿을 수 없고", 레딩 철도의 "채권은 우리가 매입하거나 추천할 만한 것"이라는 이유로 레딩 철도의 회생작업에 나서지 않으려 했다. 주니어스는 레딩 철도를 살리기로 결정한다면, 회사를 통째로 장악해 모든 사안을 직접 통제해야 한다고 말했다.

고웬은 1864년 레딩 철도의 고문이었다. 1869년 이후 회장에 올라 회사를 경영하고 있는 인물이었다. 그는 당시 미국 최대 무연탄 생산회사인 필라델피아-레딩 석탄철강 회사(Philadelphia-Reading Coal & Iron Co.)를 설립하기도 했다. 또한 그는 석탄생산 업자를 주동해 1875년 광부 노동조합을 인정하지 않았을 뿐만 아니라 핀커튼 탐정을 고용해 광부들 사이에 테러리스트를 잠입시킨 장본이기도 하다.

결국 J. P. 모건은 레딩 철도를 구제하기로 했다. 1885년 코르세어 합의 이후 그 회사의 경영진은 회사의 회생이 진행되는 동안 드렉셀·모건의 지시를 받았다. 레딩을 확실하게 장악하기 위해 모건은 런던의 아버지 회사가 철도회사가 발행한 일반 담보채권 100만 달러어치를 매입하도록 했다. 레딩을 장악한 모건은 신규 채권 2,000만 달러어치를 발행해 신디케이트를 통해 시중에 유통시켰다. 이때 모건은 레딩의 어떤 부문보다 재무 파트를 확실하게 거머쥐었다. 이는 나중에 '모거니제이션'의 기본 패턴이 된다.

치밀한 코스터가 이끄는 실사팀이 레딩 철도 사무실을 접수했다. 철도의 채무 상환 실태와 철로 유지·보수 비용, 석탄광산의 지출과 수입, 기타 지선의 수익실태 등을 샅샅이 파악했다. 은행가들은 단기 채무를 상환하기 위해 기존 주주들을 움직여 현금을 내놓도록 해 운전자본을 마련했다. 그들은 레딩 철도의 자기 자본을 늘리고 채권을 줄일 수 있었다. 회사의 연간 비용을 1,400만 달러에서 650만 달러까지 줄인 결과였다. 그들은 철도 확장에 필요한 자금도 따로 비축해 두었다. 물동량이 크게 줄어든 상황에서도 채무를 제대로 상환할 수 있는 자금도 마련했다.

드렉셀·모건은 회사를 디폴트 상태로 몰고 간 사람들을 철저하게 경영 일선에서 물러나도록 했다. 코스터 팀이 건전하게 만든 회사의 재무구조를 지속적으로 유지하기 위해서였다. 드렉셀·모건은 경영관리 위원회를 구성하고 세 사람을 지명했다. 5년 동안 전권을 행사할 수 있도록 하기 위해 의결권을 위임받은 별도 위원회도 구성했다. 이름뿐인 위원회의 위원장에는 레딩 철도와 오랜 기간 유대관계를 유지해온 필라델피아 은행가 J. 로버 웰시(Lowber Welsh)를 선임했다.

경영의 실질적인 책임자는 J. P. 모건이었다. 모건은 위임받은 의결권을 행사할 수 있는 권한도 쥐었다. 의결위원회는 모건이 임명한 사람과 탄핵한 쪽의 웰시 등으로 구성되었다. 위원회는 보통주와 교환하기 위해 증서를 발행하고, 수탁자 다섯 명의 이름으로 등록했다. 수탁자 5인은 이후 5년 동안 회사를 통제하고 경영·재무, 구조조정 등을 감시·감독할 수 있었다.

모건 부자 가운데 한 명이 나서서 레딩 철도를 갱생시켰다는 소식이 시장에 전해졌다. 미국과 유럽 투자자들이 회사의 신규 채권과 주식을 매입해 가격이 올랐다. 모건은 1886년 1월 주니어스에게 모든 게 계획대로 진행된다면, 레딩 철도의 갱생은 "NWB 철도의 재판이 될 가능성은 거의 없다"고 말했다.

모건이 이끄는 레딩의 경영 위원회는 그 지역의 1위 철도회사인 펜실베이니아와 협상해 요금을 인하하지 않고 물동량을 나눠 갖기로 합의했다. 덕분에 펜실베이니아 철도는 무연탄 생산 카르텔에도 참여할 수 있게 되었다. 카르텔은 무연탄 가격을 안정시키기 위해 생산을 제한하기 위해 구성되었다. 모건은 아버지에게 합의가 '놀라운 성과'라고 보고했다. 사실 펜실베이니아 철도는 그런 형태의 카르텔에 한 번도 참여한 적이 없었다.

J. P. 모건은 레딩의 경영위원회를 2년 동안 이끌었다. 의결위원회에서는 5년 동안 일했다. 그가 양대 위원회에서 실권을 행사하는 동안 맞닥뜨린 가장 큰 문제는 토니 드렉셀이 앞서 경고한 '프랭클린 B. 고웬'이었다. 1886년 3월 모건은 아버지 주니어스와 오랜 기간 교유했고, 고웬이 믿고 있는 듯한 어스틴 코빈(Austine Corbin)을 영입해 신디케이트를 구성했다. 코빈은 하버드를 졸업한 뒤 은행업계에 투신했다. 오랜 기간 비틀거리고 있던 롱아일랜드 철도를 인수해 되살려 놓았다. 그는 롱아일랜드 동쪽에 대서양을 횡단하는 정기선 항구

를 건설하고 싶어 했다. 이 항구가 건설되면 뉴욕과 유럽의 항해 시간이 단축되고 롱아일랜드가 물류의 거점이 될 것이었지만 성공하지 못했다.

모건은 아버지에게 이렇게 타전했다. "코빈이 가지고 있는 인적 네트워크와 고웬에 대한 영향력을 우리는 높이 평가하고 있습니다. 그와 다른 사람이 제대로 FRB(고웬)을 제어하는지 우리는 눈여겨보고 있습니다"라고 타전했다. 여섯 달 뒤 아무도 고웬을 통제할 수 없음이 드러났다. 은행가들은 고웬을 축출하기로 결정했다. 모건은 1886년 9월 17일 한나절을 고웬의 에이전트와 협상해야 했다. 결국 그날 해거름에 그는 물러나기로 결정했다.

그날 모건의 아내는 유럽에 멀리 떨어져 있었다. 나이 든 딸들은 크래그스톤에서 웨스트포인트 육군사관학교 생도들을 초청해 파티를 열었다. 모건은 딸들에게 제시간에 파티에 참석할 수 없을 것이라고 미리 귀띔해 놓았다. 하지만 고웬이 사직서에 사인한 직후 열차를 타고 하이랜드 폴스를 향해 달렸다. 아들 잭이 루이자와 줄리엣을 깜짝 놀라게 하기 위해 모건이 몰래 집 안으로 들 수 있게 해주었다.

모건은 유럽에 있는 아내에게 "아무도 몰래 내 방으로 들어가 파티 옷으로 갈아입고… 아무도 예상하지 못하고 있는데 파티 장소에 들어가 딸들과 사관생도들을 놀라게 해 센세이션을 일으켰다"고 편지했다. 이어 "파티는 대성황이었소. 여성들은 머리를 최대한 독특하게 장식했고, 생도들은 전원 유니폼을 입고 있었습니다. 모두 한밤중까지 자리를 지켰고, 모든 사람들이 좋은 시간을 가졌다오." 루이자는 어머니에게 "그날 파티의 압권은 아빠의 출현이었어요"라고 전했다. 잭도 어머니에게 편지를 띄워 "아버지는 레딩 철도와 관련한 업무가 잘 풀려 기분이 아주 좋으셨습니다"라고 말했다. 일주일 뒤에는 "아버지가 그렇게 기분 좋아하고 유쾌한 모습을 근래에 보지 못했습니다. 올해 가장 기분이 좋으신 것 같습니다"라고 말했다.

모건은 고웬이 축출된 뒤 코빈을 필라델피아-레딩 철도의 회장 자리에 앉혔다. 2년 뒤에는 "우리 모두가 마음속에 품고 있던" 목표를 성취했다며 그를 축하해주었다. 그들은 파산한 레딩 철도를 소생시켰다. 시장 참여자들에게 회사가 아주 유능한 경영진을 보유하고 있음을 보여주었다. 레딩 철도는 모건 금융회사의 지원을 받으며 증권을 국내외 시장에 발행·유통시켰을 뿐만 아니라 적절한 순이익도 창출했다.

드렉셀·모건은 이자율 연 5퍼센트짜리 채권 2,000만 달러어치를 인수해 시장에 유통시키면서 100만 달러를 벌어들일 수 있었다. 게다가 부가적인 서비스를 제공한 대가로 발행 대금의 6퍼센트를 수수료로 거둬들였다. 경영 위원회를 운영하는 대가로 수수료 10만 달러를 받았다. 런던의 투자은행 J. S. 모건은 경영권을 쥐기 위해 먼저 인수한 담보 채권 덕분에 수익 100만 달러를 올렸다.

J. P. 모건은 무엇보다 외국 투자자의 신뢰를 회복한 게 가장 중요한 소득이라고 생각했다. 그는 코빈에게 이렇게 말한다. "회장께서는 유럽 투자자의 신뢰와 지원을 확보했습니다. 그들은 회장께서 투자자의 재산을 잘 관리해 현명한 수익을 내면 미래에도 회장님을 지속적으로 지원해줄 겁니다."

고웬은 1889년 말 워싱턴의 한 호텔 방에서 스스로 목숨을 끊었다. 《미국인의 전기 사전Dictionary of American Biography》에 따르면 '분명한 이유가 밝혀지지 않았다.'

철도 회사 자산을 늘리는 데는 어떤 수단보다도 문제를 일으킨 회사에 대한 철저한 통제와 감시가 아주 효과적임이 증명되었다. 레딩 철도가 위기를 맞아 쓰러질 것 같은 순간에 모건은 경영위원회에 직접 뛰어들어 회사를 직접 통제했다. 모든 사안을 자신에게 보고하도록 했다. 그리고 그가 신뢰하는 사람을 책임져야 하는 자리에 앉혀 미래에 다시 디폴트 상태에 빠지는 일이 없도록 했다.

모건은 위기가 극복된 순간 과감하게 물러났다. 이해상충의 가능성을 원천적으로 봉쇄했다. 1887년 말 그는 J. 로버 웰시가 레딩 철도의 이사회 의장으로 선임되자 거부권을 행사했다. 그는 웰시에게 회사 내에서 두 가지 자리를 맡는 것은 객관적인 의무를 저버리는 결과를 낳을 수 있다고 말했다. "의결위원회가 멤버를 회사의 이사로 선임하는 행위에는 동의할 수 없습니다. 이사진에 자신들의 동료가 있는 상황에서 의결위원회가 어떻게 제대로 감시하고 비판·판단할 수 있겠습니까?" 특히 그는 코빈이 회사의 경영을 책임지고 있는데 웰시를 이사로 선임할 필요가 없다고 봤다. 월스트리트는 레딩 철도의 갱생 작업이 철도업종과 국가 경제의 미래를 구하는 일이라고 높이 평가했다. 가장 많은 찬사는 런던에서 나왔다. 1887년 12월 말 주니어스는 아들이 레딩을 성공적으로 되살려낸 것을 "진심으로 축하한다"고 편지했다. "너와 내가 자랑스럽게 생각할 수 있는 성공"이라고 그는 평가했다.

주니어스는 아들을 칭찬하는 선에서 편지를 마치지 않았다. 늘 그랬듯이. 쉰 살이 넘은 아들에게 그는 지칠 줄 모르는 훈계를 계속 늘어놓는다. "네 자신을 의지하고 나가라. 그동안 네가 해왔던 것처럼 캐릭터가 맞지 않은 회사 갱생 작업은 절대 벌이지 말거라!" 이어 그는 모호한 메타포를 아들에게 던진다. "내가 무관심한 척할 수 없다. 대수롭지 않은 일은 다른 의사에게 보내도록 해라." 그는 의사의 처방을 말하면서 "무엇보다 너의 건강 문제가 걱정이구나"라고 덧붙였다. 과거에는 아버지가 너무 많은 일을 맡겨 스트레스 때문에 주기적으로 몸져눕는 사태를 걱정한 사람은 모건 자신이었다. 그런데 이번에는 아버지 주니어스가 그의 업무과다에 따른 건강 악화를 염려해주고 있다. "최근 2년 동안 네가 수행한 일을 감당할 수 있는 육체적·정신적 강함을 가진 사람은 거의 없다. 주기적인 휴식이 없이 너만큼 일했다면, 반드시 대가를 치르게 될 것이다. 내 충고를 귀담아 들어주기 바란다."

모건은 아버지의 충고를 무시했다. 그는 스트레스를 유발하는 업무를 수행하느라 탈진했다. 두통과 열, 심각한 몸살 등을 호소해야 했다. 하지만 그는 쓰러지지 않았다. 그의 비즈니스는 더 이상 연습이 아니었다. 늘 그는 자신이 서 있기를 소망했던 무대의 중심에서 일했다. 그가 맡은 역할은 인생에서 어떤 일보다 중압감을 야기했다. 하지만 아버지의 시시콜콜한 지시를 받지 않았다. 당시 세계에서 가장 큰 회사의 금융 '전문의'로서 알아서 움직인 덕분에 그의 건강은 놀라보게 좋아졌다.

이번에도 모든 사람이 그가 해낸 일을 높이 평가한 것은 아니었다. 〈뉴욕 선〉은 사설에서 석탄 수송 철도들을 묶어 카르텔을 만드는 일은 명백한 가격담합이라고 비판했다. 모건이 이룬 업적 덕분에 "평화와 비밀결사"를 촉진하게 되었다고 비아냥거렸다. 〈뉴욕 타임스〉는 레딩의 워크아웃을 높이 평가했다. 하지만 요금과 석탄가격을 독점 기업이 결정하게 된 상황을 우려했다. 더 나아가 한 나라의 동맥을 은행가 한 명이 쥐락펴락하고 있는 것은 아닌지 의혹을 제기했다. 이 의문은 J. P. 모건의 이후 인생에서 짙은 그림자를 드리운다.

뉴욕 신문과 J. P. 모건의 관계는 1880년대 상당히 우호적이었다. 〈트리뷴〉의 발행인인 화이트로 레이드와 〈뉴욕 선〉의 발행인이면서 편집장인 찰스 A. 대너(Charles A. Dana)는 모건의 클럽 회원이었다. 〈뉴욕 선〉이 1886년 2월 레딩 회생작업을 비판했다. 모건은 대너에게 메모를 띄웠다. "친애하는 대너 씨! 저는 신문에 보도된 내용이 금융의 중요성에 대해 전반적으로 균형을 유지하고 있어 그동안 이러쿵저러쿵 말하지 않았습니다"라고 그는 말문을 연 뒤 그러나 최근 기사가 "너무 편향되어 있어 귀하가 모르는 사이에 편집자들이 자신들의 시각을 반영한 것이라고 느끼고 있습니다"라고 따졌다. 이어 개인적으로 만나 레딩 철도와 관련된 사안을 토론할 수 있다고 말한 뒤 자신이 너무 직설적으로 말한 점을 이해해달라고 했다. 하지만 그는 "편향적인 기사가 시민들에게 전달되는 것은 바람직하지 않다"고 못 박았다.

언론이 거세게 비판했는데도 모건은 10년 뒤에 A. J. 리블링(Liebling)이 내린 결론인 "언론 자유의 유일한 보장은 언론을 소유하는 것"이라고 생각하는 데까지는 이르지 않았다. 실제로 그는 1886년 〈뉴욕 이브닝 포스트〉와 〈더 네이션The Nation〉을 인수할 수 있었다. 하지만 소유하려고 들지 않았다.

〈이브닝 포스트〉는 알렉산더 해밀턴이 창간하고 1881년 헨리 윌러드가 소유하고 있었으며 그해 윌리엄 쿨런 브라이언트(Willaim Cullen Bryant)기 편집을 맡고 있는 중이었다. 윌러드는 유명한 편집장인 에드윈 로런스 굿킨을 영입하기 위해 〈더 네이션〉까지 사들였다. 〈더 네이션〉은 〈이브닝 포스트〉가 전한 뉴스를 주간 단위로 자세히 풀어 전달했다.

앵글로 색슨의 후예이면서 아일랜드 출신인 굿킨은 공화당 내 개혁파 진영에 가까웠다. 그는 은화 발행과 보스 정치, 지역사회 부패를 펜으로 강력히 비판했다. 현실 정치 이슈에 대한 그의 선도적인 비판을 들은 한 독자가 뉴욕의 부패한 정치권에 대해 이렇게 말한다. "매일 아침 〈뉴욕 선〉은 악을 매력적인 것으로 포장하고, 매일 저녁 〈이브닝 포스트〉는 미덕을 악으로 포장하는 상황에서 무엇을 기대할 수 있겠는가?"

〈이브닝 포스트〉는 윤리를 강조했다. 하지만 1880년대 저널리즘과 정치의 윤리적 구분은 비즈니스와 정치의 구분보다 덜했다. 굿킨은 신문으로 머그웜프를 설득해 그로버 클리블랜드를 지지하도록 했다. 선거 뒤에는 특정인을 위해 행정부의 자리와 정책을 로비하기도 했다. 〈이브닝 포스트〉는 대통령이 굿킨의 권고를 따르지 않으면 어떤 문제에 봉착하게 되는지 전면을 털어 보도하는 등 그의 로비 방식은 상당히 노골적이었다.

월러드가 신경 쇠약으로 몸져누었다. 순간 굿킨은 〈이브닝 포스트〉를 장악하려고 시도했다. 모건 등 여러 부유한 친구들에게 도움을 청하고 나섰다. 1886년 봄 그는 모건에게 자신의 의중을 전했다. 모건은 이렇게 답했다. "내가 유럽으로 떠나기 전 그 주제를 의논하는 게 무의미하다고 말하고 싶지 않아요. 그 문제는 자금 거래의 규모에 전적으로 달려 있습니다."

그해 9월 굿킨은 이와 관련해 한 친구에게 말한다. "모건 씨가 현재 멋있게 처신할 준비가 되어 있는 것 같습니다. 그런데 이건 일급비밀이오! 이 사실이 알려지면 그가 아주 곤혹스러운 상황에 놓이게 됩니다. 다시 말해 이 사실이 알려지면 금융계에서 상당히 난감해질 겁니다."

뉴욕의 정상급 신문을 보유하는 것 자체가 모건에게는 정치계나 저널리스트 세계에서 상당히 신경 써야 하는 부담이었다. 실제로 굿킨은 월러드의 철도 비즈니스를 돕기 위해 신문을 동원하기도 했다고 비판받았다. 월러드가 독일에서 돌아온 1886년 9월, 편집장이 회사의 자금 문제를 모건과 의논했다는 사실을 알고 분노했다. 몇 년 이후까지 두 사람은 그 문제로 옥신각신한다. 굿킨은 "모건이나 다른 사람의 밑에서 일한다고 해서 내게 돌아오는 돈은 한 푼도 없었을 것이다. 모건 등에게 〈이브닝 포스트〉의 매각을 타진했지만, 내가 돈을 받는 행위는 없었다"고 강하게 말했다.

모건과 굿킨의 신문 경영은 실현되지 않았다. 하지만 모건은 개인적으로 적잖은 돈을 굿킨에게 계속 지원했다. 이 편집장이 1902년 숨을 거둔 이후 그는 굿킨의 이름으로 하버드대학에 돈을 기부했다. 기부금은 E. L. 굿킨의 '자유로운 정부의 역할과 시민의 의무'라는 강좌가 열릴 수 있는 밑천이었다.

J. P. 모건은 철도의 금융 현안을 해결해 안정화시키고, 유럽의 자본 유입을 지속화하는 데 에너지와 시간을 집중했다. 하지만 그는 당시 미국 대중들이 철도 자본에 가지고 있던 적대감이나 점점 커지는 노동자들의 분노에 대해서는 무관심했다. 그의 시선은 미국의 장기적인 경제 전망에 집중되어 있었다. 그가 계급갈등과 사회 문제에 관심을 기울여야 할 경우 레인스포드 박사에게 그 문제를 일임했다.

모건은 1870년대 미국 노동계의 전투적인 투쟁에 대해서는 별다른 기록을 남기지 않았다. 당시 무연탄 광산 파업사태가 발생해 결국 몰리 맥과이어가 처형되었다. 1877년 철도업계의 총파업이 발생했다. 모건은 일기나 편지에 별다른 언급을 하지 않았다.

도금시대 한 인물인 테렌스 V. 파우더리(Terence V. Powderly)가 이끄는 전국적인 노동단체인 '노동 기사단(The Knights of Labor)'은 폭력을 비판했다. 집단 교섭을 통해 임금인상과 노동시간 단축, 노동환경 개선 등을 이루어 내려고 했다. 하지만 1884~1885년 경기 침체 시기에 그들의 평화적 노력은 실패로 끝났다.

결국 기사단도 파업이라는 수단에 의존했다. 유니언 퍼시픽과 미주리 퍼시픽 철도의 파업을 성공적으로 이끌어 전국적인 존경을 받았다. 노동자 가입도 급증했다. 1886년 5월 1일 시카고 무정부주의자들이 총파업을 촉구했다. 시카고 경찰은 1886년 5월 3일 맥코믹 농기계를 급습해 파업 중인 노동자들을 해산시키려 했다. 그 과정에서 노동자 세 명이 숨을 거두었다. 다음날에는 헤이마켓(Haymarket) 광장에 모여 시위하는 노동자와 시민에게 누군가 폭탄을 던졌다. 경찰이 발포했다. 총격이 끝났을 때 50명이 부상하고 경찰 6명을 포함해 10명이 숨졌다.

헤이마켓 사태는 미국을 갈라놓았다. 배심원들은 주로 외국인들인 무정부주의자 8명이 살인을 공모했다고 유죄를 인정했고, 법정은 이 가운데 7명에게 사형을 선고했다. 노동자들의 시위에 호의적인 미국인들은 재판의 결과가 터무니없다고 생각했다. 많은 사람들은 경찰보다 폭력과 사회주의를 두려워했다.

헤이마켓 사태로 노동기사단의 멤버 수가 1886년 70만 명에서 1890년 10만 명 이하로 곤두박질했다. 단위 노동조합의 느슨한 연대 조직인 미국 노동조합협회(American Federation of Labor)가 1886년 발족해 자리를 잡았다. 새뮤얼 곰퍼스(Samuel Gompers)는 폭력적인 전술을 비판하고 '순수하면서도 단순한 조합주의'로 임금인상과 노동시간 단축, 근로조건 개선 등을 이루어 내려고 했다. 설립 첫해 14만 명으로 시작해 1900년에는 100만 명까지 조합원이 늘어났다.

모건이 철도 카르텔 구성과 파산한 회사의 회생에 전념한 1880년대, 철도산업은 스스로 새로운 질서를 만들어가고 있었다. 철도기업은 효율성과 비용을 줄일 수 있는 실용적인 조처를 취해 나갔다. 그런데 3,000마일에 달하는 철도의 운행시간을 계산하는 방식이 미국 철도 시스템의 난맥상을 더욱 부추겼다. 일리노이 철도는 27시간 누적 시간제를 채택했다. 위스콘신은 38시간제를 적용했다. 반면 미국 철도협회(American Railway Association)는 1883년 미국을 3개 지역으로 나눠 시간을 계산했다. 이른바 '신의 시간제'에서 '반더빌트의 시간제'로 전환한 셈이다.

3년 뒤 철도회사들은 표준궤를 정하기로 합의했다. 143.5센티미터를 표준궤로 하기로 결정했다. 이는 두 개 이상의 철도회사를 거쳐 물건을 수송할 때 화물을 중간에 옮겨 싣지 않아도 됨을 의미한다. 강철 철로가 무쇠 철로를 대신하기 시작했다. 제동 성능이 높아져 그만큼 안전해졌다는 뜻이다.

운송비용은 철도회사의 치열한 경쟁과 디플레이션 흐름과 더불어 떨어지고 있었다. 1850~1900년 사이에 여행객의 철도 요금은 50퍼센트 떨어졌다. 화물 운송요금은 여객 요금보다 더 추락했다. 1870년 1톤의 화물을 1마일 보내는 데 1.88센트가 들었다. 1900년에는 0.73센트로 내려앉았다. 철도회사의 매출액은 그만큼 줄어들었다.

매출액 감소는 모건이 그토록 막으려고 했던 지나친 경쟁을 촉발시켰다. 철도회사의 경영진은 임시처방으로 지나친 경쟁이 낳은 문제를 해결하려고 했다. 가격담합과 음성적인 리베이트 제공, 자사가 독점적인 지위를 누리고 있는 지역 내에서 단거리 화물이나 승객에 대한 높은 운임 부과 등이었다. 이런 대응은 철도회사의 경쟁 덕분에 낮은 운송비를 부담하는 농민과 제조업자 등 화주 등의 반발을 불러일으켰다.

카네기나 록펠러 같은 산업계의 거물들은 제품을 대량 생산하는 이점을 이용해 특별 요금을 요구하거나, 이도저도 아니면 화물 열차를 직접 구입해 운영해버렸다. 일반 미국인은 그레인지협회(Grange Association) 같은 협동조합을 만들거나 주 정부를 내세워 자신들을 보호하려고 했다.

1880년대가 분수령이었다. 철도 운송의 소비자들과 공급자들은 혼돈 상태인 미국 철도 시스템이 외부의 규제를 받아야 한다는 데 동의하기 시작했다. 이런 공감대는 지역적으로 형태와 정도의 차이를 보이기는 했다. 1887년 2월 미국 의회의 상하원은 압도적인 표결로 주간교통법(Interstate Commerce Act)을 통과시켰다. 대통령도 즉각 서명해 법을 발효시켰다.

주간교통법은 철도회사의 운임차별을 금지했다. 사전에 미리 운임표를 공시하도록 했다. 리베이트 제공과 가격담합, 화물 할당제 등을 불법으로 규정했다. 이와 함께 '공평하고 합리적인 운임'을 결정하는 권한을 가진 5인 위원회를 구성하도록 했다. 뉴욕 센트럴의 천시 드퓨와 유니언 퍼시픽의 회장을 맡고 있던 찰스 프랜시스 애덤스 등은 주간교통법이 철도업계 내부자들의 실패한 가격경쟁을 막는 데 성공하기를 소망했다.

골수 보수 세력들은 그 법을 무시했다. 맹렬하게 자본가들을 지원했던 로드 아일랜드 출신 상원의원인 넬슨 앨드리치(Nelson W. Aldrich)는 "주간교통법은 위대한 비즈니스 이익에 대한 허무맹랑하고 부끄러우며 공허한 위협이다. 무지하고 비합리적인 군상들의 아우성에 답하기 위해 만들어진 법"이라고 공격했다. 주니어스 모건도 린던에서 주간교통법을 비판했다. 그는 그 법이 "불가항력적인 전국민적 의지에 의해 강요되어 정상적인 질서를 어지럽히는 원인"이 될 것이라고 비판했다. 그가 '불가항력적'이라는 단어를 썼는데, 이는 허리케인과 지진 같은 신의 의지에 따라 발생해 예측할 수 없거나 통제할 수 없는 사건을 의미한다. 주니어스에게 의회의 결정이나 입법도 불가항력적인 힘으로 보일 수밖에 없었다.

모건은 정부가 철도 현안을 해결할 수 있으리라 믿지 않았다. 정치적 개입보다는 은행가들의 능력을 더욱 신뢰했다. 하지만 일단 법이 만들어지자 주간교통법을 준수하며 비즈니스를 추진했다. 그는 주의회보다 워싱턴의 상하원을 더 신뢰했다. 주의회는 철도 자본가들과 트러스트를 공개적으로 혐오했다.

공화당은 1888년 대통령 선거에서 백악관을 되찾았다. 그해 선거의 핵심 이슈는 금융이었다. 미국 재무부는 1880년대 후반 미국 역사에서 드물게 흑자를 유지했다. 연방정부는 남북전쟁 이후 국내 산업을 보호하기 위해 보호관세를 부과했다. 덕분에 정부는 지출보다 많은 돈을 거두어들일 수 있었다. 1885년의 흑자폭은 6,350만 달러였다. 문제는 '이를 어디에 쓸 것인가'였다.

민주·공화 양당의 의견이 엇갈렸다. 민주당은 경기 부양을 위해 적극적인 공공 지출을 확대해야 한다고 주장했다. 이를 위해서는 공공 프로젝트를 추진해 흑자로 남아도는 돈을 지출해야 한다는 것이다. 1888년 당시 민주당은 100여 년 뒤 시장의 자유를 주장하는 공화당처럼 정부가 국민의 생활과 시장에 간섭하는 것을 축소해야 한다고 목소리를 높였다. 하지만 보호무역주의에 대해서는 당내에서도 의견이 충돌했다.

클리블랜드 대통령은 여러 경제 현안에서 온건 공화당파와 의견을 같이했지만, 열렬하게 자유무역을 지지했다. 그는 보호관세를 미국의 수출을 어렵게 하는 추악한 세금이라고 여겼다. 그는 미국의 부가 자유로운 상거래 과정을 통해 배분되기를 소망했다. 시장의 기능을 축소해 재무부가 정치적으로 배분하지 말아야 한다는 게 그의 소신이었다.

산업계의 강력한 로비를 받은 연방의회는 1870년대와 1880년대에 보호관세 철폐법을 무산시켰다. 민주당의 리더들은 보호관세 폐지 때문에 민주당이 분열해 결국 1880년 대선에서 재선에 실패할 것이라고 클리블랜드를 압박했다. 하지만 그는 미국 산업이 유아 상태이기 때문에 보호받아야 한다는 논리를 무시했다. 그는 무역장벽을 공격하면서 보호관세 철폐법을 강력히 지지했다. 앤드류 카네기는 1870년대 철강 생산의 비용을 혁신적으로 낮춰 "보호관세법이 폐지된다고 하더라도 당신은 유럽산 철로를 미국 서부에 수출할 수 없다"고 주니어스에게 큰소리친 바 있다.

클리블랜드를 상대로 1888년 대통령 선거에 나선 공화당 후보는 인디애나 상원의원인 벤저민 해리슨(Benjamin Harrison)이었다. 그는 인디언과 마지막 대결인 '티페커누 전투를 치른 사람들(Old Tippecanoe)'의 손자로 태어났다. 루이스 머튼 그리고 모건 부자와 함께 금융 플레이를 펼치기도 했다.

머튼은 상원의원이 되고 싶었다. 하지만 〈월드〉를 발행하는 마크 트웨인이 붙인 '돈을 지배하는 왕들'과 '공화당의 부패한 펀드'가 밀접하게 연관되어 있다는 평판 때문에 번번이 실패했다. 하지만 1888년 대통령 선거에서 뉴욕의 공화당 보스인 토머스 콜리어(Thomas Collier)의 지원을 받아 부통령 후보가 되는 데 성공했다. 콜리어는 말쑥한 차림과 도회지 스타일의 행태로 '이지 보스(Easy Boss)'라고 불렸다.

공화당 후보들은 그해 선거에서 민주당 클리블랜드보다 더 많은 선거자금을 거뒀고 강력한 지지를 받았다. 펜실베이니아의 공화당 보스이고 노련한 수완가인 매튜 케이(Matthew Quay)가 앞장서 300만 달러가 넘은 선거자금을 끌어모았다. 이는 공화당이 대선에서 모은 선거 자금으로선 당시까지 최고 액수였다. 케이의 휘하 선거꾼들은 인디애나와 뉴욕 등에서 표를 매수하는 데 선거자금을 썼다. 민주당 후보를 공격하는 전단지를 미국 전역에 뿌려댔다.

클리블랜드는 대통령직의 명예를 훼손한다는 이유로 선거 운동을 적극적으로 벌이지 않았다. 해리슨은 수천 명을 인디애나폴리스로 초청해, 위험한 민주당과 보호관세 폐지로 발생할 수 있는 임금하락과 실업 증가를 소리 높여 외쳤다. 유권자들은 보호관세 철폐를 놓고 분명한 의사표시를 하지 않았다. 클리블랜드가 유권자 선거에서 단 6만 표 차이로 이겼다. 하지만 선거인단 투표에서 168대 233으로 졌다.

선거인단 투표 결과가 나온 뒤 보스 케이의 축하를 받은 해리슨은 잘라 말한다. "섭리에 따라 우리는 승리했다." 당선자의 발언에 아연실색한 케이는 나중에 기자들에게 "섭리는 대통령 당선과 아무런 관련이 없다"고 말했다. "해리슨은 그를 대통령으로 만들기 위해 얼마나 많은 사람들이 감옥의 문전까지 접근했는지 잘 모른다"고 덧붙였다.

해리슨은 당선 직후 얼마나 많은 공화당원들을 논공행상해야 하는지 재빨리 알아챘다. 선거 도중 그는 후원자들에게 자리를 제공하지 않겠다고 약속했지만 장관 자리들은 이미 다 팔려나간 상태였다. 그는 지지자들의 압력을 받아 1884년 대통령 선거의 패장이고 부패 커넥션의 주범인 제임스 G. 블레인을 국무장관에 임명할 수밖에 없었다. 케이에게 막대한 선거 자금을 납부한 사람들 가운데 한 명인 필라델피아 거상 존 워너메이커(John Wanamaker)를 우정업무의 책임자로 임명해야 했다.

부통령 당선자인 머튼은 선거자금과 자리배분이라는 게임에 아주 익숙했다. 나중에 엠파이어스테이트 빌딩을 건설하는 플래트(Platt)에게 해군성 장관 자리를 약속했다. 그는 해리슨에게 "시카고에서 공화당 전당대회가 열린 날과 11월 선거에서 뉴욕 때문에 우리가 승리했다는 것은 자명한 사실이다. 따라서 그가 많은 대접을 받아야 한다"고 강변했다. 해리슨은 플래트를 해군성 장관에 임명하기를 거부했고, 머튼에게 "어떤 사람을 어떤 자리에 앉히겠다고 약속하는 실수를 다음부터는 하지 말라"고 경고했다.

해리슨의 내각은 비즈니스맨의 내각으로 불렸다. 새로 구성된 상원에도 수많은 산업 자본가들과 금융 자본가들이 당선되었다. 상원이 '백만장자 클럽'으로 불릴 정도였다. 공화당은 이해 선거에서 1875년 이후 처음으로 백악관과 상하원의 과반수를 차지했다. 그들은 보호관세 부과로 얻은 재정 잉여를 활용해 정부의 채권을 보유한 사람들에게 프리미엄을 지급했다. 증기선 업자들에게 보조금을 주었다. 의원들은 지역구 선심사업을 가능하게 하는 포크 배럴 법안(Pork Barrel Bills)을 제정했다. 또 남북전쟁 기간 동안 북부가 부담한 세금을 환급해주었다. 연방의 목적에 기여했다는 이유로 많은 사람들에게 연금을 지급했다. 의회는 1890년 매킨리(McKinley) 관세법을 제정했다. 일정 상품에 대해 50퍼센트 관세를 부과하기 위해서다.

아마도 모건은 1888년 바로 공화당을 지지했을 가능성이 높다. 그는 해리슨과 머튼의 취임식을 위해 1,000달러를 기부했다. 하지만 그는 개인적으로나 이데올로기적으로 민주당 클리블랜드 행정부와 갈등을 느끼지 않았다. 클리블랜드가 1889년 백악관을 나온 뒤 '모건의 법무법인'으로 알려진 스테츤·트레이시·맥비그(MacVeagh)에 합류했다.

———✶✶✶———

'Interstate Commerce Act'의 문어적 의미는 주간상업법이다. 반면 내용은 주간교통법이다. 이름과 어울리지 않은 내용을 담고 있는 셈이다. 주간교통법의 1887년 제정은 정치적인 타협의 결과였다. 이후 이 법은 해석하기도 어렵고 집행하기는 더욱 어려운 것으로 드러났다. 핵심적인 의문에 답을 주지도 못했다. 은행가들이 주장하듯이 지나친 경쟁이 벌어지고 있다고 하고, 농부 등 화주들은 경쟁이 제대로 이뤄지지 않고 있다고 하는데, 실제로 경쟁 때문에 철도회사들이 어려움을 겪고 있는가? 공직자들이 공정하게 서로 경쟁하는 경제적 이해를 다루고 있는가? 아니면 어느 한쪽에 특혜를 주지는 않는가? 철도회사의 효율성 제고와 경쟁 촉진 사이에 이해갈등이 있다면, 누가 최종적으로 결정해야 하는가? 국가는 어떻게 선도 산업을 합리화하기 위한 경제적 인센티브를 주는 대신 공정성을 위해 정치적 이해관계를 거중 조절해야 하는가? 주간교통법은 어떻게 집행되어야 하는가? 등과 같은 의문이었다.

주간교통법은 미시시피 서부 지역에서 경쟁을 완화하지 못했다. 치열한 철도 전쟁이 한 차례 휩쓸고 지나간 직후인 1888년 말 주요 철도기업의 주거래 은행인 드렉셀·모건과 브라운 브라더스(Brown Brothers), 키더·피바디가 모건의 매디슨 애비뉴 저택에 주요 간선 철도의 경영자들을 불러 회동했다. 이날 회동에 참석한 철도회사 총수들은 유니언 퍼시픽의 찰스 프랜시스 애덤스와 1885년 유니언 퍼시픽에서 축출된 이후 미주리 퍼시픽 철도를 장악한 제이 굴드, 뉴욕 센트럴의 천시 드퓨, 펜실베이니아의 조지 로버츠 등이었다.

모건은 회동의 목적이 철도회사 경영진이 자신들에게 불리하다고 생각할 때마다 주간교통법을 제멋대로 위반하는 사태를 막기 위함이라고 잘라 말했다. 그순간 그의 목소리는 말썽을 부린 학생들을 꾸짖는 엄격한 선생과 같았다. 그는 "문명사회를 빼고는 법을 위반한 행위가 발생하지 않는다"며 "일선 경영진들이 계속 그런 행위를 해야 할 합리적인 이유가 없다"고 강조했다. 펜실베이니아 철도의 회장인 조지 로버츠는 은행가들이 중복 노선을 건설하는 사람들이나, 회사에 자금지원을 중단하면 과당 경쟁이 벌어지지 않는다고 주장했다. 이에 대해 모건은 철도 경영자들이 요금 인하경쟁을 중단하면, 은행가들은 중복노선 건설을 막기 위해 할 수 있는 노력을 다하겠다고 약속했다.

찰스 프랜시스 애덤스는 정치 담당 저널리스트와 매사추세츠 감독 위원회 멤버였다. 회동 순간에는 한 철도회사의 회장이었다. 그는 수년 동안 과당 경쟁과 중복 노선 건설 문제를 해결하기 위해 부심했다. 그날 회동 직후 발언 내용 등을 개인적으로 정리해 두었다. 회동 첫날은 새로운 운임체계를 집중적으로 다뤘다. 이는 애덤스가 자신의 기록에 수없이 언급한 진부한 주제였다. 가격을 담합하는 가격 풀(pool)제는 집행력이 없고, 강제할 수단도 없어 수없이 실패한 시스템이었다.

회동 이틀째 되는 날 애덤스는 '외부의 강제적 힘'만이 가격 풀제를 실현시킬 수 있다고 말문을 열었다. 이어 자신이 염두에 두고 있는 외부의 강제적인 힘은 '주간교통위원회(Interstate Commerce Commission)'라고 말했다. 실제로 철도회사들이 만든 가격 풀제는 소비자들의 반발을 부를 수 있지만, 위원회가 가격 시스템을 만든다면 소비자들의 환영을 받을 가능성이 높았다. 애덤스는 철도회사 경영자들이 자신의 의견에 찬성할 것이라고 기대했다. 실제로 경영자들은 전적으로 동감을 표시했다. 로버츠는 위원회가 적절하게 강제하면, "경영자들이 겪고 있는 수많은 어려움이 상당 부분 해소될 것"이라고 말했다. 드퓨도 위원회가 "철도회사들 사이에 평화가 유지되도록 위원회가 장치를 만들 수 있을 것"이라고 기대했다.

1889년 말 애덤스는 주간교통위원회의 위원 5명 가운데 3명과 만났다. 철도회사 회장단이 참여하는 조직안을 만들었다. 이에 따라 주간철도교통협회(Interstate Commerce Railway Association)가 새로 구성되었다. 철도회사 22곳의 경영자들은 운임의 안정화와 물동량 배분 등에 합의했다. 위반 사항을 주간교통위원회에 고발하기로 합의했다.

새로운 기구는 주간교통법이 규정한 장치를 바탕으로 규칙과 가격 책정 원칙을 강제했다. 그 결과 통상적인 카르텔이 억제되었다. 하지만 기본적인 성격상 협회도 하나의 카르텔이었다. 애덤스가 협회의 설립을 의논했던 위원회 멤버인 얼데이스 워커(Aldace Walker)는 주간교통위원직을 사임하고 주간철도교통협회의 회장으로 영입되었다.

철도산업 밖의 많은 사람들이 협회의 설립과 가격 안정화 조처를 환영했다. 〈뉴욕 선〉은 모건의 레딩 철도의 갱생 작업을 비판한 적이 있는데, 이번 안에 대해서는 '철도산업의 혁명'이라고 평가했다. 이어 "부패와 속임수 대신 분명한 비즈니스 원칙"을 고대한다고 말했다. 존 무디는 미국과 유럽의 철도 투자자들은 미국 철도산업에 만연한 "어마어마한 자본 낭비와 속임수, 중복투자 등은 강력한 소수의 자본집중을 통해서만 해결될 수 있기 때문에" 매디슨 애비뉴 219번지에 참석한 그룹에 의결권을 위임해야 한다고 주장했다.

그런데도 또 다른 가격 전쟁이 서부 지역에서 발발했다. 협회 규약은 가격 전쟁을 막기에 역부족이었다. 규약을 최초로 무시한 회사의 경영자의 말이 현실로 드러난 셈이었다. 협회는 규정을 강제할 수단을 가지고 있지 않았다. 분쟁을 중재할 권한도 없었다. 회원들을 묶어둘 수 있는 수단도 보유하지 않았다. 제이 굴드가 1890년 2월 동료에게 던진 질문은 협회의 실상을 적나라하게 보여준다. "대통령과 협회가 만나는 시카고에 대표를 파견하는 게 우리에게 의미 있을까? 아니면 그 죽은 시체에게 꽃다발이나 보낼까?"

무디와 마찬가지로 찰스 프랜시스 애덤스는 강력한 감시·감독 시스템 아래 경쟁하는 대규모 철도회사를 하나로 묶어버리면 철도산업이 훨씬 좋아질 것이라고 믿었다. 애덤스는 일지에 현재 무정부 상태를 해결하기 위해서는 '철도산업의 비스마르크'가 필요하다고 기록했다. 하지만 전투가 치열하게 벌어지는 곳에 질서를 회복시킬 만한 인물은 자신을 포함해 당시까지 등장하지 않았다.

　J. P. 모건은 당대 미국 최대 철도회사인 펜실베이니아와 뉴욕 센트럴을 NWB 철도 사태를 계기로 협상 테이블로 끌어내는 데 성공했다. 하지만 두 회사가 협력하도록 강제하는 데는 성공하지 못했다. 애덤스는 개인 메모에 "피어폰트 모건이 필요한 여건을 조성할 수 있을까?"라고 자문한 뒤 "가능하다. 필요한 수단과 힘을 가지고 있다. 하지만 그가 그렇게 할 수 있을지는 두고 봐야 한다"고 적었다.

아버지와 아들

런던에서 뉴욕으로 그리고 아버지에서 아들로. 금융 권력의 이전은 30년에 걸쳐 점진적으로 이루어졌다. 1880년대 말에는 거의 마무리 단계에 진입했다. 주니어스는 1887년 초 뉴욕 투자은행 드렉셀·모건에게 중요한 내용을 통고한다. 런던 투자은행 J. S. 모건이 채권 가격이나 발행업체의 비즈니스 역사 등을 따지지 않고 철도회사가 발행한 채권을 인수하는 한 신디케이트에 참여하겠다고 결정이었다. 그가 한 말은 "드렉셀·모건이 아주 충분히 검토해 해당 채권이 귀사의 이익에도 좋다고 판단하면 우리는 기꺼이 만족하고 신디케이트에 참여하겠다"는 것이었다.

주니어스는 40여 년 동안 자본이 대서양을 건너 미국으로 흐르도록 유도했다. 국제 금융시장에서 미국의 신인도를 면밀하게 살폈다. 1880년대 말 미국은 여전히 채무국이었지만 세계의 선도적인 산업국가로 발돋움했다. 주니어스는 고국이 당당한 산업 국가로 떠오른 데 대해 아주 큰 자부심을 느꼈다. 그는 1887년 초 미국이 비싼 증권이 발행·유통될 수 있는 시장을 가졌다고 뉴욕 파트너들에게 말했다. 이는 이제 자신이 그동안 해왔던 일을 더 이상 하지 않아도 된다는 점을 시사한다.

"미국인은 아주 부자가 되었기 때문에 외국인들보다 더 높은 가격에 증권을 매입할 수 있는 단계에 이르렀다. 우리의 수익이 줄어드는 게 아쉽지만 미국을

런던의 주니어스 스펜서 모건(1890년)
(출처: 뉴욕 피어폰트 모건 도서관)

위해서는 아주 좋은 일이다."

실제 미국은 1880년대 후반 국내 총생산 가운데 상당 부분을 저축했다. 이렇게 해서 조정된 자본은 건물·기계설비 형태로 투자되어 또 다른 제품을 생산할 수 있었다.

주니어스는 런던 올드 브로드 스트리트에 있는 회사에서 더 이상 많은 시간을 보내지 않아도 되었다. 봄여름에는 도버 하우스에서 주로 지내면서 정원을 가꾸거나 건초를 만들며 시간을 보냈다. 손님들을 초대해 파티를 열기도 했다. 앨리스 메이슨과 헨리 제임스, 존 싱어 서전트, 윌리엄 웨트모어 스토리 가족, 천시 드퓨 가족, 루이스 머튼의 파트너인 존 로즈 경 등이 그가 주로 초대한 인물들이었다.

겨울에는 런던을 떠나 몬테카를로에 연간 5,000달러를 주고 빌린 빌라에서 지냈다. 본채와 마구간 등이 가파른 언덕 위에 자리 잡고 있었다. 올리브 나무가 빽빽이 들어선 작은 숲과 테라스 형태로 만들어진 정원들이 있었으며 지중해를 한눈에 내려다볼 수 있었다. 주니어스는 "모나코의 겨울 날씨는 세상에서 가장 좋아 보이고, 노인들에게 더할 나위 없이 좋은 곳"이라고 친구에게 말했다.

주니어스는 해마다 11월부터 5월 사이에는 몬테카를로의 빌라 헨리에타 (Henrietta)에서 머물렀다. 그곳에 머무는 동안 집사인 토머스 핸드(Thomas Hand)가 시중들었다. 앨리스 메이슨은 몬테카를로 시내에 자신만의 거처를 가지고 있었다. 오전이면 주니어스는 11시에 배달되는 우편물을 기다렸다. 편지를 받은 뒤에는 언덕을 걸어 내려가 앨리스 메이슨을 만났다. 오후 1시에 점심을 먹었고, 2시 30분에 마차를 타고 빌라로 돌아왔다. 오후 5시에는 어김없이 차를 마셨고, 7시 30분에는 저녁을 들었다. 그리고 잠자리에 들기 전까지 그날의 손님들과 카드게임을 즐겼다.

모건은 1889년 4월 아버지의 일흔여섯 번째와 자신의 쉰두 번째 생일을 축하기 하기 위해 장녀 루이자를 데리고 몬테카를로를 찾았다. 그는 어느 날 관광과 쇼핑을 위해 딸과 함께 니스로 마차를 몰았다. 점심을 먹은 뒤 혼자 밖으로 나가 27년 전에 미미가 숨을 거둔 세인트 조지스 빌라를 찾았다. 루이자는 그날 일기에 "아버지와 함께 갔으면 했다. 하지만 그는 혼자 가고 싶어 하는 듯 했다"고 썼다.

주니어스가 영국에서 지낸 35년 동안 자신의 신분이 주는 불편함을 단 한 차례 겪었다. 여전히 당시 영국에선 신분질서가 남아 있었다. 1880년대 어느 봄날 주니어스와 루이자는 런던에서 오페라에 초대받았다. 그들을 초대한 사람은 빅토리아 여왕이 주로 관람했던 자리를 확보해두었다. 하지만 그는 여왕 관람석에 앉기를 거부했다. 그는 루이자에게 "너는 가장 정중한 마음가짐으로 영국 친구들을 대해야 한다"고 말했다. 이 말을 들은 루이자는 어머니 패니에게 "저는 '할아버지가 그 친구 분의 호의를 받아들여야 한다'고 말씀드렸지만, 할아버지의 선택이 옳았다고 할 수 있습니다"라고 말했다.

주니어스도 다른 가문 선조들의 초상화 등 예술품을 수집해 집 안을 장식했다. 지방에 웅장한 저택을 보유한 영국 귀족들처럼 해보는 것이었다. 그는 '더번서 공작부인' 초상화를 도난 당한 뒤 게인스버러의 '윌브러험(Wilbraham) 양'의 초상화를 사들였다. 그 밖에도 조지 롬니(George Romney)가 그린 엠마 해밀턴(Emma Hamilton) 초상화 두 점과 조슈아 레이놀즈(Joshua Reynolds)가 그린 초상화 3점을 보유했다. '예이츠(Yates) 여사'와 '레이디 도슨(Dawson)', '보호자들과 함께 한 영예로운 헨리 페인(Henry Fane)'이 바로 조슈아 레이놀즈가 그린 초상화들이었다.

그의 도버 하우스와 프린스 게이트 저택의 벽에는 '월튼 다리의 풍경(Landscape with Walton Bridges)'과 수채 풍경화 '앨버노 호수(Lake Albano)' 등 터너(Turner) 작품을 비롯해, 프랑스 화가 그뢰즈(Greuze), 밀레, 제롬(Gérôme), 윌리엄 포웰 프리스, 조지 에드거 힉스(George Edgar Hicks) 등의 작품도 걸려 있었다.

18세기 영국 명문 가족들의 초상화와 나란히 걸려 있는 주니어스 조상의 초상화는 아주 평범했다. 그가 1887년 자신의 초상화를 그리기로 결정하면서 영국의 화가 프랭크 홀(Frank Holl)을 선택했다. 홀은 당시 부유한 자유당 정치인 조셉 챔벌레인과 웨일스 왕자의 초상화를 그렸다. 그는 초상화에 집중하기 전에는 풍속화를 주로 그렸다. 비평가들은 그가 "죽은 자의 관이나 교수대에 의해서도 아무런 영감을 주지 않는 초상화를 그렸다"고 혹평했다. 특색도 없는 아카데미 출품작들은 "모든 사람들에게 아부했다"고 평했다. 실제로 그가 그린 주니어스 초상화가 1887년 로열 아카데미에 출품되었을 때 손자 잭은 자신의 입맛에 맞는 작품이라며 좋아했다. 잭은 할아버지 초상화가 한쪽으로 기울어져 보인다고 생각했다. 홀이 "할아버지의 실제 모습보다 잘 그리지 않았다"고 말했다.

주니어스도 그가 그린 초상화에 만족하고 1888년 아들의 것도 그려달라고 요청했다. 모건의 초상화는 홀이 그린 마지막 작품이 된다. 그는 모건의 초상화를 마친 직후 숨을 거둔다. 초상화 속 모건은 검은 바탕에 검은 옷을 입고 있다. 홀은 모건의 머리와 손을 강조했다. 뒤로 빗어 넘긴 머리는 오십 줄에 앉은 사람답게 회색으로 변해 있었다. 반면 그의 눈썹과 콧수염은 여전히 검었다. 그가 입고 있는 조끼는 허리띠가 보일 만큼 열려 있다. 그가 오른팔을 의자에 편하게 올려놓고 있었지만, 전체적인 표정은 편하지는 않았다. 자신을 바라보고 있는 화가를 도전적으로 응시하고 있다.

홀은 모건의 초상화를 그리면서 과거 자신의 화풍에서 탈피했다. 50대인 모건의 체격을 눈에 띄게 돋보이도록 하지 않았다. 딸기처럼 부풀어 오른 코는 눈에 띄지 않게 처리했다. 화가의 붓놀림으로 모건의 모습은 그림자에 스며드는 느낌을 주었다. 초상화의 살빛과 그림자가 구분되지 않도록 했다. 모건은 자신의 초상화에 만족했다. 친구들에게 선물하기 위해 '조만간 숨을 거두게 되는' 그 화가에게 똑같은 초상화를 여러 개 만들어달라고 주문했다.

J. P. 모건은 지나칠 정도로 외모에 신경 썼다. 연한 비누와 향기 나는 물을 즐겨 사용했다. 은테를 두른 머리빗과 커프스 단추, 남성적인 칼라, 타이핀, 시계 줄, 장갑 등을 늘 지니고 다녔다. 뉴욕 요트클럽의 회원으로 활동하기 위해 선장 모자를 주문했다. 이때 자신의 머리 모습과 모자의 조화에도 특히 신경 썼다. 사이즈 7.6인치는 너무 크기 때문에 "모자 윗부분이 특히 크고 풍성해야 한다"고 생각했다.

모건이 외모에 이토록 신경 썼지만 청소년 시절 험하게 터진 여드름과 1888년 딸기처럼 부풀어 오른 코를 감출 길은 없었다. 물론 모건 시대의 의사들도 코끝에서 부풀어 오른 딸기를 제거할 수는 있었다. 요즘은 더 간편하게 레이저 수술로 없애버릴 수 있다. 사위 새터리는 장인이 어릴 적에 경험한 발작 등 더 악화하는 사태를 두려워 수술을 피했다고 주장했다. 다른 사람들은 일반인들의 조롱거리가 되는 게 싫어 수술을 피했다고 말했다. 그의 사회적·경제적 지위가 이미 상당히 올라 있어, 얼굴에 나타난 몇 가지 문제점 때문에 영향받지 않았지만, 그가 유명인사로 떠오른 이후 뻣뻣한 외모와 늘 뭔가를 탐색하는 듯한 눈빛은 좋은 평을 얻지 못했다. 그는 자신의 당당한 캐릭터가 다소 보기 좋지 않은 얼굴을 충분히 커버할 수 있기 때문에 사람들에게 '정면으로 응

시할 수 있으면 해봐라! 나는 당신의 시선을 의식하지 않는다'라고 말하는 듯
행동했다.

～⁂～

모건의 아들인 잭은 하버드에서 첫 해를 비참하게 보냈다. 그는 어머니 패니에
게 보낸 편지에서 "4년이 흘러 곧 여기를 떠났으면 합니다"라고 불평할 정도였
다. 그는 하버드대학 1학년 가을에 등이 떠밀려 대학으로 돌아갔다.

　당시 하버드대학은 도금시대 뉴욕과 비슷한 사회적 계층구조를 가지고 있
었다. 부유한 가문 출신 젊은이들은 막대한 가문의 재산과 입학 전 비슷한 사
립학교 졸업 등 끼리끼리의 공통점을 가지고 있었다. 이들은 하버드에 입학한
이후 보스턴 상류사회의 사교클럽에 모습을 드러냈다. 회원제 클럽의 회원이
되어 서로 어울렸다.

　잭은 한때 엘리트 2학년의 클럽인 델타 카파 입실론(Delta Kappa Epsilon)의 후
보 멤버가 된 것을 아주 즐거워했다. 이어 하버드 사교생활을 성공적으로 하기
위해 만들어진 델픽(Delphic)의 정식 멤버가 되었다. 델픽은 하버드 최고의 사
교모임인 포스리언(Porcellian)보다는 지명도가 덜했다. 하지만 "동급생들과 마
구 어울리지 않고 혼자 지내지만 클럽에 관심을 가지고 있고 부유하거나 똑똑
하거나 아니면 붙임성이 있는 신사들"을 주로 받아들였다. 이는 1886년 입학생
인 조지 산타야나(George Santayana)의 회고다.

　모건은 젊은 시절 독일 괴팅헨대학의 유명한 교수나 강좌에 관심이 높았다.
아들 잭은 집에 보낸 많은 편지에 교수나 강좌에 대해 별다른 언급을 하지 않
았다. 대신 그가 수업을 받은 교수들의 이름이 발견된다. 심리학자 윌리엄 제
임스(William James)와 예술사 교수인 제임스 엘리엇 노턴(James Eliot Norton), 시인
제임스 러셀 로웰(James Russell Lowell), 철학자 조시아 로이스(Josiah Royce), 철학자

조지 허버트 파머(George Herbert Palmer), 영문학자 바렛 웬델(Barrett Wendell), 성공회 신부 필립 브룩스(Phillip Brooks), 사회학자 프랜시스 피바디(Frances Peabody) 등이 1학년 시절에 보낸 편지에 등장한다.

엘리엇은 능력이 뛰어난 교수들을 영입하고 신분과 인종 면에서 한결 다양한 학생들을 받아들였다. 하버드를 '블루 블러드'의 자제들이 마지막으로 다니는 학교에서 벗어나도록 노력했다. 월터 리프먼은 몇 년 뒤 엘리엇이 캠퍼스를 걷는 모습이 "하나님이 걷는 모습과 비슷했다"고 말한다. 잭은 이 거물과 식사하는 것을 극단적으로 부담스러워 하며 "그와 점심 먹으러 가기보다는 죽는 게 낫다"고 집에 편지하기도 했다.

잭은 그와 점심을 먹기는 했다. 죽으려 하지도 않았다. 대신 그는 엘리엇이 잭이 살게 될 인생을 얕잡아보는 석학이라는 인상을 받았다. 사실 엘리엇은 "명문 대학은 물질 만능주의나 호화로움보다는 지적이고 영적인 힘을 존중해야 한다"고 믿는 인물이었다. 당시 하버드대학 교수들도 비즈니스를 낮춰보았다. 잭은 패니에게 보낸 편지에서 덤덤하게 "지도교수는 많은 학생들이 졸업한 뒤 금융 회사에 뛰어드는 것을 혐오하는 사람"이라고 표현했다. 이어 "교육이나 문학을 좋아하는 많은 사람들이 왜 비즈니스를 낮춰보는지 저는 알 수 없습니다. 그들은 비즈니스를 모든 야망과 교양이 사라지거나 '돈이나 버는' 욕망으로 변질되는 하수구쯤으로 여기는 것 같습니다. 하지만 저는 정직하고 합리적으로 번다는 전제 아래 돈을 좀 버는 게 나쁘지 않다고 생각합니다"라고 했다.

잭이 개인적으로 다른 것을 좋아할지라도 졸업한 뒤 금융업에 뛰어든다는 데는 의문의 여지가 없었다. 그는 하버드 생물학자 윌리엄 G. 파로(William G. Farlow)의 연구실에서 바닷말을 연구해 지도교수의 이론을 입증하는 데 도움을 주었다. 자연사 과목에서 A를 받았다.

당시 문학·예술·철학·과학 등이 '돈 벌기'보다 더 높이 평가되는 분위기는 하버드만의 흐름이 아니었다. 잭이 과학에 관심을 보이는 것을 높이 평가한 사람도 아버지의 파트너인 에지스토 패브리였다. 그는 플로런스에서 은퇴생활을 하는 동안 패니에게 편지를 띄워 "그 젊은이가 과학에서 보이는 소질을 잘 발전시키도록 격려해야 합니다. 그가 꾸준하게 과학을 탐구해 여러 사람을 이롭게 해 가장 성공적인 비즈니스 성공보다 더한 영예를 얻었으면 합니다"라고 말했다.

과학자들이 비즈니스맨들보다 더 높고 오래가는 명성을 얻었지만, 패브리의 주장은 모건에겐 설득력이 없었다. 모건은 자신의 직업을 스스로 낮추어 보지 않았다. 그가 비록 아들에게 특별한 관심을 보이지 않았지만, 자신이 아버지의 대를 이어 금융업을 하듯이 잭도 가업을 물려받는 게 당연하다고 생각했다.

어느 토요일 모건은 아들 잭에게 전보를 띄워 보스턴에 몇 시간 머무는 동안 보고 싶다고 알렸다. 그는 그날 오후 6시 40분에 보스턴에 도착해 한밤중에 떠났다. 잭은 아버지를 만날 수 있는 시간을 내기 위해 열심히 공부했다. 그런데 아버지가 탄 기차가 연착했다. 잭은 보스턴 역 철교 아래에서 비를 맞으며 한 시간 정도를 기다려야 했다. 그는 어머니에게 퉁명스럽게 그날 열차 지연을 비난한 뒤 "보도인 씨와 드퓨 씨, 아빠와 함께 마차를 타고 보스턴 역에서 클럽으로 가는 시간이 너무 즐거웠습니다"라고 말했다.

그의 아버지는 패니의 편지를 가지고 오지 않은 자신을 탓했다. 하지만 그가 다가오는 여름에 무엇을 할 것인지는 아들에게 말하지 않았다. 잭은 화가 나지는 않았지만 아쉬웠다. 그는 어머니에게 그날 아버지와의 만남이 "만족스럽지 않았습니다. 늘 바쁘게 생활하는 비즈니스맨에게는 엄마가 이미 알고 계신 그런 나쁜 점이 좀 있는 것 같습니다"라고 썼다.

모건 부자지간에 무슨 껄끄러운 문제가 있는지 정확하게 알 수는 없다. 하지만 두 사람이 만나는 순간에 껄끄러움은 표면화했다. 모건은 아들 잭이 어머니 패니와 아주 친밀하게 지내는 데 반해 소원한 느낌을 받았다. 아들과 거리를 두고 있었다. 이런 거리두기는 잭에게는 또 다른 두려움을 주었다. 그는 자신감을 가지지 못했을 뿐만 아니라 늘 아빠의 인정과 동의를 갈망했다. 그러면서도 자신과 아버지 사이의 벌어진 틈을 유지했다.

J. P. 모건은 도덕성을 높이라고 늘 주문받았다. 그의 아버지 주니어스는 집에서 멀리 떨어진 학교에 자신을 보냈을 뿐만 아니라 수십 년 동안 자신을 엄격히 감독했다. 올바른 사람이 되라고 지칠 줄 모르고 훈계를 늘어놓는 아버지와 긴밀한 관계를 유지했다.

주니어스의 아들에 대한 지나친 관심의 반작용이었을까? 모건은 자신의 아들인 잭에게는 지나친 관심을 자제했다. 그렇다고 무관심한 것은 아니었다. 잭은 세인트폴에서와 마찬가지로 하버드에서도 시시콜콜한 지출까지 아버지에게 보고하고 허락을 받으려 했다. 그는 여름 방학에 레인스포드 박사와 함께 로키산맥을 답사하고 싶다고 2월부터 아버지에게 허락을 요청하기도 했다. "즐거움을 위해 단 한차례 여행에 너무 많은 돈을 쓰는 것은 사치라고 여기신다면, 아버지의 생각을 받아들이겠습니다"고 했다.

잭은 로키산맥으로 여행을 떠났다. 그해 늦여름 말을 사고 담배를 피우겠다고 아버지에게 보고하고 허락을 간청했다. 그는 이번에는 아버지의 허락을 기대하는 게 다소 무리라고 생각했는지, 뜻밖에도 모건이 선뜻 허락해주자 놀랐다. "말을 사도록 해주신 아빠의 배려는 뜻밖입니다"라고 어머니에게 편지했다. 그는 공부를 열심히 한 데 대한 상이라고 내심 생각했다.

잭보다 10년 일찍 하버드 학부를 졸업한 사람의 경험은 극단적인 대조를 보인다. 나중에 미국 대통령이 되는 시어도어 루스벨트 2세는 1876년 쓴 편지에서 "아버지께서 제게 사랑을 베푸시는 것만큼 가족의 사랑을 받는 학생은 없어 보입니다. 아버지와 저의 관계처럼 부자 관계가 친밀한 친구인 학생도 없다고 생각합니다"라고 말했다.

잭은 자신이 J. P. 모건의 아들이기 때문에 상당한 덕을 보았다. 그는 1887년 사라와 조지의 아들이고 잭에게는 사촌인 주니어스와 함께 런던의 할아버지를 방문했다. 그는 화이트 스타 소속 저매닉(Germanic)을 타고 대서양 횡단을 하는 동안 모건의 아들이라는 사실 덕분에 "모든 승무원들이 세심하게 서빙하고 공손했다"고 어머니 패니에게 편지로 말했다. 그는 그들의 친절이 '팁에 대한 갈망'을 의미한다고 무시했다. 하지만 "나쁘지는 않았습니다"라고 했다. 그는 "나쁘지 않은 대접"을 도버 하우스의 일하는 사람들한테서도 받았다. 그들은 사촌인 주니어스를 '한 발 떨어진 딸의 아들'로 대접한 반면, 잭을 집주인인 주니어스의 '미래 상속자'로 대했다.

잭은 정서불안을 보였고, 속물근성을 가지고 있었으며, 부끄러움도 많았다. 아버지 모건은 그 나이 때 여자에 대해 저돌적인 관심을 보였다. 하지만 아들 잭은 그렇지 않았다. 그가 스무 살 때 화이트 스타 소속 저매닉호를 타고 가다 만난 예쁜 한 여자를 멀리 떨쳐버린 이야기를 어머니에게 편지로 보고했다. 그는 "그녀는 아주 예뻤습니다. 하지만 그 여자에게 '나는 좀 거만하지만 숙녀 같은 여자를 좋아한다'라고 말해 그녀의 코를 납작하게 해주었습니다. 이를 보고 누나 루이자가 아주 즐거워했습니다"라고 말했다.

그는 4학년 가을 자신의 기준에 가까운 여자를 하나 발견했다. 그녀의 이름은 제인 노턴 그루(Jane Norton Grew)였다. 친구와 가족들 사이에서 제시(Jessie)로 불렸다. 세인트폴과 하버드를 같이 다닌 친구인 에드워드 그루의 열일곱 살 먹은 여동생이었다. 잭은 1888~1889년 겨울 보스턴 비컨(Beacon) 스트리트에 있는 그루의 집을 자주 찾았다. 어머니 패니에게 제시 그루가 자신이 표현한 관심에 반응을 보인다고 말했다. 하지만 신분과 지위에 순종적인 잭은 아버지가 그녀를 어떻게 생각할지 앞서 걱정하며 어머니 패니에게 보낸 편지에 "그루 씨 집안 사람들은 아주 좋은 사람들이라고 아빠에게 말씀 좀 해주세요. 아버지가 그 집안 핏줄에 관심이 많으실 것 같은데, 아버지 그루 씨는 그의 어머니를 포함해 보스턴의 위대한 스터지스의 후손입니다… 그루 여사는 캠브리지와 보스턴에서 유명한 집안인 위글스워스 (Wigglesworth)의 출신입니다. 따라서 그들은 선천적으로 좋은 사람들입니다"라고 말했다.

잭 P. 모건
(출처: 뉴욕 피어폰트 모건 도서관)

잭은 그녀에 대해 어떤 감정을 갖기도 전에 그 집을 방문해 들은 "가계 혈통"에 깊은 인상을 받았다고 패니에게 힘주어 말했다. 제시에 대한 그의 '어떤 감정'은 순식간에 뜨거워져 결혼까지 원하게 되었다. 패니가 외국 여행 중인 1889년 3월 결혼 문제를 모건과 상의하기 위해 뉴욕을 방문했다. 잭이 도착한 순간 모건은 워싱턴에 머물고 있었다. 다음날 새벽 3시까지 집에 도착하지 못했다. 서너 시간이 흐른 뒤 집에 도착한 모건과 아들 잭은 아침을 함께 했다. 사랑의 열정에 들뜬 젊은이는 아침 식사가 끝난 직후 서툴지만 솔직하게 "내 마음속에 품고 있는 문제를 털어놓았다"고 패니에게 편지로 알렸다. "아버지는 아주 놀란 표정이었습니다. 그렇게 놀라실 줄은 몰랐지만, 다행히 나를 비웃지는 않으셨어요. 또한 내가 여자에게 마음을 빼앗긴 사실에 약간 화가 난 표정이었습니다"라고 했다.

아버지 모건은 "몇 가지 사실을 확인한 뒤" 저녁에 집에 돌아와 아들의 가슴 앓이를 좀 더 의논해보자고 약속했다. 잭은 하루 종일 모건을 기다렸다. "저녁 식사 30분 전부터는 두려움에 떨기까지 했다. 저는 아버지의 결정과 충고가 무엇이든 가능한 한 따르려고 합니다"라고 말했다. 그가 제시를 자주 볼수록 자신이 제대로 사람을 봤다고 믿게 되었고, 어머니에게 보낸 편지에서 분명히 밝히지는 않았지만 결국 "그녀의 마음을 얻게 되리라 더욱 확신하게 되었다."

모건은 해마다 가는 유럽여행을 막 떠나려던 참이었다. 그날 저녁 식사 30분 전에 모건은 유럽에 돌아온 뒤 보스턴에 가 "무엇을 해야 할지" 살펴보겠다고 아들에게 약속했다. 긴장하고 하루 종일 기다린 아들은 운명의 순간이 간단하게 지나가리라고 미처 생각하지 못했다. 잭은 서둘러 자신의 판단이 옳음을 강조하기 위해 제시 집안의 내력을 열심히 설명했다. 불행히도 모건은 아들만큼 혈통을 중시하지 않았다.

모건은 "네가 말한 아이가 좋고 적절한 집안 출신이라고 기억하고 있으마"라고 말한 뒤 간단하게 "도와주마"라고 결론지어버렸다. 이 말을 들은 잭은 황홀할 지경이었다. "아버지가 모든 문제를 알아서 해주시는 것 이상으로 자상하고 부드러운 일은 없다"고 어머니 패니에게 썼다. "이 순간 내 머리와 가슴이 아버지의 자상함으로 가득해 더 이상 편지를 쓰기 힘들다"고도 했다. 그는 하버드를 졸업한 뒤 제시의 오빠인 에드워드 그루와 함께 프랑스어와 독일어를 배우러 유럽으로 가고 싶어 했다. 해외 유학 문제에 대해 그루 집안 사람들도 "아주 긍정적이고 심지어 좋아하는 태도를 보인다"며 고무되었다. "제가 허락을 받으려고 지나치게 신경 쓰는 것은 아닌지 걱정입니다"라는 말도 덧붙였다.

제인 노던 그루 모건
(출처: 로버트 M. 페노이어)

잭은 어머니와 사소하거나 가슴 속 비밀 이야기까지 하는 데 익숙했다. 그 바람에 어머니 패니가 자신의 사랑 이야기에 기뻐 흥분할 것이라고 여겼다. 그의 예상은 보기 좋게 빗나갔다. 패니는 큰 딸 루이자에게 "내게 아주 큰 의미를 가지고 있는 아들이 영원히 내 품을 떠나게 된다"는 생각에 "몸져누울 만큼 낙담했다"고 고백했다. 패니는 자신의 낙담을 일반화하며 "어린 나이에 맺어지는 게 바람직하지 않다"고 말했다. 하지만 아들 잭만은 "그런 문제와 관련해 다른 사람과 다를 테고, 제시와의 사랑이 그에게는 아주 중요한 문제일 것"이라고 말했다.

잭은 1889년 6월 자연사에서 우수한 성적을 거두고 하버드대학을 졸업했다. 제시의 오빠인 그루와 함께 해외로 나갔다. 그가 그해 늦가을 집에 돌아온 뒤에는 주니어스의 전직 파트너인 제이콥 로저스의 회사에서 수습을 받기 시작했다. 그와 제시는 이듬해인 1890년 약혼했다. 그해 말 보스턴 알링턴 스트리트 교회에서 결혼식을 올렸다.

〜◆〜

모건의 둘째와 셋째 딸인 줄리엣과 앤은 큰 딸 루이자나 잭과는 달리 반항적이었다. 부모들한테서 벗어나려고 했다. 루이자는 앤이 "말썽꾸러기이지만, 참을 수 없을 만큼 재미있다"고 아버지에게 말한 적이 있다. 잭은 앤이 사람을 상당히 당혹스럽게 한다고 여겼다. 그는 "앤의 마음속 어딘가에 자리 잡고 있을 생각이나 마음을 파악하기 힘들다"며 "그녀가 예측하지 못한 순간 가장 이상한 방법으로 생각을 표출한다"고 어머니에게 말했다. 그는 시간이 흐르면 그녀가 나아질 것이라고 생각했다.

모건은 큰 딸 루이자를 독점하다시피 했다. 앤이 그 빈자리를 차지하고 들어갔다. 그녀는 어머니 패니가 잠자리에 들어가기 직전에 잠옷을 따뜻하게 해주었고, 어머니가 털어놓는 속내를 인내심을 가지고 들어주었다. 그녀가 우울한 순간에는 같이 가슴 아파했다. 그녀는 어머니의 심리상태를 다소 냉소적으로 지켜봤다. 그녀는 어머니와 런던에 머물고 있는 동안 뉴욕에 있는 루이자에게 편지를 띄워 이렇게 말한다. "어머니가 스스로 자신을 괴롭히고 전전긍긍하며, 흥분하셔. 어머니는 밤새도록 깨어 있으면서 깊이 생각하다 못해 극단적인 상상까지 하는 것 같아. 어머니가 밤새도록 생각한 결과가 무엇인지는 언니가 잘 알 거야."

막내 줄리엣은 나이가 어느 정도 들자 자신만의 사회 활동에 빠져 들었다. 줄리엣이 품 안에서 벗어나 빠져나가버리자, 패니는 앤에게 더욱 집착했다. 패니는 루이자에게 "앤이 나와 함께 오래 지내지 못했다"며 "앤이 더 자라 떠나기 전에 함께 오래 지내면서 나는 그 아이에게, 그 아이는 내게 의지하면서 살면 우리 두 사람에게 모두 좋다"고 말했다.

모건의 딸들은 그다지 예쁘지 않았다. 루이자의 얼굴은 진심어린 상냥함이 가득했고, 앤은 자신을 잘 가꾸었다. 하지만 두 사람 모두 부모의 각진 턱과 육중한 몸매를 물려받았다. 딸 셋 가운데 줄리엣이 가장 예뻤다. 가늘고 긴 허리를 자랑했고, 검은 눈동자를 가졌다. 그녀는 빅토리아 시대의 이상형인 '밑으로 갈수록 가늘어지는 몸매'에 대해 "기성복에 맞는 몸매"라고 농담했다. 그

앤 T. & 줄리엣 P. 모건(오른쪽)
(출처: 뉴욕 피어폰트 모건 도서관)

녀는 언니 루이자에게 "나는 옷을 맞추지 않아도 되기 때문에 비싼 몸매가 아니다. 언니는 그 차이를 모르는 것 같아… 나는 굳이 옷을 입어보지 않아도 돼"라고 말하기도 했다.

루이자는 맏이였기 때문에 굳이 결혼 순위를 따진다면, 1순위였다. 하지만 동생 잭이 제시와 약혼을 발표할 때 스물네 살이었다. 어머니 패니는 기회가 있을 때마다 적당한 배필을

찾아주기 위해 줄리엣을 데리고 무도
회나 디너파티에 참석했다. 탐탁지 않
은 제안이 들어오기는 했다. 사교계
의 입담꾼들은 그녀를 미국과 유럽의
명망가 자녀와 연결시켜보기도 했고,
영국의 신문들은 그녀가 나중에 갖게
될 재산을 암시하기 위해 '미스 피어
폰트 모건'이라고 불렀다.

루이자 P. 모건
(출처: 컬버 픽쳐스(Culver Pictures))

'미스터 피어폰트 모건'은 루이자
의 결혼을 서두르려고 하지 않았다. 그가 루이자를 유달리 좋아한다는 사실
은 일단 접어두더라도 모건은 자신의 특별한 딸이 결혼에 관심 있을 것이라고
꿈에도 생각하지 않아 보였다. 그는 루이자가 여행 동반자이고 속마음을 털어
놓을 수 있는 상대일 뿐만 아니라 아내의 역할마저 대신하는 귀중한 자식으로
여겼다. 그는 그녀도 자신과 함께 초호화 해외여행 등을 하는 과정에서 많은
이익을 보고 있다고 생각했다.

아버지 모건과 함께 런던의 사교 모임에 참석한 루이자는 "영웅이 없는 소
설 속의 여자 주인공 같았습니다"라며 "아빠와 함께 간 파티에서 종종 아주 핸
섬하게 생긴 젊은 사람들을 만나고 싶다는 생각이 들었어요. 그런데 이것은
우리끼리 얘기입니다"라고 어머니 패니에게 편지로 말했다. 루이자가 아버지
눈에 드는 '영웅'을 만나기는 쉽지 않아 보였다.

~~~◁◀◀~~~

모건은 자녀뿐만 아니라 형제자매를 골고루 좋아하지는 않았다. 분명하게 차
별을 두어 대했다. 그는 큰 여동생 사라와 그녀의 남편 조지를 마음에서 우러

난 혈육의 정이 아니라 의무적으로 대했다. 그들은 뉴욕 40번가 동편에 살면서 매사추세츠의 레녹스에 시골집을 가지고 있었다. 모건의 막내 여동생 줄리엣은 파리의 몽테뉴 거리에 살았다. 어머니만큼이나 고통 받았다. 심리적 기복이 심했고, 감정적으로 불안했다.

줄리엣은 정신병적인 낭비벽이 너무 심해 모건이 씀씀이 한도를 정해주었다. 이는 모건의 아내 패니에게도 적용하고 있었다. 패니는 "줄리엣이 다른 문제보다도 심각하게 인지능력이 떨어져 건전하지 않고, 그녀가 낭비벽은 정신적인 문제에서 비롯된 자연스런 결과"라고 생각했다. 그녀는 남편 외가인 피어폰트 가문의 심리상태가 낳은 '자연스런 결과'가 정신적 불안이라고 여겼다. 모건은 열심히 일하고 해마다 대서양 항해를 할 뿐만 아니라 온천 치료와 광적인 사교활동을 통해 정신적 불안을 극복하려고 노력했다. 하지만 우울중 증세를 완전히 없애기는 어려웠다.

모건의 어머니와 누이동생은 제대로 관리하지 못해 극단적인 형태로 발전했다. 여동생 줄리엣의 남편인 존 B. 모건은 파리에 있는 성공회 교회의 신부로 일했다. 자녀들을 낳아 가족을 확대하는 데 굳이 노력하지 않았다. 어느 봄날 루이자는 파리에서 고모부의 설교를 듣고 충격적이라고 평했다. "존 이모부는 즉흥적으로 설교하려고 노력하셨다… 그의 설교는 올드 마더 허버드(Old Mother Hubbard)만큼이나 남는 게 없었다. 아빠는 계속 찬송가책만 읽고 있었다"고 말했다.

모건은 오랜 기간 동안 중간 여동생 매리와 그녀의 남편 월터 번스와 상당히 가깝게 지냈다. 번스는 일가친척 가운데 아버지 주니어스를 빼면 모건이 유일하게 같이 일하고 싶어 했다. 매리와 월터는 모두 세속적이었고, 쾌락주의 성격을 지녔다. 그들은 예술품을 수집하기 시작했고, 번스가 런던 투자은행 J. S. 모건에 합류한 이후 샹젤리제(Champs Élysées) 옆에 아파트를 구입해 보유했다. 잉글랜드 에섹스 지역에 있는 상당한 땅을 사들였고 그로브너 광장의 신고전주의 저택 두 채를 사 하나로 만들었다.

번스는 모건 친인척 가운데 결혼생활이 가장 원만했다. 잭이 런던을 방문했을 때 고모와 고모부가 아주 친밀하게 지내는 모습을 보고 놀랐다. 드러내지는 않았지만 자연스럽게 아버지와 어머니의 관계와 견주어보았다. 고모와 고모부는 "아주 잘 결합된 상태였고, 삶의 방식도 일치해 가정생활의 아주 좋은 본보기가 되었다"고 잭은 패니에게 말했다.

뉴욕 매디슨 애비뉴 219호의 가정생활에서 패니는 중년이 되면서 몸무게가 급격히 불어났다. 어머니를 늘 좋게 말하는 아들 잭은 "몸무게가 점점 늘어난다"는 이야기를 들었을 때 답장을 띄워 패니를 축하해주었다. "엄마는 체중이 불어나는 것을 말하고 싶어 하지 않는다는 점을 잘 알고 있습니다. 엄마의 몸무게가 81~86킬로그램일 때 가장 건강상태가 좋았다는 것을 아실 겁니다"라고 말했다.

주니어스는 자신도 별도의 공간을 마련해 폐인이 된 아내와 사실상 별거하고 있는 상황이었다. 아들 모건이 며느리 패니와 대서양을 엇갈리게 횡단하면서 결혼관계를 형식적으로 유지하고 있는 데 대 별다른 말을 하지 않았다. 패니가 세 딸과 도우미, 친정 조카까지 대동하고 런던에서 반 년 이상을 지낼 때, 주니어스는 단지 아들이 외로울까 걱정했다. 왜 루이자마저 패니와 함께 보냈는지 의아해했다.

─────※─────

J. P. 모건에게 로맨스 상대가 있었는지 여부는 1890년대까지 드러나지 않았다. 1880년대 그는 쉬는 시간이면 보도인과 이글스턴스, 래니어 가족들과 어울려 지냈다. 뉴욕의 예술 애호가들 사이에서 유명세를 얻을 정도로 작품 수

집에 열을 올리기도 했다. 그는 1869년 미국 자연사박물관의 설립 이후 이사로 활동했다. 이사들은 해마다 5만 달러 정도를 기부해 박물관 적자를 메꿔 주었다. 모건은 이사회에 매번 참석할 수는 없었다. 하지만 모금 활동에 상당히 적극적이었다. 박물관의 회장인 모리스 K. 제섭은 주로 "모건 씨께서 1만 달러를 약속하셨습니다. 저도 1만 달러를 내겠습니다. 이셀린(Iselin) 씨께서는 5,000달러를 내시겠습니까? 밀즈 씨는? 페인 씨는?"이라고 주로 말했다.

모건은 자연사박물관과 44년 동안 인연을 맺었다. 재무책임자와 부회장, 재무위원회 위원장 등을 맡았다. 그는 돈 말고도 다양한 광물질과 유성, 호박, 서적, 선사시대 석기, 남 아메리카 유물, 아메리칸 인디언 의상, 화석, 유골, 선사시대 이후 그대로 유지되어 온 미라 등을 기증하기도 했다. 그는 파리의 세계박람회를 위해 티파니가 만든 보석 컬렉션을 매입하는 데 도움을 주기 위해 1890년 1만 5,000달러를 자연사박물관 회장에게 보냈다. 그는 자신의 기부 사실을 공개하지 말아줄 것을 요청했다. "알려지지 않을수록 제 기분은 더 좋습니다"라고 했다.

모건은 조카 헨리 페어필드 오스번이 1890년 자연사박물관의 직원으로 일하도록 하는 데 적잖은 역할을 했을 수도 있다. 그의 조카는 1877년 프린스턴대학을 졸업했다. 미국 서부지역의 화석을 발굴하기 위해 발굴팀을 구성했다. 이와 함께 프린스턴과 컬럼비아대학, 잉글랜드에서 대학원 과정을 밟았다. 이기간 동안 영국 생물학자 T. H. 헉슬리(Huxley)와 F. M. 밸포어 밑에서 공부하기도 했고, 찰스 다윈을 만나보기도 했다.

오스번은 1880년 프린스턴에서 박사학위를 받았다. 그가 컬럼비아대학에 새로 생긴 생물학과를 이끌기 위해 뉴욕으로 옮긴 1890년까지 비교 해부학을 강의했다. 자연사박물관에서는 고대 척추동물 코너의 큐레이터로 활동했다. 2~3년 뒤에는 박물관이 후하게 지급한 연구자금을 활용해 미국 서부의 탐사를 하게 되었다. 그는 "박물관 내 척추동물의 화석관을 더욱 넓히는 작업을 할 수 있었다"고 말했다. 자연사박물관이 보유하고 있는 척추동물의 화석은 당시 세계적으로 정평이 나 있었다. 1908년에는 삼촌 모건의 도움을 받아 오스번은 자연사박물관의 회장이 되었다.

1880년대 들어 뉴욕에 갓 생겨난 예술 관련 기관들은 중요한 작품과 자금 기부를 받기 위해 서로 치열하게 경쟁하기 시작했다. 메트로폴리탄 예술박물관은 모건을 이사로 영입하고 싶어 했다. 주니어스는 1887년 조슈아 레이놀즈가 그린 헨리 페인, 이니고 존스(Inigo Jones)와 찰스 블레어(Charles Blair)의 대형 초상화를 메트로폴리탄 예술박물관에 기증했다. 이 초상화는 그가 웨스트모어랜드(Westmorland) 공작 12세한테서 1만 3,500파운드(96만 6,000달러)를 주고 매입한 것이다.

초상화 속의 헨리 페인은 그 공작 가문의 8세의 아들이고, 초상화를 그려달라고 요청한 인물로 보인다. 이니고 존스는 17세기 건축가의 친척인데, 젊은 시절 J. P. 모건을 떠올리게 한다.

주니어스는 1880년대 후반 개인 저택의 갤러리에 보관하고 있던 대서양 양쪽의 작품들을 다른 부호들과 함께 공공 박물관에 기증하는 운동을 펼쳤다. 이때 기부 받은 덕분에 미국은 당대 최고의 작품 두 점을 보유할 수 있게 되었는데, 장 루이 메이소니에(Jean Lousis Meissonier)[1]의 〈프리랜드Frieland〉(1807년)와 로사 보뇌르(Rosa Bonheur)[2]의 〈말 시장The Horse Fair〉이 바로 그 작품들이다. 두 작품 모두 1887년 메트로폴리탄 예술박물관에 기증된 것들이다.

주니어스는 두 작품을 백화점 업계의 거물인 A. T. 스튜어트(Stewart)한테서 사들여졌다. 메이소니에의 작품은 판사 헨리 힐튼이 6만 6,000달러를 주고 매

1. 프랑스 혁명기 화가 -옮긴이
2. 19세기 초반 유명한 여류 화가 -옮긴이

입해 기증했고, 보뇌르 작품은 윌리엄 반더빌트의 아들 코닐리어스 반더빌트가 5만 3,000달러에 매입해 메트로폴리탄 예술박물관에 내놓았다. 반더빌트는 "영원히 시민들이 볼 수 있도록 해달라"는 요구조건을 내걸었다.

주니어스의 아들 J. P. 모건은 1880년대 메트로폴리탄 예술박물관과 깊은 유대관계를 맺고 있지 않았다. 대신 센트럴 파크 건너편에 있는 자연사박물관에 더 많은 관심을 쏟고 있었다. 하지만 1888년 예술박물관의 이사인 루이기 파머 디 세스놀라가 후원자가 되어 달라고 모건에게 요청했다. 당시 예술박물관은 자연사박물관과 인연을 맺고 있는 인물을 영입하지 않았기 때문에 모건에게 자연사박물관 쪽과 인연을 끊어달라고 요청했다.

세스놀라는 "모건 씨의 취향과 안목은 우리 박물관과 오히려 가깝다"며 "제가 알고 있기로 귀하께서는 훌륭한 예술작품을 보유하고 있다고 들었습니다… 귀하의 훌륭한 아버지께서는 모건 씨가 다른 박물관 견주어 1000대 1의 비율로 성장하고 있는 우리 박물관 일에 활동적으로 참여하기 시작했다는 소식을 들으면 아주 흐뭇하게 생각하실 겁니다"라고 말했다.

모건은 당시 자연사박물관 인연을 끊고 싶지 않았다. 게다가 세스놀라가 알고 있는 것 이상으로 좀 더 보편적인 이해관계를 중시했기 때문에 "제가 설립 순간부터 참여한 다른 박물관의 이사직"을 사임하는 게 불가능하다고 말했다. 결국 메트로폴리탄 예술박물관은 자체 규정을 수정해 모건을 영입했다. 모건은 이후 숨을 거두기 전까지 두 박물관과 깊은 유대관계를 유지한다.

그런데 1880년대 모건의 관심을 끌었던 첫 번째 비영리 기관은 성공회 교회였다. 그는 세인트 조지 교회의 재무 책임자였고, 연방 단위의 성공회 일에도 적극적으로 참여했다. 1886년에는 3년마다 한 번씩 열리는 교단의 전체 총회에 평신도 대표로 참여했다. 성공회의 최고 기관은 주교회와 대의원회(House of Deputies)였다. 대의원회는 각 주교 관구별로 선출된 평신도와 성직자 대표로 구성된 의결기구였다. 모건은 하트포드 시절 총회의 진행 상황에 익숙해 있었고, 주교들의 서명을 수집했다. 어른이 되어서는 총회에 참석했고, 주교의 서명도 수집했다.

J. P. 모건은 1886년 7월 오랜 친구이면서 시카고에 살고 있는 존 크레러에게 편지를 띄워 10월 한 달 동안 거의 시카고에 머물게 되었다는 사실을 알렸다. 그는 크레러에게 "가장 좋은 호텔을 구해달라"고 부탁했다. 그의 요구사항은 침실이 6~8개는 되어야 하는 큰 객실이었다. "주교들뿐만 아니라 많은 여성 신도들이 같이 가게 된다"고 미리 알렸다. 크레러는 모건의 부탁대로 그랜드 퍼시픽 호텔을 예약했다. 모건은 일행들이 눈치채지 못하도록 미리 숙박료를 치렀다.

모건은 보스턴에서 아들과 반 시간을 보낼 짬조차 내지 않았지만, 3년마다한 번 열리는 총회에 참석하기 위해 귀중한 3주 동안의 시간을 비워두었다. 총회에 참석해서는 성직자와 신도들 사이에 앉아 지루하기 짝이 없는 교리상 토론에도 귀 기울였다.

레인스포드는 모건의 신앙생활에서 "가장 이해하기 힘든 부분"이라고 생각했다. 총회의 "분위기는 사람들의 일상생활과는 전혀 달랐다." 바로 이 사실이 "모건의 영혼이 필요로 하는 것"을 채워주었다. 그리고 "아름답고 존경할 만한 전통과 만나는 행위 자체가 다른 모임보다 그를 매료시켰다."

잭의 하버드대학 스승을 비롯해 윌리엄 모리스와 존 러스킨 등 산업화가 정신적인 가치를 무너뜨린다고 주장한 지식인들과는 달리, 모건은 도덕적 세계와 물질적 세계가 상충하는 것으로 보지 않았고, 성직에 있는 그 친구들도 모건과 같았다. 백만장자가 사라토가의 경마에 초대해 대접하듯이 모건은 개인전용 열차를 동원해 여성 신도들과 성직자들을 시카고로 실어 날랐고, 호텔이나 임대한 집에 그들을 투숙시켰다.

그의 종교생활은 자신의 부에 대한 정당화나 속죄도 아니었다. 그는 자신이 속죄할 만한 것이 없다고 생각했다. 그는 월스트리트에서 명예로운 공공 서비스를 책임지고 있다고 생각했다. 아내 패니와 친밀한 결속을 유지하지 못한 것을 도덕적인 의미에서 괴로워했는지 알 수 없지만, 일단 기록에는 그런 단서는 발견되지 않는다. 그의 죄의식은 상당히 추상적이었다. 세인트 조지 교회의 옛 신부인 타잉이 말한 죄의식과 비슷했다. 그는 1861년 "깊은 죄의식을 가지고 주 예수께서 죄를 사했다는 사실을 믿으라"고 말한 바 있다.

19세기 합리적인 사람들은 종교가 떠난 자리를 과학과 역사로 채워 넣고 있었다. 모건은 교회의 권위에 도전하려고 들지 않았다. 교회의 의식은 그에게 강력하고 원초적인 감정을 주었다. 교회에서 행해지는 예배는 헨리 애덤스가 말한 "조용하고 무한적인 힘… 인간이 알고 있는 힘 가운데 가장 강력한 에너지"였다. 모건이 일상 경험을 전통 속에서 이해할 수 있도록 했다. 이처럼 교회가 그에게 정신적인 필요를 채워주었다면, 모건은 교회의 현실적인 필요를 만족시켰다. 그는 1886년 자신이 가슴으로 믿고 있는 성공회의 일반 기도서(Prayer Book)의 개정판 발행을 책임지는 위원회 멤버로 지명되었다. 그는 위원회를 위해 희귀한 일반 기도서를 수집했다. 1892년 총회 참석자들을 위해 개인적으로 개정판 기도서 500부를 주문해 나눠주었다. 250부를 더 주문해 미국과 영국의 각 주교 관구 도서관에 기증했다.

성공회 총회가 1889년 세인트 조지 교회에서 열렸다. 모건이 세속적인 일을 도맡아 처리했다. 참석자들을 맞이했고, 대표자들의 식사를 미리 주문해 제공했으며, 숙박과 엔터테인먼트를 제공했다. 철도업계의 비스마르크로서 중재의 수완을 발휘했던 것처럼 총회에서 여러 종파의 의견 불일치를 중재하고 나섰다. 성직의 평화를 위한 비공식 브로커로 활동한 것이다.

여러 성공회 성직자 가운데 그가 특별히 좋아하고 지지한 헨리 코드먼 포터

(Henry Codman Potter)가 1887년 뉴욕 주교 관구의 책임자로 지명되었다. 그는 개인적으로 해마다 1만 2,500달러를 지원해 그의 경제적 생활을 도와주었다. 게다가 5만 달러를 모금해 포터가 은퇴한 이후 여생을 돈 걱정 없이 지낼 수 있도록 했다. 맨해튼 사회에서 지명도가 아주 높은 포터는 '400인의 정신적 지도자'라는 평가를 받고 있다.

포터는 펜실베이니아의 알론조(Alonzo) 포터의 아들이었다. 그는 1861년 뉴욕 관구의 포터의 선임자인 호레이시오(Horatio) 포터 신부의 조카이기도 했다. 모건의 견진성사를 주도했다. 포터도 어린이 노동과 장시간 노동을 강요한 스웨트숍(Sweatshop)에 반대하는 사회 개혁적인 성직자였다. 그는 노동자를 상품처럼 "시장에서 사고파는 행위"를 비판하는 강론을 발표하기도 했다. 포터는 1887년 노동의 이익을 위한 교회연합(Church Association for the Advancement of the Interests of Labor)에 합류했다. 노동조합들은 이 조직을 열렬히 환영했다. 다시 한 번 모건은 레인스포드가 '부의 폭군'이라고 부른 세력에 반대하면서 노동계와 같은 편인 성직자를 경제적으로 지원하게 된 셈이다.

포터의 삼촌인 호레이시오 포터는 뉴욕에 성공회 주교 성당을 신축하고 싶어 했다. 그의 삼촌은 1886년 이 대역사에 필요한 자금을 조성하기 위해 구성된 위원회에 참여했다. 《주홍글씨》의 작가 너새니얼 호손(Nathaniel Hawthorne)은 한때 "오! 우리 미국이 가진 주교 성당들은 감각적으로 사치스러울 뿐"이라고 한탄한 바 있다.

삼촌 포터가 숨을 거둔 뒤 포터가 대성당 신축 사업을 이어받았다. 그는 신축 성당이 미국의 웨스트민스터 사원이 되어야 한다고 생각했다. 모건은 코닐리어스 반더빌트가 1888년 1월 10만 달러를 내준 데 사의를 표했다. 그 자산가는 1892년 한 해에만 50만 달러를 기부했다. 이후 5년 동안 수십만 달러를 성당 건축에 보냈다. 성당 건축위원회는 1887년 뉴욕의 인구밀집 지역에서 북쪽으로 떨어진 모닝사이드(Morningside) 고원의 급경사면에서 신축부지에 적합한 땅을 발견했다. 레인스포드는 신도들이 쉽게 접근할 수 있는 도심지역을 선호했다. 하지만 위원회와 관구 성직자들은 그 급경사 지역을 더 좋아했다. 컬럼비아 대학은 모건이 낸 10만 달러로 1892년 매디슨과 파크 애비뉴가 만나는 116번가의 인근 땅을 매입했다. 또한 모건은 대성당 건축 디자인 공모를 진행하는 데 참여했다. 맥킴·미드·화이트와 카레르·헤이스팅스(Carrér & Hastings), 리처드 모리스 헌트, 리처드 업존(Upjohn), 피바디·스턴스, 렌위크(Renwick), 어스핀월·러셀 등 유명 건축설계회사 66곳이 계획을 제출했다.

참여 업체들이 제출한 공모안들은 갖은 양식을 마구 뒤섞기를 좋아하는 도금시대 후기 특성을 그대로 보여준다. 설계자들은 영국 고딕양식에서 이집트 파라오 스타일까지 모두 동원해 시안을 만들어냈다. 출품작 대부분이 채택한 기념비적인 규모에 대해 한 영국 건축가는 이렇게 말했다. "종교적 분위기나 매일 큰 아이디어만을 생각하는 사람이 만든 높다란 대성당이 기본 모티브인 것은 아닌가"라는 의문을 품도록 했다.

위원회는 조지 루이스 하인스와 크리스토퍼 그랜트 라파지의 안을 채택했다. 두 사람 모두 미국의 네오 로마네스크 스타일의 거장인 헨리 홉슨 리차드슨의 지도를 받은 건축가들이었다. 하인스와 라파지는 베니스에 있는 세인트 마르크스 성당의 외관을 벤치마킹해 비잔틴 양식을 제시했다. 성당 인테리어로는 페리구(Périgueux)에 있는 세인트 프론트 성당을 모방한 안을 제출했다. 첨탑 양식은 잉글랜드 성당 양식을 채택하겠다고 밝혔다. 공사는 1892년 12월 암스테르담 애비뉴와 112번가가 만나는 곳에서 시작되었다. 100여 년이 지난 현재에도 이 성당은 계속 공사중이다.

J. P. 모건은 1889년 이리철도의 회장인 존 킹(John King)을 뉴욕의 회원제 유니언 클럽 회원으로 추천했다. 새로운 피를 받아들이기 위한 노력이었다. 그런데 클럽의 이사들은 알 수 없는 이유를 들어 킹의 가입에 반대했다고 모건은 루이스 머튼에게 알렸다. 어떤 이는 "신사처럼 말하기는 쉬워도 신사처럼 먹기는 힘들다"고 말하며 킹의 테이블 매너를 비난했다. 모건은 킹의 테이블 매너는 신경 쓰지 않았다. 오히려 어스틴 코빈과 윌리엄 시워드 웹이 킹을 배척한 데 화가 나 회원 100여 명과 함께 회원 탈퇴를 선언했다. 스탠퍼드 화이트를 움직여 새로운 클럽을 구성하려고 했다. "새로운 신사모임을 만듭시다. 비용은 신경 쓰지 마십시오!"라고 목소리를 높였다.

새 클럽의 1차 회의에서 유니언 클럽 탈퇴자들은 모건을 회장으로 선임했다. 클럽에 돈을 낸 회원들은 당시 미국 부통령인 루이스 머튼과 찰스 래니어, 윌리엄 C. 휘트니, 코닐리어스와 윌리엄 K. 반더빌트, 모건이 사회에 나온 뒤 처음 채용한 W. 와츠 셔먼, 시어도어 루스벨트 2세의 삼촌인 제임스 A. 루스벨트, 오그던 그리고 로버트 골렛(Robert Goelet), 조지 피바디 웨트모어, 애드리언 이셀린(Adiran Iselin) 등이었다.

언론은 모건이 주동이 된 새 클럽을 '백만장자 클럽'이라고 불렀다. 설립자들은 이름을 메트로폴리탄 클럽이라고 정했다. 5번 애비뉴와 60번가가 만나는 곳에 48만 달러를 주고 건물 부지를 사들였다. 1894년 스탠퍼드 화이트는 이탈리아 르네상스 양식으로 거대한 기둥이 줄지어선 궁궐 같은 건물을 완성했다. 건물 신축에 들어간 비용은 200만 달러였다.

클럽 오프닝 데이에 모건과 화이트는 60번가의 널찍한 정원에서 손님들을 맞이했다. 하늘 높이 솟아오르는 듯한 클럽의 중앙 홀은 스테인드글라스와 대리석 벽, 주홍색 카펫, 벨벳 로프, 청동 천장, 2층 복도로 연결되는 계단은 널찍한 이중 계단으로 설치되었다. 어떤 이는 모건을 상징하는 금빛 'M'자가 철제 플레이트에 새겨져 계단 난간에 부착되어 있다고 말했다.

존 킹과 어스틴 코빈, W. 시워드 웹이 메트로폴리탄 클럽에 가입했다. 하지만 설립 후원자들이 추천한 성직자들은 가입하지 않으려 했다. 레인스포드는 1894년 초청받았지만, "사회적·경제적 이슈에 대해 극단적으로 솔직하게 발언했기 때문에" 축출 결정이 내려질 게 분명해지는 순간 스스로 탈퇴했다.

———⟩⟩⟩⟩———

J. P. 모건은 고급문화를 선도했다. 성공회 대성당 건축 분야에서 상당히 기여했다. 뉴욕 시민들이 즐길 수 있는 엔터테인먼트를 위해 거대한 시설을 짓는 데도 도움을 주었다. 내셔널 마술(馬術)쇼협회(National Horse Show Association)가 구성한 신디케이트가 1887년 매디슨 애비뉴와 26번가에 터전을 마련할 때 모건은 가장 많은 지분을 매입하는 방식으로 참여했다. 애초 이 부지는 코닐리어스 '코모도어' 반더빌트가 세운 열차 차고지였다. 1873년 P. T. 바넘(Barnum)에 의해 콘서트 가든으로 바뀌었다. 이 터에는 나중에 뉴욕의 명물 가운데 하나인 매디슨 스퀘어 가든이 세워진다.

모건은 이 건물을 짓기 위해 구성된 회사의 회장으로 선임되었다. 앤드류 카네기와 스탠퍼드 화이트도 주요 주주로 참여했다. 하지만 이 건물의 입지 조건 등 때문에 단순히 승마 시설에만 국한하는 게 타당하지 않다는 의견이 제시되었다. 결국 레스토랑과 극장, 셰익스피어 연극 관련 시설, 글로브 극장(Globe Theatre), 디킨스 숍(Dickens's Old Curiosity Shop), 말과 개들의 경주 등이 열릴 수 있는 원형극장, 꽃 전시실 등이 들어섰다.

화이트는 매디슨 스퀘어 가든을 스페인 르네상스 양식으로 디자인했다. 1890년 건물이 완공되었다. 뉴욕의 한 블록을 차지할 정도의 대형 건물이다.

가장자리가 테라코타 양식으로 장식된 흰색 벽돌로 대부분 지어졌다. 1층은 로마 양식의 기둥이 떠받치고 있다. 긴 아치형 창문과 돔형 전망대 8개가 배치되었다. 스페인 기랄다(Giralda) 탑을 모방한 103.9미터짜리 탑도 곁들여져 있다. 탑의 정상에는 어거스터스 세인트-고든스가 5.8미터짜리 동상으로 제작한 달의 여신 다이애나가 활과 화살을 들고 서 있다. 탑이 준공된 1891년 탑조등들이 뉴

뉴욕 매디슨 스퀘어 가든
(출처: 뉴욕 피어폰트 모건 도서관)

욕의 저녁 하늘 아래에 나신으로 서 있는 다이애나를 비춰 이목을 끌었다.

화이트는 완공 직후 다이애나 상이 너무 크다고 생각해 좀 더 작게 제작하기로 결정한다. 오리지널 동상은 옷을 입혀야 할지 말지를 두고 격렬한 토론을 벌인 뒤 1893년 시카고 세계 박람회에 전시되었다. 〈뉴욕 데일리 그래픽New York Daily Graphic〉은 "메디슨 스퀘어 가든이 어떤 건물과 견줄 수 없는… 뉴욕의 영원한 장식"이라고 평했다. 다른 매체들은 "미국에서는 예를 찾아보기 힘든 걸작"이라고 했다. 가든이 준공된 지 3년이 흘렀다. 하지만 회사는 투자자들에게 한 푼도 배당하지 못했다. 결국 주주들은 가든의 매각을 생각하기 시작했다. 원형극장을 애초 건설할 때 염두에 둔 마술협회에 5년 동안 빌려주었다.

주니어스의 오랜 친구인 존 로우즈 경은 1888년 스코틀랜드에서 사슴 사냥을 하는 도중 쓰러져 결국 숨을 거두었다. 모건을 처음 채용한 알렉산더 던컨도

이듬해 10월 잠을 자다가 저 세상으로 떠났다. 친구들이 하나씩 떠나자, 주니어스는 그해 가을 유언을 다시 수정했다. 또한 1884년 맺은 파트너십을 다시 수정하기도 했다. 이때 그는 자신이 숨을 거둔 뒤 모건이 투자은행 J. S. 모건을 물려받을 수 있도록 투자금 150만 달러를 남겨 두기로 했다.

1884년 가을 주니어스는 앨리스 메이슨과 함께 몬테카를로로 여행을 떠났다. 초겨울 그가 보유한 헨리에타 빌라를 찾은 손님은 패브리와 그렌펠, 쿤너드, 워튼, 드렉셀, 루스벨트, 던컨 가족들이었다. 그는 빌라의 임대 기간을 1898년까지 연장했다. 그의 한 지기는 "자네의 아들이 뛰어난 비즈니스맨이어서 수십만 달러의 가치가 있다고 들었네"라는 내용의 편지를 보내왔다.

1890년 4월 초 모건은 아직 100만 달러만큼 가치를 지니지 못한 것으로 평가되었다. 과거처럼 아버지와 함께 생일을 기념하기 위해 루이자와 함께 화이트 스타 소속 튜토닉(Teutonic)호를 타고 유럽으로 향했다. 모건은 습진과 통풍에 시달리고 있었다. 프랑스 엑스레벵 온천에서 휴식을 취한 뒤 몬테카를로로 향할 계획이었다.

주니어스가 빅토리아 풍으로 바퀴가 네 개인 가벼운 마차를 타고 볼리외(Beaulieu)로 향했다. 그순간 아들 모건은 대서양 위에 있었다. 그런데 기차 소리에 놀란 주니어스의 말이 갑자가 앞으로 내달리기 시작했다. 다음에 무슨 일이 일어났는지를 아는 사람은 거의 없었다. 마부는 앞을 보고 있었다. 주니어스는 말이 놀라는 순간 몸을 세우고 밖을 보고 있었던 것으로 알려져 있다. 결국 주니어스는 갑자기 튀어나가는 말 때문에 마차에서 떨어져 머리를 차가운 돌에 부딪혔다. 마차가 160여 미터를 내달린 뒤에야 마부는 말을 겨우 진정시킬 수 있었다. 그가 고개를 돌려 마차 위를 봤을 때 텅 비어 있었다. 주인 주니어스가 멀찍이 떨어진 곳에 꼼짝도 하지 않고 누워 있었다. 마부는 길 가던 행인 두 사람의 도움을 받아 혼수상태인 주니어스를 마차로 옮겼다.

월터와 매리 번스 부부가 급전을 받고 런던을 출발했다. 파리로 건너가 급행 열차를 타고 몬테카를로로 향했다. 이곳에 도착해 그들이 발견한 주니어스는 여전히 무의식 상태였다. 주니어스는 뇌진탕 증세를 보였다. 왼팔은 부러지고, 이마와 코, 입술에 상처를 입었다. 하지만 전신마비 증세를 보이지는 않았다. 의사 3명과 간호사 2명, 그의 집사인 토머스 핸드가 나서 교대로 그를 간호했다. 의사들은 뇌가 큰 충격을 받지는 않은 것으로 생각했다.

주니어스가 병원에 누워 있을 때 모건은 바다 위에 있어 소식을 접할 수 없었다. 그의 배가 4월 8일 아일랜드 퀸스타운에 도착했다. 화이트 스타의 승무원 2명이 번스 부부가 보낸 급전 2통을 들고 배에 올라 모건에게 전했다. 첫 번째 전보의 날짜는 4월 6일이었다. 사고 소식을 전하면서도 "증세가 호전되고 있고, 전반적인 상태는 건강하게 유지되고 있다"며 희망적인 소식을 전했다.

두 번째 전보는 하루 뒤인 7일에 타전된 것이었다. 내용은 좀 더 비관적이었다. 이날 전보에는 "아버지가 밤에 편히 쉬지 못했고, 어제 이후 쓰러져 고통스런 상태를 보이고 있다. 하지만 절망적인 것은 아니다"는 내용이 들어 있었다.

루이자는 어머니 패니에게 "아빠는 놀랍게도 충격을 잘 견디고 있습니다. 아버지는 퀸스타운을 떠났을 때 모습 그대로 돌아오셨어요. 아빠는 소리내어 울고 계세요. 밤에는 거의 주무시지도 못하고 있습니다. 하지만 조금은 안도하고 있습니다"라고 편지 썼다.

튜토닉호가 1890년 4월 9일 영국 리버풀 부두에 정박한 순간 또 다른 직원이 배 위로 뛰어올라 번스가 타전한 세 번째 전보를 모건에게 전달한다. "아버님께서 4월 8일 0시 45분께 의식을 되찾지 못하고 숨을 거두었습니다. 의사들은 아버지가 더 이상 고통을 느끼지 못한다고 말합니다. 특별히 올 마음에 없으면, 몬테카를로에 굳이 올 필요가 없습니다. 매리와 나, 집사인 핸드가 필요한 조처를 다할 수 있습니다. 아버님의 몸에 향유를 바르도록 했는데, 혹시 아버님께서 특별히 묻히고 싶어 하셨던 곳을 알고 있는지요? 특별한 주문이 없으면, 우리가 필요하다고 판단한 절차에 따라 일이 진행될 겁니다. 큰 상실감을 느끼실 텐데, 심심한 위로를 전합니다"는 내용이었다.

그날 오후 번스는 다시 전보를 보냈다. 그는 전보에서 주니어스가 자신의 유품과 함께 고향인 하트포드에 아내 줄리엣 그리고 꼬마 '의사'와 나란히 묻히고 싶어 했다는 뜻을 런던에서 알려왔다고 말했다.

모건과 딸 루이자는 차링 크로스 호텔(Charing Cross Hotel)에서 하루를 묵은 뒤 파리를 거쳐 몬테카를로로 갔다. "고모 매리를 만났을 때 슬픔에 주저앉았지만, 파리에서 몬테카를로로 가는 도중에는 아빠는 놀라울 정도로 차분했습니다. 제가 생각하기에 소리 내어 울 수 있다는 사실 자체가 아빠에게는 큰일인 것 같습니다"라고 루이자는 썼다. 모건의 여동생 줄리엣은 파리에서, 사라는 미국에 달려왔다.

아버지가 숨을 거둔 곳과 바다를 사이에 둔 빌라에서 30년 전 모건은 첫 아내 미미를 병으로 잃었다. 이제 그는 53년 동안 자신의 존재를 규정하고 지배했던 한 사람을 보내야 했다. 그 세월 동안 그 사람은 늘 놀라운 집중력을 발휘해 모건을 질타하고 훈계했다. 숨을 거두기 직전에서야 아들을 자랑스럽게 여겼다.

주니어스의 몸은 향유 처리가 되었다. 모건이 마지막 작별인사를 할 때까지 그의 관은 열린 채 헨리에타 빌라에 보관되어 있었다. 마차에서 떨어진 충격 때문에 주니어스 얼굴의 아랫부분이 심하게 상처를 입었다. 핸섬한 이마의 상처는 그리 깊어 보이지 않았다. 간단한 장례 절차를 위해 성직자 두 명이 멘통(Menton)에서 왔다. 이후 앨리스 메이슨과 줄리엣이 파리로 떠났고, 정식 장례식은 하트포드에서 열릴 예정이었다. 모건과 루이자는 메리와 월터 번스와 함께 머무르며 주니어스의 운구를 책임질 집사 핸드를 위해 르 아브르(Le Havre)

까지 특별 열차를 예약했다. 이후 주니어스의 주검은 프랑스 증기선에 실려 집으로 옮겨진다.

주니어스의 죽음은 4월 8일 전보로 전달되었다. 당시 열여섯인 앤은 아버지에게 애정을 담아 메모를 띄운다. "사랑하는 아빠! 오늘 우리 가족이 모두 함께 있었으면 했습니다. 사랑이 전달되기에는 대서양이 너무 넓은 것 같습니다. 아버지께서 돌아오시는 순간까지는 끝이 아닙니다. 너무 상심하지 마세요."

패니도 "이렇게 힘든 순간에 당신과 같이 있어야 한다고 생각하고 있습니다. 저는 이 순간 내가 하고 싶은 말 대신 당신을 위로하는 말을 하고 싶습니다. '내가 당신 곁에 있었다면 도움이 될 텐데'라고 생각합니다"라고 말했다. 계속해서 "당신이 준비되면 모두 집으로 돌아오세요"라고 말했다. 남편이 혼자 있고 싶어 할 수 있다는 생각이 든 그녀는 "당신에게 가장 도움이 되는 일을 하고 싶습니다. 집에서 혼자 조용하게 지내고 싶다면, 기꺼이 제가 도와드리지요"라고 덧붙였다.

많은 친구들이 매디슨 애비뉴 219호에 찾아와 관심을 표시하면서 도울 일이 없냐고 물었다. 패니는 찾아온 사람들의 이름을 꼼꼼하게 기록했다. 그리고 그녀는 남편에게 편지를 띄웠다. "내가 당신을 안 이후 당신이 겪은 고통 가운데 가장 큰 것이라고 생각해요. 그 깊은 고통을 조금이라도 줄여보려고 해봤자 부질없다는 점도 잘 알고 있습니다. 당신의 가장 현명한 친구를 잃었다는 것은 젊은 시절이 다 갔다는 뜻일 수도 있습니다. 아버님이 당신 안에서 가장 사랑스럽고 자랑스러운 존재라는 점을 알면 다소 위안이 될 수 있을 겁니다. 제가 생각하기에 세상의 어떤 아들도 당신만큼 아버지를 만족시킨 사람은 없습니다."

패니는 그날 오후 늦게 또 한 통의 편지를 서둘러 남편에게 보냈다. "남아 있는 사람들에게 가장 힘든 순간이 다가왔습니다. 나와 당신의 딸들은 당신의 가슴속 슬픔을 나눠 가질 준비가 되어 있습니다. 당신은 우리가 얼마나 진정으로 당신의 고통을 나눠 갖고 싶어 하는지 잘 알 겁니다. 제가 느끼고 있는 슬픔도 글로 표현하는 것보다 큽니다. 제가 생각하기에 당신 곁에 우리가 있다는 사실이 많은 도움이 될 성싶습니다. 하지만 당신이 가장 원하는 대로 하세요. 저는 당신의 바람을 이뤄주기 위해 최선을 다하렵니다. 영원한 당신의 사랑 프랜시스."

모건은 아내 패니에게 유럽으로 와달라고 요구하지 않았다. 4월 20일 그는 루이자와 함께 뉴욕을 향해 출발했다. 5월 중순으로 잡혀 있는 장례식을 치른 뒤 루이자만을 데리고 다시 유럽으로 갈 생각이었다. 유럽에 다시 오면 온천에서 치료를 좀 더 하고 비즈니스 문제를 처리할 요량이었다. 패니는 함께 유럽에 가자고 부탁했다. 루이자는 어머니의 바람을 꺾어야 하는 악역을 맡았다. "엄마! 아빠는 그렇게 하지 않을 겁니다. 그는 너무나 많은 일을 해야 하기 때문에 너무 많은 사람과 함께 움직이고 싶어 하지 않습니다"라고 어머니에게 말했다.

친척과 친구들이 보내온 편지에는 아들 모건이 너무 훌륭하게 비즈니스를 하고 있기 때문에 아버지 주니어스가 행복한 마음으로 떠났다는 내용이 들어 있다. 오래전에 런던의 모건은행 파트너였던 S. 엔디코트 피바디는 "아버지가 누구보다도 모건 당신에게 의존했고, 어떤 아들도 당신만큼 아버지를 사랑하거나 아버지에게 헌신적이지 않았으며, 당신은 아버지에게 어떤 아픔도 주지 않았다는 사실을 알면 조금이나마 슬픔이 덜해질 것이오"라고 위로의 편지를 보내왔다. 여기서 모건이 아버지에게 어떤 아픔도 주지 않았다는 점은 사실이 아니다. 어쨌든 엔디코트 피바디는 계속 편지를 써내려 간다. "아버지가 당신에게 준 사랑은 당신이 품고 있는 아버지에 대한 사랑과 자부심으로 충분히 보상되었다오. 당신 같은 아들은 세상에서 아주 드물다오."

뉴욕 시장이고 전직 의원인 애브럼 S. 휴이트(Abram S. Hewitt)는 주니어스가 아들에 대한 "팔불출이라고 비난할 수 없는" 자부심을 보였다고 알려왔다. "모건 당신은 아버지 대화의 주 소재였으며, 미래의 희망이었다오." 한 영국인 친구는 "당신을 만난다는 사실에 너무 기뻐했다오… 얼마나 보기 좋은 부자관계였던가! 그는 당신을 무척 자랑스러워했고, 내게 여러 번 한 말 그대로 '그 녀석은 자랑스러운 아들'이라고 말했답니다"라고 위로했다.

J. P. 모건은 4월 말 뉴욕에 도착했다. 며칠 뒤 1860년대 이후 모건과 인연을 유지한 조지 맥클러치 밀러가 매디슨 애비뉴 219호를 방문했다. 그가 발견한 친구는 자제력을 갖추고 있는 중년의 신사였다. 그는 "모건이 감정을 밖으로 표출하는 데 서툴렀다"고 말했다. 밀러는 모건이 보여준 "깊고 어찌할 수 없는 슬픔과" "엄청난 상실감"에 놀랐고 마음이 뭉클했다.

주니어스의 장례식이 그해 5월 6일 하트포드 크리스트 교회에서 열렸다. 따뜻한 봄비가 내렸다. 모건 가족은 전용 열차로 수십 명의 친구를 데리고 왔다. 천시 드퓨와 윌리엄 C. 휘트니, 올리버 해저드 페인, 윌리엄 버틀러 던컨, 조지 보도인, 조지 맥클러치 밀러 가족 등이 모건과 함께 주니어스의 장례식에 참석했다.

보스턴에서 온 다른 열차에도 수많은 친구들이 타고 있었다. 코네티컷 윌리엄 주교가 포터 신부와 레인스포드 박사의 도움을 받으며 장례를 집전했다. 영예로운 운구 담당은 앤서니 드렉셀과 루이스 머튼, 시러스 필드, 찰스 래니어, 제이콥 로저스, 코닐리어스 반더빌트 2세, 롤랜드 마더 등이 맡았다. 하트포드에는 조기가 게양되었다.

흰색 장미와 백합이 주니어스 관을 장식했다. 조문객들이 바친 꽃들이 교회를 가득 메웠다. 커다란 붉은색 십자가가 장미에 둘러싸여 있었다. 성가대는 모건이 선택한 찬송가를 불렀다. 봄비가 내려 흐릿한 날 아침 성직자들은 주니어스의 관을 꺼내놓았다. 조문객들이 봄비에 젖지 않도록 텐트가 하트포드 세더힐 묘지에 쳐졌다. 주니어스의 아내와 일찍이 숨을 거둔 어린 아들의 주검이 나란히 다시 묻혔다.

지역 신문인 〈하트포드 쿠런트〉는 다음날 "어제 크라이스트 교회에서는 코네티컷 출신의 한 가문이 일군 많은 부 가운데 절반이 모였고, 조문객들도 대단히 부유한 사람들이었다"고 보도했다.

<center>~~~</center>

주니어스의 유언이 공개되었다. 가족과 친인척, 집사와 하인, 친구들에게 자신이 적절하다고 생각하는 유산을 남겼다. 두 딸인 사라와 매리를 위해서 그는 점당 10만 파운드에 달하는 여러 작품과 한 사람당 돈 60만 파운드(300만 달러)를 신탁 형태로 남겨주었다. 두 딸은 신탁에서 평생 동안 일정 액수를 지급받게 된다. 돈을 보는 즉시 마구 쓰는 정신병을 앓고 있는 줄리엣만의 몫으로 남긴 것은 없었다. 대신 그녀의 이름으로 40만 파운드를 신탁해 놓아 그녀는 일정한 소득을 얻을 수 있게 됐다.

주니어스는 줄리엣의 병을 잘 알았기 때문에 그녀가 숨을 거둔 뒤에는 그가 남긴 작품과 돈에 대한 권리는 그녀의 자녀들에게 넘어가야 한다고 유서에 명시해 놓았다. 연인 앨리스 메이슨을 위해서 아들 모건을 관리자로 지명한 펀드를 남겼다. 그녀는 이 펀드에서 남은 평생 동안 매달 1,000파운드를 받게 되었다. 주니어스가 남긴 유산 가치는 모두 2,300만 달러였다.

유산 대부분은 모건에게 남겨졌다. 모건은 투자은행 J. S. 모건의 지분과 런던과 로햄튼의 저택들, 주로 미국 증권으로 구성된 포트폴리오, 그림 여러 점 등을 포함해 현금을 물려받았다. 그가 아들에게 남긴 그림은 게인스버러의 '미스 월브러험', 롬니가 그린 '엠마 해밀턴', 터너의 이탈리아 풍경화 등이었다.

예술작품을 빼고 모건이 물려받은 현금은 300만 파운드(1,500만 달러)였다.

이를 1990년대 달러 가치로 환산하면 2억 2,500만 달러이다. 1890년대 당시 영국과 미국에는 상속세 제도가 없었다.

주니어스의 죽음으로 모건이 그때까지 가슴에 품고 있던 정서적인 유대감이 끊겼다. 첫 아내 미미의 죽음과는 달리 주니어스의 죽음은 자연스러움에 반하는 것이라고 할 수 없었다. 그는 일흔이 넘도록 잘 살았고 남다른 경력을 달성했다. 자발적으로 일선 비즈니스에서 물러나 자랑스럽게 생각하는 아들에게 업무와 소명의식을 남겨주었다. 어렸을 때 모건은 아버지의 엄격한 질책과 훈육에 시달려야 했다.

모건은 30대에 접어들자, 캐릭터와 명성에 대한 아버지의 훈계에서 의미를 발견했다. 가슴 속에서 일렁이는 욕망과 충동을 억제했지만, 주니어스가 싫어하는 모험을 제안했다. 30여 년 동안 모건은 서서히 연방정부와 거래하는 은행가와 난삽한 철도 시스템을 바로 잡는 '금융 전문의'로서 능력과 윤리성을 드러내 보여주었다. 이와 함께 다른 사람에 대한 아주 거친 비판으로 악명을 얻기도 했다. 하지만 그는 아버지가 숨을 거둔 이후 인생 과정에서 얻기 힘든 좋은 평판을 얻었고 아버지의 명예를 유지할 수 있었다.

J. P. 모건은 1890년 가을 하트포드 세더힐 묘지에 있는 모건 가문의 묘역에 아버지의 업적 등을 기리는 붉은 화강암 기념비를 세웠다. 그는 주니어스가 약속한 비즈니스와 기증 등을 착실히 이행해 나갔다. 생전에 사기로 계약한 책과 그림, 원고, 보석, 시거 등을 모두 값을 치르고 사들였으며, 빌라 헨리에타도 3년 동안 임대했다.

모건은 1901년 아버지 주니어스를 기리기 위해 하버드 의과대학에 건물 세채를 지으라며 100만 달러를 기부했다. 몇 년 뒤에는 하트포드에 들어선 워즈워스 아테네 신전에 주니어스 스펜서 모건 관을 마련해달라며 100만 달러를 내놓았다. 게다가 월스트리트 23번지 사무실에는 프랭크 홀이 그린 주니어스의 초상화를 걸었고, 다른 초상화는 자신의 집에 모셨다.

쉰세 살인 모건은 1890년 아버지에 이어 런던 투자은행 J. S. 모건의 총수가 되었다. 이때 런던 모건은행은 로스차일드와 베어링 브라더스와 같은 국제적인 지명도를 확보하지는 못했다. 모건은행은 런던 금융계에서 미국 은행으로 간주되었다. 하지만 주니어스가 생전에 이미 미국이 미래 경제를 지배하게 될 것이라고 예측한 바 있다.

토니 드렉셀은 1890년에 예순네 살이었다. 그는 뉴욕 투자은행 드렉셀·모건의 단순한 파트너가 아니었다. 주니어스의 부탁을 받은 파수꾼이 아니라 모건의 컨설턴트와 동료로 활동했다. 모건은 이제 대서양 양쪽에 있는 '모건 하우스'에서 '시니어 파트너'가 되었다.

(뉴욕에서는) 모든 게 윙윙거리며 변하고 있다. 내가 여기 온 이후 지금까지도 윙윙거리고 변해왔다…
월스트리트 중심가에서 모든 사람들이 열정에 들뜨고 서로 맞는 조합을 이루며 지내고 있을 뿐만 아
니라 엄청난 흥분과 열정을 일에 쏟아 붓고 있다는 사실이 너무 흥미롭다… J. P. 모건처럼 일하는 순
간 엄청난 괴력을 발휘하는 사람이 아니라면, 이곳에서 살아남을 수 있는 사람은 아주 드물다.

— 모건의 런던 파트너인 클린턴 도킨스(Clinton Dawkins)가 1901년 7월 13일
  알프레드 밀너(Alfred Milner)에게 띄운 편지에서

사생활

J. P. 모건은 아버지 주니어스의 장례식이 끝난 직후 신병을 치료하기 위해 큰 딸 루이자와 함께 유럽 온천으로 여행 갈 생각이었다. 아내 패니가 자신도 외국의 온천 치료가 필요하다고 호소했다. 둘째 딸 앤과 도우미를 딸려 5월 중순 그녀를 프랑스 오베르뉴(Auvergne)에 있는 로야(Royat) 온천으로 보냈다. 그는 2주 뒤에 유럽으로 떠날 생각이었다. 로야에 도착한 패니는 '늙고 약해진 다리' 때문에 관광은 엄두도 내지 못하고 의사가 처방한 수준에서만 걷고 있다고 편지했다.

모건 부부의 결혼 35주년인 1890년 5월 31일에 서로 아주 멀리 떨어져 있었다. 패니는 프랑스에서 병마와 싸우고 있었다. 모건은 큰 딸 루이자 그리고 젊은 나이에 남편과 사별한 미모의 여성인 이디스 사이빌 랜돌프(Edith Sybil Randolph)와 함께 대서양을 횡단하고 있던 중이었다. 그순간 모건은 쉰세 살이었고, 랜돌프는 서른여섯이었다. 여러 모로 그들의 관계는 주니어스와 앨리스 메이슨의 관계와 비슷했다.

모건이 호리호리하고 머리카락 색깔이 검은 이디스 랜돌프를 언제 만났는지는 불분명하다. 하지만 그가 오랜 기간 그녀를 알고 지냈을 가능성은 높다. 그녀의 아버지는 워싱턴의 외과의사인 존 프레드릭 메이(John Fredrick May)였다. 그는 링컨을 암살한 존 월크스 부스(John Wilkes Booth)의 목에 난 종양을 제거해

주었다. 1865년에는 자신이 종양을 제거한 흔적을 목에서 발견하고 부스의 신분을 확인해주었다. 이디스의 어머니는 당시 고인이 된 사라 밀즈(Sarah Mills)였다. 뉴욕의 저명한 올리히와 제이, 윈드롭, 케인 가문 사람들과 관련이 있었다. 존 프레드릭 메이 가족은 1860년대 워싱턴에서 뉴욕으로 이사했다. 이디스는 나이가 들자, 맨해튼의 사교 모임에 모습을 드러냈다.

이디스는 스물네 살이 되던 1878년 영국군 장교인 아서 B. 랜돌프(Arthur B. Randolph)와 결혼했다. 커플은 당시 뉴욕 시에서 20마일 정도 동쪽으로 떨어져 있는 퀸즈(Queens)의 더글러스턴(Douglaston)에 있는 친구의 집에서 신혼살림을 차렸다. 두 사람은 랜돌프가 1880년대 후반 숨을 거두기 전에 아서 2세와 애덜레이드(Adelaide)라는 두 아이를 낳았다.

사교계 전문지인 〈타운 토픽스Town Topics〉는 두 사람의 결혼이 그다지 행복하지 않았다고 전했다. 두 사람이 결혼한 지 얼마 되지 않아 남편이 제대해 재산이 그다지 많지 않았다고도 했다. 이디스는 더글러스턴에 있는 작은 시골집에서 온 가족을 책임지고 부양해야 했다. 남편과 사별한 이디스는 맨해튼으로 이사했다. 서서히 사교계 활동을 재개했다. 여름은 메인 주에 있는 친정 부모들과 보냈다.

〈타운 토픽스〉는 1890년 4월 "생기발랄한 사람들이 화려하게 치장하고 지난 목요일 리버사이드 드라이브(Riverside Drive)에 몰려 나왔다. 새들의 깃털로 장식한 그들은 에드워드 스톡스(Edward Stocks)의 선술집 주변에 몰려들었다"고 전했다. "그날 오후 클레어몬트 애비뉴(Claremont Avenue)를 장식한 사람들 가운데는 아서 랜돌프와 코닐리어스 반더빌트 2세, 엘리엇 루스벨트 부인 등을 비롯해 시카고 거부의 상속녀 매리 레이터(Mary Leiter)였다"고 덧붙였다. 이디스는 뉴욕의 귀족 명단인 〈400명〉의 첫머리에 등장한다. 이 명단에서 미모는 경제력 다음으로 중요했다.

J. P. 모건은 이디스의 남편이 숨을 거둔 뒤 그녀를 자주 찾았다. 패니가 해외 여행 중인 1889년 여름에는 그녀를 크래그스톤으로 초대하기도 했다. 그해 가을에는 그녀에게 꽃과 귀금속, 자신이 좋아하는 위스키 세트를 선물했다. 모건의 구애 작전은 그해 초부터 시작된 듯하다.

모건이 유럽 여행을 떠나려고 준비하던 그해 3월 그의 개인 비서는 뉴욕 최고의 화훼 전문가인 J. E. 솔리(Thorley)에게 모건이 부재 중에도 정기적으로 제비꽃을 주문할 것이라고 알렸다. "거기에 제비꽃이 많다는 것을 알고 있습니다. 부활절을 위해 흰색 제비꽃 네 다발을 추가로 주문합니다"라고 했다. 모건의 비서는 모두 값을 치르겠다고 밝히면서, "모건 씨는 당신이 무엇을 의미하는지 잘 알 것이라고 말씀하셨습니다. 그가 주문한 것을 성실히 수행해 주시기 바랍니다"라며 편지를 마무리했다.

이디스는 맨해튼으로 이사한 뒤 세인트 조지 교회를 나가기 시작했다. 모건의 아내인 패니와 딸들이 참여하는 교회 자선 위원회에서도 참여했다. 그녀가 모건의 아버지 죽음을 안 즉시 매디슨 애비뉴 219호를 방문해 조문했다. 몬테카를로에 있는 모건에게도 위로의 메시지를 전했다. 하트포드에서 열린 주니어스 장례식에 모건과 함께 참석했던 뉴욕 친구들 가운데 한 명이 그녀였다.

주니어스의 장례식이 끝난 지 한 달 뒤 그녀와 자녀들은 모건과 루이자, 줄리엣과 함께 유럽 여행을 떠났다. 로야에 머물고 있던 패니는 가족들이 다시 만난다는 소식에 "뛸 듯이 기쁘다"고 큰 딸 루이자에게 편지 썼다. "오! 아빠와 너, 줄리엣 셋을 곧 만

런던의 이디스 사이빌 랜돌프
(출처: J. 고든 더글러스(Gordon Douglas) 2세)

나는 게 무척 달콤하게 느껴진다!"고 했다.

배가 유럽에 도착하자마자 이디스는 다른 친구들과 떠났다. 모건은 아내를 만나기 위해 잠시 머무른 뒤 루이자와 줄리엣을 데리고 패니가 있는 로야에서 140마일 떨어져 있는 엑스레뱅 온천으로 향했다. 패니는 남편과 루이자, 줄리엣이 이디스와 다시 합류해 7월 스코틀랜드로 여행을 떠난다는 사실을 알게 되었다. 그녀는 스코틀랜드 여행 덕분에 "모건이 여행의 기쁨을 충분히 만끽했다고 느끼고 나면 돌아오길 바란다"고 말했다. 패니는 남편 모건이 아름다운 여성들에 관심 갖고 있다는 사실을 잘 알고 있었다. 아마도 그녀는 모건이 외로운 미망인에게 특별히 친절할 뿐이라고 독백하며 스스로 위로했을 것이다.

1890년 7월 초 모건과 이디스, 루이자, 줄리엣, 이디스의 자녀 둘 등 모두 여섯 명은 런던에서 만나 열차를 타고 잉글랜드 북서부에 있는 호수 마을로 향했다. 그리고 패니가 도착하는 날보다 며칠 일찍 윈더미어(Windermere) 역에 안착했다. 스물네 살인 루이자는 모건과 이디스를 호기심 어린 눈으로 관찰했다. 루이자는 읍내와 교회, 목초지 등을 둘러보기 위해 줄리엣을 데리고 나갔다. 그녀는 의문 부호를 연달아 두 개씩 찍는 등 뭔가를 의미하는 듯이 일기를 쓴다. "아빠와 랜돌프 여사는 오늘 아침 너무 피곤해 드라이브를 하지 못했다. 줄리엣과 나는 호수에서 한 시간 동안 노를 저으며 배를 탔다. 엄마와 애니는 이날 오후에 도착하셨다"고 썼다. 패니는 그날 일기에 "모두 잘 지내고 좋아 보인다. 특히 J. P. 모건이 좋아 보였다"라고 썼다. 일행이 8명으로 불어났다. 모두 다음날 스코틀랜드로 향했다. 중간에 퍼스(Perth)의 북쪽에 있는 버넘(Birnam)이라는 곳에서 열차가 잠시 멈추어 섰다. 패니는 일기에 "점심을 먹은 뒤 P(피어폰트)는 기분이 우울해 랜돌프 여사와 산보를 나갔다"라고 썼다.

이런 패턴의 그녀의 일기는 일주일 동안 계속된다. "저녁을 먹은 뒤 줄리엣과 나를 제외한 모든 사람들이 버넘 폭포를 보기 위해 나갔다." "다른 사람들은 모두 크리프(Crieff)에 갔다. 나는 조용히 여기에 머물고 있다. 편지를 썼다. 혼자 저녁을 먹었다… P가 랜돌프 여사와 나를 태우고 럼블링(Rumbling) 다리에 갔다."

이디스와 두 자녀는 성과 수도원, 시골 마을, 호수 등을 둘러본 뒤 노팅험(Nottingham)으로 떠났다. 다음날 일기에 패니는 "피어폰트는 저녁 내내 잠잤다"고 기록했다. 그리고 이틀 뒤 그는 런던으로 떠났다.

그해 여름 모건은 런던에서 의미 있는 기록을 발견했다. 자신이 아버지 주니어스에게 일주일에 두 번 또는 일주일에 한 번씩, 모두 30여 년 동안 쓴 편지 다발이었다. 주니어스는 꼼꼼하게 날짜순으로 정리해 묶어 가지런히 보관했다. 그 편지가 현재까지 남아 있다면 두 사람의 사업과 개인사를 말해주는 아주 유용한 자료가 되었을 것이다. 하지만 모건은 너무 사적이어서 다른 사람에게 보여줄 게 못된다고 판단했다. 그리고 모두 불태워 없앴다.

1890년 8월 18일 모건과 이디스 가족은 리버풀에서 다시 만났다. 화이트스타 소속 마제스틱(Majestic)호에 올라 뉴욕으로 향했다. 패니는 호화로운 선실을 배정받았다. J. P. 모건은 다른 층 선실을 택했다.

패니는 이디스와 다른 남성이 염문을 뿌리고 있다는 소문을 이미 들어 알고 있었다. 그해 여름 'P. 와 Mrs. R.'의 관계를 걱정하지 않았다. 이디스의 연인으로 소문난 사람은 전직 해군성 장관을 지낸 윌리엄 C. 휘트니였다. 휘트니는 당시 철도회사에서 일하고 있었다. 그는 잘생기고 정치적으로 야심만만한 민주당파였다. 플로라 페인(Flora Payne)과 결혼했으나 아내와 사별해야 했다.

플로라는 석유 재벌인 스탠더드 오일의 한 계열사 상속녀였다. 휘트니는 1884~1888년, 4년 동안 해군성 장관을 지냈다. 플로라는 조지타운 맨션에서 손님 6,000여 명을 대접한 것으로 알려져 있다. 휘트니는 아내의 사회적 야망을 용인했다. 하지만 조용한 삶을 선호했다. 그는 플로라가 레녹스와 바 하버, 뉴포트 등 사교계에서 사람들과 어울려 즐기는 동안 작은 읍에서 조용하게 지내는 일이 많았다.

〈타운 토픽스〉는 당시 뉴욕 사교계 사람들이 열독한 매체였다. 여기에 이름이 오르내린 사람들은 습관처럼 보도내용을 부인했다. 〈타운 토픽스〉는 주니어스가 숨을 거둔 직후인 1890년 4월 이디스가 플로라 휘트니의 부자 처남인 올리버 해저드 페인과 약혼했다고 보도했다. 하지만 일주일 뒤 익명의 칼럼리스트는 이 뉴스를 전면 부정했다. "이디스가 휘트니와 아주 가깝게 지내고 있다"고 공개했다. 이 익명의 칼럼리스트는 이어 올리버 누나의 남편을 위해 "스캔들의 주역 노릇을 하고 있다"고 주장했다.

칼럼리스트는 "한편 랜돌프 여사가 최근 세인트 조지 교회를 나가기 시작했다"고 전했다. 외설스러운 힌트를 넌지시 던져 놓는다. "최근 독실한 신자가 되었다. 그러나 그녀가 휘트니 부인처럼 승마를 열정적으로 좋아한다는 의미는 아니다"라고 했다. 그런데 플로라는 당시 승마를 그다지 좋아하지 않았다.

휘트니 가족은 모건과 이디스 가족이 구대륙을 향해 떠난 1890년 초여름 유럽으로 갔다. 모건이 엑스레뱅에서 온천 치료를 받고 있는 시점에 이디스는 휘트니 가족과 만나 여행했다. 그리고 모건이 런던에 머물고 있을 때 휘트니는 아내인 플로라가 화가 나 자신을 내쫓았다고 불평하면서 이디스와 한나절 소풍을 즐겼다. 이디스가 7월 모건 가족과 다시 만나 스코틀랜드로 갔을 때 휘트니 가족은 뉴욕을 향해 출발했다. 그는 아내 플로라에게 "당신은 (랜돌프 여사에게) 큰 상처를 주었다. 예쁜 여성들은 하나같이 스캔들에 휘말린다… 당신의 말과 행동이 그녀에게 지울 수 없는 상처를 주었다. 그 여성은 친구로 지낼 만한 여성이고, 밝은 성격의 소유자이다. 나는 건전하게 그리고 재미있게 그녀와 어울렸다. 그러지 말아야 할 이유가 있는가?"라고 물었다. 이어 "당신이 생각하는 일은 전혀 사실이 아니다"라고 잘라 말했다.

패니 모건은 그해 여름 플로라처럼 질투하지 않았다. 남편에게 설명을 요구하거나 부인을 강요하지 않았다. 대신 자신의 일기에 딸들 가운데 하나(아마도 앤일 것이다)가 불평한 사실을 적는다. "엄마는 끊임없이 아빠와 엄마 가운데 하나를 선택하라고 나를 괴롭히고 있어요."

―――――※――――――

모건은 이디스와 함께 유럽으로 떠나기 직전인 1890년 5월 새로운 요트를 주문했다. 그의 부는 아버지 주니어스가 남겨준 재산 덕분에 두 배 이상 불어났다. 그는 코르세어호를 타는 즐거움이 생각보다 크다는 사실을 발견했다. 요트는 도금시대 거부들이 즐기는 대표적인 과시형 스포츠였다. 모건이 1882년 코르세어호를 매입했을 때 뉴욕 요트클럽에는 29척이 등록되어 있었다. 8년이 흐른 1890년에는 등록된 요트가 71척으로 늘어났다. 요트의 크기와 호화로움은 소유자들의 부를 말해주는 척도였다.

모건은 젊은 요트 디자이너 J. 프레드릭 탬스(Fredrick Tams)를 사무실로 초청했다. 새로운 코르세어호를 건조하고 싶다고 말했다. "탬스 씨께서 디자인을 맡아주실 수 있겠습니까?"라고 말한 것이다. 탬스는 수년 뒤 모건과 그날 한 인터뷰를 가감없이 기록했다. 당시 그는 대형 배를 디자인해본 경험이 없었다. 모건에게 생각할 말미를 달라고 요청했다. 모건은 오래 생각할 일이 아니라고 여겼다. 그는 "오늘 저녁 약속 있습니까?"라고 탬스에게 물은 뒤 "저와 저녁이나 하시는 게 어떨지요? 그때 결정 사항을 알려주면 됩니다"라고 덧붙였다. 이어 "저는 당분간 해외여행을 떠날 생각입니다. 돌아왔을 때 새로운 코르세어호가 준비되어 있기를 바랍니다"라고 말했다.

탬스는 신속하게 의사결정하고 밀어붙이는 은행가의 성격을 재미있고 인상적이라고 생각했다. 탬스는 모건 사무실에서 나와 몇 시간 동안 이것저것을 고민했다. 매디슨 애비뉴 219호로 가 모건과 저녁을 먹으며 디자인을 맡겠다고 말했다. 탬스는 어떤 자재와 크기, 속도, 실내 장식 등을 원하느냐고 모건에 물었다.

"그런 거 생각할 틈이 없습니다."

모건은 손을 저어 질문을 물리쳤다. 그는 더 큰 요트를 원했다. 단 허드슨과 하일랜드 폴스를 항해할 정도로 너무 크지 않아야 했다. 그리고 현재 자신이 가지고 있는 코르세어호 정도의 디자인과 실내 장식이면 충분하다고 생각했다. 탬스는 기존 코르세어호를 시승했다. 그는 코르세어호를 복사하듯이 새 요트를 만드는 것은 좋지 않다고 모건에게 말했다. 기존 것은 너무 느리고, 선실은 어두컴컴하며 먼 바다를 항해하는 데 적합하지도 않다는 게 탬스의 말이었다. 그는 선주가 코르세어호를 소중하게 생각하고 있다는 사실은 감안하지 않았다. 그는 나중에 코르세어호의 단점을 지적한 순간 "그의 표정을 잊을 수 없다"고 말했다. "그는 오랫동안 나를 내려다 보았죠. 어안이 벙벙했습니다. 그 순간 그의 분노가 폭발해 나를 밖으로 내쫓을 것이라고 생각했어요."

모건은 눈을 돌려 먼 곳을 쳐다보았다. 마치 더 크고 더 좋은 디자인으로 새 요트를 만들어 기존 코르세어호에 대한 모욕을 되갚아주리라고 다짐하듯이 "가장 부드러운 목소리로 '당신 말이 맞소! 당신이 말한 대로 진행하시오'라고 말하더군요." 탬스는 며칠 뒤 자세한 사항을 의논하기 위해 월스트리트 23번지를 다시 찾았다.

탬스: 모건 씨께서 여행하는 동안 누가 대금을 결제하시지요?

탬스는 금전적인 문제를 알고 싶어 했다. 순간 은행가는 책상 위의 벨을 울려 직원을 부른 뒤 투자은행 드렉셀·모건 수표책을 가져오라고 지시했다. 수표가 도착하자 그는 마호가니 책상 너머에 있는 탬스에게 건네주었다.

탬스: 누가 사인을 하실런지요?

모건: 어떻게 작성하고 사인하는지 모르나요?

탬스: 네?

모건: 그만 인출하라고 말할 때까지 찾아 쓰시오!

모건은 레인스포드와 패브리, 코스터, 스테츤, 에디슨 등과 함께했다. 그는 인상 깊은 기술을 가지고 있는 사람을 선호했다. 그는 기술자가 일하는 데 필요한 수단과 여건을 제공한 뒤 잘못된 것이 없으면 전혀 방해하지 않았다. 그는 유럽 여행에서 돌아온 시점에 새 요트가 준비되어 있기를 바랐다. 하지만 실제로 배가 진수되기까지는 1년 반이 걸렸다. 요트의 골격과 엔진은 존 비버웹이 디자인했다. 웹은 아일랜드 출신 엔지니어로 잉글랜드의 아메리카컵 요트대회에 출전한 두 척을 만든 경력이 있었다. 게다가 이디스 랜돌프의 여동생 앨리스 메이와 직전에 결혼했다. 탬스는 새 요트 건조의 총괄 책임자였으며 인테리어 장식 등을 디자인했다.

새로 건조된 요트 이름도 코르세어호로 결정되었다. 길이 73.45미터였고, 무게는 560톤에 달했다. 스팀 엔진 3대가 스크루 하나를 돌려 배를 밀어냈다. 엔진은 2,000마력이었다. 널찍한 갑판은 목재였다. 옛 코르세어호와 마찬가지로 선체는 검은색으로 도장되었다. 뱃머리는 금박을 입혀 꺾인 형태였다. 줄무늬 돛이 달려 있었고 보조 돛대도 설치되었다. 측면 곡선은 우아하게 휘어진 모양이었다.

새 코르세어호는 1891년 진수되었다. 첫 번째 코르세어호는 1880년에 처음 건조되었다. 선체는 무쇠로 만들어졌다. 하지만 새 코르세어호는 강철로 만들어졌다. 그해 가을 새 코르세어호가 크래그스톤까지 처녀항해를 할 때 아들 잭이 아버지 모건을 수행했다. 요트에는 공용 선실 두 개가 마련되어 있었다. 하나는 욕실이었고, 다른 하나는 파티 장소로 쓰일 수 있는 널찍한 식당이었다. 바닥과 벽은 떡갈나무로 되어 있다. 고가의 벨벳으로 덮인 좌석들도 설치되어 있다. 모건의 전용 방 등 선실 6개 설치되었다. 각 방에는 샤워실과 화장실이 별도로 마련되었다.

총괄 지휘자인 탬스는 "디자인 등을 모두 알아서 생각해내야 했고, 주부처럼 세세한 것들을 배치하고 배열했다"고 잭에게 설명했다. 계속해서 "밤중에 시계를 놓아둘 작은 공간과 욕실에는 스펀지 고리까지 신경 썼다. 실제 벽난로도 마련되어 있고, 각 방마다 옷장을 놓아두었다. 풀 세트로 구성된 도자기와 잔, 은수저, 리넨, 트렁크 수납용 공간, 스팀식 난방 장치도 구비되어 있다"고 소개했다. 잭은 "이보다 더 멋진 것이거나, 감칠맛 나는 장식을 상상하기 힘들 것 같다"고 평했다.

모건은 새로 태어난 코르세어호에 아주 흡족했다. 잭은 "아버지가 드러내놓고 만족스러워 한 경우는 처음이다. 심지어 바꾸고 싶은 것이 거의 없다고 말할 정도였다"고 말했다. 드렉셀·모건의 어느 누구도 탬스가 수표를 끊어 경비를 지출하는 것을 말리지 않았다. 모건은 두 번째 요트가 진수하자마자 첫 번째 코르세어호를 7만 달러를 받고 처분했다. 새 코르세어호를 1890년대 운영하는 데 들어간 비용은 연간 10만 달러 정도였다.

J. P. 모건은 구입 물품의 질과 디테일에 민감했다. 그는 영국과 프랑스 왕가의

옷을 전문적으로 제작해 납품한 새빌로(Savile Row)의 헨리 풀(Henry Poole & Co.)에서 정기적으로 옷을 맞춰 입었다. 그가 런던에서 매입한 도자기 식기가 뉴욕에 도착했을 때 샐러드용 접시 18개가 "지금까지 내가 본 것 중에 제일 형편없고, 내가 주문한 것과도 전혀 다르다"고 말할 정도였다.

모건은 아버지 주니어스가 숨을 거둔 이후 가장 달갑지 않은 일을 하나 맡았다. 바로 여동생 줄리엣의 유산을 관리·감독하는 일이었다. 1891년 그는 연간 4만 달러 이상은 지급할 뜻이 없다고 줄리엣에게 선언한다. "그동안 너의 씀씀이를 보면 연간 4만 달러 이상은 현명하게 쓸 수 없다"는 게 이유였다. 물론 긴급한 상황이 발생하면 더 지급할 계획을 생각이기는 했다.

모건은 취미 생활과 해외여행에 상당한 비용을 지출하고 있었다. 아내 패니에게도 당시 중산층 사람들의 소득과 견주어 볼 때 거액을 생활비와 용돈으로 주고 있었다. 그런데도 정신병적인 낭비벽을 갖고 있는 줄리엣이 써대는 돈보다는 적었다. 그래서 줄리엣이 연간 4만 달러 내에서 만족하지 못한다는 사실을 모건은 이해할 수 없었다. 그 액수를 1990년대 가치로 환산하면, 무려 60만 달러에 이른다. 게다가 그녀의 남편도 성직자로서 "생활비의 상당 부분을 책임질 수 있는 능력이 있고, 생활비를 책임져야 하는 의무도 있었다."

모건은 줄리엣에게 주는 돈보다 많은 금액을 각종 단체나 개인에게 후원해주었다. 1891년 말 코네티컷 주교인 윌리엄에게 위스키 세트와 수표 2,000달러를 보냈다. "저의 정성입니다. 신부님이 개인적으로 쓰십시오"라는 메모와 함께였다. 예일대학에 설치되어 있는 윌리엄 주교의 장학금 펀드에도 3만 달러를 후원했다. 뉴욕 브롱크스 지역의 이스트 포담(East Fordam)가에 식물원이 1891년 설립되었으나 자금난으로 허덕였다. 모건이 코닐리어스 반더빌트 2세와 앤드류 카네기와 힘을 합해 후원금 모금에 나섰다. 후원자 10명한테서 2만 5,000달러씩을 모아 식물원 쪽에 전달했다.

모건은 특별한 계획이나 방향은 없었지만, 꾸준하게 책과 친필 원고를 수집해 나갔다. 주니어스는 숨을 거두면서 월터 스코트의 《가이 매너링》(1881년) 친필 원고를 모건에게 물려주었다. 이후 모건은 유명 작가의 친필 원고를 수집했다. 육필 원고 수집이 빅토리아 시대의 유행이 되기도 전에 모건이 모으기 시작한 것이다.

1890년대 초 모건의 책과 원고 수집 창구는 도서 딜러인 J. 피어슨(Pearson & Co.)과 헨리 소서리언(Henry Sotherian & Co.)이었다. 피어슨 소속의 F. W. 휠러(Wheeler)가 책과 원고 리스트를 보내오면, 모건은 선별해 주문했다. 모건은 윌키 콜린스 쪽에 "값이 너무 비싸다"고 불평하기도 했다. 이런 과정을 거쳐 모건은 톨스토이의 《크로이처 소나타Kreutzer Sonata》, 《정글북》의 지은이인 키플링의 《꺼져버린 불빛The Light That Failed》, 찰스 디킨스의 《심지Pickwick Paper》 등의 책을 수집했다.

도서 딜러들은 모건의 입맛에 맞추어 문학 작품의 초판, 성경, 기도서, 왕실 사람들의 서명을 비롯해 〈주니어스 편지들Junius Letters〉과 영국 보수정객 워런 헤이스팅스(Warren Hastings)의 재판기록, 인지세 폐지 기록 등 18세기 역사적 사실과 관련이 있는 문헌 등을 추천했다.

〈주니어스 편지들〉은 런던의 퍼블릭 어드바이저(Public Advisor)가 1769~1772년 사이에 펴낸 편지 양식의 정치 칼럼 시리즈이다. 주니어스라는 필명을 쓴 작가는 조지 3세와 영국의 귀족들을 날카롭게 비판했다. 당대 지식인과 시민들이 지은이의 정체를 알고 싶어 했다. 많은 사람들이 기번이나 에드먼드 버크(Edmond Burke), 윌리엄 템플(Temple) 경, 리틀레턴(Lyttleton), 윌리엄 제라드 해밀턴(William Gerard Hamilton) 등이 그 편지를 썼을 것이라고 생각했다.

하지만 로머스 맥컬리는 역사학자 기번의 학교 선생이었고 인도 총독부의 대외 담당을 역임했다. 맥컬리는 초대 인도 총독인 워런 헤이스팅스를 기소한 에드먼드 버크의 보좌관으로 일하기도 한 필립 프랜시스(Phillip Francis) 경이 주니어스라고 주장했다. 이 주장은 나중에 영국 역사가 윌리엄 E. 레키(William E. Lecky)와 철학자 레슬리 스티븐(Leslie Stephen)의 지지를 받았지만 논란은 끊이지 않았다.

J. P. 모건은 리처드 3세 이후 왕과 여왕의 편지 묶음을 사들였다. 웰링턴 공의 머리카락 한 움큼도 수집했다. 말쑥한 멋쟁이인 웰링턴 공작인 에드워드 앨버트가 "친애하는 프랜시스… 체스터 스트리트의 그 여성을 어떻게 생각하는지요?"라고 추신을 적은 메모도 그의 수집 목록에 들었다. 모건은 자신이 수집한 목록에 대해 거의 말하지 않았다. 예외적으로 1892년 그가 미국 독립선언서 서명자들의 친필 사인을 사들일 때 매도자에게 개인적인 취미가 아니라 다른 의미를 부여하면서 매입한다는 의사를 밝히기는 했다. 일반적으로 왜 수집하는지에 대해서도 굳이 설명하지 않았다. 그는 독립선언서 서명자의 사인을 판 사람에게 "귀하가 제시한 것들의 상태와 특징 등이 아주 좋다는 점을 인정합니다. 그 사인들은 나뿐만 아니라 나중에 이를 감상할 사람들에게도 상당한 기쁨을 줄 겁니다"라고 말했다. 모건은 나중에 그 사인들을 미국 의회 도서관에 기증한다.

모건이 고서 등을 사들이는 사이 재미 삼아 빅토리아 시대 소소한 작품들을 읽었다. 그가 읽은 작품들의 수준은 살롱화 수준이었다. 큰 딸 루이자에 따르면 모건이 좋아한 작품은 《제럴딘 호손Geraldine Hawthorne》이다. 그 책은 당시에는 익명으로 발행되었다. 하지만 나중에 비어트리스 메이 버트(Beatrice May Butt)가 쓴 것으로 밝혀졌다. 버트는 주로 비참한 인생을 살아가는 여성 이야기를 그렸다. 또 벌워-리턴(Bulwer-Lytton) 백작인 에드워드 조지(Edward George)가 잉글랜드 시골 생활에 관해 쓴 네 권짜리 《내 소설My Novel》, 매리 촐몬댈리(Mary Cholmondeley)의 《찰스 댄버 경Sir Charles Danver》 등도 모건의 애독서였다. 《찰스 댄버 경》은 흥미로운 로맨스 소설이다. 비밀리에 서로 사랑했지만 맺어질 수 있는 기회를 잃어버린 뒤 다시 재회하는 한 쌍의 귀족 스토리이다.

모건은 1888년 당시 미혼 여성인 M. M. 홀랜드 토머스(Holland Thomas)가 익명으로 발표한 《형제애, 영감의 로맨스Fraternity, A Romance of Inspiration》도 읽었다. 약간은 반사회주의적인 색채를 가진 사랑 이야기이다.

J. P. 모건은 《형제애, 영감의 로맨스》가 처음 출판되었을 때 읽고 친구들에게 한 권씩 선물했을 뿐만 아니라 런던에서 지은이와 만남을 주선하기도 했다. 그녀는 영국 웨일스 지방을 무대로, 옥스퍼드를 졸업한 젊은이 에드먼드 헤이그(Edmund Haig)의 인생을 그렸다. 주인공 에드먼드는 고아였고 성직자의 손에 의해 자라났다. 옥스퍼드대학을 졸업한 뒤에는 가난한 아이들을 가르치는 일에 전념한다. 주인공 에드먼드는 랑페리드(Llangfairydd)라는 웨일스의 작은 읍에 사는 시골처녀인 블로드웬(Blodwen)이라는 처녀와 운명적인 사랑에 빠진다. 하지만 돈이 없어 그녀와 결혼하지 못한다. 그는 결국 개인적인 행복을 포기하고, 전 세계에 기독교적인 형제애를 전파하는 길을 택한다.

에드먼드는 프랑스 혁명이 형제애보다 자유와 평등을 강조하는 바람에 잘못되었다고 평가한다. 웨일스 광부들에게 형제애를 위해 임금인상과 근로조건 개선 요구를 접으라고 충고한다. 지은이 토머스는 "에드먼드는 이상한 사회주의자다. 에드먼드는 시기심과 미움을 가지고 있지 않으며, 형제애를 위해 악행과 자비심이 없는 행위를 포기한다. 우애를 소중히 하는 사회주자"라고 했다. 지은이는 형제애를 바탕으로 한 사회주의만이 진정한 사회주의라고 주장한다.

지은이 토머스는 스토리텔링을 중단하고 '비누박스 위에 올라선다.' 그녀는 에드먼드의 입을 빌어 말한다. "가난한 사람들을 사랑하고 그들에게 영향력이 있는 여러분은 부자들이 없는 자들의 정당한 유산을 차지하는 것을 막기 위해 빈자들을 훈육해야 합니다. 그들이 가난하기 때문에 부당하게 희생된다는 점을 일깨워 주어야 합니다… 우리는 평등하게 건강해지는 것 이상으로 경제적 평등을 추구할 수 없습니다." 이어서 이렇게 목청을 높인다. "웨일스의 젊은 이들이여! 오라! 기쁜 마음으로 가난을 가져가라! 교육이 모든 사람에게 열려 있지 않은가? 과학은 궁극적으로 옳지 않은가? 예술은 영원히 아름답지 않은가?… 서로 사랑하라! 그리고 스스로 절제하면 세계에서 가장 고귀한 신사들과 평등해질 수 있다!"

그녀의 소설 속 주인공인 에드먼드는 결국 자신이 부자의 큰 아들이라는 출생의 비밀을 알게 된다. 사랑한 웨일스의 시골 처녀 블로드웬과 자유롭게 결혼한다. 그는 블로드웬에게 세속적인 부의 불평등보다 영혼·정신, 도덕적 아름다움의 차이가 문제를 야기한다고 말한다. "우리는 인간 가족의 나이 든 어린 이들이라오. 우리는 교육받았고 무지한 어린 아이들의 나쁜 습관과 좋지 않은 풍습에 민감한 사람들입니다. 우애로 우애를 위해 불평등이 사라질 때까지 그들을 계몽하고 격려해야 합니다"라고 말한다. 학생들이 다른 학생을 가르치면, 그는 "모든 사람들이 조화롭게 살아가고 부자들에게 인간이 더 이상 중요한 상품으로 비추어지지 않는 날이 온다"고 주장한다.

모건은 우화 같은 이 소설에 감동받았다. '무지한 어린이들'을 위해 아버지처럼 일깨워주고 도와주는 주인공의 이야기에 감동했다. 그는 책이 다시 발행될 수 있도록 나중에 상당한 자금을 지원한다(19장 참조). 그런데 인간사회 불평등에 대한 얄팍하고 훈계하는 듯한 장광설보다 모건이 쉬는 시간에 읽을 책으로 이것을 골랐다는 사실이 더 놀랍다. 아들 잭은 이 책을 열정적으로 읽는 아버지와는 취향이 달랐다. 그는 러브 스토리를 좋아한다고 어머니 패니에게 말했다. 하지만 그는 "새로운 사회주의는 상당히 낯설다… 세계의 작은 부분이 완전히 바뀌는 정도로 인간사회가 변하는 데는 1900년이라는 세월이 걸렸다. 세계의 속성을 서둘러 바꾸기 위해 숭고한 사상이기는 하지만 신을 부정하는 인간적인 것을 바탕으로 세워진 완전히 세속적인 시스템을 왜 원하는가?"라고 의문을 품었다.

─────

모건이 어릴 적에 짐 굿윈에게 설파한 아내상인 순종적인 성격과 이타적인 마음씨는 사실상 추상적인 기준이 되어버렸다. 30여 년이 흐른 1890년대 그의 아내 패니는 이기심이 없는 이상형은 아니었다. 그녀는 다른 사람보다 많은 관심을 남편에게 요구했다. 모건은 일찍부터 여성이 순종적이지 않다는 사실을 알아챘다. 결국 자신의 이상형과는 다른 여성을 배우자로 선호했다. 그는 샴페인을 마시더라도 영리하고 침착한 여성에게 끌렸다. 그가 성인이 되어 주변에서 만난 여성들을 편안하게 느꼈고, 모건의 사회적 사상과 쾌락주의적 취향을 공유했다.

괴팅헨 시절 모건은 짐 굿윈이 놀렸지만, 드래퍼여학교의 학생들을 아주 좋게 말한 바 있다. 그 여학생들은 그의 얼굴이 상당히 위압적인 데도 모건을 좋아했다. 그들은 시의적절한 유머를 말할 줄 아는 모건을 늘 좋아했던 게 사실이다.

나중에 마고트 테넌트(Margot Tennant)는 H. H. 어스퀴스(Asquith)와 결혼하는 여성이다. 그녀가 1880년대 후반 모건을 만난 적이 있었다. 그녀는 일기에 "모건이 내 코만 빼고 당신이 나라면 무엇을 하겠는가?"라고 물었다고 기록했다. 이어 생생하게 그의 코를 묘사한다. "거대하고 파란색이며, 진물이 흘러나오는 흉측한 코"라는 식이었다. 그녀는 모건의 물음에 대해 "내가 당신이라고 해도 예쁘지 않을 수도 있기 때문에 신경 쓰지 않는다"고 대답했다. 그녀는 "내 대답이 그를 기쁘게 했고, 그는 나를 좋아하게 되어 이후 여러 차례 나를 만났다"라고 일기에 적었다. 이후 25년이 흘렀다. 모건은 그녀와 남편이 옥스퍼드 근처에 새로 사들인 집을 수리하라며 3,000달러를 보냈다. 그녀는 답례로 칼라일의 《의상철학Sartor Resartus》 초판을 선물했다.

모건이 나중에 사랑싸움을 하게 되는 빅토리아 색빌(Victoria Sackville)은 자신의 일기에 "나는 그토록 매력적인 사람을 보지 못했다. 그와 몇 분만 만나면 코를 잊어버리게 된다. 그의 눈은 반짝거리거나 상냥함으로 가득하다… 그는 놀라운 남자다"라고 적었다. 게다가 그가 부자이고 강한 사람이라는 점도 그녀에게는 거부할 수 없는 매력이었다.

이디스 랜돌프도 그의 코를 기억하지 못하는 여성이었다. 그녀는 모건의 1890년대 사생활에 깊숙이 들어섰다. 모건이 아내 패니를 대서양 다른 쪽에 머물게 하는 동안 그녀는 매디슨 애비뉴 219호에 들러 저녁을 같이 먹었다. 크래그스톤을 방문하기도 했으며, 모건의 요트에서 열리는 파티에 모습을 드러내기도 했다. 모건의 딸 줄리엣이 1891년 패니의 해외여행을 따라 나섰다. 어머니의 수발을 들어야 하는 어려움을 불평한다. "엄마가 밖에서 아우성치며 싸우는 것보다는 나쁘지 않아요. 언니, 아빠에게 전보를 좀 자주 치라고 말하세요. 소식을 듣지 못해 엄마가 우울합니다. 아빠는 사랑한다는 말만 하시면 돼요. 그 말 한마디에 엄마는 달라져요"라고 했다.

패니는 1891년 봄과 여름 동안 유럽에 머물렀다. 그녀는 독일에서 "집에 돌아가면 집안일을 할 수 있을 만큼 건강이 좋아지고 있다"고 편지를 띄웠다. 뉴욕의 뜨거운 날씨에 남편이 어떻게 지내는지도 염려했다. 패니는 남편이 두 차례 장례식에 참석하기 위해 하트포드에 다녀왔고, 이디스와 요트 여행을 떠나는 사실을 들은 뒤 "하트포드에서 힘든 날을 지냈으니 이디스와 즐거운 여행이 되길 바란다"고 말하기도 했다.

이디스의 아버지가 그즈음에 숨을 거두었다. 패니는 루이자에게 보낸 편지에서 "그녀가 아버지의 죽음으로 경제적인 의미에서 좋아졌는지 여부를 말해주지 않아도 된다. 사람들의 재산 문제 같은 것들이 나의 나쁜 호기심의 대상이라는 걸 너는 잘 알 게다"라고 말했다. 그녀의 호기심은 비뚤어진 것이었다. 그녀는 집으로 오라는 말을 언제 들을지 알 수 없는 상황에서 사실상 아홉 달 동안 유럽에 내쳐져 있었다. 그런데도 정작 1891년 10월 뒤늦게 자신의 처지를 자각한다. "우리가 겨울에도 여기에 머물러야 한다는 전보를 모건한테서 받았다."

잭은 어머니에게 "그런 전보가 전달되도록 한 것 때문에 우리 모두 가슴이 아프답니다"라고 편지를 띄웠다. 하지만 아들은 "진눈깨비가 내리고 바쁜 시즌에 뉴욕에 있으면 엄마가 회복한 건강이 다시 악화할 수 있습니다"라고 위로해 주었다. 이어 "아버지가 보낸 전보 내용처럼 우리가 어머니를 덜 사랑한다고 생각지 말아주세요"라고 강조했다.

모건은 한 달 뒤인 1891년 11월 큰 딸 루이자를 패니 곁으로 보내고 줄리엣을 뉴욕으로 불러들였다. 하지만 그는 아내를 영원히 유배 보내 놓을 수는 없었다. 마침내 패니가 1892년 가을 뉴욕으로 돌아왔다. 거의 2년을 유럽에서 보낸 뒤였다. 이 유배 사건을 계기로 그의 불안한 결혼생활은 다른 사람의 귀에도 들어갔다. 잭은 처남 에드워드 그루에게 최근 디너파티는 "아버지와 어머니가 제대로 처신해 성공적으로 끝났다"고 말했다. 그의 말은 디너파티 석상에서도 두 사람이 티격태격한 적이 있음을 시사한다.

———⫷⫸———

모건에게 이혼은 선택사항이 아니었다. 아버지 주니어스처럼 결혼은 영원한 약속이라고 생각했다. 종교적인 이유 때문만은 아니었다. 직업상 결혼했다는 사실이 유용했다. 사교계에서 처신하기도 적절했다. 모건 가문 남자들이 행복하지는 않았고 사실상 별거생활이나 다름없는 데도 부인과 이혼하지 않은 까닭이다. 또 이혼은 보수적인 품행과 덕망을 지녀야 하는 은행가와 빅토리아 시대 상류층에게 치명적인 상흔이었다. 특히 이혼한 여성은 아무런 잘못을 하지 않았는데도 입방아의 대상이 되었다. 모건은 의무감이 너무 강해 아내를 버리지 못했다.

당시 상류사회 사람들도 이혼하기는 했다. 앨리스 메이슨은 이혼하는 바람에 청교도 분위기가 강한 보스턴의 분노한 사람들에 의해 추방되어 결국 유럽으로 떠나야 했다. 패니의 친구이고 모건을 대단한 사람이라고 칭찬한 바 있는 어델 스테펀스도 남편과 1886년 이혼했다. 그녀는 귀족출신인 마르케스 찰스 카밀 드 탈레랑-페리고드(The Marquis Charles Camille de Talleyrand-Périgord)와 함께 프랑스 여행을 떠났다. 그녀는 결혼하면서 지참금 명목으로 가져온 뉴포트와 뉴욕 저택을 팔았다. 남편에게 아무런 부양의무를 요구하지 않는다는 조건을 달아 프레드 스테펀스와 결별했다. 그녀가 판 맨해튼 57번가와 5번 애비뉴와 만나는 곳에 있는 집은 올리버 해저드 페인 대령이 60만 달러를 주고 매입했고 그의 누나인 플로라 휘트니에게 주었다.

마르케스도 불편한 부인과 이혼했다. 그가 이혼한 상대는 부를 상속한 미국 여성으로 이름은 엘리자베스 커티스(Elizabeth Curtis)였다. 어델과 마르케스는 1887년 1월 결국 결혼했다. 마르케스의 아버지인 디노 공작(Duc de Dino)은 어델의 요구대로 아들에게 칭호를 부여한다. 그런데 엘리자베스 커티스는 마르케스 드 탈레랑-페리고드 칭호를 계속 사용하겠다고 주장했다.

〈뉴욕 타임스〉는 그해 1월 27일 스테펀스가 남편과 이혼한 사건이 사교계의 "가장 놀라운 사건"이라고 보도했다. 이어 "그녀가 키 작고 땅땅 하며 지극히 평범해 특별한 매력도 없을 뿐만 아니라 더욱이 빚투성이인 프랑스 사람과 결합하기 위해" 이혼했다는 식으로 전했다.

〈뉴욕 타임스〉가 그녀의 새 남편을 하찮은 인물로 묘사하기는 했지만, 그는 여러 권의 책을 썼고, 무기 수집에 남다른 취미를 갖고 있었다. 프랑스 정치인 이자 외교가인 콩트 에드몽 드 탈레랑-페리고드의 조카였다. 당대 사교계의 모든 사람들이 어델을 비난하고 멀리했다. 전 남편인 프레드 스테펀스를 동정 했으며 적극적으로 그의 편이 되어주었다. 패니는 그해 4월 루이자에게 "어델 의 재혼에도 프레드는 사교계에서 외톨이가 되지 않았고, 나도 그를 초대해 저 녁을 같이 하기로 했다"고 말했다. 패니는 어델의 딸과도 계속 연락을 주고받 았다. 하지만 패니는 "그녀의 어머니가 초대한 점심이나 저녁, 또는 그녀가 준 어떤 것도 받아들이지 않았다." 루이자는 "당연하죠. 아빠가 가라고 하더라도 저도 어델 아주머니에게는 가지 않을 겁니다. 그녀가 저를 초대할지도 의심스 럽습니다만"이라고 맞장구쳤다.

모건은 아마도 어델이 딸 루이자를 초청하면 가라고 했을 수 있다. 모건은 아버지와 마찬가지로 동시대 미국인과는 달리 유럽인들과 비슷했다. 부르주 아의 통념에 그다지 물들지 않은 인물이라는 얘기다. 모건 가문의 두 사람은 혼외로 다양한 여성과 많은 관계를 가졌다. 구약성경이 말한 부도덕한 행위에 대해서 그다지 신경 쓰지 않은 인물들이었다. J. P. 모건이 동료들에게 요구한 엄격함은 남녀 관계의 윤리와는 관련이 없었다. 오히려 엄격한 분별력을 강조 했다. 모건의 미래와 기본적인 성향을 말해주는 듯한 일화가 하나 있다.

모건은 어느 날 은행의 젊은 파트너를 사무실로 불러 부적절한 성관계를 맺 은 사실을 책망했다. 놀란 젊은 파트너는 "그러나 모건 씨와 다른 분들도 닫힌 문 뒤에서 똑같은 일을 하지 않습니까?"라고 반발했다. 순간 모건은 차가운 눈 빛으로 그 젊은이를 노려보며 말한다.

"이보게! 바로 그것 때문에 문이 있는 거야."

모건은 부자였다. 그가 원하면 모든 문을 닫을 수 있었다. 요트에서, 유럽의 최고 호텔에서, 친구들의 저택에서든. 사생활을 절대 발설하지 않을 사람들을 주변에 두었다. 한 세기가 흐른 뒤 그의 측근의 아들들은 아흔 살이 넘었는데, 모건의 사생활을 말하려 하지 않았다. 그들은 정중하게 미소 지으면서 자신들의 아버지가 모건과 맺은 우정을 존중해 침묵의 미덕을 준수했다. 모건이 10계명 가운데 일곱 번째 계명인 '간음하지 말라'를 어긴 사실과 자신의 신앙 사이에 갈등을 조금이라도 줄여보기 위해 그 계명을 '너의 혀를 함부로 놀리지 말라!'로 바꾸었을 것이다. 아마도 성윤리를 어기면서도 교회에 성실한 자신을 보고 적잖이 재미있어 하기도 했을 듯하다. 어쨌든 모건은 자신이 하는 일에 대해 정당성을 의심한 적이 없다.

그러나 모건과 우정을 주고받지 않은 사람들은 그의 사생활을 아는 대로 이야기한다. 다른 사람들은 완곡하게 그의 사생활을 표현하기도 했다. 모건은 다른 사람이 절대 찾아낼 수 없을 것이라고 생각하면서 여기저기에 흔적들을 적지 않게 남겨두었다. 게다가 그가 유명해지고 일반 시민들과 언론의 주목을 받게 되면서 사생활을 완전히 감추기는 어려웠다. 그가 문을 철저하게 닫기는 했다. 하지만 그의 행동이 완벽하게 은폐되지는 않았다. 그의 일탈행위가 소문이 나 사람들의 입과 입 사이를 건너 다녔다. 그들은 혼외에 낳은 자식을 이야기했고, 웨체스터(Westchester)의 창녀를 들먹이기도 했다. 여배우 맥신 엘리어트(Maxine Elliott)와의 염문을 소재로 무료한 순간을 달래기도 했다. 모건은 맥신에게 극장을 지어 선물했다. 재정적인 조언을 해준 것으로도 알려졌다. 그녀 때문에 요트 코르세어호의 방을 개조했다는 이야기도 있다. 요트 디자이너인 탬스가 요트 개조를 꺼려했지만 소유주의 요구대로 리모델링했다는 말이 있다.

하지만 그다지 신뢰할 만하지는 않다. 맥신의 조카인 전기 작가는 모건과 맥신이 연인관계였다고 말해주는 증거를 발견하지 못했다. 색빌이 1912년 모건에게 직접 맥신과의 관계를 물었는데, 그는 그 여배우 자체를 잘 알지 못한다고 대답했다. 그는 정확하게 그녀와 두 번 이야기를 나눈 적이 있다고 말했다. 공개적으로 그는 언론과 만나 "내가 맥신 엘리어트의 극장에 관심 갖는 이유는 개막 특별 공연에 갈 수 있는 무료 티켓 때문이다"고 말했다.

어떤 사람은 자신이 뉴욕에 산과 병원을 지어 모건 때문에 임신한 여성을 치료했다고 주장했다. 이 사람의 주장에 모건이 실소를 참지 못했을 것이다. 그와 그 산과 병원의 관계에는 명확한 설명이 존재하지 않는다.

이디스 랜돌프는 1890년대 초 모건을 여러 친구들에게 소개했다. 그들 가운데에는 제임스 M. 마코(James M. Markoe)라는 매력적인 산과 의사도 끼어 있었다. 모건은 산모의 건강과 아이들을 양육하는 문제에 남다른 관심을 가지고 있었다. 특히 아내 패니가 원하지 않은 다섯째 아이를 임신했다가 유산했을 때 그는 "내가 당신을 위해 임신할 수 있다면…"이라고 말하기도 했다.

모건은 마코와 급속히 가까워졌다. 마코는 뉴욕의 외과·내과 칼리지(Physicians & Surgeons College)에서 의학박사 학위를 받았다. 뉴욕 병원에서 훈련 과정을 거쳤을 뿐만 아니라 독일 뮌헨의 여성병원에서 산과 의학을 연구했다. 당시 뉴욕의 외과·내과 칼리지에서는 다른 의과대학과 마찬가지로 산과 학생들은 일방적인 강의만을 들어야 했다. 그들은 "산모를 직접 진료하기 위해 가까이 접근한 적이 없었다"고 마코의 동료는 회상했다.

학생들은 대부분 훈련하는 동안 분만 과정을 한 번도 참관하지 못했다. 1880년대 뉴욕에서 태어난 어린이 절반은 산파의 손을 거쳤다. 마코도 할 수 없이 마네킹을 이용해 공부할 수밖에 없었다. 그러나 1887년 독일에서 그와 동료인 새뮤얼 W. 램버트(Samuel W. Lambert)는 출산하는 임산부의 집을 직접 방문해 분만 과정을 관찰하고 도왔다. 산과 학생들에게 분만 과정을 직접 경험하도록 의무화하겠다는 결심을 하고 미국으로 돌아왔다.

뉴욕 내과·외과 칼리지는 외래 산모 진료와 학생들의 실습을 담당할 클리닉을 세우자는 마코 등의 제안을 거부했다. 마코와 램버트가 직접 나섰다. 1890년 그들은 의료 혜택을 받지 못하는 이민 여성들을 위해 맨해튼 아래쪽인 브룸(Broome)가 312번지의 집을 빌려 무료 조산원을 오픈했다. 그들은 설립 비용을 직접 조달했다. 보스턴의 분만 병원을 벤치마킹했다.

마코는 무료 진료소와 조산원을 오픈한 직후 지원을 받기 위해 이웃 경찰들을 초청했다. 경찰들은 그가 임신중절 수술을 위해 자신들을 매수하려는 사람으로 오해했다. 하지만 그의 산과 시설을 돌아보고 마코의 진심을 이해했다. 경찰들은 이웃 여성들을 진료소로 보내 무료로 치료받게 했다. 난산을 제외하고 대부분 산모들은 의사와 학생들이 지켜보는 가운데 집에서 분만했다. 그 진료소는 문을 연 첫해 환자 199명을, 이듬해에는 955명을 치료했다. 진료소를 이웃 빌딩으로 확대·이전한 1892년에는 2,'명을 진료했다. 마코와 램버트의 소망대로 진료소는 의과대학생의 훈련 기관으로도 구실했다. 1893년 학생 360명이 2주짜리 실습 과정을 거쳐 갔다. 이디스 랜돌프는 진료소의 부엌을 맡았다. 환자들에게 우유를 나누어 주었고, 시리얼과 빵, 커피, 티 등을 젊은 환자들에게 주었다. 그들은 대부분 결혼하지 않은 여성들이었다. 언제부터인가 이디스는 모건을 데리고 마코의 진료소를 방문했다. 두 사람은 만난 순간 서로에 대해 호감을 가졌다. 그 산과 의사가 모건의 주치의가 되는 데는 긴 시간이 필요하지 않았다.

여성들의 특이한 질환 등을 담당하는 산과는 당시 막 탄생하고 있었다. 마코는 일반 진료도 담당했다. 일을 마치고 집으로 돌아가 개인 진료실에서 일반 환자들을 진료하고 치료할 수 있었다. 그가 별도로 치료한 사람들은 뉴욕시 소방수 같은 남성 환자였다. 마코는 1893년 어느 날 당시로선 드문 제왕절

개 수술(Caesarean Section)을 낮에 했다. 피곤한 몸을 이끌고 맨해튼 업타운에 있는 모건의 디너파티에 참석했다. 모건은 수술 내용을 자세하게 물었다. 마코는 여성 자체보다 수술 과정에 대해서는 그다지 관심이 없었다. 그 여성은 가난했고 심각한 상태여서 진료소 수준의 치료보다 더 집중적인 관찰과 치료를 받아야 했다. 모건은 즉석에서 그 여성이 필요한 것을 모두 해주도록 조처했다. 이를 위해 들여야 하는 비용은 모건의 부담이었다.

한 여성의 제왕절개 수술을 계기로 그 산과 의사와 금융가는 진료소를 확대·개편해야 한다는 데 뜻을 같이한다. 모건은 비범한 제의를 내놓는다. "마코, 당신은 개인적인 진료를 그만하시오. 당신이 새로 지을 병원과 당신의 급여를 책임지겠소! 모든 시간을 병원과 나에게 투자하시면 됩니다." 마코의 딸은 "모건 씨의 말은 위엄 있었다"며 "아버지는 이후 그에게 헌신했다"고 회상했다.

모건은 1893년 세인트 조지 교회가 보유하고 있던 2번 애비뉴와 17·18번가 사이에 있는 부지를 매입하라며 9만 달러를 마코에게 빌려주었다. 4년 뒤에는 병원 신축을 위해 100만 달러를 기부했다. 추가로 35만 달러를 지급해주었을 뿐만 아니라 해외 병원 건물을 둘러보고 오라며 마코를 유럽으로 보냈다. 뉴욕의 산과 병원이 오픈한 1902년 이후에는 병원 운영비에 보태 쓰라며 해마다 10만 달러를 기부했다. 적자가 발생하면 추가로 돈을 기부해 메꿔주었다. 이는 모건이 살아 있는 동안 이어졌다. 유머감각이 있는 어떤 사람은 산과 병원의 출입문에 '미시오(PUSH)'가 적힌 판을 붙여 놓았다.

모건이 전문가들과 한 거래는 늘 훌륭한 결과를 낳았다. 그는 능력이 탁월하고 활동적인 전문가를 선택해 전폭적으로 지원을 아끼지 않았다. 양쪽은 각자 원하는 결과를 얻어 만족했다. 마코는 최상급 현대적인 병원을 세워 운영할 수 있었다. 이 병원은 여성의 건강문제를 모두 담당해 치료할 수 있었다. 게다가 당시까지 분리되어 있던 산과와 부인과는 마코의 병원에서 통합되었다.

덕분에 여성들에게 가장 좋은 의료 서비스를 제공하게 되었다. 마코의 병원은 의과대학 학생뿐만 아니라 산과 전문 간호사를 육성해내는 교육기관으로 구실했다. 혁신적인 연구 성과를 내는 연구소 역할도 했다. 그래서 산파의 영역이었던 분만이 남성 의사들이 담당하는 전문 분야로 자리 잡을 수 있었다. 마코는 산과를 의과대학에서 독립 분야로 자리 잡도록 하는 선구자가 될 수 있었다.

모건은 자신이 관심 갖은 분야에 적절한 도움을 주고, 발전해나가는 모습을 지켜볼 수 있어 우선 행복했다. 그는 아주 친한 친구한테서 지극한 정성과 전문적인 지식이 어우러진 의료 서비스를 받을 수 있었다. 그는 마코에게 편지를 띄울 때마다 "친애하는 짐"으로 시작해 "당신의 헌신적인 벗에게서"라는 말로 끝맺었다. 마코는 모건의 두통을 유발하는 감기뿐만 아니라 우울증마저 담당해 치료했다. 마코의 딸은 "모건 씨는 큰일을 해내면 세계 정상에 선 듯이 기뻐했다. 하지만 얼마 지나지 않아 심연을 알 수 없는 우울증에 빠져들었다. 그의 기분을 되돌려 줄 수 있는 사람은 아버지뿐이었다. 늦은 밤이든 아니면 이른 아침이든 연락만 오면 아빠는 모건 씨를 진료하기 위해 맨해튼 다운타운으로 내려가셨다. 초기에는 모건 씨가 마차를 보내 아버지를 태워갔고, 시간이 흐르면서 나중에는 자동차와 고급 승용차로 바뀌었다. 아버지는 재미있는 이야기를 해줘 그를 웃게 만들었다. 어느 날 아버지는 '휴! 수술 끝났네'라고 말씀하신 걸 기억하고 있다'고 말했다. 그 수술 내용은 아직까지 비밀이다.

마코는 그 VIP 환자에게 피임과 임신중절 서비스를 제공했을 가능성이 있다. 1890년대 이디스 랜돌프는 아이를 낳을 수 있을 만큼 젊었다. 그녀는 별도의 노력으로 임신을 피했다. 참고로 맬서스가 19세기에 말한 자제와 '도덕적 억제'는 일단 접어두더라도, 당시에 의료 서비스를 받을 수 있는 사람들은 피임을 할 수 있었다. 기원전 9세기 이집트의 파피루스는 여성의 성기에 응용할 수 있는 피임방법을 세 가지나 제시하고 있다. 고대 그리스와 로마에서도 임신을 막을 수 있는 인위적인 수단이 논의되기도 했다. 리넨이나 동물 내장·피부로 만든 피임장치가 18세기 초 영국 의사인 콘돔(Condom 또는 Conton)에 의해 발명된 것으로 알려졌다. 미국 발명가인 찰스 굿이어(Charles Goodyear)는 1839년 고무를 유황처리하는 기술을 개발했다. 5년 뒤에는 남성용 콘돔을 생산해 시장에 내놓았다. 1850년에는 미국과 유럽의 성인들은 콘돔을 구입할 수 있게 되었다. 모건은 이런 정황에 비추어 볼 때 자문이나 책 등을 통해 임신을 피할 수 있는 법을 잘 알고 있었을 것이다.

모건은 19세기 후반 다양한 전문가들과 교유했다. 비즈니스 동료와 변호사, 항해 전문가, 예술품 딜러, 학자, 성직자, 의사 등을 만나 대화하고 지원하기도 했다. 하지만 이들 가운데 끝까지 그가 의존했던 인물은 의사 마코였다. 레인스포드와 마찬가지로 마코는 자신의 전문지식을 가난한 사람들을 위해 활용했다. 가난한 사람들은 모건의 사위가 말한 대로 "장인이 이해할 수 없는 존재들"이었다. 모건의 관심사는 레인스포드처럼 도시의 슬럼가에서 마코가 한 일

버몬트 셸번(Shelburne)에 머물고 있는 아네트 B. 웨트모어(출처: 고 아네트 M 쉬펠린(Schieffelin)

이 아니라 임신한 어머니들이었다. 마코가 여성을 돌보는 일이 모건의 관심사였다는 얘기다. 특히 병든 여성을 치료하는 일은 모건이 평생 동안 관심을 가졌던 일이다. 당시 여성의 임신은 일종의 질병이라고 보는 경향이 있었다. 그는 흥미롭게도 여성이 앓는 질병을 자신도 앓고 있었다. 첫 아내 미미가 숨을 거둔 몇 년 뒤 그도 해외여행 도중 결핵 증세를 앓았다. 어머

니 줄리엣과 둘째 아내 패니처럼 자신도 육체적 질환과 우울증에 시달리고 있었다. 하지만 마코는 새 생명의 출산이라는 기적적인 일을 도와주는 사람이었지, 모건 가족이 시달리는 신경쇠약 등의 고통을 다루는 인물은 아니었다.

모건이 자신과 비슷한 처지에 있는 사람들에게 준 도움은 경제적인 것이었다. 그 대가로 그는 다른 것을 원했다. 모건이 가장 가깝게 지냈던 두 인물, 즉 마코와 레인스포드한테서 그는 의료 서비스와 영적인 도움을 받았다. 그가 간절히 필요한 순간에 마코와 레인스포드에 의존하면서도 그는 그들이 다른 사람들에게도 관심 갖도록 했다.

1890년대 초반 모건-랜돌프-마코로 이어지는 연결고리에 네 번째 멤버가 하나 끼어든다. 주인공은 조각처럼 빚어놓은 듯한 얼굴 윤곽을 가진 아네트 웨트모어(Annette Wetmore)였다. 그녀는 사촌 가운데 한 명인 윌리엄 보럼 웨트모어(William Boerum Wetmore)와 결혼했다. 그녀의 이름이 아네트 웨트모어 웨트모어가 된 까닭이었다. 하지만 그들의 딸이 전하는 바에 따르면, 그녀 남편은 '형편없는 인간'으로 드러났다. 도박꾼이었고 게으름뱅이였으며, 거만하고 고집 센 남자였다.

그녀는 결국 1890년대 초 세 아이를 데리고 반더빌트 가문 출신인 리라(Lila)와 윌리엄 수워드 웹이 살고 있는 버몬트 농장으로 떠났다. 그녀는 1892년 웨트모어와 이혼했다. 그녀의 가족들은 이후 남편을 '입에 올리지 말아야 하는 인간'으로 취급했다. 아네트가 그런 극단적인 상황에서 어쩔 수 없이 이혼을 선택했음에도 뉴욕 사교계는 그녀의 이혼에 눈살을 찌푸렸다. 결국 아네트는 절친한 친구들의 도움을 받으며 은둔할 수밖에 없었다. 모건은 그녀에게 경제적 조언을 해주고 돈을 꾸어주기도 했다. 많은 사람들은 모건이 그녀와 사랑에 빠졌다고 입방아를 찧었다. 그럴 가능성을 부인할 증거는 없다. 하지만 1894년 아네트 웨트모어는 모건의 절친한 의사 제임스 마코와 결혼했다.

CHPATER 16

인수합병

J. P. 모건은 1980년 7월 아내 패니와 이디스 랜돌프, 루이자, 줄리엣 등과 영국 북서부의 호수마을을 여행하고 있었다. 바로 이 순간 미국 의회는 반독점법(셔먼법)을 통과시켰다.

철도회사와 일반 산업체의 거대 카르텔에 대한 정치적 저항·분노는 1880년대를 거치면서 미국 전역에서 맹렬하게 타올랐다. 남부와 서부 지역의 주의회 21곳은 가격담합과 업체간 생산량 할당을 불법화했다. 하지만 이들 법은 법적으로나 경제적으로 주 경계를 넘어설 수 없었다. 1887년에 제정된 주간교통법도 철도 업종에 국한된 법이었다. 그 바람에 스탠더드 오일이나 카네기 철강, 납 제련, 제당, 위스키 제조 업계의 거대 또는 독점 기업들은 거칠 것이 없었다.

공화·민주 양당은 1888년 대통령 선거 공약으로 반독점법 제정을 내걸었다. 그해 가을 상원 금융위원회 존 서먼(John Sherman) 위원장은 공화당 내 대통령 지명전에서 패한 직후 트러스트를 불법으로 규정하는 법안을 제출했다. 그가 제안한 법안은 개인이나 기업이 '완전하고 자유로운 경쟁'을 막는 어떤 형태의 합의나 가격담합을 금지했다.

트러스트(Trust)는 기술적인 의미에서 경쟁 기업들이 단일 이사회와 경영 책임자 아래 법적으로 하나의 회사로 결합하는 것을 뜻한다. 트러스트를 구성하는 개별 기업의 주식은 새로 탄생하는 거대 기업의 주식으로 전환된다. 회사의 결합 가운데 가장 강력하다. 트러스트는 거대 기업과 사실상 동의어였다. 심지어 미국인들이 혐오하고 두려워하는 경제력 집중과 관련된 모든 것을 상징하는 말이기도 하다.

경제사학자 토머스 R. 래빈(Thomas R. Ravine)과 매리언 V. 시어스(Marian V. Sears)에 따르면, 금융용어로서 트러스트의 쓰임새는 신탁과 관련이 깊다. "한 사람이 다른 사람을 신뢰하면(trusts), 그는 자신의 돈을 다른 사람이 관리하는 '신탁펀드(Trust Fund)'에 맡긴다. 그는 이 펀드를 신탁회사(Trust Company)라고 부른다… 일단 기업의 주주들이 보유 주식을 '수탁자(Trustee)'라고 불리는 한 위원회에 양도하면, 그들은 그 위원회가 지배하는 회사를 '트러스트'라고 부를 수 있다… 시간이 흐르면서 대규모 기업 결합을 규정한 법들이 제정되었다. 회사의 결합 형태 가운데 가장 초기 형태가 '트러스트'였다. 법 이름이 '안티트러스트법(Antitrust Act)'으로 불리는 이유다. 트러스트라는 개념이 기업의 거대 통합 등을 의미하기도 하는데, 이는 조심성 없이 함부로 남용한 사례라고 할 수 있다."

미국 정치경제 지형은 1880년대를 거치면서 빠르게 바뀌었다. 그 바람에 건국 이후 미국 민주주의의 성격과 방향을 두고 지속적으로 이어진 갈등이 새로운 동력을 얻어 증폭되었다. 한 진영은 남북전쟁 이후 본격화한 산업혁명, 기업결합으로 탄생한 거대 기업의 시장 지배, 가공할 만한 효율성이 개인의 자유를 침해한다고 믿었다. 대형 철도회사와 산업계의 리바이어던(Leviathan)이 독점 가격을 소비자들에게 강요한다는 것이다. 이들은 경쟁 기업들을 파산으로 내몰 뿐만 아니라 지역 사회가 해당 기업을 통제할 수 없게 만들었다고 공격했다. 공정한 임금과 인간적인 노동 조건을 요구하는 노동계의 요구를 묵살한다고 비판했다. 스탠더드 오일은 경쟁 회사의 석유를 운송했다는 이유로 철도회사에 리베이트를 강요했다. 현금 창출 능력도 어마어마해 정치적 특혜를 받는 데 막대한 돈을 들였다. 대중은 이 모든 게 자유로운 사회의 자연스런 교환 질서를 교란한다고 믿었다.

또 다른 진영은 다른 시각으로 정치경제의 변화를 보았다. 미합중국은 더 이상 농부들과 중소 상공인들로 구성된 완전 경쟁 시장이 작동하는 제퍼슨 시대의 나라가 아니라고 생각했다. 남북전쟁 직후 이뤄진 운송과 통신, 산업 생산성 혁명은 풍부한 지하자원과 결합했다. 미국은 세계에서 가장 큰 국내 시장을 갖춘 나라가 되었다. 대량 생산·유통 장치들이 경영의 효율성을 극대화했다. 생산원가와 소비자 가격을 급격히 떨어뜨렸다.

정부의 정책이나 규제 없이도 개별 기업은 전례를 찾아보기 힘든 규모로 일자리를 창출했다. 사회적 이동 속도도 극대화했다. 금융가들은 과거에는 상상도 하기 힘든 규모의 자금을 모아 조달해주었다. 산업과 금융 자본가들은 거대 기업 등 새로운 경제 질서를 만들어냈다. 이들은 인수합병(M&A)은 불가피하고 자연스런 현상이라고 보았다. M&A를 자유롭게 추진할 수 있는 자유를 요구했다. 일부 자본가들은 한 걸음 더 나아가 자신들의 힘과 이익을 보호하기 위해 정부의 감독과 규제를 거부했다. 다른 자본가들은 '정치인'들이 현대 금융의 메커니즘을 제대로 이해하지 못한다는 이유로 정부의 규제와 감독을 싫어했다.

두 진영의 갈등은 전통적인 민주·공화 양당 구분을 모호하게 했다. 트러스트가 행사하는 막강한 권력은 "우리나라의 정부 형태와는 어울리지 않은 제왕적 특권"이라고 비판하면서 반독점법을 제출한 사람은 공화당 출신이고 한때 월스트리트와 가까웠던 셔먼 상원의원이었다. 그는 "뭔가가 잘못되었다면, 그것은 틀린 것이다. 우리가 정치에서 왕을 인정하지 않을 것이라면, 우리의 생활에 필수적인 수단의 생산·운송·판매 분야에서도 왕을 부정해야 한다. 우리가 황제에 굴복하지 않을 것이라면, 경쟁을 저해하고 상품의 가격을 담합하는 경제영역의 황제에도 굴복하지 말아야 한다"고 주장했다.

서먼의 반대 진영에는 코네티컷 출신인 오빌 플래트(Orville Platt)라는 민주당 상원의원이 있었다. 그는 서먼 법안이 "모든 경쟁은 국가에 이롭다"는 잘못된 전제를 바탕으로 하고 있다고 비판했다. 조지아 출신 민주당 하원의원인 존 W. 스튜어트(John W. Stewart)는 "기업 M&A를 제한하는 게 정당한 만큼 경쟁을 제한하는 것도 옳다"고 생각했다. 버몬트 주 출신으로 하원의 사법위원회 위원장인 조지 F. 에드먼즈(George F. Edmunds)는 '독점(Monopoly)'이라는 단어는 "뛰어난 기술과 정보로 해당 분야를 지배하는"이란 뜻을 가지고 있는데 천재적인 텍사스 목장 주인에게는 적용되지 않는다고 말했다. 그는 목장 주인이 소비자에게 독점 가격을 강요한다고 할지라도 문제되는 독점이라고 할 수 없다고 생각했다. 그의 주장에 따르면 문제의 핵심은 경쟁의 저해나 소비자 가격의 담합이 아니라 최적의 효율성과 공정한 게임이었다.

의회는 2년 동안 치열하게 토론한 뒤 1890년 7월 2일 대폭 수정된 서먼법안을 통과시켰다. 하원은 만장일치로, 상원은 52대 1로 법안을 백악관에 넘겼다. 새로 탄생한 법의 이름은 '부당한 제한과 독점으로부터 경제활동을 보호하기 위한 법'이었다. 서먼법은 경쟁이나 소비자 가격은 언급하지 않았다. 대신 "트러스트 형태의 모든 계약과 합병이나 경제활동을 제약하는 공모행위"를 불법화했다. 게다가 "독점화하거나 독점하려고 시도하거나, 기업을 결합하거나 다른 사람과 기업결합을 추진하기로 공모하거나, 다른 주의 기업이나 해외 기업과 독점을 추진하는 행위 등"도 범죄라고 규정했다.

서먼법의 모호한 개념과 어휘는 사법부의 판단에 사실상 모든 판단을 위임하는 것과 같았다. 또한 서먼법 제정으로 이후 1세기 동안 진행된 정부 규제의 정치적 의미와 경제적 파장, 집행·목적 등에 대한 지난한 논쟁이 시작되었다. 심지어 서먼법의 지지자들마저 문제의 핵심이 과도한 경쟁인지 아니면 경쟁의 부족인지를 두고 의견이 엇갈릴 정도였다. 일부는 경제적 교역행위를 제

한하는 행태는 텍사스의 독점적인 목장주를 포함해 모두 불법화해야 한다고
생각했다. 다른 사람들은 '부당한' 행위만을 규제해야 한다고 주장했지만, 무엇
이 정당하고, 무엇이 정당하지 않은지를 누가 결정해야 하는지가 또 다른 문제
로 제기되었다. 정부가 규제해야 하는 게 무엇인가? 가격 담합? 인수합병? 카
르텔? 수직적 결합? 중소기업 파괴? 어떤 종류의 합의가 교역행위를 제한하는
가? 독점과 관련된 어떤 종류의 행위가 불법화되어야 하는가?

모건은 반독점법이나 상원의원 셔먼의 '변절'에 대해 별다른 기록을 남기지 않
았다. 나중에 보수주의와 리버럴(Liberal: 미국의 좌파)로 불리게 되는 주의·주장·의
견 등과 관련해 그는 기업의 합병과 결합이 낳는 효율성과 시장에 대한 적절한
관리를 믿었다. 하지만 정부가 시장 관리 등을 할 수 있다고 보지는 않았다. 그
는 미국이라는 나라가 경제와 금융의 자원을 어떻게 관리할 것인지를 전문가
들에게 맡겨두어야 한다고 생각했다. 그는 1912년 친구에게 "기업의 M&A는
'할 수 있는 유일한 것'이고, 정부 사람들은 제정신을 잃고 M&A와 싸우려 든
다"며 "이는 그들이 진정한 정치가가 아니라 정치꾼들이기 때문"이라고 말했다.
  모건의 주장에 대해 전혀 예상하지 않았던 인물이 동의하고 나섰다. 젊은
저널리스트인 월터 리프먼(Walter Lippmann)은 1912년을 회고하면서 진중하고
현명한 정치가들은 1880년대 트러스트 움직임을 대비했어야 마땅하다고 생
각했다. "혁명적인 중요성을 지닌 경제 흐름이 있었는데, 그것은 바로 전 미국
의 경제 미래를 바꾸어놓을 수밖에 없는 기업 결합이었다." 그는 계속해서 전
세계적인 경제력 집중화는 "1차적으로 기계발명에 의해 이뤄졌고, 치열한 경
쟁 경험에 의해 촉진되었으며, 세계 비즈니스맨들이 모방하고 나섰다"라고 말
했다. 경제력 집중은 "선한 측면과 악한 측면에서 모두 엄청난 잠재력을 내포했

다. 경쟁 기업을 받아들이고 방향 설정을 다시 하는 것만을 요구할 뿐이다. 하지만 미국의 기존 정치적 논쟁에 쓰인 논리와는 맞지 않는다. 그래서 미국인들은 각자 처지에 따라 편을 갈랐다. 한편은 경제적 집중을 강화하고, 다른 한편은 그 현상을 개념화하고, 어떤 이들은 그것을 향해 돌을 던졌다. 시간이 흐르면서 독점세력은 너무 커져 미국인들이 다룰 수 없는 상황이 되어버렸다."

리프먼은 나중에 자신의 논리를 수정한다. 이는 독점과 경제력 집중을 두고 벌어진 갈등과 논란의 한 단면이기도 하다. 하버드대학 법학교수인 필립 어레더(Phillip Areeda)는 1995년 숨을 거두기까지 반독점 분야에서 놀라운 경력을 쌓았다. 그는 "법학의 다른 분야와 마찬가지로 반독점법 분야도 밀물과 썰물처럼 부침했다. 한때는 대기업한테서 중소기업을 보호해야 한다는 포퓰리스트 분위기가 거세지고, 어떤 때는 효율성을 강조하는 분위기가 팽배했다"고 지적했다. 이어 "법학의 반독점법 전문가들은 날로 비즈니스 양태가 초기와는 달리 복잡해지고 있다는 점과 초기에 자유로운 경쟁의 저해로 인식되었던 행위의 동기가 사실 경쟁을 촉진하는 행위였을 수도 있다는 점을 잘 알고 있다"고 말했다.

J. P. 모건은 장관을 맡지 않았다. 하지만 자신이 나라의 공복이라고 생각했다. 그는 리프먼이 말한 넓은 시야를 가지고 '정치적 공방'에 참여하지 않았다. 남북전쟁의 전쟁 채무를 갚기 위해 채권을 차환발행하는 일에 적극적으로 나섰다. 1880년대 치열한 경쟁으로 공멸 위기에 처한 철도산업을 비롯해 미국의 대외 신인도를 지키는 파수꾼으로 구실했다. 이 모두가 그가 스스로 나라의 공복이라고 생각한 까닭이다. 모건은 아버지가 1877년 뉴욕의 델모니코 호텔에서 각계의 찬사를 받았듯이, 자신도 금융 전문가로서 최선을 다하면 정치적 명예를 확보할 수 있다고 여겼다. 폭넓은 시각을 가지고 국익을 추구하면 자신을 반대하는 사람들을 극복할 수 있다고 여겼다.

모건이 폭넓은 시각의 정반대인 단견이라고 생각하는 대표적 예는 1880년
대 후반에 다시 표면화한 '값싼 돈'의 지지였다. 그들은 정치인들을 압박해 은
화 주조를 재개하는 데 성공했다. 미국은 1879년 금태환을 재개했다. 그 바람
에 시중 화폐 유통량이 줄어들었다. 기업의 효율성 증가와 경쟁으로 제품가격
이 하락했다. 디플레이션이 발생하면서 달러의 가치는 상승했다. 디플레이션
은 달러나 달러 표시 자산을 보유한 사람들에게 막대한 이익을 가져다주었다.
반면 농민과 중소상공인 등 채무자들은 빌린 시점의 가치보다 실질 가치가 더
높은 달러로 채무를 상환해야 했고 소득이 줄어드는 이중고에 시달렸다.

화폐공급 증가로 인플레이션이 발생해 돈을 빌리기 쉬워지고 가치가 나날
이 하락하면 수혜자와 피해자의 처지가 새옹지마처럼 바뀐다. 남부와 서부의
노동자들은 월스트리트 자본가들이 사적인 이익을 챙기기 위해 힘없는 사람
들을 쥐어짜려는 심산으로 '1873년 범죄'를 저질렀다고 생각했다.

미국 농민단체들은 격동의 1880년대 내내 다시 은으로 화폐를 만들라고 요
구하고 나섰다. 1880년대 말에는 전국 농민연맹(National Farmers' Union)과 농업
연맹 등을 만들기 위해 농민들이 노동 기사단과 적극적으로 힘을 합했다. 이
조직들은 농산물 유통 조직을 구성했고, 은화의 자유로운 주조와 누진 소득
세, 철도·전신·전화 산업에 대한 더 강화된 규제, 전국적인 은행 폐지, 농산물
시장 상황이 호전될 때까지 농산물을 보관할 수 있는 정부 보관소 등의 설립
을 요구한 정치적 연합전선을 구축했다.

노동자·농민 연합 세력은 1890년 캔자스에서 인민당(People's Party)을 창당했
다. 인민당은 그해 가을 중간 선거에서 농촌지역 출신 민주당 후보들과 함께
인상적인 결과를 얻었다. 10월에는 존 셔먼의 이름을 단 두 번째 법안을 통과
시켰다. 또 다른 셔먼법인 은화매입법(Silver Purchase Act)이었다. 은화매입법은
매달 은 450만 온스를 매입하는 의무를 재무부에 부과했다.

은화의 주조 재개는 모건에게 성경이 예언한 파국과 같았다. 1890년 외국인들이 보유하고 있는 미국의 채권과 주식은 30억 달러에 이르렀다. 이는 연방정부의 연간 예산보다 10배 많은 규모였다. 미국 정부가 은화 주조를 재개해 통화량 공급을 늘려 달러 가치를 떨어뜨리면 외국인들은 앉아서 손실을 볼 수밖에 없었다. 외국인들은 가만히 피해를 감수할 사람들이 아니다. 1890년 여름 내내 영국의 예민한 투자자들은 은화 공급 재개의 여파를 예상하면서 미국 채권과 주식을 팔아치우고 금으로 바꿔 탔다.

미국 서부에서 발발한 철도전쟁도 증권의 가치를 떨어뜨렸다. 1890년 11월 초 유니언 퍼시픽 철도의 회장인 찰스 프랜시스 애덤스는 "금융위기의 폭풍이 거리를 휩쓸고 있다. 패닉상태는 아닐지라도 그에 버금가는 사태가 벌어지고 있다"고 상황을 진단했다. 유니언 퍼시픽은 엄청난 빚더미 위에 올라 앉아 있어 채권과 주식의 가치를 끌어내리고 있었다. 월스트리트는 제이 굴드를 의심했다. 그는 1885년 유니언 퍼시픽의 이사회에서 축출되었는데, 주가를 끌어내리는 주범이라는 것이었다.

그해 11월 11일 '금융 위기의 폭풍우'가 엄습했다. 증권사 3곳과 은행 하나가 지불중단을 선언했다. 폭풍우가 갑자기 허리케인으로 돌변했다. 나흘 뒤에는 런던에서 급전이 날아들었다. 당대 최고의 금융회사인 베어링 브라더스가 아르헨티나 자산의 거품이 파열하면서 위기에 빠졌다는 급보였다. 찰스 프랜시스 애덤스는 베어링 브라더스에서 단기 자금을 빌려 유니언 퍼시픽의 유동성을 근근이 유지하고 있었다. 베어링의 위기는 곧 유니언 퍼시픽의 유동성 위기였다. 철도 주가가 폭락했다. 제이 굴드는 기회를 잡았다는 듯이 유니언 퍼시픽의 주식을 사들였다. 11월 17일 모건에게 유니언 퍼시픽의 경영권을 원한다고 통고한다. 결국 백기를 든 애덤스는 그에게 유니언 퍼시픽의 경영권을 넘길 수밖에 없었다. 영국의 중앙은행인 영란은행은 베어링 브라더스에 긴급 자금을 제공했다. 최후의 몰락만은 피할 수 있게 해주었다. 1890년 이후 베어링은 아르헨티나 채권 시장을 모건과 나눠 갖는다.

그해 12월 중순 모건은 서부지역 철도회사의 총수들을 자신의 저택으로 다시 불러 들였다. 두 해 전 모건은 주간교통위원회의 지지를 받으며 자신의 집에서 철도회사 총수들을 불러 모아 철도전쟁을 중단하기로 합의한 바 있다. 합의는 결국 휴지조각이 되었다. 철도 요금은 지속적으로 하락했다. 1890년 말 주요 철도회사의 순이익은 30퍼센트 줄어들었다.

다시 모인 철도회사 총수들은 자문위원회 구성과 권한 등과 관련해 '단순하면서도 포괄적인' 합의에 이르렀다. 위원회는 철도회사의 회장과 이사들로 구성되었고 운임 결정과 회사 간 분쟁을 조정하는 권한을 갖게 된다. 모건은 자랑스럽게 언론에 합의 내용을 설명한다. "저는 합의 내용에 아주 만족하고 있습니다. 시민들은 합의사항의 진정한 의미를 높이 평가하지 않고 있지만, 시카고와 세인트루이스 서쪽의 철도회사들이 요금을 책정하는 권한을 30명으로 구성된 위원회에 위임했습니다. 이는 철도산업의 역사에서 가장 중요한 합의사항입니다. 강력한 구속력을 가지고 있습니다"라고 말했다.

〈뉴욕 헤럴드〉는 다음날 '철도왕, 거대한 트러스트 구성'이라는 제목으로 그날 합의를 시민들에게 알렸다. 시민들이 그날 합의의 진짜 의미를 모른다고 해서 모건은 의기소침하지 않았다. 그는 매디슨 애비뉴 219호 회동에 참석하지 못한 철도회사 총수들에게 편지를 띄웠다. 최근 발생한 '비윤리적인' 요금 인하 경쟁과 주가 하락, 서부지역의 비우호적인 정치상황 때문에 자신이 직접 나설 수밖에 없었다고 설명했다. 그는 시카고-앨턴(Alton) 철도의 회장인 T. B. 블랙스톤(Blackstone)에게 보낸 편지에서 "농민들의 이익을 대변하는 정치인들은 피해를 야기할 수 있는 힘을 가지고 있고, 그 힘을 행사하려고 할 것이지만, 철도회사 경영자들의 사려 깊고 비즈니스 친화적인 조화 때문에 적대적인 분위기가 더 악화하리라고는 생각하지 않는다"고 말했다.

모건은 합리적인 시민이라면 국가의 대동맥이 '사려 깊고 비즈니스 친화적으로 조화롭게' 운영되는 게 바람직하다는 자신의 의견을 반대하지 않을 것이라고 믿었다. 더 나아가 자신이 옳고 국가의 이익을 위해 일했다고 확신했다. 그는 새 합의를 바탕으로 정치적인 목소리를 내기 시작했다. 그는 블랙스톤 회장에게 "자문위원회는 단일 소유·지배구조를 뛰어넘는 사안까지 담당하고 있기 때문에 공동의 이익을 추구하는 과정에서 위협적인 법제정 등을 중단시키는 등 더 많은 성과를 달성할 수 있을 것으로 본다"고 말했다.

모건의 낙관론은 빗나갔다. 서부 지역의 자문위원회는 지금까지 존재했던 여러 기구와 마찬가지로 개별 기업을 제재하지 못했다. 결국 모건은 '신사들의 합의'와 카르텔 방식으로 철도전쟁을 막을 수 없다고 결론 내린다.

───※───

1890년대 초 미국 주요 지역과 의사당에서 치열하게 벌어진 정치 투쟁 결과 산업과 금융을 규제하려는 움직임이 상당한 수준에 이르렀다. 1891년 봄 주정부가 시중은행을 감시·감독할 수 있도록 하는 스타인 법안(The Stein Bill)이 뉴욕 주의회에 상정되었다. 모건은 즉각 오랜 친구이고 부통령으로 있는 워싱턴의 루이스 머튼에게 이런 메모를 띄운다. 그는 "사랑하는 벗 머튼!"이라고 글을 시작한 뒤 "올버니 주의회에 상정된 스타인 법안에는 달갑지 않은 내용이 들어 있고, 다음 주중으로 법안 청문회가 열릴 것이라는 사실이 친구에게 알려졌다"고 썼다. 편지에 따르면, 스타인 법안으로 인해 뉴욕 주내 모든 시중은행은 주정부가 인가한 은행에 자금을 맡기고 예탁증서를 받아야 한다. 주정부 인가 은행의 건전성 감독을 받아야 한다고 규정했다. 모건은 친구 머튼이 "플래트 등을 동원하면 법안의 통과를 저지할 수 있을 것"이라며 "그 법안이 통과

될 경우 뉴욕의 많은 시중 은행가들이 피해를 볼 수밖에 없다는 점은 명백하다"고 덧붙였다.

뉴욕 주의회의 금융위원회는 그해 봄 스타인 법안에 대해 긍정적인 의견을 두 번이나 발표했다. 하지만 모건이 머튼에게 메모를 띄운 3주 뒤 주의회는 법안 심의를 유보했을 뿐만 아니라 재상정도 하지 않았다. 부통령이 모건의 요청대로 뉴욕 공화당 보스인 플래트 등의 힘을 빌려 법안 통과를 저지했는지는 알 수 없다. 분명한 사실은 뉴욕에서 이후 상당 기간 시중은행을 규제하는 법안이 제출되지 않았다는 점이다.

모건의 아들 잭은 보스턴에서 결혼식을 올린 직후 1891년 1월 아버지가 '시니어' 파트너인 런던 투자은행 드렉셀·모건은행에 합류했다. 잭과 아내 제시는 부모의 집에서 가까운 36번가 이스트 8번지에 짓고 있던 집에서 살기로 했다. 다만 이 집이 완공될 때까지 머레이 힐(Murray Hill)에 있는 집을 빌려 신혼살림을 차렸다. 그해 드렉셀·모건은 왕성하게 활동하는 파트너 4명으로 구성되어 있었다. 존 피어폰트 모건과 J. 후드 라이트, 조지 보도인, 찰스 코스터였다. 파트너 4명 아래에는 직원 80명이 일하고 있었다. 모건만이 비서를 거느리고 있었고, 그의 사무실에는 드렉셀은행과 연결되어 있는 전신망이 가설되었다. 1886년 처음으로 그의 사무실에 전화가 들어왔다.

모든 서류와 수표, 공식 편지, 청구서에는 파트너 네 명의 사인이 들어가야 한다는 오랜 관행은 때때로 지켜지지 않았다. 잭은 일을 배우면서 서류에 서명을 받아내는 일을 해 직원들의 일 부담을 덜어주었다. 잭은 1891년 여름 여행 중인 어머니 패니에게 "아버지가 프랑스 언론이 보도한 대로 '금융시장을 구했다"고 전했다. 그해 여름 미국은 1890년 패닉의 충격을 딛고 회복하고 있던 중이었다. 하지만 제이 굴드가 다시 장악한 유니언 퍼시픽 철도가 파산의 벼랑에서 비틀거리기 시작했다. 유니언 퍼시픽이 무너지면, 회복세를 보이는 미국 경제를 다시 위기의 나락으로 떨어뜨릴 수 있었다.

굴드는 사재를 털어 130만 달러를 회사에 투입했다. 하지만 커다란 양동이에 물 한 방울을 떨어뜨린 것이나 마찬가지였다. 게다가 그는 죽어가고 있었다. 그는 폐질환을 치료하기 위해 그해 7월 산속에서 요양 중이었다. 한 달 뒤인 8월 유니언 퍼시픽의 예민한 채권자들이 자금회수에 들어갔다. 회사가 곧 무너진다는 루머가 퍼져 주가가 폭락했다. 굴드는 다급한 마음에 아들 조지 굴드를 모건에 급파했다. 모건과 조지 굴드는 예금을 드렉셀·모건에 예치하고 이를 담보로 연 6퍼센트 이자를 부담하는 3년짜리 채권을 발행하는 방안을 마련했다. 자금 회수에 나선 채권자에게 돈을 갚기 위해서였다.

경제지인 〈커머셜 앤 파이낸셜 크로니클〉은 "J. P. 모건이 파국을 막기 위해 다시 뛰어들었다"고 전했다. 아들 잭은 어머니에게 보낸 편지에서 "모든 사람들이 안도의 한숨을 내쉬고 있다. 서부의 철도회사들은 그 지역의 경기를 파탄지경으로 내몰 수 있는 파산을 걱정하지 않고 정상적으로 사업을 벌이게 되었다"고 전했다.

모건이 제이 굴드 구제 작전에 뛰어든 것은 단기 이익을 얻기 위해서가 아니었다. 철도산업과 회복기에 접어든 미국 경제의 지킴이로서 의무를 다한다는 생각에 구제금융을 제공하기로 했다. 이 점에 비추어 모건은 비판자들이 생각하는 것 이상으로 폭넓은 시각을 가지고 비즈니스를 했다고 말할 수 있다. 잭도 그 점을 강조한다. "우리가 다른 채권자들과 함께 얻을 수 있는 수익을 제외하면, 아무런 대가도 없는 데도 구제금융을 제공했다. 계획안을 실행하는 데 중요한 채권자들의 동의를 이끌어내는 역할도 아버지가 자임했다"고 했다.

1891년 말 모건은 아들 잭을 승진시켰다. 딸 줄리엣은 1892년 새해 첫날 어머니에게 이런 편지를 쓴다. "드렉셀·모건의 새로운 파트너가 디너파티를 위해 집에 왔어요. 생각보다 좋아 보였습니다. 기쁘시죠? 잭은 자신이 어디에 있는지도 모르고 입이 함박만 하게 웃으며 즐거워했어요." 모건도 기쁜 표정이었다. "아빠는 엄마에게 곧 전보를 띄우실 예정이었지만, 기쁜 소식을 감추지 않기로 해 저희들에게 먼저 알린 것 같습니다"라고 줄리엣은 해외 여행중인 어머니에게 전했다.

모건의 며느리 제시는 1892년 3월 아들을 출산했다. 이름은 할아버지의 이름대로 주니어스 스펜서 모건으로 했다. 잭의 부부는 그해 여름 36번가에 있는 새 집으로 이사했다.

J. P. 모건은 월스트리트 23번지 드렉셀·모건의 커다란 사무실에서 일했다. 그의 사무실은 유리벽으로 되어 있었다. 다른 파트너들과 직원들이 그의 일거수일투족을 모두 볼 수 있었다. 그와 가까이 일하는 사람들은 그의 성격이 정확하고 꼼꼼하면서도 친절하다고 느꼈다. 반면 외부 사람들은 그가 상당히 위압적이라고 느꼈다.

빌러드가 사주인 〈이브닝 포스트〉의 기자인 링컨 스테펀스(Lincoln Steffens)는 1890년대 초기 월스트리트에서 민완기자로 활동했다. 다른 은행의 회장에게 자신을 대신해 모건에게 질문해달라고 부탁했다.

은행가: 절대 안 됩니다.
스테펀스: 왜 안 되는 거죠?
은행가: 직접 해보시구려!

은행가의 거절에 오기가 발동한 스테펀스는 드렉셀·모건 빌딩으로 걸어 내려갔다. 유명한 모건의 유리벽 사무실로 걸어 들어간 뒤 마침 모건이 장부를 살펴보고 있던 멋진 대형 책상 앞에 멈춰 섰다. "아마 2~3분 정도 서 있었을 것이다"고 그는 자서전에서 말했다. 이어 "은행의 모든 직원이 일손을 놓고 나를 지켜보고 있었다. 하지만 모건은 하는 일에 열중하고 고개를 들지 않았다. 그는 정말 수치와 도표들에게 푹 빠져 있었다. 곁에 누가 있는 줄 몰랐다. 홀로 사무실에 있다고 여겼다. 올려다보기는 했지만, 나를 발견하지 못한 듯했다. 그의 눈은 자신만을 향해 조준되어 있었다"고 했다.

모건은 고개를 들기는 했지만 방문객이 있다는 사실을 알아채지 못했다. 다시 눈을 내려 장부에 집중했다. 스테펀스는 물러날 수밖에 없었다. 그가 모건 회사를 나설 때 한 파트너가 무슨 일 있었냐고 물었다. "아무 일도 없었습니다"라고 그는 대답했다. 이어 "모건 씨가 나를 보지 못했습니다"라고 덧붙였다. 그 파트너는 "당신은 운이 좋았다"라고 기자에게 말한 뒤 너털웃음을 터트리며 말했다. "그를 깨우기 위해 당신은 전화를 해야 한다. 당신이 '모건 씨!'라고 불렀다면, 그가 알아봤을 테고, 그리고…." 그는 말을 이어가지 않았다. "무슨 일이 일어났을까요?" 스테펀스는 궁금증에 바짝 다가서며 그 파트너에게 물었다. "아마도 엄청난 폭발을 경험했을 거요."

스테펀스는 나중에 모건의 몰입을 방해한다. 당시 모건 하우스는 채권을 인수·유통하면서 보도자료를 배포했다. 〈이브닝 포스트〉의 편집장은 그의 의미를 제대로 파악할 수 없었다. 스테펀스를 보내 취재하도록 했다. 그는 편집장의 지시를 받고 다시 드렉셀·모건은행으로 갔다. 이미 모건이 어떤 성격인지 들어 알고 있었기 때문에 몸을 떨 정도로 긴장했다.

스테펀스가 몇 년 뒤 회고한 내용은 마치 한 용감한 청년이 호랑이굴에 뛰어들어 당당하게 살아 나온 뒤 털어놓는 무용담과 유사했다. 이처럼 많은 사람들이 모건 앞에서 경험한 사실을 자랑스럽게 말하고 다녔다. 이런 점 자체가 바로 당대 모건의 위상을 보여준다. 모건을 만난 일부 사람들은 나중에 하나같이 모건의 분위기가 압도적이고 사람들을 주눅 들게 했다고 말했다. 이는 그의 카리스마를 높임으로써 자신들의 용력을 간접적으로 자랑하기 위함이다. 반면 지식인들은 특이하게 모건의 카리스마를 무시하는 경향을 보인다. 특히 시간이 흐른 뒤 그들이 자신의 경험을 털어놓을 때 그를 얕잡아 봤다. 그들은 모건이 사람을 무시하고 교만하다고 말하기 일쑤였다.

다시 스테펀스 이야기로 돌아가면, 그는 유리벽으로 된 모건의 사무실로 들어가, 산뜻하게 정리된 책상을 가로질러 그를 바라봤다. 과거와는 달리 이때는 모건이 그의 존재를 알았다. 스테펀스는 "그가 고개를 들면서 자신의 상체를 의자 등받이에 너무 세게 밀어붙여 뒤로 넘어질 것 같았다"고 말했다. 다음은 그의 회고다.

나는 '미스터 모건!'하고 가장 자신감 있는 목소리로 말문을 열었다. '보도자료의 의미를 잘 모르겠습니다'라며 그 문건을 그의 앞에 내보였다. 그는 내 말을 듣고 '의미라고요?'하고 소리쳤다. 그의 눈은 이글거렸고, 그의 커다란 빨간 코는 붉으락푸르락 변하는 듯했다. 그는 으르렁거리듯이 '의미라고?' '써진 대로요', '내가 직접 그걸 썼소. 내가 말하려고 하는 대로요'라고 쏘아붙였다. 나는 대놓고 '보도자료는 아무것도 말해주지 않는데요!'라고 되받아쳤다. 그는 씩씩거리며 의자에 앉아 있었다. 그런데 갑자기 의자의 팔걸이를 움켜쥐었다. 그순간 나는 그가 벌떡 일어나 나에게 달려들 줄 알았다. 너무 겁이나 역으로 그에게 도전하듯이 말했다. '진정하시지요, 미스터 모건' 이라고 외쳤다. '모건 씨께서는 보도자료에 있는 도표와 숫자를 알고 계시지만, 저는 기자입니다. 저도 모건 씨만큼 영어를 이해하고 있지만, 보도자료는 영어가 아니라 숫자와 도표들입니다'라고 말했다. 강하게 맞서는 게 그를 다루는 법이라고 나중에서야 들었다. 그순간 나는 정면으로 그와 맞섰다. 시간이 좀 흐른 뒤 그의 표정에서 화가 가시고, 허리를 숙여 그 서류를 내려다보았다. 아주 부드럽게 '문제점이 무엇이지요?'라고 물었다. 보도자료가 한 문장으로 되어 있는데 두 문장으로 나누면 훨씬 이해하기 쉬울 것 같다고 말하면서 약간 문장을 바꾸어 소리 내어 읽어주었다. 그러자 그는 '그렇군요', '더 좋습니다. 스테펀스 기자가 바꾸어주시지요'라고 그는 말했다. 그가 지켜보는 가운데 나는 문장을 수정했다. 그는 고개를 끄덕였다. 나는 문건을 휙 낚아챈 뒤 서둘러 사무실을 나왔다. 모건은행 사람들은 나중에 'J. P.'가 사무실을 나가는 내 모습을 뚫어지게 지켜본 뒤 파트너 한 명을 급하게 불러 내 이름이 무엇이고, 내가 어디 출신인지를 물었을 뿐만 아니라 '그가 원하는 게 무엇인지 알아보라'고 지시했다고 전해주었다.

모건 하우스 파트너들은 모건을 'J. P.'라고 부르지 않았다. '미스터 모건'이라고 불렀다는 점은 일단 접어두자. 스테펀스의 그럴 듯한 이야기는 자신의 능력과 용기에 대한 찬사일 뿐만 아니라 위압적인 거물 금융가를 어떻게 다뤄야 하는지를 보여주는 교훈이라고 할 수 있다. 그의 이야기는 강조되어 있지는 않지만, 모건의 성격에 대해 많은 점을 시사한다. 모건이 제왕적인 태도를 보이지만, 아주 유연한 사람임을 암시해준다. 특히 자신에게 부족한 자신감을 가진 사람에게는 아주 유연하게 대했다. 모건이 글쓰기에 상당히 서툴렀다는 사실도 유추해볼 수 있다. 반면 스테펀스 기자는 직업상 문장을 다루는 데 익숙한 인물이었다. 스테펀스가 강조했듯이 그가 기자에게 도움을 청했다는 사실보다는 말하고 쓰는 데 그가 얼마나 서툴렀는지가 더 중요한 사실이라고 할 수 있다. 그런데 회사와 철도, 세계 자본시장에서 그가 보인 권위는 그가 한 말에서 나온 게 아니라 그가 한 일에서 비롯되었다.

———≫≫≫≪———

모건의 아버지 주니어스는 1887년 미국이 '가치가 높아진 자국의 채권과 주식'
을 발행·유통할 수 있는 세계 최고의 시장을 갖게 되었다고 말했다. 실제로 미
국인들의 투자 패턴이 그즈음에 빠르게 바뀌었다. 주니어스의 생전에 미국 부
자들은 주로 부동산과 뉴잉글랜드 섬유회사 주식, 철도 채권에 돈을 투자했
다. 그런데 철도회사는 1880년대 후반엔 스펀지가 물을 빨아들이듯이 돈을
흡수하지 않았다. 투자 여력이 있는 사람들이 적절한 수익을 올려줄 기업들을
찾기 시작했다. 그때만 해도 산업체(Industrials)의 채권과 주식이 거래되는 시장
은 사실상 존재하지 않았다. '인더스트리얼(Industrial)'이라는 말 자체도 1889년
까지는 금융시장에서 쓰이지 않았다. 그 말은 철도회사를 제외한 산업체와 유
통회사, 광산회사, 석유회사 등을 의미한다.

1889년 기업의 가치가 1,000만 달러 이상 되는 산업체는 한두 개에 지나지
않았다. 반면, 10대 철도회사의 가치는 각 1억 달러가 넘었다. 펜실베이니아
철도만도 2억 달러를 웃돌았다. 하지만 투자 자본만을 따진다면 일반 기업과
철도 회사는 비슷했다. 1890년 센서스에 따르면 광산과 유통 회사 등을 뺀 산
업체의 고정과 유동 자산의 합계는 65억 달러 수준이었고, 철도회사는 100억
달러였다.

산업체는 대부분 공개·상장되지 않은 전형적인 개인 소유 기업이었다. 투자
자들의 눈에는 아주 위험해 보였다. 철도회사의 채권·주식은 조직화된 시장에
서 거래된 지 이미 10년이 넘은 상태였다. 철도 증권의 보유자들은 언제든지
사고팔 수 있었다. 증권의 가격이 상대적으로 높았고, 리스크는 낮았다.

스탠더드 오일과 카네기 철강처럼 규모가 엄청난 기업은 재투자가 가능한

순이익을 스스로 달성했다. 철도회사들처럼 금융시장에서 채권이나 주식을 팔아 자금을 조달할 필요가 없었다. 하지만 다른 산업체들은 마땅한 자본시장이 형성되지 않았다. 확장 등을 위한 자본 조달에 애를 먹었다. 일부 업체는 순이익이 나면 되갚는다는 요량으로 은행에서 단기 자금을 끌어다 썼다. 경기가 좋은 시절에는 그들의 예상대로 순이익으로 원리금을 상환할 수 있었다. 반면 경기가 하강하면 디폴트를 선언할 수밖에 없었다. 다른 업종보다 자본 집약적인 전기 관련 업종의 기업들은 만성적인 자금 부족을 해결하는 길을 찾아냈다. 경영자들은 M&A로 꾸준한 순이익을 달성하려고 한 것이다.

금융 뉴스 에이전시인 다우존스(Dow Jones Co.)는 1882년에 설립되었다. 1884년 전체 시장의 흐름을 보여줄 수 있는 대표적인 종목들의 평균 종가를 계산해 발표하기 시작했다. 이 평균 종가가 처음 보도된 매체는 〈월스트리트 저널〉의 전신인 커스터머스 애프터눈 레터스(Coustomer's Afternoon Letters)였다. 그 지수에 편입된 종목은 철도회사 9개와 웨스턴 유니언 앤 퍼시픽 우편 증기선(Western Union & Pacific Mail Steamship)이었다. 웨스턴 유니언은 1858년 모건이 재미삼아 주식을 매입했다가 아버지 주니어스한테서 장광설에 버금가는 훈계를 들어야 했던 회사이다.

보수적인 투자자들은 철도회사의 채권이나 주식 대신 산업체 종목을 매입하려고 하지 않았다. 그들은 시장에서 원할 때 매매할 수 있는 유동성뿐만 아니라 질과 안전성이 뛰어난 채권과 주식을 원했다. 투자자들의 이런 불안감은 모건이 1890년대 말 보증장치 등을 만들면서 어느 정도는 줄어든다.

그러나 모건은 1890년대 초 철도에 모든 관심을 쏟아부었다. 이후 그의 관심은 아버지의 경고를 마음 한편에 지닌 채 산업체 주식과 채권으로 옮아간다. 그가 처음으로 산업체와 인연을 맺은 것은 에디슨 전구였다. 에디슨은 1880년대 말 미국 전역에 발전소 200곳과 생산시설 1만 5,000곳을 보유했다.

모건도 개인 발전기를 집 뒤에 설치해둘 필요가 없었다. 1880년대 말에 모건의 집에도 에디슨 전구에서 생산된 전기가 공급되기 시작했다.

에디슨만이 전기업종에 뛰어든 게 아니었다. 도금시대 순이익을 내는 모든 업종이 그렇듯이 전기업종도 이후 경쟁 기업들이 생겨나 치열한 싸움판으로 변했다. 일부 경쟁 기업은 독자적인 시스템을 개발해 상품화했다. 적지 않은 기업들은 에디슨의 아이디어를 사거나 모방해 전구를 생산했다. 이 멘로 파크의 마술사(에디슨)는 자신이 발명해 얻은 특허권이 침해당했을 때 철저하게 소송으로 응수했다. 한때 그는 특허 취득을 '소송의 초대장'이라고 푸념하기도 했다.

에디슨은 전구 발명으로 한 푼도 벌지 못했다는 주장을 고수했다. 단지 40년간 소송을 벌인 기억밖에 없다고 말했다. 사실 그의 발명품은 그에게 수백만 달러를 가져다주었다. 하지만 에디슨은 그 돈을 지키지 못했다. 그의 저전압-직류 전구와 발전소는 값비싼 구리가 적게 들어가는 대도시 지역에서는 제 기능을 발휘했다. 하지만 주택이 서로 멀리 떨어져 있는 곳에서는 비용이 많이 들어가는 시스템이었다. 농촌 지역에 전기를 공급하기 위해서는 전압을 높여야 했다. 높은 전압의 송전이 가능하기 위해서는 변압기가 필요했다. 교류 변압기는 1883년 잉글랜드에서 개발되었다. 변압기 덕분에 높은 전압으로 전달된 전기를 일반 가정에서 쓸 수 있도록 전압을 낮출 수 있었다.

에디슨의 경쟁자들이 재빠르게 나섰다. 조지 웨스팅하우스(George Westing-house)는 교류 변환기를 미국에서 생산할 수 있는 특허를 사들였다. 회사는 가정의 전등과 산업용 모터, 도시 전차 등에 교류 전기를 공급하고 나섰다. 매사추세츠의 린(Lynn)에 있는 톰슨-휴스턴 전기(The Thomson-Houston Electric)는 직류와 교류 전기에 동시에 쓸 수 있는 아크등과 산업용 모터, 도시 전차 등 다양한 제품을 생산해 시장에 내놓았다. 톰슨-휴스턴 전기는 뛰어난 경영자인 찰스 A. 코핀(Charles A. Coffin)에 의해 운영되었다. 보스턴의 금융회사인 리·히긴슨(Lee,

Higginson & Co.)을 주간사로 정해 생산설비 확장에 필요한 자금을 유치했다.

에디슨은 교류를 직류로 전환하는 과정에서 일정하게 전력이 소모되기 때문에 비효율적이고 상당히 위험하다며 교류를 무시했다. 그는 교류의 위험성을 증명하기 위해 거리를 돌아다니는 개와 고양이를 잡아다 교류 전기에 노출시켜 죽이는 시범도 보였다. 심지어 범죄자들을 전기로 사형시키라는 의미의 '웨스팅하우스로 보내라!'라는 구호까지 만들어냈다. 그는 비용이 적은 직류 전기가 일반화할 것이라고 확신하면서 새로운 프로젝트를 시작한다.

에디슨의 초기 후원자인 헨리 빌러드가 1886년 가을 독일에서 돌아왔다. 그는 국제적인 전기회사 카르텔을 구성하는 데 아주 열성적이었다. 그는 독일에 머물며 선도적인 전기회사들을 면밀히 살폈다. 수직적으로 통합되어 있는 지멘스 앤 할스케(Siemens & Halske)와 알게마인 엘렉트리지애츠 게젤샤프트(Allgemeine Elektrizitäts Gesellschaft)를 특히 눈여겨보았다.

그는 1888년 겨울 독일 회사들을 벤치마킹해 관련회사들을 통합하라고 에디슨에 충고한다. 그 발명가는 결단하지 못했다. 회사를 자기 식대로 경영하고 싶기도 했고 외부 자금도 필요했다. 그의 동료 E. H. 존슨은 합병을 하면 자신들의 이익에는 좋고 경쟁에는 나쁘다는 점을 간파했다. 그는 "웨스팅하우스에 굿바이 할 수 있을 때 우리는 세계에서 가장 큰 에디슨 회사를 가지게 된다"고 말했다.

에디슨 등은 1889년 5월 드렉셀·모건의 찰스 코스터와 독일 출신 은행가 헨리 빌러드의 도움을 받았다. 독립적으로 분산되어 있던 에디슨 전구와 기타 생산 기업들을 한데 묶기로 했다. 이렇게 해서 에디슨 제너럴 일렉트릭(Edison General Electric)이 탄생했다. 회사의 본거지는 뉴저지였고, 납입 자본금은 1,200만 달러였다. 이때 뉴저지 주의회는 특별법을 만들어 뉴저지 주의 기업이 다른 주의 기업들을 지배할 수 있도록 해준다.

드렉셀·모건은 1차 주식 363만 달러어치를 인수해 유통시켰다. 빌러드와 코스터는 기본 회사의 주식 가치를 결정했다. 모건 하우스의 파트너들은 1878년 에디슨 전구에 100만 달러 이상을 투자해놓고 있었다. 그래서 코스터는 에디슨 전구의 주주들은 기존 주식 100달러를 합병법인의 226.66달러어치의 주식과 트러스트 증명서로 바꿀 수 있도록 했다.

도이체 방크가 가장 많은 62.2퍼센트, 225만 9,000달러어치의 주식을 매수했다. 드렉셀·모건은 60만 달러어치를 사들였다. 유태계인 쿤·롭이 40만 달러어치를 배정받았다. 나머지를 에디슨 기업의 관련자들에게 골고루 나눠 주었다. 단 한 주도 일반 시민들에게 팔지 않았다. 최대 주주가 된 도이체 방크의 지원에 힘입어 빌러드는 새로 설립된 에디슨 제너럴 일렉트릭의 회장이 되었다. 에디슨의 개인 비서인 새뮤얼 인설(Samuel Insull)을 일상적인 경영을 책임지는 자리에 앉혔다. 그는 뉴욕 쉐넉터디(Schenectady)에 회장 집무실을 마련하고 모든 경영 집중화를 추진했다. 정작 에디슨은 새로 출범한 에디슨 제너럴 일렉트릭에서 할 일이 별로 없었다. 발명가는 축음기와 철광석에서 철을 분리할 수 있는 전자석 기계를 발명하는 데 에너지를 대부분 집중했다.

반면 톰슨-휴스턴은 새로운 자금을 끌어들여 사업을 확장해 나갔다. 에디슨 제너럴 일렉트릭의 두 배가 넘는 발전소를 지어 순이익도 두 배 이상을 달성했다. 도시 전차 시장을 지배했다. 업계 최고의 세일즈맨들을 영입했다.

빌러드는 1890년 가격과 생산량을 제한하는 방식으로 '파멸적인' 경쟁을 피하자고 경쟁 기업들에 제안했다. 웨스팅하우스는 즉각 그의 제안을 거부했다. 톰슨-휴스턴의 코핀은 에디슨 제너럴 일렉트릭과 톰슨-휴스턴을 단일 기업으로 통합하자는 역제안을 내놓았다.

전기의 생산·송전의 집중화와 규모의 경제, 전략적·장기적 계획의 장점을 살리기 위한 생산설비 통합 등은 어마어마한 자금을 요구했다. 그런데 당시 회사들은 치열한 경쟁을 벌이느라 군소 설비를 중복해 운영하면서 자금을 낭비하고 있었다. 자본 집약적인 통합 기업을 세우면 중복 투자, 가격·특허를 둘러싼 치열한 경쟁과 분쟁을 종식시킬 수 있었다. 최상의 생산 설비를 핵심 제품을 생산하는 데 집중할 수도 있다. 판매·물류·송전 시스템을 통합해 비용을 절감할 수도 있다. 리서치와 제품개발, 생산설비 확장에 필요한 꾸준한 순이익도 달성할 수 있다.

모건은 높은 효율과 안정성, 가격전쟁 종식, 적절한 수익 확보 등을 위해 철도산업의 공멸적인 경쟁을 완화하는 데 모든 에너지를 집중하고 있었다. 그순간 전기산업의 합병의 이점을 간파할 틈이 없었다.

톰스-휴스턴의 경영자인 코핀이 거느린 재무책임자 헨리 리 히긴슨(Henry Lee Higginson)은 1891년 초 두 회사의 합병을 제안했다. 이때 모건은 이렇게 답장을 띄운다. "한 분야에 투입하면 적절하다고 생각되는 시간과 자본을 에디슨 시스템에 이미 투입해 놓고 있습니다. 귀하가 톰슨-휴스턴을 통제하고 있다면, 우리는 어떤 게 더 좋은 결과를 얻을 수 있을지 살펴보겠습니다. 저는 두 기업이 어떻게 하나가 될 수 있을지 알지 못합니다"라고 했다.

그러나 1년 뒤인 1892년 모건은 생각을 바꾼다. 아마도 톰슨-휴스턴이 경쟁에서 앞서 나가고 있었기 때문인 듯하다. 코핀은 "경쟁 기업의 코를 납작하게 해주고 있다"고 거들먹거렸다. 모건은 1892년 봄 히긴슨의 동료인 T. 제퍼슨 쿨리지(Jefferson Coolidge)에게 편지를 보낸다. "두 기업을 밀접한 지배구조 아래 두는 게 바람직하다는 의견에 전적으로 동의합니다"라는 내용이었다.

모건과 빌러드는 에디슨 제너럴 일렉트릭이 톰슨-휴스턴을 흡수할 수 있을 것이라고 생각했지만, 통합 법인의 설계자는 정반대로 톰슨이 에디슨 제너럴을 흡수하는 계획안을 내놓았다. 당시 톰슨-휴스턴은 에디슨 제너럴 일렉트릭보다 강력했다. 경영의 효율성도 높아 1891년 주당 순이익이 에디슨 제너럴보다 50퍼센트 이상 높았다. 빌러드는 사임하고, 나중에 전체 합병 계획에 반대했다고 털어놓는다.

모건은 그해 3월 쿨리지에게 빌러드의 사임은 4월 1일자로 효력을 발휘하고, 코핀이 "에디슨 제너럴 일렉트릭의 회장으로 선임되어야 한다"고 말했다. 합병 법인은 1892년 4월 15일 뉴욕에 등록을 마쳤다. 하지만 코핀이 회장을 맡은 이후 회사 이름은 에디슨 제너럴 일렉트릭이 아니라 제너럴 일렉트릭(GE)으로 바뀌었다. 에디슨 일렉트릭의 1주는 통합 기업의 1주로 교환되었다. 하지만 톰슨-휴스턴의 주식 2주는 제너럴 일렉트릭의 5주와 교환되었다. GE의 초기 자본금은 5,000만 달러였다. 이 가운데 주식 1,500만 달러어치는 에디슨 제너럴 일렉트릭의 주주들에게 배정되었다. 톰슨-휴스턴의 주주에게는 1,800만 달러어치가 할당되었다. 나머지 1,700만 달러는 제너럴 일렉트릭의 회사 앞으로 남겨두었다.

드렉셀·모건은 GE가 발행한 1차 전환사채(연 5퍼센트) 400만 달러어치를 인수해 전량 주주들에게 판매했다. 모건과 코스터는 히긴슨과 쿨리지, 에디슨과 함께 GE의 이사로 선임되었다. 에디슨은 회사 이름에서 자신의 이름이 빠지고, 경쟁 기업에 치욕적으로 흡수통합되었다는 생각에 단 한 차례만 이사회에 참석했다. 이후 역겨움을 느끼고 다른 사업을 벌이는 데 전념해버렸다. 하지만 에디슨의 금융 서비스 이용은 계속되었다.

에디슨은 제너럴 일렉트릭을 떠난 뒤 축음기와 철광석 분리 기계, 건전지, 활동사진(영화)을 발명하는 일에 전념했다. 그는 제너럴 일렉트릭의 주식을 팔아 철광석 분리 기계를 발명하는 데 투자했다. 그는 주식을 계속 보유했더라면 엄청난 자본차익을 얻었을 것이라는 말에 대해 "다 지나간 일이야! 우리는 주식판 돈을 쓰면서 좋은 시간을 보냈어"라고 말했다.

뉴저지 웨스트 오렌지에 있던 그의 스튜디오는 1904년 세계 최초의 영화인 '열차 대강도(Great Train Robbery)'를 제작했다. 활동사진의 특허로 에디슨은 1907~1917년 사이에 연간 100만 달러를 벌었다.

에디슨은 1896년 어느 날 디너파티에서 디트로이트 에디슨 사에서 온 젊은 엔지니어를 만난다. 그의 이름은 헨리 포드(Henry Ford)였다. 이 젊은이는 모든 사람들이 전기 자동차를 예상하고 있는 와중에 자신이 최근 개발한 자동차용 내연기관을 열정적으로 설명했다. 발명가는 젊은이를 격려했다. 포드는 미국 최고의 발명가의 격려를 잊지 못한다. 에디슨의 뉴저지 웨스트 오렌지 연구소가 불타버린 1914년 포드는 그의 격려를 잊지 못해 75만 달러를 무이자로 빌려주었다. 에디슨은 1926년 은퇴했다. 포드와 타이어 산업의 거물 하비 파이어스톤(Harvey Firestone)은 9만 3,000달러를 에디슨 식물연구소에 투자했다. 에디슨이 꾸준히 일할 수 있도록 조용히 돈을 대주기도 했다. 에디슨은 젊은이를 '헨리'라고 불렀다. 포드는 발명가를 '미스터 에디슨'이라고 부르며 깍듯하게 대접했다. 어울리지 않을 것 같은 두 사람은 플로리다 포트 마이어스(Fort Myers)에 나란히 집을 짓기도 했다. 두 사람은 에버글레이즈(Everglades)를 여행했고, 그레이트 스모키스(Great Smokies)에서 캠핑을 즐기기도 했다. 포드는 1929년 백열전구 발명 50주년을 기념해 에디슨 발명 박물관을 지었다. 미시건 디어본(Dearborn)에 멘로 파크 연구소를 그대로 복원했다. 당시 캐빈 쿨리지(Calvin Coolidge) 대통령 부부와 마리 퀴리(Marie Curie), 오빌 라이트, 잭 모건을 비롯해 오리지널 에디슨 회사가 채용한 직원 가운데 생존한 모든 사람을 초대해 성대한 파티를 열어주었다.

전기산업의 개척자들은 철도 산업가들과 마찬가지로 막대한 자본을 끌어들기 위해 금융가들에 기댈 수밖에 없었다. 그 결과 금융가들은 전기 회사의 자본구조를 형성하는 데 아주 중요한 구실을 했다. 모건은 에디슨 제너럴 일렉트릭에 적용할 지배구조를 알지 못했다. 톰슨-휴스턴과의 합병을 개시하지도 않았다. 단지 전인미답의 영역에 발을 들여 놓으면서 금융가의 직관에 비추어볼 때 작동할 듯한 구조를 생각해냈을 뿐이다. 전기산업은 모건에게 낯설었다. 그가 전기에 대해 많이 알지도 못했다. 그는 코스터의 정보에 전적으로 의존했다. 에디슨과 E. H. 존슨, 찰스 코핀 등 전문가의 의견에 따랐다. 모건은 개별 기업의 경영자들이 잘하면 간섭하지 않고 맡겨두었다. 그는 1890년대 초 동료에게 "내가 이해관계를 갖고 있는 기업의 경영자가 원하는 대로 가는 것을 원칙으로 하고 있고, 내 의견을 밀어붙이지 않으려 한다"고 말했다. 그러나 뭔가 잘못돼가고 주식시장이 의기소침해지거나, 유니언 퍼시픽처럼 파산 위기에 처했거나, 에디슨 제너럴 일렉트릭처럼 시장에서 경쟁력을 잃어가면, 개입할 필요성을 느꼈다.

최고의 경영 전문가를 찾아내는 일은 한 회사의 장기적인 성공을 위해서는 아주 긴요한 작업이다. 에디슨이 전구를 발명한 이후 14년이 흐른 뒤 에디슨은 전기산업을 20세기까지 이끌 인물이 아니라는 게 분명해졌다. 코핀이 적임자였다. 그는 제너럴 일렉트릭의 회장으로서 관련 회사들을 합리적으로 묶어 기업 통합의 현대적인 전범으로 만들었다.

제너럴 일렉트릭은 1890년대 장기 공황 기간 동안 배당금을 전혀 지급하지 못했다. 은행가들은 시장 가격보다 높은 값에 제너럴 일렉트릭의 일부 자산을 매입해주는 방식으로 현금 400만 달러를 제공했다. 그들은 매입한 자산을 불황기가 끝나는 시점까지 믿고 보유했다. 코핀은 불황 국면을 역으로 이용해 비용을 절감하고 사업 부문을 다각화했다. 새로운 제품을 개발하는 데 전념했다. 게다가 선구적으로 연구개발 팀을 만들었다. 제너럴 일렉트릭의 순이익은 1890년대 말에 들어서면서 늘어나기 시작했다. 제너럴 일렉트릭과 웨스팅하우스는 2차 세계대전 이후까지 독일의 선도적인 전기회사와 함께 세계 시장을 과점했다.

19세기 말 제당과 제분, 피혁, 접착제, 면실유, 아마인유, 위스키, 건초, 포장육, 원목, 제염, 제빙, 제련, 철강 등 거의 모든 산업이 M&A를 통해 시장을 지배하려고 나섰다. 그만큼 산업의 괴물에 대한 시민들의 두려움과 혐오감도 커졌다. 하지만 기업결합에서 성공한 예보다 실패한 예가 더 많다는 사실은 시민들의 분노에 묻혀버렸다.

M&A 열풍이 분 지 100여 년이 흐른 1990년대에 19세기 말에 설립된 트러스트 가운데 살아남은 공룡은 제너럴 일렉트릭과 스탠더드 오일 계열사, U. S. 스틸(USX)뿐이다. 내셔널 코디지(National Cordage)와 U. S. 레더(Leather), 래클드 가스(Laclede Gas), 아메리칸 아이스(Ice)는 오래전에 자취를 감추었다.

최고의 효율과 산업 지배적인 트러스트의 구성은 일부 업종에서 성공적이고 제대로 이루어졌다. 하지만 다른 업종에서는 제대로 이루어지지 못했다. 이는 결과론이고 현재의 시점에서 과거를 돌아다본 것이다. 하버드 비즈니스 스쿨의 교수인 알프레드 D. 챈들러 2세(Alfred D. Chandler, Jr.)는 트러스트를 통해 한 산업의 지배자가 된 기업과 그렇지 못한 기업을 비교·분석한 적이 있다. 성공적인 '핵심 기업(Center Firm)'은 자본집약적이며 첨단 기술을 보유해 어마어마한 규모의 경제를 가능하게 하는 공정과 장비를 이용한 회사들이었다. 이들 기업은 원자재에서부터 제품 공급망에 이르기까지 일련 공정처럼 통합했다. 또 복잡한 사업 부문을 효율적으로 관리·운용·통제할 수 있는 계층적 조직을 구성했다. 생산과 유통 부문에서 놀라운 효율성도 달성했다. 시장에 맞는 초장기 발전 전략을 수립해 강력하게 추진했다.

반면, 노동집약적이고 상대적으로 규모가 작은 기업들은 규모의 경제를 충분히 활용할 수 없었다. 이들 기업도 카르텔 등을 구성해 시장과 가격을 통제하려고 시도했다. 대신 수직적으로 강력한 통합을 추진하지는 않았다. 계층화된 관리 조직을 구성하지도 못했다. 장기 계획보다는 단기 이익에 치중했다. 이 기업들은 현대 경제용어로 '주변부 기업(Peripheral Firm)'들이다. 이들은 산업의 지배자로 성장하지 못했고 대부분은 사멸해갔다.

1880~1920년 사이에 진화한 주요 '핵심 기업'들은 놀라울 정도의 안정성과 장기 생존성을 보여준다. 챈들러는 1917년과 1973년 사이에 자산 규모를 기준으로 미국 200대 산업체를 견주어보았다. 그는 시장 지배적 기업들은 비교 기간의 처음부터 끝까지 같은 산업 내에서 결합 기업으로 남아 있었다. 대표적인 산업은 석유·화학·식품, 운송장비, 고무 등이었다. 대부분이 처음부터 끝까지 모두 동일한 회사였다. 챈들러는 시야를 넓혀 독일과 일본, 프랑스 영국의 기업들을 조사했다. 미국과 같은 업종에서 비교 기간 동안 동일한 기업들이 여전히 시장지배력과 안정성을 자랑한 것으로 나타났다. 그 기업들은 국내외 시장의 치열한 경쟁 속에서도 오랜 기간 생존했다. 문제의 핵심은 독점이나 가격통제가 아니라 생산 효율성과 산업의 특성이 트러스트의 성공 여부를 결정한다는 것이다.

챈들러의 동료인 하버드대 토머스 K. 맥크로(Thomas K. McCraw) 교수에 따르면, 주요 선진국의 기업 역사가 보여주는 놀라운 유사성은 "해당 산업의 경제적·기술적 특징이 기업들이 핵심인지 아니면 주변부인지를 결정하고, 그 배열을 오랜 기간 유지하는 구실을 한다는 사실을 보여준다. 산업의 내재적인 특징은 해당 산업 안에서 기업의 상대적 규모와 조직적 특성을 결정하는 데 법적이고 문화적 구조보다 더 큰 힘을 발휘한다. 이는 미국의 기업결합과 19세기 이후 현재까지 진행되고 있는 트러스트를 평가하는 데 아주 중요한 의미를 지닌다."

1890년대 연이어 당선된 친기업 대통령들도 셔먼법을 적용하고 집행하는 데 법원에 별다른 영향을 끼치지 못했다. 연방정부는 1890~1893년 사이에 셔먼법 위반 혐의로 기업 8곳을 법원에 제소했지만, 7번이나 패했다. 법무부는

1895년 H. O. 해브메이어(Havemeyer)가 소유한 아메리칸 슈거 리파이닝(Sugar Refining Co.)이 필라델피아 제당업체 4곳의 주식을 매입해 독점적인 트러스트를 구성해 시장의 자유로운 경쟁을 저해했다며 기소했다. 연방 대법원은 U. S. 대 E. C. 나이트(Knight) 판례라고 불리는 판결을 내놓았다. 결과는 법무부의 패배였다. 법원은 기업의 생산 문제를 관할하는 권한은 주정부의 것이라고 봤다. 제당기업의 합병은 제조업에 해당하기 때문에 주간 상거래를 규정하는 반독점법인 셔먼법으로 규제할 사안이 아니라고 판결했다.

역사학자 토머스 코크런(Thomas Cochran)에 따르면, 당시 판결은 "경쟁 기업을 사들여 단일 거대 기업화하는 행위는 합법인 반면, 작은 기업들이 "카르텔을 구성하거나 합의를 바탕으로 가격을 통제하는 행위는 불법"이라는 교훈을 남겼다. 그 바람에 법원의 판결이 자유로운 경쟁을 강화하기보다는 강력한 기업 결합을 촉진했다. 실제 1890년대 말 엄청난 기업 합병 바람이 거세게 분다.

철도회사들이 주축이 된 다우존스 지수가 탄생한 지 10년이 지난 뒤인 1890년대 후반 미국의 투자 지형은 상전벽해처럼 변했다. 투자 뉴스를 전하던 다우존스 사는 1889년 〈월스트리트 저널〉을 창간했다. 〈월스트리트 저널〉이 1896년 다우존스 산업평균지수(Dow Jones Industrial Average)를 처음 계산해 발표했다. 이때 제너럴 일렉트릭이 지수에 편입되었다. 다른 종목으론 아메리칸 코튼 오일(Cotton Oil)과 아메리칸 슈거 리파이닝, 아메리칸 타바코, 시카고 가스, 디스틸링 앤 캐틀 피딩(Distilling & Cattle Feeding), 제너럴 일렉트릭, 라클레드 가스 라이트, 내셔널 레드(Lead), 도시 전차와 가스·전기 회사에 투자한 노스 아메리칸, 테니시 석탄(Coal), 이이언 앤 레일로드(Iron & Railroad), U. S. 레더(Leather: 우선주), U. S. 러버(Rubber) 등이었다. 이들 12종목은 다른 회사로 이름이 바뀌거나 업종이 바뀌는 변화를 거치면서 상당 기간 살아남았다. 제너럴 일렉트릭은 지수 편입종목에서 1898년과 1901년에 두 번 탈락했다. 하지만 현재까지도 살아남은 유일한 종목이다.

다우존스 지수를 만든 찰스 다우는 편입종목의 종가를 단순 합산해 종목 수인 12로 나눠 평균 주가를 산출했다. 1896년 5월 26일 12종목 주가의 단순 합산 총계는 491.28달러였다. 이를 12종목으로 나눈 결과가 40.94였다. 찰스 다우는 앞서 도입된 철도지수도 계속 발표했다. 편입 기업의 자산 규모 등을 반영해 종목을 자주 교체했다.

제너럴 일렉트릭의 주가는 100년 동안 액면분할 등을 감안해 산출한 결과 무려 21,999퍼센트 상승한 것으로 나타났다. 여기에는 배당금은 제외하고 순수하게 시세상승만이 반영되었다. 다우존스 산업평균지수의 수익률은 10,120 퍼센트였다. 제너럴 일렉트릭은 시가총액이 2000억 달러를 넘어서며 1997년 5월 미국 최대 기업이 되었다.

J. P. 모건은 제너럴 일렉트릭을 대신하는 대외전담 대사 격으로 움직였다. 1880년대 초에는 에디슨의 전구를 유럽 사람들과 미국 자본가들에게 소개했다. 10여 년 뒤에는 회사의 채권을 부유한 사람들에게 추천했다. 보스턴의 새로운 기차역인 유니언 스테이션(나중에 노스 스테이션)이 건설된 1893년에는 보스턴-메인(Boston & Main)의 회장인 루시어스 터틀(Lucius Tuttle)에게 메모를 띄운다. 그는 "저는 특혜를 원하지 않는다"는 말로 메모를 시작했다. 이는 부적절한 영향력을 행사하는 게 아닌지를 늘 염려하는 그의 속마음을 보여준다. 하지만 모건은 터틀이 제너럴 일렉트릭의 제안을 검토한 이후에 보스턴 역의 조명설비 계약을 맺기를 바랐다. 모건은 "객관적인 분석을 해보면 GE가 경쟁 기업보다 더 좋다는 점을 알게 될 것이라고 믿습니다. 제너럴 일렉트릭이 다른 경쟁 기업과 동등한 기회를 갖기를 소망합니다. 회장께서 이렇게 하신다면, 저에게

는 큰 도움이 되겠습니다"고 말했다.

은행가가 보낸 메모에서는 부적절한 특혜나 커넥션을 활용한 이면 거래 등이 전혀 발견되지 않는다. 이는 모건이 고객을 위해 벌이는 지극히 정상적인 마케팅이었다. 그는 제너럴 일렉트릭이 경쟁 기업 이상도 이하도 아니라는 사실을 확신했다. 그러나 그 메모는 당대 최고의 금융가가 보낸 것이라는 점에서 또 다른 의미를 지닐 수 있다.

모건은 메모를 띄우기 직전 1893년 가을에 터틀의 보스턴-메인 철도와 지역 경쟁자인 뉴 헤이븐 철도 사이에서 중재자로 평화회담을 성사시켰다. 양쪽이 뉴잉글랜드 철도화물 시장을 남북으로 나누는 일이었다. 1889~1890년에 서부의 평화회담보다 좋은 결과로 이어졌다. 회담이 결과를 낼 수 있었던 것은 모건이 금융을 장악하고 있었기 때문이었다.

모건은 뉴 헤이븐 철도의 이사로 선임되어 있었다. 당시 그는 진행 중인 필라델피아-레딩 철도의 회생작업을 지휘하고 있었다. 필라델피아-레딩은 보스턴-메인 철도를 사실상 소유했다. 투자은행 드렉셀·모건이 두 회사에 모두 자금을 지원하고 있었다. 모건은 1891년 보스턴-메인 철도가 발행한 채권 200만 달러를 인수했다. 1893년 4월에는 뉴 헤이븐이 발행한 주식 1,300만 달러어치도 주간했다. 더욱이 모건이 터틀에게 메모를 띄운 1893년 9년 드렉셀·모건은 보스턴-메인이 발행한 채권 600만 달러어치를 인수할 즈음이었다. 그러나 웨스팅하우스가 공기 스위치와 신축 역사의 신호 체계, 발전 설비 등을 납품하게 된다. 1890년대 제너럴 일렉트릭은 보스턴 센트럴 스테이션에서 한 건도 계약을 따내지 못했다. 모건은 통념과는 달리 자본조달을 통제하고 있으면서도 제너럴 일렉트릭과 계약하라고 강제하지 않았다.

공화당은 1892년 대통령 선거에 내보낼 후보로 벤저민 해리슨(Banjamin Har-rison)을 선택했다. 부통령으로는 루이스 머튼 대신 〈뉴욕 트리뷴〉의 사주인 화이트로 레이드를 내보냈다. 민주당원들은 뉴욕의 법무법인에서 일하고 있던 그로버 클리블랜드를 다시 불러냈다. 부통령 후보로 지명된 인물은 1950년대 미국 대통령 선거에 뛰어든 일리노이 출신 후보의 할아버지인 애들라이 E. 스티븐슨(Adlai E. Stevenson)이었다.

농민 개혁세력은 1890년 의원 선거에서 상당한 성공을 거뒀다. 1892년 대통령 선거에도 인민주의 후보를 내세웠다. 제임스 B. 웨버(James B. Weaver) 장군이 후보로 나섰다. 그가 내세운 공약은 자유로운 은화 주조와 철도의 국유화였다. 그해 7월 오마하에서 열린 인민주의 전당대회에서 연사로 나선 이그내티어스 도넬리(Ignatius Donnelly)는 부패한 거대 기업의 행태를 비판해 30분간에 걸친 기립박수를 받았다.

인민주의 정당은 투표 참가자의 8.5퍼센트에 달하는 100만 표를 획득했다. 민주당의 클리블랜드는 46퍼센트인 550만 표를 얻어 대통령으로 당선되었다. 공화당 해리슨은 43퍼센트인 520만 표를 얻었다. 클리블랜드는 임기를 마치고 4년을 백악관 밖에서 보낸 뒤 다시 대통령이 된 유일한 사람이다.

모건은 공화당 후보인 해리슨에게 표를 던졌을 가능성이 높았다. 하지만 클리블랜드를 반대하지는 않았다. 클리블랜드는 1888년 대통령 선거에서 패한 뒤 뉴욕 스테츤의 법무법인에서 변호사로 4년 동안 일했다. 이듬해인 1893년 해리슨은 인디애나로, 머튼은 뉴욕으로, 클리블랜드는 워싱턴으로 각각 향했다. 클리블랜드는 백악관으로 들어가면서 모건 캠프의 친구들과 동료들을 데리고 갔다. 민주당 보수파인 클리블랜드는 월스트리트에서 미국 역사상 가장 고통스런 공황이 발생한 순간 대통령 취임선서를 했다. 은행들이 무너져 내리고 있었다. 산업체와 철도회사들이 줄지어 파산의 백기를 들었다. 수천 명이 일자리를 잃었다. 이미 오랜 기간 하락세를 보였던 농작물 값은 더 떨어졌다. 다우존스 철도지수는 1893년 1월 90선에 머물고 있었으나, 7월 30퍼센트 추락해 61.94로 주저앉았다.

친구들이 제너럴 일렉트릭의 주식을 모건에게 묻자, 그는 "GE 주가가 급격히 요동하고 있어 내 재량으로 무엇을 할지 모르겠다"고 대답했다. 그는 장기적으로 GE가 훌륭한 투자 대상이라고 믿었다. 자신의 돈으로 뚝뚝 떨어지는 GE 주식을 매입하고 있었다. 하지만 친구들에게는 아주 보수적인 태도를 유지했다. 그는 "산업체 종목의 주가가 배당금과는 상관없이 너무 출렁거리기 때문에 명백한 매수 주문을 받지 않고는 사겠다는 주문을 내고 싶지 않다. 리스크를 감수하면서 50퍼센트 정도의 수익을 얻고 싶다면 언제든지 내게 알려주길 바란다"고 말했다.

1893년 패닉의 주요 이유는 셔먼 은화매입법이었다. 셔먼 은화법이 제정되면서 모건과 동료들이 우려했던 결과가 빚어졌다. 달러 가치가 1890년대 초반 하락했다. 외국인들이 "미국 증권을 팔아치우고 금으로 옮겨 탔다." 경제지인 〈커머셜 앤 파이낸셜 크로니클〉은 "우리나라 정부가 유럽 투자자들에게 신뢰감을 주지 못하는 바람에 외국 자본이 더 이상 들어오지 않고 있고, 기존 해외 투자자들은 미국 자산을 팔아치우는 순간 자금을 인출해 가고 있다"고 전했다.

미국 재무부는 1879년 이후 금 1억 달러 이상을 보유하려고 노력했다. 정부가 금을 그 정도 보유해야 하는 법적이고 경제적인 의무는 없었다. 하지만 시장 참여자들에게 정부의 지급능력을 보여주는 지표가 되었다. 모건은 1893년 2월 〈하퍼스 위클리〉 편집장에게 은화법은 "정부의 건전한 화폐 정책에서 아주 중요한 의미를 지닌다"고 강조했다. 그해 4월 재무부의 금 보유량은 1억 달러 이하로 떨어졌다. 5월에는 내셔널 커디지(National Cordage Co.)와 필라델피아-

레딩 철도가 주가 급락의 방아쇠를 당겼다.

클리블랜드 정부가 은화법을 폐지하겠다는 의지를 분명히 밝혔다. 이후 재무부의 금 유출이 완화되었다. 의회는 그해 8월 은화법 폐지를 토론하기 시작했다. 이때 네브래스카 출신으로 새로 하원의원에 당선된 윌리엄 제닝스 브라이언(Willaim Jennings Bryan)이 장장 3시간에 걸쳐 노동자와 농민, 중소상공인들의 심금을 울리는 명연설을 한다. 그의 연설을 계기로 미국 전역에서는 은화 논쟁이 후끈 달아올랐다. 브라이언은 이렇게 목청을 높였다. "반대편에는 미국 대기업의 세력들이 존재한다. 그들은 돈을 가진 자들이고, 거대한 부와 자본을 장악하고 있으며, 제왕적이고 교만하며 열정이 없는 존재들이다. 반면 수를 헤아릴 수 없는 민중은 일에 찌들고 먼지를 뒤집어쓰며 살아가면서, 무언의 호소를 하고 있다. 가진 자들은 입법의 전당에 자기 사람들을 보내 자신들의 목소리를 전달하고 있지만, 민중은 벽을 향해 호소하고 있지만 무위로 끝난다."

브라이언의 명연설에는 메아리가 없었다. 하원의원의 다수가 은화법 폐지에 찬성했다. 상원도 하원의 결정에 따랐다. 1893년 11월 의회는 결국 은화법을 폐지했다. 모건은 안도의 한숨을 쉬었고 인민주의자들은 낙담해야 했다.

그러나 유럽 투자자들은 여전히 미국 정부가 진정으로 금본위제를 유지할지 미심쩍어 했다. 재무부의 금 유출은 계속되었다. 금태환제를 두고 미국의 계급·계층 전선은 분명해졌다.

1893년 위기의 순간 주요 대기업의 경영자들이 도움을 호소하며 월스트리트 23번지 '더 코너'를 찾았다. 드렉셀·모건은행은 수년 동안 '로프 트러스트'라고 불린 내셔널 커디지의 국제결제 주거래 은행이었다. 내셔널 커디지는 반독점 셔먼법이 제정된 이후 지주회사로 변신한 상태였다. 지주회사는 기업을 하나로 묶어 단일회사로 만드는 트러스트와는 달리 계열사의 지분을 확보해 경영 통제를 전문적으로 하는 기업이었다.

내셔널 커디지는 급격히 계열사 수를 불렸다. 주식은 1880년대 초반 월스트 리트에서 가장 활발하게 거래되었다. 투자자들의 입에 가장 많이 오르내리는 종목 가운데 하나가 되었다. 하지만 1893년 5월 주가가 급격히 하락했다. 채 권자들이 단기 여신을 회수하기 시작했다. 결국 과도하게 계열사 수를 불렸던 '로프 트러스트'는 디폴트를 선언해야 했다. 비정한 호사가들은 "'로프 트러스 트'가 스스로 교수형에 처해졌다"고 했다.

내셔널 커디지가 디폴트를 선언한 순간 런던의 투자은행 J. S. 모건에 진 빚 은 모두 100만 달러가 넘었다. 모건은 신디케이트를 구성해 회사가 발행한 1 차 담보채권 500만 달러어치를 인수했다. 뉴욕의 투자은행 드렉셀·모건은행은 500만 달러 가운데 25만 달러를 매입했다. 덕분에 커디지는 생산활동을 계속 하고 기존 채무를 상환할 수 있었다. J. S. 모건은 이듬해인 1894년 100만 달 러를 회수한다. 모건은 런던 파트너들에게 "우리가 경험한 어려운 일 가운데 가장 힘겨운 일을 힘써 추진한 덕분에 만족할 만한 결과를 얻었다"고 말했다.

그러나 '로프 트러스트'는 1895년 무너진다. 내셔널 커디지의 디폴트와 뒤이 은 경제공황은 이후 4년 동안 산업체의 채권과 주식 가격을 짓눌렀다. 모건은 더욱 조심스러워졌다. 파산한 철도회사의 증권은 그나마 매기가 살아남아 있 었다. 하지만 가장 많은 철도회사들이 1893년 공황으로 파산했다. 미국 공황 역사에서 전례를 찾아보기 힘든 철도회사의 도미노 파산이었다. 철로 4만 마 일을 운영했고, 납입 자본금만도 25억 달러에 달한 철도회사 192개가 법정관 리에 들어갔다. 1898년 기준 미국 철로의 3분의 1이 가압류되었다. 도미노 파 산은 미국 경제에 파멸적인 충격을 주었다. 거대 철도회사 한 곳이 당시 채용 한 인력은 우정당국이나 미군보다 더 많았다. 철도회사들이 발행한 채권의 규모는 재무부 채권보다 몇 곱절 많았다.

모건이 당대 미국 최대 산업인 철도의 평화를 위해 많은 정력과 시간을 투입했다. 하지만 번번이 실패하는 바람에 자발적인 합의와 평화 협상을 더 이상 추진하지 않기로 결심했다. 1890년 이후 그는 대화보다는 좀 더 치밀한 합병만이 효과적이라는 점을 깨달았다. 다른 금융·철도 전문가들도 이에 동의했다. 존 무디는 이미 '어마어마한 낭비와 중복투자 경영진의 사기 행위' 등으로부터 철도에 투자된 자본을 보호하는 방법은 '소수의 손'에 철도를 집중하는 길이라고 예측한 바 있다. 찰스 프랜시스 애덤스도 모건이 철도산업의 비스마르크가 될 가능성을 따져보기도 했다.

마침내 모건이 철도산업의 비스마르크로 등장할 기회가 왔다. 수많은 철도회사들이 파산하는 바람에 많은 자산이 모건의 수중에 떨어졌다. 그는 채권자 또는 클라이언트의 보호자로서 가압류 등으로 확보한 철도자산을 보전하기 위해 지역별로 강력하고 거대한 합병 법인을 설립했다. 마침내 애덤스의 예측이 실현되었다.

뉴욕의 투자은행 드렉셀·모건과 런던의 투자은행 J. S. 모건이 1890년대 미국 철도산업을 구조조정하는 데 코스터와 스테턴을 비롯해 볼티모어-오하이오 철도의 부회장과 엘진-줄리엣-이스턴(Elgin, Joliet & Eastern) 철도의 회장을 역임한 새뮤얼 스펜서(Samuel Spencer)가 특별 고문 자격으로 실무를 지휘하고 일을 추진해 나갔다. 〈뉴욕 타임스〉는 "기차의 브레이크 값에서 터미널의 비용 추적까지 철도 비즈니스를 그들보다 잘 아는 인물은 미국에는 없다"고 모건의 실무진을 평가했다.

1890년대 첫 번째 대형 '모거니제이션'은 남부의 부실한 대형 철도회사인 리치몬드-웨스트포인트 터미널 앤 웨어하우스(Termiinal & Warehouse Co.: 리치몬드 터미널)였다. 이 철도회사는 수도 워싱턴과 남부의 리치몬드, 애틀랜타, 버밍햄,

뉴올리언스 등 주요 도시를 연결하는 간선 노선을 운영했다. 리치몬드 터미널은 수년 동안 제 주머니만을 불리려는 투기세력들에 의해 장악되어 부실해졌다. 1892년 5월엔 투자자들이 모건은행에 구조조정을 의뢰했다.

모건은 리치몬드 터미널이 투기세력의 '축구공'이라는 사실을 잘 알고 있었다. 그는 완전히 장악할 수 없다면 회사의 합리화 작업을 하지 않겠다고 말했다. 그는 주요 주주 3명을 사무실로 초청해 지분을 모두 양도할 것인지를 물었다. 두 명은 동의했고, 한 명은 반대했다. 아들 잭에 따르면, 윌리엄 P. 클라이드(William P. Clyde)가 주주들이 앉아 있는 소파 주변을 이리저리 걸어다니며 아주 두터운 입술로 느릿느릿하게 말한다. "글쎄요. 모건 씨! 리치몬드 터미널을 주당 7달러나 8달러에 매입해, 최근 2~3년 사이에 두 배 정도인 15달러 선에서 팔았습니다. 15달러 정도에 제 지분을 팔 수 없는 이유를 모르겠네요"라고 했다.

모건은 주주들을 내보냈다. 그들은 공황이 엄습한 1893년 초까지 이리저리 돌아다니며 주식을 처분하려고 노력했다. 하지만 공황이 발생해 실패하고 다시 모건 사무실을 찾았다. 이번에는 클라이드도 지분을 내놓겠다고 말했다. 코스터는 즉각 새 철도회사 서던(Southern) 철도를 설립하는 내용을 뼈대로 하는 철저한 구조조정 계획안을 마련했다. 리치몬드 터미널과 수익성이 좋은 계열사를 인수했다. 수익성이 형편없는 철도는 인수하지 않았다.

코스터는 계획안을 주주와 채권자들에게 밀어붙일 수 있었다. 그들은 선택권이 없었다. 모건의 전문가들과 함께 일하든지 아니면 파산을 선택해야 했다. 모건 휘하 전문가들은 고정 비용을 줄이기 위해 이자율이 낮은 채권을 새로 발행해 기존 채권을 상환했다. 남은 채권은 우선주로 교환해주었다. 유동자금과 설비 확장에 필요한 돈을 마련하기 위해 기존 주주들에게 신주를 배정하고 현금을 끌어들였다.

모건은 수년 동안 파산한 철도회사를 다뤄본 경험에 비춰 과도한 주식 발행보다 고정비용이 더 치명적이라는 사실을 깨달았다. 그래서 그는 이자 비용으로 나가는 돈을 해당 철도회사의 순이익 가운데 최저 수준으로 낮추는 처방전을 적용했다. 이 처방은 철도산업의 '모거니제이션'의 핵심이다. 고정비용을 최대한 줄이면, 경기 상황이 최악이더라도 회사는 파산을 피할 수 있었다.

'모거니제이션'은 대차대조표 상의 채무를 줄이고 자기자본을 늘리는 작업이었다. 약속한 시점에 꼬박꼬박 지급해야 하는 원금과 이자 대신 회사의 수익 실정에 따라 배당금을 지급하는 방향으로 회사의 지출을 전환하는 셈이다. 채권 보유자들이 상대적으로 안전하고 확정 소득을 낳는 채권 대신 위험한 주식을 받도록 하기 위해, 모건은 우선주를 적극적으로 활용했다.

우선주 보유자는 보통주보다 먼저 배당받을 수 있다. 회사는 약속한 비율에 따라 먼저 배당금을 지급해야 하는 의무를 진다. 투자의 안전도 순위에서 채권이 가장 높고 보통주가 가장 낮다. 채권의 이자는 회사의 순이익 상황과는 상관없이 꼬박꼬박 지급되어야 한다. 보통주의 배당금은 회사의 이사회 결정에 따라 지급 여부가 결정된다. 그해 회사가 얼마를 벌었는지에 따라 배당액도 달라진다. 우선주는 채권과 보통주 사이라고 할 수 있다. 우선주에는 배당률이 명문화되어 있다. 하지만 순이익 발생 여부에 따라 지급 여부가 결정된다. 발행 기업이 디폴트(채무 불이행)를 선언하면, 회사의 자산을 정리해 차지하는 순서는 채권-우선주-보통주 순이다. 채권 보유자가 1순위가 되고, 뒤를 이어 우선주 보유자, 마지막으로 보통주 보유자가 나선다.

리치몬드 터미널을 회생하는 과정에서 '출자전환(Debt-Equity Swap)'은 시작에 지나지 않았다. 전문가들은 새로 설립한 회사의 주식의 의결권을 모두 모건과 조지 베이커, 찰스 래니어 등으로 구성된 의결권 위원회에 위임하도록 했다. 의결권을 위임받은 모건 등 세 사람은 5년 동안 또는 우선주 주주들에게 약속한 배당금 연 5퍼센트를 지급하기 시작한 시점까지 경영과 자산 관리를 할 수 있는 권한을 쥐었다. 의결권 위원회가 최초로 한 일은 새뮤얼 스펜서를 회사의 회장으로 선임하는 것이었다.

모건 하우스가 적극적으로 뒷받침해주는 덕분에 스펜서는 부실하고 순이익을 내지 못하는 철도회사를 부드럽게 굴러가는 회사로 바꾸어 놓을 수 있었다. 서던 철도는 고정비용을 줄인 덕분에 서서히 순이익을 내기 시작했다. 주변 철도회사를 사들여 덩치를 불렸다. 워크아웃 과정에서 팔아넘겼던 과거 노선을 다시 매입하기도 했다. 화물 운송량을 두 배로 늘렸다. 설비를 개선하는 데 수백만 달러를 투자할 수 있게 되었다. 20세기 첫 10년 동안에 순이익이 세 배로 늘어났다.

서던 철도의 이해 당사자 대부분은 이익을 보았다. 화주와 승객들은 꾸준히 늘어나면서 철도를 이용할 수 있었다. 효율적인 서비스를 누렸다. 채권 투자자들은 꼬박꼬박 원리금을 상환받았다. 구조조정 신디케이트에 참여한 금융회사 등은 서던 철도가 발행한 보통주로 75만 달러를 지급받았다. 이는 회사가 발행한 1차 보통주 1,500만 달러의 5퍼센트에 해당한다. 드렉셀·모건은행은 관리와 유가증권 인수 업무를 수행한 대가로 적지 않은 수수료 수입을 올렸다.

서던 철도의 우선주 보유자들은 1897년까지 배당금을 지급받지 못했다. 이후에 배당금이 지급되기는 했다. 하지만 의결권 위원회가 의결권을 환원하는 데 필요한 배당금 5퍼센트보다 적었다. 배당금이 5퍼센트 이상 된 시점은 1902년이었다. 새뮤얼 스펜서가 숨을 거둔 1906년까지 서던 철도는 보통주 주주에게 배당금을 지급할 수 없었다.

구조조정 신디케이트가 서던 철도의 보통주로 75만 달러를 받았다는 사실은 모건이 회사의 장래 수익성을 신뢰하고 있음을 보여주는 증거이다. 모건은 보통주로 돈을 지급했기 때문에 과도한 주식 발행과 물타기를 유발했다고 비판받을 수 있었다. 하지만 그는 한 기업의 자금을 지원할 때 전통적인 기준인 자산 가치를 기준으로 삼지 않았다. 대신 회사의 장래 수익성을 중시했다. 회사가 장래에 순이익을 거두면 늘어난 주식 수, 즉 물타기는 자연스럽게 소멸된다. 신디케이트의 보통주 수취는 상당한 위험을 감수한 셈이기도 하다.

당대 전문가들은 리치몬드 터미널의 구조조정과 회생 작업이 "미국의 철도 역사에서 가장 의미 있는 성과 가운데 하나"라며 "남부 철도가 새로운 시대에 진입했다"고 평가했다. 모건 하우스는 20개월 동안 구조조정 작업을 벌인 결과 서던 철도의 미래와 경영을 탄탄한 반석 위에 올려놓아 금융시장에서 명성을 높였다.

모건의 명성과 런던 J. S. 모건이 유럽 시장에서 구축한 신뢰 덕분에 서던 철도가 발행한 채권을 인수해 1890년대 공황 시기인데도 높은 가격에 시장에서 유통시킬 수 있었다.

모건 하우스가 1890년대 워크아웃을 도맡아 처리한 초대형 철도회사는 오랜 기간에 걸쳐 부실해진 이리(Erie)와 필라델피아-레딩, 노던 퍼시픽이었다. 모건은 앞서 필라델피아-레딩과 노던 퍼시픽에 뛰어들어 구조조정을 벌였다. 하지만 은행 관리 체제가 끝난 이후 다시 부실해졌다. 모건은 두 회사의 경험을 통해 철저하고 더 긴 기간 동안의 감독이 필요함을 절감했다.

이리 철도는 한때 전쟁터였다. 다니엘 드류와 제이 굴드, 짐 피스크가 코닐리어스 코모도어 반더빌트를 상대로 경영권 다툼을 벌었다. 1차 이리 전쟁이다. 이어 제이 굴드가 짐 피스크와 연합해 다니엘 드류를 몰아내는 2차 이리 전쟁을 일으켰다. 회사의 정식 이름은 뉴욕-이리호-웨스턴 철도였다. 제이 굴드는 1·2차 전쟁을 거쳐 경영권을 장악했지만, 결국 축출되고 1892년 12월 결핵으로 숨을 거둔다.

이리 철도는 이미 세 번이나 디폴트를 선언했다. 1893년 7월엔 네 번째 채무불이행을 선언했다. 대서양 양쪽의 모건 하우스는 이리 철도가 발행한 채권과 주식 수백만 달러어치를 인수해 유통시킨 바 있었다. 그래서 모건 휘하의 은행가 등은 부채를 줄이고 현금 자산을 늘리기 위한 살인적인 구조조정을 해야 한다고 주문했다. 또 자회사를 중앙집중적인 관리 시스템으로 편입시켜야 한다고 제안했다. 모건 하우스의 이리 철도 워크아웃은 2년 동안 진행되었다. 그 기간 동안 다시 한 번 채무불이행을 선언해야 하는 우여곡절을 겪기도 했다.

그러나 코스터가 현장 지휘한 구조조정 팀은 1896년 11월 본사와 자회사를 새로 설립한 '이리 철도(Erie Railway Co.: 새 이리 철도)'의 지붕 아래 배열하는 데 성공했다. 새 이리 철도는 뉴욕-펜실베이니아-오하이오-인디애나-일리노이를 연결하는 철로 2,000마일을 소유했다. 설립된 지 석 달 뒤에 신규 자금을 마련하기 위해 신규 채권 2,500만 달러어치를 발행했다. 모건은 이 채권을 인수하기 위해 뉴욕과 런던의 금융회사가 참여하는 신디케이트를 구성했다. 새 이리 철도 실상에 대한 솔직한 설명과 실현 가능한 구조조정 계획과 회생 전망 덕분에 투자자들의 불안은 상당히 완화되었다. 신디케이트는 채권 2,500만 달러어치를 단 한 달 만에 모두 유통시킬 수 있었다. 당시까지 미국 역사상 가장 엄혹한 공황시기였고, 아무도 이리 철도를 믿지 않은 상황에서 단 한 달 만에 채권을 인수·유통시켰다는 점은 시장이 '모건의 판단력과 자금력'을 전폭적으로 신뢰하고 있음을 보여준다.

모건 하우스는 2년 동안 워크아웃을 진행한 대가로 새 이리 철도에 50만 달러를 청구했다. 이 금액도 주당 5달러에 발행된 보통주로 지급되었다. 그의 뉴욕과 런던 은행은 50만 달러를 정확하게 반분했다. 두 은행은 각각 배정받은 25만 달러를 구조조정 신디케이트에 참여한 금융회사나 투자자 숫자대로 나눠 주었다. 월터 번스는 현금을 원했지만, 모건은 보통주가 가지는 중요성과 도덕적 가치를 강조하는 전보를 날린다. "우리는 그동안 보통주로 수수료를 받아왔다. 그 이유는 첫째, 보통주가 바람직하다고 생각하고, 더 가치 있다고 생각하기 때문이다. 둘째, 우리가 구조조정하고 있는 회사에 대한 우리의 믿음을 사람들에게 드러내 보일 수 있기 때문"이라고 했다. 그는 번스가 계속 현금을 고집한다면, 런던 은행에 배정된 주식 25만 달러어치를 전량 자신이 매입하겠다고 제안했다. 수수료를 주식으로 받은 그해 7월 새 이리 철도의 주가는 8달러 수준이었다. 이 주가는 연중 최저 가격이었다. 그해 12월 말 두 은행은 주가의 시가를 반영해 장부를 마감했다. 그때 평가된 이리 주식의 장부가는 15.75달러였다.

모건은 새 이리 철도의 회장으로 에번 토머스(Eban Thomas)를 선임했다. 그는 구조조정 과정에서 코스터와 호흡을 맞춰 일했을 뿐만 아니라 다른 철도를 되살리는 일에도 참여한 베테랑이었다. 장기적으로 새 이리 철도의 경영 상태를 감시·감독할 이사회에는 코스터와 스테츤, 스펜서, 짐 굿윈, J. 로버 웰시가 선임되었다. 모거니제이션 덕분에 이리 철도는 이후 40여 년 동안 탄탄한 재무구조 속에서 운영될 수 있었다.

1893년 공황을 야기한 주범은 내셔널 카디지 외에도 필라델피아-레딩 철도였다. 모건은 1886년 레딩을 되살려내 월스트리트에서 명성을 얻었다. 스스로 자부심을 느끼기도 했다. 하지만 의결권 위원회가 해산되고 보수적인 경영자인 어스틴 코빈이 알렉산더 A. 맥레드(Alexander A. McLeod)로 교체된 지 7년이 흐른 뒤 철도회사는 다시 부실해졌다. 알렉산더는 조심성 없는 공세주의자였다. 모건이 구축한 평화체제 대신 요금 인하경쟁을 선호했다.

투자은행 드렉셀·모건은 알렉산더 맥레드가 물러나지 않으면 2차 소생작업에 뛰어들지 않겠다고 선언했다. 회사의 주주들은 여러 가지 제안을 거부했다.

결국 사정이 악화된 1895년 여름 모건의 전문가들이 제시한 가혹한 워크아웃 계획안을 받아들인다. 이후는 전형적인 '모거니제이션'의 절차에 따라 진행되었다. 회사는 철도 부문과 석탄 부문으로 쪼개졌다. 그리고 단일 지주회사 아래 편입되었다. 경제지인 〈커머셜 앤 파이낸셜 크로니클〉은 "구조조정 계획이 아주 섬뜩하고 급진적일 뿐만 아니라 철저하면서도 효과적"이라고 평했다.

레딩 철도의 구조조정도 높은 비용을 유발했다. 모건 휘하 전문가들이 2차 레딩 구조작전을 펼친 지 15개월이 흐른 뒤 수수료 276만 달러에 경영 수수료 65만 달러를 청구했다. 모건은 엄청난 자본을 낭비하고 경영진의 무능과 중복 투자로 점철된 미국 철도 시스템에 자신의 논리와 질서를 서서히 불어넣었다. 미국 경제가 완전히 공황에서 벗어난 1900~1902년, 월스트리트의 한 애널리스트는 모건이 철도 회사의 채권을 미국에서 안전한 투자대상 가운데 하나로 만들었다고 평가했다. 카네기 철강의 이사까지 지낸 헨리 클레이 프릭(Henry Clay Frick)은 철도회사의 채권을 램브란트 작품에 비유했다. 그러나 〈머시니스츠 먼슬리 저널Machinists' Monthely Journal〉의 기고자는 이런 의문을 제기한다.

"여러 주교의 후원자이고 성공회 성당의 유명한 버팀목인 J. 피어폰트 모건이 아주 열중하고 있을 때, 교회에서 좀 더 안락한 가족석으로 그가 덩치 큰 몸을 끌고 들어갈 때 그와 석탄 트러스트의 동료들이 벌인 구조조정 때문에 수많은 석탄 광부들이 고통받고 있다는 사실을 생각할까? 그리고 그가 사람들에 대한 자선과 선행의 교훈을 읽을 때 임금을 최저 생계비 수준으로 떨어뜨리는 야만적인 시스템을 떠올릴까? 아니면 그의 거대한 부를 더욱 불릴 수 있는 새로운 합병을 구상할까? 성당의 파이프 오르간이 울려퍼질 때, 자신 같은 자본가의 탐욕에 희생당한 생명들의 울부짖음이 야기하는 불협화음을 그의 양심은 느낄 수 있을까?"

주가가 공황으로 최저점을 찍은 1893년 7월 앤서니 드렉셀이 독일 칼스배드에서 이승을 떠났다. 모건은 벗을 잃고 충격 받았다. 그는 동료에게 "엄청난 충격이었다. 그 없이 앞으로 어떻게 해나갈지 갈피를 잡을 수 없을 정도"라고 말했다. 모건은 장례식이 끝난 뒤 "미래를 위해 무엇이 최선인지를 결정하지 못하고 안절부절못하고 있다"고 런던의 월터 번스에게 타전했다. 모건의 무력감은 일을 해나가는 데 필요한 자신감의 상실이 아니라 벗을 잃어버린 슬픔 때문이었다. 그 시기 경제 지표들도 무기력한 그의 분위기를 반영하는 듯했다. 모건은 미국 경제가 패닉에서 경제공황으로 미끄러져 들어가는 그해 7월 말 "모든 상황이 매우 음울하다"며 "분위기가 너무 침체되어 있고 심신을 소모하고 있기 때문에 새로운 변화가 있을 것이라고 희망한다"고 일기에 적었다.

그해 여름 모건은 23번가 끝에 있는 부두나 대서양 해안을 따라 거슬러 올라가 뉴포트나 메인에 정박해둔 요트에서 거의 여름 내내 이디스 랜돌프와 보냈다. 모건은 런던의 월터 번스와 의논한 끝에 드렉셀의 유산을 관리해주기로 했다. 드렉셀 후손이 공황의 순간 파트너십 지분을 헐값에 처분하지 않도록 해주었다.

로맨스

패니는 1893년 여름을 대부분 크래그스턴에서 보냈다. 7월 말에 2주 동안 미국 메인 주의 바 하버(Bar Harbor)에 머문 게 외출이라면 외출이었다. 이 시기 그녀가 쓴 일기에는 '미시즈 랜돌프'가 남편의 요트 코르세어에 모습을 드러냈다는 내용이 있다. 별 다른 코멘트가 곁들여지지 않았다. 1894년 1월 달에는 여러 날 동안 일기를 쓰지 않았다. 하지만 가끔 "피터폰트가 집에서 저녁을 먹었다", "피어폰트가 밖에서 저녁을 먹었다", "치료를 받고… 장부 정리 레슨을 받았다"고 적어놓았다. 그해 4월 15일 그녀는 "P. 그리고 Mrs. R.과 이야기를 나누었다"라고 기록했다. 그날 그녀가 남편에게 무슨 이야기를 했는지는 분명치 않다. 다시는 일기에 Mrs. R.을 남기지 않았다. 1894년 여름이 되자 패니는 유럽으로 갔다. 루이자와 앤이 이번에는 어머니와 동행했다. 그녀가 돌아온 이후 모건은 아내가 있는 자리에서 이디스 랜돌프를 만나지 않는다.

뉴욕 사교계에서 가십 매체인 〈타운 토픽스〉는 1895년 7월 "한 부호의 아내는 남편이 유럽에서 돌아온 시기에 매년 유럽으로 여행을 떠나고, 반대로 그녀가 돌아온 시점에 남편은 유럽으로 떠날까?"라고 의문을 제기했다. 〈타운 토픽스〉의 편집권은 1891년 사주이면서 편집자였던 유진 만(Eugene Mann)에서 형제인 윌리엄 달턴 만(William D'Alton Mann) 대령에게 넘어갔다. 만은 남북전쟁 영웅이면서도 건달처럼 지내는 사람이었다. 그는 〈타운 토픽스〉를 이용해 유명한 사람들을 협박하곤 했다. 그는 특정 인물을 지칭하지 않으면서 그 사람의 행태를 자세히 묘사했다. 당사자의 이름을 기사 가까이 인쇄하고는 침묵의 대가가 오기를 기다렸다. 그는 1895년 한 부호와 그의 아내 이야기를 이름을 밝히지 않은 채 보도했다. 직전 페이지에는 존 피어폰트 모건과 아내 패니, 이디스 랜돌프 이름이 등장하는 기사를 실었다.

만은 사실관계를 얼마나 정확하게 취재하느냐에 따라 저널리스트와 협박꾼의 성공 여부가 달려 있다고 믿었다. 그는 한때 라인랜더(Rhinelander)의 스펠링 가운데 'h'를 남겼다는 이유로 보조 편집자를 해고한 적이 있다. 그의 취재원에는 사회적 사다리를 타고 오르려는 한량, 유명 인사의 하인과 운전기사, 레스토랑 등의 웨이터 등이 망라되어 있었다. 그가 중상모략의 혐의로 1906년 기소되었을 때 그의 주머니를 불려주었던 명단이 법정에서 공개되었다. 윌리엄 K. 반더빌트(2만 5,000달러)와 그의 매제 W. 수워드 웹(1만 4,000달러), 철강회사 총수 찰스 M. 슈왑(Charles M. Schwab: 1만 달러), 캘리포니아 철도 거부 콜리스 P. 헌팅턴(5,000 달러), 존 피어폰트 모건(2,500달러), 윌리엄 C. 휘트니(1천 달러) 순이었다.

만은 법정에서 그들이 돈을 꾸어준 것이라고 주장했다. 그는 전혀 갚은 적이 없다. '모건 같은 사람이 담보도 없이 2,500달러를 빌려주었을까?'라는 의문이 제기되었다. 그는 "다른 저명한 인사들을 찾아간 목적 때문에 모건에게도 찾아갔다. 제가 생각하기에 그들은 저에게 호의를 베풀면, 제가 자신들을 비판하지 않을 것으로 생각한 듯하다"고 진술했다.

J. P. 모건은 이디스 랜돌프의 생활비 등을 책임졌다. 그는 이 지출을 장부에 전혀 올리지 않았다. 그녀는 여전히 젊었다. 한때 패니가 'P.와 Mrs. R.'에게 말했듯이 그녀는 다른 사람과 만나 더 좋은 미래를 가질 가능성이 분명했다. 만 대령이 전한 1895년 여름과 가을의 이야기는 모건 부부가 그 문제를 어떻

게 해결했는지 시사한다.

전 해군장관 휘트니도 1890년 이디스에게 접근했다. 하지만 그의 아내가 그를 저지했다. 아내 플로라 페인은 1893년 끝내 숨을 거둔다. 남편 휘트니는 플로라가 죽으면서 남긴 어마어마한 재산을 물려받았다. 그는 의무적으로 지켜야 하는 애도 기간이 끝난 뒤인 1896년 민주당 대통령 후보 지명전에 뛰어든다. 한 해 전인 1895년 8월 그는 새로 장만한 요트 컬럼비아호를 타고 대서양 연안을 거슬러 올라가 바 하버에 도착했다. 이때 이디스는 어머니와 자녀들과 함께 바 하버에 머물고 있었다. 모건은 요트 코르세어 선상에 머물고 있었다. 〈타운 토픽스〉는 그해 8월 15일 '가을이 북서쪽으로 향하다"는 기사를 실었다. "전직 장관이고 민주당 대통령 후보가 될 수도 있는 사람이 보인 관심을 두고 말이 많다. 그의 가족 가운데 한 사람은 뛰어난 미모를 지닌 남자와 여자가 약속할 수 있다고 귀띔했다"는 내용이었다.

충분한 팩트(Fact)를 확보한 만 대령은 계속 글을 이어간다.

"문제의 미망인에게 따뜻한 친구였고 뛰어난 조언자였던 저명한 금융인의 멋진 요트가 바 하버의 쌀쌀한 장면에 등장해 이야기를 더욱 복잡하게 만든다. 그의 등장으로 가십은 적대적인 캠프의 이야기로 갈라진다. 저명한 정치인이… 제 갈 길을 가는 동안 저명한 금융인은 미망인과 친구들을 태우고 파란 바다 위를 향해했다."

〈타운 토픽스〉의 다음 페이지에는 바 하버에 출현한 인물들의 이름이 등장했다. 전 장관 휘트니와 이디스 랜돌프의 남자 형제인 프레드 메이, 1894년 뉴욕 주지사 당선자인 루이스 머튼, 코르세어 선상의 미스터 피어폰트 모건 등이었다.

헨리 애덤스는 그해 가을 런던에서 휘트니의 대통령 선거에 관해 이렇게 친구에게 편지 쓴다. "국내 정치에 대해 말한다면, 휘트니의 경선 결과는 전적으로 미스터 모건과 미시즈 랜돌프의 손에 달려 있다."

그 당시 모건은 더 이상 무엇을 줄 여유가 없었다. 그해 9월 19일 만 대령은 철학적으로 그 사건을 회고한다. "결혼한 여성이 싱글이든 결혼했든 별 차이가 없는 남자들 가운데 자신의 헌신적인 노예가 되어줄 남자를 고르는 일이 점점 더 고급스러울 뿐만 아니라 필연적으로 바뀌고 있다."

가십 전문지의 편집자는 모건이 내셔널 커디지와 관련해 무슨 일을 하는지는 빼고 그해 여름 동안 들은 이야기를 전한다. "그녀의 숭배자 가운데 한 명은 한 가정의 유명한 아버지이다. 커디지의 사태를 잘 알고 있는 사람과 관련된 특별한 일이 진행 중이다. 그의 헌신은 너무 잘 알려져 있다. 그는 솔직함 때문에 상당한 찬사를 받았다. 그의 컬트(Cult) 대상은 유머와 열정으로 가득한 젊은 여성이다. 그녀의 인생 목표는 좋은 시간을 갖는 것이고, 이를 위해 온갖 열정을 쏟는다. 그녀의 이런 의도는 너무나 역력하다. 내가 듣기론 그녀와 가족들은 겨울을 정신없이 바쁜 이 멋쟁이의 거처에서 그리 멀지 않은 곳에서 보낼 예정이다."

1895년 뮌헨에 머물고 있는 애덜레이드 타운센드 더글러스(출처: 고 아네트 M. 쉬펠린)

'정신없이 바쁜 멋쟁이'가 관심을 쏟은 상대는 이디스 랜돌프의 절친한 친구 애덜레이드 더글러스(Adelaide Douglas)였다. 애덜레이드는 일반적인 시각에서는 그다지 예쁘지는 않지만, 우아하고 멋진 여성이었다. 그녀는 짙은 눈썹과 파란 눈동자, 깊은 목에서 나오는 알토 목소리를 가졌다. 만이 말한 대로 인생을 즐기는 자세는 모건 취향과 딱 맞았다. 그녀는 한 남자의 아내였고 두 아이의 어머니였다.

애덜레이드 루이자 타운센드(Townsend)는 1853년에 태어나 뉴욕 퀸즈 베이사이드(Bayside) 5번 애비뉴 120번지에서 성장했다. 그녀의 아버지는 17세기에 롱아일랜드에 정착한 영국 퀘이커 교도의 후예였다. 이름은 에핑험 로런스 타운센드(Effingham Lawrence Townsend)였다. 당시 유명한 경매 하우스인 타운센드 앤 몬턴트(Townsend & Montant)의 대표였다. 애덜레이드는 1879년 뉴욕 그레이스 교회에서 윌리엄 프록터 더글러스(William Proctor Douglas)와 결혼했다. 주례는 헨리 코드먼 포터였다. 애덜레이드 남편 윌리엄은 롱아일랜드의 리틀 넥 베이(Little Neck Bay)에 있는 땅 36만 평과 저택 등 상당한 재산을 물려받았다.

그의 아버지 조지 더글러스는 19세기 초에 영국 스코틀랜드에서 미국으로 이민 와 동인도 무역에 뛰어들어 상당한 재산을 모았다. 아버지 조지는 부유한 뉴요커들이 다운타운에 몰려 살고 있을 때 배터리(Battery)의 브로드웨이 55번지에 집을 짓고 살았다. 이후 맨해튼 북쪽 지역에 넓은 집을 짓고 이사하는 바람이 불자 14번가 웨스트로 이사했다. 이후 퀸즈 리틀 넥 베이의 동편에 있는 반 잔트(Van Zandt)로 이사해 나중에 아들에게 물려준 저택을 짓는다.

애덜레이드와 남편 윌리엄은 1873년 메트로폴리탄 박물관 쪽에 위치한 14번가의 집을 빌려 이사했다. 그때 5번 애비뉴에는 복스·물드가 빌딩을 신축하고 있었다. 윌리엄은 1876년 롱아일랜드의 땅에 있는 집 한 채를 지역 기차역으로 쓸 수 있도록 기증했다. 집을 기증하면서 그가 내건 조건은 그 읍을 더글러스턴이라고 해야 한다는 것이었다.

윌리엄은 애덜레이드보다 11살이나 위였다. 검고 곱슬머리였다. 머리의 한가운데에 가르마를 했다. 반짝이는 콧수염과 두터운 구레나룻을 가졌다. 그의 외모는 도금시대 전형적인 남성상이었다. 그는 폴로를 즐겼고, 역마차 경주클럽을 조직했고, 요트를 즐겼다. 그의 요트 사포호는 1871년 영국 아메리카 요트경주대회에서 잉글랜드 출신 도전자를 물리쳤다. 애덜레이드와 윌리엄은 결혼한 뒤 1년 동안 프랑스에서 허니문을 즐겼다. 그곳에는 친구인 제임스 고든 베네트 2세가 〈헤럴드〉의 프랑스 파리 판을 만들고 있었다.

　신혼부부는 허니문에서 돌아와 더글러스턴에 신접살림을 차렸다. 이디스와 아서 랜돌프 부부에게 자신들이 소유하고 있던 집 한 채를 주어 살게 했다. 더글러스 부부는 제임스 고든 베네트의 이름을 따 아들을 제임스 고든이라고 불렀다. 딸은 랜돌프의 이름을 따 이디스 사이빌이라고 불렀다. 랜돌프 부부는 자신들의 딸 이름을 이미 애덜레이드로 지어놓았다.

　더글러스 부부는 리틀 넥 베이에 살면서도 세인트 조지 교회에 나가기 시작했다. 레인스포드 신부가 쇠락해가는 교회를 부흥시켜 부자들을 다시 초대하고 있을 때다. 부부는 1888년 사우스햄턴(Southampton)에 저택을 지었다. 그 집은 현재 배스 앤 테니스(Bath and Tennis) 클럽으로 바뀌어 있다. 부부의 이름은 〈지역사회 족보〉에 1888년 등재되었다. 족보는 윌리엄이 유니언 라켓 클럽과 턱시도 클럽, 뉴욕 요트 클럽에 가입해 활동하고 있다고 소개했다.

　모건의 연인이 이디스에서 애덜레이드로 언제 바뀌었는지는 불분명하다. 또 더글러스 부부의 결혼생활이 언제 역동적으로 바뀌었는지도 알 수 없다. 애덜레이드 손자의 전언에 따르면, 예측할 수 없는 폴로 경기 방망이가 그녀의 남편 머리를 때린 이후 그는 정상 상태가 아니었다. 심지어 애덜레이드와 남편 친구인 제임스 고든 베네트 2세가 우정을 나누는 관계 이상이라는 루머가 나돌기도 했다. 소문은 아들 이름이 윌리엄 프록터가 아니라 제임스 고든이라는 사실에 의해 더 부풀려졌다.

　모건과 애덜레이드는 1895년 각각 쉰여덟 살과 마흔두 살이었다. 16년 차이였다. 그녀는 패니보다는 미미에 가까웠다. 영리하고 호기심이 많았다. 생기발랄하고 자신감으로 가득한 여성이었다. 거리낌 없이 사교활동에 뛰어들었다.

우울증이나 신경쇠약에 시달리지 않았다. 청교도 정신 때문에 고가의 물건에 반감을 가진 여성도 아니었다. 모건이 고가의 선물로 여성에게 접근한다는 점에 비추어 볼 때 그녀는 안성맞춤이었다.

애덜레이드는 누드 조각 앞에서 수줍어하거나 꺼리지 않았다. 순수 예술에도 상당한 조예를 갖고 있어, 모건의 수집에 상당히 도움이 되는 동반자였다. 그녀의 늘 생기발랄함에 모건의 우울증은 상쇄되었다.

만 대령은 1896년 가을 이디스 랜돌프와 윌리엄 C. 휘트니가 자신의 예측대로 결혼한다고 전했다. 두 사람의 로맨스 재개에 가장 큰 걸림돌은 휘트니의 처남인 올리버 헤어즈 페인이었다. 그의 이름은 휘트니와 랜돌프의 불화를 알리는 단서에 늘 등장했다. 페인 대령은 1890년 자형 휘트니가 이디스를 유혹한다는 사실에 분개했다. 페인은 누이인 플로라를 극진히 아꼈다. 그녀가 죽은 뒤에도 그의 마음은 한결같았다. 그는 부를 물려줄 자녀가 없었다. 재산을 누이의 자녀들에게 물려주려고 했다. 심지어 플로라의 자녀들이 아버지인 휘트니와 의절하지 않으면 절대 유산을 물려주지 않겠다고 협박할 정도였다.

플로라가 남긴 네 자녀 가운데 두 명은 외삼촌 편에 섰다. 영국인 알머릭 휴 파젯(Almeric Hugh Paget)과 결혼한 폴린(Pauline), 예일대학 학생이었던 페인이다. 반면 1895년 거트루드(Gertrude) 반더빌트와 결혼한 해리 페인과 당시 겨우 아홉 살인 도로시는 아버지 휘트니의 편에 섰다.

만 대령은 먼 곳에서 개인적인 결혼 문제를 조망하면서 "휘트니 씨는 처음부터 랜돌프 여사에 대한 사랑을 친구들한테 감출 수 없었다. 특히 그녀의 친구들인 윌리엄 더글러스 부부와 피어폰트 모건 씨는 조만간 그녀와 휘트니의 결혼이 이뤄질 것으로 믿고 있다… 그녀는 롱아일랜드의 더글러스턴과 바 하버의 작은 그룹의 남성들 사이에서 몇 년 동안 우상이었는데, 그녀의 결혼으로 그 남성 그룹은 해체될 운명"이라고 전했다. 만은 이디스를 숭배한 두 남성의 간극이 이미 극복되었다는 사실을 알고 있었다.

두 사람의 결혼식은 바 하버에서 거행되었다. 휘트니의 자녀들은 아무도 참석하지 않았다. 만 대령은 "휘트니 장관과 그의 신부는 멋진 커플이 될 게 틀림없다. 그녀는 새 남편만큼 키가 컸고, 훌륭한 외모를 가지고 있으며, 17~18세기 프랑스에서 유명한 브루넷(Brunette) 연가에 나오는 여성만큼 아름다워 아주 훌륭한 신부가 될 게 분명하다"고 전했다. 더 나아가 그는 "모건 부부는 하객 명단에 없었다"고 덧붙여 읽은 이들의 호기심을 한껏 자극했다.

만 대령은 모건과 애덜레이드 스토리는 1896년에 전하지 않았다. 그가 웬만한 사람이면 알 수 있도록 "한 가정의 잘 알려진 아버지는 커디지의 사태를 잘 알고 있는 사람"이라는 단서를 제시한 직후 곧 바로 모건의 돈이 전달되었을 수도 있다. 그는 앞의 내용과는 상관없는 단락에 모건의 이름을 밝혔다. 아마도 모건이 그에게 나중에 법정에서 밝혀질 2,500달러를 '꾸어준' 시기가 이때쯤이었을 것이다. 〈타운 토픽스〉는 1890년대 후반에 모건의 이름을 종종 거명했다. 하지만 기사들은 주로 찬사로 가득한 금융 관련 뉴스였다.

―――――⟨⟩――――――

도금시대에는 혼외정사가 뉴욕 상류사회에서 흔한 일이었다. 그들의 염문은 일정한 패턴과 구조를 갖고 있었다. 이디스 워튼은 《순수의 시대》에서 핸섬한 젊은이가 결혼한 여성과 관계를 맺는 일이 "사랑하고 존경하는 여성과 즐기는 여성을 구분하는 풍조와 함께 발생하기 시작했다"고 말했다. 옛날 뉴욕의 페미니스트들은 그런 관계가 나쁘지 않다고 봤다. 그들은 "미혼 남자와 결혼한 여성의 성관계가 알려지면, 그 남자는 바보가 되고 그 여성은 항상 죄인 취급을 받았다"고 지적했다. 워튼의 소설에 등장하는 개명한 신대륙 인물은 "복잡한 유럽의 공통체에서는 사랑 문제는 쉽게 비밀로 치부되지 않았고 단순한 일도 아니었다"고 말한다.

모건은 인생의 대부분을 복잡한 구대륙 유럽의 공동체에서 보냈다. 철저하게 즐기는 여성과 사랑하고 존경하는 여성을 구분했다. 이런 성향과 행태는 아버지 주니어스를 비롯해 영국의 귀족들과 비슷하다. 미국 거실에서 다른 사람들을 판단하고 논하는 부류와는 거리가 좀 있었다. 실제로 웨일스 왕자인 에드워드 앨버트는 수년 동안 반공개적으로 혼외정사를 벌였다. 그는 빅토리아 여왕이 숨을 거두었을 때 쉰아홉 살이었다. 오랜 기간 왕위를 기다리면서 호색적인 모험을 벌이는 일이 그의 취미생활이었다. 헨리 제임스는 비서에게 보낸 편지에서 웨일스 왕자를 '애무의 달인'이라고 불렀다. 그 영국 왕실 인사는 "아름다운 여자들과 어울릴 때가 가장 행복했다"고 말했다.

빅토리아 시대의 상류사회에서 특히 웨일스 왕자의 저택인 말보로궁에서 공식적인 윤리는 "여성은 결혼하기 전까지는 성경험이 없어야 한다"는 것이었다. 하지만 당시 상류사회 여성들은 너무나 쉽게 그 윤리의 문지방을 넘었다. 이후에는 남편이나 남자 형제들만큼이나 관대한 질타를 받았을 뿐이다. 19세기 말 웨일스 왕자가 가장 좋아했던 여성은 앨리스 케펠(Alice Keppel), 즉 조지 부인이었다. 웨일스 왕자는 한때 프랑스 특급 호텔인 브리스톨에 머문 적이 있었다. 그의 정부는 얼마 떨어지지 않은 벤돔(Vendôme) 호텔에서 그를 기다리고 있었다. 모건도 프랑스를 여행할 때마다 그 호텔에서 머물렀다. 1900년대 초 애덜레이드와 함께 여행할 때는 그녀를 벤돔 호텔에 머물게 했다. 호텔 쪽은 그녀를 위해 최고급 객실을 봄마다 개조했다고 애덜레이드 손자는 말했다.

예술품 딜러는 모건에게 18세기 프랑스 가구와 도자기, 장식품들이 '프랑스에 배달될 예정'이라며 대금을 청구했다. 청구서에 따르면, 그 물품들을 조립하고 배치하는 일은 파리에서 했다. 이런 대금이 1904~1908년에 해마다 봄철이면 모건의 특별 계좌에서 빠져나갔다. 아내 패니가 Mrs. R에 대해 불만을 털어놓은 적이 있었다. 그 바람에 그는 Mrs. D.를 수년 동안 비밀리에 만난 듯싶다. 패니가 해외에 머물고 있던 1899년 7월의 주말에 모건은 Mrs. D.를 크래그스톤에 데리고 갔다. 이듬해인 1900년 봄에는 그녀와 그녀의 딸을 런던에서 보기로 약속했다. 이때 패니는 일기에 '더글러스 여사(Mrs. D.)와 딸 사이빌'이 프린스 게이트 집에서 저녁을 먹고 차를 마시기 위해 찾아 왔다고 기록했다. 패니가 미국으로 돌아간 이후에는 모건과 애덜레이드, 그녀의 딸과 함께 유럽으로 가 여행을 즐겼다.

이디스 랜돌프가 남편을 원했기 때문에 모건과의 관계에 금이 간 듯싶다. 애덜레이드 더글러스는 남편을 원하지 않았다. 그녀와 남편 더글러스는 1899년 맨해튼 57번 웨스트 28번지에 살고 있었다. 그들은 결국 별거에 들어갔다. 그녀는 남편이 가지고 있는 땅에 대한 권리를 모두 포기했다. 남편 더글러스는 그녀에 대한 복잡한 심경을 끝까지 유지하지 않았다.

하지만 그녀의 남편은 1919년 숨을 거두면서 그녀 앞으로 연금과 땅의 3분의 1을 남겼다. 그는 "그녀가 모든 내 땅에 대한 모든 권리를 포기한다고 선언했지만" 자신이 지정한 유산을 받으라고 권했다. 애덜레이드는 자신 명의의 재산을 가지고 있었다. 모건도 경제적으로 그녀를 도왔다. 1897년 그녀의 자녀들을 위해 1인당 12만 달러를 신탁해두었다. 그들이 성인이 될 때까지 신탁자금을 법적 후견인에게 맡겨두었다.

모건은 애덜레이드에게 보석과 예술작품, 고가구, 책, 컬렉션 목록, 고급 옷, 집 한 채, 신탁펀드 50만 달러를 주었다. 그녀를 기쁘게 해주기 위해 왕실과 귀족들이 사용했던 골동품을 수집한 듯하다. 그녀가 받은 목록에는 프랑스 루이 15세가 가장 사랑한 딸인 애덜레이드 공주가 1739년에 직접 쓴 기도서가 포함된 천주교 미사전서를 비롯해 아름답게 장정된 기도서, 루이 14세와 몽테스팡(Madam de Motespan) 사이에서 태어난 딸인 오를레앙 공작부인이 사용한 기도집 3권 등 테크(Teck) 공작부인인 매리 애덜레이드가 1870년대 쓴 편지 10여 통 등이 들어 있다.

———————✳———————

중년의 모건은 버몬트에 살고 있는 미망인 매리 매킬베인스(Mary McIlvaines)와 그녀의 아들인 클레어런스(Clarence)를 비롯해 많은 친구들을 마음씨 좋은 아저씨처럼 돌보았다. 클레어런스는 미미의 조카인 조너선 스터지스와 나란히 1885년 프린스턴을 졸업했다. 조너선은 미미의 남자 형제의 아들이다. 어릴 적 폴로 게임을 하다 불구가 되었다. 그는 프린스턴 대학을 졸업한 뒤 법학을 공부했다. 이후 잉글랜드로 거처를 옮겨 문학 저널의 기자로 일하며 헨리 제임스의 벗이 되었다.

모건은 매킬베인스의 자금을 관리해주었다. 크래그스톤의 근처에 있는 집에서 살 수 있도록 배려하기도 했다. 1887년 그는 클레어런스가 "내가 아는 유망한 젊은이 가운데 한 명이고, 열정적으로 저널리즘을 공부하고 있는 청년"이라며 〈뉴욕 트리뷴〉 화이트로 레이드에게 추천했으나 채용되지는 않았다. 그는 모건의 도움을 받았는지 아닌지 알 수 없다. 하지만 클레어런스는 출판회사인 하퍼 앤 브라더스(Harper & Brothers)에 취직했다. 여가 시간 대부분을 조너선 스터지스와 함께 보냈다. 1891년에는 모건의 둘째 딸인 줄리엣에게 청혼했다.

줄리엣은 1892년 1월 1일 언니 루이자에게 청혼 받은 사실을 알렸다. 줄리엣은 "친구로서 그를 좋아하기 때문에 상처를 주기 싫다"고 말했다. 모건의 딸 가운데 가장 예쁜 이 소녀는 아직 사랑의 마음을 다루는 일에 서툴렀다. 그녀는 "남자들은 전혀 불필요한 감정으로 왜 우정을 해치려고 하는지 알 수 없다"고 말했다. 줄리엣은 친구로서 좋아하기 때문에 사랑할 수가 없다고 클레어런스에게 말했다. 그는 완곡한 거절을 받은 뒤 마음이 상했을 수 있다. 줄리엣은 큰 언니 루이자에게 "내가 그와 결혼하면 2년 안에 그가 불행해질 것 같다"고 말했다.

클레어런스와 줄리엣의 사랑은 모건에게 전혀 문제가 되지 않았다. 그는 여섯 달 뒤 경제 문제와 가정사에 대해 이렇게 편지한다. "오늘 아침 자네의 어머니를 만났네. 아주 좋아 보이시더군. 일이 어떻게 진행되는지에 대해 간간히 충고하고 관심을 쓰겠다. 담배피우지 말게나. 잔소리한 것을 용서하게, 흡연에 대해 주의를 줘야 한다고 느껴 그랬다"고 말했다.

줄리엣은 클레어런스가 받은 상처를 더 이상 달래주지 않았다. 대신 그녀는 또 다른 금융인을 모건 집안에 데리고 들어왔다. 1894년 4월 알렉산더 해밀턴의 후손인 윌리엄 피어슨 해밀턴(William Pierson Hamilton)과 결혼했다. 결혼식은 세인트 조지 교회에서 열렸다. 웨딩 조찬은 모건의 집인 매디슨 애비뉴에서 열렸다. 그날 꽃 장식은 뉴욕 화훼 전문가인 솔리가 맡았다. 루이스 셰리(Louis Sherry)가 음식 등 만찬을 주관했다.

모건은 줄리엣에게 맨해튼 허드슨 강에서 서쪽으로 38마일 떨어진 곳에 있는 턱시도(Tuxedo) 공원 근처의 집을 주었다. 이 집은 1886년 피에르 로릴러드(Pierre Lorillard)가 닦은 73만 평짜리 주거지역에 있었다. 모건은 집 외에도 연간 1만 달러를 지급했다. 줄리엣의 남편에게 드렉셀·모건의 한 자리를 주었다.

애덜레이드 더글러스는 이디스 랜돌프와 마찬가지로 가장 친밀한 모임의 멤버였다. 그들은 아네트 웨트모어가 이혼하고 산부인과 의사인 제임스 마코와 결혼한 것과 같은 사생활을 철저히 존중했다. 마코 부부는 모건이 선물로 준 맨해튼 55번가 웨스트 12번지에 있는 집에서 1897년 결혼했다. 그 집의 프론트 홀에는 가마형 의자와 갑옷 한 쌍이 놓여 있었다. 아네트는 그해 가을 아이를 낳을 예정이었다.

모건은 일을 마친 뒤 거의 매일 마코 부부를 보기 위해 그 집에 들렀다. 그는 오후 늦은 시간에 도착해 마코의 개인 진료실로 곧장 들어가 소파에 앉는다. 두 사람이 진찰과 사적인 대화를 마친 뒤 다른 사람들과 어울려 술을 한 잔 한다. 찰스 래니어와 조지 보도인, 변호사 루이스 캐스 레디어드(Lewis Cass Ledyard), 모건의 후원으로 건설된 산부인과 병원(The Lying-In)의 건축가인 밥 로버트슨(Bob Robertson) 등이 저녁식사에 참석했다.

시간이 흐른 뒤 더 많은 멤버들이 저녁에 참석했다. 애덜레이드 더글러스, 스탠퍼드 부인인 베시 화이트, 화이트와 윌리엄 C. 휘트니, 레디어드 부인, 애덜레이드 여동생인 에밀리 우드버리(Emily Woodbury), 이디스 여동생인 앨리스와 요트 디자이너이고 그녀의 남편인 J. 비버-웹 등이다.

이들은 외부자들이 볼 수 없었던 모건의 여성적인 면모를 직접 체감할 수 있었다. 아네트 마코는 "모건이 아주 여성적인 기질을 가지고 있었다"고 나중에 회상한다. "그의 부드러움과 동정심, 감성적인 천성, 아름다운 것과 예쁜 옷들에 대한 그의 관심과 사랑은 여성만큼이나 강했다"고 했다. 마코 부부의 딸에 따르면, "모건은 친한 사람과 이야기를 나누기를 좋아했고 여러 사람을 웃겼지만, 지루한 사람과는 한순간도 같이 있으려 하지 않았다. 그는 청교도적이거나 잘난 체하는 사람들을 짓궂게 놀리기도 한 사람이었다." 그는 아들 잭의 아내인 제시가 사뭇 지루하고 청교도적이라고 느꼈다. 그는 며느리를 '차갑고 딱딱한 보스턴 사람'이라고 불렀다. 하지만 며느리는 시아버지의 편잔에 동의하지 않았다. 잭은 아주 신뢰할 만한 남편이었다. 모건은 이 젊은 커플에게 넉넉한 바람막이가 되어 주었다.

아네트 마코도 자칫하면 맨해튼 55번가 웨스트의 저녁 만찬이 모두 남성들로만 이루어질 수 있다고 우려했다. 이런 사태를 막기 위해 자신이 주최한 디너파티를 열기도 했다. 그녀는 전혀 망설이지 않고 모건과 격론하기도 했다. 마코의 딸은 "두 분은 성경 내용을 두고 거의 미친 듯이 토론하기도 했어요. 모건 씨는 성경 지식에 대해 자부심을 갖고 있었고, 어머니는 구절을 들먹이며 반박했어요. 성경을 직접 펴보기 전에 누가 옳았는지 내기하기도 했습니다"고 증언했다.

모건은 자신의 집보다 마코의 집에서 더 많은 시간을 보냈다. 그는 마코 부부를 요트 코르세어호에 초대해 해외 여행을 떠나기도 했다. 그들이 요트 여행을 떠날 때는 애덜레이드가 자주 동행했다. 모건이 유럽에 머물고 있을 때에는 예술품과 고가구를 마코 부부에게 보내주었다. 모건 자신이 멀리 출타해 차를 쓰지 않을 때는 운전기사와 차를 의사 부부에게 내주었다.

모건은 크래그스턴의 바로 북쪽에 있는 온다오라(Ondaora)에 있는 시골 저택을 의사 부부에게 주었다. 모건이 의사 부부에게 배풀어준 여러 가지 혜택은 루머의 훌륭한 소재였다. 모건이 자신의 아이들을 가진 연인들을 위해 산부인과 병원을 지었다는 설이 퍼졌다. 사람들은 그가 마코의 아내를 사랑해 시골집 등 많은 선물들을 주었다고 입방아 찧기도 했다.

모건이 가장 친한 의사의 아내인 아네트 마코에게 연정을 품었다면, 그만의 짝사랑이었을 것이다. 금융가와 친한 친구 아내의 염문설은 여러 가지 정황에 의해 그럴 듯하게 각색되었다. 그녀는 일단 아름다웠다. 마코 부부가 처음에는 모건 그리고 이디스 랜돌프와 많은 시간을 보냈다. 나중에는 모건과 애덜레이드 더글러스와도 함께 어울렸다. 이런 사실 때문에 루머가 비롯되었다고 할 수 있다. 정확히 말한다면, 마코 부부는 모건이 처음에는 이디스, 나중에는 애덜레이드와 맺은 혼외사랑에서 벗들이면서 들러리였다.

모건의 여성화에 관한 루머는 상당 부분 사실이었다. 하지만, 육체적인 의미에서 여성이 되었다기보다는 여성적인 취미 생활을 즐겼다고 말해야 정확하다. 마코 부부가 1897년 11월 아이를 낳았을 때, 그들은 모건과 애덜레이드를 아이의 대부모로 지정했다.

1893년 여름 파트너 앤서니 드렉셀이 숨졌다. 그의 죽음이 낳은 파장을 정리해야 하는 일은 모건의 몫이었다. 동시에 그는 경제 공황의 후유증도 극복해야 했다. 모건은 두 충격이 가시기를 기다린 뒤에 파트너십을 재편하기로 했다. 1892년 투자은행 드렉셀·모건의 순이익은 160만 달러였다. 하지만, 패닉이 발생한 1893년 적자 110만 달러로 줄었다. 이후 순이익은 1894년 130만 달러까지 회복했다. 바로 그해 10월 모건이 파트너십 개편에 나선다.

J. P. 모건은 필라델피아와 뉴욕의 파트너 10명을 전원 메트로폴리탄 클럽으로 초대했다. 그날 모임에는 에드워드 T. 스토츠버리(Edward T. Stotesbury)와 조지 C. 토머스(George C. Thomas)가 필라델피아에서 달려왔다. 뉴욕에서는 찰스 코스터와 J. 후드 화이트, 조지 보도인, 아들 잭 모건 등이 참석했다. 보도인의 아들 템플은 변호사이면서 은행 회계사였다. 1893년 초 뉴욕 드렉셀·모건의 파트너가 되었다.

토니 드렉셀의 아들인 앤서니 드렉셀 2세는 비즈니스보다는 사회활동에 더 관심이 많았다. 아버지가 숨을 거둔 지 몇 달이 안되어 투자은행 드렉셀·모건을 떠났다. 파트너들은 우아한 벽난로와 우유빛 샹들리에가 장식된 전용 룸에서 모임을 가졌다. 드렉셀·모건의 창립 이후 모든 파트너가 한곳에 모인 것은 이때가 처음이었다. 그들은 식사를 마친 뒤 '시니어' 파트너인 모건이 미래 계획을 전체적으로 설명한다.

모건의 설명에 따르면 필라델피아와 뉴욕에 본거지를 둔 두 은행은 1895년 초 새로운 파트너십에 따라 재편되었다. 뉴욕의 드렉셀·모건은 회사 이름이 투자은행 'J. P. 모건(J. P. Morgan & Co.)'으로 바뀌었다. 필라델피아의 투자은행 드렉셀(Drexel & Co.)의 이름은 그대로 유지하기로 했다. 하지만, 드렉셀 가문 사람은 아무도 파트너로 참여하지 않았다.

1894년 10월 메트로폴리탄 클럽에 모인 파트너들은 새로운 미래와 직면하게 된다. 1871~1890년 사이에 주니어스 모건과 앤서니 드렉셀은 보호자이고 후견인으로서 바람막이였다. 1895년 1월 1일 모건이 주니어스와 앤서니가 개척해놓은 금융 왕가를 이끄는 유일한 리더로 떠올랐다. 관련 회사들을 모건이 전적으로 주도권을 행사하는 단일 지도체제 아래 편입되었다.

파리의 법인은 모건·하제스(Morgan, Harjes & Co.)로 이름이 바뀌었다. 이 은행에서도 모건은 신규 자본을 투자하고 '시니어' 파트너가 되었다. 모건은 아버지 주니어스가 숨을 거둔 이후 월터 번스와 힘을 합해 런던의 'J. S. 모건'을 총괄 지휘하고 있었다. 새로 재편된 파트너십에서도 런던법인의 지배구조가 변하지 않았다. 런던법인은 순이익과 순손실을 다른 법인들과 나누지 않아도 되는 독립 회사로 남아 있게 되었다.

런던 J. S. 모건의 순이익은 모건과 월터 번스가 각각 40퍼센트씩 가져가기로 했다. 나머지 20퍼센트는 로버트 고든에게 돌아갔다. 뉴욕의 투자은행 J. P. 모건과 필라델피아의 투자은행 드렉셀의 자본금 합계는 1895년 초 710만 달러였다. 이 가운데 모건은 65퍼센트인 460만 달러를 투자했다. 나머지는 파트너 다섯이 맡았다. 파트너십 계약 기간은 5년이었다. 두 회사의 합산 순이익 가운데 35퍼센트는 모건의 몫이었다. 스토츠버리와 토머스가 각각 14퍼센트를 차지했고, 코스터와 조지 보도인이 11퍼센트씩 나눠가졌다. 소액 투자자인 잭과 템플 보도인은 각각 순이익의 2퍼센트를 배당받았다.

뉴욕과 필라델피아 회사의 1895년 합산 순이익은 200여만 달러였다. 대부분은 철도회사 구조조정 작업에서 나왔다. 순이익은 이후 꾸준히 늘어나

1896년 230만 달러, 1897년 430만 달러, 1898년에는 580만 달러, 1899년에는 810만 달러가 되었다. 모건 하우스들이 달성한 순이익을 투자은행이 아닌 시중은행 내셔널 시티은행과 견주어볼 필요가 있다. 내셔널 시티는 한때 전당포 수준의 작은 은행에서 미국에서 가장 큰 은행으로 발돋움한 상태였다. 이 은행이 1895년 자본금 규모가 420만 달러였고, 순이익은 40만 달러 정도였다. 1900년에는 자본금 1,550만 달러와 순이익 120만 달러로 늘어났다.

모건은 1890년대 미국의 어떤 금융가보다 효율적으로 파트너들을 부리기로 유명했다. 찰스 코스터는 만성적인 과로로 탈진한 상태였다. 메트로폴리탄 회동 한 달 뒤인 1894년 11월 J. 후드 화이트가 숨을 거둬 파트너 대열에서 이탈했다. 당시 그는 쉰여덟 살로 모건과 동갑내기였다.

잭 모건은 월스트리트 23번지의 내부 핵심자 그룹에는 끼지 못했기 때문에 내부의 1급 비밀업무에서 배제되었다. 비밀을 알 수 있는 자리에 있었다 하더라도 살인적인 업무 부담을 감당할 인물이 아니었다. 총수의 2세인 그가 회사 내부 정보를 알지 못해 무엇이 진행되고 있는지를 다른 사람들에게 물어보곤 한 이유다. 그의 아버지는 혈연보다는 전문성을 갖춘 후계자를 계속 탐색했다. 하버드대학을 졸업한 로버트 베이컨(Robert Bacon)이라는 젊은이가 1894년 파트너로 영입된 까닭이다.

그때 베이컨은 보스턴 금융회사인 리·히기슨에서 일하고 있었다. 모건은 제너럴 일렉트릭을 재편하는 과정에서 그 젊은 은행가와 조우한 듯하다. 1880년에 입학한 그는 하버드 시절에 축구·배구·육상·복싱·조정 등에서 스타가 되었으며 상위 30퍼센트 성적의 성적으로 졸업했다. 나중에 미국 대통령이 되는 시어도어 루스벨트 2세와 평생지기로 지내는 인물이다. 거의 모든 사람들은 불임성이 좋고 미남인 베이컨을 좋아했다. 예일대학 출신으로 스포츠에서 경쟁자였던 한 사람은 베이컨이 1학년일 때 경기에서 만났는데, 이후 그를 잊지 못했다. "큰 키에 금발의 곱슬머리를 가진 거인이었고, 아도니스처럼 잘생긴 미남이었다." 시어도어에 따르면, "베이컨은 클래스에서 가장 핸섬한 청년이었고… 그의 성격도 외모만큼이나 멋있었다." 투자은행 드렉셀·모건의 한 파트너는 모건이 "그와 사랑에 빠졌다"고 말할 정도였다. 베이컨과 아내 마사(Martha)는 1892년 6월 크래그스톤에서 주말을 지냈을 뿐만 아니라 1893년 10월에도 그곳에서 머물렀다.

도금시대에 하버드를 졸업하고 금융회사에서 일하는 남성 가운데 '외모가 출중하다' 또는 '누가 사랑에 빠졌다'는 말을 들었던 유일한 인물은 바로 로버트 베이컨이다. 그는 월스트리트가 영입을 제안했을 때 아내와 자녀들과 함께 프랑스에서 1년 동안 휴가를 즐기고 싶었다. 하지만 모건의 설득력은 미모의 여성뿐만 아니라 전도유망한 젊은 파트너에게도 통했다. 모건은 세계 최정상급 금융회사가 탐내는 지위와 순이익 5퍼센트를 가져갈 수 있는 자격, 최고 실세인 자신의 따뜻한 관심을 카드로 내놓았다. 결국 베이컨은 제안을 받고 '예스'라고 말했다. 헨리 리 히긴슨은 베이컨이 월스트리트로 이동하는 데 처음에는 반대했다. 하지만 은행가보다는 절친한 벗에게나 어울리는 조건을 받고 잘되기를 빌었다. 히긴슨은 그동안 모건과 함께 일하면서 그가 낯선 사람에게 꼼꼼하고 빡빡해 대하기 힘든 상대라는 점을 알고 있었다. 보스턴의 귀족인 그는 "내가 자네와 함께 일하면서 얻은 즐거움을 모건이 느낀다면… 그는 아주 행복한 친구가 될 걸세. 그도 분명히 자네와 일하는 게 기쁠 걸세"라고 말했다. 히긴슨은 "모건이 낯선 사람들에게 거북한 존재이지만, 같이 일하는 사람들에게는 친절하고 상냥한 인물이다"고 말해주었다.

그러나 히긴슨은 모건이 파트너들에게 헤라클레스와 같은 힘을 발휘하라고 요구한다는 사실을 익히 알기 때문에 핸섬한 이 청년에게 경고의 말도 아끼지 않는다. "자네는 은행 업무를 할 수 있고 좋아하지만 코스터처럼 너무 과도하게 일하지 말게. 그는 훌륭한 사람이지만 현명하지 않았네. 할 수 있는 한 연락하며 지내세."

베이컨은 1895년 초 투자은행 J. P. 모건에 합류했다. 그의 합류로 월스트리트에서는 "신이 보낸 천사들이 인간의 딸 가운데 아내를 찾았는데, 그들이 바로 모건의 파트너들"이라는 말이 회자되었다.

모건의 신참 파트너는 과로에 대한 히긴슨의 권고를 명심하지 않았다. 베이컨은 뉴욕에 온 지 석 달이 지난 이후 프랑스 여행을 같이 갈 수 없다고 아내에게 말한다. "내 인생에서 처음으로 진짜 일을 해보는 것 같다오. 내가 재미 삼아 쓸모없는 부품이라고 부르는 내 머리를 어떻게 써야 할지를 알아낸 것 같다오." 이때 모건은 유럽으로 여행을 떠날 참이었다. 베이컨은 아내에게 "내가 안고 있는 책임감을 생각하면 약간 몸서리가 처진답니다… 내 인생이 난류에 휩쓸려 있는 듯합니다. 당신에 대한 생각 외에는 다른 것을 생각할 틈이 없다오"라고 말했다.

1893년 패닉과 뒤이은 공황으로 인해 노동자 해고와 임금 삭감이 빈발했고 파업의 물결이 미국을 다시 휩쓸었다. 66만 명이 실직한 1894년 미국에서는 파업이 1,400차례나 발생했다. 《철도의 시대Railroad Age》를 쓴 작가는 "전쟁이나 민중 봉기에 시달리고 있지 않은 나라 가운데 1894년 전반기 미국처럼 혼란하고, 인간의 가격이 헐값이며, 정부가 법의 지배를 강제할 수 없는 곳은 문명화한 사회에서 없다"고 진단했다.

그해 여름 미국에서 선풍적인 인기를 끌었던 책은 원시적인 포식자처럼 설치는 독점 자본을 공격한 헨리 디마레스트 로이드(Henry Demarest Lloyd)의 《공동체에 반하는 부Wealth against Commonwealth》와 은화의 필요성 등을 강조한 윌리엄 호프 하비(William Hope Harvey)의 《동전 학파Coin's Financial School》였다.

오하이오 출신 인민주의자인 제이콥 콕시(Jacob Coxey)는 1894년 봄 실직자들을 조직해 워싱턴까지 행진했다. 그들은 화폐 공급 확대를 주장했고 연방정부의 실업자 구제를 요구했다. 콕시가 이끄는 실업자 500명이 그해 4월 30일 워싱턴에 도착했다. 경찰은 리더들을 체포하고 대열을 강제로 해산시켰다. 그런데도 실업자 수백 명이 공황 시기 노동력의 값을 적어 피켓을 들고 그해 워싱턴을 향해 행진을 강행했다.

1894년 5월에는 시카고 외곽에 있는 조지 M. 풀먼의 공장 노동자들이 파업에 뛰어들었다. 그때 풀먼은 노동자 3분의 1을 해고하고, 임금 30퍼센트를 깎았다. 이때까지 1년 동안 풀먼은 임금을 네 차례나 삭감했다. 그런데도 회사는 노동자들의 주택 임대료나 식비를 그대로 받아 노동자들의 고통을 가중시켰다.

미국 철도노동조합 회장인 유진 V. 뎁스(Eugene B. Debs)는 풀먼 쪽이 협상을 거부하자 파업 명령을 하달했다. 철도회사의 경영자들이 풀먼을 지지하며 나서자, 유진은 전 철도회사의 노동자들에게 총파업을 지시했다. 결국 6월 말에는 시카고 서부지역의 모든 철도회사들이 운행 중단상태에 빠졌다. 철도회사 사주와 경영진의 호소에 연방정부는 파업으로 공공 서비스인 우편물 수송까지 이루어지지 않는다는 명분을 내걸고 개입한다. 사실 당시 우편 화차를 풀먼 소속이 아닌 열차에 연결하지 않은 방식으로 우편 수송을 방해한 쪽은 철도 경영자들이었다. 검찰총장 리처드 올니(Richard Olney)는 노동자들에게 직장에 복귀하라는 명령서를 발부했다.

유진 뎁스는 검찰총장의 명령을 무시했다. 7월 4일 클리블랜드 대통령은 연방군 2만여 명을 시카고로 파견했다. 연방군이 파견되기 전까지 파업은 평화적으로 이루어지고 있었다. 연방군이 투입되자, 물리적 충돌이 발생해 결국 12명이 숨지고 수십 명이 부상을 입는 사태가 발생했다.

파업은 결국 실패했다. 뎁스는 법무부의 직장 복귀 명령을 거부했다는 이유로 감옥에 보내졌다. 연방정부가 파업과 관련해 사주와 경영자의 편에 섰다는 사실과 민주당 출신 대통령이 철도 자본을 보호하고 실업자에게 일자리나 구호식량을 제공하지도 않았다는 사실이 당시 사회적 갈등을 더욱 복잡하게 만들었다.

실직자 행진과 철도 노동자의 파업은 리버럴 개혁주의자들이 노동자의 편에 서는 계기가 되었다. 보수주의자들은 사회주의와 군중의 지배를 더욱 두려워하게 되었다. 유진 뎁스는 형기 6개월을 마친 뒤 노동조합주의로는 노동자들이 겪고 있는 경제적인 문제를 해결할 수 없다고 확신했다. 그는 결국 사회주의자로 변신했다. 이후 20년 동안 미국 사회주의 진영을 이끈다.

모건은 노동자의 파업과 공권력과 충돌에 대해서도 별다른 기록을 남기지 않았다. 그는 노동자의 행진과 파업이 벌어진 시기에 미국 경제의 전반적인 회복을 돕는다는 생각에 파산한 철도회사의 재생작업에 심혈을 기울였다. 이와 함께 그는 미국의 재부무 정책과 움직임을 예의주시했다. 재무부는 1895년 통화위기를 제대로 해결하지 못한다. 모건은 스스로 비공식 재무장관으로 나서야 했다.

황금의 정치학

모건은 1890년대 금본위제를 적극적으로 지지·수호했다. 분노한 남부와 서부 사람들은 그를 '거대한 금융 고르곤(Great Financial Gorgon)'[1]이라고 불렀다. 1870년대 통화 시스템를 둘러싼 두 진영은 각자 처지와 이해관계에 맞는 주장을 내놓았다. 두 진영의 주장은 모두 옳았다.

농민과 노동자, 중소 상공인들은 경기악화로 심각한 상처를 입었다. 생존을 위해 손쉽게 접근할 수 있는 화폐(이지 머니: Easy Money)를 원했다. 반면 동부의 은행가와 정부 관료, 여전히 이머징 마켓 신세였던 미국 경제에 필요한 자본을 끌어들이기 위해서는 유럽 자본가의 이익을 보호해주어야 한다고 믿었다. 이들은 달러 가치를 안정적으로 유지해 자본 유입을 계속하도록 해야 한다고 주장했다.

미국은 1890년 초 무역수지 적자에 시달렸다. 은화법의 폐지로도 금 유출을 막을 수 없었다. 해외 투자자들은 값싼 돈(Cheap Money)에 대한 수요가 미국에서 급증할 것이라고 우려했다. 미국 채권과 주식을 계속 처분해 마련한 현금을 유럽으로 가지고 갔다. 내셔널 시티은행의 총재인 제임스 스틸먼(James Stillman)은 1894년 7월 재무부 관료에게 보낸 편지에서 "외국인이 소유하고 있

---

1. 보는 사람을 돌로 변하게 하는 세 자매 괴물 -옮긴이

는 미국의 자산이 얼마나 되는지를 알고 있는 사람은 거의 없다"고 지적했다.

외국 투자자는 1890~1894년 채권과 주식 3억 달러 어치를 처분하고 금으로 바꿔 빠져나갔다. 재무부가 보유한 금은 1893년 말 예년의 1억 달러에서 6,000만 달러로 줄어들었다. 당시 연방정부는 소득세를 매기지 않았다. 화폐를 발행할 권리를 가지고 있지 않았다. 재무부는 금을 사거나 빌려와야 했다. 연방정부가 채권을 발행해 금을 빌려오는 일은 순전히 달러 가치와 신뢰도에 달려 있었다.

클리블랜드 대통령과 전 켄터키 출신 상원의원이었고 하원의 의장을 지닌 존 G. 칼라일(John G. Carlisle)은 1894년 채권을 발행해 줄어드는 금을 보충하려고 시도했다. 뉴욕의 시중은행들이 그해 1월 정부의 채권 5,000만 달러어치를 인수하면서 채권 대금을 지급해 금 보유량이 1억 700만 달러 수준으로 회복했다. 하지만 그해 11월까지 금 4,600만 달러어치가 유출되어 유럽으로 흘러들어갔다.

미 정부는 하는 수 없이 1894년 11월 채권 5,000만 달러 이상을 발행했다. 이번에는 드렉셀·모건이 인수자로 나섰다. 하지만 그해 연말이 되자, 금 보유량을 유지하려는 클리블랜드와 칼라일의 노력은 아무런 효과가 없는 것으로 드러났다. 외국 투자자들의 탈출 러시로 1894년 4분기 석 달 동안 미국을 빠져나간 금은 모두 8,400만 달러에 달했다. 새해 들어서는 더욱 사태가 심각해졌다. 1895년 1월 24일 금 보유량이 6,800만 달러 수준으로 급감했다. 그런데 일주일 뒤에는 금 보유량이 4,500만 달러로 더욱 줄어들었다. 유럽 투자자들이 미국 채권과 주식을 처분하고 금으로 바꿔 대서양을 건너가는 바람에, 금 보유량이 급감하고 동시에 주가도 폭락했다. 2월 초 재무부 금 감소폭은 '하루' 200만 달러 수준이었다. 그런 추세가 3주만 지속된다면, 미국 정부는 금태환 중지와 채무 불이행을 선언해야 하는 절박한 순간이었다.

클리블랜드는 사태를 타개하기 위해 의회 지도자들과 회동했다. 금화 표시 채권을 추가로 발행할 수 있도록 해달라고 요청했다. 하지만 공황의 여파로 실물 경제가 활력을 잃은 상황이어서 의회 분위기는 값싼 돈인 은화를 지지했다. 월스트리트의 '골드버그'와 백악관에 반감을 품은 의원들이 다수였다. 의회는 재무부의 금 보유량을 확충할 수 있는 법안을 부결시켜버렸다.

J. P. 모건은 수년 전부터 금 위기를 예상했다. 재무부가 채무 불이행을 선언하면, 미국 금융시장이 붕괴하고 이자율이 급등해 엄청난 이자 부담을 짊어질 수밖에 없다고 생각했다. 모건은 이런 파국을 막기 위해 드러나지 않게 재무부 관료들과 함께 노력했다. 하원의 금융·통화위원회 위원장이고 코네티컷 하원의원인 루이스 스페리(Louis Sperry)는 1895년 1월 1일 모건에게 재무부가 새로운 채권을 발행하면 신뢰도를 회복하고 금유출 사태를 막을 수 있을지 자문을 구하는 편지를 띄운다. "채권을 새로 발행해서 사태를 진정시킬 수 있다면, 귀하의 실명을 거론하지 않고 제가 얻은 정보를 하원에 알리겠습니다"고 했다.

모건은 금 유출 위기와 관련해 자신의 이름이 거론되어 월스트리트에 대한 대중의 반감을 더욱 부채질하고 싶지 않았다. 클리블랜드 대통령은 1895년 1월 28일 은화 논쟁을 벌이고 있었다. 하지만 해외 투자자의 신뢰도를 회복하는 유일한 길은 약속대로 채무를 이행하는 방법이라고 강조하면서, 채무를 정상적으로 이행하기 위해 필요한 금을 조달하는 방법은 채권을 발행해 금을 꾸어오는 길뿐이라고 말했다. 반면 은화론자들은 '예정된 위기'는 동부의 금융 자본가들 때문에 빚어진 것이라고 믿고 있었다. 그들은 금의 부족 사태를 왜 은화로 해결할 수 없는지를 설명하라고 요구했다.

클리블랜드 대통령은 모건의 이름이 대중에게 노출되는 것을 막으려고 했다. 채권 발행의 성공 여부가 외국인 투자자들에게 달렸기 때문에 어거스트 벨몽트 2세를 통해 영국 로스차일드 은행에 재무부 채권 1억 달러를 인수할 신디케이트를 구성해달라고 요청했다. 벨몽트 1세는 1890년 숨을 거두어 그의 아들 벨몽트 2세가 아버지를 대신해 로스차일드의 미국 에이전시로 활동하고 있었다.

너새니얼 메이어 로스차일드는 런던 투자은행 J. S. 모건의 실무 책임을 맡은 월터 번스를 은행으로 불러들였다. 번스는 즉각 모건에게 전보를 띄웠다. 1월 30일에는 재무부 차관 윌리엄 에드먼드 커티스(William Edmond Curtis)가 열차를 타고 워싱턴에서 뉴욕으로 달려와 벨몽트 2세를 비롯해 모건과 협의하기 시작했다. 로스차일드 경은 미국 재무부 채권을 효과적으로 해외에서 팔기 위해서는 미국이 금화로 상환을 약속하거나 영국 파운드화 표시 채권을 발행해야 한다고 주장했다. 모건도 로스차일드의 주장에 동의했다. 행정부는 금화 표시 채권을 발행하기 위해서는 의회의 동의를 받아야 했다. 하지만 당시 의회 상황에 비추어볼 때 동의받기는 사실상 불가능했다.

모건은 급박하게 전개되는 사태를 런던에 있는 번스에게 전보로 전한다. "이곳 상황은 아주 엄중하다. 비극적 결말을 막기 위해 우리 힘으로 할 수 있는 일을 해야 한다." 모건이 보기에 미국 투자자들은 새로운 채권을 매입하기 위해 기존 채권을 처분할 것이기 때문에 재무부의 금 보유량을 늘리기 위한 채권 발행은 무의미하다고 믿었다. 유럽에서 새로운 금이 유입되어야 재무부의 신뢰성이 회복되고, 금 유출을 막을 수 있다고 생각했다. 재무부가 금융시장이 원하는 조건을 충족한다면, 세계 금융의 중심지인 런던 등에서 채권을 발행하는 게 "모든 참여자들에게 가장 바람직하고 괜찮은 수익도 얻을 수 있다. 우리는 채권 발행의 성공을 위해 뉴욕의 연방정부 인가 은행 등 최고의 금융회사들의 협력을 얻어낼 수도 있다"고 그는 결론 내렸다.

모건은 금 유출과 디폴트 사태를 막고 달러 신뢰도를 회복하기 위한 자신의 노력이 미국에 투자되어 있는 수십억 달러를 지켜낼 뿐만 아니라 외국 자본이 미국으로 다시 유입되는 통로를 여는 것이라고 믿었다. 그는 처남인 번스에게 "우리 모두의 이익은 미국 달러의 건전성에 달려 있다"고 다시 강조했다.

<hr />

은행가들과 재무부 관료들이 채권발행을 숙의하고 있는 순간 월스트리트에는 채무 불이행 선언과 비밀 구제금융에 관한 루머가 어지럽게 돌아다니고 있었다. 이때 한 증권 브로커가 재무부 뉴욕 사무실을 차관 커티스와 나서고 있는 모건을 목격했다. 뉴욕증권거래소로 뛰어 들어가 "재무부가 채권 발행을 협상하고 있다"고 소리쳤다. 순간 시장의 패닉 사태가 진정되었다. 금 90만 달러어치를 실은 배가 뉴욕항을 막 떠나려고 하려다 다시 멈췄다. 모건은 철도회사 워크아웃과 마찬가지로 전권을 쥐지 않으면 책임지려고 하지 않았다. 다른 금융회사들이 협상에 참여하려고 나서기 시작했다. 이때 모건은 자신의 은행과 로스차일드가 재무부의 채권을 인수·유통하겠다고 재무부 장관인 칼라일에게 알렸다.

재무부 차관 커티스는 은행가들과 채권 발행 조건을 의논하기 위해 워싱턴과 뉴욕을 오갔다. 양쪽은 재무부에 1억 달러 금을 유입시킬 수 있는 채권의 이자율과 만기, 상환방법 등을 협상했다. 의회와 언론은 재무부와 금융가들의 협상을 '위험한 뒷거래' 그리고 '재무부와 월스트리트의 음모'라고 거세게 공격하고 나섰다. 그들의 비판에도 재무부와 은행가들의 협상은 금융시장을 안정시키는 효과를 냈다.

모건은 2월 3일 번스에게 "재무부와 은행가 가운데 어느 한쪽이라도 포기한다면, 시작하지 않은 것보다 더 나쁜 결과를 야기하는 상황이 되었다"고 타전했다. 협상 참가자들은 모두 채권의 정확한 발행 규모와 가격을 빼고는 모든 게 확실하게 합의되었다고 생각하고 있었다. 그런데 1895년 2월 4일 월요일 모건은 재무부 장관 칼라일한테서 모든 협상을 포기한다는 특별 전문을 받았다. 재무장관은 한때 은화주의자였다. 그는 채권 공동 인수단(신디케이트)이 제시한 조건이 너무 가혹하다고 말했다. 클리블랜드가 미국 시민들에게 직접 금화 표시 채권을 발행해 팔 수 있도록 해달라고 의회에 요청할 계획임을 모건에게 알렸다. 칼라일이 더 좋은 조건을 얻어내기 위해 압박전술을 쓰고 있는지, 아니면 진정으로 협상을 취소하려는 마음인지를 모건은 전보를 받은 순간 판단하기 힘들었다. 모건은 이 뉴스가 시장에 알려지면 신뢰도가 급격히 추락하고, 위기를 유발한다고 생각했다. 그는 재무부에 전화를 걸어 협상 취소를 공개하지 말고 하루만 더 기다려 달라고 요청했고, 자신과 벨몽트가 워싱턴에 달려가 대통령과 재무부 장관과 협의하겠다고 했다.

벨몽트는 즉각 워싱턴으로 출발했다. 몇 시간 뒤 모건은 로버트 베이컨 그리고 대통령의 법무법인 파트너였던 프랭크 스테츤과 함께 워싱턴으로 달렸다. 그는 워싱턴으로 향하기 직전 런던의 번스에게 음울한 소식을 타전한다. "우리는 상황이 아주 위급하다고 생각한다. 정치인들이 절대적인 권한을 행사하고 있는 듯하다. 우리는 건전한 화폐를 위해 거세게 싸워야 할 것 같다. 그 싸움이 실패로 끝나고 유럽의 금융회사들이 채권발행 협상에서 철수하면, 사태가 어느 정도 악화할지는 보지 않아도 뻔하다… 나는 현재 상황이 희망적이지 않다고 시인해야 할 것 같다"고 했다.

~~~~~~

전쟁장관이고 클리블랜드 대통령의 최측근인 대니얼 S. 라몬트(Daniel S. Lamont)가 워싱턴의 유니언 역에 나와 모건 일행을 맞았다. 대니얼은 대통령이 의회에 채권을 발행하라고 요구하기로 결심했다고 귀띔하면서, 은행가들은 만나지 않을 것임을 알렸다. 대통령의 결심이 선 상황이어서 늦었다. 하지만 모건은 알링턴 호텔에 여장을 풀고 라몬트와 베이컨, 벨몬트와 함께 집에 머물고 있는 법무장관 리처드 올니를 만나러 갔다. 리처드는 매사추세츠에서 기업의 변호사를 맡았다. 로버트 베이컨과 안면이 있는 사람이었다. "모든 사람들이 상당히 격앙되어 있었다. 그들은 다음날까지 상황을 호전시킬 조처를 취하지 않으면 금융과 경제의 파국이 뒤따를 수밖에 없다고 예상했다"고 나중에 회고한다.

모건은 법무장관에게 자신이 복안을 가지고 있다고 말했다. 클리블랜드가 만나주지 않으면 다음날 아침에 뉴욕으로 돌아가겠다고 말했다. 리처드는 대통령에게 전화를 걸어 다음날 오전 9시 30분에 은행가들을 만나라고 설득했다. 모건은 알링턴 호텔로 돌아오면서 런던의 번스에게 "실낱같은 희망이 남아 있을 뿐이다. 내각에 강력한 원군이 있기는 하지만 재무장관이 너무 두려워하고 있다. 우리는 최선을 다할 예정이다"라고 타전했다. 모건은 다가올 비극을 생각하며 호텔방에서 한 시간 동안 앉아 있었다. 애용하는 쿠바산 시거를 피웠고 혼자 하는 카드 게임인 솔리테어를 여러 판 했다.

화요일인 2월 5일 아침 모건은 스테츤과 베이컨을 대동하고 쌀쌀한 라파에트 공원을 가로 질러 백악관으로 향했다. 일행은 대통령 집무실로 쓰이고 있는 2층 도서관으로 안내되었다. 투자은행 J. P. 모건의 대표단은 도서관에 들어선 순간 클리블랜드 대통령과 재무장관 칼라일, 법무장관 올니, 전쟁장관 라몬트, 어거스트 벨몬트 2세와 마주했다.

모건과 법무장관, 대통령은 이미 서로를 잘 알고 있었다. 하지만 클리블랜드는 아주 공식적으로 모건 일행을 인사하며 맞이했다. 그는 올니에게 뉴요커들을 방의 모퉁이로 안내하라고 지시했다. 대통령과 그의 장관들이 숙의하고 있는 동안 모건은 조용하게 앉아 기다렸다. 그는 불을 붙이지 않은 시거를 손가락 사이에 굴리고 있었다. 1~2분이 흐른 뒤 전화가 칼라일 재무장관에게 걸려 왔다. 금 900만 달러가 뉴욕 재무부 금고에서 나갔다는 메시지가 전달되었다.

몇 시간처럼 느껴지는 시간이 흐른 뒤 클리블랜드 대통령이 당황한 표정을 지으며 방을 가로질러 은행가들에게 다가왔다. 그는 두 손을 호주머니에 넣고 은행가들 앞에 섰다. 그는 다시 채권 발행 문제는 더 이상 의논할 생각이 없음을 분명히 했다. 그는 의회 때문에 꼼짝할 수 없다고 말하며, 국민에게 현재 위기의 책임이 어디에 있는지 알리려 한다고 강하게 말했다.

모건은 재무부 뉴욕 사무소가 보유한 금은 900만 달러에 지나지 않음을 지적했다. 또 이미 1,200만 달러어치의 수표가 발행되어 있음을 설명했다. 그 수표가 2월 5일 중에 제시되면, 정부는 돈을 지급할 수 없어 결국 채무 불이행을 선언해야 할 수밖에 없다는 점을 강조했다. 그러면 정부의 신인도는 추락하게 된다고 힘줘 말했다. 그는 이어 의회의 동의를 얻거나 국민들을 상대로 한 채권을 발행할 시간이 없다고 말했다. 특단의 조처가 필요하다고 대통령에게 말했다.

"어떤 제안이 있습니까?" 클리블랜드가 물었다. 모건은 위기의 순간에 가장 먼저 앞서 책임을 지는 데 익숙했다. 이런 그도 그날만은 안간힘을 다해 자신을 억제하고 있었다. 대통령이 방안을 묻자, 그는 자신의 계획을 간단하게 설명한다. 의회가 동의하지 않겠지만, 국민을 상대로 채권을 발행한다고 해도 국내의 금을 회전시킬 뿐이기 때문에 효과가 없다고 말했다. 대신 그는 국제 금융회사들이 신디케이트를 구성해 재무부에 금 1억 달러를 제공할 수 있다고 말했다.

모건은 이어 1862년 제정된 법이 공공을 위한 비상조처 차원에서 남북전쟁 당시 재무장관인 살로먼 체이스에게 채권을 발행해 금화 동전을 매입할 수 있는 권한을 부여했다고 말했다. 그는 재무부가 돈을 빌리기 위해서가 아니라 금화 동전을 매입하기 위해 채권을 발행한다면, 의회의 동의를 받을 필요가 없다고 생각했다. 1862년 법을 활용하면, 재무장관 칼라일은 당시 체이스 장관과 동일한 권한을 가지고 있다는 게 모건의 설명이다.

클리블랜드 대통령은 모건의 설명이 끝나기 무섭게 법무장관 올니에게 1862년 법을 찾아보라고 지시했다. 올니는 2~3분 뒤 1862년 3월 17일에 제정된 그 법을 들고 들어와 낭독했다. 법 조항은 모건이 말한 것과 정확하게 일치했다. 여전히 효력이 살아 있었다. 대통령은 법무장관에게 그 법에 따라 현재의 위기 상황에도 금을 매입할 수 있는지를 물었다. 올니는 가능하다고 대답했다.

잠시 여기서 누가 1862년 법을 위기의 해결책으로 제안했는지 살펴볼 필요가 있다. 현재 남아 있는 기록에는 모건이 제안했다는 설과 그날 회의에 참가한 각료가 했다는 설 두 가지가 있다. 몇몇 사람들은 시간이 시시각각 초조하게 흐르고 있는 동안 모건이 그날 도서관에서 단순히 1862년 법을 상기시켜주었을 뿐이라고 말한다. 법이 여전히 효력이 있는지를 알지 못했다는 얘기다.

하지만 모건은 몇 개월 동안 수평선 너머에서 접근해오는 금융위기를 염려하고 있었다. 대통령을 만나기 전날인 2월 4일 법무장관 올니에게 복안이 있다고 말한 사실에 비춰볼 때 스테츤이나 다른 파트너가 법전에서 1862년 법을 발견하고 백악관 회의에서 사용할 정보들과 함께 모건에게 주었을 가능성이 높다. 바로 이런 상황을 위해 모건이 최고급 변호사를 보유하고 있었다. 변호사 스테츤은 일주일 뒤에 클리블랜드에게 1862년 법의 참고 자료를 보내주었다.

모건이 즉석에서 1862년 법을 떠올려 제시했을 뿐이라고 주장해 무슨 이득이 있었을까? 그날 회의에 참석한 장관들과 은행가들은 1895년 채권발행 때문에 엄청난 비판에 시달린다. 몇몇 참석자들이 모건의 즉석 아이디어라고 주장해야 그날 모임의 극적인 성격을 부각시킬 수 있다고 봤다. 어느 쪽도 사전에

준비하지 않았다고 주장하며 음모설을 반박할 수 있기 때문이다. 비판의 1라운드가 끝난 그해 3월 스테츤은 옛 동료인 클리블랜드에게 "대통령의 결단이 옳았다는 사실이 서서히 증명되고 있다. 그렇지 않으면, 칭송받아야 할 결단을 내렸음에도 내가 대통령을 비판의 수렁에 끌고 들어갔다고 자책해야 할 뻔했다"고 말한다.

다시 백악관 집무실의 장면으로 되돌아가면, 모건의 제안으로 온 방을 짓누르고 있던 긴장이 한순간에 가셨다. 클리블랜드 대통령과 칼라일 재무장관, 모건은 즉각 채권 발행 협상에 착수했다. 대통령은 이틀 안에 의회가 국민을 상대로 채권발행을 결정하는 표결에 들어갈 예정이라며 합의내용의 보안을 각별히 부탁했다. 1895년 의회 분위기와 세력 분포로 봐서 대통령이 제안해 놓은 국민공채 발행이 통과할 가능성은 아주 희박했다.

당시 클리블랜드 대통령은 금융위기가 '골드버그의 음모'와 은행가들의 '샤일록주의(Shylockism) 때문에 빚어졌다고 주장하는 은화주의자들과 굳이 충돌할 필요가 없었다. 다른 대안들을 다 써본 뒤에야 연방정부는 월스트리트와 협의를 시작할 수 있었다.

클리블랜드 대통령과 뉴요커들의 그날 협상에서 가장 중요한 이슈는 '금 유출을 어떻게 막을 것인가'였다. 대통령은 "새로 금을 확충하면 유럽 투자자들이 더 이상 금 유출을 하지 않는다고 모건 씨가 보장할 수 있습니까?"라고 물었다. 모건은 "네, 보장할 수 있습니다"라고 순간의 망설임도 없이 대답했다. 그는 그순간 런던이나 같은 방에 있는 벨몽트한테도 의견을 묻지 않고 대답부터 했다. 이전에 그는 순간적으로 독단적인 결론을 내린다는 지적을 아버지 주니어스한테서 수없이 들었다. 하지만 그순간 모건은 스스로 결단할 수 있었고, 더 이상 금 유출이 일어나지 않도록 하겠다고 보장했다. 사실상 그는 정부와 약속한 기간 동안 국제 금융시장을 통제하겠다고 장담한 셈이다. 그의 보장은 아주 예외적인 일이었고, 자신의 재량권도 확대하는 것이었다.

은행가들과 행정부는 재무부가 이자율 연 4퍼센트짜리 채권 6,200만 달러(만기 30년)어치를 주고 1온스당 17.80달러씩 계산해 금 350만 온스를 신디케이트로부터 매입하기로 합의했다. 정부는 금이나 은으로 채권을 상환할 수 있는 옵션을 갖기로 했다. 당시 금 시세가 1온스당 17.80달러였기 때문에 은행가들은 정부한테서 채권 6,230만 달러어치를 받고 금 6,510만 달러어치를 판셈이다.

은행가들은 합의 결과 프리미엄 300만 달러를 지급하게 된다. 다시 말해 그들은 100달러짜리 채권을 수익률 3.75퍼센트 조건으로 104.5달러에 매입했다고 할 수 있다. 모건은 애초 연 수익률을 3.625퍼센트에 채권 1억 달러를 발행할 수 있을 것으로 예상했다. 하지만 클리블랜드 대통령과 칼라일 재무장관은 3.75퍼센트에 발행하는 데 동의했다. 단 1억 달러를 다 발행하지 않고, 발행 규모를 줄이기로 했다. 모건이 완강하게 반대했다. 두 사람은 채권 발행 규모를 재무부 금보유량을 1억 달러 수준에서 맞추는 데 충분한 채권 6,500만 달러를 발행하기로 했다. 클리블랜드는 나중에 모건의 주장이 옳았다고 인정하기는 한다. 행정부는 재무부에 충분한 금을 채워주기 위해서는 채권 1억 달러를 발행하는 게 옳았다. 그는 "모건의 현명한 제안을 채택하지 않은 것을 이후 계속 후회하고 있다"고 말했다.

모건은 정부가 얼마나 다급한지 잘 알고 있었다. 채권의 인수 가격을 원하는 만큼 깎아 높은 수익률을 챙길 수 있었다. 그는 금 유출을 막겠다고 장담했다. 큰 소리 쳐 놓고도 일정한 효과를 내는 선에서 손을 뗄 수도 있었다. 재무부는 다급한 순간에 금을 사들이기 위해 은행가들에게 큰 폭의 마진을 약속했다. 신디케이트가 정부한테서 인수하는 채권 가격과 시장에 제시한 가격의 차이를 크게 해 은행가들의 이익을 보장해주기로 한 것이다. 공동 인수단은 6

개월 이내에 정부와 맺은 계약 조건을 완수해야 했다. 재무부가 새로 조달할 금 가운데 절반을 해외에서 매입하기로 약속했다. 단 한 달 동안 해외에서 사들여오는 금의 양은 30만 온스를 넘지 않기로 했다.

대통령과 금융인들의 미팅은 아침 일찍 시작되어 오후 2시에 끝났다. 장장 4시간 30분 동안 진행된 마라톤 회의였다. 모건이 자리를 일어선 순간 회의 시간 동안 모자에 쌓인 먼지가 바닥에 떨어졌다. 오전 내내 불을 붙이지 않은 시거를 손가락 사이에 끼고 돌려 무릎 위에 놓아둔 모자에 담배 가루가 쌓인 것이다. 클리블랜드는 너털웃음을 터트리며 새 시거 한 상자를 내놓았다.

1895년 2월 5일 늦은 오후 모건은 알링턴 호텔에서 런던의 번스에게 전보를 띄운다. "오늘 하루를 어떻게 보냈는지 말로 표현하기 어렵지만, 우리의 입장을 제대로 전달했다. 아주 만족스러운 결과를 얻었다. 새로운 계획이 신뢰를 회복하고 미국 정부는 신뢰를 유지하기 위해 언제 어디서든 금을 매입할 것이라는 신호를 시장에 주게 될 것"이라고 했다.

J. P. 모건은 그날 저녁 기차를 탔다. 뉴욕에 도착한 시각은 화요일 밤이었다. 이틀 뒤 예상했던 대로 의회는 국민공채 발행을 거부했다. 모건은 1895년 2월 7일 화요일 다시 워싱턴행 기차에 몸을 실었다. 밖에는 거센 눈보라가 몰아쳤다. 이번 워싱턴행은 1862년 비상조치권을 활용한 채권발행을 마무리하기 위해서다. 그는 금요일 번스에게 띄운 전보에서 "재무부를 방금 나와 집으로 가고 있다. 이보다 좋은 합의문은 없을 것"이라고 했다.

그날 최종 합의 결과 모건과 벨몽트가 미국 채권의 인수·발행에서 전권을 쥐게 되었다. 로스차일드와 투자은행 J. S. 모건은 동일한 자격과 권리로 미국 정부의 채권을 인수·유통하게 되었다. 나중에 드러났지만, 클리블랜드는 은행가들과의 회의 날짜를 실제 있었던 날보다 이틀 뒤로 기록했다. 의회가 국민 공채 발행을 거부한 2월 7일 이후 월스트리트와 협의한 것처럼 보이기 위해서 였다. 사실 클리블랜드는 의회가 의결에 들어가기에 앞서 은행가들과 채권발행 조건을 모두 합의했다.

1895년 2월 8일 금요일, 클리블랜드는 의회에 국민채권의 대안을 통고했다. 의회가 동의한다면, 그는 대통령으로서 액면가와 이자율 연 3퍼센트를 조건으로 발행한 금매입용 채권으로 연 4퍼센트에 할증 발행된 금화 동전 매입용 채권을 교환해줄 수 있는 권한을 보유하게 된다. 채권은 필요할 경우 은화로 상환 가능했다. 이자율이 1퍼센트 포인트 낮은 금 매입용 채권을 발행할 경우 정부는 이자를 1,600만 달러 절감할 수 있었다. 하지만 의회의 은화 주의자들은 이마저도 거부했다. 사실 클리블랜드가 이번에 제안한 대안은 1862년 법을 본격적으로 활용하기 전에 거치는 통과의례였다. 모건은 의회의 거부에 내심 쾌재를 불렀을 가능성이 높다. 클리블랜드가 제안한 대안이 거부되는 바람에 사실상 미국은 금본위제를 고수할 수밖에 없는 외길로 접어들어섰기 때문이다.

───※───

뉴욕과 런던의 금융회사들은 전체 물량 6,200만 달러를 딱 절반씩 인수했다. 신디케이트에 참여하겠다고 지원하는 금융회사들은 넘쳐났다. 미국에서는 모건과 벨몽트가 각각 270만 달러어치를 인수했다. 조지 베이커가 이끄는 퍼스트 내셔널 은행과 제임스 스틸먼의 내셔널 시티 은행, U. S. 트러스트, 하비 피스크·선스(Harvey Fisk & Sons)가 대규모 물량을 배정받았다. 채권 인수단은 개별 회사에 100만 달러 이하의 소액 배정을 하기도 했다. 스탠더드 오일과 뮤추얼 앤 에퀴터블(Mutual & Equitable) 생명보험, 쿤 롭, 래저드 프레러스(Lazard Frères),

키더 피바디, 브라운 브라더스(Bown Brothers), 머튼·블리스 등이 소액을 배정받았다. 뮤추얼 앤 에퀴터블 생명과 스탠더드 오일은 직접적으로 금융업을 하지 않았다. 하지만 회사 금고에 거액의 여윳돈을 보유하고 있어 은행처럼 여신도 제공하고, 채권도 인수했다.

정부와 신디케이트가 계약을 맺은 지 12일이 지난 1895년 2월 20일 투자은행 J. P. 모건은 도매로 매입한 가격보다 8달러 정도 높은 값인 112.25달러에 채권을 시장에 내놓았다. 단 20분 만에 모든 채권이 팔려나갔다. 모건은 런던 파트너들에게 "청약 열기가 아주 뜨겁다"고 타전했다. 실제 그랬다. 전체 청약 대금을 합한 금액이 무려 2억 달러에 이를 정도였다. 런던의 투자은행 J. S. 모건은 단 두 시간 만에 청약을 마감했다. 청약 대금 합계가 1억 달러에 달했다. 이 금액에는 로스차일드에 청약한 금액은 포함되어 있지 않다.

모건은 다음날 "우리는 시장의 거래 열기에 압도당했다. 우리는 런던에 가장 진심어린 축전을 보낸다. 리스크가 너무 커 전전긍긍했던 다른 사람들도 이제 안심하게 되었을 것"이라고 타전했다. 시장에 채권을 유통한 지 일주일 뒤에 채권 시세는 무려 124달러 선에 이르렀다. 이에 비추어볼 때 채권 발행가격을 더 높일 수도 있었다. 하지만 일반 시민들은 과거와 마찬가지로 월스트리트가 얻은 이익에 분노했다. 모건이 채권을 시장에 내놓을 때 더 높은 값을 매겼다면, 비판의 목소리는 더 높았을 것이다.

━━━━◆◆◆◆━━━━

모건이 번스에게 보낸 전문은 주니어스가 모건에게 강조한 의무와 비슷한 뉘앙스를 띤다. 주니어스에게 의무란 어떤 사람이 내심 하고 싶은 것과 거의 일치한다. 모건은 철도기업과 국가 경제가 자신의 입장에서 보기에 부드럽게 굴러가도록 하고 싶었다. 하지만 현실은 그렇지 않아, 그는 종종 자신이 짊어진 책임감을 고통스러워하기도 했다. 그는 사람들이 위급한 순간에 자신을 찾아오는 순간을 얼마나 즐기는지에 대해서는 거의 말하지 않았다.

1895년 금 위기 이후 몇 년이 흐른 뒤 모건은 도서관 사서와 위기의 순간에 벌인 구조작전을 이야기한다. 그는 이때 자신이 마지못해 사태 해결을 자임하고 나섰다는 사실을 강조한다. "내가 도맡아 처리할 수밖에 없을 때가 있는데, 마땅한 사람이 없어 책임을 질 수밖에 없었다." 모건과 대화를 나눈 도서관 사서는 "그럴 만한 능력을 가진 사람은 없었을 것"이라고 말하자, 그는 고개를 끄덕이며, "맞습니다"라고 말했다.

1895년 채권이 시장에 유통되었다. 금이 재무부 금고에 유입되기 시작했다. 채권 발행과 유통에 참여한 사람들은 서로 축하 인사를 교환했다. 그순간 모건은 더 힘겹고 중요한 일을 하기 위해 뛰어들었다. 금이 더 이상 유출되는 사태를 막기 위한 노력을 시작했다. "금융거래를 하면 많은 수익을 얻을 수 있지만, 벌어들인 수익을 안전하게 지키기 위해서 채권 발행·인수 협상에서 당사자들이 한 약속은 꼭 지킬 뿐만 아니라 협상 당사자들이 재무부의 지불준비용 금을 유지할 능력이 충분하다는 점을 시장에 확신시킬 필요가 있다."

모건은 무역 적자를 억제할 수 없었다. 수입 대금을 금으로 지불하는 것을 막을 힘도 없었다. 다만 다른 방법으로 재무부의 금 보유량을 안정화시킬 수는 있었다. 중앙은행이 없는 상황을 감안해 주요 금융회사들이 참여한 1895년 정부채권 신디케이트를 활용해 시장과 금 보유량을 안정시키기로 했다. 그는 신디케이트 명의로 미국 채권 300만 달러어치를 따로 비축해 두고 외환시장 안정을 위해 필요할 때 쓰기로 했다. 게다가 금 1,000만 달러어치도 따로 준비해두었다가 재무부의 금 보유량이 급감할 때 활용하기로 했다.

시장 참여자들이 금태환을 요구하며 종이돈 달러를 내놓을 때, 금융인들이 구성한 신디케이트는 금 2,500만 달러어치를 재무부에 건네주었다. 이는 모건이 앞서 예상한 1,000만 달러보다 1,500만 달러 많은 규모였다. 은행가들은 금을 건네주고 재무부에게서 증서를 받았다. 이 증서는 이자가 붙지 않아 그들은 재무부에 건네준 금에서는 한 푼도 벌지 못했다.

모건은 런던의 투자은행 J. S. 모건을 이용해 펀드를 조성해 두었다. 미국의 무역상들이 수입 대금을 치르기 위해 급전이 필요할 때 군이 미국의 금을 해외로 유출할 필요가 없었고 유럽 현지에서 자금을 조달할 수 있었다. 모건은 이밖에도 런던에서 파운드화를 빌려 뉴욕 시장서 매각하는 방법으로 달러 가치를 안정시켰다. 게다가 그는 신디케이트에 참여한 금융회사들이 외환시장에서 일정한 가격 이하에 금을 팔지 않겠다고 약속하도록 해 외환시장의 수요와 공급을 조절했다.

금융시장 안정화를 위한 신디케이트는 모건의 고전적인 컨소시엄이었다. 신디케이트 참여 금융회사들은 재무부의 금 유출 사태와 같은 공동의 목적을 달성하는 데 힘을 합했다. 이 목적과 부합하는 선에서 개별 금융회사로서 이익을 추구할 수도 있었다. 모건은 어릴 적부터 외환시장 메커니즘에 큰 관심을 가지고 있었다. 그가 처음 해외여행을 떠난 열다섯 살 때 시장마다 통화의 가격이 다른 점을 아주 신기하게 여겼다. 월스트리트 사무실의 직원은 한 시간마다 외환 시세를 모건에게 보고했다. 출근 전 집에서 아침을 먹을 때는 런던에 있는 회사가 전화나 전보로 런던 외환시장 시세를 보고해왔다. 그의 외환시장 모니터는 마치 의사가 환자의 혈압과 맥박을 늘 살피는 것과 같았다. 국가들의 금융 대동맥이 어떻게 작동하는지 늘 살핀 셈이다. 그는 외환시장 정보를 바탕으로 한 나라의 통화 시스템과 금융 시장에 무슨 일이 발생할지를 예상했다. 사위 허버트 새터리는 "장인은 개인적으로 외환거래를 벌이기도 했다"

고 전했다. 런던시장의 달러 가격이 뉴욕시장의 값보다 싸면, 즉각 런던에서 달러를 매입해 뉴욕시장에서 파는 아비트리지(Arbitrage) 거래를 벌이기도 했다. 모건은 1895년 금 유출 사태 와중에도 시장을 꼼꼼하게 모니터링해 투기세력들이 달러를 내던지고 금을 사들이는 행태를 줄일 수 있었다.

대서양 양쪽의 적잖은 사람들이 모건의 시장 안정화 신디케이트를 비관적으로 보았다. 하지만 현실에서 모건의 장치는 훌륭하게 작동했다. 1895년 정부 채권의 공동 인수단은 2~3주 안에 금 3,250만 달러어치를 공급하기로 정부와 계약을 맺은 바 있다. 이 계약 덕분에 1895년 봄 재무부의 금 유출이 멈추었다. 더 나아가 꾸준하게 금이 유입되었다. 달러 가치는 안정적으로 형성되었다. 1895년 6월 재무부의 금 보유량은 1억 750만 달러어치에 이르렀다. 달러와 금융시장 안정화를 계기로 대중은 모건의 위력을 더 크게 느끼게 되었다. 〈뉴욕 선〉은 미국이 해외 투자자의 신뢰를 회복하게 된 것은 전적으로 모건의 노력이라고 평가했다. 모건은 1895년 6월 해마다 가는 유럽 여행에서 돌아왔다. 여행 중에도 투자은행 J. S. 모건을 통해 미국 증권을 유럽 시장에 유통시켰다. 〈뉴욕 선〉은 모건이 유럽 시장과 별다른 연결 고리를 갖지 못한 기업들이 채권과 주식을 발행할 수 있도록 미국의 신인도를 높였다고 전했다.

~~~~~

헨리 애덤스는 1895년 6월 "단일 금본위제를 공약으로 내걸고 모건이 대통령에 나서면 적극적으로 지지하겠다"고 발표했다. 이 시기 모건은 미국 정치·경제 지형에서 대중이 믿어주지 않은 그리스 신화 속 예언자인 카산드라(Cassandra)와 같았다. 당시 미국은 노동자-자본가의 대립 축과 함께 자본을 중심으로 '채무자와 채권자'의 대립축을 중심으로 움직였다. 당연히 채권자가 우월적인 지위를 유지했다.

헨리 애덤스의 개인적인 소득은 채권자들한테서 나왔다. 그는 모건이 미국 자본과 금본위제, 영국 금융에 대한 미국 의존을 상징하는 인물이라고 생각했다. 그런데 애덤스는 모건의 이런 성격을 말하면서 이해하기 힘든 생각을 드러낸다. "나는 골드버그이고 골드버그가 지배하는 정부와 골드버그 사회를 원한다. 골드버그의 일원으로서 나는 혼돈과 무정부, 전쟁을 선호하기도 한다." 애덤스는 모순으로 가득한 주장을 이어간다. 그는 "골드버그 세력들은 정치적·경제적 전쟁에서 패하지 않을 것이다. 아니 패할 수 없다"라고 결론 내린다. 모건이 구성한 신디케이트는 약속한 금을 공급하지 못할 것으로 예상했다.

애덤스의 예상은 부분적으로 맞아떨어졌다. 채권 신디케이트는 애초 유럽에서 금을 조달해 3,250만 달러어치를 정부에 제공하기로 약속했다. 하지만 제대로 지킬 수 없었다. 그들은 2월 초 6개월 안에 약속한 금을 조달해주겠다고 했다. 그런데 해외 투자자 가운데 일부가 경제 공황과 해결되지 않은 미국 통화시스템 문제, 새로 발생한 미국 기업의 파산사태를 빌미로 약속한 채권 매입을 거부했다. 결국 1895년 6월 24일 채권 신디케이트는 금 1,575만 달러어치만을 재무부에 건넸다. 약속한 규모의 절반에도 미치지 못한다. 결국 신디케이트 참여 금융회사들은 자사의 금고에서 금을 꺼내 부족분을 벌충했다.

모건은 2월 신디케이트가 조달할 금 가운데 절반만 외국에서 들여와도 시장은 안정될 수 있다고 말한 바 있다. 그런데 시장 참여자들은 약속한 금이 모두 유럽에서 도입되는 줄 알았다. 유럽에서 전량 도입되어야 시장의 평상심이 회복될 수 있는 상황이 되어버렸다. 본래 금융시장에서 신뢰도는 금만큼이나 중요했다.

금융회사가 채권을 인수·유통한 대가로 금을 정부에 넘겨줄 때는 상당한 리스

크를 감수해야 한다. 정부한테서 도매로 인수한 채권의 가격이 시장에서 너무 떨어져 도매가격에도 미치지 못하면 신디케이트에 참여한 금융회사는 손해를 보고 채권을 팔아야 한다. 그들이 약속한 금 6,500만 달러어치를 다 조달해주지 못하면, 그리고 모건이 지불준비용 금의 유출을 막지 못하면 문제가 커진다. 미국의 무역적자가 꾸준히 늘어나고 있었다. 시장 안정을 위해 노력하기는 하지만, 금융회사가 동맹에서 이탈하거나 정부가 금본위제 약속을 어기면 모든 노력이 물거품이 되고 정부의 채무 불이행과 통화 가치 폭락이 일어날 수 있었다. 그러면 미국 경제는 엄청난 위기를 맞는다.

모건에겐 리스크들을 감수할 가치가 있었다. 당시 미국에 투자된 외국 자본은 대부분 모건의 금융회사들을 거쳐 유입되었다. 금본위제에 대한 정부의 의지 등에 크게 영향 받는 상황이어서 모건이 나 몰라라 할 수 없었다. 1895년 위기를 해결하기 위해 온몸을 던져야 했다. 위기 초기에 런던의 월터 번스에게 타전한 급전에서 "미국의 건전한 통화 가치가 유지되는지 여부에 우리의 모든 이해가 달려 있다"는 말은 모건이 처한 상황을 여실히 보여준다.

많은 미국인들이 1890년대 극심한 공황 때문에 비참한 생활을 해야 했다. 이들은 금융 자본가들이 앞장선 금 매입을 위한 채권발행에 격분했다. 정부의 채권 인수단이 챙긴 이익이 500만 달러에서 1,800만 달러라는 루머가 대중의 분노에 기름을 부었다. 한 농민조직은 미국인한테서 800만 달러를 사기 쳐 은행가의 배만 불려주었다고 부르짖었다. 정부의 부채만 6,200만 달러 더 늘려놓은 '야바위 행위'를 규탄했다. 그리고 '독점 금융자본의 뱀파이어'를 상대로 한 혁명을 촉구했다.

유태인 금융회사인 로스차일드가 채권 신디케이트에 참여한 사실은 급기야 미국 대중의 반유태주의를 촉발시켰다. 반유태주의는 좌파와 우파의 구분 없이 특정 인종에 대한 혐오감으로 발전했다. 화폐와 신용에 관련된 모든 이슈를 유태인의 음모로 보는 시각까지 생겨났다. 반유태주의는 이후 미국 역사의 흐름에 엄청난 흔적을 남긴다. 인민주의자인 윌리엄 제닝스 브라이언은 정부가 1895년 발행한 채권을 '샤일록 채권'이라고 불렀다. 하원의 의사진행 요원에게 채권 표면에 써진 내용을 읽도록 했다. 이어 그는 "미국 재무부가 미국의 인민을 위해 일해야 한다"며 "더 이상 로스차일드 등 외국 금융회사를 위해 봉사하지 말라!"고 요구했다.

풀리처가 발행한 〈월드〉는 '해외에서 온 에일리언과 사람의 피를 빨아먹는 유태인들이 월스트리트 음모를 꾸며 단 20분 만에 미국인한테서 200만 달러를 앗아갔다'고 비판했다. 인민주의 작가이고 농부들에게 "옥수수 재배를 줄이고 악마의 지옥을 더 키우라!"했던 메리 E. 리즈(Marry E. Lease)는 클리블랜드 대통령이 '유태인 은행가들과 영국 자본의 앞잡이'라고 공격했다.

대중의 분노가 비등한 순간 '마왕 로스차일드'는 대서양 건너편에 있었다. 월스트리트의 '마왕 하수인'들은 미국인들의 분노를 고스란히 감수해야 했다. 금융회사 브라운 브라더스의 한 파트너는 3월 초 런던 사무실에 "모건이 거센 비난을 받았고, 받고 있으며, 계속 받아야 할 것"이라며 "그 비난은 터무니없을 뿐만 아니라 의욕을 떨어뜨린다"고 편지했다. 모건은 신디케이트 일과 대중의 비판에 탈진한 그해 3월 중순 런던의 월터 번스에게 "너무 지쳐 업무를 감당하기 힘들다"고 호소했다.

~~~~~~

1895년 이후 20년 동안 미국 대통령들은 워싱턴과 월스트리트의 거래로 촉발된 미국 대중의 비판을 잊을 수 없었다. 9년이 흐른 시점에 클리블랜드는 비판 세력의 어법을 빌려 앞뒤가 좀 맞지 않는 해명을 발표한다. "부끄러움과 후회 없이 나는 '그 범죄'에서 내가 한 몫을 고백하려고 한다"는 말로 해명서를 써 내려 간다. "당시 정부와의 거래에서 단지 액세서리에 지나지 않은 모건과 벨몬트 씨 등 일단의 은행가와 금융인들은 파괴적인 변덕 때문에 엄청난 고통을 받았고, 죄로 보이는 금 조달 계획 때문에 바빴을 것이다. 나는 우리나라가 절실히 그들의 도움을 받아야 하는 시기에 금융가들과 같이 일했던 사실을 회상할 때마다 뿌듯하다."

일부 언론은 모건 등에 대해 동정적인 논조를 보였다. 빌러드가 운영하는 〈이브닝 포스트〉는 "의회가 다이너마이트를 들고 장난하는 어린 아이처럼 행동할 때" 은행가들과 대통령은 '전례를 찾아보기 힘든 금융 시장 위기'를 타개하기 위해 힘을 합했다고 평가했다. 〈뉴욕 타임스〉는 맏형처럼 책임지고 채권발행과 금 조달을 추진한 모건에 금융시장의 찬사가 집중되고 있다고 전했다.

〈뉴욕 타임스〉는 "재무부의 지불준비용 금을 유지하기 위한 계약의 이면에서 모건은행들처럼 막강한 힘을 발휘한 금융회사는 존재하지 않는다"며 "금융시장과 지불준비용 금을 지키는 모건 같은 파수꾼이 없었다면, 어떤 투자자들도 정부의 채권을 매입하기 위해 줄을 서지 않았을 것"이라고 평가했다. 신문은 신디케이트가 적절한 이익을 얻었다고 인정하면서 "수수료 500만 달러를 받고 그런 일을 하는 금융회사는 이 나라에 존재하지 않는다"고 말했다.

사실 신디케이트가 번 돈은 500만 달러도 되지 않았다. 그들은 정부의 채권 6,200만 달러어치를 인수한 대가로 금 6,500만 달러어치를 공급하기로 계약했다. 미국 금융회사들은 1895년 정부의 채권 인수·유통을 맡아 처리하면서 150만 달러를 벌었다. 이는 그들이 배정받은 절반 3,100만 달러의 5퍼센트도 채 되지 않은 수입이다. 그들은 이와 함께 이익으로 간주되지 않은 이자 수익 50만 달러를 받았다.

투자은행 J. P. 모건이 신디케이트에 참여한 대가로 얻은 수익은 13만 1,932 달러였고, 채권의 인수·유통에서 얻은 전체 수익은 이자와 미국 쪽 신디케이트 관리 대가로 받은 수수료까지 합해 29만 5,653달러였다. 미국의 모건 금융회사와 벨몽트가 신디케이트 계정에서 받은 수수료는 전체 발행 대금의 0.75퍼센트 정도였다. 금액으로 말하면, 두 회사는 각각 11만 6,841달러를 챙겼다.

모건은 개인적으로 런던 J. S. 모건의 순이익 가운데 40퍼센트를 가져갈 수 있다. 불행히도 유럽 쪽 신디케이트가 얼마를 벌었는지 알 수 있는 데이터는 남아 있지 않지만, 투자은행 J. S. 모건이 1895년 정부의 채권 인수·유통에 참여한 대가로 받은 수익은 1만 8,400파운드, 즉 8만 9,424달러였다.

당시 미국 금융회사들이 담당해 처리했던 채권의 거래 규모와 연방정부의 디폴트 위기 등을 감안할 때, 미국 쪽 신디케이트가 번 150만 달러는 비판 세력이 주장하는 것처럼 터무니없는 액수는 아니라고 할 수 있다. 하지만 당시 화폐 가치와 일반 시민들의 연간 소득 등을 기준으로 따진 비판 세력의 눈에 150만 달러는 엄청난 폭리로 비쳤다. 상원이 이듬해인 1896년 청문회를 열어 수수료 수입을 밝히라고 요구할 때 모건은 수수료 수입의 공개를 거부했다.

모건은 1896년 6월 상원 청문회에 출두해 의원들의 질문에 답해야 했다. 그는 자본가 쪽에 가깝고 뉴욕 공화당의 보스인 상원의원 토머스 콜리어 플래트의 질문에 먼저 답한 뒤 맹렬한 은화주의자인 미주리 출신 조지 베스트(George Vest)의 공격을 받았다.

플래트는 공공의 이익을 위해 일했다는 모건의 주장을 옹호하면서 "제가 알고 있는 증인의 성격에 비추어볼 때 모건 씨는 채권 인수·유통에 참여해 돈을 벌겠다는 계획보다는 이 나라의 패닉과 고통을 막을 수 있다고 믿었기 때문에 정부와의 거래에 참여했다"고 결론내렸다.

모건: 군이 설명드릴 필요가 없지만, 금을 도입하지 않으면 발생할 수밖에 없는 파국을 피하기 위해 채권 발행에 참여한 것을 빼고는 다른 뜻은 없었습니다.

은화주의자 베스트: 금이 외국에 있다면, 수단을 가진 사람이라면 누구나 가져오는 게 당연하다고 생각이 듭니다. 증인이 진정으로 패닉을 막기 위해 그랬다면, 왜 다른 사람이 그 일을 하도록 하지 않았습니까? 물론 그들이 원한다면 말입니다.

모건: 은행이 아니고선 그 많은 금을 확보하고 협상할 방법이 없습니다. 치열한 경쟁이 벌어졌을 겁니다.

훌륭한 정보를 보유한 투자자는 증권의 제 가치를 정확하게 평가할 수 있다. 하지만 1895년 미국 재무부가 처한 상황을 감안하면 사정은 달라진다. 통화 체제 문제가 해결되지 않았을 뿐만 아니라 금융정책을 담당할 부서나 조직이 없었기 때문에 모건은 자신의 이름이 신디케이트에 포함되면 더 많은 투자자들이 미국 채권을 매입하리라 생각했다.

그는 그가 했던 일 이상도 이하도 하지 않았다. 1895년 정부 채권의 인수·유통에서 자신이 한 일이 옳았다고 믿었다. 그는 무제한적인 경쟁을 통제해야 한다고 늘 주장했다. 하지만 당시와 이후 비판 세력에게 그의 이런 태도는 아주 오만하고 이기적으로 비쳤다.

다른 금융회사나 금융가도 정부가 필요한 금 6,500만 달러어치를 조달해줄 수는 있었지만, 모건만큼 시장과 신디케이트 참여자들을 효율적으로 통제할 수 있는 사람은 거의 없었다. 모건의 힘은 리스크를 적극적으로 떠안으려는 자세와 시장에 대한 정보·지식, 자본에 대한 그의 접근성, 세계 정상급 금융인으로서 확보한 신뢰성 등에서 비롯되었다.

그로버 클리블랜드는 신디케이트와 계약이 만료된 시점에 "유럽의 거대 금융회사들이 협조할 것"을 어떻게 알았는지 모건에게 물었다. 모건은 "저는 시장의 신뢰와 산업의 평화를 위해 필요한 조처라고 그들에게 말해주었을 뿐"이었다고 말했다. 유럽의 금융회사들은 그의 요구에 따랐다.

사태를 정확하게 파악할 수 없었던 사람들은 신디케이트의 이익이 좀 의심스럽다는 점과 국제 금융가들이 모건에 대해 전폭적으로 신뢰한 사실을 동시에 증언해주었다. 런던의 금융회사인 C. J. 함브로·선(Hambro & Son)은 1896년 1월 새로 발행된 미국 정부의 채권 청약을 권유받았다. 이 은행은 미국의 상황에 비추어볼 때 채권을 매입해도 많은 수익을 내리라 기대하지 않지만, "귀하가 원한다면 기꺼이 청약에 참가하겠다"고 모건에게 말했다.

다른 은행가들도 모건이 금융시장 참여자와 신디케이트 참여 금융회사 공동의 이익을 위해 일하고, 달러 가치와 미국의 국제적 신인도를 위해 일한다는 점을 신뢰했기 때문에 그가 요청한 대로 충실히 응했다. 미국 대통령은 썰물처럼 일어나는 금 유출을 중단시킬 수 없었고 1895년 요동하는 시장을 진정시키지 못했다. 의회는 그럴 의지를 가지고 있지 않았다. 모건 혼자만이 위기를 진정시킬 수 있는 힘과 의지를 가지고 있었다고 할 수 있다.

모건은 상원의원들 앞에선 1895년 채권을 인수할 때 이익을 감안하지 않았다고 단언했지만, 사실 그해 2월 대통령을 만나 1862년 법을 활용해 채권을 발행하자고 제안하러 워싱턴으로 떠날 때 신디케이트가 얻을 이익을 세심하게 고려한 계획안을 준비했다. 그가 이익을 고려한 이유 가운데 첫 번째는 그가 이익을 위해 일하는 금융인이었다는 점이었다. 둘째는 채권을 인수·유통하는 데 들어가는 비용을 충당하고, 일정한 액수를 준비금으로 마련해 두어야 했다는 점이다.

그러나 1896년 미국의 정치·사회 분위기 속에서 누가 봐도 자명한 사실을 그는 직설적으로 말할 수 없었다. 그는 '자신의 이익=국가의 최고 이익'이라는 등식을 결코 의심한 적이 없다. 노동자와 농민이 겪은 비참한 고통은 불행한 일이지만, 경기 침체와 통화긴축, 급격한 산업화에 따른 피할 수 없는 부작용으로 그에게 비쳤을 것이다. 그는 미국 경제 전체를 회복시키기 위해 여러 방면에서 노력했다. 그가 1895년 채권의 인수·유통으로 얻은 단기 수익은 그에게 미국 달러의 신뢰성과 경기회복보다 결코 중요한 변수가 아니었다. 이런 그의 시각은 자신이 국가적 재앙을 막았다는 확신과 궤를 같이한다.

모건이 1895년 위기에 뛰어들지 않았다면, 사태가 어떻게 전개되었을지 말하기는 아주 힘들다. 미국의 금본위제 포기가 발생했을 것이다. 금본위제 포기는 모건이 두려워한 대로 외국 자본의 탈출 러시로 이어지고, 시장의 붕괴와 공황의 심화가 발생했을 가능성이 아주 높다. 하지만 당시 생기 왕성했던 미국 경제가 파탄상태에 빠져 헤어나오지 못하는 사태는 발생하지 않았을 것이다. 단지 2~5년 정도의 극심한 혼란이 지속되다 결국 경제가 회복기에 접어들었을 것이라고 보는 게 타당하다.

미국의 화폐금융학자인 밀턴 프리드먼과 안나 슈바르츠는 1893년 패닉과 뒤이은 경제공황을 "기본적으로 자연스런 경기 조정이었다"고 규정하고 "경제가 스스로 회복할 수 있었다"고 분석했다.

전 세계 금 시세는 1891~1897년 11퍼센트 하락했다. 미국이 금본위제를 유지하고 있는 동안에는 전반적인 물가와 소득 수준은 하락할 수밖에 없었다. 프리드먼과 슈바르츠는 미국이 금본위제를 포기하는 게 모건이 생각한 것과 달리 바람직할 수도 있었다고 설명한다. "1890년대 전반적인 경제 침체를 감안할 때 정반대로 정책이 바람직했다고 우리는 본다. 단지 당시 정치 상황에서는 불가능했고, 실제로 금본위제가 고수되었기 때문에 금본위제 폐지를 논의 대상에 배제할 뿐이다."

〈타운 토픽스〉의 만 대령이 미모의 미망인인 이디스 랜돌프와 민주당의 잠룡 가운데 한 명인 휘트니, 저명한 금융가 모건이 요트를 타고 대서양 연안을 따라 북동쪽으로 항해했다는 사실을 폭로한 1895년 여름, 채권 신디케이트와 정부의 계약 기간이 만료되었다. 시장 참여자들의 달러 처분과 금 유출이 다시 발생했고 미국 철도회사가 파산했다. 미국의 통화시스템을 둘러싼 정치 투쟁이 심화될 조짐마저 보이자, 유럽 투자자들이 미국 증권을 팔고 금으로 바꿔 미국을 떠나기 시작했다.

모건이 이끄는 신디케이트는 서둘러 금 200만 달러어치를 재무부에 전달했지만, 소용이 없었다. 낙심한 모건은 뉴포트에서 런던의 월터 번스에게 전문을 타전한다. "우리는 패배를 인정하고 현실을 받아들여야 한다. 우리는 그동안 구축했던 명성을 잃었다. 채권의 인수·유통과 관련해 국민들이 나를 비판한다는 생각에 후회막급이다."

번스는 모건을 달래기 위해 답전을 보냈는데, 내용은 사태의 심각성을 제대로 간파하지 못한 듯이 보이고 사뭇 코믹하다. "처남이 미국 국제수지를 통제하는 것은 아니오." 그는 이어 처남의 기분을 되돌리기 위해 "우리의 명성은 처남이 그동안 한 일 덕분에 확고하다"고 말했다.

미국 재무부의 지불준비용 금은 1896년 1월 말 심리적 마지노선인 1억 달러 아래로 떨어져 9,300만 달러 수준이었다. 이보다 앞서 1895년 크리스마스 전날 모건은 백악관에서 남의 눈에 띄지 않게 클리블랜드 대통령과 칼라일 재무장관을 만나 금 유출을 막을 방안을 논의했다. 그날 저녁 뉴욕으로 돌아온 모건은 정부에 금을 공급해주기 위해 새로 국제 금융회사 신디케이트를 구성했다. 퓰리처의 〈월드〉는 즉각 모건과 새로 구성된 신디케이트가 '도적질하는 고리대금업자'라며 공격하고 나섰다.

모건은 1896년 1월 4일 망설이다 펜을 들어 클리블랜드 대통령에게 편지를 띄운다. "상황이 너무 엄혹하다는 게 저의 변명입니다." 그는 지난 연말 워싱턴을 다녀온 결과 "재무부의 재량권을 늘려주는 방향으로 움직이지 않을 것임"을 알게 되었다. 게다가 클리블랜드의 손이 묶여 있다는 점도 잘 알 수 있었다. 결국 모건은 정부가 채권을 발행해 추가적으로 금 2억 달러 어치를 빌려와야 한다고 제안했다.

"저는 금을 더 빌려 오는 게 국가와 국민의 이익을 위해 최선의 길이라는 점을 망설이지 않고 말씀드릴 수 있습니다"라고 모건은 클리브랜드에게 보낸 서한에서 주장했다. 그러나 그는 정치적 압력 때문에 다시 금융회사를 상대로 한 채권 발행은 불가능하다는 점도 알았다. 클리블랜드가 일반 국민들을 상대로 채권 발행에 나서면, 모건은 "정부를 돕기 위해 모든 수단과 방법을 동원해 채권발행을 성공시키겠다"고 맹세했다.

클리블랜드의 뒤를 이을 잠룡 가운데 한명인 윌리엄 C. 휘트니는 새로운 채권을 발행하는 데 정부가 모건과 협력해야 한다고 주장했다. 그는 전쟁장관 대니얼 라몬트에게 "개인적으로 정부가 모건과 그의 강력한 영향력을 동맹자로 갖고 있다는 게 아주 다행이라고 생각하고… 내가 대통령이라면 무엇이든 모건과 함께했을 것이다. 다른 모든 방법은 실패할 수밖에 없다"고 말했다.

1895~1896년 겨울 금융회사 신디케이트에 대한 미국인의 분노는 어떤 때보다 거셌다. 헨리 애덤스는 동생이 쓴 책을 위한 1895년 발문에서 "(런던 금융가) 롬바드 스트리트와 월스트리트, 스테이트 스트리트 등의 유태인들이 세계를 움직이고 있다"고 싸잡아 비판했다. 브룩스 애덤스(Brooks Adams)[2]는 "지구상에 존재한 인간 사회 가운데 가장 부패한 사회가 낳은 결과"가 바로 월스트리트라

고 공격했다. 그는 모건이 그의 장광설을 읽다 실소를 금치 못했을 주장을 내놓는다. "로마는 부패하고 성적 능력이 없으며 사기와 거짓말을 밥 먹듯이 하는 유대인과 최근 4년 동안 우리나라를 쥐락펴락한 모건이 이끄는 갱단을 제외한 모든 종족들에게 은총 받은 낙원의 정원이었다."

상황이 악화되는 바람에 모건의 편에 설 것 같았던 사람들마저 브룩스의 비판에 동조하고 나섰다. 모건이 학교 설립에 재무 책임자로 나서 여러 가지로 지원한 그로턴학교의 교장인 엔디코트 피바디 목사는 1896년 초 친구에게 "클리블랜드가 새로 발행된 채권을 모건에게 주는 모든 행위"를 강력히 성토했다. "(신규 채권 발행으로) 서부지역 사람들이 강하게 반발할 것이고, 모건에게 신규 채권을 맡기는 일 자체가 믿을 수 없다. 나는 나라의 위기를 이용해 돈을 버는 모건과 같은 사람을 도저히 이해할 수 없고… 그런 사람이 이 나라에 적으면 적을수록 더 이롭다고 말하고 싶다. 작은 이익에 만족하는 우둔함이 장기적으로 더 좋다."

피바디의 비판이 굉음으로 커질 때 런던의 월터 번스는 자형인 모건에게 전보를 띄운다. "이익의 대부분은 다른 사람들이 가져갔는데, 자형이 그런 비난과 모욕적인 말을 들어야 한다는 게 참을 수 없네요. 애국심과 전국적인 신망 때문에 채권을 인수·유통했을 뿐이잖아요." 이에 대해 모건은 "모든 것을 무너뜨리려는 정치인과 사람들이 나를 어떻게 공격하는지 등을 처남은 잘 모르고 있다. 모든 사람들이 나를 주시하고 있고 비판적인 신문들이 매일 공격하고 있다. 신중해질 필요가 있다"고 답신을 보냈다.

클리블랜드와 칼라일은 국채를 금융회사들에게 맡기지 않기로 결정했다. 그들은 1896년 1월 6일 금 1억 달러어치를 조달하기 위해 채권을 국민들을 상

---

2. 《사회혁명론Theory of Social Revolution》을 쓴 역사가 -옮긴이

대로 발행한다고 발표했다. 모건은 신규 채권을 인수하기 위해 구성한 신디케이트를 해체했다. 동시에 신디케이트에 참여했던 금융인들에게 정부의 채권 청약에 참여하라고 촉구했다. 그의 말은 한 나라의 리더가 동맹 세력에게 요청하는 듯하다.

"나는 모든 시민들이 그에게 감사할 것이기 때문에 건전한 화폐와 국가의 신인도를 위해 대통령을 힘껏 돕고 싶습니다."

번스는 화가 나 채권 청약을 거부했다. 모건은 경고하고 나섰다. "우리의 처지를 살펴볼 때 우리는 뒤로 물러나 삐진 듯이 행동할 수 없다." 모건은 작은 컨소시엄을 구성해 채권 1억 달러를 모두 사겠다고 청약했다. 정부는 전체 물량 가운데 3분의 1을 배정했다. 국민을 상대로 한 채권은 잘 팔려나갔다. 번스는 "채권 발행 성공으로 전반적인 신뢰도가 향상될 것"이라고 평가했다.

모건은 1896년 5월 짧은 기간 동안 유럽을 방문하기 위해 대서양을 횡단했다. 큰 딸 루이자는 어머니 패니와 독일에 머물고 있었다. 5월 9일 파리로 가 아버지를 맞이했다. 그녀는 일기에 "아버지는 좋아 보였고 유쾌한 표정이었다"고 적었다. 모건은 파리에서 친구들과 저녁을 먹고, 최고급 의상실인 워스에서 쇼핑을 한 뒤 런던으로 건너갔다. 모건이 런던에서 비즈니스를 하는 동안 루이자는 친구들과 함께 스코틀랜드로 갔다. 그녀는 일기에 "아버지는 최근 며칠 동안 혼자 늙으신 것 같다. 올 봄의 기묘한 분위기는 이미 사라졌다"고 썼다.

국민들이 참여한 채권 발행으로 조달한 금도 얼마 지나지 않아 재무부 금고를 빠져나와 유럽으로 흘러가버렸다. 금 유출이 계속되면서 재무부의 지불준비용 금은 3월 말 1억 2,800만 달러에서 민주당원들이 대선 후보를 지명하기 위해 모인 1896년 7월 1억 100만 달러로 줄어들었다.

1896년 대통령 선거는 남북전쟁 이후 가장 치열하고 흥미진진했다. 대선의 최대 이슈는 경제였다. 공화당은 클리블랜드가 망쳐놓은 경제를 다시 소생시키겠다고 공약해 대선 두 해 전인 1894년 선거에서 압승해 의회를 지배했다. 반면, 민주당과 인민주의자들은 미국 전역에서 패배했다. 하지만 인민주의자들의 전체 득표는 1892~1894년 사이에 42퍼센트 이상 늘어났다. 1896년 대선에서 민주당은 남북전쟁 직전인 1860년 대선 때와 마찬가지로 분열되어 있었다. 농촌 지역인 남부와 서부는 인민주의자들과 연합해 은화를 지지했다. 그들은 동북부 출신인 클리블랜드가 이끄는 골드버그들과 맞섰다.

공화당의 후보 경선에서 선두 주자는 윌리엄 매킨리(William McKinley)였다. 그는 전직 의원이었고 오하이오의 주지사를 두 번 지냈다. 거구의 몸집이었고 상냥하고 핸섬했다. 눈썹은 넓은 V자처럼 생겨 친근한 매처럼 보였다. 매킨리는 막강한 재력가인 마크 한나(Mark Hanna)를 친구로 두고 있었다. 마크는 오하이오 산업가에서 정치 보스로 변신한 인물이었다. 그는 1년여 동안 공화당 의장을 지내면서 매킨리를 백악관에 들여보내는 데 시간과 돈을 아낌없이 쏟아부었다.

매킨리는 국제적인 이중 본위제를 지지하는 인물이었다. 동북부 금융가들은 그를 '양다리 걸치는 놈'이라고 불렀다. 그의 적극적인 후원자인 한나는 매킨리가 '번영의 전도사'라고 주장했다. 하지만 금본위제를 확고하게 천명하지 않는 후보는 모건에게 재앙을 불러오는 악마나 다름없었다. 1896년 6월 공화당 전당대회가 열리기 직전이었다. 오하이오 은행가이고 지역 공화당 리더인 마이런 T. 헤릭(Myron T. Herrick)이 모건을 찾았다. 헤릭은 모건과 대화에서 은행가들이 '분개하고 있음'을 알아챘다. 모건은 통화 시스템과 관련해 오락가락하는 매킨리가 "아주 역겹다"고 잘라 말했다. 공화당 후보의 척추가 물렁물렁

하지 않다면, 명확하게 금본위제를 지키겠다고 선언해야 한다고 주장했다.

헤릭은 대통령 선거가 전적으로 월스트리트에 달려 있지 않다고 말했다. 정치인들은 더 폭넓은 유권자들의 요구에 부응해야 하고, 금을 두고 미국이 양분되어 있음을 은행가들에게 강조했다. 그는 매킨리가 선거에서 이기기 위해 헤징(hedging)하고 있다고 변호했다. 헤릭은 "은행가들이 한 편에 있다면, 정치인들은 반대편에 있다. 당신들이 미주리를 기준으로 이 나라를 양분하려 든다면, 공화당은 선거에서 질 수밖에 없다"고 경고했다.

헤릭은 금융가들의 지지를 이끌어내기 위해 마크 한나를 그날 저녁 모건의 요트인 코르세어호로 보냈다. 모건은 오크 나무판으로 고급스럽게 장식된 코르세어의 식당에서 매킨리의 강력한 후원자인 한나를 만났다. 모건은 금본위제에 대해 즉석 강연을 했다. 한나는 매킨리의 입장을 설명하고, 금본위제에 대한 후보의 태도를 더욱 명확하게 하겠다고 약속했다. 이어 매킨리의 '캠페인을 인수해 달라(자금지원)'고 은행가들에게 요청했다.

모건과 헤릭, 한나 3인방이 그날 밤 늦게 코르세어호를 떠났다. 모건은 매킨리가 공화당 후보가 되도록 돈을 지원하겠다고 약속했다. 매킨리는 1896년 6월 전당대회 1차 투표만으로 대통령 후보가 되었다. 한나는 후보 경선에서 이기기 위해 보호무역주의와 금본위제를 공약에 넣었다.

한 달 뒤에 시카고에선 민주당 전당대회가 열렸다. 은화주의자들이 분위기를 휩쓸었다. 이들은 클리블랜드와 휘트니 등 이른바 '구파'들을 압도했다. 금본위제와 독점자본, 연방정부 인가 은행, 모건을 이용한 정부의 채권 발행, 연방대법원 등을 성토했다. '신파' 민주당원들은 상대적으로 덜 알려진 윌리엄 제닝스 브라이언을 대통령 후보로 내세웠다. 그는 무제한적으로 은화를 주조하겠다고 공약했다.

1896년 7월 민주당 전당대회에서 브라이언이 한 후보수락 연설은 미국 역사에 명연설로 기록된다. 그의 연설은 이렇게 시작한다.

"우리는 탄원했습니다. 하지만 우리의 탄원은 멸시당했습니다. 우리는 간청했습니다. 하지만 우리의 간청 역시 무시당했습니다. 우리는 애원했습니다. 하지만 우리의 비극이 다가왔을 때 그들은 조롱했습니다. 이제 우리는 그들에게 도전합니다… 우리의 뒤에는 이 나라와 전 세계의 대중이 있습니다. 중소상공인과 노동자, 고통받는 자들의 지지를 받으면서 우리는 금본위제를 요구하는 그들에게 이렇게 대답해줄 겁니다. 너희들은 노동자의 이마에 이 고통스런 가시의 면류관을 씌울 수 없다. 너희들은 인류를 '황금 십자가(금본위제)'에 못 박아 처형하지 못할 것이다."

브라이언의 유명한 '황금 십자가' 연설로 민주당 전당대회장이 들썩거렸다. 대의원과 당원들은 무려 35분 동안 환호하며 울부짖었다. 목 놓아 소리치며 그의 연설에 화답했다. 2주가 흐른 뒤 세인트루이스에서 열린 인민주의자 전당대회에서도 브라이언이 대통령 후보로 지명되었다. 인민주의자들은 부통령 후보를 따로 선출했다. 민주당 시카고 전당대회가 막을 내린 지 이틀 뒤에 뉴욕증권거래소의 민주당 지지자 150명은 미국 국기를 흔들며 거래소 연단으로 걸어 올라갔다. 그들은 브라이언이 아니라 공화당 후보인 매킨리의 이름이 적힌 배지를 달고 있었다. "붉은 깃발 내리고 성조기를 올려라!"라고 외쳤다. 그런데도 퓰리처의 〈월드〉는 다소 성급하게 "정치권력이 동부의 강력한 세력에서 서부와 남부의 분노한 대중들에게 넘어갔다"고 결론 내렸다.

~~~≫≪~~~

남부의 민주당원이면서 '동부의 강력한 세력'을 지지한 인물이 하나 있는데, 그가 바로 독일 출신 유태인으로 테네시 채터누가(Chattanooga)에서 신문을 발행하는 아돌프 사이먼 오치스(Adolph Simon Ochs)였다. 그의 〈채터누가 타임스〉는 금본위제 지지를 분명하게 선언했다. 그는 1896년 미국 대도시 신문 가운데 가장 유력지였던 〈뉴욕 타임스〉를 인수하기 위해 작업을 개시했다.

〈뉴욕 타임스〉는 1851년 창간되어 남북전쟁 기간 동안 강력하게 공화당을 지지했다. '머그움프' 편집장들은 1884년 대선에서 '부패의 화신'으로 알려진 공화당 블레인 대신 클리블랜드를 지지한다고 선언했다. 공화당 성향의 독자와 광고주들이 집단적으로 〈뉴욕 타임스〉를 거부하고 나서, 민주당 자본가들이 신문을 인수했다. 하지만 경영 미숙과 스캔들을 주로 다루는 옐로우 페이퍼 성격인 〈월드〉와 허스트의 〈저널〉 등의 공세에 밀려 빚더미 위에 올라앉을 수밖에 없었다. 1896년 〈뉴욕 타임스〉의 유가 부수는 단 9,000부에 지나지 않았고, 매주 2,500달러 손실을 기록하고 있었다.

테네시에서 오치스가 이룬 성공과 야망, 흔들리지 않은 금본위제 지지, 그로버 클리블랜드의 강력한 추천서 등이 어우러져 〈뉴욕 타임스〉의 오너가 설득되었다. 기존 오너는 액면가의 4분의 1 가격에 대주주 지분을 오치스에게 넘기기로 결정했다. 오치스는 경영권을 확보한 뒤 모건을 비롯해 주요 채권자들을 찾아가 채무구조 조정을 요청했다. 간단히 말해 이자율 하향 조정을 요청한 것이다. 그는 나중에 위압감을 주는 모건을 만난 장면을 회상한다.

그가 월스트리트 23번지 '더 코너'에 들어서는 순간 모건이 따뜻하게 맞아주자 놀랐다. 모건은 채무구조를 재조정하는 전문가였다. 그는 자리에서 일어나 오치스를 맞으며 정겹게 "내가 익히 들었던 젊은이가 당신이군요. 제가 어디에다 서명하면 되죠?"라고 물었다.

오치스가 〈뉴욕 타임스〉의 사주로서 처음 신문을 발행한 날은 1896년 8월 19일이었다. 그는 알림을 통해 "정파나 지역, 이해관계에 치우치지 않고, 두려움이나 특혜를 떠나 공정하게 뉴스를 전달하겠다"고 밝혔다. 이어 그는 건전한 화폐정책과 관세개혁에 헌신하고, 공공의 업무를 집행하는 과정에서 낭비와 횡령에 반대하며, 좋은 정부의 낮은 세율을 지지하며, 꼭 필요한 기능 이상을 수행하지 않는 작은 정부를 옹호하겠지만, 기존의 비당파적인 신문을 위해 추진한 원칙을 지켜나가겠다"고 선언했다.

오치스가 사주로서 밝힌 내용은 건전한 화폐와 작은 정부가 좋다는 당시 일반적인 분위기와 부합했다. 모건과 벨몽트, 제이콥 쉬프(Jacob Schiff)는 〈뉴욕 타임스〉가 당시 발행한 채권 60만 달러 가운데 각각 2만 5,000달러씩을 보유하고 있었다. 새로 사주가 된 오치스는 나중에 그들이 보유하고 있는 채권을 모두 회수해 소각한다. 그런데 〈뉴욕 타임스〉의 채무구조 조정에 참여한 사람들이 하나같이 금본위제를 지지한 인물이었다는 사실은 음모론의 좋은 소재가 되었다. 모건이 〈뉴욕 타임스〉를 소유하고 있다는 루머는 이후 수년 동안 신문과 은행가를 괴롭힌다.

미국 역사에서 인민주의 운동은 그랜지 협회와 그린백당, 농민연맹 등을 거쳐 성장해왔는데, 미국 경제발전의 방향을 다시 설정하려고 시도했다. 대표적인 인민주의 역사가인 로런스 굿윈(Lawrence Goodwyn)에 따르면, 인민주의 운동은 "미국 역사에서 가장 큰 대중 민주주의 운동이었다." 곡물가 하락과 높은 철도 요금, 나날이 늘어나는 금융 비용에 가혹하게 시달린 농민들은 도시의 동맹자(노동자)와 손을 잡고 1890년대 초반 북동부의 '머니 센터'와 거대 철도회사에서 권력을 빼앗고, 금융·철도·토지에 대한 정부의 권한을 확장해야 한다고 주장했다.

나중에 미국은 이들이 주장한 정책을 대부분 채택한다. 하지만 1896년에는 아니었다. 이 해 대통령 선거에서 은화주의자들은 민주당과 인민주의자의 후보 단일화를 이뤄내, 단 한 가지의 만병통치약, 즉 은화주조의 확대를 추진했다.

단일 후보인 윌리엄 제닝스 브라이언은 1896년 여름과 가을 미국 전역을 돌면서 대규모 청중에게 연설했다. 그는 분명하면서도 강력한 연설을 통해 야만적인 이기주의를 위해 금권정치주의자들이 미국을 지배하고 있다고 성토하면서, 곡물가의 인상과 손쉬운 신용조달, 값 싼 달러를 약속했다.

그의 호소력은 개인적인 성품과 이데올로기적인 성향에서 비롯되었다. 텍사스 출신 민주당 의원의 아내인 엘렌 모리 슬레이든(Ellen Maury Slayden)은 민주당 전당대회에서 브라이언을 목격하고 이렇게 말한다. "그는 잘난 체하지 않았고 아주 성실한 사람이면서도 유머감각을 갖춘 인물이었다." 그녀는 브라이언의 머리가 너무 길다고 생각했다. 긴 머리는 "서부 출신 의원들이 갖고 있는 일반적인 약점이었다."

그녀의 눈에 비친 브라이언의 옷차림은 "몸에 맞지 않았지만, 그가 연단에 올라서는 순간까지 그 사실을 알아채지 못했다. 맑고 강철 같은 빛을 발하는 눈과 전형적인 아일랜드인처럼 타협할 줄 모르는 듯한 일직선의 입, 가지런한 이가 눈에 들어왔을 뿐"이라고 말했다. 슬레이든은 계속해서 그는 "내가 들은 목소리 가운데 가장 완벽한 목소리로" 청중들에게 연설했다.

"청중들은 열광했다. 그가 연설을 마치면 사람들이 그를 에워싸며 경쟁적으로 악수하고 어깨를 만졌다. 많은 청중들이 그의 옷깃에 입을 맞추었다. 한 사람이 어떻게 대중의 열광적인 찬사를 받으면서도 들뜨지 않을 수 있을까?"

단일 후보 브라이언과 그의 비타협적인 은화 지지는 직전까지 민주·공화 양당으로 갈라져 아웅다웅했던 보수진영을 결속시켰다. 마크 한나가 총지휘하는 선거자금 모금운동이 마치 20세기 미국 대선을 무색하게 할 정도로 추진되었다. 부유한 개인과 은행, 철도회사, 보험사, 대기업들이 매킨리 캠페인에 700만 달러를 투자했다. 반면, 인민주의자의 재무부서에는 '25센트에서 1달러가 동봉된 편지가 하루 십여 통 전달되었을 뿐이다. 브룩스 애덤스는 8월 첫째 주에 한나는 보스턴 오피스 빌딩에서 200만 달러를 거두어들였다고 주장했다.

한나는 현대적인 선거 캠페인을 벌였다. 포스터와 팸플릿, 전단, 배너, 배지 등을 대량으로 제작해 전국에 살포했고, 전직 대통령인 벤저민 해리슨과 뉴욕 경찰 책임자로 있던 시어도어 루스벨트 등 지원 연설자를 전국에 보내 유권자를 끌어모았다. 매킨리는 지방 유세를 거부했다. 그는 아내의 건강이 좋지 않다고 말했다. 그는 이와 함께 "브라이언을 공격하는 연설을 하는 것보다 내 집 앞 잔디밭에 철봉을 세우고 기계체조 운동선수와 경쟁하면 더 잘 할 수 있다. 나는 생각하면서 말한다"는 이유를 내세웠다.

한나는 매킨리를 지방으로 보내지 않았다. 전국의 유권자를 매킨리 집 앞으로 수송해왔다. 매킨리를 지지하는 철도회사 사주와 경영자들은 오하이오까지 운임을 대폭 깎아주었다. 무려 75만 명이나 공화당 후보의 집에 다녀왔다. 일부는 공화당 후보를 방문하는 게 집에 머무는 것보다 싸다고 비아냥할 정도였다. 민주당과 인민주의자들은 외국 은행가들에 대한 대중의 두려움을 부채질했다. 공화당은 혁명적인 무정부의 유령이 다가오고 있다고 외쳤다. 급진적인 외국 사상에 대한 대중의 두려움을 조장했다. 그해 10월 시어도어 루스벨트는 시카고 콜리세움에 운집한 1만 5,000명에게 톨스토이와 마르크스, 프루동(Proudhon)의 책을 읽은 부류를 목 놓아 비판했다. 그는 사회 진보의 단계에 비춰볼 때 "거대한 사회 혁명으로 모든 사람이 행복해질 수 있다고 주장하는 사람들이 아주 불순하고 위험하다"고 주장했다.

'혁명'이라는 말 한 마디만으로 증권시장이 급락하고 금 유출이 다시 일어났다. 다우존스 산업지수에 편입된 12종목의 평균 종가는 1896년 6월 26일 40.94포인트였다. 8월 말에는 28.28포인트로 30퍼센트 추락했다.

인민주의자들이 브라이언을 후보로 선출한 그해 7월 모건은 뉴욕의 주요 은행가들을 비공식적으로 불러모았다. 그는 1895년 재무부와 맺은 계약에 따라 금융회사를 동원해 시장 안정화 조처를 취했던 것처럼, 금을 해외로 보내지 말 것과 외환시장 안정화에 노력해 달라고 요청했다. 스스로 특별 재무장관 구실을 하고 나선 셈이었다. 재무차관 커티스는 모건의 노력을 치하하는 편지를 집으로 보낸다. "뉴요커들이 너무 잘해주셨습니다. 재무장관이 힘을 잃고 집무실만 지키고 있는 동안 모건이 의장으로 있는 한 위원회에 의해 조율되고 있는 미국 금융시장의 특별한 시기를 예의주시하고 있습니다"고 했다.

모건은 금 유출을 막기 위해 다시 한 번 유럽 자본을 유치하려고 나선다. 새로운 신디케이트를 구성했다. 모건이 신디케이트를 구성했다는 소식만으로도 금 유출이 멈추었다. 그해 8월 미국의 곡물 수출이 본격화하면서 금이 다시 들어왔다. 신디케이트는 별다른 행동을 하지 않고 해체되었다.

브라이언은 은화 문제를 빼고는 다른 이슈는 제기하지 않았다. 공화당엔 다행스러운 일이었다. 그는 농민에 대한 대출이나 철도산업 규제, 소득세 부활 등을 공약으로 내걸지 않았다. 도시 노동자들의 어려움에 대해서는 한 마디도 하지 않았다. 한나는 민주/인민주의자의 단일 후보가 "은화 문제만을 이야기하고 있다"며 "그는 우리가 가두어 두려는 곳에 제 발로 찾아 들어갔다"고 즐거워했다. 《공동체에 반하는 부》의 지은이인 헨리 디마레스트 로이드는 "개혁세력의 찌르레기는 노동자 등의 희생으로 둥지가 지어지기만을 기다리다, 둥지가 완성되면 알을 낳고 노동자들이 낳은 알은 둥지 밖으로 밀쳐내 깨버리려 한다"고 비판했다.

1896년 11월 3일 매킨리는 브라이언을 61만 표의 차이로 눌렀다. 집 앞에서 유세한 매킨리가 전국을 돌며 공황에 시달린 민초들의 마음을 흔들어 놓았던 브라이언을 이겼다. 두 후보의 선거인단 득표는 271대 176이었다. 브라이언은 모두 649만 3,000표를 얻었다. 이전 대통령 선거의 승자가 얻은 표보다 많았다. 하지만 브라이언은 버지니아 북쪽이나 미주리 동쪽 지역에서 이긴 주가 하나도 없었고, 주요 산업 도시에서도 패했다. 공화당은 백악관을 차지했을 뿐만 아니라 상하원에서도 과반수를 확보했다. 많은 주의회도 장악하는 압승을 거두었다.

역사가 C. 밴 우드워드(Vann Woodward) 는 "옛 민주당이 은화만을 위해 선거에서 이기려 했다면, 1896년 선거는 분명히 패한 경쟁이다. 하지만 민주당의 목적인 잠재적 경쟁자인 인민주의자들을 깨려고 했다면, 그해 선거는 성공적이었다"고 평가했다.

공화당의 압도적인 승리 덕분에 정치의 시계추가 보수 쪽으로 기울었다. 금본위제가 더 이상 도전받지 않게 되었다. 거대 자본의 지배가 확실해졌다. 하지만 인민주의자들이 제기한 수많은 안건은 20세기 초 미국 혁신주의(Progressivism)의 밀알이 된다.

1896년 대선 다음날 모건은 런던의 월터 번스에게 "영광스런 승리를 거두었다. 유권자 선거 결과만을 놓고 보면, 매킨리는 선거인단에서 적어도 310표는 확보할 수 있다. 감사하는 마음으로 가득하다"고 타전했다. 번스는 "결과가 매우 좋다. 미국의 신용이 유지될 것이라는 믿음을 주어 런던 투자자들에게 아주 만족할 만한 결과이다. 여기 사람들은 처남에게 진심으로 축하하고 있다. 처남이 이번 결과에 많이 기여했음을 잘 알고 있다"고 답신했다.

금본위주의자가 은화주의자를 누른 그즈음, 콜로라도와 알래스카, 남아프리카 지역에서 대규모 금광이 발견되었다는 소식이 전해졌다. 너무나도 역설적인 뉴스였다. 그 바람에 1890~1914년 사이 세계 금 공급량은 두 배로 늘어났다. 브라이언과 그의 지지자들이 애타게 원했던 통화팽창이 이루어진다. 게다가 1897년 유럽에서 흉년이 발생했다. 반면 미국에서는 풍년이 들었다. 미국 농부들이 그토록 원했던 농산물 가격이 올랐다.

곡물 수출로 만성적인 무역적자 행렬이 끝났다. 유럽의 금이 지속적으로 대서양을 건너 미국으로 유입되었다. 재무부 지급준비용 금은 1896년 말 1억 3,700만 달러어치였다. 하지만 1898년 중반에는 2억 4,500만 달러로 불어났다. 미국 경제도 파산 벼랑에서 돌아서 회복하기 시작했다. 다시 급성장 주로에 들어섰다. 20세기 첫 번째 10년 동안 곡물 가격은 꾸준히 상승했고 땅값도 마찬가지였다. 은화의 공급 확대가 더 이상 필요하지 않게 되었다. 모건이 오랜 기간 싸우면서 유지하려고 했던 미국의 신뢰도 손상도 발생하지 않았다.

얻은 것과 잃은 것

1897년 J. P. 모건이 마침내 60세가 되었다. 그는 1895년 금 위기를 통해 세계에서 가장 영향력이 큰 금융 자본가로 떠올랐다. 한편에서는 그에 대한 찬사가 활화산처럼 분출했다. 다른 한편에서는 그에 대한 분노가 요원처럼 타올랐다. 그의 복잡한 사생활은 수십 년에 걸친 결혼생활에서 얻을 수 없는 기쁨을 주었다.

모건은 경제적으로는 상당한 부를 축적했다. 그가 시니어 파트너로 있는 뉴욕과 필라델피아 투자은행의 순이익은 1895년 200만 달러에서 1899년 800만 달러로 늘었다. 이 기간 동안 런던의 투자은행 J. S. 모건은 순이익 가운데 62만 2,000달러와 311만 달러를 그의 몫으로 배당했다. 그 기간에 모건이 받은 배당금 1,100만 달러였다. 여기에는 그가 개인적으로 벌인 투자에서 얻은 이익을 들어 있지 않다. 아버지 주니어스가 평생 동안 축적한 부의 절반을 단 5년 만에 거둬들인 셈이다.

아버지 주니어스가 숨을 거둔 1890년 이후 10년 동안 모건의 공적·사적 삶은 폭발적으로 왕성했다. 이는 중년의 나이에 들어선 한 남성에게는 놀라운 일이다. 빅토리아 시대가 저물어갈 즈음에 모건은 철도합병을 달성했다. 산업체의 트러스트화를 시도했다. 미국에 있는 자산 네 가지를 매입했다. 요트를 새로 건조했고 예술품 수집가로서 제2의 인생을 시작하기도 했다.

모건은 〈타운 토픽스〉가 애덜레이드와 그의 부적절한 관계를 폭로한 지 한 달 뒤인 1895년 가을 뉴포트에서 낚시에 걸맞은 집 한 채를 구입했다. 이름 하여 '피싱 박스(Fishing Box)'였다. 아내 패니는 한 번도 이 집을 가보지 못한다. 루이자 는 몇 년이 흐른 뒤 어머니 패니에게 그 집의 생김새를 설명해준다. "아주 특이 해요. '뉴포트'라는 이름이 풍기는 분위기와 완전히 달라 재미있었습니다"라고 말했다. 그녀의 아버지도 뉴포트의 관광버스 기사가 반더빌프와 벨몽트, 웨트 모어, 애스터 가문 소유의 프랑스식 대저택을 자랑스럽게 보여준 뒤 "이 집이 바 로 피어폰트 모건의 저택입니다"라고 말했다는 이야기를 전해 듣고 웃었다.

뉴포트의 '모건 저택'은 그레이브스 포인트(Graves Point)의 1만 8,000여 평의 대지 위에 나무로 지어진 작은 집 여섯 채였다. 다른 곳에서는 백인을 집사나 도우미로 채용했다. 하지만 뉴포트에 산 집에는 리지(Lizzie)라는 흑인 요리사 를 채용했다. 루이자는 그가 "아주 잘 생기고 덩치가 큰 니그로"라며 "진짜 사 하라 사막 남쪽에서 왔다"고 묘사했다. 흑인 요리사는 '이 시대의 최고로 훈련 된 집사'와 결혼한 사람이었다. 또 그는 "옷매무새가 조금 초라하기는 하지만, 전통적인 방식으로 주인을 섬길 줄 아는 사람"이라고 루이자는 말했다. 보조 요리사인 새디(Sadie)는 "종이가 말린 것처럼 보이는 곱슬머리를 가진 좀 더 현 대적인 흑인"이라고 루이자는 말했다. 낚시를 책임진 사람은 이름이 유진(Eu-gene)이었는데 뉴잉글랜드 태생이었다. "그는 평생 동안 한 번도 로드아일랜드 의 섬을 벗어나본 적이 없었다."

모건은 여름이면 한두 차례 뉴포트에 들렀다. 애덜레이드나 의사인 마코, 보도인, 래니어 부부와 함께 머물다 떠나기도 했다. 모건을 빼고 남편 등이 바 위에서 바다낚시를 하는 동안 여성들은 읍내에 나가기도 했다. 래니어는 다른 사람이 낚은 물고기를 소품으로 삼아 모건의 사진을 찍었다. 사진 속 모건은 요트 모자를 쓰고 흰 바지를 입고 있다. 웃옷은 해군 장교들이 즐겨 입는 것이었다. 옷 칼라에는 단추가 박혀 있다. 스포츠 복장과는 전혀 어울리지 않은 모습을 한 모건 주변에는 다른 사람이 낚아 낚싯줄에 꿰어 놓은 물고기 배스 (Bass)가 보인다.

모건이 뉴포트의 '피시 박스'를 매입한 지 2년이 흐른 1897년 제킬 아일랜드 (Jekyl Island)에 있는 아파트를 하나 구입했다. 이 집은 조지아의 해안가 플랜테 이션 농장이었다. 남북전쟁 이후 리조트로 구조변경이 되었다. 1885년 결성된 제킬 아일랜드 클럽은 맨해튼의 유니언 리그클럽의 멤버 가운데 절반이 참여 했다. 〈뉴욕 타임스〉는 제킬 아일랜드 리조트가 명사들이 겨울을 즐기는 새로 운 뉴포트가 될 것이라고 전망했다.

본래 제킬의 스펠링은 'Jekyl'이었지만, 요즘 사람들은 'Jekyll'로 쓰고 있다. 많 은 물고기와 다양한 게임 시설, 널찍한 해변, 한눈에 들어오는 바다, 바닷물이 질척이는 습지, 스페인 이끼를 덮어쓴 오크나무 등으로 유명하다. 애초 인디언 들이 많이 살았다. 하지만 스페인 선교사들이 들어왔고, 나중에는 프랑스 플 랜테이션 업자들이 자리잡았다. 〈먼지스 매거진Munsey's Magazine〉은 제킬 리조 트 클럽이 세계에서 "가장 배타적이고 가장 접근하기 힘든 클럽"이라고 했다.

리조트 클럽의 회원들은 제킬 섬 여기저기에 별장을 지었다. 회원 가운데 5 명은 1896년 산스 수치(Sans Souci)라고 불리는 곳에 아파트 여섯 채를 지었다. 모건이 이듬해인 1897년에 산 아파트는 바로 여섯 번째 집이다. 그가 이 아파 트에 직접 와본 때는 1898년이었다. 겨울철에 애덜레이드와 다른 친구를 데리 고 이곳에 와 휴식을 취했다.

모건은 1890년대 말 애디론댁(Adirondack) 산맥에 있는 곳의 저택도 사들였 다. 유니언 퍼시픽 철도의 설립자 가운데 한 명이고 의사인 토머스 클라크 듀 런트(Thomas Clark Durant)는 1865년 사라토가 온천에서 애디론댁의 중심부인 노스 크리크(North Creek)까지 단거리 철도를 건설하고 노선 주변 땅을 매입했다. 1870년대 토머스는 아들인 윌리엄 웨스트(William West) 듀런트를 시켜 나무가 우거진 황무지를 개발하도록 했다.

윌리엄은 1890년대 그곳에 전화를 가설하고, 우체국을 설립했다. 잡화상과 성공회 교회, 가톨릭 성당을 지어 부유한 사람들이 관심 가질 만한 곳을 만들어 놓았다. 그는 지역에서 벌채한 백송 나무를 활용해 개인적인 펜션도 만들었다. 백송으로 지어진 통나무집은 다른 지역에서는 찾아보기 힘든 독특한 양식이었다. 부분적으로는 통나무집이었고, 어떻게 보면 알프스 목동이 사는 집 같았다. 이후 펜션은 '애디론댁 건축양식'으로 불린다. 그는 첫 번째 펜션을 1895년 철도 재벌인 콜리스 P. 헌팅턴에게 판 뒤 모히칸 호수 근처에 두 번째 펜션을 지었다. 그는 제임스 페니모어 쿠퍼(James Fenimore Cooper)의 소설인 《라스트 모히칸》에 나오는 영웅의 이름을 따 그 통나무집 이름을 운카스(Uncas)라고 지었다. 그는 이 집을 지으면서 모건에게서 자금을 빌려 썼다. 1896년 부분 변제를 위해 그 집을 모건에게 주었다.

모건은 새로 매입한 자산을 둘러보기 위해 그해 2월 애디론댁으로 올라갔다. 그는 기차에서 내린 뒤 썰매를 타고 우거진 숲과 이미 얼어붙은 호수와 눈더미 사이를 가로질러 펜션으로 달려갔다. 겨울의 적막을 깨는 유일한 소리는 간간히 들려오는 들짐승의 울부짖음과 강추위 속에서 나무가 갈라지는 소리였다. 그는 펜션 운카스를 둘러보며 순간적으로 손녀들을 떠올렸다. 그는 아웃도어 스포츠를 좋아하지 않았다. 별다른 흥미를 느끼지 못했다. 이듬해인 1897년 모건은 생각을 바꾼다. 가족과 친구들이 숲속에 외롭게 서 있는 펜션을 좋아할 것이라고 생각했다. 그해 7월 캠프의 소유권을 넘겨받았다. 실제로 가족과 친구들은 펜션을 무척 좋아했다. 그의 애디론댁의 자산은 라케트(Ra-quette) 호수의 남쪽에 있었는데 임야 180만 평과 자체 주물공장, 제당소로 구성되어 있었다. 운카스 펜션에 속한 두 채의 통나무집은 껍데기를 벗긴 통나무로 지어졌다. 《라스트 모히칸》의 주인공 이름을 따 각각 친가치국(Chingach-gook)과 호크아이(Hawk Eye)로 불렸다. 본채는 암반 위에 지어졌고, 송진 광으로 빛났다. 경대 옷장이 붙박이로 본채에 들어가 있었다. 발판이 나온 창문이 각 면마다 설치되었다. 거대한 돌로 만든 벽난로가 있어 추운 겨울에도 본채를 훈훈하게 해주었다. 여름철이면, 우술라(Ursula)와 운카스라고 불리는 길들여 진 곰 두 마리가 사람들이 손으로 주는 먹이를 얻어먹기 위해 펜션 주위를 어슬렁거렸다.

모건은 숲속에 투박하게 지어진 펜션을 좋아할 만큼 시골 정취를 가지고 있는 인물은 아니었다. 그는 윌리엄이 애초 지을 때 구비한 붙박이 가구와 질그릇, 스토브 등은 남겨두었다. 하지만 현대적인 목욕탕과 장거리 전화, 거대한 레인지 등을 들여놓았다. 게다가 당시 유명 피아노 제작회사인 스타인웨이(Steinway) 피아노 두 대를 그 오지에 옮겨놓았다. 청자와 백자, 두터운 가죽으로 만들어진 썰매 장비, 수가 놓인 리넨을 사다 놓았다. 이 밖에도 잘 다림질된 침구류와 아스파라거스 주전자, 북금곰 모형을 그대로 유지한 바닥 깔개, 말 털로 만들어진 매트리스, 청동 램프, 새 날개로 만든 베개, 아이스크림 제조기, 다양한 화분, 영국 플리머스 닭 125마리 등도 들여놓았다. 그는 집을 정 갈하게 관리하기 위해 윌리엄이 채용한 요리사를 그대로 받아들였다. 목수와 마구간 지기, 농부, 정원사, 여성 도우미 등을 채용했다.

모건은 겨울에만 운카스를 방문했다. 여름에는 요트 크루즈와 유럽 여행을 더 좋아했다. 유럽 여행에서는 아주 한적한 휴양지에서 스트레스

애디론댁의 운카스 캠프에 모인 모건 친구들. 왼쪽부터 앨리스 비버-웹, 모건, 애덜레이드 더글러스, J. 비버-웹, 아네트 마코.(출처: 고 아네트 M. 쉬펠린)

에 찌든 몸을 달랬다. 하지만 그의 자녀들은 사시사철 애디론댁으로 친구들을 데리고 가 즐겁게 지냈다. 모건은 운카스 펜션을 사들인 뒤 듀런트 사람들이 건설한 애디론댁 철도역에서 자신의 펜션까지 도로를 건설하는 데 자금을 지원했다. 게다가 이웃 펜션 소유자들과 함께 클리어워터(Clearwater)에 있는 뉴욕 센트럴 소속 역에서 기차를 타고 바로 접근할 수 있도록 하기 위해 철로 18마일도 부설했다. 이를 위해 회사까지 세웠는데, 회사의 이사 명단에는 윌리엄 웨스트 듀런트와 밥 베이컨, 윌리엄 C. 휘트니, 콜리스 헌팅턴, 천시 드퓨를 비롯해 챔플레인(Champlain) 호수 양쪽에 땅을 보유하고 있는 W. 수어드 웹 등이 들어 있다. 이 철도 회사는 길이를 감안할 때 당시 세계에서 가장 부유한 사람들이 이사로 등재되어 있었던 셈이다.

철도 건설은 신속하게 진행되었다. 철로가 완공된 1899년 가을 헌팅턴은 개인 열차인 제네스타(Genesta)를 타고 라케트 호수까지 갔다. 지역 주민들에게 가장 인상적인 장면은 초호화 개인 전용열차보다 시중 드는 일본인들이었다. 일본인 스태프들은 전원 캘리포니아에서 왔다. 모건도 풀먼의 초호화 열차를 전세 내어 애디론댁을 방문했다. 스팀 기관차가 언제든지 떠날 준비를 하고 24시간 시동을 건 채 대기해 센세이션을 일으켰다. 모건은 자신이 돌아간다고 뉴욕에 알리는 순간 곧바로 열차에 올랐다. 그는 한적한 시골 휴양지에서 길어야 2~3일 머물 뿐이었다. 시간 여유를 두고 출발을 알리는 스타일이 아니었다. 때로는 비즈니스 때문에 서둘러 뉴욕으로 돌아가기도 했다. 하지만 그가 한적한 시골에서 오래 머물지 못한 이유는 늘 뭔가를 해야 하는 조바심 때문이었다.

모건은 전원생활에서 그다지 재미를 느끼지 못했다. 대서양을 횡단하는 여객선이나 유럽의 온천에서 완전히 긴장을 풀 수 있었다. 그는 크래그스톤에서 운카스까지 시골 '영지'들을 사들였지만, 흥미를 금방 잃어버려 계속 다른 곳을 찾아 나섰다.

———✦———

유명한 출판회사인 하퍼·브라더스(Harpers & Brothers)가 1896년 가을 금융지원을 요청했다. 그 바람에 모건은 이례적인 벤처를 시작한다. 하퍼스는 미국에서 가장 오래된 출판사 가운데 하나였다. 회사가 확보한 작가에는 디킨스와 맥컬리, 브론테(Bronte) 자매[1], 새커레이(Thackeray)[2], 소로(Thoreau)[3], 멜빌(Melville)[4], 윌리엄 딘 호웰스(William Dean Howells), 마크 트웨인, 헨리 제임스 등이 있었다. 회사는 책을 펴내 판매하는 일 외에도 〈하퍼스 위클리〉를 발행했다. 어린이용 저널인 〈하퍼스 라운드 테이블〉, 주간 패션 매거진인 〈하퍼스 바자Bazar〉, 〈하퍼스 뉴 먼슬리 매거진〉 등을 소유했다. 특히 〈하퍼스 뉴 먼슬리 매거진〉은 작가를 발굴해 작품을 연재했다. 하퍼스는 교재도 발행했다.

하퍼스는 당시 미국에서 문화적으로 독보적인 회사였다. 하지만 돈벌이는 시원찮았다. 이사 가운데 한 명인 윌리엄 맥케이 래펀(William Mackay Laffan)이 모건을 찾아가 회사의 회생작업을 요청했다. 그때 하퍼스는 사실상 파산상태였다. 래펀은 아일랜드 출신으로 전직 저널리스트였고 예술 감각이 뛰어난 인물이었다. 하퍼스의 편집장을 지냈고, 모건에게 도움을 요청할 순간에는 〈뉴욕 선〉의 발행인이었다. 모건의 예술 자문가 가운데 한 명이기도 했다.

래펀은 1887년《나무조각Engraving on Wood》과 1897년에는《오리엔탈 도자기 예술Oriental Ceramic Art》를 펴냈다. 투자은행 J. P. 모건은 79년 동안 파트너

---

1. 에밀리와 앤, 샬럿 세 자매를 의미한다. 샬럿 브론테가 쓴 《제인 에어》 등 수많은 영어 작품이 그들의 손에 의해 탄생했다. -옮긴이
2. 윌리엄 메이크피스 새커레이. 《배니티 페어Vanity Fair》를 쓴 19세기 초반 영국작가이면서 저널리스트, 중상류 영국인들의 심리와 생활양태를 농밀하게 그려냈다. -옮긴이
3. 헨리 데이비드 소로. 《월든》의 작가이다. -옮긴이
4. 허먼 멜빌. 《모비딕》의 작가이다. -옮긴이

십으로 구성되어 있던 하퍼스의 구조조정을 1896년 11월 단행해 주식회사로 바꿨다. 하퍼스가 주식 200만 달러와 채권 300만 달러어치를 발행하도록 했다. 하퍼 가문은 하퍼스가 발행한 주식 대부분을 매입했다. 래펀은 커미션으로 10만 달러를 거둬들였다. 이후 3년 동안 '모건 하우스'는 85만 달러를 하퍼스에게 대출해주었다. 모건은 새로 설립된 하퍼스 주식회사에 새로운 경영진을 투입하지 않았다. 이는 그가 파산한 철도회사를 워크아웃하면서 채택한 모델과는 사뭇 다른 점이다. 그런데 하퍼스는 1899년 다시 부도 위기에 몰린다.

하퍼스의 출판 부문은 순이익을 한 푼도 내지 못했다. 영국 지사도 이미 문을 닫은 상태였다. 흥미로운 사실 하나는 모건의 둘째 딸 줄리엣이 딱지를 놓은 클레어런스 매킬베인이 하퍼스의 영국 대리인이었다는 점이다. 그는 조너선 케이프(Jonathan Cape)라는 젊은 친구를 고용한다. 하퍼스의 매거진은 부수·광고 감소에 시달리고 있었다. 경쟁 잡지인 〈맥클러스McClure's〉의 값은 15센트였는 데 반해 하퍼스 매거진은 35센트였다.

〈맥클러스〉는 가격 경쟁력을 가지고 있었다. 자회사로 거느리고 있는 신문을 통해 더 많은 독자들에게 작품을 소개할 수 있다는 전망을 제시하며 하퍼스가 확보한 작가들을 대거 스카우트했다. 새뮤얼 S. 맥클러는 아이다 타벨(Ida Tarbell)[5]과 링컨 스테픈스(Lincoln Steffens)[6], 스티븐 크레인(Stephen Crane)[7], 윌리엄 앨런 화이트(William Allen White)[8], 레이 스태너드 베이커(Ray Stannard Baker)[9], 프랭크 노리스(Frank Norris)[10], 오 헨리, 부스 타킹턴(Booth Tarkington)[11], 시어도어 드레이저(Theodore Dreiser)[12], 잭 런던(Jack London)[13] 등의 작품을 펴냈다.

맥클러와 하퍼스의 관계는 찰스 코핀과 토머스 에디슨의 관계와 같았다. 단순히 경쟁자라기보다는 어떻게 회사를 경영하는 게 효율적인지를 보여주는 반면교사였던 셈이다. 래펀의 제안에 따라 모건은 맥클러를 초대해 액면가의 절반 수준인 가격에 전체 주식 200만 달러어치를 단 69만 2,000달러에 인수하라고 제안했다. 여기에다 주식 인수대금은 10년 안에 납입하면 된다는 조건까지 덧붙였다.

맥클러는 동료에게 의향을 묻는 전보를 날린다. "여러 가지가 한꺼번에 밀려들어온 세상에 있다. 당신만의 왕국을 한두 개 갖고 싶지 않은지 진정으로 알고 싶다"고 물었다. 그러나 자금을 동원할 능력이 없었다. 게다가 하퍼스가 짊어지고 있는 엄청난 빚도 큰 부담으로 작용했다.

모건은 1899년 가을 하퍼스에 추가 여신을 제공하겠다고 했다. 하퍼스 이사들은 법정관리를 신청해버렸다. 그들은 〈월드〉의 편집장인 조지 M. 하비(George M. Harvey)를 영입해 회생작업을 맡겼다. 모건은 "하퍼스 하우스의 붕괴는 국가적인 재앙"이라고 말하면서 이사들의 계획에 동의했다. 윌리엄 딘 하웰스가 하퍼스의 디폴트 소식을 들은 순간 "마치 미합중국 정부가 붕괴했다는 뉴스를 들은 기분이었다"고 말했다. 사람들은 20세기 초 〈하퍼스 위클리〉가 하퍼스 가문의 재산이 아니라 하비의 것이 되었다고 말한다.

조지 하비는 하퍼스를 경영하면서 문학적인 성공 못지않게 PR에도 신경 썼다. 신작이 발표되면, 델모니코와 셔리 호텔 등에서 성대한 출판 기념을 열었다. 이 자리에는 전국 도서 도매상 연합회 회원들이 초청되었다. 그는 출판 기념회를 열 때면 직원들에게 정식 만찬을 대접하기도 했다. 또한 그는 마크 트

---

5. 여류 탐사 저널리스트로 정계와 재계의 부패를 질타했다. 그녀는 《스탠더드 오일의 역사》를 썼다. -옮긴이
6. 미국의 탐사 저널리스트로 〈머클레어스 매거진〉 편집장을 지냈고, 《도시들의 수치The Shames of the Cities》를 펴냈다. -옮긴이
7. 남북전쟁을 평범한 병사의 눈으로 그린 《용기의 붉은 다리Red Bridge of Courage》를 발표했다. -옮긴이
8. 《윌리엄 앨런 화이트 자서전》으로 퓰리처상을 받은 작가이다. -옮긴이
9. 미국의 인종 문제를 본격적으로 조명한 탐사 저널리스트 -옮긴이
10. 직접 취재와 경험을 중시한 소설가. 《옥토퍼스The Octopus》를 통해 캘리포니아 농민과 철도 자본가의 갈등을 농밀하게 그렸다. -옮긴이
11. 《앨리스 애덤스》로 퓰리처상을 받는 등 생애 동안 두 번이나 퓰리처와 인연을 맺었다. 그는 말년에 1920년대 미국 시민들의 생각을 사실적으로 그려냈다. -옮긴이
12. 《천재》와 《금융가》 등을 쓴 소설가- 옮긴이
13. 《강철군화》 등을 쓴 작가, 별 볼일 없는 학력과 노동자 생활을 등을 거친 인물이지만 독학으로 소설을 썼다. -옮긴이

웨인을 붙잡아 두기 위해 당시로선 기발한 아이디어를 제시한다. 1900년 그는 쇼맨십을 최대한 발휘해 마크 트웨인의 메모를 서기 2000년까지 보관하기 위해 은행 금고를 빌린다.

하비는 "2000년의 출판이 죽음기술을 이용하든, 현재처럼 인쇄기를 활용하든, 아니면 전기 기술을 이용한 것이든 현재 모습 그대로 펴내겠다"고 약속했다. 그는 자신과 트웨인이 함께 하는 디너파티를 열어 권당 50달러를 받고 작가의 친필 사인이 된 책을 팔기도 했다. 하비의 계획 가운데 제대로 실행된 것은 거의 없었다. 하지만 마크 트웨인의 작품을 독점적으로 펴낼 수 있는 권리를 따내는 데는 성공했다. 하비는 그 대가로 5년 동안 해마다 2만 5,000달러를 트웨인에게 지급하기로 약속했다. 이런 식으로 1914년까지 트웨인과 그의 상속자들에게 지급된 돈은 30만 달러였다.

모건은 하퍼스 쪽에 빚을 갚으라고 요구하지 않았다. 오히려 이후 수년에 걸쳐 250만 달러에 달하는 돈을 출판사에 지원했다. 이 돈 가운데 대부분은 모건이 죽으면서 남긴 받을 돈 장부에 현재까지 그대로 남아 있다. 그는 하퍼스에 돈을 꾸어주면서 편집에 영향을 미치거나 수익을 얻으려 하지 않았다. 그는 진정으로 "하퍼스가 무너지면, 미국의 재앙"이라고 생각했다.

하비는 모건에게 진 빚이 얼마나 되는지를 정확하게 알고 있었다. 그의 사진을 사무실 벽에 걸어두기까지 했다. 그런데 모건이 읽고 감명 받은 《형제애, 영감의 로맨스》를 다시 발행한 출판사가 바로 하퍼스이다. 하비는 재발행 첫판의 책날개에 이렇게 인쇄했다. "조지 하비가 감사의 뜻으로 미스터 모건을 위해 펴내다. 1910년 10월 6일."

모건이 숨을 거둔 뒤 은행 파트너들은 출판 재능보다는 투자은행 J. P. 모건과 더욱 밀접한 인물을 경영자로 선임하고 하비를 내보낸다. 주요 작가들도 하퍼스를 떠난다. 하퍼스의 명성이 되살아난 시기는 1920년대다. 당시 편집장인 카스 캔필드(Cass Canfield)와 유진 F. 삭스턴(Saxton)은 출판사의 옛 영화를 회복하면서 J. B. S. 홀데인(Haldane)[14]과 J. B. 프리스틀리(Priestley)[15], 제임스 서버(James Thurber)[16], E. B. 화이트(White)[17] 등의 작가를 영입했다. 삭스턴은 1932년 친구이자 작가인 존 도스 파소스가 모건을 '월스트리트의 쿠르피에'로 묘사한 것을 수정하지 않으면, 사실과 픽션을 급진적인 몽타주 기법으로 구성한 소설을 출판하지 않기로 결정한다. 이 책의 서문에서 소개했듯이 그는 모건을 "쥐새끼처럼 눈은 작고 황소처럼 목이 굵으며 걸핏하면 성질부리고 패악부리는" 사람으로 묘사했다. 나라의 금융위기를 이용해 개인적인 주머니나 불린 인간이라고도 했다.

파소스는 작품의 수정을 거부했다. 다른 출판사인 하코트·브레이스(Harcourt, Brace)가 그 소설을 맡아 출판했다. 하지만 30여 년이 흐른 뒤 파소스는 정치적 견해와 생각을 바꾼다. 1965년 전기 작가에게 "…그 사건을 돌이켜보면 모건 부분은 편견으로 가득하다. 그 책을 다시 쓴다면, 그 부분을 수정했을 것이다. 노년의 모건은 숨을 거두기 전에 다가오는 전쟁을 막기 위해 최선을 다했다."

J. P. 모건이 70대에 접어들었다. 그의 주변 인물들이 하나둘씩 숨을 거둔다. 여동생인 사라는 1896년 7월 독일 바드 나우하임(Bad Nauheim)에서 갑작스런 심장병으로 쓰러졌다. 이듬해인 1897년 11월에는 매제인 월터 번스가 런던에서 숨을 거두었다. 모건은 주니어스나 토니 드렉셀 등을 빼고는 누구보다 월터

---

14. 영국의 진화 생물학자이면서 에세이 작가. -옮긴이
15. 1차 세계대전에 종군기자로 참전한 저널리스트이자 소설가, 그의 작품으로는 《위험한 코너Dangerous Corner》 등이 있다. -옮긴이
16. 미국 희극작가이면서 만화가. 그의 캐릭터로는 '미티스 맨(Mitty's Man)'이 있다. -옮긴이
17. 미국의 에세이 작가, 《그 여성은 차갑다The Lady is Cold》 등을 썼다. -옮긴이

번스와 가깝게 지냈다. 그를 믿고 런던의 투자은행 J. S. 모건은행을 맡겼다. 매제의 남은 가족을 부양할 의무는 모건의 몫이 되었다. 번스는 메이(May)라고 불리는 매리 에델(Mary Ethel)과 월터 주니어스 스펜서 모건 번스 등 두 아이를 낳았다. 그는 누이동생의 가족을 부양하는 것 말고도 번스가 떠난 투자은행 J. S. 모건의 파트너십을 재편해야 했다. 우선 그는 아들 잭을 1898년 초 모건 가문의 대리인 자격으로 런던에 파견했다. 모건 2세는 아버지 품에서 한 걸음 떨어진 런던에서 새로운 수련을 받게 된다. 잭은 아내와 세 아이를 데리고 RMS 튜토닉호를 타고 대서양을 횡단했다. 어머니 패니에게는 이런 편지를 띄운다. "모건 가문이 세계를 소유하고 있는 것처럼 모든 사람들이 저를 대접합니다. 그들의 대접에 매우 기쁩니다."

모건은 아들 가족이 가기에 앞서 런던을 방문해 여러 가지 점검하고 있었다. 잭은 계속해서 "아버지가 수고해주셔서 우리는 마음이 놓입니다"라고 어머니에게 보고했다. 잭의 가족은 플로렌스 나이팅게일과 얼 그레이 사이에 있는 사우스 스트리트 2번지에 집을 마련하기 전까지 할아버지 주니어스가 살았던 프린스 게이트의 집에 머물렀다.

모건은 번스 가족의 부동산 등을 정리하고, 투자은행 J. S. 모건을 살피고, 아들 잭을 런던 금융가들과 법무장관, 수상, 조셉 챔벌레인(식민지 장관), 정치 저널리스트 제임스 브라이스 등에게 인사시키기 위해 몇 주 동안 런던에 머물렀다. 이 밖에도 1898년 1월 1일자로 월터 번스의 아들인 월터 S. M. 번스를 투자은행 J. S. 모건의 파트너로 받아들였다.

모건과 누이동생 매리 가족은 거의 매일 저녁 식사를 마친 뒤 도미노 게임을 즐겼다. 잭은 어머니에게 보낸 편지에서 "아버지와 고모 매리는 이길 때마다 소리를 지르며 기뻐한다. 바보 같은 도미노 게임을 즐기기 위해 두 분이 자리에 진득하게 앉아 있는 모습만 봐도 재미있다"고 했다.

모건은 당시 두통과 어지럼증, 간 질환 등에 시달리고 있었다. 하지만 아들 잭에게는 내색하지 않고 "지금까지 어떤 순간보다 기분이 좋고 만족스러워" 보이도록 했다. 특히 모건은 '의사가 진단한 뒤 생명보험을 가입해도 문제없다'고 알려오자 더욱 기뻐했다.

모건은 며느리 제시가 '차갑고 쌀쌀 맞은 보스턴 사람'이라고 사석에서는 놀렸다. 하지만 그녀의 매력적인 외모와 사교 기술을 높이 평가했다. 아버지 주니어스나 모건은 런던 사교계에서 인기를 끄는 여성을 아내로 가져보지 못했다. 모건이 '며느리 제시의 사회활동을 적극적으로 지지하고 후원하는 시아버지'로 비춰진 데 대해 잭은 무척 놀랐다.

모건이 며느리 제시를 영국 여왕에게 인사시킨 순간을 잭은 장난어린 볼멘소리로 어머니 패니에게 이렇게 전한다. "빅토리아 여왕께서는 남편이 함께하지 않는 결혼한 여성을 만나지 않을 겁니다. 저는 2월 21일 궁정 정장과 칼, 깃털 달린 모자 등을 준비해 여왕의 알현을 예약했습니다. 그날 저의 친구인 웨일스 왕자도 만나리라 생각합니다. 저는 제가 수컷 나귀가 된 느낌입니다. 하지만 제시는 어떤 일이 있어도 궁궐에 가야 합니다. 너무 슬프지 않나요? 어머니!"

19세기 초반까지만 해도 영국 왕은 귀족이나 영지를 가진 영국인만을 만났다. 하지만 후반에 들어 빅토리아 여왕은 잉글랜드와 대영제국, 미국의 부유한 집안 출신인 사람들에게도 알현 기회를 주기 시작했다. 잭의 웨일스 왕자 알현은 기약없이 취소되었다. 하지만 제시는 사흘 뒤 버킹검궁 접견실에서 빅토리아 여왕을 알현할 수 있었다. 그날 알현에는 말보로 공작과 결혼 전 뉴욕에서는 콘쉴로(Consuelo) 반더빌트로 불렸던 공작부인, 뉴욕 브루클린 시절에는 제니 제롬(Jennie Jerom)으로 불렸던 레이디 처칠을 비롯해 리치몬드와 노포크, 데번셔 공작, 레이디 주니어스 스펜서, 레이디 캐도건(Cadogan) 등이 배석했다. 여왕은 검은 의상에 진귀한 귀금속으로 치장하고 등장했다.

런던의 〈데일리 메일〉은 제시가 여왕을 만난 다음날 알현 소식을 전했다. 모건과 잭을 혼동해 이렇게 보도한다. "여왕을 알현한 그곳에서 가장 아름다운 옷을 입은 사람은 피어폰트 모건 여사(제시)였다. 그녀의 남편은 미국 최대 금융가 가운데 한 명이고, 그녀는 아주 예쁜 여성으로 키가 훤칠하고 늘씬하며, 푸른 눈을 가졌고 우아한 미소를 지었다."

그날 제시는 여성용 면직물인 모슬린으로 제작된 화려하고 멋진 드레스를 차려 입었다. 레이스가 하얀 소매 위로 물결치듯 장식되어 있고, 어깨에서 시작된 드레스가 길게 바닥에 끌렸다. 길게 끌리는 드레스는 파란색 벨벳으로 덧대어 있었고, 핑크빛 장미로 장식되었다. 차세대 모건 가문의 주자인 잭과 제시는 J. P. 모건이 기대했던 대로 영국 사교계에서 아주 주목받는 인물이 되었다. 그들도 영국을 열렬히 좋아하게 되었다. 모건은 잉글랜드 귀족과의 사교를 당연한 수순으로 받아들였다. 하지만 잭은 늘 귀족들 앞에서 그다지 자신감이 없어 했다. 뜻하지 않게 세파에 물든 사람이라는 인상을 주기도 했다. 어느 날 잭과 제시는 여왕의 부름을 기다리고 있던 레이디 앤트림(Antrim)과 윈저 성에서 차를 마실 기회가 있었다. 잭은 어머니 패니에게 그날 만남에 대해 "제시와 저는 진정으로 멋진 사람들과 함께 편안하게 차를 마셨습니다. 그들은 거칠지 않았고, 제가 지금까지 만난 사람들 가운데 가장 훌륭한 사람들이었습니다"라고 했다.

모건은 며느리 제시에게 런던을 구경시켜준 뒤 몬테카를로와 로마를 향해 출발했다. 그날 여행에도 애덜레이드가 동행했을 가능성이 높다. 하지만 미국과 스페인이 전쟁을 벌일 것이라는 루머가 돌자 모건은 여행을 단축해야 했다. 당시 미국과 스페인의 관계는 쿠바의 반란 때문에 싸늘했다. 플로리다에서 90마일 떨어져 있는 쿠바인들은 몇 년 동안 스페인의 가혹한 식민 통치에 대항해 투쟁했다. 미국은 쿠바인들의 고통에 동정적이었다. 1890년대 말 쿠바인

20만여 명이 굶주림과 질병으로 죽어가자 미국인들의 여론은 들끓었다.

일반 미국인들의 인도주의적 개입 요구가 미국의 영토 확장과 새로운 시장 개척, 군사력 테스트 등을 원하는 제국주의자들의 이해와 맞아 떨어졌다. 동북부 귀족과 부호들의 눈에 '옐로우 페이퍼'로 비친 〈월드〉와 〈저널〉은 스페인의 학정과 쿠바인의 분노를 부각시켜 일반 대중의 호전적인 분위기를 한껏 고조시켰다. 1898년 초 미국의 종교·정치 지도자들은 스페인과의 전쟁을 한 목소리로 부르짖었다. 미국 비즈니스계는 전쟁이 국제 교역을 방해하고 경제 회복을 가로막을 수 있다는 이유로 반대했다. 클리블랜드는 두 번째 임기 중에 쿠바 사태에 개입하라는 의회의 압력을 이겨낸 바 있다. 친 경제계 상원의원인 마크 한나와 넬스 W. 알드리치(Nelson W. Aldrich)는 1898년 전쟁을 피하려는 매킨리 대통령을 거들고 나섰다.

호전파들은 전쟁을 기정사실화했다. 반대파들을 매국노라고 싸잡아 공격했다. 시어도어 루스벨트는 이때 해군성 차관이었다. 그는 "이 나라는 전쟁을 필요로 하고 있다"며 "흐느적거리고 우둔한 기질이 우리 인종의 위대한 전사 기질을 갉아 먹고 있다"고 말했다. 그는 더 나아가 '금융 권력자'들은 원칙보다는 이익에만 관심 갖고 있다고 공격했다.

미국 내 분위기가 들끓고 있는 와중인 1898년 2월 중순 쿠바의 하바나 항구에서 미국 전함 메인(Maine) 호가 갑자기 침몰했다. 메인호는 스페인의 어뢰 공격 때문이 아니라 내부 고장으로 가라앉았을 가능성이 높다. 하지만 정확한 침몰 경위는 당시 미국인들에게는 안중에도 없었다. 온 나라가 달아올라 전쟁을 피할 수 없는 분위기가 되어버렸다.

모건은 1898년 겨울을 로마에서 날 예정이었다. 하지만 미국에서 전달된 뉴스 때문에 계획을 변경했다. 그는 뉴욕으로 돌아가는 길에 런던에 잠시 들렀다. 잭은 "아버지가 생각을 어지럽게 하는 것과 전쟁 루머 때문에 너무 힘겨워했다. 아버지는 자신의 건강 문제를 더 심각하게 느끼고 있는 듯하다. 마코가 아버지 상태를 좋게 해줄 것이다'라고 말했다.

모건이 뉴욕으로 가기 위해 대서양을 횡단하고 있을 때 잭은 정치 상황을 스스로 분석해 어머니에게 편지로 알린다. "저는 개인적으로 문명화한 나라가 휴전 중에 상대에게 총탄을 날릴 만큼 수준이 낮은 쿠바인들과 연루되는 것을 좋아하지 않습니다. 저도 기아에 허덕이고 있는 사람들을 보고 안쓰럽기는 마찬가지입니다. 그들에게 구호식량을 보내는 게 좋다고 생각합니다. 하지만 그들은 스스로 통치할 능력이 없습니다. 세계인들의 눈에는 우리가 그 지역 문제에 책임이 있는 것처럼 보일 수 있습니다. 불행히도 쿠바 사태의 미래가 밝지만은 않습니다'라고 했다.

미래 전망이 밝든 어둡든, 매킨리는 군사개입 쪽으로 마음을 굳혔다. 1898년 4월 중순 그는 해군을 파견해 쿠바 해안을 봉쇄했다. 제25대 의회는 선전포고를 했다. 해군은 즉각 모건의 코르세어호를 징발해 USS 글로체스터 (Glouchester)호로 개명했다. 더 나아가 군함으로 개조했다. 런던의 잭은 아버지의 요트가 징발되었다는 '루머'를 듣고 어머니에게 편지를 띄워 진위를 확인한다. "요트가 징발되었다면, 아버지께서는 이번 여름에 집에서 무엇을 하실 계획인가요? 정부가 아버지께 돈을 지급해 요트를 다시 매입하여 건강을 유지하도록 할 겁니다. 아버지의 도움은 정부에 있는 사람들에게 아주 소중하기 때문이지요."

연방정부는 모건에게 요트 값으로 22만 5,000달러를 지급해 새 요트를 만들도록 했다. 글로체스터호는 미국 군함 세 척과 함께 1898년 7월 3일 산티아고 항구에 있는 스페인 세르베라(Cervera) 제독이 이끄는 함대와 조우했다. 미국 함대는 스페인 군함을 모조리 격침시켜버린다. 글로체스터호는 이후 푸에르토리코의 구아니카(Guanica) 항구 작전에 투입된다. 글로체스터가 3파운드

또는 6파운드짜리 포탄을 퍼붓고, 상륙군이 해변으로 올라가 구아니카를 점령했다. 그해 7월 16일 스페인 사령부는 항복을 선언했다. 존 헤이(John Hay)가 나중에 말한 대로 1898년 미국-스페인 전쟁은 '짧지만 훌륭한 전쟁'이었다. 전쟁 기간은 10주 정도였다. 시어도어(테디) 루스벨트의 베스트셀러인 《거친 기수들Rough Riders》처럼 절반은 거짓말인 책과 기사 등에 취해 미국인들이 우월감을 느끼기에는 충분한 전쟁 기간이었다. 반면, 전쟁의 필요성 등에 대한 정치 논쟁과 미국인의 희생이 국민들의 관심을 끌기에는 너무나 짧은 전쟁이었다.

모건은 전쟁이 경제에 미치는 영향을 대수롭지 않게 봤다. 또 다른 위기가 온다고는 생각하지 않았다. 한 친구가 몇 년 뒤 모건에게 시거를 어디서 구했는지를 묻는다. 모건은 "미국과 스페인 전쟁이 일어난 시각과 얼마나 오래 선전포고가 유지되었는지 기억하는가? 그때 나는 미국이 스페인과 전쟁을 벌이면 시거는 더 이상 구할 수 없다는 사실을 알았지. 그때 워싱턴에는 전쟁이 선포되면 즉각 내게 전보를 쳐줄 사람이 있었지. 나는 전쟁 선포가 공개되기 이전에 전보를 받았고, 2륜 마차를 끌고 나가 쿠바산 시거를 파는 가게를 모조리 뒤져 사재기를 했지. 전쟁이 발발한 뒤 얼마 지나지 않아 시거의 수송을 재개한다는 그들의 말을 믿지 않았기 때문에 모두 현금을 주고 있는 대로 사 모았지. 2륜 마차를 끌고 두어 차례 돌아다닌 덕분에 충분한 시거를 확보해 지금도 피우고 있다"고 말했다.

미국과 스페인 전쟁의 경제적 피해는 월스트리트의 예상보다 훨씬 적었다. 미국은 신속하게 승리를 거두기까지 했다. 이후 몇 년 동안 괌과 필리핀, 웨이크 제도, 하와이를 수중에 넣을 수 있었다. 미국 제국주의자들은 '아메리카 지역에 간섭하려는 유럽 열강의 의도'와 경쟁할 수 있다는 자신감을 확보하는 계기가 되었다. 제국주의자들이 이처럼 기뻐하고 있을 때 반제국주의 움직임도 일어나기 시작했다. 연방 의회가 강화협정을 비준할 즈음에 미국의 확장을 반대하는 반제국주의자들이 조직을 결성했다. 그로버 클리블랜드와 존 서먼, 찰스 프란시스 애덤스, 조지 보트웰, 앤드류 카네기, 찰스 W. 엘리어트, 윌리엄 딘 하웰스, 윌리엄 제임스, 마크 트웨인 등이 반제국주의 조직에 참여했다.

모건은 반제국주의 편에 가까웠다. 그는 1880년대 초 파나마 운하 사업과 관련해 "연방정부가 미국 외부의 사업에 도움을 주는 것을 강력히 반대한다"고 친구에게 말한 바 있다. 1890년대에 미국이 해외 시장을 개척하려는 움직임을 보이자 우려를 표시했다. 그가 이끄는 투자은행은 아르헨티나와 멕시코, 중국, 일본 정부가 발행한 채권을 인수하기는 했다. 하지만 그가 남아메리카와 아시아에서 신뢰할 만한 사람을 발견하기 전까지 대규모로 외국 정부에 차관을 제공하거나 외국에 건설된 철도에 자금을 공급하지는 않았다. 모건이 정치인들과 힘을 합해 해외에서 '달러 외교'를 벌이기까지는 10년이라는 세월이 더 흘러야 한다.

모건의 뉴욕은행은 1899년 멕시코 정부가 발행한 채권 중 소량을 인수했다. 이는 미국 금융사에서 아주 중요한 터닝 포인트로 인식된다. 런던의 〈데일리 미러〉는 모건의 뉴욕은행이 해외 채권의 투자 설명서에 나타난 일을 높이 평가했다. 신문은 "뉴욕 투자은행 J. P. 모건의 새로운 출발에 즈음해 날개 짓을 펄럭이고 있다. 회사 사람들은 용기와 도전정신에 비추어볼 때 높이 평가받을 만하다"고 보도했다. 아르헨티나 정부와 기업의 채권과 주식은 베어링 브라더스가 1890년 디폴트 위기에 몰린 이후 런던의 투자은행 J. S. 모건을 통해 시장에 공급되었다. 특히 아르헨티나의 그레이트 웨스턴 철도는 모건의 런던은행이 워크아웃 작업을 벌여 회생시킨 기업이다.

일본은 당시 급격히 근대화를 추진하고 있었는데, 런던 금융시장에 대한 의존도를 줄이고 싶어 했다. 1898년 국책은행인 산업은행의 채권을 뉴욕시장에서 발행하기 위해 투자은행 J. P. 모건을 찾았다. 모건은 일본 산업은행 채권의 인수를 거절했다. 런던 은행의 전문가가 산업은행에 상당한 리스크가 있다고 지적했을 뿐만 아니라 모건이 요구한 안전장치를 일본 정부가 제공하지 않아서다. 일본에 있는 아메리칸 트레이딩(American Trading Co.)의 한 관계자에 따르면, 일본인들은 "자국 정부의 신뢰도를 유수 국가와 동급으로 생각하고 있는데, (모건이) 일본 정부의 신용등급을 중국과 같이 평가하고 담보를 요구한 일로 일본인들은 자존심이 상했다"고 말했다.

런던의 투자은행 J. S. 모건은 일본보다 산업화가 한참 뒤진 중국 정부가 1890년대 발행한 채권을 다른 금융회사와 함께 공동 인수했다. 게다가 서구 열강이 마치 '멜론을 조각내 나눠먹기 하듯이' 중국 시장을 차지하기 위해 경쟁적으로 뛰어들 때, 모건은 제이콥 쉬프와 제임스 스틸먼, 루이스 머튼 등과 함께 미-중 개발기업(ACDC)의 주식을 인수하기도 했다. 이 회사는 1895년 뉴저지의 면허를 받아 설립되었다. 중국에서 광산개발과 철도건설을 벌이며 중국에서 미국의 이권을 대표했다. 모건은 20세기 초 ACDC의 최대 지분을 보유한 투자 은행가로 떠올랐다. 미국과 중국 정부가 광둥-한큐철도를 놓고 갈등 상태에 들어갈 때 민간 대사로 활동하게 된다(26장 참조).

J. P. 모건은 개인 요트 코르세어호가 징발되어 군함으로 개조된 지 한 달도 되지 않아 요트 디자이너 J. 비버-웹에게 새로운 코르세어호 건조를 주문했다. 세 번째 코르세어호는 뉴욕의 뉴버그에 있는 조선소 T. S. 마블(Marvel)에 의해 1898년 12월에 건조되었다. 길이 92.6미터, 폭 19.2미터로 두 번째 코르세어호보다 더 컸다. 더욱 탄탄하고 빨랐다. 여전히 선체는 검은색으로 도장되어 외형은 같아 보였다. 모건은 내부 장식도 두 번째 코르세어호와 똑같이 하고 싶었다. 하지만 1890년에 카펫을 공급했던 회사가 문을 닫아 할 수 없이 새로

운 무늬의 카펫을 주문해야 했다.

선내 인테리어는 도금시대 화려하게 꾸며진 저택을 방불케 했다. 단풍나무 판으로 엔진룸과 다른 선실을 구분했다. 요트의 폭만큼 넓은 서재를 꾸몄으며 응접실과 선실마다 레이스 커튼을 달았다. 여성 손님을 위해 향수와 파라솔, 여성 망토, 은제 머리빗, 코르세어 전용 필기도구로 채워진 메모수첩, 최고급 포도주와 위스키, '모건' 상표가 붙은 최고급 차, 쿠바산 시거로 가득한 상자 등을 구비해놓았다. 선실 잠자리 용품을 보관하는 창고에는 담료 68장과 침대시트 116장, 베개덮개 177장, 수건 670장이 준비되었다. 주방에는 코르세어 전용 도자기를 비롯해 아몬드와 캔디, 과일 등을 담는 은제 바구니, 생선과 굴을 먹는 데 쓰는 포크, 메뉴판, 샴페인 잔, 손잡이에 진주가 박힌 나이프, 호두까기, 설탕 정제기, 꽃병, 작은 국자, 칵테일 도구 등이 완비되었다. 게다가 깨끗하게 세탁된 리넨 테이블보 84장과 냅킨 800장, 손 씻는 도구 47개 등도 준비되었다. 스푼과 포크에는 두 번째 코르세호가 참가한 해전에서 함대를 모두 괴멸당한 스페인 제독 세르베라의 이름이 새겨졌다. 커피 컵과 수저 등에는 애덜레이드 더글러스의 이니셜인 A. D.가 선명하게 새겨졌다.

모건의 세 번째 코르세어호는 대서양을 횡단하는 데 충분한 석탄을 수납할 수 있었다. 그는 화이트 스타 소속 여객선을 타고 대서양을 횡단할 때 코르세어호를 먼저 보내기도 했다. 그는 친구들과 함께 코르세어호를 타고 지중해를 크루즈하거나 이탈리아 해안을 따라 순항했다. 독일의 키일 항구 등에서 열리는 요트대회에 코르세어호를 참가시킨 적도 있다. 유럽 여행을 마치고 뉴욕으로 돌아갈 때도 코르세어호를 먼저 보내 뉴욕 항구에서 자신을 마중하도록 했다.

모건이 호화 요트를 매입해 운영하는 데 들어간 돈에 대중이 상당한 관심을 보였다. 모건이 숨을 거둔 1913년 가치를 평가한 결과 13만 5,000달러로 나왔다. 그런데 1898년 미국 정부는 두 번째 코르세어호를 징발하면서 22만 5,000달러를 지급한 바 있다. 잭은 1917년 1차 세계대전 때 아버지가 물려준 세 번째 코르세어호를 정부에 내놓는다. 그해 5월 잭은 당시 해군성 차관이었고 나중에 미국 대통령이 되는 프랭클린 루스벨트에게 정부가 애초 평가한 금액은 40만 달러였는데, 왜 32만 5,000달러로 줄었는지 불평하면서 설명을 요구한다. 한 달 뒤에 잭은 네 번째 코르세어호를 매입하려면 배 값만 85만 달러가 든다고 프랭클린 루스벨트에게 말한다. 해군은 1919년 세 번째 코르세어호를 돌려주어, 잭은 1930년까지 탄다. 이후 잭은 미국 연안 조사선으로 쓰라며 단 1달러만을 받고 넘겨준다. 그는 메인 주에 있는 바스 아이런 조선소에 네 번째 코르세어호를 주문한다. 네 번째 배는 길이가 104미터가 넘었다. 세 번째 코르세어호는 USS 오션그래퍼호로 개명되어 2차 세계대전이 발발하자 해군에 징발되어 1944년까지 운용된다.

❧

모건이 아들과 며느리를 런던 사교계에 데뷔시킨 1898년 2월 이디스 사이빌 랜돌프 휘트니가 사우스캐롤라이나 에이켄(Aiken)에 있는 남편 농장에서 말을 타다 치명적인 사고를 당했다. 그녀는 한때 모건의 연인이었으나 민주당 실력자 휘트니와 결혼했다. 그녀는 사고 당일 큰 말을 타고 지붕이 있는 다리를 건너다 너무 낮은 천장의 돌출 부위를 피하지 못해 머리를 받쳤다. 그녀는 말에서 떨어져 피를 흘리며 무의식 상태에 빠지고 말았다. 이디스는 사흘 만에 깨어났다. 그녀의 몸은 머리에서 엉덩이까지 부목이 대져 있었다. 머리 충돌과 낙상으로 목뼈가 부러졌고, 팔을 전혀 움직일 수 없었다. 그녀와 남편 휘트니, 두 딸인 애덜레이드 랜돌프와 도로시 휘트니는 사우스캐롤라이나에 두 달 동안 머문 뒤 특별 열차편으로 뉴욕으로 돌아왔다. 이디스는 침대에 묶여 있으면서도 편지를 읽고 도우미를 시켜 친구들에게 편지를 띄우기도 했다. 그녀는 마코와 애덜레이드 더글러스, 모건 등 친구들과 재회했다. 남편 휘트니는 롱아일랜드 웨스트버리에 있는 시골 저택으로 이디스를 옮겼다. 그녀는 끝까지 재활을 포기하지 않았다. 남편 휘트니에게 자신이 가지고 있는 오페라 극장의 전용석을 처분하지 말라고 하며 조만간 일어나 걸어 들어가겠다고 단언했다. 한 친구는 자신의 일기에 이렇게 적는다. "내가 경험한 사고 가운데 가장 끔찍하다. 자연은 그녀를 아주 빼어난 여성으로 만든 뒤 무자비하게 파괴시켰다."

남편 휘트니는 그녀를 위해 웨스트버리에 마구간과 경마 주로를 설치했다. 1899년 봄 이디스는 도우미의 부축을 받으며 침대에서 몸을 겨우 일으켜 창문 너머에서 열리는 경마를 보았다. 순간 그녀는 자신의 운명을 직감했음에 틀림없다. 열두 살인 딸 도로시 휘트니를 불러 남에게 알리지 말라며 인생의 사실관계를 이야기했다. 며칠 뒤 그녀는 혼수상태에 빠졌고 5월 6일 끝내 숨을 거두었다. 그녀의 장례식에 꽃을 보낸 사람은 대통령 매킨리와 전직 대통령 클리블랜드, 뉴욕 주지사가 된 시어도어 루스벨트 등이었다. 모건도 유럽 엑스레뱅 온천에서 꽃을 보내 헌화했다.

모건은 1897년 뉴욕 요트 클럽의 회장으로 선출되었다. 이는 그의 코르세어호가 요트 경기대회와 클럽 크루즈를 리드하게 됨을 의미한다. 그는 1898년 뉴욕 요트 클럽의 연차 총회에서 맨해튼 44번가에 있는 부지를 매입해 클럽하우스를 짓는 데 15만 달러를 내겠다고 발표했다. 건축회사 워런·웨트모어가 신축을 담당해 1899년 맨해튼 44번가 웨스트 37번지에 육감적이고 예술적인 빌딩을 완공했다. 요트의 선미를 떠올리게 하는 곡면 유리창이 인상적인 건물이다. 그해 마침 네덜란드의 로열 얼스터 요트 클럽이 세계 차(Tea)업계의 거물 토머스 립턴(Thomas Lipton) 경을 대신해 아메리칸 컵에서 승부를 가리자며 도전장을 내밀었다. 모건은 즉각 도전을 받아들였다. 신디케이트를 구성해 자금을 모아 당대 미국 최고의 요트 디자이너인 너새니얼 헤르쇼프(Nathanael Hereshoff)에게 챔피언 방어전에 출전할 최고 요트의 건조를 주문했다.

미국 요트 경주대회에 참가한 사람들은 개인적으로 돈을 부담했다. 1890년대 들어 요트 클럽 멤버들은 월스트리트 신디케이트 기법을 받아들여 요트 건조비와 리스크를 분담해 감당하기 시작했다. 모건은 네덜란드 클럽의 도전을 받자, 섬유산업에 전문적으로 자금을 지원한 금융가이자 요트를 자유자재로 다룰 줄 아는 C. 올리버 이셀린(Oliver Iselin)과 사라의 남편이자 조지의 사촌인 에드윈 데니슨 모건 2세 등과 함께 신디케이트를 구성했다. 데니슨은 "일반 사람들이 가판대에서 신문을 골라 사듯이 요트를 구입하는 마니아였다."

아메리칸 컵은 1870년 이후 지속된 요트 경주대회이다. 규칙에 따라 외국 클럽이 뉴욕 클럽에 도전한다. 외국 쪽은 클럽 내에서 가장 뛰어난 보트와 선원들을 출전시켜 뉴욕 클럽의 방어자에 도전했다. 경기는 매년 열리지 않았다. 1899년까지 뉴욕 클럽이 8번째 우승을 차지했다. 이 대회는 국제 메이저 요트대회였다. 도전자 대부분이 영국 클럽이었기 때문에 영국과 미국의 관계를 알아볼 수 있는 시금석이었다.

1895년 대회를 두고 치열한 논쟁이 벌어지는 바람에 1899년 대회에 대한 관심이 최고조로 뜨거워졌다. 논쟁은 1895년 대회에서 진 던레이븐(Dunraven) 백작이 미국 팀의 부정행위를 주장하면서 시작되었다. 모건과 윌리엄 C. 휘트니, 미국 해군 전략가인 알프레드 T. 만(Alfred T. Mahan)으로 구성된 명망가(Blue Ribbon) 패널이 부정행위를 조사했다. 조사 결과 던레이븐의 주장은 근거가 없는 것으로 드러났다. 결국 그는 이후 출전이 금지되었다.

미국인의 조사결과는 영국인의 눈에 공정하지 않아 보였다. 하지만 영국 쪽은 새로운 도전자를 찾아내 미국 팀과 일합을 겨루기로 했다. 영국인들의 불만과 얼스터 요트 클럽의 지원을 받고 나선 이가 바로 립턴이었다. 그는 아일랜드 청과물 상인의 아들로 태어나 열다섯 살 때인 1865년 미국으로 유학 가마케팅과 광고를 공부했다. 미국 유학 4년을 마친 뒤 청과물 체인점을 경영하기 시작했다. 그는 아시아를 여행하는 동안 실론(스리랑카)에서 파산한 플랜테이션 농장을 매입해 차 무역의 거부로 성장했다.

립턴은 대서양 양쪽에서 잘 알려진 인물이었다. 영국과 미국의 수백만 명이 립턴 차를 마셨다. 미국 서부에 어마어마한 차 야적장과 농장을 보유했다. 빅토리아 여왕은 웨일스 왕자가 지원하는 자선단체에 거액을 기부한 공로로 1898년 그에게 기사 작위를 수여했다. 립턴은 모건이 1899년 런던에 머물고 있다는 이야기를 듣고 찾아가 서로 친구를 소개해주면 어떠냐고 의향을 물었다. 잭은 뉴욕의 어머니 패니에게 이렇게 편지를 쓴다. "오늘 저녁 팬무어 고든(Panmure Gordon)의 저택에서 아버지와 함께 립턴 경을 만나 저녁 먹습니다… 자리를 같이한 많은 제독들이 지켜보는 가운데 두 분은 내년 여름에 벌일 요트 경기를 의논할 겁니다… 고든 씨는 '모건 씨께서는 립턴 경을 좋아할 겁니다. 그는 천부적인 귀족입니다. 저도 그를 좋아합니다. 그는 나와 비즈니스를 함께 하자고 제안하기도 했습니다'라고 말했어요. 아주 즐거운 자리가 될 겁니다."

잭은 립턴을 만난 뒤 편지에서 그에 관한 언급을 하지 않아, 모건 부자의 눈에 그가 천부적인 귀족으로 보였는지는 알 수 없다. 아메리칸 컵 도전자들은 그해 가을 뉴저지 샌디 후크(Sandy Hook)에서 모였다. 립턴은 길이 39미터짜리 쾌속 2인승 소형 요트 샴록(Shamrock)호를 제작하기 위해 이미 45만 달러를 투입한 상태였다. 모건과 이셀린, 에드윈 데니슨으로 구성된 미국 쪽 신디케이트는 길이 40미터짜리의 돛대 요트 콜롬비아호를 만드는 데 25만 달러를 썼다. 이 요트는 그해 가을 건조 중이었다.

요트 디자이너 너새니얼 헤르쇼프는 모건이 높이 평가하는 귀족이었다. 천부적인 재능을 가진 조선 기술자로 선박 건조를 과학화한 인물이었다. 로드아일랜드의 브리스톨에 자리잡은 그의 조선소에서 1893~1920년의 아메리칸 컵 방어자로 나선 요트들이 모두 건조되었다. 모건은 헤르쇼프가 건조해 방어에 성공한 디펜더호를 콜롬비아호로 만드는 데 들어가는 비용을 지불했다.

아메리칸컵 요트대회는 1899년 10월 미국 연안 순시선이 몰려든 군중들을 통제하고, 이탈리아 출신 과학자 구글리엘모 마르코니(Guglielmo Marconi)가 개발한 라디오 시스템으로 생중계되는 가운데 성대하게 열렸다. 이셀린은 선원들과 함께 콜롬비아호의 키를 잡았다. 수많은 친구들을 초청해 코르세어호에서 파티를 연 모건은 갑판 위에서 양쪽의 경주를 지켜보았다. 30마일 구간을 항해하는 경주를 다섯 차례 벌여 세 번을 이긴 쪽이 우승자가 되는 방식이었다. 시합이 시작된 이후 2주 동안 게임을 진행했다. 하지만 악천후로 일곱 번이나 경주가 취소되었다. 마침내 10월 16일 경주 참가자들은 동풍과 옅은 안개를 맞으며, 잔잔한 파도 위에서 겨우 1라운드 경기를 마칠 수 있었다. 도전자인 샴록은 상큼하게 출발했지만 불규칙적인 잔파도에 속도가 떨어졌다. 콜롬비아호는 도전자의 요트가 주춤거리는 틈을 타 추월해 10분 차이로 승리를 거두었다.

두 번째 경주에서는 샴록의 주 돛대가 부러졌다. 콜롬비아호만이 30마일을 완주할 수 있었다. 미국이 이기기 위해서는 한 번 더 승리해야 한다. 대회 9일째 되는 날 세 번째 경주가 열렸다. 두 배는 얼마 가지 못해 바람이 없어 바다 위에 멈춰서야 했다. 대회 열흘째 세 번째 경기가 열렸다. 샴록이 콜롬비아호보다 1분 먼저 출발했다. 양쪽의 선원들은 삼각돛을 조작하며 선두를 차지하기 위해 치열하게 경쟁했다. 15마일 반환점을 돌아 홈으로 들어오는 구간에서 콜롬비아호가 경쟁자를 앞질러 승리를 거두었다. 단 6분 34초 차이의 승리였다.

콜롬비아호가 결승선을 통과하자 "'코모도어' J. P. 모건과 일단의 여성들이 점심을 먹다가 몰려 나왔다"고 〈뉴욕 트리뷴〉이 전했다. 모건과 이셀린은 서로 팔을 얼싸안으며 "기쁨의 환호성과 함께 춤을 추었다"고 신문은 보도했다. 95킬로그램이 넘는 모건이 이셀린과 손을 잡고 갑판 위에서 껑충껑충 뛰는 모습은 볼 만한 광경이었을 것이다.

모건 은행의 파트너들은 지휘관만큼 기쁘지 않았다. 모건이 회사일 대신 그해 가을 개인적인 성취감과 국가적인 자긍심을 위해 엄청난 시간과 정력을 요트대회에 쏟았다. 런던의 잭은 찰스 코스터에게 띄운 편지에서 "시니어(모건)가 요트 경주에서 큰 승리의 기쁨을 만끽했다. 그의 요트 경주로 우리의 수익력이 다소 약해졌다고 해서 불평할 필요는 없다"고 말했다.

립턴은 1899년 패한 뒤에도 샴록호를 1901년과 1930년에도 대서양 너머 미국으로 보내 도전했다. 하지만 한 번도 승리하지 못했다. 아메리칸컵의 실버 트로피는 1983년까지 뉴욕에 보관되었다. 모건은 1899년 말로 2년 임기의 뉴욕 요트 클럽 회장을 마쳤다. 기업 변호사이고 코르세어 클럽의 멤버인 루이스 카스 레디어드에게 배턴을 넘겨주었다.

모건은 은행들의 수익이 감소한 것에는 전혀 신경 쓰지 않았다. 하지만 자유 시간에 하고 싶었던 다른 일을 하지 못한 것은 아쉬워했다. 요트 클럽 회장을 지낸 사람들은 물러난 뒤에도 평생 동안 '코모도어'로 불렸다. 모건은 그 별명에 가장 잘 어울리는 인물이었다.

아름다운 대상에 대한 모건의 취향은 역사학자 닐 해리스(Neil Harris)가 개념화한 '조직적인 자기 탐닉의 한평생'이라고 할 수 있다. 그는 처음 해외 여행에서 어린이 장갑, 가죽 부츠, 로마 법전 복사본을 구입했다. 이후 최고급 와인과 가구, 최고급 의류, 영국 장미, 스타인웨이 피아노, 왕실 요트, 스탠퍼드의 흰 클럽하우스, 헤르쇼프의 경주용 요트, 저택 여러 채 등을 구입하는 데까지 이른다. 그는 평생 동안 원하는 물건을 매입할 능력이 있었다. 예순 살을 넘은 이후 모건은 희귀한 책과 육필 원고, 예술품을 집중적으로 사들인다.

세계 금융 중심지가 런던에서 뉴욕으로 서서히 이동하고 있었다. 경제적인 필요 때문에 유럽의 컬렉션들이 매물로 나오기 시작했다. 귀족 가문들은 조상들이 물려준 진귀한 품목들을 많이 가지고 있었던 반면 현금 부족에 시달리고 있었다.

미국 부호들은 가문의 역사가 일천해 진귀한 것을 가지지 못했지만 돈은 잔뜩 보유하고 있었다. 초창기 미국인들은 고가의 명화나 역사적인 골동품은 감히 엄두도 내지 못했다. 아카데미 출품작이나 유명한 작가가 쓴 책 세트를 구입하곤 했다. 하지만 1890년대 들어 미국 부호들은 질과 가치를 증명해주는 예술품 전문 딜러들과 비평가들의 도움을 받아 좀 더 희귀한 영역으로 뛰어들기 시작한다. 유럽의 정상급 딜러들이 뉴욕에 갤러리를 열어 이제 막 호기심을 갖기 시작한 미국 수집가들의 입맛을 자극했다. 딜러들은 막대한 예술품이 구세계에서 신세계로 이전되는 흐름을 주도했다. 최고의 딜러들은 미국 부호들의 예술적 안목을 키우고 다듬는 데 크게 기여했다.

학계의 전문가들도 구대륙에서 신대륙으로 예술품 이동에 한몫했다. 예술품 시장의 새로운 소비자들에게 조언해주고 때로는 딜러들과 제휴하기도 했다. 딜러들을 휘하에 거느리고 있는 전문가들도 있었다. 1880년대 초 미국의 인기 비평가들은 비판적인 판단보다는 열정에 취해 있었다고 말하는 게 옳다. 얼 신은 번쩍 휘황찬란하기만 한 반더빌트의 집을 평가하면서 '진짜보다 더 완벽한 폼페이'라고 평가했다. 하지만 전문적으로 교육·훈련받고 엄청난 예술적 에너지를 갖춘 유럽의 비평가들은 예술품 평가에 대한 엄격한 기준을 만들어 적용하기 시작했다. 예술사가인 조반니 모렐리(Giovani Morelli)는 1870년대 독일에서 공부한 이탈리아 사람이었는데, 의학과 비교 해부학을 전공했다. 그는 예술품을 평가하는 데 주관적인 생각을 대신해 과학적인 분석을 도입했다.

조반니는 조형을 표현하는 언어 중에서 독특한 개성을 의미하는 일단의 어휘들을 가려냈다. 예술 작품의 대표적인 특징은 구체적으로 파악할 수 있다고 말했다. 예를 들어 인물화에서 귓불이나 옷의 주름 등을 통해 특정 작가의 작품에 나타나는 공통점을 알아낼 수 있다는 것이다. 그는 1880년 독일에 소장되어 있는 이탈리아 예술품을 과학적으로 분석해 책을 펴냈다. 작품의 핵심적인 특징과 개성에 대한 그의 분석은 정신분석학의 프로이트 방법론과 곧잘 비견된다. 조반니는 예술사의 모든 부문에 심대한 영향을 끼친다. 그의 후학들로는 버나드 베런슨(Bernard Berenson)과 구스타보 프리조니(Gustavo Frizzoni), 고고학자인 J. D. 비즐리(Beazley), 레오나르도의 전문 비평가 장-폴 리히터(Jean-Paul Richter) 등이 있다.

미술사가들은 예술에 관한 지식도 체계적으로 정리할 수 있다고 믿었다. 주요 예술가들이 창작한 작품의 분석을 방대한 저작으로 정리했다. 예를 들어 독일 베를린의 카이저 프리드리히 박물관의 책임자인 빌헬름 폰 보데(Wilhelm von Bode)는 1897~1906년에 C. H. 드 그루트(de Groot)와 함께 8권 분량의 《렘브란트의 전작Complete Works of Rambrandt》을 펴냈다. 그루트는 플랑드르와 네덜란드, 프랑스 예술가들의 작품에 대한 비평서 가운데 네덜란드 작가들에 대한 비평은 완전히 새로 집필했다. 그는 작가 40명의 작품을 분석해 10권 분량의 책을 펴냈다. 네덜란드 작가들의 작품 사진을 방대하게 수집하기도 했다. 울리히 심(Ulrich Thieme)과 펠릭스 베커(Felix Becker)는 20세기 초에 영향력을 발휘한 예술사가의 발문을 곁들인 예술인명사전을 편찬했다.

사진의 발명은 서로 다른 지역에서 별다른 교류 없이 작품활동을 한 작가들을 비교·분석할 수 있도록 했다. 개별 작품의 오리지널 소재와 날짜를 확인할 수 있는 길을 열었다. 게다가 사진을 활용한 예술 잡지와 책이 봇물처럼 쏟아져 나왔다. 많은 사람들이 예술품에 대한 정보를 이용할 수 있게 되었다. 그러나 갓 태어난 예술 과학(비평)은 상당한 오류를 내포하고 있었다.

비평이라는 과학으로 진품과 위작의 구분할 때 상당한 오류가 발생했다. 한 전문가가 선의를 가지고 진위를 가리더라도 실수는 피할 수 없다. 더욱이 미국 부호들이 경쟁적으로 유럽 작품을 사들이면서 작품 가격이 올라가자, 위작의 출현 가능성도 높아졌다. 이런 상황에서 탁월한(?) 기술자들은 수십 년 동안 진품으로 인정받을 만한 위작을 만들어내기도 했다.

수집가들은 지식보다는 더 큰 야망으로 충만해 거물 작가의 작품을 선호했다. 빅토리아 시대 후반 미국 부호들은 라파엘과 피렌체의 금조각, 벤베누토 셀리니(Benvenuto Cellini)의 작품을 아주 좋아했다. 수집가들의 이런 속성을 잘 파악한 딜러들은 뛰어나지 않은 작품을 비평가들의 찬사와 함께 팔아먹기도 했다. 비평가들은 딜러들한테서 많은 커미션을 받을 때 짐짓 의심스러운 표정을 지으면서도 후한 비평을 내놓았다.

모건은 작품을 사들일 때 위작의 가능성을 염려해 계약한 해의 연말까지 대금을 지급하지 않았다. 작품을 런던의 프린스 게이트 집에 전시해 방문한 비평가들이 자연스럽게 평가하도록 했다. 현명한 딜러들은 모건을 단골손님으로 확보하면, 한번 속여서 벌어들이는 이익보다 더 많은 이익을 얻을 수 있음을 간파했다.

월스트리트 금융가 가운데 모건은 전문적인 지식을 신뢰하는 쪽이었다. 그는 끊임없이 뛰어난 전문가를 찾았다. 금융시장에서는 그가 안목과 전문지식을 갖춘 전문가였지만, 문학과 미술 작품 분야에서는 자신이 전문적인 지식을 갖추고 있지 않다는 점을 충분히 인식했다.

모건은 아름다운 것에 대한 나름대로 안목을 지녔고 평생 동안 지속된 관심을 가졌다. 예술품 수집에 남다른 열정도 있었다. 그는 자신이 예술적 안목을 가진 사람으로 보이기를 소망했다. 매입한 작품이 위작으로 드러나면, 그는 "이 재능 있는 작가가 만든 다른 작품을 가져오시오"라고 딜러에게 말했을 것이다. 모건은 1897년 3월 1만 달러를 주고 매입한 '채플의 제단 용품'을 사들여 메트로폴리탄 박물관에 보낸 적이 있다. 높이는 60여 센티미터 정도이고, 보석이 박혀 있었다. 박물관 디렉터인 루이지 팔마 세스놀라는 그 물건을 미사에서 평화의 키스를 위해 쓰이는 용품인 성상패로 여겼다. 그는 모건에게 "아주 좋은 은도금 성상패를 구해주셔서 감사하다"며 "이 나라에서 가장 뛰어난 에나멜과 니엘로 세공품"이라고 평가했다. 그는 모건한테 감사의 뜻을 전하기에 앞서 물건을 조사했다. 이 과정에서 'BC MDXXIII'라는 이니셜을 발견했는데, 이는 '벤베누토 셀리니, 1523년'을 의미했다.

모건은 "물건의 진품 여부와 관련해 저는 그 이니셜이 셀리니의 진품임을 말해준다는 사실을 믿습니다"라고 말했다. 세스놀라는 정중하게 고개를 끄덕이며, "물론입니다. 저도 진품 여부를 가릴 전문가는 아니지만, 이 작품은 박물관 전시에 알맞다고 생각하고, 전시에 동의해주시기를 간청합니다"라고 말했다. 세스놀라는 이렇게 말한 뒤 조용하게 그 물건의 진위 여부를 전문가들에게 조사시킨다. 셀리니라는 거장의 작품 스타일과 널리 읽힌 자서전 덕분에 그의 작품은 미국에서 엄청난 인기를 누렸다. 게다가 위작자가 마음만 먹으면 그 이니셜을 작품에 새겨 넣는 것은 일도 아니었다.

메트로폴리탄 박물관은 모건이 기증한 그 물건에 대해 1898년 연차보고서에 "16세기 이탈리아 제단의 일부"라고 기록했다. 하지만 1933년 박물관은 19세기 모조품이라고 밝혔다. 1956년에는 다른 작품을 매입하기 위해 팔아버린다. 이처럼 종종 위작으로 드러나기는 하지만, 갓 태어난 메트로폴리탄 박물관은 대부분의 작품을 부호들한테서 기증받고 있었다. 그래서 모건이 박물관과 특별한 관계를 맺고 있다는 사실은 중요한 의미를 지닐 수밖에 없었다.

실제로 경제 공황시기인 1894년 모건이 너무 많은 일에 신경 써야 하기 때문에 박물관 이사직을 그만 두겠다고 했다. 세스놀라는 그의 사임을 받아들이지 않았다. 그는 심지어 "모건 씨의 아버지와 돈독한 우정을 나눴다"는 말까지 하며 "박물관이 모건 씨를 원한다"고 하소연했다. 모건은 결국 타협해 집행위원회에서는 물러나고 후원자로는 계속 활동하기로 했다. 세스놀라는 1897년 3월 모건에게 "보스턴이 이 신대륙에서 가장 큰 박물관으로 인정받고 있는데… 종종 무시당하는 우리 박물관에 많은 관심을 보여주시는 모건 씨 때문에 아주 행복하다"고 말했다. 뉴욕이 미국 내에서 가장 큰 도시로 부상한 1890년대 메트로폴리탄은 미국에서 최대 박물관이 된다.

뉴욕은 1898년 1월 1일 인근 다섯 개 지역을 편입해 메트로폴리스가 되었다. 〈뉴욕 트리뷴〉은 이날 "대단한 실험이 이뤄진 세계적인 도시 뉴욕에서 오늘 태양이 떠오른다"고 분위기를 전했다. 인근 지역 편입으로 뉴욕의 면적은 359제곱마일로 늘어났다. 전체 부의 규모는 45억 달러에 달했다. 인구는 340만 명으로 늘어나 세계에서 런던에 이어 두 번째로 큰 도시가 되었다.

인근지역 편입이 낳은 이익은 뉴욕의 동편 아래쪽에 살고 있던 가난한 사람들에게는 별로 중요하지 않았다. 하지만 거대 도시의 상층부를 차지한 부호들에게는 특별히 의미 있는 변화였다. 뉴욕은 금융·건축·음악·과학·교육·예술 부문에서 더 이상 미국 내 다른 도시와 경쟁할 필요가 없었다. 이 도시의 경쟁 상대는 런던·파리·베를린·로마 등이었다.

모건은 미국 산업 발전의 혈액인 자본을 대서양 너머에서 끌어왔을 뿐만 아니라 메트로폴리탄 오페라 하우스와 자연사 박물관, 메트로폴리탄 예술 박물관의 후원자로서 그리고 개인 수집가로서 수많은 예술품과 귀중품도 사들여 나날이 성장하고 있는 뉴욕을 풍성하게 했다.

러시아의 카트린느 대제는 "나는 예술 애호가가 아니라 걸신들린 사람이다. 대식가일 뿐이다"라고 말했다. 이 말은 예술품에 대한 모건의 성격을 그대로 보여준다. 또 모건은 이탈리아와 이집트를 정복해 수많은 예술품을 바리바리 수레에 싣고 프랑스로 돌아온 나폴레옹과도 견줄 수 있다. 모건은 단기간에 가능한 한 많은 예술품을 사려고 했다. 어느 순간에는 한 작가 또는 한 딜러의 작품을 통째로 매입하기도 했다.

모건이 동료에게 말했듯이, 그는 새로운 일을 시작하는 것보다 존재하는 기업을 합병하고 결합하는 데 힘을 쏟았다. 모건의 이런 특징 또한 예술품 수집에 그대로 적용되었다. 예술품에 별다른 관심이 없는 아내 패니는 남편이 피라미드에서 출토된 부장품에서 막달라 마리아의 이까지 수집했다고 말했다. 실제로 모건이 수집한 품목에는 무덤 주인의 시신을 담은 함도 포함되어 있다. 그 관은 15세기 플로런스 지역에서 만들어진 것으로 추정되었다. 시신을 담은 함에는 막달라 마리아의 턱뼈에서 나온 것으로 보이는 어금니가 들어 있었다. 함은 길이가 60센티미터 정도였고, 수정으로 만들어졌다. 구리와 은으로 테두리가 되어 있었다. 어금니는 유리 상자에 보관되어 메트로폴리탄 예술박물관 중세 전시실에 보관되어 있다.

19세기가 저물어 갈 무렵, 모건은 다른 부자 후원자들과 함께 세계적인 위상이 상승하는 미국에 걸맞은 예술품을 기증하고 있다고 생각했다. 또한 미국의 예술 감각을 유럽의 수준으로 끌어올리는 데 기여하고 있으며, 역사의 유산을 미국의 후손들에게 전해주는 구실을 하고 있다고 자부했다. 모건은 이를 위해 전문가들을 끌어들여 세계의 예술과 문학 작품을 발굴해 자신에게 가져오도록 했다. 모건을 돕기 시작한 최초의 전문가이면서 가장 영향력이 있던 인물은 누이동생 사라의 아들이자 모건의 조카인 주니어스 스펜서 모건이었다. 아들 잭보다 두 살 아래인 주니어스 스펜서는 부모들이 여행중일 때 크

래그스톤이나 매디슨 애비뉴 219번
지 저택을 종종 방문해 외삼촌과 교
감을 돈독히 했다.

주니어스 스펜서는 프린스턴대학
에서 고전을 공부한 뒤 졸업한 1888
년 도서의 희귀본과 육필 원고, 화가
의 드로잉, 인쇄물을 감식할 수 있는
안목을 갖추었다. 그는 프린스턴을 졸

1889년 주니어스 스펜서
(출처: 프린스턴 대학 도서관)

업하자마자 뉴욕의 도서 애호가 클럽인 그롤리어(Grolier Club)의 멤버가 되었
다. 외삼촌 모건도 회원이 되고 싶었지만, 1897년까지 기다려야 했을 정도로
그 분야의 최고 클럽이었다.

모건의 아들 잭은 사촌인 주니어스 스펜서와 함께 할아버지를 만나기 위해
도버 하우스를 방문했을 때인 1887년 집사와 도우미들이 자신은 '모건 가문
의 장래 상속자'로, 사촌인 주니어스 스펜서는 '출가외인의 아들'로 취급하는
데 대해 철없이 기분 좋아했던 적이 있다. 하지만 외아들 잭의 자리를 밀어낸
인물 가운데 주니어스 스펜서의 자리는 가장 별 볼일 없는 말석에 지나지 않았
지만, 임기는 가장 길었다. 주니어스 스펜서는 1891년 올리버 해저드 페리(Oli-
ver Hazard Perry)와 코모도어 매튜(Matthew) 페리[18]의 후손인 조세핀 애덤스 페리
(Josephine Adams Perry)와 결혼했다. 그는 그녀의 여동생인 루크레티아(Lucretia)의
소개로 만났을 가능성이 높다. 루크레티아는 주니어스 스펜서의 절친한 친구
였는데, 모건의 조카인 헨리 페어필드 오스번(Henry Fairfield Osborn)과 결혼했다.
헨리 페어필드도 프린스턴대학 1877년 학번이다.

---

18. 1850년대 일본을 개항시킨 페리 제독은 올리버 해저드 페리의 동생인 코모도어 매튜 칼브레이스 페리이다. 두
사람은 크리스토퍼(Christopher) R. 페리의 아들이다. -옮긴이

주니어스 스펜서 모건은 조세핀과 결혼한 뒤 잉글랜드로 신혼여행을 다녀왔다. 그들은 프린스턴의 11만 2,000여 평의 부지에 콘스티튜션 힐(Constitution Hill)이라고 불리는 방 30개짜리 저택을 지었다. 주니어스 스펜서는 월스트리트의 투자은행 쿠일러(Cuyler)·모건에 파트너로 참여했지만, 1896년 프린스턴에서 석사학위를 받을 정도로 비즈니스보다는 책을 가까이했다. 또한 원하는 기간만큼 외국에 머물렀다.

주니어스 스펜서는 1899년 7월 4일 런던에 머물며 외삼촌인 모건에게 애쉬번험(Ashburnham) 백작이 소유하고 있는 중세 원고를 매입하라고 권했다. 모건이 외국과 주고받은 전보와 마찬가지로 그가 보낸 전보도 암호로 되어 있다. "저는 외삼촌을 위해 9세기에 만들어진 채색사본(illuminated manuscript) 복음서나, 10세기에 만들어진 것으로 금과 보석으로 장식된 여성의류의 장식을 매입하고자 합니다. 애쉬번험이 보유하고 있는 복음서의 가격은 1만 파운드 정도인데, 저에게는 8,000파운드 정도에 넘겨줄 수 있다고 합니다."

복음서는 9세기 후반에 라틴어로 제작되었다. 캐롤링거 시대의 보석으로 장식된 표지는 아주 훌륭했으며 보존 상태도 좋았다. 세인트 갤(Gall)에 있는 베네딕트 수도원에서 16세기에 발굴된 것으로 독일이 린다우(Lindau)에 있는 수도원으로 옮겨졌다. 옮겨진 과정은 여전히 미스터리다. 당시 영국박물관은 복음서를 매입하고 싶었지만, 애쉬번험이 부르는 값을 다 지불할 능력이 없었다.

모건은 영국 박물관엔 없는 돈이 있었다. 그는 즉각 1만 파운드, 5만 달러를 지급하고 100년 뒤에 시장 가격이 수백만 달러에 이를 복음서 한 권을 사들였다. 이 린다우 복음서는 모건 저택에 소장된 중세와 르네상스 시대 원고와 책 630여 점을 목록화할 때 당당하게 'M1'이라는 넘버를 부여받았다.

그롤리어 클럽은 1892년 채색사본들을 전시했다. 예술사가인 월터 S. 쿡(Walter S. Cook)은 나중에 모건 도서관이 꾸며지기 전까지 미국 전문가 가운데

"중세 채색사본을 전문적으로 감식할 만한 사람이나 그림의 역사에서 채색사본이 갖는 위상과 중요성을 인식한 사람은 아무도 없었다"고 말했다. 학자인 찰스 루푸스 모레이(Charles Rufus Morey)는 모건이 수집한 문헌 등을 참고하지 않고는 중세를 제대로 연구할 수 없다고 평가했다.

모건과 박식한 조카 사이에 오간 서신은 많이 남아 있지 않다. 하지만 주니어스 스펜서가 모건의 문서 수집 초기에 상당히 기여했다고 볼 수 있다. 모건은 미술사에 조예가 깊지 않았기 때문에 화려하게 채색되고 금과 은으로 장식된 채색사본의 외양과 종교적 중요성에 반했을 수 있다. 또한 텍스트와 장식이 서로 보완하는 양식과 원본 그림이 전혀 손상되지 않고 보존된 훌륭한 상태, 눈이 번쩍 뜨일 정도로 완성도 높은 그림 등을 높이 평가했을 것이다.

프레스코와 캔버스 그림 등은 공기와 햇빛에 노출되어 시간이 흐르면 나빠진다. 하지만 중세의 채색원고는 책 형태로 되어 있어 모든 요소들이 고스란히 보존되거나, 채색의 본래 광체 등을 잃은 경우가 드물다. 20세기를 앞둔 1890년대 인쇄기와 자동화된 활자 제작 덕분에 많은 사람들이 책을 접할 수 있게 되었다. 이런 시대에 모건은 전문가인 주니어스 스펜서의 도움을 받아 책의 원류를 밝혀주는 자료들을 적극적으로 사 모았다.

모건이 수집한 문헌과 자료는 이집트와 그리스, 라틴 유럽의 파피루스에서 중세의 피지 사본, 서양 인쇄술의 아버지인 구텐베르크의 인쇄기로 찍은 책, 근대적인 인쇄술을 이용해 최초로 발행된 화보집 등 책의 발전을 다큐멘터리처럼 보여준다. 구텐베르크가 인쇄기를 발명한 이후 1454~1455년 사이에 독일 마인츠(Mainz)에서 찍은 라틴어 성경은 인쇄술의 역사에서 기념비적인 작품으로 여겨지고 있다. 모건은 1896년 2,750 파운드(1만 3,500 달러)를 주고 구텐베르크의 인쇄기로 찍은 라틴어 성경을 전문 딜러인 소서란(Sotheran & Co.)한테서 사들였다. 피지에 글자가 선명하게 인쇄된 성경이다.

주니어스 스펜서의 추천을 받아 모건은 1899년 런던의 고서적 딜러인 제임스 투비(James Toovey)의 개인 도서관을 매입했다. 이 도서관에는 베네치아 출신 학자인 알두스 마누티우스(Aldus Manutius)의 15세기 책을 비롯해, 구텐베르크가 마지막으로 인쇄한 것으로 알려진 라틴어 사전, 1460년에 구텐베르크가 인쇄한 마인츠의 면죄부(Catholicon)가 소장되어 있었다. 투비의 컬렉션에는 르네상스 시대까지 유럽의 화려하고 섬세한 책 장정도 포함되어 있었다. 서구 문명사에서 이처럼 중요한 자료들이 모건의 도서관 매입으로 통째로 미국에 올 수 있게 되었다. 모건이 이후 폭넓게 책을 수집하는 데 중요한 디딤돌이 되기도 했다. 1900년에도 모건은 주니어스의 권고를 받아 뉴욕 오스웨고(Oswego)의 시어도어 어윈(Theodore Irwin) 도서관을 인수한다. 이 도서관 인수로 인쇄술 발달 초기에 만들어진 독특한 활자를 담고 있는 구텐베르크의 구약성경을 손에 넣을 수 있었다. 어윈 컬렉션에는 그 밖에도 플로런스에서 1489년에 만들어진 〈일리아드〉와 〈오디세이〉의 초판본이 들어 있었다. 영어권의 구텐베르크라고 불리는 윌리엄 캑스턴(William Caxton)이 인쇄한 책 세 권, 렘브란트의 에칭 270점, 서양판화의 거장인 뒤러(Dürer)가 제작한 판화 여러 점, 프랑스의 유명한 예술 후원가인 장(Jean, Duc de Berry)을 위해 제작된 프랑스어판 요한 계시록, 가격을 매길 수조차 없는 7세기 〈헨리 8세 금장 복음서(Goledn Gospels of Henry VII)〉가 포함되어 있다.

〈금장 복음서〉는 자주빛 피지에 금으로 만든 잉크로 씌었다. 이는 교황 레오 10세가 1521년 헨리에게 헌정한 책으로 보인다. 레오 10세는 나중에 헨리 8세가 숨을 거두자 '믿음의 수호자'로 부르며 주검에 향유를 발랐다. 모건은 금고에 특별 코너를 만들어 〈금장 복음서〉를 보관했다. 귀중한 자료들을 수입하도록 해준 조카이자 문헌 자문관인 주니어스 스펜서에게 뒤러의 판화를 선물했다. 그는 이를 결국 메트로폴리탄 예술 박물관에 기증한다. 여러 나라에 완전한 형태로 보존되어 있는 구텐베르크 성경은 모두 49점이다. 1896~1911년에 모건은 구텐베르크 성경 3점을 사들였다. 그의 도서관은 세계 어떤 도서관이나 박물관보다 구텐베르크 성경을 많이 보유했다.

─────※─────

모건은 주니어스 스펜서 말고도 수많은 전문가들의 도움을 받았고, 특정 장르나 시대, 예술성에 국한하지 않고 백과사전처럼 모든 예술품을 수집해 담으려 했다. 런던의 서적 딜러 피어슨한테서 1897년 키츠(Keats)의 장시인 〈엔디미언Endymion〉 육필 원고를 사들였다. 원고의 첫 페이지는 '아름다운 것은 영원한 기쁨이다'라는 유명한 문장으로 시작한다. 바이런 연인의 후손한테서는 바이런의 서명이 적힌 〈돈 주앙〉과 〈마리노 팔리에로Marino Faliero〉, 〈맨프레드Manfred〉, 기타 짧은 시의 육필원고를 매입했다. 모건은 1897년께 찰스 디킨스가 1843년에 쓴 《크리스마스 캐럴》의 오리지널 원고도 확보했다. 영미권의 크리스마스 이야기로는 가장 유명한 이 작품에는 스크루지라는 구두쇠가 등장한다. 그의 이름은 지독한 구두쇠를 의미하는 'Miser'의 동의어가 되었다. 물론 이 불행한 영혼은 갑자기 크리스마스 정신에 걸맞은 가슴이 따뜻하고 인심이 후한 인물로 거듭나기는 한다.

모건은 《크리스마스 캐럴》의 오리지널 원고를 읽으며 자신을 우회적으로 반추했을 수도 있다. 실제로 그랬는지를 알 수 있는 기록은 남아 있지 않다. 그는 1899~1901년에 프랑스 파리의 카르티에(Cartier)에서 보석과 소형 인물화, 장식용 화분, 세브르(Sèvres) 도자기 등을 구입하느라 20만 달러를 썼다. 1896년 독일 프랑크푸르트의 골동품 딜러인 J. S. 골드슈미트(Goldschmidt)를 통해서 워윅(Warwick) 백작에게서 8,000파운드(4만 달러)를 지급하고 조각가 셀리니가 만든 작품으로 알려진 은제 컵을 사들였다. 이는 나중에 진품이 아닌 것으로 드러난다. 모건은 골드슈미트가 전문적으로 취급하는 화려한 장식품을 아주 좋아했다. 리모쥬 에나멜과 찰스 2세의 부인인 캐서린의 팔뼈가 보관된 것으로 알려진 유골함, 16세기와 17세기 독일 술잔, 루이 15세의 허리 장식, 알도브란디니(Aldobrandini) 가문이 보유한 것으로 알려진 굽 달린 접시, 보석, 도자기, 병 등이 대표적인 예다.

모건은 뉴욕과 런던에서 갤러리를 가지고 있는 두빈 브라더스(Duveen Brothers)를 통해 예술품을 매입하기도 했다. 그가 상대한 인물은 헨리 두빈이었다. 헨리 두빈은 자신보다 유명한 조셉 두빈을 조카로 둔 사람이다. 조셉은 삼촌인 헨리가 모건의 재산을 제대로 이용할 줄 모른다고 말하면서 자기에게 맡겨달라고 요구했다. 그는 직접 나서 접시 30점을 수집해 모건에게 제시했다. 이 가운데 여섯 점은 걸작 수준이었고, 나머지는 그저 그런 것들이었다.

모건은 조셉이 제시한 접시들을 신속하게 살펴본 뒤 "얼마를 원합니까?"라고 물었다. 조셉은 의기양양하게 삼촌인 헨리의 안색을 살펴본 뒤 값을 불렀다. 가격을 들은 모건은 접시 가운데 걸작이라고 할 수 있는 여섯 점을 정확하게 골라낸 뒤 호주머니에 넣었다. 그리고 조셉이 부른 총액을 30으로 나누고 다시 6을 곱해 값을 치르고 자리를 홀홀 털고 떠났다. 헨리는 미소를 지으며 "조(조셉의 애칭)! 너는 아직 어려. 모건과 거래하기 위해서는 어른이 되어야 해"라고 말했다.

모건은 다양한 소형 인물화를 감상해 그 특징을 구분할 수 있었다. 그는 근대시대의 최고 작품만을 수집했다. 소형 인물화는 애초 사진술이 발명되기 1세기 전인 프랑스의 프란시스 1세(1515~1547년)의 저택에서 유행하기 시작했는데, 충성심과 사랑의 맹세를 의미했다. 소형 인물화는 여러 가지 면에서 모건을 자극했다. 예술적인 메리트와 역사적 가치, 왕실과의 연관성, 희귀성, 낭만 등이 가미된 예술 작품으로 모건에게 비쳤다.

소형 초상화는 보통 피지 위에 그려졌다. 금제 액자나 화려하게 광을 낸 금제 박스나 에나멜·유리·상아 박스 등으로 장식되어 있다. 또한 사람들은 소형 초상화를 목걸이 갑에 넣어 걸고 다니기도 하고 벽난로나 탁자 위에 놓기도 한다. 남에게 알려지는 게 싫은 사람은 비밀 서랍에 고이 넣어 놓기도 한다. 넬슨 경은 엠마 해밀턴 초상화를 목에 건 채 숨을 거두었다. 조지 4세도 숨을 거두면서 마찬가지로 숨겨놓은 아내 마리아 피처버트(Maria Fitzherbert)를 가슴에 품고 갔다. 모건은 18세기 유명한 영국 초상화가인 리처드 코스웨이(Richard Cosway)가 그린 엠마 해밀턴의 초상화를 비롯해 조지 4세와 피처버트의 초상화를 사들였다. 그가 10여 년 동안 수집한 소형 초상화는 무려 800여 점에 이른다. 이 작품이 그려진 연대는 16세기에서 19세기 사이였다. 그가 매입한 소형 초상화는 대부분 최고의 작가들이 그린 것들이었다.

소형 초상화를 그린 작가로는 니콜라스 힐리어드(Nicholas Hilliard)[19]와 한스 홀바인(Hans Holbein) 2세[20], 장 밥티스트 이자베(Jean Baptiste Isabey)[21]를 비롯해 16세기 대표적인 프랑스 화가인 장 클루(Jean Clout) 등이 있다. 이들이 초상화를 그린 대상은 스코틀랜드의 매리 여왕과 헨리 8세, 토머스 모어, 나폴레옹, 월터 스코트, 조지애나, 데번셔 공작부인이었다. 또 루이 14세의 애인인 몽테스팡 부인(Madame de Motestpan)과 맹트농 부인(Madame de Maintenon), 린 니농 드 렝클로(Ninon de l'Enclos) 등 프랑스 궁정 여인들도 그들의 모델이었다. 렝클로는 리슐리외와 라신느(Ricine), 몰리에르(Molière) 등을 숭배자로 거느렸을 뿐만 아니라 예순 살이 넘은 뒤에도 남성들을 정복했다. 맹트농 부인은 루이 14세의 사랑을 몽테스팡 부인에게서 승계받았다. 또한 루이 15세의 연인인 퐁파두

---

19. 영국 소형 초상화의 대가. -옮긴이
20. 후기 고딕스타일 작품을 남긴 독일 화가. -옮긴이
21. 19세기 초반 프랑스 화가. -옮긴이

르(Pompadour) 부인과 퐁파두르에게서 루이 15세 사랑을 이어받은 뒤 바리(Du Barry) 부인도 소형 초상화 작가들의 모델이었다.

모건의 소형 초상화 가운데 가장 유명한 작품은 영국 엘리자베스 1세의 가슴을 강조한 상반신 초상화이다. 달걀형 펜던트에 넣어진 여왕의 초상화는 '무적함대(Armada) 보석'으로 불렸다. 작가의 사인은 없지만, 니콜라스 힐리어드가 그린 것으로 추정되고 있다. 1588년 스페인 무적함대를 깨뜨린 뒤 여왕이 한 정치가에게 선물한 것으로 전해진다.

모건은 어릴 적부터 유럽의 역사와 왕실에 매료되어 있었다. 그는 백만장자 은행가가 되어 엘리자베스 여왕과 헨리 8세, 나폴레옹, 넬슨 제독, 프랑스 궁정 여인들이 가까이 두고 사용하거나, 그들과 관련된 물품을 대거 수집했다. 미국 부호들은 19세기 말에 앙시앙 레짐의 쾌락주의와 섬세함, 기교 등에 빠지기 시작했다. 모건의 생애 마지막 30년이 이 시기에 해당된다. 그는 소형 초상화 컬렉션을 보충하기 위해 메트농과 퐁파두르, 마리 앙투아네트 등이 쓴 편지도 모았다. 그의 컬렉션에는 프랑스 왕 루이 13세에서 18세까지 결혼 계약서도 들어 있다.

모건은 1898년 예술품 딜러인 두빈에 의뢰해 프랑스 루이 16세의 응접실을 런던 프린스 게이트 저택에 그대로 재현하도록 했다. 두빈 브라더스는 루이 16세가 직접 사용한 탁자, 장작 받침쇠, 의자, 커튼, 팔걸이 없는 걸상, 세브르 반신상 등을 사들여 응접실을 꾸몄다. 모건은 이듬해인 1899년 18세기 프랑스 최고의 가구 장인인 장 앙리 리즈네르(Jean-Henry Riesener)가 1790년 마리 앙투아네트를 위해 만든 옷장 등을 매입했다. 나중에는 마자랭(Mazarin) 공작부인을 위해 피에르 구티에르(Pierre Gouthière)가 제작한 남색 대리석 협탁도 사들였다.

수집가로서 모건의 진면목은 장식용 예술품에서 엿볼 수 있다. 예술사가들이 접시를 수집하는 부호들을 '접시 수집쟁이'라고 치부하곤 하는데, 모건은 그런 부류는 아니었다. 그는 만든 사람의 장인정신과 사용된 멋진 재질을 비롯해 3차원적인 물건이 주는 맛을 진정으로 높이 평가했다. 그림이 주는 이론적인 기쁨은 그에게 부차적이었다. 조셉 두빈은 예술사가들이 부르는 전형적인 '접시 수집쟁이'였다. 벤저민 알트먼(Benjamin Altman)[22]과 쥘 바체(Jules Bache)[23], 헨리 클레이 프릭 등에게 접시류에 대해 자문해주었다. 두빈은 미국이 유럽 화가의 그림을 수집해 거대한 컬렉션을 구성한 데 상당한 도움을 준 인물이다. 하버드 대학 출신으로 미국의 대표적인 예술 비평가인 버나드 베런슨이 이사벨라 스튜어트 가드너(Isabella Stewart Gardner)와 돈독한 관계를 유지했다. 가드너는 자신이 수집한 유럽 작가들의 그림을 전시하기 위해 보스턴 펜웨이(Fenway)에 베네치아 고딕 양식으로 저택을 지었다.

모건은 장식용 예술품을 수집할 때 베런슨이나 두빈 브라더스에만 무조건 따른 것이 아니라 개인적인 안목에도 의존했다. 그는 여러 딜러들을 통해 그림을 수집했다. 하지만 이 그림들은 그의 컬렉션에서 부차적인 것들이었다. 미국의 부호들은 비교적 안정적이고 쉽게 구입할 수 있는 살롱화 대신 거장들의 작품으로 관심을 돌렸다. 비평가 오토 군트쿤스트(Otto Guntekunst)는 런던의 콜라기(Colnaghi) 갤러리에서 그림을 두 종류로 분류했다. '소박한 작품과 대가의 작품'으로 구분한 것이다. 모건은 1890년대 들어 대가의 작품을 골라 매입했지만 익숙한 풍경화나 장식 스타일이 강한 작품이 주를 이루었다.

22. 알트먼 백화점의 창립자이고 예술품 수집가. 모건이 숨진 1913년에 죽었다. 19세기 자본가 가운데 드물게 직원들에게 의료보장과 휴식시간 등을 보장해주었다. -옮긴이
23. 투자은행 J. S. 바체의 설립자이면서 예술품 수집가. -옮긴이

모건은 1894년 중개상 애그뉴를 통해 존 콘스터블(1776~1873년)이 그린 풍경화 '백마, 스투어 강의 풍경(The White Horse, The Scene of the River Stour)'을 수집했다. 이때 애그뉴는 여전히 분실 상태였던 데번서 공작부인의 초상화를 추적하고 있었다. 콘스터블은 조용한 여름 아침 말이 끄는 배가 강을 건너고 있는 이 그림에 대해 "내가 가장 행복한 마음으로 많은 공력을 들인 작품 가운데 하나"라고 말했다. 모건은 1895년 이 그림을 로열 아카데미에 전시용으로 임대해주었다.

3년 뒤인 1897년 모건은 애그뉴를 통해 프라고나르가 연작으로 그린 '사랑의 진화'를 샀다. 이는 뒤 바리 부인이 루이 15세가 선물로 준 루브시엔느(Louveciennes)의 저택에서 열린 만찬을 위해 1771년 주문한 그림들이다. '사랑의 진화'는 프리고나르의 위트와 에로틱 내레이션이 엿보이는 작품이다. 젊은 연인이 초기에 서로에 대한 애틋한 갈망에서 '사랑의 완성'까지 과정을 연작으로 표현하고 있다. 그림이 완성된 다음 뒤 바리 부인은 매입을 거부했다. 비평가들은 그림이 그녀의 사랑을 연상시키기 때문이 아니라 당시 프랑스의 예술 스타일이 로코코 양식에서 좀 더 형식적인 신고전주의로 바뀌었기 때문이라고 봤다. 프리고나르의 사랑 이야기는 완성될 즈음에 흘러간 옛노래가 되어버린 셈이다. 뒤 바리 부인이 거절한 이유가 무엇이든 작가는 1790년 사촌의 집에 네 점으로 된 오리지널 그림을 전시했다. 이후 몇 점을 더 추가했다. 그림들은 모건이 6만 2,000파운드(약 30만 달러)를 주고 14점의 그림을 산 1898년까지 작가의 사촌 집에 보관되었다. 모건은 그림의 주제와 스타일, 내력에 반해 런던 프린스 게이트 저택의 방 하나를 개조해 그것들을 전시했다. 모건은 작품을 구입할 때 절대 흥정하지 않았다. 하지만 그가 작품을 매입하는 바람에 시장의 가격이 최고가까지 오른 경우가 많았다.

모건은 1898년 런던의 딜러인 찰스 워스마이어를 통해 렘브란트가 그린 부유한 네덜란드 상인 니콜라스 루츠(Nicolaes Ruts)의 초상화를 구입했다. 그림 속

루츠는 주름진 칼라와 모피 망토를 입은 모습이다. 모건은 이를 위해 6,000파운드(3만 달러)를 지급했다. 루츠의 초상화는 1631년에 그려졌는데, 거의 200년 동안 루츠 가문에 보관되어 있었다. 네덜란드 왕 빌헬름 2세의 컬렉션에서 시장에 나온 1850년 '랍비의 초상화'로 알려졌다. 다행히 카이저의 박물관 책임자인 빌헬름 폰 보데가 원작을 모방한 수채화 그림을 통해 주인공이 네덜란드 상인이라고 밝혀냈다.

한참 나중 일이지만 모건이 숨을 거둔 1913년 자산 평가사는 프리고나드가 그린 '사랑의 진화'의 가치를 75만 달러로 평가했다. 조셉 두빈은 1915년 모건의 아들 잭한테서 이 그림을 구입해 헨리 클레이 프릭에게 125만 달러를 받고 팔았다. 프릭은 이 밖에도 모건의 프리고나드의 전시실에 있던 장식용 그림과 조각 대부분을 비롯해 마리 앙투아네트 옷장, '니콜라스 루츠의 초상화', 남색 대리석 협탁, 콘스터블의 '백마' 등 그림 몇 점, 르네상스 시대 브론즈, 진귀한 시계 등을 사들였다. 이 모두는 미국에서 가장 뛰어난 작품들이다.

모건은 1899년 프란스 할스(Frans Hals)가 그린 '어느 여인의 초상화(Portrait of a Lady: 5,720 파운드)와 헨리 모랜드(Henry Morland)의 '다림질 하는 여인(The Lady Ironing: 3,767 파운드), 존 러셀(John Russell)의 '토팜 부인과 세 자녀(Mrs. Topham and Her Three Children: 4,400 파운드)', 호가스(Hogarth)의 '그 숙녀의 마지막 내기(The Lady's Last Stake: 8,250 파운드) 등을 사들였다. 모건이 지불한 가격을 보면, 작품의 가치가 시간이 흐르면서 얼마나 급격하게 변하는지를 실감할 수 있다. 렘브란트의 작품은 나중에 별로 중요하지 않은 작가들이 그린 그림보다 값이 비싸지 않았다. 이는 1899년 모건이 두빈을 통해 로즈 뒤 바리(Rose du Barry)의 '코벤트리 꽃병' 세트를 구입하면서 치른 값의 절반이었다.

모건이 유럽의 어느 도시에 나타났다는 소식이 알려졌다. 유럽 전역의 예술품과 도서, 골동품 딜러들은 그를 보기 위해 달려왔다. 어느 해 봄 루이자는 뉴욕의 어머니 패니에게 "아버지는 날이 갈수록 더 많은 딜러들에 의해 둘러싸이고 있습니다. 아빠의 안목과 지식도 놀라운 속도로 커지고 있습니다"고 했다. 루이자는 아버지의 골동품에는 별다른 관심이 없다고 고백했다. "저는 골동품을 이해할 교육을 받지 않았습니다"라고 했다. 그녀는 런던의 렘브란트 작품 전시회에서 몇몇 작품을 대단하다고 평가했다. 하지만 "엄마는 그의 거칠고 촌티 나는 그림에 아주 실망하고 지루함을 느낄 거예요"라고 말했다. 그녀는 예술 작품 감상보다는 사교 모임을 더 편하게 느꼈다. 1898년 말 모건의 조카인 메이 번스는 영국 자유당의 리더인 윌리엄 조지 그랜빌 베너블스 버논 하코트(William George Granville Venables Vernon Harcourt) 경의 아들인 루이스(Lewis) 하코트와 결혼을 약속했다.

루이자는 외사촌의 약혼에 대해 "메이와 고모 메리는 아주 행복해하고 있다"고 적었다. 메리 번스의 약혼으로 모건도 아주 기뻤다. 하코트 가문은 12~14세기 영국 등을 지배한 플랜태저넷(Plantagenets) 왕가의 시대까지 거슬러 올라간다. 넌햄(Nuneham) 공원의 저택에서 주로 살았고, 루이스 직계 가족은 옥스퍼드셔(Oxfordshire)에 정착했다.

루이스 하코트의 어머니는 1863년 그를 낳는 과정에서 숨졌다. 그의 아버지인 윌리엄 경은 1876년 미국의 역사학자이고 스위스의 베비 학교의 동창이기도 한 존 로스롭 모틀리(John Lothrop Motley)의 딸인 엘리자베스 캐봇 모틀리 이브스(Elizabeth Cabot Motley Ives)와 재혼했다. 엘리자베스는 결혼 당시 남편과 사별한 상태였다. 윌리엄 경은 재무장관으로서 1894년 상속세를 개혁해 부동산에 대해 누진세를 매겼다. 이때 "우리는 이제부터 사회주의자들이다!"라고 말하며 한숨을 내쉬었다. 또한 1898년 아들 루이스가 모건의 조카와 약혼한 사실을 미국인 아내를 둔 조셉 챔벌레인에게 편지로 알리면서 "미국과 또 다른 동맹관계를 맺게 되었다. 우리 모두는 이제 미국인들이다!"라고 했다.

미국 부호의 상속녀가 영국 귀족 집안의 일원이 되는 성대한 결혼의 성격은 헨리 제임스의 소설인《골든 볼Golden Bowl》에 나오는 미국 여성 매기 베버(Maggie Verver)와 이탈리아 왕자의 결혼과 비슷하다. 유럽의 몰락한 귀족 집안 출신이 미국 부호의 상속녀와 결혼하는 일은 당시 대서양을 사이에 두고 일어난 부와 문화의 교류였다. 하코트와 번스 가문의 결합은 마침 런던의 사교계의 주역들이 미국 여성들이었다는 점에서 또 다른 반향을 불러 일으켰다. 빅토리아 여왕의 사위인 론(Lorne) 후작은 루이스에게 "미국과의 동맹이 어떻게 진행되고 있어요?"라고 농담과 진담을 섞어 물었다. 〈런던 데일리 크로니클〉은 메이 번스를 "런던의 멋쟁이 젊은이들이 들고 있는 꽃다발을 모두 낚아채겠다고 위협하는 콜롬비아의 의기양양한 여군 가운데 한 명"이라고 묘사했다.

모건과 루이자는 1899년 하코트와 번스 가문의 사람들을 프린스 게이트와 도버 하우스 파티에 초청했다. 하포드 가문이 보유한 넌햄 공원과 하트퍼드셔(Hertfordshire) 영지를 방문하기도 했다. 윌리엄 경은 어느 날 디너파티에서 자신이 "미국 여성과 '감히' 결혼하는 최초의 영국인"이었다고 자랑했다.

윌리엄 경의 자랑에 흐뭇한 모건은 "선례가 있다"고 말했다. 하코트는 "그것은 너무 오래전 일입니다. 그 유행을 되살린 게 바로 저입니다"라고 맞섰다.

모건이 하코트를 역사가나 개혁적인 정치인으로 생각했는지 알 수 없다. 어쨌든 그는 조카 메이의 약혼을 축하하기 위해 다이아몬드 목걸이를 선물했다. 1899년 7월 1일 웨스트민스터의 세인트 마가릿에서 열린 결혼식을 기념하기 위해서는 진주 목걸이를 주었다. 19세기가 막을 내리고 20세기로 접어들 즈음인 당시에는 진주 양식 기술이 개발되기 전이어서 진주의 공급은 수요를 따라가지 못했다. 그때 진주가 얼마나 귀했는지를 말해주는 일화가 있다. 철도 가문의 한 상속녀가 맨해튼 52번가와 5번 애비뉴가 만나는 곳에 있는 저택을 1917년 귀금속상 카르티에에게 120만 달러를 받고 팔았다. 그녀는 집값으로 현금 대신 120만 달러 정도 되는 오리엔탈 진주 목걸이를 받았다. 금융 저널리스트 존 스틸 고든에 따르면, 카르티에가 매입한 그 저택은 1980년대 2,000만 달러였지만, 그 상속녀가 받은 진주 목걸이의 가치는 단 20만 달러였다.

메이 번스의 시아버지 윌리엄 경이 1904년 숨진 뒤 삼촌인 모건은 아주 중요한 선물을 잉글랜드 사회에 주었다. 넌햄 공원은 대대적인 보수가 필요할 정도로 쇠락해 있었다. 모건은 런던 투자은행 J. S. 모건에 메이의 이름으로 무이자 마이너스 통장 5만 2,000파운드(26만 달러)를 개설해주었다. 그는 되갚을 생각은 하지 않아도 된다고 말했다. "내가 원하는 것은 너와 남편이 넌햄 공원에서 행복하게 지내는 것뿐이다. 인생은 짧고 아무도 무슨 일이 일어날지 모른다"는 말도 했다. 메이와 루이스 부부는 세심하게 고풍스럽고 멋진 공원의 저택을 수리했다. 수리가 끝난 뒤 열린 1907년 파티에 참석한 게스트로는 모건과 에드워드 7세 등이 있었다.

2년 뒤 모건은 하코트 가문의 옛 유물 하나를 되찾았다. 당시 헨리 클레이 프릭이 하코트 백작부인(1751~1833년)인 메리의 초상화를 보유하고 있었다. 그림은 18세기 영국 성직자인 조슈아 레이놀즈(Joshua Reynolds) 경이 그렸다. 그는 1778년 9월 하코트 백작 2세에게 "올 여름 휴가는 거의 끝나고 있지만, 넌햄 집 안팎이 무척 쾌적해 거부할 수가 없다"고 편지를 쓴 바 있다. 프릭은 메리의 초상화를 팔려고 하지 않았지만 모건은 설득해 결국 1909년 메이와 루이스에게 그 초상화를 건네준다.

하코트-번스 가문의 약혼이 진행중인 1899년 초 모건은 옥스퍼드 출신이고 젊은 외교관인 클린턴 도킨스(Clinton Dawkins)를 만났다. 도킨스는 남아프리카 공화국에 파견된 영국 고관인 알프레드 밀너(Alfred Milner)의 장학금을 받았다. 밀너의 후원을 받는 옥스퍼드 출신들은 당시 영국에서 '밀너의 유치원생'으로 불렸다. 도킨스는 1895년 이집트 재무성의 차관을 지냈다.

도킨스는 1899년 옥스퍼드 동창생인 조지 커즌(George Curzon)이 총독으로 있는 인도에 가 재무 담당 보좌관으로 일할 예정이었다. 루이자는 도킨스가 곧 떠나야 한다는 사실에 상당히 낙심했다. 그녀의 눈에 비친 그는 잘 생겼을 뿐만 아니라 "아주 매력적이고 진짜 우아한" 사람이었다.

모건은 당시 월터 번스를 대신해 런던의 은행을 경영할 인물을 1년이 넘도록 찾고 있었다. 도킨스는 그해 마흔 살이었고 잭보다 여덟 살 위였다. 하지만 은행을 맡아 해본 적이 없었다. 그는 위트와 지적 능력이 뛰어났고, 훌륭한 정치적 커넥션을 보유하고 있었다. 모건은 런던의 투자은행 J. S. 모건을 이끌 사람으로 영국인을 원했다. 루이자는 아버지의 비즈니스 비밀을 알려고 하지 않았다. 하지만 그해 2월 일기에 "여러 가지 이유 때문에" 미래에 도킨스를 더 보기를 원한다고 적었다.

영국 정부는 1899년 7월 인도에 도킨스를 파견하지 않기로 결정한다. 런던 〈더 타임스〉는 정부의 관료들은 도킨스를 인도에 보내기를 원했다. 하지만 "모건의 소망을 들어주는 것도 자신들에게 이득"이라고 전했다. 영국계 미국인 은행가는 모건이 수년 동안 투자은행 J. S. 모건을 이끌 파트너를 더 시티에서 찾으려고 했으나 실패했다며, 결국 "영국 재무부의 유능한 관료를 선정해 은행 업무를 배우도록 하는 방향으로 결정했다"고 말했다. 이 은행가의 말은 25년 전 모건이 패브리와 파트너십을 구성하기에 앞서 런던의 아버지 주니어스에게

"월스트리트에 캐릭터와 능력, 머리 등을 고루 갖춘 쓸 만한 인재가 없다"고 한 말을 떠 올리게 한다.

도킨스는 1900년 3월 31일 런던의 투자은행 J. S. 모건에서 일하기 시작했다. 그는 런던의 은행에서 발생한 순이익 25퍼센트를 가져가기로 했다. 잭과 월터 S. M. 번스가 25퍼센트를, 나머지 50퍼센트는 모건의 몫이었다. 런던의 은행 사람들은 아무도 번스를 신뢰하지 않았다. 도킨스는 번스가 "아주 능력 있는 친구지만 너무 젊고 살쪘으며 게으르다"고 평했다. 도킨스가 모건의 은행에 합류한 지 7개월이 지났을 때 "더 시티에서 일하는 게 아주 행복하지만, 할 일이 별로 없다"고 말했다. 그는 결국 할 일을 발견해 몰입했다. 하지만 밀너와 정치, 대영제국에 대한 기존의 태도는 견지한다. 실제 그가 원하는 것은 은행가로 일하면서 번 돈으로 밀너와 자신의 정치활동에 필요한 자금의 조달이었다. 더 시티의 금융 전문지인 〈런던 증권시장 리포트London Stock Market Report〉는 클린턴의 연간 수입이 2만 5,000파운드(12만 5,000달러) 선이라고 전했다. 그는 전쟁부의 재건위원회를 이끌게 되는 바람에 오랜 기간 동안 런던의 정치 무대인 올드 브로드 스트리트를 오랜 기간 떠나 있을 수밖에 없었다. 하지만 재건위원회에서 일한 덕분에 기사작위를 받았다. 그는 밀너에게 "같이 일하는 미국 파트너들은 전쟁부의 조사 사항과 관련해 영국인들보다 더 애국적"이라고 말한 바 있다. 몇 주 뒤에는 모건 사람들이 자기 은행을 정부의 파트너로 생각한다는 점을 지적하며, "영국 정부가 인도의 파견 대상에서 즉시 저를 빼주었기 때문에" 그들도 제가 정치에 관여하는 데 동의했다고 말했다.

모건은 런던의 투자은행 J. S. 모건의 일상적인 업무를 담당해줄 사람을 찾고 있었다. 1900년 봄 마침내 다른 영국인을 영입했다. 은행 업무를 해본 사람이었다. 바로 에드워드 찰스 그렌펠이었다. 그는 케임브리지 트리니티 칼리지에서 역사를 공부했다. 서른 살에 모건의 은행에 합류할 때까지 금융회사 두 곳에서 일했다. 그는 헨리 리버스데일(Riversdale) 그렌펠의 아들이었다. 헨리 리버스데일 그렌펠은 하원 의원이면서 영란은행 총재를 지낸 인물이었다.

모건과 패니는 에드워드가 여섯 살이던 1876년 켄트에 있는 그의 집을 방문한 적이 있다. 베어링 브라더스의 보고서는 1900년 말 모건이 "비용을 걱정하지 않고 다음 세대에 런던의 은행을 독보적인 금융회사로 만들려고 노력하고 있다"고 분석했다.

———≫≫≪———

모건이 조카 메이의 1899년 결혼을 축하하며 진주 목걸이를 주면서, 가장 아끼는 큰 딸 루이자에게도 긴 진주 목걸이를 선물했다. 그녀는 아버지가 진주를 선물하면서 한 말을 어머니에게 전한다. "아버지는 내가 결혼하면 진주 목걸이를 주려고 했지만, 결혼할 것 같지 않아 기다릴 필요가 없다고 생각해 준다고 말씀하셨어요."

루이자는 1899년에 서른두 살이었다. 오랜 기간 젊은 남자를 만나 사랑하고 결혼하기를 고대했다. 하지만 아버지와 함께 참가한 파티나 사교모임에서 젊은 남자를 만나기는 힘들었다. 그런데 20세기 첫해인 1900년 한 남자가 나타난다. 그는 루이자가 전에 몇 번 본 적이 있는 인물이었는데, 어느 날 다가와 청혼했다. 그의 이름은 허버트 리빙스턴 새터리였다. 그는 컬럼비아 칼리지와 법대를 졸업했다. 뉴욕의 법무법인인 워드·헤이든·새터리의 파트너로 일하고 있었다.

새터리는 루이자가 1900년 3월 아버지를 수행하고 유럽으로 여행을 떠나기 직전에 청혼했다. 그녀에게 그의 청혼은 뜻밖이었다. 애초 그는 동생인 앤에 관심이 있는 듯했다. 그녀는 신중하게 생각해보고 런던에서 전보로 결정을 알려주겠다고 말했다. 대서양을 횡단하면서 루이자는 어머니에게 "왜? 왜 내가 떠나기 직전에 청혼했을까요? 그를 기다리도록 할 수 없습니다… 하지만 이렇게 멀리 떨어져 있으면서 마음을 결정하기 아주 힘들다'고 하소연했다.

루이자는 약간 두려운 마음에 새터리의 청혼을 아버지에게 말하고 의논한다. "아빠는 반대할 이유가 없다는 것을 익히 알고 계십니다. 단지 '결혼이 내 행복에 아주 긴요한 일'인지를 생각해본 뒤 대답하라고 말씀하셨어요"라고 어머니 패니에게 전했다. 이어 "결혼하지 않고 몇 년 동안 아주 행복하게 지냈기 때문에 결혼이 행복의 필수요소인지를 판단하기 힘들어요!… 단지 내가 확실히 알고 있는 사실은 결혼을 포기할 수 없다는 점"이라고 말했다. 그녀는 결혼을 포기하지 않는다. 그해 4월 초 새터리에게 전보를 띄워 청혼을 받아들이겠다고 전한다. "정말 행복합니다. 그것이 무엇을 의미하는지 알았을 때 전율이 느껴졌고 숨을 쉴 수 없었어요"라고 어머니에게 말했다. 그녀의 피앙세는 결혼이 무엇을 의미하는지를 알기 때문에 걱정했다. 특히 그녀가 "모건의 딸이 아니라 새터리의 아내로서" 연간 생활비 1만 달러에 살아갈 수 있을지 많이 걱정했다. 그는 루이자가 처녀 시절에 누렸던 화려한 생활을 보장할 수 없었다. "당신의 이웃집과 같은 저택을 저는 살 수 없습니다"라고 미리 경고할 정도였다.

모건은 약혼 사실을 알리지 말라고 루이자와 새터리에게 말했다. 이유는 분명하지 않았다. 하지만 루이자를 파리의 최고 패션 디자이너 워스에 데리고 가 웨딩드레스를 맞추고 혼수감을 마련했다. 새터리는 미래의 아내와 떨어져 뉴욕에 머물며 "디자이너 워스 씨가 비밀을 흘리지 않을까요?"라며 걱정했다. 하지만 모건은 딸의 결혼식 절차를 완전히 장악하고 치밀하게 준비·지휘했다.

1900년 7월의 어느 날 저녁 모건과 새터리는 뉴욕에서 만나 결혼의 세부사항을 의논했다. 허버트 새터리는 루이자에게 자신과 모건의 대화를 생생하게 보고한다. "카드 게임 같았습니다. 아버지께서 제게 두 번째 패부터 트릭을 쓰실 것이라고 생각해 저는 첫 장부터 트릭을 썼습니다. 아버지는 이를 간파하고 아주 간단하게 물리치며 자신의 카드를 고집하고 있습니다. 하지만 아버지는 우리의 결혼에 아주 기분 좋아하시고, 논쟁을 거쳐 결정된 사항에 만족하십니다."

새터리는 장래 장인이 될 모건의 '전제 군주적인 관대함'과 '엄청난 협상 기술'에 승복했다. 그의 조처를 받아들인 것이다. "아버지는 자신에게 이로운 것처럼 보이는 방향으로 이야기를 몰아갔습니다. 실제로 그것들은 아버지에게 이익이 되는 것들이었습니다. 그분은 절대 무엇을 할 수 있고, 해야 하고, 할 것인지 등을 전혀 언급하지 않습니다. 그래서 아버지는 협상 상대로 아주 어려운 분입니다."

모건이 '하려는 일'은 루이자에게 저택 한 채를 주고 새터리의 연간 수입과 동일한 액수인 1만 달러를 해마다 주는 것이었다. 새터리는 "아버지를 이겨보려고 했지만, 아무런 소용이 없었다. 그분은… 집을 사주고 연 1만 달러를 주는 데 대해 아무런 설명 등을 해주지 않았다"고 말했다. 아무리 비단결 같은 수갑이더라도 부드러워지는 데는 시간이 필요한 법이다. 하지만 새터리는 모건이 내민 수갑을 기꺼이 받아들인다.

"그가 다른 부호들과 같았거나 다른 방식으로 사랑하는 딸의 결혼 문제를 풀어갔다면, 나도 나름대로 계획을 세우고 일하는 데 아주 익숙해 있었기 때문에 '코모도어'의 일처리 방식이 내게 충격적으로 다가왔다. 나는 어리석은 자존심을 내세우고 비합리적으로 반항했을 것이다."

코모도어는 완전히 자신의 방식대로 딸의 결혼 문제를 처리해 나갔다. 1900년 11월 15일 세인트 조지 교회에서 열린 딸의 결혼식에 하객 2,000명을 초대했다. 레인스포드와 신랑의 사촌인 헨리 예이츠(Henry Yates) 새터리 워싱턴 주교가 공동으로 결혼식 주례를 담당했다. 화훼 전문가인 솔리가 성가대와 성직자들이 앉는 장소에 붉은 장미와 흰 장미로 거대한 꽃다발을 만들어 놓았다. 연단은 장미와 종려나무 등으로 장식했다.

루이자는 아버지 모건의 안내를 받으며 성당의 통로를 타고 입장했다. 워스가 디자인한 묵직한 흰색 포드수아(Peau de soie) 가운을 받쳐 입고, 장미·난초·백합으로 만든 부케를 들었다. 신부의 얼굴을 드리운 베일과 부케의 레이스에는 다이아몬드가 영롱하게 빛났다. 신랑과 신부는 결혼식을 마친 뒤 매디슨 애비뉴 219호 저택의 거실에서 하객들에게 인사했다. 꽃 디자이너가 거실로 들어가는 정문 한쪽에는 핑크빛 장미로 만든 커튼을 달아 분위기를 한껏 고조시켰다. 프론트 홀의 계단 디딤돌 주변에는 신부 들러리들이 드는 장미와 난초, 아스파라거스, 흰 장미 묶음 등으로 만든 아치가 세워졌다. 계단 난간의 꽃 장식은 3층까지 이어졌다.

　결혼 피로연은 모건이 집을 리모델링할 때 세운 가로 22미터와 세로 16미터 본채에 붙은 유리 온실에서 열렸다. 모건은 수를 놓은 두꺼운 천으로 벽을 덮었고, 비단과 에디슨이 발명한 백열전구로 천장을 장식해 축제 분위기를 연출했다. 루이스 셰리(Louis Sherry)가 이끄는 웨이터들은 하객들에게 굴과 바닷가재, 달콤한 빵, 요크셔푸딩, 메추라기, 꿩, 버지니아 햄, 연어, 닭 가슴살, 아이스크림, 웨딩 케이크, 샴페인 등을 뷔페로 내놓았다.

　결혼식과 피로연에 모두 초청된 인물은 로버트 베이컨과 알렉산더 베어링, 조셉 초트, 그로버 클리블랜드, 오그던 코드먼 2세, 클린턴 도킨스, 데이비드 이글스턴스, 에지스토 패브리, E. L. 굿킨 부부 등이었다. 모건의 친구이자 사촌인 굿윈은 가족과 친척을 이끌고 참석했다. 국무장관 부인 존 헤이, 모건 가문이 즐겨 이용하는 화이트 스타 오너인 제임스 H.와 J. 브루스 이스메이(Bruce Ismay), 찰스 래니어 부부, 루이스 카스 레디어드 부부, 마침 재선에 성공한 대통령 매킨리 부부, 제임스 W. 마코 부부 등도 자리를 빛나게 했다. 앨리스 메이슨과 주니어스 스펜서 모건 부부, 헨리 페어필드 오스번 교수의 부부, 엔디코트 피바디 목사 부부, 헨리 코드먼 포터 목사 부부, 윌리엄 S. 레인스포드 신부의 부부, 애덜레이드 랜돌프, 화이트로 레이드 가족, 윌리엄 록펠러 가족, 새로 부통령이 된 시어도어 루스벨트 2세, 전쟁장관인 엘리휴 루트 부부, 프란시스 린드 스테츤 가족, 프레드 스테펀스 부부, 제임스 스틸먼 가족, 윌도 스토리 부부, 루이스 컴포트 티파니 부부, 반더빌트 가문 여러 명, W. 수워드 웹 부부, 윌리엄 C. 휘트니가 모건이 애지중지하는 딸의 결혼식을 위해 시간을 냈다.

참고로 결혼식에는 초대되었지만, 피로연 초대장을 받지 못한 인물로는 베니스의 로버트 브라우닝 가족과 앤드류 카네기 가족, 존 J. 채프먼, 에드워드 S. 커티스, 리처드 데이비스, 루이기 P. 디 세스놀라 장군, 해리스 파네스톡, 제임스 T. 필즈 여사, 사라 온 제위트(Sarah Orne Jewett), 율리시스 그랜트 부인, E. H. 해리먼 가족, 크리스티언 허터 부인, 리처드 모리스 헌트 가족, 모리스 K. 제섭 부부, 윌리엄 로런스 목사 부부, 컬럼비아대학 총장인 세스 로(Seth Low) 부부, 루이스 P. 머튼 부부와 토머스 콜리어 플래트 부부, 어거스터스 세인트 거든 부부, 벤자민 스트롱(Benjamin Strong)[24] 부부, J. 프레드릭 탬 부부, 루서 테리, 스탠퍼드 화이트 가족, 해리 페인 휘트니 가족 등이 있다.

모건은 가장 사랑하는 딸 루이자를 결혼시키기는 하지만, 결코 멀리 보낼 생각은 하지 않았다. 하일랜드 폴스의 크래그스톤 저택 근처에 새로운 집을 마련해 신랑과 신부에게 선물했다. 새터리는 장인의 독단적인 성격에 금세 적응했다. 장인의 육체적·정신적 건강을 위해 아내 루이자의 자상함을 장인과 공유하기로 마음먹었다. 모건은 뉴욕에서 지속적으로 딸 루이자를 만났다. 하지만 여행을 같이할 새로운 파트너를 찾아야 했다. 결국 그는 1900년 이후 막내 딸인 앤과 애덜레이드 더글러스에 의지한다.

---

24. 모건이 숨진 1913년에 도입된 연방준비제도이사회의 뉴욕연방은행 총재가 된다. 연준의 설립 초기 이사회 멤버들이 금융과 경제에 대해 잘 몰라 사실상 1929년까지 그가 연준을 이끈다. 하지만 1929년 증시 대폭락 사태 직전에 숨을 거둬, 이후 연준이 금융 패닉이 경제 공황으로 확대되는 데 무기력하게 대응하게 된다. -옮긴이

CHPATER 20

다이나모 & 마리아

20세기 문턱에서 미합중국은 끓어넘치는 물처럼 활기찼다. 경제 호황, 소득 증가, 물가 하락, 미국-스페인 전쟁의 미미한 피해, 새로운 문명의 이기인 자동차 8,000대, 국제적 지위 향상 등으로 분위기는 뜨거웠다.

뉴욕 센트럴 철도의 전 회장인 상원의원 천시 드퓨는 1900년 6월 집권 공화당의 전당대회에서 "여기에 모인 사람 가운데는 1896년보다 네 배 이상 경제적으로 성장하지 않는 사람은 없다. 평화와 문명, 산업팽창과 노동생산의 증가 면에서 '월드 파워'로 떠오르는 이 나라의 시민이어서 여기에 모인 사람들은 지적으로 더욱 성숙해졌고, 더 큰 희망을 품게 되었으며, 애국심도 더욱 강해졌다"고 선언했다.

공화당 전당 대회장 밖 분위기는 달랐다. 1900년에 재산이 네 배 이상 늘어나지 않았고 미래를 희망적으로 보지 못하는 사람은 너무나 많았다. 은화에 대한 열망은 상황의 변화로 사그라졌다. 하지만 사회적 변화와 급격한 개혁에 대한 절박성은 여전히 사라지지 않았다. 혁신주의자들(The Progressives)과 저널리스트들은 나날이 커지는 가진 자와 못 가진 자의 간극과 도시 문제, 인종간 불평등, 점점 줄어드는 자연자원, 거대·독점 자본의 권력 등에 대해 전국적인 관심을 불러일으켰다.

위스콘신의 주지사로 새로 선출된 공화당 개혁파인 로버트 M. 라 폴레트

694

(Robert M. La Follett)는 기업의 자산에 세금을 물려야 한다고 주장했다. 또 철도 산업을 규제하고 공공의 이익을 위해 자원을 관리해야 한다고 해 전국적인 인물로 떠올랐다.

헨리 애덤스는 20세기보다는 12세기에 살았더라면 더 편안해 했을 사람이었다. 그는 드퓨가 새 천년을 맞아 선언한 희망과 자신감을 실감하지 못했다. 1900년 프랑스 파리에서 열린 세계 박람회를 둘러본 뒤 기술의 힘 앞에서 냉소적인 경배를 드렸다. 애덤스는 《교육론The Education of Henry Adams》에서 자신을 3인칭 대명사인 '그'로 표현한다. 심지어 자신을 《교육론》의 한 장인 '다이나모와 마리아'에 등장시켰다.

"그(애덤스 자신)는 기계를 전시하는 갤러리에 점점 익숙해졌다. 초기 기독교인들이 십자가에서 하나님의 힘을 느꼈듯이 12미터가 넘는 다이나모 발전기를 도덕적인 힘으로 인식하기 시작했다. 해마다 그리고 나날이 발생하는 혁명의 와중에 있는 이 별 자체는 현기증이 날 정도로 빠르게 돌아가는 팔 길이만한 거대한 바퀴보다 인상적이지 못하다. 기계의 바퀴는 엄청난 힘을 생산하면서도 중얼거리는 소리나 '옹' 하는 소리조차 거의 내지 않는다. 심지어 바로 옆에 잠들어 있는 아기도 깨우기 힘든 소리를 내며 돌아간다. 끝나기도 전에 인간들은 기계에 기도한다. 기도는 인간이 물려받은 본능이 조용하면서도 무한적인 힘을 지닌 존재 앞에서 하도록 가르쳐준 행동방식이다."

애덤스는 운동을 에너지로 전환하는 '신비한 메커니즘'을 오래되고 더 높은 차원의 힘과 비교한다. 파리의 루브르와 샤르트르 성당 등에서 발견할 수 있는 '동정녀 마리아의 힘(The Force of the Virgin)은 "인간이 알고 있는 것 가운데 가장 강력한 힘이다. 인간이 창조한 가장 고상한 예술의 80퍼센트가 그녀에 관한 것이다. 모든 증기 엔진과 다이나모 발전기 등 인간이 상상한 어떤 것보다 어마어마한 끌어당기는 힘을 갖고 있다… 세계의 모든 증기엔진을 동원해도 동정녀 마리아처럼 저 멋지고 웅장한 샤르트르 성당을 세울 수는 없다"고 말한다.

J. P. 모건은 애덤스와는 달랐다. 모건은 새롭게 등장한 기계 앞에서 도덕적인 충격에 휩싸이지 않았다. 오히려 수년 동안 가지고 있는 힘을 다이나모 발전기를 돌리는 데 보탰다. 그는 현대 기계의 움직임과 어우러져 있었다. 그는 모더니즘 이론가들처럼 현대 물질문명의 모순이나 모호성을 느끼거나 궁극적인 의미를 묻지 않았다.

그가 새 천년에 들어선 순간 일상생활이라는 표피 아래에서 꿈틀대는 갈등을 인식했을 수는 있다. 갈등을 화해시킬 수 없는 것이라고 여기지 않았다. 그는 근대 상거래뿐만 아니라 근대·중세의 예술을 적극 지원했다. 철도산업을 합리화하는 데 전력투구했다. 레인스포드가 주장한 사회개혁 운동을 뒤에서 지원했다. 사회 진화론을 신봉했고 하나님을 진심으로 믿었다. 한마디로 모건은 복합적인 존재였다.

모건은 1900년 미국 정치·사회 현실과 영국 빅토리아 여왕의 서거에 대해 별다른 기록을 남기지 않았다. 벅토리아 여왕과 모건은 남다른 인연이었다. 모건이 태어난 해에 그녀는 대영제국의 여왕으로 등극했다. 그가 살아온 시대와 세계는 그녀를 중심으로 한 메타포와 왕국이 지배했다. 사이언스 픽션 작가인 허버트 조지 웰스(Herbert George Wells)는 거대한 백지 한 장이 대영제국을 덮고 있듯이 빅토리아 여왕이 왕국을 지배했고, 그녀가 숨을 거두자 바람이 불어 모든 것을 날려 버렸다고 묘사했다.

모건 같은 미국의 우파는 1900년 11월에 실시된 대선에서 매킨리가 전체 투표자의 51.7퍼센트를 차지하자 안도의 한숨을 내쉬었다. 윌리엄 제닝스 브라이언은 이번에도 다시 민주당과 인민주의자들의 단일 후보로 도전했다. 하지만 1896년 선거 때보다 낮은 45.5퍼센트를 얻는 데 그쳤다. 금지당(Prohibition Party)과 사회민주당의 단일 후보인 유진 뎁스가 브라이언의 표를 갉아먹었다.

모건은 매킨리의 당선에 흡족했다. 하지만 그의 러닝메이트인 시어도어 루스벨트에 대해서는 분명한 판단을 내리지 못했다. 매킨리의 최고 공신이고 공화당의 실력자인 마크 한나는 대통령 후보 지명 전당대회에서 "이 미친 사람과 대통령직 사이에 오직 한 사람만이 있다는 것을 알아채지 못하시는 겁니까?"라고 노골적으로 시어도어를 경계했다.

───※※※───

클린턴 도킨스는 1901년 초 런던에서 남아프리카공화국에 있는 정치적 후견인 알프레드 밀너에게 고용주인 모건이 아버지 주니어스를 능가하는 인물이라고 말한다. "J. P. 모건과 그의 금융회사들이 미국에서 차지하고 있는 위상은 로스차일드의 유럽 내 지위를 뛰어넘습니다"라고 했다. 이어서 모건의 뉴욕과 런던의 금융회사 자본금을 합하면 "로스차일드 자본금과는 별 차이가 없고 그의 금융회사들은 영역을 날로 왕성하게 확대하고 있고 현대 세계의 첨단 산업과 발맞추어 훨씬 앞서 나가고 있다"고 설명했다. 한술 더 떠 앞으로 20년 안에 "로스차일드는 뒤편으로 물러나 앉고 모건 그룹이 세계 최고 금융회사가 되는 걸 보게 된다"고 예상했다. 하지만 클린턴은 총수가 결국 지쳐 쓰러질 것이라고 예상했다. "늙은 존 피어폰트 모건은 이제 예순을 넘어섰고, 그가 지금까지 한 엄청난 업무의 하중을 이겨낼 인간이라는 기계는 없다"고 지적했다.

도킨스는 '모건이라는 기계'가 발휘하는 엄청난 힘을 과소평가했다. 그는 6개월 뒤 미국 뉴욕을 방문해 내부자들의 시각을 엿볼 수 있었다. "(뉴욕에서는) 모든 게 급격하게 변하고 있다. 내가 여기 온 이후 빠르게 변했다. 월스트리트 중심가에서 모든 사람들이 열정에 들떠 있고, 서로 맞는 조합을 이루며 지내고 있을 뿐만 아니라 엄청난 흥분과 열정을 일에 쏟아붓고 있다는 사실이 너무 흥미롭다. 모건처럼 일하는 순간 엄청난 괴력을 발휘하는 사람이 아니라면, 이곳에서 살아남을 수 있는 사람은 아주 드물다." 실제 '세부사항의 총지휘자'인 찰스 코스터는 살인적인 업무 하중 속에서 살아남지 못했다. 과로 때문에 폐렴을 앓고 쓰러져 1900년 3월 마흔 일곱의 나이로 생을 마감했다. 〈뉴욕타임스〉는 그의 이른 죽음이 "어느 누구도 견디어낼 수 없는" 업무 하중 때문이었다고 보도했다.

존 무디도 도킨스와 같은 말을 한다. "모건의 파트너들은 어마어마하고 신경을 갉아먹는 비즈니스와 모건의 업무처리 방식에 따른 정신적·육체적 압박, 미국 철도산업의 자본을 돌보는 일 때문에 발생하는 스트레스에 시달리고 있다.' '제우스' 모건만이 "건강과 활력, 에너지를 유지하면서 영혼을 갉아먹는 금융 비즈니스를 견딘다"고 한 것이다.

그레이트 노던 퍼시픽 철도의 회장인 제임스 J. 힐은 코스터의 죽음으로 모건 그룹의 철도 부문이 '무방비 상태'로 버려지는 것은 아닌지 우려했다. 모건은 결코 그렇지 않았다. 그는 가장 신뢰한 파트너가 떠난 자리를 메우는 데 시간을 허비하지 않았다. 코스터의 장례식 당일 모건은 철도회사의 변호사로 엄격함과 능력을 자랑한 찰스 스틸(Charles Steele)을 설득해 투자은행 J. P. 모건에 끌어들였다.

얇은 백발과 때때로 난청 증세를 보이는 귀, 은 장식이 된 마호가니 지팡이는 나날이 늙어가는 모건의 상징이 되었다. 도킨스는 시니어 파트너의 표정을 상세하게 묘사한다. "흉물스러운 코에도 늘 생기가 넘치는 표정이다. 그의 얼굴은 지적 능력과 신속한 판단력으로 늘 광채가 난다"고 했다. 의사 마코의 딸은 '코모도어'가 방에 들어서는 "순간 전기에 감전된 느낌이었어요. 그의 덩치가 거대하게 크지는 않았지만, 거대한 느낌을 받았어요. 왕이었어요. 맞아, 왕이었어!"라고 회상했다. 매사추세츠 주교는 모건이 자신을 방문했을 때 "마치 돌풍이 집 전체를 감싸고 부는 듯했다"고 말했다.

그러나 1901년 초 모건이 정작 불러일으킨 돌풍은 'U. S. 스틸의 창조'였다. 90년이 흐른 뒤 한 금융역사가는 U. S. 스틸 설립을 '세기의 거래'라고 규정했다. 하지만 그순간 20세기는 1년 3개월 정도 지났을 뿐이다.

―――――⋙⋘――――――

산업체 채권과 주식은 19세기 말까지만 해도 금융시장에서 불신의 대상이었다. 1890년대 공황 당시 미국 중추 산업은 철도의 채권과 주식이었는데, 산업체 채권과 주식이 철도회사 증권보다 위기를 훌륭하게 견뎌 냈다. 금융계 사람들에겐 놀랄 일이었다.

거대 기업은 공황의 충격을 거의 받지 않았다. 경기가 절정에 이른 1897~1898년 산업체의 실적은 투자자들을 매료시켰다. 그들은 산업체 증권을 불안하다고 멀리했지만, 이 시기를 거치면서 매력적인 자산으로 인식되기 시작했다. 모건도 산업체 매력에 끌렸다. 모건 그룹은 이전에 몇몇 산업체의 채권이나 주식을 인수·유통했을 뿐이다. 애틀랜틱 케이블과 일리노이-세인트루이스 교량 건설, 제임스 스크림서(James Scrymser)의 멕시코 전신, 파나마 운하를 건설하려는 프랑스의 한 기업 등이 발행한 채권이나 주식 등이다.

모건 하우스는 1890년대 초 유행한 산업체의 합병·결합에서도 그다지 큰 역할을 담당하지 않았다. 모건이 담당한 트러스트는 부실 상태가 계속 이어진 내셔널 커디지(로프 트러스트)였다. 그의 은행이 이 회사의 채무구조 조정에 참여해 추가 자금을 지원한 바 있다.

모건 은행이 집중적으로 참여한 산업체를 꼽는다면, 제너럴 일렉트릭(GE)이다. 에디슨의 백열 전구 발명부터 GE의 설립까지 오랜 기간 간여했다. 비용의 절감과 시장 확대에 관한 장기 약정을 맺고 자금을 지원했다. 모건 은행의 지원과 감독 덕분에 GE는 1890년대 말 강력하고 사업구조가 다변화해 수익성이 높은 기업으로 환골탈태했다.

모건은 니콜라 테슬라(Nikola Tesla)란 인물에게 선금급 15만 달러를 건넸다. 테슬라는 크로아티아에서 태어난 전기 엔지니어로 교류전기 전동기를 개발했다. 1880년대 중반에 에디슨 회사에서 잠시 몸담았으며 교류전기 전동기 특허를 에디슨의 경쟁기업인 웨스팅하우스에 팔아넘겼다. 또 나이아가라 폭포의 힘을 본격적으로 활용할 수 있는 기초를 닦았다.

테슬라는 에디슨과 마찬가지로 다양한 분야에서 천재성을 발휘한 발명가였다. 고주파 전기와 '테슬라 코일'로 불리는 공심변압기(Air Core Transformer), 무선통신, 인공 번개 등의 분야에서 많은 업적을 남겼다. 그는 모건의 큰 딸 루이자의 결혼식에도 참여했다. 나중에 사실이 아닌 것으로 드러나지만 한때 막내 딸 앤과 약혼설이 돌기도 했다.

테슬라는 1901년 모건의 펀딩을 받아 세계적인 통신 시스템을 구축했다. 그는 모건에게 지분 51퍼센트를 넘겼다. 1904년 말에는 롱아일랜드 쇼햄(Shoreham)에 60미터가 넘는 거대한 전송탑을 세웠다. 그는 "모건 씨! 지난 1년 동안 저의 베개가 땀으로 젖지 않는 날이 거의 없었다"고 말하며 특허를 근거로 추가 자금 7만 5,000달러를 요구하는 편지를 띄웠다. 거물 은행가는 비서를 시켜 "당신의 사업과 관련해 더 이상 할 일이 없다"고 답했다. 쇼햄 프로젝트와 관련해 모건의 주머니에서 추가로 나온 돈은 없었다는 얘기다. 테슬라가 이후에 벌인 사업에 대해서도 자금지원을 거절했다. 하지만 모건이 숨을 거둔 뒤 아들 잭은 테슬라에게 2만 5,000달러를 꾸어준다.

반독점법인 셔먼법는 매킨리의 첫 번째 임기 동안 사실상 사문화했다. 'E. C. 나이트 앤 홉킨스(Knight & Hopkins) 대 U. S.'의 재판에서 연방대법원은 인상적이었지만 얼마 가지 못한 판결을 내놓는다. 재판부는 연방정부가 지역 산업체의 합병법인이 주간 상거래의 자유를 제한한다는 증거를 제시하지 못했기 때문에 서먼법은 지역 산업체의 결합에는 적용될 수 없다고 판결했다.

연방대법원의 판결은 공황에서 깨어난 왕성한 경제활동과 공황 기간 동안 산업체 증권이 보인 놀라운 수익성, 하늘 높은 줄 모르는 월스트리트 주가 상승 등과 어우러지면서 1897~1904년 사이에 기업 합병 붐을 일으켰다. 하룻밤 사이에 기업 합병이 이뤄지는 등 미국 역사에서 가장 맹렬한 결합이 발생했다. 그 기간 동안 회사 4,277개가 257개 기업으로 재탄생했다. 상위 100대 기업의 자산 규모는 네 배 이상 커졌다. 미국 전체 산업자본의 40퍼센트를 장악했다. 금융사가인 아서 스트롱 듀잉(Arthur Strong Dewing)은 "눈에 띌 만한 규모의 산업체는 모두 트러스트였다. 보수적인 은행가와 기민한 비즈니스맨, 독선적인 경제학자들 모두가 대량 생산의 미덕에 취했다. 사람들은 트러스트를 비난하면서도 그들의 증권을 매입했다. 거대 트러스트를 추진했던 사람들에게는 풍성한 가을"이라고 정리했다.

철강산업은 철도산업에 이어 미국에서 가장 중요한 산업으로 발돋움했다. 모건의 다음 무대는 바로 철강산업이었다. 남북전쟁 이후 장기적인 관점에서 볼 때 미국 철강산업의 생산성은 가히 획기적이라고 할 만했다. 전 세계 철강 생산량은 1870년 50만 톤 규모에서 1900년 2,800만 톤으로 무려 56배 급증했다. 미국의 철강생산량은 1867년 2만 2,000톤에서 1900년 1,140만 톤으로 520배 폭증했다. 새로운 기계와 생산방식은 철강 생산량 급증의 원인이었지만 살인적인 경쟁도 유발했다. 1890년대 공황이 끝난 뒤 찾아온 경기호황 시기에 미국의 철강산업은 과잉 설비투자와 가격인하 경쟁, 해적질에 버금가는 이윤쟁탈, 적대적 인수합병, 투기적 주식매수 등에 시달리고 있었다. 이 모든 행위는 철도전쟁을 다뤄본 모건에게 아주 낯익은 행태들이었다.

앤드류 카네기는 미국 철강산업에서 독보적인 존재였다. 1892년 그는 철강산업 관련 부문을 결합해 카네기 철강이라는 트러스트를 창조했다. 카네기 철강의 공식적인 자본금은 2,500만 달러였다. 하지만 상장되지 않아 가치가 제대로 평가되지 못했다. 실제 가치는 그 이상이라는 게 정설이었다. 3년 뒤인 1895년 카네기는 미국 내에서 가장 큰 철광산인 미네소타의 메사비(Mesabi)를 '나의 백만장자 벗'이라고 부르는 존 D. 록펠러한테서 확보했다.

카네기는 메사비 철광산을 록펠러한테서 빌리면서 선급금으로 한 푼도 들이지 않았다. 대신 그는 철광석 1톤을 캘 때마다 25센트를 주기로 계약했다. 또 50년 동안 연간 120만 톤을 록펠러 철도와 선박운송회사를 이용해 수송하기로 했다. 카네기는 임대계약으로 가장 저렴한 비용을 들여 어마어마한 철광석을 확보할 수 있었다. 군소 철강회사로서는 감히 상상도 할 수 없는 계약이었다. 카네기 철강은 1893년 이후 엄습한 공황 한파 속에서도 엄청난 순이익을 달성했다. 경제가 회복하자 순이익은 해마다 두 정도씩 늘어났다. 1898년 1,100만 달러에서 1899년 2,100만 달러로, 1900년에는 4,000만 달러로 급증했다.

카네기는 거대한 철강 왕국을 혼자 투자하고 혼자 운영했다. 회사를 공개하거나 상장하지 않았다. 비상장 상태에서 한 사람이 그토록 거대한 기업을 운영한다는 것은 1890년대에는 아주 드문 일이었다. 당시 거대 기업은 대부분 한 사람이나 가문이 감당할 수 없을 만큼 규모가 비대해졌다. 규모가 큰 개인 회사를 공개하고 상장시키는 과정에서 생겨난 게 바로 산업체의 증권시장과 전문 경영인 계층이다. 그런데 카네기는 새롭게 등장한 전문 경영인들과는 달리 연간 발생한 순이익을 대부분 회사에 재투자할 수 있었다. 굳이 주주들에게 배당금을 줄 필요가 없었다.

카네기가 피츠버그 철강산업만을 지배하는 동안 다른 지역에서 성공적으로 성장한 경쟁 기업이 나타났다. 게다가 1890년대 기업의 인수합병 열풍이 불면서 규모와 효율성면에서 카네기 철강에 필적할 만한 새로운 경쟁자들도 속속 탄생했다. 가장 막강한 존재는 시카고의 형제들인 제임스(James)와 윌리엄 무어 (William Moore)와 악명 높은 도박중독자인 존 W. 게이츠(John W. Gates)였다.

게이츠는 총알 모양의 머리와 기골이 장대한 몸집을 가졌다. 두 빗방울 가운데 어느 쪽이 아래 창틀에 먼저 떨어지는지를 두고 1,000달러를 베팅한 것으로 알려졌다. 무어 형제는 철사와 못, 강관 등 완성품을 만드는 주요 기업들을 인수해 합병했다. 경쟁 기업을 고사시키기 위한 가격 전쟁을 벌였다. 반면 '1백만 달러 베팅 맨'인 게이츠는 모건한테서 꾼 돈으로 1880년대 가시 철사를 생산하는 트러스트를 구성했다. 게이츠는 사세를 지속적으로 확장해 1895년에는 일리노이 철강의 회장이 되었다. 피츠버그의 서쪽 지역에서 가장 큰 철강 회사를 설립·운영하기 시작한 것이다. 2년 뒤 게이츠는 모건을 찾아와 철강과 철사를 제작하는 대형 기업결합체를 구성하는 데 필요한 자금을 요청했다. 모건은 몇 달 동안 그의 제안을 검토한 뒤 거부했다. 미국-스페인 전쟁과 게이츠에 대한 불신이 원인이었다.

게이츠는 엘버트 개리(Elbert Gary)를 일리노이 철강의 고문으로 영입했다. 그리고 자본금 9,000만 달러에 이르는 합병을 단행해 1898년에는 아메리칸 스틸 앤 와이어(American Steel & Wire)를 설립했다. 과거에 일리노이 지방 판사를 지냈던 개리는 기업의 인수합병 전문가였다. 온화하고 진지하며 유순할 뿐만 아니라 성실한 사람이어서 '감리교 목사'라는 별명을 얻었다.

모건은 도박 중독자보다 감리교 목사를 선호했다. 개리가 1898년 늦은 봄에 일리노이 철강과 원자재 공급자, 물류 수송라인 등을 한데 묶어 저비용 중앙집중 방식의 트러스트 구성안을 꼼꼼하게 만들어 월스트리트 '더 코너'와 접촉했다. 모건은 파트너들에게 그의 제안을 철저하게 분석하라고 지시했다. 파트너들의 검토가 끝나자 모건은 '예스'라고 대답했다. 1898년 여름 내내 개리와 로버트 베이컨은 함께 일하며 트러스트 세부 계획을 완성했다. 그들은 9월에 일리노이 철강과 오하이오와 펜실베이니아의 로레인 철강(Lorain Steel), 미네소타 철광석(Minesota Iron)의 최대 지분을 확보했다. 미네소타 철광석은 북부 철광회사 가운데 가장 컸다. 개리와 베이컨은 철도회사 두 곳을 더 사들였다. 이렇게 해서 구성된 철강회사가 바로 페더럴 철강(Federal Steel)이었다.

페더럴 철강은 게이츠의 아메리칸 스틸 앤 와이어는 포함하지 않았다. 경제지인 〈뉴욕 커머셜〉은 "세계가 일찍이 경험하지 못한 철강 패권을 차지하기 위한 경쟁의 서막이 올랐다"며 "그 싸움은 신에 철강회사와 카네기 철강의 일합인데, 두 회사 모두 무제한적인 자본 조달 능력을 가지고 있다"고 했다.

카네기는 놀라울 정도로 많은 계열 철강회사를 통해 무제한적인 자본을 조달했다. 반면 신에 페더럴 철강의 뒷배를 봐주는 금융가는 산업체 주식·채권을 미덥지 않은 눈길로 보는 시장을 통해 자본을 조달해야 했다. 하지만 페더럴 철강을 창조하는 딜에서 등장한 모건의 이름 덕분에 시장은 야반도주하는 합병 추진세력이 아니라 믿을 만한 사람들이 '투자적격 증권'을 내놓을 것이라고 믿었다.

페더럴 철강의 조직가들은 1억 달러를 조달하기 위해 우선주와 보통주를 시장에 내놓았다. 현재 개별 회사를 어떻게 끌어들여 페더럴 철강을 창조해냈는지를 담은 기록은 많이 남아 있지 않다. 하지만 일부 남은 기록을 통해 전 과정을 재구성해볼 수는 있다. 모건은 페더럴 철강의 주식 1억 달러 어치를 발행했다. 이 주식으로 합병 대상 기업의 주인들을 보상했다. 그는 즉시 페더럴 철강에 현금 1,400만 달러를 조달해주기 위해 신디케이트를 구성했다. 신디케이트 참가 금융회사들은 선금 명목으로 480만 달러를 지원했다. 나머지는 곧 실시한 페더럴 철강의 주식공모를 통해 마련해 주겠다고 약속했다.

새로 발행된 페더럴 주식은 합병 대상 기업의 기존 주주들에게 먼저 배정된다. 여기서 남은 주식과 기존 주주들이 인수를 포기한 실권주를 일반 투자자들에게 배정하기로 했다. 모건은 주식 1억 달러 어치를 추가로 발행하도록 했다. 이번에도 합병 대상 기업의 기존 주주들에게 먼저 배정했고, 소량이지만 일부를 일반 투자자들에게 배정하는 방식으로 유통시켰다.

당시 산업체가 발행한 채권이나 주식을 매수한 쪽은 자금 사정이 풍부한 기관 투자자와 돈 많은 개인들이었다. 소액 투자자들은 1920년대나 되어서야 증권시장에 본격적으로 유입된다. 모건이 인수·유통한 주식은 너무 잘 팔려나갔다. 신디케이트가 유통시키기로 한 1,400만 달러 가운데 잔여분은 팔지 않아도 되었다. 이렇게 설립된 페더럴 철강은 첫해부터 우선주와 보통주 주주들에게 배당했다. 미국 철강 시장의 15퍼센트를 차지했다.

'백만 달러 베팅 맨' 게이츠는 일리노이 철강의 지분을 팔아 현금 50여만 달러를 쥐게 되었다. 새로 설립된 페더럴 철강을 경영하고 싶어 했으나, 모건은 생각이 달랐다. 일단 인수합병 작전이 끝나자 그는 엘버트 개리를 '더 코너' 사무실로 불렀다.

모건: 개리 판사님! 모든 일을 아주 훌륭하게 처리하셨습니다. 우리는 판사님의 마무리에 아주 기분이 좋습니다. 이제 페더럴 철강의 회장을 맡아 주십시오.
개리: (매우 놀라며) 아닙니다.
모건: 왜 안 되는 거죠?
개리: 저는 연봉 7만 5,000달러짜리 법률가이고, 이 직업을 버릴 생각이 없습니다.
모건: 우리가 뒤에서 도와드리겠습니다. 이는 우리에게도 가치가 있는 일입니다.

개리는 생각할 시간을 달라고 했고, 모건은 늘 그렇듯이 즉석에서 답을 들기 원했다.

개리: 누가 이사회에 들어오나요?

모건: (어깨를 으쓱하며) 판사님이 이사를 지명하시지요. 집행위원도 선정하고, 간부진도 알아서 채용하고 급여도 편하게 결정하시면 됩니다.

개리는 모건의 제안을 받고 만 하루 고민한 뒤 회장직을 맡겠다고 말했다. 개리는 미국에서 두 번째로 큰 철강회사를 이끌게 되었다. 그는 모건 하우스의 총수와 마찬가지로 철강에 대해서는 백치였다. 페더럴 철강의 한 고문은 개리가 숨지기 전까지 용광로 근처에도 가보지 않았다고 증언할 정도였다. 대신 개리는 법과 기업 조직의 대가였다. 모건처럼 합병과 결합으로 경영 조직의 중복과 경쟁을 합리화하는 게 옳다고 믿었다. 게다가 두 사람은 불특정 다수에게 주식을 발행한 거대 상장 기업은 책임지고 실적을 투자자들에게 설명해야 한다는 데 의견을 같이했다. 당시 상장 기업으로선 드물게 분기 실적 보고서를 발행하기 시작했다.

앤드류 카네기
(출처: 컬버 픽쳐)

앤드류 카네기는 모건과 개리가 합병한 철강회사를 제대로 운영하지 못할 것이라고 예상했다. 카네기는 이미 60대 중반이었고, 짧게 깎은 턱수염은 백발로 변한 지 오래였다. 이 키 작은 스코틀랜드 출신 '철강 캡틴'은 시장에 대해 전혀 다른 입장을 취한다. 1898년 새로 등장한 라이벌을 얕잡아 보았다. "페더럴 철강은 지금까지 기업 가운데 가장 많은 주식을 발행한 회사이다. 하지만 철강시장에서 비참하게 실패할 수밖에 없다"고 단언했다.

카네기는 완전 자유시장에서 단련된 경쟁자의 전형이었다. 달리 말해 가장 효율적이고 무자비한 형태인 완전 자유시장에서 시장 지배자로 성장한 인물이다. 모건이 상당 기간 동안 통제하려고 했던 해적 같은 철도 자본가나 경영자와는 달리, 카네기는 행실이 나쁜 해적이 아니었다. 그는 기초 철강재와 중대형 상품에 집중했다. 철괴·레일·철봉·강판·빔 등을 주로 생산했다. 그는 경쟁기업보다 질이 좋고 싼 물건을 생산해 철강산업의 패자로 등극했다. 비용·조달·유통·생산 과정을 철저하게 장악했다. 비용 절감을 위해서는 무자비하게 노동자의 임금도 깎았다. 1890년대 가장 극심한 노동자와의 갈등 가운데 하나가 바로 펜실베이니아 홈스테드에 있는 카네기 공장에서 발생한 노사분규였다.

카네기가 홈스테드 공장을 인수한 1883년 철강과 주석 노동자의 통합 노조인 어맬거메이티드 협회(The Amalgamated Association)가 이미 조직되어 있었다. 1889년 한 차례 파업이 휩쓸고 지나간 뒤 노조 지도자들은 노조를 인정받은 대가로 회사의 이윤에 따라 임금의 인상과 인하를 결정하는 시스템을 받아들였다. 철강 캡틴은 스코틀랜드의 가난한 집안에서 태어나 홈스테드 지역 자선단체에서 자랐다. 하지만 노동자들을 계몽해야 하는 대상으로 여겼다. 그는 노동조합 조직을 인정하지 않았다. 노조에 대한 이런 강경한 태도는 홈스테드 공장의 근로계약을 다시 체결할 때인 1892년 노동자들에 대해 가슴 한 쪽에 지니고 있던 시혜적인 마인드를 압도했다.

그해 카네기 홈스테드 공장을 책임지고 있던 인물은 헨리 클레이 프릭이었다. 용광로의 원료인 코크를 생산해 거부로 떠오른 인물이었다. 그도 카네기처럼 노조를 극도로 싫어했다. 하지만 개별 노동자에 대해 어떤 연민도 가지고 있지 않은 인물이라는 측면에서 카네기와는 달랐다.

철강시장은 공황발생 한 해 전인 1892년 하향곡선을 그리고 있었다. 카네기와 프릭은 새로 근로계약을 맺으며 최저 임금을 낮추자고 제안했다. 게다가 노조의 교섭력을 약화시킬 수 있는 단체협약안을 내놓았다. 과거 근로계약이 만료되기 직전 카네기는 여름휴가를 즐기기 위해 슬쩍 스코틀랜드로 떠났다. 노동조합과 협상은 모두 프릭에게 맡겼다. 카네기는 자신의 마음속에 있는 노동자에 대한 이중적인 생각이 협상에 걸림돌이 된다고 생각했다. 프릭이 싸움에서 승리하기 위해 무자비한 수단을 동원한다는 사실도 익히 잘 알고 있었다. 하지만 프릭의 수단이 얼마나 무지비한지에 대해서는 알지 못했을 것이다.

프릭은 홈스테드 사업장 주변에 바리케이드와 가시 철망을 설치했을 뿐만 아니라 소총수용 참호를 파 마치 요새처럼 만들었다. 그는 파업 노동자를 분쇄하기 위해 단골로 동원되는 핀커튼 탐정들에게 출동 태세를 갖추라고 지시했다. 만만의 준비를 갖춘 프릭은 노동조합이 도저히 받아들일 수 없는 협상안을 테이블 위에 던져 놓았다. 어맬거메이티드 협회는 결국 파업을 선언한다. 파업 돌입 닷새 뒤 핀커튼 요원들이 홈스테드 공장을 접수하기 위해 야밤에 바지선을 타고 몬노가헬라(Monogahela) 강을 따라 내려왔다. 하지만 철강 노동자들은 무장하고 기습작전을 감행한다. 핀커튼 구사대는 압도적으로 많은 노동자들의 기습을 받아 쩔쩔매다 굴복하고 만다.

양쪽의 충돌로 사상자가 발생했다. 노동자 9명과 핀커튼 소속 7명이 죽었고, 수백 명이 부상을 입었다. 펜실베이니아 주지사는 노동자들이 공장을 가동하고 있는 동안 주방위군 8,000명을 투입했다. 이때 돌발변수인 한 무정부주의자가 프릭을 사살하려고 시도했으나 부상을 입히는 데 그쳤다. 이 사건을 계기로 여론이 파업 노동자들한테서 돌아서기 시작했다. 프릭은 노동조합에 아무것도 양보하지 않았다. 파업이 그해 11월에 끝났을 때 회사는 바라던 대로 낮은 임금과 더 긴 노동시간을 노동자들에게 요구하게 되었다. 카네기는 파업 사태에 대해 아무 말도 하지 않았다. 그는 계속 노동자들과의 '우정어린' 관계를 강조했을 뿐이다. 하지만 그는 유혈사태까지 빚어진 파업의 진실이 무엇인지를 알았다. 노동자의 벗이라는 그의 주장은 신뢰받을 수 없었다. 몇 년이 흐른 뒤 그는 "내 비즈니스 이력에 남은 상처에 아랑곳하지 않아 홈스테드 공장을 유지할 수 있었다"고 말한다.

<hr />

페더럴 철강은 원자재 공급업체와 기초 철강재 산업체, 운송망을 수직적으로 결합한 기업이었다. 일단 설립이 마무리되자 개리 판사는 한 걸음 더 나아가 완성재 생산 공정을 통합하기 시작했다. 이는 전 세계의 어떤 수요에도 응할 수 있는 '철강 공화국'을 건설하는 작업이었다. 개리는 모건의 지원을 받아 미국 최대 강관생산업체 14개를 합병해 자본금 8,000만 달러에 이르는 내셔널 튜브(National Tube)를 설립했다. 교량 건설용 철강재를 생산하는 25개 회사를 끌어들여 자본금 6,000만 달러인 아메리칸 브리지(American Bridge)도 세웠다. 전기 작가 아이더 타벨에 따르면, 개리는 1900년 초 초대형 철강회사인 카네기를 사들이면 "국제적인 철강 무역을 효과적으로 할 수 있는 설비를 확보할 수 있다"고 말했다.

모건은 이에 대해 "카네기 철강 인수를 생각하고 있지 않습니다. 막대한 인수자금을 시장에서 조달할 수 없을 겁니다"라고 대답했다. 시장의 침체와 수요 감소가 발생했을 때 개리와 모건, 무어 형제는 기초 철강재의 생산을 늘리고 카네기 철강에 대한 의존도를 줄여 효율성을 높이기로 한다. 카네기에게 모건 사단의 주문 취소는 최후통첩과 같았다. 경쟁 기업이 수직적 결합을 확대해 카네기 영역을 침범하면, 그는 페더럴이 인수하려는 회사를 먼저 사들이는 작전을 구사한다. 그는 스코틀랜드에 머물고 있으면서, 새로 카네기 철강의 회장이 된 찰스 M. 슈왑에게 편지를 띄워 "현재 상황이 엄중하고 흥미롭다. 한 차례 전쟁이 불가피해 보이고 적자생존의 문제"라고 말했다. 누가 생존할지에 대해서는 의문의 여지가 없었다. 철강 전쟁에서 아무도 앤드류 카네기를 꺾을 수 없었다.

카네기는 생산시설을 확장할 때마다 개리의 내셔널 튜브보다 강관을 얼마나 싸게 생산할 수 있는지를 슈왑에게 물었다. 슈왑은 총수의 질문에 "적어도 1톤당 10달러"라고 말했다. "그래요! 새 공장을 짓고 물건을 생산하세요!"라고 모건은 지시했다. 슈왑은 즉각 지시를 이행해 1,200만 달러를 들여 오하이오 코니어트(Conneaut) 항구에 강관공장을 짓는다. 회사가 보유한 광산에서 채굴한 철광석을 값싼 이리호 선박으로 수송했다. 게다가 제품에 붙임 흔적이 남지 않는 신기술을 채택했다.

카네기는 슈왑에게 "내가 철강 산업의 황제라면" 무엇을 하고 싶은지를 설명한 적이 있다. 미국의 철강 산업을 획기적으로 바꾸어 놓을 수 있는 복안을 심복에게 설명한 것이다. 카네기의 전기를 쓴 조셉 월은 "그가 '내가 철강 산업의 황제라면'이라는 가정법을 썼는데 이는 웃기는 자부심의 표현"이라며 "당시 그는 이미 철강 산업의 황제였다"고 말했다.

모건은 철강 전쟁에서 승리하면서 기초 산업의 토대를 무너뜨릴 수 있는 파괴적인 경쟁을 막고 싶었다면, 강관이 아니라 가장 자신 있는 달러를 동원했을 것이다. 사실 그는 전쟁에서 승리도 하고 싶었다. 파괴적인 경쟁도 제어하고 싶었다. 그의 소망이 하늘에 닿기라도 했을까. 아주 좋은 기회가 1900년 12월 12일에 찾아왔다.

찰스 맥킴이 맨해튼 5번 애비뉴와 54번가가 만나는 곳에 자리잡은 유니버스티 클럽에서 찰스 M. 슈왑을 위한 디너파티에 참석했다. 그때 슈왑은 서른여덟 살이었다. 그날 참석한 금융회사 쿤·롭의 제이콥 쉬프와 유니언 퍼시픽 철도의 회장인 E. H. 해리먼, 스탠더드 오일의 회장인 H. H. 로저스, 헨리 코드먼 포터 주교 등보다 스무 살이나 젊었다. 슈왑은 열일곱 살 때 카네기 철강의 펜실베이니아의 브래드독(Braddock)에서 강판의 평탄도를 측정하는 측정봉을 들고 다니는 일로 제철소와 인연을 맺었다. 이후 카네기 철강 내 승진 사다리를 타기 시작해 서른다섯 살인 1897년 회장의 자리에 오른 입지전적인 인물이었다. 그의 얼굴은 약간 검은 편이었고 살이 쪘지만 단단한 느낌을 주었다. 얼굴 크기도 상당했다. 하지만 깔끔하게 면도해 실제 나이보다도 젊어 보였다. 슈왑은 카네기만큼 철강산업을 알고 있었다. 게다가 카네기가 적절한 순간에 회사 일에 손을 떼고 지분을 매각할 것임을 간파하고 있었다.

맥킴이 1900년 12월 전형적인 이탈리아 르네상스 양식의 저택에서 베푼 만찬은 미국 철강산업의 역사에서 일획을 긋는 날이었다. 모건도 참석해 그날 주빈의 바로 옆 좌석에 앉았다. 슈왑은 커피를 마신 뒤 주빈으로서 초대해준 데 감사한다는 말과 함께 미국 철강 산업의 미래를 어떻게 변모시키고 싶은지 유력자들 앞에서 공식적으로 피력한다. 그는 카네기가 수단과 방법을 가리지 않고 비용과 전쟁을 벌인 덕분에 생산원가를 최대한 낮춘 사실을 먼저 설명했다. 그리고 제품 배송을 효율적으로 할 수만 있다면 더 큰 경제적 이익을 얻을 수 있다고 말했다.

슈왑의 말에 따르면, 거대하고 중앙집권적이며 초효율적인 기업이 단일 철강재를 생산해 유통할 수만 있다면 미국 시장을 확실하게 장악할 뿐만 아니라 무한대로 확장할 수 있다. 소비자와 가까운 지역에 제철소를 지으면 비용을 한 단계 더 절감할 수 있고, 경쟁력 있는 세일즈맨을 단일 조직으로 편성하면 공급과 수요를 정확하게 일치시킬 수 있다. 게다가 제품의 선적을 적절하게 조율하면 한 지역에 너무 많은 제품이 쌓여 적체되는 현상이 해소된다. 계열 제철소의 실적을 엄밀히 평가하면, 회사는 가장 효율적인 공장과 경영자에게 자원을 최대한 집중할 수 있고, 지지부진한 경영자와 생산설비를 재빠르게 도 태시킬 수 있다. 경영자들은 좋은 실적을 올리기 위해 치열하게 경쟁한다. 하 지만 생산과 가격을 책정할 때 적절하게 협력할 수 있는 시스템을 구축할 수도 있다. 연구개발을 확대하면, 철강회사는 제품을 효율적으로 생산하고 이용할 수 있는 길을 찾을 수 있다.

슈왑은 이렇게 결합과 합병의 효율성을 강조하면서, 만약 이런 인수합병을 통해 탄생한 기업은 미국 경제가 끊임없이 발전할 수 있도록 할 뿐만 아니라 생산자가 안정적인 시장과 적절한 수익을 얻고, 소비자는 낮은 가격에 철강재 를 매입할 수 있도록 한다고 결론지었다. 현대 산업사회에서 미국의 위상도 높 아져 자부심을 갖게 해준다고 강조했다.

슈왑이 그린 철강산업과 국가적인 경제에 관한 전망은 의도적으로 모건의 귀를 자극하려는 것이었다. 모건은 그의 연설을 경청했다. 슈왑이 디너파티의 연설로 운을 띄웠다. 모건은 즉시 행동을 개시한다. 그는 파티가 끝나기 직전 슈왑과 만나 다시 만날 것을 약속했다. 베이컨은 "시니어 파트너가 철강산업 전체와 성장, 미래 가능성을 조명한 슈왑의 연설에 마음이 끌린 듯했다. 모건 은 처음으로 카네기 철강을 인수하는 게 가능하다는 사실을 처음 내게 귀띔 했다"고 덧붙였다.

모건과 슈왑은 1901년 1월 초 다시 회동했다. 저녁을 먹는 동안 철강산업 의 대통합을 이야기했다. 이후 두 사람은 맨해튼 매디슨 애비뉴 219호 저택에 있는 마호가니로 장식된 모건의 서재에서 베이컨을 불러 함께 만났다. 그해 겨 울 우연하게도 패니는 뉴욕에 머물고 있었다. 하지만 그날 저녁 서재에 모인 손님들은 패니뿐만 아니라 다른 가족들의 얼굴을 보지 못했다. 세 사람은 다 음날 새벽 3시까지 토론하고 협상했다. 미국 철강산업을 대통합하기로 합의했 다. 대통합의 중심축은 두말할 것 없이 카네기 철강이었다. 2~3일 뒤에 슈왑은 대통합에 포함시킬 회사의 명단을 쥐고 월스트리트 23번지 '더 코너'를 찾았다. 모건은 슈왑이 만든 리스트를 훑어 봤다. 그리고 "좋습니다. 귀하가 카네기 씨한테서 매도가격을 받아올 수 있다면, 곧 바로 실행하는 데 문제가 없을 듯합니다"라고 화답했다.

카네기는 휘하 장수인 슈왑이 경쟁 기업의 배후세력인 모건과 만나 대통합을 논의하고 있다는 사실을 까맣게 몰랐다. 카네기와 모건은 1870년대 초반 잠시 함께 일한 적이 있었다. 두 사람이 친해지진 않았다. 적대감은 세인들의 입방아를 거치면서 상당 부분 과장되었다. 카네기는 모건이 주관한 채권이나 주식의 인수에 참여했다. 주니어스가 뉴욕을 방문할 때마다 만나 대화하고 식사했다. 모건이 카네기가 보유하고 있는 철도 지분 6만 달러어치를 7만 달러에 매입했을 때에는 "단순히 법적 권리를 따지지 않는 훌륭한 이해심"이라며 "모건이 내 마음속에 친구로 자리잡았다"고 말하기도 했다. 모건이 1891년 12월 필라델피아에서 드렉셀 연구소의 개관을 기념하여 연 파티에 참석하기도 했다.

그러나 카네기는 석탄광산 지역의 운송권을 독점한 펜실베이니아 철도를 깨기 위해 1885년 모종의 공격을 벌일 때 모건이 서해안 철도회사들의 신사협정을 근거로 개입한 것에 대해 불쾌한 감정을 가지고 있었다. 카네기는 모건이 주장한 협정이나 대화로 구성한 '이해의 공동체'보다 자유로운 시장 경쟁을 더 선호했다.

슈왑은 카네기가 철도회사 지분을 모건에게 팔지를 확신하지 못했다. 지분 매각은 철강왕이 재산 처분에 얼마나 적극적인지에 달려 있었다. 또한 그의 청교도적인 생각이 얼마나 강한지도 영향을 줄 수 있었다. 슈왑은 자신을 키워준 엄격한 보스에게 털어놓지 않은 사생활이 있었다. 그는 아주 비만해 아이를 낳을 수 없는 아내를 멀리하고 있었다. 아내를 돌보던 간호사와 혼외정사를 벌여 딸을 둔 사실을 보스에게 숨겼다. 또한 그는 모건이 종이쪽지(증권)나 사고팔고 있기 때문이 아니라 취향이 여성적이기 때문에 카네기가 싫어한다고 여겼다. 슈왑의 전기 작가인 로버트 헤센(Robert Hessen)은 "모건이 아내에게서 성적 매력을 느끼지 못했기 때문이 아니라 계속해서 애인을 두고, 심지어 한 번에 7명까지 애인을 둔 사실 때문에 카네기가 그를 멀리했다"며 "심지어 모건 이 자신의 아이를 임신한 여성을 관리하기 위해 뉴욕 산부인과를 설립하는 데 부지와 빌딩, 자금 등을 지원했다는 루머에 카네기가 크게 놀랐다. 카네기에 게 이런 루머는 모건이 성공회의 독실한 신자이고 예술 후원자라는 사실보다 더 설득력 있게 들렸다"고 했다.

슈왑은 1901년 2월 초 맨해튼 51번가에 살고 있는 카네기의 아내 루이스 (Louise)를 찾아 조언을 구한다. 그녀는 '앤디(카네기의 애칭)'가 필드에 서면 아주 유쾌해진다는 사실을 귀띔했다. 모건에게 지분 매각을 골프를 치며 알리는 게 좋겠다고 조언했다.

슈왑은 '철강왕'을 웨체스터(Westchester) 카운티에 있는 프라이빗 클럽으로 초대해 라운딩했다. 철강왕이 눈치채지 못하는 방식으로 요령껏 져주었다. 보 스의 기분이 아주 좋다고 확신한 슈왑은 점심을 같이 하면서 대통합 사실을 설명했다. 카네기는 받고 싶은 가격을 생각해보기로 했다. 그는 집에 돌아와 밤 새워 고민한다. 다음날 도덕적인 양심은 일단 접어두고 슈왑을 불러 연필 로 매각 조건을 쓴 서류를 건네준다. 그가 제시한 가격은 카네기 철강을 비롯 해 여타 회사의 지분을 포함해 모두 4억 8,000만 달러였다. 구체적인 조건은 다음과 같다.

| 카네기 요구안

• 카네기 철강의 채권 1억 6,000만 달러어치는 액면가대로 새로 설립될 회 사의 채권과 교환한다(1억 6,000만 달러).

- 주당 1,000달러인 카네기 철강의 주식 1억 6,000만 달러어치는 새로 설립될 회사의 주당 1,500달러 주식과 교환한다(2억 4,000만 달러).
- 과거에 발생한 순이익과 미래에 얻을 순이익을 추정하여 보상한다(8,000만 달러).

카네기 철강은 해마다 순이익 4,000만 달러를 냈다. 주식의 가격은 주당 순이익의 12배 수준에서 결정되었다. 슈왑은 보스한테서 넘겨받은 서류를 들고 맨해튼 다운타운으로 달려가 모건에게 건넸다. 모건은 카네기가 연필로 작성한 서류를 한번 훑어본 뒤 "이 조건을 받아들이겠다"고 말했다.

30년 전 카네기는 모건의 아버지 주니어스 때문에 놀랐다. 카네기는 1870년 "피츠버그의 용광로를 달구고 습지인 5,000마일 너머에 철재 빔을 가져다 놓는 데 들어가는 필수적인 금을 조달하기 위해 시장에 뛰어들기로 결정했다." 그때 필요한 자금이 100만 파운드 정도였다. 그런데 1901년 주니어스의 아들이 약 50억 달러를 조달하기 위해 시장에 뛰어들기로 약속했다.

모건은 조건을 수락하고 2~3일이 흐른 뒤 맨해튼 51번가로 달려갔다. 카네기에게 세계 최대 부호가 된 것을 축하했다. 철강왕은 카네기 철강의 지분 50퍼센트 이상을 보유했다. 그는 단 한 번의 거래에서 2억 4,000만 달러를 가져가게 되었다. 그는 이미 상당한 자산을 보유하고 있었다. 월스트리트 소식통에 따르면, 카네기는 몇 달 뒤 유럽으로 가는 여객선 위에서 모건을 만나 놀린 적이 있다. 카네기는 "모건 씨! 1억 달러를 더 요구했어야 했습니다"라고 말했다. 모건은 "카네기 씨께서 그렇게 했어도 저는 지불했을 겁니다"라고 응수했다고 한다.

10여 년이 흐른 1912년 카네기는 의회 청문회에 출석해 자신이 제시한 가격을 밝혔다. 모건이 적절한 것으로 평가했다고 진술한다. "저는 회사 사람들한테서 1억 달러를 더 불렀어야 했다는 말을 자주 들었습니다. 그랬더라도 저는 그 돈을 받았을 겁니다. 이 기회를 빌려 저 카네기가 '너무 높은 가격을 제시하고 압박했다'는 세간의 비판을 잠재우고 싶습니다"고 말했다. 1억 달러를 추가했다면, 주가수익배율(PER)은 14.5배가 된다.

　카네기가 모건의 '종이쪽지 장사'를 마뜩잖게 여겼더라도 1901년 자신의 파트너들에게 보낸 편지에서 "모건은 하고 싶은 일을 벌여 성공했다고 생각한다"고 평가했다. 일주일 뒤에는 한 친구에게는 "새로 설립된 회사는 엄청난 순이익을 달성해 카네기 철강을 매입한 대금을 지불할 수 있을 것이다… 얼마나 놀라운 일인가!"라고 말했다.

⌘

　슈왑과 모건이 저녁을 함께 한 지 12일도 안된 1901년 3월 3일 모건은 당시까지 세계에서 가장 큰 기업을 꾸리고 있었다. U. S. 스틸이었다. 뉴저지에 본거지를 둔 지주회사였다. U. S. 스틸의 자본금은 14억 달러였다. 1901년 당시 미국인에게 10억 단위는 천문학적인 숫자였다. 그 시절 연방정부의 한 해 예산 규모가 3억 5,000만 달러였다. 카네기가 지분을 넘긴 대가로 받은 돈보다 1억 3,000만 달러가 적다. 도킨스가 관찰한 대로 월스트리트 23번지 '더 코너'에서는 모든 게 급격히 변한 셈이다.

　모건은 변호사·파트너들과 함께 U. S. 스틸을 '창조'했다. 슈왑이 만든 리스트에 들어 있지 않은 회사들까지 끌어들였다. 그는 돈을 전혀 걱정하지 않았다. U. S. 스틸을 강하게 만드는 데 필요하다고 느낀다면 망설이지 않았다. 그는 독자적인 가치 기준을 가지고 U. S. 스틸에 편입할 기업의 가치를 평가했다. 한 가지 예외가 있다면 존 W. 게이츠였다. 그는 아메리칸 스틸 앤 와이어의 가치를 모건이 생각하는 것보다 고평가했다. 그 바람에 나중에 가격을 낮춰야 했다.

은행가들은 인수한 개별 회사의 주주들에게 U. S. 스틸의 주식을 지급해주었다. 슈페리어호 주변에 있는 철광석 산지를 록펠러한테서 추가로 확보하기도 했다. 개리가 3,000만 달러 선에서 매입하려고 록펠러와 씨름했다. 그때 모건은 "개리 판사님! 이렇게 거대한 비즈니스를 추진하는데, 단돈 500만 달러에 진행이 늦어져서 되겠습니까?"라고 말했다. 마침내 거대한 철강 지주회사인 U. S. 스틸은 제철소와 코크스 생산 기업, 철광석 산지, 운송용 바지선, 증기선, 석탄과 철광석 등을 야적할 수 있는 수백만 평, 철도회사 등을 보유하게 되었다. 미국 철강 생산량의 절반을 만들어낼 수 있는 설비를 확보했다. 실제로 절반 이상인 연간 700만 톤을 생산했다.

U. S. 스틸의 자본금 14억 달러는 미국 1901년 국민총생산의 7퍼센트에 해당하는 규모였다. 1990년대 가치로 환산한다면, 4000억 달러와 비슷했다. 이렇게 거대한 기업의 권력은 모건이 지명한 몇 사람에 집중되었다. 찰스 M. 슈왑은 U. S. 스틸의 회장에 취임하기 위해 카네기 철강의 회장 자리를 내놓았다. 모건은 그를 회장으로 선임하기 이전에 카네기에게 슈왑의 능력을 물어보았다. 막 퇴위하려는 철강왕은 주저 없이 슈왑을 U. S. 스틸의 회장으로 추천했다. 엘버트 개리가 경영위원회 위원장이 되었다. 모건이 파트너로 영입한 젊은피 로버트 베이컨이 최고 재무책임자로 임명되었다. 모건은 파트너 3명과 함께 24인으로 구성된 이사회에 이름을 올려놓았다. 게다가 퍼스트 내셔널 은행의 총재이고 친구인 조지 베이커와 함께 회사의 재무위원회에 참여했다. 모건은 '백만 달러 베팅 맨' 게이츠를 이사로 영입하는 데는 반대했다.

U. S. 스틸의 설립은 세계 신문의 헤드라인을 장식했다. '수십억 달러 트러스트'에 대한 시민과 각국들의 반응이 지면을 뒤덮었다. 그 바람에 매킨리-루스벨트 행정부가 주관한 설립 기념식 보도는 눈에 띄지 않았다. 인디애나 출

신 상원의원인 앨버트 비버리지(Albert Beveridge)는 "인간 사회에서 태어나지 않은 가장 건설적인 금융인"이라고 모건을 평가했다. 허스트의 〈코스모폴리탄〉의 한 작가는 "세계는 1901년 3월 3일을 기해 좋은 정치가들의 지배를 받지 않게 되었다"며 "화폐의 공급 가운데 상당 부분을 거머쥐고 있는 사람들"에 의해 통치되기 시작했다고 말했다.

저널리스트 레이 스태너드 베이커는 매거진 〈맥클러〉에 새로 탄생한 거대기업 U. S. 스틸에 관한 연구보고서를 발표했다. 그는 "세계 무역을 장악하기 위해 미국인으로선 처음 추진한 체계적인 조처"라며 "회사의 성격은 미국의 정치 구조와는 다른 공화 시스템"이라고 규정했다. 예일대학의 총장인 아서 T. 하들리(Arthur T. Hardley)는 나날이 힘이 세지는 독점 자본을 제어하지 않으면, 미국인들은 조만간 "워싱턴에 황제가 등극하는 모습을 볼 것"이라고 경고했다. 20세기 기술발전을 비판하는 데 타의 추종을 불허한 헨리 애덤스는 "피어폰트 모건은 결국 태양까지 집어삼킬 것"이라고 말했다.

유머와 위트가 넘친 비판도 있었다. 윌리엄 제닝스 브라이언은 인민주의 성격의 매체인 〈커머너Commoner〉에 기고한 글에서 "모건이 미국은 참 좋다고 말했다"고 전하면서, "모건이 미국을 싫어하게 될 때 이 나라가 우리에게 돌아올 것"이라고 말했다. 만평가인 파인리 피터 듄(Finley Peter Dunne)은 아일랜드 출신 살롱 주인 둘리(Dooley)를 캐릭터로 만들어 인기를 끌었다. 그는 둘리의 입을 빌어 모건의 힘을 시사한다. 만화에 둘리로 등장한 모건은 자신의 사무실의 사환으로 일하는 연방정부 인가 은행의 총재를 불러들인다. 그리고 이렇게 지시한다.

"어이 제임스! 저 환기구에 있는 잔돈을 가지고 나가서 말이야, 유럽을 사와. 유럽을 사들여서 이윤을 내는 쪽으로 구조조정을 좀 할 거야. 러시아 황제와 로마 교황, 아랍의 술탄, 독일 황제 빌헬름을 불러들여서 다음 주부터 그들이 필요하지 않다고 말해! 그들 월급 1년치를 위로금으로 줘버려!"

모건은 여기서 그치지 않는다.

"어이 제임스! 그 빨간 머리 경리직원을 유럽의 재무 책임자 자리에서 내보내는 게 좋겠어. 내가 보기에 일 잘하는 것 같지 않아!"

런던에는 기묘한 루머가 나돌았다. 모건 하우스가 보험금 200만 파운드를 받기로 하고 매달 보험금의 3퍼센트인 6만 달러를 보험료로 불입하기로 했다는 내용이었다. 이는 사실이 아니다. 잭은 어머니 패니에게 어떤 사람이 보험금 5만 파운드짜리 생명보험을 제시하며 월 1,500파운드를 보험료로 내라고 했다고 말했다. 이어 그는 "아주 흥미로운 생각이지만, 아버지가 빅토리아 여왕이나 다른 통치자의 반열에 있기 때문에 5만 파운드짜리 보험은 자연스럽다"고 말했다. 그때 빅토리아 여왕이 숨을 거두었기 때문에 잭의 말은 모건의 생명보험 아이디어만큼이나 흥미롭게 들린다.

모건은 거액을 베팅하는 투기세력과 곧잘 비교되었다. 하지만 그는 당시 사람들에게는 낯선 금융 절차와 테크닉을 사용했다. 일반 투자자들은 채권, 특히 공장 설비나 부동산, 기계장치 등 구체적인 물건이 담보로 제시된 담보채권에 익숙했다. U. S. 스틸의 비판가들은 모건이 발행한 전체 증권의 가치가 회사의 전체 자산보다 많다며 '극심한 물타기'를 우려했다.

U. S. 스틸은 당시 연 이자율 5퍼센트를 조건으로 채권 3억 400만 달러를 발행했다. 주식도 11억 달러어치를 발행했다. 그 가운데 5억 5,000만 달러어치가 이자율 연 7퍼센트인 전환사채였다. 이 사채는 투자자가 원하면 우선주로 전환할 수 있었다. 나머지 5억 5,000만 달러는 보통주였다. U. S. 스틸이 발행한 증권 총액은 14억 달러 정도였다.

금융 전문가인 아이작 셀리그먼(Issac Seligman)은 U. S. 스틸의 증권 총액이 "입이 딱 벌어져 숨을 쉬기 힘들 정도로 어마어마한 규모"라고 말했다. 연방정부 기업국은 당시 미국 회사들의 자본금·매출액, 자산총계 등을 수집해 정리했다. 나중에 U. S. 스틸의 유형 자산이 6억 7,600만~7억 9,300만 달러라고 기록했다. 유형자산의 규모가 무려 1억 1,700만 달러나 차이가 보이는 것은 산업체의 순자산을 평가할 때 발생하는 어려움 탓이다. U. S. 스틸의 자회사가 발행한 주식 총액을 모두 합해 회사 가치를 평가할 수 있다. 하지만 카네기 철강의 주식은 합병 이전까지 한 번도 거래된 적이 없다. 게다가 합병으로 늘어난 가치를 평가하는 데도 상당한 어려움이 있다.

이런 주식 가치의 산정에서 발생하는 어려움을 피하기 위해 채택되는 방식이 유형자산의 총계였다. 하지만 유형자산의 가치를 평가할 수 있는 기준도 모호하기 짝이 없다. 자산을 매입할 때 지불한 가격을 기준으로 할 것인지, 아니면 동일한 자산을 새로 매입할 때 들여야 하는 금액으로 할지, 자산을 처분할 때 받을 수 있는 가격으로 할지 논란이 인다. 미국 철강산업의 역사를 1971년에 펴낸 윌리엄 T. 호건(William T. Hogan)은 기업국의 유형자산 가치인 약 7~8억 달러와 주식 총액인 14억 달러의 차액은 철광산의 가치를 평가하는 데서 발생한 차이 때문이라고 설명했다. 기업국은 철광산의 가치를 1억 달러로, 회사는 7억 달러로 평가했다. 이에 대해 호건은 "이후 역사 흐름을 볼 때 회사의 평가치인 7억 달러가 기업국의 평가액보다 사실에 더 가까운 것으로 드러났다"고 결론지었다.

U. S. 스틸은 발행한 채권 3억 400만 달러를 충분히 감당할 만큼의 자산을 보유했다. 심지어 자산의 가치를 극단적으로 낮게 평가해도 우선주로 전환할 수 있는 채권 5억 5,000만 달러까지 되갚아 줄 수 있었다.

U. S. 스틸의 보통주 가치는 자산보다는 수익력에 따라 시장 가격이 결정된다. 모건이 철도회사 워크아웃을 하면서 여실히 보여주었듯이, 합병에 따른 효율성 증가와 규모의 경제 효과, 관리 조직의 합리화 때문에 U. S. 스틸의 주가

는 오를 것으로 기대되었다. 합병의 시너지 효과만 본격적으로 발생하면, 보통주 시가총액은 5억 5,000만 이상이 될 수밖에 없었다는 얘기다.

U. S. 스틸에 적용된 재무구조는 모건이 철도회사 워크아웃을 할 때 적용한 것과 크게 차이나지 않았다. 월스트리트가 아연실색했던 이유는 순전히 U. S. 스틸의 자본 총액 등 규모였다. 철강업계의 대변지인 〈아이언 에이지Iron Age〉는 1901년 2월 철강산업을 안정화하기 위한 '모거니제이션'을 높이 평가했다. 하지만 4월에는 "한 번도 배당을 실시해본 적이 없어 증류수와 같은 개별 기업을 한데 묶어 놓은 데 지나지 않다… 하지만 추가적인 물이… 그 결합체의 연결 부위에 쏟아지고 있다"고 비판했다. 〈월스트리트 저널〉은 U. S. 스틸이 배당할 수 있을지를 우려하면서 대규모로 이뤄진 이 회사의 채권과 주식의 이전은 "산업체 증권의 상투를 의미할 수 있다"고 경고했다. 그리고 "뭔가 불안하다"고 덧붙였다.

U. S. 스틸의 형성은 전환기의 메가 딜 가운데 가장 컸다. 하지만 비판세력의 의구심에 대해 모건은 개의치 않았다. 그는 엄청난 부채 비율로 거액의 고정비용을 지출해야 하는 철도회사를 경험했다. 채권보다는 주식을 선호했다. 그는 다른 사람들이 '물타기'라고 비판한 보통주 발행은 미래 수익력을 자본화한 것이라고 여겼다. U. S. 스틸이 합병의 시너지를 발휘하면, 철강재 가격을 인상하지 않고도 충분히 배당할 수 있다고 확신했다.

모건은 1901년 3월 2일 "관련 자료들을 살펴보면… 1900년 당시 개별 기업들이 낸 순이익만을 단순 합산해도 우선주와 보통주 보유자들에게 배당금을 지급할 수 있다. 구조를 단순화하면 비용이 줄어들고, 독립 기업으로 있을 때만큼만 순이익을 내면 제품가격을 올리지 않아도 배당금이 더 늘어나고 투자의 안정성은 더욱 높아질 것으로 기대할 수 있다"고 말했다.

모건은 U. S. 스틸이 발행한 신주를 지급하고 받은 개별 회사의 구주 51퍼센트를 매입하기 위해 신디케이트를 구성했다. 신디케이트는 이어 U. S. 스틸이 현금 조달 목적으로 발행한 신주 2억 달러어치도 인수했다. 신디케이트는 모건이 뉴욕 유수 은행가들로 구성한 정부 채권 공동인수단이나 철도의 주식이나 채권 인수단과는 달리 부유한 개인들도 상당수 받아들였다.

투자은행 J. P. 모건이 U. S. 스틸의 주식과 주식 645만 7,000달러어치를 사들이기로 했다. 존 W. 게이츠가 600만 달러, E. H. 개리가 45만 달러, 제임스 스틸먼과 윌리엄 록펠러, H. H. 로저스, 조지 베이커의 퍼스트 내셔널 은행이 각각 312만 5,000달러, P. A. B. 와이드너(Widener)가 287만 5,000달러, 키더·피바디가 250만 달러, 토머스 포천 라이언(Thomas Fortune Ryan)이 187만 5,000달러를 각각 청약했다. 윌리엄 C. 휘트니와 루이스 P. 머튼, 헨리 클레이 프릭스, D. O. 밀스·모건·하제스, 쿤·롭이 각각 100만 달러를 청약했고, E. H. 해리먼과 찰스 슈왑, 마크 한나, 금융회사 어거스트 벨몽트, 래저드 프레레스, 프란시스 린드 스테츤, H. M. 플래글러(Flagler), 대니얼 라몬트, 로버트 링컨, 조지 보도인, S. 엔디코트 피바디, 로버트 베이컨, 천시 드퓨 등이 각각 100만 달러 미만을 신청했다.

U. S. 스틸의 신주를 가장 많이 청약한 쪽은 무어 형제와 관련인들이었다. 이들은 집단적으로 전체 발행 주식의 38퍼센트인 7,500만 달러어치를 청약했다. 모건은 이외에도 페더럴 철강을 구성할 때 작은 규모로 실행해보았던 일반 공모도 실시했다. 이번에는 신디케이트 참여 금융회사와 개인들이 일반 공모를 실시하고 남은 주식을 인수하기로 했다. 따라서 신디케이트가 청약한 2억 달러 어치의 주식을 모두 가지고 있을지는 공모 청약의 결과에 달려 있었던 셈이다. 앞서 소개한 신디케이트 멤버들은 주식이 일반 공모에서 팔려나가지 않으면 그 액수만큼을 매수하겠다고 사전에 밝힌 것이다.

U. S. 스틸은 1901년 3월 21일 인수할 기업의 기존 주식 90퍼센트를 매입

하는 데 성공했다. 모건은 나흘 뒤 주식 2억 달러의 12.5퍼센트인 2,500만 달러를 즉시 현금으로 U. S. 스틸에 지급하라고 신디케이트에 지시했다. 모건은 뉴욕증권거래소의 매매 체결 전문가(스페셜리스트) 제임스 R. 킨(James R. Keene)을 영입해 거래소에서 U. S. 스틸의 일반 공모를 주관하도록 했다. 주식 청약 열기는 뜨거웠다. 킨은 청약 대행 수수료만 100만 달러를 번 것으로 알려졌다. 신주가 너무 잘 팔려나갔기 때문에 신디케이트 참여자들은 굳이 청약한 대로 주식대금을 납입하지 않아도 되었다.

U. S. 스틸 때문에 자본 집중에 대한 우려가 미국 전역으로 확산됐다. 다양한 의문이 제기되기도 했다. 거대한 기업 규모는 시장의 경쟁과 개인의 자유를 침해하지 않을까? 합병과 결합이 장기적인 측면에서 효율성을 보장할 수 있을까? '모거니제이션'이 파괴적인 경쟁뿐만 아니라 그동안 경제성장과 혁신을 가능하게 했던 시장 참여자의 창의적인 에너지마저 앗아버리지는 않을까?

독점자본 비판가들은 U. S. 스틸이 한 번도 배당을 실시해본 적이 없는 회사들로 구성되어 있다는 점을 지적했다. 이는 U. S. 스틸이 발행한 신주는 가치 없는 종이쪽지에 지나지 않다는 의미이다. 다른 비평가들은 이 기업이 자유로운 교역을 방해하는 독점 기업이라고 공격했다. 하지만 가치 없는 종이쪽지를 발행한 회사가 시장을 장악할 수는 없기 때문에 U. S. 스틸을 둘러싼 논란의 핵심은 '방대한 규모'였다.

U. S. 스틸은 단기간에 초스피드로 설립되었다. 지배구조 측면에서 중요한 의문을 남겼다(22장 참조). 하지만 시간이 흐르면서 모건의 자금 조달방식이 옳았다는 게 드러났다. 기업은 애초 예상과는 달리 1901년 3~12월 사이에 순이익 6,000만 달러를 벌었다. 1902년에는 순이익 9,000만 달러에 달했다. 우선주에는 연 9퍼센트, 보통주에는 연 4퍼센트의 배당을 실시하고도 상당한 돈이 회사에 유보되었다.

U. S. 스틸은 설립 이후 25년 동안 미국의 어떤 철강회사보다 실적이 우수했다. 단 베들레헴(Bethlehem)의 순이익이 더 많았다. 결론적으로 말해 모건은 자신이 손댄 것을 모두 황금으로 바꾸어 놓은 셈이다.

～～～

당시 미국에서 U. S. 스틸의 규모보다 더 거센 논란을 일으킨 사항은 신디케이트가 거둔 수익이었다. 신디케이트는 모두 5,000만 달러 수익을 올렸다. 시가대로 계산한 U. S. 스틸의 우선주와 보통주로 지급되었다. 회사가 설립된 이후 1년 동안 우선주의 시세는 96달러 수준이었다. 보통주 가격은 44달러 선에서 형성되었다. 신디케이트 멤버들이 먼저 현금으로 지원한 2,500만 달러는 되돌려 받았다. 신디케이트는 수익금 5,000만 달러 가운데 공동 비용 300만 달러를 제외한 나머지를 멤버들끼리 나눠가졌다. 결국 전체 수익금 5,000만 달러 가운 4,000만 달러는 신디케이트 멤버들에게 배분되었다. 나머지 1,000만 달러는 주간 금융회사인 투자은행 J. P. 모건에 수수료로 지급되었다.

연방정부 기업국은 1911년 신디케이트의 수익이 "합리적인 수준을 넘어 과도하다"고 평가했다. 1988년 〈월스트리트 저널〉은 1901년 신디케이트의 수익을 재평가했다. "당대에 예외를 찾아보기 힘든 탐욕의 수준"이라고 진단했다. 1901년 당시 5,000만 달러는 1990년대 가치로 환산하면 7억 5,000만 달러이다.

U. S. 스틸의 장부에는 신디케이트 수익 가운데 4,000만 달러가 1902년 네 차례에 걸쳐 분할 지급된 것으로 나타나 있다. 또한 주식 8억 달러를 인수하고, 이 가운데 2억 달러를 현금으로 납입하겠다고 '약속한' 대가로 전체 5퍼센트에 해당하는 금액이 지급되었다고 장부에는 기록되어 있다. 나머지 주식 6억 달러 어치는 U. S. 스틸에 합병된 회사의 기존 주식을 교환해주는 대가였다.

모건의 은행이 받은 수수료 1,000만 달러는 전체 주식 대금 6.3퍼센트에 해당했다. 당시 주식 인수 수수료가 2.5~10퍼센트 수준인 점을 감안하면 결코 "합리적인 보상을 뛰어넘는 과도한 금액"은 아니었다. 1990년대 기업 공개 수수료는 6퍼센트 정도이고 관리 수수료 20퍼센트다.

신디케이트를 옹호자들은 U. S. 스틸의 전체 주식 물량 51퍼센트를 인수·유통시켰고, 일반 공모가 제대로 진행되지 않았다면 현금 2억 달러를 회사에 납입해야 했기 때문에 적절한 수익을 올린 것이라고 주장했다. 게다가 U. S. 스틸의 일반 공모가 원활하게 진행된 것은 모건 하우스의 공신력 때문이었다고 말했다. 당시 투자자들은 일이 잘못될 경우 모건 하우스가 필요한 자본을 공급할 것이고 투자자의 이익을 보호하기 위해 '선의 관리자' 구실을 해줄 것이라고 믿었다는 게 그들의 논리이다.

U. S. 스틸의 주가는 설립한 지 1~2년 사이에 상당히 큰 진폭을 보였다. 경기 침체기인 1903~1904년에 우선주는 50달러 이하로 떨어졌다. 보통주는 8.375달러까지 내려갔다. 이사회가 보통주에 대한 배당을 중단해야 하는 상황도 발생했다. 신디케이트가 우선주와 보통주로 받은 수익과 수수료를 이 시세로 계산하면 1,600만 달러를 약간 웃돈다.

모건은 U. S. 스틸이 장기적으로 종이 증명서의 가치를 증명해줄 것이라고 확신했다. 실제로 U. S. 스틸은 주식가치를 높여주었다. 경기 침체 국면을 벗어나면서 회사의 주가는 꾸준히 올랐다. 경제학자 조지 스티글러(George Stigler)는 몇 년 뒤 U. S. 스틸의 설립은 '독점자본의 화룡점정'이라고 평했다. 이어 비판가들의 주장은 "신디케이트의 수익에 대한 천박한 불평"이라고 꼬집었다.

모건 하우스는 U. S. 스틸의 구성에 대한 거센 비판이 일 때 회사의 자산 가치는 발행된 증권만큼 가치가 있다고 반박했다. 회사의 설립 자체가 전혀 새로운 시도이고 실험이기 때문에 '일반적인 경험'에 따른 기준으로 평가하기 힘들다고 주장했다. 찬반 양론이 거셌다. 단 한 가지 분명한 점은 U. S. 스틸을 구성하기 위한 딜에 참여하지 않은 사람들은 대부분 이 회사를 괴물로 봤다는 점이다.

<hr />

모건은 U. S. 스틸의 구성을 발표할 즈음인 1901년 3월 초 조지 월브리지 퍼킨스(George Walbridge Perkins)를 새로운 파트너로 영입했다. 그는 뉴욕생명보험의 수석 부회장이었다. 말쑥한 외모를 가진 인물이었다. 두 귀가 불쑥 튀어나온 듯했고, 콧수염은 두꺼운 브러시처럼 보였다. 그는 거래를 성사시키는 데 천부적인 재능을 가진 인물이었다.

퍼킨스는 1892~1899년 사이에 소형 생명보험회사인 뉴욕생명을 성장시켜, '경주자들'로 불리는 빅3 생명보험사 가운데 가장 큰 회사로 키워냈다. 다른 두 생명보험사는 에퀴터블과 뮤추얼 라이프였다. 그가 경영을 맡은 동안 뉴욕생명은 보험사로 머문 게 아니라 투자은행으로 구실하기도 했다. 보험료로 받은 막대한 돈을 동원해 기업의 채권과 주식을 인수했을 뿐만 아니라 외국 정부가 발행한 채권을 매입했다. 1900년 뉴욕생명은 10년 안에 자산규모가 10억 달러를 넘어설 것으로 보였다.

조지 W. 퍼킨스
(출처: 뉴욕 피어폰트 모건 도서관)

빅3 '경주자들'의 경쟁은 거의 살인적이었다. 퍼킨스는 그들을 능가할 실적을 달성했다. 하지만 과도한 경쟁은 득보다 실이 더 많다고 믿었다. "우리 업종이 앞으로 걸어갈 길은 지나친 경쟁으로 인해 새하얀 유골만이 가득할 것"이라고 말할 정도였다. 또한 업체간 갈등은 "너무 파괴적이고 도저히 용서할 수 없을 지경이어서 조만간 협력이 불가피할 것"이라고 예상했다.

퍼킨스는 윤리 경영을 중시하는 2세대 보험 전문 경영인이었다. 생명보험회사들의 살인적인 경쟁을 중단하기 위해 협력과 규제를 도입하려고 했다. 보험회사가 가입자들을 상대로 저지르고 있는 무책임한 행동을 없애고 싶었다. 보험 판매 인력을 제대로 관리해 안정화시키려고 노력했다. 직원들을 위해 연기금 펀드를 조성했다. 사망 위로금과 보너스를 지급했다.

그가 지급하기로 한 현금 보너스는 장기적인 계약 유지 등 장기 성과를 기준으로 지급되었다. 이런 보너스 시스템이 낳은 결과에 퍼킨스는 아주 고무되었다. 1897년 그는 친구에게 "계약자 30만 명이 주주인 보험회사의 경영진과 노동자의 이해를 통일시킨" 자부심을 피력한 적이 있다.

퍼킨스는 정치적 네트워크를 구성하는 데도 수완이 좋았다. 그는 대통령 매킨리와 새로 선출된 부통령 시어도어 루스벨트, 공화당 실력자 마크 한나, 비버리지 상원의원 등과 돈독한 관계를 맺었다. 월스트리트는 독일과 러시아 정부의 채권 인수를 협상할 때 퍼킨스가 보여준 수완에 주목했다. 1900년 11월 내셔널 시티 은행의 제임스 스틸먼은 그를 영입해 이사로 선임했다. 모건에게 추천해주기도 했다. 모건은 그해 12월 내셔널 시티 은행의 이사인 로버트 베이컨에게 그 보험맨을 '더 코너'로 데리고 오라고 했다. 퍼킨스는 모건의 초대를 기꺼이 받아들였다. 그는 마침 허드슨의 서쪽 제방 가운데 무너진 부분을 다시 공사하기 위해 자금을 모으고 있었다. 그가 사는 곳은 맨해튼의 바로 북쪽인 리버스데일이었다. 시어도어가 뉴욕 주지사 시절에 팰리서디스 인터스테이트(Palisades Interstate) 공원 위원회의 위원장으로 그를 위촉했다. 퍼킨스는 모건이 기부해주기를 바랐다. 그가 모건의 초대를 받고 유명한 유리벽 사무실에 들어서 자리에 앉자마자 자신이 당시 하고 있는 일을 설명하기 시작했다. 모건은 일단 그의 말을 막았다.

모건: 다 알고 있습니다. 퍼킨스 씨께서 위원장이라는 것도 알고 있습니다. 바라시는 바를 말씀하시지요.

퍼킨스: 12만 5,000달러를 조달하고 싶습니다.

모건: 좋습니다. 제가 2만 5,000달러를 기부하지요. 좋은 일 하고 계십니다. 만족하신지요?

모건의 전격적인 기부 결정에 퍼킨스는 적잖이 놀랐다. 순간 말을 더듬으며 기부할 다른 사람이 없는지를 물었다. 모건은 존 D. 록펠러를 추천했다. 퍼킨스는 감사하다는 말과 함께 자리에서 일어나려고 했다. 순간 모건이 말을 건다.

모건: 저를 위해서 뭔가를 해주신다면 12만 5,000달러를 전액 드릴 수 있습니다.

퍼킨스: 무엇을 해드려야 하는지요?

모건: (파트너들이 일하는 방을 가리키며) 저 책상을 가지시지요.

퍼킨스: 저는 뉴욕생명에 아주 좋은 책상을 가지고 있습니다.

모건은 처음 만난 사람에게 자신의 오른팔이 되어 달라는 파격적인 제안을 한 것이다. 모건은 좀 더 명시적으로 말한다. "제 뜻은 이 회사로 오시라는 말입니다." 모건의 제왕적인 제안을 받은 다른 사람들과 마찬가지로 퍼킨스도 생각할 말미를 달라고 말했다. 모건은 "물론 드립니다. 가능하면 내일 결과를 알았으면 합니다"라고 말했다. 퍼킨스가 사무실을 나갔다. 즉시 모건은 퍼킨스가 뉴욕생명을 떠나 '더 코너'로 오면 뉴욕생명과 거래에서 포기해야 하는 것들을 문서로 정리했다. 사실 모건 그룹은 인수한 증권 가운데 적지 않은 분량을 생명보험사에 넘겨왔다.

퍼킨스는 절친한 친구들의 의견을 물었다. 상원의원 비버리지는 모건이 파트너 킬러라는 점을 경고했다. 대통령 매킨리는 뉴욕생명에 남아 있으라고 충고했다. 특히 월급이 3만 달러에서 7만 5,000달러로 오르는 것을 포기하더라도 모건의 제안을 거절하라고 말했다.

두 달 뒤에 모건은 퍼킨스를 초청해 오찬을 함께했다. 그는 U. S. 스틸을 설립하는 계획을 설명했다. 다른 업종에서도 비슷한 벤처를 벌이겠다고 말했다. 퍼킨스가 과도한 경쟁을 문제라고 생각하는 것을 모건은 익히 알고 있었다. 게다가 고난도의 금융을 해야 하는 투자은행의 '신기한 메커니즘' 때문에 살인적인 스트레스에 시달려야 한다는 점도 그가 알고 있음을 모건은 간파했다. 모건은 일반 사람들이 자신들이 하는 일을 알면, 투자은행의 업무가 국가를 위한 서비스라는 데 동의할 것이라고 말했다. 이런 말을 한 것으로 봐서 모건은 날로 치열해지는 노동자와 자본의 갈등 시기에 퍼킨스가 도입한 유명한 노동자를 위한 보너스와 연금 시스템을 알고 있는 듯했다. 퍼킨스의 전기 작가 존 A. 개러티(John A. Garaty)에 따르면, 모건은 독점자본으로 빚어진 사회적·정치적 문제를 해결하는 데 도움을 청했다.

모건의 호소는 통했다. 퍼킨스는 "기업의 규모와 효율성은 같이 가고 현대 사회의 당면한 문제는 거대 기업과 노동자 그리고 거대 기업과 시민 사이에서 발생하는 것들"이라고 믿었다. 모건이 상당 시간 배경을 설명한 뒤 영입조건을 제시했다. 퍼킨스가 모건의 제안을 받아들인다면, 연 25만 달러와 파트너로서 투자은행 J. P. 모건의 순이익을 배분받는다.

'더 코너'의 주인은 1차 인터뷰 말미에 뉴욕생명을 그만둘 것을 요구했다. 퍼킨스가 거절하기는 했지만, 모건은 이후 시대가 '이해상충'으로 개념화하는 문제를 우려했다. 즉, 증권의 판매자와 매수자가 동일한 인물이 될 경우 발생할 수 있는 문제를 우려했다는 얘기다. 하지만 퍼킨스가 사임을 거부했다. 그는 한발 물러서 "퍼킨스 씨께서 두 가지 일을 할 수 있다고 믿으신다면, 단기간 동안만 하시길 바랍니다. 하지만 저는 두 가지 일을 하지 못하실 것이라고 봅니다"라고 말했다.

그런데 그 '단기'는 무려 10년으로 드러난다. 당시 서른아홉 살인 퍼킨스가 '더 코너'의 주인이 아주 중요한 문제로 생각하는 부분에 대해 자기 입장을 굽히지 않는 것으로 봐서, 모건의 제왕적 태도가 알려진 것만큼 절대적이지 않음을 시사한다. 물론 모건이 퍼킨스가 필요했기 때문에 윤리 기준은 잠시 접어둘 수 있었다.

퍼킨스는 내셔널 시티 은행의 제임스 스틸먼에게 "제가 월스트리트에서 당신을 실망시키지 않기를 소망합니다"고 말했다. 스틸먼은 "아주 훌륭한 바람입니다. 거물 금융인과 함께 일할 수 있다는 것은 당신에게 아주 훌륭한 기회입니다. 물론 그의 성격이 다소 독특하기는 하지만, 그 나이 사람들에게는 일반적인 성격입니다. 솔직히 부럽습니다"라고 화답했다.

퍼킨스는 모건의 왕국에서 1인 부서의 장이 되었다. 기자회견을 열고 보도자료 등을 발행하며 기업 합병과 결합의 이점을 설파하는 강연을 하는 등 대외관계를 전적으로 책임지기로 했다. U. S. 스틸의 재무위원회와 이사회에 선임되었다. 절친한 벗인 비버리지 상원의원이 "모건 씨가 철강 트러스트를 박애주의 목적으로 설립했다는 주장을 좀 누그러뜨리는 게 좋다. 그렇지 않다면 시민들은 당신이 너무 거세게 변호한다고 여길 것"이라는 조언을 할 만큼 열정으로 모건 입장을 변호했다.

모건과 개리가 페더럴 스틸에서 처음 실행했던 대로, 퍼킨스는 U. S. 스틸의 베일 하나를 걷어냈다. 1901년 가을 U. S. 스틸의 분기 실적보고서를 발표하기 시작했다. 경제지인 〈커머셜 앤 파이낸셜 크로니클〉은 퍼킨스가 발표한 분기 결산보고서가 "대기업이 지금까지 발표한 재무제표 가운데 가장 정확하고 솔직한 실적 보고"라고 극찬하면서 "빅 스틸이 대중의 알 권리를 인정해서 반갑다"고 밝혔다.

런던의 잭은 일부 비판적인 사람들이 "회계 전문가가 만들어낸 생산품이고, 실적내용이 불가능할 정도로 좋다"고 말했지만, 다른 기업들도 이를 따라 정확한 실적을 발표해 산업체 증권에 대한 편견을 없애기를 바랐다.

퓰리처가 발행한 〈월드〉는 1902년 3월 "퍼킨스가⋯ 모건의 금융회사를 위해 모든 것을 말하고 있다. 그는 어떤 사안에 대해 아주 많이 알고 있지는 않지만 충분히 말할 능력은 가지고 있다"고 평가했다. 퍼킨스는 워싱턴 주재 모건 그룹의 대사로서 충실히 행동했다. 나중에는 모건의 '국무장관'이라는 별명을 얻는다.

1901년 4월 초 모건은 화이트 스타 소속 튜토닉호를 타고 대서양을 횡단했다. 기자들과 대중의 눈을 피하느라 오리가 자맥질 하듯이 머를 숙여야 하는 고통을 피하기 위해서였다. 그가 U. S. 스틸을 설립한 이후 사람들의 이목을 피할 수 있는 방법은 문 닫힌 방 안에 머무는 것뿐이었다.

모건은 결혼한 루이자가 임신 중이어서 남편과 사별한 뒤 혼자 지내는 매리 번스와 함께 대서양을 횡단했다. 항해 동안 줄곧 선실에서 혼자 하는 카드게임 솔리테어를 하거나 잠을 잤다. 그가 이렇게 대서양을 건너고 있을 때 헨리 애덤스는 친구인 엘리자베스 캐머론(Elizabeth Cameron)에게 "런던의 롬바르드 스트리트가 활력을 잃고 공동묘지 같은데 월스트리트는 거의 미친듯이 활력을 보이고 있다⋯ 런던과 베를린은 모건의 코가 대서양의 파도 위에서 불타고 있고, 자신들의 금고를 향해 접근하는 모습을 보고 두려움에 떨고 있다"고 했다.

그러나 모건은 유럽인들의 금고보다는 예술품에 더 많은 관심을 가지고 있

었다. 그는 몇 주 동안 앤과 함께 이
탈리아를 여행하고 있는 아내 패니를
보지 못했다. 그는 런던에 도착한 직
후 게인스버러의 초상화 '데번셔 공작
부인'을 사들였다. 초상화는 아버지
주니어스가 1876년 매입하려고 했으
나, 그림 딜러인 애그뉴의 본드 스트
리트 갤러리에서 도난당했다.

1902년 도버 하우스를 거닐고 있는 모건
(출처: 고 아네트 M. 쉬펠린)

그림을 훔친 애덤 워스는 너무나 유명해진 '흰 코끼리'를 처분하지도 못했고
몸마저 병들어 있었다. 결국 애덤 워스는 사설 탐정회사인 핀커튼 에이전트,
애그뉴의 아들인 모어랜드(Morland)와 1901년 3월 시카고의 한 호텔에서 만나
그림을 넘겨주었다. 대가로 그는 알려지지 않은 액수의 돈을 받았고 고소나 고
발, 기소를 받지 않기로 했다.

절도범이 숨겨두고 있었기 때문에 초상화의 캔버스는 상당히 더러웠다. 군
데군데 찢긴 흔적이 있었다. 공작부인의 얼굴과 다소 거만해 보이는 분위기 등
은 온전했다. 애그뉴는 초상화를 런던으로 가져왔다. 모건은 그림을 보지 않
고 사기로 약속했다. 애그뉴 쪽에 복원을 부탁했다. 복원비용으로 적절한 금
액을 요구하라는 말까지 해두었다. 런던의 언론들은 그림의 매매에 촉각을 곤
두세웠다. 하지만 가격을 알아내지는 못했다.

모건은 한 친구에게 "아무도 가격을 알아내지 못할 것이다. 진실이 알려진다
면, 나는 아마도 정신병원에 입원해야 할 사람으로 간주될 것"이라고 말했다.
모건이 당시 지불한 액수는 3만 파운드(15만 달러)였다. 이보다 3년 전에 렘브란
트의 '니콜라스 루츠'를 사들이면서 지불한 금액보다 다섯 배 많은 액수이다.

그림 딜러인 윌리엄 애그뉴는 이미 일선에서 은퇴했다. 하지만 모건에게 "게

인스버러의 작품 가운데 가장 뛰어난 물건을 소유하게 된 것"을 축하했다. 사실 초상화의 자산 가치도 상당했다. 애그뉴의 또 다른 아들인 로케트(Lockkett)는 "그가 그림을 매입한 시점과 처음 본 시점 사이에는 무려 7주가 흘렀다는 점에 비추어 볼 때 그림을 소유함으로써 얻는 유명세도 모건에게 상당히 작용한 듯하다"고 말했다. 아마도 아버지에 대한 센티멘털리즘도 상당히 작용한 성싶다. 아버지가 간절히 원했던 작품을 아들이 상태와 값을 따지지 않고 무조건 매입했다는 점이 주는 개인적인 만족감이 컸을 수도 있다.

이 그림은 1994년까지 모건 가문의 소유였다. 그해 영국 채츠워스(Chatsworth) 하우스 트러스트가 26만 5,000달러를 주고 소더비 경매를 통해 그림을 매입했다. 현재 데번서 공작의 터전인 채츠워스에 보관되어 있다. 그림은 오랜 기간 진위 여부의 논란 대상이었다.

모건은 데번서 공작부인의 초상화를 손에 넣은 지 2주 뒤에 파리에서 더 의미 있는 작품을 매입했다. 1901년 미국에서 라파엘만큼 높은 인기를 끌고 있는 작가는 없었다. 신생국 미국의 작가와 예술 애호가들은 르네상스 최고의 작가인 라파엘의 작품을 공부하고 감상하기 위해 드러내놓고 유럽 여행을 다닐 정도였다. 특히 그들은 라파엘의 성모 마리아 작품들을 좋아했다. 그가 그린 마리아 모습은 웅장함과 부드러움, 생생한 색감, 구도 등으로 유명하다. 스터지스 가문 사람들은 시스티나 성모(Sistine Madonna) 카피본을 보유했다. 1859년 유럽을 여행하는 동안에는 진품을 감상하기 위해 드레스덴을 찾아가기도 했다. 미국의 애호가들이 거장들의 작품을 19세기 말에 사들이기 시작했다. 미국의 건축가들이 르네상스 시대 로마 양식을 벤치마킹했다. 그 바람에 라파엘은 미국 부호들 사이에서 최고의 가치를 지닌 예술적 우상으로 떠올랐다.

데이비드 앨런 브라운(David Alan Brown)은 큐레이터로 1983년 내셔널 아트 갤러리에서 '라파엘과 아메리카'를 주제로 전시회를 조직했다. 그는 "라파엘은

19세기 말까지 미국인들의 취향과 심미안이 수없이 변했음에도 끝까지 최고의 인기와 명성을 유지한 인물"이라고 평가했다. 이어 "예술사가 베런슨이 전혀 과장하지 않고 말한 대로 라파엘은 '근대 미술 세계에서 가장 유명하고 가장 사랑받은 작가'이다. 실로 그의 이름은 예술과 동의어"라고 했다. 이토록 추앙받은 라파엘의 작품은 1897년까지 미국에 한 점도 없었다. 값은 수집가들이 대부분 꿈도 꿀 수 없을 정도로 치솟았다. 예술품 신흥시장인 미국에서의 희소성 때문이었다. 그런데 1898년 버나드 베런슨의 권유로 이사벨라 스튜어트 가드너가 라파엘이 그린 초상화 '토마소 잉기라미(Tommaso Inghirami)'를 매입했다. 붉은색 성직자 복과 모자를 쓴 살찐 로마 가톨릭 추기경으로 책상에서 뭔가를 쓰고 있는 모습이다.

가드너가 산 초상화는 이탈리아 볼테라(Volterra)에 있는 잉기라미 궁전에서 매물로 나왔다. 하지만 피티(Pitti) 궁전에는 또 다른 버전이 있다. 20세기의 상당 기간 동안 학자들은 가드너 여사가 보유한 그림이 먼저 그려진 것이라고 생각했다. 하지만 1980년대 현대 과학을 동원한 복원과 조사 결과 피티 궁전의 그림이 먼저 창작된 것으로 드러났다. 이후 비평가들은 가드너 여사의 그림을 '라파엘과 그의 제자' 버전이라고 부른다.

가드너는 라파엘 초상화를 사들인 지 2년 뒤에 베런슨의 추천을 받고 5,000파운드를 들여 '죽은 그리스도에 대한 애도(The Lamentation over the Dead Christ)'를 구입한다. 이는 예배소의 예단 뒤에 있는 수직면에 거는 걸개그림이다. 하지만 가드너 여사는 라파엘의 이런 그림에 만족하지 못했다. 미국의 예술 애호가들이 그렇듯이 '천상의 라파엘 마리아'를 원했다. 그녀는 이후 상당 기간 동안 라파엘의 어지간한 작품에는 흥미를 보이지 않았다. "남은 내 돈은 라파엘의 위대한 마리아 그림을 위해 쓰여야 한다… 한 치도 양보할 수 없다. 당신도 알다시피 나는 이미 맛보기는 끝냈다"고 말했다.

가드너는 1901년까지 라파엘의 마리아 그림을 확보하지 못했지만 모건은 성공했다. '더 코너'의 주인은 그해 4월 도버해협을 건너 파리로 갔다. 찰스 세델메이어(Charles Sedelmeyer) 갤러리를 잠깐 들러 구경한 뒤 제단 뒤쪽 장식인 '콜로냐 마돈나'(Colonna Madonna)를 전격적으로 사들였다. 그림은 1504~1505년에 창작되었다. 이탈리아 페루자의 세인트 안토니오 수도원을 위해 라파엘이 그린 것이다. 가드너 여사가 구입한 걸개그림은 본래 '콜로냐 마돈나'의 일부였다.

평론가 바사리는 '콜로냐 마돈나'를 "진정으로 경이롭고 헌신적인" 작품이라고 평했다. 모든 화가들이 찬양하는 걸작이라고도 했다. 게다가 그림은 왕실과 인연을 갖고 있다. 로마의 콜로냐 왕자이자 나폴리의 왕위 계승자가 오랜 기간 보유했던 그림이다. 러스킨은 라파엘의 작품을 그다지 숭배하지 않았다. 그런데 1874년 리버풀의 상공인에게 '콜로냐 마돈나'를 매입하라고 추천했다.

프랑스 비평가들은 "유럽의 박물관이 매수에 가장 열정을 보여야 하고, 가장 화급하게 구입해야 하는 작품"이라며 루브르 박물관에 이 그림을 추천했다. 세델메이어 갤러리가 발급한 증명서에는 작품의 기원을 말해주는 평가들이 적혀 있다. "라파엘이 그린 다양한 마리아 그림 가운데 가장 풍부하고 중요한 요소가 집약되어 있다"고 밝힌다. '안시데이(Ansidei) 마돈나'와 호의적으로 비교되기도 한다. '안시데이 마돈나'는 런던의 내셔널 갤러리가 1885년 말보로 공작한테서 당시까지 그림 값으로는 가장 높은 7만 파운드(35만 달러)를 들여 매입했다.

모든 전문가들이 '콜로냐 마돈나'를 높이 평가하지는 않았다. 프랑스 루브르와 영국의 내셔널 갤러리는 1870년대 프랑스 돈으로 100만 프랑의 가격표가 붙어 있어 '100만 프랑 마돈나'로 불리는 이 그림의 매입을 거부했다. 작품은 상당 기간 영국의 사우스켄싱턴 박물관에 전시되어 있었다. 아마도 1886~1896년에 선뜻 매입자가 나서지 않아 모건은 그림을 보았을 수 있다.

그림 딜러인 마틴 콜나기가 1896년 20만 달러를 주고 그림을 사들였다. 이는 매도자가 부른 가격의 절반 수준이었다. 콜나기는 이를 세델메이어에게 매각했다. 여기서 복원과 청소 작업을 거친다. 모건은 세델메이어가 1897년 이사벨 가드너에게 이 그림을 추천했다는 사실이나, 베런슨이 '라파엘이 부분적으로 그린 그림'이라고 혹평한 사실을 몰랐을 수 있다. 베런슨이 "라파엘이 '성모 마리아의 약혼(Sposalizio)'이나 '아름다운 정원사(La Belle Jardinière)'보다 유려한 운동감이 부족하다"고 말한 사실도 몰랐을 것이다.

모건이 '콜로냐 마돈나'를 매입한 뒤 베런슨은 "라파엘이 거들떠보지도 않은 그림"이라고 깎아내렸다. 베런슨은 '콜로냐 마돈나'의 결점을 너무 과장했다. 그는 본래 자신이 평가해 추천하지 않은 그림은 혹평하는 경향이 있었다. 하지만 모건의 매입 이후의 예술사가들은 '콜로냐 마돈나'가 상당히 이상하다고 생각했다. 라파엘의 그림치고 생생함과 우아함, 다른 그림과의 일관성이 부족하다고 평가했다. 그림은 지금 메트로폴리탄 예술 박물관의 라파엘 코너에 정식으로 전시되어 있다. 하지만 '안시데이 마돈나' 등과 견주어 "좀 더 원시적"이라는 평가를 받고 있다. 예술적인 가치보다는 라파엘의 그림이 어떻게 발전했는지를 보여준다는 측면에서 의미를 갖고 있다.

모건은 파리에서 '콜로냐 마돈나'를 본 순간 200만 프랑(40만 달러)을 주고 매입했다. 그날 그가 사들인 작품은 루벵과 나티에르, 모어랜드, 티티앙 등의 작품도 들어 있는데, 모두 60만 달러를 지출했다. 나중에 티티앙 작품은 반환하는데 진품이 아닌 것으로 드러난 성싶다. 그는 카네기 철강을 인수하면서 거의 5억 달러를 망설이지 않고 지급했듯이, '화가의 왕자'가 그린 작품을 매입하는 데 거의 50만 달러를 선뜻 내놓았다. 실제로 그는 마음에 드는 예술작품을 발견했을 때 비평가들의 말이나 가격에는 아랑곳하지 않았다. 모건은 작품의 추상적인 질에는 많은 관심을 기울이지 않았다. 주제와 역사, 희귀성, 기원 등을 더 중시했다. '콜로냐 마돈나'의 주제는 헨리 애덤스가 말했듯이 "인간이 알고 있는 힘 가운데 가장 위대한 힘"이었다. 그는 나중에 르네상스 작가들이 그린 '성모 마리아와 아들'들을 사들여, '콜로냐 마돈나'를 보완했고 이탈리아 마돈나 상에 대한 개인적인 호기심을 채웠다.

'콜로냐 마돈나'가 갖는 역사성과 희귀성은 의심할 바 없다. 데이비드 앨런 브라운은 작품을 "라파엘의 작품 가운데 가장 화려한 그림"이라며 '풍부한 장식적 미'가 모건의 취향과 어울렸을 것이라고 생각했다. 메트로폴리탄 박물관이 1970년대 '콜로냐 마돈나'를 점검하고 청소했을 때 전문가들은 대리석 줄무늬와 금빛이 덧칠된 것을 발견했다. 이처럼 상당한 손질이 이뤄졌지만, 전문가들은 '콜로냐 마돈나야 말로 '위대한 물건'이라고 말하는 데 주저하지 않는다. 도저히 대체할 수 없는 거장이 그린 위대하고 값이 비싼 걸작이고, 보유한 수집가와 국가를 돋보이게 하기에 충분하다는 뜻이다. 모건이 미국에 탁월한 예술품을 선물하고 싶다고 마음먹고 있었기 때문에 '콜로냐 마돈나'를 보는 순간 구매욕을 꺾을 수 없었을 것이다.

모건은 값비싼 예술품을 매입할 때 그랬던 것처럼 '콜로냐 마돈나'를 사들인 뒤에도 그해 말까지 결제를 미뤘다. '뭔가 잘못된 것'으로 드러날 경우 반환할 수 있었다. 실제로 '콜로냐 마돈나'와 같이 매입할 때 같이 산 티티앙의 작품이 나중에 위작으로 드러나 반환했다. 다행히 '콜로냐 마돈나'는 문제가 없었다. 모건이 런던 투자은행 J. S. 모건을 통해 매입대금을 지급한 1901년 12월 클린턴 도킨스는 모건의 암호명인 '플리치'를 사용해 런던에서 잭에게 이런 전보를 띄운다. "우리가 의견을 드러내 표현할 수 없지만, 플리치가 올해 말 내셔널 갤러리를 매입하지 않기를 바란다."

〈뉴욕 헤럴드〉는 이듬해인 1902년 1월 '모건 라파엘 작품 대가로 기록적인 금액 지급'이라는 제목 아래 "J. P. 모건이 라파엘 작품을 런던의 내셔널 갤러

리에 대여했다. 이 작품을 화려하게 만들어진 수제 카탈로그에 크게 소개되도
록 했다. 그는 라파엘의 작품을 소유하고 있다는 점을 시간이 흐를수록 더욱
자랑스럽게 생각하고 있다"고 전했다. 모건이 1913년 숨을 거두었을 때 '콜로
냐 마돈나'는 그의 컬렉션 가운데 가장 가치 있는 작품으로 평가된다.

1901년 4월 말 모건은 파리에서 '콜로냐 마돈나'를 사들인 뒤 휴식을 취하기
위해 온천지인 엑스레뱅으로 갔다.

기습

J. P. 모건이 엑스레뱅을 찾을 때는 응접실과 침실이 붙어 있는 그랜드 호텔 최고급 객실에 머물렀다. 1901년 그의 온천 여행을 같이 온 여성은 여동생 매리 번스였다. 막내딸인 앤은 파리에 머물고 있는 어머니 패니의 곁을 떠나 엑스레뱅으로 향하고 있었다. 패니는 도우미와 함께 런던의 잭과 며느리 제시를 보기 위해 도버해협을 건넌다.

프랑스 남동부의 산자락에 자리잡은 엑스레뱅은 뜨거운 온천으로 유명하다. 유럽의 많은 왕가들이 즐겨 찾았다. 경치 좋은 산과 폐허가 된 옛 로마의 유적을 자랑한다. 모건이 엑스레뱅을 찾을 즈음 '발모럴(Balmoral) 백작부인'이라는 가명으로 빅토리아 여왕과 사촌인 벨기에 레오폴(Leopold) 2세, 브라질 황제, 그리스의 조지 1세, 오스트리아 엘리자베스 황후 등이 찾았다. 유명 인사들은 치료를 목적으로 찾은 것처럼 와서 숨겨놓은 연인과 밀회를 즐기기도 했다. 엑스레뱅은 '끊임없는 스캔들의 진앙지'이면서 휴양의 도시로 유명하다.

모건이 이곳에서 받은 치료는 뜨거운 온천욕과 매일 아침 시간의 전신 마사지 등이었다. 친구들과 어울려 부담 없이 점심을 즐겼고 오후에는 가족과 파트너, 친구들에게 편지를 쓰거나 전보를 띄웠다. 마차나 차를 몰고 교외 드라이브를 즐겼다. 모건은 온천 의사가 보여주는 세심한 관심을 기꺼이 받아들였다. 하지만 운동과 맛이 이상한 온천수는 완강히 거부했다. 그는 한때 기자와의 인터뷰에서 건강의 비결은 "늘 만족하고 웃으려고 노력하며 다른 사람에게 많은 것을 기대하지 않는 것"이라고 말했다. 이는 자신의 병치레가 우울증 때문임을 간접적으로 말한 셈이다. 그는 1901년 엑스레뱅에 도착한 직후 지역 병원에 거액을 기부했다. 시장이 꽃다발을 보내 공식적인 감사를 표했다. 거리 하나를 '피어폰트 모건가'라고 명명했다.

토요일인 5월 4일 모건은 늘 하던 대로 뜨거운 온천물에 몸을 담그고 있었다. 전보 배달원이 뉴욕에서 급전을 들고 왔다. 그가 전보를 열어보자 적대적 인수합병 세력이 '그의' 철도회사인 노던 퍼시픽을 공격하고 있다는 내용이 눈에 들어왔다. 여행을 단축해야 할 만큼 위급한 상황은 아닌 것으로 보였다.

모건과 노던 퍼시픽 철도의 인연은 20여 년이 넘었다. 철도 건설 막바지인 1880년 4,000만 달러를 지원했다. 3년 뒤에는 파산의 벼랑에서 비틀거리고 있는 노던 퍼시픽을 구해냈다. 레딩 철도와 마찬가지로, 5년 동안 은행관리 체제가 끝나자 무모한 확장 전략을 추구해 엄청난 부채를 짊어지게 되었다. 결국 회사는 1893년 여름 채무 불이행을 선언할 수밖에 없었다. 경영진은 다시 모건을 찾아와 한 번 더 개입해달라고 요청했다.

그레이트 노던 철도의 제임스 J. 힐(James J. Hill)은 노던 퍼시픽을 예의주시하고 있었다. 그는 캐나다에서 태어나 1850년대 미네소타로 이주한 사람이었다. 그는 1893년 둘루스(Dulus)에서 푸젯 사운드(Puget Sound)까지 이어지는 그레이트 노던 철도의 회장으로 선임되었다. 그는 천부적인 기업가 정신을 가졌다. 작고 땅딸막한 체격 덕분에 '작은 거인'이라는 별명을 얻었다. 도금시대의 경영자들과 마찬가지로 자신을 '아메리카의 나폴레옹'이라고 생각했고, 저돌적으로 야망을 추구했다.

당시 미국 철도 라인 가운데 단일 노선으로 동쪽 해안과 서쪽 해안을 직접 연결하는 철로는 존재하지 않았다. 힐은 미 대륙을 가로질러 아시아와 유럽의 무역을 연결할 수 있는 진정한 대륙 횡단 철로를 건설하고 싶었다. 그는 그레이트 노던 퍼시픽에서 남쪽으로 200마일 아래에 있는 노던 퍼시픽을 흡수하면 미국의 최대 곡창지대와 태평양 지역의 시장을 낮은 비용으로 연결할 수 있다고 생각했다.

그의 눈에 진정한 경쟁은 미국 철도회사끼리 하는 게 아니었다. 미국이 국제 교역을 확대하고 있는 상황이기 때문에 외국 운송회사들과의 경쟁이라고 생각했다. 힐과 그의 금융 배후세력인 도이체 방크 그리고 뉴욕의 쿤·롭은 힐이 주관하는 합병을 통해 북동 지역에서 경쟁하는 거대 철도회사 두 곳을 하나로 만들자고 모건에게 제안한 바 있다.

세인트 폴 출신인 '작은 거인'은 갈대 같은 수염과 어깨 넓이만한 머리카락을 자랑하는 인물이었다. 그는 모건이 좋아할 타입이 아니었다. 그는 디너파티용 정장보다는 사슴가죽 옷을 즐겨 입었다. 하지만 그의 금융 전문가들은 그의 성격과 야망에 비추어볼 때 월스트리트 23번지 '더 코너'에 큰 이익이 되는 사람이라고 추천했다. 모건과 코스터는 그들의 제안을 검토·분석했다. 그리고 1895년 7월 '작은 거인'의 런던 제휴자에게 "제안은 모든 이해 당사자에게 바람직하다"는 대답을 해주었다.

그레이트 노던 철도는 노던 퍼시픽이 발행한 담보채권 1억 7,500만 달러를 보증해주는 대가로 노던 퍼시픽 지분 50퍼센트를 갖기로 했다. 이사회의 9명 가운데 5명도 지명하기로 했다. 사실 힐의 제안은 모건의 법률가들 눈에 탐탁지 않게 보였다. 스테츤은 계획대로 합병한다면 경쟁을 제약하는 결과를 낳는다고 판단했다. 스테츤의 판단이 옳았다. 미네소타 주 대법원은 힐이 제안한 계약이 불법이라고 판단했다. 1896년 3월 연방대법원도 나란히 부설되거나 경쟁적인 철도회사의 합병을 금지한 미네소타 대법원의 판결을 인정했다.

한 달 뒤 그레이트 노던과 노덕 퍼시픽 대표들이 런던에서 회동했다. '영구적인 방어 동맹'을 맺었다. 불필요한 경쟁을 피하고 필요할 경우 나란히 공세를 취하기로 합의했다. 상대방의 영역에 중복 라인을 부설하거나, 상대 철도회사와 경쟁관계에 있는 제3의 철도회사의 지분을 확보하는 방식으로 영역을 침범하지 않기로 약속했다. 힐과 그의 제휴세력은 노던 퍼시픽의 지분 10퍼센트에 해당하는 1,600만 달러어치의 주식을 매입했다. 힐 쪽은 모건이 보유한 지분과 합해 그레이트 노던과 노던 퍼시픽을 사실상 하나의 회사로 묶어 운영할 수 있게 되었다. 의결권 위원회는 1896년 노던 퍼시픽을 다시 설립해 회사명도 노던 퍼시픽 '레일로드'에서 노던 퍼시픽 '레일웨이'로 변경했다. 회사명 변경은 신규 자금 유치와 관련이 있다. 노던 퍼시픽의 설립 인가서는 설비 도입과 철도 건설만을 위해 채권을 발행할 수 있도록 규정했다. 이대로라면 노던 퍼시픽은 운영자금 조달을 위해 채권을 발행할 수 없었다. 모건의 법률가들은 규정을 우회하는 방법을 찾아낸다. 좀 더 자유로운 인가 조건을 받아 설립된 위스콘신의 슈페리어-세인트 크록스 철도를 인수해 회사 이름을 노던 퍼시픽 레일웨이라고 변경했다. 이후 노던 퍼시픽을 인수했다. 모건은 2~3년 뒤 법정에서 노던 퍼시픽과 관련해 진술해야 했는데, 비슷하게 바뀐 회사 이름을 제대로 기억하지 못한다. 다음은 법정대화이다.

모건: 그 조처가 노던 퍼시픽 '레일로드'에 중요하다고 생각해 결심했습니다. 레일웨이? 레일로드? (변호사 스테츤을 돌아보며) 레일웨이가 맞아, 레일로드가 맞아?
스테츤: 레일웨이!
모건: (진술을 계속한다) 레일웨이….

노던 퍼시픽이 그런 과정을 거쳐 운전자금을 조달하기 위해 증권 4,500만 달러를 발행했을 때 투자은행 J. P. 모건은 도이체 방크와 신디케이트를 구성해 이를 인수·유통시켰다. 2차 '모거니제이션'을 거친 노던 퍼시픽은 잘 굴러갔다. 1898년에는 우선주에 4퍼센트 배당금을, 이듬해인 1899년에는 보통주에 2퍼센트 배당을 실시할 정도가 되었다.

힐은 나중에 유능한 철도 경영자일 뿐만 아니라 강력한 정치 브로커인 것으로 드러난다. 노던 퍼시픽의 워크아웃이 진행 중이던 1896년 5월 코스터가 워싱턴에서 온 급전을 힐에게 전달했다. 노던 퍼시픽 철로가 지나가는 지역에 사는 의원들이 "연방 구조조정법안이 신속하게 통과되도록 하는 데 선뜻 나서지 않는다"는 내용이었다. 미네소타 출신 하원의원인 조엘 P. 히트홀(Joel P. Heatwhole)이 대표적인 인물이었다. 그의 지역구는 "대부분 그레이트 노던 철로가 지나가는 곳이어서, 자신이 서명하는 데 힐이 동의할지 아닐지 몰라 망설였다." 급전을 타전한 사람은 힐에게 "동의한다는 뜻을 전보로 알려줄 것"을 요구했다.

힐은 분명히 동의한다고 의원에게 알렸다. '작은 거인'은 액면 총액이 무려 2,600만 달러에 이르는 노던 퍼시픽의 주식 26만 주를 파산 위기에 단돈 400만 달러로 사들여 보유하고 있었다. 워크아웃으로 상당한 이익을 얻었다. 한 술 더 떠 그는 소생하는 노던 퍼시픽의 경영권을 장악하고 싶었다. 모건은 그의 희망은 아랑곳하지 않은 채 베이컨과 코스터, 스테츤을 이사로 선임하는 등 새로운 의결권 위원회를 구성했다. 게다가 모건은 힐이 달가워하지 않는 두 사람을 노던 퍼시픽 회장으로 영입했다. 첫 번째 인물이 에드윈 윈터(Edwin Winter)였고, 두 번째가 찰스 S. 멜런(charles S. Mellon)이었다. 1896~1901년에 그레이트 노던과 노던 퍼시픽은 평화협정을 제대로 준수했다. 하지만 힐은 내심 만족하지 못하고 있었다.

1901년 5월 4일 모건에게 타전된 급전은 일단의 금융가들과 철도 경영자들이 공개시장에서 노던 퍼시픽의 지분을 50퍼센트 이상 매집했다는 뉴스를 전했다. '금융 거물들의 전투'를 이끄는 리더는 에드워드 H. 해리먼(Edward H. Harriman)이었다. 작은 덩치에 풀이 죽은 수염을 가진 전직 증권 브로커였다. 철사테 안경을 낀 이 인물은 주가 조작에 희열을 느끼는 인물이었다.

해리먼은 일합을 벌여본 인물이었다. 그는 1901년 당시에는 유니언 퍼시픽 철도의 경영권을 장악하고 있었다. 철도는 캔자스시티와 오마하에서 유타 주 프로몬터리 포인트(Promontory Point)까지 뻗어 있었다. 그리고 이곳에서 1869년 센트럴 퍼시픽과 연결되었다. 힐과 마찬가지로 해리먼도 자신을 '아메리카의 나폴레옹'이라고 생각했다. 그도 철도업계에서는 '작은 거인'으로 통했다. 또 힐처럼 자신이 거느린 회사를 통해 전 세계 철도와 해상 운송 네트워크를 건설하고 싶어 했다. 하지만 힐과는 달리 모건의 규칙을 따르지 않았다. 철도회사 간 맺은 평화협상을 게릴라 전술로 깨려고 했다.

해리먼은 은밀하게 유니언 퍼시픽을 장악하고 통제했다. 회사가 파산상태에 빠져 제이콥 쉬프가 운영하는 쿤·롭에게 워크아웃을 요청했을 때인 1895년 쉬프는 1차 워크아웃의 멤버였다. 쉬프는 회사의 은행가 가운데 한 명인 모건을 찾아가 보라고 해리먼에게 말했다. "그런 일은 모건이 전문입니다. 모건이 하려고 하는 어떤 일에 간여하고 싶지 않습니다." 그는 모건이 유니언 퍼시픽에 더 이상 간여하고 싶어 하지 않고 단지 측면 지원만을 하겠다는 의사를 분명히 한 뒤에야 회사의 워크아웃을 맡았다.

모건이 영국의 자본을 모아 미국의 철도산업에 유치했다. 반면, 독일계 유태인 금융회사인 쿤·롭은 독일과 프랑스의 자본을 철도에 투자했다. 월스트리트 최정상 양키와 유태인 금융회사는 함께 작업해보지 않았다. 하지만 상대 영역을 침범하지 않기로 무언의 신사협정을 맺고 있었다. 쉬프가 세운 워크아웃 계획이 효과를 막 내기 시작한 1896년 말 주주와 저널리스트, 정치인들 사이에 문제가 꼬여 사태가 악화했다. 당황한 쉬프는 모건에게 도움을 청했다. 모건은 그순간 문제가 왜 꼬였는지 알지 못했다. 사태의 진상을 파악해 알려주겠다고 쉬프에게 말했다. 2~3주 뒤 사태를 어렵게 한 장본인을 간파해 알려준다. "키 작은 녀석 해리먼이 문제입니다… 이 친구를 유심히 살펴봐야 할 거요."

쉬프가 해리먼과 정면대결을 벌일 때 '키 작은 녀석'은 워크아웃을 통해 유니언 퍼시픽을 혼자 주도하고 싶었다. 그는 쉬프의 계획을 망가뜨리겠다고 말했다. 실제로 게릴라 기동전을 펼쳐 회사의 이사회와 집행위원회를 장악했다. 이후 몇 년 뒤 해리먼은 부실 투성이 유니언 퍼시픽을 구조조정해 튼튼하고 수익성 높은 철도회사로 탈바꿈시키는 데 성공했다.

해리먼의 유니언 퍼시픽 철도가 태평양 연안까지 연결되었다. 노던 퍼시픽과 그레이트 노던에 심각한 위협으로 떠올랐다. 게다가 해리먼이 1901년에는 로스앤젤레스에서 뉴올리언스까지 연결된 거대한 서던 퍼시픽마저 장악한다. 그는 또 다른 7,911마일에 이르는 시카고-벌링턴-퀸시 철도 네트워크를 두고 '작은 거인'인 힐과 치열하게 경쟁했다. 두 사람은 시카고와 연결될 수 있는 중서부의 조밀한 철도 네트워크를 원했다. 이 철도를 장악하면, 유럽과 연결되는 동쪽 해안에 접근할 수 있었기 때문이다.

해리먼은 1900년 시카고-벌링턴-퀸시 철도를 인수하려고 시도했다. 하지만 결국 실패했다. 반면 모건과 힐은 1901년 3월 말 그레이트 노던과 노던 퍼시픽의 공동 명의로 이 철도 라인을 인수하는 데 성공했다. 보스턴의 귀족들로 구성된 시카고-벌링턴-퀸시 철도의 오너들이 해리먼보다 모건을 선택한 셈이다. "힐이 말한 대로 자신이 모건과 노던 퍼시픽을 대표한다면, 힐과 손잡는 게 우리에게 더 좋은 선택이다."

해리먼은 거래에 필요한 자금 3분의 1을 제공하겠다고 나섰다. 하지만 모건과 힐은 거절했다. 두 사람은 호전적인 사람이 '치고 들어오는 게' 달갑지 않았다. 해리먼은 자신이 '치고 들어가는 것'이라고 생각지 않았다. 오히려 모건과 힐이 자신에게서 시카고-벌링턴-퀸시 철도를 도둑질해간다고 여겼다. 게다가 모건과 힐이 이 철도까지 장악할 경우 유니언 퍼시픽은 심각하게 위협받을 수밖에 없다고 예상했다. 그는 응징하기 위해 신속하게 '나폴레옹 원정계획'을 수립했다. 시카고-벌링턴-퀸시를 직접 공략하기보다는 노던 퍼시픽을 접수하면 된다고 계산했다.

모건의 거대한 코 밑에서 주식 매집을 벌이는 일은 사실상 불가능한 일이었다. 하지만 해리먼은 엄청난 행운과 이 행운보다 더 많은 현금이 필요한 작전을 세우고 실행한다. 먼저 막대한 현금을 조달하기 위해 쿤·롭과 시중은행인 내셔널 시티은행에 접근했다. 내셔널 시티은행은 제임스 스틸먼이 총재를 맡은 1891~1901년 사이에 수신고(예금)는 9배 이상 늘어났다. 자기자본과 예금을 합한 총자산은 2,200만 달러에서 1억 9,450만 달러로 급증했다. 록펠러 가문의 형제인 윌리엄과 존, 스탠더드 오일의 최고 재무책임자는 내셔널 시티은행을 주거래 금융회사로 선택했다. 쉬프와 해리먼의 유니언 퍼시픽의 워크아웃을 지원했다. 내셔널 시티와 퍼스트 내셔널 은행은 1955년 합병해 시티뱅크(Citibank)의 전신인 '퍼스트 내셔널 시티'가 된다.

모건의 태도는 고고했다. 월스트리트에서 지위를 탄탄하게 구축하고 있었다. 시티은행을 급성장시킨 제임스 스틸먼 정도는 적수로 생각하지 않았다. 힐은 나중에 "해리먼의 주식 매집은 얼마 지나지 않아 철도회사들의 전쟁이 아니라 은행 간 전투로 바뀌었다"며 "내셔널 시티은행의 무리들은 미국에 모건만 있는 게 아니라는 점을 세계에 알리기 위해 그리고 다른 은행가들을 자신의 은행쯤으로 생각하는 모건의 생각을 뜯어 고치기 위해 해리먼에게 자금을 지원했다"고 말했다. 힐에 따르면, 스틸먼은 모건의 날개를 꺾고 싶었다.

쉬프는 해리먼의 뒷배를 봐주고 있었다. 모건이 1901년 4월 초 유럽으로 여행을 떠난 직후 본격적으로 노던 퍼시픽의 주식을 매집하기 시작했다. 정치적 분위기도 좋았다. 매킨리가 재선에 성공했다. 월스트리트는 아주 좋은 시절을 만끽하고 있었다. 모든 게 잘될 것이라고 믿는 투자자들은 뉴욕증권거래소에 밀려들어 앞다퉈 증권을 매입해 거래량이 급증했다. 1901년 1월 거래소는 역사상 처음으로 하루 거래량 200만 주를 돌파했다. 그해 4월에는 U. S. 스틸이 설립되면서 참여했던 많은 사람들이 거금을 거머쥐었다. 그들은 하루아침에 거액을 손에 쥐어 '피츠버그 백만장자들'로 불렸다. 이들은 뉴욕으로 내려와 기꺼이 증권시장에서 게임을 벌이고 싶어 했다. 이런 상황은 두루두루 해리먼의 매집을 은폐해줄 만한 요소들이었다.

모건과 휘하 장병들은 노던 퍼시픽의 이사회와 경영진을 장악하고 있었다. 보유 지분은 과반수가 되지 못했다. 모건 사단은 애초 1억 5,500만 달러어치나 되는 주식을 매집하려고 하는 사람은 없을 것으로 생각했다. 실제 1900년 노던 퍼시픽의 주가는 45달러에서 86달러까지 상승했다. 1901년 4월 1일 주가는 96달러로 마감되었다. 이날 거래량은 43만 7,000주였다. 4월 내내 주가는 오름세를 보였다.

독일계 유태인 투자은행인 쿤·롭은 간간히 노던 퍼시픽 주식을 팔아 주가 상승세를 조절했다. 자신들이 해리먼 동맹자로 나선 사실을 숨기기 위해서이기도 했다. 시장 참여자들에게 노던 퍼시픽의 주가 상승은 시카고-벌링턴-퀸시 철도를 합병 때문이라고 주장했다. 노던 퍼시픽의 주가는 4월 22일 103달러에 이르렀다. 사흘 뒤에는 105달러까지 도달했다. 4월 30일 뉴욕증권거래소 전체 거래량은 330만 주로 다시 신기록을 작성했다.

해리먼은 대표 파트너인 모건이 부재 중이기 때문에 그의 파트너들은 노던 퍼시픽의 급등을 대수롭지 않게 여길 것이라고 생각했다. 실제로 사람을 쉽게 믿는 미남 파트너 로버트 베이컨은 주가가 오른 틈을 이용해 수익을 실현하기 위해 은행 소유 지분 2만 달러를 처분하기도 했다. 그의 매도는 '코스터가 죽은 이후 모건 하우스의 철도 부문이 무방비 상태에 놓이게 되었다'는 힐의 1년 전 예상을 증명해주는 꼴이었다. '백만 달러 베팅 맨'인 존 W. 게이츠는 1901년 5월 "작은 녀석이… 빅 가이가 없는 틈을 이용해 일을 시작한 것처럼 보인다. 모건이 자리에 있었다면 그런 일은 없었을 것"이라고 기자에게 말하기도 했다.

노던 퍼시픽 주가는 수요일인 5월 1일 115달러에 이르렀다. 〈뉴욕 헤럴드〉는 일요일에 한 주를 되돌아보면서 "세계 역사상 가장 맹렬한 투기적 거래가 발생한 기록적인 한 주"라고 평가했다. 이때 힐은 뉴욕에 머물고 있었다. 누군가의 손에 의해 노던 퍼시픽 주가가 상승하고 있음을 눈치챘다. 하지만 주동자가 해리먼인 줄은 몰랐다. 쉬프가 귀띔해주기 전까지 말이다.

쉬프는 1897년까지 힐의 주거래 은행가였다. 하지만 해리먼이 쿤·롭에게 접근해 자신만을 특별히 지원해달라는 요구를 했다. 이후 힐과 거리를 두기 시작했다. 그는 모건과 손잡고 일하기 시작했다. 공교롭게도 쿤·롭과 그레이트 노던 철도의 사무실은 모건의 '더 코너'에서 북쪽으로 한 블록 떨어져 있는 파인(Pine)가 27번지에 자리 잡고 있었다. 1901년 5월 3일 금요일, 마침내 쉬프가 힐에게 장막 뒤에서 무슨 일이 벌어지고 있는지를 설명해준다. 그의 설명에 따르면, 쉬프가 가까이에 있는 자신을 초대해 "모건을 배 위에서 몰아내자"고 제안했다. 협조해주면 노던 퍼시픽의 회장 자리를 약속하겠다고 말했고, "유니언 퍼시픽과 서던 퍼시픽을 사실상 장악할 수 있도록 하겠다"고 부추겼다는 것이다. 쉬프는 이런 제안과 함께 그때까지 모두 7,900만 달러를 퍼부어 노던 퍼시픽의 우선주 75만 주 가운데 42만 주를, 보통주 80만 주 가운데 37만 주를 매집했다는 말도 했다.

이는 쉬프와 해리먼 사단이 노던 퍼시픽의 주식 중에서 사실상 과반수를 확보했다는 이야기이다. 여기에다 힐의 지분까지 합하면, 해리먼은 넉넉한 지분 차이로 모건을 밀어낼 수 있었다. 힐의 주장에 따르면, 그는 "모건을 배신할 수 없다"고 말하며 미국 금융의 수뇌인 모건을 몰아내기 위한 "해적 음모에 참여하지 않겠다"고 쉬프의 제안을 거절했다. 하지만 당시 정황을 살펴보면, 힐은 이야기를 아름답게 부풀린 것으로 보인다. 다만 핵심 내용을 통째로 꾸미지는 않았다고 볼 수 있다. 독일계 유태인인 쉬프는 모건의 날개를 꺾어놓고 싶은 스틸먼과 같은 욕망을 가지고 있기는 한 듯하다. 하지만 그의 정중한 태도와 독일어 악센트가 강하게 드러나는 말투, 세련된 취향, 허연 수염 등을 가진 이 인물은 적대적 인수합병과 은밀한 주식매집보다는 이른바 은행가다운 처신을 중시했다. 그는 이미 유니언 퍼시픽의 워크아웃 문제에서 모건의 기득권을 존중한 바 있다. 이런 그가 노던 퍼시픽 주식 매집에 뛰어든 데는 1901년 해리먼과 '시티뱅크 사단'의 압력이 크게 작용했다고 볼 수 있다. 게다가 과거 인연을 맺었던 힐을 잘만 설득하면 무혈 쿠데타도 가능하다는 계산도 작용했다.

힐은 쉬프가 알려준 놀라운 정보를 듣고 짐짓 놀라지 않은 것처럼 표정을 관리했다. 그는 쉬프의 사무실을 나오자마자 브로드 스트리트를 달려 내려가 월스트리트 23번지 '더 코너'에 뛰어들었다. 이곳에서 힐과 모건의 파트너들은 주식 거래 기록을 면밀히 살폈다. 노던 퍼시픽의 정관 등도 샅샅이 뒤졌다. 이들은 결국 매집세력의 허점 하나를 찾아내 안도의 한숨을 내쉬었다. 회사의 정관에 따르면, 사실상 모건의 심복들로 구성되어 있는 이사회가 1902년 1월 1일부로 우선주를 완전히 퇴장시킬 수 있었다. 결국 노던 퍼시픽의 경영권은 보통주로 결판나게 되어 있었다. 해리먼 일당은 아직 과반수를 매집하지 못했다. 반격의 실마리를 발견하자마자 로버트 베이컨이 엑스레뱅에서 휴식을 취하고 있는 모건에 급전을 날린다.

1901년 5월 4일 토요일 오후 모건은 휴양지에서 노던 퍼시픽의 보통주 15만 주를 매집하라는 지침을 하달한다. 그 시각 뉴욕에 머물고 있는 해리먼은 감기 기운과 노던 퍼시픽 보통주 51퍼센트를 장악하지 못했다는 불안감에 시달렸다. 토요일 오전 내내 침대에 누워 있었다. 그는 쉬프에게 보통주를 추가로 4만 주 더 확보하라고 주문했다. 참고로 당시 뉴욕증권거래소는 토요일에도 정오까지 열려 있었다. 쉬프는 주문을 받기는 했지만, 주식을 매입하지 않았다. 아마도 그순간 쉬프는 과반수를 매집했다고 여긴 듯하다. 아니면 힐에게 정보를 흘리는 과정에서 모건을 계약으로 이기려 하는 게 무엇을 의미하는지 뒤늦게 깨달았을 수 있다. 모건을 상대로 한 기습작전에 참여하지 않기로 마음먹었을 수도 있다. 가정이지만, 쉬프가 해리먼의 주문대로 4만 주를 매집했다면, 모건이 지배하는 노던 퍼시픽을 수중에 넣을 수 있었을 것이다.

1901년 5월 4일 쉬프는 해리먼의 주문을 받은 순간 유태교 예배당에 머물고 있었다. 왜 그가 주문을 이행하지 않았는지에 관한 설명은 대부분 안식일을 들먹인다. 유태인인 쉬프가 안식일인 토요일에 매매 주문을 내는 것 자체가 율법을 어긴 것이라는 이야기이다. 하지만 그가 안식일을 지키기 위해 토요일에 매수주문을 낼 수 없었다고 하더라도, 대신 파트너에게 지시해 5만 주를 살 수 있었다. 그는 추가 매입이 필요 없다고 생각했기 때문에 주문을 전달한 사람에게 매수하지 말라고 지시했다. 심지어 매수하지 않아 발생하는 일은 모두 책임지겠다고 말하기까지 했다.

1901년 5월 6일 월요일 새로운 한 주가 시작됐다. 모건과 힐의 주식매매를 담당하는 증권 브로커들은 런던과 뉴욕의 증권거래소로 몰려들었다. 그들은 가능한 한 노던 퍼시픽 보통주를 매집하라는 지시를 받은 상태였다. 그들의 수

중에는 퍼킨스가 수석 부회장으로 있는 뉴욕생명이 건네준 현찰 다발이 들려 있었다. 그들은 걸신들린 듯이 노던 퍼시픽 주식이 나오는 대로 빨아들였다. 이날 뉴욕의 장이 마감된 순간 노던 퍼시픽의 종가는 127.5달러였다.

힐이 런던 제휴선에 노던 퍼시픽 주식을 팔지 말라고 주문했다. 이때 한 사람은 "여기 친구들의 입장은 확고하다. 너무 놀란 쉬프가 힐 씨에게서 노던 퍼시픽 경영권을 앗아가려고 하는 책동에 합류하고 있다. 다른 소식이 있으면 알려 달라"고 말했다. 노던 퍼시픽의 경영진조차 은행가들이 무슨 일을 하고 있는지 알지 못했다. 하루 뒤인 5월 7일 화요일 세인트 폴에 있는 찰스 멜런 회장은 뉴욕에 있는 부회장에게 "우리 주식이 왜 맹렬하게 거래되고 있는지 말 좀 해주길 바란다"고 전보를 칠 정도였다.

공매도 세력들이 두 진영의 매집 전투에 끼어들었다. 그들은 가격이 터무니 없이 뛰어 오르는 노던 퍼시픽의 주가는 언젠가 떨어질 수밖에 없다고 생각했다. 주당 140달러에 계약해두면 주가가 떨어질 때 싸게 사서 넘겨주고 매입과 매도 가격의 차액을 먹을 수 있다고 그들은 계산했다. 당연히 비싼 가격에 매입하겠다고 한 쪽은 주가가 떨어지면 죽을 수밖에 없다. 그런데 주가는 화요일인 5월 7일 모건 쪽 트레이더가 146달러에 매입을 중단했는 데도 가격은 떨어지지 않았다. 시장은 광폭한 분위기로 돌변했다. 이런 상황에서 매수자가 감수하는 리스크는 그다지 크지 않았다. 한 종목을 100달러에 매입한 사람은 주가가 떨어져도 100달러 이상은 손해를 보지 않는다는 이야기이다. 주가는 마이너스가 없기 때문이다.

그러나 공매도 세력은 사정이 다르다. 공매도꾼은 주가가 천정부지로 오르더라도 약속한 날짜에 해당 주식을 넘겨주어야 한다. 1901년 5월 7일과 8일 노던 퍼시픽을 제외한 다른 종목은 급락했다. 공매도 세력이 주식 매입대금을 마련하기 위해 보유하고 있던 다른 종목을 팔아 치워서다. '음울한 목요일'인 5

월 9일 노던 퍼시픽 주가는 도저히 이해할 수 없는 수준인 주당 1,000달러까지 솟구쳤다. 공매도 세력들은 음울한 현실을 자각한다. 누군가 노던 퍼시픽의 주식을 매집하고 있다는 사실을 뒤늦게 깨달은 것이다. 그들이 매도한 주식 수는 회사가 인쇄해본 적이 없는 10만 주였다. 발행된 주식 규모를 초과한 매도 계약을 한 공매도 세력은 매집 세력이 아량을 베풀며 주식을 건네주지 않는 한 주식을 사들여 양도할 수 있는 길이 없었다.

모건과 힐 그룹은 이틀 동안 무려 15만 주를 빨아들였다. 그들의 평균 매입가는 129달러였지만, 거의 2,000만 달러를 투입했다. 게다가 월스트리트의 거대한 패닉을 촉발시켰다. 투자은행 J. P. 모건과 쿤·롭의 은행가들은 '음울한 목요일'에 수많은 증권 브로커들과 주주들이 결국 파산하고 패닉이 진정되지 않으면 시장이 응징할 것임을 깨달았다. 그들은 공매도 세력에게서 매입한 주식의 양도 기한을 연장하기로 합의했다. 또한 두 진영은 공매도 세력이 매입해 주식을 결제할 수 있도록 해주기 위해 주당 150달러에 이미 사들인 주식을 시장에 내놓기로 했다. 힐과 해리먼은 평화적인 타결을 협의하겠다고 공개적으로 밝혔다. 모건은 노던 퍼시픽의 이사진을 새로 구성하기로 했다. 두 진영이 서둘러 나선 덕분에 패닉은 진정되었다.

증시의 단기 메커니즘상 '음울한 목요일'을 유발한 사람들은 매집 세력이 아니라 공매도 세력이다. 공매도 세력은 가능한 한 높은 가격에 팔아야 나중에 주가가 떨어졌을 때 더 큰 이익을 챙길 수 있다. 주가가 최대한 높았을 때 팔아치운 이유다. 전체적인 상황을 조망해볼 때 '음울한 목요일'을 유발한 첫 단추는 모건이 아니라 해리먼 사단이었다. 모건은 방어 기동을 했을 뿐이었다. 하지만 세상 사람들의 눈에 월스트리트 은행가들은 먹잇감을 낚아챈 뒤 바다로 뛰어들어가는 상어처럼 보였다. 피해를 복구하는 일은 모건에게 떨어졌다. 그는 일주일 동안 엑스레뱅에 머물며 시시각각 지침을 하달했다. '음울한 목요일'

에는 결국 휴가를 포기하고 파리를 거쳐 런던으로 달려가야 했다. 그의 눈앞에 펼쳐진 런던 증권시장은 탈선을 목전에 둔 거대한 열차와 같았다.

패니는 프린스 게이트 저택에서 그날 일기에 "피어폰트가 내일 집에 온다… 월스트리트에서 유니언과 노던 퍼시픽 철도 주식 때문에 흥분과 긴장이 고조되고 있다"고 적었다. 다음 날 런던에 도착한 모건은 '파멸적인' 패닉을 진정시키기 위해 쿤·롭의 런던 법인과 공조해 뉴욕 시장에서 취한 조처를 런던 시장에도 적용했다. 탈선과 패닉을 향해 한 걸음 한 걸음 나아가던 런던 시장도 곧 안정을 되찾았다.

뉴욕의 모건 파트너들과 힐이 폭풍우가 가라앉은 뒤 보유한 노던 퍼시픽 주식 수를 살펴본 결과 39만 4,830주였다. 보통주 과반수를 확보하기 위해서는 모두 40만 1주가 필요했다. 그들은 조용하게 주식을 추가로 매집했다. 주로 런던 시장에서 사들였다. 결국 1901년 5월 18일 42만 주, 전체 지분 52.5퍼센트를 보유하게 되었다.

힐은 5월 15일 뉴욕에서 모건의 암호명인 피제(Feejee)를 사용해 베어링에 있는 한 파트너에게 전보를 타전했다. "모든 게 잘되었다… 피제의 영향력은 날로 높아지고 있다. 뉴욕과 전국은 쉬프의 행위를 비판하고 있다. 우리의 친구들은 기습을 물리치는 과정에서 확고한 태도를 보였다"는 내용이었다.

다음 날 쉬프는 모건에게 장문의 편지를 보낸다. 편지에서 그는 자신의 입장을 변호했고, 시카고·벌링턴·퀸시 철도가 인수당하는 상황에서 유니언 퍼시픽을 보호하기 위해 노던 퍼시픽의 주식을 매집했다고 설명했다. 그는 "현재 노던 퍼시픽을 소유하고 경영하는 사람들에게서 회사를 빼앗으려는 의도는 전혀 없었다"고 말한 뒤 단지 노던 퍼시픽의 이사회에 영향을 미칠 수 있는 지분을 확보하고 싶었다고 주장했다. 이어 "다른 수단과 호소로는 이룰 수 없었던 이해 당사자들의 화합과 공동체를 형성하기 위해" 힐에게 매집 사실을 알려주었다고 말했다. 그는 모든 책임을 힐에게 전가한 뒤 "유니언 퍼시픽 이해 당사자들은 귀하와 귀하의 은행에 적대적인 의미를 지닌 어떤 일도 하지 않았다"고 주장했다. "저와 저의 파트너들은 항상 모건 씨의 개인적인 명예가 잘 유지되도록 하는 일에 참여하고 싶었다"고 말했다. 이어 이런 말로 편지를 끝낸다.

 쿤·롭과 유니언 퍼시픽은 미래의 갈등과 불협화음, 발생 가능한 비극의 씨앗이 전혀 없는 안정적인 상황을 만들기 위해 모건 씨가 요구하시거나 제안하시는 일은 무엇이든지 할 준비가 되어 있습니다. 무한히 신뢰하고 존경하는 모건 님! 모건 씨께서 이 편지에 담겨 있는 의미를 정확하게 이해할 수 있을 겁니다. 그리고 저는 외국에 머무는 동안 평안하시기를 기원하고 만족스럽지 못한 사건이 모건 님의 휴가를 방해하지 않았기를 바랍니다.
 귀하에 대한 존경심과 함께
 제이콥 H. 쉬프

모건은 '만족스럽지 못한 사건' 때문에 휴가를 방해받았다고 생각했다. 하지만 대서양 양쪽의 증권시장이 안정을 되찾아 휴가를 계속할 수 있다고 판단했다. 그가 쉬프의 편지를 받아 어떤 답장을 보냈는지를 알 수 있는 기록은 남아 있지 않다. 또한 그가 20여 년 동안 심혈을 기울인 노던 퍼시픽을 거의 잃을 뻔한 파트너들에게 어떤 질타를 했는지도 알 수 없다. 그는 자신이 확실하게 장악하고 있다고 생각한 노던 퍼시픽을 공개시장을 통해 지켜내기는 했다. 하지만 엄청난 후유증을 겪어야 했다.

1901년 5월 15일은 아내 패니의 생일이었다. 모건은 오전 10시 런던을 떠나 파리로 향했다. 파리에 도착한 그는 애덜레이드와 딸을 만났고, 2주 뒤에 그들과 함께 잉글랜드로 돌아왔다. 패니는 7월 2일 일기에 더글러스 부인과 사이빌이 프린스 게이트 저택의 디너파티에 참석했다고 기록했다. 이달 4일 애덜레이드와 딸은 아네트 마코와 그의 큰 딸 대그머 웨트모어(Dagmar Wetmore)와 함께하기 위해 다시 프린스 게이트를 찾았다. 다음 날인 5일 패니는 뉴욕 집에 돌아가기 위해 대서양 횡단 여객선에 몸을 실었다.

미국 월스트리트 '무관의 제왕'은 1901년 6월 초 아직 즉위식을 하지 못한 영국 왕과 점심을 같이했다. 영국 왕은 에드워드 7세였다. 그는 이듬해인 1903년 즉위식을 할 예정이었다. 왕실 가족은 여전히 선왕인 빅토리아 여왕을 애도하고 있었다. 모건과 아들 잭, 조지 보도인, 모리스 K. 제섭은 검은색 프록 코트를 입고 윈저궁으로 달려갔다. 에드워드 7세는 왕궁이 보유한 예술 작품들을 선보였다. 오랑제리(Orangery)에서 점심 만찬을 베풀었다.

모건은 일주일 뒤 또 다른 왕실 멤버와 자리를 같이했다. 에드워드 2세의 사촌인 벨기에 왕 레오폴 2세와 만났다. 그는 지난 5월 브뤼셀에서 레오폴 2세의 초청을 거절한 바 있다. 그는 그때 엑스레뱅의 그랜드 호텔에 머물고 있었다. 그는 '아주 아쉽다'는 편지를 레오폴에게 썼다. 대서양 양쪽의 패닉 상태를 진정시키느라 심신이 고단해진 모건은 레오폴보다는 애덜레이드를 보고 싶었을 것이다.

당시 레오폴 2세는 아프리카 콩고에 대한 무모한 개발투자 때문에 엄청난 빚더미 위에 올라 앉아 있는 상태였다. 잭은 6월 21일 패니에게 편지를 띄워 "아버지는 어젯밤 도킨스와 함께 그레이브샌드로 내려가서 벨기에 왕과 저녁식사를 하셨습니다. 왕은 비즈니스 문제로 아버지와 도킨스를 보고 싶어 했기 때문에 아버지가 브뤼셀로 갈 수 없어 요트를 타고 직접 왔습니다. 더 재미있는 사실은 아버지와 벨기에 왕은 그날 배 위에서 함께했다는 점입니다"라고 말했다.

헨리 애덤스는 그해 4월 문학적 상상력을 한껏 발휘해 모건의 국제적 위상을 묘사했다. 당시 모건의 코가 '런던과 베를린 사람들의 금고에 시시각각 다가서고 있었다. 모건이 런던과 베를린이 모두 '두려워하는 대상'이라고 애덤스는 묘사했다. 두 달 뒤 스위스의 한 언론은 미국의 트러스트 마스터가 영국의 시계산업을 보호하기 위해 스위스의 시계산업을 통째로 인수하려고 한다고 보도했다. 하지만 모건은 당시 여전히 휴가 중이어서 시계 공장이 아니라 시계를 샀을 뿐이었다.

잭은 아버지의 런던 동선을 어머니에게 계속 편지로 보고했다. 7월 중순 휴가 중인 모건은 하루 종일 템스 강에서 보냈다. "실제로 어제 사무실에 들러 점심을 먹은 뒤 곧바로 나가셨습니다"라고 전했다. 잭은 "아버지가 템스 강에서 누구와 같이 계셨는지 물어보지 않았다"고 어머니에게 말했다. 모건은 사흘 뒤 아들 잭을 정말 놀라게 했다. 그해 봄 모건은 뉴욕을 떠나기 직전 보스턴의 의사 두 명의 방문을 받았다. 의사들은 보스턴 펜웨이(Fenway) 근처에 하버드의 의과대학 건물을 새로 지으려고 했다. 그들은 모건에게 신축 건물의 설계도를 보여주었다. 건축에 관심이 높은 모건은 설계도에 있는 구조물 세 개를 가리키며 건축비용이 정확하게 얼마나 드는지 물었다. 의사인 워런(Warren)은 비용은 정확하게 모른다고 대답했다. 모건은 "계획이 마련되고 비용 추정이 끝나면 알려 달라"고 말했다.

워런은 그해 6월 런던에 머물고 있는 모건에게 수치를 알려주었다. 모건은 비용 추정치를 받은 직후 아버지 주니어스를 기리기 위해 의과대학 전체 건물 가운데 3개 동을 지을 수 있도록 100만 달러를 기부하겠다고 전보로 알렸다. 모건은 즉시 올드 브로드 스트리트에 있는 사무실로 아들 잭을 불러 아무런 설명도 없이 그가 보낸 전보를 보여주었다. 잭은 패니에게 "저는 아주 기뻤습니다"라고 알렸다. 이어 "물론 저를 기쁘게 하기 위해 거액을 기부하시지는 않았지만, 아버지가 이토록 저를 기쁘게 한 일이 있었는지 잘 모르겠습니다"라고 말했다. 그해 6월 28일 시니어 파트너는 도이치란트호를 타고 뉴욕으로 떠났다. 그를 동행한 인물은 찰스 래니어와 왈도 스토리, 클린턴 도킨스 부부였다. 애덜레이드와 딸은 런던에 더 머물기로 했다. 애덜레이드 모녀는 그해 7월 마침 프린스 게이트 방명록에 기록을 남긴다. 컬렉션을 보기 위해 개인적으로 초청받은 사람들을 위해 마련된 방명록이었다.

모건과 힐은 미국 북서지역의 철도회사들이 평화롭게 운영될 수 있도록 하기 위해 '이해 당사자들의 공동체'를 구성하려고 수년 동안 노력했다. 두 사람은 1901년 위기를 겪으면서 이해 당사자들은 공동체를 구성해야 하는 상황의 절박성을 실감했다. 패닉의 순간에 힐은 캐나다 은행가이자 철도회사 회장이며 당시 잉글랜드에 살고 있는 친구 마운트 스티븐(Mount Stephen) 경에게 "그레이트 노던과 노던 퍼시픽, 시카고-벌링턴-퀸시 철도를 한 지붕 아래" 단결시키기 위해 노력하고 있다고 말했다.

이어 "합병이 성공하면 우리는 뉴욕 센트럴이나 펜실베이니아 철도보다 더 많은 순이익을 내고 더 많은 배당을 할 수 있는 최고의 철도회사를 갖게 된다. 이 시기를 놓친다면, 더 이상 기회는 없고… 이 나라의 거대한 부와 함께 영원한 안전장치가 절대적으로 필요하다"고 말했다.

모건도 힐과 같은 생각을 가지고 있었다. 마운트 스티븐은 6월 6일 답신을 띄운다. "얼마 전 모건 씨를 만났다… 그도 두 회사의 신속한 합병을 원하고 있다. 늦어지면 심각한 문제가 발생한다"고 했다. 힐은 다음 달 곧바로 편지를 띄워 "모건 씨가 도착할 때까지 미국에서는 아무것도 실행할 수 없다"고 말했다.

모건은 그해 7월 초 뉴욕에 도착했다. 그는 노던 퍼시픽의 이사진을 개편했다. 최근 갈등이 불거진 두 진영의 인물을 골고루 영입했다. 해리먼과 윌리엄 록펠러, 힐 등을 이사로 선임했다. 그는 "더 이상 적대감이 없다"는 점을 보여주기 위해서라고 설명했다. 그리고 5월에 공표한 대로 미국 북서부 지역 철도회사들의 이해 당사자들이 평화적으로 공존할 수 있는 계획을 추진했다.

모건은 거대한 지주회사를 설립해 그레이트 노던과 노던 퍼시픽, 시카고-벌링턴-퀸시 철도를 아울렀다. 그가 세 회사를 한데 묶는 일을 너무 서두르며 반독점법을 아주 무시하는 태도를 보였다. 그러자 변호사 한 명은 버럭 소리를 질렀다. "뭐하는 겁니까? 감옥에 가고 싶으신가요?"

스테츤과 다른 파트너들이 모건이 만들어 놓은 큰 그림을 채우기 위해 세부사항을 정리해야 했다. 그 사이 모건은 또 다른 화급한 갈등을 진정시키기 위해 나섰다. U. S. 스틸이었다. 통합 노조조직인 어맬거메이티드 협회는 1892년 홈스테드 파업 이후 지속적인 회원 수 감소에 시달렸다. 그런데 U. S. 스틸이 설립되자, 협회의 리더들은 거대 트러스트의 등장을 노동조합을 다시 활성화시킬 수 있는 기회로 보았다. U. S. 스틸의 경영진은 어맬거메이티드 협회를 인정하기는 했다. 하지만 아직 노조가 없었던 산하 사업장에 노조를 조직하지 못하도록 막았다. 노조 지도자들은 U. S. 스틸이 자리를 완전히 잡으면, 노동조합은 "철강산업에서 영원히 분쇄될 것"이라고 믿었기 때문에 신속하게 대응했다. 1901년 봄 어맬거메이티드 협회의 회장인 T. J. 새퍼(Shaffer)는 임금교섭과 U. S. 스틸 산하 두 개 회사의 모든 사업장에 노조를 인정하라고 요구했다. 두 회사는 과거에 노조와 임금교섭을 한 적이 없다며 노조를 인정하지 않았다. 새퍼는 즉각 두 회사에 대하여 파업을 선언했다. 그해 7월 10일 노동자 3만 6,000여 명이 일자리를 박차고 일어났다. 새퍼는 U. S. 스틸의 가동을 완전히 불가능하게 하겠다고 위협했다. 그는 내심 철도와 광산 노동자들도 파업에 동참할 것이라고 기대했다.

어맬거메이티드 협회 지도자들과 U. S. 스틸 경영진은 1901년 7월 말에 만

났다. 모건은 양쪽에 타협안을 제시
했다. 회사는 전체 노동자들의 급여
를 노조와 합의한 수준에서 지급하
는 대신 노조는 당시까지 무노조 사
업장에는 노조를 설립하지 않는다는
안이었다. 이어 조직화한 노조를 반
대하지 않고, 2년 안에 U. S. 스틸 전

"여러분 잠깐만!" 1901년 노동계와 자본의 정면충돌을
막기 위해 중재에 나선 J. P. 모건.(출처: 컬버 픽처스)

사업장이 노동조합과 임금협상을 하게 될 것이라고 말했다.

그러나 모건은 당장 모든 계열사와 사업장에 단일한 원칙을 강요할 수는 없
다고 했다. 새퍼는 다른 노동지도자들의 권유도 있고 해서 모건의 제안을 받
아들였다. 하지만 그의 집행부는 거부하고 나선다. 결국 8월 10일 어맬거메이
티드는 U. S. 스틸에 대해 총파업을 선언했다. 다른 회사의 노동자들이 동조파
업을 논의하고 있을 때 U. S. 스틸의 경영진은 구사대를 채용한다.

그해 8월 말 광산연합노조(The United Mine Workers of America)의 리더 존 미첼
(John Mitchell)이 새퍼를 설득하고 나선다. 그는 모건이 초기에 제시한 안에다
파업 노동자의 전원 복직을 걸고 협상하라고 권고했다. 이번에는 새퍼가 협회
간부들을 설득해냈다. 간부들은 협상이 실패할 경우 광산연합노조도 동조파
업을 벌일 것이라고 기대하고 마지막 협상을 벌여보자는 데 동의했다.

존 미첼과 미국노동총동맹(American Federation of Labor)의 새뮤얼 곰퍼스 등 노
동계 리더들은 9월 4일 모건의 제안을 수정해 U. S. 스틸 본사를 찾아가 협상
테이블 위에 올려놓았다. 하지만 찰스 슈왑은 노조의 수정안을 거부한다. 그
는 더 나아가 이미 노조가 있는 9개 사업장의 임금 및 근로 계약에 서명하지
않겠다고 밝혔다. 대신 파업에 참가한 노동자들에게 해고 등 어떤 조처도 취하
지 않겠다고 말했다. 이어 노조의 협상안을 검토할 시간으로 24시간을 달라

고 했다.

미첼은 슈왑의 결정을 받아들이고 파업을 풀라고 권했다. 새퍼는 협회 지도자들과 함께 의논해야 하기 때문에 하루를 기다려 달라고 말했다. 하지만 새퍼는 협회 사람들의 합의를 얻어내지 못했다. 광산 노조와 AFL 어느 쪽도 동조파업에 나서지 않았다. 결국 어맬거메이티드 협회는 애초 모건이나 슈왑이 제시했던 것보다 더 나쁜 조건을 받아들이고 임금과 단체 교섭을 9월 14일에 맺는다. 노동조합은 애초 노조가 조직되어 있는 14개 제철소마저 잃었다. 노동 역사가인 필립 태프트(Philip Taft)는 철강 노조의 파업 결과는 어맬거메이티드에 '파멸적'이었을 뿐만 아니라 "노동운동 전체에 악영향을 미쳤다"고 평가한다. '실리적 조합주의자'인 새뮤얼 곰퍼스는 나중에 "모건이 선의로 제시한 안을 거부했다"며 "모건이 당시 상황에서 최대한 양보했는데 노동조합이 그를 압박하려다, 2년 안에 더 많은 사업장에서 노조가 인정받을 수 있는 절호의 기회를 놓쳤다"고 비판했다.

파업 이후 1년이 흘렀다. 모건 하우스의 '국무장관'인 조지 퍼킨스는 U. S. 스틸의 전 임직원들이 특별 가격에 할부로 우선주를 매입할 수 있는 조처를 취했다. U. S. 스틸을 '인민화'해 노동자들도 생산성 증가와 수익 배분에 적극적으로 참여할 수 있도록 하기 위해서였다. 게다가 이는 노동조합의 가맹률이 증가하는 것을 막고, U. S. 스틸에 대한 시민들의 반감을 줄이기 위한 조처이기도 했다.

노동자의 순이익 배분 참여는 20세기 초인 당시에도 새로운 아이디어는 아니었다. 1801~1814년 미국 재무장관을 지낸 앨버트 갤러틴(Albert Gallatin)은 1795년 펜실베이니아 유리공장을 운영하면서 노동자들과 이윤을 배분했다. 소작농과 어부들은 소출량 가운데 일정 부분을 가져갔다. 그리고 1900년 일리노이 센트럴 철도와 프록터 앤 갬블, 내셔널 비스킷, 뉴욕생명, 피츠버그 석탄, 카네기 스틸 등이 노동자들에게 순이익을 배분받을 수 있는 기회를 제공했다. 퍼킨스의 조처가 의미를 갖는 것은 당대 최대 기업인 U. S. 스틸에서 노동자의 이윤 참여를 실시했기 때문이다. 더욱이 그는 한 걸음 더 나아가 모든 직원들에게 할인 가격에 할부로 살 수 있는 우선주를 배정했다. 장기근속을 보상하는 인센티브 시스템도 구축했다. 퍼킨스의 조처로 가장 많은 혜택을 받은 노동자들은 높은 월급을 받는 숙련공들이었다.

하지만 연간 평균 550달러를 받는 회사의 전체 비숙련공 12만 2,000명 가운데 10퍼센트가 우선주를 매입하겠다고 서명했다. 개리는 "우선주 배정으로 임금 소득자가 실제 파트너가 되었다"고 주장했다. 경제지인 〈파이낸스 앤 커머스〉는 노동자의 주식 소유가 미국을 '고루한 보수주의자의 나라'로 바꾸어 놓을 것이라고 전망했다.

노동자 주주화는 임금투쟁 완화와 노동조합의 교섭력 약화를 위해 도입되었다. 하지만 기대했던 결과로 이어지지 않았다. 이는 그리 놀랄 만한 사실이 아니다. 〈아메리칸 마이닝 콩그레스 저널American Mining Congress Journal〉은 노동자의 주식 소유가 '국유화를 막는 콘돔'과 같다고 말했고, 새뮤얼 곰퍼스는 노동자 주주화가 노동조합에 대한 기업의 적대적 방침과 파업 분쇄를 기도하는 구사대의 우아한 변종이라고 규정했다.

실제로 U. S. 스틸의 수많은 노동자들이 퍼킨스의 정책이 실시된 첫해에 주식 매수를 포기해야 했다. 주식 가격이 할인되기는 했지만 노동자의 월급으로는 고가였다. 다만 1911년 3만 명 이상이 회사 주식을 소유했고, 그 숫자는 1918년 4만 2,258명까지 늘어났다. 퍼킨스의 주장은 모건이 감명 깊게 읽었던 〈형제애, 영감의 로맨스〉 지은이의 주장을 떠올리게 했다. 퍼킨스는 "가장 높고 가장 좋으며 가장 이상적인 사회주의"라며 노동자의 주주화를 평가했다. 그는 "일부 경영자들이 참뜻을 저버리고 노동의 생산성만을 높일 심산으로 노동자의 주식매수 정책을 추진한다"며 비판하면서 노동자의 주주화는 "도덕적·심리적 투자"라고 말했다.

퍼킨스는 노동조합이 '가부장적인 토큰'이라고 비판하는 주식을 노동자들에게 부여했다. 그는 서로 이익을 보는 틀을 통해 노동자-경영진의 갈등을 없앨 수 있다고 진정으로 믿었다. 이는 '모두 파멸할 무한 경쟁'을 신사협정으로 대체할 수 있다는 모건의 생각과 비슷하다. 퍼킨스의 정책과 같은 초기 '복지 자본주의 시스템'은 대공황 시기인 1930년대 붕괴한다. 최근 많은 기업들이 실시하고 있는 우리사주조합과 이익참여, 경영참여는 여러 가지 조건이 제대로 완비되었을 때 노동자는 높은 소득을, 기업은 높은 생산성을 향유할 수 있는 것으로 나타났다[로저 알컬리(Roger Alcaly), '기업의 재발견(Reinventing the Corporation)', 〈뉴욕 북 리뷰(The New York Review of Books), 1997년 4월 10일〉 참조].

토머스 립턴 경은 1901년 아메리칸컵에 다시 도전장을 내며 두 번째 샴록호를 출전시켰다. 그가 뉴욕 요트 클럽에 도전장을 낸 시기는 바로 새퍼가 U. S. 스틸을 상대로 총파업을 선언한 8월이었다. 모건은 샴록호의 시연을 지켜보기 위해 요트인 코르세어호를 타고 바 하버까지 갔다. 그리고 첫딸 루이자가 낳은 손녀가 뉴욕에 도착하는 시점보다 일주일 먼저 돌아왔다.

새터리는 9월 1일 친 어머니에게 띄운 편지에서 "장인이 몇 번씩 찾아와 마벨(Mabel: 새로 태어난 아기)을 안고 아주 기뻐하셨고, 장모도 아주 만족하셨다. 장인은 아기가 '루이자를 쏙 빼닮아' 세상의 어떤 아기보다 예쁘다고 말했다"고 전했다. 모건은 9월 말 일단의 친구들을 코르세어호에 태워 뉴저지 샌디 훅(Sandy Hook)으로 가 새로운 샴록호와 미국의 컬럼비아호의 경주를 관람했다.

미국의 컬럼비아호는 두 번째 레이스에서 승리했다. 컬럼비아가 결승선을 통과한 것을 확인한 모건은 코르세어호를 몰아 이스트 강을 거슬러 올라갔다. 점심을 먹기 위해 잠깐 정박한 뒤 그랜드 센트럴 역으로 달려갔다. 대기하고 있는 열차를 타고 성공회 총회가 열리는 샌프란시스코로 향했다. 선로 신호맨들이 뉴욕과 캘리포니아 루트를 따라 신호를 조작해 모건의 특별 열차는 한 번도 정차할 필요가 없었다. 특별열차에는 헨리 포터 주교와 윌리엄 돈(Doane), 짐 굿윈, 애덜레이드 사촌인 에이미(Amy) 타운센드, 프랭크 스테츤 등이 동승했다. 모건의 법무부 장관은 세인트 조지 교회의 독실한 신자였다. 그는 북서부 지역의 철도회사를 지주회사 아래 확고하게 묶어두려는 계획을 가지고 있었다. 그는 뉴욕을 떠나기 전 예정된 노던 퍼시픽 철도의 주주총회 일정을 동료에게 알려주었다.

샌프란시스코에서 모건 일행은 철도 건설가이면서 은행가인 찰스 크로커에게서 빌린 집에 머물렀다. 또한 모건은 뉴욕에서 레스토랑을 운영하는 루이스 셰리(Louise Sherry)에게 의뢰해 같이 간 사람들이 객지에서 뉴욕 스타일 식사를 계속할 수 있도록 배려하기도 했다. 성공회 총회가 트리니티 교회에서 열리고 있는 동안 메신저가 샌디 훅에서 열린 요트대회 결과를 담은 전보를 가지고 왔다. 모건은 뉴요커들에게 전보를 소리내어 읽어주었다. 컬럼비아호가 승리를 확정한 그날 저녁 그는 교회의 수도자들과 요트의 승무원들에게 셰리가 준비한 디너파티를 베풀었다. 총회가 끝난 뒤 모건은 일행을 이끌고 서해안을 따라 워싱턴 주까지 올라갔다. 그곳에서 그는 일행들에게 모피 한 벌씩을 선물했다. 노던 퍼시픽 철도의 회장인 찰스 멜런은 포틀랜드(Portland)에서 모건 일행을 만났다.

멜런의 친구는 "모건이 성공회 성직자들을 기쁘게 해주고, 그들을 아름다운 잔디밭으로 안내해 접대했다"고 말했다. 그해 10월 말 모건은 뉴욕에서 모시고 간 성직자들을 뉴욕으로 다시 데리고 왔다.

애덜레이드 가족은 1901년 맨해튼 57번가 웨스트 28번지에서 46번가 이스트 4번지에 있는 저택으로 이사했다. 모건이 그해 가을 뉴욕으로 돌아오자마자 5번 애비뉴에 있는 두빈 브라더스 갤러리에서 '아름다운 것들'을 구입해 애덜레이드에게 선물했다. 뉴욕 거리 안내서에는 애덜레이드와 남편 더글러스가 46번가와 롱아일랜드 더글러스턴에 산 것으로 기록되어 있다. 그녀는 맨해튼에 머물고 남편은 더글러스턴에서 생활했다.

두빈 갤러리의 직원은 모건이 구입한 '아름다운 것들'을 1901년 가을 각각 '저택(219호)으로', '박물관으로(메트로폴리탄)', '55번가(마코의 집)로', '46번가 이스트 4번지로(애덜레이드 집)' 분류해 배송했다. 특히 애덜레이드 집으로 보내진 아이템은 첼시(Chelsea) 도자기와 드레스덴 촛대, 실버 램프 소켓, 수가 놓인 벨벳 침대보, 도금된 이탈리아 골동품, 모각 촛대, 루이 18세가 사용한 팔걸이 의자 등이었다.

모건이 이후 1~2년 사이에 애덜레이드에게 선물한 아이템 가운데 '마리 앙투아네트의 결혼 예물함'과 루이 15세의 비서인 리즈네르(Riesener)의 가구, 세브르와 미센 도자기 세트, 베르사유 궁정과 나폴레옹의 여성들에 관한 책, 페르시아 은세공 장인인 안드레 아우콕(André Aucoc)이 디자인한 은제 접시인 '사랑의 신전' 등이 있다. 그녀가 장식품에 대한 모건의 호기심을 한껏 자극한 듯하다.

아우콕은 19세기 말에 주로 활동한 은 세공품 디자이너였다. 그는 18세기 물품을 바탕으로 작품을 창작했다. 모건이 애덜레이드에게 선물한 은제 접시인 '사랑의 신전'은 신고전파 양식으로 18세기 왕실 식탁이나 탁자를 장식했던 물품이다. 크기는 높이가 17인치였고, 은제 받침의 크기는 10인치 정도였다. 그녀는 이 작품을 식당의 식탁 가운데 놓아두었다.

모건과 힐의 변호사들은 1901년 11월 12일 뉴저지에 본거지를 두는 철도 지주회사 노던 시큐어리티스(Northern Securities)를 설립했다. 증권 4억 달러어치를 발행해 자본을 조달할 수 있도록 했다. 다음 날인 13일 모건이 새로 선임한 노던 퍼시픽의 이사들은 우선주를 액면가에 매입해 소각하기로 결정했다. 우선주 보유자들에게는 전환사채 7,500만 달러로 지급하기로 했다. 해리먼이 우선주 과반수를 보유하고 있었고, 이사회 멤버로 참여하고 있어, 동의한다면 기습을 종지부를 찍는 셈이었다.

투자은행 J. P. 모건은 13일 해리먼이 보유하고 있는 노던 퍼시픽 보통주를 전량 매입했다. 새로 설립된 노던 시큐어리티스는 노던 퍼시픽의 모든 증권 76퍼센트를 보유하게 되었다. 그레이트 노던 철도의 증권 96퍼센트를 매입했다. 노던 시큐어리티스는 그레이트 노던 철도의 주식을 매입하면서 자사주를 현금 대신 지급했다. 해리먼이 이끄는 유니언 퍼시픽 그룹에게는 주식 교환의 대가로 프리미엄 900만 달러를 보장해주었다.

그레이트 노던과 노던 퍼시픽이 노던 시큐어리티스라는 지붕 아래에서 독립 회사로 유지되었다. 모건과 힐이 수년 동안 세우려고 했던 지역적인 이해의 공동체가 마침내 구축되었다. 힐은 노던 시큐어리티스의 이사회를 이끌게 되었다. 이사진은 모건의 파트너인 베이컨과 퍼킨스, 스틸, 퍼스트 내셔널은행의 회장인 조지 베이커, 노던 퍼시픽 경영자였던 찰스 멜런, 대니얼 라몬트로 구성되었다. 기습 세력인 해리먼과 스틸먼, 윌리엄 록펠러, 쉬프 등도 이사회에 합류했다.

지주회사인 노던 시큐어리티스는 노던 퍼시픽과 그레이트 노던, 시카고-벌링턴-퀸시 철도 외에도 증기선 운송회사와 부동산 임대회사, 벌목회사, 석탄광산, 철광산 등을 거느렸다. 힐은 지주회사가 보유한 비철도 부문의 자산 가치를 2억 달러로 평가하는 것은 너무 보수적이라고 생각했다.

모건은 지주회사가 세워진 지 다섯 달이 지난 시점에 회사의 설립 목적에 대해 질문을 받았다. 그는 "도덕적 지배"라고 답변한다. 그는 기습 세력이 노던 퍼시픽의 주식을 매집한다는 소식을 엑스레뱅에서 접한 순간 즉각적으로 그들이 노린 게 무엇인지를 간파했다. "내가 한 기업을 워크아웃 할 때 명예를 유지하기 위해 개입할 수밖에 없다는 의무감을 느꼈고, 공격받는 회사의 경영진을 보호해야 하는 윤리적 책임을 가지고 있었다. 실제로 보호 조처를 취했다. 노던 퍼시픽 15만 주를 사들이기로 결심했고, 덕분에… 노던 퍼시픽에 대한 경영권을 확보했다"고 말했다.

모건은 1880년 이후 노던 퍼시픽을 정상화하기 위해 엄청나게 노력했다. 1901년 상황에서 이 회사를 지킨다는 의미에서 2,000만 달러어치의 주식을 매입했다. 그리고 그레이트 노던과 묶어 지주회사를 설립해 더 이상 적대적 인수합병을 위한 기습을 당하지 않도록 하는 것도 그가 말한 보호자로서 책임이었다. 그는 "진통이 계속되는 것을 원하지 않았다"고 설명했다.

사법부는 1902년 이후 노던 시큐어리티스가 반독점법을 위반했는지 여부를 심사하기 시작했다. 그는 철도회사를 워크아웃 하면서 지분 과반수만이 적대적 인수합병 시도를 무산시킬 수 있다는 사실을 경험했다. 하지만 법정에서 출두해서는 경영권 방어를 위해서 '규모'가 중요하다고 역설했다. 주식발행 총액이 1억 5,500만 달러에 이르는 노던 퍼시픽은 "사전 정보나 동의 없이 기습적으로 이뤄지는 적대적 인수합병에서 안전하다"고 여겼었다.

하지만 해리먼 사단의 기습공격을 받았다. 이 경험을 계기로 모건은 회사의 규모가 커야 공격받지 않는다고 판단하게 되었다. "노던 시큐어리티스의 자본금은 4억 달러로 너무 크기 때문에 "하룻밤이나 일주일 사이에 이 회사의 경영권을 확보할 수 있는 사람은 거의 없다"고 말했다. 그는 "누군가 보스턴이나 메인 주를 위해 노던 시큐어리티스를 매입하면" 미련 없이 유럽으로 여행가는 것을 택했다. "다른 회사들이 어떤지 잘 모릅니다. 저는 제 경영방침을 아무도 간섭할 수 없도록 그리고 우리가 완전히 만족하고 윤리적으로 책임지고 있는 사항이 제대로 실천될 수 있도록 노던 퍼시픽의 주식을 지키고 싶다"고 대답했다.

철도의 독점화를 우려하는 사람들의 귀에 모건의 주장은 근본적인 문제를 외면한 것으로 들린다. 중복 노선을 건설한 경쟁 회사마저 노던 시큐어리티스라는 한 지붕 아래에 편입돼 있었다. 모건은 다른 문제를 더 중시했다. 한 지역 철도회사들의 전쟁 종식과 한 기업의 이사회에서 한때 적과의 동침, 농산물 생산지와 수출항 사이의 안정적인 물류수송, 유럽과의 경쟁에 대비한 미국 경제계의 제자리 찾기 등이 그의 눈에는 더욱 중요해 보였다.

모건 사단은 합병 기업을 보호하기 위해 여러 가지 조처를 취했다. 그들의 조처는 윤리적인 것으로 볼 수도 없다. 그들은 조처가 적절한지를 두고 국민들과 논의할 의사도 가지고 있지 않았다. 노던 시큐어리티스가 설립된 지 엿새 뒤인 1901년 11월 18일 미네소타 주지사인 새뮤얼 R. 반 세인트(Samuel R. Van Sant)는 "거대한 철도 트러스트"와 싸우는 연합전선을 구축하기 위해 인근 주지사들을 초청했다. 그순간 다른 주지사들은 여러 가지 이유를 들어 연합전선 구축에 동의하지 않았다. 하지만 12월 31일 "노던 시큐어리티스가 공공 정책에 반하는 것"이라고 선언하고 미네소타 주지사의 조처에 동의한다는 결의안을 채택했다. 세인트는 1902년 1월 7일 노던 시큐어리티스가 자유로운 경쟁을 저해하는 기업으로 반독점 소송을 제기하는 게 가능한지를 대법원에 질의했다. 대법원은 주정부가 제소할 수 없다는 의견을 보냈다. 결국 그의 법무참모들은 사건을 주법원으로 가져갔다.

힐은 노던 퍼시픽과 그레이트 노던이 서로 독립적인 회사임을 반 세인트에게 분명히 설명해주었다. 게다가 "미네소타 주의 법률을 어긴 일이 하나도 없다"고 강조했다. 하지만 지역 언론은 노던 시큐어리티스를 맹렬히 비판했다. 경쟁 철도회사들이 지역 언론을 사주한다는 의심마저 일었다. 사정이 이쯤 되자 힐은 아들을 지역 신문들인 〈미네소타 저널 앤 트리뷴〉과 〈파이오니어 프레스〉, 〈글로브〉 등에 보내 "우리들의 주장도 공평하게 보도해 달라!"고 요청했다. 이때 힐은 아들에게 이렇게 말한다. "너는 필요하면 4만 달러나 5만 달러, 아니면 7만 달러까지 써야 한다… 다른 철도의 반발을 막는 최선의 방법일 수 있다."

찰스 멜런은 힐을 극도로 싫어했다. 모건에게 그레이트 노던과 회장이 "전면에 나서지 않도록 해야 한다"고 요구했다. 그는 미네소타에서 노던 퍼시픽이 그레이트 노던보다 더 인기 있다고 주장하면서 "노던 퍼시픽을 전면에 내세워 문제를 풀어나가면, 힐이 나서 스캔들로 비화될 수 있는 지출을 하는 것보다 더 적은 비용으로 해결할 수 있다"고 말했다.

당시 멜런도 뒤에서 관료 등에게 뇌물을 주고 있었다. 따라서 그는 '주전자가 검다'는 사실을 증명하기 위해 지급하는 뇌물액수 때문에 힐을 비난했다고 할 수 있다. 미네소타 주가 노던 시큐어리티스를 기소한 지 2주 뒤인 1902년 1월 말 멜런은 '1급 비밀'이라고 찍힌 편지를 모건에게 띄운다. 그는 세인트가 주의회의 특별회기에 철도 요금에 대한 법안을 제출할 것이라고 귀띔했다. 이어 "법안의 내용상 우리에 대한 보복이라고 할 만하다. 적절한 조처를 취하면 그는 법안을 제출하지 않고 노던 시큐어리티스에 대해 한 마디도 하지 않을 것으로 보인다"고 말했다.

멜런은 편지에서 "우리의 조처가 제대로 효과를 낼지 확언할 수 없다"고 말했다. 하지만 자신이 확실한 통로를 알고 있다고 주장했다. 그는 "이 채널을 이용하면 우리가 바라는 바가 이뤄질 수 있다"며 "이 편지를 쓰는 목적은 내가 바람직한 결과를 얻어낼 경우 자의적으로 지출한 금액을 인정하실지 알아보기 위함"이라고 말했다. 그는 부적절한 목적을 위해 자금 지출의 동의를 구하면서 극단적인 저자세를 보인다.

"지출할 금액이 비합리적인 수준은 절대 아닙니다. 이런 문제를 다뤄본 제 경험에 비추어 볼 때 제가 건네주는 금액은 적절한 수준입니다. 모건 님의 동의를 받는 데 아무런 문제 없는 액수라고 저는 확신합니다."

나중에 드러난 것이지만, 맬런이 말한 액수는 5,000달러였다. 맬런은 돈이 노던 퍼시픽에서 나왔음을 감춰달라고 모건에게 간청한다. 일단 원하는 결과가 나오면, '더 코너'의 주인이 마치 회사 자금을 정당하게 인출하는 것처럼 "노던 퍼시픽에서 이미 지출한 비용을 회수할 수 있다"는 것이다. 이어 "이 사실을 모건 씨와 저만 아는 비밀로 해주실 것"을 요청했다.

맬런은 자신이 모처에 건네는 돈이 "주지사에게 직간접적으로 전달되지 않는다"고 모건에게 확언했다. 그는 이런 제안을 하면서 자신의 과거 뇌물 제공은 '합리적인 수준'이었고, '뇌물에 초연한' 정치인들을 존경하며, 뇌물에 초연하지 않는 정치인들에게만 '합리적인 수준'의 자금을 건넸다고 주장했다. 그는 미네소타 주지사의 부하 직원 가운데 한 명에게 지급할 것임을 암시했다. 또한 자신은 누군가 해야 하는 일을 하고 있다고 생각했다.

맬런의 수줍은 청렴성(?)은 다른 사람이 망설이지 않을까 걱정하고 있음을 시사한다. 그는 1902년 1월 25일 모건에게 건넨 편지에서 "저의 말씀이 일리 있다고 생각하신다면, 가부를 저에게 전보로 알려주십시오"라고 말했다. 나흘 뒤 모건은 '예스'라는 대답을 보냈다. 맬런은 2월 1일 "주지사의 태도가 확고하지 않고… 의심스러우며 믿을 수 없지만 수중에 들어왔다"고 모건에게 보고했다. 2월 3일에는 "모든 게 잘되었다. 만족할 만한 수준"이라고 전했다. 편지로 "그가 철도요금에 관한 법안에 대해 침묵할 것"이며 "반독점 소송을 제기하는 것 외에는 노던 시큐어리티스에 대해 다른 조처를 취하지 않을 것"이라고 말했다.

멜런은 주지사의 입을 막는 문제를 일단락 지은 뒤 다른 사안으로 관심을 돌린다. 미네소타 주의회가 "자체적으로 우리를 공격할 수 있는 법안을 제정하려 한다"고 모건에게 알렸다. 또한 의회가 "U. S. 스틸에 영향을 미칠 수 있는 철광석과 관련된 법도 제정하려고 한다"며 "법안은 이미 마련되어 있다"고 했다. 이어 "과거에 비추어 볼 때 많지 않은 액수를 쓰고도" 주의회 의원들의 움직임을 막을 수 있다고 생각했다.

그는 세인트 제롬(Saint Jerom)이 한 "강자는… 결과를 중시한다"는 말을 들먹였다. 이어 "저는 모건 씨가 성공을 바란다고 생각하고 있습니다. 이런 상황에서는 보험을 들어두기를 바라실 수도 있습니다. 과정은 결과만큼 중요하지 않습니다"라고 말했다. 멜런의 편지를 받은 지 2주 뒤에 모건은 "전적으로 동의함. 필요한 액수를 알고 싶음"이라고 전보를 띄웠다.

멜런: 어떤 경우에도 2만 5,000달러를 넘지 않을 겁니다.
모건: 좋습니다. 필요한 일이라면 무엇이든 하십시오.

1902년 3월 초 멜런은 "2만 5,000달러를 제3자의 손에 건네주었다"며 철도와 철강의 이익에 "반하는 입법이 이뤄지지 않도록 했다"고 보고했다. 그는 이와 함께 2만 5,000달러를 자신의 계좌에 입금해달라고 요구했다. 노던 퍼시픽과 그레이트 노던, U. S. 스틸에서 모건이 미리 지출한 돈을 '주가로' 벌충해주게 된다.

멜런이 "과거의 예에 비추어볼 때 액수는 많지 않을 것"이라고 말한 대로 모건이 미네소타 주지사와 주의회를 달래기 위해 지불한 액수는 많지 않았다. 하지만 모건의 행동은 앞선 기업들의 스캔들이 드러나는 바람에 대중이 월스트리트와 기업 자금의 불법 전용에 대해 품게 된 두려움과 의심이 옳음을 증명해준다. 모건은 내심 이런 뇌물 수수가 달갑지 않았을 수 있다.

모건은 자신의 후손들에게 알려지지 않기를 바라면서 행한 뇌물 수수나 선물 제공 등에 관한 자료는 거의 남기지 않았다. 그가 정치인들에게 노골적으로 현금을 선물한 사례도 극히 드물다. 하지만 그는 뇌물 제공을 비즈니스를 하기 위해 불가피하게 치러야 하는 비용으로 생각하고 받아들였다. 그가 말한 '윤리적 책임'은 고무줄 잣대와 같다. 마음속으로 정한 목표를 얻기 위해 필요한 모든 것들을 포괄하는 개념이다.

멜런이 말한 대로 "방법은 결과보다 중요하지 않고, 고객의 이익을 위해 적대적인 입법으로부터 '면역을 얻기 위해 보험금'을 지급할 수 있다고 그는 생각했다. 당시 민주주의 신봉자들은 미네소타 주지사와 주의회를 매수하기 위해 모건이 뇌물을 건넸다는 사실을 알지 못했다. 하지만 그를 월스트리트 제왕적 권력의 상징으로 여겼다.

1901년은 모건의 비즈니스 역사에서 경이로운 또는 전율할 만한 업적이 이뤄진 해다. 그는 전대미문의 규모인 U. S. 스틸을 설립했고, 미국 북서부 지역의 철도를 평정했다. 비즈니스 세계는 노던 시큐어리티스가 모건식 조화와 평화를 상징한다고 상찬했다. 하지만 미국인들은 대부분 이 회사가 가공할 만한 트러스트의 하나라고 비판했다. 평범한 시민들은 헨리 애덤스가 말한 대로 모건이 태양마저도 삼킬 것이라며 두려워했다.

클린턴 도킨스는 1901년 12월 말 런던에서 파트너들과 함께 "인정할 수 없고 당혹스런 한해"를 보냈고, "플리치(모건)와 함께 노던 퍼시픽 철도에 가해진 야만적인 기습 공격으로 발생한 엄청난 고통을 이겨냈다"고 자랑스러워했다.

트러블

모건 사단이 '동의할 수 없고 당혹스러워해야 하는' 어려움은 끝난 게 아니었다. 막 시작되고 있었다. 1901년 9월 6일 뉴욕 버팔로에서 열리는 전 아메리카 전람회장에서 무정부주의자 레온 촐고즈(Leon Czologsz)가 매킨리 대통령을 저격했다. 〈뉴욕 타임스〉에 따르면 그날 오후 늦게 모건은 막 사무실을 나서고 있던 참이었다. 그는 직원 책상 위에 놓인 서류철을 흘깃 보았다. 모자를 쓰고 지팡이를 들고 유리벽으로 된 '더 코너' 사무실을 나서고 있었다.

순간 기자 한 명이 긴급 뉴스를 들고 모건 회사로 뛰어들었다. 모건은 뭔가 일어났음을 직감한다. 기자의 팔을 붙잡고 "뭔 일이오?"고 물었다. 동시에 기자의 얼굴 표정을 살폈다. 기자는 대통령 매킨리가 저격당했다는 말을 되풀이했다. 순간 모건은 지팡이를 떨어뜨렸다. 발길을 사무실로 돌렸다. 모건은 다음 소식을 누군가 들고 온 순간까지 사무실 카펫을 멍하니 바라보며 앉아 있었다.

모건은 기자가 가지고 온 신문을 찬찬히 읽었다. 그는 "슬픈 뉴스야, 아주 슬픈 뉴스… 할 말이 없다"고 말했다.

모건이 그날 저녁 금융가들을 비상 소집했다는 루머가 돌았다. 기자들이 5번 애비뉴 델마니코 호텔과 유니언 클럽, 뉴욕 요트 클럽 등 모건이 주로 움직이는 장소 주변에 진을 쳤다. 하지만 당시 미국의 비공식적인 중앙은행가인 모건은 허드슨 강변에 정박한 코르세어호에 있었다. 경찰 당국은 촐고즈가 거대한 무정부주의 조직의 일원이라는 사실을 우려했다.

모건이 다음 날인 9월 7일 아침 월스트리트 23번지 '더 코너'에 출근한 순간 형사 7~8명이 삼엄한 경비를 펼치고 있었다. 이날 오후 모건은 언론에 성명서를 발표한다. "금융시장 상황은 아주 안정적이다. 안정을 해칠 요인은 하나도 없다. 은행들이 금융시장 안정을 위해 노력하고 있다. 시민들은 너무 걱정할 필요가 없다."

저격 8일 뒤인 1901년 9월 14일 매킨리는 숨을 거두었다. 부통령인 시어도어 루스벨트 2세가 대통령직을 승계했다. 공화당 보수파이고 실력자인 마크 한나가 1900년 전당대회장에서 '빌어먹을 카우보이'라고 부른 인물이다.

모건은 그의 아버지 시어도어 루스벨트 1세를 익히 잘 알고 지냈다. 존경하기까지 했다. 1880년대 초반 시어도어 루스벨트 2세가 뉴욕 주의회에 진출할 때 적극적으로 지원하고 후원했다. 시어도어 루스벨트 2세(프랭클린 루스벨트 대통령과 구분하기 위해 '시어도어'로 부르기로 한다-옮긴이)는 네덜란인 출신들이 집단적으로 거주한 뉴욕의 오이스터 베이 출신이었다. 니커보커의 후예였다. 1896년 공화당 전당대회에서 영웅적인 기여를 했고, 금본위제를 적극적으로 지지했다. 시어도어는 1898년 뉴욕 주지사에 나섰다. 모건은 지역 공화당 실력자인 플래트를 통해 1만 달러를 시어도어에 지원했다.

시어도어는 뉴욕 주지사 관사에 들어간 순간 변했다. 그는 일반 시민들의 눈에 '보이지 않는 정부'로 비친 거물 금융가와 공화당 지역 보스의 동맹에 반기를 들기 시작했다. 그는 뉴욕 주내 기업들에게 기업세를 부과했다. 월스트리트의 반발에도 아랑곳하지 않았다. 기업 합병과 결합을 강력히 비판했다. 플래트는 1900년 그를 뉴욕 주에서 방출하고 싶었지만 그를 부통령 후보로 추천했다.

그해 가을 대통령 선거에서 공화당이 승리했다. 한 달 뒤에 그는 자신이 공화당 구파를 놀라게 하고 있음을 알아챘다. 모건에게 디너파티를 베풀었다. 그는 12월 5일 전쟁장관 엔리휴 루트에게 편지를 띄워 모건을 위한 디너파티에 초청한다. "제가 모건 씨를 위해 맨해튼 29번가 유니언 리그 클럽에서 준비한 저녁 식사에 참석해주시기를 소망합니다… 오시면 제가 영향력 있는 분들과 함께하는 보수주의자가 되려고 노력하는 저의 모습을 보실 수 있을 겁니다. 격려 받을 만한 일이라고 생각합니다. 지금까지 직업적인 정치인들이나 어느 정도 개혁적인 사람들에게만 저녁을 대접했습니다. 저는 부통령직을 제대로 수행하기 위해 모든 노력을 아끼지 않습니다'라고 했다.

그날 디너파티의 주빈인 모건에게 쓴 편지에서 시어도어는 "존경하옵는 모건 님!"으로 시작해 "귀하에 대한 존경심과 함께"라고 말로 끝맺었다. 게다가 모건의 아들인 잭도 초대한다. 이 사실을 알리며 이렇게 말한다. "저는 그의 이름이 잭인 것으로만 알고 있습니다. J. 피어폰트 모건 2세인지 아닌지 확신하지 못하고 있습니다." 그날 모건은 디너파티에 대해 별다른 언급을 하지 않았다. 만인지상 일인지하에 오른 시어도어에 대한 평가도 분명하게 남기지 않았다. 하지만 시어도어가 1900년 12월에 말한 '부통령직을 수행하는 것'과 아홉 달이 지난 시점에 갑자기 승계한 '대통령직을 수행하는 것'은 전혀 다른 일이었다.

매킨리가 백악관을 차지하고 있는 동안 모건은 정부가 어떤 정책을 취할지 예상할 수 있었다. 최저 수준의 반독점법 집행과 월스트리트와 워싱턴의 주기적인 의견 교환, 금융시장 안정을 위한 백지위임, 공화·민주 양당의 기존 엘리트들이 지원하는 보수적인 경제정책 등이 유지된다고 확신했다.

모건이 U. S. 스틸을 설립한 1901년 인디애나 출신 상원의원인 비버리지가 의미심장한 말을 한다. 그는 자신이 매킨리 대통령과 만나 한 이야기를 모건의 국무장관인 조지 퍼킨스에게 귀띔한다. "대통령과 나는 모건이 금융가일 뿐만 아니라 정치가라는 데 의견을 같이했다"는 내용이었다.

시어도어는 월스트리트에서 '마구 뛰는 야생마'로 통했다. 모건은 그가 어느 방향으로 튈지 감을 잡지 못했다. 새 대통령은 백악관에 입성할 때 마흔세 살에서 6주가 모자라는 나이였다. 그때까지 미국의 최고 집무실을 차지한 사람 가운데 가장 어렸다. 정력과 의지를 발산하는 인물이었다. 하지만 어릴 적 천식으로 병약했다. 현실 정치세계에 대한 경험과 학습을 마친 도덕적 이상주의자였다. 그는 전쟁을 미화했다. 미국-스페인 전쟁 동안 샌 후안 힐 전투에서 거의 죽다 살아 돌아온 한 전쟁영웅의 손을 부여잡고 "잘했어, 카우보이! 대단하지 않았어?"라고 말할 정도였다. 시어도어는 공직생활을 숭배했다. 하지만 문명의 세계와 거리가 먼 거친 자연을 동경하기도 했다. 열과 성의를 다해 가족을 돌보는 가정적인 인물이기도 했다. 그래서 그는 낭만적인 국수주의자와 군사적 제국주의자, 군인, 학자, 자연주의자, 사냥꾼, 작가, 십자군, 거간꾼, 바보 멍청이 등으로 불린다. 다양한 분야에 관심을 가졌고, 그의 친구 말대로 '다면적인 인간'이었다.

시어도어는 미국 귀족사회와 거리를 두었다. 전 공화당원들이 1896년 대선 승리를 자축하는 동안 그는 "황금에 찌들고 자본가들이 지배하며, 고리대금업자들이 미래마저 착취한다는 역사학자 브룩스 애덤스의 가장 비관적인 전망이 모두 맞아 떨어지는 현실"을 보았다고 누이동생에게 말했다. 1897년 그는 "모건 타입의 부패한 부호들"과 플래트와 같은 "강력하고 조심성이 없는 정치인"의 커넥션을 비판했다. 그는 "내 자신이 그 커넥션에서 탈출했다는 사실이 너무 기쁘다"고 말

시어도어 루스벨트(출처: 컬버 픽처스)

했다. 하지만 그가 커넥션과 완전히 결별한 것은 아니었다. 그는 플래트가 가지고 있는 네트워크를 이용할 줄 알았다. 뉴욕생명의 퍼킨스와 '피터폰트 모건 타입의 인간들'이 낸 선거자금을 받았다. 부통령이 된 직후엔 모건을 초청해 접대했다.

시어도어가 정치적으로 성공할 수 있었던 비결은 지적 능력과 개인적인 확신, 유연한 원칙, 초인간적인 정력, 인기를 끄는 중도적 입장을 향한 본능적인 추구, 화려한 조명에 대한 음모적인 갈망의 탁월한 조화였다. 마크 트웨인은 "남 앞에 자신을 드러낼 확률이 반만 되어도 그는 불량배들이 우글거리는 곳으로 가고, 100퍼센트라면 지옥에도 갈 사람"이라고 평했다. 올리버 웬델 홈즈 2세는 시어도어가 "메가폰을 잡는 데 최고 재능을 가진 인물"이라고 말했다. 번쩍이는 안경과 원통형인 가슴, 이를 드러내는 웃음, 상류사회 악센트, 귀에 거슬리면서도 또렷한 목소리 때문에 테디(시어도어의 애칭)는 만평가가 좋아하는 정치인이었다. 그는 만평가들 덕분에 전국적인 유명인사가 되었다. 특히 그는 연설할 때 형용사를 마치 해머로 내려치듯 발음해 사람들의 심금을 울렸다.

영국 역사학자인 존 몰리(John Morley)는 시어도어가 "로마시대 성자인 세인트 비토(Vitus)와 사도 바오로의 흥미로운 결합"이고 "나이아가라 폭포와 같은 경이"라고 평가했다. 헨리 애덤스는 "비정상적인 에너지에 의해 발산될 때 권력은 가장 심각한 현실"이라며 "시어도어의 친구들이 알고 있는 모든 것은 그의 멈추지 않는 전투적인 에너지가 비정상 이상의 것이라는 사실이다. 그는 온갖 야만의 시대에 산 다른 사람들보다 진정으로 행동을 중시했다"고 말했다. 애덤스는 본래 행동보다는 사상을 높이 평가했다.

시어도어는 링컨 이후 처음으로 관직과 비례해 지위가 상승한 최초의 대통령이었다. 그는 뉴욕 주지사 시절 거대 자본에 대한 규제를 지지했다. 그가 백악관에 들어선 이후 초기 최대 관심사는 그가 매킨리처럼 독점자본에 대해 자유방임 정책을 견지할지 여부였다. 1901년 10월 미국이 매킨리의 죽음을 애도했다. 모건은 샌프란시스코에서 열린 성공회 총회에 참석하고 있었다. 바로 이때 로버트 베이컨과 조지 퍼킨스는 백악관에서 대통령을 만났다. 새 대통령은 두 사람을 모두 좋아했다. 특히 하버드 시절 자신이 부추겨 복싱링에 끌어올린 베이컨에 대해 남다른 감정을 가지고 있었다. 그는 자신의 팔이 좀 더 길었거나, 베이컨의 팔이 좀 짧았다면 멋지게 한방 먹일 수 있었다고 즐겁게 농담하기도 했다.

그러나 1901년 10월 초 워싱턴 펜실베이니아 애비뉴 1600번지에서 열린 스파링은 트러스트에 관한 것이었다. 그들이 회동한 즈음 U. S. 스틸은 설립 이후 처음으로 분기실적을 발표했다. 시어도어가 남긴 기록에 따르면, 퍼킨스는 모건 하우스가 자금을 지원한 대기업들이 순이익 또는 순손실을 정확하게 발표하고 있다는 점을 말했다. 그리고는 트러스트를 조사하기 위해 대통령이 취한 조처들을 철회해달라고 요청했다. "퍼킨스는 내게 아무 일도 하지 말라고 말했다. 나는 '잘 알았다'는 말을 대답 대신 했다." 대통령은 비즈니스맨인 처남 더글러스 로빈슨(Douglas Robinson)에게 "나는 몇몇 기업들이 발표한 실적 보고서를 하나의 호의로 받아들인다. 모든 대기업들에게 당장 실적 보고서를 발표하라고 요구하지는 않는다"라고 말했다.

대통령은 "모건 하우스 대사들이 고귀한 캐릭터를 보유하고 있고… 힘과 비중뿐만 아니라 선한 목적을 위한 진정한 힘을 보유하고 있는 사람들"이라고 생각했다. 하지만 그는 "그들은 향기롭지 못한 사건을 맡은 변호사처럼 트러스트에 대해 말한다"며 "가슴 저 밑바닥에서는 그들이 개인적으로 무관심하지 않고, 모건 같은 강력하고 위압적인 인물의 대표자들이 아니라면 그들도 자신들이 어떤 일을 변호하고 있는지 알 것"이라고 말했다.

시어도어는 두 세력 사이에서 어떻게 행동해야 하는지를 잘 알고 있는 인물이었다. 그는 처남 더글러스 로빈슨에게 그날 두 번째 편지를 쓴다. "퍼킨스 씨에게 말 좀 전해주게"로 시작된 그 편지엔 "U. S. 스틸의 실적 보고서를 보고 나는 아주 기뻤습니다. 여러모로 좋은 일입니다. 퍼킨스 씨의 방문에 아주 즐거웠습니다. 베이컨과 함께 가까운 시일 안에 다시 뵙기를 바랍니다"라는 내용이 들어 있었다.

마크 한나 등 공화당 실력자들은 트러스트와 관련해 "천천히 가라"고 시어도어에게 주문했다. 대통령은 매킨리의 선례를 따르겠다고 약속했다. 의회에서 행할 연설의 초고를 한나에게 보여주기도 했다. 한나는 연설문 초안에서 과도한 자본화 단락을 삭제하라고 주문했다. 하지만 1901년 12월 2일 그가 행한 연설에는 트러스트의 문제점이 포함되어 있었다. 시어도어는 퍼킨스와 베이컨의 요청도 묵살했다.

시어도어는 공공의 복지를 보호하기 위해 "정부는 여러 주에 걸쳐 사업장을 가지고 있는 거대 트러스트의 경영 상태를 조사하고 감사할 수 있는 권한을 가져야 한다"고 천명했다. 다른 한편으로 그는 경제적 안정과 국가의 번영을 위해 일하는 경제인들을 높이 평가한다고 말했다. 또한 "대기업을 없앨 목적이 아니다"라고 힘줘 말했다. 이어 "기업의 거대화는 현대 산업사회의 불가피한 발전이고, 기업들을 파괴하려는 노력은 전체 정치 세력에게 불행을 안길 것"이라고 했다. 그는 거대 기업을 분쇄하려는 게 아니라 "규제하고 싶다"고 말했다. "우리는 사유재산이 아니라 부당한 행위를 배제하고 싶다"고 강조했다.

만평가 파인리 피터 듄의 캐릭터 '둘리'는 즉각 대통령의 기회주의를 풍자한다. "대통령이 말하길 '트러스트는 사랑하는 이 나라를 발전시키려는 사람들이 노력해 건설한 해롭지 않은 괴물'이래. 그는 말이야, 한편으로는 발로 뭉개고 다른 한편으로는 서둘지 않겠데." 그러나 시어도어는 월스트리트에 대한 워싱턴의 지배와 감독을 확실히 하고 싶은 욕망이 강해 서둘렀다. 한 역사가가 말한 '금융 과두체제의 재판관들'인 모건과 쉬프, 스틸먼, 윌리엄 록펠러, 해리먼, 힐 등 노던 퍼시픽 매집사건과 가장 큰 트러스트 구성과 관련된 인물들을 정조준했다.

시어도어는 법무장관 필랜더 녹스(Philander Knox)와 비밀리에 취할 조처를 마련했다. 다른 장관들과 의논하지도 않았다. 1902년 2월 경쟁을 저해한다는 이유로 노던 시큐어리티스를 반독점법인 셔먼법에 따라 기소하겠다고 발표해버렸다. 증권시장이 긴장했다. 모건은 뒤통수를 얻어맞는 것과 같은 충격을 받았다. 그의 변호사들은 노던 시큐어리티스를 설립할 당시 이 회사가 반독점법을 위반하는 것은 아닌지 검토한 바 있다.

모건은 대통령이 공개적으로 자신을 범법자로 낙인찍기에 앞서 대화를 통해 견해 차이와 문제점을 해결할 수 있는 기회를 주었어야 옳다고 생각했다. 런던의 클린턴 도킨스는 대통령이 노던 시큐어리티스에 대한 '극단적인 공격'과 "경제 성패를 결정짓는 강력하고 추진력이 있는 인물을 방해하지 않겠다고 분명히 말한 사실"을 어떻게 조화시킬지 알 수 없다고 말했다. 잭도 런던에서 "테디가 발표하기 전에 다른 사람과 의논하지 않았다는 게 너무 아쉽다"며 "그의 일처리 방식 때문에 여기 사람들이 모두 불편해하고 있다"고 했다.

워싱턴에서는 헨리 애덤스가 엘리자베스 캐머런에게 분통을 터뜨리며 이렇게 말한다. "우리의 트러블 메이커가 아무런 경고도 없이 이번 주… 전 철도회사와 이해관계를 맺고 있고 월스트리트를 대표하는 피어폰트 모건에게 일격을 가했다. 엄청난 한 방이 그의 코를 강타했다. 사악한 모건은 대통령과 싸우기를 바라지 않지만, 그런 식으로 얻어맞기를 싫어한다."

모건은 백악관이 주최한 프러시아의 빌헬름 황제의 동생인 왕자 헨리를 위한 만찬에 초대되었다. 하지만 "월스트리트 사람들이 분노의 늪에 빠져 있어, 피어폰트 모건은 초대를 거절했다." 애덤스는 모건의 코를 풍자할 절호의 기회를 놓치지 않았다. 하지만 기본적으로 모건이라는 인물이 이기적 욕망 이상을 추구하는 사람이라고 믿었다. 그는 캐머런 부인에게 이렇게 말한다. "엄청난 자금과 관련 있고 그 자금이 담보를 바탕으로 제공된 아주 긴박한 순간에 아무런 경고도 없이 모건의 얼굴을 강타해 모건이 진노했다. 그는 대통령이 미리 경고해 시장을 안정시킬 수 있는 시간을 주어야 했다고 말했다."

모건은 대통령 그리고 법무장관과 협의하기 위해 서둘러 워싱턴으로 달려갔다. 그는 1902년 2월 23일 상원의원 하나와 드퓨를 대동하고 백악관에 들어섰다. 그날 회동에 대해 시어도어의 자서전 기록만이 남아 있다. 대통령의 진술에만 의존할 수밖에 없다. 모건은 사전 경고가 없었는지 알고 싶어 했다.

시어도어: 월스트리트에 미리 경고하는 일은 우리가 하고 싶지 않은 것입니다.
모건: 우리가 뭔가를 잘못했다면, 사람(녹스 법무장관)을 우리 쪽 사람(스테츤 변호사)에게 보내시면, 우리가 바로 잡을 수 있습니다.
시어도어: 그럴 수 없지요.
녹스: 우리는 바로 잡기를 원하는 게 아니라 막고 싶습니다.
당시 월스트리트는 노던 시큐어리티스를 걱정하지 않았다. 대통령이 얼마나 더 나아갈 것인지를 종잡을 수 없어 불안해했다.
모건: 저의 다른 기업들도 공격하실 것인지요? U. S. 스틸과 다른 회사들 말입니다.
시어도어: 그 기업들이 우리가 생각하기에 잘못하지 않는다면, 분명히 말씀드리지만 공격하지 않습니다.

대통령은 모건 일행이 사무실을 나갈 때 녹스 법무장관에게 이렇게 말한다. "그들의 말이 바로 월스트리트의 시각을 보여주는 전형적인 예입니다. 모건은 나를 큰 라이벌로 볼 수밖에 없습니다. 누구든 자신의 비즈니스를 무너뜨릴 사람인지 아니면 아무것도 무너뜨리지 못하도록 유인할 수 있는 사람인지만을 기준으로 사람을 평가하지요."

두 사람은 사실 서로를 큰 라이벌로 간주했다. 각자 마음속으로 자신의 생각대로 해야 국가의 장기적인 이익을 극대화할 수 있다고 믿었다. 자신이 믿고 있는 방향으로 미국의 미래를 이끌고 가기 위해 가지고 있는 병기를 다 동원할 인물들이었다. 두 사람 가운데 한 명은 미합중국 대통령이었다. 그는 밖으로는 제국주의적 지배를 꿈꾸었고, 내부에서는 "막강한 위세를 자랑하는 거대 기업의 오너들을" 정부의 권위 아래 굴복시키고 싶었다.

또 다른 한 사람은 민간 은행가로서 경제의 효율을 추구했고, 미국 시장이 안정적으로 작동하고 생산성이 지속적으로 발전하면 군사와 정치 문제는 자동적으로 해결된다고 믿었다. 모건의 처지에서 보면, 시어도어의 조처는 경제력의 균형이 구대륙에서 신대륙으로 기울고 있는 시기에 자신이 비공식적으로 관장하고 있는 금융시장과 경제 영역에 '정치꾼들'이 개입하려고 드는 무책임한 행태였다.

마침내 영국 정부가 미국 뉴욕 증권시장에서 자금을 조달하기 시작했다. 역사적인 사건이었다. 아버지 주니어스가 당시 금융자본의 허브인 런던에서 미국으로 자본을 유인하려고 노력한 지 50년 만에, 모건이 신디케이트를 구성해 미국 정부의 채권을 해외 시장에서 팔려고 노력한 지 20년 만에, 또 모건이 미국 재무부의 지불준비용 금을 보충하기 위해 노력한 지 5년 만에 경험하는 초유의 사건이었다.

투자은행 J. P. 모건은 영국이 1900년 3월 보어 전쟁에 필요한 전비를 조달하기 위해 채권을 발행할 때 채권 1,200만 달러어치를 인수해 뉴욕에 유통시켰다. 이때 모건하우스는 미국 시장에서 영국 정부의 에이전트로 활약했다.

두 달 뒤인 5월에는 모건의 뉴욕 은행은 드렉셀과 키더·피바디, 베어링, 매군 (Magoun)이 참여한 신디케이트에 참여해 영국 재무부가 발행한 채권 3,000만 달러를 인수했다. 영국 중앙은행인 영란은행은 1901년 로스차일드와 모건의 신디케이트가 채권 3억 달러를 인수·유통할 수 있도록 인가했다. 그로버 클리블랜드가 1895년 영국과 월스트리트의 도움을 받아야 하는 것을 걱정했듯이, 영국 정부도 뉴욕 금융시장에 기대어 자금을 조달해야 하는 상황을 우려했다. 하지만 영국 정부는 다른 대안이 없음을 알고 미국 시장에서 자본을 조달하기로 한다. 모건은 보어 전쟁이 끝나기 한 달 전인 1902년 4월 영국 정부가 마지막으로 발행한 전쟁채권 3,200만 달러어치를 인수했다.

모건이 보기에, 노던 시큐어리티스와 U. S. 스틸의 구성은 세계의 어떤 시장에서도 경쟁력을 발휘할 수 있는 난공불락의 시스템을 구축한 일이었다. 이 거대 기업의 실험이 성공한다면, 철강 노동자와 석탄광부, 은행가들에게 막대한 이익을 돌려줄 것이라고 확신했다. 정부의 현명한 인사들이라면 자신을 도와줄 것이라고 확신했다. 그러나 1902년 모건과 생각을 공유한 워싱턴 인사들은 소수에 지나지 않았다. 미국인은 대부분 독점자본의 지배에 강렬히 반대하고 있었다. 전통적으로 국가 권력을 두려워했던 노동자와 농민, 중소 상공인, 증가하는 중산층이 자신들을 보호하기 위해 이 시기에는 정부에 의지하기 시작했다. 하지만 시어도어 루스벨트가 처한 현실은 국가 권력에 보호를 요청하는 시민들의 요구에 완벽하게 부응할 수 없었다.

시어도어는 나중에 정부가 기업을 규제하기 위해 필요한 '절대적으로 긴요한 요건'이 "제대로 갖추어지지 않았다"고 토로한다. 연방대법원이 1895년 설탕 트러스트인 E. C. 나이트를 겨냥한 반독점 재판에서 "정부는 기업을 규제할 권한을 보유하고 있지 않다"고 판결했다. 하지만 시어도어는 정부가 그런 권한을 가지고 있음을 증명해 보이겠다고 결심했다.

모건은 1902년 2월 23일 대통령을 만난 뒤 스테츤 로펌에서 한 때 일했던 천시 드퓨의 집에서 웨인 맥비그(Wayne MacVeagh)와 함께 저녁을 먹었다. 맥비그는은 필라델피아에서 영향력을 행사하는 공화당원이었다. 가필드 대통령 시절에 법무부 장관을 지냈고, 태평양 연안의 철도회사들이 신사협정을 맺을 때 펜실베이니아 철도의 이익을 대변했다. 그리고 그는

'1902년 경제계 총사령관'
(출처: 뉴욕 그랜저 콜렉션(Granger Collection))

스테츤 로펌의 파트너인 찰스의 아버지였고, 헨리 애덤스의 절친한 벗이었다. 맥비그는 '법정에서 기사도 정신으로 충만한 신사'로 불렸다. 1880년대 법무법인 뱅스 스테츤 트레이시·맥비그에 합류했다. 은퇴해서는 그 법무법인의 고문으로 일하고 있었다.

헨리 애덤스는 "맥비그가 분위기를 북돋우려고 노력했지만, 표정이 모두 흙빛이었다"며 "모건은 어린 아이처럼 뾰루퉁했다. 백악관에서 일행을 초대한다는 전화가 왔을 때 모건은 참석을 거부했다. 하지만 다른 사람들이 설득해 참석했다. 백악관 파티에서 대통령은 매우 상냥했다. 가까이 앉아 식사를 한 뒤 모두 집으로 돌아갔다. 모건 일행은 애초 자신들의 합병 계획을 계속 추진할 수 있는 길이 없는지를 알아보기 위해 드퓨의 집을 방문했다. 하지만 맥비그가 보기에 모건 쪽이 어떤 대응을 시작한 것 같지 않았다"고 말했다.

모건은 다음 날 백악관에서 열린 프러시아 왕자 헨리를 위한 만찬에 참석하고 싶지 않았다. 하지만, 여러 가지 정황을 고려해 마지못해 얼굴을 비쳤다. 만찬이 끝난 뒤 곧바로 뉴욕행 열차에 몸을 실었다.

아내 패니가 사촌인 클라라와 이탈리아를 여행하고 있던 그해 3월 초 모건은 애덜레이드와 마코 부부, 딸 앤과 줄리엣을 데리고 제킬 아일랜드로 가 휴식을 취했다. 노던 시큐어리티스를 반독점법 위반 혐의로 기소하려고 준비할 때 그는 뉴욕으로 내려오는 길에 워싱턴에 들러 마크 한나와 의견을 교환했다.

헨리 애덤스는 1902년 봄 모건과 시어도어 충돌에 대해 연일 기묘한 코멘트를 했다. 그는 모건은 성인으로, 시어도어는 사납고 다루기 힘든 아이로 묘사했다.

3월 2일: 시어도어의 허영심과 야망, 도그매틱한 기질, 오징어와 같은 두뇌는 친구이든 적이든 가까이 다가서는 모든 사람을 공격한다… 이미 증권시장을 강타해 힘을 빼놓았고, 의회의 모든 사람을 적으로 만들어 버렸다.

3월 4일: 시어도어는 자만심에 눈이 멀었다. 우리가 매우 정확한 시계를 들고 나무 위에 있는 원숭이의 행태를 지켜보듯이 사람들이 자신을 지켜보고 있다는 사실에 대해 까맣게 모르고 있다. 이리저리 뛰는 이 야생마와 견주어보면 클리블랜드는 양순한 당나귀였다… 시어도어에게는 다행스럽게도 그의 모든 친구와 적은 서로 싫어했다. 이는 친구들과 적들이 모두 그를 증오하는 것보다는 낫다… 그가 절대 즐길 수 없고 용서할 수 없는 일은 어머니가 없을 때 도자기를 깨먹은 말썽꾸러기를 지켜보는 눈빛으로 아버지의 오랜 친구가 자신을 지켜본다는 사실을 자각하는 것이다.

3월 11일: 피어폰트 모건이 다시 금융시장을 지탱하며 패닉을 막을 수 있을지 알 수 없다.

4월 6일(증권시장이 점점 더 침체 증세를 보이기 시작한): 시어도어가 잘못된 주먹질로 노던 시큐어리티스를 강타한 이후 월스트리트가 절망 상태를 보이고 있다. 피어폰트 모건과 한나는 어떤 비용을 치르더라도 국무장관인 헤이와 전쟁장관인 루트가 장관직에 남아 있어야 한다고 주장한다. 그들이 시어도어를 꼼짝 못하게 할 때까지나, 시어도어가 왔던 길을 되돌아갈 때까지 정부가 계속 굴러가도록 해야 한다. 당신은 월스트리트가 더 이상 잃을 땅이 없다는 게 얼마나 필연적인지 안다.

4월 7일: 오하이오 제철소의 지분을 보유하고 있는 한나는 11월 이후 클리블랜드에서 주문이 한 건도 들어오지 않았는데, 이는 모두 노던 시큐어리티스 사태 때문이라고 말했다.

정부와의 갈등에도 모건의 기업 합병 속도와 규모는 줄어들지 않았다. 하지만 트러블은 다른 전선에서 불거졌다. 1902년 초 "어마어마하고 사람의 신경을 갉아먹는 모건식 업무처리" 때문에 한 파트너가 쓰러졌다. 로버트 베이컨이 스트레스를 견디지 못하고 결국 '더 코너'를 떠나야 했다. U. S. 스틸 설립과 노던 퍼시픽 매집 사태, 백악관과의 대화 채널 수행, 노던 시큐어리티스에 대한 논란으로 점철된 1년이 지난 뒤 전 스포츠 올스타였던 베이컨마저 신경쇠약에 시달렸다. 그는 의사의 강력한 권고를 받아 휴가를 떠났다. 그는 유럽 휴가를 마치고 월스트리트 23번지 '더 코너'로 돌아가고 싶어 했다. 하지만 의사는 일을 다시 시작할 경우 "쓰러져 일어나지 못할 것"이라고 경고했다. 젊고 매력적인 미남 파트너가 휴식을 취하고 있는 동안 모건은 그를 U. S. 스틸의 이사로 선임하고 유럽에 있는 그를 보기 위해 달려갔다. 그러나 '보스턴의 아도니스'는 휴가가 끝날 무렵 회사를 사직한다.

시어도어는 뉴욕 주지사 시절인 1900년 베이컨에게 은행 업무를 그만두고 정치계에 뛰어들라고 강권했다. 1905년 그는 대통령으로서 전 모건의 파트너를 엘리휴 루트 밑에서 국무부 차관으로 일하도록 한다. 그의 건강이 좋아져 연방정부의 일은 '더 코너'의 일과는 견줄 수 없을 정도로 그에게는 수월했다. 모건과 잭은 국무부에서 일하는 베이컨과 꾸준하게 연락하며 지냈다. 나중에 그는 윌리엄 하워드 태프트의 지명으로 프랑스 주재 미국 대사로 부임한다.

———※———

베이컨이 지친 심신을 달래기 위해 유럽으로 떠날 즈음인 1902년 U. S. 스틸의 일이 꼬여가기 시작했다. 시민들이 어마어마한 초기 납입 자본금에 경악을 금치 못했다. 하지만 설립된 지 1년도 채 되지 않은 시점에 U. S. 스틸은 합병된 회사들이 이전에 짊어진 건설 부채를 해결하기 위해 현금 5,000만 달러를 더 조달해야 했다. 합병으로 건물이 많이 필요 없는 데도 건설 계약은 취소되지 않았다. 베이컨을 대신해 U. S. 스틸의 재무 위원회를 이끌게 된 퍼킨스는 이자율이 연 5퍼센트인 2차 담보채권 2억 달러를 발행해 우선주 2억 달러와 교환하고, 추가 채권 5,000만 달러를 발행해 공사대금을 지급할 현금 마련안을 제출했다. 우선주의 배당률이 연 7퍼센트나 되기 때문에 채권으로 교환작업이 성공적으로 마무리될 수 있었다. 그러면 이자 비용이 150만 달러까지 줄어들 게 된다.

그 순간 모건은 다른 사안으로 골머리를 앓고 있었다. 그는 부채가 증가하는 것을 싫어했지만, 퍼킨스가 제출안에 동의한다. 하지만 일이 더 꼬여가기 시작했다. 잭은 런던 파트너들과 투자자들의 불만을 완곡하게 표현해 뉴욕에 보고한다. 그들이 "세계 최대 기업이 있는데, 설립 당시 엄청난 자본금을 조달했다. 그러나 설립된 지 9개월밖에 되지 않은 시점에 신규 자금 5,000만 달러를 유치하려고 한다. 이는 우리로선 이해할 수 없지만, 설립 초기에 발생할 수 있는 불행이라고 이해한다"고 말했다는 것이다.

U. S. 스틸이 새로 발행한 채권은 기존 우선주보다 리스크가 낮았다. 그런

데도 주주들은 우선주를 포기하려고 하지 않았다. 투자은행 J. P. 모건이 채권-우선주 전환을 담당할 신디케이트를 구성한 1902년 3월 퍼킨스는 금융회사와 투자자를 제대로 채울 수 없었다. 투자은행 J. P. 모건이 일정 액수를 신디케이트의 공동 계좌에 납입한다는 약속을 제시할 수밖에 없었다.

어렵게 구성된 신디케이트는 1902년 4월 마침내 우선주를 채권으로 교환하는 작업을 개시했다. 신디케이트는 우선주 보유자들에게 채권으로 교환할 수 있는 권리를 부여했고, 주주들이 인수하지 않은 채권을 떠안기로 약속했다. 또한 발행기업인 U. S. 스틸에는 1억 달러를 지급하기로 했다. 이 가운데 8,000만 달러는 우선주로, 나머지 2,000만 달러는 현금으로 납입한다.

신디케이트 참가 금융회사 등은 그해 봄 우선주 8,000만 달러를 떠안아 1903년 10월까지 보유하기로 결정했다. 이로써 U. S. 스틸이 추진한 이자율 5퍼센트인 채권으로 배당률 7퍼센트인 우선주를 퇴장시키는 작업은 완료되었다. 투자은행 J. P. 모건은 존 록펠러와 함께 신디케이트 계좌에 각각 1,000만 달러어치의 주식을 예탁하는 방식으로 우선주-채권 교환을 시작했다. 신디케이트가 교환작업을 대행하는 과정에서 채권발행 대금의 4퍼센트에 해당하는 수익을 올렸다. 퍼킨스는 이 거래가 "특별히 높은 수익을 약속한 게 아니다"라고 말했다. 그런데 소액 투자자의 두 그룹이 그해 6월과 7월 소송을 제기했다. 신디케이트가 부채의 증가를 야기하고, 신디케이트의 4퍼센트 수익이 턱없이 높다는 이유였다. 한 그룹은 퍼킨스가 U. S. 스틸의 우선주와 보통주를 매입할 수 있는 옵션을 제공하자 소송을 취하했다. 나머지 한 그룹은 법원이 근거 없다고 판단한 1903년 2월까지 소송을 진행했다. 하지만 이때 U. S. 스틸의 실적이 하향 곡선을 그리기 시작했다. 순이익과 주가가 곤두박질하기 시작해 교환작업을 계속 실행하기가 사실상 불가능해졌다.

1902년 5월 우선주-채권의 교환이 완료되었다. 전체 우선주 2억 달러 가운데, 신디케이트를 거치지 않고 채권으로 교환된 우선주 규모는 4,500만 달러에 지나지 않았다. 별도의 채권 매각으로 조달된 현금도 고작 1만 2,000달러에 지나지 않았다. 당황한 퍼킨스는 신디케이트 계약기간을 1904년 6월까지 연장했다. 하지만 그는 1903년 가을 모든 계획을 취소할 수밖에 없었다.

U. S. 스틸이 교환을 취소한 1903년 가을 전체 채권 발행분 2억 5,000만 달러 가운데 우선주로 교환되거나 현금을 받고 매각된 분량은 1억 7,000만 달러에 지나지 않았다. 신디케이트가 회사에 납입한 대금도 1억 2,500만 달러에 지나지 않았다. 이 가운데 1억 1,400만 달러는 우선주였고 1,100만 달러는 현금이었다. 신디케이트의 주간 금융회사인 투자은행 J. P. 모건이 1903년 거의 700만 달러를 현금으로 납입했다.

모건 은행은 이듬해인 1904년 채권 300만 달러를 더 매입했다. 약속한 2,000만 달러 가운데 절반 이상을 지급해주기 위해서였다. U. S. 스틸의 회장인 개리는 1904년 3월에 발표한 2차 재무제표에서 "회사는 투자은행 J. P. 모건에 채권을 넘겨주고 언제든지 나머지 900만 달러를 현금으로 조달할 수 있지만, 당장 필요하지 않은 현금을 채권으로 조달할 경우 지출해야 하는 이자 부담을 줄이기 위해 돈이 필요한 경우를 빼고는 잔여분을 요청하지 않을 계획"이라고 밝혔다.

신디케이트의 손익을 알아볼 수 있는 기록은 거의 남아 있지 않다. 특히 멤버들이 우선주를 납입하지 않겠다고 했다면, 우선주가 어떻게 되었을지 정확하게 말할 수 없기 때문에 신디케이트의 손익을 정확하게 계산해 내기 어렵다.

교환 계획이 세워진 순간 공개시장에서 채권은 95달러에, 우선주는 94달러에 거래되고 있었다. 계획이 실행된 1903년 3월 채권 가격은 88달러로, 우선주 가격은 85달러로 두 증권의 가격 차이는 더욱 벌어졌다. 심지어 그해 11월 채권 가격은 65달러 이하에서, 우선주는 50달러에 거래되었다. 결국 신디케이트는 채권을 94달러에 매입해 29달러 낮은 65달러에 팔아야 하는 상황에 몰리게 되었다. 우선주로 납입하기로 한 전체 대금이 8,000만 달러였다. 단순 계산한 손실은 무려 2,320만 달러나 된다. 그러나 신디케이트가 교환을 하지 않고 우선주를 보유하고 있었더라면, 가격이 94달러에서 50달러로 떨어지는 바람에 주당 44달러, 전체로는 3,520만 달러를 잃었을 것이다.

신디케이트는 1903년 가을 공개시장에서 우선주 25만 주를 매입해 채권으로 바꾸는 방식으로 손실을 줄일 수 있었다. 덕분에 주당 10달러, 모두 250만 달러를 이익으로 남길 수 있었다. U. S. 스틸이 우선주-채권 교환으로 본 이익은 신디케이트보다 적었다. 결국 회사의 재무위원회는 1903년 11월 19일 교환 계약을 취소하자고 투자은행 J. P. 모건에 요청했다. 계획은 즉각 취소되었다.

우여곡절을 겪었지만, 신디케이트는 약속한 1억 달러가 넘은 금액을 U. S. 스틸에 넘길 수 있었다. 애초 현금 2,000만 달러, 우선주 8,000만 달러를 납입하기로 했다. 하지만 최종 납입한 결과는 현금 1,100만 달러, 우선주 1억 1,400만 달러였다. 납입한 우선주의 규모가 약속보다 많은 이유는 신디케이트가 공개시장에서 헐값에 대량으로 구매한 탓이다.

신디케이트가 공개시장 가격으로 계산한 대로 채권 인수와 유통에서 2,320만 달러를 잃었다. 1903년 11월 시장 가격에 우선주를 사들여 채권과 교환한 덕분에 250만 달러를 벌었다면, 그리고 전체 인수증권 대금 1억 7,000만 달러의 4퍼센트인 680만 달러를 수수료로 받았다면, 전체적인 결산 결과는 손실 1,400만 달러였다. 결국 우선주 시세가 채권보다 높아, 교환에 참가한 투자자와 신디케이트는 엄청난 기회비용을 치렀다.

U. S. 스틸의 내부 분란은 자금조달 만큼이나 골칫거리였다. 회사 내부에는 경

영 전략과 방향을 두고 두 개의 전선이 형성되어 있었다. 개리/모건 진영의 변호사들과 은행가들은 철강산업과 경제 전반의 안정과 지속적인 순이익 창출, 불필요한 소송에 휘말리지 않은 경영에 중점을 두었다.

반면 슈왑이 대표하는 오리지널 '철강맨'들은 다른 꿈을 꾸었다. 슈왑이 애초 그렸던 중앙집권적인 관리 체제와 초효율적인 기업 구조는 아직 이뤄지지 않았다. '철강맨'들은 카네기 철강이 성공할 수 있었던 전투적 경쟁 지향에 반대하는 개리 진영 때문에 초효율적인 기업이 만들어지지 않고 있다고 비판했다. 하지만 슈왑의 행동과 경거망동도 기대했던 구조가 갖추어지지 않는 요인이 되었다. U. S. 스틸의 회장으로서 슈왑은 동료들을 무시했다. 동료들은 회사가 불필요하게 무자비하다는 악명을 얻고 있다고 걱정했다. 슈왑이 1901년 5월 뉴욕의 한 상업학교 졸업식에서 비즈니스 세계에 뛰어들 학생들은 대학 졸업장이 필요 없다고 공언하는 바람에, 미국 전역의 언론인과 작가들이 그를 맹렬히 비판했다. 그들은 '거대 철강회사의 오만'과 미국 문화의 쇠락, '물질 만능주의가 낳은 무아지경'이라고 그의 발언을 혹평했다.

슈왑의 설화는 여기에서 끝나지 않았다. 그는 한 경제단체에 참석해 "노동조합이 가장 유능하고 고임금을 받는 노동자가 아니라 가장 싸구려 노동자들로만 구성되고 있다"고 주장했다. 허스트의 매체인 〈저널〉은 "세계 최대 철강 트러스트가 대중을 속여 허섭스레기 주식을 매입하게 하고 있으면서 노동조합을 분쇄할 계획을 갖고 있다"고 전했다.

회사의 경영 위원회는 그가 일으킨 물의를 진화하는 데 식은땀을 흘렸다. 위원장 개리는 슈왑이 연간 100만 달러를 받는다는 루머를 부인하면서 "그는 이미 엄청난 재산을 보유하고 있고, 회사의 주식도 상당히 많이 가지고 있어 따로 거액 연봉을 받을 필요가 없다"고 해명했다. 슈왑이 1901년 수백만 달러짜리 맨션을 짓고 있는 것으로 봐서 거액 연봉은 필요하지 않을지라도 호화 저택은 필요했다고 말할 수 있다. 그의 호화 저택은 프랑스 쉐농소(Chenonceaux) 성을 벤치마킹한 것이다. 침실이 무려 90개였고, 엘리베이터는 6대가 설치되었다. 높이가 무려 35.3미터나 되는 탑이 설치되었다. 약 20미터짜리 수영장도 마련되었다. 그 저택에는 볼링장과 체육관, 전용 발전설비까지 갖추어졌다. 저택은 맨해튼 73번가와 리버사이드 드라이브 사이의 한 블록을 차지할 정도로 방대했다.

보수적인 사람들의 인상을 찌푸리게 하는 슈왑의 이런 행태는 이 시기에 불거진 스캔들과 견주면 약과였다. 〈뉴욕 선〉은 1902년 1월 몬테카를로 카지노에 있는 슈왑을 보도했다. 신문은 '슈왑, 은행 털다!'라는 제목 아래 그곳에서 슈왑의 행태를 폭로했다. 카네기는 너무 분노한 나머지 과거 부하에게 급전을 띄운다. "시민들이 충격받았다… 당신은 사임해야 할 것 같다. 바르게 처신해야 한다." 모건에게 띄운 편지에서는 "내 아들이 가문을 더럽힌 느낌입니다… 그는 더 이상 U. S. 스틸의 수장으로는 어울리지 않습니다. 물론 그의 재능은 아주 놀랍습니다… 제가 그를 추천한 게 잘못이었습니다. 내 인생에서 이토록 큰 상처를 받은 적이 없습니다"라고 말했다.

J. P. 모건은 카네기의 엄격한 시각에 동의하지 않았다. 슈왑이 "모건 씨께서 원하신다면"이라고 말하며 사직서를 제출했을 때 퍼킨스는 세상 사람들의 요란한 반응은 "모건 씨에게 어떤 영향도 끼치지 않았다"고 했다. 퍼킨스는 "그 사건에 대해 너무 신경 쓰지 마시길 바란다… 계속 회장으로 일하고 좋은 시간 갖기를 바란다"는 보선의 말을 전했다.

슈왑은 "여러 모로 감사드립니다. 모건 씨에게는 말로 표현하지 못할 정도로 감사하다는 말씀을 전해주시길 바랍니다"라고 다시 편지를 띄웠다. 그는 계속해서 "U. S. 스틸이 먼저이고 저는 그 다음입니다… 모건 씨가 원하는 것은 무엇이든 하겠습니다. 그 분은 대단한 인물입니다. 카네기 씨는 내 말도 들어보지 않고 책망부터 했습니다"라고 말했다.

도박 사건이 터진 이후 모건이 처음으로 슈왑을 만났을 때인 1902년 3월 "잊어버려! 마이 보이. 잊어버려"라고 말했다. 하지만 언론은 U. S. 스틸의 회장이 보인 '도덕적 물의'를 잊으려 하지 않았다. 꼬장꼬장한 카네기도 그를 용서하지 않았다. 카네기는 과거 자신의 대리인(슈왑)이 제정신이 아니라고 비난을 퍼부었다. 결국 슈왑은 1902년 8월 프랑스 엑스레벵으로 가 잠수했다. 아마도 모건의 권유가 있는 듯했다. 슈왑은 근 1년 동안 귀국하지 못하고 유랑생활을 해야 했다.

결국 슈왑은 1903년 U. S. 스틸을 떠나기로 결정한다. 이때 마침 그는 조선소 트러스트와 관련해 '파괴적인 불법행위'를 했다는 이유로 뉴욕 법원에 의해 실형이 선고되었다. 모건은 "슈왑이 철강산업에서 타의 추종을 불허하는 전문가"였다고 상찬하면서 그의 사임은 건강악화 때문이라고 발표해 명예롭게 퇴진할 수 있도록 해주었다. 또한 그를 U. S. 스틸의 이사회와 재무위원회 멤버로 남겨두었다.

카네기의 후예는 모건과 개리가 지향하는 U. S. 스틸과는 어울리지 않았을 수 있다. 하지만, 모건은 그의 전문성을 정확하게 평가해주었다. 1904년 슈왑은 베들레헴 철강의 회장으로 선임된다. 회사는 펜실베이니아에 본거지를 두고 있는 소형 제철소였다. 주로 철도 레일과 특수 제품을 생산했다. 그가 회장을 맡은 이후 10년 안에 베들레헴 철강은 미국 2대 철강회사와 U. S. 스틸의 라이벌로 떠오른다. 슈왑은 1901년 베들레헴 철강을 700만 달러에 인수해, 이 값에 U. S. 스틸의 신디케이트에 다시 매각했다. 그리고 1902년에 720만 달러를 주고 지분을 재매입한 뒤 자신이 보유한 U. S. 조선에 채권과 주식 3,000만 달러를 받는 대가로 다시 매각했다. 그는 모건의 신디케이트에 성공적인 매도를 주선한 대가로 5만 주를 지급했다. 하지만 그의 조선소 사업은 1903년 7월 실패로 끝난다. 그는 1904년 베들레헴 철강의 뉴저지 인가권을 확보한 뒤 잉여 설비를 매각하고 순전히 상업용 철강 생산에 집중한다.

슈왑이 떠난 뒤 그의 부하였던 윌리엄 E. 코리(William E. Corey)가 U. S. 스틸의 회장직을 승계했다. 하지만 이후 25년 동안 회사의 경영방침을 결정한 인물은 개리였다. 개리는 슈왑이 추진했던 지역별 생산시설 합리화와 판매망 일원화, 혁신적인 리서치 등을 추진하지 않기로 했다. 또한 그는 카네기가 맹렬하게 추진했던 비용·절감과 가격 인하 경쟁도 추진하지 않았다. 대신 독립적인 자회사로 구성된 느슨한 지주회사 시스템을 추구했다. 철강재 시장이 요동하는 와중에도 안정적인 가격대를 유지할 수 있도록 하기 위해 거대 철강회사와 군소 경쟁 회사들이 공존할 수 있는 우산을 세웠다.

모건과 개리는 미국의 기초 소재산업인 철강업종의 안정화를 먼저 추구했다. 다음으로 반독점 소송을 피하고 싶어 했다. U. S. 스틸은 그들의 지배·경영·감독 아래에서 카네기 철강에서 물려받은 높은 효율성 등을 잃어버리게 된다. 결국 회사가 미국 철강시장에서 차지한 몫은 1901년 3분의 2에서 1930년대 3분의 1 수준으로 급감한다.

시사 만평가 파인리 피터 듄이 만화 캐릭터 둘리의 입을 빌려 비판한 시어도어 루스벨트의 어중간한 태도는 그가 노던 시큐어리티스를 기소한다고 발표했을 때 왜 모건이 놀라고 충격을 받았는지 설명해준다. 시어도어는 노던 시큐어리티스에 대한 공격 직전에 '철도산업의 비스마르크'를 초대해 디너파티를 베풀어주었을 뿐만 아니라 1902년 2월에는 국제적인 조선 트러스트를 구성하라고 권유하기도 했다(23장 참조). 시어도어는 1902년 가을 당대 최대 노동쟁의 가운데 하나인 석탄 노동자의 파업을 해결하기 위해 모건이 나선 데 대해 감사의 뜻을 전했다. 당시 펜실베이니아 석탄광산은 대부분 모거니제이션을 거친 이리-레딩 철도 등의 소유였다. 노동자들은 20여 년 동안 한 번도 오르지 않은 임금인상과 노동조건 개선, 폭리를 취하는 구내 시설의 요금 인하, 노조인정 등을 부르짖으며 1900년 파업에 뛰어들었다.

광산연합노조 리더인 존 미첼이 그해 가을 모건과 공화당 실력자 마크 한나의 지원을 받아 파업을 중재했다. 공화당은 1900년 대통령 선거에서 인민주의자 후보를 상대하기 위해 노동자들에게 '제대로 된 저녁 식사'를 공약으로 내걸었다. 파업이 장기화하면 선거에 큰 지장을 준다고 우려했다. 노사 양쪽은 임금 10퍼센트 인상과 노동자 고충위원회 인정, 기타 두 가지 사항에 합의했다. 미첼은 펜실베이니아 석탄지역의 무파업을 1년 동안 보장했다. 모건은 석탄 경영자들을 움직여 노동조합의 인정을 이끌어냈다.

그러나 어느 쪽도 합의 사항을 지킬 능력을 가지고 있지 않았다. 석탄연합노조와 협의하지 않은 파업이 지역적으로 이어졌다. 석탄 수송을 담당한 철도회사의 경영자들은 노조를 인정하지 않으려 했다. 결국 석탄지대 파업은 1902년 초 다시 재발했다. 한 해 전인 1901년 U. S. 스틸 파업을 중재했던 미첼은 1902년 2월 모건을 만났다. 그는 마크 한나에게 "그 은행가가 액션을 취해야 할 시기가 오면 적절하게 대처할 것을 약속했다"고 알렸다. 미첼에 따르면, 모건은 "철도회사 경영진이 잘못이라면 나는 그들을 지지할 수 없고, 노동자들이 잘못이라면 도와줄 수 없다"고 말했다.

당시 산업 자본가와 일부 노동계 인사들이 폭력적 노사대립을 지양하고 산업의 평화를 유지하자는 취지로 전국 시민연맹(National Civic Federation)을 구성했다. 이 연맹의 랠프 이즐리(Ralph Easley)는 미첼에게 "모건은 지난해 U. S. 스틸 파업 때와 마찬가지로 막강한 영향력을 보유하고 있어 좋은 결과를 낼 수 있다"며 "그는 고집불통인 석탄수송 철도회사의 경영진 다수를 좌지우지하고 있고, 그가 위협하면 그들은 대부분 물러나야 한다"고 말했다. 이어 "우리는 적대적인 옛날 인물이 아니라 우호적인 인물이 철도회사 경영자가 되는 것을 보게 된다"고 확언했다. 이는 미첼을 설득하기 위한 말이었다.

그러나 미첼과 철도회사 경영자 간 협상이 무위로 끝난 1902년 5월 광산 노동자 14만 명이 파업에 돌입했다. 미첼은 파업 돌입 초기 노동자들의 폭력행위를 금지하고 언론에 노동자들의 요구가 정직하고 합리적이며 자신들은 언제든지 협상할 준비가 되어 있다고 말해 시민들의 상당한 지지를 이끌어냈다. 반면 철도회사의 지배 아래 있는 광산회사의 경영자들은 오만하고 거친 태도를 보였다.

이즐리는 "노동조합에 대한 그들의 태도는 40여 년 동안 유지되어 체질화되어 있다"고 말했다. 그의 말은 모건이 지명한 레딩 철도의 조지 F. 베어(George F. Baer)가 원만한 타결을 호소하는 종교계 인사들에게 보낸 편지에서 "노동자의 권리는 선동자들에 의해서가 아니라 하나님이 이 나라의 자산을 관리하라는 소임을 맡긴 기독교 신사들에 의해 완벽하게 보호된다"고 말했다. 적어도 이 순간 그의 말은 상당히 완곡한 표현이었다.

베어의 편지가 공개되자, 민권 변호사 클레어런스 대로우(Clarence Darrow)는 조지 베어를 '최후의 조지'라고 불렀다. 〈시카고 트리뷴〉은 "법과 질서를 뒤집어엎으려는 세력은" 파업 노동자들이 아니라 석탄과 철도회사 경영자들이라고 비판했다. 이렇게 여론 선전전에 성공을 거두고 있던 노동조합은 '어머니에게 이 소식을 전해주오!'라는 노래를 개사해 불러 유행시켰다.

이 소식을 막강한 실세인 모건에게 전해주오!
우리는 단 10퍼센트 임금인상을 원할 뿐이라고
우리는 단결했고, 부당함은 반드시 바로잡고야 말겠다고,

물론 부당한 회사의 대접도 없애버리겠다고.

모건이 1902년 8월 유럽에서 돌아왔을 때 미첼과 이즐리, 한나, 천시 드퓨는 모건이 중재자로 나서야 한다고 강력히 주장했다. AFL의 새뮤얼 곰퍼스와 제임스 던컨은 전국 시민연맹에 "모건 씨의 절대적인 윤리성과 공정성을 신뢰한다"고 말했다. 사위 새터리의 전기에 따르면, 그순간 모건은 양쪽이 스스로 알아서 합의에 이르러야 한다고 믿었다. 두 진영이 타결하지 못하면 정부가 개입해야 옳다고 생각했다.

하지만 미첼은 모건이 그해 8월 무대 뒤에서 타협을 중재하기 시작했다고 전했다. 그해 5~10월 사이에 석탄가격은 파업의 여파로 톤당 5달러에서 30달러로 치솟았다. 모건은 뉴욕 맨해튼 아랫녘에 석탄 저장시설을 건설하는 데 도움을 아끼지 않았다. 시민들은 이곳에서 일시적으로 턱없이 오른 석탄을 낮은 가격에 매입할 수 있었다.

민주당 뉴욕 주 지부 전당대회에서 당원들은 석탄 국유화를 지지하는 성명서를 채택했다. 매디슨 스퀘어에는 시민 1만 명이 모여 광산 노동자의 파업을 지시하는 시위를 벌였다. 펜실베이니아에서 활동하는 한 사회주의 운동가는 "파업 노동자들이 미국 역사의 사회주의 운동에 가장 많이 기여했다"고 평가했다. 제이콥 라이스는 정부가 파업사태를 해결하지 못하면, "금융 권력의 오만함이 혁명을 야기할 것"이라고 시어도어에게 경고했다.

시어도어는 자신이 혐오한 '부패한 자본가'들보다 혁명적인 '대중'을 더 무서워했다. 그가 인민주의 대통령 후보였던 브라이언과 극단주의자들을 공격한 연설은 그의 진심이었다. 그는 예전부터 조직화한 노동세력에 반대해왔고 사유재산권을 신봉했다. 하지만 1902년 시어도어는 "'석탄자본 귀족들'이 얼빠진 고집과 어리석음을 보여주고 있다"고 비난했다. 사회적 불안이 고조되고 나날이 추워지는 상황에서 석탄 값은 오르고 중간선거가 다가오자 정부는 개입하기로 결정한다. 대통령은 1902년 10월 3일 석탄광산 오너 9명과 파업 지도자 미첼을 백악관으로 초청해 회동했다. 미첼은 독립적인 위원회가 중재하는 안을 받아들이겠다고 밝혔다. 하지만 베어는 "소요를 일으키는 무정부주의자들과 협상해봐야 시간 낭비"라며 거부했다. 대신 그는 파업을 분쇄하기 위해 군대를 보내라고 대통령에게 요구했다. 시어도어는 이미 병력 1만 명을 파업 발생 지역에 배치해 놓고 있었다.

대통령은 파업 노동자를 진압하는 대신 광산지대를 접수하기 위한 병력 사용을 고려하고 있었다. 오너와 경영자들이 유연한 자세를 보여주지 않자, 파업 노동자들에 대한 시민들의 지지는 더욱 상승했다. 시민들은 10월 8일 정부가 파업을 진압해서는 안 된다는 쪽에 투표했다. 바로 이때 정부가 모건에게 도움을 요청했다.

1902년 10월 11일 전쟁장관 엘리휴 루트가 뉴욕행 열차에 몸을 실었다. 모건과 루트는 그날 오후 요트 코르세어호 선상에서 석탄과 철도회사 오너와 경영진이 서명할 성명의 초안을 작성했다. 모건은 초안을 들고 다음날인 12일 내내 오너와 경영진을 상대로 설득 작업을 벌였다. 그들은 공포를 이야기하면서 석탄지역을 장악하고 있는 노동자들을 성토하는 문장과 이윤과 공정한 거래를 보장하는 조항을 넣으라고 목소리를 높였다. 하지만 그들은 모건의 설득과 압박에 초안에 서명했다. '철도산업의 나폴레옹'은 그들의 서명이 담긴 문서를 다음날인 13일 인편으로 백악관에 전달했다. 경영진은

"석탄지역 파업사태를 해결하라!"-시어도어 루스벨트와 모건이 1902년 무연탄 탄광지역 파업사태를 해결하기 위해 만나 의논하고 있다.(출처: 컬버 픽처스)

중립적인 중재위원회와 협상하겠다고 밝혔다. 하지만 노동조합과의 협상은 거부했다. 엔지니어와 판사, '저명한' 사회학자, 군대 장교, 광산 전문가 등을 위원회 멤버로 추천했다. 파업 지도자인 미첼은 사주들이 추천한 위원회를 거부했다. 대신 대통령이 성직자와 노동자 대표를 중재위에 임명하면 받아들이겠다고 밝혔다.

당시 탄광 노동자들은 대부분 갓 이민 온 사람들과 가톨릭 교도들이 대부분이었다. 루트는 모건에게 전화를 걸어 노동조합이 요구한 사항을 전했다. 10월 15일 조지 퍼킨스와 휴가를 막 마친 로버트 베이컨이 워싱턴으로 달려갔다. 그들은 모건이 노조의 요구에 따라 두 명이 추가된 위원회를 광산 오너와 경영진에게 설득할 수 없다고 말했다. 며칠 뒤 시어도어는 "코믹한 일들이 연이어 발생했다. 나는 퍼킨스 그리고 베이컨 두 사람과 두 시간 동안 이야기했지만, 그들은 흥분해 막무가내였다"고 기록했다.

퍼킨스와 베이컨은 사태가 해결되지 않으면 '무정부와 전쟁 상태'가 발생할 것이라며 대통령과 인식을 같이했다. 하지만 광산과 철도 회사의 경영진은 노동조합이 요구한 두 명 추가는 받아들일 수 없다고 강변했다. 밀고 당기기가 계속 이어진 끝에 베이컨은 애초 제시한 범주를 벗어나지 않는다면, 그 인물이 누구든 상관없다는 양보안을 냈다. 시어도어는 순간 "석탄광산 오너들의 경직된 사고방식에 따르면 노동자들과 같은 테이블에 앉기보다는 무정부 상태가 더 낫다고 생각하는 듯하다. 하지만 그들이 지정한 범주에서 지명해 봐야 그놈이 그놈이라고 말하면, 그들은 내 말이 평화를 의미한다고 환호할 것이다. 달리 말하면, 내가 한 노동자를 '저명한 사회학자'라고 한다고 해도 그들은 반대하지 않을 것"이라고 생각했다.

대통령은 자신이 생각한 대로 방향을 잡았다. "내게는 너무 다행스럽게도 베이컨과 퍼킨스는 내 제안을 기쁘게 받아들였다. 그들은 철도회사 오너와 경영진이 동의할 것이라고 말했다." 시어도어는 양쪽이 다 받아들이는 인물들을 신속하게 지명했다. 대통령은 하루 뒤 모건에게 이런 편지를 띄운다. "존경하는 모건 씨… 마침내 서광이 보이는 듯합니다. 귀하가 여러 사람들을 설득해 협조하도록 한 데 대해 감사드립니다. 모건 씨가 나서주지 않았다면, 나는 파업을 어떻게 해결해야 할지 몰랐을 겁니다. 타결되지 않았으면 추워지는 날씨 속에서 어떤 사태가 벌어질지 상상조차 할 수 없습니다. 진심으로 감사드립니다."

1902년 10월 23일 파업 노동자들은 일자리로 돌아갔다. 다섯 달 뒤 중재위원회는 임금 10퍼센트 인상과 하루 9시간 노동을 시행하기로 했다. 반면 사용자들의 요구를 받아들여 노동조합은 인정하지 않았다. 대신 노동자들이 뽑은 대표들과 협상하는 창구를 마련하기로 했다. 위원회는 이와 함께 석탄 가격 10퍼센트 인상을 결정했다. 급진적인 노동계는 위원회를 통한 타결 결과를 접하고 미첼이 노동자들을 팔아먹었다고 맹렬히 비판했다.

사실 모건은 정부가 도움을 청할 때까지 기다렸다. 정부가 요청하는 상황이 되어야 '통제하기 어려운' 광산과 철도 회장들을 누를 수 있는 정치적 파워가 생기기 때문이었다. 하지만 그는 개인적인 이익을 지키기 위해 철도와 광산 회장들을 협상 테이블로 몰았다고 비판받았다. 존 미첼이 모건을 변호하고 나선다. "내가 알기로는 모건 씨가 유럽에서 돌아온 이후 두 달 동안 광산 파업을 해결하기 위해 노력했다. 다른 사람들도 모건 씨만큼 노력했다면 파업은 오래전에 해결되었을 것이다… 그렇다면 모건이 힘들여 중재하지 않아도 되었을 수 있다"고 기자들에게 설명했다.

모건의 파업 중재와 해결은 개인적인 이익과는 아무런 상관이 없다. 그는 전국적인 연료 파동과 광산과 철도 오너들의 몰상식한 행위로 빚어진 사태가 확산되지 않도록 하는 일에만 전념했다. 리처드 호프스태터는 시어도어가 파업사태를 해결하는 데 도움을 준 사람은 다름 아닌 "거만한 귀족을 상징하는 모건과 한나"였다는 게 역설이라고 했다. 미국 노동 역사에서 대통령이 파업사태에 개입한 경우는 대표적으로 1877년 헤이스의 철도파업과 1894년 풀먼 파업 등이다. 하지만 대통령이 나서 이해 당사자들이 합의할 수 있는 안을 만들어 성공한 예는 1902년 파업사태였다. 그의 중재를 계기로 연방정부는 객관적인 중재자와 '공정한 거래'의 브로커로 보이게 되었다. 하지만 호프스태터는 "'달러 마크' 한나와 J. P 모건을 산파로 해서 중립적인 정부가 탄생할 수 있었다는 사실은 전형적인 혁신주의와는 잘 어울리지 않는다"고 꼬집었다.

─────※─────

시어도어 루스벨트는 소용돌이 속에 놓인 나라의 위기를 분명하게 직시했다. 산업경제가 야기한 복잡한 현안을 해결한 최초의 명령권자가 되었다. 오랜 기간 논쟁거리였던 정부와 경제계의 관계를 새로운 시각에서 바라보게 한 최초의 대통령이기도 했다. 사실 1902년까지 미국이 세계 경제 대국으로 성장할 수 있었던 것은 정부의 정책보다는 민간 기업의 노력 덕분이었다. 연방정부가 새로운 위상을 갖게 되면서 자연스럽게 몇 가지 의문이 제기되었다. 중앙정부가 어마어마하게 강력한 재계를 감독하기 위한 조처를 시행하면서도 경제 성장세를 계속 유지할 수 있을까? 정부가 '보통사람'의 이익을 제대로 규정하고 보호할 수 있을까? 독점자본(트러스트)의 회계의 투명성과 규제의 고삐를 효과적으로 강제할 수 있을까?

　기업합병과 경제안정, 미국의 세계시장 석권 등에 대한 시어도어 루스벨트의 시각은 모건과 다를 게 없었다. 단지 시어도어는 금융자본의 권력 남용과 월스트리트에 대한 연방정부의 저자세를 바로잡고 싶었을 뿐이다. 그가 노던 시큐어리티스를 반독점 위반 혐의로 기소하는 바람에 '트러스트 버스터(Trust

Buster)'라는 별명을 얻기는 했다. 하지만 그나 법무장관 녹스는 기업 합병을 막으려 하지는 않았다. 두 사람은 무엇이 옳은지를 판단하는 권한을 가진 정부를 이용해 경쟁과 독점의 균형을 이루고 싶어 했다.

몇 년이 흐른 뒤 자서전에서 시어도어는 대통령으로서 자신이 직면한 문제를 분석하고 규제가 필요한 사례를 제시한다. 그의 분석에 따르면, "19세기 미국은 '개인주의적 물질주의 폭력'과 '정부 감독의 부재' 덕분에 인위적·자연적 개인주의가 극에 달해 금융과 경제의 비약적인 발전이 이뤄졌다. 이렇게 해서 탄생한 게 바로 대기업인데… 세계 어느 나라에서도 부를 축적한 한 개인이 막강한 권한을 행사한 경우는 없었다."

시어도어는 계속해서 "거대한 기업을 소유한 사람들의 파워는 엄청난 속도로 커졌다. 반면 국민의 편에서 정부 조직을 활용해 이들을 감독하고 규제하거나 그들의 불법과 탈법 행위를 견제할 방법은 원시적이고 따라서 정부는 무기력했다"고 봤다.

"주요한 어려움 가운데 하나는 그들의 악한 행동을 관찰하고 바로잡으려고 노력한 사람들은 전혀 다른 두 가지 방식으로 문제를 해결하려고 시도했다는 사실이다. 셔먼법을 제정한 사람들은 이미 쓸모없고 왜곡되어버린 개인주의를 강화하는 방식으로 거대 자본가를 견제하려고 했다. 이들은 개인주의 때문에 발생한 기업합병을 개인주의로 해결하려고 했던 것이다. 셔먼법을 제정한 사람들은 독점 기업이 저지른 폐해를 목격하고 독점 기업을 없애 미국을 19세기 중반으로 되돌려 놓으려고 시도한 셈이다. 이는 성공할 가능성이 없는 노력이다. 그들은 스스로 급진적 혁신주의자라고 보았지만, 실제로는 농업경제에 기반한 자유주의에 지나지 않는다. 반면, 몇몇 사람은 트러스트의 출현은 비즈니스 세계에서 발생한 불가피한 흐름이기 때문에 트러스트를 막는 것은 어리석다고 생각했다. 그들은 감독·감시 없이 트러스트를 내버려 두는 것도 어리석은 일이라고 생각했다. 또한 경제학자의 자유방임, 무제한적인 경쟁과 개인주의 독트린은 잘못이고 잘못 이해되고 있음을 깨달았다. 그래서 정부가 노동자를 보호하고 국민의 복지를 위해 거대 기업을 감독하고, 수세기 동안 잘못한 개인을 육체적으로 처벌했듯이 교활한 사기 행위를 하는 기업을 제재하는 데 정부가 나서야 한다는 사실을 인식했다."

이런 인식을 바탕으로 시어도어는 석탄산업의 파업 사태를 해결하는 데 기여한 모건을 높이 평가했다. 이후에도 여러 가지 현안을 해결하는 과정에서 월스트리트 23번지 '더 코너'와 협력한다. 조지 퍼킨스는 1903년 트러스트의 핵심세력이면서도 정부가 효율적으로 대기업들을 감시·감독하는 데 필요한 조직을 만드는 데 참여했다. 그가 설립에 협력한 조직이 바로 '연방정부 상공·노동부'였다.

상공·노동부 산하에는 경제 실태를 조사하고 자료를 수집하는 부서로 '기업국'이 설치되었다. 합리적인 철도 오너와 경영자들은 연방정부의 규제가 부실만을 야기하는 가격인하와 과도한 경쟁을 조절할 수 있다고 생각했다. 또한 주 정부의 과도한 규제도 완화·통일시켜주리라 기대했다. 그들은 1903년 엘킨스(Elkins) 법을 환영했다. 이 법은 스탠더드 오일과 U. S. 스틸 같은 거대 고객들에게 철도회사가 제공하는 리베이트를 유보조항과 함께 불법화했다. 〈월스트리트 저널〉은 1904년 12월 예상과는 달리 "철도 산업을 지배하는 금융 자본과 거대 산업체 관계자들이 엘킨스 법이 시행되면, 자신들이 가지고 있는 권력과 지배력을 상당 부분 잃게 되는 데도" 그 법을 환영한다고 보도했다. 이어 "미국의 주요 철도회사 오너들이 정부가 철도회사와 공공의 이익을 동시에 추구할 수 있는 요금 체계를 관리하도록 하는 법을 제정하는 데 시어도어 대통령과 공동으로 노력하고 있다는 사실은 아주 중요한 의미를 지닌다"고 평가했다.

시어도어는 상징적인 의미로 노던 시큐어리티스를 기소했다. 백악관에 머물고 있는 동안 재판이 진행되는 것을 지켜보면서 모건이 구축한 다른 트러스트는 공격하지 않았다.

〰〰〰

모건의 골칫거리는 시어도어 루스벨트가 아니라 거대 자본에 대한 전국적인 거부감이었다. 20세기 초반 미국에는 전반적인 개혁을 주장하는 움직임이 거세게 일었다. 이는 '혁신주의'로 개념화된다. '머니 파워'에 대한 반대운동이었다. 이는 대중의 반감에 호소할 뿐만 아니라 정교한 이데올로기도 갖추었다. 대변하는 이익의 범위가 아주 포괄적이고, 운동 행태는 덜 과격했다. 지역적으로는 도시형 운동이었다. 혁신주의는 과거 농민운동이나 금본위제 반대 세력과는 달리 중산층들을 대거 흡수했고, 더 높은 도덕성과 지적인 리더십을 강조했다.

일부 혁신주의자들은 건국 초기 도덕적 일체감을 복원하고 싶어 했다. 시어도어가 말한 '농업경제에 기반한 자유주의'다. 이들은 상대적으로 자유로운 시장과 개인주의적 가치가 충만한 산업혁명 이전의 경제 구조를 회상했다. 반면 도시 혁신주의자들은 산업화가 낳은 사회문제를 정면으로 다루었다. 일반 시민과 성직자들로 구성된 활동가들은 어린이 노동과 산업안전, 노동자 보상, 공공 주택, 공공 보건 등을 이슈화했다.

정치 이론가들은 미국이 선진 산업경제와 인간사회의 혜택을 누릴 수 있다고 믿은 시어도어와 공감했다. 기업이 주축이 된 현대 사회에서 공공의 이해와 민주주의 참뜻에 관한 이슈를 탐구했다. 주류를 기준으로 왼쪽에서는 사회주의자인 유진 V. 뎁스가 1904년 대통령 선거에서 4퍼센트를 얻었고, 1908년에는 2.8퍼센트를, 1912년에는 6퍼센트를 차지했다.

경제적 격변은 사회 불안을 야기했다. 미국인은 남북전쟁 이후 디플레이션

시대에 하락하는 물가와 꾸준히 상승하는 달러의 구매력에 오랜 기간 적응되어 있었다. 어느 날 갑자기 물가가 상승하는 것을 발견하고 긴장했다. 1897년 이후 금 생산량의 급증으로 미국 등 금본위제를 채택한 나라에서 통화팽창과 인플레이션이 발생했다. 미국인의 한 가구 생활비는 1897~1913년에 35퍼센트 늘어났다.

값싼 달러 덕분에 농민과 채무자들의 생활환경은 호전되었다. 하지만 정액 소득자들은 시간이 흐를수록 더 적은 양을 구매하게 되었다. 달러 표시 자산의 가치는 계속 하락했다. 숙련공의 임금은 생활비 상승에 맞춰 제때 인상되지 않았다. 이에 따라 AFL 가입 노동자 수는 1900년 54만 8,000명에서 1910년 150만 명으로 늘어났다.

20세기 들어 새롭게 부상한 사실주의 문화도 개혁 압력을 더욱 키웠다. 탐사 저널리즘을 표방한 재능 있는 언론인들이 미국이 약속한 것과 실제 현실의 괴리를 부각시켜 국민들의 관심을 끌었다. 이들의 등장은 19세기 말 대량 제작·배포되는 잡지의 등장과 궤를 같이했다. 대형 비즈니스가 된 정보전달 매체의 편집자들은 독자를 확보하기 위해 치열하게 경쟁했다. 그들은 인간 문제에 대한 집중과 권선징악, 정치적 폭로 등으로 독자를 끌어들였다. 특히 폭로 문학은 1903년에 창간한 잡지 〈맥클러〉가 암묵적으로 내세운 편집 방향이었다. 모건이 1899년 출판그룹 하퍼스를 인수하라고 설득하기 위해 만난 바 있는 새뮤얼 S. 맥클러는 자신만의 출판업을 지속했다. 그가 안정적으로 확보한 재능 있고 치밀한 작가들은 저널리즘을 풍요롭게 했다.

맥클러는 1903년 발행된 잡지의 사설을 통해 사회 곳곳에서 발생한 법의 경시를 다룬 기사 세 꼭지를 전했다. 이 기사들은 "우리 모두가 하던 일을 멈추고 생각해야 하는 미국사회 특징을 보여주는 양식"이라고 그는 주장했다. 그는 부패한 권위에 도전을 선언하고 개인 책임의 새로운 윤리 규범을 호소했다. 그러고는 "예외가 없다. 우리 가운데 어느 누구도 예외일 수 없다"고 결론 내린다.

당대 대표적인 탐사 저널리스트인 링컨 스테펀스는 '미니애폴리스의 수치'라는 기사로 한 지역사회의 부패상을 낱낱이 드러내 보였다. 이 기사에는 정치인과 범죄자, 경찰의 커넥션을 날짜순으로 정리되어 있다. 뇌물 장부가 사진으로 찍혀 기사의 신빙성을 더해 해주었다. 인종문제 전문 저널리스트인 레이 스태너드 베이커는 1902년 석탄광산의 파업현상을 르포 형식으로 전했다. 그는 '일할 권리(Right To Work)'라는 말을 강조하면서 광산연합노조가 파업에 참여하지 않은 노동자 7,000명을 어떻게 다루었는지를 고발했다.

여성 저널리스트인 아이더 M. 타벨은 치밀하게 분석한 기사를 발표했다. 록펠러의 스탠더드 오일이 야기한 파멸적인 결과를 시민들에게 알렸다. 1904년 단행본으로 출판된 그녀의 《스탠더드 오일의 역사》는 미국 경제계의 실상을 다룬 책으로 당시 가장 영향력 있는 책 가운데 한 권이었다. 타벨은 펜실베이니아 유전지대에서 독립적인 군소 석유 채굴업자의 딸로 태어났다. 그녀의 아버지는 록펠러의 트러스트에 의해 철저하게 짓밟혔다. 아버지 프랭클린(Frankline) 타벨은 사랑하는 딸이 무엇을 캐고 있는지 알고는 "하지 마라! 그들이 그 잡지를 무너뜨릴 게다"라고 말했다. 아버지의 만류에도 그녀는 파고들어 갔다. 그녀의 이런 출생 배경은 내밀한 정보와 함께 '분명한 편향'을 가지게 했다. 그녀는 스탠더드 오일의 간부들과 접촉해 진술을 확보했다. 공식적인 문건도 열람할 수 있었다. 관련자들의 진술서와 입법·사법 당국의 자료를 철저히 분석했다. 스탠더드 오일 문제와 다루었던 모든 사람을 만나기 위해 미국 전역을 돌다시피 했다. 이렇게 해서 그녀가 탐사한 내용은 〈맥클러〉를 통해 매달 연재되었다.

타벨이 탐사를 통해 발견한 것은 "효율성과 독점적 파워 면에서 인간이 만든 어떤 장치보다 거의 완벽한 머신이었다." 또한 뇌물 수수와 스파이 행태에 관한 기록과 오너들의 특권, 록펠러 사단의 무자비한 전술, 경영적인 사술 등은 전 미국인을 전율케 했다. 타벨은 "스탠더드 오일이 설립된 이후 다른 기업과 경쟁하고 공정하게 거래를 시작한 때가 있었는지 의심스럽다"고 결론 내린다. 그녀는 영육을 소진하면서 스탠더드 오일의 베일을 걷어낸 덕분에 미국에서 가장 유명한 여성으로 떠올랐다. 그녀의 탐사보도로 록펠러는 상당 기간 미국인들이 가장 혐오한 인간이 된다. 당시 비평가들은 대부분 그녀의 다큐멘터리와 냉정함을 아주 높이 평가하기는 했다. 〈더 네이션The Nation〉은 그녀의 탐사를 유난히 비판했다. 더 네이션은 지지하면서도 자신에게 악당으로 보이는 사람을 너무 검게, 희생자로 보이는 사람은 너무 하얗게 묘사했고, 딱 부러진 증거보다는 정황과 암시를 너무 많이 사용해 조심성 없이 '대중의 증오'만을 부추겼다고 비판했다.

"우리는 아주 강력한 개혁이 필요하지만, 개혁의 열정과 증오 등을 잘 조절할 수 있는 유권자들이 나타날 때까지 우리는 개혁을 이룰 수 없다. 이런 시대가 오면, 마구잡이식 비난과 비판은 정당한 역사로 기억되지 않을 것이다."

록펠러는 타벨의 비판에 거의 대응하지 않았다. 그의 이웃들은 록펠러가 "경기장에서 일정 시간 동안 머리를 강타당할 수 있음을 각오한 권투나 레슬링 선수 같았다"고 말했다. 그는 어떤 공격에도 끄떡도 하지 않았다. "스탠더드 오일은 나쁜 일보다 좋은 일을 더 많이 했다"는 주장을 굽히지 않았다. 타벨의 고발을 계기로 연방과 주정부 검찰이 스탠더드 오일의 불법과 탈법 행위를 조사하게 되었고, 록펠러는 더 많은 돈을 기부했다.

타벨의 탐사가 나온 즈음 보험회사와 제조업체, 포장육회사, 철도회사 등의 불법과 탈법 행위와 함께 아동 노동과 인종차별, 도시의 슬럼화, 약품 특허, 대형 금융거래, 상원의원 행태 등을 고발하는 글들이 쏟아져 나왔다. 몇몇 작품은 심각한 이슈를 담고 있었고, 관련자들의 가슴에 비수를 들이대는 것처럼 치밀했다. 하지만 다른 것들은 부정확하거나 흥미 위주였다.

시어도어 드레이저와 프랭크 노리스, 잭 런던, 업튼 싱클레어 등이 발표한 소설을 비롯해 로버트 라 폴레트의 연설, 뉴욕 도시 리얼리즘 화가들인 '깡통파(Ashcan School)'가 도시 슬럼 지역을 담은 그림들, 제이콥 라이스의 사진 등이 야만적인 자본에 공격당한 한 나라를 더욱 생생하게 묘사했다.

싱클레어가 1906년에 발표해 베스트셀러가 된 《정글》은 시카고 야적장의 실상을 생생하게 묘사하고 있다. 소설은 미국이 건국 이후 처음으로 소비자 권리를 보호하기 위한 법률인 '청결 식약법(Pure Food and Drug Act)'을 제정하도록 했다. 이에 대해 싱클레어는 "미국인의 가슴을 겨냥했는데, 실수로 위장을 공격했다"고 불평했다.

탐사 저널리스트들은 미국 사회 구석구석의 권력 남용을 고발했다. 하지만 미국인들의 눈에 비친 대표적인 악당들은 재벌과 옹호세력, 트러스트였다. 레이 스태너드 베이커가 석탄 노동자의 파업과 U. S. 스틸에 관해 쓴 기사는 모건을 악당으로 묘사하지는 않았지만, 이후 등장한 작가들과 만평가들은 그를 악당으로 그렸다. 모건도 비평가들에 대해 별다른 반응을 보이지 않았다. 미국인들의 놀라운 심리 변화에 대해서도 그다지 관심 갖지 않았다. 그는 자신이 잘못한 일이 없다고 믿었기 때문이다. 그가 혁신주의적 사회 분위기를 경험했다고 하더라도 생각이나 비즈니스 방향을 바꾸지 않았을 것이다.

바다의 나폴레옹

"피어폰트 모건은… 정신력이 가장 강한 사람마저도 비틀거리게 하는 짐을 지고 있다." 헨리 애덤스의 1902년 4월 기록이다. 이어 "모든 사람들이 어느 날 아침 그가 죽은 채 발견되면 무슨 일이 일어날지를 궁금해하고 있다"고 했다. 중요한 말이다. J. P. 모건은 1902년 4월 예순다섯 살이 되었다. 당시 그가 죽은 채 발견될 가능성은 없었다. 그는 정신력을 나날이 소진하는 부담에서 조금씩 벗어나기 시작했다. 늘 하던 대로 그는 그해 4월 유럽으로 떠났다. 직전 그는 U. S. 스틸의 우선주로 기존 채권을 교환하기 위해 신디케이트를 구성했다. 노던 시큐어리티스의 반독점법 위반 기소에 대응할 변호인단도 꾸렸다. 게다가 거대한 국제 해상운송 트러스트를 설립했다.

모건은 한 번도 자신의 아이디어를 바탕으로 거대 기업결합체를 구성해본 적이 없다. 찰스 코핀·리·히긴슨이 제공한 아이디어로 제너럴 일렉트릭을 설립했다. 개리 판사의 제안으로 페더럴 스틸을 세웠다. 찰스 슈왑이 제공한 개괄적인 윤곽에 따라 U. S. 스틸을 탄생시켰다. 제임스 J. 힐이 미국 북서부 지역의 경쟁 철도회사를 하나로 묶자고 제안해 노던 시큐어리티스가 만들어졌다. 해운 트러스트도 예외는 아니었다. 해상 무역을 하고 있는 한 인물의 충동질 때문에 시작되었다. 바로 필라델피아 출신 클레멘트 A. 그리스콤(Clement A. Griscom)이었다.

그리스콤은 1900년 미국의 대서양 횡단 물류를 쥐락펴락하고 있었다. 그의 인터내셔널 네비게이션(INC: International Navigation Co.)은 뉴저지 주에서 설립인가를 받아 세워졌다. 미국과 영국, 벨기에의 합작 법인이었다. 미국 동해안 항구에서 유럽의 항구를 연결하는 해운업체였다. 그리스콤은 E. H. 해리먼과 제임스 J. 힐처럼 전 세계를 아우르는 운송 왕국을 건설하려고 했다. 실제로 열차와 선박을 유기적으로 연결하면 미국 중서부에서 수확한 곡물을 영국의 리버풀과 홍콩까지 보내는 거대한 물류망이 가능했다.

1830년대 미국의 선박들은 국제 교역물량을 많이 처리하지 못했다. 단, 자국 수출품의 90퍼센트를 수송했다. 선박이 범선에서 증기선으로 바뀌면서 건조와 운영비용이 너무 커졌다. 1850년대 이후 선박 건조 규모가 급격히 감소했다. 1900년대 미국의 해외 교역 물동량 가운데 미국 선박이 수송한 비중은 겨우 10퍼센트였다. 그리스콤은 미국의 해상 물류망을 확장하고 싶었다. 세계에서 가장 부유한 나라가 외국 선박에 의존하는 현실을 바꾸고 싶었다. 그는 해상운송이 걸음마 단계였던 1891년 우편물 수송을 명분으로 연방정부의 보조금을 받아냈다. 1890년대 내내 적극적으로 로비해 얻어낸 연방정부의 지원금에 의존해 근근이 버텼다. 보어 전쟁과 미국-스페인 전쟁이 터져 조선업이 부흥했다. 1898~1900년 미국 수출이 폭발적으로 늘어났다. 그리스콤은 상당한 부를 축적했다. 해운업에 미국이 적극적으로 뛰어들어야 한다는 분위기가 정치인들 사이에서 무르익었다.

그리스콤은 시대 분위기를 등에 업고 이자율 등 조건이 더 좋은 채권을 발행했다. 기존 빚을 갚기 위해서였다. 그는 1899년 필라델피아 투자은행 드렉셀을 주간사로 지정했다. INC가 발행한 채권 1,300만 달러를 유통하기 위해서였다. 그런데 채권의 잉크도 채 마르기도 전에 그는 북대서양 항로에서 가장 큰 해운회사인 영국의 프레드릭 레이랜드(FLC: Fredrick Leyland, Co.)가 그리스콤의 미국 내 경쟁 회사인 볼티모어의 애틀랜틱 트랜스포트(ATC: Atlantic Transport)를 인수·합병할 것이라는 뉴스를 듣는다.

레이랜드의 ATC 인수·합병은 INC뿐만 아니라 미국 전체 해운산업의 미래에도 큰 위협이었다. 그리스콤은 이 위협을 근거로 모건을 설득한다. 그가 모건의 관심을 언제 어떻게 끌었는지는 불분명하지만, 레이랜드와 ATC의 인수·합병 협상은 1900년 5월에 결렬된다. 레이랜드를 대표한 은행가들이 모건과 접촉해 '거대한 조선소 설립'을 제안했다. 모건은 "조선업을 좋게 보고 있지 않다"고 말했다.

그러나 1900년 말 모건은 생각을 바꾼다. 해운 회사들이 치열하게 경쟁하던 그해 엄청난 순이익을 낸 것을 목격했다. '거대 해운사를 설립하면 요금인하 경쟁을 줄일 수 있고 경영조직을 통합해 비용을 절감할 수 있을 뿐만 아니라 빠른 배도 진수할 수 있다는 데 그의 생각이 미쳤다. 게다가 국제 교역의 안정성도 높이고 더 많은 순이익을 얻을 수도 있다고 봤다.

모건은 1900년 12월 대표적인 해운업체인 INC와 ATC의 합병에 자금을 지원하고, 새로운 선박을 건조하는 데 현금을 대기로 했다. 그는 한 걸음 더 나아가 합병법인에는 두 회사뿐만 아니라 더 많은 회사를 끌어들여 규모를 키우기로 했다. 그는 세계에서 가장 많은 물류가 이뤄지는 북대서양 항로를 담당할 국적 해운사 그룹에 미 의회도 보조금을 줄 것이라고 예상했다.

모건이 구상한 거대 해운 트러스트에 제3의 해운업체가 참여하게 된다. 바로 프레드릭 레이랜드였다. 레이랜드는 당시 업계 선두 해운사였다. 몇 달 전까지만 해도 미국의 한 해운업체를 흡수통합하려고 했으나 반대로 미국의 거대 해운 트러스트가 흡수통합하는 대상이 됐다. 1901년 초 모건은 U. S. 스틸 설립에 집중하고 있었다. 그의 런던 파트너가 레이랜드와 협상을 벌였다. 레이랜드의 회장인 존 D. 엘러먼(John D. Ellerman)은 노련한 금융가였다. 그는 미국인들이 지분을 350만 달러에 매입하겠다고 한 제안을 세 번씩이나 거절했다. 덕분에 그의 주주들은 1,100만 달러를 현금으로 받았다. 모건 하우스는 합병 계획이 실행되기도 전에 '현금' 1,100만 달러를 선금으로 준 것이다.

모건은 레이랜드를 인수하기 전까지는 그리스콤의 계획을 백업하는 단순 은행가로 구실했다. 여신을 제공하고 증권의 매각을 지원하며 인수합병의 실무를 담당하는 선에서 머물렀다. 하지만 그의 투자은행이 1990년대 가치로 1억 6,500만 달러에 해당하는 1,100만 달러를 선급금으로 지급했다. 상황이 돌변한 것이다. 순간 그는 대서양 해운 트러스트를 지휘하는 투자 은행가로 바뀌었다. 1901년 레이랜드는 INC와 ATC, 투자은행 J. P. 모건의 소유가 되었다.

대서양 해운 트러스트가 1901년 초 인수한 네 번째 회사는 화이트 스타였다. 화이트 스타는 화물 운송 회사가 아니라 영국에서 가장 많은 순이익을 내는 호화 여객선 업체였다. 그해 6월 모건이 U. S. 스틸의 설립, 노던 퍼시픽에 대한 적대적 인수합병, 증권시장 공매도 위기, 엑스레뱅에서의 휴가, 에드워드 7세와의 윈저궁 오찬 등 바쁜 일정을 마무리했다. 이 순간 그의 대리인들은 화이트 스타를 3,200만 달러에 매입하는 일을 마무리했다.

모건의 대리인들은 윌리엄 J. 피리(William J. Pirrie)와 접촉해 인수 협상을 진행했다. 피리는 화이트스타 2대 주주이고 유명한 벨파스트 조선회사인 하랜드·울프(Harland & Wolff) 회장이었다. 당시 화이트 스타의 최대 주주이면서 회장인 인물은 J. 브루스 이스메이(Bruce Ismay)였다. 그는 직전에 숨을 거둔 설립자의 아들이다. 화이트 스타는 1901년 당시 비공개·비상장 기업이었다. 인수 가격으로 제시된 3,200만 달러는 1900년 순이익의 10배 수준이었다. 20세기에 접어든 시점에 해운과 여객선 업체의 주식을 순이익의 10배 가격을 주고 인수한 경우는 드문 일이 아니었다. 다만 인수 가격 기준인 1900년 순이익 320만 달러는 업계에서 아주 높은 수준이었다. 화이트 스타가 당시 기록한 5년 평균 순이익보다 3분의 1 이상 많은 금액이다. 더욱이 그 5년 동안 한 번도 경기침체가 없었다는 점에 비추어볼 때 1900년 순이익은 예외적인 규모였다. 모건 쪽은 순이익이 최고였던 1900년보다는 일정 기간 평균치를 기준으로 인수대금을 2,400만 달러 정도로 산정했다. 하지만 협상 과정에서 기대했던 가격보다 800만 달러가 높아졌다.

비밀 협상이 진행되고 있다는 소문이 영국 런던 시장에 나돌았다. 빅딜의 내용은 알려지지 않았다. 협상 시작 1년 뒤 영국인들은 경악했다. 자국의 대표적인 해운과 여객선 업체가 미국에 팔려서다. 인수 직후 독일 거물 두 명이 모건의 영국 해운업체 인수에 촉각을 곤두세운다. 카이저 빌헬름 2세와 함부르크의 아메리카 라인(HAPAG: Hambrug Amerika Line)의 회장 앨버트 벌린(Albert Ballin)이었다.

빌헬름 2세는 영국의 해상 패권에 도전하고 있었다. 철혈 재상 비스마르크가 1871년 시작한 독일 제국을 더욱 확장하기 위해 공격적인 해군력도 확장 중이었다. 휘하 제독들과 민간 해운업체 오너들은 황제의 뜻을 받들어 신속하게 움직였다. HAPAG는 당시 세계에서 가장 큰 증기선 해운업체였다. 회장 벌린은 HAPAG가 '대독일 제국'과 황제 권력의 상징이라고 자부했다.

독일의 해군과 산업 생산은 19세기 마지막 30년 동안 비약적으로 성장했다. 영국인들은 프러시아 호헨졸레른 왕가와 영국 왕실이 혈연관계를 맺고 있기에 평화가 유지될 수 있을 것이라고 기대했다. 영국왕 조지 5세가 왕실 이름을 윈저 왕조라고 바꾼 1917년까지 영국 왕실은 독일지역의 소왕국인 색스-코부르크-고타(Saxe-Coburg-Gotha)의 후손이었다. 혈통을 기준으로 따진다면, 빌헬름 2세는 빅토리아 여왕의 손자였다. 빅토리아 공주가 1858년 프러시아 왕국의 프리드리히 왕자와 결혼했다. 하지만 프리드리히 왕자가 1888년 왕위를 계승한 뒤 영국 왕실과 관계가 소원해진다. 그가 '베르티 아저씨(Uncle Bertie)'라고 부르는 사람이 여전히 웨일스 왕자였다. 빌헬름 2세는 자신감과 자존심이 강했다. 그는 웨일스 왕자가 황제의 자리에 오른 자신을 '마치 삼촌이 조카를 대하듯이 한다'며 분통을 터트렸다. 빅토리아 여왕은 그의 불만을 전해 듣고 '완전히 정신 나간 소리'라고 치부했다. "그의 불만은 아주 촌스럽고 터무니없는 것"이라고 했다. 에드워드 왕자는 조카가 중세에 살고 있는 게 아니라 19세기를 살고 있다는 사실을 알아야 한다고 일침을 놓기도 했다. 이렇게 개인적인 감정으로 소원해진 두 왕실의 관계는 1901년 빅토리아 여왕의 죽음을 계기로 잠시 호전되는 듯했다.

그러나 시인이면서 외교관인 윌프리드 S. 블런트(Wilfrid S. Blunt)는 "여왕이 살아 있는 동안 독일과 싸우지 않을 것이라는 통념이 유럽의 황제들 사이에 오랜 기간 퍼져 있었는데, 이제 여왕이 떠나 두 나라가 자유로운 상태가 되었다. 게다가 빌헬름 2세는 우리의 새로운 왕인 그의 아저씨를 좋아하지 않는다"고 지적했다.

실제 빌헬름 2세는 영국과의 싸움에 대비해 명분을 하나씩 축적하기 시작했다. 모건의 해운 트러스트 설립으로 북대서양에서 영국과 미국의 동맹이 공고해지고 있다고 느꼈다. 독일 왕은 모건이 지배하는 철도회사들이 모건이 장악할 해운업체에 특혜를 줄 것으로도 봤다. 그는 독일 최대 해운업체 회장인 벌린을 런던으로 파견해 진상을 조사하도록 했다.

벌린은 유태계 독일인이었다. 수년 동안 북대서양 해운항로의 패권을 장악하기 위해 치열하게 살아온 백전의 제독이었다. 그는 해운 트러스트의 임시 대변인 피리를 만나 영미 해운 트러스트와 독일의 주요 해운업체인 HAPAG와 노스 저먼 로이드(North German Lloyd)가 참여하는 '이해 당사자 공동체'를 구성하자고 제안했다. 협상이 시작됐지만 지지부진하게 진행되었다. 결국 벌린은 영미 해운 트러스트의 열쇠를 쥐고 있는 모건을 만나기 위해 1902년 2월 뉴욕에 도착했다. 그는 여섯 달 전 일기에 모건이 "엄청난 재산과 지적 능력을 보유하고 있어 사람들을 경악하게 한다"고 적은 바 있다. 그는 그해 2월 뉴욕에서 모건을 직접 만난 뒤 이를 다시 확인한다. 독일의 해운왕과 미국의 금융왕은 그해 2월 20일을 기준으로 10년 동안 북대서양 물동량을 지리적으로 양분하기로 합의했다. 영미 해운 트러스트와 독일 해운업체는 상대 영역을 존중하고 요금 책정시 서로 협력하기로 했다. 이익을 공유하고 특정 사업을 공동 추진하는 데 노력하기로도 했다. 두 사람 합의엔 브리티스 쿤러드와 더치 홀랜드-아메리칸 라인스(Dutch Holland-American Lines)를 인수하는 내용도 들어있다.

두 사람의 합의가 베를린에 보고되었다. 빌헬름 2세는 벌린에게 '붉은 독수리 훈장'을 수여했다. 모건을 7월 키일항의 황실 요트에서 만나자고 초청했다.

시어도어 루스벨트가 노던 시큐어리티스를 반독점법 위반으로 기소한 때가 바로 모건과 벌린이 협상하고 있던 순간이었다. 독일 사람들이 떠나자마자 모건은 워싱턴으로 달려갔다. 한편으로는 노던 시큐어리티스에 대한 시어도어의 공격을 방어해야 했고, 다른 한편으로는 영미 해운 트러스트에 대한 대통령과 의회의 지원을 받아내야 하는 처지였다. 시어도어 대통령은 미국의 미래를 국제적인 시각으로 바라봤다. 그의 한 손에는 반독점법 기소라는 카드가, 다른 한 손에는 해상에서 미국의 지위를 높이는 월스트리트의 노력을 지원하는 카드가 있었다. 모건의 해운 트러스트를 지지하는 워싱턴 인물 가운데는 전쟁 장관 엘리휴 루트와 존 헤이, 막강한 영향력을 가진 해군 역사가 알프레드 T. 만, 상원의원 마크 한나, 드퓨, 넬슨 알드리치, 헨리 캐봇 로지 등이 있었다.

모건의 파트너 찰스 스틸은 1901년 2월 26일 모건과 그리스콤, 자신이 워싱턴에서 런던으로 돌아왔다며 아주 긍정적인 소식을 전한다. "해운법을 다루는 상원의원들이 해운 트러스트 구성과 보조금 지급에 대해 아주 적극적인 태도를 보인다. 단 의회가 최종 결정을 내리기까지 3주 동안 발표하지 말라고 요구했다." 보조금 법안은 3월 17일 상원을 통과해 하원으로 넘어갔다. 일반 시민들의 반 월스트리트 정서가 팽배한 가운데 해운 보조금에 대한 의원들의 태도도 동서로 갈렸다. 특히 공화당 내 보수적인 상의의원 4인방인 로드아일랜드의 넬슨 알드리치와 코네티컷의 오빌 플래트, 아이오와의 윌리엄 앨리슨, 위스콘신 존 스푸너 등은 평상시 함께 움직였다. 그런데 보조금법안에 대해서는 엇갈린 표결을 보였다. 동부 출신들은 찬성표를, 서부 출신들은 반대표를 던졌다.

해운 트러스트의 설립자들은 1902년 4월 30일까지 증권의 공동 인수단을 구성하는 권한을 모건에게 부여했다. 그는 설립자들과는 달리 언제든지 트러스트 구성에서 발을 뺄 수 있는 옵션을 보유했다. 트러스트 이해 당사자들은 미국 의회가 보조금법을 가결할지 촉각을 곤두세우고 지켜보았다. 모건은 4월 초 유럽으로 갈 계획을 세웠다. 동시에 아직 이름이 확정되지 않은 트러스트가 발행할 채권을 인수할 임시 신디케이트를 구성했다. 모건의 U. S. 스틸을 설립해 상당한 이익을 봤던 금융회사들과 자본가들이 적극적으로 신디케이트에 참여하겠다고 했다. 비록 임시였지만 공동 인수단을 구성하는 데 어려움은 없었다.

모건은 노던 시큐어리티스의 반독점법 위반과 관련해 3월 26일 미국 순회재판부에 진술했다. 특별 조사관이 뉴욕으로 와 모건의 진술을 듣고 갔다. 여러 가지 일을 동시에 추진하고 해치운 모건은 1901년 4월 2일 딸 앤을 데리고 유럽으로 향했다.

서부지역 출신 의원들은 모건의 해운 왕국을 월스트리트의 또 다른 스캔들로 바라봤고 보조금법안을 맹렬히 비판했다. 그들은 해운 트러스트가 보유할 배들이 모두 해외에서 건조되었다는 사실을 지적했다. 외국 조선소에서 만들어진 배를 위한 보조금 지급을 금지하는 조항을 넣었다. 모건의 '국무장관'인 퍼킨스와 스틸은 4월 10일 워싱턴 의회 분위기를 이렇게 보고한다. "상원 의원들은 우리가 하원의 표결 결과를 기다릴 필요 없이 해운 트러스트를 출범시켜야 한다고 말하고 있습니다."

퍼킨스는 당시 시어도어 루스벨트 대통령과 "자유롭게 이야기할 수 있었는데", 하원이 본래 취지에서 벗어난 법안을 통과시키면 대통령이 서명해야 할지를 망설이고 있다고 전했다. 당시 퍼킨스는 워싱턴에서 상당한 네트워크를 보유했다. 그는 해운 트러스트 출범을 발표하면, 달갑지 않은 방향으로 수정된 법안의 통과를 막을 수 있다고 제안했다.

퍼킨스는 트러스트가 "대통령에게 상당히 어필했다"며 "그는 트러스트 공식 출범을 먼저 추진하는 데 아주 적극적"이라고 모건에게 알렸다. 모건의 처지에서 공식화를 먼저 한다고 해서 손해 볼 것은 없었다. 특히 "해운 트러스트가 노던 시큐어리티스에 대한 대통령의 관심을 좀 돌릴 수 있고, 북대서양 사업으로 그를 좀 기쁘게 해줄 수 있다"고 생각했다. 모건은 "전적으로 동의한다"는 메시지를 퍼킨스에게 타전했다. 모건은 브리티시 쿤러드가 트러스트가 설립된 이후에도 참여할 것으로 봤다. 일주일 뒤 또 다른 전보에서 "신속하게 진행해 신디케이트를 구성하라"고 지시했다.

연방정부의 보조금을 기다리지 않고 해운 트러스트를 출범시키기로 한 결정은 어떤 의미에서 현명했다. 보조금 법안이 하원의 논쟁을 거치면서 통과되지 못하고 무효화됐다. 하지만 정부의 지원 없이 트러스트를 구성하는 일은 고가의 새 배를 건조하고 운영하는 데 들어가는 모든 비용을 모두 스스로 감당해야 함을 의미한다. 경제 상황도 1900~1902년 사이에 급격하게 변했다.

보어 전쟁과 미국-스페인 전쟁 탓에 선박 부족사태가 발생했다. 해운업체들은 전례를 찾아보기 힘든 엄청난 수요와 순이익을 누렸다. 선박 건조붐이 일어났다. 1896~1900년 사이 400만 톤에 이르는 새 배들이 바다 위로 몰려나왔다. 전형적인 버블이었다. 전쟁 특수가 고점에 이르렀을 때 선주들은 선견지명 없이 배를 진수시켜 바다에 내보냈다. 이렇게 전쟁시기에 건조된 배들은 1901~1902년 사이에 모두 민간 물량을 차지하기 위해 경쟁해야 했다. 마침 유럽 대륙이 심각한 경기침체를 보여 해상 물동량도 급감했다. 미국의 옥수수 수확량도 줄어들었다. 미국으로 이민도 감소하기 시작했다. 해운 요금은 1901년 한 해 30퍼센트 하락했다. 해운업체의 순이익도 절반으로 줄어들었다. 여객선 업체들도 불황에 시달리기는 마찬가지였다. 쿠너드의 순이익은 1901년 절반으로 줄어들었다. 1902년 3월에는 예상 배당금 절반을 지급하느라 번 것보다 지출이 더 많았다.

모건은 1902년 4월까지 해상 트러스트 설립 작업에서 벗어나 있었다. 그가 임시로 구성한 신디케이트를 해체하기만 하면, 원점으로 되돌아갈 수 있는 상황이었다. 모건은 해운 업체의 순이익이 감소하고 정부의 보조금을 기대할 수 없는 상황에서 해운 트러스트가 발행한 증권을 인수·유통하는 일은 하늘의 별 따기만큼이나 어렵다는 점을 잘 알고 있었다.

모건 하우스는 레이랜드에 지급한 선급금 1,100만 달러 가운데 3분의 1인 400만 달러를 이미 투자했다. 새로 배를 만드는 데도 적잖은 돈을 투입했다. 트러스트와 신디케이트 구성에 시간과 에너지를 쏟아 부은 상태였다. 모건은 이런 저런 정황과 변수를 고민하면서도 독일 사람들과 맺은 합의를 준수하는 쪽으로 무게 중심을 두었다.

동시에 모건은 화이트 스타가 당시까지 기록한 순이익 흐름, 벨파스트 조선소와 미국 조선소보다 원가를 30퍼센트 이상 줄일 수 있는 하랜드·울프에 대한 인수, 미국 대통령과 각료, 의회에서 받는 정치적 지원 등을 고려했다. 끝내 그는 해운 시장이 하향 곡선을 그리고 있는 상황에서도 트러스트가 인수할 회사들과 맺은 계약 조건을 수정하려고 하지 않았다. 그는 U. S. 스틸에 투입한 금액과 견주어 해운 트러스트에 들어가는 돈이 적다고 생각했다. 해운 트러스트가 구성되면 해운업계의 문제점을 해결할 수 있다고 기대하기도 했다. 그래서 그가 기업 인수가격은 중요하지 않다고 생각했을 수도 있다.

통념에 젖은 사람들은 천하의 모건이라고 해도 좋지 않은 상황에서 해운 트러스트의 증권을 제대로 팔지 못할 것이라고 예상했다. 나중에 그가 틀렸음을 시장이 입증할 것이라고 말하기도 했다. 이런 시선 속에 1902년 4월 중순 모건은 해운 트러스트 설립을 밀어붙이기로 결정한다. 4월 19일 그의 런던 파트너는 영국과 미국의 대표적인 해운회사를 아우르는 거대 트러스트 설립을 언론에 살짝 흘렸다. 하루 뒤인 20일 모건은 앤과 함께 유럽으로 발길을 돌렸다. 22일 헨리 애덤스는 사람들이 "어느 날 아침 모건이 숨지면" 무슨 일이 일어날지 걱정하고 있다고 말한다.

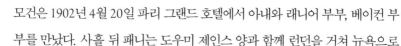

모건은 1902년 4월 20일 파리 그랜드 호텔에서 아내와 래니어 부부, 베이컨 부부를 만났다. 사흘 뒤 패니는 도우미 제인스 양과 함께 런던을 거쳐 뉴욕으로 갔다. 앤은 아버지와 함께 파리에 머물렀다.

영국 런던은 대서양 최대 해운 트러스트 설립 소식으로 요동했다. 모건의 참모가 트러스트 설립을 언론에 알리기 직전 런던 주재 독일 대사관을 찾아가 내막을 보고한다. 벌린은 "해운 트러스트가 순전히 영국과 미국의 해운 이해 당사자 공동체라고 주장하고… 트러스트 설립으로 북대서양 해운 패권이 미국으로 넘어간다는 사실을 가능한 한 숨기려 하는 게 모건 하우스 입장"이라고 말했다.

해운 패권의 이동을 숨기기는 불가능했다. 클린턴 도킨스는 자작이 되었다. 남아프리카공화국에 영국 최고 커미셔너로 파견되어 있는 알프레드 밀너에게 4월 25일 "영국 정부와 하원이 모건의 작은 합병 때문에 깜짝 놀랐다"고 전했다. 하지만 영국 정치인들은 북대서양 해상 패권이 미국에 넘어갔다는 사실을 빌헬름 2세보다 늦게 알아챘다. 그들은 나중에야 영국의 선도 해운업체들인 레이랜드와 화이트 스타, 하랜드·울프가 모건의 수중에 들어간 사태의 위험성을 간파한다. 도킨스는 되돌릴 수 없는 영국 쇠락의 관점에서 밀너 경에게 음울한 편지를 띄운다. "저는 모건의 트러스트가 영국의 대표적인 해운업체를 인수한 것이 달갑지 않습니다. 대서양을 통해 상품을 수출했고 오지에서 대양까지 운송을 통제하는 사람들이 우리이기를 소망합니다"라고 했다. 이어 "하지만 미국인들이 수출한 밀과 곡물을 우리가 재배했고, 수천 마일을 가로질러 바다까지 운송했으며, 당신들이 가진 것보다 더 많은 돈으로 우리의 권리를 뒷받침한다. 또한 우리는 이 게임에서 천재적인 금융 사령관(모건)을 통해 투입한 돈이 순이익을 낼 것이라고 말하는 게 사실"이라고 설명했다. 도킨스가 보기에 트러스트의 핵심은 미국 철도회사들의 특별 요금이었다.

"모건의 비호 아래 미국의 철도회사와 해운업체들은 도둑만큼이나 뻔뻔스러워졌습니다. 철도회사들은 전통적인 의미에서 미국의 출입구인 뉴욕을 뺀 동해안 항구를 모조리 지배하고 있습니다. 이 결과 철도회사들은 미국 선박들이 운송하는 화물의 요금을 깎아주고 있는 실정입니다. 영국 선박들은 뉴욕을 제외한 다른 항구에 더 이상 발을 못 붙이게 되었다고 해야 합니다."

독일 베를린의 〈내셔널 자이퉁National Zeitung〉은 '남의 불행은 곧 나의 행복'이라고 기뻐했다. 더 나아가 "독일 해운업체들은 트러스트에서 자유로워 독립성을 유지할 것이기 때문에 영국은 더 큰 타격을 받게 되었다"고 분석했다. 도킨스는 쿠러드의 회장인 인버클라이드(Inverclyde) 경이 말한 대로 모건 트러스트의 위험성과 잠재성을 영국 정부의 친구들에게 경고했지만 별 소용이 없었다. '폐하의 정부'에서 일하는 고위 인사들은 유쾌하지 않은 정보를 들었을 때 늘 보였던 '우아한 분노'를 모건의 트러스트에 대해서도 표현했다. 그들은 그해 4월 '모건의 작은 트러스트'를 국가 안보의 관점에서 비판했다. 영국 해군은 위기 상황이면 화물선과 여객선을 징발할 수 있어야 하고, 영국 배들은 어떤 일이 있어도 미국 국기를 달고 항해서는 안 된다고 말했다. 200년 동안 세계 해운을 장악해온 영국 귀족들이 모건의 해상 지배를 내버려 두지 않겠다는 자존심을 표현한 셈이다.

영국의 금융계는 좀 더 실용적인 시각을 가졌다. 베어링 브라더스의 개스퍼드 패러(Gaspard Farrer)는 제임스 J. 힐에게 "미국이 돈으로 선박을 확실하게 장악하겠다면, 우리가 막을 수 있는 방법은 없다. 대신 모건이 새 배를 건조하기보다는 우리의 묵은 선박들을 높은 가격에 사는 게 우리에게 더 큰 이익"이라고 말했다.

〰〰〰

1902년 4월 23일 모건은 휴가 중이었다. 해운 트러스트에 관한 전보들은 어김없이 그에게 전달되었다. 프랑스 파리에서 나중에는 휴양지 엑스레뱅까지 배달엔 빈틈이 없었다. 한 해 전 모건은 이곳에서 휴식을 취하다 노던 퍼시픽에 대한 기습적인 매집을 당한 바 있다. 그는 1902년 여행 중에도 몇 가지 지침을 하달한 적이 있다. 하지만 업무 대부분은 파트너들에게 넘겼다.

4월 24일 런던의 도킨스는 해운 트러스트의 자본조달과 의결권에 대해 몇 가지 질문을 해왔다. 모건은 "멀리 떨어져 있고 서류와 합의사항을 내 앞에 두고 있지 않기 때문에 지시를 내리거나 결정을 내리는 게 사실 불가능하다. 몇 가지 질문을 내게 직접 문의하지 않는다면, 뉴욕이 모든 일을 결정한다"고 답했다. 도킨스는 다음날인 25일에도 질의를 해왔다. 그는 화이트 스타의 새로운 여객선 비용이 애초 예상보다 터무니없이 높다는 사실을 보고했다. 화이트 스타의 회장인 J. 브루스 이스메이가 정확한 자료를 내놓지 않아 런던 파트너들은 '추정치'를 근거로 비용을 계산했다. 모건은 "당신을 만족시킬 만한 제안이 없다. 내가 없어도 당신이 알아서 잘 조정할 수 있다고 본다. 내 도움이 필요하다면 런던으로 와 회의할 수 있다"고 대답했다.

스틸과 도킨스는 모건 없이도 문제를 해결하려고 노력했다. 하지만 이스메이는 새로운 조건과 요구사항을 계속 내놓았다. 할 수 없이 도킨스는 엑스레뱅에서 쉬고 있는 모건에게 급전을 다시 띄웠다. 모건은 "계속 양보하면 우리는 안전하지 않다. 우리가 개인적으로나 도덕적으로 책임지고 있는 경영 문제에서 이스메이의 의지에 따라 움직일 수는 없다"고 대답했다. 모건은 여차하면 화이트 스타를 배제한 상태에서 트러스트를 설립하려고 했다.

이런 우여곡절 끝에 해운 트러스트는 1902년 5월 화이트 스타를 포함한 채설립되었다. 그리스콤의 INC와 ATC, 레이랜드를 비롯해 영국 화물선 업체인 도미니언 라인(Dominion Line) 등이 편입되었다. 독일 해운업체 회장인 벌린이원했지만, 홀랜드·아메리카는 받아들여지지 않았다. 대신 트러스트가 회사의경영에 참가할 만큼의 지분은 확보했다.

트러스트의 이름은 아직도 정해지지 않았다. 하지만 그리스콤이 회장으로선임되고 본사는 필라델피아에 두기로 결정되었다. 모건 하우스는 다른 트러스트에서 했던 대로 경영을 감시·감독하는 조직을 책임지게 되었다. 모건은 스틸과 P. A. B. 와이드너(Widener), W. J. 피리 등 5명으로 구성된 의결권 위원회에 참여한다. 와이드너는 INC의 대주주였고 U. S. 스틸의 신디케이트에도 참여한 바 있는 필라델피아 철도계의 거물이었다. 모건 사단인 도킨스는 부회장으로 런던에 머물며 트러스트의 영국 지사를 이끌게 되었다. 그리스콤과 와이드너, 스틸, 퍼킨스가 트러스트의 이사로 선임되었다. 필요한 자본금 규모는 모두 1억 7,000만 달러로 계산되었다. 우선주와 보통주를 각각 6,000만 달러 발행기로 했다. 현금 5,000만 달러는 신디케이트를 통해 채권을 팔아 조달될 예정이었다.

모건의 금융맨들은 인수대금을 통합법인의 주식으로 지급하고 싶어 했지만, 상황이 만만치 않았다. 해운 경기가 급격히 하락하고 있어 배당 가능성이 낮았다. 주식의 상환 순위도 채권보다 뒤져 1902년 봄 증권시장에서 시세가 액면가인 100달러보다 낮게 형성될 게 뻔했다. 실제 우선주는 85달러에 보통주는 35달러 수준에서 거래되었다. 은행가들은 증권의 매력을 높이는 작업을 벌인다.

화이트 스타의 기존 주주들은 보유 지분을 내놓으면서 대금 75퍼센트인 2,400만 달러는 새로 설립될 트러스트의 우선주로, 나머지 25퍼센트인 800만 달러는 현금으로 받기로 1901년 약속했다. 그런데 그들은 1902년 상황이 악화하자, 현금 지급분을 높여 700만 달러를 더 내놓으라고 주장했다. 게다가 보너스로 우선주 한 주에 보통주 0.5주를 달라고 요구했다. 그순간 모건은 해운 시장의 나쁜 상황을 감안해 인수 가격을 낮추자고 요구할 수 있었다. 그러나 모건은 정반대로 움직였다. 그는 화이트 스타 주주들에게 애초 약속했던 금액보다 더 많은 돈을 주었다. 1902년 시장에서 우선주 2,400만 달러는 2,000만 달러 수준에서 거래되었기 때문에 시장가격으로 환산한 보통주 400만 달러(액면 기준 1,200만 달러)에다 현금 700만 달러를 합해 건네주었다. 게다가 화이트 스타를 경영했던 파트너십을 인수하는 대가로 현금 250만 달러와 240만 달러어치 주식을 전달했다.

채권 5,000만 달러를 인수·유통하게 될 신디케이트의 규모는 트러스트 설립을 위해 지출해야 할 현금을 감안해 결정되었다. 주요 현금 지출 항목은 화이트 스타 오너와 경영진에게 지급할 1,750만 달러와 모건 은행이 레이랜드를 매입하기 위해 1901년 먼저 지급한 1,100만 달러의 상환(이자 포함), 신규 선박 구입대금 1,700만 달러 등이었다. 신규 선박 대금 가운데는 모건 은행이 1901년 미리 선박대금으로 제공한 여신 등이 포함되어 있었다.

트러스트가 필요로 하는 현금 액수는 모두 4,650만 달러였다. 모건 은행이 거래를 개시한 지 일주일 뒤인 1902년 4월 말 신디케이트는 인수한 채권 5,000만 달러의 25퍼센트를 현금으로 미리 트러스트에 건네주었다. 영국 금융전문지의 분석가들은 트러스트가 계열 회사들을 사들이면서 해운 역사상 가장 호황일 때 순이익을 기준으로 인수 가격을 산정한 점을 지적했다. 심지어 트러스트의 회사 주식은 자산이 뒷받침되지 않은 순전히 물이라고 비판했다.

영국 독립 회계법인인 프라이스·워터하우스(Price, Waterhouse, & Co.)는 1903년 말 레이랜드를 제외한 인수합병된 기업의 가치가 줄어들어 6,500만 달러라고 추정했다. 토머스 내빈(Thomas Navin)과 매리언 시어스(Marian Sears)가 1954년에 트러스트를 분석한 결과는 현재 남아 있는 자료 가운데 가장 정확하다는 평가를 받고 있다. 이들은 프라이스·워터하우스가 평가한 6,500만 달러에는 레이랜드 말고도 다른 유형자산과 순운전 자본이 포함되어 있지 않다고 지적했다. 이들은 1902년 12월 기준으로 이 트러스트의 가치를 7,500만 달러라고 평가했다. 여기서도 레이랜드의 가치는 빠져 있다. 내빈과 시어스는 "7,500만 달러는 자본 총액인 1억 7,000만 달러와 비교해서는 안 되고, 트러스트를 설립하는 데 들인 현금과 우선주와 보통주가 상장될 경우 제시될 시초가를 합한 금액인 8,370만 달러와 비교해야 한다. 10퍼센트 금액 차이는… 감가상각 비용 등을 감안할 때 큰 차이라고 할 수는 없다"고 했다.

해운 트러스트의 자산가치를 평가하는 두 번째 방식은 금융가들이 주로 채택하는 것이다. 트러스트에 인수·편입된 회사들은 레이랜드를 포함해 통합 직전 5년 동안 평균적으로 순이익 650만 달러를 벌어들였다. 이 순이익 평균치에는 감가상각을 반영하지 않은 것이다. 감가상각을 반영한다면, 평균 순이익은 400만 달러 선이다. 또한 은행가들은 합병한 이후 늘어난 선박들이 상당한 순이익을 달성해줄 것이라고 기대했는데, 그 규모가 연간 300만 달러였다. 트러스트는 채권 5,000만 달러를 발행했다. 연간 이자비용으로 300만 달러를 지급해야 한다. 내빈과 시어스는 회사의 순이익이 늘어나지 않더라도 통합 법인이 부담해야 하는 이자 300만 달러보다 두 배 정도 많은 순이익(감가상각 전 기준)을 낸다고 평가했다. 여기에다 새로 도입한 선박이 낼 순이익 300만 달러를 더하면, 감가상각 전 전체 순이익은 900만 달러가 넘는다. 이자비용보다 세 배 이상 많다. 모건 등은 이 정도 이자보상배율이면 충분하다고 판단했을 수 있다.

트러스트의 재무구조 이슈는 이어 불거진 정치적 논란 때문에 잠잠해졌다. 도킨스와 잭은 1902년 5월 엑스레뱅에 머물고 있는 모건에게 "영국 자국 선박들이 미국인이 지배하는 회사 아래 편입되어 항해하는 것이 금지되었다"고 알렸다. 정치인들은 모건을 신뢰하고 높이 평가했지만 미래를 두려워했다. 그들은 영국 선박들도 "독일 선박처럼 자유로운 독립성을 유지하기를 바란다"고 도킨스와 모건은 전했다.

런던의 모건 파트너들은 이미 계약이 체결되었기 때문에 어떤 변화도 가능하지 않다고 말했다. 하지만 합병이 이뤄지면 영국의 희망사항을 반영할 수 있는 길이 발견될 것이라고 말했다. 도킨스와 잭은 "저희는 영국 정치인들에게 '시니어'가 영국에 돌아와 만나기를 바란다고 말해주었으며 그들은 런던 회동을 적극적으로 환영한다"고 전했다.

모건은 영국 정치인들이 자신의 온천 치료가 끝나도록 기다리게 했다. 그해 5월 말 런던으로 돌아와 식민지 장관인 조지프 챔벌레인과 저녁 식사를 같이 했다. 그는 챔벌레인과 보스턴 출신 아내인 매리 엔디코트를 오래 전부터 알고 지냈다. 엔디코트는 챔벌레인의 세 번째 아내였다. 챔벌레인은 아이 여섯을 두었다. 이 가운데는 미래 영국 수상을 지낼 네빌(Neville)과 미래 외무장관이 되는 오스틴(Austen)이 있다. 그의 첫 번째와 두 번째 아내는 아이를 낳는 동안 숨졌다.

엔디코트의 아버지 윌리엄 크라우닌쉴드 엔디코트(Willaim Corwninshield Endicitt)는 보스턴 대법원의 판사였다. 클리블랜드 대통령의 첫 번째 임기 동안 전쟁장관을 역임했다. 그녀의 어머니 엘렌(Ellen)은 모건의 아버지 주니어스의 파트너였던 S. 엔디코트 피바디였다. 엔디코트 부모가 1880년 초 런던을 방문했을 때 도버 하우스와 프린스 게이트 집을 방문했다. 챔벌레인 부부는 모건의 프린스 게이트 집에서 전람회 길을 따라 곧장 내려가면 나오는 프린스 가든스(Princes Gardens) 40번지에 살고 있었다. 모건은 선박 스크류 공장을 경영하는 이웃이 정계에 진출할 때 흥미를 가지고 지켜보았다.

챔벌레인은 자유당에서 글래드스톤의 후계자로 인정받았다. 모건이 만날 즈음에는 군사 제국주의자로서 식민지 장관을 역임하고 있었다. 챔벌레인은 영국과 미국의 동맹관계를 적극적으로 지지했다. 특히 독일 황제가 영국 내각을 '아주 심한 바보'들로 구성된 한 세트라고 공격했을 때 그는 영국과 미국의 동맹을 더욱 지지하게 되었다.

챔벌레인은 날씬하고 핸섬한 사람이었다. 늘 외눈박이 안경을 끼고 다녔다. 그의 옷깃에는 신선한 난초가 꽂혀 있었다. 하지만 그가 해운 트러스트 문제로 모건과 회동했을 때 화가 나 얼굴이 벌겋게 달아오른 모습이었다. 그의 분노는 애국심보다는 잇샅속을 먼저 챙긴 영국 선주들과 잽싸게 모건과 협상해 자국 선박의 영역을 확보한 독일, 영국의 국가적 이익을 망쳐놓는 미국 때문이었다.

모건은 식식거리는 챔벌레인과 저녁을 먹으며, 현재 영국 국적을 가지고 있는 선박을 앞으로 50년 동안 다른 나라 국적으로 바꾸지 않겠다고 약속했다. 영국 정부가 지적한 또 다른 이슈는 트러스트가 출범한 이후에 해결하겠다고 제안했다. 챔벌레인은 제안을 모두 거절했다. 영국 정부가 나서 화이트 스타가 보유한 최고 여객선을 매입할 수도 있음을 내비쳤다.

모건은 침착하게 영국 정부가 그러려면 선박의 가치보다 40퍼센트 높은 가격을 지불해야 한다고 말했다. 이는 트러스트의 금고로 들어가 더 좋고 더 빠른 배를 만들도록 하는 결과로 이어진다는 점도 설명했다. 두 사람의 회동에서 모건이 화이트 스타를 매입하면서 실제 가치보다 더 많은 돈을 지불한 사실은 이야기되지 않았다. 실제로 영국 정부가 화이트 스타의 선박을 매입한다고 해서 트러스트의 설립과 영업은 단기적으로도 지연되지 않는다. 독일이나 네덜란드에서 배를 빌리면 그만이었다.

두 사람은 미국의 경제문제뿐 아니라 외교정책까지 토론했다. 도킨스에 따르면, 모건은 모든 사안을 아주 인상적으로 설명했다. 이어 "영국과 미국이 공식적으로 동맹 관계를 맺고 있지 않는 동안에 비즈니스 이해 당사자들이 공동체를 구성하는 게 두 나라 사이에 상호 이해와 호감을 높이는 길"이라고 강조했다. 더 나아가 영국 정부가 화이트 스타의 여객선을 매입하는 등의 적대적 행위를 보일 때 미국 정부도 대응할 수밖에 없다는 점을 내비쳤다. 그순간 모건이 간접적으로 협박할 자격이 있는지는 알 수 없다.

챔벌레인은 모건의 설명과 압박에도 물러서지 않았다. 도킨스의 설명에 따르면, 모건은 "상당히 격앙되고 경악한 표정으로" 식사 자리를 떠났다. 심지어 모든 제안을 철회할 태세를 보이기까지 했다. 모건은 본디 자신과 의견을 같이하는 고위 인사와 외교적 담판을 잘했다 하지만, 이해관계가 일치하지 않는 사람의 감정에는 둔감했다. 더욱이 1902년 영국이 보인 완강한 태도에 모건은 상당히 질렸다. "모건은 영국 사람들이 '우리나라의 이익을 위해 아주 좋은 일을 했다'고 환영해줄 것이라고 기대했다. 그런데 그가 가는 곳마다 '우리의 상선을 앗아가는 것은 아닌가' 하는 경계 어린 눈총을 받았다"고 도킨스는 말했다.

모건은 벌린 등 독일인들에게 새로 출범할 트러스트의 파트너 지위를 부여했다. 하지만 영국인을 파트너로 대접하지 않았고 영국이 그동안 누린 해상 패권을 내놓으라고 압박하는 태도를 보였다. 게다가 영국인들이 미국의 경제적 우월성을 인정하는 게 얼마나 괴로운 일인지를 전혀 고려하지 않았다.

도킨스와 잭은 런던의 분위기를 잘 알았다. 트러스트의 이름을 '미국의 지배'를 표현하는 말로 하자는 파트너의 제안을 1902년 5월 일축했다. 그들은 영국 정부의 방어적인 조처를 미리 막으려면 "트러스트가 특정 국가의 기업이라는 이미지를 가능한 한 없애고 경제적 의미를 강조하는 이름을 가져야 한다"고 말했다. 모건은 6월 초 여러 가지를 고려해 트러스트 이름을 '인터내셔널 머컨타일 마린(IMM: International Mercantile Marine)'으로 정했다.

모건은 챔벌레인과 유쾌하지 않은 저녁 식사를 마친 직후 애덜레이드와 사이빌 더글러스, 마코 부부, 찰스 래니어, 앤을 만나기 위해 프랑스 파리로 건너갔다. 앤은 모건의 결혼하지 않은 딸이다. 그녀는 결혼한 큰 딸 루이자를 대신해 모건과 패니가 가장 선호하는 여행 동반자였다. 모건의 자녀들 가운데 가장 평범하지 않았다. 키가 훤칠하게 컸고 모건을 닮아 턱이 각졌으며, 몸무게는 77킬로그램이 넘었다. 늘 옷을 세련되게 차려 입고 다니는 감각도 가졌다. 언니 루이자처럼 앤은 자신을 사이에 두고 갈등 빚는 모건과 패니 사이에서 어떻게 처신해야 되는지를 잘 알았다. 뉴욕에서는 어머니 패니를 기쁘게 해주기 위해 매디슨 애비뉴 219호 저택과 크래그스톤으로 친구들을 데리고 와 사교 모임을 열기도 했다. 앤이 모건과 해외여행을 같이하는 덕분에 남편이 여성들과

1902년 베니스에 정박 중인 코르세어호
(출처: 고 아네트 M. 쉬펠린)

가까이하는 데 대한 패니의 분노가 조금이나마 줄어들었다. 앤은 집에 보낸 편지에서 애덜레이드에 대해 한 마디도 하지 않았다. 앤은 아버지와의 해외여행 덕분에 당시 미혼 여성이 맛보기 힘든 자유와 경험을 만끽할 수 있었다.

모건 일행은 1902년 5월 28일 파리를 떠나 신속하게 스위스를 경유해 이탈리아로 넘어갔다. 그는 베로나에 머물며 첫 아내 미미의 묘를 찾았다. 요트 코르세어호의 승무원들을 만나기 위해 베니스로 향했다.

코르세어호는 산 마르코 광장의 맞은편 그랜드 운하에 정박 중이었다. 군중이 세계적인 백만장자인 모건과 초호화 요트를 보기 위해 몰려들었다. 모건 일행은 이틀 동안 베니스를 돌아다니며 관광했다. 달마시아 해안과 코린트와 아테네 사이에 있는 해협을 따라 항해했다. 그들은 코르세어호에서 내려 비잔틴 양식의 교회와 이오니아식의 에릭테움(Erechtheum) 신전 등을 둘러보았다. 일행은 그리스 내셔널 박물관에 들러 고고학자 하인리히 슐리먼(Heinrich Schliemann)이 미케네에서 발굴한 놀라운 금장 유물을 감상했다. 안티키테라(Antikythera) 섬의 바다에서 최근 발견되어 유명해진 청동유물도 살펴보았다. 이어 델파이와 코푸를 돌아보았다. 코르세어호를 타고 오트란토와 브린디시 해협을 지나갔다. 앤은 6월 8일 일기에 "코르세어호에서 아주 조용한 하루를 보냈다"며 "아버지는 5시 30분에 런던으로 가셨다"고 적었다. 영국 왕과 식사를 하기 위해서였다.

도킨스는 모건이 여행하고 있는 동안 영국 정부를 달래는 데 부심했다. 그는 밀너에게 보낸 편지에서 "내 혀가 굳어질 정도로 말을 많이 했다"고 불평했다. 결국 그는 고위층이 직접 대화하는 게 낫다고 판단한다. "저는 시니어 파트너를 베니스에서 런던으로 훌쩍 옮겨 즉위식을 앞둔 에드워드 7세와 접견하도록 해놓았습니다."

모건은 6월 11일 영국 왕과 저녁을 먹었다. 이 자리에서 모건은 IMM이 보유한 선박을 제3국에 넘기지 않는다는 보장을 미국 정부가 하도록 하겠다고 말했다. 그는 챔벌레인과 대화에서 밝힌 제안을 되풀이했다. 영국 선적의 배들은 절대 다른 나라 선적을 갖지 않는다고 다시 약속한 것이다. 에드워드 7세는 2주 뒤에 왕위 즉위식을 가질 예정이었다. 도킨스에 따르면 왕은 "확신을 갖고 편안한 마음으로 모건과 헤어졌다"며 "그러나 에드워드 7세를 설득한 게 이 순간에 큰 의미는 없다"고 말했다.

모건은 7월 13일 베니스로 되돌아갔다. 일행을 태운 코르세어호는 이탈리아 해안을 따라 나폴리까지 항해했다. 이때 도킨스는 스틸에게 "모건은 현재 점점 더 일과 거리를 두려는 게 역력하다. 그가 볼 서류는 특허약처럼 압축해야 한다"고 불평했다.

모건의 아버지 주니어스 모건은 나이가 일흔이 될 때까지 일에서 손을 떼지 않았다. 이후 그는 적극적으로 유능한 후계자인 모건에게 은행의 경영권을 일임했다. 그는 모건을 철저하게 교육시켰을 뿐만 아니라 아들에게 금융 전문 기술도 전수해주었다. 그가 은퇴할 때는 모건에게 넘겨주어야 할 게 없었다. 그는 모건에게 권위만을 물려주었다. 아들의 성장 모습을 보면서 아주 자랑스러워했다.

모건은 자신이 아버지 주니어스에게서 받은 교육과 훈련을 아들 잭에게 강요하지 않았다. 그는 비즈니스를 처리하면서 퍼킨스나 베이컨, 도킨스, 스틸 등에게 권한을 위임했다. 그는 20세기로 접어들면서 서서히 업무 부담을 줄였다. 하지만 자신을 대신할 사람을 세우거나 키우지 않았다. 그의 파트너들은 늘 그에게 의견을 물어야 했다. 그의 윤허를 받아야 했지만 그는 '알아서 해결하시오!'라고 말할 때도 많았다.

미국의 장래를 걱정하는 금융가가 자신의 뒷일에 거의 무관심했다는 사실은 사뭇 역설적이다. 그는 조심성 없이 현재만을 중시하며 하루하루 살아갔다. 그가 자신의 건강 문제에 민감했지만, 달리 말해 자신도 언젠가 죽은 채 발견될 것이라는 사실을 감안했지만, 이런 생각이 들 때마다 그는 후계자를 걱정하기보다 죽기 전에 해야 할 일이 많다고 여겼다. 그는 늘 일 이상의 것을 하려고 했다. 20대와 30대 시절 모건은 주기적으로 유럽을 여행하며 지친 심신을 달랬다. 심지어 건강상태가 좋을 때에도 해마다 유럽 여행을 다녀왔다. 60대에 접어든 이후 그는 엄청난 에너지를 예술품 수집에 쏟아부었다. 하지만 월스트리트 23번지 '더 코너'의 일을 전적으로 나 몰라라 하지 않았다. '백만 달러 베팅맨'인 게이츠가 주식 매집을 벌인 1902년 4월 조지 퍼킨스는 남부 지역의 철도회사를 살려냈다. 직후 아들 잭은 "시니어는 회사를 구해야 하는 상황에 투자은행 J. P. 모건에 찾아오는 것을 역겨워 하는 척했다"고 눈치 빠르게 말했다. 모건은 평생 동안 권리에 따르는 엄청난 책임을 스스로 짊어지기를 좋아했다. 반면, 제멋대로 하는 자유도 원했다.

그해 여름 모건에게서 최소한의 지침을 받은 퍼킨스가 뉴욕에서 새로운 합병작전을 펼쳤다. 유명한 수확기를 발견한 사이러스 홀 맥코믹의 아들이 미국 중서부 지역에서 벌어지고 있는 농기계 가격인하 전쟁을 중단시켜 달라고 찾아왔다. 가격인하 전쟁의 주역은 디어링 하베스터(Deering Harvester)와 맥코믹 하베스팅 머신이었다. 여기서 말한 윌리엄 디어링 가문은 쟁기를 만드는 존 디어러(John Deere & Co.)와는 아무런 상관이 없다.

모건은 뉴욕 투자은행 J. P. 모건이 그런 비즈니스에 간여할 필요가 없다고 생각했다. 단 다른 파트너들이 동의하면 추진해보라고 유럽에서 전보로 알렸다. 퍼킨스는 수수료 300만 달러를 받기로 하고 두 회사를 한데 묶어 인터내셔널 하베스터(International Harvester Co.)를 설립하기로 했다. 그는 "합병 법인이 우리 손으로 세워질 것입니다. 회사 이름도 우리가 짓고 본사를 어디에 둘 것인지도 우리가 결정합니다. 게다가 이사회와 경영진 선임 등도 우리가 맡았습니다"라고 모건에게 보고했다.

모건의 반응은 시큰둥했다. "전반적인 계획은 만족스럽고 안전해 보인다. 당신들이 동의한다면 가계약을 체결하는 데 동의하시오"라고 했다. 하지만 퍼킨스는 사실 쿠데타를 일으킨 것이다. 인터내셔널 하베스터는 미국 농기계 시장의 85퍼센트를 차지하는 알짜 기업이었다. 1906년 설립 첫해부터 순이익을 내기 시작했다. 이듬해 1907년에 인터내셔널 하베스터를 반독점법 위반 혐의로 기소하려는 움직임이 있었다. 하지만 퍼킨스가 요령 있게 로비한 덕분에 시어도어는 인터내셔널 하베스터가 '좋은 트러스트'로 보인다며 기소에 동의하지 않았다.

시어도어는 모건의 아들 잭을 영국왕 에드워드 7세 즉위식에 파견할 사절단의 수석대표로 임명했다. 즉위식은 1902년 6월 26일 웨스트민스터 사원에서 거행될 예정이었다. 도킨스는 젊은 모건의 취향이 아주 왕실과 어울리는 점을 발견했다. 그는 스틸에게 "공화국 신사들이 어떻게 왕을 좋아할 수 있지!"라고 푸념했다. 이처럼 왕실 취향인 잭에게 아주 실망스러운 일이 발생한다. 즉위식을 축하하기 위해 윈저궁에서 열린 파티가 단 몇 분전에 취소되었다. 그는 "삭소니 (Saxony)의 불편한 왕은 사라져야 했다… 이런 현실이 너무 실망스럽다"고 어머니에게 투덜거렸다. 이어 "70년 동안 즉위식 파티가 윈저궁에서 열리지 않았다"고 덧붙였다.

잭은 영국을 좋아하기는 했지만 왕실의 조직력에 좋은 인상을 받지 못했다. 실제 즉위식을 총괄하는 사람도 없었고, 초대장이 엉뚱한 사람에게 전달되기도 했다. 왕은 즉위식 임무를 아래 사람에게 맡기지 않고 자신이 직접 주관하다 최종 순간에 계획을 취소하는 일을 밥 먹듯이 했다. "영국인들에게 정말 필요한 사람은 모든 사안을 도맡아 처리하는 모건과 같은 인물"이라고 생각했다. 모건은 친구인 에드워드 7세의 즉위를 축하하기 위해 6월 20일 파리에서 앤과 함께 돌아왔다. 잭은 6월 24일 웨스트민스터 사원에서 열린 즉위식 리허설 도중에 충격적인 소식이 전해질 때는 투덜거리는 것을 중단했다. 왕실 의사가 왕의 맹장수술을 긴급하게 시행했다는 소식이 전해졌다. 왕은 회복하고 있지만, 즉위식은 무기한 연기되었다.

〜〜〜〜〜

시니어 모건은 왕실 즉위식이 취소되는 바람에 2~3일만 런던에 머물렀다. 그리곤 오래전에 약속한 빌헬름 2세와의 만찬을 위해 독일 키일로 향했다. 앤은 편지로 어머니에게 아버지 출항 모습을 전했다. 화요일인 1902년 7월 1일 모건은 일행은 코르세어호를 타고 안개가 자욱하게 낀 바다를 가르며 북쪽으로 향했다. 아마도 그의 일행에는 애덜레이드와 마코 부부가 끼었을 것이다. 그날 저녁 코르세어호는 거친 풍랑을 만났다. 앤은 "요트가 너무 흔들려 사람들이 모두 한쪽으로 쏠렸다"고 어머니에게 전했다. 그 결과 "물이 들어와 요트의 구석구석이 젖었다"고 말했다. 승객들은 거친 바다 때문에 밖으로 나올 엄두를 내지 못하고 정오까지 선실에 머물어야 했다. 오후 들어 날씨가 갰다. 코르세어호는 엘베강을 거슬러 가 노르드-오스트시(Nord Ostsee) 운하를 거쳐 한밤중에야 키일 항구에 도착했다.

"다음 날 아침 함부르크·아메리칸의 회장인 벌린 씨가 도착했고, 아버지는 황제의 새 요트인 호헨졸레른호에서 오전 10시에 열리는 알현에 참석하라는 명을 받았습니다." 월스트리트의 나폴레옹과 독일 황제는 한 번도 만난 적이 없었다. 빌헬름 2세는 모건보다 작고 날씬했다. 키 150센티미터에 체중은 70 킬로그램 남짓이었다. 태어날 때 상처를 입어 그의 왼팔은 앙상하게 말랐다.

의료 전문가들은 출산 순간 뇌에 산소 공급이 부족해 황제가 '과도한 활동성과 감성적인 불안'을 갖게 됐을 수도 있다고 봤다. 빌헬름 2세의 사진과 초상화는 하나같이 오른쪽 모습만을 보여준다. 왼팔은 호주머니에 넣거나 뒤로 돌려 감추어졌다. 그는 방문객을 맞을 때 으스러뜨리듯이 악수를 했다. 이는 모건의 강렬한 눈빛과 마찬가지로 자신의 불구 사실을 감추기 위한 노력으로 보였다. 빌헬름 2세는 훈장 등으로 치렁치렁 치장된 군복을 입고 길고 검은 부츠를 신었다. 그의 콧수염은 기름을 발라 양쪽 끝을 날카롭게 삐쳐 있었다. 영국 왕실 사람들만이 그가 교만하고 신경질적이며 역겨운 존재라고 생각한 게 아니다. 그의 사촌인 러시아 황후 알렉산드리아는 빌헬름 2세를 혐오했다. 이는 나이가 든 비스마르크도 마찬가지였다. 빌헬름 2세는 어머니의 재산과 황실 직함 등을 박탈했다. 그녀는 숨을 거두는 순간까지 빌헬름 2세를 보려고 하지 않았다.

독일 외교관 오일렌베르크(Eulenberg) 백작은 "그의 꾸밈없고 사심없는 친절함이 아주 독특한 매력이었다. 또한 그는 보는 사람한테서 동정심을 불러일으키는 사람 가운데 한 명"이라고 말했다. 다른 사람들은 빌헬름 2세가 관심 갖는 인물한테서 가장 뛰어난 점을 찾아낼 줄 알았고, 대화에서 '끌어당기는 힘'을 발휘했다고 말했다.

앤은 "아버지가 황제와 대화하면서 한 시간 반 동안이 요트를 오르내리고 거닐었다. 그러나 카이저한테서 가장 깊은 인상을 받았다"고 전했다. 그녀가 문장에 '그러나'를 삽입했는데, 이는 아버지 모건이 운동을 별로 좋아하지 않았지만, 초청한 황제와 보조를 맞춰 요트를 거닐 수밖에 없었다는 사실을 잘 알고 있기 때문이었다. 황제는 호헨졸레른호의 갑판을 왔다갔다 왕복하면서 오전 내내 해운 트러스트 이슈를 말했다. 빌헬름 2세는 "영국과 미국 사이에 작은 트러블이 있는 게 부당하다고 생각하지 않습니다. 우리 모두는 당신의 공화국에 구애할 수밖에 없습니다. 영국인들은 지금까지 스페인과 전쟁에서 앞섰다고 생각합니다'라고 말했다.

도킨스는 밀너에게 모건과 카이저의 회동을 보고했다. 그는 아마도 모건한테서 이야기를 전해 들었을 것이다. "제가 생각하기에 독일인들은 미국에서 추진한 해운 트러스트를 양해했을 것입니다. 정식 외교적 접촉은 아니지만 미국인들도 독일을 주시하고 조심스러운 눈길로 살폈을 겁니다'라고 했다. 모건은 빌헬름 2세를 만나는 순간 비공식적인 외교를 수행했다. 그는 오전 11시 30분에 황제의 요트를 떠났고, 1시에 점심을 먹기 위해 코르세어호로 돌아왔다. IMM을 대표한 다른 두 명의 미국인 클레멘트 모건과 P. A. B. 와이드너도 비공식적인 정상회담에 참석했다. 단, 모건이 황제와 토론하는 동안 알프레드 벌린이 그들을 이끌고 나가 키일 요트 클럽에서 점심을 대접했다.

앤은 어머니 패니에게 띄운 편지에서 그리스콤과 여행하는 사람이 바로 유명한 여배우 "굿윈 맥신 엘리어트!"라고 전했다. 그녀가 다른 사람들처럼 아버지와 여배우의 염문을 의심했다면, 패니에게 보낸 편지에서 이름을 들먹이지 않았을 것이다. 이후 앤은 더 놀라운 사람을 만난다. "오후 3시 정각 카이저가 부관과 제독 등을 대동하고 코르세어호를 찾았습니다. 한 시간 반 동안 요트에 머물렀습니다. 황제는 너무 즐거워 말을 제대로 하지 못할 정도였습니다. 물론 우리 모두 깜짝 놀랐고 무엇을 해야 할지 몰랐습니다. 그는 떠날 때 어떤 의 전 절차도 필요 없다고 말씀하셨습니다. 머무는 동안 아주 편안하게 우리 멤버처럼 지내셨습니다. 황제는 초상화나 사진과는 전혀 달랐고, 이제 막 힘을 얻기 시작한 사람이 풍기는 권위 등도 없었습니다. 그의 눈빛은 아주 놀라웠습니다. 눈동자는 짙은 파란색이었고 사람을 꿰뚫어보는 듯했습니다. 아마도 그가 머문 한 시간 반 동안은 내 인생에서 가장 짧은 순간일 겁니다"라고 썼다.

카이저가 해운 트러스트를 두고 미국과 영국 사이에 발생한 작은 트러블을 부당하다고 생각하지 않았다면, 모건도 IMM의 설립 주역과 독일 최고 사령관의 우정을 과시해 영국에 작은 압력을 가하는 것이 부당한 일은 아니라고 생각했다.

다음날 아침 황제의 빈객인 미국 대표단은 벌린이 안내하는 여행을 떠나기 위해 키일 항구를 나섰다. 앤은 어머니에게 보낸 편지에서 "신문에서 함부르크에 관한 설명을 보았을 겁니다. 하지만 여행이 얼마나 즐거웠는지 말로 설명할 수 없습니다. 일행은 4륜 마차를 타고 함부르크를 돌아다녔고, 훌륭한 레스토랑에서 30명이 멋진 점심을 먹었습니다. 저녁은 벌린 씨 부부가 미국의 독립기념일을 축하하는 의미에서 베풀어 주셨는데 축제였습니다"라고 말했다. 실제 벌린은 미국 손님들을 기쁘게 해주기 위해 기념 축사와 불꽃놀이까지 했다. "다음날 아침 항구에 특별 증기선이 대기했는데, 배 위에는 브라스 밴드가 음악을 연주했고, 모든 함부르크 여객선이 깃발로 장식되어 있었습니다. 열차로 베를린까지 갔는데, 축제가 계속되어 늦은 시각에 잠자리에 들었습니다"라고 했다.

모건은 독일 황제의 박물관 관장인 빌헬름 본 보데를 방문했다. 박물관은 빌헬름 2세가 아버지를 기리기 위해 설립했다. 보데는 중세시대에서 17세기까지의 서유럽 미술 전문가였다. 특히 이탈리아 초기 조각품과 네덜란드 바로크 양식 그림에 조예가 깊었다. 그는 프러시아 황실 박물관을 프랑스의 루브르나

오스트리아 미술사(Kunsthistoriches) 박물관만큼 키우기 위해 세계 전역에서 공격적으로 걸작 예술품을 모았다.

뉴욕 메트로폴리탄 박물관의 후원자인 모건은 독일 황실 박물관을 벤치마킹하고 싶었다. 보데는 모건을 안내해 베를린 박물관을 특별히 소개했고, 특히 초기 라파엘의 성모 마리아 그림을 보여주었다. 때로는 전문가적인 식견을 발휘해 조언해주기도 했다. 앤은 일요일인 7월 6일 다시 어머니에게 편지를 띄운다. "우리는 일어나 오전 9시 30분에 포츠담으로 향했습니다. 세 군데 성을 돌아보았고, 오후에는 황제가 직접 표시해준 곳을 구경한 뒤 완전 녹초가 되어 베를린에 돌아왔습니다"라고 했다.

모건 일행은 독일 여행을 마치고 파리를 거쳐 런던으로 돌아갔다. 앤은 "아버지가 독일 여행을 아주 즐거워했지만" 이리저리 마구 움직이는 여행 때문에 지치지나 않을까 걱정되었다. 잭은 런던에서 아버지 일행을 맞이했다. 아버지가 여행을 다녀왔지만 건강은 별로 좋아지지 않았다고 생각했다. "아버지는 먹는 데 소홀했고, 간은 늘 문제를 일으켜 안색이 푸른 빛을 띠었다. 체중도 좀 줄었는데, 아버지는 이를 우려했다."

하지만 여행의 피로나 체중 감소도 모건의 런던 사교생활을 막지 못했다. 모건은 집에 머물 때면 오찬과 디너파티를 집에서 열었다. 친구들을 데리고 내셔널 갤러리로 가 자신이 매입한 라파엘 그림을 길드홀(Guildhall)에서는 프라고나르 작품을 구경시켜주었다. 모건이 IMM에 좀 더 관심을 갖도록 하려 했던 도킨스는 1902년 7월 "시니어가 비즈니스를 신경 쓰려 하지 않는다. 우리는 그를 본 지도 꽤 되었고, 붙잡아 두기도 힘들다. 그는 점심시간에 왕이나 카이저를 만나거나 라파엘의 그림을 사들이고 있다"고 투덜거렸다.

에드워드의 즉위식은 8월 9일로 잡혔다. 모건은 행사장 주변에 집을 빌렸다. 마코 부부를 포함한 친구들과 다시는 보기 힘든 영국 왕 즉위식을 즐기고 싶었다. 집을 예약한 뒤에야 즉위식 초대장이 배달되었다. 7월 말에는 새터리와 루이자 부부가 즉위식을 보기 위해 두 살 박이 마벨(Mabel)을 데리고 런던으로 왔다. 루이자는 뉴욕에 머물고 있는 어머니에게 "아버지와 앤이 눈코 뜰 새 없이 바쁘다"고 전했다.

잭과 제시는 미국의 공식 사절로서 에드워드 7세 즉위식에 참석할 예정이었다. 즉위식 직전에는 영국인 친구들이 앤을 위해 참석 티켓을 구해왔다. 즉위식 이브, 모건은 프린스 게이트 저택에서 조촐한 디너파티를 즐겼다. 앤의 편지에 따르면 "잭은 자신만이 즉위식에 참석하는 데 대해 대단히 미안한 마음을 품고" 궁정에 입고 갈 옷을 입어 보았다.

모건이 즉위식에 입고 갈 의상은 검은 벨벳으로 만들어진 궁정용 반바지와 은제 단추가 달린 자킷, 비단 스타킹, 발등 덮개가 달린 신발 등이었다. 여기에다 손잡이가 은으로 장식된 칼도 곁들였다. 쓰리 피스 남성 정장과 폭이 넓은 옷깃 대신 유니폼 같은 의상을 택했다. 모건은 궁정용 반바지를 입으면서 "마치 정신 나간 사람처럼 소란"을 떨었다고 마코의 딸 아네트는 말했다.

즉위식 당일 아침 모건은 앤의 도우미가 머리를 다듬어주는 동안 전날 입어보았던 의상을 갖춰 입었다. 아버지와 딸은 오전 8시 프린스 게이트를 출발했다. 웨스트민스터 사원까지 마차를 타고 갔다. 밤 사이 왕의 행렬이 지나간 그 곳엔 시민들이 진을 치고 있었다. 루이자와 새터리 부부와 마코 부부 등 즉위식에 참석하지 않은 모건의 친구들은 미리 빌려놓은 피카디리 광장의 집 베란다에서 왕의 행렬을 볼 예정이었다.

루이자는 시민 30~40명이 뜨거운 8월의 햇볕 때문에 탈진해 쓰러졌다고 어머니에게 전했다. 웨스트민스터 사원에 도착한 모건은 귀족 부인들 바로 앞에 지정된 좌석에 앉았다. 즉위식 모습을 한 눈에 볼 수 있는 곳이었다. 앤의 자리는 모건보다 훨씬 뒤쪽인 합창단이 앉아 있는 곳이었다. 공식 사절단의 일원인 잭과 가까웠다.

에드워드 7세는 11시 30분에 웨스트민스터 사원에 도착했다. 왕은 여자 친구들을 위해 특별 좌석을 마련해 두었다. 궁정 사람들은 그 좌석을 '왕의 외양간 칸막이'라고 불렀다. 왕의 외양간 칸막이에 앉은 주인공은 사라 베른하트(Sarah Bernhardt)와 아서 파젯(Arthur Paget) 여사, 레이디 킬모레이(Kilmorey), 애인 앨리스 케펠(Alice Keppel)이었다. 모건은 즉위식이 끝난 뒤 "귀족 부인들이 쓴 작은 관들의 일사불란한 움직임"이 가장 인상 깊었다고 말했다. 이어 "귀족 여성들이 쓴 관의 흰색 날개들이 아치 모양이었는데, 마치 발레를 보는 듯했다"고 말했다. 그는 정말로 귀족 부인들의 모습을 제대로 볼 수 있는 위치에 앉아 있었다.

즉위한 왕은 오후 3시가 되어서야 웨스트민스터 사원을 떠났다. 모건은 그날 오후 내내 여기저기를 들러 인사했다. 다음 날 오후에는 도버 하우스에 들러 점심을 먹었다. 오후에는 손님을 접대했고 저녁엔 디너파티를 열었다. 결혼한 이후 2년 동안 모건과 같이 다녀보지 않은 루이자는 어머니에게 "아버지가 계셔서 아주 정신없었고 정말 엄청난 스트레스를 받았다"고 말했다.

모건과 앤은 8월 13일 뉴욕의 집을 향했다. 그들은 화이트 스타의 호화 여객선 파티에 쓰기 위해 도버 하우스에서 딴 멜론과 배 등을 가지고 갔다.

모건의 해운 트러스트 IMM은 미국에서 대단한 열풍을 불러일으켰다. 해운산업의 판도변화를 바꿔 외국을 긴장시켰다는 이유에서다. 〈사이언티픽 아메리칸〉은 1902년 7월 "트러스트에 대한 평소 생각과는 무관하게 미국인들이 자부심과 만족감을 가지고" IMM 뉴스를 환영했다고 전했다. 미국 선박 보유고가 IMM의 설립으로 수백만 톤이 늘어났다. 〈사이언티픽 아메리칸〉의 평가에 따르면, 미국은 남북전쟁 이후 선박건조 감소로 잃어버린 해상 강국의 지위를 되찾게 되었다.

미국 일반 국민은 국제적인 해운 트러스트 IMM의 설립을 환영했다. 하지만 연방정부 보조금에 대한 반감이 바뀌지 않았다. 게다가 노던 시큐어리티스의 여파가 IMM에도 영향을 끼쳤다. 시어도어 행정부는 "적극적으로 우리를 도와주고 싶어 하지만" 법무부 장관 녹스가 "노던 시큐어리티스가 어떤 조직 형태를 갖추어야 반독점법 위반 기소를 당하지 않을지에 대해 전혀 의견을 내놓고 있지 않다." 뉴욕의 스틸이 외국에 머물고 있는 모건에게 보고한 내용이다.

모건 사단은 노던 시큐어리티스의 재판 결과가 나쁘게 나와도 개의치 않을 참이었다. 하지만, IMM과 같은 국제적인 트러스트를 더욱 설립하면 여론이 나빠지고 정부의 비판을 야기하지 않을까 두려워했다. 스틸은 8월 모건에게 "우리는 모든 사안에 대해 시니어의 의견을 간절히 듣고 싶어 합니다"라고 타전했다.

모건이 U. S. 스틸을 설립하는 데 단 12주밖에 걸리지 않았다. 하지만 IMM을 설립하는 데 거의 2년이 소요되었다. 마지막 순간에는 하루라도 빨리 IMM 설립에 마침표를 찍고 싶었다. 모건은 난제들을 적당히 덮어 두고 싶었다. 하지만 그는 "나중에 공격받을 수 있는 여지를 최소화하는 조치를 취하는 게 좋다. 정부나 시민들의 눈을 피할 수 있는 일은 하나도 없다"고 말했다.

1902년 여름 반발이 여기저기에서 발생했다. 베어링 브라더스의 개스퍼드 패러는 그해 봄 해운 트러스트를 운명론적인 시각에서 받아들인다고 말했다. 그런데 7월에는 태도를 바꿔 힐에게 "우리의 친구 모건은 최근 엄청난 주식을 발행해 자본화하는 나쁜 선례를 남겼다"며 "트러스트를 설립하는 협상 테이블에서 모건이 양쪽에 선을 대고 있는 중요한 존재인데, 이런 이점을 활용해 커미션 수입을 짜내고 있다"고 비판했다. 다만 패러는 "모건은 사람들의 리더

이고 끊임없이 그를 파멸시키려는 중상가들이 갖고 있는 재산만큼 가치가 있는 사람"이라고 덧붙이기는 했다. 미국 뉴욕의 로펌인 설리번·크롬웰(Sullivan & Cromwell)의 윌리엄 넬슨 크롬웰은 모건이 개인적인 이익을 위해 트러스트를 설립하는 과정에서 주식을 마구 발행해 물타기를 했다고 비판했다. 그는 "당신의 신발마저 빼앗기지 않으려면 주의 깊게 살펴봐야 한다"고 말했다. 그의 로펌은 맥코믹 하베스터가 농기계 트러스트를 구성하면서 자산 실사를 맡긴 곳이다.

'신발 빼앗길 염려가 없는 유일한 미국인'인 모건은 1902년 12월 메트로폴리탄 클럽에서 67번째 생일잔치를 성대하게 열었다. 그는 자신의 얼굴이 새겨진 안내장을 발송했다. 안내장에는 "J. 피어폰트 모건. 마크 트웨인에게도 망설이지 않고 금융 자문을 해주는 사람"이라는 문구를 적어놓았다.

———◈———

영국 정부는 1902년 여름 뾰족한 대안이 없다고 결론 내리고 해운 트러스트인 IMM을 인정했다. 워싱턴 주재 영국 대사인 줄리언 폰스포트(Julian Paunceforte)는 그해 6월 모건의 트러스트가 아니라면 다른 해운 결합체가 미국에서 만들어져 "철도회사들과 힘을 합해 우리의 배들을 미국 항구에서 내쫓고 심지어 대서양에서도 밀어낼 것"이라고 말했다. 이는 영국 정부에 정보망을 가지고 있는 도킨스가 밀너에게 전한 말이다. 도킨스에 따르면, 영국 자유당 리더인 에드워드 그레이(Edward Grey) 경은 "우리는 모건과 파트너십을 구성하는 게 낫고, 모건을 통해 미국인과 맺어지는 게 좋다"고 말했다. 영국 정치인들의 분위기가 이렇게 바뀌기 시작한 데 이어 8월에는 IMM을 강력히 반대했던 인물들도 받아들이기 시작했다. 1902년 8월 조셉 챔벌레인과 해사재판소의 셀본(Selbourne) 경, 교역위원회 위원장인 제럴드 벨포어(Gerald Belfour)는 "모건이 설립한 트러스트와 불필요한 마찰을 피하는 게 좋다. 특히 국내에서 적대감을 자극하지 않는 게 좋다"고 말했다. 보수당 출신인 수상 샐리스버리(Salisbury) 경은 8월 초 사임했다. 조카 아서 제임스 벨포어가 수상 직을 승계했다.

런던 정계의 마당발인 도킨스는 9월 초 신임 수상과 무역위원회 위원장을 각각 맡은 '벨포어 형제'들과 함께 스코틀랜드로 갔다. 이곳에서 모건 하우스와 '전하의 정부'가 맺은 합의서에 서명했다. 모건 하우스는 50년 동안 영국의 이익을 보장했다. 모건이 보호해야 하는 영국의 이익은 에드워드 7세와 챔벌레인에게 설명했던 내용이다. IMM이 보유한 영국 선박은 선적이 영국이고 영국 선원들에 의해 운영된다. IMM이 도입할 선박 50퍼센트는 영국 조선소인 피리의 하랜드·울프에서 건조된다. 트러스트가 도입한 비영국 선적의 배는 필요할 경우 '무역위원회의'의 동의 없이 다른 나라로 선적을 바꿀 수 있다.

또한 합의서에는 영국 해군성이 필요할 경우 IMM에 속한 선박을 30시간 전에 통고하면 징발할 수 있다고 규정되었다. 모건은 미국 철도회사들이 IMM이 우송하는 화물에 요금상 특혜를 주지 않도록 하겠다고 약속했다. 대신 영국 정부는 IMM의 영국 선적 선박에도 우편과 정부 화물 수송을 맡기로 했다. 제럴드 벨포어는 9월 말 합의 사실을 국민에게 알릴 때 "모건에 우호적인 어휘를 선정해 발표문안을 만들겠다"고 말했다. 그는 약속대로 시행했다.

투자은행 J. P. 모건은 "JPM과 CED(도킨스)는 벨포어 발표에 감동했다… 모건은 두 나라 사이에 건설되는 이해 당사자의 공동체 때문에 영국이 더욱 만족할 것이라고 확신했다"고 밝혔다. 영국 의회도 모건과 행정부의 합의를 승인했다. 결국 1902년 10월 초 IMM은 뉴저지에 본사를 두는 지주회사로 정식 출범했다. 이때가 바로 시어도어가 석탄광산 파업 사태를 해결하도록 모건이 도운 순간이었다.

영미 합작인 IMM은 북대서양을 향해하는 선박의 5분의 1을 장악한 거대

해운 왕국이었다. 선박 316척을 보유했다. 보유 선박의 총톤수가 107만 4,884 톤에 달했다. 필요하면 제휴관계를 통해 329척, 173만 6,091톤을 조달해 해상 운송에 투입할 수도 있었다. 유럽과 북미 노선 54개를 운영했다. 잉글랜드에 서 남아프리카공화국과 뉴질랜드, 오스트레일리아, 서인도 제도까지 화물을 운송했다. IMM은 런던에도 지사를 두었다. 리버풀에는 선박수리 공장을, 암 스테르담을 포함해 유럽 주요 항구에 전용 도크를 보유했다. 1902년에는 뉴 욕 허드슨 강에 전용 부두 5개를 건설했다.

영국 정부가 미국이 거대 해운 트러스트를 통해 경제력을 배가하는 것을 양해하기는 했다. 하지만 IMM의 핵심인 쿤러드가 팔려나가지 않도록 손을 썼다. 영국 정부가 쿤러드에 자금을 지원했다. 회사는 저금리에 240만 파운드 를 지원받았을 뿐만 아니라 세계에서 가장 큰 증기 여객선을 건조하기 위해 연 간 보조금 15만 파운드를 받았다. 이렇게 영국 정부의 전폭적인 지원으로 건 조된 배가 바로 루시타니아(Lusitania)와 모리타니아(Mauritania)였다. 두 배는 당 시 최첨단 터빈 엔진을 갖췄다. 선체는 영국 해군의 기준에 맞춰 건조되었다. 화이트 스타는 쿤러드의 도전에 응전하기 위해 1907년 비싼 배 세 척을 발주 했다. 올림픽(Olympic)호, 브리태닉(Britannic)호, '타이타닉(Titanic)'호였다.

모건과 파트너들은 '대서양 상의 거대한 이해 당사자 공동체'를 건설하는 과정 에서 외국 정부의 이익을 제대로 배려하지 못했다. '바다만큼 요동하고 불안한' 해운 업계의 주기적인 경기변동과 계절적인 부침을 제대로 감안하지 못했다. IMM의 설립 순간 상황이 '최악'이었다는 이야기이다. 해운 경기는 1차 세계대 전이 발발한 순간까지 초장기 불황에 빠진다. 그런데도 모건은 IMM을 구성하 면서 높은 가격을 치르고 회사들을 사들였다.

레이랜드의 기존 주주들은 지분을 넘겨주는 대가로 해운 경기가 정점일 때를 기준으로 현금 1,100만 달러를 챙겼다. 다른 해운업체 경영자들은 사세를 확장하고 싶은 터에 IMM 설립으로 모건 등 은행가들의 호주머니에 접근할 수 있는 기회를 잡아 새로운 선박을 도입할 수 있었다.

모건 은행가들은 화이트 스타의 실제 자료를 확보하지 못했다. '추정치'를 바탕으로 IMM의 재무구조를 설계했다. 그 바람에 트러스트가 출범한 직후에야 자신들이 감당할 수 없는 짐을 지고 있다는 사실을 깨달았다. 도킨스는 1903년 초 스틸에게 "우리를 뒤엎을 정도로 위협적인 것은 새 배를 건조하면서 짙어진 부채이다. 우리는 능력이 있는 데도 큰 배를 대서양에 띄우지 못하고 있는 현실에 만족할 수 없다"고 불평했다.

피리의 조선소는 적지 않은 커미션을 챙겼다. 그는 "새로 건조한 배로 순이익을 대폭 확대할 수 있게 되었다"고 말했다. 하지만 도킨스는 다른 사람들이 IMM의 정관을 '피리 조선소 구제 법안'이라고 한 데 동의했다.

해운 물동량은 IMM의 설립과 때맞추어 줄어들기 시작했다. 뉴욕 증권거래소에서 IMM을 상장하지 말자고 주장하는 사람들이 힘을 얻었다. 증권 브로커들은 IMM의 일부 증권을 구 주주들에게 쳐준 가격보다 낮게 장외에서 거래했다. 1902년 우선주의 시세는 55달러에서 형성되었다. 보통주는 15달러였다. 모건이 회사들을 합병하면서 기대했던 시너지 효과는 나타나지 않았다.

IMM이 채권을 상환했을 때인 1902년 말 엄청난 규모의 증권이 휴지조각이나 다름없었다. 〈뉴욕 타임스〉의 1903년 3월 기사에 따르면, 모건은 여전히 장래를 낙관하고 있었다. 그는 시장이 IMM에 대해 품고 있는 불신은 "사실에 비추어볼 때 타당하지 않다"고 말했다. 다만 "아직 시장이 소화하지 못한 증권의 규모 때문에 불신이 커지고 있다"고는 봤다. 모건이 공식적으로 이렇게 말했지만, 이면에서는 조지 베이커와 제임스 스틸먼을 내세워 위기를 대비해

5,000만 달러 규모의 예비 펀드를 조성했다.

미국 순회 재판부는 1903년 4월 세인트 폴에서 '노던 시큐어리티스는 자유로운 상거래를 방해하는 불법적인 트러스트'라고 판결했다. 회사 쪽 변호인들은 즉각 대법원에 상고했다. 그해 9월 미네소타 주정부가 제기한 소송에서 재판부는 노던 시큐어리티스가 법을 위반하지 않았다고 판결했다. 주 검찰도 즉각 대법원에 상고했다.

모건이 IMM은 문제없다고 확언했다. 하지만 투자자들은 그해 가을 주식을 내던지기 시작했다. 미국 증권 역사에서 '부자들의 패닉'으로 알려진 위기가 발생했다. 은행과 기업들이 파산했다. 철도회사들이 레일 등의 주문을 취소했다. U. S. 스틸의 주가는 연중 최고치인 39.875달러에서 10달러로 곤두박질했다. 배당을 중단할 수밖에 없었다.

시어도어 루스벨트는 1904년 대선에 출마했다. 대자본을 비판해 얻은 명성을 더욱 돋보이게 하는 전략을 구사했다. 증권시장의 불안이 "피어폰트 모건 같은 인물들이 최근 2~3년 사이에 주식을 대량 발행하는 수법으로 트러스트를 설립하는 바람에 빚어진 투기적 물타기 때문"이라고 성토했다. 은행가이면서 출판 발행인인 헨리 클루스(Henry Clews)도 "사기와 불법행위, 과도한 주식발행" 등을 지적했다. 하지만 그는 금융인들의 공격적인 인수합병 덕분에 "과거에 보기 힘든 산업 붐이 일었다"고 평가했다. 반면 〈커머셜 앤 파이낸셜 크로니클〉은 "최근 사법부가 노던 시큐어리티스에 내린 판결 때문에 증권시장 위기가 발생했다. 판결이 이 땅에 축적된 거대한 부를 위협한다"고 주장했다.

이렇게 입장과 이해관계에 따라 다양한 원인과 진단이 나왔다. 하지만 패닉이 왜 발생했는지 아무도 정확하게 알지 못했다. 모든 사람들은 자신들의 입맛에 맞는 주장을 내놓았을 뿐이다. 패닉으로 야기된 경기침체는 1904년 8월 최악이었다. 이후 미국 경제는 또 다른 팽창 국면에 진입한다. 시어도어는 모건의 과도한 주식 발행을 통한 트러스트 설립을 맹비난한 지 두 달 뒤인 1903년 10월 초 '존경하는 모건 씨!'라는 말로 시작한 메모를 그에게 보냈다. 모건이 워싱턴을 방문하면 백악관을 한번 다녀가라고 말했다. 그는 "금융적인 문제를 같이 의논하면 아주 기쁠 것"이라고 말했다. 모건은 "대통령과 진정으로 대화를 나누고 싶지만, 현재 뉴욕의 중대한 상황 때문에 지금 자리를 비우는 게 불가능합니다"라고 답신했다. '뉴욕의 중대한 상황'은 주가 폭락과 그 여파였다. 시어도어는 다시 보낸 메모에서 서둘 필요가 없다고 말하며, "금융 관련 입법 문제를 상의하고 싶다. 하지만 기다릴 수 있다"고 말했다.

해운 트러스트 IMM의 증권 공동 인수단은 채권 5,000만 달러를 인수하기로 하면서 약속한 대로 1902년 4월 말 5,000만 달러의 25퍼센트를 현금으로 먼저 IMM에 넘겨주었다. 이후 회사는 자금을 지원해 달라고 계속 요구했다. 결국 1903년 7월까지 신디케이트는 채권 5,000만 달러를 떠안고 현금을 트러스트에 건네주었다. 하지만 현금을 건네주고 넘겨받은 채권을 유통시킬 시장은 존재하지 않았다.

모건은 신디케이트 계약 기간을 계속 연장했다. 하지만 1906년 7월 마침내 신디케이트를 해산하기로 결정했다. 이때 인수단은 IMM이 발행한 채권 5,000만 달러의 80퍼센트를 여전히 껴안고 있었다. 모건은 신디케이트의 고통을 덜어주기 위해 채권 청약자들에게 U. S. 스틸의 청약 대금을 납부한 대로 IMM 채권과 주식에 대한 청약 대금도 납부해달라고 요청했다. 이런 요구가 가능한 것은 상당수 청약자들이 모두 IMM과 U. S. 스틸 증권을 동시에 사겠다고 약속했기 때문이다.

많은 청약자들은 그동안 모건을 통해 별다른 위험을 감수하지 않고 손쉽게 이익을 챙겼다. 그런데 U. S. 스틸의 우선주-채권 전환과 IMM의 증권에 청약했다가 상당히 곤혹스러운 상황을 경험하게 되었다. 모건 하우스는 IMM 신디케이트가 받을 수수료로 우선주 2만 5,000주와 보통주 25만 주를 배정했다. 이 가운데 모건 금융회사들의 몫은 5분의 1 수준인 우선주 5,000주와 보통주 5만 주였다.

IMM의 우선주와 보통주는 1902년 5월 시장에서 85달러와 35달러에 각각 거래되었다. 시장 가격으로 계산한다면, 신디케이트가 받은 수수료는 1,100만 달러 정도였다. 하지만 이듬해 IMM의 증권이 본격적으로 거래되면서 주가는 55달러와 15달러로 급락했다. 신디케이트 수수료는 500만 달러 정도로 줄었다. 아무도 신디케이트가 보유한 주식을 사려고 하지 않았다.

우선주와 보통주의 시세는 1903년 말 더욱 떨어져 18달러와 5달러가 됐다. 모건이 신디케이트를 해산한 1906년, 그의 투자은행의 손실은 1만 7,000달러에 달했다. 투자은행 J. P. 모건은 U. S. 스틸을 런칭한 덕분에 1902년 순이익 2,330만 달러를 달성했다. 이 기록은 모건이 숨을 거둘 때까지 깨지지 않고 유지된다. 시장이 불안해진 1903년 모건의 투자은행은 순손실이 350만 달러라고 발표했다. 순손실의 대부분(320만 달러)은 IMM 때문에 발생했다.

투자은행 J. P. 모건이 IMM 때문에 입은 장기적인 손실 기록은 남아 있지 않다. 추정한다면, 수수료 손실이 300만 달러 수준이다. 그다지 큰 금액은 아니었다. 하지만 모건에게 무시할 수 없는 타격이었다. 특히 시장에서 그의 명성은 심각한 손상을 입었다. 조지 퍼킨스가 경영진으로 참여한 뉴욕생명도 신디케이트에 참여해 IMM의 증권 400만 달러를 인수했다. 이 자산의 가치는 1903년 말 300만 달러로 줄어들었다. 퍼킨스는 필사적인 작업을 벌여 이 손실이 뉴욕생명의 재무제표에 드러나지 않도록 했다. 뉴욕생명이 보유한 IMM 채권 80만 달러를 1903년 12월 말 매입 가격으로 J. P. 모건에 매각하고, 며칠 뒤인 1904년 1월 초에 판 가격에 다시 사들이는 기술을 부렸다. 이 결과 뉴욕생명의 1903년 재무제표에 나타난 IMM의 채권 규모는 320만 달러에 그쳤다. 현금 자산은 80만 달러가 늘어난 것으로 보였다. 퍼킨스의 이런 '눈 가리고 아웅'식 거래는 나중에 뉴욕 주정부의 조사위원회 법률가인 찰스 에번스 휴지스에게 딱 걸린다. 휴지스는 1905년 퍼킨스와 투자은행 J. P. 모건의 거래를 조사한다.

━━◦◦◦◦━━

해운 트러스트 IMM은 애초 기대와는 달리 북대서양 해운시장을 한 번도 평정하지 못했다. 전체 물동량 가운데 IMM이 차지한 비중은 20퍼센트였다. 제휴관계인 독일 해운회사들이 47퍼센트를 장악했다. 이는 U. S. 스틸이 설립 초기에 장악한 철강시장과 비슷하다. 하지만 전체 시장 67퍼센트를 장악했다고 해서 시장의 가격인하 경쟁을 없앨 수는 없었다. 새 배를 진수하는 데는 엄청난 자금이 필요했다. 이 비용이 진입장벽은 될 수 있었지만 경쟁 업체가 뛰어넘을 수 있는 수준이었다.

해운산업의 진입장벽은 바다의 항로를 장악하거나 지배할 수 있는 방법이 없었기 때문에 취약했다. 다른 나라의 수많은 해운사들이 공해를 자유롭게 항해하면서 화물을 실어 날랐다. 영국 정부는 이중으로 IMM의 팔과 다리에 족쇄를 채웠다. 미국 철도회사가 IMM에 운임특혜를 줄 수 없도록 했고, 쿠너드에 대해 막대한 보조금을 지급했다. 쿠너드에 대한 보조금 지급은 IMM이 필적할 만한 여객선을 건조·운영하기 위해 엄청난 시간을 낭비하도록 했다. 마지막으로 IMM의 구조가 느슨한 지주회사 꼴이었기 때문에 인수·편입한 기업들을 한데 묶어 비용절감이나 운영의 합리화를 달성하기 힘들었다. 도킨스는 몇 달 동안 시너지 효과를 내기 위해 많은 노력을 기울였다. 하지만 1902년 말에는 새로운 기업이 제대로 작동할 수 있는 여건이 거의 갖춰지지 않았다고 분통을 터트려야 했다.

도킨스는 "우리 가운데 아무도 IMM이 예상과는 달리 별다른 성과를 내지 못할 것이라는 단순한 사실을 믿으려 하지 않는다"고 말했다. 그는 뉴욕 파트너들과 충돌했다. 모건이 한때 주장했던 내용을 연상시키는 말을 하기도 했다. "우리가 경제의 위급한 사정을 파악할 능력이 없다면, IMM을 성공시켜야 할 도덕적 의무가 우리에게 있음을 깨닫기라도 해야 한다. 제약 요소 때문에 경영진이 꼼짝할 수 없다."

그리스콤이 앞장서 난국을 헤치고 나가야 하지만, 그렇지 못하기 때문에 누군가 책임지고 나가야 했다. 도킨스는 점점 발언의 강도를 높였다. "경영 이론을 들먹이며 골머리를 썩일 필요가 없다. IMM은 훌륭하고 위대한 기업이라고 자위하는 게 편할지 모른다. 하지만 자기위안과 처방은 IMM의 상황이 어떻게 돌아가는지를 알고 싶어 하는 정부를 포함해 어린이에게도 이롭지 않다." 그는 이어 "우리가 문제를 해결할 수 있음을 믿는다. 하지만 사제들처럼 'IMM은 아주 훌륭하고 위대한 기업'이라는 말을 되풀이하며 정부더러 가만히 있으라고 말하기 아주 어렵다는 사실이 두렵다"고 결론지었다.

사실 모건이 IMM 문제를 제대로 신경 쓰기 시작했다면, 사제의 말 이상의 확언으로 시장이나 정부에 비쳤을 수 있다. 불행히도 1902년 그는 재무제표보다는 라파엘에 빠져 있었다. 트러스트의 효율성과 거대한 자본의 이점을 확신하고 있었다. 이는 결국 냉엄한 사실과 어긋나는 것이었다.

도킨스는 1903년 6월 IMM과 영국 정부의 합의문의 문장과 관련해 제럴드 벨포어에게 메모를 띄운다. 그는 뉴욕 친구들이 노던 시큐어리티스의 위법 판결 때문에 합의문 등의 '자구'에 연연해하고 있다고 전했다. "쉽게 말씀드리면 '기업결합'이라는 단어를 미국에서 입에 올리는 일은 프랑스 제정시대에 폭군에 대한 저항을 찬양한 라 마르세예즈를 부르는 일만큼이나 파장을 일으킨다"고 말했다.

모건도 상당한 위기감을 공유했다. 하지만 "실체를 다른 방식으로 잘 표현하면 정부가 자구를 근거로 발목을 잡지 않을 것"이라고 확신했다. 모건의 확신은 정부의 고위층에서 얻은 정보를 근거로 하고 있었을 수 있다. 하지만 당시 정부는 사실 문제의 핵심이 아니었다. 1903년 말 국제 금융계는 트러스트를 재앙으로 인식했다. 잭은 런던에서 "아버지께서 은퇴한다는 터무니없는 루머가 돌고 있습니다"라고 보고했다.

올리버 페인에 따르면, 헨리 애덤스는 "모건은 마지막 기독교인 은행가이기 때문에 그의 붕괴는 아주 아쉬운 일이다"고 말했다. 도킨스는 스틸에게 "IMM이 회생하지 못한다면… 우리 자신도 셔터 문 아래에서 신음해야 할 것"이라고 말했다. 그는 IMM이 결국 제대로 굴러갈 것이라고 믿었지만 최악의 상황을 염두에 두고 말했다.

모건은 부실한 철도회사를 워크아웃 할 때 늘 했던 대로 1904년 초 새로운 경영진을 선임하는 작업으로 문제를 해결하려고 시도했다. 그는 유대인인 줄 알면서도 앨버트 벌린에게 IMM의 경영을 맡아달라고 요청했다. 함부르크-아메리카 해운의 이사인 그는 카이저와 관계 때문에 IMM의 회장을 맡을 수 없다고 고사했다. 그리고 "모건이 IMM의 회장에 맞는 인물을 찾기는 불가능할 것"이라고 했다.

모건은 결국 화이트 스타를 경영한 J. 브루스 이스메이를 IMM의 회장에 앉혔다. 무능한 그리스콤을 축출했다. 모건은 "자금이 나가는 것을 신경 쓰지 않지만, 부실한 조직과 경영 때문에 자금이 새는 데는 반대한다"고 말했다. 모건은 IMM을 성공시켜야 하는 윤리적 책임을 이스메이의 어깨에 올려놓았다. "회사가 고정비용을 감당할 만큼 순이익을 내지 못한다면, 이후 2년 동안 그

차액을 내가 메꿔주겠다"라고 약속했다.

그리스콤이 물러난 뒤 모건은 IMM의 본사를 필라델피아에서 뉴욕으로 이전했다. 모건은 약속대로 고정비용과 순이익의 차액을 메꿔주었다. 하지만 그는 무너지지도 않았고 이스메이는 IMM을 소생시키지도 못했다. 역설적으로, 미국이 지배하는 해운 트러스트는 해운시장의 경쟁을 더욱 촉발시켰다. 이후 10년 동안 쿠너드뿐만 아니라 다른 나라의 부정기 화물선 등까지 북대서양 항로에서 IMM과 치열하게 경쟁했다. 〈월스트리트 저널〉은 더욱 치열해진 해운시장의 경쟁에 대해 "바다는 노인에게 너무 컸다"고 결론지었다.

노인은 IMM이 결국 굴러갈 것이라는 신념을 굽히지 않았다. 그가 숨을 거두기 석 달 전까지도 해운 트러스트가 '비참한 운명'이라는 데 동의하지 않았다. 도서관 사서에게 그는 "IMM은 비참한 운명이 아니다"라며 이렇게 말한다. "그렇게 말하는 사람들은 제 코 앞 하루치 주가밖에 보지 못하는 사람들이다. 미국의 미래는 국제적이고, 머컨타일 마린은 미래의 일부이다… 주가 변동을 말한다면, 언젠가 IMM의 주가가 액면가 수준으로 회복하는 모습을 볼 것이다. 나도 볼 수 있을지 모르겠지만 분명히 그날은 온다."

미국의 미래는 국제적이었다. 하지만 IMM은 미래의 일부가 아니었다. 회사는 1914년 채권 원리금을 제대로 상환하지 못했다. 채무 불이행을 선언해야 했다. 이듬해에는 법정 관리에 들어갔다. 1차 세계대전이 발발해 전쟁 특수로 단기간 소생했다. 하지만 결국 IMM이 보유한 영국계 해운업체는 분리매각된다. IMM은 U. S. 라인으로 재편되고 1937년에는 유명무실한 기업으로 쇠락한다. 그리고 1986년에는 다시 파산한다.

(모건의) 예술품 수집 열정은 자연스런 결과였다. 그는 엘리트로 태어났기 때문에 프릭처럼 사회적 신분을 포장하기 위해 예술품을 수집하지는 않았다. 그는 모든 예술 장르에 관심을 가졌다… 특히 오래된 작가의 육필 원고와 중세 보석, 에나멜, 중국 도자기 등 일반 시민들이 접근하기 힘든 부문에 관심이 컸다. 그림은 많은 수집가들의 관심 영역이었고, 모건도 개인 도서관을 르네상스 초기 작품으로 가득 채웠다. 하지만 그의 주된 관심 대상은 아니었다.

— 윌리엄 R. 발렌티너(William R. Valentiner)의 회고록에서

오늘 오후 저는 J. P. 모건의 런던 저택을 방문했습니다. 크로이소스(Croesuses)를 주로 상대하는 전당포 같았습니다.

— 예술 평론가 버나드 베런슨이 1906년 11월 스튜어트 가드너에게 보낸 편지에서

수집가

클린턴 도킨스는 1902년 여름 모건이 '비즈니스에서 발을 빼려는 태도'를 어떻게 보였는지 생생하게 묘사했다. 파트너들은 모건에게 제출할 보고서를 작성할 때 특허약처럼 압축해야 했다. 모건은 회사 일을 뉴욕과 런던의 파트너들에게 대부분 일임해두었다. 그는 일렁이는 문화 민족주의와 역사에 대한 관심, 아름다운 것에 대한 호기심, 수집의 즐거움 등을 가슴에 품은 채 예술품과 로맨스에 빠져 있었다. 그는 20세기 초반 제국적 스케일을 가지고 전 세계의 아름다운 것들을 소유하고 싶어 했다.

모건의 수집 열기는 프랑스 문화 비평가인 장 보드리야르(Jean Baudrillard)가 말한 '할렘의 일진광풍'과 같았다. 비밀 후궁에 있는 술탄처럼 진귀한 것들에 의해 홀로 둘러싸여 있고 싶은 욕망이라고 할 수 있다. 모건의 수집 열정에는 과거와 미래를 의무적으로 연결하고 싶은 욕망도 섞여 있다. 예술품을 소유하는 것은 뜨거운 로맨스와 마찬가지로 일시적인 현상이다. 모건은 세계 문명이 낳은 보물들을 높이 평가했다. 여러 곳에 분산되어 있는 작품들을 수집하고 자신의 이름 아래 새롭게 배열하는 드라마에 흠뻑 빠져 있는 듯했다.

이전에는 왕실이나 교회가 예술품을 소장했다. 하지만 20세기에는 미국의 갤러리와 박물관에 모건의 예술품들이 둥지를 틀었다. 그는 예술품의 소유자 계보에 당당히 자신의 이름을 올려놓고 싶었다. 메디치와 치기스(Chigis), 합스

부르크 왕가, 보나파르트, 파라오, 교황, 왕 등과 어깨를 나란히 하길 원했다. 실제로 그가 수집한 예술품이나 유물은 '모건의 구텐베르크', '모건의 요한 계시록', '모건의 프라고나르' 등으로 불린다. 다른 사람이 이 예술품과 유물을 소유할 때까지 그의 컬렉션엔 '모건'이라는 이름이 붙어 다녔다. 소유의 기쁨이 일시적이라는 사실이 수집의 매력을 더해 주었다.

모건이 수집 대상을 선정할 때 영국 윈저궁의 왕실 도서관과 월러스(Wallace) 컬렉션을 참고한 듯하다. 윌리엄 4세가 인쇄술 초기 저작들과 지도, 소형 초상화, 식물도감, 시계, 고대 거장들의 작품, 나폴레옹 회고록 등을 수집한 1830년대 영국 왕실 도서관은 현대적인 형태로 바뀌었다. 윌리엄 4세가 수집한 초기 저작들은 1484년판 〈이솝우화〉와 1457년 마인츠에서 인쇄된 〈시편〉 등이 있다.

런던의 월러스 컬렉션은 마르케스 허트퍼드 4세(1800~1870년)가 수집한 자료·작품·유물을 보관하고 있다. 여기에다 그의 혼외 자녀인 리처드 월러스(Richard Wallace) 경이 수집한 것들도 곁들여져 있다. 월러스 컬렉션은 1900년 처음 시민들에게 공개되었다. 모건은 이전에 관람했을 가능성이 높다. 월러스 컬렉션은 런던의 맨체스터 광장에 자리 잡고 있다. 그림과 도자기, 태피스트리, 르네상스 시대 청동 작품, 18세기 프랑스 가구와 장식 예술, 이탈리아 마졸리카 도자기, 소형 초상화, 무기와 갑옷, 금과 은 세공품, 상아 등이 방마다 빼곡히 들어차 있다.

왕실과 월러스 컬렉션은 수대에 걸쳐 많은 사람들이 수집한 작품으로 구성되어 있다. 모건은 전문가의 도움을 받기는 했지만, 그의 수집 기간은 20년 정도였다. 그가 공부하듯이 개별 대상을 열심히 탐구하기는 했다. 마치 시간이 얼마 남지 않았다는 촉박한 심정으로 수집했다. 미켈란젤로가 만든 것으로 보이는 헤라클레스 흉상의 값으로 1만 파운드를 이미 치렀는데도 청구서가 어느 해 겨울 날아들었다. 그는 청구서를 도서관 책임자에게 전하며 그 조각이 어디 있는지 물을 정도였다. 도서관 사서는 청구서에 파란색 잉크로 "그 조각 상은 도서관에 있습니다. 모건 씨께서 앉으시면 정면에 보입니다. 그곳에 놓여 있는 지 1년 정도 됩니다"라고 적었다. 불행히도 조각상은 미켈란젤로의 작품 이 아닌 것으로 나중에 드러난다. 현재 이 조각상은 모건 도서관에 전시되어 있다. 안내문에 17세기 플랑드르에서 만들어졌다고 쓰여 있다. 물론 모건의 '조직적인 자기 탐닉의 한평생은 수집한 예술품 여기저기에 드러나지만, 이것 보다 더 원대한 꿈이 있었다. '미국을 위해 세계의 과거 문화가 낳은 걸작을 모 두 수집한다'는 꿈이었다. 그는 미국의 도서관과 박물관 갤러리를 문학과 예술 의 걸작으로 채워 역사적 기록을 당대 미국인과 후세에게 전하고 싶었다. 학술 적인 표준을 설정하고 싶기도 했다. 미래 연구를 위한 주춧돌을 놓으려 했다.

모건은 1900년 대 초 수집한 물건들을 잉글랜드에 모아 두었다. 몇몇 작품을 박물관에 대여해주기도 했다. 나머지는 모두 프린스 게이트 저택에 보관했다. 1901년 그는 저택을 개방해 외부 사람들이 관람하도록 했다. 그의 작품을 보 기 위해 제일 먼저 달려온 사람들은 레이디 빅토리아 색빌-웨스트와 웰링턴 공 작부인, 웨스트민스터 공작부인, 로스차일드 공, 말보로 공작부인, 하코트 가 문 사람들, 앨리스 메이슨, 제임스 브라이스 등이었다.

모건은 1870년대 영국 지방 대저택의 갤러리를 돌아본 적이 있다. 켄트에 있는 색빌 가문의 놀 파크(Knole Park)도 그때 둘러보았다. 이후 30년이 흘렀다. 이제 그가 자신의 컬렉션을 자랑하기 위해 영국 귀족들을 초대한다.

그가 수집한 작품을 해외에 보관한 데는 경제적이고 문화적인 이유가 있다. 미국의 1897년 정부의 세법은 미국에 수입한 예술품에 대해 20퍼센트의 관세를 부과하도록 규정했다. 실제로 이사벨라 스튜어트 가드너가 1898년 100만 달러에 달하는 예술품을 미국으로 반입할 때 세금 20만 달러를 내야 했다. 그래서 다른 수집가와 딜러들도 미국 관세청의 무지비한 세금을 피하기 위해 멀리 떨어진 곳에서 작품을 거래하고 보관했다.

1897년 관세법에도 유예조항이 있기는 했다. 공공 기관이 매입한 작품에는 관세가 부과되지 않았다. 가드너도 이 조항을 들어 면세를 요구하며 세금을 내지 않고 버티었다. 하지만 1904년 관세청은 가드너의 박물관이 입장하는 데 상당한 제약을 두고 있기 때문에 관세 부과가 타당하다고 유권해석을 내렸다. 그녀는 자신의 갤러리에 들어올 수 있는 인원을 제한했다. 한 달에 나흘밖에 일반 공개를 하지 않았다. 미 국세청이 공공시설이라고 할 수 없다고 본 근거다. 관세법은 종교·교육·과학·철학·문학과 관련된 책들에 대해서 비과세를 원칙으로 했다. 하지만 한 차례 수입 시에 두 권 이상은 허용되지 않았다. 수입된 도서들은 판매될 수도 없었다. 모건은 희귀한 도서와 원고를 한 부씩 매입했고, 팔 의사도 없었기 때문에 관세 걱정 없이 미국으로 반입할 수 있었다.

모건의 조카인 주니어스는 뉴욕 저택에는 희귀 서적과 육필 원고를 보관·전시하라고 조언했을 것이다. 모건은 채색 사본을 제작하도록 지원하고, 고전과 인문학, 종교 관련 서적을 보관하기 위해 거대한 도서관을 지은 르네상스 시대 이탈리아 예술 후원가로 자처하기는 했다. 하지만 그가 벤치마킹한 인물에는 미국인도 있었다. 드렉셀 가문과 시어도어 어빙, 로버트 호우(Robert Hoe)와 헨리 월터스(Henry Walters), 제임스 레녹스(James Lenox), 새뮤얼 틸던(Samuel Tilden) 등이었다.

시어도어 어윈의 도서관은 1900년 모건에 의해 매입되었다. 레녹스는 1870년 리처드 모리스 헌트에게 의뢰해 희귀 원고와 도서를 보관하기 위한 도서관을 짓도록 했다. 현재 프릭 컬렉션이 있는 자리인 맨해튼 5번 애비뉴와 70번가가 만나는 곳이다. 전 뉴욕 주지사인 틸던은 1886년 숨을 거두면서 책 2만 5,000권뿐만 아니라 뉴욕의 개방 도서관과 열람실을 지을 수 있는 엄청난 부지를 기증했다. 레녹스와 틸던의 서적과 희귀 원고들은 제3의 인물에 의해 통합된다. 바로 존 제이콥 애스터였다. 그가 1895년 숨을 거두며 기증한 돈으로 뉴욕 공공 도서관이 건립되어 레녹스와 틸던의 자료들을 모두 보관할 수 있었다. 카레르·헤이스팅스(Carrère & Hasting)가 1897~1911년에 모건의 저택에서 두서너 블록 떨어진 42번가와 5번 애비뉴가 만나는 크로턴 저수지 자리에 뉴욕 공공 도서관을 지었다.

20세기 들어 모건은 매디슨 애비뉴의 저택 서재로는 감당할 수 없을 정도로 많은 책과 육필 원고를 반입했다. 그는 넘치는 자료 가운데 일부는 다락과 레녹스 도서관에 보관했다. 하지만 귀중한 자료를 일반인들이 접근하기 어려운 곳에 보관한다는 게 의미 없었다. 결국 1900년 그는 개인 도서관을 짓는 문제를 검토한다. 뉴욕 요트 클럽 하우스를 설계했던 휘트니 워런에게 의뢰해 설계도를 그려보라고 했다.

워런이 화려한 스케치를 제출했다. 하지만 모건은 이 프로젝트를 서랍에 넣어두고 만다. 1902년 3월 말 저녁 모건은 해운 트러스트의 보조금 문제를 해결하기 위해 의회 로비에 머물고 있었다. IMM의 임시 신디케이트를 조직하는 문제와 노던 시큐어리티스에 관한 진술, 퍼킨스가 마련한 U. S. 스틸의 우선주-채권 전환 문제를 결정지어야 했다.

그런데 그는 미국의 이탈리아 르네상스 건축 전문가인 찰스 폴런 맥킴(Charles Follen McKim)에게 전화를 걸어 다음날 아침에 뉴욕 집에 들러달라고 요청했다. 맥킴은 당시 맨해튼 25번가 이스트 9번지에 살고 있었다. 그는 1902년 3월 27일 모건의 요청대로 조찬을 같이 하기 위해 모건의 저택에 도착했다. 모건은 맨해튼 36번가 북쪽에 있는 자신의 집과 파크 애비뉴 사에 땅을 사놓았다고 말했다. 중간에 개인 도서관과 끝에 큰 딸 루이자와 사위 새터리가 살 집을 짓고 싶다고 말했다. 그가 짓고 싶은 도서관은 단순한 양식에 공원에 쏙 들어갈 수 있는 고전적인 구조였다. 이와 함께 앞으로 더 많은 서적과 육필 원고 등을 구입할 예정이기 때문에 충분한 공간이 나와야 하고, 비즈니스 파트너와 예술품 딜러, 친구들을 자유롭게 만날 수 있는 서재가 필요하다고 말했다.

맥킴이 과연 두 건물을 디자인할 수 있을까? 모건은 이미 그에게 뜻밖의 주문을 많이 했다. 이번에도 설계자를 당혹스럽게 했다. 맥킴은 모건 집으로 달려오면서 로마의 아메리칸 아카데미 프로젝트 때문에 부른 것이라고 짐작했다. 이미 로마의 아메리칸 아카데미를 짓는 데 필요한 자금을 모건한테서 약속 받았다. 그런데 또 다른 이중 과제를 부여받았다. 그는 개인 도서관과 모건의 딸과 사위가 살 집을 짓겠다고 대답했다. 그날 저녁 맥킴은 친구에게 쓴 편지에서 "모건이 나를 믿고 도서관 프로젝트를 맡겼을 뿐만 아니라 아메리칸 아카데미에 대한 모건의 확언 때문에 내가 얼마나 기쁜지 자네는 알 걸세"라고 감정을 드러냈다.

모건은 파트너 스탠퍼드 화이트 대신 알고 지낸 지 얼마 되지 않은 맥킴을 선택해 일을 맡겼다. 화이트는 모건이 앞서 실행한 매디슨 스퀘어 가든과 메트로폴리탄 클럽의 건물을 설계·시공했다. 하지만 1902년 맥킴은 미국에서 건축학계의 학장으로 알려진 인물이었다. 고전적인 원칙과 절제된 화려함·웅장함을 잘 곁들여 건물을 설계하기로 유명했다. 이런 스타일은 화이트보다 나날이 변화하는 모건의 취향에 더 잘 맞았을 수 있다. 화이트는 건물의 서정적인 특징을 제한하기로 유명했다.

화이트가 신장질환을 앓고 있고 사치스럽게 생활한다는 사실도 모건이 맥킴을 선택하는 데 작용했을 수 있다. 성실하고 냉철한 맥킴은 뉴욕의 하버드 클럽과 유니버시티 클럽, 모닝사이트 하이츠에 컬럼비아 대학을 설계했다.

1902년에는 뉴욕 7번 애비뉴와 33번가가 만나는 곳에 지을 펜실베이니아 철도의 기념비적인 역사를 짓기로 계약했다. 시어도어 루스벨트의 주문을 받아 백악관 복원공사를 맡았다. 시어도어는 백악관의 공식 명칭인 '대통령 맨션(The Executive Mansion)'을 버렸다. 그는 미국인들이 일상적으로 부르고 있던 '화이트 하우스'를 미합중국 대통령 관저의 공식 명칭으로 삼았다.

맥킴이 미국 교육에 대해 갖고 있는 사상과 원칙은 모건과 비슷했다. 그는 고전 건축의 개념에 능통한 건축가였다. 미국 건축가와 예술가들이 로마의 옛 문화를 공부하고 연구할 수 있는 저택형 건물을 로마에 짓고 싶었다. "우리의 예술적 심미안을 자극하고 따라 해볼 수 있는 대상을 지적에 두고 공부하기를 갈망한다. 하지만 로마를 가능하게 했던 정신을 배우기 위해 많은 예술가들이 일시적으로나마 학생이 되려고 하지 않고, 그 정신을 파악하려고 노력하지 않는 게 너무 슬프다"고 그는 친구에게 말했다.

미국 출신 조각가인 윌리엄 웨트모어 스토리의 로마 저택이 수십 년 동안 미국 예술가들의 로마 아지트가 되었다. 모건이 간간이 건네주는 후원금 등에 힘입어 스토리의 로마 집은 수많은 미국 예술가들이 '로마를 가능하게 했던 정신'을 배우는 터전이었다. 이미 독일과 스페인, 프랑스, 벨기에 등이 로마에 거점을 마련해 놓고 있었다. 예를 들어 루이 14세가 1666년 로마의 빌라 메디치에 세운 프랑스 아카데미가 대표적인 예이다. 미국의 로마 본거지는 프랑스처럼 정부 차원에서 추진한 게 아니었다. 민간의 후원으로 운영되었다. 바로 이 점 때문에 맥킴이 찰스 래니어에게 모건을 소개해 달라고 요구했다. 모건은 볼티모어 수집가 헨리 월터스(Henry Walters)가 주축이 된 아메리카 아카데미 건립 기금 마련에 1901년 참여했다. 모건이 1902년 맥킴과 조찬을 한 순간까지 기금 모금에 참여한 인물은 존 헤이, 엘리휴 루트, 마셜 필드, 찰스 프랜시스 애덤스 2세, 존 파라지, 어거스터스 세인트 고든스를 비롯해 하버드와 예일, 프린스턴, 코넬, 펜실베이니아, 존스 홉킨스, 시카고 대학 총장 등이었다.

　모건은 맥킴에게 개인 도서관 설계를 의뢰한 지 닷새 뒤인 1902년 4월 2일 앤과 함께 유럽으로 건너갔다. 그가 유럽에 머무는 동안 조카 주니어스가 도서관 프로젝트를 담당했다. 모건은 거의 다섯 달 동안 유럽에 머물며 애덜레이드와 마코 부부 등과 여행하기도 했다. 해운 트러스트 IMM과 관련된 사안을 협상했다. 독일 빌헬름 2세와 보데를 만났고, 에드워드 7세의 즉위식에 참석하기도 했다.

　모건은 파리에 머문 1902년 4월 18세기 프랑스 장인이 정교하게 만든 희귀하고 웅장한 장형 표준 시계를 구입했다. 시계 케이스는 발사자르 루토이드(Balthazar Lieutaud)가, 시계내부 부품은 페르디낭 베스호드(Ferdinand Berthoud)가, 청동장식은 필리페 카피에리(Philippe Caffiéri)가 만들었다. 표면과 머리 부분의 장식은 아폴로의 전설을 의미한다. 작품은 현재 프릭 컬렉션에 전시되어 있다.

　모건은 프랑크푸르트 딜러인 J. & S. 골드슈미트를 통해 19세기 독일 금은세공사들이 만든 작품을 매입했다. 달팽이 모양을 하고 있고 화려고 변화무쌍한 무늬가 있을 뿐만 아니라 은제 장식이 달린 앵무조개와 배에 타조알을 품고 있는 타조알 모양의 물병이었다. 타조의 날개와 목은 꼬리의 깃털은 금도금으로 생생하게 묘사되었다. 원 소유자인 드레스덴너 은행가 구트만(Gutmann)은 "딜러나 박물관은 모건 씨처럼 즉시 대금을 치를 수 없기 때문에 이렇게 낮은 가격에 절대 팔지 않는다"고 말했다. 그가 즉석에서 치른 대금은 7만 5,000파운드였다. 모건은 런던에서 딜러 두빈 브라더스를 통해 마자렝 추기경이 보유한 태피스트리를 34만 달러에 매입했다. 도나텔로가 만든 것으로 알려진 성모 마리아와 아기 예수가 그려진 꽃병은 7만 4,000달러에 사들였다.

　모건이 두빈 브라더스를 통해 사들인 목록에는 드레스덴(Dresden) 인형과 루이 15세와 16세의 금과 에나멜이 칠해진 코담배갑이 들어 있다. 게다가 게인스버러가 그린 초상화 '테넌트(Tennant) 부인'을 찰스 위스아이머(Charles Wertheimer)한테서 15만 달러를 주고 사들였다. 딜러 덜래처 브라더스(Durlacher Brothers)한테서는 뒤러가 1509년에 만든 클로디옹(Clodion) 작은 상과 브론즈 세트 등을 사면서 6만 4,000달러를 지급했다. 출판가인 조지 앨런(George Allen)한테서는 〈베니스의 돌Stone of Venice〉을 비롯해 러스킨의 육필원고를 8만 2,000달러에 샀다.

모건의 예술품 싹쓸이는 런던에서 IMM 설립만큼 화제가 되었다. 해운 트러스트로 영국 조야가 들끓고 있는 동안 베어링 브라더스의 개스퍼드 패러는 "예술품 시장에서 모건의 매집은 철강이나 해운 트러스트를 설립한 것보다 더 여론을 악화시켰다는 게 아주 흥미롭다. 일반 철강이나 해운 트러스트의 가치에 관심없는 척하지만, 그가 골동품을 수집하면서 과거에 들인 돈의 2~10배의 금액을 이번 쇼핑에 들였다는 소식에 충격받았다. 대중의 존경을 잃으면서까지 자신이 거물이라는 것을 증명하려는 사람을 지켜보는 게 괴로운 일이다. 사람들은 '그의 머리가 이상하게 된 것'이라고 말할 수도 있다"고 말했다.

모건은 예술품 수집에 얼마를 썼는지 개의치 않았다. 그는 한때 가장 비싼 세 단어가 '세상에서 유일한 것(unique au monde)'이라고 말하기도 했다. 그는 여기저기를 돌아다니며 돈을 물 쓰듯이 했다. 근사한 것들을 마구 사들였다. 영국의 비판가가 "그의 머리에 뭔가 이상이 있다"고 말했을 때인 1902년 6월 주니어스의 추천으로 값비싼 도서들을 일괄 구매했다. 바로 영국 맨체스터에 있는 윌리엄 베네트의 도서관이 보유한 책이었다. 이를 위해 70만 달러를 지불했다. 베네트는 다른 수집가가 보유한 희귀 도서 등을 구입해 자신의 도서관을 꾸몄다. 채색사본과 인쇄술 발명 초기 찍은 600권 등은 비교할 수 없는 가치를 지녔다. 특히 캑스턴과 아베빌(Abeville) 버전인 어거스틴의 〈신국론〉(1486년) 32권이 포함되어 있었다.

버네트가 사들인 《신국론》 등은 대부분 애쉬번험 백작과 윌리엄 모리스 컬렉션에서 나왔다. 결국 모건은 베네트의 도서관을 사들임으로써 컬렉션 카탈로그를 네 권이나 만들 수 있을 정도로 많은 서적과 자료를 보유하게 되었다. 카탈로그는 런던의 치스위크(chiswick) 인쇄소에 만들어졌다. 전문가의 설명이 곁들여졌다. 고서적 전문가이고 중세 연구가인 M. R. 제임스(James)가 육필 원고에 관한 부분을 편집했다. 영국박물관의 도서 관리자인 알프레드 W. 폴러드(Alfred W. Pollard)는 초기 인쇄 서적에 관한 부분을 준비했다.

모건은 컬렉션과 주변 환경에 관심이 컸다. 이런 그가 자신의 집을 한 번도 신축하지 않았다는 사실은 아주 놀랄 만한 일이다. 다른 사람들이 만들어 놓거나 세운 것을 다시 리모델링해 사용했다. 건축가와 인테리어 디자이너의 작업을 꼼꼼하게 관리·감독하면서 크래그스톤과 매디슨 애비뉴 219호 저택을 대대적으로 리모델링했다.

웅커스와 뉴포트, 제킬 아일랜드의 집 등 그가 자주 사용하지 않는 주택은 별다른 수리나 개조를 하지 않고 소유했다. 아버지 주니어스가 물려준 영국 저택 두 채는 자신의 입맛대로 바꾸었다. 심지어 그는 첫 번째 요트마저도 새것을 주문한 게 아니다. 엔지니어를 고용해 점진적으로 개선해 사용했을 뿐이다. 이런 그가 처음으로 신축을 의뢰한 집은 개인 도서관과 딸 루이자 부부가 살 집이었다.

모건은 매디슨 애비뉴 219호 저택과 크래그스톤 집을 리모델링할 때와 마찬가지로 개인 도서관을 지을 때도 세세한 부분까지 챙겼다. 꼼꼼하고 빈틈없는 고객임을 여실히 보여주었다. 조카 주니어스는 1902년 5월 맥킴에게 삼촌이 맨 위에 골동품을 놓을 수 있는 낮은 책꽂이와 카탈로그와 색인 등으로 채울 수 있는 도서관 사서의 사무실을 원했다고 말했다. 모건이 원한 도서관은 책을 읽기 위한 공간이 아니라 1902년 현재 1만여 점이나 된 고서적과 희귀 육필원고 등을 보관하기 위한 장소였다.

현재 뉴욕 피어폰트 모건 도서관의 조감도 (건축사 사무실 맥킴·미드·화이트 〈McKim, Mead & White, 1902년 경〉). (출처: 뉴욕 피어폰트 모건 도서관)

맥킴은 에드워드 7세의 즉위식에 참석하기 위해 7월 말 런던으로 가는 루이자와 새터리 부부 편에 도서관 조감도와 개괄적인 설계도를 보냈다. 모건은 서둘러 조감도 등을 훑어본 뒤 도서관 건물과 주변 환경 사이에 더 많은 등을 설치하기를 원한다고 말했다. 건물의 높이가 12미터를 넘지 않기를 바란다고도 했다. 애초 예상했던 책보다 두 배나 많은 책이 들어갈 뿐만 아니라 나중에 작품 등이 전시될 것이기 때문에 실내 공간을 더 많이 확보했으면 한다는 의견을 보냈다.

'꼼꼼한 의뢰자'는 그림 갤러리 형태의 건물을 원하지는 않았다. 새터리는 미국에 돌아가 장인의 메시지를 전했다. '지독할 정도로 간략한 메모'를 사과하면서, "아버님은 선생님의 건축이 갖는 우아함과 순수성에서 우러나오는 간결함을 좋아하십니다"라고 말했다. 1902년 8월 모건이 뉴욕에 돌아왔다. 매디슨 애비뉴 저택에서 맥킴과 자주 조찬을 먹으며 도서관 신축을 의논했다.

맥킴은 아테네 아크로폴리스에 있는 에릭테움처럼 대리석을 정교하게 다듬어 시멘트를 사용하지 않고 짓는 방식을 추천했다. 대리석의 한쪽 끝을 다른 대리석 끝과 딱 맞게 깎아 지으면 내구성과 튼튼함을 충분히 얻을 수 있다고 설명했다. 대신 건축비가 일반적인 건물보다 많이 든다고 말해주었다.

모건: 얼마나 더 많이 들까요?

맥킴: 5만 달러 정도입니다.

모건: (고개를 끄덕이며) 그대로 하십시오!

맥킴은 건물 밑바닥을 놓으면서 뉴욕의 변덕스러운 날씨를 고려해 아주 얇은 납 필름을 대리석 틈에 끼워 넣어야 했다. 아테네 에릭테임에는 이 작업 때문에 대리석과 대리석 사이의 이음매가 더 눈에 띄었다. 하지만 맥킴은 수직적인 연결구조는 "그리스의 에릭테움만큼 좋고, 칼 날 하나가 들어가지 않을 만큼 조밀하다"고 말했다.

도서관 건축비는 85만 달러 선이 될 것이라고 예상되었다. 하지만 1906년 완공되었을 때 계산된 실제 공사비는 120만 달러였다. 모건은 가장 좋은 재료와 디자인을 고집했다. 맥킴은 모건이 고풍스런 나무 천장과 로마식 대리석 바닥에서 유리 기둥과 청동 책꽂이, 아드리아해 북쪽에 튀어나온 반도인 이스트 지역의 대리석으로 만든 벽난로 둘레 장식, 이탈리아 파두아(Padua)에서 만든 철제받침까지 "모건이 모든 재료 등을 결정하고 계약을 맺는… 특이하고 예상하지 못했던 방식"에 깊은 인상을 받았다.

맥킴은 벽난로 둘레 장식과 천장 재료를 구하기 위해 직접 로마에 가기도 했다. 그가 여행할 수 없을 때는 모건의 친구인 왈도 스토리를 통해 오래된 대리석과 반암 바닥재를 구했다. 맥킴은 스토리에게 구입을 의뢰할 때 규격과 가격, 돌무늬뿐만 벤치마킹한 로마의 건물과 정원을 사진으로 찍어 보내주었다.

모건은 끊임없이 수정을 요구했다. 그는 난간을 낮출 것을 요구했다. 뒤편 처마장식 양식에 대해 버럭 화를 내기도 했다. 계단의 가장자리에서 대리석 다섯 개를 제거하라고 시켰다. 맨해튼 36번가 이스트 37번지에 짓는 딸 루이자와 새터리가 살 집에 대해서는 1903년 3월 말 "계단 방식에 대해 아버지가 실망해, 맥킴이 늘 그랬듯이 사과해야 했다"고 루이자는 일기에 적었다.

어거스터스 세인트-고든스는 맥킴에게 "모건이 당신을 쥐락펴락하게 하면 안 된다. 뭐라고 말할 때 한 번 쏘아붙이면 그는 당신을 존중할 것이다… 이건 내 경험인데, 내가 말한 대로 하면 아주 편하게 일할 수 있다"고 조언했다. 맥킴은 자신이 '위대한 로렌조 드 메디치(Lorenzo the Magnificent)'라고 부른 제왕적인 의뢰인에게 한 번도 '쏘아붙이지 않았다.' 다만 다양한 양식을 뒤섞어 놓으려는 모건을 제지하기는 했다. 맥킴은 1904년 봄 여행 중인 모건에게 선보를 날려 외교적인 정중함을 발휘해 "프랑스 저택의 굴뚝 재료가 상당히 좋기는 하지만, 이탈리아 르네상스 시대 건축물과 조화를 이룰 수 있는 대리석 굴뚝이 더 좋습니다"라고 충고했다.

무더위가 맹위를 떨치는 여름에 맥킴은 모건을 데리고 뉴욕 유니버시티 클럽에 갔다. 미국 작가인 헨리 사이던스 모브레이(Henry Siddons Mowbray)가 그린 천장 장식을 보여주기 위해서였다. 맥킴은 모브레이를 공부하라며 로마로 보낸 적이 있다. 새로 지은 아메리칸 아카데미의 책임자로 1년 동안 머물러 있으라고 모브레이를 설득했다. 이런 인연이 있는 모브레이에게 유니버시티 클럽의 천장 그림과 비슷하게 모건의 도서관 천장 그림을 그려줄 것을 의뢰했다.

모건은 모브레이의 그림으로 장식된 유니버시티 클럽의 공간 등을 말없이 면밀히 살펴보았다. 맥킴이 침묵을 깼다. "화이트가 이 작품에 반했습니다." 그러자 모건이 대답했다. "그는 늘 그래!"

퉁명스런 반응에 이어 모건이 천장을 면밀히 살펴보는 동안 침묵이 이어졌다. 마침내 "모건은 찬탄했을 뿐만 아니라 완전히 만족했다. 그는 '웅장할 뿐만 아니라 탁월하다'고 평했다"고 맥킴은 말했다. 모브레이는 그해 가을 모건 도서관의 천장의 그림을 맡아 그리기 시작했다.

헨리 애덤스는 1903년 초 캐머런 여사에게 자신이 가장 재미있어 하는 이야기를 했다. "피어폰트의 얼굴이 이제 너무 엉망이어서 쳐다보기 힘들 정도입니다. 코끝의 병이 점점 얼굴로 퍼지고 있습니다. 우리의 여름 장미가 어떻게 시들지…"라고 말했다.

모건은 더 이상 아내 패니와 애덜레이드를 대서양을 사이에 두고 떨어뜨려 놓으려고 수고하지 않아도 되었다. 애덜레이드가 남편 더글러스와 완전히 갈라섰다. 그녀는 맨해튼 46번가 동쪽에 계속 머물게 되었다. 더글러스는 1903년 '모건 힐'에서 멀리 떨어진 맨해튼 서편 위쪽에 자리 잡고 있는 센트럴 파크 71번지로 옮겨갔다.

모건은 남편과 헤어진 애덜레이드와 마코 부부, 앤, 찰스 래니어, 기타 친구들을 데리고 쿠바로 갔다. 패니는 패니대로 자기 여행 벗들을 데리고 열차를 타고 워싱턴으로 갔다. 이어 도우미를 데리고 캘리포니아로 갔다. 쿠바는 미국-스페인 전쟁 이후 1898~1902년에 보호령 상태였다. 1902년 두 나라는 미국이 정치적·경제적 배타적 권리를 갖는 협정을 맺었다. 모건은 키 웨스트(Key West)에서 출발해 쿠바에 도착했다. 하바나 언론엔 휴가 차 왔다고 밝혔다.

하지만 한 기자는 모건이 하바나 증기 여객선의 오너와 함께 머무는 것을 주목했다. 이를 근거로 모건이 쿠바의 해운회사를 사들여 IMM에 편입시키려 하거나, 철도회사 인수나 정부의 차관을 협상하고 있다고 기사를 썼다. 뉴욕의 투자은행 J. P. 모건은 그가 쿠바를 방문할 즈음 '방코 나치오날 드 쿠바(Banco Nacioal de Cuba)와 제휴를 맺고 이 은행의 뉴욕 에이전트가 되었다. 모건은 대통령궁에서 토마스 에스트라다 팔마(Thomás Estrada Palma)와 회동했다. 팔마는 미국에서 유학한 정치인이었다.

모건 일행은 핸드볼과 비슷한 하이 알아이(Jai Alai) 게임을 관전했다. 쿠바

섬 여기저기를 돌아다니며 구경했다. 당연히 그는 쿠바산 시거를 '매집'했다. 1903년 3월 6일 쿠바 대통령에게 작별 인사를 하기 위해 대통령궁을 방문해 몇 시간 동안 머물렀다. 대통령은 AP통신과의 회견에서 차관 도입 문제는 이야기하지 않았다고 말했다. 모건은 일행을 데리고 레스토랑 엘 루브르에서 디너파티를 즐겼다.

미국을 향해 북상하는 길에 모건 일행은 제킬 아일랜드에 도착해 며칠 동안 머물렀다. 워싱턴에 도착해서는 시어도어 루스벨트 대통령과 한 시간 반 동안 경제와 금융 문제를 협의했다. 그는 백악관을 나와 상원의원 알드리치와 한나를 만났다. 예술품에 대한 수입관세를 낮춰 달라고 재무장관 레슬리 쇼(Leslie Shaw)에게 로비하기도 했다. 그는 런던에 모아둔 컬렉션을 미국으로 들여오는 데 세금만도 300만 달러가 든다고 지적했다.

모건은 1903년 4월 초 개인 도서관과 딸 부부의 집을 짓기 시작했다. 그는 완공될 때까지 루이자와 새터리가 지낼 거처로 매디슨 애비뉴 225번지에 있는 다지(Dodge) 맨션을 사들였다. 패니가 여전히 캘리포니아에 머물고 있는 4월 17일에는 예순여섯 번째 생일 파티를 열었다. 이어 애덜레이드와 앤을 데리고 유럽으로 떠났다.

모건이 엑스레뱅 온천 휴양지에 머무는 동안 독일 예술품 딜러인 골드슈미트의 중개로 아주 중요한 보물 가운데 하나가 될 고서를 구입한다. 이는 미니어처 전문가인 줄리오 클라비오(Giulio Clavio)가 요한 3세의 손자인 추기경 알레산드로 파네세(Alessandro Farneses)를 위해 1546년에 완성한 채색 '성무시간표(성직자 시간표)'였다. 골드슈미트는 채색 성무시간표가 모건이 반할 만한 것임을 알았다. 유명하고 희귀했으며, 정교하게 그려진 작품이었다. 역사적인 의미도 풍부했다. 완성하는 데만도 무려 9년이 걸렸다. 조각가 셀리니가 만든 것으로 알려진 멋진 금과 은 장식이 곁들어진 커버가 있었다. 그러나 커버 제작자는 나중에 안토니오 젠틸리(Antonio Gentili)로 밝혀진다.

바사리는 열변을 토하며 모건이 매입한 채색 성무시간표를 상찬했다. '로마의 모습을 보여주는 작품'이라고 평가했고, "너무 화려한 작품이어서 누구의 눈이나 손을 한 번도 거치지 않아 보이는 듯하다"고 말했다. 그는 클라비오를 '작지만 새로운 미켈란젤로'라고 높이 평가했다. 모건 도서관의 중세 서적의 큐레이터인 윌리엄 뵈클(William Voekle)에 따르면, 성무시간표는 "이탈리아 르네상스의 마지막 서적으로 볼 수 있다. 미켈란젤로의 '뱀이 꿈틀거리는 형상'을 떠올리게 하고 자코포 다 폰토르모(Jacopo da Pontormo)의 작품에 잘 나타난 길게 구부러진 곡선의 느낌을 갖고 있는 매너리즘 예술의 뛰어난 반영물이다."

뵈클은 계속해서 매너리즘은 본디 놀라움과 고귀함, 순수성, 뛰어난 기교, 광적인 복잡함, 번쩍이는 컬러, 특수 효과 등에 대한 식지 않는 사랑"이라고 덧붙였다. 성무시간표는 24페이지짜리 미니어처였다. 구약과 신약 부분이 짝을 이루고 있다. 갓 태어난 아기 예수의 얼굴에 향유를 바르는 동방박사가 솔로몬 왕 앞에 무릎을 꿇고 있는 스바(Sheba)의 여왕이 서로 마주 보는 페이지에 등장한다.

클로비오는 성무시간표 속에 파네세 추기경을 솔로몬으로 그려놓았다. 화가의 옷을 입은 난쟁이로 자신을 묘사했다. 한 마디로 '비주얼 말장난'이라고나 할까? 뵈클은 모건이 성무시간표와 이탈리아 마졸리카 도자기 여러 점을 사들이면서 골드슈미트에 2만 2,500파운드(11만 2,500달러)를 지급했다고 말했다. 모건은 이 작품에 너무 반해 뉴욕 집으로 가져가 특별한 손님들에게 보여주었다.

모건은 저택에 다 보관할 수 없고, 혼자 다 감상할 수 없을 만큼 예술품을 사모았다. 결국 작품 상당수를 미국 공공 박물관과 갤러리에 기증한다. 노아 웹스터와 호레이스 그릴리, 앤드류 잭슨, 제임스 먼로의 편지가 포함된 자료와 책, 육필 원고를 1899년 막 출범한 뉴욕 공공 도서관에 기증했다. 옛 친구인 애브럼 휴위트(Abram Hewitt)의 딸이 설립한 쿠퍼-휴위트(Cooper-Hewitt) 박물관에 기증하기 위해 그는 1901년 오래된 직물 모음을 매입했다.

모건은 이듬해인 1902년에는 메트로폴리탄 박물관에 중국 도자기 2,000여 점을 건네주었다. 애초 이 도자기 컬렉션은 두빈 브라더스의 도움을 받아 은행가인 제임 A. 가랜드가 수집한 것이었다. 가랜드는 1902년 숨을 거두면서 도자기와 관련해 별다른 유언을 남기지 않았다. 두빈이 50만 달러를 주고 도자기 2,000점을 모두 다시 사들였다. 모건은 소식을 듣고 즉각 60만 달러를 주고 매입했다. 딜러에게 빠진 세트를 채워 넣어 달라고 요구했다.

메트로폴리탄 박물관은 이 도자기 가운데 애초 빠진 꽃병 하나만을 제외하고 모두 소장하게 되었다. 두빈 브라더스는 빠진 도자기를 채워 넣고 1902년 별도 청구서를 모건에게 보낸다. 금액은 20만 달러였다. 모건은 1904년 메트로폴리탄 박물관의 수석 부회장으로 추대되었다. 또 다른 중요한 컬렉션을 매입하는 데 적극적으로 도왔다. 그해 겨울 모건과 패니의 옛 친구인 어델 스티븐스가 프랑스 귀족 남편과 이혼했다.

모건은 호화로운 생활에 젖은 프랑스 귀족이 어델 스티븐스의 경제적 지원 없이 생활을 유지할 수 없어 유명한 갑옷 컬렉션을 처분한다는 소식을 들었다. 루더퍼드 스토이베산트(Rutherfurd Stuyvesant)에게 급전을 날렸다. 스토이베산트는 한 박물관의 후원자로 무기류 수집광이었다. 1년 가운데 절반은 파리에 머물고 있었다. 모건을 대신해 어델의 전 남편과 접촉하기 수월했다. 실제 그는 모건의 부탁을 받고 어델의 전남편과 만나 협상했다. 그는 협상 종료와 함께 24만 달러를 수표로 끊어 주었다. 즉시 모건에게 전보를 띄워 뉴욕에서 만나자고 요청하면서, 수표가 돌아오는 시점에 24만 달러를 입금해 결제할 수 있도록 부탁했다. 메트로폴리탄 박물관은 나중에 24만 달러를 지급해준다.

모건의 런던 파트너는 1903년 4월 어델의 전 남편이 수집한 갑옷 등이 들어 있는 상자 42개를 '장비'라고 적어 메트로폴리탄 박물관으로 보냈다. 메트로폴리탄 박물관은 모건을 회장으로 선출했다. 당대 미국 최고 예술 애호가 가운데 한 명인 그의 위상을 재확인해주었다. 모건은 리스크가 큰 예술품 시장에서 전문가가 중요하다는 사실을 잘 알았다. 어델 전 남편의 컬렉션을 분석·전시할 전문가인 배쉬포드 딘(Bashford Dean)이라는 젊은 전문가를 즉시 채용했다. 딘은 물고기 진화를 연구한 전문가였다. 컬럼비아대학에서 북미의 고생물학 거두인 존 스트롱(John Strong)과 함께 연구했다. 모건의 조카인 헨리 페어필드 오스번과 일하기도 했다. 오스번과 딘은 컬럼비아대학의 동물학과를 창설하기도 했다. 미국 자연사 박물관에서 척추동물의 고생물학 코너를 설치했다. 딘은 무기류와 갑옷에 대해 고생대 어족에 대한 것만큼 해박한 지식을 보유하고 있었다. 특히 고생대 초기와 중기 갑옷을 갖춰 입은 듯한 어류 전문가였다. 고생대 데본기 거대한 상어의 일종인 디니크티스(Dinichthys)에 특히 관심이 많았다. 이 어류는 중세 갑옷을 입은 기사와 흡사했다.

딘은 메트로폴리탄 박물관 지하실에서 어델의 전 남편 컬렉션을 열어본 순간 진가를 알아챘다. 특별한 컬렉션을 싼 가격에 매입하는 데 성공한 모건에게 축하인사를 했다. 모건은 1906년 딘에게 메트로폴리탄 박물관이 보유하고 있는 모든 무기류를 담은 카탈로그를 만드는 일을 맡겼다. 딘이 성격이 괴팍하고 외국에 머물며 어델의 전 남편이 수집한 갑옷류보다 더 많고 더 뛰어난 무기 컬렉션을 갖고 있는 윌리엄 H. 리그스(Willaim H. Riggs)를 설득할 때 적극적으로 뒷배를 봐주었다.

리그스는 모건이 프랑스어를 공부한 베비 학교의 동창이다. 그의 아버지 엘리샤(Elisha)는 조지 피바디가 초기에 설립한 워싱턴 회사의 파트너였다. 그는 전 생애를 걸고 유럽에서 무기류를 수집했다. 마침 모건이 회장으로 승진하자, 그는 메트로폴리탄 박물관을 자신의 컬렉션을 감당할 수 있는 기관으로 인정했다. 박물관 이사회는 리그스를 명예 이사로 뽑았다. 모건은 리그스의 컬렉션을 전시하기 위해 가장 큰 규모의 전시실을 제공하기로 약속했다. 그런데도 리그스는 수년 동안 박물관 쪽과 밀고 당겼다.

리그스가 마지막 결단을 내려 컬렉션을 내놓을 즈음인 1912년 파리에서 딘에게 자신이 피레네산맥 주변의 루촌(Luchon)에 보유하고 있는 호텔 때문에 골머리를 앓고 있다고 말했다. 직후 딘은 런던에 있는 모건과 호텔 문제를 의논하기 위해 도버해협을 건넜다. 모건은 딘의 말을 듣고 "그래서 리그스 씨가 루촌에 있는 호텔 문제 때문에 컬렉션을 넘겨주기 어렵다는 말인가요?"라고 되물었다.

모건은 시거를 손에 들고 살살 돌리며 생각에 잠긴다. 순간 그의 눈빛이 광채를 발하기 시작한다. 결심했다는 신호였다. "당장 그 호텔을 사들이는 데 얼마나 듭니까?" 딘은 50~60만 프랑(약 3만 달러) 수준이 들 것이라고 추정했다.

"그래! 사버려요."

모건이 잘라 말했다. 이어 "비용은 내가 감당하고, 10~20만 프랑은 손해 본 것으로 생각하지"라고 선언했다.

딘은 호텔을 40만 프랑에 사들였다. 모건은 나중에 매입비용을 박물관에 청구한다. 리그스는 1913년 결국 가장 뛰어난 무기류 컬렉션을 메트로폴리탄 박물관에 기증했다. 그는 모건에 대한 존경심의 발로라고 말했다. 메트로폴리탄은 루촌에 있는 문제의 호텔을 오랜 기간 처분하지 못했다. 1920년 15만 프랑을 받고 제3자에게 넘겼다.

메트로폴리탄 박물관의 무기와 갑옷 코너가 독립 전시실로 발전하는 과정은 박물관 행정가로서 모건의 특징을 잘 보여준다. 그는 뛰어난 학자를 채용해 가장 훌륭한 무기류 컬렉션을 확보해 나갔다. 그는 장식품으로 분류·전시되어 온 무기류를 1912년 독립적인 전시실로 분류했다. 전담 인력도 배치했다. 그는 '갑옷 부문의 미켈란젤로'라고 불리는 밀라네스 필리포 네그롤리(Milanese Filippo Negroli)가 1543년에 제작한 검은 철제 투구를 1907년 매입한 바 있다. 모건이 숨을 거둔 뒤 아들 잭 모건은 철제 투구를 메트로폴리탄 박물관에 기증했다. 투구는 박물관의 무기류 전시실에서 가장 뛰어난 단일 품목 가운데 하나다.

———≫≫≫≈———

모건이 회장이 된 이후 메트로폴리탄 박물관의 성격과 규모가 급격하게 바뀌었다. 박물관은 1905년 전문가들이 설정한 기준에 맞지 않은 예술품과 자료들은 기증받지 않겠다고 발표했다. 모건은 수집 초기에는 함량이 기준에 미달한 작품과 자료를 많이 모았다. 또한 박물관은 사본이나 위작, 아마추어가 아무런 연관성 없이 마구잡이로 수집한 품목도 기증받지 않겠다고 천명했다.

박물관의 전시 원칙은 "단순히 아름다운 것을 수집해 잘 배열해 전시하는 게 아니라… 다른 나라와 시대의 걸작을 관련성과 시간에 따라 재배열해 예술의 역사를 조망할 수 있도록 하는 것"이었다. 모건의 지휘 아래 예술품 수집비용을 제외한 일반 운영비가 1904년 18만 5,000달러에서 1913년 36만 3,000달러로 불어났다. 13만 달러 선일 때 뉴욕 시가 지원하는 15만 달러로 모두 운영비를 충당할 수 있었다.

하지만 1913년 뉴욕 시의 재정지원이 늘기는 했지만 연간 7만 달러 정도 적자를 기록했다. 모건은 후원자들을 동원해 이 적자를 메꿨고, 이사진도 일반적인 지원이나 전문가적인 조언, 무제한적으로 현금을 동원할 수 있는 인물로 충원했다. 그의 임기 동안 메트로폴리탄 박물관 이사를 지낸 인물로는 조지 베이커와 윌리엄 래편, 헨리 클레이 프릭, 헨리 월터스, 조지 블루멘털(George Blumenthal), 존 G. 존슨(John G. Johnson), 윌리엄 처치 오스번, 에드워 S. 하크니스, 찰스 폴른 맥킴 등이었다. 모건이 회장으로 선임될 때 이사회를 지킨 인물들은 화이트로 레이드와 엘리휴 루트, E. D. 애덤스, 존 비글로우, 조지프 초트, 존 캐드월러더(John Cadwalader), 해리스 파네스톡, 존 S. 케네디, 대리어스 O. 밀스, 러더퍼드 스토이베산트였다.

모건은 직원들의 전문화를 주도했다. 새로운 부서를 신설했다. 고고학적인 발굴을 위해 자금을 유치·제공했다. 맥킴의 설계를 바탕으로 박물관 건물 평수를 넓혔다. 자신이 보유하고 있는 유물과 예술품을 대거 기증해 박물관 확장의 필요성뿐만 아니라 다른 부호들의 기증도 촉발시켰다.

헨리 제임스는 1904~1905년 거의 25년 만에 미국을 처음 방문했다. 뉴욕 메트로폴리탄 박물관에 새로운 기운이 넘쳐 흐르는 것을 실감할 수 있었다. "교육 목적이 거대한 대리석 홀에 충만했다… 비용에 대한 두려움이 없었다. 교육 목적이 최우선시 되고 있었다. 아름답고 심지어 전율을 일으킬 만한 유물과 자료, 예술품을 구입하는 데 얼마가 소요되든 교육 목적을 위해 좋다면 모두 매입되어 전시되고 있다."

제임스는 미국인들의 구매력을 다소 희극적으로 바라보면서 이렇게 이어간다. "최우선 목표를 위한 것이라면 매입은 앞으로 왕성하게 이뤄질 전망이다. 마치 미국의 화창한 날씨처럼. 돈이 하늘에 둥둥 떠다니는 것 같다. 그것도 엄청난 돈이… 그 돈은 모두 우아한 것을 위해 존재한다. 언젠가는 빛을 발할 우아한 것을 위해서 말이다… 간단히 말해 메트로폴리탄 박물관은 위대해진다는 이야기이다."

모건이 회장직을 맡기 직전인 1904년 가을 세스놀라가 숨을 거두었다. 세스놀라는 1879년 이후 메트로폴리탄 고고학 분야의 책임자로 일했다. 이사회는 세스놀라가 떠난 이후 공석이 된 자리를 메우기 위해 1905년 런던 사우스 켄싱턴 박물관의 캐스퍼 퍼돈 클라크(Casper Purdon Clarke)를 영입했다. 모건의 IMM 설립과 예술품 싹쓸이 매집과는 달리 그의 영입은 영국인들의 환영을 받았다.

켄싱턴 박물관과 모건은 재미있는 일화의 주인공이었다. 사우스 켄싱턴 박물관 책임자가 겨울 동안 휴가에서 돌아와 박물관 직원에게 점찍어 둔 도자기를 매입했는지 물었다.

직원: 아닙니다. J. P. 모건이 매입해버렸습니다.

책임자: 태피스트리 입찰은 어떻게 되었어요?

직원: 모건 씨가 사버렸습니다.

책임자: 세상에! 퍼돈 경과 이야기해봐야 되겠군.

직원: 죄송합니다. 모건 씨가 그도 사버렸습니다.

모건이 '사오려고 한' 두 번째 사람은 영국인 예술 비평가인 로저 프라이(Roger Fry)였다. 그는 1880년대 케임브리지 학부를 졸업하고, 테니슨(Tennyson)[1]과 아서 핼럼(Arthur Hallam)[2], 철학자 버트런드 러셀, 경제학자 존 M. 케인즈, 리턴 스트래치(Lytton Strachey)[3], E. M. 포스터(Forster)[4], 레너드 울프(Leonard Woolf)[5] 등이 멤버였던 비밀 독서토론회 '사도들(The Apostles)'의 회원이었다.

프라이는 케임브리지 시절 예술을 직업으로 선택했다. 대학원 시절 이탈리

---

1. 알프레드 테니슨(Alfred Tennyson : 1809-1892년)은 워즈워드의 뒤를 잇는 19세기 영국 시인 -옮긴이
2. 테니슨과 친구로 많은 시를 쓴 영국 시인 -옮긴이
3. 전기 작가로 심리학적인 이론을 적용해 인물을 분석한 동성연애자 작가 -옮긴이
4. 영국의 작가, 작품으로는 《하워즈 엔드Howards End》가 있다. -옮긴이
5. 《마을과 정글The Village and the Jungle》을 쓴 영국 작가 -옮긴이

아를 여행하면서 예술에 관해 글도 쓰고 강연했다. 그림도 그렸다. 그의 친구인 러셀과 R. C. 트레벨리언(Trevelyan)과 막스 비어봄(Max Beerbohm) 등이 일취월장하며 성장할 때 그는 점점 자기 자신의 재능에 대해 불만을 품기 시작했다. "점점 예술 비평이라는 게 혐오스러워진다. 창작하고 싶다"고 말했다. 하지만 그의 그림에 대한 반응은 미적지근했다. 그는 다시 예술평론 쪽으로 되돌아왔다. 1905년 두 아이와 정신질환을 앓고 있는 아내를 부양해야 했다. 예술작품을 분석하기 위한 여행에 필요한 돈도 벌어야 했다. 1903년 〈벌링턴 매거진〉을 창간했다. 모건의 친구인 윌리엄 래편의 권유를 받고 프라이는 잡지 운영자금을 얻기 위해 뉴욕으로 가 모건을 만났다. 후원금을 지원받고 메트로폴리탄 박물관에 취직하기 위한 면접을 보기 위해서였다.

프라이는 미국의 가능성, 특히 돈에 접근할 수 있는 가능성이 열려 있는 사실에 흥분했다. 1903년 1월 초 아내에게 띄운 편지에서 "나는 지금 백만장자들 사이에서 들뜬 생활을 하고 있다. 게다가 그들은 예술에 아주 우호적이며 아주 붙임성이 좋은 사람들이다"고 말했다. 그는 1월 8일 메트로폴리탄 박물관을 둘러보는 과정에서 모건이 사들인 중국 도자기 세트를 마주했다. '경이롭다'고 찬탄했다. 하지만 박물관의 그림은 '악몽 같다'고 평했다. 그는 "미국인들은 실재하는 것들에 도달하려고 필사적이다. 예술품 딜러 등에 의해 너무나 오랜 기간 어려움에 내쳐져 있다가 이제 번쩍 눈이 열리고 있다"고 결론지었다.

모건은 프라이에게 박물관 부관장급에 해당하는 자리를 제의했다. 프라이는 아내에게 띄운 편지에서 "퍼돈 클라크 씨는 여기서 허수아비가 될 것이다. 나는 2인자 자리를 제의받았지만, 나중에 퍼돈의 뒤를 이을 수 있을 것 같다"고 말했다. 그의 연봉은 연간 1,600파운드(8,000달러)에다 1년 중 6개월은 해외여행이 가능하고 그 경비는 박물관이 부담하기로 했다. 게다가 자유롭게 글을 쓰고 강연할 수 있는 옵션도 제안받았다. 그는 모건의 제안을 받아들이고 싶었다. 모건은 프라이를 워싱턴으로 초대해 미국 대통령과 저녁을 먹을 수 있는 자리를 주선했다. "너무나 놀랍고 재미있는 경험이었다." 그가 저녁을 먹은 곳은 워싱턴 알링턴 호텔에서 미국 건축가협회가 주최한 로마의 아메리칸 아카데미 모금 디너파티였다. 이때 맥킴이 미국 건축가협회 회장이었다. 그는 그날 행사가 아메리칸 아카데미를 정부 기관으로 인정하도록 의회를 압박하는 데 도움이 되길 바랐다. 헨리 월터스는 100만 달러 목표 금액을 조성하는 데 도움을 주기 위해 제일 먼저 10만 달러를 약속했다. 모건도 같은 금액을 기부하겠다고 밝혔다.

모건 일행은 1903년 1월 11일 뉴욕을 떠났다. 그의 일행은 애덜레이드와 장관직에서 물러나 뉴욕에서 변호사로 일하면서 모건의 법률 고문이 된 엘리휴 루트, 프라이였다. 프라이는 아내에게 편지를 보내 그날 풍경을 이렇게 전한다. "가장 호화롭게 여행했다. 피어폰트 모건 씨의 전용 열차를 타고 여행했다… 밖의 날씨는 춥고 눈이 오는데 차안에서 따뜻한 모닥불을 즐기며 여행했다. 열차 내부는 개인 저택처럼 모두 웅장하게 꾸며져 있다. 흠잡을 데 없는 완벽한 점심을 대접받았다. 모건은 딸기코 때문에 역겨움을 자극할 정도로 가장 추하게 생긴 사람이다. 초상화를 그린다면, 루브르 박물관에 있는 도메니코 기를란다요(Domenico Ghirlandaio)의 스트로치(Strozzi) 남자 얼굴처럼 나올 것이다." 스트로치 남자의 얼굴이란 기를란다요가 그린 '노인과 소년(An Old man and a Boy)'에 나오는 노인을 말한다. 이 노인의 코가 바로 모건의 딸기코와 비슷하게 보인다.

몇 년 뒤 그 노인과 모건의 얼굴이 닮았다는 사실을 발견한 또 다른 사람이 있다. 독일 황실의 박물관 책임자인 빌헬름 본 보데가 딸과 함께 런던 프린스 게이트의 모건 저택을 방문했다. 저택의 주인은 집 안 여기저기를 안내하며 보여주었다. 세 사람이 집 안을 둘러보고 있던 때 모건의 손자들이 우르르 뛰어 나와 무릎에 기어올랐다. 보데의 딸은 그 장면이 기를란다요의 '노인과 소년'을 연상시킨다고 생각했다. 아버지에게 속삭이듯이 "아버지, 기를란다요!"라고 말했다. 불행히도 그 딸의 목소리는 전혀 속삭이는 게 아니었다. 모건이 순간 "기를란다요에 대해 뭐라고 했죠? 미스 보데!"라고 되물었다. 모건이 직전에 매입한 "기를란다요의 위대한 초상화 '조반나 토르나부오니(Giovanna Tornabuoni)'를 말하는 것"이라고 아버지 보데가 둘러대 어색한 분위기가 생기는 것을 피할 수 있었다.

프라이는 "모건이 호스트가 아니라 왕처럼 행동한다. 사실 그가 막강하고 놀라운 사람이라는 것은 사실이다. 모든 사람들은 그의 야망이 직접적으로 말하는 것 이상으로 크다고 생각한다"고 말했다. 그 '왕처럼 구는 사람'은 그순간 미녀들과 함께 여행해 아주 기분이 유쾌했다. 프라이는 "모건이 내게 미국인이 되는 게 어떠냐고 농담했다. 난 순간 얼버무렸다. 점심 식사 뒤 쿠바산 최고급 시거인 '레갈리아 드 모건'을 즐겼다"고 전했다.

모건은 은행가들과 비즈니스 이야기를 나눈 뒤 프라이에게 박물관의 그림에 관해 전권을 부여하고 〈벌링턴 매거진〉을 위해 돈을 지원하겠다고 말했다. 프라이는 "그가 내가 원하는 만큼 후원하기로 했다. 마치 내가 왕의 곁에 앉아 환심을 얻은 궁정 조신이라는 생각이 들었다. 마침내 왕의 환심을 얻고 나중에 왕의 힘을 빌려 권세를 부리는 거처럼 느껴졌다"고 말했다. 이어 "나는 아주 요령 있게 처신했다. 그들은 당신을 겁먹게 할 만큼 돈을 가진 것 외에는 아무것도 가진 게 없다. 내가 그들을 다루지 못할 리가 없다는 생각이 들었다. 실제로 모건 씨는 언제나 거물처럼 보였고, 야망이 너무 커 낮아지거나 비천해지거나 식언할 인물은 아니다. 그는 5년 동안 내 연봉을 보장했는데, 그들은 더욱 많은 예술작품을 사들일 작정이다. 내 연봉 계약은 계속 연장될 것처럼 보인다."

열차가 워싱턴에 도착했다. 모건은 손님들을 뉴 빌러드 호텔로 안내했다. 서너 시간 뒤 일행들은 파티복을 입고 미국 건축가협회가 주최하는 디너파티에 참석했다. 알링턴 호텔은 공식행사 때는 여성을 받아들이지 않았다. 하지만 디너파티의 호스트인 맥킴은 호텔 경영진을 설득해 여성을 위한 특별 좌석을 임시로 만들었다. 그 주인공은 퍼스트레이디 이디스(Edith) 루스벨트였다.

이디스가 자신이 초대한 앤 모건, 애덜레이드 더글러스와 함께 호텔에 도착했다. 남성 4인조 합창단이 '최고 미녀를 위한 찬가(Hail to the Fairest)'를 불렀다. 디너파티 장은 녹색 꽃장식과 함께 종려나무 가지로 장식되어 있었다. 모건은 대통령 시어도어와 루트, 프랑스 대사, 국무장관 존 헤이, 전쟁장관 윌리엄 하워드 태프트 등과 함께 귀빈석에 앉았다. 맥킴은 존 라파지와 어거스터 세인트-고든스가 주목받을 수 있도록 했다. 참석자들은 세인트-고든스에 환호하며 몰려들었다.

"이 자리에 헨리 제임스가 오셨습니다. 모두 오셨습니다. 우리가 원한 분들보다 더 많은 분들이 참가하셨습니다." 맥킴이 강조한 '모두'는 파인리 피터 듄과 찰스 대너 깁슨, 헨리 시던스 모브레이, 맥킴의 파트너 미드, 화이트 그리고 윌리엄 켄딜, 건축가 토머스 헤이스팅스, 찰스 랭 프리어, 찰스 무어, 펜실베이니아 철도 회장 알렉산더 캐세트, 컬럼비아대학 총장 니컬러스 머레이 버틀러, 시카고대학 총장 윌리엄 레이니 하퍼, 상원의원 넬슨 알드리치, 조지 피바디 웨트모어, 헨리 캐봇 로지, 하원의장 조지프 캐넌, 대법관 제임스 하랜(James Harlan), 해군성 장관 윌리엄 H. 무디 등을 의미했다.

디너파티의 주제는 고급문화와 민족주의의 결합이었다. 그날 주제발표자인 주 발언자인 루트는 미국 건축의 역사를 요약했다. 건축가들, 특히 고대와 현대의 위대한 대표적인 예술을 둘러보고 새로운 건축양식을 가지고 돌아온 건축가들을 치하했다. 그는 "부호들과 갤러리들만이 아름다움과 예술의 상속자가 되는 데" 만족할 수 없다고 말한 뒤 미국인들과 정치적 대표자들은 "건국의 아버지들과 시민들의 예술이…전체 국민의 예술이 되기를 원한다"고 말했다.

루트는 연설 말미에 맥킴이 로마에 아메리카 아카데미의 부지를 마련했고, 모건과 월터스가 각각 10만 달러를 기부하기로 결정했다는 사실을 소리 높여 발표했다. "미국 젊은이들이 로마에서 공부해 고전 예술에 흠뻑 빠지는 게 토머스 제퍼슨의 아이디어였습니다. 이제 미국이 로마의 고전 예술을 간접적으로 공부하는 게 아니라 인색하지 않은 미국인들이 지원하는 기관의 지도와 보살핌 속에서 예술의 본고장의 분수대로 직접 가 공부할 수 있는 중요한 사업이 시작되었습니다."

헨리 제임스는 그날 모임이 "아주 성공적이고 훌륭하게 치러졌다"고 말했다. 하지만 찬란한 쇼비니즘이 "괴상한 모습을 띠었다… 독수리(미국)가 많은 발전에도 불구하고 잡새들이 설치고 있는지 알 수 없다는 말에 울부짖었다"고 묘사했다. 로저 프라이는 헨리 제임스처럼 거리 두는 평가를 하지 않았다. 그는 "미국의 거물 건축가들이 가득한 열차를 타고 뉴욕으로 돌아가는 길은 아주 중요한 의미를 지닌다… 열정과 좋은 의미, 우리의 사업이 탈 없이 진행되도록 할 수 있는 지식을 갖춘 지식인들이 예술의 미래를 위해 함께 일하고 있다"고 전했다.

프라이는 스스로 중요한 인물이라는 생각에 빠졌다. 자신을 힘든 상황에 몰아넣었다. 그는 연 1,600파운드를 받고 메트로폴리탄 박물관 간부로 일하자는 제안을 받았다. 해외여행과 잡지 경비 지원받을 수 있는 상황이었다. 하지만 그는 "그 업무의 성격에 내가 딱 맞고, 다른 적임자를 발견할 수 없기 때문에 나는 더 많은 돈을 받아야 한다"고 생각했다. 그리고 연 2,400파운드를 요구했다. 모건은 프라이의 요구를 거절했다. '거물'에 대한 프라이의 평가는 자신의 재산 변동에 따라 춤추듯 했다. 자리 제안이 취소되자 그의 열정은 비아냥거림으로 변했다. "모건에 맞선 것을 후회하지 않는다. 그는 대단한 사람이 아니다. 그는 금융의 증기엔진과 같다. 나는 엔진이 제대로 작동하는지를 살펴볼 수 있는 자리에 있어야 했다"고 말했다.

프라이는 자신이 어떤 사람보다 그 자리에 잘 어울린다고 생각한 것은 오산이었다. 1903년 말 메트로폴리탄 박물관 이사회는 보스턴의 파인 아트 박물관에서 디렉터로 일하는 에드워드 로빈슨(Edward Robinson)을 채용하기로 결정했다. 박물관 내에서 퍼든 클라크는 허수아비였다. 로빈슨은 조용하게 5년 동안 2인자로서 열심히 일했다. 1910년 클라크가 은퇴했다. 로빈슨은 메트로폴리탄 관장 자리를 승계했다.

로빈슨은 관장으로서 1931년까지 아주 훌륭하게 박물관을 운영했다. 더 많은 연봉을 요구했던 로저 프라이는 1906년 처음 모건이 제시한 조건보다 열악하고 지위가 낮은 조건을 받아들인다. 연간 500파운드를 받는 조건으로 회화 큐레이터로 일했다. 모건 주위에서 불편하게 지내야 했다. 미국 의회는 건축가협회의 디너파티가 있은 지 7주 뒤에 아메리카 아카데미를 공식기관으로 하기 위해 면허를 줄 것인지 여부를 두고 표결에 들어갔다. 맥킴은 뉴욕 유니버시티 클럽에서 또 다른 디너파티를 주관했다. 맥킴은 한 말씀하라는 청중들의 성화에 못 이겨 "친구들과 로마인, 동포 여러분, 후원자 명단의 가장 위를 차지하고 아메리카 아카데미의 최초 설립자가 되어주신 모건 씨와 그를 따르는 모든 분들을 위해 잔을 들어 건배할 것을 제안합니다"라고 외쳤다.

━━━━◆◆◆◆◆━━━━

모건은 메트로폴리탄 박물관 회장이란 공적 직함을 갖고 있었다. 그렇다고 개인적인 수집 열정이 줄어들지는 않았다. 1904년 봄 그는 로저 프라이보다 능력이 더 뛰어난 전문가의 도움을 받아 수집 방향을 새롭게 잡았다. 옥스퍼드 대학을 졸업한 예술사가이고 전직 성공회 신부인 로버트 랭턴 더글러스(Robet Langton Douglas)였다. 그는 《이탈리아 시에나의 역사History of Siena》(1902년)의 저자이다. 벌링턴 파인 아트 클럽에서 시에나 회화 전시회를 열기도 했다. 그해 4월 모건이 애덜레이드와 런던에 도착했다. 더글러스에게 갤러리 안내를 부탁했다. 14세기 초 플로렌스 예술가와는 달리 시에나의 화가들, 특히 지오토 (Giotto)는 비잔틴의 예술을 거부하지 않았다. 두치오(Duccio: 1278~1318년)의 화풍을 이어받아 중세 예술에 우아하고 감성적인 특징을 불어넣었다.

모건은 벌링턴 전시회를 둘러본 뒤 더글러스에게 시에나 그림을 매입할 수 있도록 도와달라고 의뢰했다. 그리고 연구에 쓰라며 1,000파운드를 주었다. 더글러스는 "역사와 예술 연구를 계속해 완료하도록 해준" 새로운 후원자 모건에게 감사를 표시했다. 그는 열흘 뒤 시에나 지역의 회화 10점을 모건에게 소개해 매입하도록 했다. 그림 가운데 일부는 벌링턴 전시회에 나온 작품들이었다. 모건은 그림 값으로 모두 1,075파운드를 지급했다.

모건이 산 시에나 그림 목록에는 두치오가 그린 세 폭짜리 '십자가 고난'과 조반니 디 파올로(Paolo)가 그린 세례 요한의 일생을 그린 제단 뒷면용 그림, 마테오(Matteo) 디 조반니가 그린 동정녀 마리아와 아기 예수의 그림이 들어 있다. 특히 마테오가 그린 동정녀 마리아와 아기 예수는 모건이 침실에 건다. 모건이 시에나 회화를 구입했다는 소문이 퍼졌다. 순간 시에나 그림 값이 껑충 뛰어올랐다. 후원금까지 받아 기쁜 더글러스는 모건에게 계속 자문해준다. 모건이 더글러스를 통해 1905년에는 롬니(Romney)가 그린 초상화 '스코트 잭슨(Scott Jackson) 부인'과 로렌조 코스타(Lorenzo Costa)의 '수태고지(Annunciation)'를 사들였다. 1911년에는 조지 시트웰(George Sitwell) 경이 소장한 페루지노(Perugino)의 '두 성인과 함께 하는 동정녀 마리아와 아기 예수(Virgin and Child with Two Saints)', 셀리니가 만든 것으로 소개된 브론즈 '미덕이 악을 극복한다(Virtue Overcome Vice)'를 매입했다.

모건은 1904년 이후에는 시에나 그림을 많이 사들이지는 않았다. 그가 더글러스의 소개로 사들인 시에나 그림은 모건이 죽을 때까지 개인 소장품으로 남아 있다. 하지만 상속자들은 대부분 아버지가 물려준 시에나 그림을 처분했다. 두치오의 그림은 현재 보스턴 파인 아트 박물관에 소장되어 있다. 예술가들 사이에 더 잘 알려진 조반니 파올로의 작품은 런던 내셔널 갤러리에 전시되어 있다. 1920년대 미국 재무장관을 지낸 앤드류 멜런(Andrew Mellon)은 모건 가족들한테서 롬니 작품을 사들였다. 이 작품은 현재 워싱턴 내셔널 아트 갤러리에 있다. 페루지노의 작품은 현재에도 모건의 도서관에 남아 있다. 브론즈는 프릭 갤러리에 있다.

더글러스는 메트로폴리탄 박물관 구매 위원회에도 작품을 추천했다. 나중에는 로저 프라이의 업무까지 떠맡는다. 모건은 늘 하던 대로 1904년 5월 애덜레이드가 예술품 수집의 대리인 역할을 하고 있는 파리로 갔다. 그는 카르티에에 많은 물건을 주문해 놓은 상태였다. 도자기 플라스크를 비롯해 작은 도자기 상자 등이다. 모건이 6월 런던의 프린스 게이트에 도착했을 때 무엇을 샀는지 다 기억하지 못할 정도였다. 카르티에 직원은 "제가 되새겨 드린다면, 모건 님께서 '메네시(Menecy)'라는 말로 농담을 하시면서 두 개 아이템을 구입하실 때 옆에 더글러스(애덜레이드) 부인이 계셨습니다. 더글러스 부인께서도 적극적으로 권하시어 박스와 작은 병에 말씀하신 아이템을 넣으셨습니다"라고 말했다.

그해 봄 모건은 밀턴의 〈실락원〉 제1권을 인쇄할 때 식자공 잉크가 번진 원고를 매입했다. 이는 유일하게 남은 육필원고였다. 그리고 유럽 국가들이 미국의 예술품 수집을 우려한 데 대해 처음으로 외교적인 제스처를 보이기도 한다. 그는 1만 5,000달러를 주고 수가 놓인 옷감을 구입해 영국의 사우스 켄싱턴 박물관에 대여해주었다. 켄싱턴 전문가들은 모건이 기증한 직물이 교황 니콜라스 4세가 아스콜리(Ascoli)의 주교에게 하사한 13세기 성직자 옷임을 밝혀냈다. 모건은 1904년 성직자의 옷을 이탈리아 아스콜리 성당에 돌려주었다. 이듬해인 1905년 로마에서 빅토르 엠마누엘(Victor Emmamuel) 왕이 모건에게 공식적인 만찬을 베풀어 감사의 뜻을 전했다. 교황 비오(Pius) 10세는 바티칸 도서관에서 개인적인 알현을 허용했다. 교황과 은행가는 통역을 통해 책과 예술에 대해 이야기를 나누었다. 교황은 모건이 바티칸을 방문할 때 찾아달라고 말했다.

<hr />

모건은 나날이 늘어나는 컬렉션을 수납·전시하기 위해 런던 프린스 게이트 저택의 옆 건물을 1904년 매입했다. 두 집을 연결하기 위해 벽을 허물어 연결했다. 1·2층은 갤러리로 개조했다. 이듬해인 1905년 여름 잭은 어머니 패니에게 "아버지는 새로운 프랑스 양식의 방을 갖게 되었다. 모두 만족하고 있다. 그 집에는 침실과 기타 살림살이 등은 보이지 않지만, 갤러리로 바뀐 곳만큼은 더 이상 좋을 수 없다고 생각합니다"라고 알렸다.

모건은 '프랑스식으로 개조된 방'을 꾸미기 위해 시각적으로 보기 좋은 가구들을 두빈 브라더스의 도움을 받아 사들였다. 루이 16세가 쓴 X자 형태의 벤치 4개, 그리고 이와 어울리게 파란 실크로 덮인 팔걸이의자, 프라고나르의 작품을 전시한 방에는 루이 15세가 쓴 철제 장작받침을 들여놓았다. 루이 16세의 거실로 꾸민 방에는 보베(Beauvais) 태피스트리와 리스너가 만든 나무 상감 무늬가 있는 옷장, 세브르 도자기 판으로 장식된 테이블과 협탁, 피에르 구티에르가 만든 촛대 등이 놓여 있었다. 잭이 '갤러리로 바뀐 곳'이라고 말한 공간은 루이 15세가 앉아 있던 왕의 방처럼 꾸민 곳과 루이 16세의 대리석 홀처럼 만들어진 방이 있었다.

2~3년 뒤 모건의 친구인 매사추세츠 성공회 주교인 윌리엄 로런스가 프린스 게이트에 머물렀다. 그는 일기에 모건이 새로 매입해 갤러리로 바꾼 집을 자세히 묘사한다. "사람이 현관문을 열고 들어서면, 3~4미터 더 들어갈 때까지 전형적인 영국 집이라는 인상을 갖는다. 눈을 돌려 왼쪽에 있는 문을 통해 보면 적절한 크기의 식당이 눈에 들어온다. 하지만 집 안 식당에서는 거의 볼 수 없는 멋진 색상이 눈을 사로잡는다. 방문객은 조슈아 레이놀즈의 걸작인 '엘리자베스 뎀 부인과 그의 아이들'과 게인스버러가 그린 전신 여성 초상화, 롬니의 '스코트 존슨 부인' 앞에서 전율을 느끼고 놀라움을 금치 못한다. 콘스터블의 '백마'와 호베마(Hobbema)의 작품을 보다 보면, 사람의 눈이 마치 벽을 뚫고 밖의 경치를 보는 듯하다. 테이블 끝에 있는 모건의 의자 뒤에는 미소년 세 명이 주인공인 호프너(Hoppner)의 '갓셀 아이들(Godsall Children)'이 걸려 있다. 우아함이 넘치는 한 미소년이 가운데 서 있다."

모건의 맞은편 벽에 있는 창문 두 개 사이에 좁은 거울이 놓여 있다. 거울은 '갓셀 아이들'을 반사해 모건이 그림을 감상할 수 있도록 했다. 로런스 주교는 왜 그 그림을 모건 자리 뒤편에 걸어놓았는지 이해하지 못했다. 심지어 모건 자신도 거울을 통해 비쳐지는 점도 로런스 주교는 알아채지 못했다. 말 그대로 미소년들의 초상화와 소유자가 거울에 동시에 나타난다. 게다가 방문객은 호프너의 그림에 나타난 미소년들과 연결된 모건을 보게 된다.

윗층 응접실에는 도난당해 여기저기를 주유한 게인스버러의 '데번셔 공작 부인'의 초상화가 걸려 있다. 로런스는 여기서도 묘사력을 발휘한다. "그녀에게서 고개를 돌리면, 여러 인쇄물과 조각 등을 통해 우리 눈에 익숙한 렘브란트와 프란츠 홀스, 벨라스케즈, 반 다이크(Van Dyck)의 붉은 옷을 입은 여성과 어린이' 등이 눈에 들어온다… 홀을 가로질러 앞으로 나가면, 프리고나르 작품이 전시되어 있는 방으로 들어설 수 있다. 건물의 주인은 작품의 사이즈에 맞추기 위해 벽을 이동시켰다."

주교의 글에는 이 밖에도 게인스버러의 다른 작품과 래번스(Raeburns) 작품, 루이 15세 가구, 세브르 도자기, 이집트와 로마의 물건, 보석 박스로 채워진 유리 상자, 홀바인과 니콜라스 힐러드, 아이작 올리버 등이 그린 미니 초상화, 모건의 어머니 줄리엣 피어폰트 모건이 수집한 진흙으로 만든 개 인형 등이 등장한다.

어느 날 저녁 프린스 게이트에서 로런스 주교와 저녁을 같이 먹은 사우스워크(Southwalk)의 주교 부인은 "이 저택 여기저기에는 볼만한 것들이 가득하다!"라고 감탄했다. "탈봇(Talbot) 여사! 이 집에서 가장 관심 끄는 존재는 주인입니다"라고 로런스 주교는 말했다. 프린스 게이트 저택을 방문한 사람 가운데 최고의 거물은 영국왕 에드워드 7세였다. 1906년 7월 이 귀빈을 안내하기 위해 모건은 자신이 수집한 진귀한 작품과 자료로 가득한 집 구석구석을 보여주었다. 에드워드 7세는 친구들이 과거 보유했던 초상화를 찾아냈다. 에드워드 7세와 모건은 갤러리의 작은 도서관에서 아이스커피와 시거를 같이 즐기기도 했다. 이곳에는 모건을 낳아 성장시킨 주니어스의 초상화가 토머스 로런스 경의 '크로커(Croker) 양'과 롬니의 '레이디 해밀턴(Lady Hamilton)' 사이에 걸려 있었다. 맞은편에 벽에는 로런스가 그린 전신 초상화인 '엘리자베스 패런(Elizabeth Farren)'이 자리 잡고 있었다. 그림 속 그녀는 하얀 실크 드레스에 모피를 입은 모습이었다. 모건은 이 그림을 20만 달러를 주고 애그뉴(Agnew)한테서 매입했다.

엘리자베스 패런은 외과의사의 딸로 태어나 로열 아카데미에 들어간 지 3년 뒤인 1790년 초상화를 그리겠다는 로런스 앞에 앉았다. 1797년 공작인 더비 12세와 결혼하면서 무대에서 은퇴했다. 이 그림은 현재 메트로폴리탄 박물관에 있다. 에드워드 7세는 여성에 대한 특별한 감각을 가지고 있는 것으로 알려졌다. 초상화의 위치가 마음에 들지 않는다며 그녀가 꽉 조여 있는 느낌이라고 말했다. 이어 "이 건물의 천장이 낮아 저 그림이 살아나지 않아 보인다. 저 그림을 왜 저기에다 걸어놓았는가?"라고 물었다. 모건은 한참 동안 그림을 응시한 뒤 "저기 있는 게 좋아서요. 전하"라고 말했다.

그런데 에드워드 7세나 로런스 성공회 주교보다 더 날카롭고 비판적인 안목을 가진 인물이 1906년이 저물어 갈 무렵 프린스 게이트를 방문했다. 버나드 베런슨이었다. 베런슨은 그해 11월 이사벨라 스튜어트 가드너에게 "오늘 오후 J. P. 모건의 집을 방문했다"고 편지를 띄워 알렸다. 암묵적으로 자신의 기준에 따라 모건의 컬렉션을 가드너와 견줄 것임을 암시하는 듯하다. 그는 반다이크의 작품과 프리고나르의 작품이 전시된 방을 높이 평가했다. 하지만, 전반적으로 "크로이소스(Croesus)를 주로 상대하는 전당포 같았습니다"라고 평가했다.

모건의 쾌락주의적 취향 때문에 런던의 갤러리가 난삽해 보일 수 있지만, 베런슨의 혹평은 자신의 지적 허영심을 높이려는 의도라고 할 수 있다. 당시 그는 미국에서 상대적으로 새롭게 부각되었던 '전문 감정'을 살려 비평가이면서 딜러로 활동하고 있었다. 예술적인 비평과 상업적 목적이 그리 쉽게 구분되지 않았다. 그래서 다른 비평가들은 그가 '장사꾼 성향'을 가지고 있다고 말했다.

미국의 저널리스트이면서 예술 담당 편집자인 어거스트 재카시(August Jaccaci)는 1903년 "아주 정직한 사람을 하나 발견했는데, 랭턴 더글러스이다. 그는 비평가이면서 딜러로서 아주 솔직하게 말한다. 그에게서 베런슨 같은 장삿속은 찾을 수 없다"고 말했다. 본디 심미안과 지식이 변함에 따라 작품의 가치 평가도 달라지는 법이다. 게다가 높은 가격과 진위여부의 논란 때문에 부호와 비평가는 편하지는 않지만 의존할 수밖에 없는 관계를 맺는다.

헨리 애덤스가 늘 날카롭게 지적하듯이, 지식은 일종의 권력이었다. 하지만 무에서 유를 창조하거나 예술품을 한 대륙에서 다른 대륙으로 옮겨놓지는 못한다. 베런슨과 로저 프라이 같은 지식은 더글러스나 보데, 배쉬포드 딘과는 달리 궁극적인 가치 면에서 돈과 세속적인 권력은 지식보다 낮다고 생각한다. 특히 자신들이 추천한 작품을 부호가 사지 않을 때 그런 성향을 강하게 드러낸다.

모건이 수표책이 낳은 권력을 행사한다면, 베런슨과 프라이는 교육으로 지식을 축적하고 때로는 자신들이 가지고 있는 심미적인 전문지식을 무기화한다. 자신들이 부호들 앞에서 저자세를 보여야 하는 상황이라면, 부호의 안목을 비하하는 방식으로 복수한다.

<hr />

건축가 찰스 맥킴은 로마에 아메리칸 아카데미를 짓는 데 자금을 기부해준 데 대해 '메디치에 버금가는 후원자'라고 모건을 상찬했다. 그리고 한두 달 뒤인 1905년 여름 과로로 신경쇠약에 걸려 몸져누웠다. 의사는 절대 안정을 취해야 한다고 말했다. 모건의 도서관 신축을 거의 마친 상태였기 때문에 스탠퍼드 화이트에게 마무리를 부탁했다.

모건도 도서관 신축은 잊어버리고 홀가분하게 휴가를 가지라고 권했다. "맥킴 씨가 휴가를 가면, 도서관 공사는 잠시 중단하고 돌아올 때까지 기다리겠습니다. 다른 사람이 손을 대지 않을 겁니다"라고 말했다. 맥킴의 휴가 기간은 길지 않았다. 1906년 초

매디슨 애비뉴 219번지 모건 저택.
저 멀리에 하얀 도서관 건물이 보인다.
(출처: 뉴욕 피어폰트 모건 도서관)

그는 스탠퍼드 화이트에게 안도의 한숨을 내쉬면서 클라이언트가 기분 좋아할 것이라고 말했다. "하늘은 파랗고 걱정거리는 하나도 없다. 모건이 도서관 건물에 엄청난 자부심과 만족감을 표현했다"고 했다.

맥킴은 머레이 힐의 조용한 한쪽에 르네상스 전성기인 16세기 로마의 궁궐과 교회들을 벤치마킹해 이탈리아식 빌라를 지었다. 건물엔 소유자들의 위상과 심미적인 특권이 반영됐다. 그는 전 세계에 내놓아도 미국의 상징이 될 만한 저택들을 짓겠다는 일념으로 전심전력을 쏟았다. 빌라는 바로 모건 도서관이다. 호화롭고 전형적인 신뢰감과 솔직함이 드러난 건물이다. 고상한 학자적 기준이나 귀족적 취향이 어우러져 조용한 권위를 풍긴다.

모건의 개인 도서관은 비밀스런 지하 터널을 통해 저택과 연결되었다. 36번가쪽 현관에서 시작된 널찍한 대리석 계단이 뉴욕 공공 도서관의 사자상을 제작한 E. C. 포터(Potter)가 만든 암사자 두 마리에 사이를 가로질러 연결되어 있

모건 도서관 원형 홀. 왼쪽에 프랑스 르네상스 시기 작가인 장 바베(Jean Barbet)가 만든 천사상이 눈에 들어온다.(출처: 뉴욕 피어폰트 모건 도서관)

다. 팔라디언 스타일의 출입문 양쪽에는 이오니아식 기둥이 세워졌다. 화려한 장식의 육중한 현관문은 주랑 쪽으로 열린다. 주랑은 깊숙이 자리잡은 원형 홀로 이어진다. 원형 홀에 들어서면, 군청색 돌기둥 위의 천장과 로마의 대리석 바닥 위에는 모브레이가 그린 그림이 눈에 들어온다. 이탈리아 르네상스 양식으로 만들어진 천장 장식은 문학적인 예술성으로 가득한 도서관임을 말해준다.

도서관 천장 장식은 15세기 르네상

스 양식의 종합이다. 심미적인 예술성보다는 인물이 강조되어 있다. 핀투리치오(Pinturicchio)가 보르쟈(Borgia) 저택에 그린 7편의 작품과 스탄자 델라 세그내투라(Stanza della Segnatura)의 라파엘 아치 장식을 적절하게 종합해 놓은 느낌을 준다. 보르쟈 저택과 스탄자 델라 세그내투라는 모두 바티칸에 있는 건물이다. 모브레이는 애초 바티칸 건물의 양식을 그대로 쓰자고 제안했다. 하지만 제왕적인 성격을 가진 모건이 자기 입맛대로 여러 가지를 바꾸었다. 천장 그림은 학문 연구를 강조하는 체계적인 암시 그 자체였다. 철학·종교·예술·과학을 상징하는 여성 4명이 등장한다. 사랑의 문학적 역사가 한눈에 들어오도록 해준다. 참고로 이 내용은 모건 도서관의 중세 자료를 담당하는 큐레이터인 윌리엄 뵈클이 지은이에게 설명해준 대로이다.

수집가로서 모건이 아름다운 것들과 함께 자신을 묘사한다면, 원형 홀 천장에 표현된 이미지들과 함께 역사적으로 유명한 연인들의 계보에 자신을 위치시킬 것이다. 그리고 에로스와 예술의 무정부성에 익살스런 찬사를 보내는 방식으로 도서관의 경건함을 인간적인 분위기로 만들 것이다.

원형 홀에서 나오는 문 위에 자리잡은 아치형 창문에는 고대·중세 그리고 르네상스 시대까지 이어지는 위대한 문학작품에 대한 설명이 그림으로 묘사되어 있다. 여기에 등장한 연인은 오르페우스(Orpheus)와 에우리디케(Eurydice), 오디세우스(Odysseus)와 키르케(Circe). 랜슬럿(Lanslot)과 귀네비어(Guinevere), 트리스탄(Trisan)과 이솔드(Isolde), 단테와 베아트리체, 패트라크(Patrarch)와 로라(Laura), 타소(Tasso)와 레노라 데스테(Leonora d'Este) 등이다. 불행히도 이들 가운데 오르페우스와 에우리디케만이 결혼으로 이어졌다. 그런데 에우리디케는 모건의 첫 번째 아내 미미 스터지스처럼 결혼한 지 얼마 되지 않아 숨을 거두었다. 아치형 창문에는 중세 로맨스로 묘사되어 있는 단테와 베아트리체 커플 뒤로 파올로가 사랑하는 연인이고 동생의 아내인 프란체스카(Francesca)에게 랜슬럿과 귀네비어의 첫 키스 장면을 읽어주고 있는 모습이 보인다. 귀네비어는 아서왕의 아내였다. 이들도 이루어질 수 없는 연인이었다. 파올로와 프란체스카는 넘지 말아야 할 선을 넘어 죽음에 처해졌다. 음란한 행위를 한 사람들이 고통을 받는 지옥의 두 번째 그룹에 넣어졌다. 단테의 《신곡》 지옥편(Inferno) 제5연에서 프란체스카는 아서왕에 등장한 연인들이 어떻게 자신을 타락시켰는지 단테에게 말해준다. "어느 날 재미삼아서 우리는 제약받은 사랑에 감정을 담아 랜슬럿 이야기를 읽는다."

프란체스카와 사랑하지만 자유롭게 맺어질 수 없는 상대는 단체의 《신곡》 지옥편을 읽으면서 가끔 서로 눈을 바라본다.

> 그러나 특별한 어느 순간뿐이었지.
> 미소에 대한 갈망이 우리를 파멸시켰다.
> 이때 가장 고귀한 연인의 키스를 받아
> 이 감정은 영원히 나를 떠나지 않으리라.
> 내 입술에 키스를 하고 몸을 떤다.
> 이 책이 바로 내 갈레오토(Galeotto)이다.
> 이 책을 쓴 이도 갈레오토이다.
> 그날 우리는 더 이상 이 책을 읽지 못했다.

여기서 갈레오토는 랜슬럿과 귀네비어 사이를 이어주는 메신저이다. 프랑스어에서 갈레오토는 뚜쟁이 또는 중개자의 의미를 지닌다. 모건은 아마도 그 순간 세 명의 여성들과 관련한 자신의 사랑을 떠올렸으리라. 파올로와 프란체스카가 그랬듯이 모건도 앞선 연인들의 이야기를 애덜레이드와 함께 읽었을 가능성이 높다.

도서관의 동쪽 방은 전형적인 도서관 분위기다. 모건의 개인적인 의미를 적용해 꾸몄다. 브론즈와 터키 인근의 서케시안(Circassian) 호두나무로 만든 서고 위에 모브레이는 로마의 열두 신들을 별자리 등과 함께 육각형 판에 그려 넣었다. 그림의 아이디어는 로마의 파르네시아나(Farnesiana) 빌라의 별자리 그림에서 따왔다. 애초 빌라의 그림은 라파엘이 디자인했고, 발다사르 페루치(Baldassare Peruzzi)와 줄리오 로마노(Giulio Romano)가 1508~1511년 사이에 로마의 은행가 아고스티노 치기(Agostino Chigi)를 위해 그린 것이다.

모건이 성무시간표를 매입한 알렉산드로 파네세가 치기가 죽은 뒤 빌라를 매입했다. 파네세의 빌라에 있는 성운들은 치기의 별자리를 의미한다. 모건의 도서관 이스트 홀에 있는 별은 모건의 별자리를 뜻한다. 모건의 별자리는 숫양자리다. 비너스와 큐피드와 함께 이스트 홀의 출입문 위에 아내 패니의 별자리인 쌍둥이자리 옆에 그려져 있다. 쌍둥이자리에서 사랑의 비극을 묘사한 출입문 위의 아치 창 너머에는 첫 아내 미미가 숨진 날을 상징하는 물병자리가 표현되어 있다.

9월 16일이 생일인 애덜레이드의 별자리는 처녀자리인데, 이를 상징하듯 혼외 사랑을 하는 올림포스 신들의 모습이 벽공 속 그림에 등장한다. 여신 유노가 사랑의 관심이 늘 변하는 남편 주피터에게 가슴을 내보이며 유혹하려고 한다. 불과 대장장이의 신인 불칸(Vulcan)이 다음 육각 패널에 그려져 있다. 군신 마르스와 한 침대에 있는 비너스를 잡은 못생기고 절름발이 신 헤파이토스가 있다.

모건은 동쪽 방의 벽로 선반 위에 16세기 브뤼셀에서 만들어진 태피스트리인 '탐욕의 승리(The Triumph of Avarice)'를 걸어놓았다. 피테르 쿠케 반 알스트(Pieter Coecke van Aelst)가 일상생활에서 범하기 쉬운 7대 죄악 가운데 하나를 표현한 그림으로 뜨거운 지옥에서 나타나는 날개 단 여성을 담고 있다. 그림의 앞 장에는 손을 대면 모든 게 황금으로 변하게 해달라는 소원을 성취했지만, 결국 먹을 수도 마실 수도 없어 소원을 취소하는 장면이 나온다.

마이다스의 그림 맨 위에는 "탄탈루스(Tantalus)는 물 속에서도 끊임없이 갈증을 느끼듯이, 인색한 부자는 끊임없이 부에 대한 갈증에 시달린다"는 말이 라틴어로 표기되어 있다. 그리고 천사가 지옥의 입구를 손가락으로 가리키고 있다. 모건은 이 그림을 왜 선택했는지 아무런 설명을 남겨 놓지 않았다. 다른 사람들이 자신을 탐욕의 화신으로 보고 있음을 잘 알면서도 스스로는 탐욕스럽다고 생각하지 않기 때문에 이런 그림을 외부 사람들이 들락거리는 도서관에 걸어 놓았다는 것은 아이러니일 수 있다. 아니면 중세에는 죄악은 정반대의 미덕을 자랑하는 기법이었다는 점을 모건이 잘 알고 있었을 수도 있다. 탐욕을 경계하는 그림을 통해 자신의 후덕함을 넌지시 자랑했을 수도 있다.

애초 모건은 미국인들이 즐기고 교훈을 얻도록 하기 위해 컬렉션을 남겼다. 유언장에 시민들이 '영원히 즐길 수 있도록' 하라고 명시까지 해놓았다. 따라서 그가 희귀한 서적과 육필 원고를 전시하기 위해 도서관을 짓기로 한 결정은 나머지 작품 등도 다른 곳에 기증될 수 있음을 미리 암시했다고 말할 수 있다.

모건은 도서관이 완공된 이후 하루 중 몇 시간은 서쪽 개인 방에서 보냈다. 맥킴은 이 방을 16세기 이탈리아 목제 천장과 스테인드글라스 창문, 붉은 다마스크 벽으로 만들어 놓았다. 벽에는 치기의 문장이 표현되어 있고, 데시데리오 다 세티그나노(Desiderio da Settignano)의 스튜디오에서 가져온 제단 벽면 그림과 플로런스 천사들이 무릎을 꿇고 있는 모양의 촛대 한 쌍, 영국식 주택에 맞춰 제작된 넓은 이탈리아식 책상을 들여 놓았다.

모건은 개인 서재의 벽을 나눠 이탈리아 르네상스 거장들인 페루자노와 보티첼리, 시마 다 코네글리아노, 프란체스코 프란시아, 안토니오 로젤리노, 라파엘의 작품으로 가득 채웠다. 물론 여기에 걸린 라파엘의 작품은 '콜로냐 마돈나가 진품으로 판명된 뒤 구입한 두 작품은 아니다. 이 방에 자리 잡고 앉으면 모건은 현대 산업사회와 자신만의 성역 저편에서 나날이 빚어지는 가정과 사회의 불화에서 완전히 격리된 느낌을 가질 수 있었다. 그는 1906년 11월 도서관 준공 이후 처음으로 메트로폴리탄 박물관 구매위원회를 이곳에서 열었다. 조지 퍼킨스는 1907년 2월 말 동료에게 "시니어가 1906년 9월 중순 이후 월스트리트 23번지 '더 코너'에 모습을 드러내지 않는다"고 전했다. 이어 "우리 회사 젊은 친구들이 '업-타운 지점'이라고 부르는 도서관에서 그는 대단한 안락감을 즐기고 있다"고 덧붙였다.

셋째 딸의 반란

도서관 신축과 내부 장식이 거의 끝났다. 모건은 자신이 수집한 희귀한 육필원고와 고서적을 체계적으로 관리할 전문가가 필요하다고 느꼈다. 조카 주니어스가 그의 이런 갈증을 해결해줬다. 당시 주니어스는 풍부한 전문 지식을 바탕으로 프린스턴대학 도서관을 위해 자문해주고 있었다. 그곳에서 아주 재치 있고 책에 관한 지적 호기심이 강한 한 여성을 발견했다. 벨 다 코스타 그린이다.

주니어스는 1905년 말 그린을 삼촌 모건에게 소개했다. 모건과 그린의 첫 대면을 알 수 있는 기록은 남아 있지 않다. 하지만 주니어스의 추천만으로 모건은 충분했다. 그는 월 75달러를 주기로 하고 그린을 채용한다. 그가 프린스턴대학에서 받은 월급은 40달러였다.

1910년 벨 다 코스타 그린(클레어런스 화이트 촬영)
(출처: 베런슨 문서보관소)

그린은 키가 작고 몸매는 날씬했다. 검은 머리와 올리브빛 피부는 녹색 눈빛과 드라마틱하게 어울렸다. 남성과 여성 모두를 끌어당길 수 있는 독특한 매력을 발산하는 젊은 여성이었다. 1908년 그녀를 만난 버나드 베런슨은 "내가 아는 여성 가운데 활력을 가장 잘 불러일으키는 사람"이라고 말했다.

그녀의 중간 이름과 신비한 외모는 포르투갈 출신인 할머니 제네비브 다 코스타 반 블리엣(Genenvieve da Costa Van Vliet)에게서 물려받았다. 그녀가 어렸을 때 부모는 이혼했다. 어머니 버지니아는 리치몬드 토박이로 전통적인 교양을 갖춰 자부심이 강한 여성이었다. 어머니는 이혼 뒤 아이들을 데리고 뉴저지 프린스턴으로 이사했다. 자녀들은 지역학교에 보내고 자신은 음악 레슨으로 생계비를 벌었다.

그린은 나중에 〈이브닝〉과 인터뷰에서 "저는 나이가 열두 살이 되었을 때 희귀한 책과 관련된 일을 하고 싶다고 느꼈다. 이후 희귀한 책들을 좋아했다. 희귀한 책들이 가진 모양새와 놀라운 느낌, 책속에 들어 있는 로맨스와 스릴 등을 모두 사랑했다. 열여섯 살 이전에 다른 여자 아이들이 하고 싶은 것을 발견하기 전에 다니는 칼리지 코스를 생략하고 도서와 관련된 공부를 시작했다"고 말한다.

그린은 모건 도서관 직원이 된 지 얼마 지나지 않아 그의 자금을 편하게 쓸 수 있는 중요한 직책을 맡게 된다. 여성이라는 이점과 모건의 수집을 위한 헌신적인 태도 덕분이었다. 그는 모건의 대리인이었고 부관이었으며, 개인적인 밀사이기도 했다. 어느 해 유럽에서 돌아오는 길에 여성용 슈트케이스에 모건의 귀중한 물품을 담아 밀수하는 과감함을 자랑하기도 했다. 그녀는 나중에 친구에게 세관 직원을 어떻게 속였는지 털어놓는다. "아주 서두르는 듯한 태도와 너무 화가 난 표정을 지으며, 일부러 내 물건 일부를 압수당해 주고 모건 씨의 그림과 브론즈 3개, 특별한 시계 한 점을 안전하게 도서관까지 옮겼다. 물건들을 몰래 들여오기 위해 모건 씨는 나를 런던에 보냈는데, 성공한 기쁨에 우리는 너무 기뻐 마구 춤을 추고 소리 질렀다"고 했다.

그린은 당시 아직 젊고 경험이 적었다. 하지만 모건의 후원과 나날이 성장하는 전문성 덕분에 전 세계 희귀 도서와 육필 원고 부문에서 가장 저명한 인물이 된다. 그녀는 최고 전문가들과 만났다. 그들의 충고와 지식을 철저하게 받아들였다. 유럽의 유수 경매에서 최고의 물품을 낙찰 받았다. 그는 남자보다 훨씬 또렷하고 중량감 있는 목소리로 모건을 '두목(Big Chief)'라고 불렀다. 그녀는 찬란한 빛과 색상을 발산할 뿐만 아니라 '초기 교회의 소박하면서 멋진 아름다움을 강조한' 중세 채색원고를 설명했다. 그녀는 '모건 씨 도서관에서' 시대별 희귀 도서와 구텐베르크 성경 등을 관리했다. 그 사이 그녀는 온갖 화려한 장식으로 가득한 도서관에 멋 내기에 무심한 듯한 자신의 스타일을 추가해 도서관 분위기를 더욱 다채롭게 했다. 그린은 한때 "나는 도서관 사서이기 때문에 화려하게 옷을 입어서는 안 된다"고 말하기도 했다. 그는 일하러 갈 때늘 직원 복장을 하고 약간의 장식을 달았을 뿐이다.

그린은 런던에 머물 때는 클라리지(Claridge) 호텔에, 파리에 머물 때는 리츠(Ritz) 호텔에 투숙했다. 두 호텔은 최정상급이라고 하기 힘들었다. 그저 실용적으로 훌륭한 호텔로 유명했다. 그녀는 터무니없이 높은 가격을 부르거나 최고의 작품이 아닌 것을 내놓는 딜러들을 적절하게 길들였다. 마구 폭식하듯이 수집하는 모건을 달래 체계적이고 이론적인 기준에 따라 구입하도록 지도하기도 했다.

그린은 자리잡은 뒤에 모건의 도서관을 인큐내불러(Incunabula: 인쇄된 서적)와 육필원고, 장정본, 고전으로 아주 유명한 도서관으로 만들고 싶다고 보스에게 말했다. 그녀는 모건 도서관의 라이벌이 영국박물관과 프랑스 국립도서관(Bibliotheque Nationale de France)이라고 생각했다. 언젠가는 모건 도서관에 필적할 만한 도서관이 지구상에서 사라지길 소망했다. 사실 갓 설립된 미국의 도서관들은 유럽의 거대한 '문헌 저수지'와 견줄 수 없었다. 하지만 모건과 그린은 상대적으로 짧은 기간 안에 희귀한 문헌과 학술 컬렉션을 수집하게 된다.

그녀의 후원자인 모건이 숨을 거둔 지 10년 뒤에는 '미스 그린'은 '모건 도서관의 영혼'으로 떠오른다. 그녀가 밝힌 개인 정보는 거의 모두 거짓으로 드러난다. 그녀가 개인 정보를 왜곡한 데는 개인적인 허영심도 적잖이 작용했다. 특히 남북전쟁이 끝난 지 40년이 흐른 시점부터 자신의 신상명세를 왜곡한 데는 여성 특유의 교활함보다 더 강력한 동기가 있었다.

먼저 그녀가 모건 도서관에 취직할 때 나이는 스물두 살이 아니라 스물여섯 살이었다. 그녀의 이름도 벨 다 코스타가 아니라 벨 매리언 그리너(Belle Marion Greener)였다. 하버드를 졸업한 최초의 흑인의 딸이었다. 자신의 모계가 포트투갈/네덜란드라는 말도 허구이다. 그녀의 어머니인 제네비브 아이더 플리트(Ida Fleet)는 리치몬드가 아니라 워싱턴 출신이었다. 그린이 애초 소개한 할머니 제네비브 다 코스타 반 블리엣의 딸이 아니라 허미온 C. 피터스(Hermione C. Peters)와 음악선생이었던 제임스 H. 플리트의 딸이었다. 어머니인 플리트 피터스의 결혼 내용은 1850년 〈콜럼비아 디스트릭트의 흑인 결혼 명부Blacks in the Marriage of the District of Columbia〉에 나타나 있다. 1850년 워싱턴의 인구 센서스에 따르면 그녀는 흑백혼혈인 물라토였다. 그린의 출생 증명서도 그녀가 제네비브 플리트와 리처드 시어도어 그리너의 딸임을 증명해주고 있다.

벨 매리언 그리너

출생 연도- 1879년 11월 26일

출생 장소- 워싱턴 D. C. T스트리트 1462번지

피부색- 유색

흑인 민권 운동가인 윌리엄 에드워드 부가르트 뒤보아(William Edward

Burghardt DuBois)는 모건 도서관 사서인 벨 매리언 그리너의 아버지 리처드 그리너가 미국 흑인 가운데 가장 재능 있는 인물이라고 평했다. 또 그리너가 '천부적인 재능을 갖춘 10퍼센트'라고 부른 캐릭터와 지적 수준에서 가장 뛰어난 그룹의 대표주자였다고 했다. 이런 점에 비추어볼 때 그린이 흑인이라는 사실을 아는 사람은 거의 없었다. 하지만 그녀는 아주 뛰어난 흑인의 후예였다. 실제로 〈미국 인명록Dictionary of American Biography〉에는 부녀가 함께 올랐다. 하지만 두 사람의 관계에 대한 설명은 없다.

그린의 아버지 리처드 T. 그리너는 1844년 필라델피아에서 리처드 웨슬리 그리너(Richard Wesley Greener)와 매리 앤 르 브룬(Mary Ann Le Brune) 사이에서 태어났다. 그의 할아버지는 제이콥이었고, 볼티모어에서 '유색인' 학교를 운영했다. 아버지 리처드 W. 그리너는 1853년 캘리포니아에서 금을 캐기 위해 상점 직원 일을 그만두었다. 아내 매리 앤은 스패니어드(Spaniard)라는 성을 가진 남자와 흑인 여성 사이에서 태어났다. 남편이 서부로 떠난 해에 매사추세츠 캠브리지로 이사했다. 피부의 색이 진하지 않은 리처드 T. 그리너는 이곳에서 잠시 학교를 다녔다. 어머니를 부양하기 위해 학교를 그만두고 사무실 사환과 짐꾼, 직원으로 일하기도 했다. 쉬는 시간에 끊임없이 책을 읽어 보스턴의 백인 상점 주인들에게 강한 인상을 주었다. 그를 채용한 한 상점의 주인은 남북전쟁 이전에 흑인 학생을 받아들인 몇 안되는 학교 가운데 하나인 오버린(Oberlin)의 예비학교에 '눈에 띄는 그 흑인 청년'을 보냈다.

그린의 아버지인 리처드 T. 그리너는 남북전쟁이 발발하자, 오하이오 흑인 연대에 지원해 참전하고 싶었다. 하지만 나이가 너무 어렸고, 어머니마저 말렸다. 그는 학교 졸업식에서 '흑인 혐오증'에 대해 연설했다. 필립스 앤도버 아카데미(Philips Andover Academy)에서 고등학교 고학년 시절을 보내기 위해 매사추세츠로 돌아왔다. 하버드대학은 1865년부터 흑인을 교육 실험 차원에서 받아들이기 시작했다. 그가 하버드 캠퍼스에 모습을 드러낸 때는 흑인 인권운동가 애퍼매턱스(Appomattox)와 링컨이 숨을 거둔 지 다섯 달이 된 시점이었다.

그리너의 입학은 보스턴 노예제 폐지론자들에게 생생한 승리의 상징으로 보였을 것이다. 그는 예비학교를 마쳤지만, 1학년 과정을 다시 밟아야 했다. 하지만 그는 4학년 때 아일랜드 소작제를 주제로 졸업 논문을 써 하버드의 보도 인상을 받았다. 아버지 그리너는 1870년 졸업 직전에 쓴 긴 에세이에서 억측으로 무성한 자신의 출생 배경을 자세히 설명했다. 주위 사람들은 그가 남부에서 탈주한 흑인 노예이고, 면화농장에서 곧바로 대학에 진학했다거나, 북군의 척후병 활동을 했다거나, 반기를 든 장군의 아들이라고 입방아를 찧었다. 그의 하버드 생활은 유쾌하지 않았다. 더 이상 불쾌한 경험을 갖지 않기를 소망했다. 부자가 되기보다는 흑백의 차이가 무색한 지식세계에서 두각을 드러내고 싶었다.

"내가 가장 원하는 바는 내 스타일 대로 문학적인 삶을 살아가는 것이다. 예술을 아주 사랑하고 나름대로 지식을 갖추고 있다. 문법적인 현학과는 거리가 있는 그리스와 라틴 고전과 문학 일반, 형이상학에 관심을 가지고 있다. 내 인생의 목표는 가능한 한 모든 지식을 흡수해 명성을 얻고 이에 걸맞은 안락한 생활을 즐기며 좋은 일을 하는 것이다."

보이스는 1895년 흑인으로서 하버드대학에서 박사학위를 받았다. 〈흑인의 영혼Souls of Black Folks〉(1903년)에서 미국에서 검은 피부의 사람들 처한 상황을 정리한다. "진정한 자아를 갖게 하지 않도록 하고, 다른 세계가 계시하는 바를 통해서만 자신을 볼 수 있도록 하는 세계가 미국이다. 이는 독특한 감정이다. 이중적인 자의식이다. 다른 사람의 눈을 통해서만 나를 인식한다. 멸시와 동정심으로 흑인을 바라보는 세계가 강요한 잣대로 자신의 영혼을 재는 세계이다"고 했다.

아버지 그리너는 야망과 저항심을 가지고 백인 사회를 돌아보았다. 높은 지식 사회에서 자신의 삶을 개척하려는 의지를 불태웠다. 남북전쟁의 폐허를 다시 재건하는 시기였던 1870년대 그는 사우스캐롤라이나 대학에서 법학학위를 받기 위해 공부하면서도 그리스와 라틴어, 수학, 헌법의 역사를 가르쳤다. 사우스캐롤라이나대학은 남부지역 대학에서 유일하게 흑백 통합을 위해 노력하고 있었다.

아버지 그리너가 흑인으로서 얼마나 힘겨운 생활을 했는지 직접적으로 알아보기는 힘들다. 강단에서 강의를 하고, 공부를 계속하면서도 도서관 사서로 일했다. 서적 2만 6,000여 권을 분류해 배열하는 일을 맡아 처리했다. 1874년 제네비브 아이더 플리트와 결혼했다. 재건사업이 미완으로 끝날 때 워싱턴으로 이사했다. 그는 옷 만드는 일로 생계를 이어가고 있던 장모의 이웃집으로 들어가 살았다. 장모는 1887년 당시 여섯 아이의 어머니였다. 매리 루이스와 러셀 로웰, 벨 매리언, 에설 앨리스, 시어도어 제네비브를 비롯해 영아 시절에 숨을 거둔 아들 하나를 낳았다.

모건이 연방정부가 신규 채권으로 전쟁 채무를 상환하는 작업에 참여하고, 재무부의 지급준비용 금을 확충하는 일을 하고 있던 시기에 리처드 T. 그리너는 재무부에서 직원으로 일했다. 1879년 그는 하버드 로스쿨 학장으로 임명되었다. 이후 2~3년 동안 법학을 가르치고, 변호사로 활동하면서 강연과 집필 활동을 왕성하게 벌였다. 게다가 흑인으로서 공화당에 채용되기도 했다.

공화당은 정치권에서 일한 데 대한 보상 차원에서 1885년 그를 뉴욕의 율리시스 그랜트 기념관의 부관장 겸 뉴욕의 지역 민권서비스 위원회 수석 조사관으로 임명했다. 그리너는 맨해튼에서 친구에게 보낸 편지에서 "내 인생에서 처음으로 내 능력에 맞는 일을 하고 있다고 느낀다"고 말했다. 맨해튼에서 그의 가족들이 거주할 집을 마련하는 데 적지 않은 시간이 걸렸다. 마침내 1892

년 99번가 웨스트 29번지에 살 공간을 발견했다. 그는 직업적으로나 개인적으로 힘겨운 시간을 보냈다. 뉴욕의 한 사회 개혁운동가는 부커 T. 워싱턴(Booker T. Washington)에게 그해 여름 "(거의 백인인) 그리너는 유색 신사이고 하버드 출신이며 변호사이고 아내와 아이를 부양해야 한다. 하지만 생활에 어려움을 겪고 있다. 그는 성공에 필요한 모든 능력과 교육 수준을 갖추고 있지만, 정치적 환경 때문에 아주 고통받고 있다"고 말했다.

그리너는 몇 가지 어려움을 겪은 뒤 1894년 부커 워싱턴에게 "저는 오래전에 했어야 하는 일인 문학에 집중하고 있습니다"라고 말했다. 그는 작품을 쓰기 위해 "상당 기간 동안 침잠해야 했지만 현실적인 일을 하기에 충분한 건강과 정신력을 가지고 있습니다. 할 일도 너무 많습니다. 백인이나 흑인 문제 모두 우리 시대에 해결되지 않을 겁니다"라고 말했다. 그해 여름 워싱턴은 그리너를 돕기 위해 백방으로 뛰었다. 마침 워싱턴에서 다른 사람이 그리너의 가족 이야기를 전해준다. "그리너 교수의 가족 이야기인데, 그리너 여사는 이 도시의 출신이 분명합니다. 미혼 시절 이름은 플리트 양입니다. 그녀는 유색인종이고, 여기에 사는 동안 평이 나쁘지 않았습니다. 그녀가 뉴욕에서 백인들과 사귄다는 것은 이해할 만합니다. 그들은 지독하게 가난한 생활을 하고 있습니다."

이즈음 찍은 사진 속의 그리너는 혁명가나 시인처럼 보인다. 머리가 벗어지기 시작했다. 학자풍의 안경을 끼고 있다. 수염은 넓으면서도 약간 염소 수염 같은 느낌을 준다. 1895년 그는 하버드의 자기 소개서에 공화당 내 개혁운동에 참여한 바 있고, 아일랜드 독립운동을 지지한다고 밝혔다. 실제로 그는 독립운동가 파넬(Parnell)과 글래드스톤(Gladstone)을 위해 15만 달러를 모금하는 데 적극적으로 참여했다. 이어 "문학작품 창작에 헌신했다"고 기록했다.

그리너의 자녀들은 뉴욕에서 학교를 다녔다. 벨 매리언 그리너(벨 다 그린)는 사법학교에 들어갔다. 부커 T. 워싱턴은 그리너가 매킨리 대통령 아래에서 영사로 지명되도록 하기 위해 많은 노력을 기울였다. 당시 공화당은 흑인 표를 유인하기 위해 유명한 흑인들에게 외교관에 임명했다. 국무성은 그리너를 인도 봄베이에 영사로 파견한다. 그는 봄베이 날씨가 너무 더워 애를 먹었다. 그 뒤 러시아 블라디보스토크 영사가 된다.

그리너는 1905년까지 러시아 오지인 블라디보스토크에서 근무했다. 시어도어 루스벨트 행정부가 그해 그를 소환했다. 알코올 중독과 빚에 시달리고 있는 게 이유였다. 그리너는 두 가지 혐의를 강력히 부인했다. 그는 블라디보스토크를 한 번도 와보지 않은 관료에 이끌려 미국으로 돌아왔다. 그가 다른 사람과 착각했다고 강하게 항변했다. 그는 무혐의 처분을 받았지만, 이후 정계에서 어떤 자리도 얻지 못한다.

20세기 초 미국의 인종주의적 정치 지형에서 그가 오지 가운데 오지인 블라디보스토크에 영사로 배치되었다는 사실은 많은 사람들에게 사실상 유형으로 비쳤다. 그의 정치적 견해가 틀렸음을 보여주는 증거로 받아들여졌다. 본디 민주사회는 조만간 흑인의 성과와 노력을 인정해줄 것이라고 믿고, 흑인운동의 리더가 되는 것을 거부했다. 대신 아일랜드의 독립운동을 지지했다. 여성의 권리 증진을 옹호했다. 노동자의 독립성을 쟁취하는 수단으로서 노동조합을 인정했다. 몇 년 뒤 그는 "성공을 위해 일하는 게 자신이 속한 인종의 지위를 높인다고 여전히 믿고 있다"고 기록했다. 이런 신념 때문에 그는 지리적으로나 어감상으로나 오지 가운데 오지인 블라디보스토크 근무를 참고 견디었는지 모른다. 하지만 그가 해외에 나가 있는 사이 가족은 비참한 생활을 해야 했다.

뉴욕 시 1897년 판 거주자 명부에는 변호사 리처드 T. 그리너가 맨해튼 챔버스가 27번지에 사무실을 가지고 있고, 집은 99번가 웨스트 29번지라고 소개하고 있다. 그런데 1897~98년에는 그의 집과 사무실을 챔버스가로만 되어 있다. 제네비브 I. 그리너는 여전히 99번가 웨스트 29번지에 살고 있는 것으로 나타나 있다. 그가 블라디보스토크에 부임한 사이 2~3년 동안 가족들의 종적이 묘연해진다. 그의 아내 그리너가 1901~1902년 99번가 웨스트 지역에 다시 등록되었을 때 R자가 빠진 '제네비브 그린: 교사'로 이름이 바뀌었다. 1902~1903년 기록에선 그녀는 '제네비브 I. 그린: 미망인'으로 나타난다.

남편 그리너는 어디 있었을까? 그녀는 다시 뉴욕 시 거주자 명부에서 사라진다. 벨 그린이 프린스턴대학 도서관에서 일하기 시작한 때 뉴저지로 이사했을 가능성이 있다. 벨 그린이 모건 도서관에 취직한 순간부터 스스로 '벨 다 코스타 그린'으로 불린다. 그녀의 어머니는 거주자 명부에 기록되지 않다가 1908~1909판에 다시 등장한다. 이때 그녀의 어머니의 신분 세탁은 완료된다. 그녀는 그해 인명부에 '제네비브 반 블리엣 그린: 미망인'으로 맨해튼 115번가 웨스트 403번지에 거주하는 것으로 등록되어 있다. 동거인으로는 토목 엔지니어인 아들 러셀(Russel) 다 코스타가 같이 올라 있다.

이 가족들에게 무슨 일이 일어났고, 1898년 이후 그리너가 가족과 연락은 하고 지냈는지 여부는 확인되지 않고 있다. 그리너는 부커 T. 워싱턴의 스파이로 웨스트 버지니아 하퍼스 페리(Harpers Ferry)에서 열린 친 뒤보아 나이아가라 운동(1905년에 시작된 미국의 흑인차별제도 철폐운동) 모임에 참석했다. 이후 시카고로 가 자신의 출세를 통해 '인종 지위를 향상하기 위해' 집필과 강연에 몰두했다. 그는 1922년 시카고에서 숨을 거둔다.

아버지 그리너는 인종적인 시각으로 자신을 평가하는 것을 싫어했다. 하지만 공화당의 후원자들은 철저하게 인종적인 시각으로 그를 평가했다. 투자은행 J. P. 모건을 떠나 시어도어 행정부 시절 국무성에서 일하던 로버트 베이컨은 1907년 흑인을 외교관에 임명하는 문제를 다루면서 "그리너가 다른 검둥이보다 나을까요?"라고 말했다.

피부색이 다른 흑인들보다 가벼운 '그린 사람들'은 모든 기록에서 남편과 아버지인 리처드 그리너를 철저하게 지워버렸다. 흑인이라는 사실마저도 부인했다. 벨 다 그린은 뉴욕 사범학교를 다 마치지 못했을 수도 있다. 학교 동창회 명단에서 그녀의 이름을 찾아볼 수 없다. 나중에 그녀는 1887년 브루클린에 설립된 프랫 인스티튜트(Pratt Institute)에서 예술을 공부했다고 말했다. 하지만 현재 그녀가 다닌 시기의 학적부 자체가 남아 있지 않다.

흑인 가운데 유능한 아버지를 둔 벨 다 그린이었다. 그녀는 스스로 '재능 있는 10퍼센트의 10퍼센트'만이 일할 수 있을 만큼 귀하고 코스모폴리탄적인 세계에서 모건의 도움을 받으며 성장했다. 또한 흑인과 백인 구분 없이 모든 여성들이 꿈속에서나 그렸던 독립적이면서도 무모하고, 불안한 인생을 개척한 여성이 되었다. 그녀가 자신의 출생을 속여 흑인을 대표한다는 사회적 부담에서 일시적으로 자유로워졌기는 했다. 하지만 뒤보아가 말한 이중적인 세계보다 더 복잡한 자의식의 세계에 빠져든다. 그녀의 아버지가 "백인의 시각으로 흑인이면서 남성인 자신을 보는 독특한 시각을 갖고 있었다." 반면 벨 다 그린은 자신을 백인으로 보는 사람들의 시각으로 흑인이면서 여성인 자신을 보는 기묘한 시각을 가졌다고 할 수 있다.

그린의 배움에 대한 갈증과 지적으로 뛰어나려는 욕망은 아버지한테서 물려받은 유산이라고 할 수 있다. 하지만 이 갈증과 욕망은 다른 사람들이 인식하지는 못한 흑인이면서, 다른 사람들이 분명히 인식하는 여성으로서 문학과 예술의 영역에서 가장 각광받는 자리를 차지하는 것과 관련이 있을 뿐이다. 그 자리는 조지 엘리어트가 말한 대로 "수세대 동안의 고통과 노력 끝에 인간의 이성이 낳은 보물이 남성이라는 종족만을 위해 놓여진" 곳이다.

J. P. 모건은 벨 다 그린의 출신을 알았다. 하지만 별다른 내색을 하지 않았다. 그녀가 도서관에서 없어서는 안 될 존재가 되자, 그는 신경 쓰지 않았을 가능성이 있다. 그는 그녀를 믿고 도서관의 귀중한 걸작뿐 아니라 비밀스런 사생활까지도 맡도록 했다. 그린은 모건의 편지를 대필하기도 했다. 사적인 심부름도 다녔다. 모건이 초대할 손님 명단을 짜기도 했다. 제왕적 고용자를 대신해 꽃과 결혼 선물을 전달하는 일도 그녀의 몫이었다. 심지어 그녀는 모건이 주기적으로 면도하고 매니큐어와 페디큐어를 바른 모습을 보았다고 주장했다. 여성의 글씨가 분명한 것을 빼고는 거의 모든 편지를 먼저 읽고 보고했다. 도서관을 찾는 여성들의 스케줄을 관리해 모건이 만나는 여성들이 서로 마주치지 않도록 했다.

많은 사람들이 벨 다 그린이 모건의 애인이라고 생각했다. 실제로 두 사람이 성관계를 맺었는지 묻자, 그녀는 "우리는 해보려고 노력했다"고 대답했다. 하지만 현재 남아 있는 증거들은 그녀의 주장을 뒷받침해주지 않는다. 모건은 자신과 신분이 같고 나이 차이가 많이 나지 않은 여성들과 관계했을 뿐이다. 두 사람이 처음 만났을 때 그린은 스물여섯 살이었다. 모건은 예순여덟 살이었다. 애덜레이드의 나이는 쉰두 살이었다. 게다가 그녀가 자신의 애인들과 서신을 주고받을 때 보여준 수다스럽고 친숙한 문장투는 모건을 상대로 할 때와 완전히 다르다. 그녀는 '전제적인 모건'을 다른 사람에게 말할 때 때로는 숭배하듯이, 때로는 험담하듯이 말하기도 했다.

물론 그린은 모건을 대할 때 기본적으로 상냥했다. 어느 정도는 경외감을 가지고 대했다. 그녀가 '전제적인 주인'을 유일하게 이해하는 사람이라고 생각하도록 모건은 만들었다. 이는 그가 만난 여성들 모두에게 들게 했던 생각이다. 모건이 이처럼 행동할 때 그녀는 최선을 다해 그의 바람을 채워주었다. 맹렬한 충성심을 발휘하기도 했다. 유혹의 측면에서 보면 두 사람은 같은 부류였다.

어느 날 저녁 모건은 "내가 30년만 더 젊었다면 당신이 나를 더 좋아했을까?"라고 물은 적이 있다. 그녀는 절묘하게 대답한다. "'아니요. 당신이 너무 위험하기 때문에 저는 도서관을 떠났을 겁니다'라고 말해주었지요. 내 대답이 그를 무척 기쁘게 해, 나중에 그가 절대 젊어지지 않겠다고 말했지. 그는 알고 있는 모든 여자들에게 그렇게 말했다는 것을 내가 잘 알고 있지만, 그런 이유 때문에 그를 사랑했지."

모건 도서관의 닫힌 문 너머에서 그린의 행동은 겉으로 드러난 것과는 달리 정숙하지 않았다. 1909~1913년 애인 가운데 한 명과 그녀가 '소중하게 여기는 보스'의 예술품 수집과 염문을 길게 쓴 편지를 주고받았다(29·30장 참조). 비밀스런 이 편지의 수취인은 모건의 예술품을 극렬하게 비난한 버나드 베런슨이었다. 그는 아내 매리와 이탈리아 플로런스의 교외에 있는 근사한 저택 빌라 I 타티(Villa I Tatti)에서 살고 있었다.

모건은 베런슨 부부가 뉴욕을 방문했을 때인 1908년 12월 도서관을 구경시켜주었다. 이후 베런슨은 이사벨라 스튜어트 가드너에게 모건의 도서관이 소장한 채색 사본이 "아주 지루한 인상을 주었다"고 말했다. 하지만 다른 소장품에 대해서 일부는 아주 훌륭했고 나머지는 익히 널리 알려진 것들이었다고 말했다. 하지만 그는 벨 다 그린에 대해서는 '지루함' 이상의 느낌을 받았다.

그린과 베런슨이 처음 만난 이후 두 달 동안 몇 번의 편지를 주고받았다. 그린은 처음 편지를 쓸 때 '존경하는 미스터 베런슨'이라고 정중하게 시작했다. 하지만 1909년 3월 9일 '내 가슴속 사랑스런 그대'로 편지를 써 내려간다. 그녀는 보스턴으로 간 베런슨에게 "당신이 떠나간 이후 계속 당신만을 생각하고 있습니다. 저녁을 먹을 때나 극장이나 오페라를 볼 때, 아침과 오후 저녁 모두 당신과 함께하기를 바랐습니다. 당신도 늘 저를 생각하며 지내기를 간절히 소망합니다. 당신에 대한 저의 몰입은 당신과 나 사이에 놓여 있는 지루하고 긴 시간을 조금씩 잘라내기 시작했습니다. 어떻게 하면 그 시간들을 우리 두 사람이 인생과 서로에 대해 알아가는 이 세계의 너머로 던져버릴 수 있을까!"라고 썼다.

두 사람이 처음 만났을 때 베런슨은 마흔세 살이었고, 그린은 대외적으로 스물다섯이라고 말하기는 했지만 실제 나이는 서른이었다. 그녀는 자신의 출생연도를 마치 화분 옮기듯이 바꾸었다. 베런슨은 유럽으로 돌아가기 전인 그해 3월 중순 자신이 가장 좋아하는 책들을 그녀에게 보내주었다. 이 가운데는 프랑스어로 번역된 《아라비안나이트》 43권도 포함되어 있었다. 그녀는 책 선물을 받고 "책들을 받고 저는 너무 기뻤습니다. 그 책이 도착했을 때 도서관에 저뿐이었습니다"라고 편지를 띄웠다.

그녀는 그날 저녁 약속을 모두 취소했다. 어머니와 함께 살고 있는 맨해튼 115번가 웨스트의 집으로 일찍 들어갔다. "가장 편안한 옷을 입고 밤의 황홀감에 빠져 당신을 데리고 영원히 돌아오지 않을 곳으로 떠났다"고 그녀는 편지에 썼다. 무엇보다 그녀는 지식을 간절히 원했다. "어떻게 하면 런던에서 당신과 함께할 수 있을까! 당신의 눈으로 놀라운 것들을 감상할 수 있을까! 당신이 저를 도와줄 수 있는 뭔가를 갖고 있다고 저는 믿습니다. 하지만 여기서는 누가 나를 지도해줄까요? 당신이 보고 알고 있는 모든 것을 저에게 알려주겠다고 약속해주세요."

베런슨의 결혼생활은 느슨했다. 이전에도 다른 여성들과 관계를 갖기도 했다. 하지만 그의 전기 작가 어네스트 새뮤얼스에 따르면, 베런슨과 그린의 관계는 "깊이와 열정 면에서 차원이 달랐다." 실로 대서양을 사이에 둔 두 사람의 사랑은 수년 동안 지속되었다. 저류에 흐르는 우정은 수십 년 동안 이어진다. 베런슨은 그녀가 보낸 편지를 조심스럽게 보관했다. 하지만 그녀는 그가 띄운 편지 수백 통을 파기해버린다.

당시 베런슨은 도시적 분위기를 풍기고 세계 구석구석을 여행했으며, 재치 있고 매력적일 뿐만 아니라 이탈리아 미술에 관한 당대 최고의 전문가 가운데 한 명이었다. 그는 리투아니아에서 태어난 유태인이었다. 그의 가족은 1875년 보스턴으로 이민 와 정착했다. 잭 모건보다 2년 앞선 1887년 그는 하버드대학을 졸업했다. 이사벨 스튜어트 가드너의 전폭적인 후원과 자신의 탁월한 지적 능력을 바탕으로 이탈리아 미술에 관한 국제적인 전문가로 부상했다.

벨 다 그린이 그의 출생과 성장 과정은 잘 알았겠지만, 자신의 비밀에 대해서는 털어놓지 않았다. 베런슨은 나중에 그녀가 말레이인의 피를 물려받았다고 말한다. 다른 사람들은 그린의 혈통에 대해 이러쿵저러쿵 이야기를 계속했다. 가드너는 1909년 말 베런슨 부부와 만난 자리에서 자신이 들은 '불쾌한' 이야기를 전해준다. 불행히도 그는 베런슨이 그린과 뜨거운 관계라는 사실을 알지 못했다.

그린은 가드너에게 편지를 띄워 보스턴의 펜웨이 코트(Fenway Court)의 컬렉션을 관람할 수 있게 해달라고 요청했다. 가드너는 "당연히 '예스'라고 답했다"고 베런슨 부부에게 말했다. "그녀는 채 한 시간도 컬렉션에 머물지 않았어요. 아주 활기찬 모습이었습니다." 일주일 뒤 뉴욕의 한 디너파티에서 한 남성과 펜웨이 컬렉션에 대해 이야기를 나누었다. 그린은 그순간 상대가 가드너의 친구인 줄을 전혀 알지 못했다. 그린은 "초대받아 갔는데, 입장료 1달러를 내야 했고, 하룻밤을 펜웨이 코트에서 머물며 다시는 이런 역겨운 일이 일어나지 않기를 주님께 빌었다"고 말했다(가드너에게 베런슨 부부에게 전한 말). 그린의 말을 듣던 그 남성은 자신이 가드너를 잘 안다고 말하면서 그린의 말을 의심하는 태도를 보인다. 순간 그린은 당황했지만, 계속해서 혹평한다. 펜웨이 코트가 위작들로 가득하고, 스트로치의 마리아상은 뉴욕의 웃음거리 중 하나라고까지 말했다.

심지어 그린은 베런슨 부부의 보스턴 후원자를 신뢰하지 않는다고까지 말했다. 그린의 말을 여기까지 전한 가드너는 충격에 휩싸여 베런슨에게 묻는다. "이 말에 대해 어떻게 생각합니까? 특히 그녀에 대해 어떻게 생각하세요? 펜웨이 코트에 대해 그녀가 말한 내용은 전부 거짓말입니다. 그녀는 두 분을 전혀 모르지 않아요… 혼혈이라는 게 드러났습니다. 충격받아 쓰러질 것 같습니다. 베런슨 씨의 생각을 알고 싶습니다."

가드너가 드러내놓고 말한 인종에 대한 편견 때문에 백인이 아닌 인종이야말로 쓰러질 수밖에 없을 것이다. 가드너가 보인 마구잡이 억측 때문에 '그린 사람들'이 피부색을 숨기게 되었을 것이다. 흑인으로 간주되지는 않았지만, '그린 사람들'은 루이자가 패니에게 뉴포트의 '검둥이들'에 대해 말했던 것과 같은 편견에 수도 없이 시달렸다.

그린은 가드너 부인에게 말 좀 전해달라고 베런슨에게 편지를 띄워 부탁한다. "악당 같은 사람이 정반대로 전하는 바람에 가드너 여사가 아주 직설적으로 편지를 보내주셨지만, 제가 말씀드렸다시피 저는 그녀의 컬렉션을 좋아한다는 말을 전해 주시기 바랍니다."

베런슨은 디너파티에서 그린이 했다는 말을 "믿을 수 없다"며 두 사람의 관계가 드러나지 않도록 적당히 얼버무린다. 그린은 "아주 유능한 젊은 여성이고 일에 빠져 있고, 고용자에게 헌신적인 모습이 아주 인상적이었다"고 말했다. 그는 자신의 생각을 바꿀 이유를 발견하지 못했다.

디너파티 해프닝은 믿을 수 없는 사건은 아니었다. 물론 그녀가 험담을 했다고 하더라도 베런슨이 그린에 대해 품고 있는 감정은 변함없이 차이가 없었다. 그린은 모건에 대해 말할 때나 디너파티에서 대화할 때 상당히 부풀려 말했다. 베런슨처럼 다른 사람이 보유한 작품을 혹평하는 방식으로 자신을 과시하는 성향이 다분했다. 펜웨이 코트가 위작으로 가득하다거나, 모건이 구입한 '콜로냐 마돈나'를 라파엘이 거들떠보지도 않았다는 말이 대표적인 예이다.

그린이 베런슨에게 출신배경을 어떻게 설명했든, 그가 베런슨에게 보낸 편지에는 '흑인의 정체성'과 외모에 대해 끊임없는 갈등이 잘 드러나 있다. 자신이 속한 세계에서 아름다움이 백인들의 기준에 의해 평가받는 현실에서 빚어지는 내면의 갈등이 드러나 있다는 얘기이다. 그녀는 자신의 포르투갈 출신 조상을 은근히 들먹이거나, 어머니가 '남부의 명문 가문 출신'이라고 말하거나, 여동생이 '아주 훌륭한 피부와 금발을 가지고 있다'고 거짓말한다.

그린은 자신의 거무스레한 피부에 대해 농담하면서 금발머리에 대한 부러움을 드러낸다. 심지어 그녀는 디너파티에서 자신이 "흰 우유 위에 떠 있는 검은 허클베리 같다"고 말하기도 했다. 베런슨에게 자신의 사진을 보내면서 그가 싫어하는 사진은 찢어버리라고 말하기도 했다. "당신은 에스키모-니그로-버마인의 피가 섞인 사람들이 매력적으로 보인다고 생각합니다." 그녀의 도우미가 1910년 죽었을 때는 "내게는 어머니 이상이었던 불쌍한 작은 흑인 여자였고… 내가 처음 눈을 떴을 때 맨 처음 본 사람이었으며 26년 동안 가장 신뢰하고 무척 좋아했던 노예"라고 말했다. 사실 그때 그 노예는 서른한 살이었다. 그린이 태어났을 때 그리너 집안이 시중드는 도우미를 쓰고 있었다면 매우 놀라운 일이다. 심지어 도우미를 노예라고 부른 대목에서는 정신적인 혼란 상태를 보인다.

그린은 베런슨에게 보낸 편지에서 "다른 사람들이 나를 흑인으로 간주하기 때문에 진실이 제대로 밝혀지기 전까지는… 어디를 간다는 게 사실상 불가능하다"고 말하며 캐나다 몬트리올에서 열린 컨퍼런스에 참석하지 않는다.

베런슨의 부인인 매리 베런슨은 예술을 주제로 글도 쓰고 강연도 한 여성이었다. 그녀는 블룸스베리언[1]처럼 남편이 혼외에서 성관계를 맺는 행위에 관대

---

1. Bloomsburyian: 20세기 초 버지니아 울프와 존 M. 케인스 등 블룸스베리에 모인 지식인 집단-옮긴이

했다. 그녀는 그린과 처음 조우한 뒤 "가장 와일드하고 거칠며 '놀라울 정도로' 젊은 사람"이라고 평했다. 1년 뒤에는 남편이 새로운 젊은 애인과 행복하기를 기원하기도 했다. "그들의 관계가 오래가고 유쾌하기를 바란다… 나는 그녀의 젊음, 열정을 좋아하기 때문에 그러기를 희망한다. 내가 보기에도 그녀는 아주 매력적이다."

베런슨이 1910년 여름 유럽의 예술 작품을 감상하는 여행에 그린을 데리고 갔다. 그린은 두 사람의 염문을 모르고 있는 모건을 위해 몇 가지 작품을 구입했다. 베런슨은 아내에게 편지를 띄워 "그녀가 진중하면서도 냉소적이고 감수성이 예민할 뿐만 아니라 어린아이 같고 말괄량이 같아 소용돌이 속에 있는 것처럼 정신을 차릴 수 없다"고 말했다. 이탈리아 라벤나(Ravenna)에서는 "그녀는 내가 가장 관심 갖고 있는 것들에 대해 믿을 수 없고 기적적인 반응을 보였다"고 말했다. 매리는 남편에게 그린의 그런 태도와 감성을 최대한 잘 이용하라고 권했다. 하지만 베런슨은 정작 마음이 고조되었을 때 당황해야 했다. 그린은 "감성적이기보다는 훨씬 지적이다. 그녀에게서 에로틱한 부분은 적다. 마스크와 매너, 깔깔대는 겉모습 이면은 매우 천부적이고, 헌신적이며, 생기발랄하며, 진정성이 깊어… 내 느낌은 매순간 새롭게 바뀐다"고 아내에게 보고했다. 이렇게 일종의 애정의 도피 행각을 낱낱이 아내에게 보고하면서도, 끝에는 "잘 있으시오. 마이 달링! 내가 비록 일부다처를 선호하지만, 당신을 가장 사랑하는 사람"이라는 말로 끝맺는다.

베런슨이 일부다처였다면, 그린은 일처다부적인 성격이 강했다. 그녀는 지적인 갈증을 채우기 위해, 때로는 로맨틱한 감정을 품고 저명한 학자와 전문가들과 연달아 사랑에 빠졌다. 그녀가 첫 번째로 빠진 상대는 바로 모건의 조카인 주니어스 모건이었다. 그녀는 베런슨에게 "주니어스에게 비극적으로 빠져들었는데, 젊은 날의 비극으로 비밀스럽게 간직하고 있다"고 말했다.

그녀는 여러 남자들과 연인관계를 맺었다. 상대의 눈을 통해 자신이 다른 흑인들과는 달리 고급 문화의 전문가들 눈에 띄는 존재인지, 또 멋있고 개성 있으며 끄는 매력이 있는 존재인지를 거듭 확인하고 싶었다. 그녀는 수많은 사람들과 연인관계였다고 주장했는데, 그녀가 밝힌 명단에는 영국의 케임브리지 피츠윌리엄(Fitzwilliam) 박물관 관장인 시드니 코커렐(Sidney Cockerell)과 편집자이면서 모건의 예술 자문을 맡은 윌리엄 래펀, 메트로폴리탄 예술박물관 인쇄물 전시관의 책임자인 윌리엄 M. 어빈스(William M. Ivins)가 있다.

그린은 '미국에서 가장 위대한 사람 가운데 한 명'인 존 D. 록펠러와 '베니(Benny)' 알트먼, '내 벗 찰스 래니어', 영국 박물관 서적 전시관의 책임자인 알프레드 폴러드(Alfred Pollard), 폴러드의 박물관 동료인 찰스 허큘리스 레드(Charles Hercules Read) 등 자신을 유혹했던 인물들의 이야기로 베런슨의 귀를 즐겁게 해주기도 했다. 찰스 H. 레드는 "그의 열정적이지 않은 태도 때문에 사랑에 빠지지 않았는데, 우리의 관계는 순수하게 의지를 바탕으로 한 것"이라고 설명했다.

그린이 한 남자에게 집중하지 않는 태도 때문에 베런슨은 심한 상처를 받았다. 아내 매리는 남편이 그린에게 품고 있는 감정에 대해 경계했다. 매리는 여동생 버트런드 러셀 부인인 앨리즈에게 "한 사람이 사랑에 빠지면 일시적으로 관대한 감정이 생기기 때문에 이기적인 사람마저 가장 좋은 그림을 그녀에게 선물하는 등의 태도를 보인다. 그래서 그의 가장 어리석음에 대해 별다른 신경을 쓰지 않는다… 하지만 그의 주변에서 느껴지는 두려울 정도의 맹목성과 정신적인 고통은 걱정된다"고 말했다.

베런슨은 심각한 가슴앓이에 빠졌다. 그는 그린이 자신의 감정을 이용해 목적을 달성하려고 했는지를 묻는다. 이 날카로운 질문을 받은 그녀는 여성 특유의 모습을 드러내며 강력히 부인했다. 그린은 "그런 질문은 나에게 상처 주는 것"이라고 말한 뒤 무방비 상태나 다름없는 솔직함을 드러내며 "모든 스캔들에 대해 불평하는 당신의 최근 편지에 저는 웃음을 참을 수 없다"고 말했다. 이어서 "많은 사람들은 한편에서는 제가 J. P. 모건의 딸이라고 이야기하고… 다른 한편에서는 세 쌍둥이 엄마라고까지 말하는 것으로 알고 있습니다. 그러나 무슨 의미가 있겠습니까… 그들이 입방아에 나를 올리고 싶어 하는 것에 비춰, 내키지는 않지만 제 자신이 뉴욕에서 가장 관심 끄는 인물이라고 생각하기로 했습니다. 정말 어처구니없는 일이지요. 당신은 제가 한 남자 때문에 거의 6개월마다 우울해한다는 사실을 너무나 잘 알잖아요. 하지만 금방 극복하기 때문에 내 일상생활에 문제가 되지 않습니다. 그리고 BB(버나드 베런슨)!… 그들이 이러쿵저러쿵 하는 말은 너무 터무니없고 허섭스레기입니다. 제가 스캔들을 일으킨다면, 그 상대는 바로 당신입니다. 내가 당신 앞에서만 교활하게 군다면, 괜찮지 않을까요?… 저는 여러 사람들과 사랑을 주고받지는 않습니다. 많은 것들을 알고 싶을 뿐입니다. 당신은 내 인생에서 많은 사람들을 진정으로 받아들이지 않는다는 점을 잘 알고 있습니다"라고 말했다.

그린은 모건의 가족과 그다지 접촉하지 않았다. 그들은 자신을 '없는 존재'로 취급했다고 베런슨에게 불평하기도 했다. '두목'이 숨을 거둔 뒤에는 "모건이 왜 가장 가까운 사람들과 거리 두기를 원했는지 알 만하다"고 말했다. 그린의 비판은 자신과 공통점이라고는 하나도 없는 모건의 딸 한 명을 철저히 무시하는 말이라고 할 수 있다. 그 딸은 바로 앤이다.

앤은 형제자매들과는 달리 아주 독특한 성격을 가진 여성이었다. 큰 언니 루이자가 "앤이 사고뭉치인 데도 참을 수 없을 정도로 웃긴다"고 말하기도 했다. 잭은 "예상하지 못한 순간에 예상하지 못한 방식으로 표출되는" 그녀의 생각과 기분 때문에 아주 당황스럽다고 호소했다. 앤은 아버지의 공식적인 길벗으로 행동하면서 아버지의 애인인 애덜레이드를 닮으며 성장했다.

앤과 애덜레이드는 때로 함께 지내야 했다. 함께 식사하고 차를 마셨지만, 어머니 패니에게 보낸 편지에서는 그녀를 전혀 언급하지 않았다. 앤은 자신과는 희망사항이 다른 부모 사이에서 개인적인 일정을 짜야만 했다. 헨리 페어필드 오스번 부부가 1903년 여름 서부 여행을 하면서 앤을 초대했을 때 "시간을 전혀 낼 수 없다"며 부드럽게 사절한다. "어머니의 여름 여행과 아버지의 요트 레이스가 예정되어 있는데, 아무런 공통점이 없는 이 두 행사에 저는 모두 함께해야 합니다"라고 설명했다.

미국 서부지역 탐험 기회를 놓친 게 그녀에게는 '살아온 기간 동안 가장 실망스런 일'이었다. 하지만 부모의 희망사항을 만족시켜야 하는 그녀로선 '다른 일정을 세우는 것' 자체가 불가능했다. 앤은 서른이 될 때까지 부모의 집에서 살면서 해마다 2만 달러를 용돈으로 받았다. 결혼하려는 마음을 내비친 적이 없었다. 어머니 패니가 이탈리아에 머물고 있을 때인 1904년 2월 초 앤은 아버지와 애덜레이드, 마코 부부와 만나 캐나다 여행길에 올랐다. 돌아오는 길에 캠프 웅커스에서 잠시 멈췄다. 진눈깨비가 마구 내리쳤다. 일행은 열차를 타고 집으로 돌아왔다.

앤은 1904년 겨울 대부분 집에 머물렀다. 친구이자 건축가인 토머스 헤이스팅스(Thomas Hastings)의 부인인 헬렌과 은행가 찰스 T. 바니(Charles T. Barney)의 딸인 헬레 바니, 데이지 해리먼(Daisy Harriman)과 함께 여성 클럽을 구성하고 있었다. 데이지의 미혼 시절 이름은 플로런스 제프리였다. 증기선 회사를 경영하고 뉴욕 요트 클럽의 회장을 지낸 인물의 딸이다. 그녀는 모건의 딸들과 함께 학교를 다녔다. 1889년 은행가이자 E. H. 해리먼의 사촌인 J. 보든 해리먼과 결혼했다. 활동적인 민주당원인 데이지 허스트 해리먼은 1937년 프랭클린 루스벨트 대통령의 낙점을 받아 노르웨이 주재 미국 대사를 맡는다.

앤의 친구들은 뉴욕 유니언 리그클럽에서 자신들의 아버지와 남편, 오빠들이 즐기는 것과 같은 스포츠 시설과 사회적 네트워크를 갖춘 여성클럽을 1902년 출범시켰다. 앤은 수영장과 스쿼시 코트를 요구했다. 그들은 클럽 이름을 콜로니 클럽(Colony Club)이라고 지었다. 하지만 출범하면서 엄청난 비판과 맞닥뜨렸다. 한 독일 신문은 여성클럽을 "미국 가정의 백조 호수"라고 비아냥했다. 그로버 클리블랜드 대통령은 "여성에게 가장 안전하고 가장 좋은 클럽은 가정"이라고 말했다.

앤의 아버지 모건은 여성의 모험을 지지했다. 모건이 클럽의 남성 고문으로 위촉되었다. 클럽 설립자들은 여성들도 스스로 조직하고 일할 수 있음을 보여주고 싶어 했다. 그들은 돈을 거둬 맨해튼 30번가와 매디슨 애비뉴 사이에 있는 부지를 매입했다. 건축가 스탠퍼드 화이트에게 의뢰해 클럽하우스를 설계하도록 했다. 인테리어는 노련한 전문가인 엘시 드 울프(Elsie de Wolfe)에게 맡겼다. 회원을 550명이나 유치했다.

호화로운 6층짜리 전형적인 미국식 빌딩이 완공되었다. 유명 인사의 어머니는 감격한다. "내 평생 동안 오늘 저녁을 기다렸다. 내 아들에게 전화해 '기다리지 말고 저녁 먹어. 나는 클럽에서 먹겠다'라고 당당하게 큰소리쳤지." 클럽하우스는 1924년 델라노와 알드리치가 설계한 파크 애비뉴 560번지의 건물로 이사한다. 앤은 클럽이 제공하는 모든 서비스를 충분히 활용했다. 하지만 그녀에게 클럽 활동 자체보다 더 중요한 일은 엘시 드 울프 그리고 엘리자베스 마버리(Elizabeth Marbury)와 교유하는 일이었다.

울프와 마버리는 당시 맨해튼 17번가 이스트 122번지에 있는 집에서 함께 살았다. 20세기 초반 여성들과는 다르게 세계 여러 곳을 다녔다. 하지만 앤이 여행한 지역과 견주어 보면 두 사람은 신대륙 쪽을 많이 다녔다. 두 여성은 모건과 같은 상류층 여성들과는 달리 자신들의 생계를 위해 일했다.

울프는 날씬하고 맵시 있는 여성이었다. 약간의 허영과 사회적 야망을 가지고 있었다. 타고난 재능은 적었지만 활발하게 활동하며 자신만의 커리어를 갖춰가고 있었다. 뉴욕 사교계의 스캔들 전문매체인 〈타운 토픽스〉는 '미스 램(Miss de Lamb)'이라는 가명을 사용해 그녀의 근황을 소개했다. 1887년에는 '마티니 한 잔 한 뒤에'라는 제목의 가상의 스케치에서도 그녀를 등장시킨다. 글에 등장한 머드(Maud)라는 사람이 극장을 나서면서 친구 에델(Ethel)에게 묻는다. "미스 울프에 대해서 어떻게 생각합니까?" 에델은 "그녀는 한물간 옷도 맵시 있게 입는 것으로 보이던데"라고 대답했다.

20세기로 접어들 즈음 미국 여성으로서 처음으로 인테리어 디자인 분야에 진출해 명성을 쌓았다. 울프는 어느 해 여름 해외여행을 계기로 18세기 프랑스 장식에 빠져 가구와 거울, 접시, 램프 등 비싸지 않은 물건을 트렁크에 가득 싣고 미국으로 돌아왔다. 이디스 워튼과 오그던 코드먼이 쓴 1897년《집 인테리어 장식Decoration of House》에 깊이 감명 받아 뉴욕 빅토리아 시대 건물을 전면적으로 바꾸어 나가기 시작했다. 그녀는 어둠침침한 방에 햇빛과 신선한 공기를 대대적으로 끌어들이고, 화려한 무늬가 있는 커튼과 옅은 색으로 벽을 칠해 분위기를 일신했다. 그녀의 스승인 워튼은 도금시대 '과시적인 과잉'을 극도로 혐오했다. 방안 가득 과시용 물품으로 가득 차 있는 그 시대 실내장식이 마치 옷 공장의 점포처럼 보인다고 비판했다. 울프의 주목받은 첫 번째 작품은 햇빛이 가득하고 천장을 격자무늬로 장식한 콜로니 클럽의 다실이다.

헨리 애덤스는 파리에서 열린 디너파티 이후에 "마버리와 울프 양은 디너파티에서 유일한 남성들"이었다고 촌평했다. 마버리가 남자처럼 보였지만, 앤 모건처럼 뉴욕의 귀족 집안 출신이었다. 그녀는 어빙 플레이스에서 자랐고 오이스터 베이 휴양지에서 여름휴가를 즐겼다. 변호사인 프랜시스(Francis) F. 마버리를 따라 해외여행도 많이 다녔다. 프랜시스의 친척 가운데는 미국 사법부의 관할

권 다툼에서 중요한 판결인 '마버리 대 매디슨' 판결에서 한 축을 담당했다.

마버리는 어릴 적 호레이스 그릴리와 칸트의 책을 비롯해 플루타크 영웅전, 르네상스 지식인 타소(Tasso), 셰익스피어, 러스킨의 저작 등을 읽었다. 수강료 5센트를 받고 친구들에게 태양계에 관해 강연했다. 청교도에서 가톨릭으로 개종했다. 이미 어릴 적부터 인간은 낭비하는 사람이나 우유부단한 사람, 건설자로 나눌 수 있다고 생각했다. 자신은 건설자라고 생각했다. 부모의 집 3층에서 닭과 오리를 키워 알을 낳게 하는 등 잠깐 동안이지만 가금류를 성공적으로 길렀다. 할머니가 되지 못해 자신은 진정한 직업을 놓쳤다고 생각하기도 했다.

이런 생각은 틀렸다. 마버리는 극장 에이전시라는 천직을 발견했다. 1895년에는 유럽의 웬만한 나라에 지점을 둘 정도로 사업이 번창했다. 그녀가 대리한 극작가와 배우, 단체는 오스카 와일드와 조지 버나드 쇼, J. M. 배리(Barrie), 비어봄 트리(Beerbohm Tree), 프랜시스 호지슨(Frances Hodgson), 아서 윙 피네로(Arthur Wing Pinero), 빅토리안 사도(Victorian Sardou) 등이었다. 프랑스 극작가협회도 그녀의 고객이었다.

사회주의자인 버나드 쇼는 그녀를 '탐욕스런 엘리자베스 마버리'라고 부르며 분통을 터트린다. "무엇을 위해 내게 돈을 벌라고 하는 거요? … 다음에는 많은 금액을 송금해야 할 것이오. 조금씩 내게 보내거나 은행 계좌를 갖도록 하는 불편함을 내게 요구할 겁니다." 오스카 와일드가 '중대한 외설'을 이유로 기소되어 교도소 신세를 지게 될 때인 1898년 마버리는 와일드의 가족을 위해 미국 극장에서 받은 로열티를 저축하려고 노력했다. 마버리는 오스카 와일드의 작품 《레딩 교도소에서 지은 발라드The Ballad of Reading Gaol》의 미국 판권을 팔아주었다. 와일드는 영국 출판업자에게 "출판 비즈니스를 국화만큼이나 잘 알고 있지만, 나를 적극적으로 도와주려고 하고, 영리하면서 유쾌한 여성인 마버리 양을 신뢰한다"고 말했다.

울프는 맨해튼 17번가와 어빙 플레이스 사이에 보유하고 있는 자신의 집을 18세기 프랑스 양식으로 꾸며 놓았다. 친구들이 '총각들'이라고 부르는 마버리와 울프는 그곳에 자신들의 사무실도 열었다. 헨리 애덤스는 1901년 캐머런 여사에게 "마버리 살롱에 갔는데 모인 사람들의 미친 광기에 휘둘렸다… 울프와 마버리의 놀라운 세계에 충격 받았다. 그들은 웅장함과 보편성을 갖추었다"고 말했다.

〈400명〉의 대표인 애스터 부인은 직접 주관한 보헤미안 그룹과 함께 새로 등장한 라이벌인 울프와 마버리를 사교계에 데뷔시키기로 한다. 초대할 사람들에게 사전에 참가의사를 타진한 뒤 "J. P. 모건과 이디스 워튼" 등이 참석한다고 말하자, '총각들'의 주변 인사들이 환호했다"고 말했다.

울프는 남자들을 유혹하기도 했다. 베런슨은 그녀가 자신을 껴안았을 때 느낌이 "누이가 안아올 때 느낌과 사뭇 달랐다"고 말했다. 그녀는 예순 살이 된 1926년 파리 주재 영국 대사관의 참사인 찰스 멘들(Charles Mendl) 경과 결혼한다. 반면 마버리는 오직 여성에게만 관심을 가졌고, 특히 1904년에는 앤 모건에 매료되어 있었다.

앤은 늘 하던 대로 아버지 모건과 애덜레이드, 마코 부부와 함께 1904년 4월 유럽으로 여행 가면서 마버리와 프랑스 파리에서 만나기로 약속했다. 그녀의 일행은 런던에 도착해 일주일 동안 머물렀다. 프린스 게이트에서 모건의 예순일곱 번째 생일 파티를 가졌다. 바로 이때 랭턴 더글러스가 벌링턴 파인 아트 클럽에서 모건에게 작품을 소개한다. 일행은 이후 파리로 갔다. 앤은 일기에 "마버리 양이 심한 기관지염을 앓고 있다"고 적었다.

앤은 초상화 화가인 존 싱어 사전트(John Singer Sargent)와 미국풍을 그린 제임스 맥닐 휘슬러(James McNeill Whistler)와 점심을 먹은 뒤 고모인 매리 번스를 만났다. 이어 워스 의상실로 가 옷들을 입어보았다. 자유 시간이 나면 E. M.(마버리)과 함께했다. 그날 앤의 일기에는 "오후에는 미스 마버리를 만났다… 미스 마버리와 조용한 저녁을 먹었다… E. M.과 점심을 먹었다"라고 기록했다.

마버리는 베르사유에 방치되어 있는 빌라 트리아농(Villa Trianon)을 사들였다. 빌라는 프랑스 왕족이 19세기 초반에 지은 집으로 1848년 혁명 이후 빈집으로 내버려져 있었다. 폐허 상태였지만 우아한 자태를 간직하고 있는 부속 건물들은 18세기에 지어졌다. 앙시앙 레짐의 상징인 마리 앙투어네트와 베르사유의 트리아농 궁전은 밀접하게 연결되어 있다. 모건이 이 건물을 알았다면, 애덜레이드를 위해 사주었을 수도 있다. '총각들'은 앨리스 메이슨에게서 인근의 집을 임대해 지내다 1903년 빌라 트리아농을 발견했다. 울프는 이 집 없이는 살아갈 수 없다고 말하기까지 했다. 뭔가에 탐닉하고 돈도 어지간히 갖고 있던 마버리는 1904년 초 겨울에 빌라 트리아농과 2,400여 평을 1만 3,000달러에 사들였다. 그녀는 그해 5월 1일 앤에게 그 집을 구경시켜주었다.

앤의 그날 일기에는 다음과 같이 적혀 있다. "E. M.과 함께 베르사유에 갔다! 빌라 트리아농에서 공원을 가로질러 달려간 뒤 조금 걸었다. 저수지의 느낌이 무척 생생하다. 완벽한 출발이라고나 할까!" 앤은 1904년 5월 3일 아버지와 애덜레이드를 수행해 온천 휴양지 엑스레뱅으로 가야 했다. 출발 하루 전인 2일 사라 베른하르트 공연을 관람했다. 떠나야 하지만 "E.와 함께 차를 마시고 즐겁게 이야기하면서 완벽한 오후를 즐겼다." 앤의 일기에 등장하는 E. 마버리를 의미한다. 울프를 말할 때는 'Elsie'라고 적었다.

출발 당일인 3일 앤은 점심을 마버리와 함께 먹었다. "1막이 끝난다는 사실을 제외하고는 모든 게 완벽했다." 그녀의 일행은 오후 2시에 출발했다. 엑스레뱅에 머물고 있는 동안 그녀의 기분은 'E'의 편지가 도착했을 때 좋아졌다가 오지 않을 때는 우울해졌다. "생각에 빠지게 하는 완벽할 정도로 만족스러운 편지였다… 편지가 오지 않아 더 우울해졌다. 아버지와 D. 부인(더글러스)과 차를 타고 클루니(Cluny)까지 갔다"고 적었다.

앤은 아버지와 애덜레이드를 따라 5월 중순 이탈리아 북부로 여행을 떠났다. 그녀가 파리에 돌아왔을 때 "환상적인 편지가 기다리고 있었다." 황홀한 기분에 취해 6월 초 런던에서 'E.'와 조우했다. 둘은 점심을 먹고 저녁도 같이 먹었으며 극장에 갔다. 옥스퍼드까지 밤새워 달렸다. "조용한 아침 모든 단과대학들이 보였고… 비가 내렸다… 조용하고 행복했다."

1904년 6월 말 앤은 아버지와 애덜레이드를 따라 뉴욕 집으로 돌아왔다. 마버리는 앤의 일기에 10월까지 등장하지 않은 것으로 봐서 그 기간 동안 해외에 머물렀다고 할 수 있다.

앤은 사랑에 빠져 있었다. 수년 동안 남자들의 청혼을 외면하면서, 서로 자신을 차지하려는 부모를 돌보는 일을 자임했다. 독립적인 삶의 희생이라는 대가를 치러야 했다. 그녀가 마버리를 만나기 전에 어떤 젠더로 자신을 인식했는지를 알 길은 없다. 닫힌 문 저편에서 앤과 마버리가 무엇을 했는지도 확인할 수 없다. 아마도 다른 사람들이 문을 닫은 채 했던 일을 하지 않았을까!

E. M.은 해박한 지식과 아버지 모건을 연상시키는 경영능력과 남다른 육체적 조건을 가지고 있었다. 앤은 마버리의 개인교습을 받으며 매디슨 애비뉴의 노처녀 신세에서 탈출했다. 예술적인 취향과 사회적 행동주의와 여성 독립 등을 주장하는 과감하고 국제적인 모임을 향해 나갔다.

어빙 플레이스의 실내 구조는 제3자의 방해를 받지 않도록 되어 있었다. 1904년 가을 앤은 E. M.과 같이 걷기도 했고 마차나 차를 타고 다니기도 했으며 티타임을 가졌다. 가끔 엘시 드 울프를 의미하는 'E. de W.'가 두 사람과 함께 앤의 일기에 등장하기도 한다. 울프는 뉴욕에 머물 때면 17번가 집에서 대부분의 시간을 보냈고, 여름이면 빌라 트리아농에서 보냈다.

세 처녀가 베르사유에 해마다 출현하자, 지역 사교계는 그들을 '여성 삼총

사라고 불렀다. 앤은 결국 땅을 매입해 트리아농 정원을 꾸몄고, 부속 건물을 지어 '모건 윙'을 마련했다. 앤의 에로틱한 열정은 매디슨 애비뉴 219호 저택에는 알려지지 않은 성싶다. 결혼하지 않은 처녀가 다른 여성들과 어울리는 일은 당시에 자연스런 풍경이었다. 어머니 패니는 앤과 마버리, 울프가 사실상 수도원 세계나 다름없는 자신의 영역에 들어서는 것을 환영했다.

앤은 아버지와 함께 여행을 계속했다. 1904년 9월 패니가 크래그스톤에 머물고 있는 동안 앤은 모건과 애덜레이드를 따라 메인 주의 켄터베리 대주교 랜덜 데이비드슨(Randall Davidson)을 만났다. 모건은 성공회의 거두인 대주교를 설득해 그해 가을 보스턴에서 열린 성공회 총회에 참석하도록 했다. 그는 수개월 동안 대주교의 참석을 준비했다. 금요일인 9월 9일 모건과 앤은 데이비드슨 주교 부부를 안내해 바 하버로 갔다. 애덜레이드는 이미 바 하버에 도착했다. 코르세어호 선상에서 모건 일행이 오기를 기다렸다.

9월 11일 일요일, 모건은 대규모 일행을 요트에 태워 노스이스트 하버로 키를 잡았다. 이곳에서 로런스 대주교는 오전 설교를 행할 예정이었다. 대주교 부부는 오전 8시 30분에 코르세어호에 승선했다. 애덜레이드와 앤, 대주교 딸을 비롯해 모건의 여러 친구들이 함께 요트를 타고 있었다. 대주교의 딸인 매리언 로런스(Marian Lawrence)는 그날 일기에 자신과 부모들은 이미 배에 오르기 전에 아침을 먹었다고 적었다.

"우리는 갑판에서 재미있는 항해와 신선한 공기, 화창한 날씨를 즐기고 싶어 했지만, 운명은 우리 뜻대로 되지 않았다. 모건 씨가 일행들에게 식당으로 가야 한다고 말했다. 그곳에는 9개 코스로 이뤄진 정말 푸짐한 식사가 준비되어 있었다. 모건 씨는 양껏 먹으며 즐겼다. 천천히 멜론에서 오트밀, 달걀, 베이컨,

메밀에 이어 다시 과일까지 모든 코스를 빼놓지 않았다. 시간이 갈수록 나는 머리가 어지러웠고, 두통이 심해졌다. 자부심 덕분에 겨우 자리를 지킬 수 있었다. 아빠는 코스가 절반쯤 끝났을 때 갑판으로 나가 신선한 공기를 마셨다. 우리는 빵을 좀 뜯어먹고 커피를 마신 것 외에는 다른 음식에는 손도 대지 않았다."

모건이 식사를 마칠 즈음 요트는 목적지에 이르러 뭍에 올라야 하는 시간이 되었다. 로런스는 일기에 계속해서 상황을 묘사한다. "교회는 사람들로 넘쳐흘렀지만, 앞자리는 우리 일행을 위해 빈자리로 남아 있었다… 아빠와 엄마, 내 자리의 바로 뒤에는 모건이 앉아 굵은 목소리로 크게 찬송가를 불렀다. 그들은 다른 사람들의 이목을 피할 수 없었다. 노스이스트는 호기심과 환희로 가득했다."

매리언의 일기에 따르면, 주교가 "모건과 일행들이 나란히 서 있는 동안" 신자들에게 인사했다. 남성들은 노스이스트의 주교인 돈(Doane)과 함께 점심을 먹으러 갔다. "나와 앤 모건, 몰리 콜스, 더글러스 부인, 라이트 부인 등 여성 일행은 코르세어호에서 식사를 하기로 예정되어 있었다. 흔들리고 사람들로 붐비는 요트에서 나는 많이 먹지 않았다."

메리언은 요트에서 탈출했다. 이후 2~3일 동안 앤은 애덜레이드와 점심을 먹었다. 아버지 모건이 주교들을 만나느라 바쁜 와중에 메리언 로런스와 애덜레이드, 사이빌 더글러스 등과 테니스를 즐겼다. 매일 밤에는 리셉션과 디너파티가 줄을 이었다. 9월 22일 모건은 주교 데이비드슨을 에스코트해 워싱턴 백악관으로 가 시어도어 루스벨트 대통령과 저녁을 먹었다. 하루 뒤인 9월 23일 모건은 뱃머리를 돌려 뉴욕으로 향했고, 도착해서는 아내가 머물고 있는 크래그스톤을 찾았다.

모건의 사위인 허버트 새터리는 "데이비드슨 부부의 인상이 그다지 좋지 않다고 생각했다. 남의 눈에 띄는 모습도 아니었고, 옷차림도 볼품없었다. 하지만 붙임성은 있어 보였다'고 모건의 전기에 기록했다.

10월 초 '인상이 나쁜' 대주교 가족과 모건의 다른 손님들, 이번에는 패니까지 포함해 대규모 일행이 보스턴에서 열리는 성공회 총회에 참석하기 위해 길을 나섰다. 모건은 늘 하던 대로 보스턴의 저택 한 채를 임대해 일행이 머물게 했다. 도우미들도 빼놓지 않고 채용했다. 루이스 세리를 책임자로 임명했다. 어느 날 저녁 모건은 56명에게 저녁을 대접한 적도 있었다. 다른 날에는 패니가 주교들인 로런스와 데이비드슨, 포터, 돈과 함께 한 작은 디너파티에 모습을 드러냈다.

애덜레이드와 패니가 번갈아 모건 곁에서 여주인 역할을 했다. 이를 보고 무슨 생각을 했는지 알 수 있는 기록은 남아 있지 않다. 패니는 총회에서 이혼 관련 토론회에 참석했다. 메리언의 일기에 나타난 아침식사 해프닝처럼 모건은 친구들이 실제 원하는 게 무엇인지를 고려하지 않고 마구 베풀었다. 로런스 주교가 어느 날 휴식을 취할 것인지 아니면 산책이나 드라이브를 할 것인지를 대주교인 데이비드슨 부부에게 물었을 때, 그들은 "산책하고 싶다"고 대답했다. "모건 씨가 우리를 여기저기 데리고 다니는 바람에 미국의 맨 땅을 밟아보지 못했다"고 말했다.

앤은 1904년 가을 바 하버에서 돌아온 뒤에 거의 매일 마버리를 만났다. 추수감사절과 크리스마스도 같이 보냈다. 11월 말에는 애덜레이드와 점심을 먹는 자리에도 마버리를 데리고 갔다. 12월 초에는 어머니와 함께 보스턴에 갈 때도 동행했다. 이듬해인 1905년 1월 아버지와 애덜레이드를 따라 웅커스에 갈 때 앤의 곁에는 마버리가 있었다. 그녀는 1905년 3월 1일 아버지와 함께 연례행사인 유럽으로 여행을 떠났다. 당일 아침 시간에 맨해튼 17번가의 마버리 집을 찾아 함께 지냈다.

2주 뒤 앤이 파리 호텔에 도착했다. "E가 보낸 꽃이 기다리고 있어" 환희에 젖었다. 모건과 애덜레이드를 따라 두 달 동안 여행을 마친 뒤인 5월 중순 앤은 아침 일찍 파리에 도착했다. "베르사유에서 아침을 먹고 아버지를 따라 파리 앙글레 카페에서 점심을 먹었다. 오랜 시간 이야기했다." 아마도 아버지와 긴 시간이 이야기한 이 자리에서 파리에 남게 해달라고 간청했을 것이다.

앤은 아버지가 애덜레이드와 사이빌 더글러스를 데리고 엑스레뱅에 갈 것이기 때문에 자신은 남아도 되는 것 아니냐고 물었을 가능성이 높다. 그녀는 다음날 일기에 이렇게 적는다. "E가 하룻밤을 보내기 위해 도착했다. 헨리 애덤스 씨도 저녁을 같이 먹었다." 앤은 1905년 여름 내내 베르사유와 파리에서 'E.'와 함께 지냈다. 자동차를 타고 프랑스를 가로질러 여행했다. 앤은 베르사유 큐레이터로 있는 루이 필립의 전제적인 현대화 작업에 반대하며 참여하지 않았을 뿐만 아니라 울프의 실내 장식에 조언을 아끼지 않은 피에르 드 놀락(Pierre de Nolhac), 프루스트(Proust)의 《잃어버린 시간을 찾아서》에 등장하는 샤를뤼스(Charlus) 남작의 모델인 로베르트 드 몽테스키외(Robert de Montesquiou) 백작 등을 초대해 파티를 즐겼다.

앤과 모건이 뉴욕으로 돌아온 그해 늦가을 프랑스의 예술가 한 명이 뉴욕의 예술계를 경악시켰다. 모건은 보부아르(Beauvoir) 집안의 남자인 이 프랑스인을 채용해 맨해튼 46번가에 있는 애덜레이드의 저택에서 예술 강연 두 차례를 하도록 했다. 드 보부아르는 애덜레이드 집 뿐만 아니라 이디스 워튼의 저택에서 "예술에 관심이 있는 모든 뉴요커들을 위해" 이브닝 강연을 열기도 했다.

로저 프라이는 쇠락한 프랑스 귀족으로 드 보부아르를 묘사한다. "모든 것을 알고, 앙시앙 레짐의 취향과 매너를 완벽하게 이해하고 행동으로 보여준 인물이었다. 내가 들어섰을 때 그는 우아함의 권위자가 되어 있었고, 나와 친구가 되는 데 필요한 모든 행동을 다했다. 동료한테서는 기대할 수 없는 모든 모습을 보여주었다"고 했다.

프라이의 설명에 따르면, 뉴욕에 출현한 보부아르는 런던을 동경했다. 프라이는 그가 참 친절한 영혼임을 알았다. "이 나라에 온 다른 유럽인들과 마찬가지로 미국인들의 흥청거림에 염증을 공유했다."

울프는 친구의 설득을 받아들여 보부아르를 10분 동안 만나기로 했지만, 대화가 두 시간이나 이어졌다. "그는 나를 전율시켰다"고 그녀는 말문을 연 뒤 "내가 알고 싶은 모든 지식을 보유한 전망대와 같았다"고 찬탄했다.

뉴욕의 예술품 딜러들은 미지의 프랑스인을 궁금해했다. 도대체 누구기에 당대 뉴욕의 명사들인 오그던과 모건, 프라이, '총각들'을 매료시켰는지 알고 싶어 했다. 울프는 그를 헨리 두빈에게 소개시키려고 몇 차례 시도했다. 하지만 보부아르는 인사하는 자리에 모습을 드러내지 않았다. 그러던 어느 날 코드먼과 울프는 그를 데리고 필라델피아 와이드너 컬렉션을 감상하러 갔다. 그 자리에서 일행은 우연히 헨리 두빈과 마주쳤다.

순간 미지의 프랑스인은 갑자기 거세게 기침을 하고 손수건을 황급하게 빼들고 얼굴에 갖다 댔다. 하지만 헨리 두빈은 그의 정체를 알아챘다. 두빈은 며칠 동안 그의 인상을 조사한 결과를 모건에게 보고했다. 예술 지식과 심미안의 정수인 그 프랑스인은 교묘한 사기꾼인 모리스 보스더리(Maurice Bosdari)로 판명 났다. 과거 한때 모건과 일면식이 있는 인물이었다. 그는 자칭 백작이라고 행세하며 1902년 8월 1만 1,500파운드어치의 여러 물건을 이 은행가에게 팔았다.

그가 팔아넘긴 물건 목록은 이제 런던의 사우스켄싱턴 박물관에 있는 셀리니의 브론즈와 루이 15세가 사용한 프랑스 옷장, 30여 점의 메조틴트(Messotint) 초상화 등이었다. 브론즈는 두말할 것 없이 셀리니의 작품이 아니었다. 그는 치밀한 계획을 세우고 모건을 속였다. 그는 모건의 서명을 수중에 넣은 뒤 정밀하게 위조해 어음에 새겨 넣었다. 이를 영국의 고위 정치인과 기업인, 금융인에게 찾아다니며 할인받아 현금화했다. 그는 영국 VIP들에게 지급기일 이후에 언제든지 J. P. 모건이 운영하는 은행에 제시하면 즉시 현금을 지급받을 수 있다고 말했다. 1903년 초 그가 위조한 어음 가운데 두 장이 런던 올드스트리트에 있는 모건은행에 돌아왔다. 한 장 당 금액은 1만 1,500파운드였다. 모건의 파트너들은 피해자들이 어처구니없는 스토리를 믿고 현금을 사기꾼에게 건네준 데 대해 할 말을 잃었다.

모건은행은 애초 할인해준 사람들에게는 그들이 사기 당했다고 알리지 않았다. 그들이 넘겨받은 어음을 다시 런던 금융시장 중개인들에게 넘겼다. 모건은행은 "J. P. 모건과 거래 사실이 알려지면, 고객들이 자신들을 신뢰하지 않을 것이라며 침묵을 지키겠다고 약속했다."

사기행각이 탐지되자 보스더리는 즉각 자취를 감추었다. 런던 경찰은 수배 전단을 배포했다. 수배 전단에 따르면, 보스더리는 이탈리아 태생이고 프랑스와 독일어, 영어, 스페인어에 능통할 뿐만 아니라 준수한 외모를 가졌다. 런던의 주요 예술품 딜러들에게도 잘 알려져 있었다. 영국 에섹스 지역의 디프(Dieppe)로 가는 증기선 내부에서 그의 옷 등이 발견되었을 때 사람들은 그가 물에 빠졌다고 생각했다.

그가 공식적으로 사망 처리된 사이 그는 유유히 돈을 챙겼다. 친구를 통해 대서양 횡단 여객선 티켓을 구해 캐나다로 줄행랑을 놓았다. 그는 캐나다의 한 수도원에 들어가 2년 동안 잠복한 뒤 뉴욕에 보부아르라는 이름으로 다시 출현했던 것이다. 보스더리는 보스턴 와이드너에서 헨리 두빈과 마주친 뒤 다시 종적을 감추었다. 이번에는 이탈리아로 향했다. 결국 경찰에 붙잡혀 잠시 억류된 뒤 프랑스로 이첩되었다.

앤의 기록에 따르면, 보스더리(보부아르)는 1907년 가을 프랑스에서 다시 도망쳤다. 그는 1908년 아메리칸 단테 소사이어티의 회원 명단에 모건과 찰스 엘리어트 노턴, 제임스 러셀 로웰, 조지프 초트 등과 함께 이름이 나란히 올랐다. 하지만 그는 등록되지 않은 브레몽(Brémont)이라는 이름으로 영국에 입국해 1917년 런던에서 체포된다. 3년형을 선고받고 감옥행 열차에 몸을 실어야 했다. 잭은 "오랜 세월이 흘렀지만, 그가 체포되어 재판을 받고 실형을 선고받아 아주 기쁘다"고 말했다.

어쨌든 그가 과거에 이름을 훔쳐 속여먹은 뉴욕의 거물 금융가를 애덜레이드의 저택에 모인 청중 가운데서 발견했다. 순간 그 사기꾼의 뇌리엔 과거 일이 주마등처럼 머리를 스치고 지나갔을 것이다. 하지만 그는 모건한테서 한순간의 잠도 앗아가지 못했다.

마버리는 앤의 교육과 해방 측면서 전폭적인 신뢰를 받았다. 모건의 셋째 딸은 "나이에 어울리지 않는 순진한 여성"이었다고 마버리는 일기에 적었다. 정확하게 말해 "성장을 허락받지 못했다"고 평가한다. 매디슨 애비뉴의 레이디에게 자신과 만나기 전에 한 번도 일어나지 않았을 이미지를 활용해 앤의 변화 모습을 묘사한다. "그녀의 사고방식은 변화할 준비를 갖춘 채 점화 플러그만을 기다리고 있는 상태였다."

마버리가 점화 플러그로 구실했다. 가장 가까이에서 변화의 메커니즘이 작동하도록 해주었다. 앤은 베르사유를 한번 방문한 뒤 "스스로 결론 내리고, 자신의 생각을 발전시켰으며, 진정으로 자신이 관심 갖는 분야를 선택했다. 그제서야 자신의 발로 설 수 있게 되었다."

마버리는 앤과 아버지 모건 사이에 놀라울 정도의 유사성을 발견했다. 마버리는 "모건이 놀라운 에너지와 무한한 용기, 응축된 의견을 보유한 남자였고, 한번 어떤 사람이나 어떤 사상을 믿으면, 외부에서 어떤 자극이 오더라도 믿음이 조금도 흔들리지 않았다"고 평했다. 모건은 당대 여성들이 꿈도 꿀 수 없었던 세계적인 지위를 확보했다. 앤은 그의 힘 가운데 일부를 차지했을 뿐이다. 반면 "모건이 정상의 자리에 오른 뒤 나이가 들어가면서 여러 가지 문제에 시달리기 시작했다. 실패를 인정하는 일은 그의 성격상 아주 어렵고, 그는 자신의 실수에 대해 늘 관대하다"고 마버리는 기록했다.

마버리는 앤의 변화에서 자신이 한 구실을 과장했을 수는 있다. 하지만 두 사람이 공유한 '열정적인 우정'이라는 맥락에서 모건의 막내딸이 자신의 내부에 잠복해 있는 힘을 자각하고 아버지의 뜻을 거스르는 모험에 뛰어든 것만은 사실이다. 모건은 앞서 연례행사로 떠나는 유럽 여행의 출발 날짜를 봄에서 겨울로 앞당겼고, 머무는 기간도 몇 주에서 몇 달로 늘렸다.

모건이 1906년 2월 유럽으로 떠날 때 앤은 아버지를 에스코트하지 않았다. 이는 큰 언니 루이자가 결혼한 이후 처음으로 아버지 여행에 동행하지 않은 일대 사건이었다. 그녀는 이미 아버지와 아버지의 애인과 함께 여행하지 않기로 결심한 상태였다. 아무도 모건에게 이런 식으로 거역하지 않았다. 특히 그의 가족들과 파트너, 직원들 가운데는 모건의 뜻을 거스르는 사람은 아무도 없었다.

모건은 막내딸의 거역에 진노했겠지만, 자신만큼 의지가 강한 앤에게 강요해보았자 아무런 도움이 되지 않았다. 그는 1906년 2월부터 7월까지 유럽에 머물렀다. 항상 아버지의 일정과 바람대로 자신의 일정을 꾸린 루이자는 그해 6월 가족을 이끌고 유럽으로 건너갔다. 그녀는 이미 두 번째 아이를 낳아 기르고 있었다. 아마도 동생 앤의 반역을 상쇄시키려는 의도가 있었던 것으로 보인다.

앤은 어머니 패니와 함께 6월 말 유럽으로 건너가 런던에서 'E.'와 '울프'를 만났다. 그녀는 6월 30일 일기에 이렇게 적는다. "E.와 칼턴(Carlton)에서 점심을 먹고… 매리 고모와 오페라 〈파우스트〉를 관람했다. 강렬한 이야기를 나누었다." 7월 1일 일기에는 "E.와 만나 도버 하우스에서 점심과 저녁을 함께했다. 형부인 허버트 새터리와 길고 뜨거운 토론을 벌였다"고 적었다.

'길고 뜨거운 토론'의 주제는 그녀의 반역이었을 것이다. 앤은 생각을 굽히지 않았다. 그녀는 더 이상 부모의 도우미로 지내지 않기로 했다. 여성 보호자의 역할도 하지 않기로 결심한 상태였다. 그때 이미 자신만의 풍부한 세계를 갖고 있었다.

앤은 7월 3일 마버리와 울프를 데리고 파리로 건너갔다. 그는 일기에 "아버지가 10일에 파리로 온다"고 적어놓았다. 아버지가 파리에 도착한 다음날인 11일 그녀는 모건과 "저녁을 같이 먹었다." 식사 자리에서 무슨 이야기를 주고받았는지 그녀는 기록하지 않았다. '여성 삼총사'는 베르사유로 이동했다. 7월 28일 마르셀 프루스트가 '여성 삼총사'와 차를 마시기 위해 빌라 트리아농으로 찾아왔다.

모건은 자신의 일정대로 1906년 여름을 났다. 7월 14일 런던 하코트에서 에드워드 7세와 저녁을 같이했다. 16일에는 왕실의 친구인 에드워드 7세를 프린스 게이트로 초대해 컬렉션을 소개했다. 18일에는 뉴욕으로 돌아가기 위해 대서양 횡단 여객선에 몸을 실었다.

앤 모건은 그해 9월 말까지 유럽에 머물렀다. 1906년 이후 그녀의 삶은 열정적인 에너지를 빼고는 아버지와 거의 상관없는 것이었다. 그녀는 록펠러 왕국의 그늘을 고발한 아이더 타벨과 친구로 사귄 것을 비롯해 여타 탐사 저널리스트들과 교유했다. 미국 사회 개혁가인 제인 애덤스(Jane Adams)의 사회활동 아지트이자 북아메리카 최초의 사회 복지관인 헐 하우스(Hull House)를 방문하기도 했다.

앤은 직접 일을 벌였다. 뉴욕 브루클린 해군 연병장을 빌려 노동자들을 위한 임시 식당을 개설했다. 앤드류 카네기 부인과 앨버트 게리 부인을 식당 아줌마로 일을 시켰다. 1908년 라이트 형제가 르 망(Le Mans)에서 세계 최초로 선보인 '날틀(비행기)'을 목격한 뒤 울프와 윌버 라이트와 함께 비행기에 올라보기도 했다. 마버리 그리고 데이지 해리먼과 함께 앤은 조지아 주에서 빈곤한 노동자들을 위한 직업교육 프로그램을 추진하고 있는 여성에게 상원이 관심을 갖도록 하기 위해 노력했다.

1909년 이 프로그램과 관련해 시어도어 루스벨트 대통령 보좌관과 백악관에서 토론하는 과정에서 그녀는 "이제 미국에는 여성의 커리어를 위해 수많은 기회가 있다. 이는 모든 여성이 조용히 앉아 있게 하지 않을 것이다… 우리를 지원한 돈을 가지고 있고, 우리 스스로 축적한 에너지가 있는데 어디서 시작해야 할지 잘 모르고 있다"라고 말했다.

사실 앤은 이미 시작했다. 그녀는 1909년 국제 여성의류 노동조합(International Ladies Garmet Workers Union)이 일으킨 파업을 지원하기 위해 이른바 '밍크여단(Mink Brigade)'에 합류했다. 10대 소녀들이 대부분인 여성 파업 노동자 3만여 명은 뉴욕 맨해튼의 동편 아래에 있는 열악한 작업장을 뛰쳐나와 기업가 300명이 노동조합과 협상하도록 압박했다.

앤은 '블라우스를 만드는 여공'들과 만났고, 이들을 돕기 위해 모금활동을 벌였다. 여성 노동조합 연맹의 집회에 열정적으로 참여했고, 1911년 그리니치빌리지에 있는 트라이앵글 셔츠웨이스트(Triangle Shirtwaist) 작업장에서 불이나 여자 직공 146명이 숨을 거둔 비극이 발생하자, 여성의류노동조합을 돕기 위해 모금 활동에 팔을 걷었다.

성공회 신부 레인스포드는 앤과 비밀스럽게 나눈 이야기를 파리에서 편지를 띄워 루이자에 알린다. 엄밀히 말하면, 그렇게 쉬쉬할 이야기는 아니다. 앤을 설득하는 데 할 수 있는 역할을 하겠다고 말했다. "그녀는 친구들 때문에 아버지와 멀어진 것을 가슴 아프게 후회할 날이 조만간 올 것이다. 그녀는 이제 그의 영원한 벗이 되어주어야 한다. 인생은 짧다! 기회는 모르는 사이에 왔다 가버린 뒤 다시는 되돌아오지 않는다."

그린은 1910년 가을 화이트 스타의 오셔닉호를 타고 베런슨 스타일의 유럽 여행에서 돌아오는 길이었다. 그녀는 같은 배에 앤과 마버리가 타고 있다는 사실을 알게 된다. 그녀는 "앤이 나를 한쪽으로 데리고 가 오랜 시간 이야기했다"고 베런슨에게 보낸 편지에 썼다. 이어 "앤은 내가 가진 영향력을 발휘해 '잘못된 길을 가고 있다'며 '아버지' 모건을 설득해 달라고 부탁했다. 나는 침묵을 지키며 조용하게 들었다. 모건은 가족 이야기를 내게 하지 않았다고 말해주었다. 그녀는 실망스런 눈빛이었고, 믿을 수 없다는 표정이었다."

앤은 다음날도 같은 부탁을 했다. 하지만 그린은 "절대 불가능한 일이라고 그녀에게 말해주었다." 두 여성은 뉴욕에 도착한 이후 거의 만나지 못했다. 그린은 "갑자기 보이는 그녀의 친절을 믿을 수 없었다. 게다가 가능하면 나는 마버리 양과 마주치고 싶지 않았다… 그녀는 흥미로운 존재이겠지만, 바라보기가 아주 겁나는 사람이다. 그녀는 로마의 황제 안티누스(Antinous)의 초상화와 무척 비슷하다"고 베런슨에게 말했다.

벨 다 그린은 1910년 한 해 동안 '쳐다보기 두려운 마버리'를 피하는 데 성공했다. 2년 뒤에는 앤과 마버리를 "지긋지긋한 여성 모건·마버리 하우스(Morgan, Marbury, & Co.)"라고 비아냥거렸다. 하지만 1913년 초 그린과 마버리는 마침내 조우한다. 그린은 그녀를 보는 순간 "즉각적으로 좋아하게 되었다"고 베런슨에게 말했다. 마버리는 "쾌활하고 솔직하며 진정성이 충만해 저항할 수 없을 정도로 나를 매료시켰다. 하지만 저는 조심스런 숙녀입니다! 그녀가 나에 대해 한 말을 모두 전해주세요"라고 베런슨에게 부탁했다.

베런슨은 앤의 언니 줄리엣이 "마버리를 극도로 혐오하고, 그녀와 엘시 드울프에게 해가 되는 일은 어떤 일이든 하겠다고 맹세했다"고 그린에게 귀띔했다. 이어 "그린 당신은 그들이 이 사실을 모르고 있으면 귀띔해주는 게 좋겠다"고 말했다. 실제로 줄리엣은 마버리가 앤에게 병을 옮긴 '문둥병 환자'라고 극언했다. 이 말은 모건 가문 사람들이 마버리에 대해 품고 있는 전반적인 분위기를 반영한 것이리라.

뉴욕 히스토리컬 소사이어티에 있는 한 문서에 따르면, 모건이 앤의 타락을 부추긴 사람에게 어떻게 복수했는지를 묘사하고 있다. 마버리가 프랑스 극단을 위해 일할 때 그녀의 친구들은 그녀가 프랑스의 최고 훈장인 레지옹 도뇌르를 받을 것으로 예상했다. 사도가 추천서를 썼고, 로스탠드, 프랑스 대문호 장 리슈팽(Jean Richpin), 미국 대사 3명, 프랑스 대사 제서랑(Jessernad), 시어도어 루스벨트, 윌리엄 하워드 태프트 등도 추천서를 써주었다. 헨리 애덤스는 1904년 9월 존 헤이에게 보낸 편지에서 "제시가 레지옹 도뇌르를 받았으면 합니다"라고 말했다. 존 헤이는 직전 세계 평화를 위해 기여한 공로로 이 훈장을 받은 인물이었다.

애덤스는 "사도가 훈장 수여 여부를 총괄하고 있고, 프랑스 유명한 작가들이 함께하고 있으며, 그녀를 위해 편지를 썼습니다. 당신도 누군가에게 편지를 띄워 그녀를 추천해주었으면 합니다… 저도 라 파지를 설득해 우리와 함께 하도록 하겠습니다"라고 했다.

애덤스는 "마버리 양은 프랑스에 반하여 한 가지 일을 했다. 그녀는 미국이 프랑스의 이익을 차지하도록 하는 데 어느 누구보다도 많은 기여를 했다. 프랑스의 문학과 극단 등을 장악하고 있다. 그녀 하나가 미국 땅에서 군단 병력과 맞먹는다. 아니 맞먹게 될 것"이라고 덧붙였다.

마버리는 1차 세계대전 이후 레지옹 도뇌르 훈장을 받을 만한 일을 더 한다. 프랑스 자선단체를 위해 모금 운동을 적극적으로 벌였을 뿐만 아니라 소중히 여기는 빌라 트리아농을 1914~1918년에 군병원으로 쓰도록 내놓았다. 게다가 앤과 울프는 이미 프랑스의 전공십자장(Croix de Guerre)을 받았다. 앤은 전쟁으로 황폐해진 프랑스를 돕기 위해 아메리칸 위원회를 조직해 주택과 식품, 의류, 의료서비스, 의약품 등을 1차 세계대전 기간 동안 지원했다. 앤은 이후 레지옹 도뇌르도 수여받는다.

1920년 마버리는 파리에 살고 있는 미국 부호 제임스 헤이즌 하이드(James Hazen Hyde)에게 자신이 왜 훈장을 받지 못하는지 알아달라고 부탁한다. 하이드는 그 이유를 알 수 있는 메모를 여러 문서와 함께 남겨놓았다. 그는 마버리의 부탁을 받고 친구 로버트 베이커와 만나 해답을 들었다. 모건 사단의 멤버였던 베이컨은 하워드 태프트 행정부 시절인 1910년 프랑스 주재 미국 대사로 임명되어 파리에 부임한다. 그런데 그는 '비정부 임무'를 하나 가지고 갔다. "베이컨이 부채감을 지니고 있는 J. P. 모건이 외국 대사로 갈 때 오직 한 가지만을 부탁했습니다. 마버리가 레지옹 도뇌르를 받지 못하도록 막아달라는 부탁을 했습니다. 모건은 마버리가 사랑하는 딸을 자신에게서 훔쳐내 거역하도록 편견을 주입했다고 말했습니다. 마버리는 애인과 여행할 때 여성 보호자로 딸을 데리고 다녀 그녀의 자존심을 상하게 했다고 앤에게 말했습니다." 이 이야기를 하이드는 마버리에게 전했다.

이 이야기가 그럴듯하게 들리기는 하지만, 근거는 상당히 약하다. 베이컨은 단지 1911~1912년에 프랑스 주재 미국 대사로 지냈을 뿐이다. 그의 거부권 때문에 마버리가 이후 10여 년 동안 레지옹 도뇌르 훈장을 받지 못했을 가능성은 희박하다. 게다가 마버리가 1920년 4월 7일 편지를 써, 이후 베이컨을 만났다고 하이드는 말했다. 이 또한 사실이 아니다. 베이컨은 1919년 5월 29일 숨을 거두었다.

모건의 위기

U. S. 스틸 때문에 1901년 겨울 '모건이 세계를 지배한다'는 말이 나왔다. 한 만평가는 1902년 세계를 양팔로 안고 있는 모건을 그리며 '산업계의 야전사령 관'이라고 규정했다. 그러나 노던 시큐어리티스에 대한 정부의 반독점 기소와 U. S. 스틸의 우선주-채권 전환, 해운 트러스트인 IMM의 위기 등이 발생한 1903년 말에는 모건의 조기 퇴진설과 몰락설이 회자되었다. 또 다른 어려움이 발생하자, 대서양 양쪽의 금융시장에서는 '노장'의 전성시대는 갔다는 평가가 나왔다.

미국 연방대법원은 1904년 3월 14일 대법관 5대 4로 노던 시큐어리티스가 경쟁을 저해한다고 판결하고 불법적인 독점체인 노던 시큐어리티스의 해체를 명령했다. 앞서 1·2심 결과가 서로 정반대였다. 대법관들의 찬반양론도 백중세를 보였다. 이는 당시 경쟁·독점·규제에 대한 미국인들의 엇갈린 생각을 보여준다고 할 수 있다.

대법관 존 M. 할런(John M. Harlan)은 다수의견에 따라 판결문을 썼다. 그는 경쟁하는 철도회사를 하나로 묶어 탄생한 합병기업이 단일 기업보다 시장 지배력이 약하고 별다른 불법행위를 하지 않았다 하더라도 합병 자체로 경쟁을 저해한다고 주장했다. "입법기관인 의회가 이런 현실을 정확하게 개념화해 법을 만들지 않는다면, 우리는 적절한 법률적 개념을 제시할 수 없다"고도 했다.

이어 "연방정부가 주간 철도망을 갖고 있는 철도회사들이 경쟁함으로써 낮은 이익을 국민의 이익으로 만들려는 노력이 물거품이 될 가능성이 높고, 대륙횡단 철도뿐 아니라 온 나라의 철도 시스템이 흡수 통합되어 국민이 거대한 지주회사의 자비에 의지해야 하는 사태가 발생할 수 있다"고 지적했다.

올리버 웬델 홈스는 강하게 반론을 폈다. 홈스는 시어도어 루스벨트에 의해 1902년 대법관으로 지명되었다. 사법부의 정치적 독립을 주장하는 말로 노던 시큐어리티스의 다수 의견에 반대 의견을 낸다. "위대한 판례는 어려운 판례만큼이나 나쁜 법을 만든다. 판례가 위대한 이유는 미래의 법을 만들어가는 과정에서 진정으로 중요한 의미를 지니고 있기 때문에 위대한 게 아니다. 여론에 호소하고 사법부의 판단을 왜곡할 수 있는 이해 당사자의 즉각적인 반응으로 발생하는 여파 때문이다. 이해 당사자의 즉각적인 반응은 간단명료한 사안을 복잡하게 하고 이전에 세워진 법적인 원칙을 왜곡하는 수압과 같다." 1904년 당시 '이해 당사자의 즉각적인 반응으로 발생한 여파'는 트러스트에 대한 반국민적 정서였다. 홈스는 한때 독립적이었던 기업을 지주회사가 지배하는 일은 셔먼법 위반이라고 생각하지 않았다. 셔먼법은 경쟁이나 경쟁 기업의 숫자를 명확하게 규정하고 있지 않다고 그는 지적했다. 그의 논리대로라면 경쟁을 저해한다는 주장이 힘을 잃게 된다.

홈스는 정부가 주장하는 대로 일반적인 개념을 적용하면, "의회가 모든 인간의 행위에 개입하게 된다"고 봤다. 그는 자신의 논리를 쉽게 설명하기 위해 노던 시큐어리티스의 사건이 거대 철도회사가 아니라 작은 잡화상이라고 가정해보자고 제안한다. "(반독점) 법은 돈보다 나라를 더 사랑하는 사람들이 거대 기업에 대해 품고 있는 우려를 자극하는 경향이 있다고 할 수 있다. 반면, 사람들은 앞서 언급했던 잡화상에 대해서는 무관심하게 바라본다." 달리 말하면, 홈스는 '규모'를 기준으로 반독점 여부를 판단할 게 아니라 경제에 미치는 영향으로 판단해야 한다고 말한 것이다.

시어도어 루스벨트는 대통령 선거 8개월을 앞두고 거대 기업을 통제할 수 있도록 연방정부의 힘을 키웠다. J. P. 모건과 월스트리트를 상대로 한 싸움에서 중요하면서도 대중적인 인기를 끌 수 있는 승리를 거두었다. 그는 자신이 임명한 홈스에게 배신당했다는 생각도 가졌다. 대통령으로서 대법관으로 처음 지명한 사람이 바로 홈스였다. 애초 홈스가 자신의 손을 들어주리라 기대했다. 그는 퉁명스럽게 말한다. "나는 이번 대법원 판결보다 더 분명한 판단을 내릴 수 있다."

홈스는 판결이 내려진 지 2주 뒤에 백악관에서 대통령과 저녁식사를 같이 했다. 하지만 서로 난처한 노던 시큐어리티스의 판결은 아무도 입에 올리지 않았다. 여러 해가 지난 뒤 홈스는 친구에게 "노던 시큐어리티스에서 반대 의견을 내는 바람에 오랜 기간 유지해온 대통령과의 우정이 깨졌다"고 말한다. 시어도어는 '반대 의견을 정치적 결별'로 인식했다. 아니 좀 더 정확하게 말하면, 자기의 정치적 행보를 가로 막는 어느 누구도 용서하려고 하지 않았다. "우리는 나중에 자유롭게 이야기했지만, 그 판결 이후 분위기는 이전과 같지 않았다."

홈스는 반독점법인 셔먼법에 대한 자신의 생각을 이후 수정하지 않았다. 노던 시큐어리티스의 판결이 나온 지 많은 세월이 흐른 뒤 법무차관 존 W. 데이비스(John W. Davis)와 이런 대화를 주고받는다.

홈스: 법무차관! 반독점법 위반 혐의로 얼마나 많은 기업을 기소하려고 합니까?
데이비스: 상당히 많습니다. 대법관님!
홈스: 모두 기소하시오. 우리가 판단하겠습니다. 물론 나와 지각 있는 다른 사람들도 셔먼법이 지독한 난센스라는 사실을 잘 알고 있습니다. 하지만 우

리나라가 지옥으로 가고 싶다면, 제가 도와드리지요."

데이비스는 1913~1918년 사이에 법무차관으로 일했다. 대통령 우드로 윌슨이 그를 주영 미국대사로 보냈다. 그는 1921년 미국에 돌아온 뒤 'J. P. 모건의 법무부'인 스테츤·제닝스·러셀에 합류한다. 그의 합류로 이 법무법인은 데이비스·포크·워드웰(Davis, Polk & Wardwell)로 이름이 바뀐다.

연방대법원의 판결이 나올 때 잭 모건은 뉴욕에 머물고 있었다. 그는 "최악의 결과였다… 가장 유능한 대법관들이 반대의견을 강하게 말했다. 현 시점에서 판결의 후폭풍을 예상할 수는 없다"고 런던의 도킨스에게 전보를 띄웠다. 2~3일 뒤에는 편지를 띄워 "시니어(모건)는 노던 시큐어리티스와 관련이 있는 신사들과 끊임없이 회의하고 있다. 오래 지나지 않아 청산 결정이 내려질 것으로 본다"고 덧붙였다. 그 신사들은 1904년 3월 22일 E. H. 해리먼의 반대를 물리치고 현재 지분 보유율에 따라 자산을 배분하기로 결정했다. 해리먼은 통합 이전의 비율에 따라 자산을 배분하자고 주장했다. 그러면 해리먼이 1901년 인수한 거대 노던 퍼시픽 철도를 장악할 수 있었다. 주주 총회의 표결 결과 자신의 주장이 받아들여지지 않자, 해리먼은 자산배분 중단 소송을 제기했다. 노던 시큐어리티스의 반독점법 위반 혐의를 1차로 판단했던 순회 재판소는 4월 19일 해리먼의 주장을 받아들이지 않았다. 해리먼은 즉각 주 대법원에 항소했고 1905년 판결에서 다시 패소했다. 이런 우여곡절을 겪으면서 노던 시큐어리티스는 해산되었다. 미국 북서부 대형 철도회사는 1901년 당시의 경쟁 체제로 환원되었다. 힐과 모건 그룹이 노던 퍼시픽과 벌링턴, 그레이트 노던 철도를 지배하게 되었다. 해리먼은 유니언 퍼시픽과 일리노이 센트럴을 차지했다.

미국 경제가 1903년 활력을 잃고, 새로 출범한 합병법인의 증권이 시장에서 제대로 소화되지 않았다. 인수합병 열기는 식어갔다. 바로 이런 시기인

1904년 연방대법원이 노던 시큐어리티스의 해산을 결정했다. 미국 경제사에 불어 닥친 1단계 인수합병의 붐이 일단락되었다.

━━━━❧❧❧━━━━

연방대법원의 판결이 나오기 전까지 모건은 시어도어 루스벨트의 대통령 임기는 4년으로 충분하다고 생각했다. 1903년 5월 모건과 공화당 '구파'의 거두 마크 한나, 다른 당 지도자들은 '모든 힘을 다해' 민주당을 지원하겠다는 선언했다. 그는 그로버 클리블랜드를 설득해 3번째 대통령 임기에 도전하라고 권했다. 클리블랜드는 출마를 완강히 고사했다. 마크 한나가 1904년 2월 숨을 거두었다. 런던의 도킨스는 잭에게 띄운 전보에서 "한나의 죽음이 당신의 아버지에게 상당한 타격이 될 것 같다. 내가 생각하기에 한나의 죽음으로 시어도어의 후보지명은 확실해졌고, 공화당의 집권 가능성은 더욱 높아졌다"고 말했다.

도킨스의 판단과 예상은 적중했다. 민주당은 뉴욕 출신의 보수적인 판사 알턴 파커(Alton Parker)를 후보로 선출해 대선에 투입했다. 〈뉴욕 선〉은 "한 분야에서는 탁월한 능력을 보인 인물"이라고 그를 평가했다. 시어도어는 카리스마를 지니고 '공정거래와 트러스트 분쇄'를 강력히 부르짖었다. 반면 그에 대항하는 파커는 전력을 다해 유세하지 않았다.

순간 퓰리처의 〈월드〉가 대선 레이스를 한층 뜨겁게 할 뉴스를 세상에 던져놓았다. 공화당 의장이고 전 상무장관인 조지 코틀유(George Cortelyou)가 대기업들을 협박해 선거자금을 끌어들이고 있다고 기사가 〈월드〉에 등장했다. 시어도어는 격분한 어조로 그 보도를 비판했고, 순식간에 잠잠해졌다. 코틀유는 대기업들을 협박할 필요가 없었다. 부유한 공화당원들은 시어도어를 지지할 수밖에 없는 상황이었다. 모건과 프릭, 스탠더드 오일은 공화당 대선을 지원하기 위해 10만 달러씩을 기부했다. 해리먼은 추가로 30만 달러를 조달해 넘겨주었다. 몇 년 뒤 모건은 상원 위원회에 출두해 선거자금 지원내용을 설명하면서, 공화당 당직자들은 뉴욕에서 질 수 있다고 걱정해, 1904년 10월 10만 달러를 기부했고, 11월 초에는 해리먼이 주동이 된 선거자금 모금에 5만 달러를 추가로 냈다고 말했다.

청문회 질문자로 나선 켄터키 출신 상원의원인 토머스 H. 페인터(Thomas H. Paynter)는 1차에 '후한 금액'을 낸 사실을 지적하며, 모건이 두 번째 모금에도 참여해 달라는 요구를 받고 놀라지 않았는지 물었다.

모건: 놀라지 않았습니다. 추가 지원 요청에 익숙해 있습니다.
페인터: 증인(공화당 선거자금 담당인 코틀유와 코닐리어스 빌리스)이 10만 달러를 내고… 5만 달러를 추가로 지원했을 때 감사의 뜻을 전하지 않았습니까?
모건: 없었습니다. 제 인생에서 정치인들이 감사의 뜻을 분명히 밝힌 경우는 드물었습니다.

시어도어 루스벨트는 매킨리의 뜻밖의 저격과 서거로 대통령이 되었다. 그는 '뜻밖의 횡재'라는 말을 듣기 싫어했다. 그는 1904년 대통령 선거에서 압도적인 표차로 승리했다. 득표율차는 67퍼센트대 38퍼센트이었다. 당선이 확정된 그날 저녁 축하 파티에서 시어도어는 '대통령 임기를 연임으로 제한하는 현명한 전통'을 충실히 따르겠다고 선언했다. 그가 왜 그런 말을 했는지 아무도 몰랐다. 그의 전기작가인 윌리엄 하버그(William Harbaugh)는 그의 선언이 정치 인생에서 최악의 실책이라고 규정했다. 시어도어는 한 친구에게 자신의 손목을 가리키며 "내가 그 선언을 번복하면, 내 손목을 자르겠다"고 말했다.

1904년 봄 시에나 회화 전시회가 열렸다. 그해 앤이 베시 마버리와 처음으로 베르사유로 갔다. 이때 모건은 휴가를 떠나면서 속으론 런던의 투자은행 J. S. 모건을 걱정하고 있었다. 1900년 향후 30여 년 동안은 경쟁자 없는 독보적인 금융회사가 될 것이라고 생각했다. 하지만 이후 회사의 시장 장악력이 점점 약화되었다. 잭과 도킨스는 1902년에 중요한 실책을 저질렀다. 스코틀랜드 탄광을 합병해 유나이티드 컬리어리스(United Collieries)를 출범시켰다.

런던 투자은행 J. S. 모건이 유나이티드 컬리어리스가 이자율 연 5퍼센트를 조건으로 발행한 무담보 회사채 100만 파운드를 인수·유통시키기 위해 신디케이트를 구성할 때 뉴욕의 파트너들은 참여를 거부했다. 하지만 뉴욕생명보험의 퍼킨스는 12만 5,000파운드를 매입했다. 통합 광산회사는 부실 경영과 석탄가격 하락으로 순이익을 한 푼도 내지 못했고, 무담보 회사채도 전혀 팔리지 않았다.

결국 J. S. 모건은 1903~1904년 수십만 달러를 석탄 트러스트에 빌려주었다. 1904년 봄에는 여러 건의 소송에 휘말려 들었다. 모건은 진노했다. 런던의 은행은 그해 봄 뉴욕에 머물고 있는 잭에게 이런 급전을 띄운다. "문제에 휘말리지 않으려는 모건과 탄광 트러스트 문제를 의논했지만, 그는 우리가 나쁜 비즈니스에 뛰어들었고, 우리가 책임지고 해결해야 한다고 말했다."

해운 트러스트인 IMM은 지리멸렬한 상태였다. 모건 파트너들의 운명도 엇갈렸다. 테디 그렌펠만은 성공을 거두었다. 그는 회사의 일상적인 실무 경영을 책임졌다. 고객과 다른 금융회사를 원만하게 리드해 1904년에는 회사의 순이익 4퍼센트를 배분받을 수 있는 파트너로 승격되었다. 잭은 몇 가지 분야에서 두각을 나타냈다. 도킨스가 1900년 뚱뚱하고 게으르다고 말했던 월터 번스 2세는 일에 많은 시간을 투자하지 않았다.

모건은 망설이기는 했지만, 도킨스가 실수를 범했다고 결론 내렸다. 그는 1904년 J. S. 모건의 운명을 결정지을 비밀협상을 베어링 브라더스와 벌이기 시작했다. 협상 결과에 따라서는 J. S. 모건이라는 이름이 사라지고, 잭과 도킨스의 거대한 실책이 만천하에 공개될 수밖에 없었다. 모건은 미리 기존 파트너십을 해체했다. 자신을 실망시킨 파트너들과 대면하기조차 싫어했다. 모건은 파트너십 개편과정에서 도킨스가 개입할 여지를 주지 않았다.

모건은 1904년 4월 중순 베어링 브라더스의 존 베어링인 레블스톡 경과 대화했다. 도킨스가 방 안에 머물고 있는 동안에는 철저하게 노던 시큐어리티스만을 언급했다. 일회용 파트너인 도킨스는 결국 회사를 떠났다. 하지만 레블스톡에 따르면, 모건은 미래와 관련해 "개인적인 문제에 휘말려 들었다."

사실 영국의 최대 투자은행인 베어링 브라더스는 1890년 파산 위기를 겪었다. 위기를 계기로 J. S. 모건이 오랜 기간 두 회사의 경쟁에서 한 발 앞서 나가게 되었다. 내셔널 시티은행의 제임스 스틸먼이 영국 정부의 채권 유통 신디케이트에 베어링 브라더스를 초청했을 때인 1900년 세실(Cecil) 베어링은 참여하지 말 것을 권유했다. 그는 동생 레블스톡 경에게 "우리가 모건 은행의 결정에 따라야 하는 것은 당연하다"고 말할 정도였다.

세실 베어링은 내셔널 시티은행이 영국 정부의 채권 인수단에 포함되어야 하는 것은 당연하다고 봤다. 하지만 그는 "때가 되면 모건은 스틸먼에게 비즈니스를 함께 하자고 제안할 사람"이라고 말했다. 베어링 브라더스는 키더 피바디와 함께 상당한 성과를 거두었지만 모건의 런던은행처럼 베어링의 뉴욕 법인은 지지부진했다. 이런 상황이었기 때문에 모건과 레블스톡 경은 1904년 각자 부실한 부분을 정리해 주력 지역에 전력을 다하기 위해 협상했다. 간단히 말해, 뉴욕 투자은행, J. P. 모건이 베어링스의 뉴욕 이익을 대변하고, 베어링스 브라더스는 런던에서 모건의 이익을 대리한다는 계획이다. 레블스톡에 따르면, 모건은 런던의 투자은행 J. S. 모건의 부실을 해결할 뿐만 아니라 나날이 거세지는 미국 금융회사인 스틸먼의 내셔널 시티은행과 쿤·롭의 도전에서 자신의 이익을 지키고 싶어 했다. 모건은 "유태인과 록펠러 사단이 금융권에서 나날이 커지는 현상을 맹렬히 비판했고, 베어링 브라더스와 자신의 은행이 뉴욕에서 유일하게 남은 정통 백인의 금융회사라고 한두 번 말한 게 아니었다."

모건은 노화와 당시 연이어 겪은 어려움 때문인지 이때처럼 반유태주의를 공개적으로 표출한 적이 이전에는 없었다. 사실 유태인 금융회사 가운데 쿤·롭만이 뉴욕의 정통 백인 금융회사들을 위협할 수 있었다. 해리먼의 철도왕국과 스틸먼의 '록펠러' 금융회사, 보험회사인 에퀴터블 라이프 어슈어런스 소사이어티(Equitable Life Assurance Society)와 제휴하고 있었다.

20세기로 접어들 즈음 유태인 구세대 금융자본은 주로 유럽의 유태인 금융회사에 크게 의존하고 있었다. 양키 금융자본과는 달리 중소기업과 경공업체, 소매·유통 회사 등을 주로 상대했다. 이를 바탕으로 인수업무를 차츰 확대했다. 하지만 유태인 금융자본은, 리먼 브라더스와 골드만삭스가 시어스 로벅(Sears·Roebuck)과 유나이티드 시거(United Cigar)의 기업공개를 성공적으로 완수한 1906년까지 인수시장에서 별다른 실적을 내지 못했다. 물론 제이콥 쉬프가 모건의 뒤를 이어 아메리카에서 두 번째 금융거물로 인식되기는 했다. 그래도 1904년 당시엔 유태인 금융자본이 월스트리트를 장악할 수 있는 상황은 아니었다.

모건은 1904년 봄 베어링과 수차례 협상을 벌인 뒤 애덜레이드, 앤과 함께 엑스레뱅으로 향했다. 이때만 해도 앤은 아버지에게 본격적인 반기를 들지 않았다. 도킨스는 시니어가 휴가를 즐기고 있는 동안 투자은행 J. S. 모건의 파국을 막기 위해 나름대로 조처를 강구한다. 당시 전쟁부에서 이룬 공헌 때문에 그는 작위를 받아 클린턴 경이 되었다. 그는 밀너에게 편지를 띄워 "모건은 내가 책임질 필요가 없는 부실 경영을 벌였다"고 말했다. 여기서 부실 경영은 아마도 IMM을 의미할 것이다. 이어 그는 "내게 상당 부분 책임이 있는 부실 경영(유나이티드 컬리어리스)이 최근 문제가 되고 있다. 나는 그 문제를 해결하지 못한 게 아니라 문제를 일으켰다는 측면에서 책임이 있다. 하지만 문제를 야기한 것이나 해결하지 못한 것이나 같은 일"이라고 제 처지를 토로했다.

클린턴 토머스는 모건이 영국에서 '옛 위상'을 회복하지 못하고, 자신은 정치적으로 타격을 받을 것이라고 예상했다. "건전한 금융거래에 참여했다는 이유로 비판이 제기되거나 축출될 수도 있지만, 나는 영국인으로서 조국의 경제적 취약성을 해결하기 위해 노력했다." 사실 모건 하우스가 '불건전한 금융거래'를 벌였다는 것은 대서양 양쪽 금융시장의 상식이 되었다. 그해 가을 뉴욕의 제임스 스틸먼은 모건의 금융왕국이 "이제 쇠락했다"고 선언했다.

모건은 1904년 10월 캔터베리 대주교를 에스코트해 메인 주에서 워싱턴으로 갔다. 그는 여행 내내 베어링 브라더스와 제휴를 고민했다. 마음이 오락가락 했다. 그는 본디 충동적으로 사람을 선택했다. 새로운 비즈니스를 시작하는 순간 결단력을 자랑했다. 하지만 사태가 잘못 돌아가면 한없이 우유부단해졌다. 그의 인생에서 위기였던 1870년대 그는 만족스럽지 않은 파트너십을 수선해 유지하기보다는 과감하게 자신이 물러나기를 원했다. 하지만 1904년 가을에는 로버트 베이컨과 조지 퍼킨스를 물망에 올려놓고 이리 재고 저리 쟀다. 두 사람을 동시에 검토하지는 않았다. 베이컨은 뉴욕의 모건-베어링 금융회사 재편을 주관하겠다고 이미 동의했다. 모건은 베어링 브라더스 쪽에 자신의 런던 파트너들과는 협상하지 말 것을 주문해 놓았다. 더 나아가 '잭에게 절대 말해서는 안 되는 사안'이라고 못 박아 두었다.

도킨스는 1901년 이미 '모건처럼 육체적·정신적인 거인'이 아니라면 업무 하중과 스트레스를 견디어 내지 못한다고 말한 바 있다. 마흔여덟인 1904년 그의 심장은 이상 신호를 내보내고 있었다. 결국 모건은 "변화가 발생하면 도킨스가 죽을 수도 있다"는 생각에 베어링 브라더스와의 통합 추진을 중단했다. 이듬해인 1905년 초 결국 도킨스에게 심장마비가 엄습했다. 의사의 충고대로 그는 런던 교외 서리를 거쳐 이탈리아로 휴가를 떠났다.

모건은 '도킨스에게 치명상을 안길 수 있다'는 이유로 베어링 브라더스와의 협상을 한 번 더 취소한다. 베시 마버리가 말했듯이, 그는 자신의 결정이 실수로 드러났는 데도 고집했다. 끝내 J. S. 모건을 청산하지 않기로 결정했다. 1905년 8월 베어링 브라더스도 모건을 '영감'이라고 칭하면서 합병을 접었다. 레블스톡은 "모건의 런던 금융회사는 현재 구조로는 완전히 쓸모없고, 런던의 금융·경제에서 아무런 구실도 할 수 없을 것이기 때문에 모건 사단은 대서양 양쪽에서 추락을 경험할 것이다. 그들은 이미 심각한 실책을 범했고, 런던 더 시티에서 아무런 신뢰도 받지 못하고 있다"고 말했다.

문제의 핵심은 도킨스가 아니라 잭이라고 레블스톡은 판단했다. 그는 "내가 생각하기에 모건과 잭 사이에는 끈끈한 부자의 정도 상호 신뢰감도 없어 보인다. 모건은 잭이 협상 내용을 전혀 모른다고 내게 말했다"고 했다. 도킨스는 끝내 1905년 말 숨을 거두었다. 모건이 레인스포드 신부에게 "사람에 대한 나의 첫 번째 선택은 가끔 옳았지만, 두 번째 선택은 결코 그렇지 못하다"고 말한 때가 이 즈음이었다. 그가 1차로 선발한 패브리와 코스터, 스테츤, 베이커, 브리스토, 에디슨, 코핀은 최고의 능력을 발휘했다. 그러나 벌린이 해운 트러스트 IMM에 대해 말한 대로 모건은 "자리에 걸맞은 인물을 발견하는 데 애를 먹었다."

모건은 런던의 투자은행 J. S. 모건을 해체하는 대신 재편했다. 아들 잭의 친구였고, 그렌펠의 사촌을 새로운 파트너로 영입했다. 그 주인공은 비비안 휴스미스(Vivian Hugh Smith)였다. 그는 영국의 중앙은행인 영란은행의 총재의 아들이었다. 모건은 일에 별 뜻을 두지 않은 월터 번스를 내보냈다. 잭 모건을 뉴욕으로 소환했다. 결론적으로 도킨스의 영입이 잘못된 선택이었다면, 테디(Teddy) 그렌펠은 그렇지 않았다.

영란은행은 1905년 그렌펠을 이사로 선임했다. 이해 말 모건은 그를 런던 법인의 현지 책임자로 임명했다. 그렌펠은 모건 사단에서 6년 동안 일하는 동안 두목의 곁에서 묵묵히 일하는 모습을 보여주었다. 그렌펠은 1906년 초 엑스레뱅에서 휴식을 취하면서 누이에게 "모건은 평온하고 침착한 사람이지만, 같이 대화하기가 불가능한 사람이다. 그가 가장 가까이 다가와 하는 것이라고는 무뚝뚝한 한 마디뿐"이라고 말했다.

아들 잭의 귀환을 준비하기 위해 아버지 모건은 매디슨 애비뉴와 36·37번가 사이에 펠프스 가문이 지은 빌라 세 채 가운데 남은 한 채를 매입했다. 매디슨 애비뉴 229호 빌라였다. 그는 아들에게 이 집을 주었다. 잭은 런던에서 귀국을 준비하면서 패니에게 띄운 편지에서 "아버지가 그 집을 제게 주셔서 좋습니다… 219호뿐 아니라 루이자의 집인 225호와 가까워 아주 좋습니다. 어쨌든 아버지는 이번 겨울에는 모든 가족들이 곁에 두시게 되었습니다"고 했다.

잭과 제시는 이듬해 아버지한테서 불하받은 매디슨 애비뉴 229호 빌라를 완전히 리모델링했다. 공사가 끝났을 때 거실과 서재 등이 다섯 개였다. 침실은 모두 12개였다. 벽난로는 22개, 은제 식기 등을 담는 공간, 와인 2,000여 병을 보관할 수 있는 지하실, 대연회를 열 수 있는 공간도 마련되었다. 잭은 229라는 호수를 싫어했다. 아마도 아버지가 사는 219호와 발음이 비슷했기 때문일 것이다. 결국 호수를 213호로 바꾸었다. 루이자와 새터리 부부가 도서관

옆에 새 집으로 이사 들어간 1906년 모건은 딸이 살던 225호를 헐어 아들과 자신의 저택 사이를 정원으로 만들었다.

JPM은 기분이 우울해져 건강 문제가 걱정되었다. 그는 애덜레이드와 사이빌 더글러스, 앤을 데리고 1905년 3월 유럽으로 여행을 떠났다. 로마에서 예순여덟 번째 생일 파티를 즐겼다. 생일 파티에는 교황과 이탈리아 국왕이 왕림해 아스콜리 코프(성직자 제복)를 돌려준 데 사의를 표했다. 그는 로마에 머물고 있는 동안 플로런스에 살고 있는 미국 의사 윌리엄 W. 볼드윈(William W. Boldwin)에게 이런 편지를 띄운다. "선생님을 뵙고 싶습니다. 여성 몇몇도 몸 상태가 좋지 않아 당신의 진찰이 필요합니다."

그해 6월 초 모건이 엑스레뱅에 머물렀다. 이때 그의 건강을 책임진 프랑스 의사 레옹 블랑(Léon Blanc)은 미국 주치의 짐 마코에게 '두 사람이 공동으로 책임지고 있는 환자'가 상당한 우울증에 시달리고 있고, 혈압도 상당히 높다고 알렸다. 이어 "자칫 잘못될 경우 뇌혈관이 경색될 가능성이 있어 두렵습니다. 그래서 저는 나우하임 요법(Nauheim therapy : 광천욕과 운동을 병행하는 심장병 치료법)과 온천욕 뒤에 온몸을 문지르는 처방을 내렸습니다. 숙면을 위해 전기 요법도 시행했습니다. 며칠 동안 이 요법을 시행한 결과 대동맥 혈압이 27에서 23으로 떨어졌습니다'라고 전했다.

모건은 온천에서 치료를 받는 동안 고열량 음식을 자제했다. 블랑은 "모건 씨가 너무 많이 먹고 마시지 않도록 조심하고 있다. 제가 줄이도록 하지 못한 것은 담배뿐입니다. 지금 모건 씨는 자신의 모순된 습관을 인정하려고 하지 않습니다"고 했다. 블랑은 마코에게 모건이 뉴욕에 머물 때도 '염분과 탄산이 들어 있는 온천물'을 활용한 나우하임 요법을 추천했다. 그리고 모건의 내장 활동에 특별한 관심을 가져야 한다고 말했다. "모건 씨가 신중하게 다이어트하고 온천욕을 계속한다면, 장수할 것이고 미국에 이익이 될 것입니다"라고 덧붙였다.

모건이 유럽을 여행하고 있을 때인 1905년 3월 시어도어 루스벨트는 두 번째 임기 취임식을 가졌다. 노던 시큐어리티스 반독점법 위반 기소와 공화당 구파의 발목잡기를 접어둔다면, 모건 하우스와 미국의 최고 경영자는 1905~1908년 서로 경계하면서도 협력하는 관계를 유지할 수 있었다. 시어도어는 인수합병이 낳는 전반적인 경제 효율을 인정했다. 나쁜 트러스트와 좋은 트러스트를 구분하려고 했다.

시어도어는 노던 시큐어리티스라는 예외가 있기는 하지만 모건이 구축한 트러스트는 좋은 것으로 생각하려고 노력했다. 거대한 기업에 대한 일반적·정서적 반감을 부추기지 않으려 하면서 규모보다는 기업/기업인의 행태를 중심으로 제재를 가하려 했다. 금융 문제와 관련해서는 모건과 적극적으로 협의했다.

모건은 유럽 여행을 마치고 돌아온 1905년 7월 시어도어 루스벨트 대통령한테서 중국 내 반미 감정이 극도로 고조되고 있다는 설명을 들었다. 민족주의자 쑨원이 이끄는 국민당 정부가 중국의 경제적 독립을 적극적으로 추진하고 있었다. 그는 미국 상품의 불매운동을 벌이겠다고 위협하고 있으며, 미·중개발기업(ACDC)의 미국 쪽 지분을 매입하기를 원했다(19장 참조). 합작기업은 철도 건설과 광산개발권을 보유하고 있었다.

중국 내에서 최초의 미국 소유 철도가 될 광둥-한큐 철도 1,000마일 가운데 28마일밖에 건설되지 않았다. 이런 상황에 쑨원 정부가 반대하고 나서, 철도의 미래가 더욱 불투명해졌다. ACDC 이사들은 주주들의 동의를 전제로 철도 부설과 광산 개발권을 되돌려 받는 대가로 약 700만 달러를 주겠다는 베이징의 제안을 받아들이기로 했다. 대주주인 모건도 그 제안을 받아들이지 않을 이유가 없었다.

그러나 시어도어 루스벨트는 중국 본토에 미국의 경제적 교두보를 유지하고 싶었다. 그는 7월 18일 헨리 캐봇 롯지(Henry Cabot Lodge)가 보낸 편지 가운데 한 토막을 모건에게 말해준다. 롯지는 시어도어에게 "거대한 철도망인 광둥-한큐 철도를 잃으면, 우리가 온갖 노력을 다해 강화하려는 중국 내 미국의 지위와 경제적 이익이 치명적인 상처를 입을 것"이라고 강하게 말했다. 대통령은 롯지 상원의원의 말을 전한 뒤 "존경하는 모건 씨, 귀하께 무엇을 하라고 말하는 일은 내 소관이 아니지만, 국익이라는 관점에서 제 생각은 롯지의 의견과 같습니다. 저는 귀하나 다른 미국의 거물 비즈니스맨들이 불이익이 된다고여기는 사업을 하라고 말할 수는 없습니다. 하지만, 미국 정부가 귀하를 지원하지 않아 철도부설권 등을 포기해 광둥-한큐 철도가 미국의 수중에서 빠져나가는 것을 내버려 두려고 한다면, 저는 적절한 방법으로 지원할 것을 약속한다"고 밝혔다.

이어 "정부는 귀하가 이 철도 문제 때문에 중국이나 다른 정부 때문에 곤란한 상황에 처하지 않도록 하기 위해 온갖 노력을 다하겠다… 저의 관심은 오직미국의 기업 등이 동양에서 번창하는 모습을 보고 싶은 것"이라고 확언했다.이틀 뒤 중국의 민족주의자들이 미국 상품의 불매운동을 펼쳤다. 운동은 순식간에 하와이와 필리핀, 일본의 일부 지역으로 번져나갔다. 그해 8월 모건은오이스터만에서 시어도어와 모건은 다시 회동해 오찬을 같이 했다. 대통령은"철도와 광산 개발 계약에 명시된 대로 중국 정부가 약속을 이행하라고 강력히 요구하려고 한다… 모건 씨의 미-중 개발기업이 최종 결정을 며칠 동안 미룰 수 없는지요? 결정을 미룬다면, 강력한 어조로 중국 정부에 불매운동 중지를 요청하려고 합니다"라고 물었다. 하지만 그해 8월 말 시어도어는 모건이 중국 정부한테서 675만 달러를 받고 철도 부설권과 광산 개발권을 포기하는 데동의했다. 기록되지 않은 이유가 따로 있었다.

행정부의 기업정책을 위해 실재 데이터를 조사하고 분석하는 기업국이 조지 퍼킨스의 도움을 받아 1903년 설립되었다. 기업국 설치는 '모거니제이션'을 거친 기업들엔 귀중한 테스트 기회였다. 기업국이 U. S. 스틸을 조사하겠다고 위협했을 때인 1905년 개리는 백악관으로 달려가 상호신뢰를 근거로 기업의 장부를 관료들에게 공개하기로 했다. U. S. 스틸은 기업국의 조사결과 드러난 위법 사항을 바로잡고, 회사는 '기업 비밀'을 시어도어에게 공개하기로 합의한 것이다. 이런 비공식적인 약속은 1901년 10월 로버트 베이컨과 조지 퍼킨스가 시어도어에게 제안한 것과 비슷하다. 모건 쪽에서 보면 장기간 진행되는 법적이고 정치적 공방보다 조사를 받고 바로잡는 과정이 훨씬 경제적이었다. 개리는 연방정부의 조사와 지적을 "발생할 수 있는 공격을 미연에 막아주는 예방주사와 같다"고 생각했다.

퍼킨스는 연방정부의 법무부가 스탠더드 오일을 기소한 1906년 자신과 개리가 "전혀 득이 되지 않고 유쾌하지 않은 상황이 발생할 수 있거나, 정부가 다른 기업보다 우호적인 태도로 U. S. 스틸을 바라볼 수 있는 상황"을 예견한 바 있다고 자랑스럽게 모건에게 말했다. 이어 "최근 2~3주 동안 워싱턴은 우리에게 우호적인 태도로 U. S. 스틸과 스탠더드 오일의 계열사를 서류상으로 견주어보았을 것"이라고 말했다.

연방정부 기업국이 인터내셔널 하베스터를 조사하려고 할 때인 1907년 초 퍼킨스와 사이러스 맥코믹은 개리의 워드로프 저택에서 기업국 대표와 만나 비적대적인 협약을 맺는다. 시어도어는 양쪽의 협의가 진행되는 동안 퍼킨스에게 '인터내셔널 하베스터가 기업국의 조사 결과가 어떠하든 받아들일 것인지'를 물었다. 퍼킨스는 "기업국의 간부들이 친절한 태도를 보이며 조사해 우리의 실수나 기술적인 요인 때문에 발생한 위법 사항을 지적하면서 바로잡을 수 있는 기회를 주면 우리는 그렇게 할 것"이라며 "그러면 우리는 법무부의 수사·기소가 진행되지 않을 것으로 기대한다"고 답변했다.

기업국의 실태 조사가 완료된 시점에 조사 총괄 책임자인 허버트 녹스 스미스(Herbert Knox Smith)는 인터내셔널 하베스터를 기소할 '도덕적 근거'를 발견하지 못했다고 보고했다. 그는 '명시적인 위법 사실'이 발견되지 않았는데, 모건이 관계한 기업을 기소하는 일은 정치적으로 바보짓이고, 지금까지 행정부의 고급 정책을 적극적으로 지지해준 모건을 적으로 삼는 행위라고 덧붙였다.

하지만 모건 하우스와 행정부의 딜 사실이 공개되었을 때, 미국인들은 분노하고 정치인들이 공격하고 나섰다. 클리블랜드 행정부와 모건이 지불준비용금 확충을 위해 채권을 발행하기로 합의했을 때만큼이나 반발이 거셌다. 비판 세력은 금융과 산업 자본가들이 법적 기소를 피하기 위해 미공개 정보를 활용했다고 공격했다. 백악관은 대기업의 불법·탈법 행위를 근절하고 거대 트러스트에 법적 규제를 가하겠다고 약속하고도 '월스트리트의 집권 영주'가 거느린 거대 독점자본에 백기를 들었다고 성토했다. 금융·산업 자본가들은 자기 이익을 추구했다는 측면에서 일관된 행동을 보였다고 할 수 있다. 하지만 시어도어 루스벨트는 두 얼굴을 보여준 셈이다.

사실 시어도어는 행정부의 조직을 의회에 붙어 있는 유약한 조직에서 국내외적인 사안을 강력히 집행할 수 있는 조직으로 탈바꿈시키고 있는 중이었다. 그는 믿을 만한 월스트리트 거물과 손잡고 일하면서도, 서틀게나마 정부와 거대 자본의 관계를 재정립하려고 했다. 또한 그는 '경제계의 거물'을 적절히 통제하고 거대 트러스트의 전횡에서 미국인을 지킬 수 있다고 확신했다. 한편으로는 경제적 진보라고 생각하는 것을 잘 보존하고 다른 한편으로는 기업 권력의 남용을 견제하려고도 했다. 시어도어는 '합리적인' 기업정책에 부합하는 선에서 다루기 어려운 법무부와 검찰이라는 장치를 조정하려고 했다. 기소권 남용을 적절하게 통제하려는 그의 태도는 모건 하우스의 이해와 맞아 떨어지는 부분이다.

이 시기 조지 퍼킨스라는 존재는 복덩이이면서 애물단지였다. 그의 정치적 감각 덕분에 모건 하우스와 워싱턴이 소모적인 신경전을 펼치지 않아도 되는 딜을 할 수 있었다. 하지만 그의 교만한 태도와 모건이 처음부터 반대한 투자은행 J. P. 모건-뉴욕생명보험의 이중 플레이는 다른 파트너들이 소외감을 느끼게 했다. 로버트 베이컨은 퍼킨스가 뉴욕생명으로 돌아가는 조건에서 모건-베어링의 합병 법인을 맡겠다고 약속했다.

퍼킨스의 이중 플레이는 이슈가 되었다. 보스턴의 부유한 증권사이면서 투기꾼인 토머스 W. 로슨(Thomas W. Lawson)은 〈에브리바디스 매거진Everydody's Magazine〉을 통해 월스트리트와 보험회사의 커넥션을 연재 기사로 폭로했다. 로슨은 '레이서'로 불리는 뉴욕의 3대 보험회사, 즉 에쿼터블과 뮤추얼, 뉴욕생명보험회사가 조직적으로 정치인과 관료들을 매수하고 있다고 주장했다. 또 '포로 신세'인 트러스트들이 불법적으로 금융거래를 하도록 하고 있으며, 보험 가입자의 돈을 위험 사업에 쏟아 붓고 있다고 비판했다.

월스트리트 망령과 '돈의 황제들'이 '미망인과 고아들이 저축한 돈(귀중한 돈)'을 마구 운용했다. 에쿼터블의 소유권 분쟁이 당시 사회문제가 되었다. 결국 뉴욕 주의회가 보험산업을 대대적으로 조사하고 나섰다. 전통적으로 보험회사들은 계약자들이 납입한 돈으로 정부의 채권을 주로 사들여 자산을 불린다. 하지만 정부의 채권 수익률은 디플레이션 시대였던 1890년대 계속 떨어졌다. 보험업자들은 수익률 하락을 해결하기 위해 대체 투자수단을 찾아 나섰다. 마침 투자은행들은 기업의 증권 인수·유통에서 거액을 필요로 했다. 뉴욕 보험업계 '빅3'는 19세기 말과 20세기 초에 거세게 불어닥친 인수합병 붐을 활용하기 위해 거액의 현금을 투자은행이 인수한 트러스트의 증권을 매입하는 데 쏟아 부었다. 빅3는 1899년 가용할 현금을 각각 10억 달러씩이나 보유하고 있었다. 이들의 수익은 연방정부의 인가를 받은 은행들이 벌어들인 순이익 총액 75퍼센트보다 많았다.

에퀴터블 설립자인 헨리 하이드가 1899년 숨을 거두면서 신탁에 맡긴 주식 51퍼센트를 스물세 살밖에 되지 않은 아들 제임스에게 남겼다. 그는 하버드 출신이고 프랑스풍을 아주 좋아했다. 노란 장갑을 끼고 실크 셔츠와 노란 장난감을 끼고 다니는 인물이었다. 참고로 1920년 베시 마버리가 프랑스 레지옹 도뇌르 훈장을 받지 못하는 이유가 모건의 방해 때문이라고 주장한 인물이 바로 이 제임스 헤이즌 하이드이다.

20대인 그는 복잡한 보험 업무에는 별다른 관심이 없었다. 하지만 투자 기회를 포착하는 기민한 눈을 가지고 있었다. 에퀴터블이 보유한 여유 자금을 일반 기업의 증권을 매입하는 데 투입했다. 그가 애용한 창구는 투자은행 쿤·롭이었다. 또한 1901년 모건과 해리먼·쉬프 세력이 노던 퍼시픽의 경영권을 놓고 건곤일척 일합을 겨룰 때 에퀴터블은 해리먼 세력에게, 뉴욕생명은 모건 세력에게 각각 수백만 달러를 실탄으로 대주었다.

제임스 하이드는 1906년 에퀴터블의 과반수 지분을 확보하고 있었다. 보수적인 경영자인 제임스 W. 알렉산더(James W. Alexander)는 보험회사는 안전을 최우선시해야 하는 '성스런 신탁'이지 '탐욕스럽게 돈을 불리는 장치'가 아니라는 원칙을 고수했다. 그는 사이드가 서른 살이 넘어서면 물려받을 지분을 매각할 수 있는 가능성을 우려했다.

실제로 잠재 인수자가 에퀴터블 내부의 이런 권력 투쟁을 주목하면서 주위를 배회하고 있었다. 이런 와중에 하이드는 1905년 1월 31일 외식업체 전문가인 서리의 레스토랑에서 화려한 파티를 개최한다. 일반 시민들이 부호들의 사치 행각을 얼마나 싫어하고 있는지에 둔감한 행태였다. 하이드는 인테리어 전문가인 화이트 워런에게 의뢰해 서리의 레스토랑을 베르사유 궁전의 거울궁전으로 바꾸고 메트로폴리탄 오케스트라를 초청했다. 또 프랑스 여배우 가브리엘 레장(Gabrielle Réjane)을 초대하고 전 세계에서 저명한 친구들을 불러 모았다. 그는 여론은 아랑곳하지 않고 과감하게 사진작가들과 기자들까지 불러들였다. 엘시 드 울프는 루이 15세 시절 댄서 복장을 하고 하이드의 파티에 참석했다. 언론은 에퀴터블이 총수의 이 '북새통'을 위해 20만 달러를 지출했다고 보도했다. 하이드가 프랑스 여배우 레장과 성관계를 맺었다고도 했다. 이 두 가지 기사는 사실이 아닌 것으로 드러난다. 이어 에퀴터블의 경영권을 두고 벌어지는 치열한 암투가 신문의 1면을 장식했다.

제임스 하이드와 알렉산더 모두 이사회에서 불신임 당했다. 1905년 2월 이사회는 엘리휴 루트가 이끄는 법률가 위원회를 구성해 가입자들이 주주인 상호회사(Mutual Company)로 전환하는 절차를 밟는다. 루트는 당시 연방대법원에서 노던 시큐어리티스를 위해 변호 준비를 하고 있었다. 하지만 그는 에퀴터블 사태가 위급하다고 판단하고 사태 해결에 뛰어들기로 한다. 에퀴터블은 엄청난 자금을 기업의 증권에 투자해놓고 있었다. 신뢰를 잃어버리면 전면적인 패닉 사태로 이어질 수 있는 상황이었다. 그는 연방대법원에 노던 시큐어리티스의 심리를 잠시 연기해달라고 요청했다. 법원은 그의 요구를 받아들였다. 루트는 상호회사로 전환을 일단 중지시켰다. 이후 몇 주 동안 이사회의 위원회는 회사를 실사했다. 이 과정에서 경영진의 도덕적 해이와 부정행위를 적발해낸다.

당시 에퀴터블을 매입하고 싶어 하는 인물들은 E. H. 해리먼과 윌리엄 록펠러, 조지 굴드 등이었다. 하지만 루트는 자신의 고객이면서 금융인이고 도시 철도업계의 거물인 토머스 포천 라이언(Thomas Fortune Ryan)을 우선협상 대상자로 선정했다. 그는 라이언이 에퀴터블의 경영권을 의결권 위원회에 넘긴다는 조건 아래 제임스 하이드의 지분을 매입하도록 했다.

뉴욕 주법은 에퀴터블의 주가와 배당률을 1859년 수준에서 유지하도록 규정하고 있었다. 즉시 가용할 수 있는 에퀴터블의 현금과 순이익, 투자 자산, 부동산 등 자산 합계가 무려 4억 달러에 이르렀다. 그런데도 당시 지분 51퍼센트의 가치가 액면가 기준으로 단돈 5만 1,000달러밖에 되지 않았다. 여기에다 연간 7퍼센트 배당률로 계산하면, 그 지분에 배당되는 금액은 고작 3,570달러였다. 뉴욕 빅3 가운데 하나인 뮤추얼생명은 5년 전인 1900년 당시 하이드의 지분을 1,000만 달러에 매입하겠다고 제안한 바 있다. 그런데 1905년 라이언은 250만 달러를 지급하기로 했다. 하이드의 지분 가치를 액면가로 계산하면, 250만 달러는 엄청난 고가였다. 하지만 회사가 보유한 자산가치를 기준으로 하면 헐값이나 다름없다.

라이언은 버지니아에서 심부름이나 하는 소년으로 출발해 10억 달러가 넘는 금융 자본가로 성장한 입지전적인 인물이었다. 1905년 당시 그의 개인 재산은 5,000만 달러였다. 라이언과 손잡고 아메리칸 타바코와 뉴욕 메트로폴리탄 트랙션(Traction)을 설립한 윌리엄 C. 휘트니는 라이언이 가장 영리하면서도 유순하고 조용한 사람이라며 "그가 오래 살았다면, 세계의 돈을 모두 수중에 넣었을 것"이라고 말했다.

라이언은 미국 금융시장 안정을 위해 에퀴터블을 인수했다고 주장했지만, 이를 액면 그대로 믿는 사람은 많지 않았다. 월스트리트는 모건이 라이언의 보험회사 인수에 개입했을 것이라고 의심했다. 모건이 1905년 3~7월에 유럽에 있었다는 반론이 제기되었다. 하지만 루트가 전신을 활용해 모건에게 자문을 구했을 것이라는 말이 더 힘을 얻었다. '월스트리트 나폴레옹'은 거대 보험회사의 경영권 분쟁이 전면적인 패닉을 야기할 수 있다는 루트의 우려에 동의했다. 자산이 4억 달러나 되는 생명보험사가 해리먼의 수중에 들어가는 것을 그가 원치 않았을 수도 있다. 또 라이언이 에퀴터블의 자산을 쥐락펴락하지 못하도록 의결권 위원회 시스템을 적용하라고 루트에게 주장했을 수는 있다.

에퀴터블에 입질도 한번 못해보고 인수대상자에서 제외된 해리먼은 분개했다. 그는 "수개월 동안 나무를 붙잡고 흔든 사람은 나였는데, 정작 떨어진 열매를 주워 달아난 인간은 라이언"이라고 에퀴터블의 이사회 의장을 새로 맡은 해군장관 폴 머튼에게 편지를 띄웠다.

마침 국무장관 존 헤이가 1905년 7월 운명을 달리했다. 엘리휴 루트는 시어도어 루스벨트의 초청을 받아들여 워싱턴으로 다시 돌아가 국무부의 수장이 되었다. 그가 국무부의 문을 들어설 때 모건 사단의 일원이었던 로버트 베이컨이 환한 미소를 지으며 맞이했다. 새로 구성된 에퀴터블 이사회는 1905년 말 회사의 위기를 야기한 인물 가운데 하나인 제임스 알렉산더를 최고 경영자에서 해임했다.

제임스 헤이즌 하이드는 서른 살도 되지 않은 나이에 비즈니스에서 은퇴해 프랑스로 이민 갔다. 엘시 드 울프는 악명 높은 그의 파티가 '게이 나인티스(Gay Nineties: 1890년대 닉네임)'를 마감하는 멋진 파티 가운데 하나였다고 평가했다.

1905년 가을 뉴욕 주의회의 상원의원인 윌리엄 W. 암스트롱(William W. Amstrong)과 그의 수석 보좌관이면서 개혁주의자인 찰스 에번스 휴즈(Charles Evans Hughes)가 이끄는 에퀴터블생명 조사위원회가 구성되었다. 위원회는 적극적으로 생명보험 스캔들의 증거를 채집해 나갔다. 만평가 파인리 피터 듄이 '수다쟁이 퍼킨스'라고 묘사한 조지 퍼킨스는 위원회에 출석했다. 그의 출석으로 인해 모든 사람들의 이목이 그가 속한 모건 하우스로 쏠렸다. 위원회는 퍼킨스가 증권의 판매자이면서 구매자로 구실한 금융거래에 주목했다. 구체적으로 투자은행 J. P. 모건한테서 뉴욕생명이 매입한 U. S. 스틸과 해운 트러스트 IMM의 증권에 대해 질문이 집중되었다.

암스트롱: 당신이 생각하기에 뉴욕생명을 위해 일한 순간은 언제였습니까?

퍼킨스: 언제나 뉴욕생명을 위해 일했습니다.

암스트롱: 투자은행 J. P. 모건을 위해 일한 순간은 언제죠?

퍼킨스: 사안에 따라 다릅니다.

이런 식의 질문이 계속되자, 퍼킨스는 "의장님!… 거래가 발생하면, 그 거래가 투자은행 J. P. 모건을 위한 것인지, 뉴욕생명을 위한 것인지, 아니면 U. S. 스틸을 위한 것인지는 제가 압니다. 언제나 그런 의문을 품으며 제 의무라고 생각하는 일을 합니다"라고 강하게 대답했다.

시민들은 퍼킨스의 의무감이 보증수표라고 생각하지 않았다. 특히 휴즈가 뉴욕생명의 손실을 은폐하기 위해 1903년 12월 31일 투자은행 J. P. 모건은행에 IMM의 채권을 넘겼다가 2~3일 뒤에 다시 매입한 사실을 밝혀냈다. 퍼킨스 주장의 신뢰도는 땅에 떨어졌다.

〈시카고 트리뷴〉은 퍼킨스가 뉴욕생명이라는 젖소를 쥐어짜는 모습을 만평을 보도했다. 퓰리처의 〈월드〉는 우쭐대고 거만한 태도를 보이는 모건을 등장시켰다. 만평 속의 모건의 호주머니에는 둘둘말린 '조선 트러스트'라는 문서가 있고, 그의 이미지는 찰스 디킨스의 소설 속 술주정뱅이인 빌 사익스(Bill Sykes)였다. 모건은 작은 '올리버' 퍼킨스를 기중기에 달아 뉴욕생명의 창가로 들어 올려 가입자들의 돈을 훔쳐내라고 시키는 악당이다.

암스트롱위원회는 보험업자와 의원, 은행의 커넥션을 담은 보고서를 제출했다. 보험산업 개혁을 위한 제안도 내놓았다. 제안을 반영한 법안이 1906년 4월 뉴욕주 의회를 통과했다. 보험회사의 증권 인수와 일반 기업의 증권 매입이 금지됐다. 그 바람에 투자은행은 1906년 이후 증권 인수·유통 방법을 대대적으로 수정해야 했다.

모건은 기업의 증권 인수·유통을 담당할 신디케이트를 구성할 때 보험회사 대신 다른 투자자들을 끌어들였다. 하지만 보험회사를 대체할 투자자나 기관 투자가가 신속하게 나타나지 않았다. 전반적인 금융시장 침체로 이어졌다. 암스트롱위원회의 조사 결과를 계기로 시민들이 금융 부패를 다시 인식하게 되었다. 개혁을 더욱 거세게 요구하고 나섰다. 이런 여론에 힘입어 암스트롱위원회 실세였던 찰스 에번스 휴즈는 1906년 가을 경제개혁을 공약으로 내걸고 뉴욕 주지사로 당선되었다.

'수다쟁이 퍼킨스'가 1905년 암스트롱위원회에 출두해 증언한 지 한 달 뒤 모건은 특별 임무를 맡겨 그를 러시아로 보냈다. 짜르 니콜라스 2세의 관료들은 모건의 도움을 받아 뉴욕에서 국채를 발행·유통시키기 위해 수년째 노력하고 있었다. 당시 러시아의 수도인 상트 페테르부르크의 국제상업은행(International Bank of Commerce)의 총재는 1898년 웅장한 미사여구로 포장된 편지를 모건에게 보내왔다. 러시아 금융인은 모건을 '미국의 왕'이라고 불렀을 뿐만 아니라 "(모건을 빼고는) 아무도 러시아의 국기를 성공적으로 들 수 없다"고 주장했다. 러시아의 재무장관 세르게이 위테(Sergei Witte)도 임기 동안 '미국의 왕'을 끌어들이기 위해 갖은 노력을 다했다.

모건은 번번이 러시아 국채의 인수·유통을 고사했다. 1890년대 미국의 금융시장은 경제가 불안한 러시아의 채권을 받아 안을 수 없다고 판단했다. 게다가 모건은 지구를 반 바퀴나 돌아가야 하는 러시아에 자신의 이익을 대변할 인물이 없다는 사실도 고려했다. 하지만 그는 러시아의 금융 거물들과 접촉은 꾸준히 해두었다.

조지 퍼킨스는 모건보다 조심성이 덜했다. 그는 투자은행 J. P. 모건에 합류하기 이전에 벌써 러시아에 뉴욕생명 지사를 설치할 정도였다. 회사의 여윳

돈 가운데 일부를 러시아의 철도에 투자했다. 러시아의 대규모 증권을 떼어다가 미국 금융시장에 유통시킨 최초의 인물이기도 했다. 그의 모험정신 덕분에 1885~1914년 뉴욕생명은 제국 러시아에서 가장 성공한 금융회사였다.

러시아의 내정불안과 1904~1905년 러일 전쟁이 발발한 사실에 비추어볼 때 모건의 신중함이 옳았다고 할 수 있다. 하지만 이상하게도 그순간 모건은 생각을 고쳐먹기 시작한다. 특히 이 시기 들어 러시아의 억압적인 지방·중앙 권력 때문에 민중저항이 도처에서 발생했다. 수년 동안 정치적으로 불안상태가 지속되고 있었다. 1905년 1월 어느 일요일 상트 페테르부르크의 공장 노동자 20만 명은 십자가와 '하나님이시여, 짜르를 구하소서'라고 적힌 팻말을 들고 정상적인 임금과 합리적인 노동시간, 평등선거권, 민주적인 선거를 호소하며 겨울궁전 앞으로 몰려들었다. 짜르의 신하는 몰려드는 군중들을 해산하기 위해 군대를 내보냈다. 군대는 발포해 수백 명을 사살했다.

'피의 일요일'은 파업과 자산가와 영주에 대한 암살과 폭력적인 공격으로 이어졌다. 폭력적인 무장 봉기가 정당화되었다. 페테르부르크와 모스크바에서는 노동자들이 장악한 행정 조직인 '소비에트'가 구성되기도 했다. 각양각색의 혁명 세력을 아우르는 혁명지도부를 차지하기 위한 권력투쟁도 극심하게 벌어졌다. 1904년 러일 전쟁은 내부 불안을 잠재우고 국민의 관심을 외부로 돌리려는 짜르의 정치적 전술이었다. 또한 극동지역을 두고 벌인 열강의 패권 다툼에서 승리해보려고 한 짜르 정부의 욕망도 작용했다.

러시아는 만주를 장악하고 동북아의 국경지역, 특히 조선에 심어놓은 이권을 지키고 싶어 했다. 서구화를 단행해 힘을 비축한 일본의 위협으로부터 블라디보스토크를 사수하고 싶어 했다. 이런 러시아 제국주의자들에게 자금을 지원해준 곳은 바로 프랑스였다. 영국은 조선이 자국의 안보에 아주 긴요하다고 인식하고 있는 일본과 군사동맹을 맺었다. 일본은 자원과 시장 확보를 위해 중국과 만주를 확보하고 싶었다. 이를 위해 대륙에 군대를 전진·배치하고 서구 열강의 인정을 받으려 했다.

베어링 브라더스가 잽싸게 나서 일본 정부가 발행한 전비조달 채권 3,500만 달러를 인수·유통시켰다. 하지만 러시아의 채권도 인수했기 때문에 일본과 거래에서 '베어링 브라더스'라는 은행 이름이 외부로 알려지지 않도록 조처했다. 베어링 형제들은 일본 채권을 담당하는 과정에서 아주 적극적인 미국 금융회사와 제휴한다. 제이콥 쉬프 사단(쿤·롭)이었다. 쉬프는 러시아가 유태인들을 탄압한 데 대한 응징 차원에서 러·일 전쟁 금융작전에 개입했다. 더 나아가 전 세계에 영향력이 있는 유태인 금융가들에게 짜르에게 군자금을 지원하지 말라고 요청하기도 했다.

투자은행 J. P. 모건은 쿤·롭이 인수한 일본 전비채권 5,000만 달러 가운데 50만 달러를 청약·매입했다. 유럽계 금융회사인 워버그와 로스차일드도 일본의 채권 인수·유통에 참여했다. 하지만 전 세계는 일본의 전쟁자금 조달창구는 미국이라고 여겼다. 베어링 브라더스는 자신들의 개입 사실을 너무나 잘 은폐했기에 모건조차도 모르고 있었다. 모건은 1905년 7월 베어링의 레블스톡 경에게 쿤·롭 말고도 자신의 하우스가 일본 채권의 신디케이트에 참여할 수 있었을 것이라고 말했다. 그는 쉬프가 영국 금융인인 어네스트 캐설(Ernest Cassel) 경을 통해 일본과 접촉했을 것이라고 생각했다. 레블스톡은 침묵했다. 레블스톡의 파트너는 "'영감'이 신디케이트에서 별다른 역할을 하지 않았고 정보에 어두운 것이 참 흥미로웠다"고 말했다.

모건도 베어링 형제들과 마찬가지로 러일 전쟁 국면에서 양다리를 걸쳤다. 일본이 만주의 무크덴(봉천)에서 벌어진 당대 최대 지상전에서 승리한 직후인 1905년 3월 모건은 사람을 모스크바에 보내 미국 금융 신디케이트가 조달해 준 자금으로 군함을 건조하자는 제안을 짜르에게 내놓았다. 아마도 IMM 휘하의 조선 계열사인 하랜드·울프의 건조 물량을 확보하기 위한 전략이었으리라.

두 달 뒤 일본은 대한해협 해전에서 러시아 함대를 전멸시켰다. 이는 영국과 프랑스의 해군이 겨룬 트라팔가 해전 이후 가장 큰 해전이었다. 러시아의 승리 가능성은 사라졌다. 시어도어가 모건에게 광둥-한큐 철도 부설권을 중국에 되팔지 말라고 요청한 지 2~3일 뒤인 1905년 7월 그는 미국 뉴햄프셔의 포츠머스에서 러일 평화협상을 중재한다. 시어도어는 일본 편이었다. 하지만 전장이 확대되고 극동지역에서 미국의 경제적 이권을 지키기 위해 힘의 균형이 유지되기를 바랐다. 시어도어는 1905년 7월 한 친구에게 보낸 편지에서 이렇게 말한다. "민주주의에 대한 내 믿음이 흔들릴 때 러시아의 관념적 전제주의가 낳은 비참함을 떠올리며 나를 추스른다. 짜르와 독일의 카이저를 보면 볼수록 미합중국을 더 사랑하게 된다." 시어도어는 이 강화협상을 중재했다는 이유로 노벨 평화상을 받게 된다.

강화 협상의 러시아 대표는 프랑스 주재 전 대사인 세르게이 위테였다. 협상이 막을 내리자마자 위테는 모건을 만나기 위해 뉴욕으로 달려갔다. '영감'은 러시아의 귀빈을 요트 코르세어호에 태워 허드슨 강을 따라 웨스트포인트까지 유람시켜주며 극진하게 대접한다. 위테는 시어도어가 오이스터만에서 베푼 만찬에서 융숭한 접대를 받았지만, '거의 소화할 수 없는' 음식이어서 애를 먹고 있던 차였다. 모건은 요트에서 위테가 선호하는 음식을 대접해 귀빈의 여행 스트레스를 풀어주었다.

위테는 미국 여행 중에 유일하게 모건의 요트에서 입에 맞는 음식을 먹을 수 있었다고 말했다. 위테의 목적은 러시아아가 발행할 채권의 인수·유통이었다. 하지만 우선 지극히 사적인 주제로 말문을 연다. 바로 모건의 코였다. 사실 위테 자신도 호감을 주는 외모는 아니었다. 로버트 매시(Robert Massie)는 위테가 "거구이고 억세고 무뚝뚝한 남자이다. 떡 벌어진 어깨와 큰 키, 커다란 호박

만한 머리를 가진 인물"이라고 묘사한 바 있다.

위테는 모건과 단 둘이 이야기할 타이밍을 노리고 있다. 마침 때가 오자 베를린에 있는 라사르(Lasar)라는 저명한 의과대학 교수 덕분에 피부병을 고쳤다는 경험담을 말한다. 이어 그 의사의 사무실에서 "당신만큼이나 문제가 있는 코를 가진 환자를 보았다"며 라사르가 코의 웃자란 부분을 외과적으로 잘라내고 원래대로 복원시켰다는 이야기를 모건에게 말해준다. 모건은 이미 그 의사와 수술을 알고 있다고 말했다. 그런 수술을 받지 않으려 한다고 잘라 말했다. 그가 라사르의 수술을 받는다면, 미국에 다시 돌아올 수 없었다. 위테는 "왜 안 받으시려고 하지요?"라고 물었다. 모건은 "내가 수술을 받고 뉴욕으로 돌아오면, 거리의 아이들이 모두 내 코를 집중적으로 쳐다보고 웃음보를 터트릴 것이기 때문입니다. 모든 사람들이 내 코 상태를 알고 있습니다. 이 코를 없앤 채 뉴욕 거리로 나서지 못할 상황입니다"라고 대답해주었다.

위테는 모건이 러시아를 지원할 마음을 갖고 있음을 눈치 챘다. 그는 국제적인 신디케이트를 구성해 미국이 4억 달러를 러시아에 지원해달라고 요청했다. 모건은 기본적으로 위테의 아이디어에 동의했다. 하지만 신디케이트에서 미국이 담당해야 하는 몫을 크게 줄여버렸다. 5,000만에서 1억 달러 수준을 미국이 감당할 수 있다고 말했다. 러시아는 스틸먼과 쉬프를 찾아 의사를 타진했다. 하지만 모건은 자신의 금융회사 단독으로 미국이 담당할 금액을 처리하겠다고 주장했다.

모건이 "쉬프가 이끄는 유태인 금융가들은 러시아 채권 인수·유통에 참여하지 않을 것"이라고 지적했다고 위테는 전했다. 사실 쉬프는 '유태인에 대한 치욕스런 정책'을 이유로 러시아의 자금 지원에 나서지 않겠다고 밝혔을 뿐만 아니라 미국인들도 자신의 반러시아 감정을 공유하고 있다고 주장했다.

러시아는 전쟁에서 패했다. 경제는 사실상 파산상태였다. 정치적으로 민중

봉기가 줄지어 발생하고 있었다. 격동기를 지나고 있는 셈이었다. 이런 상황에서 러시아가 발행한 채권을 매입할 투자자가 거의 없었다. 유럽의 금융가들이 모건의 참여를 간절히 바란 이유였다. 비록 모건이 1905년 당시 월스트리트와 더 시티에서 '쇠락한 금융 나폴레옹'으로 인식되고 있기는 했지만, 그의 이름은 전 세계 어떤 금융가보다 더 큰 신뢰감을 주고 있었다.

바로 이런 배경 속에 모건은 그해 10월 퍼킨스를 페테르부르크에 파견했다. 퍼킨스의 행랑에는 두 번째 과제가 들어 있었다. 시베리아 횡단 철도의 선로가 낡아 마침 교체가 필요한 시점이었다. U. S. 스틸이 레일 납품 건을 확보하도록 미리 정지작업을 벌이라는 모건의 지시였다. 10월 10일, 개리와 프릭이 모건을 수행해 카이저 빌헬름 2세호를 타고 떠나는 퍼킨스를 배웅했다. 배를 좀 아는 사람들은 '빌헬름 2세호'를 '좌우로 요동하는 주전자'라고 불렀다.

모건은 마침 런던을 방문 중인 아들 잭도 러시아로 급파했다. 그는 아들에게 "조지 퍼킨스가 설명하겠지만, 우리가 러시아에서 추진하는 사업은 아주 방대한 것이다. 네가 퍼킨스를 수행해 러시아 쪽과 협상에 참여하는 일은 정보와 경험 측면에서 아주 좋다"고 말했다. 러시아와 협상을 벌인 다른 나라는 프랑스와 영국, 독일, 네덜란드였다. 러시아 재무장관 블라디미르 코코프쵸프(Vladimir Kokovtsoff)와 러일 강화 협상의 주역이었던 위테가 러시아 쪽 책임자였다.

모건이 바뀐 마음을 전문으로 띄워 보낸 1905년 10월 17일, 퍼킨스와 잭은 페테르부르크로 향하는 길 위에 있었다. 모건은 조지 베이커에게 자문을 구하고 망설인 끝에 "미국 금융시장의 불안이 가시지 않아 당분간 러시아의 채권을 인수해 미국 시장에서 유통시키기는 불가능하다"고 결론 내렸다. 모건의 러시아와 비즈니스를 가로막은 다른 요인은 뉴욕 보험산업에 대한 청문회와 '유태계 금융회사의 집단적인 보이콧'이었다.

미국인들은 페테르부르크의 그랜드 유럽 호텔에 여장을 풀었다. 러시아 쪽을 만나 모건의 메시지를 전달했다. 위테와 코코프쵸프는 모건이 참여했다고 말할 수 있도록 "아주 작은 규모만이라도 채권을 인수해달라"고 간청했다. 잭과 퍼킨스는 모건의 참여를 유인하기 위해 러시아 쪽은 "가능한 한 모든 양보를 할 수 있다"는 태도를 보였다고 전했다. 이후 2~3일 동안 뉴욕과 페테르부르크 사이에서 급전이 빈번하게 오갔다. 페테르부르크에서 타전된 전보에는 시간이 흐를수록 파격적인 러시아 양보안이 들어 있었다. 모건은 "이번 채권 발행이 성공하지 못하면, 우리가 간절히 소망하는 러시아의 미국 금융시장 접근에 치명적인 결과를 초래한다"는 주장을 굽히지 않았다.

모건의 사절단은 애국주의와 '도덕적 책임'을 강조했다. 그리고 이렇게 말한다. "우리가 귀측의 생각과 주장을 무시한다고 생각하지 말아주시기를 바랍니다. 대신 작은 규모나마 귀국의 채권을 일시적으로 인수하지 못한 것과, 나중에 러시아 정부가 국제적 금융시장을 상대로 한 대규모 채권 발행이 무산될 수 있는 사태 사이에서 고심 끝에 내린 결단이라고 생각해주시기를 소망합니다. 우리는 귀국의 명성과 신용, 미국의 신용 등이 이 거래에 달려 있고, 우리가 너무 취약하기 때문에 러시아 정부와 유럽의 금융가들을 실망시키는 결정을 내렸습니다."

모건의 불참 결정은 러시아와 유럽 금융가들을 실망시켰다. 모건은 러시아의 미래를 어둡게 보는 자신의 견해를 이렇게 표출했다. 하지만 퍼킨스가 전체 채권 2억 5,000만 달러 가운데 2,000만 달러를 인수하는 데는 동의했다. 이틀 뒤에 일어난 러시아 철도파업은 역사적으로 유명한 '1905년 10월 혁명'으로 이어졌다. 페테르부르크에 모인 서방 금융 자본가들은 채권 협상을 취소했다. 열차 통행이 중단되었고, 공장·병원·신문·학교가 문을 닫았다. 식품 공급과 발전이 이뤄지지 않았다. 군중은 붉은 깃발을 들고 어두운 도시 거리를 행진했다. 위테는 민중봉기를 진정시킬 수 있는 방법은 자유화 개혁뿐이라고 설득했다. 헌법제정과 민권 인정, 민주적 선거로 구성된 입법기관 설치 등이었다. 위테는 직접 변화를 약속하는 선언문 초안을 작성하기도 했다.

잭은 1905년 10월 31일 어머니 패니에게 띄운 편지에서 "격동의 순간에 러시아에 머물고 있습니다!"라고 말했다. 그는 이날 영국 대사관에 들렀다가 밤에 호텔로 돌아와 '거리에서 승리의 환호성이 들리는 순간' 잠자리에 들었다. 그는 놀라움에 거리로 뛰쳐나갔다. 그의 눈에 들어온 장면은 민중이 짜르의 발표문을 읽으며 환호하는 장면이었다. 누군가 잭에게 선언문을 독일어로 번역해주었다. "거의 한 시간 동안 시내 전체가… 환호성에 들썩거렸다. 민중은 코사크 기병대와 경찰과도 함께 기뻐했다!… 역사적인 순간이고 전율을 금치 못했다." 잭은 아버지에게 띄운 편지에서 "우리는 구 러시아의 죽음과 새 러시아의 탄생을 지켜보고 있습니다… 비즈니스가 모두 연기되었습니다"라고 적었다.

모든 열차가 두절된 상황에서 잭과 퍼킨스는 배를 타고 요동하는 러시아를 떠났다. 잭은 런던으로 돌아갔고, 퍼킨스는 스페인 국왕이 독일을 방문한 날 베를린에 도착했다. 모건은 "러시아 정부가 바뀌었고, 노르웨이가 스웨덴에서 분리·독립했으며, 스페인 국왕이 베를린을 방문했다. 나는 오늘 프랑스로 떠난다. 내게 보고할 일이 있으면 파리로 전문을 띄워주길 바란다"고 퍼킨스에게 알렸다. 노르웨이는 1814년 이후 스웨덴의 지배를 받고 있었다.

'새로운 러시아의 탄생'은 아직 요원했다. 짜르는 입법기관인 의회에 권력을 넘겨주지 않겠다고 버텼다. 러시아의 내부 정치투쟁은 계속되었다. 1906년 모건은 러시아 국채 5억 달러를 인수하는 신디케이트에 참여하려고 마음먹었다. 하지만 이번에는 잭과 퍼킨스가 반대하고 나섰다. 두 사람은 미국 금융시장이 아직 침체기이고 미국인들이 러시아에 대해 적대적인 감정을 품고 있는 상황에서 러시아의 채권을 도매로 가져와 파는 행위는 "아주 부적절하고 치명적인 결과로 이어질 수 있다"고 말했다.

결국 모건 하우스는 1906년 러시아 채권 발행에 참여하지 않았다. 위테는 프랑스에서 5억 달러에 해당하는 20억 프랑을 꾸었다. 모건이 러시아 채권 발행과 관련해 우유부단하고 엇갈리는 판단을 내렸다는 사실은 적잖이 놀랍다. 그는 수년 동안 러시아 채권 인수를 고사했다. 기묘한 순간에 참여의사를 밝혔다. 이후 마음을 다시 고쳐먹기 위해 뉴욕의 동료와 의논했다. 또한 파트너들과 외국 정치인들의 설득을 받아들여 다시 생각을 바꾼다. 그는 1905년 10월 발생한 외부 변수를 통제할 수 없었다. 그의 변덕을 이해해줄 만한 상황이었다. 하지만 러시아의 1905년 혁명이 일어난 지 2~3개월 쯤 지나자 다시 러시아 채권을 인수하는 작업을 시작하려고 했다. 결국 아들과 파트너가 나서 만류해야 하는 상황이 연출되었다. 베어링 브라더스의 한 파트너가 말한 대로 "'영감'이 정보에 어두운 모습을 보인 것"이 참으로 흥미롭다고 할 수 있다.

격동의 1905년 모건은 많은 에너지를 여행과 예술작품에 투입했다. 그 바람에 당대의 정치적·경제적 사실을 정확하게 분석·평가하지 않았다. 옛날 기준에 맞춰 판단·행동했던 것으로 보인다. '구세대' 금융가들은 전 세계 왕실과 커넥션을 맺고 금융 왕국을 구축했다. 아버지 주니어스도 프랑스와 프러시아의 전쟁 와중에 과감하게 프랑스 채권을 싼 값에 인수해 엄청난 수익을 얻은 바 있다. 게다가 러시아 왕국은 거의 무릎을 꿇고 애원하다시피하며 모건에게 자금을 간청했다. 모건은 아버지 주니어스의 경험과 러시아의 저자세 등을 감안하면서 '쇠락하는 위상'을 일거에 반전시킬 수 있는 국제적인 금융 쿠데타를 기도했을 수 있다. 러시아의 전비 채권을 미국시장에서 성공리에 인수·유통시키면, 자신의 금융그룹이 광활하고 천연자원이 풍부한 러시아에서 앞으로 주도적인 역할을 할 수 있을 뿐만 아니라 U. S. 스틸 등에 새로운 시장을 열어줄 수 있다고 판단했을 수 있다.

미국의 일반 시민이 러시아의 전제주의를 혐오하고 있다는 사실에 모건은 무관심했다. 그는 미국의 진보와 발전에 관심이 많았지만, 상대하는 외국이 어떤 정치체제이든 개의치 않았다.

1905년 시어도어 루스벨트는 기업의 부패행위를 근절하려고 노력하면서도 미국 내 급격한 정치적·사회적 요동에 긴장했다. 1904년 선거에서 유진 뎁스가 이끄는 사회주의 정당이 3퍼센트를 차지했다. 서부 지역의 노동자와 자본가의 대립과 폭력사태에 시어도어 자신을 포함한 동부의 '존경받을 만한 인물들'을 불안하게 했다. 1905년 12월에는 아이다호 전 주지사인 프랭크 스투넨버그(Frank Steunenberg)가 자택 정원에서 폭탄 테러로 숨졌다. 용의자는 전투적인 광산 노동자 조직인 서부광산노동자연맹(Western Federation of Miners)의 일원이었다. 시어도어는 미국 사회가 안고 있는 정치적·사회적 질환에 대한 탐사보도는 애초 의도했던 건전한 개혁을 추동하는 게 아니라 국민들의 히스테리만을 자극하고 있다고 믿었다. 그는 1905년 가을 당대 대표적인 탐사보도 전문지를 발행하는 새뮤얼 S. 맥클러에게 편지를 띄운다. 그는 먼저 '부패를 비판하는 십자가를 질어진 점'을 높이 평가했다. 하지만 "가진 자의 부패가 낳은 폐해뿐만 아니라 못가진 자의 폭력이 낳은 잘못 등을 공평하게 지적해 주길 소망한다"고 밝혔다.

〈맥클러〉의 탐사 저널리스트들은 좀 더 밝은 소식을 전할 수 없었을까? 달리 말해 "사람들이 모든 범죄는 자본가와 연결되어 있다"고 생각하도록 하는 게 아니라 좀 더 전반적인 시각을 갖도록 할 수 없었을까? 자리를 이용한 범죄는 여러 가지 불법행위 가운데 하나일 뿐이라고 보도해줄 수 없을까?

1906년 데이비드 그레험 필립스의 '상원의 반역행위들'이 선풍적인 반응을 일으켰다. 이때 시어도어는 '스캔들만 집착하는' 언론을 정면으로 비판했다. 그는 1906년 1월 그리디런(Gridiron) 클럽에서 "몇몇 저널리스트들이 존 번연의 《천로역정》에 나오는 머크-레이크(Muck-Rake)처럼 오직 더러운 구석만을 찾아다니고 있다… 그들은 바닥의 찌꺼기만을 긁고 있다… 고상한 것들은 외면하고 사악하고 의식 수준을 떨어뜨리는 주제에만 골몰하고 있다"고 비판했다.

시어도어는 "추문만을 밝히는 사람은 사회에 도움이 되는 존재나 좋은 생각을 고취하는 사람이 아니라 악을 부추기는 잠재적인 세력이 되고 있다"고 주장했다. 실제로 시어도어는 시각을 한 곳에 고정하고 노선을 분명히 하며 미국 사회의 문제가 어느 한쪽 탓이라고 말하지 않았다. 그는 1906년 3월 전쟁장관인 윌리엄 하워드 태프트에게 "부자들의 탐욕과 교만, 우둔함 등이 정치와 경제 부문에서 스캔들 폭로자들이 찾아낸 증거들과 어우러져 대중이 아주 불건전한 흥분과 요동에 휘말리고 있고, 혁명적인 분위기를 조장하고 있다. 대중의 이런 심리와 정신 상태는 최근 사회주의 선전과 선동이 막강한 영향력을 행사하고 있는 현상에서 잘 드러난다"고 말했다.

시어도어의 탐사 저널리즘에 대한 비판은 저널리스트들이나 특권 남용에 대한 대중의 반응에서 아무런 변화를 일으키지 못했다. 오히려 그가 만들어낸 신조어 머크-레이커는 리버럴리스트나 좌파에게 '영예로운 직함'이 되어버렸다.

월스트리트 안팎의 많은 사람들이 시어도어 루스벨트가 경제와 금융시장의 활력을 앗아갔다고 공격하기는 했다. 하지만 월스트리트의 머니 플레이어들은 대통령에 대한 비판보다는 뭔가 편치 않은 증세를 보이는 금융시장에 더 촉각을 곤두세웠다. 하지만 경기가 1903~1904년 침체에서 벗어나기 시작하자, 다우존스는 1903년 11월 42포인트에서 1906년 1월 103 포인트로 두 배 이상 비상했다. 경제 전반이 활력을 되찾으면서 자본수요가 급증했다. 하지만 전 세계 금 생산량은 자본 수요를 따라주지 못했다. 당연히 자본의 가격인 금리가 급등했다.

모건과 동료들은 1890년대 이후 미국의 후진적이고 분산된 금융 시스템이 현대 산업구조와 어울리지 않아 문제를 야기할 것이라며 우려를 금치 못하고 있었다. 제이콥 쉬프도 1906년 초 금융인들의 모임에서 "미국의 통화 시스템이 획기적으로 변화하지 않는다면… 과거 패닉이 애들 장난처럼 보일 수 있는 초대형 패닉이 발생할 수 있다"고 경고했다.

아주 어마어마한

J. P. 모건은 1905~1906년 사이 미국 금융시장 불안을 예의주시했다. 하지만 대부분의 관심을 예술에 쏟았다. 1905년 말 조카 주니어스의 추천을 받아 조지 W. 반더빌트가 수집한 렘브란트와 뒤러의 작품들을 매입했다. 헨리 반더빌트의 막내아들인 조지 반더빌트는 주니어스처럼 뉴욕의 부호 가문 일원이었다. 그는 학문과 예술 분야에 높은 관심을 가지고 있었다. 조지 반더빌트는 주니어스에게 자신이 보유한 렘브란트와 뒤러의 작품들을 "완벽한 컬렉션이고, 경매에서 유럽의 로스차일드 가문과 겨뤄 당당히 확보한 작품들이다. 로스차일드 가문이 보유한 개인적인 컬렉션만이 작품의 질 측면에서 나와 견줄 수 있다"고 확언했다.

모건은 15만 달러를 주고 조지 반더빌트 컬렉션을 매입했다. 그의 렘브란트 에칭 작품 수는 1900년 시어도어 어원한테서 사들인 272점에다 112점이 더해져 384점이 되었다. 모건은 가장 뛰어난 렘브란트 컬렉션을 보유한 사람이 되었으며 작품 수도 미국에서 가장 많았다. 그는 다른 컬렉션을 통째로 매입했을 뿐만 아니라 개별 작품도 꾸준히 사들였다. 1905년 초 레슬리 스테픈(Leslie Stephen)의 후손들한테서 새커레이의 육필 원고를 확보했다.

새커레이의 딸 미니(Minny)는 스테픈의 첫 번째 부인이었다. 하지만 1875년 숨을 거두었다. 2~3년 뒤 스테픈은 세 아이를 가진 줄리아 덕워스(Julia Duckworth)와 재혼한다. 두 사람은 결혼한 뒤 네 아이를 더 낳는다. 바네사(Vanessa)와 토비(Thoby), 버지니아, 애드리언(Adrian)였다. 줄리아 스테픈(줄리아 덕워스)은 1895년 숨을 거두었다. 그녀의 남편은 1904년 운명을 달리했다.

잭은 1905년 초 런던에서 새커레이의 《허영의 시장》 육필 원고를 확보하는 작업을 진행 중이라고 아버지 모건에게 알린다. "그의 후손들이 많은 육필 원고를 처분하고 있습니다. 아버지께서 이를 확보하신다면, 진품을 손에 넣게 되십니다." 잭은 그해 1월 육필 원고를 확보하기 위해 줄리아 스테픈의 아들인 조지 덕워스에게 1,600파운드를 보냈다. 돈을 건네면서 잭은 "보존된 육필 원고가 많지 않다"고 아쉬워했다.

한 달 뒤 잭은 테디 그렌펠에게 "5,000파운드를 요구하며 모건에게 《허영의 시장》을 제시했던 사람보다 앞서 육필 원고를 확보했다는 사실은 그렌펠 씨와 덕워스가 관심 가질 만한 뉴스"라고 말했다. 모건은 1906년 7월 덕워스와 스테픈 후손들한테서 새커레이의 다른 육필 원고를 사들였다. 스테픈과 줄리아 사이에서 태어난 버지니아는 친구 바이올렛 디킨슨(Violet Dickinson)에게 "토비가 새커레이 원고 단 10페이지짜리인 《베이트먼 경Lord Bateman》을 팔아 1,000파운드를 벌었다. 그는 원고를 피어폰트 모건에게 되팔았고… 내가 가지고 있는 원고가 실제 가치보다 더 높은 금액에 팔려나갔으면 한다"고 말했다.

《베이트먼 경》은 디킨스와 조지 크룩섕크(George Cruikshank)가 1839년에 발행한 발라드였다. 새커레이가 그해 썼을 뿐만 아니라 그림까지 그려 넣었다. 버지니아는 가족들이 살았던 런던의 하이드 파크 게이트 22번지가 거의 난장판 같았다고 말한다. "사람들은 우리가 허버트 덕워스의 재판용 가발과 내 아버지의 성직용 옷깃, 새커레이 씨가 마구 휘갈겨 쓴 원고 등이 있는지를 알아보기 위해 어둡고 수많은 선반과 옷장을 샅샅이 뒤졌다는 사실을 잘 모른다. 새커레이의 원고는 상당한 돈을 받고 피어폰트 모건 씨에게 팔았다."

모건은 1909년에도 바네사 스테픈 벨(Bell)한테서 새커레이의 다른 육필 원고와 그림을 2,000파운드에 사들인다. 모건은 1906년 완전히 새로운 예술 세계에 관심을 갖기 시작했다. 에드워드 세리프 커티스(Edward Sheriff Curtis)는 시애틀에 살면서 아메리칸 인디언들의 생생한 삶을 8년에 걸쳐 카메라에 담은 인물이었다. 그는 1905년 그 '사멸하는 미국인'에 관한 다큐멘터리 연구에 필요한 자금을 마련하기 위해 동부 도시를 찾았다. 시어도어 루스벨트 대통령이 그의 연구를 적극적으로 지원하고 나선다. 대통령은 1905년 12월 백악관 문장이 찍힌 용지를 이용해 커티스에게 편지를 띄운다. "내가 아주 가깝게 지내는 사람 가운데 특별히 추천서를 써줄 만큼 뛰어난 재능을 갖춘 인물은 전혀 없습니다. 하지만 커티스 씨께서는 연구 주제에 관심을 갖고 있는 사람에게 이 편지를 보여주어도 됩니다." 시어도어는 예술성과 역사적이고 인류학적인 견지에서 커티스의 연구에 특별한 관심을 보였다. 시어도어는 계속 편지를 써내려 간다. 하지만 그는 인디언 문제에 대해 미국 대통령으로서 별다른 책임의식을 드러내 보이지 않는다. "커티스 씨는 수세기에 걸쳐 이룩한 인디언들의 탁월한 특징과 관습이 빠르게 사라지고 있는 지금 때맞춰 연구를 시작했습니다. 인디언 전체 또는 인디언 개인은 사멸하고 있습니다. 그들이 미국 시민이 되면 자신과 나머지 미국인들을 위해서도 아주 좋은 일이지만, 살아 있는 역사 유적으로서 가치를 완전히 상실하고 말 것입니다."

　　백인들의 서부개척과 철도건설로 파괴된 아메리카 인디언들의 문화·전통·유적이 미국에 엄청난 가치가 있거나, '나머지 미국인들'의 낭만적인 향수를 위해서라도 보존되어야 한다는 생각은 시어도어 루스벨트에게 찾을 수 없다. 그가 생각하는 '미국인'들과는 상관없지만, 역사적인 의미를 지니고 있기 때문에 연구되어야 한다고 여겼을 뿐이다.

　　커티스는 시어도어의 편지를 이용해 1906년 1월 모건과 인터뷰 약속을 잡았을 수도 있다. 편지의 사본이 현재 모건의 문서목록에 들어 있는 것으로 봐서 그 가능성은 아주 높다고 할 수 있다. 그는 모건을 만나기 전에 현재 연구 상황과 앞으로 발행하고 싶은 20권짜리 인디언 서적을 설명하는 편지를 먼저 보냈다.

그가 계획한 인디언 연구서는 사진과 텍스트, 그림 등으로 가득했다. 북아 메리카 서부지역에 살고 있는 인디언들의 생활상에 대한 생생한 설명이 담겨질 예정이었다. 최상의 종이와 장정, 당대 최고의 사진인쇄술이 책을 엮는 데 사용될 참이었다. 게다가 커티스는 자신이 찍은 사진을 담은 포트폴리오 700 개를 만들고 싶다고 밝혔다. 모건은 연구서 스무 질과 포트폴리오 500개를 증정 받는다는 조건 아래 커티스에게 연간 1만 5,000달러씩 5년 동안 5만 5,000 달러를 지원하기로 약속한다.

시어도어는 1906년 2월 6일 커티스에게 편지를 띄워 "진심으로 축하합니다"라고 말했다. 이어 "모건 씨에게도 훌륭한 업적이 될 겁니다"라고 했다. 커티스는 모건의 권유에 따라 출판사인 하퍼스 브라더스에 책 제작과 판매를 제안한다. 하지만 하퍼스는 모건이 제작비와 손실 보전을 약속해주지 않으면 책을 발행할 수 없다고 밝힌다. 다른 출판사도 같은 말을 했다. 커티스와 모건은 하는 수 없이 연구서 500질을 스스로 제작하기로 결정한다. 한 질 당 들어간 비용은 3,000달러였다.

커티스는 서부로 돌아갔다. 간헐적으로 연구 작업이 얼마나 진행되는지를 모건에게 알렸다. 제1권 서문에 대한 모건의 비평을 요청하기도 했다. 또한 모건의 후원이 얼마나 고마운지 모르겠다는 감사의 말도 빠뜨리지 않았다. 모건의 비서는 모건이 서문의 문장에 대해 별다른 지적을 하지 않았다고 응답해주었다. 이어 "모건 씨는 연구와 자신의 연관성을 언급하는 일은 전적으로 귀하의 일이라고 말씀하시며 '침묵이 금'이라는 말을 남겼다"고 썼다.

마침내 《북 아메리카 인디언North American Indian》은 1·2권이 1907년 말 세상에 나왔다. 시어도어 루스벨트가 쓴 발문이 곁들여졌다. 학자들과 일반 시민들이 연구 성과를 극찬했다. 모건은 영국 에드워드 7세에게 한 질을 선물했다. 메트로폴리탄과 자연사 박물관, 런던의 길드홀(Guild Hall) 도서관뿐만 아니라 책값이 너무 비싸 매입할 엄두를 내지 못하는 미국의 여러 도서관에 기증했다.

우아한 책을 자비로 출판하는 일은 커티스와 모건이 애초 생각했던 것보다 훨씬 어렵고 더 많은 비용이 들어갔다. 다른 후원자들은 커티스가 1909년 모건한테서 추가로 6만 달러를 받는 등 많은 돈을 기부 받았고, 모건의 친구들에게 3,000달러를 받고 상당 물량을 판 점을 들어 기부하지 않았다. 모건의 사후에는 아들 잭이 후원을 넘겨받아 커티스 프로젝트를 후원했다.

모두 20권짜리 방대한 책을 완간하는 데 23년의 세월이 걸렸다. 투입된 비용만도 120만 달러에 달했다. 이 가운데 모건이 담당한 몫은 모두 40만 달러였다.

모건의 곁에서 예술적인 자문을 해준 인물 가운데 가장 중요하면서도 밖으로 드러나지 않은 인물이 하나 있다. 윌리엄 M. 래편이다. 래편의 전문 분야는 판화·조각과 동양 도자기였다. 모건이 보유한 중국 도자기 카탈로그를 편집하기도 했다. 모건은 래편이 1902년 〈뉴욕 이브닝 선〉을 인수할 때 자금을 지원했다. 3년 뒤에는 래편을 메트로폴리탄 박물관 이사로 영입했다. 래편은 모건을 설득해 1906년 메트로폴리탄 박물관에 이집트 유물 전시실을 마련했다. 또 이집트 유물 발굴을 지원하도록 했다. 이집트와 서아시아에 대한 서유럽 사람들의 관심은 나폴레옹 원정 이후 지속적으로 고조되었다. 슐레이먼은 호머의 트로이 보물을 발견했다고 주장해 서유럽인들이 품고 있는 환상을 한껏 자극했다.

관심이 고조되자 다른 고고학자들도 발굴에 적극적으로 뛰어들었다. 설형문자 점토판과 땅속에 묻혀 있는 수메르의 도시, 미라, 파피루스, 초기 기독교 문헌 등을 속속 햇빛 아래 내놓았다. 기독교 정통주의자와 다윈의 후계자들 사이에 벌어진 치열한 논쟁도 19세기 말 고고학 발굴 열기를 달아오르게 했다. 서아시아와 지중해 연안에 묻혀 있는 문헌 등 증거들을 발견하기 위해 수많은 고고학자와 인류학자들이 발굴에 뛰어들었다.

미국의 학술지들도 성경에 바탕을 둔 고고학과 고문헌 연구, 오리엔탈 연구, 유태인 언어·문학에 집중하기 시작했다. 1880년대 후반 들어 본격적으로 논문을 게재했다. 펜실베이니아대학은 1888년 성경 속에 나오는 바빌론을 찾기 위해 현재 이라크 지역을 발굴하는 사업을 후원했다. 1900년에는 미국의 여러 대학이 출연해 미국 오리엔탈 리서치 연구소(American School of Oriental Research)를 예루살렘에 설립했다.

서구인들의 이집트 여행이 부쩍 늘어났다. 지역 도굴꾼들이 파라오 시대 무덤에서 훔친 물건에 대한 수요가 급증했다. 서양에서 '오리엔탈리즘'이 크게 유행했다. 엄청난 위작들이 시장에 쏟아져 나왔다. 이런 상황에서 독일 학자이면서 영국의 이집트 연구자인 윌리엄 플린더스 페트리에(William Flinders Petrie)가 새로운 과학기술과 고고학의 전문화를 접목시켜 1890년대 발굴작업의 표준화를 추진했다.

이집트 정부가 마구잡이 발굴을 규제하기 시작했다. 정상적인 인허가 절차를 밟지 않은 발굴을 금지했다. 자격을 갖춘 고고학자들에게도 발굴한 유물 절반은 반드시 카이로 박물관에 기증한다는 조건 아래에서 발굴 허가를 내주었다. 블라크(Boulaq) 박물관에 있는 유물은 1902년 문을 연 카이로 박물관으로 모두 이전되었다. 그런데도 많은 유물들이 외국으로 빠져나갔다.

사실 서구 고고학자들이 발굴한 유물 가운데 카이로 박물관으로 간 분량은 3분의 1 수준도 되지 않았다. 서구 박물관과 수집가들은 치열하게 경쟁하면서 서아시아 지역의 유물을 발굴·수집하는 데 열을 올렸다.

고고학은 비싼 학문이다. 발굴 장비와 시설을 갖추어야 한다. 먼 곳에 연구원들을 파견해 먹고 자고 할 수 있도록 해주어야 한다. 발굴한 유물 등을 세상에 알리기 위해서는 돈을 들여 책이나 논문을 발표해야 한다. 따라서 서아시아 지역에서 뛰어난 발굴 업적을 남긴 미국의 기관들 배후에는 탄탄한 후원자들이 있었다. 예를 들면 UC버클리대학이 이집트 유적을 발굴하는 데 자금을 지원한 사람은 윌리엄 랜돌프 허스트의 어머니인 포브 애퍼슨 허스트(Phoebe Apperson Hearst)였다. 시카고대학의 1903년 오리엔탈 탐험 펀드는 존 D. 록펠러의 지원에 힘입은 바 크다. 이 해 하버드대학의 유태인 박물관은 제이콥 쉬프의 후원 덕분에 세워질 수 있었다. 리·히긴슨의 파트너인 가디너 마틴 레인(Gardiner Martine Lane)은 보스턴의 파인 아트 박물관이 이집트 유적을 발굴할 때 뒷돈을 대주었다. 하버드대학은 이 발굴의 성과를 책으로 펴냈다.

래펀은 아주 많은 유물을 보관한 보스턴 파인 아트 박물관과 하버드대학의 이집트 기자 유물 발굴지를 1906년 방문했다. 여기서 보고 들은 바를 근거로 파리에 머물고 있는 모건을 설득해 메트로폴리탄 박물관이 이집트 유물 발굴에 뛰어들도록 했다. 모건과 래펀은 보스턴/하버드 공동 프로젝트의 현장 지휘자인 하버드대 교수 앨버트 M. 리스고(Albert M. Lythgoe)를 메트로폴리탄의 이집트 예술 전시관의 큐레이터로 임명했다. 래펀은 1906년 6월 〈뉴욕 선〉의 편집장인 에드워드 페이지 미첼(Edward Page Mitchell)에게 편지를 띄운다. "매일 모건 씨를 만나고 있고, 내가 여기에 도착한 이후 그는 100만 달러를 투입했다… 대단한 인물이지 않은가!… 이집트 발굴 비즈니스는 그가 사물을 보고 일 처리하는 방법에 달려 있다"고 했다.

리스고는 뉴욕 후원자에게 서둘러야 한다고 말했다. 다른 발굴팀과 도굴꾼들이 유적지를 공격적으로 사냥하고 있기 때문이었다. 그는 15년 이내에 최고의 가치를 지닌 유물들은 다 발굴될 것이라고 주장했다. 모건은 우선 1만 6,000달러를 출연해 메트로폴리탄 박물관 발굴 펀드를 조성했다. 1907년 초엔 리스고가 이집트에서 일을 시작한다. 모건은 1909년 처음으로 현장을 방문한다(29장 참조).

모건은 자신의 도서관과 예일대학, 프린스턴대학이 고대 문명을 연구하도록 후원했다. 메트로폴리탄 박물관을 대신해 프린스턴대학이 고대 리디아의 수도 사데(Sardis)를 발굴했다. 모건은 여기에 2만 5,000달러를 쾌척했다. 그는 미국의 수집가 윌리엄 헤이스 워드가 조립한 메소포타미아 원통형 인장(Cylinder Seals) 1,157점을 매입했다. 인장은 서아시아 지역에서 발흥한 최초의 문명이 남긴 것이었다. 작고 표면에 아름다운 조각들이 새겨져 있는데, 기원전 5000~330년 사이에 만들어졌다. 인류가 뭔가를 쓰기 시작한 게 언제부터인지를 가늠하게 해준다. 모건이 인장을 사들이기 이전에 메트로폴리탄 박물관의 관계자들은 박물관 정책과 다소 거리가 있다는 이유로 매입을 거부했다. 모건은 이를 사들여 개인 도서관에 소장했다.

모건의 원통형 인장은 지금 세계에서 가장 뛰어난 인장 컬렉션으로 인정받고 있다. 초기 인장은 원통형이 아니라 평평했다. 점토판이나 꼬리표에 일정한 문양을 찍는 데 사용되었다. 인간이 글씨를 발명하기 직전인 기원전 3500년께 메소포타미아 사람들은 원통형 돌을 사용하기 시작했다. 생김새는 실패처럼 보인다. 점토판에 찍으면 문양이 나타나는 방식이다.

원통형 인장에는 추상적인 그림과 동물, 인간, 괴물, 글꼴 비슷한 모양, 신들이 새겨져 있는데, 중동 지역의 초기 문명에 관한 풍부한 정보를 담고 있다. 만든 사람들은 때로는 귀중한 돌에 자신들의 일상생활과 종교, 신화 등을 유추

할 수 있게 해주는 문양과 그림을 정성껏 새겨 넣었다. 인장을 부적으로 활동하기도 했다.

모건은 고대 설형문자 점토판도 수집했다. 1907년 래펀의 소개를 받아 영국 출신 고대 문자 전문가 C. H. W. 존스(Johns)에게 설형문자 수집을 조언하도록 했다. 존스는 성공회 성직자이면서 런던대학 퀸스 칼리지와 케임브리지에서 석사학위를 받았다. 모건은 그를 채용하기 이전에 가짜를 사들인 경험이 있는 것으로 보인다. 존스는 래펀에게 "바빌론 유물과 관련해 싸구려는 결코 소개하지 않겠다. 당신이 내 충고를 받아들인다면, 초기 인류를 연구하는 데 가장 중요한 것은 올바른 물건을 사기 위해서는 최고 가격을 지불해야 한다는 사실이다. 그렇지 않다면, 진품을 손에 넣을 수 없을 것"이라고 말한다.

모건은 래펀을 통해 존스가 자신이 보유하고 있는 바빌로니아 유물을 소개하는 카탈로그를 편집하도록 했다. 래펀이 1909년 숨을 거뒀다. 직후 존스는 벨 다 그린에게 편지를 띄웠다. 모건이 자신이 맡은 일을 어떻게 생각하는지를 묻기 위해서였다. 이듬해인 1910년 미국으로 건너와 더 많은 돈을 요구했다. 결국 카탈로그 편집 일을 그만둔다. 그린은 울컥 화를 내며 "모건 씨의 관심은 고대문명에 관한 전문적인 식견에 따라 유물을 여기에 놓는 것"이라고 말한다. 이어 "모건 씨는 귀중한 유물을 매입해 보존하는 데 필요한 당신의 시간과 훌륭한 지식 등을 위해 모든 비용을 감당한다… 내 자신이 모건 씨에게 아주 헌신적이고 가끔 인정받지 못하지만, 모든 방면에서 더 많은 지식을 얻기 위해 그가 후하게 값을 치르고 노력하는 모습을 존경하기 때문에 단순이 돈을 벌겠다는 욕심을 초월한 사람들은 공감하고, 우리는 가능한 한 그를 돕기 위해 부심하고 있다"고 말했다.

모건은 프랑스에서 벨 다 그린에게 전보를 띄워 "존스가 요구해온 것에 맞는 금액을 주겠다. 내가 런던에서 그를 보면 신속하게 문제를 해결하겠다"고 알렸다. 모건은 존스를 대신해 펜실베이니아대학에서 아시리아 연구를 한 앨버트 T. 클레이(Albert T. Clay)를 채용했다. 클레이는 그린에게 "존은 '노란 금속'을 노리고 미국인을 위해 일한 인물"이라고 말한다.

모건은 래펀을 기리기 위해 U. S. 스틸 주식 10만 주를 예일대학에 기부했다. 앨버트 클레이는 래펀이 고대문명을 공부할 때 아시리아학과 바빌로니아 문학을 처음 가르친 인물이다. 그는 예일대학의 바빌론 컬렉션이 세계에서 가장 뛰어난 컬렉션으로 인정받는 데 핵심적인 역할을 했다. 특히 그가 수집한 것 가운데는 노아의 홍수를 증언해주는 가장 오래된 유물도 있다. 메소포타미아 강가의 진흙이 햇빛에 말라 만들어진 점토판에 나타난 문양이다. 이는 창세기에 나오는 노아의 홍수가 애초 예상했던 기원전 1966년보다 거의 1000년 이전에 발생했음을 증언해준다.

모건이 메트로폴리탄 박물관에 기증한 작품과 자료를 비롯해 이집트 유물발굴 지원은 그의 개인적인 관심을 보여준다. 그는 18세기 프랑스에서 만들어진 장식용 예술품을 1906년에 메트로폴리탄 박물관에 기증한다. 이는 파리의 건축가이면서 디자이너인 조르주 휀첼(Georges Heontchel)한테서 매입한 컬렉션이다. 화려한 목재 조각과 가구, 도자기, 금세공품 등으로 구성된 컬렉션을 전시하기 위해 메트로폴리탄 박물관은 장식예술 전시실을 따로 마련했다.

맥킴은 전시실을 마련하기 위해 현재 메트로폴리탄 박물관의 북쪽 윙을 설계했다. 모건은 1911년 허버트 로버트(Hubert Robert)가 그린 이탈리아 풍경화 6점을 사들였다. 그는 풍경화를 박물관에 대여해 전시하도록 하기도 했다. 작품은 1779년 완성되었다. 애초 프랑스 루이 16세를 위해 제작되었다. 파리 근교인 바가텔(Bagatelle)에 있는 루이 16세 저택을 장식한 일부였다.

모건이 1906년 조르주한테서 매입한 두 번째 컬렉션은 중세 작품이었다. 탁월한 고딕 조각과 성가대 좌석, 태피스트리, 교회 기둥, 상아, 리모주 에나멜 등이었다. 장 바베(Jean Barbe)가 루드 성(châteaux du Lude)을 장식하기 위해 1475년에 제작한 브론즈 천사상 등도 컬렉션에 들어 있었다. 모건은 조르주의 두 컬렉션을 사기 위해 150만 달러를 투입했다. 작품의 우수성과 진품임을 말해주는 카탈로그와 함께 미국으로 이송되었다. 모건은 이 돈을 메트로폴리탄 박물관에 꾸어주는 방식을 택했다. 그의 사후에 아들 잭은 빚을 탕감해주고 작품을 기증 처리했다. 잭이 예외로 남긴 작품이 있는데 바로 바베의 브로즈 천사상이다. 잭이 숨을 거둔 1943년 프릭 컬렉션이 이 작품을 인수해 현재까지 소장하고 있다. 메트로폴리탄 박물관이 최초로 소장한 중세 태피스트리도 모건이 기증한 것이다. 15세기 중반 네덜란드 남부에서 '종부의 7성사 이야기와 구약에 나타난 예시'라는 작품명으로 만들어졌다. 하지만 1907년 모건이 뉴욕 딜러한테서 매입한 뒤 다섯 조각으로 나누었다.

모건은 1888년 메트로폴리탄 박물관과 인연을 맺으면서도 자연사 박물관에서 손을 떼지 않았듯이, 여타 박물관들과도 인연을 맺었다. 자연사 박물관의 오랜 회장인 모리스 K. 제섭이 1908년 숨을 거두었다. 고생물학자이자 조카인 헨리 페어필드 오스번이 회장직을 승계하도록 했다. 모건은 조카가 담당한 고생물 전시실에 1만 6,000달러를 해마다 기부했다. 오스번이 연구한 결과를 담은 《장비류Proboscidea》[1] 두 권을 펴낼 때 펀드를 조성해주기도 했다.

오스번의 《장비류》는 풍부한 삽화와 온갖 자료, 증거를 담으려는 저자의 욕심이 어우러져 책 무게만도 19킬로그램에 달했고 제작비용도 28만 달러나 들었다. 오스번은 자연사 박물관을 운영하면서 빌딩을 확장하고 직원 수와 후원

---

1. 포유류의 한 목으로 코끼리가 여기에 속한다. 거대한 골격과 엄니를 가지고 있다. -옮긴이

금, 관람객을 늘렸다. 척추동물의 화석, 특히 공룡의 화석을 대거 확보해 전시했다. 공룡의 화석은 전 세계에서 가장 뛰어나다는 평가를 받는다. 모건이 자연사 박물관에 기증한 자료 등은 모두 70만 달러어치에 이른다.

오스번의 대표적인 저작 가운데는 《유럽과 아시아, 북미의 포유동물 시대 The Age of Mammals of Europe, Asia and North America》(1910년)와 《지구가 브라이언에게 말한다The Earth Speaks to Bryan》(1925년) 등이 있다. 《지구가 브라이언에게 말한다》는 악명 높은 스코프(Scopes: 1925년 테네시 주에서 주정부 예산이 투입된 학교에서는 창조론을 부정하는 학설을 가르칠 수 없도록 한 법을 두고 벌어진 재판-옮긴이) 재판 이후 윌리엄 제닝스 브라이언 변호사의 주장을 진화론적 관점에서 반박한 글이다. 오스번은 1910년 후원자에게 보낸 편지에서 자연사 박물관에도 신뢰할 만한 유태인을 이사로 받아들여야 한다고 주장했다. 그는 "뉴욕 시 동물원과 메트로 박물관, 공공 도서관 등이 모두 유태인을 이사로 받아들였다"며 "반대 의견은 믿을 수 없는 주장이 되고 있다"고 말했다. 자연사 박물관 후원회는 금융가인 펠리스 M. 워버그를 이사로 선임했다. 모건이 숨진 뒤 잭이 이사직을 승계했다. 잭은 1916년 워버그가 참석하는 회의에는 나가지 않겠다고 선언한다. 그는 독일계 유태인 금융자본가들이 독일의 1차 세계대전을 지원하고 있다고 생각했기 때문이다. 그는 1916년 10월 오스번에게 띄운 편지에서 "나는 독일계 유태인들과 상종할 수 없다"며 "그들을 보지도 않고 같이 일하지도 않을 것이다. 내 생각에는 그들이… 다른 백인들과 같이 다시는 지낼 수 없도록 하는 짓을 스스로 저질렀다. 당신을 괴롭혀 미안하지만, 이는 솔직한 내 심정이다"라고 말했다.

모건의 주변 인물들도 나이가 들어가면서 바뀌었다. 1904~1908년 윌리엄 C. 휘트니와 그로버 클리블랜드, 헨리 코드먼 포터가 숨졌다. 데이비드 H. 그리어(David H. Greer)가 뉴욕 성공회 주교직을 승계했다. 레인스포드 신부도 세인트 조지 교회를 떠났다. 이 신부를 대신해 의사인 마코가 1890년대 모건이 흉중을 털어놓는 남성 친구가 되었다. 마코는 모건 우울증을 덜어주고 과잉이라고 할 만한 에너지를 발산하도록 해주었다. 레인스포드는 1903년 신경쇠약을 앓았다. 회복한 이후에는 모건이 자금을 지원했을 법한 아프리카 여행을 떠났다. 1906년 카이로에 머물면서 세인트 조지 교회의 주임신부 자리를 내놓겠다고 편지로 알렸다. 신부의 사임은 루이자에게 매우 놀라운 소식이었다. 하지만 모건은 어느 정도 예견한 듯이 받아들였다. 레인스포드는 사직 의사를 전한 뒤 흑인 짐꾼 75명과 선교활동 차원에서 훈련된 통역자 한 명을 대동한 아주 외로운 아프리카 사파리 여행을 떠났다. 이후에는 아내와 함께 유럽을 두루 돌아다닌다.

레인스포드는 1910년 초 미국으로 돌아왔다. 모건이 엑스레뱅에서 휴식을 취하고 있을 때였다. 그해 4월 비서가 레인스포드 신부를 세인트 조지 교회에서 설교하도록 초청할지를 전보로 모건에게 물었다. 모건은 "그리어 주교와 비밀리에 의논해 결과를 알려 달라"고 답신했다.

레인스포드는 2년 뒤 세인트 조지 교회를 떠난다. 그는 뉴욕을 떠나기 전 우울증과 신경쇠약에 시달렸다. 한 여성 신자와 성관계를 맺어 물의를 일으켰다. 모건은 성직자의 옷을 입고 있는 사람이 그런 일을 저질렀다고 해도 개의치 않았다. 하지만 성직자라는 신분은 자제력을 요구한다고 생각했다. 레인스포드는 성관계 사실이 드러나 사임한 것으로 보인다. 세인트 조지의 주임신부의 요구에 따라 주교인 그리어는 1912년 5월 그를 다른 지역으로 보냈다. 교회

법은 한 성직자가 부도덕한 일로 물의를 일으키면, 주교는 6개월 동안 해당 성직자를 다른 곳으로 보낸 뒤, 도덕적인 상처를 입지 않을 만한 다른 이유를 들어 면직하도록 했다. 레인스포드는 유예기간 6개월 혜택도, 도덕적 체면을 보호받지도 못했다.

레인스포드가 떠난 뒤 거의 100년 동안 그가 모건의 여성들 가운데 한 명과 관계를 맺었다는 소문이 나돌았다. 개연성은 있지만 가능성은 낮다. 문제가 된 여성은 모건의 인생에서 그다지 중요한 인물은 아니었다. 또한 레인스포드가 면직된 뒤에 아프리카 여행을 떠날 때 모건이 자연사 박물관을 통해 상당한 용돈을 지급했다.

레인스포드가 사임한 지 6개월 뒤 건축가 스탠퍼드 화이트가 살해당한다. 모건은 개인 도서관을 지으면서 화이트를 선택하지 않았다. 이후 그는 점점 병들고 선견지명을 잃어가는 화이트와 거리를 두고 지냈다. 화이트는 빚더미에 올라앉아 맥킴과 파트너십을 중단해야 했다. 결국 월급쟁이 건축가로 전락했다. 화이트는 여성 편력으로 악명 높았다. 상대 가운데는 에블린 네스비트(Evelyn Nesbit)라는 합창단원이 들어 있다. 그녀는 나중에 피츠버그 백만장자인 헤리 K. 소(Herry K. Thaw)와 결혼한다. 그런데 이 백만장자는 아내의 과거 연인마저도 질투했다. 그는 1906년 6월 어느 날 뉴욕 매디슨 스퀘어 가든의 지붕 위에서 화이트를 밀어 숨지게 했다. 언론은 몇 달 동안 화이트 스토리를 대서특필했다. 〈배너티 페어〉는 '스탠퍼드 화이트, 비뚤어진 육욕의 화신, 개처럼 죽다'는 제목을 달아 그의 스토리를 전했다. 뉴욕의 모든 사람들이 세기의 재판에 이목을 집중했다. 소는 정신병을 앓고 있다는 이유로 무죄를 선고받은 뒤 뉴저지의 한 정신병원에 수용되었다. 엘시 드 울프는 에블린이 예쁘기는 하지만 남자가 그것 때문에 죽을 정도는 아니었다고 평했다.

1907년 1월 다른 종류의 센세이션이 뉴욕의 문화계 엘리트를 당황하게 했다. 메트로폴리탄 오페라가 오스카 와일드의 작품을 바탕으로 만들어진 리처드 스트라우스의 '살롬(Salome)'을 공연했다. 작품은 헤롯왕의 딸과 세례 요한의 성관계 이야기를 담고 있다. 이미 유럽에서 한바탕 소동을 일으킨 바 있었다. 문제가 된 장면은 '일곱 베일의 춤(Dance of the Seven Veils)'과 살롬이 음탕한 마음으로 요한의 잘린 목을 좋아하는 장면이다. '살롬'의 초연은 1907년 1월 22일 이루어졌다. 나흘 뒤 모건이 속한 오페라 이사회는 감독에게 작품이 "문제가 많고 오페라 극장의 가장 중요한 정책에 해를 끼친다"며 중단과 함께 다시는 공연하지 말라고 요구했다.

당시 신문은 헤리 소의 재판 소식과 다음에 '살롬'의 중단사태를 전하고 있다. 신문들은 공연 중단을 야기한 사람이 'J. P. 모건의 딸 가운데 한 명'이라고 전했다. 사실 루이자를 의미한다. 그녀가 아버지 전용석에 앉아 '살롬' 초연을 본 뒤 "오페라 하우스 이사들을 설득해 공연을 중단시키라"고 아버지 모건에게 요구했다고 신문들은 전한다. 〈타임〉 1월 27일자는 모건이 이사회 소집을 요구해 공연을 중단하도록 했다고 전했다. 다음날 〈타임〉은 이사회는 열리지 않았고, 이사회 의장인 조지 G. 헤이븐(George G. Haven)이 이사들에게 전화를 걸어 공연중단 여부를 물었다고 수정 보도했다. 메트로폴리탄 오페라는 '살롬'의 이후 공연을 모두 취소했다. 오스카 해머스타인(Oscar Hammerstein)은 1909년 맨해튼 오페라 하우스에서 매리 가든(Mary Garden)이 주인공을 맡은 '살롬'을 다시 무대에 올렸다.

모건은 예술을 평가할 때 청교도적이지 않았다. 하지만 살롬이 잘린 머리를 끌어안는 장면에서 공포에 떨었고, 메트로폴리탄 오페라의 이사회가 문제의식을 공유했다면, 그는 공연중단을 지지했을 수 있다. 모건 가문의 기록에서는 이 사건에 관한 언급이 발견되지 않았다. 당시 이사회 멤버는 조지 보도인과 조지 베이커, 찰스 래니어, D. O. 밀스, 윌리엄 K. 반더빌트, 어거스트 벨몽트였다.

〜〜〜〜

모건의 우울증은 겨울이면 찾아왔다. 1907년 1월 그의 우울증은 유달리 심했다. 그는 크리스마스를 지낸 뒤 독감 때문에 몸져누웠다. "독감이 아버지의 심리 상태를 최악으로 악화시켰다"고 잭은 월터 번스에게 말했다. "아버지가 우울증을 떨쳐버릴 수 없기 때문에 조만간 유럽으로 떠날 것"이라고도 했다.

젊은 모건(잭)은 아버지 모건의 건강 이야기를 하다가 갑자기 화제를 바꿔 예술품에 대한 아버지의 과잉 지출을 언급한다. 모건이 너무 많은 돈을 예술품 매입에 투입하는 바람에 은행에 가용 현금이 부족하다고 했다. 그는 "아버지가 예술품에 큰돈을 쏟아붓지 않았다면 할 수 있는 일을 현재 못하고 있다. 하지만 나는 아버지가 이 문제로 사과하거나 변명할 필요는 없다고 생각한다"고 말했다. 이어 "아버지도 그 문제를 잘 알고 계신다. 놀랍게도 아버지는 내가 그 문제를 언급하는 것을 막지 않았다"고 말했다.

모건은 여전히 예술품을 마구 사들였다. 한 달 뒤인 1907년 2월 모건은 요하네스 베르메르(Johannes Vermeer)의 '한 여성의 글쓰기(A Lady Writing)'를 10만 달러를 지급하고 사들였다. 작품 속 젊은 여성은 흰색 모피로 가장자리가 마감된 노란 자킷을 입고 뭔가를 쓰고 있는 테이블에서 올려다보고 있다. 17세기 네덜란드 수수께끼 같은 거장이 신묘하게 간결하고 생생하게 그린 작품이다. 색감과 동작의 정적감, 빛의 놀라운 조화로 유명하다. 1860년대 프랑스의 한 비평가가 다시 발견할 때까지 두 세기 동안 종적이 묘연하기도 했다.

베르메르가 남긴 작품은 35점이었는데, 1907년 모건이 매입한 것까지 포함해 미국에는 모두 다섯 점이 들어왔다. 헨리 마컨트는 1889년 메트로폴리탄 박물관에 '물주전자를 든 젊은 여성(Young Woman With a Water Pitcher)'을 기증했다. 이사벨라 스튜어트 가드너는 1892년에 '콘서트(The Concert)'를 매입했다. 콜리스 P. 헌팅턴은 1900년 '류트를 든 여인(Woman with a Lute)'을 박물관에 내주었고, 헨리 클레이 프릭은 1901년 '자신의 음악을 방해한 여자(Girl Interrupted at her Music)'를 매입했다.

모건은 예술품에 대한 과잉 지출이 낳은 문제를 해결하지 않으려고 한 듯하다. 절반쯤 은퇴자처럼 지내기도 했다. 투자은행 J. P. 모건에 발생한 문제를 해결하는 데도 열성을 보이지 않았다. 잭은 1907년 1월 그렌펠에게 "아버지 스스로 많은 문제를 결정해야 할 순간에 정작 사무실에 아버지가 계시지 않아 상당한 문제가 발생하고 있다"고 불평했다. 모건은 1월 말 다시 쾌활한 모습을 보이기는 했다. 하지만 도서관을 떠나지 않으려 했다.

모건은 당시 10주 동안이나 월스트리트 사무실에 나타나지 않았다. 그해 2월 말부터는 파트너들이 도서관을 '업타운 지점'이라고 부르기 시작했다. 몇몇 사안들은 그가 없어도 잘 처리되고 있었다. 투자은행 J. P. 모건이 침체기를 보인 시기에 거둔 놀라운 성과 가운데 하나가 미국 전기통신회사인 AT&T의 모거니제이션(워크아웃)이었다. 본래 회사는 보스턴의 투자은행 키더·피바디가 자금을 지원했다.

전신인 벨(Bell)의 경영자인 시어도어 N. 베일(Vail)은 1880년대 회사 구조의 집중화와 수직적 통합을 강력히 주장했다. 하지만 보수적인 뉴잉글랜드 투자자들은 그의 제안을 거절했다. 결국 그는 회사를 떠날 수밖에 없었다. AT&T를 담당한 보스턴 금융회사들은 1902년 투자은행 J. P. 모건과 퍼스트 내셔널이 주축이 된 컨소시엄에 신규 자금의 지원을 넘겼다. 뉴욕 은행가들은 베일을 다시 불러들여 그의 전략대로 1906년 대대적인 확장 전략을 추진한다. 모건 등은 AT&T가 발행한 채권 1억 달러를 인수했다. 회사의 구조를 확대·개편해 전국적인 회사로 탈바꿈시켰다. 잭은 "이렇게 성공적인 비즈니스는 상당 기간 보지 못했다"고 말할 정도로 AT&T의 구조개편은 순조롭게 진행되었다. 투자은행 J. P. 모건은 1906년 이후 AT&T의 주거래 은행으로 구실했다.

노던 시큐어리티스의 불법 판결이 나올 즈음 여러 철도회사를 묶은 철도 트러스트들은 지역적인 확대 전략을 지속적으로 추진했다. 모건이 선임한 경영자들과 금융가들이 남부와 북서부, 펜실베이니아 무연탄 지대, 뉴잉글랜드의 철도회사를 장악해 운영했다. 찰스 멜런은 1903년 북동부의 철도운송 이해당사자 공동체를 구성하기 위해 뉴욕-뉴헤이븐-하트포드 철도로 옮겨갔다. 결국 1906년 미국 대형 철로의 3분의 2가 7대 철도회사의 수중에 들어갔다. 모건은 자신이 소유한 철도회사를 비롯해 반더빌트 가문과 펜실베이니아 철도, 제임스 J. 힐이 장악한 이 '빅7'을 총괄하했다.

정부가 1906년 중요한 반독점 조처를 취했다. 하지만 모건 금융그룹은 거의 영향을 받지 않았다. 법무장관 찰스 보나파르트(Charles Bonaparte)가 스탠더드 오일을 반독점 혐의로 기소했을 때, 퍼킨스가 U. S. 스틸과 행정부 '기업국' 사이에 신사협정을 체결하도록 해 별 탈 없이 넘어갈 수 있었다. 의회는 철도산업을 규제하기 위해 헵번 법(Hepburn Act)을 제정했다. 주간교통위원회가 미래를 위해 합리적인 요금을 결정할 수 있게 됐다. 금융 자본가들은 수십 년 동안 무수하게 실패했던 철도산업의 안정화가 이뤄질 것이라고 기대했다. 퍼킨스는 1906년 6월 모건에게 "헵번 법 내용이 다소 과도하기는 하지만, 궁극적으로 철도산업을 위해 좋을 듯하다. 철도회사들이 대형 고객에게 제공하는 리베이트 관행이 철퇴를 맞게 되었다는 데는 의심의 여지가 없다"고 말했다.

주간교통위원회가 헵번 법 제정 이후 2~3년 동안 철도회사의 요금에 대해 공격적으로 개입하지 않았다. 거대 철도회사를 반대하는 사람들의 불만이 고

조되었다. 하지만 헵번 법은 요금 인상을 억제해 철도회사의 순이익이 줄어들었고, 채권과 주식의 가격이 떨어졌다. 철도회사들은 설비개선·노선확장, 신규 설비 도입을 위한 자금 조달에 어려움을 겪었다.

쉬프가 1906년 1월 "이 나라의 통화 시스템이 획기적으로 변화하지 않는다면… 과거 패닉이 애들 장난같이 보일 수 있는 초대형 패닉이 발생할 수 있다"고 예상했다. 실제 그의 예상 이후 미국 경제가 점점 어두워졌다. 보어 전쟁, 러일 전쟁이 서구 자본의 상당 부분을 흡수해버렸다. 1906년 가을에는 영국과 독일이 해외 자본을 유치하기 위해 금리를 인상한다. 상당한 자본이 미국에서 빠져나갔다. 재무부는 통화 공급을 늘릴 수단을 가지고 있지 않았다. 재무장관 레슬리 쇼는 비공식적으로 통화 공급을 계절적인 수요에 맞춰 연동하려고 했던 사람이었다. 그는 1906년 말 "재무장관이 필요하다고 생각할 때 1억 달러를 시중은행에 예치하거나 인출할 수 있고 여러 은행의 지급준비금을 감시·감독할 수 있으며 연방정부가 인가한 은행을 통제할 수 있다면, 내가 생각하기에 다른 금융시장 패닉이 미국이나 유럽을 위협하는 상황은 오지 않을 것"이라고 말했다. 그는 "이런 재량권과 권한을 보유한 재무장관만큼 금융시장에 영향을 미칠 수 있는 중앙은행이나 국유은행은 전 세계에서 거의 없다"고 덧붙였다.

20세기 중반 유명한 통화 이론가인 밀턴 프리드먼과 안나 슈바르츠에 따르면, 레슬리 쇼의 주장은 '상당히 일리 있는 말'이다. "재무부가 보유한 금융정책적인 힘은 아주 대단했다. 쇼가 요구한대로 재무부의 권한이 확장되었다면, 미국 재무부는 아주 효과적인 수단과 나중에 출범하는 연방준비제도이사회 못지않은 권한을 보유했을 것이다."

프린스턴대학 총장인 우드로 윌슨은 1906~1907년 미국 경제의 침체가 "철도산업에 공격적인 태도를 취한 정부의 정책 탓"이라며 시어도어 루스벨트에게 산업과 반독점 규제를 완화하라고 촉구했다. 하지만 시어도어는 1906년 대형 트러스트를 모두 연방정부의 감시·감독 아래 두겠다고 압박했다. 그는 미국인들이 "문자 그대로 전례를 찾아보기 힘든 번영"을 즐기고 있다고 주장했다.

자동차를 타고 런던 프린스 게이트 저택을 나서는 모건
(출처: 뉴욕 피어폰트 모건 도서관)

모건은 1907년 3월 중순 유럽 여행을 떠날 예정이었다. 하지만 금융시장 위축과 시어도어가 철도에 대해 새롭고 극적인 조처를 취할 것이라는 루머 때문에 '업 타운 지점'에서 월스트리트로 내려가야 했다. 3월 12일 그는 워싱턴으로 가 대통령과 '경제 현황'을 주제로 두 시간 동안 토론했다. 그는 백악관을 나서면서 기자들에게 '국민의 불안'을 해소하기 위해 대통령이 주요 철도회사 대표들과 만날 것이라고 말했다.

모건은 그해 3월 13일 유럽으로 여행을 떠났다. 다음날인 3월 14일 기업들의 기록적인 순이익에도 불구하고 주가가 폭락했다. 증권사들이 문을 닫았고, 이자율이 급등했다. 시어도어는 철도회사의 대표들과 회동을 취소했다. 다우존스 지수는 1월 96포인트에서 3월 75포인트 수준으로 25퍼센트나 급락했다. 뉴욕의 모건 파트너들은 엄청난 주가 폭락의 원인이 제대로 밝혀지지 않고 있다고 런던에 알렸다.

해리먼과 쉬프, 윌리엄 록펠러, H. H. 로저스가 월스트리트 23번지 '더 코너'에서 긴급하게 회동했다. 서둘러 비상대책위원회를 구성했다. 이들은 모건 하우스와 쿤·롭 등이 2,500만 달러를 조달해 추가적인 주가 하락을 막기 위해 주식을 매수해야 한다고 제안했다. 잭은 위원회의 제안을 유럽에 머물고 있는 아버지에게 알렸다. 하지만 모건은 가만히 있는 게 안전하다고 말했다. 모건은 조지 베이커를 통해 재무부가 개입할 것이라는 이야기를 이미 들은 상태였다. 그는 민간 금융가들이 개입하는 게 적절한지와 충분한 효과를 낼지를 동시에 고민했다. 그리고 금융가들의 자제를 요구했다. "제안된 계획이 현명한 조처라고 생각되지 않는다. 시장조작은 우리가 할 수 있는 일이 아니라고 앞서 밝힌 방침과 어긋난다"고 했다.

모건은 "어떤 비용을 치르더라도 시장에 뛰어들어 주식과 채권을 매수하는 방식으로 안정시켜야 하는" 상황을 상상할 수는 있다고 말했다. 하지만 "워싱턴이 우리가 선한 의도로 하는 일을 견제할 힘을 보유하고 있는 상황에서 시장에서 주식과 채권을 매입한 데 따른 위험은 더욱 커진다. 이는 내가 할 수 있는 말의 전부이고, 상황에 맞게 대처하는 게 좋다. 이 편지를 조지 F. 베이커에게 보여주어라. 그는 네게 가장 훌륭한 카운슬러이다"고 말했다.

시어도어가 새로 재무장관에 임명한 조지 코틀유는 시장의 자금수요를 충족시키기 위해 뉴욕에 있는 연방정부 인가 은행들에 1,200만 달러를 예치했다. 1903년 '부자들의 패닉' 사태가 벌어졌을 때 모건도 비슷하게 은행에 5,000만 달러를 예치한 바 있다. 몇 년이 흐른 뒤 역설적으로 그의 파트너들은 모건한테서 상반된 지시를 받았다. 그런데도 뉴욕의 주요 금융 자본가들은 사태가 더 악화될 때를 대비해 금융회사마다 250만 달러를 갹출해 시장 안정화 기금을 만들기로 했다. 재무부 개입과 뉴욕 금융회사의 펀드 조성 사실이 널리 알려지면서 시장은 재빠르게 안정되어 갔다. 하지만 1906년 봄 주가는 계속 미끄러져 내렸다. 기업과 증권사 파산이 계속되었다. 은행의 지급준비금이 지속적으로 감소했다. 대서양 양쪽의 보수적인 투자자들은 채권과 주식을 팔고 금을 보유하고 있었다.

위기가 완전히 가시지지 않은 1906년 4월 17일 모건은 프랑스 엑스레뱅에서 애덜레이드와 누이동생 매리와 함께 일흔 번째 생일파티를 열었다. 잭이 이때 띄운 전보에는 조금은 앞서 나간 듯한 내용이 들어 있다. "외경의 일부인 집회서에 나오는 '시라크의 아들 예수(Juses the Son of Sirach)'는 지식과 지혜를 갖춘 사람과 영역 내에서 편하게 살 수 있는 능력을 갖춘 부자들, 올바름을 망각하지 않은 사람을 우리의 지도자로 삼으라고 하신 선지자들과 예수를 찬양하라고 했습니다. 아버님에 대한 사랑과 함께 생신 인사로 이 말을 전합니다."

모건의 일행은 엑스레뱅을 출발해 파리를 거쳐 런던으로 향했다. 5월 말에는 이탈리아로 예술 탐방을 떠나 페루자에서 로저 프라이를 만난다. 프라이는 여전히 메트로폴리탄 박물관의 회화 큐레이터로 일하고 있었다. 모건에 대한 그의 평가는 여전히 오락가락한다. 1906년 6월 그는 드가의 '강간(Le Viol)'을 보기 위해 모건을 파리로 안내했다. 그는 이번 안내로 박물관의 작품 구매를 성사시키고, '거물'의 현대 예술에 대한 안목도 직접 시험해볼 요량이었다.

당시 미국의 부도덕한 행위를 공격한 앤서니 콤스톡(Anthony Comstock)은 뉴욕의 예술 학생 동맹(Art Students League)을 비판하면서 누드화를 대거 압수했다. 모건은 메트로폴리탄 박물관 회장으로서 드가의 작품 세계를 개인적으로 높이 평가했다. 하지만 이런 시대적인 분위기를 감안해야 했다. 프라이는 "드가의 '강간'이 아름답다고 하더라도, 콤스톡 주의자들의 거센 비판을 받을 수 있었다. 현재 시점에서 우리는 군이 그들의 비판을 사서는 안 된다"고 말했다.

드가의 '강간'은 1986년 헨리 맥레니의 컬렉션에 포함되어 필라델피아 박물관에 기증된다. 작품 제목도 바뀌어 '실내(Interior)'로 불리고 있다. 제목처럼 성폭행이 발생한 뒤 남녀가 한 방에 있는 모습을 묘사하는 그림이다. 남자는 완전히 옷을 차려 입고 상대 여성을 처다보면서 벽에 기대 앉아 있고, 여성의 찢겨진 옷 사이로 어깨가 드러나 있다. 여성의 얼굴은 그림자에 가려 불분명하지만, 울고 있는 모습이다.

프라이는 모건과 드가의 작품을 검토한 지 1년이 지난 시점에 필라델피아 수집가 존 G. 존슨에게 '회장'이 메트로폴리탄 박물관을 위해 제시한 이탈리아 작품들을 거부했다. 이때 프라이는 "메트로 박물관이 나머지 작품을 살 수 있기를 강하게 희망했다! 우리 박물관과 무관한 당신(존슨)은 우리가 작품을 검토할 때 늘 내 의견을 존중해주기 때문에 메트로 박물관 회장한테서 충격받았다는 사실을 털어놓는다. 하지만 지금까지 그는 나와 친밀하게 지내기 때문에 이 이야기는 어디 가서 해서는 안 된다"고 말했다.

프라이는 1907년 봄 모건의 호의를 받았다. 메트로 박물관의 직함을 '회화 담당 유럽 자문관'으로 바꾸고 싶었다. 당연히 급여는 줄어들지 말아야 했다. 그가 이 직함을 가지게 되면 해외에서 더 많은 시간을 보낼 수 있게 된다. 이런 바람을 가지고 있던 차에 모건이 르네상스 시절 회화의 한 트렌드인 움브리아(Umbrian)파의 그림 전시회를 둘러보기 위해 프라이를 초대한다. 프라이는 모건의 초대를 아주 좋은 징조라고 생각했다. 아내에게 보낸 편지에서 "모건 씨가 내게 아주 호의적으로 변했고, 박물관에서 내가 원하는 직책을 얻을 수 있다. 그가 전지전능하기 때문에 초대로 모든 게 이뤄졌다고 할 수 있다"고 말했다. 실제로 이탈리아에서 모건을 만난 프라이는 거물의 친근한 태도와 취향에 적잖이 놀란다.

프라이는 1906년 5월 27일 모건과 애덜레이드, 매리 번스를 만났다. 하루 뒤엔 움브리아파 회화 전시회를 둘러보았다. "사전에 아무런 예고도 하지 않았는데 모건은 왕에 버금가는 대접을 받았다. 우리가 방문한 교회마다 구경나온 사람들이 몰려 있고, 전시회 관계자들은 예를 다하는 게 아주 흥미로웠다. 모건을 왕으로 생각하는 게 무척 놀라웠다. 모건은 이곳 사람들에게 자신이 유일한 백만장자라는 생각을 갖게 한 듯하다. 모건은 사람의 눈길을 즐기는 듯했고, 모든 교회를 방문했으며, 자신이 살 수 없는 모든 것을 감상하려고 했다. 나는 모건의 이런 모습을 좋아하고 이 분위기 속에서 나는 그와 아주 친밀해졌다"고 프라이는 아내에게 전했다.

일행은 페루자를 떠나 아시시(Assisi)로 향했다. 프라이는 아시시 사람들이 일행을 맞이하는 모습이 "믿을 수 없을 정도로 웃겼다"고 말했다. "시 전체가 광적인 흥분 상태였다. 프란체스코 수도사들은 수도원을 다시 사들일 수 있도록 모건의 돈을 받아내기 위해 고개를 숙여 인사할 뿐만 아니라 가장 성스러운 보물 곳간을 모두 열어 보였다… 프란체스코 수도사와 빈곤의 결합이 이런 기묘한 장면을 연출한 듯하다. 놀랍게도 모건이 낮은 교회에 깊은 인상을 받았다는 점에 비추어볼 때 이곳 물건이 그리 나쁘지는 않아 보였다. 모건은 지오토(Giotto)의 '라자로의 부활(Raising of Lazarus)'이 자신이 본 작품 가운데 가장 뛰어나다고 평가했다. 그는 예상과는 달리 놀라운 지적 능력을 선보였다."

마침 버나드 베런슨도 아시시를 방문하고 있었다. 프라이는 그와 만나 저녁식사를 같이했다. 프라이는 "한 사람의 리더를 위대한 인간으로 이끄는 내 위치를 생각하며 너털웃음을 지었다"고 전했다. 며칠 뒤 모건은 플로렌스에서 희귀 서적 딜러인 레오 올스키(Leo Olschki)한테서 베토벤의 친필 사인이 적힌 마지막 소나타 원고를 사들였다. 프라이는 베런슨의 저택인 빌라 I 타티를 방문해 저녁을 얻어먹었다. 베런슨이 손님을 맞이하며 '지적인 건달 기질'이 엿보이는 기묘한 태도를 보였다. "베런슨은 어이없게도 소장 그림을 내게 보여주지 않으려 했다"고 프라이는 아내에게 전했다. 이어 "그는 상대의 능력을 칭찬하는 게임도 하지 않으려 했다. 그저 피곤하다고 말하면서 가능한 한 내 예술적 안목을 깎아 내리려 했다"고도 했다.

베런슨은 이사벨라 가드너에게 프라이와의 만남을 다른 어조로 전한다. "프라이가 느닷없이 찾아왔다… 죽도록 피곤해 보였다. 그는 하루나 이틀 동안 모건과 떨어져 있었다. 모건 일행에 대해 놀라운 이야기를 해주었다." 그는 모건한테서 좋은 인상을 받지 못한 성싶다. "이탈리아 예술품의 값을 다시 매기려는 게 모건의 욕망인 듯싶다. 불행하게도 성공할 것이다. 그가 어떤 그림을 좋아했다는 사실은 상당 기간 동안 기억될 것이다. 인간이 본디 그렇다." 이탈리아 예술의 비평가이면서 최고의 안목을 가졌다고 자부하는 베런슨은 한숨을 내쉰다. "어떤 비평과 감정평가도 세상 사람들을 바꾸어 놓지 못한다… 하지만 모든 사람들은 모건의 코가 스쳐 지나간 그림을 보려고 할 것이다. 이는 프라이의 의견이 아니라 내 생각이다. 프라이는 모건을 매우 숭배하고 있다. 분명히 그는 우리가 능력만 있다면, 우리도 숭배할 것이다."

프라이의 모건 숭배는 날로 더해갔다. 일행은 시에나와 산 지미냐노(San Gimignano)를 둘러 본 뒤 코르세어호에 승선했다. 프라이는 "요트가 해안선을 따라 항해할 때 안코냐(Ancona)의 모든 사람과 브라스 밴드까지 나와 환영했다"고 전했다. 열흘 뒤 프라이는 "박물관을 위해서는 아주 좋은 작품을, 모건 개인을 위해서는 아주 탁월한 작품을 매입했다. 여태껏 예술품 쇼핑 가운데 가장 어마어마한 규모였다. 모건이 탁월한 안목을 자랑했다. 내가 옆에서 도와주어 기뻤을 것"이라고 기록했다. 프라이는 '위대한 인간'의 심기가 아주 유쾌한 타이밍 덕분에 급여 삭감 없이 보직을 유럽 자문관으로 바꿀 수 있었다.

모건은 1907년 여름에도 엄청난 규모로 작품을 사들였다. 딜러인 두빈 브라더스의 중개로 프랑스 수집가 로돌프 칸(Rodolphe Kann)의 컬렉션 가운데 그림을 선별적으로 사들였다. 두빈 쪽이 칸의 저택을 450만 달러에 사들이는 데 절반을 미리 지원하는 대가로 칸의 그림 중에서 제일 먼저 30점을 선정해 가질 수 있는 권리를 확보했다. 그는 기를란다요의 '조반나 토르나부오니(Giovanna Tornabuoni) 초상화와 안드레아 델 카스타뇨(Andrea del Castagno)의 '젊은 남자의 초상화(Portrait of a Young Man)', 로저 반 데르 바이덴(Roger van der Weyden)의 '수태
고지' 등의 작품을 골랐다.

그런데 모건은 놀랍게도 렘브란트의 '호머의 흉상을 응시하는 아리스토텔
레스(Aristotle Contemplating The Bust of Homer)'는 선택하지 않았다. 두빈은 애초 카
스타뇨의 작품을 이사벨라 스튜어트 가드너에게 주기로 약속해 놓은 상태였
다. 모건은 망설인 끝에 두빈이 그 작품을 가드너에게 주도록 했다. 베런슨은
이 작품을 1만 2,500파운드에 사라고 추천한 바 있다. 베런슨은 토리기아니 컬
렉션에 이 작품이 포함되어 있을 때 이탈리아 예술의 최고봉이라고 극찬했다.
"전해지는 이탈리아 작품 가운데 가장 탁월하며 다른 작품을 압도하는 걸작
이다"고 했다.

하지만 1907년 증권시장이 침체를 보여 가드너의 소득이 줄어드는 바람에
그 작품을 고사해야 했다. 그는 "너무 아쉬워 죽겠네! 나는 왜 모건이거나 프
릭이 아닌 것이야. 너무 속상해 죽겠다"고 베런슨에게 토로했다. 결국 카스타
뇨의 작품은 모건의 차지였다. 베런슨은 1914년 모건의 저택에서 이 작품을
매입하려 했지만 성공하지 못했다. 그래서 그는 1932년 '르네상스 시기의 이탈
리아 회화전'에서 카스티노 작품에 부여했던 최고 걸작의 지위를 안토니오 폴
라이우올로(Pollaiuolo)의 작품에 부여한다. 그는 한때 보티첼리의 작품을 최고
라고 추어준 적도 있다.

벨 다 그린은 "열정적으로 오랜 기간 서로에 대해 헌신한 기억에 비추어볼
때 우리의 카스타뇨와 보티첼리에 대한 찬사가 왜 이제는 폴라이우올로 작품
으로 갔는지를 설명해줄 시간이 있을 겁니다. 최선을 다해 당신의 생각이 바
뀐 것을 이해하려고 했지만, 저의 약하고 늙어가는 마음 자세 때문에 그럴 수
없습니다"라고 따지듯이 물었다.

앤드류 멜런은 1935년 카스타뇨의 작품을 사들인다. 현재는 워싱턴 내셔널

아트 갤러리에 전시되어 있다. 모건이 사들인 베르메르의 '한 여성의 글쓰기'도 내셔널 갤러리의 소장품이 되어 있다. 기를란다요의 작품은 대서양을 다시 건너 마드리드에 있는 배런 타이센(Baron Thyssen) 갤러리의 소장품으로 변신했고, 멤블링스 작품은 여전히 모건 도서관에 자리 잡고 있다.

모건이 이때 매입한 작품 가운데 메트로폴리탄 박물관에 소장되어 있는 작품은 반 데르 바이덴의 '수태고지'와 메추의 '아기 보러 가기(A visiting to the Baby)', 테르보르흐의 '화장실에 있는 젊은 여자(Young Girl at Her Toilet)'이다.

모건은 그해 6월 런던으로 건너가 영국왕 에드워드 7세와 앨리스 케펠, 수상인 헨리 캠벨-배너맨(Henry Campbell-Bannerman), 레오폴드 로스차일드 부부 등과 함께 옥스포드셔에 있는 넌햄 공원에서 일주일을 지냈다. 넌햄 공원은 모건이 메이와 홀루 하코트를 도와 복원한 저택이다. 또한 1904년 롬니의 작품 카탈로그를 만들었던 W. 로버츠와 T. 험프리 워드가 편집한 소장 그림에 관한 카탈로그 초안을 검토했다.

모건은 1907년 자신이 소장한 작품을 소개하는 카탈로그를 여러 권 만들었다. 조지프 사빈이 1883년 맨해튼 매디슨 애비뉴 219호 저택에 있는 작품에 관한 카탈로그를 만든 바 있다. 또한 얼 신이 모건이 초기에 수집한 그림을 소개하는 카탈로그 〈미국의 예술 보물Art Treasures of America〉를 1879년에 펴내기도 했다. 이후 모건은 폭넓게 작품을 매입했다. 그는 자신이 사들인 작품을 분류하고 평가해 아름다운 책으로 만들 전문가를 채용했다. 이때 만들어진 카탈로그는 가죽 장정으로 고급스럽게 포장되었다. 생생한 사진과 학자적 비평을 담고 있다. 최고의 종이가 사용되었다. 모건보다 앞선 부호들도 당대 최고급 카탈로그를 만들었다. 그는 1902~1903년 딜러 소서리언을 통해 월러스와 알프레드 로스차일드의 카탈로그를 구입해 보기도 했다.

모건은 최고급 카탈로그가 완성되자, 에드워드 7세와 카이저 빌헬름 2세에게 선물했다. 학자와 딜러, 도서관, 대학 등에도 보냈다. 새로 완성된 카탈로그 덕분에 모건이 해당 작품의 앞선 보유자들과 연속선상에 자리잡게 되었다. 빈번한 손바뀜도 줄어들 수 있었다. 다시 말해 모건이 현재 브론즈 조각과 소형 초상화, 콜로냐 마돈나, 그라스 프리고나라의 작품, 렘브란트의 '니콜라스 루트' 등을 보유하고 있더라도, 그가 숨을 거둔 뒤에 누군가가 이를 매입할 수 있다. 이런 상황에서 카탈로그는 그 작품의 주인이 누구였는지를 밝혀주기 때문에 모건의 이름은 해당 작품과 늘 같이 갈 수밖에 없다. 카탈로그는 컬렉션을 방문할 수 없는 사람에게 간접적인 감상 기회를 주기도 한다. 모건도 이를 감안해 보유한 시계와 보석, 소형 초상화 등을 소개하는 카탈로그를 제작하는 조지 C. 윌리엄슨에게 생생한 사진을 담아 학생들이 이용할 수 있도록 하라고 주문했다. 윌리엄슨은 시계 카탈로그가 완성될 때 "카탈로그가 시계의 여러 모습을 보여주는 반면, 오리지널은 사람의 손으로 열어보거나 뒤집어 보아야 하기 때문에 어떤 의미에서 카탈로그의 사진을 보는 게 즐겁기도 하다"고 말했다.

중세연구가인 M. R. 제임스는 베네트 컬렉션에 들어 있는 서양 인쇄술 초기 본인 치스위크 인쇄본에 관한 카탈로그를 제작한 바 있다. 1906년 모건이 보유한 중세와 르네상스 시기 채색 사본을 소개하는 카탈로그도 제작했다. 모건의 중국 도자기 카탈로그 제작은 윌리엄 래펀이 맡았다. 앨버트 클레이는 바빌론시대의 점토판에 대한 카탈로그를, 윌리엄 보데는 모건의 르네상스 브론즈 작품에 대한 카탈로그를 1909년 완성했다. 보데는 서문에서 모건이 '우리 시대의 최고 수집가'이고, "개인이 소장한 브론즈 작품 가운데 가장 포괄적이고 아마도 가장 중요한 작품을 보유하고 있다. 그의 컬렉션은 르네상스 시대 이탈리아 소형 브론즈를 가장 풍부하게 소장하고 있다"고 평가했다. 보데는 모건의 수집방식을 간략히 소개하기도 한다. "모건은 시장에서 브론즈 작품이 거의 사라졌다고 생각될 때 매입하기 시작해, 서적과 미니어처 등을 수집할 때 따랐던 흐름 등을 감안해 브론즈를 사들인다. 처음에는 고상한 작품을 통째로 사들인 뒤 눈에 띄는 좋은 작품을 하나씩 추가해 컬렉션을 풍부하게 한다. 이렇게 해서 그는 다른 사람이 평생 동안 수집한 컬렉션을 능가하는 작품군을 단 10년 만에 갖추었다."

로저 프라이는 1907년 말 모건이 자신과 이탈리아 예술 탐방을 할 때 '아주 행복해했다'고 말한 바 있다. 그는 보직을 유럽 자문관으로 바꾼 뒤 뉴욕에는 거의 나타나지 않았다. 메트로폴리탄 박물관 이사회도 그의 추천을 대부분 무시했다. 그런데 1909년 파리에서 열리고 있는 벨기에 국왕 컬렉션에서 프라 안젤리코(Fra Angelico)의 '성모와 성자(Virgin and Child)'를 발견했다. 최소 1만 파운드에 살 수 있도록 메트로 박물관에 요청했다. 박물관의 이사회 의장인 로버트 W. 드 포레스트(Robert W. de Forest)는 모건이나 래편이 동의할 경우라는 조건을 달아 매입 작업을 해도 좋다고 했다. 모건은 얼마 뒤 그 작품을 보고 매입했다. 프라이는 이전에도 메트로 박물관에 권유한 아이템을 모건이 중간에 먼저 매입해버린다고 불평한 적이 있다.

메트로 박물관은 모건 컬렉션의 도움을 많이 받고 있었다. 그가 개인적으로 많은 기부도 했다. 박물관이 관심 가지고 있는 작품을 모건이 먼저 사들일 때 다른 사람들이 침묵한 이유다. 다만 프라이는 침묵을 지키지 않았다. 그는 1909년 모건의 그런 행위를 비판하는 편지를 띄웠다. 모건은 그의 편지 상단에다 "이는 내가 일찍이 받아보지 못한 놀라운 편지이다. 당신을 만나기 전까지 답장을 하지 않을 생각이다"라고 적은 뒤 비서에게 "이 편지를 되돌려 보내!"라고 지시했다.

베런슨은 "모건이 프라이의 추천을 받아 프라 안젤리코의 작품을 매입했다.

가장 아름다운 작품이다. 애초 이 작품을 8,000파운드에 사라는 제안이 내게도 왔으나, 6,000파운드에 살 수 있다고 보았다. 하지만 다음날 모건이 프라이를 통해 1만 2,000파운드에 매입해버렸다. 딜러는 횡재했고, 프라이는 바보가 되었으며, 나는 절름발이 오리 신세가 됐다"고 가드너에게 한탄했다. 모건이 숨을 거둔 직후 후손들은 작품을 팔아 현재는 바론 타이센 갤러리에 있다. 훗날 프라 안젤리코의 작품이 아니라 그의 문하생이 그린 작품으로 판명났다.

프라이는 이후 몇 달 뒤 완전히 신임을 잃었다. 자리를 유지하고 싶으면 뉴욕으로 오라는 요구를 받았다. 하지만, 런던에 머물며 자신에 대한 부당한 처우를 강력히 성토했다. 메트로 박물관의 부관장인 에드워드 로빈슨은 1909년 12월 말 프라이에게 '당신의 직무수행이 기대에 미치지 못한다'며 박물관을 떠나라고 했다. 벨 다 그린은 1910년 초 "최근 발생한 일 때문에 공중에 둥둥 떠 있는 느낌"이라며 "프라이는 최근 용서받을 수 없을 일을 몇 가지 저질렀다. 하지만 어느 누구도 최후의 악수가 무엇인지 알 수도 없고 말하지도 않는다"고 베런슨에게 말한다.

프라이는 모건이 해고했다고 비난하면서도 이후 계속 작품을 그에게 팔아 먹는다. 페르시아 천문학 논문과 맥컬리 육필 원고, 청동 출입문, 그림 여러 점, 셀리니의 작은 브론즈 등이 그가 해임된 이후 모건에게 중개한 작품들이다. 1912년 말 그는 모건이 보유한 비잔틴시대 에나멜에 관한 〈벌링턴 매거진〉의 장정본을 만들어 메모와 함께 뉴욕으로 보낸다. "장정이 다른 대상만큼 멋지다고 생각해주시기를 소망합니다… 모건 씨가 편치 않다는 이야기를 듣고 걱정이 됩니다. 빠른 쾌차와 즐거운 새해가 되시기를 기원합니다."

모건은 1905~1912년 사이에 〈벌링턴 매거진〉의 우선주를 주당 1파운드에 1,000주 매입했다. 그의 저택의 자산 목록에는 이 우선주가 전혀 가치 없는 것으로 기록되어 있다. 수년 뒤 프라이는 모건과 함께 한 1907년 이탈리아 여행에 관한 글을 버지니아 울프에게 보낸다. 그녀는 1940년에 출판한 전기 《로저 프라이》에 그의 글을 인용한다. 프라이는 위트 있는 문장으로 "모건이 위층에서 잠을 잘 때 곱게 늙은 더글러스 여사의 팔을 베고 잤다"고 묘사했다.

프라이는 버지니아 울프에게 보낸 글에서 이탈리아 레반틴(Levantine) 딜러와 지방 귀족들이 '아픈 모건'에게 도자기 등을 필사적으로 팔려고 했다고 적었다. 모건의 누이 동생인 매리 번스가 더글러스 부인의 여성 보호자로 구실했다. 그는 "번스는 그림이나 풍경, 모건의 말에 대해 작은 쥐가 찍찍거리듯이 감탄할 때를 제외하고는 있는지조차 모를 정도로 조용했다"고 묘사했다.

프라이는 1907년 모건의 지적인 반응과 '엄청나게 즐기는 태도, 지오토 작품에 대한 평가, 매입할 수 없는 것들에 대한 관심 등에 적잖이 놀랐다. 하지만 그해 여행을 회고할 때는 아주 정반대 주장을 내놓았다. "모건은… 아무것도 살 수 없는 아시시에서 프레스코화를 감상할 때 아주 지겨워했다… 더글러스 부인은 나를 부추겨 관심을 교회의 역사와 지오토 작품으로 돌려 그의 기분을 전환해주려고 노력했다. 하지만 모건이 즐거워하지 않아 서둘러 자리를 떠나야 했다." 이후 그는 별 효과 없는 말을 길게 늘어놓은 뒤 모건에 대해 요약해 결론 내린다. 몇 세대 동안 학자와 학생들을 위해 작품을 모은 수집가라는 게 그의 결론이다. "질박한 역사적 상상력만 없었다면, 그는 예술에 대해 완전히 무지했을 것이다. 따라서 그 질박한 역사적 상상력은 유일한 흠이다."

역사는 본디 논리 정연한 사람의 전횡에 휘둘리는 법이다. 프라이는 '거물'과의 경쟁에서 예술적인 개념이라는 무기를 보유한 사람이다. 불행히도 모건은 프라이와 겨루고 있다는 사실을 알지 못했다. 프라이는 장악하고 흔들 수도 없고 당황하게 만들 수도 없는 거대한 힘에 휘둘린 나머지 궁극적으로 헐뜯기 작전으로 나왔다.

버지니아 울프의 《로저 프라이》가 1940년 영국에서 출판되었다. 직후 책은 런던 파트너를 통해 울프에게 미국판을 찍을 때 두 문장을 삭제해 달라고 요구했다. 모건이 애덜레이드와 자는 모습을 묘사한 문장과 "그의 뉴욕 애인이 다른 애인들과 마찬가지로 거액의 돈을 받고 있는지가 나는 늘 궁금했다"는 대목이다. 울프는 미국 출판사에 편지를 띄워 이렇게 말한다. "그(잭 모건)는 (두 문장이) 그와 가족들에게 커다란 고통을 야기한다고 말했는데, 동의할 수밖에 없었다… 개인적으로 나는 그런 이의제기가 합리적이라고 생각하지는 않지만, 거절하고 싶지 않았다." 그러나 《로저 프라이》는 이미 인쇄에 들어간 뒤였고 수정이나 삭제는 이뤄지지 않았다.

패닉

J. P. 모건은 1907년 3월 중순부터 8월 중순까지 다섯 달 동안 해외에 머물렀다. 이 해 봄 금융시장이 요동했다. 그렇다고 예술에 대한 그의 관심은 줄어들지 않았다. 아내 패니는 4월 28일 "은행은 아주 잘되고 있다"고 적었다. 5월 4일 일기에는 "은행이 날로 번창하고 있다"고 기록했다. 아들 잭은 1907년 2분기 U. S. 스틸의 순이익이 설립 이후 최대인 4,550만 달러였다고 런던에 알렸다. U. S. 스틸이 사업 확장을 위해 매달 1,000만 달러씩 투입해 순이익은 더욱 늘어날 것이란 전망도 곁들였다. "순이익과 투자 금액이 너무 어마어마해 사람들이 믿을 수 없다는 표정이지만, 실제 실적이 그 정도입니다."

세계적인 신용 경색은 쉽게 풀리지 않았다. 샌프란시스코 시는 그해 뉴욕에서 지방채를 발행하려고 했지만 실패했다. 이집트의 증권시장은 붕괴했다. 영란은행이 긴급 구조에 나서 금 300만 달러를 알렉산드리아로 보내 무너져 내리는 증시를 살려내려고 했다. 하지만 이번에는 영란은행이 현금 기근에 시달리기 시작했다. 프랑스 투자자들은 미국 증권을 내던지고 금으로 바꾼 뒤 자국으로 실어나르기 바빴다. 그만큼 미국 재무부의 지급준비용 금은 줄어들고 있었다. 1907년 여름 웨스팅하우스와 보스턴 시, 뉴욕 시가 채권을 시중에 내놓았지만 거의 팔려나가지 않았다. 뉴욕 메트로폴리탄 철도와 몇몇 철강업체가 끝내 파산했다. 8월 10일에는 미국 증권시장이 곤두박질했다. 〈뉴욕 타임스)는 증시 추락으로 10억 달러가 허공으로 사라졌다고 전했다. 이런 와중에 모건은 그해 8월 21일 집으로 향하는 배에 올랐다.

시어도어 루스벨트 행정부는 대기업 정책을 수정할 움직임을 보이지 않았다. 1907년 여름 연방 지방법원의 케너소 마운틴 랜디스(Kenesaw Mountain Landis)는 리베이트 1만 4,000건이 불법이라며 벌금 2,900만 달러를 스탠더드 오일에 부과했다. 물론 스탠더드 오일은 항소해 판결을 뒤집었다. 나중에 랜디스 판사는 미국 메이저리그 최초 커미셔너(총재)로 영입된다.

잭은 런던 파트너에게 보낸 글에서 월스트리트 많은 사람들이 '대기업'에 대한 정부의 공격 때문에 증시가 붕괴했다고 본다며 "사람들이 멍청이 법무장관 같은 사람들의 행태를 주시하며 바짝 긴장하고 있다"고 말했다. 그때 시어도어 루스벨트 대통령은 보스턴의 금융 자본가 헨리 리 히긴슨을 상대로 반박논리를 폈다. 그는 외국 증권시장의 붕괴 사실과 영국 정부와 철도회사의 채권 가격 폭락 등을 예로 들면서, 세계적인 금융위기가 "합리적이든 아니면 비합리적이든 내 정책 때문에 발생했다"는 주장은 믿기 어렵다고 말했다. 2~3일 뒤에는 "거대한 악질 자본가들이 내 정책을 바꾸어 놓기 위해 패닉을 조장하고 있다"며 "어린 아이를 괴롭혀 먹을 것을 빼앗듯이 자신의 사악한 행위가 낳은 과실을 즐기고 있다"고 주장했다.

시어도어의 첫 번째 주장은 두 번째 주장보다 설득력 있게 들린다. 유럽에서 발생한 위기가 세계적인 금융 경색을 야기했다. 모건이 걱정하는 것도 반독점 기소나 정책이 아니라 통화 공급 문제였다. 급격하게 성장·팽창하는 미국 경제는 전 세계에서 엄청난 자본을 흡수했다. 유럽의 신용경색으로 미국이 유동성 위기에 몰리게 되었다. 마침 세계 금 생산량은 산업발전과 견주어볼 때 오히려 줄어들었다. 돈의 공급이 그 만큼 줄어들었다.

마침 발생한 보어 전쟁과 러일 전쟁은 서구 금융시장의 현금을 대거 소진했다. 외국 중앙은행들이 경쟁적으로 금리를 인상했다. 미국은 통화 공급을 조절할 중앙은행을 보유하고 있지 않았다. 게다가 계절적으로 가을이었다. 미국 지역 은행들은 농민들의 현금 수요를 맞추기 위해 뉴욕에서 엄청난 현금을 끌어갔다. 미국의 금융시장 위기는 이래서 늘 가을에 발생했다. 미국의 낙후된 금융 시스템은 불꽃만 발생하면 활활 타오를 바싹 마른 검불과 장작이었다.

1907년 미국에는 주와 연방 정부가 각각 인가한 은행이 무려 2만 1,000개나 되었다. 이들은 공동 보조를 맞추기 위한 협의기구나, 유동성 위기를 공동 대응하기 위한 준비금 등을 전혀 갖추지 않았다. 대부분은 여유 현금을 뉴욕 제휴 은행에 맡겼고, 뉴욕 은행들은 뉴욕 증시와 개인, 기업 등에 현금을 공급하고 있었다. 허드슨 강 너머의 은행들은 짧은 통고 기간만 거치면 언제든지 뉴욕 은행에서 현금을 가져다 쓸 수 있다. 뉴욕 은행들은 지급준비금 25퍼센트만 남겨놓고 대출해줘 인출이 일시에 몰릴 경우 감당할 수 없는 상황이었다.

당시 미국 금융 시스템에서 가장 약한 고리는 신탁회사였다. 주정부의 인가를 받아 설립된 이들은 개인의 신탁 자금과 상속 재산, 부동산 등을 맡아 관리해주었다. '트러스트(Trust)'라는 말이 붙었지만, 스탠더드 오일과 U. S. 스틸 같은 트러스트와는 질이 전혀 다른 기업이다. 신탁회사는 시중은행처럼 여수신 업무뿐만 아니라 벤처에 투자하는 투기행위까지 하고 있었다. 이들의 머니게임이 이처럼 다양하고 모험적이었지만, 지급준비금은 변변찮았다. 법적인 규제도 전혀 받지 않았다. 암스트롱 청문회가 구성되는 계기가 된 '미친 금융(Frenzied Finance)'이라는 탐사 기사를 쓴 토머스 L. 로손은 신탁회사가 "월스트리트는 관계수로이고, 보험회사는 저수지"라고 묘사했다.

모건은 1907년 10월 초 성공회 총회에 참석하기 위해 대규모 일행을 이끌고 버지니아 리치몬드에 갔다. 그가 뉴욕을 비운 사이 투기꾼 두 명이 구리 광산 회사인 보스턴·몬태나 광산(Boston & Montana Mining Co.)의 주식을 매집하고 나섰다가 실패로 끝난다. 이 광산회사는 파산했고, 증권사 두 군데가 문을 닫았고, 은행 한 곳이 무너져 내렸다. 두 주인공은 F. 어거스터스 하인즈(Augustus Heinz)와 찰스 W. 모스(Charles W. Morse)였다. 두 사람의 작전에는 뉴욕 신탁회사 여러 곳이 참여해 작전 자금을 지원했다. 그중 하나가 모건과 일면식이 있는 찰스 T. 바니(Charles T. Barney)가 이끄는 니커보커 신탁(Knickerbocker Trust)이었다. 니커보커가 작전에 참여했다는 소식이 전해지자, 놀란 예금자들이 몰려들어 예금을 인출하기 시작했다.

투자은행 J. P. 모건의 파트너들은 멀리 떨어져 있는 모건에게 시시각각 인편이나 전보로 월스트리트 소식을 전했다. 하지만 모건이 일찍 돌아오면 시장에서 패닉이 발생할 수 있기 때문에 조기 귀환을 요구하지는 않았다. 리치몬드 총회는 10월 19일 토요일 오후에 막을 내렸다. 모건은 전용 열차 편으로 급거 뉴욕으로 귀환해 도서관으로 직행했다. 파트너들이 그를 맞이했다.

파트너들은 신속하게 상황을 보고했다. 니커보커에 크레디트 라인을 개설해준 내셔널 뱅크 오브 커머스가 긴급 자금을 지원해 이틀 동안은 예금자의 인출에 응할 수 있었다. 하지만 월요일이 되면 다시 인출사태가 재발해 패닉 사태가 확산될 가능성이 높았다. 모건은 재무부의 남북전쟁 채무상환을 위해 발행된 채권을 인수·유통했던 1875년 내셔널 뱅크 오브 커머스의 이사로 등재되었고, 1893~1904년에는 부회장을 맡았다.

내셔널 뱅크 오브 커머스는 1904년 다른 은행과 신탁회사 등을 인수·합병해 미국에서 두 번째로 큰 은행으로 떠올랐다. 가장 안전한 은행으로 여겨지고 있기도 했다. 엄청난 현금자산을 움직이고 있었고, 생명보험회사 빅3를 비롯해 뉴욕 금융회사를 통해 움직이는 자금 가운데 절반을 청산·결재해주는 기관으로도 구실하고 있었다.

본래 뉴욕에는 청산결제협회(New York Clearing House Association)가 구성되어

있었다. 이는 뉴욕 금융회사들이 자발적으로 구성한 공식적인 청산·결제기구였다. 매일 거래가 끝난 뒤 금융회사끼리 주고받을 돈을 계산하고 정리해 차액을 현금으로 정산했다. 협회는 패닉이 발생하면 회원 금융회사들을 위해 유동성이 떨어지는 자산을 담보로 잡고 현금으로 활용할 수 있는 대출증서를 발행하는 방식으로 마지막 대부자로 구실하기도 했다. 협회는 1903년 신탁회사들이 수신고의 10퍼센트를 준비금으로 보유하도록 요구했다. 신탁회사들은 이에 불복하고 청산·결제협회에서 탈퇴해 내셔널 뱅크 오브 커머스를 청산·결제은행으로 삼아 자기들의 줄 돈과 받을 돈을 정리하기 시작했다. 모건은 1904년 초 내셔널 뱅크 오브 커머스의 부회장에서 물러나기는 했지만, 이사직과 집행위원회 위원 직함을 유지하고 있었다. 이런 오랜 관계 때문에 월스트리트 사람들은 이 은행을 '모건 뱅크'로 여겼다. 사실 이 은행의 대주주는 에퀴터블 라이프 어슈어런스 소사이어티였다. 또 이 보험회사는 1905년 6월 이후 토머스 포천 라이언의 소유였다.

증권시장은 극심한 침체 상태였다. 현금은 바싹 말라 있었다. 지방 은행과 개인 예금자들이 이후 2~3일 사이에 뉴욕 은행에 달려와 예금 인출을 요구하고 나선다면, 쉬프가 말한 "이전 패닉이 애들 장난처럼 보일 수 있는 초대형 패닉"이 발생할 수밖에 없었다. 모건은 조용하게 시거를 피우며 묵묵히 이야기를 들었다. 그는 1895년 금 위기 동안 월터 번스에게 "우리 모두의 이해관계는 미국의 건전한 화폐정책의 유지에 달려 있다"고 말한 바 있다. 이로부터 12년이 흐른 1907년 더 큰 이해관계가 미국의 금융 시스템과 통화 공급, 증권거래소의 유지에 달려 있게 되었다.

모건이 뉴욕에 돌아왔다는 소식이 전해지기가 무섭게 기자들이 36번가 도서관 주변에 진을 쳤다. 은행가와 정부 관료들이 '영감'이 모든 정보와 자원을 통제하기 시작한 일요일 오후와 저녁 내내 도서관을 들락거렸다. 그는 1895

년 로스차일드 미국 대리인인 어거스트 벨몽트의 도움을 받아 클리블랜드 대통령과 함께 금 위기를 타개한 적이 있다. 1907년 일흔 살의 노인이 된 모건은 1895년보다 훨씬 복잡한 문제와 직면했다. 더 폭넓은 지원 세력이 필요한 상황이었다.

그날 시어도어 루스벨트 대통령은 루이지애나 등나무 숲에서 사냥하고 있었다. 그는 기자들에게 "곰 세 마리와 사슴 여섯 마리, 야생 칠면조 한 마리, 다람쥐 열두 마리, 오리 한 마리, 주머니쥐 한 마리, 야생 고양이 한 마리를 잡았고, 야생 고양이를 빼고 나머지는 다 먹어치웠다"고 말했다.

그날 저녁 모건은 뉴욕에서 두 범주의 사람들을 불러 모았다. 첫 번째 그룹에는 모건 자신과 퍼스트 내셔널의 조지 베이커, 내셔널 시티은행의 조지 스틸먼 등이 들어 있었다. 이들은 모든 정보를 판단하고 필요한 자금을 조성하며, 미국의 임시 마지막 대부자(중앙은행)로서 자금배분을 결정한다. 한 마디로 총사령부인 셈이다. 스틸먼은 모건을 한물간 노인네 취급을 했지만, 위기가 발생하자 힘을 보태고 나섰다.

두 번째 그룹은 조지 퍼킨스와 퍼스트 내셔널 은행의 조지 베이커가 후원하는 부회장인 헨리 P. 데이비슨(Henry P. Davison), 벤저민 스트롱[1] 등이었다. 데이비슨은 1903년 시장에서 존경받는 뱅커스 트러스트를 설립했고, 뱅커스 트러스트의 책임자로 벤저민 스트롱을 추천했다. 이른바 '6인 위원회'가 구성되어, 신탁회사의 옥석을 가려냈다. 위원회는 어떤 신탁회사가 지나친 확장 정책으로 위험해 아예 망하도록 내버려 두어야 할 것인지, 어떤 신탁회사가 구제받아야 할 것인지를 결정한다. 가장 좋은 효과를 내기 위해 어떻게 구제금융을

---

1. 벤저민 스트롱은 '비운의 중앙은행가'로 불린다. 첫 번째 아내가 1905년 스스로 목숨을 끊었고, 두 번째 아내는 일에 미친 스트롱을 견디지 못하고 이혼했다. 스트롱이 낳은 아이들은 헨리 데이비슨의 집에서 자란다. 스트롱 자신의 몸도 결핵으로 황폐해져 결국 1928년에 숨을 거둔다. - 옮긴이

제공할 것인지도 결정한다.

일요일 늦은 밤에는 다른 금융 자본가들도 뛰어와 모건의 구제 작전에 참여하겠다고 밝혔다. 재무장관 코틀유는 뉴욕 은행들에 600만 달러를 예치하겠다고 알려왔다. 필요할 경우 더 많은 액수를 지원하겠다고 약속했다.

모건 도서관의 회의가 끝난 시간은 일요일 늦은 밤이었다. 잭은 런던에 있었고, 앤과 패니는 직전 유럽에서 돌아와 크래그스톤의 저택으로 직행했다. 매디슨 애비뉴 219호 저택은 가을맞이 대청소를 위해 닫혀 있는 상황이었다. 순간 갈 곳이 마땅치 않은 모건은 사위 새터리 집에서 마라톤 회의로 지친 몸을 뉘었다.

1907년 10월 21일 월요일이 밝았다. 모건은 월스트리트로 가기 직전 퍼킨스와 조찬 회동을 하며 마지막으로 전략을 점검했다. 니커보커 신탁에 대한 압력은 더욱 가중되었다. 예금 6,000만 달러를 받아 현금으로 1,000만 달러를 남겨두고 모두 대출해주거나 여기저기에 투자했다. 모건이 월스트리트 23번지 '더 코너'에 도착한 직후 니커보커 이사진이 찰스 바니를 해임했다고 알려왔다. 그런데 이사들은 찰스 바니의 해임 소식이 시장에 퍼지면 패닉을 더욱 부채질하는 것은 아닌지 잔뜩 걱정하고 있었다. 이들이 대화하고 있는 동안 내셔널 뱅크 오브 커머스가 니커보커의 크레디트 라인을 폐쇄하겠다고 통고해왔다. 니커보커에 마지막 사망선고가 내려진 셈이다.

모건 사단과 니커보커 이사들은 월요일 오후와 저녁 내내 '더 코너'에서 모건 도서관으로 다시 셔리의 개인 식당으로 옮겨가면서 마라톤 회의를 벌였다. 새벽 두 시가 되어서야 회의가 끝났다. 하지만 다음날 니커보커의 영업을 재개하고, 데이비슨과 스트롱이 니커보커의 자산·부채를 실사한다는 결정 외에는 별다른 대책을 마련하지 못했다. 이 소장파 금융가들이 실사를 거쳐 재무적으로 건전하다고 평가하면, 모건이 유동성을 공급할 계획이었다.

월요일 늦은 밤 맨해튼 5번 애비뉴와 34번가 사이에 있는 니커보커 건물 앞에는 예금자들이 장사진을 쳤다. 1907년 10월 22일 새벽 모건의 휘하 장교(데이비슨과 스트롱 등)들이 니커보커 신탁의 뒤편 사무실을 점령하고 장부를 샅샅이 조사했다. 밖에서는 예금자들이 정보와 현금을 갈망하며 아우성치고 있었다. "맨해튼의 금융가는 패닉에 빠져 수심이 가득한 얼굴로 서둘러 이리 뛰고 저리 내달리는 군중으로 가득했다"고 〈뉴욕 타임스〉는 전했다.

1907년 패닉으로 월스트리트에 몰려든 군중들
(출처: 뉴욕 피어폰트 모건 도서관)

니커보커는 이날 점심시간까지 예금 800만 달러를 지급했다. 데이비슨과 스트롱은 시간이 너무 부족해 신탁회사가 부채를 감당할 수 있는지를 파악할 수 없다고 보고한다. 모건은 찰스 바니를 수년 동안 알고 지냈지만 개입하지 않기로 결정한다. 오후 2시 니커보커는 예금 지급 창구를 닫았다. 전국 은행들이 뉴욕 은행들에서 예금을 인출하기 시작했다. 재무장관 코틀유도 이날 오후 뉴욕행 열차에 몸을 실었다. 증권시장이 기우뚱했다. 증권시장 젖줄인 콜 자금 이자율이 연간 70퍼센트까지 치솟았다. 뉴욕증권거래소의 '머니 포스트'에서 증권브로커들은 단 몇 분짜리 자금에서 2~3일짜리 자금까지 빌려 쓴다. 한 은행이 어느 날 갑자기 콜 자금을 회수하면, 브로커들은 동일한 금액을 다른 은행 등에서 빌려 갚는다. 이 '머니 포스트'의 금리는 시장의 자금 사정에 따라 단기적으로 급변동한다.

모건은 '더 코너'를 나서면서 한 마디라도 듣기 위해 몰려 있는 취재진에게

"우리가 할 수 있는 모든 조처를 가장 빠른 속도로 강구하고 있지만, 특별히 실현된 게 없다"고 말했다. 앤은 22일 화요일 일기에 "도처에 니커보커 위기와 같은 사건이 벌어지고 있다. 다운타운 사람들에게는 잔혹한 하루였다"고 적었다.

뉴욕 금융 자본가들이 화요일 저녁 매디슨 애비뉴와 42번가의 로터리에 있는 맨해튼 호텔에서 재무장관 코틀유와 회동했다. 새벽 1시 퍼킨스가 대기하고 있는 취재진에게 "유동성을 보유한 금융회사들로 구성된 신디케이트가 건전한 신탁회사에 긴급 자금을 지원하기로 했다"고 알렸다. 니커보커가 사실상 쓰러진 뒤 인출사태가 가장 심하게 일어나는 신탁회사는 트러스트 컴퍼니 오브 아메리카(TCA: Trust Company of America)였다. TCA의 자산 규모는 1억 달러였다. 퍼킨스는 구체적으로 TCA는 방어하겠다고 밝혔다. 하지만 패닉 상황에서 특정 금융회사 이름을 거명하는 것 자체가 중대한 실수였음이 드러난다. 퍼킨스는 집에 들어가기에 앞서 "도움을 원하는 모든 손들이 대표 파트너인 모건에게 향하고 있다. 그는 아주 건강한 상태이다"라고 런던에 알렸다.

'영감'의 건강 상태는 그때까지는 아주 양호했다. 점심 먹을 시간도 없었고, 저녁은 먹는 둥 마는 둥 했다. 음식 대신 시거만 열심히 축냈다. 하루 뒤인 10월 23일 수요일 날이 다시 밝았다. 루이자와 새터리 부부는 '영감'을 깨우러 방에 들어갔을 때 모건은 호흡이 멎은 상태였다. 혼수상태에 빠져 있는 듯이 보였다. 주치의 마코가 서둘러 달려왔고, 응급처방을 실시했다.

존 D. 록펠러가 보좌관의 충고에 따라 10월 23일 AP통신과 회견을 갖고 위기의 순간에 미국의 신용경색을 풀기 위해 재산의 절반을 투입하겠다고 밝혔다. 기자가 재차 진정으로 증권 절반을 시장에 투입하겠냐고 묻자, 그는 "네, 그렇습니다. 나는 지금 증권 다발을 가지고 있어요. 신사양반! 증권 다발을"이라고 말했다.

겨우 깨어난 모건이 23일 늦게 '더 코너'에 출근했다. 그때 해리먼과 프릭, 토머스 F. 라이언이 어떻게 하면 패닉을 잠재울 수 있을지 묻기 위해 대기하고 있었다. 모건은 "아직도 모르겠습니다"라고 대답했다. 모건은 이날 정오 신탁회사 회장들을 '더 코너'로 불러 모았다. 일선 창구와 거리가 먼 사무실에 모아 놓고 아이디어를 내놓으라고 요구했다.

그날 오전 신문의 머리기사는 'TCA: 투자은행 J. P. 모건 구제금융 제공 예정'이었다. 이 기사는 아직 인출할 계획이 없던 예금주까지 자극했다. TCA 앞에는 예금을 찾기 위해 사람들이 인산인해를 이루었다. TCA 회장인 오크라이 손(Oackleigh Thorn)은 모건에게 현금이 고작 120만 달러밖에 남지 않았다고 알렸다. 긴급자금을 지원받지 못하면, 창구 마감인 오후 3시까지 견디지 못한다고 말했다.

손이 구조요청을 하고 '더 코너'를 떠난 순간 벤저민 스트롱이 TCA 재무 상태에 관한 임시 보고서를 들고 뛰어들었다. 스트롱은 나중에 '거물 트리오'인 모건과 베이커, 스틸먼에게 재무 상태를 보고한 순간을 회고한다. 모건은 말을 아끼며, 자세한 사항을 빼고 전반적인 사실만을 원했다고 그는 말했다. 모건은 "TCA의 자산상태는 건전한가?"라고 거듭 묻는다. 스트롱은 현금 자산은 고갈되었지만, 전반적인 자산은 거의 그대로 유지되고 있다고 보고했다.

모건: TCA를 살려내는 게 올바른 일일까?

스트롱: 그렇다고 생각합니다.

모건: (베이커와 스틸먼을 돌아보며) 그러면 위기상황을 끝낼 키포인트가 바로 이 회사입니다.

모건은 신탁회사 회장들을 내보낸 뒤 TCA 회장 손을 '더 코너'로 불러들였다. 회사의 주식을 담보로 제공하고 긴급자금을 받아가라고 손에게 말했다.

이날 오후 2시 15분 손이 가지고 있는 현금은 고작 18만 달러였다. TCA 직원들이 증권으로 가득 찬 가죽 가방과 행랑을 둘러메고 '더 코너'로 집결했다. 모건과 스트롱, 손이 거대한 책상에 앉아 주식의 규모를 파악했다. 순간 스틸먼은 자신의 은행에 전화를 연결해 놓고 대기했다. 모건은 기침과 재채기를 하면서 주식의 양을 메모했다. 담보 규모를 정확하게 헤아렸다. 담보 규모가 충분하다고 판단한 모건이 스틸먼에게 자금 입금을 주문했다. 순간 스틸먼은 부하직원에게 현금을 TCA로 가지고 가라고 지시했다. 오후 3시 약 300만 달러가 TCA에 배달됐다. 기사회생이었다.

스틸먼의 은행이 지급한 금액은 퍼스트 내셔널과 내셔널 시티, 하노버 내셔널, 투자은행 J. P. 모건이 정확하게 나눠 부담하기로 약속돼 있었다. 담보로 제공된 증권은 모건의 금고에 보관되었다. 그날 오후 3시 이후 벤저민 스트롱이 TCA의 자산·부채 실사를 강행했다. 베이커는 데이비슨을 신뢰했고, 데이비슨은 스트롱을 믿었다. 촌각을 다투는 위기의 순간에 모건에게 가장 귀중한 정보를 제공한 인물들은 이날 서로 처음 만났다. TCA가 그날 마감시간까지 버티기는 했지만, 아직 사태가 모두 진정된 것은 아니었다. 다른 회사들이 패닉의 폭풍에 휘말려들고 있었다. 웨스팅하우스가 법정관리에 들어갔고, 링컨 신탁에서도 예금인출 사태가 몰아쳤다. 피츠버그증권거래소가 거래를 중단했다. 이는 뉴욕증권시장의 주가 폭락으로 이어질 수 있는 중대한 사태였다. 뉴욕증권거래소 '머니 포스트'의 콜 금리가 연 90퍼센트까지 치솟았다. 미국 전체의 신용시스템이 마구 휘청거렸다.

모건과 베이커, 스틸먼은 1907년 10월 23일 수요일 밤 늦게 5번 애비뉴와 38번가가 만나는 곳에 있는 유니언 신탁회사로 다시 신탁회사 회장들을 소집했다. 회장들이 다 모이자 그는 신탁회사가 패닉의 진앙지임을 말하고, 다음날 TCA에는 긴급자금 1,000만 달러가 투입될 것이며, 자산상태가 건전한 신탁회사가 요청할 경우 시중은행과 투자은행 J. P. 모건이 긴급 자금을 융통해주겠다고 알렸다.

회장들이 몇 마디씩 했다. 아무 일도 일어나지 않았다. 난국을 미리 대비한 조지 베이커는 뱅커스 트러스트 회장에게 100만 달러를 제공하라고 지시했다. 다른 사람들은 나가지도 않았다. 지치고 아픈 모건은 시거를 손에 든 채 의자에서 잠들었다. 잠든 모건을 중심으로 은행가들과 신탁회사 회장들은 한 시간 반 동안 대화했다. 모건은 잠에서 깨어나자마자 벤저민 스트롱에게 펜과 종이를 달라고 말한다.

"신사 여러분! 뱅커스 트러스트가 100만 달러를 구제금융 펀드에 내놓겠다고 약속했습니다."

모건은 이 말을 마치고 뒤에 있는 사람을 돌아보며, "마스턴(Marston) 씨! 파머스 론 앤 트러스트(Farmers Loan & Trust Co.)는 얼마를 약속하실 수 있습니까?"라고 물었다. 마스턴은 뱅커스 트러스트의 액수만큼 지원할 수 있다고 답변했다. 이런 식으로 한 사람씩 물어 모건은 그 자리에서 825만 달러를 조성했다. 나머지는 시중은행들이 감당하겠다고 말하고, 재무장관 코틀유를 데리러 스틸먼과 함께 회의장을 나섰다.

재무장관은 모건 등 은행가들과 회동한 뒤 취재진들에게 정부가 위기를 끝내기 위해 2,500만 달러를 뉴욕의 시중은행에 예치하겠다고 밝혔다. 또한 맨해튼에 있는 재무부 뉴욕 사무실에 계속 머물며 위기해소를 돕겠다고 밝혔다. "국민이 우리나라의 금융회사 역량을 믿는다면" 신뢰는 순식간에 회복될 수 있다고 강조했다. 모건은 집으로 돌아왔다. 퍼킨스는 런던의 잭에게 "엄청난 하루를 보냈다. 맨해튼 금융가가 인산인해를 이루었다… 인간의 예지력이 맞는다면, 우리는 위기의 정점을 넘겼다고 믿는다. 목요일이면 모든 게 결판난다. 모두 잘될 것이다"라고 알렸다.

〈뉴욕 타임스〉는 1907년 10월 24일 목요일 아침 '재무장관 코틀유, 2,500만 달러 투입'이라는 기사를 보도했다. 신문은 "청산·결제협회가 위기의 순간 회원은행들에게 해주는 마지막 대부자 역할을 모건이 이끄는 은행가들이 신탁회사들에게 할 것"이라고 전했다. 모건이 오전 10시 '더 코너'로 달려간 순간 시민들이 소리친다. "저기 '영감' 간다!" "저기 '두목(Big Chief)'이 간다!" 모건은 못들은 척 조용히 앉아 있었지만 "내심 아주 기뻤을 것"이라고 사위 새터리는 나중에 회고한다.

존 D. 록펠러는 목요일 신탁회사를 돕기 위해 1,000만 달러를 지원했다. 하지만 신탁회사 패닉은 증권시장으로 번졌다. 은행 등 금융회사들이 콜 자금을 회수하고 나서 증권시장 자금은 바싹 말라버렸다. 몇 분 뒤 한 증권사가 증권거래소에서 거리를 가로질러 투자은행 J. P. 모건으로 뛰어들어 주가가 폭락하고 있다고 알렸다. 오후 1시 30분 뉴욕증권거래소 회장인 랜섬 H. 토머스(Ransom H. Thomas)가 증권거래를 정규 마감시간인 오후 3시 이전에 중단하겠다고 모건에게 알렸다. 순간 거래소 중단은 터무니없는 조처라고 모건은 말했다. 거래 중단은 금융시장 전체 대한 시민들의 신뢰를 한순간에 앗아갈 수 있는 조처였다. 그는 증권사를 지원할 수 있는 자금을 마련하기로 한다.

당시 암스트롱 법이 발효되어 모건은 더 이상 생명보험회사의 자금을 끌어다 쓸 수 없었다. 대신 뉴욕 주요 시중은행의 회장들에게 전화를 걸어 '더 코너'로 모이라고 말했다. 오후 2시 주요 시중은행 회장들이 모건의 집무실에 모였다. 그는 2,500만 달러를 증권거래소에 지원하지 않으면, 증권사 50개가 무너진다고 말했다. 시티은행의 스틸먼이 50만 달러를 제공하겠다고 약속했다. 2~3분 뒤 모건은 2,350만 달러를 조성했다.

모건이 긴급자금 조성 완료를 뉴욕증권거래소 트레이딩 플로어에 알렸을 때 기사회생한 트레이더들이 너무 기쁜 마음에 소식을 들고 온 매신저의 외투를 붙잡고 마구 흔들어 찢어놓았다. 거래소는 단 30분만에 1,900만 달러를 소진해버렸다. 콜 금리는 10퍼센트에서 60퍼센트로 껑충 뛰어올랐다. 〈타임〉은 "콜 금리의 급등은 일시적인 현상"이라고 전했다. 거래소는 오후 3시까지 정상적으로 거래했다.

1907년 10월 24일 목요일은 패닉 발발 나흘째였다. 히스테리 증세가 전국으로 퍼져 나가면서 지방 은행들은 뉴욕 은행에서 자금을 계속 인출했다. 퍼킨스는 금요일 새벽 4시 30분 잭에게 전보를 띄워 "상황이 너무 엄중하다… 뉴욕 은행들이 내일을 견디어 벌지 알 수 없다… 모든 상황을 살펴본 결과 두려운 마음이 든다. 하지만 사태를 헤치고 나갈 기회는 있다"고 말했다.

패닉 5일째인 10월 25일 금요일이 밝았다. 모건과 베이커, 스틸먼은 오전 일찍 증권거래소와 신탁회사 추가 자금을 지원하겠다고 발표했다. 하지만 정오가 되자 콜 금리는 무려 150퍼센트까지 치솟았다. 모건은 시중은행 회장들을 청산·결제협회에 모이도록 해 연간 20~25퍼센트 수준의 금리를 받고 증권거래소에 지원할 자금 1,000만 달러를 추가로 조성했다. 그는 이 소식을 거래소에 알리기 위해 사무실을 향해 걸어왔다.

새터리는 이날 해프닝을 장인의 전기에서 이렇게 묘사하고 있다. "서둘러 낫소(Nassau) 스트리트를 뛰다시피 걸어내려 왔다. 그의 오른손에는 하얀 종이 한 장이 꼭 쥐어 있었다. 검은 중절모를 깊숙이 눌러 쓰고 있었고, 입에는 반쯤 태운 시거가 물려 있었다. 눈은 정면에 고정되어 있었고, 발걸음에 맞춰 팔을 활기차게 저었다. 거리의 어떤 사람도 눈에 들어오지 않았다. 거리에 모여 있는 군중을 인식하지 못한 듯했다. 오로지 그가 해야 할 일이 머릿속을 차지하고 있었다… 그는 낫소 스트리트 언덕길을 따라 재무부 뉴욕 사무소를 지나는 동안 자신이 유일하게 그 길을 걷고 있다는 듯이 앞만 보고 갔다… 그는

2분도 채 안돼 사무실로 사라졌고, 거래소의 환호성 소리가 브로드 스트리트에서도 들렸다."

그날 오후 모건이 '더 코너'를 떠날 때 기자들에게 시민들이 예금을 은행에 그대로 두면 모든 게 다 잘된다고 말했다. 퍼킨스는 "우리는 또 하루를 무사히 넘겼다. 아주 고무적이다. 오늘 하루를 무사히 넘겨 월요일까지 시간을 벌었다. 토요일과 일요일에 신뢰를 회복하기 위해 노력할 수 있다. 모든 게 잘될 것이다"라고 런던의 잭에게 알렸다.

~~~~~~

한 주 동안 뉴욕증권거래소는 위기를 견뎌냈다. 신탁회사들은 대부분 문을 열고 정상적으로 영업했다. 주말 동안 금융시장은 고요한 바다였다. 대출이나 인출이 발생하지 않는다. 모건 팀은 주말 휴식을 취하기에 앞서 PR 담당 위원회를 구성해 시민들의 안정에 도움이 되는 뉴스를 적극적으로 언론에 알렸다. 성직자들에게도 도움을 요청해 미사나 예배 시간에 신자들에게 인출 자제 등을 당부하도록 했다.

영국 런던의 로스차일드 경은 '모건의 이타적이고 신속한 대처'를 높이 평가했다. "이번 패닉이 발생하기 전 모건은 위대한 금융가와 엄청난 자원을 보유한 사람으로 명성을 얻었다. 최근 그가 보여준 행동은 경탄과 존경심을 불러일으킨다." 제이콥 쉬프는 "모건처럼 권위를 가지고 금융회사들을 모이도록 하고 공조해 위기에 대처하도록 할 수 있는 사람은 없다"고 평했다.

토요일자 신문들은 금 500만 달러가 런던에서 뉴욕으로 향했다고 전했다. 또한 미국의 강력한 금융 자본가가 대중들의 패닉을 잠재우는 데 성공할 것이라는 기대감 때문에 프랑스 증권시장이 안정을 되찾았다고 보도했다. 하지만 뉴욕 금융시장은 유동성 위기에서 벗어나지 못했다.

뉴욕의 금융 트리오인 모건과 베이커, 스틸먼은 청산·결제협회가 대출증서 1억 달러를 발행하도록 했다. 이 증서는 일시적으로 시장의 통화 공급을 늘리는 효과를 낸다. 현금이 부족한 은행은 담보를 제공하고 이 증서를 받아다 청산·결제협회의 회원은행에 현금으로 지급할 수 있다.

폭풍의 일주일 동안 모건은 하루 다섯 시간 이상을 자지 못했다. 토요일인 10월 26일 모건은 열차를 타고 크래그스톤으로 향했다. 아내 패니가 머물고 있는 그 집에서 모건은 하루 종일 잠에 취해 있었다. 패니는 이날 일기에 "아주 조용한 저녁이었다. 피어폰트는 조만간 위기가 끝날 것 같다고 말했다"고 적었다. 일요일인 10월 27일 내내 비가 내렸다. 교회 성직자들은 신자들에게 패닉 상태에 빠지지 말라고 주문했다.

시어도어 루스벨트는 패닉이 발생한 첫 주 내내 그라운드 밖의 선수처럼 행동했다. 10월 22일 화요일에는 내쉬빌에 머물며 자신의 정책이 패닉을 야기하지 않았다고 말하며, '흔들리지 않고' 기존 정책을 추진해 나가겠다고 약속했다. 오후에는 고(故) 앤드류 잭슨 대통령의 생가를 방문했다. 금융시장 패닉의 순간에 금융 자본가들의 생리에 맞지 않은 인물과 연대를 과시한 셈이다. 특히 1907년 상황에서 두 사람이 연대를 과시해봐야 득이 없었다.

잭슨은 2차 합중국은행을 폐지하는 바람에 미국 금융시장에는 공식적인 권위 주체가 존재하지 않게 되었다. 시장이 모건 같은 인물에 의지하게 만들어 놓았다. 시어도어는 수요일 밤 워싱턴으로 귀환했다. 로버트 베이컨과 엘리휴 루트와 협의해, 발언 기조를 바꾼다. 재무장관 코틀유에게 공개를 전제로 편지를 띄운다. 신문들은 일제히 대통령의 편지를 보도했다.

시어도어는 편지에서 위기의 순간에 재무장관과 "대형 금융회사를 운영하는 보수적인 사람들이 지혜와 공공의 이익을 위해 헌신하고 있다"고 평가했다. 대통령은 미국 경제의 펀더멘털은 기본적으로 탄탄하고 패닉을 안정시키기 위해 뉴욕에서 취해진 조처들이 "우리 경제 상황에 대한 신뢰를 완전히 회복시킬 것"이라고 말했다.

모건은 일요일 오후 맨해튼으로 돌아왔다. 퍼킨스는 이날 저녁 잭에게 전보를 띄워 "지난 한 주의 일은 시니어의 위대한 업적 가운데 하나이고, 축하세례를 받고 있다. 우리가 상황을 장악하고 있다고 믿는다. 여기는 모든 일이 잘 되어가고 있지만 잠이 부족하다"고 말했다.

———— ⊰⊱ ————

월요일인 10월 28일 유럽에서 금 2,000만 달러가 뉴욕을 향해 선적되었다. 하지만 금융 자본가들은 패닉을 완전히 진정시키지 못한 상태였다. 파산 도미노에서 다음으로 쓰러질 블록은 뉴욕 시정부였다. 시장 조지 B. 매클레런(George B. McClellan)이 이날 오후 모건과 베이커, 스틸먼을 찾아왔다. 시정부는 일반 비용과 이자를 감당하기 위해 3,000만 달러가 급하게 필요했지만, 금융시장이 요동하는 상황에서 빌릴 데가 없었다.

뉴욕 시정부가 외부 도움을 받지 못하면 주말쯤에 디폴트를 선언할 수밖에 없었다. 월스트리트 트리오는 신디케이트를 구성해 시정부가 발행한 채권 3,000만 달러를 인수하기로 했다. 이자율은 연 6퍼센트 수준이었다. 모건은 인수한 채권을 청산·결제협회가 발행한 대출증서를 받고 다른 금융회사에 팔았다. 대출증서는 시 계좌가 있는 퍼스트 내셔널 은행과 내셔널 시티은행으로 입금되었다. 뉴욕 시정부는 덕분에 디폴트를 면한다.

29일 화요일 U. S. 스틸은 1907년 3분기 순이익이 4,400만 달러라고 발표했다. 2분기 실적보다는 적었지만 엄청난 규모의 순이익이었다. 더불어 현금 자산이 7,600만 달러에 달한다고 밝혔다. 개리는 금융시장의 패닉 현상을 안정시키기 위해 회사의 순이익과 현금 규모를 시장에 알린 것이다.

패닉 두 번째 주 남은 5일 동안 모건 사단은 몸과 마음이 지쳤지만 익사 직전인 신탁회사를 물 위로 끌어내고 현금으로 금융 시스템의 구멍을 메워나갔다. 부족한 지급준비금을 복원하는 데 최선을 다했다. 한 은행이 지급준비금이 급격히 줄어들어 법적인 최저 한도 이하로 떨어졌다고 월스트리트 23번지 '더 코너'에 알려왔을 때 모건은 "준비금이 법적 최저 한도 수준에서 유지한 자신을 부끄러워해야 한다. 패닉이 발생한 지금과 같은 상황에서 당신의 지급준비금 규모는 얼마인가?"라고 비판했다.

모건 사단은 개인 도서관에서 매일 회동했고, 매일 저녁 낙관적인 소식을 발표했지만, 금요일인 1907년 11월 1일 불안한 증권사인 무어·슐레이(Moore & Schley)가 끝내 무너져 새로운 패닉을 야기할 참이었다. 이 증권사의 대표는 그랜트 슐레이였다. 증권사 무어·슐레이는 1898~1902년 모건의 금융그룹 다음으로 기업의 인수합병을 가장 많이 주도했다. 상당 기간 동안 월스트리트 최대 증권사로 군림했다. 1907년 가을 무어·슐레이는 여러 은행에 부채 3,500만 달러를 지고 있었다. 회사가 빚을 끌어다 쓰면서 앨라배마 버밍험 시에 있는 테네시 석탄·철강·철도(TC&I: Tennessee Coal, Iron & Railroad Co.)의 증권을 담보로 제공했다. 불행히도 무어·슐레이는 이 회사의 주식을 한 주도 보유하고 있지 않았다.

그랜트 슐레이는 1905~1906년 TC&I의 경영권을 확보할 만큼 지분을 매입하기 위해 신디케이트를 구성했다. 그의 증권사는 신디케이트에 참여한 투자자들에게 TC&I의 주식을 담보로 돈을 꾸어주었다. 이 주식을 다시 자사의 차입을 위해 담보로 제공했다. 신디케이트에 참여한 인물 가운데는 악명이 높은 '백만 달러 베팅맨'인 게이츠가 있었다. 그는 버밍험 리퍼블릭 철강(Republic Iron & Steel)의 경영권을 장악하고 있었고, 남부지역의 철강 왕국을 세우고 싶어 했다.

TC&I에 일어난 일은 1907년 패닉 와중에 일어난 어떤 사건보다 논란의 대상이 되었다. 실제 1909년과 1911년 의회 조사의 대상이 되었다. 증인들은 1911년 청문회에 출석해 1909년 자신들이 한 말을 정면으로 부정하며 뒤집었고, 기록된 사실과 어긋나는 설명을 내놓았다. 너무나 많은 논쟁이 벌어졌다. 두 진영이 전혀 상반된 사후 설명을 내놓는 바람에 이야기를 완벽하게 재현하는 일은 사실상 불가능하다.

1907년 사건의 발달은 증권사 무어·슐레이 때문이 아니라 회사 대표인 그랜트 슐레이 개인과 신디케이트 멤버이자 와인 유통업자인 조지 케슬러(George Kessler) 탓이었다. 슐레이는 '월스트리트 트리오' 가운데 한 명인 조지 베이커의 누이와 결혼한 인물로 1874~1880년 퍼스트 내셔널 은행에서 일한 적이 있다. 이 은행 주가가 시장에서 700달러 선일 때인 1902년 내부자의 특혜를 받아 300달러에 매입해 주주 명부에 이름을 올려놓았다.

슐레이와 케슬러, 두 사람 모두 TC&I의 주식을 투기적으로 매입한 뒤 돈을 빌리며 이 주식을 담보로 제공했다. 케슬러의 증권 게임은 너무 지나쳤다. 증권사 10곳에 계좌를 열어두었다. 증권사들이 빚 독촉을 하면서 담보 주식을 압류했다. 이후 케슬러는 현금을 조달할 수 없었다.

슐레이는 나중에 '파산한 케슬러 이름과 TC&I 주식이 마구 뒤섞여 있어' 은행들이 이 회사의 주식을 담보로 잡으려 하지 않았다. 게다가 신디케이트가 주식을 인수하면서 지불한 가격인 130달러 이하로 주가가 떨어진 탓도 있었다. 135달러에 팔겠다고 내놓았지만, 사려는 사람이 하나도 없는 상황이었다. 철강산업 전문가들은 TC&I 주식의 적정 가치는 주당 60달러 선이라고 말했다.

그러나 슐레이는 1911년 청문회에 출석해서는 은행들이 TC&I의 주식을 받으려 하지 않은 이유에 대해 "시장에서 회사의 위상이…"라며 말을 잇지 못했다. 슐레이도 1907년 엄청난 빚더미 위에 올라 앉아 있는 상태였다. 그가 경영하는 회사인 무어·슐레이에 빚을 지고 있었을 뿐만 아니라 친구와 여타 은행에서 많은 돈을 끌어다 썼다. 투자은행 J. P. 모건에 100만 달러와 퍼스트 내셔널 은행에는 200만 달러 이상을 빚졌다. 그 바람에 슐레이는 TC&I 주식을 담보로 제공하고 현금을 조달할 수 없었다. 패닉 초기 그는 모건에게 도움을 호소했다. 모건은 U. S. 스틸의 18개월짜리 만기 채권 120만 달러를 슐레이에게 빌려주었다. 대신 TC&I 주식을 주당 60달러에 담보로 잡기로 했다. 이는 시장의 매도 호가인 135달러의 절반도 되지 않은 가격이다. 하지만 U. S. 스틸의 지원은 깨진 독에 물 붓기였다.

두 주 동안 진행된 패닉은 슐레이를 벼랑 끝으로 몰았다. 그는 신디케이트의 멤버이고 아메리칸 타바코와 스탠더드 오일의 이사이면서 직전에 숨진 윌리엄 C. 화이트의 처남인 올리버 해저트 페인과 주로 의논했다. 페인은 이미 상당한 돈을 무어·슐레이와 슐레이 개인에게 꾸어준 상태였다. 페인은 TC&I를 매각해 조달한 돈으로 빚을 갚아야 한다"고 주문했다. 두 사람은 TC&I의 매각과 잠재적 매수자를 U. S. 스틸로 한다는 데 합의했다. 슐레이는 페인의 변호사이고 모건의 친구인 루이스 카스 레디야드(Lewis Cass Ledyard)에게 의뢰해 TC&I 매각 협상을 시작하도록 했다. 조지 케슬러는 모건에게 주당 130달러에 TC&I를 매각하려고 시도한 바 있다. 모건은 U. S. 스틸의 경영진인 개리와 프릭을 불러 TC&I의 인수문제를 의논했다.

개리와 프릭은 TC&I의 가치가 주당 130달러까지는 안된다고 생각했다. 다시 패닉 와중인 1907년 10월 말 레디야드는 증권사 무어·슐레이의 자산과 부채를 실사했다. 슐레이에게 어떻게 하면 살아날 수 있냐고 물었다. 슐레이는 TC&I의 주요 주주들이 "액면가인 주당 100달러에 지분을 매각하고 싶어 한다"며 가능한 한 처분하기를 원한다고 말했다.

다음날인 1907년 11월 1일 레디야드는 TC&I 매각 건을 모건에게 알린다. 케슬러는 이미 파산했고, 슐레이가 다음 차례일 가능성이 높은 상황이었다.

모건은 두 주간의 위기를 경험한 뒤여서 추가 패닉을 예방해야 한다는 일념이었다. 슐레이가 파산하면 겨우 안정 기미를 보이고 있는 금융시장이 다시 파국으로 치달을 것이라고 생각했다. 게다가 무어·슐레이가 보스턴과 필라델피아, 뉴욕 금융회사들한테서 무려 3,500만 달러를 빌려 쓴 상태였다. 슐레이 개인도 빚 100만 달러를 짊어지고 있었다. 그가 파산하고, 채권 금융회사들이 담보로 잡은 TC&I를 경매 처분에 들어가면, 다른 금융회사들도 파산할 가능성이 높았다. 겨우 신뢰감을 회복하기 시작한 시장 참여자들은 패닉에 빠질 가능성이 높았다. 그러면 여전히 기진맥진하는 신탁회사들을 위해 자금을 조달할 수 없게 된다.

모건은 개리와 프릭을 다시 불러들였다. 그가 제안한 대로 U. S. 스틸이 TC&I를 인수한다면, 회사는 시장에서 신용도가 낮은 TC&I의 채권 대신 U. S. 스틸의 초우량 채권을 담보로 금융회사에 제공할 수 있다. 이 채권이 시장에서 현금 대신 사용될 수 있다면, 은행의 포트폴리오 가치는 떨어지지 않는다. 게다가 현금 2,500만 달러를 주입했던 신탁회사와는 달리 무어·슐레이에는 긴급자금을 주입하지 않아도 된다.

'영감(모건)'은 그때 TC&I를 충분히 파악하지 못했을 수도 있다. 그는 1907년 1~10월 사이에 철강회사 이사회에 참석하지 않았다. 하지만 자신의 구제 작전이 효과를 발휘할 것이라고 생각했다. 개리와 프릭 어느 누구도 TC&I 인수를 탐탁지 않게 여겼다. 그들은 TC&I가 부실하고 비효율적인 기업이라는 사실을 잘 알았다. 개리는 순이익을 내지 못하고 경영이 부실한 이 회사를 인수해 U. S. 스틸 트러스트에 포함시키려 하지 않았다. 개리는 반독점 기소도 우려했다. 그는 반독점 기소를 당하지 않는 선에서 U. S. 스틸의 계열사 규모와 시장 점유율을 유지하려고 노력했다.

U. S. 스틸의 재무위원회가 11월 2일 토요일 모건의 도서관에서 열렸다. 몇

시간 동안 TC&I의 인수 건을 의논했다. 오후 늦게 개리와 프릭은 두 가지 옵션을 가지고 슐레이를 찾았다. U. S. 스틸이 무어·슐레이에 500만 달러를 꾸어주거나, 아니면 TC&I를 주당 90달러에 사들이는 안을 제시했다. 슐레이는 500만 달러보다 더 많은 돈이 필요했다. 그는 자신의 동료들은 액면가 100달러 이하 가격에 주식을 팔지 않으리라고 생각했다. 그날 저녁 모건의 회계사들은 TC&I의 장부를 샅샅이 분석하기 시작했다. 다음날인 일요일 슐레이와 그의 부하들은 U. S. 스틸에서 나온 사람들에게 회사의 가치가 높다는 인상을 주려고 갖은 노력을 다했다.

조지 퍼킨스는 실사 결과를 남 이야기 하듯이 말한다. "TC&I가 20년째 철광석과 석탄 광산을 보유하고 있지만, 주가가 30달러 이하로 떨어지지 않는다고 보장할 수 없다"고 말했다. 전반적인 실사결과가 11월 3일 모건 도서관에서 열린 U. S. 스틸의 재무위원회에 제출되었다. 조사 결과는 뚜렷하게 뭐라고 하기 힘들었다. 본디 TC&I는 1896년 다우존스산업평균지수가 만들어질 때 편입된 원년 멤버였다. 1907년까지 편입종목으로 남아 있었다. 하지만 높은 생산원가와 취약한 시장, 불충분한 자본 등 다양한 기술적·경영적 문제를 안고 있었다. 1901년 회사의 이사회 멤버가 된 북부 철강맨은 "회사 자산 가운데 쓸 만한 것은 거의 없다"고 평가할 정도였다. 그는 5년 뒤 TC&I를 미국 북부의 철강회사 수준으로 끌어올리기 위해서는 2,500만 달러가 필요하다고 말한다. 슐레이가 이끈 신디케이트가 기존 경영진을 해임하고 설비 현대화를 위해 620만 달러를 투입한 1906년 TC&I의 상황은 좋아지는 듯했다. 실제로 그해 회사는 순이익 275만여 달러를 달성했다. 주당 9.4달러 수준이다. 개리와 프릭은 모건이 10월에 짠 계획을 바탕으로 TC&I의 가치가 주당 60달러 선이라고 생각했다. 하지만 슐레이는 주당 순이익의 10배 수준인 주당 100달러를 고집했다.

TC&I는 대규모 철광석과 석회석, 석탄 광산을 공장 가까이에 두고 있다. 반면 경쟁 기업인 북부 철강업체들은 철광석 등을 멀리 떨어져 있는 광산에서 실어 와야 했다. TC&I는 철광석 매장량이 3~7억 톤 수준이고, 석탄 매장량은 10억 톤 수준으로 추정했다. 하지만 모든 지역의 철광석과 석탄 매장량이 경제성을 가지고 있지는 않았다. 채굴하는 데 필요한 물도 부족했고, 특히 철광석의 질은 북부만 못했다. U. S. 스틸은 1906년 제임스 힐의 그레이트 노던 철도가 보유한 미네소타 메사비 철광산의 절반 이상을 임대해 철광석을 조달했다. 힐이 보유한 전체 철광석 산지 2만 6,000여 정보에 매장된 양질의 철광석은 겨우 4~5억 톤 수준이었다.

앨라배마 엔슬리(Ensley)에 있는 TC&I의 생산설비는 1907년 평로제강법으로 철도 레일을 생산했다. 앨라배마 버밍험의 인 성분이 많은 선철(High Phosphorus ore)에는 싼 베세미어 용광로보다는 평로가 더 잘 맞았다. 회사가 1907년 생산한 새로운 레일은 제조 단가가 높기는 했다. 하지만 과거 레일보다 강했다. 미국 철도회사들은 더 튼튼한 철로로 교체할 가능성이 높았다. U. S. 스틸도 인디애나와 미시건 호수 주변의 제철소에 연간 100만 톤 이상을 처리할 수 있는 평로 등을 건설하고 있던 중이었다. E. H. 해리먼의 유니언-서던 퍼시픽철도는 TC&I에 레일 15만 7,000톤을 주문했다. 하지만 생산단가가 너무 높았고, 생산 기술도 여전히 논란거리였다. 실제로 TC&I는 해리먼의 철도를 위해 톤당 4달러씩 손해를 보며 레일을 제작·납품했고, 상당량이 불량품으로 드러나 반품되었다.

다시 패닉 상황으로 돌아가면, 모건은 1895년 금위기 때와 마찬가지로 1907년에도 이타적인 목적 때문에 위태로운 금융회사를 살리지 않았다. 그와 금융인들은 미국에 수십억 달러를 투자해 놓은 사람들의 이익을 대변한 존재들이었다. 시장이 붕괴한다면, 1차적으로 피해를 보는 계층은 부유한 금융 자본가와 대기업 오너들이고, 미국 경제는 장기 침체의 늪에 빠지게 된다. 그런데 20세기 들어 발생한 경기침체에서 거대 기업은 자연스럽게 경영의 효율성을 높였다. 경쟁 기업을 헐값에 사들여 시장 지배력을 더욱 키웠다. 장기 침체가 발생할 경우 농민과 노동자, 신규 이민자, 중소 상공인, 실업자들이 더 큰 고통을 겪게 되었다.

모건은 U. S. 스틸의 채권과 TC&I의 주식을 교환하면 추가적인 패닉을 막을 수 있다고 철강회사의 경영진을 설득했다. 개리와 프릭 등 경영진은 모건의 논리에 수긍한 순간 더 이상 단기적인 손해를 감안하지 않았다. 그들은 TC&I가 이자 비용보다 많은 순이익을 낼 수 있는 잠재력을 갖추고 있다고 결론지었다. U. S. 스틸이 TC&I를 사들이면 막대한 철광석 등을 확보할 수 있었다. 부실한 TC&I의 경영권을 장악해 생산설비를 확충할 수 있고 남부시장에 교두보를 확보하게 된다. 모거니제이션과 대규모 현금 주입을 거치면 현재는 TC&I가 부실한 회사지만 장기적으로 황금알을 낳는 거위로 바뀔 수 있다고 그들은 예상했다.

11월 3일 일요일 저녁 U. S. 스틸의 재무위원회는 자사 채권 3,000만 달러를 TC&I의 주식 3,000만 달러와 교환하는 안을 내놓았다. 주식 가격은 슐레이가 원하는 대로 주당 100달러로 계산되었다. U. S. 스틸은 액면가 기준 3,540만 7,000달러의 2차 담보채권을 제공했다. 이 채권의 시가가 84달러 수준이어서, 시장가격으로 계산하면 2,950만여 달러였다. 대신 U. S. 스틸은 TC&I의 주식 29만 7,420주를 받았다. 이 주식 가치는 액면가로 계산하면 2,974만 2,000여 달러였고, 시장가격 기준으로 환산하면 고작 63만 2,655달러였다. 슐레이는 조건을 받아들였고, 그의 신디케이트 동료들도 교환에 찬성했다. 하지만 개리는 반독점 기소를 염려해 시어도어 루스벨트 대통령이 비공식적으로 승낙하지 않는다면 거래를 진행하지 않으려 했다. 개리는 서면법에 따른 기소를 겪고 싶지 않았다. 그는 일요일 오전 10시 백악관에 전화를 걸어 다음날 오전 약속을 잡았다. 그리고 프릭과 함께 심야 열차를 타고 워싱턴으로 달렸다.

❦

U. S. 스틸의 재무위원회가 모건 도서관에서 TC&I 인수 문제를 숙의하던 1907년 11월 2일 토요일 모건의 맨해튼 매디슨 애비뉴 219호 맨션의 정기 수리가 끝났다. 아내 패니와 딸 앤이 집으로 돌아왔다. 패니는 그날 저녁 일기에 "맨해튼이다. 모건이 219호 맨션에서 우리와 조용히 저녁을 함께했다"고 적었다.

2주 동안 위기가 이어졌다. 월스트리트의 시니어 트리오는 몸부림치는 금융시장을 위해 현금을 '제조했다.' 설득과 평소 믿음을 바탕으로 한 구두약속, 위협, 대출 등 다양한 방법으로 돈을 마련해 금융시장에 주입했다. 데이비슨과 스트롱 등 휘하 참모들이 정확한 사실을 알려오는 동안 매일 밤마다 대책을 마련해 다음날 시장에서 실행했다. 은행가에서는 신탁회사 회장, 증권사, 실무 직원까지 모두 탈진했다.

데이비슨과 스트롱은 온갖 루머가 월스트리트를 휘젓고 돌아다니는 동안 정확한 데이터 수집·평가 활동을 하루 24시간 강행했다. 11월 2일 토요일 오후 트러스트 컴퍼니 오브 아메리카와 링컨 트러스트가 건전한 자산을 보유하고 있지만, 현금 기근에 시달리고 있다고 결론 내렸다. 일요일인 11월 3일 U. S. 스틸 경영진과 은행가들이 모건 도서관을 하루 종일 들락거렸다. 모건은 언론과 회견에서 전반적인 금융 상황을 분석하고 있다고만 말했다.

신탁회사 경영진들은 맨해튼 33번가와 34번가 사이에 있는 월도프-에스토리아에서 회동했다. 이들은 간간이 패닉 진압 사령부인 모건 도서관에 회의 결과를 보고했다. 이날 밤 9시 30분 금융가 등 50여 명이 모건 도서관에 집결했다. 참석자 가운데 한 명은 나중에 "노심초사 전전긍긍한 금융가 무리들이었다. 너무 초조해 앉아 있을 수도 서로 대화할 수도 없었다. 르네상스 브론즈와 구텐베르크 인쇄본, 서적들로 가득하고 널찍하며 천장이 높은 대리석 홀을 이리저리 서성였다"고 회고한다.

모건은 자동차 전조등 같은 눈빛으로 신탁회사 회장들을 노려봤다. 그는 증권사 무어·슐레이를 살리기 위해 노력하고 있다고 말하며 회장들 스스로 2,500만 달러를 마련하라고 요구했다. 그리고 그는 레디야드와 개리, 프릭을 데리고 도서관 원형 홀의 북쪽에 자리잡은 벨 다 그린의 사무실로 가버렸다. 밤 10시 개리는 백악관에 전화했다. 직후 프릭과 함께 워싱턴을 향해 출발했다. 벤저민 스트롱은 신탁회사 상황에 대한 보고서를 만들면서 잠깐 잠에 떨어졌다. 그가 깨어났을 때 스틸먼은 침대에서 마지막으로 잠을 잔 게 언제쯤인지를 물었다. 스트롱은 목요일 이후 자리에 누워보지 못했다고 말했다. 스틸먼은 스트롱이 집에 들어가더라도 미국은 망하지 않을 것이라고 말했다.

순간 모건이 트러스트 컴퍼니 오브 아메리카에 관한 데이터를 요구했다. 스트롱은 집에 들어가는 것을 포기해야 했다. 그는 보고서 작성을 마친 새벽 3시 모건 도서관의 현관을 향해 걸어갔으나, 문이 잠겨 있었다. 모건이 잠근 뒤 열쇠를 직접 챙겼다. 회의가 끝날 때까지 아무도 사령부를 떠날 수 없었다. 신탁회사 회장들은 도서관 서쪽 방에서 계속 숙의했다. 새벽 4시 15분 모건은 신탁회사들이 신규 시장안정화 펀드 2,500만 달러를 각자 분담한다는 성명서 초안을 들고 회의장에 들어섰다. 모건의 변호사가 성명서를 낭독하고 테이블 위에 놓았다. "여기에 모인 여러분은 신사들입니다"라고 모건이 말했다.

순간 아무도 움직이지 않았다. 모건은 유니언 트러스트의 회장인 에드워드 킹에게 다가가 그를 테이블로 이끌고 왔다. "여기에 자리가 있습니다. 킹 씨, 여기 펜이 있습니다"라고 말한다. 킹은 사인했다. 다른 회장들도 킹을 따라 서명했다. 대형 신탁회사 5개 회사로 구성된 위원회가 구성되었다. 킹이 회장을 맡았다. 위원회는 링컨과 트러스트 컴퍼니 오브 아메리카 구제작전을 주관·감독하기로 했다. 도서관의 청동문이 새벽 4시 45분 스르르 열렸다. 그때서야 금융인들이 나설 수 있었다.

———∞∞∞———

모건 도서관의 문이 열린 이후 네 시간이 흘렀다. 개리와 프릭은 백악관에서 시어도어 루스벨트 대통령과 엘리휴 루트를 만나 오찬을 같이했다. 개리와 프릭은 상황을 브리핑했다. 순전히 비즈니스 관점에서는 절대 TC&I를 인수하지 않는다고 강조했다. U. S. 스틸에 도움이 되지 않는다는 게 그들의 설명이다. 게다가 TC&I를 인수하면, 시민들의 반발·비판을 비롯해 정부의 반독점 기소를 자초할 수 있다고 말했다. 그래서 워싱턴의 사전 이해·동의가 필요하다고 설명했다.

개리와 프릭은 패닉이 발생하기 전까지는 미국 철강회사 3분의 2 이상을 인수·합병하지 않으려 했다는 말도 했다. 그리고 TC&I를 인수한다고 해도 3분의 2까지 장악하는 것은 아니라도 덧붙였다. 그때 시어도어는 위기가 이제 막 진정되고 있다는 사실을 잘 인식하고 있었다. 추가적인 트러블이 발생하지 않도록 하기 위해 부심했다. 모건이 보여준 전문가다운 대처를 높이 평가했다. TC&I 인수에 동의했다. 루트도 뜻을 같이했다. 시어도어는 법무장관에게 보낼 메모를 작성했다.

지금은 패닉과 전반적인 경기침체를 막는 게 비즈니스맨들의 다급한 일이다… 그래서 정상적인 상황이면 벌이지 않을 거래지만, 뉴욕의 파멸적인 붕괴를 예방하는 데 필요하다고 판단하고, 시장을 안정화시켜 구하기 위해 노력하고 있는 뉴욕의 책임 있는 은행가들이 요청하기도 해 그들은 인수합병을 하려고 한다. 하지만 그들은 내가 하지 말아야 한다고 말하면, 인수합병을 하지 않겠다고 말했다. 내가 인수합병을 하라고 권유할 수 없지만, 내 공적인 의무감에 비추어 볼 때 반대하는 것도 옳지 않다고 느낀다.

증권시장이 문을 여는 오전 10시 직전 개리는 백악관에서 퍼킨스에게 전화를 걸어 대통령의 동의 사실을 알린다. 퍼킨스는 그 사실을 뉴욕증권거래소에 알렸다. 2주 동안 월스트리트를 휩쓸었던 패닉은 중단되었다. 뉴욕증권거래소의 주가는 패닉이 발생한 이후 가장 높은 상승폭과 활력을 자랑했다. 모건 도서관의 밤샘 회의 결과 트러스트 컴퍼니 오브 아메리카와 링컨 트러스트가 구제된다는 뉴스 덕분에 시민들도 은행 등에 대한 신뢰를 되찾았다. 금 수백만 달러가 유럽에서 미국으로 수송됐다. 그날 밤 패니는 일기에 "모건은 나와 함께 저녁을 먹고 큰 의자에 앉아 졸았고, 아침 8시까지 잠을 잤다. 1907년 11월 5일 화요일 뉴욕의 주요 금융과 산업 자본가들이 모건 도서관에서 다시 회동했다. 오전 11시 30분 그들이 타고 온 자동차 등이 36번가를 따라 매디슨 애비뉴에서 파크 애비뉴까지 줄지어 서 있었다.

금융·산업 자본가들은 하루 종일 신탁회사 구제를 위한 추가적인 대책과 TC&I 인수·합병 계약서를 작성했다. 심야 직전 월도프 호텔의 마차 한 대가 모건 도서관에 도착했다. 커피와 음식이 도서관으로 반입되었다. 새벽 3시 신탁회사 구제위원회 위원장인 에드워드 킹이 성명서를 발표했다. 트러스트 컴퍼니 오브 아메리카와 링컨 트러스트는 예금자들이 원할 때 언제든지 현금을 지급하겠다는 약속이었다. 경영권을 위임받은 5인 위원회가 두 회사를 당분간 책임진다는 내용도 성명서에 들어 있었다.

11월 6일 수요일 뉴욕증권거래소는 출발부터 상승세를 보였다. 퍼킨스는 나중에 "상황이 빠르게 호전되었다… 붕괴와 파산 같은 말은 쏙 들어가버렸다"고 그 순간을 회상한다. 유럽에서 선적된 금 1차분 700만 달러가 뉴욕항에 도착해, 금융시장의 현금 갈증을 덜어주었다. 당시 영국의 중앙은행 영란은행과 독일의 제국은행(Imperial Bank)은 외환과 금 유출을 막기 위해 혈안이 되어 있었다. 이자율을 7퍼센트로 인상한 뒤 다시 7.5퍼센트로 인상해 1873년 이후 최고치를 기록했다.

U. S. 스틸 이사들은 TC&I의 인수를 승인했다. 이후 진행된 U. S. 스틸의 채권과 휴지조각이나 다름없는 TC&I의 주식 교환 작업 덕분에 은행과 증권사, 금융시장, 그랜트 슐레이의 자금 사정이 호전되었다. 슐레이는 넘겨받은 U. S. 스틸의 채권으로 개인적인 채무 1,200만 달러를 갚았다. 그의 회사인 무어·슐레이도 은행한테서 차입을 재개했다. 퍼킨스는 시어도어 루스벨트 행정부가 금융시장 안정을 위해 여러 가지 방법으로 U. S. 스틸의 TC&I 인수를 지원해주었다고 말했다.

보스턴·몬태나 구리 광산 회사의 주식 매집에 자금줄로 구실했던 니커보커 트러스트의 찰스 바니 회장은 1907년 11월 14일 스스로 목숨을 끊었다.

버나드 베런슨은 이사벨라 스튜어트 가드너에게 띄운 편지에서 "지오토가 추락하는 교회를 두 어깨로 떠받치는 성 프란시스 모습을 묘사했는데, 같은 방법으로 요동하는 금융시장의 구조를 지탱한 모건도 표현해야 한다"고 말했다.

1895년 금 위기가 발생했을 때 포퓰리스트(민중주의자)들은 모건과 클리블랜드가 위기를 맞은 조국을 쥐어짜 사욕을 채웠다고 주장했다. 그들은 "인류를 금의 십자가에 매달았다"고 비판했다. 1907년 패닉은 더 맹렬하고 거센 비판을 야기했다. 특히 TC&I를 인수합병하는 과정에서 U. S. 스틸의 개리·프릭과 시어도어 루스벨트 사이에 벌어진 '딜'에 대한 비판이 거세게 일었다. 심지어 모건은 경쟁 기업을 싼 값에 인수하기 위해 패닉을 야기했고, 시어도어가 월스트리트에 굴복했다는 말도 나왔다. U. S. 스틸이 패닉을 막기 위해 살신성인하듯이 TC&I를 인수했다고 보는 사람은 극소수에 지나지 않았다. 개리와 프릭이 정부와 시민들의 비판·공격을 예상하고 미리 대비한 설명을 내놓았다. 하지만 그의 말은 거대 기업의 권력남용을 은폐하기 위한 괴변으로 치부됐다.

시어도어는 11월 16일 처남에게 보낸 편지에서 "고위층에는 너무나 많은 사술과 부정이 있고, 해리먼과 록펠러, 하인즈, 바니, 모제, 라이언, 보험사업자 등에 대한 폭로가 국민들에게 너무 큰 충격을 주었다. 모든 금융회사가 속으로 부패했다는 두려움이 퍼졌다. 국민 심리가 비합리적인 신뢰와 낙관주의 국면을 지나 비합리적인 불신과 비관적인 단계에 진입한 셈이다"고 말했다.

반면, 위스콘신 출신 상원의원 로버트 M. 라 폴레트(Robert M. La Follette)는 "엄청난 부를 장악하고 있는 일단의 금융 자본가들이 개인적인 이익을 위해 필사적으로 최근 패닉을 야기했다"고 비판했다. 업튼 싱클레어는 1908년 발표한 소설 《머니 체인저The Money-Changer》는 개인적인 이익을 위해 패닉을 지휘하는 인물로 모건을 묘사했다. 존 무디(John Moody)는 1900년 《산업체 증권 매뉴얼Manuel of Industrial Securities》을 쓰기 위해 은행을 그만둔 인물인데, 은행가들이 "TC&I를 인수한 덕분에" 패닉을 진정시켰다면, "그들은 한 사람의 호주머니에서 몇 달러씩 받아내 수백만 달러를 다른 사람에게 넣어주는 방법으로 패닉을 진정시킨 것"이라고 주장했다.

U. S 스틸은 TC&I를 인수하면서 패닉의 순간에 3,000만 달러를 지급했다. 하지만 비판세력은 TC&I 가치가 9,000만~20억 달러에 이른다고 주장하기 시작했다. 이는 1907년 당시 주주들이 생각했던 회사 가치보다 몇 배나 많은 추정치이다. 모건이 케슬러의 보유지분을 사들이면서 주당 130달러를 지급했다

고 가정하더라도 총액은 3,900만 달러에 지나지 않는다. 비판세력이 추정한 최저 가치의 절반도 되지 않은 금액이다.

상원 사법위원회는 1909년 TC&I의 인수·합병을 조사했다. 그리고 "모건의 금융회사가 무어·슐레이를 압박해 TC&I의 주식을 넘기도록 했다"고 결론지었다. 위원회는 TC&I의 가치가 수억 달러에 달한다고 봤다. U. S. 스틸이 TC&I를 흡수하는 바람에 미국의 최대 철광석 산지와 평로 선로 제작 설비를 확보했을 뿐만 아니라 남부 철강시장을 차지했다고 봤다. 위원회는 "U. S. 스틸이 강력하면서 성장하는 경쟁 기업을 없앨 수 있었다"고 분석했다. 이어 U. S. 스틸의 TC&I 인수합병은 셔먼법을 위반한 것이라고 선언했다. 위원회는 시어도어 루스벨트는 셔먼법의 적용을 하지 않겠다고 말하거나 약속할 수 있는 권한을 보유하고 있지 않았다고 봤다.

한편 루이자와 새터리는 1909년 초 미국 해군 메이플라워호에서 시어도어와 '전율할 정도로 즐거운 한때'를 보냈다. 루이자는 "대통령의 말을 듣는 게 아주 흥미로웠다"고 어머니 패니에게 말했다. 이어 "그의 자기중심주의는 심각한 수준입니다. 상원이 TC&I 문제로 대통령을 공격한 이후… 시어도어는 자신이 인수합병을 허락했기 때문에 자신도 패닉을 진정시킨 사람 가운데 하나라고 생각하기 시작한 것으로 보인다!… 그의 친구들이 대통령 앞에서 천연덕스럽게 한 아부는 아주 나쁘고 아버지에 대한 찬사보다 더 뻔뻔스러운 것들입니다"라고 했다.

2년 뒤인 1911년 켄터키 출신 의원인 어거스터스 스탠리(Augustus Stanley)가 주도한 하원의 위원회가 철강산업을 조사했다. 당시 위원회 활동이 몇 개월 동안 신문의 헤드라인을 장식했다. 슐레이는 TC&I의 매각을 처음 제안했고 1909년 상원에 출석해서는 매각의 필요성을 증언했다. 하지만 그는 1911년 하원 조사위원회에서는 TC&I를 매각하지 않고도 자신의 증권사는 충분히 살아남을 수 있었다고 주장했다. 단 500만 달러만 조달했어도 무어·슐레이는 파산을 피할 수 있었다고도 말했다. 실제 그는 모건이 제안한 두 가지 옵션에 포함된 500만 달러 대출안을 거부했다.

증인 가운데 가장 관심을 모은 사람은 마구 분통을 터트리는 존 W. 게이츠 였다. 그는 애초 리퍼블릭 철강을 확장하기 위해 TC&I를 인수하고 싶어 했다. 1907년 패닉이 발생했을 때는 해외에 머물다 11월 5일에야 귀국했다. 귀국해 서야 슐레이가 TC&I를 자신에게 팔지 않고 모건에게 판 사실을 알았다. 인수 합병 거래가 이뤄진 순간 대서양에 머물고 있어, 그는 생생한 증언을 할 수 없 었다. 하지만 게이츠는 TC&I가 보유한 광물자산의 가치를 아주 높게 평가했 다. U. S. 스틸이 "미국 내에서 가장 좋은 자산을 헐값에 차지했다"고 증언했다.

1911년 당시 시어도어 루스벨트는 더 이상 대통령이 아니었다. 8월 위원회 에 출석해 개리와 프릭이 TC&I를 인수하도록 허락한 데 따른 모든 책임을 감 수했다. 대신 그는 1907년 11월 초 상황에서 가장 화급한 일은 패닉을 진정시 키는 일이었다고 말했다. 그는 패닉을 진정시키기 위해 철강회사의 인수합병 에 동의했을 뿐이라고 말했다. 그는 '다급하고 전율을 느끼는 순간'이 지나면, 자신이 공격받게 될 것임을 알고 있었다. "내가 요트에 타고 있다면, 배의 장치 등에 대해 이러쿵저러쿵 말할 수 없지만, 거대한 폭풍이 엄습해오고 돛 줄이 엉켜 있어 배가 전복될 상황이라면, 주인이 나중에 어떻게 생각할지 그리고 살 아 가야 할 여생이 얼마나 행복할지 등은 생각할 필요 없이 망설이지 말고 줄 을 잘라야 한다. 폭풍이 가라앉고 위험이 가신 뒤 주인이 재산을 망친 혐의로 나를 고소할지라도 그렇게 해야 한다."

마틴 와일리 리틀턴(Martine Wiley Littleton)은 개리와 프릭이 속셈을 감추고 속 였다는 것을 드러내 보이려고 했다. 하지만 대통령은 단호하게 부정한다. "그 순간 저는 내 결정에 아주 만족했고, 이후 사태 진전을 살펴보면서 더 만족했다. 내가 그순간 한 일은 상황을 타개하기 위해 절대적으로 필요한 조처였다고 생각한다." 그는 계속해서 말한다. "리틀턴 의원은 동기라는 숨겨진 영역에 대해 많이 질문했다. 나는 그들이 자신들에게 피해가 가는 일을 했을 것이라고는 한 번도 생각해보지 않았다… 좀 전에 내가 사용한 비유법을 다시 사용해 설명하겠다. 사태 악화를 막기 위해 배의 로프를 잘라야 한다면, 이 일을 도와준 사람이 악당일지라도 감사할 것이다. 이타적인 목적으로 나를 도와주었는지 여부는 따지지 않는다. 그가 당겨주기를 원할 뿐이다."

리틀턴은 롱아일랜드에 살고 있는 시어도어의 이웃이었다. 카이저의 요트를 상대한 요트대회에서 토머스 립턴과 함께 승무원으로 참가했다. 그는 요트 항해 비유를 하며 말한다. "이야기를 엉뚱한 방향으로 끌고 가지 마시고, 그 로프가 돛에 연결되어 있었습니까, 아니면 그 사람의 로프 가운데 하나가 마스트에 연결되어 있었습니까? 문제의 핵심은 증인께서 올바른 로프를 당겼는지 여부입니다." 대통령이 농락당했는지 여부가 핵심이란 얘기다. 시어도어는 속지 않았다고 말한다. "폭풍우가 몰아치는 시기에 의원이 말한 행위를 하는 사람은 없다. 위기의 순간에 사람을 속이는 사람은 인간이 아니다. 가정이 터무니없게 들린다. 우리는 문제를 일으킨 돛과 연결되어 있는 로프를 당겼다. 이 사실을 알고 있으면서도 의심하는 사람은 없다. 결과가 이를 증명해준다."

'모건의 국무장관'인 조지 퍼킨스가 증언대에 올랐다. 조지아 출신 찰스 L. 바틀렛(Chalres L. Bartlett)은 모건이 자신의 금융회사를 위협하는 신탁회사를 무너뜨리기 위해 패닉을 일으켰는지 여부를 물었다. "마뜩찮은 금융가를 제거하기 위해 패닉이 조장되었고, 나중에 감당하지 못했다는 주장에 대해 어떻게 생각하는가?" 순간 퍼킨스는 의도적으로 화를 벌컥 내며 일어나 주먹으로 탁자를 내리쳤다. "그와 같이 아주 터무니없는 거짓말은 없다고 말하고 싶다. 그런 주장에는 진실이라고는 털끝만큼도 없다. 시카고에 불을 내기 위해 몇몇 사람들이 '오레리 부인(Mrs. O'Leary)[2]의 황소와 계약을 맺고 램프를 쓰러뜨렸다고 주장하는 것과 같다."

U. S. 스틸이 TC&I의 인수 가격을 깎아 내리기 위해 무어·슐레이를 압박했고, 모건이 패닉을 일으켰다는 주장을 부인하는 증언자들이 줄을 이었다. 심지어 그랜트 슐레이마저도 모건의 패닉 기획설이 터무니없다고 지적했다. 조사위원회는 위원장인 스탠리가 철강회사 경영진이었고 펜실베이니아 철도의 이사인 퍼시벌 로버츠(Percival Roberts) 2세를 조사할 때 의도하지 않은 코믹이 연출됐다. 본디 미국인들이 지니고 있는 독점자본 등에 대한 뿌리 깊은 혐오감을 자극하는 일과 개인의 얼굴을 악마로 바꾸어 놓는 일은 별개였다.

스탠리: 한 사람이 무한대의 권력과 거대한 기업을 장악해 그의 말이 비즈니스맨들 사이에서 법으로 인식되는 금융시장이 있습니까?

로버츠: 없습니다. 협력이라는 확실한 원칙을 시장 참여자들이 따르는데, 협력 원칙이 한 개인을 통해 드러나는 경우는 있습니다.

스탠리: 그런 인물이 미국에 있습니까?

로버츠: 제 생각에는 있습니다.

스탠리: 누구죠?

로버츠: 제가 생각하기에 그의 이름은 군단(legion)입니다.

그의 엉뚱한 대답에 아무도 웃지 않았다. 로버츠는 대답을 계속한다.

로버츠: 그것은 적어도 이 나라의 미래 희망입니다. 우리가 개인주의를 저버

---

2. 오레리 부인이 밝혀 놓은 램프를 황소가 걷어차는 바람에 대화재가 발생했다는 전설 -옮긴이

린다면, 문제가 발생할 것입니다.

스탠리: 철강산업에서는 '개인'은 누구입니까?

로버츠: 제 생각에는 없습니다.

스탠리: 그런 한 인물이 없다는 말입니까? 온 나라 비즈니스맨들의 본보기이고, 현대적인 자원을 장악하고 있으면서, 그의 손짓에 따라 이 나라의 철도와 철강 산업, 은행설립 등이 결정되고 이 나라의 여러 산업에 손을 뻗치고 있을 뿐만 아니라 비즈니스 조건을 결정하고 버튼 하나를 누르는 것으로 비즈니스 환경을 바꿀 수 있는 사람이 없다는 말입니까?

로버츠: (미소를 지으며) "누구를 말하는지 알 것 같습니다.

대통령 태프트는 U. S. 스틸이 TC&I을 인수합병한 것이 반독점법을 위반했다며 1911년 가을 기소했다. 검찰은 기소장에서 "패닉을 진정시킨다는 것이 합병의 유일한 목적이 아니다"며 U. S. 스틸은 '막강한 경쟁 기업으로 막 부상한 회사'를 확보하기 위해 합병했다고 주장했다.

1907년 패닉의 현장에 있었던 사람이라면 누가 '오레리 부인의 소'인지를 알았다. 바로 그랜트 슐레이였다. 그는 살아남기 위해 몸부림쳤다. 증권사 무어·슐레이가 파산할 경우 마침 안정 기미를 보이는 금융시장에서 더 큰 패닉을 불러올 수 있었다는 게 그순간 그에겐 다행이었다. 그순간 U. S. 스틸을 이용할 수 있었기 때문이다. 1907년 11월 당시 아무도 TC&I를 인수하려고 하지 않았다. 1911년 조사에서 리틀턴은 슐레이에게 묻는다.

리틀턴: 당신과 U. S. 스틸이 벌인 거래에서 TC&I가 인수대상이 된 다른 이유가 있습니까?

슐레이: 거래 덕분에 제 문제가 해결되었고, 제 친구와 제 증권사의 문제가

해소되었습니다.

모건은 1907년 가을 TC&I라는 남부 지역의 철강회사가 아니라 미국 경제의 지속성을 우려했다. 거대하고 다양한 회사를 거느리고 있는 자신의 이익에 어긋났지만, 패닉의 순간 스스로 방패막이로 나섰다. TC&I는 모건의 안중에도 없었다. 그와 동료들은 아주 실용적인 인간들이었다. 그들이 진정으로 TC&I의 인수 가격을 낮추고 싶었다면, 왜 무어·슐레이가 쓰러지도록 내버려두지 않았을까?

U. S. 스틸은 TC&I의 부채 300만 달러를 즉각 상환했다. 1913년에는 회사의 설비를 현대화하기 위해 2,350만 달러를 더 투입했다. 이는 회사를 개조하는 데 필요할 것으로 추정됐던 금액과 거의 비슷했다. 회사 인수대금의 두 배수준이었다. 1906년 TC&I의 순이익과 견주어 무려 20배이다. U. S. 스틸이 TC&I를 사들여 엄청난 이익을 얻었다 하더라도 모건이 치른 값은 헐값이 아니었다.

TC&I가 헐값에 나온 매물이었다면, 1907년 월스트리트 사람들은 이 회사가 매물로 나왔다는 사실을 다 알고 있었는데 왜 매입하려고 나서지 않았을까? 두 회사의 인수합병을 지지하는 사람들은 앨라배마 버밍험 시민들이었다. 북부의 정치인과 저널리스트들이 U. S. 스틸과 TC&I의 합병을 비판했지만, 버밍험 사람들은 지역 경제를 활성화하고, 더 많은 일자리와 순이익을 창출할 것이라며 합병을 환영했다.

심지어 지역 신문인 〈버밍험 뉴스〉는 1907년 "TC&I가 U. S. 스틸에 흡수합병되어 버밍험이 세계의 철강 중심지가 될 것"이라고 보도했다. 6년 뒤 〈에이지-헤럴드Age-Herald〉는 "대기업을 비판하는 선동가와 적들이 탐욕을 인수합병의 유일한 동기로 채색했다"는 말로 비판 세력들을 꼬집는다. TC&I는 U. S.

스틸 지붕 아래 편입되면서 상당한 경영성과를 거둔다. TC&I의 평로제철 방식으로 만들어진 철도 레일의 원가는 1907년 말 1톤당 29달러 수준이었다. 이는 철로의 시장 가격보다 겨우 1달러 낮은 액수였다. 회사가 철로를 할인해 판다면, 이익은 상상도 할 수 없었다. U. S. 스틸은 흡수합병한 1907년에서 1909년까지 구조를 바꾸었다. 철도 레일 부문의 적자 폭을 40퍼센트에서 10퍼센트로 줄였다. 주변에서 새로운 철광석 광산을 개발했고 늘 부족하던 물 문제를 해결했다. TC&I 생산량을 연간 6만 톤에서 60만 톤으로 늘렸다.

그런데 1910년 TC&I의 철도 레일 원가는 1톤당 19.24달러인 반면, 북부지역 제철소의 원가는 17.53달러였다. 1913년에도 피츠버그가 아니라 버밍험에서 철도 레일을 만들면 2달러 정도가 더 들어갔다. 하지만 TC&I의 새 회장으로 선임된 남부출신 조지 G. 크로포드(George G. Crawford)는 이렇게 결론 내린다. "앨라배마 버밍험 지역은 철강 산업의 좋은 입지는 아니지만, 합리적인 수준에서 좋은 지역으로 개발될 수는 있다."

미국의 철강회사들은 1880년 이후 카네기 철강을 기준으로 값을 매겼다. 당시 피츠버그의 카네기 철강이 가장 효율적이고 시장 지배적 기업이었기 때문이다. 다른 철강회사는 카네기 철강의 기준 가격에다 수요자의 지정장소까지의 운임을 가산해 제품을 팔았다. TC&I도 1905년 '피츠버그(옛 카네기 철강) 기준가격'에 운임을 더한 값을 받으며 제품을 팔았지만 철도 레일은 예외였다. U. S. 스틸이 TC&I를 인수한 1907년 이후 크로포드는 '피츠버그 가격+운임' 방식이 아니라 '버밍험 가격+운임'방식을 채택하자고 U. S. 스틸 경영자들을 설득했다. 이는 1톤당 3달러 정도 높은 TC&I의 높은 원가를 판매가격에 반영하자는 말이다. U. S. 스틸의 남부 계열사인 아메리칸 스틸 앤 와이어는 1톤당 가격을 피츠버그보다 15달러 높은 금액을 받아야 했다.

버밍험과 피츠버그 가격 차이는 1920년 5달러까지 벌어졌다. 이 확대는 종종 U. S. 스틸이 남부지역 철강시장의 경쟁을 저해하려고 했다는 증거로 곧잘 인용된다. 사실은 TC&I에 대한 일종의 특혜였다. 철강산업 전반의 경쟁을 저해하고 전국적 철강재 가격을 안정화시키려 했다기보다는 계열사의 목을 조르는 정책이었다. 역사학자 케네스 워런은 U. S. 스틸이 1914년 버밍험에서 열린 철강협회 회의에서 "남부의 철강회사들이 스스로 자립할 수 있도록 했다는 이유로 높이 평가되었다"고 말했다.

미국 경제가 한 사람의 통제로는 어떻게 해볼 수 없는 수준으로 발전했다는 사실은 모건의 비판세력들이 간과한 아이러니였다. 모건의 뉴욕과 필라델피아 투자은행들은 1907년 순손실 2,150만 달러를 기록했다. 뉴욕의 투자은행 J. P. 모건과 필라델피아 드렉셀의 순이익은 1905년 1,200만 달러에서 1906년 120만 달러로 줄어들었다. 1907년 순손실 규모는 2,150만 달러였다. 1908년에는 순이익으로 돌아서 1,320만 달러를 벌었다. 1909년에는 1,940만 달러로 늘어났다. 존 D. 록펠러는 자신과 모건이 패닉 와중에 은행 70여 곳을 도왔다는 사실을 돌이켜 보면서 한 상원의원에게 "자, 아주 나쁜 두 사람이 아주 좋은 일을 한 것이 아닌가"라고 물었다.

1907년 패닉은 상대적으로 단기간에 끝났지만, 모건이 우려했던 후폭풍이 엄습했다. 경기가 위축되어 투기적인 사업을 벌인 기업들만이 아니라 건전한 은행과 기업들이 무너져 내렸다. 수많은 사람들이 일자리를 잃었다. 경제지인 〈커머셜 앤 파이낸셜 크로니클〉은 "1907~1908년 산업활동 위축과 쇠약은 미국 역사상 가장 심했다"고 전했다.

1907년 패닉을 모건의 탓으로 돌리지 않은 사람들은 미국의 후진적인 금융 시스템을 주범으로 지적했다. 패닉으로 금융정책과 새로운 금융법 제정, 통화 개혁이 필요하다는 모건과 쉬프, 베이커의 말이 옳았음이 증명됐다. 모건과 베이커는 1907년 11월 말 좀 더 탄력적인 통화공급에 대해 이야기하기 위해 시어도어 루스벨트 대통령을 만나러 갔다.

스틸먼의 시티은행 부회장인 프랭크 밴더리프(Frank Vanderlip)는 그해 12월 동료에게 "중앙은행이 필요하다는 여론이 서부지역에서 일고 있다"고 전했다. 반면, 동부지역의 일부 은행가들은 애초 중앙은행 설립을 지지했다. 하지만 "이제 중앙은행이 자신들의 이해와 상충한다고 생각하기 시작했다… 아주 극소수만이 중앙은행 설립과 관련해 개인적인 이익을 초월했다."

1907년 패닉 이후 모건을 국가적인 영웅으로 여기는 사람들은 그가 처음으로 자신의 운명을 예견한 듯 하는 말을 주목했다. 조지 베이커는 모건이 유럽으로 떠나기 위해 준비하고 있을 때인 1908년 2월 말 매디슨 애비뉴 219호 맨션을 방문했다. 모건은 베이커의 어깨에 손을 올려놓으며, "내게 무슨 일이 생기면, 내 인생에서 특히 최근 6개월 사이에 베이커 씨와 함께 일했던 시간이 가장 만족스러웠다는 점을 알아주었으면 한다. 내 인생에서 많은 즐거움을 누렸지만, 베이커 씨와 함께 일했던 것만큼 행복한 적은 없었다. 이 사실을 영원히 기억해주길 바란다"고 말했다. 이후 베이커 등은 모건이 없으면 무슨 일이 일어날지 우려하기 시작했다.

의회는 1908년 통화법을 제정했다. 은행들이 임시 화폐를 발행할 수 있는 권한을 보유하고 지급준비금을 조성·관리하는 협회를 구성할 수 있도록 했다. 또 의회 내에 새로운 금융 시스템을 연구하는 통화위원회를 구성하도록 규정했다. 상원의 금융위원회 위원장인 넬슨 W. 알드리치가 통화위원회의 위원장이 되었다. 그는 즉시 헨리 P. 데이비슨과 하버드 경제학자 A. 피아트 앤드류(Piatt Andrew)를 자문관으로 위촉했다.

조지 퍼킨스는 1908년 7월 유럽에 머물고 있는 모건에게 전보를 띄워 데이비슨이 "런던이나 다른 곳에서 대표 파트너(모건)를 만나 금융 시스템 문제를 의논하고 싶어 한다… 그는 우리의 입장을 대변하고 상원의원 알드리치를 위해 일하게 될 것임을 미리 알린다"고 말했다. 알드리치도 그가 말한 '우리의 입장'을 옹호했다.

알드리치는 마크 한나가 숨을 거둔 1904년 이후 모건과 가장 가까운 정치인이 되었다. 그는 잡화 도매업자로 5만 달러 정도를 모은 뒤 1881년 상원의원이 되었다. 30년 뒤 은퇴할 때 재산 규모는 700만 달러에 이르렀다. 1897년에는 로드아일랜드의 워릭에 있는 저택을 사들였고, 딸 애비(Abby)는 1901년 존 D. 록펠러 2세와 결혼했다.

링컨 스티븐스는 1905년 알드리치를 '미합중국의 보스'라고 불렀다. '머크레이커'인 데이비드 그래험 필립스는 '상원의 반역행위들'이라는 시리즈 기사에서 한 회분을 할애해 알드리치를 다뤘다. 알드리치는 1906년 로드아일랜드 철도회사를 '모거니제이션'을 거친 뉴 헤이븐 철도회사의 찰스 멜런에게 수백만 달러를 받고 팔아 넘겨 엄청난 부를 축적했다.

모건은 1908년 여름 알드리치 위원회가 런던과 파리, 베를린 금융 자본가들과 만나 의견을 들을 수 있도록 알선했다. 위원회 멤버들이 영국을 방문한 그해 8월 영국 금융인들은 대부분 '더 시티'를 떠나고 없었다. 테디 그렌펠은 런던 주재 미국 대사인 화이트로 레이드에게 위원회 방문을 위해 정지작업을 해달라고 요청했다. "모건 씨는 당신이 화요일 저녁을 준비하는 게 좋다고 생각합니다… 로스차일드 경과 영란은행 총재인 조지 머레이 경, 후스 잭슨(Huth Jackson)은 초대에 응할 것으로 안다."

1908년 겨울 알드리치는 세 명을 위원회에 더 받아들였다. 쿤·롭의 폴 워버그와 프랭크 밴더리프, 찰스 코넌트(Charles Conant)였다. 밴더리프는 스틸먼의 시티은행에 합류하기 전에 저널리스트로 활동했고, 리먼 게이지(Lyman Gage)

가 재무장관으로 일하던 1897~1901년에 재무차관으로 일한 바 있다. 코넌트는 머튼 트러스트의 재무책임자였다. 그의 저서 《화폐와 금융 원론Principles of Money & Banking》은 1906년 〈뱅커스 매거진〉에 의해 '금융에 관한 표준적인 저작'이라고 평가되었다.

모건은 1907년 위기 상황에서 사실상 미국의 중앙은행으로 구실했다. 금융회사와 일반 기업의 파산이 확산되지 않도록 하는 데 필요한 유동성을 공급해주었다. 일반 대중에게는 월스트리트 금융권력의 유령이 국가 경제의 균형을 유지하는 일까지 독식했다며 두려워했지만, 미국 안팎의 금융세계에서는 '영감'이 과거 어느 때보다 큰 인물로 인식되었다.

알드리치 위원회가 조사활동을 벌인 2~3년 동안 모건은 옛 라이벌들과 함께 미국의 주요 은행과 화폐공급을 책임지게 되었다. 금융시장을 안정시키기 위한 이 '우호적인 협력시스템'에서 모건과 함께한 파트너는 베이커와 스틸먼이었다. 세 사람은 1907년 위기 이후 스스로 '트리오'라고 불렀다.

연방준비제도(Fed)법이 제정된 1913년 벤저민 스트롱은 뉴욕 연방준비은행 총재가 된다. 통화이론가 밀턴 프리드먼과 안나 슈바르츠는 모건이 1907년 위기를 성공적으로 관리했다고 평가했다. 반면 연방준비제도는 1929년 패닉과 1930년대 대공황을 관리하는 데 실패했다고 지적했다. 이어 스트롱이 1928년에 숨지지 않았으면 1929년 패닉이 대공황으로 확산되지 않았을 것이라고 말한다.

두 사람은 "스트롱은 어떤 사람보다도 연방준비제도 안팎의 금융 자본가들의 신뢰와 지원을 받았다. 자신의 의견을 관철시킬 수 있는 개인적인 역량도 가지고 있었고, 신념에 따라 행동할 용기도 겸비했다… 스트롱이 1930년 가을 뉴욕 연방준비은행의 총재로 계속 일하고 있었다면, 눈앞에 벌어진 사태의 실상이 무엇인지 인식하고, 평소 경험과 신념에 의해 적절하게 대응할 준비를 갖추었을 것이고, 시스템이 자신의 뜻대로 대응할 수 있도록 했을 것이다"고 했다.

테디 그렌펠은 1909년 말 런던에서 한 친구에게 "모건이 오늘날 미국에서 차지한 위상은 재산 때문이 아니라 1907년 두려움 없이 국가와 자신의 가치를 믿고 다른 사람들에게 용기를 불어넣으며 자신보다 스무 살 또는 서른 살, 마흔 살씩 젊은 사람이 희망과 힘을 갖도록 했기 때문이다. 그가 포기했더라면, 금융시장은 무너져 내렸을 것이다…"라고 말했다. 이어 이렇게 말한다.

"대중이 모건에 대해 갖고 있는 이미지는 진실과 아주 거리가 멀다. 그는 엄격하지도 교활하지도 않다. 그 자신이 아주 강하기 때문에 겉으로는 딱딱해 보이지만, 사실 아주 수줍어하고 남을 지배하며 명령하는 스타일은 아니다. 그는 남 앞에서 연설하기보다는 뭔가를 실행할 것이다. 그는 현상의 핵심을 정확하게 인식하지만, 그의 설명은 다소 두서없다. 그는 목표를 분명히 알고 곧장 달려간다. 그는 살아오면서 큰 실수를 저질렀다. 심지어 그의 계획과 의도가 분명할 때도 사악한 사람이나 소인배들에 의해 넘어지거나 측면 공격을 당하는 위험을 감수했다… 오늘날 뉴욕에서 그의 오랜 라이벌인 스틸먼과 쿤·롭은 1907년을 기억하면서 모건에게 절대적으로 순종하고 있다. 그들은 모건이 결코 개인적인 이익을 먼저 챙기지 않는다는 점을 알기에 그와 함께하는 것이다… 그가 나의 시니어 파트너이다. 당신은 내가 그의 동료라는 사실을 얼마나 자랑스러워하는지 잘 알고 있다. 그의 단점은 너무나 분명하기 때문에 더욱 매력적이다."

트리오

모건·베이커·스틸먼은 1907년 패닉이 일단 진정되자, 재발을 막기 위해 같이 노력한다. 모건과 베이커는 이미 수년 동안 협력한 사이였다. 내셔널 시티은행의 스틸먼은 세 사람의 네트워크에선 신출내기였던 셈이다. 모건은 1908년 4월 프랑스 휴양지 엑스레뱅에서 스틸먼을 만난 뒤 잭에게 대화 내용을 타전한다.

"베이커 씨에게 다음 내용을 알려주기 바란다. 스틸먼은 트리오와 우호적으로 협력하는 일 외에는 어떤 일도 하고 싶어 하지 않는다. 국민의 복지를 위해 이미 수립되어 널리 알려져 있는 트리오와의 협력을 해치는 일도 하지 않으려 한다."

모건은 금융가로서 한평생 살면서 '국민의 복지를 위한 노력'을 최대한 하기로 이미 스스로 다짐한 상태였다. 그는 금리가 낮은 채권을 발행해 조달한 자금으로 미국의 전쟁채무를 상환하는 일을 돕기 위해 유럽에서 자금조달에 나섰다. 철도를 건설하고 체계화하는 일을 위해 노력했다. 1895년에는 재무부의 지급준비용 금을 확충하기 위해 헌신적으로 뛰었다. 이는 대서양 양쪽의 투자자들이 미국의 경제발전을 위해 투자한 자금이 안전하다는 믿음을 갖도록 하기 위한 노력이었다. 1907년에는 패닉을 진정시키기 위해 사실상 중앙은행으로 구실했다.

모건의 아버지 주니어스는 1877년 미국의 대표적인 금융 자본가들 앞에서

"미래는 우리의 수중에 있다"고 선언한 바 있다. 이후 30년이 흐른 뒤 1907년 패닉이 발생했다. 이때 모건은 미국의 경제적 복지가 자신 세대의 선도적인 금융가들에 달려 있고, 산업과 금융 자본을 통합적으로 관리할 권한을 위임받았다고 더 확신하게 되었다.

반면 1907년 위기를 계기로 다른 사람들은 국가 경제를 더 이상 금융 자본가들에게 맡겨둘 수 없다고 믿게 되었다. 모건의 엄청난 영향력과 금융 권력이 국민의 복지를 위험하게 할 수 있다고 생각했다. 이에 따라 1908~1912년 미국의 혁신주의 세력은 과격한 좌파와 자유주의 개혁가들뿐만 아니라 월스트리트와 독점 자본에 반발하는 일부 보수주의자들을 하나로 아우르는 데 성공했다.

모건은 이런 움직임에 아랑곳하지 않는다. 하지만 그의 생명을 노리는 세력이 등장했다. 1908년 1월 말 잭은 뉴욕의 "반칙이 없는 세계를 위해 거물 금융 자본가와 트러스트 총수·설립자를 제거하겠다"는 내용이 든 편지를 뉴욕 경찰청장에게 신고했다. 잭은 경찰청장이 아버지 모건이 아니라 협박편지를 보낸 사람에게 응답해야 한다며 "우리는 협박범과 같은 사람에게 시달리지 않기를 원한다"고 말했다. 한 달 뒤 미네소타 출신 상원의원인 누트 넬슨(Knute Nelson)은 U. S. 스틸 경영자들이 시어도어 루스벨트 대통령을 속여먹었다고 비판했다. 그는 "금융 자본가들이 패닉을 진정시키는 유일한 방법은 법을 위반하고 예금자들을 묶은 것이라고 주장한다"고 목청을 돋우었다.

이때 모건은 유럽으로 여행을 떠난다. 1908년 3월 런던에서 이 금융 자본가는 러시아의 알렉산드리아 황후와 러시아의 대비 여동생을 프린스 게이트로 초대해 예술 작품을 감상하도록 안내했다. 4월에는 로마에서 이탈리아 왕실 사람과 교황을 만났다. 이들은 이탈리아어로 "하나님이 J. P. 모건과 그의 가족에게 번영을 주시기를 기원한다"고 말했다. 엑스레뱅에서는 스틸먼과 만나 '트리오의 우호적인 협력 체제'를 약속했다. 5월 파리에서 애인 애덜레이드와 만났다.

그해 6월 모건은 예일대학에서 명예학위를 받기 위해 집으로 돌아왔다. 아내 패니는 그해 봄 미국 서부지역을 여행한 뒤 M. 앨런 스타(Allen Starr)라는 신경 전문의의 진료와 치료를 받았다. 스타는 컬럼비아 의과대학의 신경과 교수였다. 독일 하이델베르크와 오스트리아 비엔나, 프랑스 파리에서 장 마르텡 챠코트의 지도를 받으며 공부했다. 그는 신경쇠약 전문의였다.

시어도어 루스벨트 대통령은 1908년 6월 19일 시카고에서 열린 공화당 전당대회에서 무려 49분간에 걸친 당원들의 환호성과 갈채에도 불구하고 대선 출마를 고사했다. 결국 공화당은 시어도어가 후계자로 지명한 윌리엄 하워드 태프트[1]를 후보로 선출했다. 그는 예일대학 출신이었다. 몸무게가 무려 130킬로그램이 나가는 인물이다. 시어도어 아래에서 전쟁장관을 역임한 그는 보수적주의자이고 상냥한 성품을 지녔다. 그는 대선 후보가 되기까지 검찰차장과 연방법원 판사를 역임했다. 시어도어가 1904년 엘리휴 루트의 뒤를 이어 그를 전쟁장관에 임명했다. 이때까지 태프트는 필리핀 총독을 맡고 있었다. 비평가들은 그의 성 'Taft'가 'Take Advice from Theodore!(시어도어 말을 듣는다!)' 의 이니셜이라고 비아냥거렸다.

전당대회 닷새 뒤 예일대학이 태프트와 모건에게 명예학위를 수여했다. 〈뉴욕 타임스〉는 금융가가 공화당 대통령 후보만큼 관심을 끌었다고 전했다. 언론은 '모건 LLD(명예 법학박사 학

1908년 예일대학에서 명예학위를 받는 모건(왼쪽)과 하워드 태프트(오른쪽)
(출처: 올리버 젠센(Oliver Jensen))

---

1. 러일전쟁을 사후처리 하는 과정에서 일본이 조선을 차지할 수 있도록 양해한 가쓰라-태프트 밀약을 맺은 인물이다. -옮긴이

위)'를 ££D 또는 £. S. D, LL$로 풍자했다. 그때 모건에게 명예학위를 수여한 교수는 모건을 알렉산더 대왕에 비유했다. "알렉산더가 자유로운 무역상이었다"는 게 그의 비유 근거였다.

그 교수는 청중의 박수를 유도하면서 "막강한 정부도 군사적·금융적 위기를 해결하기 위해 모건 씨의 힘에 의지했다. 그가 통합한 산업체와 운송업체는 대륙과 대양을 아우르고 있다. 그가 수집한 예술품은 유럽의 왕실과 견줄 만하다… 하지만 그의 막강한 권력은 명예로우면서도 여러 사람에게 이롭고… 또 다른 윈체스터(Winchester) 전투의 셰리던(Sheridan) 장군[2]처럼 대재앙을 야기할 수 있는 금융시장 패닉을 잠재우라며 권력은 최근 모건 씨에게 부여되었다. 모건 씨와 우리 모두는 '더 많은 능력을 타고난 사람은 더 많은 역할을 요구받고, 인간은 더 큰 임무를 스스로 떠안은 사람에게 더 많이 요구한다'는 말을 잊지 못할 것"이라고 말했다.

런던의 〈더 타임스〉는 한 달 뒤 모건의 도서관이 "세계의 경이 가운데 하나"라고 평가하며 모건을 메디치 가문의 '위대한 로렌조'와 견주었다. 또한 현재 백만장자들 가운데는 "안목을 가진 인물은 열에 하나이고, 천재적인 예술 감각을 갖춘 인물은 백 명 가운데 한 사람 꼴이다. 미국에서는 프릭과 알트먼, 와이드너 씨는 심미안을 가진 인물이라고 할 수 있고, 모건은 천재성을 갖춘 인물"이라고 보도했다.

모건을 알렉산더 대왕과 윈체스터의 셰리던 장군, 메디치의 로렌조와 견준 것은 액면 자체보다는 과정이 덜한 비유라고 할 수 있다. 몇몇 비유는 재미있고, 몇몇 비유는 진정성이 가득하게 들린다. '추락하는 교회를 지탱하는 성 프란시스'라고 한 베런슨과 '유명한 사람을 찬양케 하라'는 아들 잭, '더 많은 능력

---

2. 버지니아 윈체스터에서 남군의 얼리(Early) 장군을 무찌른 필립 셰리던 장군 -옮긴이

을 타고난' 사람이라고 말한 예일대학 교수, '그의 이름은 군단(legion)'이라고 말한 로버츠의 말이 대표적인 예이다.

모건은 이런 예찬·찬사·아첨뿐만 아니라 험담도 대수롭지 않게 여겼다. 1907년 패닉 이후 찬반 진영의 극단적인 찬양과 공격에 모건 자신의 정치 혐오증과 고상한 소명의식 등이 함께 어우러지면서 자신과 대중의 기존 거리감을 더욱 크게 했다. 그는 20세기 비즈니스는 '유리 지갑'과 같아야 한다고 말했지만, 정작 자신의 호주머니를 보여주려고 하지 않았다. 또한 시카고의 디너파티에서 연설을 고사해 〈시카고 트리뷴〉은 돈은 말하지만 모건은 그렇지 않다'는 제목의 기사를 내보냈다.

그런데 다음날 모건은 평소 그답지 않게 다소 과장적인 투로 〈뉴욕 타임스〉에 의견을 밝힌다. "제 아버지는 내가 하는 비즈니스가 무엇이든 내 성격대로 열심히 일하라고 말씀하셨습니다. 제가 늘 기억하는 그분의 말씀 가운데 하나는 미국의 미래를 얕잡아 보지 말라는 것이었습니다. '아들아 기억해라! 자신이 태어난 조국의 미래를 암담하게 보는 사람은 결국 실패한단다. 미국의 미래에도 암운이 몰려올 때가 있을 테고, 불확실성 때문에 몇몇 사람이 과잉생산과 철도의 중복투자, 다른 기업의 과잉성장 등을 걱정하기도 하겠지만, 거대한 미국은 성장하면서 모든 것을 감당할 것이다.'"

1908년 많은 미국인들은 미래보다는 현재의 문제점에 더 많은 관심을 쏟았고, 모건이 가지고 있는 해밀턴식 성장논리에 귀 기울이지 않았다. 모건이 자신에 대해 말한 부분은 사실이지만, 당대 미국인들의 힘겨워하고 비관적인 분위기와는 전혀 어울리지 않았을 뿐만 아니라 고상한 척하는 주장이었다. 결국 거센 반발과 조소와 비아냥거림을 야기했다.

민주당은 1908년 여름 다시 윌리엄 제닝스 브라이언을 대통령 후보로 선출했다. 이번에는 '금화 또는 은화'보다는 다양화한 공약을 내걸었다. 강력한 반독점법과 관세 인하, 철도규제 강화, 강력한 친 노동조합 정책 등을 약속했다. 특히 친 노동조합 정책은 비정파적인 미국노조총연맹(AFL)의 지지를 이끌어냈다. 브라이언은 동부 연안의 금권정치를 강력히 성토했다. TC&I와 U. S. 스틸의 합병에 대한 시어도어 루스벨트의 찬성을 연거푸 비판했다. 허버트 C. 펠 (Herbert C. Pell)은 나중에 맨해튼에서 민주당 후보로 당선되어 의회에 입성하는데, 1908년 당시 대통령 선거에 나선 후보자들이 별다른 차이점을 보이지 않는다며 투표를 거부했다. "한 사람은 큰 머리는 갖고 있지만 두뇌가 없고, 다른한 사람은 거대한 배를 갖고 있지만 내장이 없다"고 했다.

모건의 금융그룹은 태프트 캠프에 선거자금 3만 달러를 기부했다. 선거결과 '거대한 배를 갖고 있는 인물'이 52퍼센트를 얻었고, 브라이언은 43퍼센트를 얻는 데 그쳤다. 사회주의자 유진 뎁스는 3퍼센트를 얻었다. 태프트와 브라이언의 득표율 차이인 9퍼센트는 1904년 시어도어 루스벨트와 앨턴 파커의 차이 20퍼센트보다 훨씬 적었다. 공화당은 하원에서 3석을 잃었고, 여러 주와 지방자치단체 장을 내주어야 했다.

모건은 11월 3일 당선자 태프트에게 "오늘 놀라운 결과에 대해 진심으로 축하드린다"는 축전을 띄웠다. 런던의 모건 파트너는 11월 4일 월스트리트 23번지 '더 코너'에 전화를 걸어 "대통령 당선을 진심으로 축하한다. 이제 우리는 조용하고 편안하게 비즈니스를 할 수 있길 소망한다"고 말했다. 시어도어는 사냥을 즐기기 위해 아프리카로 갔다.

공화당의 내부자인 조지 퍼킨스는 1909년 2월 태프트의 취임 연설이 "모든 면에서 화해와 조화를 강조할 것"이라고 모건에게 귀띔했다. 다섯 달 뒤에는 태프트가 주요 내각 명단을 알려주었다. 시카고 은행가인 프랭클린 맥비그가 재무장관에, 뉴욕의 기업 변호사인 조지 위커샘(George Wickersham)이 법무장관에 임명된다는 내용이었다. 이어 잭은 "다른 장관들도 우리가 만족할 만한 인물들"이라고 전했다.

새로운 대통령 당선과 취임 등으로 부산한 그때 존은 퍼킨스에게 아주 유쾌한 제안을 했다. 그는 월스트리트에서 독일계 유태인들의 성장을 경계하면서 "우리가 계속 사업을 하려고 한다면, 우리 가운데 누군가는 유태인을 대신해야 한다. 퍼킨스 씨는 아주 좋은 정치인이기 때문에 적절한 자리에 임명될 수 있을 것으로 믿고 있다. 퍼킨스 씨도 자기 사람을 선택해야 한다."

퍼킨스의 낙관적인 예상은 빗나갔다. 태프트는 달러 외교를 추진하기 위해 월스트리트의 도움을 원했고, 독점자본에 대한 정책에서는 '시어도어 루스벨트의 충고를 받아들이지 않았다.' 시어도어는 임기 중 반독점 기소를 57차례 했다. 태프트는 한술 더 떠 첫 번째 임기에만 무려 90차례나 반독점 기소를 단행한다. 미국 새 CEO는 시어도어 같은 정치적 수완이나 개인적인 카리스마를 가지지 않았지만, 자본에 대한 국가권력의 우위를 한층 강화한다. 더 엄격한 철도법을 지지했고 주간교통위원회(ICC) 권한을 확대했으며 소득세를 부활시켰다.

헨리 캐봇 로지는 1909년 11월 여행 중인 시어도어에게 미국의 사정을 알린다. "모건은 태프트에게 크게 실망하고 있다"고 했다. 물론 로지는 "모건만큼 간절하게 태프트가 성공하기를 원하는 미국인을 알지는 못했다." 이 금융자본가는 1910년 7월 어느 날 오후 매사추세츠 비버리(Beverly)에 있는 대통령의 여름 휴양지를 조용하게 방문했다. 요트 타는 복장으로 모터보트를 타고 별장에 도착했다.

태프트의 보좌관은 "모건이 대통령만큼이나 다른 사람의 눈에 띄지 않으려고 부심하는 듯했다"고 묘사했다. 보좌관은 "두 사람은 한 시간 동안 회동했는데, 그 '영감'이 무엇을 원하는지 듣지 못했다. 대통령은 어느 누구보다도 더 극진하게 모건을 대했지만, 그를 자주 만나는 게 좋지 않은 전략이라고 생각했다."

당시 공화당 구파들도 기업 경영의 투명성과 정부의 규제를 일정 부분 지지했다. 모건을 '뒷방 노인' 취급했던 금융 자본가들은 1907년 패닉을 겪으면서 생각을 바꾸기는 했지만, 월스트리트에 대한 대중들의 반감은 어느 때보다 높아지고 있었다. 대통령마저도 '영감'을 존경하기는 하지만, 자주 만나는 것은 좋은 전략이 아니라고 생각할 정도였다.

<hr>

모건이 1907년 패닉의 풍랑 속에서 얻은 가장 값진 자산은 TC&I가 아니라 헨리 포머로이(Pomeroy) 데이비슨이다. 그는 2주에 걸친 위기 국면을 헤치고 나가고 알드리치가 이끄는 금융위원회 자문관 생활을 거치면서 자연스럽게 모건의 후계자로 등장한다. 모건의 금융그룹 공식적인 총수 자리는 아들 잭 모건에게 돌아가지만, 데이비슨은 모건이 가지고 있는 금융 자본가로서 본능과 능력을 잭보다는 더 많이 보유했다.

모건의 사위 새터리에 따르면, 모건은 1908년 금융 자본가들이 모인 어느 디너파티에서 조지 베이커를 돌아보며 말을 건다.

모건: 조지! 나를 위해 한 가지 해주시겠습니까?
베이커: 물론 입니다. 모건 씨가 원하는 것은 무엇이든 할 겁니다.
모건: "좋습니다. 해리(헨리) 데이비슨을 우리 회사에 영입하고 싶습니다."

데이비슨은 1908년 말 퍼스트 내셔널을 떠나 투자은행 J. P. 모건에 합류했다. 그는 펜실베이니아의 작은 도시에서 태어나 뉴욕 최고 금융회사의 주목 받는 자리를 차지한 입지전적인 인물이다. 수단에서 코뿔소를 사냥하는 일만큼이나 손쉽게 유럽의 은행가들과 만날 수 있었고, 모건의 요트에서 저녁을 먹을 수 있는 신분이 되었다.

데이비슨은 조지 베이커의 금융 사사를 받아 금융가로 성장했다. 보수적이고 분명한 딜로 명성을 얻었고 기업의 합병과 금융 자본의 우위에 관해 새로운 보스인 모건과 의견이 같았다. 그는 한때 펜실베이니아의 작은 은행 직원으로 일하는 꿈을 꾼 적이 있다. 꿈속에서 장부의 대변과 차변을 맞추지 못해 전전긍긍했다. 장부를 마감하지 못하면 채찍을 맞을 것이라고 은행 보스는 윽박질렀다. 그가 악몽에서 깨어나 아내에게 꿈 이야기를 하자, 아내는 "그 다음에 무슨 일이 일어났어요?"라고 묻는다. 데이비슨은 "끝내 문제를 해결했고, 그 은행을 사버렸어!"라고 대답했다.

모건은 조지 베이커의 '수제자'를 영입하는 것으로 후계자 선정이라는 문제를 마침내 해결한다. 그는 데이비슨을 전폭적으로 신뢰했고 유럽에서 열린 컨퍼런스에 늘 데리고 갔으며, 메인 주에서 요트 크루즈를 함께 즐겼다. 맨해튼의 '업타운 지점'에 대한 24시간 접근권도 부여했고, 공식적인 대화뿐만 아니라 사적인 대화에서도 그를 찾고 의견을 물었다. 투자은행 J. P. 모건은 1895년 설립되었다. 이때까지 파트너의 수는 10명에서 11명으로 늘었을 뿐이다. 모건은 데이비슨 영입으로 자신이 모든 관심을 예술과 여행에 쏟고 있을 때 믿고 총괄 지휘권을 맡길 수 있는 오른팔을 처음으로 갖게 되었다.

트리오의 다른 두 명도 1909년 초 젊은 피를 영입해 경영진을 더 젊게 구성했다. 예순여덟 살인 조지 베이커는 퍼스트 내셔널 은행의 회장 자리를 프란시스 L. 하인(Francis L. Hine)에게 물려준 뒤 이사회 의장을 신설해 자신이 맡았다. 스틸먼도 시티은행 회장 자리에서 물러난 뒤 이사회 의장이 되었고, 1901년 시티은행의 부회장으로 선임된 프랭크 밴더리프가 회장직을 승계했다.

'월스트리트 트리오'는 어떤 회사가 신규 증권을 인수·유통하는 주간 투자은행이 되든 인수한 물량 50퍼센트는 주간사가 보유하고, 다른 두 회사에게는 25퍼센트씩 배분하기로 1908년 합의했다. 1898~1908년에 시티은행은 투자은행 J. P. 모건과는 단 한 번 증권을 공동 인수했을 뿐이었다. 퍼스트 내셔널 은행과는 한 번도 같이 하지 않았다. 트리오의 합의 이후 세 회사는 1908~1912년에 모두 증권 인수·유통을 36차례 담당한다. 인수한 증권의 총액이 무려 5억 달러에 이르렀다. 트리오 네트워크를 통해 자본시장에서 자본을 조달한 회사는 인터보로 래피드 트랜지트와 뉴욕 센트럴, U. S. 스틸, 애치슨-토피카-산타페 철도 등이었다. 트리오 금융회사들은 다른 금융회사들과 함께 신디케이트를 구성해 52개 회사가 87차례에 걸쳐 발행한 증권 13억 달러를 인수·유통하기도 했다. 당연히 견제가 뒤따랐다. 비판 세력은 트리오가 금융자본을 쥐락펴락한다며 우려했다. 하지만 세 회사가 1908년 이후 4년 동안 인수·유통한 증권 규모는 모건이 1901년 설립하면서 인수한 U. S. 스틸의 증권보다 조금 적었다.

모건은 요트 크루즈 여행과 연례적으로 가는 장기 유럽여행 사이에 모든 일을 몰아 처리했다. 벨 다 그린은 1909년 8월 보스턴에 머물고 있는 베런슨에게 '모건은 에너지를 가장 극단적으로 소모하는 사람'이라고 말한다. "모건이 내 성격을 좋아한다고 말하곤 했지만, 내가 그를 떠나야 하는 순간에는 그가 좋아하는 것이라는 이유로 친구에게 주어버린 장갑처럼 내쳐진 느낌이 들었다."

E. H. 해리먼은 병마에 시달리고 있을 때인 1909년 8월 모건에게 방문을 요청했다. 두 사람은 해리먼이 숨을 거두기 직전에 마음의 평화를 찾을 수 있는 일을 해치웠다. 모건의 금융그룹이 해리먼이 대주주로 있는 개런티(Guaranty) 신탁을 인수했다. 이 회사는 데이비슨이 미국에서 가장 큰 신탁회사를 설립

하기 위해 핍스 애비뉴와 머튼 신탁을 합병하는 바람에 탄생했다. 자본금이 2,600만 달러, 예금 규모가 1억 4,700만 달러였다.

개런티 신탁이 머튼 신탁을 인수하려고 할 때 루이스 머튼은 당시 여든여섯 살로 하루가 다르게 기억력 등이 쇠약해지고 있었다. 머튼은 회사 상호에서 자신의 이름이 빠진다는 이유로 합병을 반대했다. 머튼 신탁의 부회장 앨런에 따르면, 모건이 "합병은 당신을 위한 일이요, 머튼! 우리는 당신을 이사회 의장으로 삼겠소. 당신은 세계에서 가장 거대한 금융회사와 인연을 맺게 되는 거요. 회사를 잘 키워 주가가 1,000달러가 되도록 하겠소"라고 말했다. 앨런은 "마음을 흔들어 놓은 그의 마지막 호소로 머튼이 눈물을 그쳤고, 그는 두세 시간 만에 합병을 가장 강력히 지지하는 사람으로 바뀌었다"고 전했다.

모건이 뉴욕 빅3 보험회사 가운데 하나인 에퀴터블을 사실상 장악하고 있었다. 그렇지만 해리먼이 보유한 지분과 토머스 포천 라이언의 지분을 모두 사들였다. 에퀴터블의 경영권을 차지하기 위한 쟁탈전이 벌어진 이후 이 생명보험회사는 아주 보수적인 위탁 경영인들에 의해 운영되었다. 그중 한 사람이 그로버 클리블랜드였는데, 1908년에 숨을 거두었다. 다른 사람도 은퇴했고, 의결권 위원회의 활동도 1910년 만료되었다. 라이언의 평판은 좋아지지 않았다. 그의 도시철도 회사들은 거의 파산했다. 로버트 라 폴레트는 상원에 출석해 "그의 망한 철도회사 가운데 한 곳에서는 관련자들이 감옥에 가야 하는 수법으로 1억 달러를 유용·횡령하기도 했다"고 증언했다. 벨 다 그린에 따르면, 모건은 라이언을 도서관으로 불러 최후통첩을 한다. "당신의 이름은 에퀴터블 보험과 더 이상 같이 갈 수 없소! 당신의 이름 자체가 불신을 조장합니다."

그린은 보스턴에 머물고 있는 베런슨에게 라이언에 관한 자신의 속내를 털어놓는다. "나는 토미 라이언을 남 몰래 좋아했습니다. 그가 어떻게 주 교도소에 가지 않았는지가 여전히 미스터리라고 생각하지만… 그는 너무 신사적이고 부드러우며 친절하기 때문에 그의 나쁜 행동들을 알지 못했다면 누가 그의 행태를 말해주어도 믿지 않았을 것입니다."

모건은 라이언이 보유하고 있는 지분을 그의 애초 매입 가격에다 1905년 이후 연간 이자율 4퍼센트를 더해 매입했다. 그 바람에 그는 엄청난 공격을 받는다. 나중에 모건은 청문회에서 이 문제에 대해 답해야 했다. 그는 일반적인 경제논리에 따라 에퀴터블을 경영하기 위해 라이언의 지분을 매입한 게 아니라 '에퀴터블이 처한 나쁜 상황을 타개하기 위해' 사들였다고 증언한다. 그의 다른 설명과 마찬가지로 이 주장도 그의 내심을 속 시원하게 표현해주지 못한다.

사실 모건은 라이언한테서 회사를 구해내 불필요한 경영권 분쟁과 적대적 인수합병으로부터 회사를 지키고 싶었으며, 과거 경험했듯이 금융시장 전반의 추락을 비롯해 주주와 가입자들의 이익을 최대한 유지하기 위해 라이언의 지분을 매입했노라고 말하고 싶었을 것이다. 그는 늘 경제 질서를 유지하는 공공 서비스를 수행하고 있다고 믿었다. 그리고 늘 그랬듯이 주위 극소수만이 그의 진심을 이해했을 뿐이다. 그는 에퀴터블 생명을 상호회사로 전환하기 위해 보유 지분을 매각하고 싶었다. 매입 가격에다 보유기간 동안 이자만 쳐주면 언제든지 지분을 내놓을 수 있었다. 실제로 1925년 투자은행 J. P. 모건의 도움을 받아 에퀴터블 생명보험회사는 상호회사로 전환되었다.

데이비슨은 뉴욕의 투자은행 J. P. 모건의 사실상 상속자로 자리잡았다. 1909년 당시 일흔두 살인 모건은 승계에 적합하도록 런던의 J. S. 모건의 지배구조를 개편한다. 아버지 주니어스는 아들 모건이 살아 있는 동안만 런던의 은행에서 자신의 이름을 유지하도록 했다. 그렌펠은 "감상주의자인 모건에게 아버지 주니어스의 뜻은 법과 같다"고 친구에게 말할 정도로 그는 아버지의 뜻을 철저하게 지켰다.

모건 처남의 아들인 월터 번스 2세는 끝내 사임했다. 그의 사임에 모든 사람은 안도의 한숨을 내쉬었다. 이에 따라 영국인 그렌펠과 비비안 스미스(Vivian Smith)가 은행을 이끌게 되었고, 1910년 상호가 모건·그렌펠(Morgan Grenfell & Co.)로 바뀌었다. 1910년까지 모건과 잭이 J. S. 모건의 파트너였다. 이 투자은행은 뉴욕이나 필라델피아에 있는 투자은행과는 독립적으로 운영되었다. 하지만 1910년 파트너십(지배구조) 재편으로 모건·그렌펠에는 미국인 파트너가 한 명도 없게 되었다. 대신 투자은행 J. P. 모건과 드렉셀이 공동 명의로 자본금 100만 파운드를 납입하고 순이익 50퍼센트를 차지할 수 있는 파트너가 되었다. 모건과 잭이 J. S. 모건 지분을 모두 투자은행 J. P. 모건과 드렉셀 등에 판 셈이다.

잭은 1909년 12월 런던을 방문했다. 마침 약간 조증을 보인 퍼킨스는 1급 비밀과 수취인만이 해독해야 한다는 의미인 '덴크스타인(Denkstein)'이라고 표기된 전문을 잭에게 띄운다. "우리는 개런티 신탁을 매입하기로 결론내렸다… 지분은 모두 의결권 위원회에 맡겨질 것이다… 우리는 파리 신디케이트에서 인수한 철강회사의 주식을 처분했고 계좌를 폐쇄했다… 이익은 평균 90달러 수준이다. 신문들은 시니어가 에퀴터블 지분을 매입한 데 대해 우호적으로 반응했다. 모두 〈이브닝 포스트〉 수준의 우호적인 반응이다… 텔레폰사와 협상을 마쳤고, 헨리 데이비슨이 AT&T의 이사로 선임될 것이다… 데이비슨은 다음 주 케미컬은행의 이사로도 선출된다. 오늘은 이만 줄인다. 고맙다."

이에 대해 잭은 "당신의 마음이 썩 내키지 않는다면 이 지구만은 매입하지 않기를 바란다"라고 답신했다.

벨 다 그린은 1909년 말 퍼킨스처럼 "두목'이 전 세계를 획득하는 데 성공했다. 사실 거의 대부분을 얻은 것 같다. 그래서 요즘 아주 바쁘다. 그의 줄어들

지 않는 에너지와 사태 장악력을 도저히 이해할 수 없다"고 베런슨에게 말했다. 모건은 1907년 퍼킨스와 데이비슨, 스트롱이라는 주니어 트리오를 진두지휘 했듯이 자신과 뉴욕 메트로폴리탄 박물관의 예술품 수집을 위해 비평가들을 입속의 혀처럼 부렸다.

그린은 가격에 대해 신경 쓰지 않는 모건에 익숙해진 예술품 딜러들을 이미 길들이기 시작했다. 피렌체의 고서 딜러인 레오 올스키가 제안한 고서 여러 점을 가격이 높다거나 사고 싶지 않다, 이미 확보했다는 이유를 들어 거부했다. 그녀는 올스키의 지나친 아첨이 싫었고, 모건이 잘라버린 로저 프라이는 전혀 도움이 되지 않았다.

그린이 고대 로마의 키케로가 쓴 《웅변가De Orator》를 사기 위해 8,000 프랑(1,600달러)을 지불해야 하는 것은 터무니없다고 말하자, 그 피렌체 딜러는 반발하고 나섰다. "가장 귀한 손님인 모건 씨를 만족시키기 위해 우리는 최선을 다했습니다. 그분을 존경하기 때문에 다른 고객들보다 높은 값을 요구한 적이 없습니다." 딜러는 유럽에 머물고 있는 모건에게 직접 편지를 넣어 사정을 알린 뒤 그린에게 의기양양한 어조로 편지를 쓴다. "최근 우리의 제안에 모건 씨가 강한 관심을 보였다."

그린은 어느 해 봄 모건에게 편지를 띄워 조심성 없이 돈을 낭비하고 있다고 말한 뒤 자신의 충성심을 뚜렷하게 드러내 보인다. "제가 이 글을 쓰는 순간 제가 마음에 상처를 받고 화가 난 만큼이나 모건 님도 마음이 상했다는 것을 익히 알고 있습니다. 모건 님께서 제가 존경해 마지않는 위대한 마음을 가지고 있기 때문에 개의치 않는다는 점도 알고 있습니다. 하지만 저는 가격을 따지지 않을 수 없습니다…"

모건은 자신이 설립한 트러스트가 과도하게 증권을 발행했다는 비판을 무시했듯이 키케로의 책 가격이 터무니없이 높다는 그린의 지적에 대해 신경 쓰지 않았다. 그는 엄청난 돈을 쓰고 있었다.

런던의 고서 딜러인 버나드 쿼리치(Bernard Quaritch)는 자신이 수집할 때 도움을 준 도서 컬렉션을 영국 암허스트 해크니(Armherst Hackney) 경이 1907년 처분하고 싶어 한다는 정보를 입수했다. 그는 즉각 벨 다 그린에게 알렸고, 그녀는 파리에 머물고 있는 모건에게 편지를 전달했다. 해크니의 컬렉션에는 윌리엄 캑스턴 출판사가 찍어낸 책들이 다수 포함되어 있었다.

캑스턴 출판사의 도서는 그린이 말한 대로 "가장 완벽하기 때문에 가장 탁월하고, 모건 씨가 이미 보유하고 있는 캑스턴 컬렉션을 세상에서 가장 돋보이게 할 수 있는 보고였다." 주니어스는 그 도서를 미리 살펴보고, 모건이 '좋아할 만한 책'의 제목 옆에 표시한 목록을 삼촌에게 보냈다.

그린은 1908년 12월 암허스트 도서의 경매가 열리는 런던으로 갔다. 런던의 〈더 타임스〉는 재무장관이 암허스트의 도서를 매입하라며 영국 박물관에 3만 파운드(15만 달러)를 기부했다고 전했다. 모건은 3만 2,500파운드를 입찰하라고 그린에게 지시했다. 하지만 그녀는 암허스트와 접촉해 즉시 현금으로 2만 5,000파운드를 지급하고 책을 매입하겠다고 제의한다.

벨 다 그린은 경매 전날 영국 박물관에서 나온 경쟁자와 저녁을 먹는 자리에서 암허스트가 자신의 제안을 받아들였다는 소식을 들었다. 게다가 한 학자는 경매 당일 특정 서적에 대해서는 입찰하지 말아달라고 그린에게 요청했다. 그녀는 입찰에 참여하지 않겠다고 약속했다. 이미 확보한 상태였기 때문이다.

그린은 쿼리치와 주니어스의 도움을 받아 상태가 탁월하게 좋은 캑스턴 출판사의 책 17권을 미국으로 이송했다. 그녀가 이때 확보한 책에는 영국 최초로 인쇄된 책 두 권이 들어 있었다. 《트로이 역사Recuyell of the Historyes of Troye》와 《체스의 게임과 경기The Game and Play of Chess》이다. 모두 1474년에 출판되었다.

모건은 1907년 뉴욕 메트로폴리탄 박물관 회장으로서 베를린에 있는 빌헬름 보데에게 휀첼 컬렉션을 관리·전시할 수 있는 전문가를 구해달라고 요청했다. 보데는 "내가 카이저 프리드리히 박물관에서 거느리고 있는 사람 가운데 가장 재능 있고 준비된 인물"이라며 윌리엄 R. 발렌티너를 소개해주었다. 그는 렘브란트와 초기 네덜란드와 플랑드르 지방의 예술에 정통한 이 젊은이를 잃는 게 싫지만, '전 세계 예술품이 모이고 있는' 메트로 박물관에서 일하는 기회를 주고 싶어 보낸다고 말했다. 발렌티너는 1908년 초 뉴욕에 도착해 메트로폴리탄 예술박물관의 장식예술 담당 큐레이터가 된다. 모건은 그가 도착한 직후 메트로 박물관의 실제 관장인 에드워드 로빈슨과 신참 독일 큐레이터를 불러 저녁을 대접한다. 퍼돈 클라크는 1910년에도 메트로 박물관에서 일하고 있었다. 벨 다 그린은 그를 '버든(Burden: 부담) 경'이라고 부르며 놀렸다. 발렌티너는 오랜 여행에 지치고 서툰 영어 때문에 긴장했으나, 로빈슨한테서 모건이 독일어를 할 줄 안다는 이야기를 듣고 마음을 놓았다. 실제로 두 사람의 의사소통은 전혀 문제가 되지 않았다. 그는 나중에 모건을 처음 만난 느낌을 이렇게 회상한다. "모건 씨는 아주 부드럽고 커다란 손으로 내 손을 덥석 쥐듯이 악수했다. 그는 그순간 한 마디도 하지 않았다. 마치 커다란 부처님처럼 테이블 상석에 앉아 문장을 끝맺지 않아 제대로 이해할 수 없는 한두 마디를 간헐적으로 말했을 뿐이다. 침묵이 그의 캐릭터였다. 자신의 의지를 좌중에게 인식시키는 데 충분했고, 참석자들은 경외감 때문에 말문을 열지 못했다."

새로 온 독일 큐레이터는 메트로 박물관 입구에 휀첼 컬렉션에서 중세 예술품을 분리해 전시하기 시작했다. 프랑스 비롱 성에서 가져온 '그리스도의 매장(The Entombment)'과 죽은 예수를 안고 슬퍼하는 마리아 상 '피에타(Pieta)' 뒤편에 프랑스 태피스트리를 걸었다. 모건은 종종 애덜레이드와 함께 그의 작업을 살

퍼보기 위해 잠깐씩 들렀다. 어느 날 그는 발렌티너의 작업 내용을 본 뒤 "마치 잡동사니 상점 같아 보인다"고 평했다. 이는 한때 베런슨이 프린스 게이트의 갤러리를 돌아본 뒤 아사벨라 스튜어트 가드너에게 한 말이기도 하다. 발렌티너는 모건의 혹평에도 기존 콘셉트를 바꾸지 않았다. 그는 모건과 개인적으로 잘 지냈다. 모건은 그의 폭넓은 지식과 관심을 높이 평가했고, 발렌티너는 '내가 만난 수집가 가운데 모건이 가장 중요한 사람'이라고 인정했다. 그는 모건의 수집 광기를 이렇게 평한다.

"(모건의) 예술품 수집 열정은 자연스런 결과였다. 그는 엘리트로 태어났기 때문에 프릭처럼 사회적 신분을 포장하기 위해 예술품을 수집하지는 않았다. 그는 모든 예술 장르에 관심을 보였다… 특히 오래된 작가의 육필 원고와 중세 보석, 에나멜, 중국 도자기 등 일반 시민들이 접근하기 힘든 부문에 관심이 많았다. 그림은 일반적으로 많은 수집가들의 관심 영역이었고, 모건도 르네상스 초기 작품으로 개인 도서관을 가득 채웠지만, 주된 관심 대상은 아니었다."

발렌티너는 시어도어 드라이저(Theodore Dreizer)의 《금융가The Financer》(1912년)에 등장하는 주인공의 실제 모델인 찰스 타이슨 예르키스(Charles Tyson Yerkes)의 동양 양탄자 컬렉션을 매입하고자 했고 박물관 회장의 동의까지 확보했다. "박물관 이사 가운데 모건만이 그 컬렉션 가치를 어렴풋하게나마 인식한 덕분에 매입할 수 있었다"고 그는 설명했다.

발렌티너가 박물관이 직전 매입한 피렌체의 조각가이며 금세공 장인이며 화가인 안드레아 델 베로키오(Andrea del Verrochio)의 작품이 진품이라고 말할 때 "모건은 신경질적으로 '당신이 틀렸소'라고 말했다." 그는 자신의 도서관에 베로키오의 작품 여러 점이 있다고 말했다. 이어 모건은 "박물관 큐레이터들은 일반적으로 자신들이 매입한 작품만이 진품이라고 말하는 경향이 있다"고 지적했다. 틀린 말은 아니었다.

발렌티너는 모건의 도서관이 보유하고 있는 철제 장작받침 한 쌍은 베로키오의 것이 아니라고 판정했다. 하지만 테라코타 여성 흉상은 진품이라고 말했다. 그런데 나중에 그는 글을 발표하면서 자신의 판정을 뒤엎는다. 그는 흉상의 프로필을 윈저 성이 보유하고 있는 베로키오의 수제자 레오나르도의 드로잉과 비교·분석한 뒤 선생과 제자가 같은 모델을 보고 작품을 만들었다고 결론 내렸다.

나중에 다른 전문가들은 모건의 테라코타 여성 흉상이 가짜이거나 르네상스시대 의상을 입고 있는 19세기 작품이라고 판정했다. 그러나 이 흉상이 1997년 새로운 기술을 활용한 조사과정을 거쳐 런던 경매 시장에 나왔다. 조사 결과 15세기에 열처리된 것으로 나타났다. 제임스 펜턴(James Fenton)은 〈뉴욕 타임스〉의 북 리뷰에서 "누가 그 흉상을 만들었는지 알 수 없지만 가짜라고 부를 만한 이유가 없다. 그 작품이 가짜가 아니라면, 발렌티너의 의견을 좀 더 고려할 필요가 있다"고 말했다.

발렌티너는 뉴욕 메트로 박물관을 떠나 디트로이트 예술박물관과 로스앤젤레스 카운티 예술박물관에서 일했고, 1956년에는 노스캐롤라이나 예술박물관의 관장이 되어 숨을 거둔 1958년까지 일했다.

상원 법사위원회가 U. S. 스틸이 TC&I를 흡수합병한 것에 대해 조사한 1909년 2월 초, 모건은 자신의 후원 아래 유적 발굴이 이뤄지고 있는 이집트 현장을 방문하기 위해 대서양 횡단 여객선에 올랐다. 이 여행에 동행한 사람은 여동생 메리 번스와 둘째 딸 줄리엣, 영국박물관의 중세 유물과 민족 전시관을 담당한 찰스 허큘리스 레드 등이었다. 앨버트 리스고는 메트로 박물관 이집트 예술 전시실의 큐레이터로서 현장 유적 발굴을 지휘하면서 모건의 여행 안내를 맡았다.

에드워드 로빈슨은 모건이 이집트에 도착하면 예술품을 추천하는 데 망설이지 말라며 "모건의 심기가 좋을 때 그 사람만큼 매입의 즐거움을 느끼는 사람은 없다"고 알려주었다. 리스고는 학자로서의 직분과 뉴욕 후원자가 가지고 있는 관심과 자금력을 재치 있게 조화시켜 나갔다. 그는 모건이 조직과 자금의 원천이라는 점 때문만이 아니라 이집트 역사 연구를 두고 벌어지는 국제적인 경쟁에서 핵심인물이기 때문에 좋아했다. 리스고 부부는 1909년 2월 말 카이로에 있는 셰퍼드(Shepheard) 호텔에서 모건 일행을 만났다. 카이로 주재 미국 대사인 루이스 아이딩스(Lewis Iddings)는 국가 원수를 맞이하듯 모건을 접대했다. 카이로 주재 유럽 대사들과 만찬을 주선했고, 모건을 당시 이집트 통치자 케디브(The Khedive)와 만나게 해주었다. 모건은 프랑스의 이집트 유적 발굴 총책임자인 가스통 마스페로(Gaston Maspero)도 만났다.

또 모건은 1903년 왕들의 계곡(Valley of The Kings)을 발굴하는 데 후원금을 댄 뉴포트 백만장자인 시어도어 M. 데이비스(Davis)의 컬렉션을 살펴보기 위해 카이로 박물관을 두 차례나 찾았다. 데이비스는 직전 투탕카멘의 이름이 적힌 은닉처를 발굴했는데, 정작 그 의미를 이해하지 못했다. 이는 신격화한 파라오를 매장한 뒤 장례식 등에서 사용된 물품을 보관하기 위한 신성한 구멍이었다. 여기서 발굴된 보물의 정체는 영국의 고고학자 카너본(Carnarvon) 경과 하워드 카터(Howard Carter)가 근처에서 투탕카멘의 묘를 발굴한 1922년까지 밝혀지지 않았다. 데이비스는 은닉처에서 나온 단지와 천연탄산소다 가루를 담은 리넨 주머니, 마른 화환 등을 메트로 박물관에 1909년 기증했다.

모건은 1909년 3월 초 널찍한 생활공간을 갖춘 배 한 척을 빌려 일행을 태우고 나일강을 35마일을 거슬러 올라갔다. 메트로 박물관의 발굴 작업이 이루어지고 있는 리슈트(Lisht)로 가기 위해서였다. 리스고는 후원자가 이끌고 온 일행에게 센오스레트(Senwosret) 1세 피라미드 지역을 안내했다. 발굴 작업자 300여 명이 바위와 모래를 치워 점차 유적과 기원전 2000년까지 거슬러 올라가는 신전의 격벽이 모습을 드러내고 있었다. 신전 격벽에는 화려한 그림이 그려져 있다. 다음날 모건은 센오스레트의 선대 왕인 아메넴하트(Amenemhat) 1세의 피라미드 군락지를 둘러보았다. 이곳에서 그는 리스고가 로빈슨에게 말해주었던 발굴 작업을 잠깐 동안 시찰했다. 그는 장비와 발굴 방법, 과학적 발굴의 기록 등에 관한 리스고의 설명에 귀를 기울였다. 그날 밤 그는 "아주 웅장한 광경이다. 지금까지 이렇게 멋있는 광경은 경험하지 못했다"고 말했다.

모건 일행은 발굴 현장에서 배를 타고 출발해 나일강을 따라 남쪽으로 들어간 뒤 서쪽으로 방향을 잡아 카르게(Khargeh)에 있는 그레이트 오하이스로 갔다. 그들은 당나귀를 타고 언덕 정상에 있는 탐험 캠프로 올라갔다. 팜 나무와 관개수로를 만들어 개척한 경작지, 마을 등이 한눈에 들어왔다. 모건이 이곳에 도착했을 때 고고학자들이 히비스(Hibis)의 거대한 신전에서 잔여 유물을 발굴했다. 이 신전은 기원전 5세기 페르시아 왕 다리우스가 건설한 것으로 추정되었다. 또 고고학자들은 카르게에서 이집트의 고대 기독교 흔적을 찾아냈다. 성경 내용을 표현한 프레스코화로 장식된 무덤 예배소와 고대 로마 황제인 콘스탄티누스 시대까지 거슬러 올라가는 집이 햇빛 아래 처음 모습을 드러냈다.

다음날 모건은 열차를 타고 이동하면서 리스고에게 "이곳을 떠나기 싫다. 내 인생에서 이렇게 멋진 광경을 보리라 기대하지 못했다"고 말했다. 모건은 룩소르에 도착하자 아들 잭에게 전보를 띄운다. "사막에서 돌아왔다. 가장 즐거운 여행이었다." 리스고도 즐겁기는 마찬가지였다. 그는 로빈슨에게 여행이 처음부터 끝까지 완벽했다고 말했고, 메트로 박물관에 대한 모건의 관심이 "너무 크기 때문에 그 어떤 일보다 우선한다"고 말했다.

~~~

미국 의회는 1909년 봄 상원의원 알드리치와 하원의원 세레노 E. 페인(Sereno

E. Payne)이 제안한 관세법 개정안을 심의했다. 이 개정안이 통과되면, 100년 이상 된 예술품에 대한 관세 20퍼센트가 폐지된다. 잭은 그해 3월 카이로에 머물고 있는 아버지 모건에게 이 소식을 알렸다. 데이비슨은 의회가 이 개정안을 6월에 통과시킬 것이라고 보고했다. 뉴욕 관세청 관계자는 알드리치가 모건의 이익을 위해 '관세법에 자유로운 구절을 넣으려 한다'고 재무부 차관에게 말했다. 이 법안은 다른 세금 감면 조항도 담고 있다. 기업의 소득에 대한 세금을 2퍼센트로 규정했고, 개인 소득세를 부과할 수 있도록 헌법 개정도 가능하게 하는 조항을 포함하고 있다.

그해 5월 모건은 빌헬름 보데에게 그림 한 점을 선물했다. 프라 안젤리코가 그린 것으로 교회 제단 뒤 벽면을 장식한 작품이었다. 보데가 브론즈 카탈로그를 제작하는 데 도와준 데 대한 감사의 표시였다. 여기엔 발렌티너를 보내준 것에 대한 보답의 의미도 있었으리라. 모건은 기증자의 이름을 밝히지 말라고 요청했다. 보데는 답장에서 "모건 씨가 익명을 요청했지만, 우리는 누가 귀중한 선물을 했는지 밝혀야 하는 의무감을 느낍니다"라고 말했다.

그해 7월 중순 모건은 미국으로 귀환했다. 모건이 코르세어호를 타고 메인주에 머물고 있을 때 조카 주니어스는 당시 열여덟 살인 아내에게 결혼생활이 더 이상 불가능하게 되었고, 유럽으로 가겠다고 말했다. 루이자는 주니어스의 '부자연스런 행동'을 어머니 패니에게 알리면서 그가 유럽에 머물면, 다른 여성들과 놀아날 것이라고 예상했다. 하지만 당시 주니어스는 다른 여성을 만나고 있었다. 벨 다 그린은 주니어스가 다른 사람보다는 자신에게 고통을 털어놓았다고 베런슨에게 말하면서도 자신은 아는 게 없다고 말했다. 모건은 조카의 사생활을 알았을 수는 있지만, 별다른 기록을 남겨놓지 않았다. 주니어스는 유럽에 도착하자, 파리와 플로런스의 외곽에 있는 피에솔레(Fiesole)를 오가며 생활했다. 그의 삼촌은 고서적 등의 구입을 자문했지만, 그가 도망친 이후부터는 다른 전문가들, 즉 발렌티너와 리스고, 보데, 허큘리스 레드, 그린에게 더 많이 의존했다.

모건은 1909년 가을 도서관에 소장하기 위해 5만 파운드(25만 달러)를 들여 영국 예술 애호가이면서 예술가인 찰스 페어팩스 머레이(Charles Fairfax Murray)가 수집한 옛날 거장들의 데생 컬렉션을 매입했다. 이는 미국에 최초로 유입된 유럽 거장들의 데생 컬렉션이었다. 1만 5,000여 점의 데상이 모건이 이미 수집한 수많은 걸작들과 어우러졌다. 모건 도서관은 세계에서 가장 뛰어난 이탈리아 르네상스와 18세기, 플랑드르와 렘브란트를 비롯한 네덜란드의 17세기 작품을 보유한 명소로 부상했다. 그런데 모건은 2년 전인 1907년 더 낮은 가격에 데생 컬렉션을 추천받았지만 사지 않겠다고 했다. 예술품 딜러인 소서리언이 1907년 초 '아주 훌륭하고 잘 알려진' 거장들의 데생으로 구성된 머레이 컬렉션을 4만 5,000파운드에 사라고 제안했지만, 그때 도서관에 취직한 지 첫해를 보내던 벨 다 그린은 "모건 씨가 머레이 컬렉션을 매입하고 싶지 않다는 의사를 전하고 싶어 한다"고 통보했다.

머레이 컬렉션이 다시 매물로 나온 1909년 그린은 베런슨과 영국박물관 허큘리스 레드에게 자문을 구했다. 레드는 "그 컬렉션이 모든 작품을 포괄하고 있다면 소장할 만한 가치가 있다. 그는 데생에 관한 한 최고의 안목을 가지고 있다고 할 수 있고, 수년 동안 조용하게 작품을 수집했다"고 말해주었다.

모건은 1909년에 《얼간이 윌슨Pudd'nhead Wilson》과 《미시시피 강에서의 삶 Life on the Mississippi》의 육필 원고를 지은이 마크 트웨인한테서 직접 매입하기도 했다. 트웨인은 모건에게 "내 소원 한 가지가 이루어졌다… 내 원고가 당신이 이미 수집한 존귀한 작가들의 육필 원고와 어깨를 나란히 하며 쉽게 사멸하는 이 세계에서 훼손되지 않고 보관되는 꿈이 이루어졌다"고 말했다. 이 육필 원고들은 트웨인의 생각보다 존귀했다. 작가가 1910년 숨을 거둔 뒤 한 잡지 편집장은 모건에게 트웨인의 개인 소장판《엘리자베스 여왕 궁정에서의 대화The Conversation at the Court of Queen Elizabeth》를 내놓으며 사라고 권했다. 그는 이 물건을 내놓으며 "솔직히 말해 믿을 수 없을 정도로 형편없다"는 말도 덧붙였다.

벨 다 그린은 '솔직하고 비밀스럽게' 답장한다. "내가 숨진 뒤 아름다운 모습만 기억되도록 해주고 싶어 수년 동안 노력해온 인물이 두 사람이 있다. 하나는 조지 워싱턴이고 또 다른 하나는 마크 트웨인이다. 두 사람이 격한 감정을 쏟아 내놓은 작품이나 글을 사라는 제안을 모건이 여러 번 받았다. 이런 류의 작품이나 글이 두 사람의 전체를 대표하지 않고 나중에 쓰일 전기에서 저속하고 부당한 평가의 근거가 될 수 있기 때문에 매입을 거절해왔다." 그녀는 계속해서 "마크 트웨인이 숨을 거둔 이후 내게 제안된 그런 류의 작품과 글들이 그토록 많다는 사실에 나는 놀랐다. 우리 도서관이 소장한 책들은 오랜 기간 잘 보존될 것이기 때문에 그런 류의 기록이나 글을 보관해 사후 명예를 훼손하고 싶지 않다"고 말했다.

모건이 1909년 가을 메트로폴리탄 박물관을 위해 뉴욕의 '북쪽 강(North River)'을 발견한 헨리 허드슨과 최초 상업용 증기선을 개발한 로버트 풀턴을 기리는 행사를 한 달 동안 주관했다. 또한 메트로 박물관은 작품을 임대해 두 차례 기획전시를 실시하기도 했다. 미국 내 컬렉션에서 빌린 네덜란드 거장의 작품 전시회와 미국 작가의 그림과 가구, 응용예술 전시회가 열린 것이다. 특히 미국 작가의 전시회는 박물관 내에서 치열한 논쟁 끝에 성사되었다. 결과는 엄청난 성공이었다. 네덜란드 거장의 작품 전시회는 발렌티너가 기획했는데, 뉴욕의 최초 개척자들인 니커보커의 유산과 세계 예술의 중심지로서 뉴욕을 기념하기 위한 의도였다. 모건은 전시위원회 위원장을 맡았고, 발렌티너가 쓴 글로 카탈로그를 만들기 위해 2만 5,000달러를 기부했다. 네덜란드 옛날 거장들의 전시회에 나온 작품은 렘브란트 37점, 프란츠 홀스 20점, 베르메르 6점

등 모두 149점이었다. 렘브란트 작품들 가운데 석 점과 한스의 작품 넉 점, 베르메르의 '한 여성의 글쓰기', 호베마스(Hobemas)의 작품 두 점, 쿠이프(Cuyp)의 한 점, 가브리엘 메추의 작품들, 제이콥 반 루이스다엘(Jacob van Ruisdael) 등의 작품은 모건 소장품이었다.

허드슨-풀턴 전시회에 나온 베르메르의 작품 다섯 점은 여전히 그의 진품으로 인정받고 있다. 이 다섯 점은 '물주전자를 든 젊은 여성'과 '류트(lute)를 든 여인'은 모건의 소유였으며 이제는 메트로 박물관이 소장하고 있다. '자신의 음악을 방해한 여자'는 프릭 컬렉션이 보유하고 있고, '잠든 여성(A Woman Asleep)'은 벤저민 앨트먼의 컬렉션에서 빌려왔는데, 1913년에 앨트먼은 이 작품을 메트로 박물관에 기증한다. 여섯 번째 작품은 존 G. 존슨의 '기타 연주자(The Guitar Player)'였다. 지금은 필라델피아 예술박물관에 소장되어 있고, 훌륭한 모작으로 드러났다. 1909년 전시회에는 이사벨라 스튜어트 가드너가 소장한 '연주회'는 나오지 않았다. 이 작품은 1990년 도난당했다.

외국 관람객들은 미국이 수집한 명화들에 강한 인상을 받았지만, 그다지 기뻐하지 않았다. 프러시아 로열 예술박물관의 막스 프리드란더(Max Friedlander)는 미국이 독일보다 한스 홀스의 작품을 더 많이 보유하고 있고, 렘브란트 작품 650점 가운데 70점을 보유하고 있다고 불평했다.

<hr />

벨 다 그린이 모건이 만나는 '지체 높은 여성'들에 관한 가십(30장 참조)을 베런슨에게 알려주었지만, 정작 애덜레이드 더글러스에 대해서는 거의 말하지 않았다. 그린이 애덜레이드가 '지체 높다'고 생각하지 않았을 수 있고, 애덜레이드가 모건의 사생활에서 한 역할을 제대로 알지 못했을 수도 있다. 또는 1895년에 시작된 모건과 애덜레이드 관계가 이미 식어 우정으로 바뀌었을 가능성

도 배제할 수 없다.

모건은 그린에게 한 가지 심부름을 시킨다. 애덜레이드에게 1907~1909년 잡지와 오페라 입장권, 월리스 컬렉션의 그림을 찍은 사진, 액자로 장식한 메조틴트, 자신이 보유한 그림의 조각, 프라고나르·래번·와토를 비롯해 태피스트리·영국 도자기·영국 옛날 은세공에 관한 책, 빅토리아 여왕의 편지 묶음, 소형 초상화의 역사, 두 사람이 1904년 랭턴 더글러스의 안내를 받으며 함께 감상한 시에나 그림에 관한 카탈로그, 고급 피지로 제작된 모건 소장품에 관한 카탈로그 등을 갖다 주는 일이었다. 그린은 '두목'이 애덜레이드에게 준 주요 선물 값 청구서를 맡아 처리하기도 했다. 그 청구서에는 '미게옹(Migeon)'이라는 서명이 있는 루이 15세의 가구와 마리 앙투아네트의 결혼선물 가운데 하나인 바로크양식의 빨간 선물함, 과거 애덜레이드라는 이름을 가진 인물들이 소유한 물건 등이 적혀 있다. 프랑스 파리의 카르티에에서 날라온 청구서의 품목은 파란색과 녹색 에나멜이 칠해진 작은 상자였다. 이 상자에는 금색 월계수의 화환과 애덜레이드의 이름 이니셜 'ADL'이 새겨져 있다. 참고로 애덜레이드의 중간 이름은 루이스였다. 또한 그 청구서에는 알파벳 고양이가 A자로 둘러싸여 있는 원형 브로치도 들어 있다.

애덜레이드가 모건과 함께 마지막으로 유럽을 여행한 시기는 1908년 여름이다. 그녀의 아들 J. 고든 더글러스가 이해 결혼해 맨해튼 46번가 이스트에 있는 어머니 집에서 나와 분가했다. 그녀의 남편은 1909년 센트럴파크 웨스트 71번지에서 76번가 이스트 12번지로 이사했다. 두 부부가 갈라선 사실은 뉴욕 주민명부 등에서 확인된다. 남편 더글러스는 1903년 맨해튼 서쪽 마을로 이사한 것으로 나타나 있다.

어델레이드는 1910년 모건의 저택에서 가까운 37·38번가와 파크 애비뉴 사이에 있는 부지에 자신과 딸 사이빌이 살 집을 짓기 시작했다. 그녀의 손자에 따르면 모건이 건축비를 댔다. 건축가는 필라델피아 출신 호레이스 트럼바우어(Horace Trumbauer)였다. 이 건축가는 피터 와이드너의 린우드 홀(Lynnewood Hall)을 설계했고, 마침 가장 왕성한 디자인 열정을 불태우고 있었다. 그가 설계한 건축물로는 필라델피아 자유도서관(Free Library)과 예술박물관, 듀크대학, 이제는 뉴욕대학의 파인 아트 인스티튜트(Fine Art Institute)로 쓰이는 맨해튼 78번가 이스트 1번지에 있는 제임스 B. 듀크의 저택 등이다. 트럼바우어는 애덜레이드의 새 집을 18세기 프랑스풍으로 지었다. 이 집은 1979년 뉴욕의 기념건축물로 지정되었다. 현재는 유엔주재 과테말라 대사관(Guatemalan Mission to UN)으로 사용되고 있다. 높이는 6층 건물이고 폭은 7.6미터이다. 화강암과 석회석이 주로 사용되었고, 조용하고 여성스러운 우아함이 느껴진다. 건축 양식은 루이 16세 시절 스타일이다. 손으로 만든 철제 난간과 프랑스 양식 문, 덮개가 있는 창문, 줄지어선 기둥, 발코니, 아치가 천장기둥과 이루는 세모꼴 면(공복), 2단 경사 지붕, 박공양식의 지붕창, 구리로 만든 꼭대기층, 꽃 장식, 항아리 등이 잘 갖춰져 있다. 출입문을 들어서면 바로 만나는 1층 대리석 홀과 널찍한 계단 뒤에는 테이블 한 중간에 모건이 준 은판 위에 '사랑의 신전(Temple of Love)'이 새겨져 있는 식당이 자리 잡고 있다. 18세기 프랑스식 살롱 2개가 2층에 자리 잡고 있고, 3층 안쪽에는 주인의 침실과 파크 애비뉴 쪽으로는 도서관이 갖추어져 있다. 모건은 집 뒤쪽에 자리잡은 전용 출입문으로 남의 눈길을 피해 드나들었다고 애덜레이드 손자는 말했다. 할머니의 저명한 친구가 찾아오면 아이들은 즉시 각자 방으로 들어가야 했다.

대통령 하워드 태프트는 월스트리트 '영감(모건)'을 자주 만나는 게 자신에게 유리한 전략이 아니라고 생각하기는 했다. 하지만 필요한 순간에는 망설이지

않고 초대해 만났다. 행정부는 중국에서 경제적·정치적 입지를 강화하고 싶어 했다. 중국 대륙에서 이권을 확대·강화하는 유럽 열강을 견제하고, 러시아와 일본의 제국주의적 야망을 이이제이 할 전략이었다. 모건은 자신의 이익을 대변해줄 대표가 없고 예측할 수 없는 외국 시장에 뛰어들기를 좋아하지 않았다. 시어도어 루스벨트가 간청했지만 광둥-한큐 철도 사업을 포기했다.

중국 정부는 국채를 발행하기 위해 1908년 말 모건, 쿤·롭과 접촉했다. 자금조달 협상은 해를 넘겨 다른 금융 자본가들과 백악관까지 참여하는 방식으로 확대되었다. 시어도어 시절 법무장관으로 모건의 노던 시큐어리티스를 반독점법 위반혐의로 기소했던 필랜더 녹스는 태프트 휘하에서는 국무장관을 맡았다. 그는 월스트리트 트리오와 쿤·롭이 참여한 미국 쪽 컨소시엄이 독일과 프랑스, 영국의 금융회사가 참여하는 국제 신디케이트와 함께 중국에 철도 건설 자본을 조달해주기를 바랐다.

리버럴 저널리스트인 허버트 크롤리(Herbert Croly)는 "미국 금융 자본가들이 중국 투자 기회를 찾기 위해서가 아니라 태프트 행정부에 대한 의무감 때문에 국제 컨소시엄에 참여한다"고 분석했다. 그때 금융 자본가들은 정부가 원하는 중국 자금지원에 참여하고, 다른 이슈에서 정부의 이해와 지원을 받고 싶었을 수 있었다. 또한 중국 채권의 인수·유통이 장기적으로 돈이 되는 장사가 될 수 있다고 판단했을 수도 있다.

쉬프는 파트너인 오토 칸(Otto Kahn)에게 중국과 초기 거래는 "미국 금융가들에게 매력이 전혀 없는 것이지만… 조만간 중국의 경제·정치 구조뿐 아니라 금융 구조도 완전히 개편될 텐데, 이번 컨소시엄 참여는 그때를 위한 정지작업"이라고 말했다. 잭은 1909년 6월 영국 도버 하우스에 머물고 있는 아버지 모건에게 중국 비즈니스 진척사항을 알린다. 쿤·롭은 무크덴(봉천)에서 미국 영사로 근무한 빌러드 스트레이트(Willard Straight)[3]를 대리인으로 영입했다.

잭은 "정부가 제시한 사업 계획은 대체로 우리 이익에 부합하고, 베이컨은 스트레이트라는 사람을 적극 천거했다"고 보고했다. 모건은 아버지 주니어스가 1870년대 말했던 것처럼 "아주 좋게 느껴진다. 이건 비밀이고 너만 알고 있어라. 무엇보다 우리 투자은행 J. P. 모건이 주도권을 장악하고 신디케이트 이름을 지을 때도 제일 먼저 나오도록 해야 한다. 너도 알고 있는 이야기지만, 소홀하게 생각하지 마라"라고 주문했다. 모건 하우스는 신디케이트 구성의 주도권을 장악했지만, 별다른 이익은 없었다. 나중에 미국 쪽 신디케이트는 중국에서 미국의 금융 이해를 대표하게 된다. 하지만 모건 금융그룹은 자금을 조달해 빌려주는 업무보다 미국 정부와 유럽 금융회사 사이에 이견 차이를 조정하는 일에 더 많은 시간과 에너지를 투입해야 했다. 국무부 지시를 받아 일을 처리하는 방식도 그들에게는 달갑지 않았다.

데이비슨은 초기 그렌펠에게 "변할 수 없는 원칙은 미국 국무부가 제시한 가이드라인이지 금융가들의 입장은 아니다"는 점을 유럽 쪽 참여자들에게 알려주라고 말했다. 또 잭에게는 "우리가 제시한 베이징 통신공사 사업 안에 대해 국무부가 인가를 차일피일 미루는 바람에 우리가 얼마나 곤혹스러운 처지인지 그들은 잘 알지 못한다. 우리가 이 문제를 처리해야 한다는 게 참 어이없다"고 말하기도 했다. 그런데 중국의 한 관료는 1911년 베를린에서 열린 디너 파티에서 데이비슨이 '또 다른 곤혹스러운 상황'을 겪지 않도록 해준다. 데이비슨은 이 파티에서 중국 관료 옆에 앉게 되었다. 중국어를 한 마디도 하지 못해, 그는 반대편에 앉은 외교관과 주로 이야기했다. 그런데 옆에 앉은 중국 관료는 완벽한 영어로 프로야구팀 화이트 삭스의 투수가 누구인지를 물었다.

당시 스물아홉 살인 빌러드 스트레이트는 중국 채권의 인수·유통 컨소시엄

---

3. 스트레이트는 을사보호조약 당시 조선에 주재한 외국 외교관들의 모습을 생생하게 묘사했다. 외교관들이 1905년 '침몰하는 배에서 놀라 탈출하려는 쥐들처럼' 황급히 조선을 떠났다고 그렸다. —옮긴이

에서 핵심 인물이었다. 훤칠한 키와 멋진 외모, 외향적이고 야심만만한 이 청년은 코넬대학을 졸업한 뒤 극동지역으로 여행을 떠났다. 북경 표준어를 공부했고, 조선과 일본에서 저널리스트로 활동하기도 했다. 시어도어가 중국과 외교할 때 측면에서 지원해준 인물이었다. 그는 미국이 유럽 열강과 일본의 침탈에서 중국을 구해주기를 소망했다. 하지만 미국 국무부의 일관성 없는 정책과 러시아·일본의 견제·반대, 외국 금융자본에 대한 중국 민족주의자들의 적대감, 중국 내부의 권력투쟁이 미국의 개입을 어렵게 했다. 결국 태프트 행정부가 추진했던 극동지역에서의 이권 확대는 이루지 못했다. 중국의 차관 도입에 참여했던 미국 금융 자본가들은 손해만 보았다.

스트레이트는 금융 자본가의 오만한 태도를 아주 생소하게 느꼈다. 그에 따르면, 모건은 1910년 여름 데이비슨에게 "우리가 국무부와 사안을 의논할 때 차관이 아니라 장관과 직접 대화해야 한다는 점을 분명히 하라"고 지시했다. 이에 대해 스트레이트는 "미국의 실세가 누구인지를 이해하는 데 어렵지 않았다"고 말했다.

1911년 봄 모건은 스트레이트가 베이징 주재 미국 대사관의 1등 서기관이 되고 싶어 한다고 데이비슨에게 알려주었다. 모건은 "당신이 그의 외교관 임명 문제를 국무부와 의논해 처리할 수 있는가?"라고 물었을 때 데이비슨은 "공무원으로 임명되는 것은 신분상승이 아니라 하락으로 생각하고 있었기 때문에" 스트레이트가 외교관이 되려 한다는 이야기를 듣고 적이 놀랐다. 하지만 모건의 뜻대로 그는 스트레이트의 외교관 임명 문제를 국무부와 협의하기로 했다.

모건 사단이 미국 정부를 어떻게 생각하고 대했는지는 1935년 영국 외교관 해롤드 니컬슨(Harold Nicolson)의 증언에 잘 나타나 있다. 그는 외교관이면서 전기 작가로 활동하기도 했는데, 드와이트 머로와 그의 은행(1910년 당시 잭이 운영)에 관한 책을 썼고 원고가 유출되는 것을 강력히 반대했다.

니컬슨은 아내인 비타 색빌-웨스트에게 금융회사에 대한 인식 차이 때문에 빚어진 에피소드를 말한다. "나는 1차 세계대전 발발 초기에 투자은행 J. P. 모건이 추구한 확장전략을 묘사하면서 '모건은행이 금융회사가 아니라 국무부가 되었다'고 썼다. 이는 칭찬의 의미로 쓴 문장이었다. 하지만 잭은 이를 모욕으로 받아들이고, '표현을 바꾸어 달라고 요구할 권한은 없지만 우리 금융회사가 정부에 속한 한 부서의 지위로 추락한 느낌을 준다'는 메모를 보내왔다. 이 에피소드는 양쪽의 사고방식 차이를 극적으로 보여준다. 나는 모건은행을 정부 기관에 비유하는 게 최상의 칭찬이라고 생각했지만 '그들은' 미국 정부나 다른 나라의 정부와 무슨 커넥션이 있는 것처럼 비쳐지기 때문에 모욕이라고 여겼다. 이는 당신도 알다시피 생각 차이일 뿐이다. 나는 금융가와 금융회사를 천한 일로 생각하고, 그들은 공무원들을 바보나 부패한 군상으로 생각한다."

다시 스트레이트 이야기로 돌아가면, 그는 업무보다는 다른 일에 마음을 빼앗긴 상태였다. 1909년 베이징을 향해 떠나기 직전 윌리엄 C. 화이트의 막내딸인 도로시(Dorothy)를 사랑하게 되었다. 그는 두 사람의 연적 때문에 애태웠다. 로버트 베이컨의 아들과 알드리치의 금융 위원회에서 일하는 하버드 출신 경제 분석가 A. 피아트 앤드류(Piatt Adnrew)였다. 당시 도로시의 가족은 스트레이트를 돈이나 바라고 딸에 접근하는 사람으로 간주했다. 그들이 이렇게 생각하는 데는 그만한 이유가 있었다. 도로시를 만나기 전에 스트레이트는 해리먼의 딸인 매리와 웨스트버지니아 출신의 부유한 상원의원의 딸을 유혹한 적이 있었다. 이런 상황에서 모건의 인정은 엄청난 의미를 지닐 수밖에 없었다.

도로시는 스트레이트가 1911년 초 유럽으로 떠나기에 앞서 자신이 모건을 만난 내용을 연인에게 알린다. "모건은 내게 아주 친절했다… 그는 웃으면서 내가 매주 놀러왔으면 좋겠다고 말했다. 그래서 내가… 있다고 경고했다. 모건 씨는 겉으로 드러난 엄격함 뒤에는 아주 상냥한 마음을 지니고 있다." 모건이 스트레이트에 대해 어떤 말을 해주었는지는 알려지지 않았지만, 도로시는 1911년 봄 스트레이트의 청혼을 받아들이고, 그해 9월 결혼한다. 스트레이트와 도로시는 신해혁명 등으로 어수선한 중국으로 향했다. 유럽과 미국 금융 컨소시엄은 부패한 청나라 왕국에 자금을 지원해주고 있었다. 1911년 중국의 공화주의자들이 들고 일어나 여섯 살인 마지막 황제 부의를 쫓아냈다. 어느 날 스트레이트는 폭력시위대에 포위됐다가 미국 해병대 주둔지로 피신한 적도 있다.

미국의 금융 자본도 영국·독일·일본, 러시아와 프랑스 등과 함께 새로 출범한 국민당 정부에 차관을 제공했다. 하지만 1912년 민주당 우드로 윌슨이 당선되면서 중국에 대한 달러 외교는 중단된다. 윌슨은 미국의 대외 간섭을 반대했다. 그는 1913년 중국 차관단에 참여한 미국 금융 신디케이트의 계약 등을 강력히 비판했다. 결국 미국은 중국 차관 국제 컨소시엄에서 탈퇴한다.

중국 프로젝트를 추진하는 과정에서 금융 자본가들은 정치인들을 싫어하게 되었다. 정부는 정부대로 금융 자본가를 꺼리게 되었다. 다시 한 번 트리오가 무대의 전면에 나선 꼴이었다. 하지만 이번에는 정부의 요구에 따른 것이었다. 보상이라고는 전혀 없는 비즈니스에 뛰어들었던 셈이다. 실상이 이런 데도 독점자본과 제국주의, '금융권력'을 반대하는 사람들은 월스트리트가 이기적인 욕심을 위해 가난한 나라를 수탈하는 데 국무부를 이용했다고 생각했다.

윌슨이 중국 차관 컨소시엄에서 발을 뺀 1913년 라 폴레트는 "애국주의가 이윤에 앞선 선례가 만들어졌다"고 말했다. 하지만 태프트의 중국 프로젝트는 정치적·경제적 이익으로 연결되지 않았다. 미국이 컨소시엄에서 탈퇴한 이후 빌러드 스트레이트는 뉴욕으로 돌아와 모건은행에서 일하게 되었다. 이후 4년 동안 모건 식구로 활동했다. 그와 아내 도로시는 1912년 시어도어 루스벨트 대선을 도왔고, 허버트 크롤리가 편집 책임자인 좌파-리버럴 잡지 〈뉴 리퍼블릭New Republic〉에 자금을 지원하기도 했다. 스트레이트는 1916년 모건은행을 떠났고 2년 뒤인 1918년에 숨을 거두었다. 홀로 남은 도로시는 이후 40년 동안 〈뉴 리퍼블릭〉을 후원했다.

———≫≪———

모건 사단이 1910년께 추진했다가 중국 프로젝트만큼이나 실패한 사업은 뉴잉글랜드 지역의 철도 통합이었다. 투자은행 J. P. 모건은 찰스 멜런이 회장으로 있는 뉴욕-뉴헤이븐-하트포드 철도의 증권을 인수·유통한다. 멜런은 제임스 힐과 함께 일할 수 없는 상황이 되자 1903년 노던 퍼시픽을 떠나 새로운 회사 설립에 참여한다. 도시간 경철도와 연근해 증기 여객선, 철도 등을 아우르는 북동부 지역 운송회사를 설립하는 사업이었다. 모건은 뉴잉글랜드 지역의 경제를 활성화할 수 있다는 희망을 갖고 멜런의 야심찬 프로젝트를 지원하고 나섰다. 하지만 이후 10년 동안 멜런은 뉴헤이븐 철도의 자본 규모를 4배로 불리면서 모건의 원칙을 저버리고 부채 규모를 1,400만 달러에서 2억 4,200만 달러로 불려놓는다. 게다가 새로운 설비와 자산을 매입하면서 터무니없는 금액을 지불했고 화주와 정치인, 저널리스트, 개혁세력을 불필요하게 적으로 만들어버렸다. 또 1906년엔 멜런이 필라델피아 운송업계 거물인 W. L. 엘킨스와 P. A. B. 와이드너한테서 도시 철도와 가스회사로 구성된 트러스트를 사들이면서 무려 2,100만 달러를 지급했다. 상원의원 알드리치는 자신이 보유한 로드아일랜드 전차회사를 거액을 받고 이 트러스트에 매각한 바 있는데, 이번에도 양쪽의 거래에서 중개자로 구실했다.

멜런이 보스턴-메인 철도의 지분 36퍼센트를 매입한 때인 1907년 기업 소송 전문 변호사인 루이스 브랜디스(Lewis Brandeis)가 모건이 장악한 뉴잉글랜드 지역 운송 트러스트를 해체하기 위해 공격에 나선다. 그는 '인민의 검찰관'으로 알려졌다. 남부에서 태어나 하버드대학을 졸업했다. 노동세력의 지지자였고 자신이 독점자본의 적이라는 사실을 드러내놓고 말하는 인물이었다.

1910년 멜런이 의회에 출석해 뉴헤이븐 철도와 보스턴-메인 철도의 합병에 관해 증언한 직후 상원의원 라 폴레트는 모든 사람들이 멜런과 그의 거래 상대에 대해 오해하고 있다고 지적했다. "사람들은 돼지처럼 살찌고 목이 한 아름이나 되며 얼굴은 불그스레할 뿐만 아니라 부와 권력에 취한 금융시장의 골목대장에 의해 고용된 얼굴 마담일 뿐"이라며 "배후에 있는 사람은 증권시장과 기업의 이사들, 사법부, 행정부는 말할 것도 없고 국가들마저 쥐락펴락하고 있다. 우리는 모건 씨의 말에 따라 행동하고 있다"고 공격했다.

멜런은 뉴헤이븐 철도와 모건 금융그룹의 명성에 엄청난 타격을 입혔다. 그가 조달한 엄청난 부채 때문에 철도회사는 설비확장에 필요한 돈을 마련할 수 없었다. 이는 다시 시장에서 회사의 신용등급을 떨어뜨렸다. 모건이 뉴헤이븐의 이사회에 참석하기는 했지만, 다른 문제에 정신을 빼앗긴 상태여서 이 운송트러스트에 대한 '도덕적 책임'을 멜런에게 맡겨놓을 수밖에 없었다. 다시 한번 "'영감'이 주도적인 위치를 차지하고 정보를 제대로 파악하지 않았다"는 게 아주 흥미롭다.

시어도어 루스벨트는 해외여행을 하고 있으면서도 편지로 미국의 정치 상황을 꿰뚫어 보고 있었다. 후계자인 하워드 태프트가 자신의 보수주의와 혁신주의적 개혁, 독점자본 정책을 제대로 이행하고 있지 않다고 분통을 터트렸다. 스스로 일선에서 은퇴한다고 선언한 것을 가슴 치며 후회했다. 그가 미국으로 돌아온 1910년 6월 프린스턴대학 총장인 우드로 윌슨은 "방향을 종잡을 수 없는 운석이 우리의 지평선 위에 나타났다"고 말했다. 그해 쉰두 살인 시어도어는 귀국한 이후 1910년 공화당 내 정치인들을 규합해 태프트를 강력히 비판하기 시작했다. 결국 당이 급격한 개혁을 주장하는 쪽과 '구파'로 쪼개졌다. 이때 민주당은 공화당의 분열과 미국 전역에 만연한 정치혐오증과 금융 부패 등을 적절하게 이용했다. 노동자와 농민의 지지를 확보해 주지사와 의회 선거에서 압승했다. 1892년 이후 처음으로 하원에서 과반수를 차지했다.

모건은 1910년 11월 맨해튼에서 벗어나 있었다. 벨 다 그린은 모건이 뉴욕시에 머물러 있었다고 하더라도 민주당에 표를 던졌을 것이라고 말했다. 그녀는 베런슨에게 보낸 편지에서 "우리는 민주당이 압승해 무척 기뻤다. 다음 대통령 선거에서 시어도어를 걱정하지 않아도 될 것 같다. 우드로 윌슨이 압승할 수 있는 상황으로 보인다"고 말했다.

브랜디스와 라 폴레트는 '돼지처럼 살찌고 목이 한아름이나 되며 얼굴은 불그스레할 뿐만 아니라 부와 권력에 취한 금융시장의 골목대장'이 민주당 윌슨을 지지한다는 말을 들었다면 아주 놀랐을 것이다. 전직 법학과 역사학 교수인 윌슨은 주니어스 모건과 헨리 페어필드 오스번, 조너선 스터지스의 모교인 프린스턴대학을 주요한 고등교육 기관으로 변모시키는 데 성공했다. 모건은 그로버 클리블랜드와 부커 T. 워싱턴, 윌리엄 딘 하월스, 마크 트웨인 등과 함께 1902년 열린 우드로 윌슨의 프린스턴 총장 취임식에 참석한 바 있다.

패닉 직후인 1907년 11월 윌슨은 〈뉴욕 타임스〉에 쓴 글에서 모건이 미국 정치를 초월해 구성된 "일종의 시민 포럼인 '보통 사람들의 위원회'를 이끌 수 있는 지적 역량과 판단력 등을 갖춘 인물"이라고 평가했다. 2년 뒤인 1909년 모건은 프린스턴대학에 5년 동안 모두 2만 5,000달러를 후원하겠다고 약속했고, 1909년 11월 1일 첫 회분인 5,000달러를 윌슨에게 송금했고, 윌슨이 이듬해 뉴저지 주지사로 선출된 직후 두 번째 후원금 5,000달러를 보냈다. 그는 1911년 당시 프린스턴 총장인 존 아이크먼 스튜어트(John Aikman Stewart)에게 3

년째 후원금을 보냈다. 그의 후원금 약속과 납부 일정은 비서가 작성한 다이어리에 정확히 기록되어 있다. 하지만 1913년 모건이 숨을 거둔 이후 다이어리는 기록되지 않는다.

월슨은 시어도어의 반독점 기소와 정치인 윌리엄 제닝스 브라이언, 과도한 정부의 규제를 비판했다. 그런데 1910년 뉴저지 주지사로 출마할 때는 노동자를 열악한 노동환경에서 보호하고 거대 기업을 규제해야 한다는 개혁주의 공약을 내걸었다.

모건의 동시대인들 가운데 운명을 달리한 사람들이 하나둘 나타나기 시작했다. 1910년께는 상당한 숫자가 되었다. 건축가 찰스 맥킴이 1909년 9월 숨을 거두었다. 모건은 고인의 친구들을 대표해 장례식에 참석했다. 맥킴의 미국 상속녀 클라라 제섭 헤이랜드(Clara Jessup Heyland)를 설득해 빌라 아우렐리아(Villa Aurelia)를 로마의 아메리칸 아카데미에 기증하도록 설득했다. 에드워드 7세가 1910년 5월 서거했다. 모건의 건강상태는 좋아 보였다. 그의 권력과 부에 대한 정치적 반대세력의 비판이 신경 쓰일 뿐이었다. 벨 다 그린이 "모건 씨가 다른 사람을 지쳐 쓰러지게 해 악명이 높다"고 베런슨에게 말하자, 그는 "그게 사실이라면 너무 놀랍고 화가 난다"고 대답했다.

모건은 아들 잭이 투자은행 업무의 살인적인 스트레스를 이기지 못하고 쓰러졌다는 소식을 들은 1910년 6월 영국왕 에드워드 7세 장례식에 참석하기 위해 런던에 머물고 있었다. 뉴욕에 머물고 있던 잭은 "의사가 신체 이상은 없다고 말했다. 피로와 스트레스만이 문제라고 말했다"는 내용을 런던에 있는 아버지에게 보고했다. 데이비슨은 2~3일 뒤 푹 쉬라는 의사의 처방이 내려진 사실을 모건에게 따로 알렸다.

잭은 1910년 당시 마흔세 살이었다. 그때까지 살아오면서 미심쩍어하는 기분을 털어버리고 아버지의 인정을 받기 위해 부심하며 헌신적으로 노력했다. 하지만 데이비슨이 뉴욕 투자은행 J. P. 모건에 들어온 지 18개월이 흘렀다. 1910년 6월은 런던 법인의 경영권이 그렌펠과 비비안 스미스에게 넘어간 지 반 년이 지난 시점이었다. 이때 그가 겪은 스트레스는 모건 금융그룹에서 그의 위상을 짐작하게 해준다. 잭은 데이비슨과 그렌펠, 비비안 스미스를 모두 좋아했다. 실제로 모건 사후에도 이들은 잭과 함께 모건 금융그룹을 이끌어간다. 물론 잭은 명목상 회장이 되고 모건의 사실상 후계자인 데이비슨이 주요 업무와 결정권을 장악한다. 그러나 1910년 당시 잭의 스트레스와 신경쇠약은 그가 데이비슨과 견주어 '모건의 금융왕국'을 이끌 재목이 아니라는 조직 내 평가를 시사해주는 결정적인 단서였다.

그때 잭의 건강을 담당했던 의사는 오스틴 폭스 리그스(Austen Fox Riggs)였다. 잭은 나중에 그를 '아주 존경할 만하고 사랑하는 사람'이라고 말한다. 또한 1919년 리그스가 정신분열을 연구하고 치료하는 '오스틴 리그스 재단(Austen Riggs Foundation)'을 매사추세츠 스톡브리지(Stockbridge)에 설립하자 2만 달러를 기부하기도 했다. 리그스는 본디 독일 태생이다. 카셀에서 태어나 부모를 따라 어릴 적에 미국으로 이민 왔다. 1898년 하버드대학을 졸업하고 컬럼비아 의과대학을 마쳤다. 뉴욕에서 폐결핵 전문의로 활동했지만, 1907년 병에 걸려 진료를 그만두고 스톡브리지로 이사했다. 이듬해인 1908년 그는 진료과목을 정신과로 전환해 의사 활동을 재개한다. 잭이 진료받은 1910년, 그는 스톡브리지에 머물고 있었다. 리그스는 당시 막 태동하는 정신과의 개척자 가운데 한 명이다. 1916년에는 '신경쇠약 치료(Treatment of Neurasthenia)'라는 논문을 발표했고, 1922년《건전한 신경Just Nerves》이라는 책을 세상에 내놓았다. 그의 재단은 정신과 치료를 경제적으로 감당할 수 없는 사람들을 위해 1920년 설립되었다. 재단 기금은 12만 5,000달러였다. 그는 매사추세츠와 코네티컷 주의 여러 병원에서 정신과 담당 컨설턴트로 활동했고, 1922년에는 컬럼비아대학 신경과 교수가 되었다.

잭은 신경쇠약 등을 앓고 있는 주변 사람을 리그스에게 많이 보냈다. 1917년에는 자신의 딸을, 1922년에는 헨리 데이비슨을 리그스에게 보내 치료받도록 했다. 잭은 어머니 패니에게 리그스의 치료방법을 설명한다. "그 방법은 정신적 건강이 다시는 무너지지 않을 방향으로 삶을 이끌어가는 힘을 강화합니다. 데이비슨이 부족했던 것은 정신적인 중용이었는데, 리그스는 우리가 중용을 유지하도록 도와줍니다." 데이비슨은 정신적인 중용도 부족했을 뿐만 아니라 뇌종양을 앓고 있었다. 결국 이듬해인 1922년 숨을 거둔다.

모건은 1910년 6월 말 하버드대학이 수여하는 명예학위를 받기 위해 때맞춰 미국으로 돌아왔다. 잭은 스코틀랜드로 휴가를 떠나기에 앞서 아버지의 명예학위 수여식을 자랑스럽게 지켜보았다.

모건은 1910~1911년에도 예술품과 희귀 서적 컬렉션에 아주 귀한 물건을 보탰다. 1910년 5월 딜러인 덜래처 브라더스(Durlacher Brothers)의 중개와 허큘리스 레드의 자문을 받으며 예수가 실제로 못 박혀 숨진 십자가 조각을 보관하기 위해 12세기에 제작된 비잔틴 양식의 성골함(Stavelot Triptych)을 사들였다. 그는 이를 위해 무려 4만 파운드를 지불했다. 이 성골함은 지금의 벨기에 지방인 스타벨로트(Stavelot) 베네딕트 수도원의 이름을 따 '스타벨로트 3부작(Stavelot Triptych)'이라고 불렸다. 금과 구리, 은, 에나멜, 보석 등으로 예수가 못 박혀 숨진 십자가가 낳은 기적의 전설이 새겨져 있다. 동서양의 에나멜 기법이 동시에 사용되어 있어, 말 그대로 비잔틴 양식의 성골함이다. 가장 오래된 십자가 보관함으로 평가받고 있고, 모건 도서관에서 가장 중요한 최고의 걸작으로 꼽힌다.

모건은 1911년 세 번째 구텐베르크 인쇄본을 확보했다. 이미 그가 보유한 책보다 단순한 장식이 되어 있는 종이 장정이었지만, 완성도가 높았고 특이하게 크고 인쇄상태도 선명했다. 구텐베르크 업적을 상징하는 물건으로서 모건이 보유한 세 점 가운데 가장 탁월했다.

그는 해외여행 중인 1911년 봄 벨 다 그린을 시켜 미국 서적 애호가인 로버트 호(Robert Hoe)의 도서관에서 여러 점의 귀중한 책을 매입하도록 했다. 호는 1909년 숨을 거두며 근대 가장 뛰어난 서적 컬렉션을 유산으로 남겼다. 그린이 어떤 작품보다 원한 것은 캑스턴 본 토머스 말로리(Thomas Malory)의 《아서의 죽음Morte d'Arthur》이었다. 그때까지 남은 두 권 가운데 하나였고, 가장 완벽한 상태였다. 다른 한 권은 영어판이다.

그린은 그해 4월 《아서의 죽음》의 값이 2만 달러를 넘을 것 같다고 모건에게 보고했다. 모건은 "당신이 알아서 값을 지불하고 확보하라"고 지시한다. 모건은 이 밖에도 그린이 중요하다고 말한 다른 아이템을 확보하는 데 별도로 7만 5,000달러를 지급해도 된다고 말했다.

전 세계 고서적 딜러들이 뉴욕으로 몰려들었고, 영국박물관 사람들도 귀중한 서적을 확보하기 위해 뉴욕으로 달려와야 했다. 모건이 고서적에 관심이 많다는 소식이 알려지면서 가격도 올랐다. 그린은 1911년 4월 28일 엑스레뱅에 머물고 있는 '두목'에게 알린다. "가격이 터무니없이 오르고 있습니다… 두려움 때문에 4만 달러까지 오른 캑스턴본을 매입하지 못하고 있습니다. 어떤 값을 치르더라도 매입할까요? 즉시 응답바랍니다." 이에 대해 모건은 "당신의 재량권을 활용해 7만 달러든 아니면 10만 달러든 지불하고 확보하라!"고 지시했다.

경매 초반 캘리포니아 대부호인 콜리스 헌팅턴의 조카인 헨리 헌팅턴의 대리인인 북 딜러 조지 D. 스미스가 매물로 나온 희귀 서적 대부분을 낙찰 받았다. 마침내 5월 1일 캑스턴본 서적이 매물로 나왔다. 여러 경쟁자들이 가격을 부르며 입찰에 나섰지만, 시간이 흐르면서 하나둘씩 포기했다. 두려움을 모르는 여성 한 명이 계속 스미스와 경합하며 호가를 높였다. 결국 캑스턴본《아서의 죽음》은 4만 2,000달러를 부른 벨 다 그린에게 돌아갔다. 그린은 급전을 띄워 소식을 모건에게 알렸다. 그녀가 이때 확보한 책은 모두 40여 점이었고, 모건이 지급한 금액은 10만 달러였다. 그린은 '터무니없는 가격을 부른' 스미스 때문에 화가 나 "허팅턴과 허스트를 제외하고는 어떤 고객도 얻지 못할 것"이라며 "로버트 호의 컬렉션 경매를 아주 추잡한 분위기로 만들었다"고 일갈했다.

예술품 시장은 모건의 지갑 두께와 금고의 깊이에 영향받아 작품 가격이 올랐다. 벨 그린의 안목도 전문가의 인정을 받았다. 예일대학의 앨버트 클레이는 모건에게 "그린이 진중한 태도를 유지하며 도서관에 필요한 작품일지라도 값이 터무니없으면 절대 매입하지 않는 단호함을 보여" 예술품 시장 참여자들에게 대단한 인상을 주었다고 말했다. 이어 "그녀가 거의 무제한적인 자금을 동원할 수 있다는 사실을 알고 있었지만, 헌팅턴이 터무니없는 가격을 높여 놓았기 때문에 전문가들이 그녀의 태도를 높이 평가한다"고 말했다.

로버트 호의 컬렉션 경매는 가격과 질 면에서 한층 성장하고 있는 미국의 고서 시장에서 주요 이벤트였다. 경매는 무려 19개월 동안 진행되었고, 전체 거래대금은 200만 달러에 이르렀다.

헨리 데이비슨이 투자은행 J. P. 모건에 영입된 지 딱 2년이 되었을 때 조지 퍼킨스가 떠났다. 퍼킨스가 '더 코너'에 기여한 것도 많았다. 동시에 상당한 트러블도 일으켰다. 모건이 이해상충을 우려해 뉴욕생명의 임원직을 그만두라고 요구했을 때 그가 거절한 데서 잘 드러나듯이 금융가의 규범과는 딱 맞아떨어

지는 인물은 아니었다. 이후 그는 개인적인 거래를 일으켰고 정치적인 영향력을 확대하려고 노력했다. 1905년 암스트롱 위원회가 밝혀낸 부패 실상은 보험회사 신뢰성을 떨어뜨렸고 모건의 금융그룹에도 오점을 남겼다. 대표 파트너인 모건이 자신 회사의 일상적인 경영을 하나하나 점검하지 않게 되었지만, 파트너들이 자신의 룰과 원칙을 준수하고 비즈니스 스타일과 목적을 공유하기를 바랐다. 또한 자신의 전문성도 존중하기를 원했다.

퍼킨스가 모건과 충분히 협의하지 않은 채 자동차 회사인 스터드베이커(Studebaker) 그리고 B. F. 굿리치(Goodrich) 고무와 자금조달 협상을 벌이자, 1910년 말 결국 모건은 그를 내보내기로 결심한다. 하지만 그는 나쁜 소식을 전하기를 본래 싫어했다. 사위 새터리의 회고에 따르면, "모건은 퍼킨스가 눈치채고 알아서 떠나주기를 원했다. 하지만 그가 계속 머물자 베이커를 통해 뜻을 전하기로 마음먹었다. 어느 날 오후 5시에 베이커를 도서관으로 초대했다. 레디야드가 도서관에 도착한 그날 5시 15분 조지 베이커가 문을 나서고 있었다. 레디야드가 모건의 방에 들어섰을 때 모건은 벌떡 일어나 '그가 1월 1일 회사를 나가기로 했다'고 소리치며 덩실덩실 춤을 추었다." 벨 다 그린에 따르면, 1910년 12월 31일 새벽 1시 모건은 안도의 한숨을 내쉬며 "하나님께 감사드린다. 퍼킨스가 더 이상 머물지 않는다!"라고 말했다. 다시 한 번 '월스트리트 사령관'으로서 휘하 장군들에게 명령을 하달하는 이미지가 월스트리트에서 더욱 강하게 굳어졌다. 사실 그는 회사와 거리를 두고 있는 바람에 퍼킨스에게 자신의 의지를 관철시킬 수 없었다. 내심 원하는 기간보다 더 오래 퍼킨스를 데리고 있어야 했다. 다른 파트너나 친구들이 퍼킨스 해고라는 악역을 맡도록할 수 없었다. 그래서 선택의 여지가 없다고 생각될 때 스스로 악역을 맡았다는 말이 월스트리트에 회자되었다.

퍼킨스를 대신할 인물을 발견한 사람은 헨리 데이비슨이었다. 그가 발굴한 인물은 토머스 W. 라몬트였다. 그는 1892년 하버드대학을 졸업했고, 월스트리트에 뛰어들기 전 짧은 기간 동안 기자로 일했다. 데이비슨은 1903년 라몬트를 뱅커스 트러스트에 영입했고, 1907년 패닉 와중에 이른바 트리오의 젊은 수하들로 구성된 '주니어 트리오'에 참여하도록 했다. 데이비슨은 퍼스트 내셔널을 떠난 1909년 자신의 자리를 라몬트에게 물려주었다. 그리고 1910년 말에는 투자은행 J. P. 모건으로 영입했다.

모건은 그해 10월 말 데이비슨이 천거한 라몬트를 월스트리트 23번지 '더 코너'로 불렀다. 그는 "라몬트 씨, 1911년 1월 1일부터 여기에서 일했으면 합니다"라고 말했다. 모건은 이미 조지 베이커에게 말해놓았다. 베이커는 다시 한 번 고위 파트너 한 명을 모건에게 양보하는 셈이었다. 라몬트는 1911년 1월 1일 투자은행 J. P. 모건으로 출근하기 시작한다.

라몬트의 능력 가운데 하나는 언론과 출판의 생리를 잘 안다는 점이었다. 모건이 대중의 평판에 거의 신경 쓰지는 않았지만, 회사의 젊은 파트너들은 홍보의 중요성을 나날이 절감하고 있었다. 특히 '머크레이킹(탐사 저널리즘)'에 효과적으로 대응해야 한다고 생각했다. 라몬트는 철강산업 전문지인 〈아이언 에이지Iron Age〉를 비롯해 여러 잡지사의 주식을 보유하고 있었고, 크로웰 출판(Crowell Publishing Co.)의 주요 주주였다. 이 출판사는 1911년 혁신주의 잡지인 〈아메리칸 매거진American Magazine〉을 인수한다. 이 잡지의 발행부수는 170만 부였고, 아이더 타벨과 파인리 피터 듄, 링컨 스티븐스, 레이 스태너드 베이커, 윌리엄 앨런 화이트 등을 필진으로 보유하고 있었다. 이들 가운데 상당수는 '폭로 저널리즘'에 식상해 1906년 맥클러와 결별한 직후 〈아메리칸 매거진〉을 창간했다. 그들은 유토피아나 냉소주의를 배격한다고 밝혔다. 새로운 잡지는 "진중하고 희망적이며 건전하고, 사회 개선 등을 추동하며 사회적 도덕성을 고양할 것"이라고 밝혔다. 아이더 타벨은 몇 년이 흐른 뒤 "경제계에도 기본적으로 건전하고 좋은 무엇인가가 존재하고, 여러 가지 면에서 노동계나 개혁세력이 요구하고 있는 것을 뛰어넘었다고 생각하는 것은 해묵은 문제에 대한 새로운 형태의 비판이라고 여겨졌다"고 말했다.

〈뉴욕 타임스〉는 1911년 크로웰과 라몬트가 〈아메리칸 매거진〉을 인수한 사실을 전하면서 '매거진 트러스트'가 출범했다고 평가했다. 또 이 트러스트가 수많은 '탐사 저널리스트'들을 흡수했다고 했다. 뉴욕의 〈프레스Press〉는 모건의 트러스트가 편집 방향에 대한 통제를 강화하고, 매거진의 순이익을 높이는 쪽으로 전략을 수립했다고 전했다. 게다가 모건이 자금을 지원한 하퍼 출판과 먼지스(Munsey's)를 거느리는 거대한 출판 왕국을 구성하려고 한다고 보도했다.

출판산업에 대한 '모거니제이션'을 강력히 비판한 인물로는 콩데 나스트(Condé Nast)와 보수주의자 기포드 핀초트(Gifford Pinchot), 〈콜리어 위클리〉의 로버트 콜리어(Robert Collier), S. S 맥클러였다. 그런데 맥클러는 몇 달 뒤 재정적인 어려움을 타개하려고 발버둥쳤다. 이때 라몬트가 수십만 달러에 맥클러를 인수하겠다고 제안해오자 상당히 흐뭇해한다. 하지만 월스트리트의 통제를 두려워해 라몬트의 제안을 거절하고 다른 매수자를 발견하고 거래는 성사됐다. 하지만 맥클러를 인수한 새 주인은 그를 내쫓는다. 그는 〈아메리칸 매거진〉의 편집장에게 라몬트의 제안을 받아들이지 않을 것을 후회한다고 고백한다.

모건의 미디어 지배에 대한 비판이 고조되자, 라몬트는 적극적으로 '적절한' 사실관계를 알린다는 이유로 신문사 등을 대거 인수했다. 라몬트의 이런 이면의 노력에도 불구하고 탐사 저널리스트들은 모건에 대한 시민들의 반감이 통제할 수 없는 수준으로 악화했다고 전하기 바빴다.

어느 날 오후 링컨 스티븐스는 젊은 후배 기자인 월터 리프먼과 철로를 따라 걸으면서 '금융 권력'에 대한 범국민적인 히스테리를 꼬집는다. "당신이 알다시피 모건이 뉴헤이븐 철도를 장악했고 사람들은 이 기차를 많이 애용하게 됐다." 나중에 리프먼은 미국에서 독점자본이 '새로운 악마'로 비쳐지고 있다고 지적하며 '무자비한 철권'을 가진 '거대 기업'은 이 대중의 광적인 판타지의 소재가 되고 있다고 말했다. 그는 "모든 게 비뚤어졌다. 삶의 모든 갈등이 사악한 지식 때문에 빚어지고 있고, 모건과 록펠러 같은 사람들이 절대적인 존재로 부상하고 있다. 하지만 단 10분 동안만 냉정히 사고한다면, 이 모든 것들은 야만적인 신화에 지나지 않음을 알 수 있다"고 했다. 그는 (감정적인 비판 대신) 현대 금융시장에서 모건의 역할을 냉정하게 분석한다. 모건이 거느린 거대한 기업들은 사실 경영권과는 거리가 먼 무수한 주주들의 재산이라는 점을 지적한다. "오늘날 기업의 핵심 조건은 자본의 비인격성과 유동성, 기동성이다. 현대 주주는 성격이 불분명한 개인들이다. 옛날엔 주주들이 어떤 인간이었는지가 중요했지만, 오늘날엔 주주가 어떤 인간인지는 중요하지 않다… 그들은 자신이 보유하고 있는 자산과 관련해 어떤 책임도 지지 않는다."

이런 때 누가 경영진을 감시하고 주주들의 이익을 대변하는 책임을 맡을 것인지가 아주 중요한 문제이다. 리프먼은 1914년 모건이 장악한 '거대한 권력'은 "자본의 흐름을 지휘할 수 있는 능력에서 비롯되었다"고 봤다. 모건은 의심할 바 없이 거대하고 전제적인 권력을 구축했고, 그의 주변에 집중되어 있는 권력을 깨고 분산시키려는 수많은 노력이 시도되었다. 그러나 "산업발전을 위한 자본조달과 관련해 모든 결정권을 투자자들에게 넘겨주자고 주장하는 사람은 아무도 없다… 자본이 어디에 투입되어야 하는지 결정하는 일은 금융 전문가의 몫이고, 금융 개혁은 금융 전문가를 제거하는 것을 의미하지는 않는다. 전문가가 공공의 이익을 위해 일하도록 하는 노력일 뿐이다"라고 말했다.

아이더 타벨이 고위층의 부패행각을 폭로하는 글을 더 이상 쓰지 않을 때, 정작 독자들이 '공격'과 '폭로'만을 원하고 있음을 알고 너무 놀란다. "독자들은 균형잡힌 보도를 원하지 않는다." 타벨은 1925년 앨버트 개리에 관한 책을 발표했는데, 그와 U. S. 스틸을 악의 화신으로 묘사하지 않았다. 하지만 옛날 팬들은 그녀가 매수되었다고 주장했다. 타벨은 자서전에서 혁신주의 시대 저급한 폭로 저널리즘이 홍수를 이루는 바람에 대중들은 "거대 자본이 반드시 노동을 착취하고 무시하며 옥박지르기 때문에 유일한 희망은 독점 자본의 시스템을 붕괴시키는 것이라고 생각하게 되었다"고 지적했다.

<hr>

모건 사단이 태프트의 중국 프로젝트를 지원하면서 내심 자신들이 설립한 트러스트를 태프트가 묵인해주기를 기대했다면, 그들은 잘못 계산한 것이다. 태프트는 1911년 봄 법무부에 지시해 U. S. 스틸을 조사하는 스탠리위원회와 협력하도록 했다. 연방대법원도 스탠더드 오일과 아메리칸 타바코가 반독점법을 위반했다고 판결하고, 기업 분할을 명했다. 대법원은 '합리성의 원칙'을 내세웠다. "경쟁과 상거래를 비합리적이고 부당하게 제약하는 트러스트가 불법"이라고 판결했다. 이는 '독점자본의 크기가 아니라 행태를 따져 셔먼법을 적용해야 한다'는 시어도어 루스벨트의 생각과 일치한다. 물론 그가 노던 시큐어리티스를 기소한 것은 이 원칙과 어긋난다.

모건은 1911년 1~8월까지 해외에 머물렀다. 스탠리위원회가 밝힌 1907년 패닉 당시 모건의 행태는 모든 신문의 머리를 장식했다. 벨 다 그린은 1911년 6월 모건에게 편지를 띄워 "저는 이른바 '조사'라는 이름 아래 이뤄진 역겨운 정치 폭로 때문에 일손이 잡히지 않는다"고 말했다. 이어 "이 나라에서 가장 위대한 인물이라는 명성과 존경심이 너무 광범위하게 유지되고 있기 때문에 모건 씨가 이런 비참한 조사활동을 위해 증언대에 서도록 할 수 없다고 다른 사람들도 말한다"면서 "저는 당신과 다른 사람들을 위해 모건 씨가 조사활동이 끝날 때까지 외국에 머무르기를 희망한다"고 그린은 말했다.

시어도어 루스벨트는 스탠리위원회에 출석해 TC&I와 U. S. 스틸의 합병에 대해 증언했다. 하지만 대중은 그의 해명을 받아들이려 하지 않았다. 잭은 분통을 터트리며 유전적인 우월감을 드러낸 편지를 어머니 패니에게 보낸다. "망나니들이 아버지를 엄청나게 중상모략하고 있다… 아버지가 많은 업적을 이루었는데도 존경과 사랑을 받지 못한 나라는 지구상에서 이곳밖에 없다… 이곳 언론과 정치인, 대중은 아버지가 '국민을 위기로 몰아넣고 이익을 챙겼을 것'이라고 생각할 뿐이다."

모건은 1911년 8월 중순 뉴욕으로 돌아왔다. 아내 패니는 3주 뒤 유럽으로 떠났다. 법무부 장관 조지 위커샘은 본래 퍼킨스에 의해 추천된 인물인데도 10월 U. S. 스틸을 반독점법 위반 혐의로 기소했다. 정부는 다른 어떤 사안보다 개리와 프릭이 시어도어를 속여 서먼법에 반하는 TC&I와 U. S. 스틸의 합병에 동의하도록 했다고 주장했다. 새터리는 장인 모건에게 정부의 기소장을 읽어주었다. 모건은 몇 분 동안 아무 말 없이 앉아 있었다. 그리고 "음! 그렇게 된 것이구먼!"이라고 간단히 말했다. 그는 당혹스러운 표정을 지었고, 기소 때문에 아주 침울할 수밖에 없었다.

U. S. 스틸이 TC&I를 합병한 지 2주가 지난 1907년 11월 20일 개리는 철강산업의 90퍼센트를 대표하는 인물들을 초대해 뉴욕에서 디너파티를 열었다. 이 자리에서 그는 "제품 가격의 극심한 변동과 기업가와 고객, 노동자들에게 엄청난 피해를 안기는 비합리적이고 파괴적인 경쟁보다는 우호적인 의견 교환을 더 필요로 한다"고 말했다. 실제로 U. S. 스틸의 경영진은 이후 2년 동안 독립적인 철강회사 오너들과 저녁을 같이하며 모든 회사들이 생존할 수 있도록 제품 가격을 인위적으로 책정했다. U. S. 스틸을 지원하는 금융 자본가들과 변호사들은 이런 가격책정을 지지했다. 하지만 U. S. 스틸 경영진은 독립적인 철강회사들에 시장 점유율을 지속적으로 빼앗기고 있다며 불만을 토로했다.

어떤 임원은 슈왑의 승계자인 윌리엄 코리에게 "인위적으로 책정한 가격에 따라 생산 시설의 절반만을 가동하기보다는 경쟁 가격에 따라 생산시설을 풀 가동하는 게 더 이익"이라고 불평했다. 하지만 개리와 모건은 철강산업의 안정을 위해 가격을 조절하고 싶어 했다. "1900년 당시 카네기 철강의 경영진이 옛날 방식대로 경영했더라도 카네기 철강은 미국에서 모든 철강회사를 축출하지 못했을 것이라는 주장은 타당성이 떨어진다"고 개리는 1911년 증언했다.

U. S. 스틸의 경영진은 반독점 기소를 피하고 싶었다. 그래서 1909년 철강회사 오너들의 디너파티도 중단했다. 가격조절은 미국 철강생산량 40퍼센트를 점유하면서 트러스트에 편입되지 않은 독립 철강회사들이 생존할 수 있는 우산이 되어 주었다. 거대 철강회사들이 경쟁 기업을 파멸로 몰아넣을 수 있는 공격적인 경영을 자제해서다. 개리는 TC&I를 인수합병할 때처럼 워싱턴의 비공식 사전 승낙을 받아 독립적인 철강회사들과 의견을 조율해 가격을 책정했다. 이런 우호적인 가격조율이 태프트 행정부엔 가격담합으로 비쳤다.

모건은 1911년 12월 유럽을 향해 다시 대서양을 건넌다. 그의 파트너는 〈뉴욕 타임스〉와 인터뷰에서 스탠리위원회가 모건의 출두를 요구하지 않았다고 말했다. "그의 유럽행은 위원회 때문에 서둘거나 영향받은 게 아니다." 그러나 벨 다 그린은 베런슨에게 "모건은 예정보다 2주 빨리 유럽으로 떠났다. 우리 모두는 뉴욕의 날씨가 너무 나쁘고 U. S. 스틸에 대한 조사가 진행되고 있기 때문에 그가 떠나 안도하고 있다"고 털어놓았다. 잭은 그렌펠에게 "대표 파트너의 유럽행은 대단한 전략이다. 적어도 위원회 조사를 피해 도망친다는 인상을 피했다"고 말했다. 모건은 1월 초 파리에 도착해 미국 대사인 로버트 베이컨과 함께 지냈고, 제임스 스틸먼과는 몇 차례 저녁을 같이 했다. 그리고 몬테카를로로 이동했다. 스틸먼은 모건을 지칭하는 암호명인 "'조로(Zorew)'가 상당히 낙관적인 표정이었지만, 기분을 좋게 하기 위해 억지로 휘파람을 부는 것 같았다… 나는 몬테카를로에서 '조로'와 점심을 마치고 지금 막 돌아왔다. 그는 내일 이집트로 향한다. 그는 뉴스를 전혀 듣지 않고 있고 아주 기분 좋은 상태"라고 아들에게 전했다.

분노한 시어도어 루스벨트는 개인적으로 쓴 편지와 언론과 인터뷰에서 U. S. 스틸에 대한 정부의 기소를 강력히 비판했다. 그는 태프트가 1907년 당시 U. S. 스틸과 TC&I의 합병에 동의했다고 주장했다. '기소의 남발'은 트러스트의 복잡한 문제를 '남북전쟁을 일으킨 무책임한 사람들처럼' 해결하려고 덤비는 꼴이라고 지적하기도 했다. 시어도어는 사법부의 판단보다는 행정력을 동원해 독점자본을 규제하는 게 더 낫다고 믿었다. 그는 U. S. 스틸은 좋은 트러스트라고 여겼고 1907년 TC&I 인수를 이용해 자신을 궁지에 몰려는 정적들의 책동이라고 생각했다. 그의 이런 비난으로 전직과 현직 대통령의 적대감이 더욱 심해졌다. 두 사람의 적대감은, 모건의 법률가들이 U. S. 스틸을 방어하기 위해 준비하는 와중에 치러진 1912년 대통령 선거에 시어도어가 뛰어드는 계기가 되었다.

U. S. 스틸의 고객뿐 아니라 경쟁기업의 오너들이나 경영진도 회사가 시장 지배력을 남용하지 않았다고 증언했다. 시장이 활황일 때 가격을 낮게 유지하고, 시장의 활력이 떨어질 때 가격을 높이 책정한 덕분에 작은 철강회사들이 경기변동에도 살아남을 수 있었다고 말했다. 서부의 한 철강업자는 법정에서 "U. S. 스틸과 계열사의 경쟁은 늘 공정했다. 이 회사의 존재는 미국의 철강산업에 이롭다고 생각한다"고 진술했다.

연방지법은 1915년 U. S. 스틸이 셔먼법을 위반하지 않았다고 만장일치로 판결했다. 재판부는 이 회사가 스탠더드 오일과 아메리칸 타바코가 저지른 것처럼 경쟁을 저해했다고 볼 만한 증거가 없다고 밝혔다. 철강업계 전체도 한목소리로 "이 회사의 경영이 상당히 공정했다고 진술하는 한, 회사가 독점적이라거나 경쟁을 저해한다고 말할 수 없다"고 말했다. 이어 재판부는 "U. S. 스틸이 가격을 부당하게 인상하거나 제품의 질을 악화시키는 것과 같은 국민에게 해로운 행위를 했다는 증거도 없다"고 밝혔다. 재판부는 결론적으로 U. S. 스틸은 경쟁을 저해할 목적으로 설립되기는 했지만, 경쟁기업을 망하게 하거나 시장에서 축출하지 않았고 여타 기업과 협력해 가격을 조절했으며 "다른 대기업처럼 서면법이 금지한 협박이나 야만적 행위 등을 하지 않았기 때문에 기업 해체 결정은 이 기업에 대해 내려질 수 없다"고 판결했다. 연방대법원도 1920년 이 판결을 그대로 유지했다.

―――※※※―――

모건은 해외여행 덕분에 비판세력의 목소리에서 한 걸음 떨어져 있을 수 있었다. 그의 부재 중 파트너들과 변호사, 친구들은 '월스트리트 트리오'의 이미지를 호전시키려고 노력했다. 모건은 30년 동안 늘 그랬던 대로 1910년 5월 유럽에서 전보를 띄워 베이커와 스틸먼이 에퀴터블 생명의 의결권 위원회에 참석해야 한다고 말했다. 하지만 베이커는 "월스트리트가 에퀴터블을 지배하고 있다는 게 여론"이라고 경고했고, 스틸먼도 이에 동의했다.

　에퀴터블 이사회는 퍼킨스와 레디야드를 의결권 위원회에 선임했다. 퍼킨스는 이후 6개월 뒤에 투자은행 J. P. 모건을 떠난다. 이사회는 퍼킨스와 레디야드가 스틸먼이나 베이커만큼 월스트리트와 연결되어 있었지만, 위상이나 지명도 면에서 한 단계 낮아 대중의 비판을 조금이라도 줄이는 데 도움이 된다고 판단했다.

　레디야드는 법무법인 카터·레디야드·밀번(Carter, Ledyard, & Milburn)의 대표 파트너였다. 뉴욕증권거래소의 고문이었으며, 십여 개 은행과 철도회사의 이사회 선임되어 있는 인물이었다. 스테츤이 1895년 금 위기 순간에 그랬던 것처럼

1907년 패닉 와중에 모건의 오른팔로 구실했다. 모건은행의 변호사로서 스테츤을 측면에서 지원하지는 않았지만, 모건의 여러 가지 법적 문제를 대행했다. 의사 마코의 집에서 모건과 어울리는 친구 멤버 가운데 하나이기도 했다.

모건이 1911년 에쿼터블 주총에서 새 회장 선출 결과와 타이밍을 지휘하려고 할 때, 신경쇠약에서 회복한 잭은 데이비슨에게 레디야드의 생각을 전한다. 레디야드는 "의결권 위임을 받은 사람이나 모건이 상황을 장악하거나 회장 선임 문제를 컨트롤하는 행위는 현명하지 않다… 이 문제와 관련해 모건이 비판받지 않아야 한다는 사실과 월스트리트가 에쿼터블을 지배하고 있다는 인상을 주지 않아야 한다는 점이 중요하다는 사실을 과장할 필요는 없다. 의결권 위원회가 모건의 의중을 제대로 반영할 것이라는 관점에서 볼 때 모건이 이 문제와 관련해 시시콜콜한 것까지 알지 못하도록 해야 하며, 도움 요청이 없는 한 이번 일로 그를 괴롭히지 말아야 한다"고 말했다.

실제 모건은 자신의 영육을 괴롭히며 나설 필요가 없었다. 데이비슨의 지휘 아래 내셔널 뱅크 오브 커머스와 체이스 내셔널 은행의 합병 작업은 부드럽게 진행되고 있었다. 에쿼터블과 뮤추얼 생명이 1910~1911년 내셔널 시티은행에 이어 미국 내에서 두 번째로 큰 내셔널 뱅크 오브 커머스에 대한 지분을 처분하자, '트리오'가 이끄는 금융회사들이 그 지분을 모두 사들였다. 그들은 본래 보험회사들이 지분을 매각할 때 자신들이 보유한 뱅크 오브 커머스의 지분을 처분하려고 했다. 하지만 내셔널 뱅크 오브 커머스 지분이 시장에 나온 순간 데이비슨이 트리오를 위해 지분매입에 나서 경영권을 확보했다.

데이비슨은 "트리오 은행들의 이익과 전반적인 상황을 고려해 지분을 매입했다"고 모건에게 알렸다. 트리오는 내셔널 뱅크 오브 커머스의 경영 위원회와 이사회에 공동 대리인을 지명해 선임했다. 스틸먼은 "현 시점에서 트리오의 힘에 대한 관심을 불러일으켜봐야 미국 전역의 대중이 반감만 품을 수 있다"는 이유로 이 은행과 체이스 내셔널의 합병을 반대했다. 잭은 아버지에게 스틸먼이 '미국 내 최대 은행'이라는 지위를 놓치고 싶지 않아 한다고 보고했다. 실제로 내셔널 뱅크 오브 커머스와 체이스 내셔널이 합병하면, 자산 규모 면에서 시티은행보다 더 컸다.

데이비슨은 1912년 신탁회사 인수합병도 주도했다. 맨해튼 신탁을 뱅커스 신탁에 흡수합병시키고, 개런티 신탁을 키우기 위해 스탠더드 신탁을 매입하는 작전을 주도했다. 그 결과 개런티의 자본금은 3,300만 달러로 늘어났고, 수신고는 1억 9,000만 달러가 되었다.

한편 알드리치가 이끄는 금융위원회와 정계·학계, 언론계 지원 세력은 미국의 금융시스템을 전면적으로 개혁해야 한다고 제안했다. 찰스 코넌트는 1909년 가을 〈월스트리트 저널〉을 통해 '현대 경제의 필수 요건들'을 간단하게 설명하고 국가 경제의 안정을 위해 구체적인 계획을 제안했다. 그리고 '중앙은행 설립'을 제기했다. 태프트 대통령도 "중앙은행 설립 문제를 진중하게 고민해야 한다"고 미국인에게 촉구했다.

폴 M. 워버그는 현대 금융시장은 자율 규제 능력이 없어 주기적으로 전문가의 개입이 필요하다고 글과 연설로 중앙은행 필요성을 강조했다. 그는 "1차적으로 증권시장에 돈을 주입해 다시 철수시키는 방식으로 전체 금융시장을 조율하려고 시도하고, 인플레이션과 터무니없는 주가급등을 유발하는 문제 투성인 현 시스템은 결국 경기 위축과 불필요한 가격 침체로 이어질 수밖에 없는데, 중앙은행 규제 아래서는 증권 할인시장이 발전함에 따라 금융시장이 좀 더 체계적으로 작동하게 된다"고 주장했다.

금융인들은 대부분 "월스트리트의 통제나 거대 금융 자본가로부터 자유롭기만 한다"면 중앙은행 설립을 적극적으로 지지하고 있다고 워버그가 전했다. 1910년 11월 중순 알드리치 위원회의 여러 멤버들은 중앙은행 설립을 위한 구체적인 계획을 세우기 위해 제킬 아일랜드[4]에 있는 밀리어네어 클럽으로 갔다. 아마도 모건이 이들의 여행도 주선했을 수 있다. 이 섬에 간 일행엔 위원장인 알드리치와 데이비슨, 밴더리프, 워버그, A. 피아트 앤드류를 비롯해 뱅커스 신탁의 회장인 벤저민 스트롱 등이 포함되어 있다. 이들은 월스트리트가 미국의 경제적 미래마저 좌지우지한다는 의심을 피하기 위해 언론에는 오리 사냥을 간다고 밝혔다. 알드리치의 개인 전용열차를 타고 가면서 이름을 철저하게 숨겼다.

이들은 2주 동안 토론해 민간 은행가들로 구성된 이사회가 통제하는 지역별 연방준비은행을 뼈대로 하는 중앙은행 설립안을 만들었다. 이들은 지역별 중앙은행이 서로 보조를 맞추어 통화 공급을 조절하면, 파멸적인 공황을 예방할 수 있고 비정상적인 과열로 이어지는 충동을 억제하며, 패닉을 예방할 수 있다고 봤다. 또한 공식적인 마지막 대부자(중앙은행)를 설립할 수 있기를 소망했다. 그들은 정부 관료가 중앙은행을 맡아선 안 된다고 생각했다. 대신 개인의 이익을 위해 활동하는 게 아니라 금융 시스템이 전 국민에게 이익이 되도록 움직여야 해야 한다고 믿는 모건 같은 민간 은행가들에게 중앙은행의 실권을 맡기면, 금융과 정치를 분리시킬 수 있다고 생각했다. 하지만 그들의 소망은 어디까지나 희망사항일 뿐이었다.

민주당이 지배하는 의회는 제킬 아일랜드에 모인 사람들이 만든 계획에 동의하지 않았다. 이후 2년 동안 '알드리치 계획안'은 민간 금융 자본가에게 너무나 많은 권한을 부여한다는 비판에 시달린 끝에 대폭 수정된다. 마침내 연방준비제도(Fed)법이 1913년 12월 의회를 통과됐다. 12개 지역 연방준비은행을

---

4. 1913년 설립된 미국 연방준비제도 이사회와 지역 연준은행들의 설립을 추진했던 일단의 금융가들이 20세기 초에 이곳에 모여 중앙은행 설립을 추진해 이른바 연준에 관한 음모설의 진원지가 된다. G. 에드워드 그리의 《제킬 아일랜드의 피조물: 연준에 대한 제2의 시각The Creature from Jekyll Island : A Second Look at the Federal Reserve》참조 -옮긴이

통제하는 기구로 이사회를 워싱턴에 두고, 대통령이 공공의 이익을 대표하기 위해 이사회 의장을 지명하도록 했다.

우드로 윌슨은 반관반민 혼합체 성격의 연방준비제도 시스템이 정부의 역할과 입김을 더욱 강화해준다고 생각했다. 그는 '민간의 경제활동을 지배하는 괴물이 아니라 촉진하는 수단'이 될 수 있다고 믿었다. 루이스 밴디스는 윌슨의 생각과 달랐다. 그는 악의 세력과는 타협이 없다고 강조했다. "거대 자본과의 타협은 결국 아무런 소용이 없는 것으로 드러난다"고 주장했다. 저널리스트 윌리엄 크라이더(William Creider)는 "연방준비제도 법이 좌우 양쪽에게서 공격받았다는 점에 비추어볼 때 윌슨이 중도 우파적인 길을 택한 셈"이라고 평가했다. 실제로 서부 인민주의자들은 연방준비제도를 거대 자본의 이익을 위해 봉사하는 기관으로 보았고, 〈뉴욕 선〉은 월스트리트 입장을 대변해 "전체적으로 윌리엄 제닝스 브라이언 주의자들의 탈을 쓰고 있다"고 비판했다.

연방준비제도의 지역별 준비은행은 위기의 순간에 해당 지역의 민간 은행에 신속하게 현금을 주입하고, 경기 변동에 맞춰 화폐공급을 탄력적으로 운영하도록 되어 있다. 그러나 설립자들의 희망과는 달리, 연방준비제도는 경기변동성을 완화하는 데 부분적으로 성공했다. 특히 1929~1941년에는 경기변동성을 줄이는 데 놀랍게도 실패했다. 게다가 연방준비제도 시스템이 얼마나 '가치중립적인지'를 두고 논란이 끊이지 않고 있다.

다시 트리오 이야기로 돌아가면, 모건과 베이커, 스틸먼은 1907년 패닉을 겪으면서 미국은 알드리치 위원회가 대책을 내놓을 때까지 기다릴 수 없다고 생각했다. 또 자신들은 거대한 자본의 흐름을 감시·감독할 수 있지만 연방정부는 감시·감독하지 않을 것이라고 여겼다. 그래서 이들은 민간 자율 규제 시스템을 만들기로 했다. 트리오가 '금융 트러스트'를 구성해 중앙은행가로 구실하겠다는 얘기였다. 이런 움직임에 대해 미네소타 출신 혁신주의 의원이고 나중에 미국을 대표하는 항공기 조종사의 아버지인 찰스 A. 린드버그(Charles A. Lindbergh)는 1911년 "금융 트러스트가 경쟁을 저해하는지 여부를 조사해야 한다"고 주장했다. 반면, 〈월스트리트 저널〉은 미국은 금융시장 안정화를 필요로 하고 있다며, '금융 트러스트'가 존재하지 않는다면 누군가는 이를 설립해야 한다고 강조했다.

초상화

J. P. 모건은 인생 말년에 접어들면서 기록을 거의 남기지 않았다. 다른 사람의 말이나 기록에 의지해야 그를 이해할 수 있다. 전기란 본디 삼각측량과 비슷하다. 위치가 파악된 지점을 기준으로 해서 모르는 지점의 위치를 확정한다. 하지만 노년에는 모건의 알려진 사실들조차 불분명하다. 그의 부와 권력이 대중의 인식에 너무 강한 영향을 주었기 때문에 그들의 평가가 모건의 인간성에 대한 것인지, 아니면 모건의 역량에 관한 것인지 분명하지 않다.

모건의 이너서클 멤버가 되기 위해서는 신중함은 필수였다. 모건의 캐릭터를 공개적으로 언급한 사람이 거의 없는 이유다. 그들이 공개적으로 말했다고 하더라도 대중 사이에 퍼져 있는 사탄 이미지를 불식시켜야 하는 게 그들의 임무였다. 모건에 대한 그들의 말은 듣는 이가 할 말을 잊을 정도로 경건할 수밖에 없고 진부하기 짝이 없다.

사위 새터리는 모건이 어린이와 개, 독립 기념일을 유달리 좋아했다고 전기에 썼다. 톰 라몬트는 "모건 씨만큼 공동체에 대한 책임의식이 투철한 사람은 만나지 못했다"고 주장했다. 뉴욕 주교 그리어는 "모건은 놀라운 두뇌와 진정성이 가득한 가슴을 가지고 있고, 정직이 성공의 비결"이라고 말했다.

좀 더 예리한 묘사는 도킨스가 밀너에게 보낸 편지에서 엿볼 수 있다. 도킨스는 모건이 조셉 챔벌레인 또는 에드워드 7세와 함께 한 저녁식사 풍경을 밀너에게 전했다. 또 다른 예리한 묘사는 그렌펠의 글이다. 그렌펠은 "모건은 아주 강렬한 사람이기 때문에 거칠어 보이지만, 아주 수줍어하고… 문제의 핵심을 분명히 파악하지만 말로 표현하는 데는 서툴다"고 했다.

벨 다 그린이 아무런 거리낌 없이 써 베런슨에게 보낸 편지는 레인스포드나 링컨 스티븐스, 로저 프라이 등의 글을 의심하게 한다. 이들은 이 '위대한 사람'보다 자신들이 지적으로나 도덕적으로 우월하다고 주장한다. 그린의 편지는 그녀의 참모습을 보여주는 만큼 모건에 대한 그들의 기록이 얼마나 정확한지도 알아볼 수 있도록 해준다.

그린은 일반 시민들 사이에 퍼져 있는 가십의 종류보다도 더 많이 모건의 사생활을 곁에서 지켜보았다. 하지만 그녀도 모건을 묘사하면서 자신의 생각과 판단을 지속적으로 덧칠했다. 그녀는 꾸밈없는 모건의 모습과 학식에 관심을 갖고 있는 듯 말했다. 하지만 그녀도 다른 사람들과 마찬가지로 이기적인 동기도 품고 있었다.

그린은 맨해튼 36번가에 있는 내밀한 도서관에서 그 자신의 후원자가 얼마나 추앙받고 싶어 하는지를 알 수 있었다. 모건은 그녀와 베런슨의 관계를 알지 못했다. 모건과 베런슨은 유럽에서 만나기로 돼 있었다. 그때 그린은 베런슨에게 "모건은 아첨에 결코 식상해하지 않는다. 가장 빤한 친절마저 덥석 받아들이고 심지어 좋아한다… 당신이 그를 좋아한다는 사실을 감추려고 하지 말아야 한다. 나중에 모두 당신에게 이득이 된다"고 충고했다.

그녀도 모건에게 대용량 아첨을 처방했다. 어느 해 봄 모건이 외국을 여행하고 있을 때 그녀는 "내 보잘것없는 인생이 얼마나 가치 있는지 모르지만, 내 숭배와 존경은 모건 씨가 아는 것 이상으로 모건 씨와 모건 씨의 관심사항에 대한 저의 헌신이고, 존경심을 끝까지 유지하려고 한다"고 편지썼다. 마침 도서관 정원의 꽃이 만발했다. 그녀는 "만개한 꽃의 아름다움을 열정적으로 사랑하는 당신의 영혼이 이 꽃들을 보면 황홀할 것"이라고도 적었다. 이 편지가 아부로 철철 넘쳐흐른다고 하더라도 베런슨이 1909년 모건의 예술적 취향을 비판했을 때 그녀가 모건을 변호하기 위해 띄운 편지와는 견줄 수 없다. 그해 봄 모건은 빌헬름 보데의 추천을 받아 이탈리아 예술품 딜러인 에즈라 볼피(Ezra Volpi)를 통해 라파엘이 그린 것으로 알려진 '성모자' 그림을 20만 달러를 주고 매입했다.

런던의 콜나기(Colnaghi) 갤러리의 관장인 오토 군테쿤스트는 베런슨에게 띄운 편지에서 "요 며칠 전 모건 씨를 방문했다… 그가 유치하고 뻔뻔스럽게 속여 가짜 작품을 안겼을 인간들에 둘러싸여 기뻐하는 모습을 보고 화가 나고 실망했다. 그순간 그의 체면을 생각해 진실을 말해주지 못했다. 그는 이탈리아의 작은 그림을 보여주었다. 얼핏 보기에 상당히 좋아 보였다. 나는 좋아하는 척했다. 하지만 그가 라파엘이라는 이름을 입에 올리는 순간, 나는 실소를 금치 못했다"고 말했다.

베런슨은 모건이 라파엘 작품이라고 생각해 사들인 작품의 실제 작가가 핀토리치오(Pintoricchio)라고 1909년 판정했다. 가격은 잘해야 2만 5,000~3만 달러라고 감정했다. 나중엔 그림이 가짜라고 딱지 붙였다. 모건은 이 그림을 도서관의 서쪽 방에 걸어두었고, 보데는 1911년 미국에 소장되어 있는 라파엘 직품 4점 가운데 하나라고 말했다. 하지만 이는 사실이 아니다. 모건이 숨을 거둔 뒤 후손들은 1944년 그 작품을 '라파엘파'의 그림이라며 경매를 통해 2,500달러에 처분했다.

베런슨과 군테쿤스트가 보데의 감정이 틀렸다고 말한 것은 상당한 모욕일 수 있었다. 하지만 예술 전문가의 진위 판정은 부정확할 수밖에 없다. 최고의 전문가들도 실수하는 경우가 종종 있다. 베런슨도 모건이 매입한 그 작품을 핀토리치오의 것이라고 판정했다. 전문가들은 자신도 실수를 하면서도 다른 사람의 실수는 혹독하게 비판했다. 베런슨은 1909년 여름 이사벨라 스튜어트 가드너에게 띄운 편지에서 모건이 라파엘의 것으로 알고 산 '성모자' 그림과 프라이의 소개로 매입한 프라 안젤리코에 대해 이러쿵저러쿵 이야기했다. 베런슨이 그 편지에서 하고 싶은 말은 자신이 프라이보다 훨씬 뛰어난 존재라는 사실이었다. "우스꽝스럽고 유명한 예술품 딜러들이 배 아파하며 서로 머리를 쥐어뜯고 상대에게 독설을 퍼붓는 모습을 보는 게 아주 재미있을 때가 있다. 하지만 대체로 그런 모습을 보는 게 역겹다."

벨 다 그린은 모건의 취향에 대해 혹평할 수 있는 위치와 능력을 가졌다. 하지만 그녀는 모건을 위해 일한다는 사실과 가까이서 지켜보며 사생활을 이해하고 있다는 사실에 대해 엄청난 자부심을 가졌다. 그녀는 베런슨에게 "무릎을 꿇고 간청합니다. 당신이 저에 대해 일말의 우정 또는 연민, 애정을 가지고 있다면 제가 존경하는 보스를 비난하지 말아주세요. 당신은 무심한 말이 얼마나 제게 상처를 주는지 알지 못합니다. 채찍처럼 제 몸을 할퀴고 육체적으로 정신적으로 엄청난 고통을 안겨줍니다"고 답장했다. 또 "내가 모건 씨에 대해 얼마나 특별한 애정을 가지고 있는지 당신을 잘 아실 것입니다. 내가 그 분을 안 지 얼마 되지는 않지만, 모건 씨는 아주 독특한 방식으로 자신을 보여주었습니다. 그는 자신의 비밀을 털어놓는 사람 앞에서는 어린 아이처럼 생각과 느낌을 표현합니다… 모건 씨와 저는 아주 정직하게 이야기를 주고받습니다. 그는 살아 있는 다른 존재에게 말하지 못한 사실을 제게 털어놓습니다. 그의 고백이 저를 우쭐하게 해서가 아니라 들어주는 것 자체로 그가 위로를 얻기 때문에 그의 말을 기꺼이 들어줍니다."

모건이 비밀을 털어놓는 것 자체가 그녀를 우쭐하게 했다. '영혼의 일체감' 때문에 그녀는 그의 파트너와 비밀의 지킴이가 되었다. 모건은 어린 시절 호프먼 부인에게 흉중을 털어 놓는 기쁨과 위로를 얻었다. 그린은 호프먼 부인 이후 모건이 관심을 보인 여성 명단에 올랐다. 그녀는 자신이 비밀 대화 상대로 선택됐고 거대한 권력자를 끊임없이 끌어당길 수 있는 독특한 능력을 지닌 사람이라는 점을 베런슨에게 누누이 강조했다.

그린은 모건을 '연민을 자아내는 사람'으로 묘사한다. "틀리지 않은 직감으로 볼 때 그는 뛰어난 인간입니다. 그의 마음속에서 나는 인간의 상징을 발견합니다. 하지만 그는 예수님처럼 미소를 지으며 인간을 응시하면서 고통을 감내하는 천재입니다. 그 놀라운 눈빛! 인간의 가슴은 미소 뒤에 자리 잡고 있는 고통을 뼈저리게 느끼고 있습니다. 저는 그가 너무나 충실하고 압도하는 느낌을 주지만, 나는 진심으로 그를 찬양할 뿐만 아니라 원합니다."

벨 다 그린이 과장하기는 했지만, 모건의 고독과 우울함을 곁에서 지켜봤다. 심지어 그가 남에게 줄 수 있는 것 때문에 이용당하고 있는 사실까지도 목격했다. "다른 사람들이 내가 알고 있는 것만큼 그의 외로움을 알지 모르겠다. 그는… 친절과 우정을 진심으로 이해하기 때문에 늘 재발하는 고통에 얽매여 있는 것처럼 보인다. 그가 베푼 애정이 보상받는 경우는 거의 없다. 그는 모든 것을 주고 있지만 얻은 것은 바로 돈과 돈에 따르는 세속적인 권력을 쥐고 있다는 사실 뿐이다."

그린은 모건의 마음속에 자리잡은 갈등과 비원도 이해했다. "모건은 배를 타고 여행 가기 전날 밤 인생의 한 토막을 털어놓았다. 이루지 못한 꿈과, 세상 사람들이 그의 성공 때문에 상상조차 하지 못할 단어들인 실패와 실망을 경험한 자신의 인생을 고백했다. 자신이 파괴자가 아니라 창조자가 얼마나 되고 싶어 했는지, 야망은 일단 접어놓고 세상과 인류의 발전을 위한 성취를 왜 앞세우려 했는지 등을 이야기했다. 이 꿈들은 한순간도 지워지지 않았고 그의 인생을 드러내 보여주었다. 나는 집에 돌아올 때까지 그가 말한 의미를 깨닫지 못했다. 나중에 의미를 알고선 잠을 이루지 못했다. 그의 화두를 고민하는 바람에 내 영육 곳곳이 상처투성이로 변했다." 이어 "이는 제가 모건 씨를 어떻게 생각하고 얼마나 사랑하며 존경하는지를 보여준다. 그리고 제가 얼마나 그의 가슴속 상처를 안쓰럽게 여기는지도 말해준다"는 사뭇 가식적인 말을 덧붙인다. 또 "그는 제 영혼 속에 자리 잡고 있는 영웅이고 제 가슴속에 머물고 있는 아이입니다. 이 말은 왕조차 그의 앞에서 머리를 조아리고, 그가 걷는 길 위에 장미가 놓이며, 세상의 모든 기쁨이 그의 차지가 된다고 생각하는 당신에게 다소 신경질적이고 터무니없게 들릴 수 있을 겁니다. 당신이 그가 수집한 예술 작품을 험담하지 못하도록 한 것은 제가 그를 잘 알기 때문입니다… 그의 상징이 좋든 나쁘든, 아니면 그저 그러하든 컬렉션은 요트 여행, '지체 높은 여인네', 솔리테어 게임, 금융 플레이처럼 한낱 유희에 지나지 않습니다'라고 했다. 여기서 모건이 무엇을 '상징'하는지 그린은 정확하게 말하지 않았지만, 자신의 영혼 속에 자리 잡고 있는 영웅을 인간성의 궁극적인 상징으로서, 예수처럼 고통을 감내하는 천재성과 함께 영속적인 고통에 얽매여 있는 영웅으로 그려놓았다.

그린의 편지는 일시적으로나마 베런슨의 험담을 막기는 했다. 그는 한 달 뒤 런던의 프린스 게이트를 방문하고 나서 가드너 부인에게 편지를 띄운다. "모건이 초등학생처럼 호감가고 단순하며 자부심과 열정을 가진 인물이며 인생을 늘 철저하게 개선하는 사람임을 알게 되었다."

모건은 1909년 8월 유럽에서 돌아온 뒤 벨 다 그린과 찰스 래니어, 딕슨이라고 불리는 커플 등을 요트 코르세어호에 태우고 뉴포트와 바 하버까지 크루즈했다. 의사 조지 딕슨은 주치의인 마코가 휴가 중일 때 모건의 건강을 챙기는 '수행 의사'라고 그린은 베런슨에게 띄운 편지에서 말했다. 래니어에 대해서는 "존경하고 편안한 친구이고 나이는 일흔 살 안팎이며, 나를 사랑하는 노인 가운데 한 명"이라고 설명했다.

그린은 딕슨 부인에 대해 "비교할 수 없을 정도로 지루하지만 탁월한 여성 보호자"라고 평가했다. 패니 모건은 이미 뉴포트에 도착해 있었다. 그린은 딕슨 부인과 관련해 "하나님 덕분에 그녀의 정체를 모르는 사람들과 같이 잠시 머물렀다. 그녀는 끊임없이 나를 괴롭히고 화나게 했다. 하지만 그녀는 믿을 수 없을 정도로 좋은 사람으로 알려져 있고, 다른 사람에게 최선을 다하려고 했다. 하지만 내가 남자이고 그녀와 함께 지내야 한다면, 인간성을 드러내 보이는 온갖 짓을 다했을 것"이라고 적었다.

모건의 분별없는 행동을 이야기할 때면, 그린은 늘 재미있어 했고, 자신의 우월감을 은근히 드러내려는 듯 초연한 태도로 묘사했다. "왜 그럴까?"라고 그녀는 베런슨에게 묻는다. "모건의 미소가 미치는 사정거리 안에 들어온 모든 여성들은 이성과 자존심을 모두 잃고 만다. 누구나 알 수 있게 드러내 보이면서 그에게 빠져들어, 기꺼이 그의 할렘 일원이 되려고 하다. 그는 주위 여자들을 모두 자빠뜨리는 것 같다. 그들은 분별력과 신중함뿐만 아니라 심지어 상식적인 정숙함마저 팽개친다. 이런 인간들이 나와 같은 여성이라는 게 너무 싫다. 모건의 잘못이 아니다. 그는 그저 휘하 병사들의 분열행진을 감상하는 장군처럼 앉아 있을 뿐이고, 주위 여자들은 끊임없이 하루 종일 그에게 몰려든다. 꼬리치며 자신이 그가 가장 좋아하는 암탉이라고 생각하지만, 뒤이어 다른 여성이 나타나는 순간 그녀의 존재는 잊혀진다."

그린은 '두목'의 여성편력에 역겨움을 느끼곤 했다. "그에 대해 품고 있는 좋은 감정들이 한순간에 사라지고, 역겨운 이미지만이 남는 듯하다." 베런슨이 그녀에게 선물한 《천일야화》의 세헤라자데(Scheherazade)처럼 그린도 개인적인 목적을 위해 모건의 여성 편력을 한껏 부풀리고 각색한다. 그녀가 그린 모건은 지칠 줄 모르는 돈 주앙(Don Juan)이다.

그린은 1910년 초 앨런 존스턴(Alone Johnstone: 옛 이름은 안토니에테 핀초트(Antoinette Pinchot))을 아주 매력적인 여성으로 기록했다. 이어 "'두목'도 나처럼 생각한다… 그녀는 진정으로 매력적인 여성이라는 사실은 말할 필요가 없다. 나는 그녀를 비난할 생각이 없다. 모건 주변의 어떤 여성보다 그녀를 좋아한다. 게다가 나는 살찐 여성을 혐오하는 데 그녀는 살찌지도 않았고 시대에 뒤처진 사람도 아니다. 내가 이해할 수 없는 점은 다른 여성들을 다 알고 있기 때문에 자신도 유명한 인물인 것처럼 스스로 우쭐대는 것이다. 모건이 할렘을 가지고 있는 다른 바람둥이와 다르다고 말할 수 없다. 이는 내가 그렇게 좋아하는 인물의 실망스런 모습이다"라고 말했다. 그녀는 어느 날 모건의 "변덕스러운 취향을 맞추느라 진이 다 빠졌다"고 불평했다. "하루 한 시간만이라도 내가 좋아하는 희귀 서적과 같이 지내고, 금융인·예술품 딜러·여성들에게 시달리지 않는 날이 올지 의심스럽다. 특히 모건을 찾는 여성들은 다른 사람들보다 나를 정신없게 만든다. 그녀들은 '빌어먹을 멍청이들'이다."

1910년 가을 존스턴이 그린의 편지에 다시 등장한다. "나는 그녀를 모건에게 소개해주면서 아주 즐거운 시간을 가졌다. 같은 시각 다른 여성 세 명이 도서관에 있었다. 모건은 그 여성들이 서로 마주치지 않도록 한 내 노력에 환한 표정을 지어 보였다."

그린은 1911년 봄 베런슨에게 띄운 편지에서 모건이 유럽에서 많은 예술품을 사들이지 않았다고 말했다. "모건 씨가 며칠 전 내게 보낸 편지에서 '귀부인 서너 명'을 제외하고는 흥미를 느낄 만한 게 없었다고 말했다. 나는 귀부인들에게 정성을 다하고 예술품은 피하라고 답장했다."

———⟨⟨⟨⟩⟩⟩———

모건은 1911년 초거울 한 학자와 함께 이집트 여행을 다녀왔다. 앨버트 리스고가 나일강 계곡 여행을 안내하지 못했다. 가이드 일은 허버트 윈록(Herbert

Winlock)의 몫이 되었다. 윈록은 하버드 시절 리스고의 제자였다. 고고학계의 젊은 피였다. 리스고가 메트로폴리탄 박물관의 이집트 유물 전시실 큐레이터 자리를 내놓은 1929년 그는 스승의 자리를 승계했다. 3년 뒤인 1932년에는 박물관 관장이 되었다.

원록이 리스고에게 띄운 편지는 아주 솔직하고 재치 있으며 자신감으로 가득했다. 윈록은 모건이 1911년 나일강 계곡을 여행할 때 가이드 일을 하고 싶지 않았다. 금융 위기가 발생해 모건의 방문이 취소되기를 바랐다. 그는 당시 테베의 아멘호테프(Amenhotep) 3세의 쇠락한 궁전을 3년째 파고 있었다. 리스고는 모건이 "그 발굴지역의 하찮은 일에는 관심이 없다"고 말해주었다. 간단히 말해 당시 스물여섯 살인 이 젊은 고고학자는 자신의 일에 집중하고 싶어했다. 왕림하는 거물을 위해 허드렛일이나 하고 싶지 않았다. 하지만 빠져나갈 구멍이 없었다. 모건은 여동생인 매리 번스 그리고 머튼 패턴(Morton Patons) 씨 가족과 여행했다. 다행히 저택이 갖춰진 배 데야비예(Dehabiayeh)에서 보낸 처음 며칠은 '근사했다.' 윈록은 스승인 리스고에게 편지를 띄워 근황을 보고한다. "모건 씨는 건강 상태와 기분이 아주 좋습니다. 때로는 아주 유쾌한 모습을 보입니다. 며칠 전 저녁식사 시간에는 프랑스 시를 암송하기도 했습니다. 그는 늘 유머를 준비해 적절한 순간에 써먹곤 합니다." 젊은 고고학자는 거물 금융 자본가의 과장과 돈을 펑펑 쓰는 모습에 대해서는 나쁘게 평한다. 그때 모건은 페르시아 지팡이 2개를 사면서 2,500달러를 지불했다. 윈록은 마음속으로 지팡이가 그 액수만큼 가치가 있다고 생각하지는 않았지만 말하지는 않았다. 반면 아르메니아의 책과 프톨레마이오스 왕조 시절의 브론즈 고양이를 사려는 것을 막았다. 그는 "모건이 놀랍게도 선뜻 내 의견을 받아들였다"고 스승에게 보고했다.

윈록은 모건이 검은 화강암으로 만든 람세스 2세의 흉상 등을 사는 데는 동의했다. "모건 씨는 눈을 반짝이며 자신이 너무 늦게 이집트에 왔다고 말했다. 메트로폴리탄 박물관이 유물을 대부분 매입한 사실을 알고 람세스 2세의 흉상에 관심을 가졌다. 원록은 리스고에게 "선생님께서 람세스 2세 흉상을 보시면 극찬해주십시오. 이 흉상이 모건 씨와 딱 어울리는 것 같습니다. 그도 같은 생각입니다."

모건 일행은 2~3일 뒤 나일강 중부에 있는 아시유트(Asyut)에 도착했다. 모건은 보존 상태가 뛰어난 장례식용 보트 두 척을 발견하고 반해버렸다. 길이가 약 1미터쯤 되어 보였다. 딜러는 2,500파운드를 요구했다. 원록은 배들이 아주 독특하기는 하지만 가격이 터무니없다고 말했다. 모건은 한 척 당 1,000파운드를 제시했다. 원록은 여전 너무 비싸다고 생각했다. 딜러는 영어를 충분히 알아들었다. 원록이 제시한 한 척 당 750파운드에는 팔지 않겠다고 말했다. 원록은 모건을 데리고 다시 배를 살펴본 뒤 가게로 가 두 시간 동안 밀고 당기며 흥정했다. 하지만 딜러는 1,000파운드 아래로는 절대 팔지 않겠다고 버티었다. 모건은 1,000파운드 이상은 안 된다고 말하며 가게를 나왔다. 그날 모건은 원록과 저녁을 같이 하면서 "원록 씨가 내가 어리석다고 생각하고 있음을 다 알고 있습니다만, 저는 1,000파운드보다는 보트를 원합니다"라고 말했다.

모건의 말은 일리가 있었다. 그에게 1,000파운드는 별로 중요하지 않았다. 하지만 원록도 나름대로 생각을 가지고 있었다. 그는 모건이 어리석고 서툴다고 생각했다. "가격을 무심결에 말해버리는 바람에 흥정을 망쳐놓았다"고 여겼다. 원록은 전문가로서 자부심과 골동품 시장의 가격이 안정적으로 유지되기를 바라는 마음 때문에 모건이 딜러의 요구대로 값을 치르지 못하게 했다. 일행은 보트를 사지 않고 나일강 항해를 계속 했다. "일행이 모두 지쳤다"고 원록은 스승에게 보고했다.

카이로 박물관 관장인 마스페로(Maspero)가 모건이 확보한 람세스 2세의 흉상을 보고 다른 시대의 것이라고 감별했다. 원록은 리스고에게 띄운 편지에서 이 흉상을 '라메시드(Ramesside)'라고 칭하면서 "모건은 이 흉상을 람세스 대왕의 것으로 알고 좋아하고 있습니다. 다른 시대나 다른 사람의 것은 좋아하지 않습니다. 선생님이 이 물건을 봤을 때 갑자기 진실을 이야기해 그를 실망시키지 마십시오"라고 조언했다. 모건은 자신이 타고 나일강을 항해한 데야비예호를 무척 좋아해 "나일강에 배를 한 척 두고 싶다"며 이 배를 소유한 토머스 쿡에게 설계도를 넘겨달라고 요청했다. 원록은 이런 모건의 행동에 화가 나 "선생님, 모건이 계속 이집트를 방문하고 카이로에 나타나면, 이 편지를 메트로폴리탄 박물관을 떠나겠다는 정식 사표로 이해해주시기 바랍니다"라고 말했다. 그는 모건과 함께 한 여행이 끝날 무렵 지치고 신물이 난다고 토로했다. 하지만 모건은 메트로 박물관에 기원전 1305~1196년에 존재했던 왕조의 값진 부조와 이집트 통치자 세티(Seti) 1세 시절인 기원전 1294~1279년에 지어진 예배당의 일부를 기증하기도 했다. 원록은 박물관이 보유한 훌륭한 유물 가운데 하나라고 생각하고 가장 돋보이는 방식으로 전시하고 싶어 했다.

1912년 겨울 모건은 리스고와 메리 번스, 로런스 주교 부부와 함께 '자신의 소유가 된' 데야비예호를 타고 나일강을 다시 탐험했다. 모건은 이 배의 이름을 카르게(Khargeh)호라고 이름지었다. 배의 깊이는 깊지 않았지만, 증기엔진이 장착되어 있었고 양쪽 난간은 가파르게 제작되었다. 전체 윤곽은 모건이 좋아하는 스타일이었다. 길이는 약 40미터였고, 유리로 되어 있는 관망대, 식당, 큰 방 세 개, 작은 방 7개, 승무원 숙소 등이 마련되었다. 배를 건조하는 데 들어간 돈은 6만 달러였다. 모건은 원록이 가격을 깎는 바람에 매입하지 못했던 장례식용 배 두 척을 1,000파운드씩 주고 끝내 매입했다. 나일강 크루즈를 하는 동안에도 곁에 두고 지낼 정도로 애정을 보였지만, 나중에 메트로 박물관에 기증한다. 이 밖에 그는 이집트 12대 왕조시절의 부장품도 메트로 박물관에 기증했다. 리스고는 "어떤 박물관도 이런 훌륭한 유물을 소장하지 못했다"며 그 12대 왕조의 유물을 극찬했다.

1912년 모건은 테베의 서쪽 지역인 데이르 엘-바흐리(Deir el-Bahri)와 고대 테베인 나일강 서안 아사시프 계곡(Asasif Valley) 지역에서 윈록이 벌이는 발굴 작업을 후원했다. 발굴을 시작한 지 2년이 지났을 때 아주 많은 유물이 쏟아져 나왔다. 그는 발굴단 숙소를 짓는 데 자금도 지원했다. 건물 구조뿐만 아니라 내부 가구 등을 고를 때도 적극적으로 나섰다. 숙소는 콥틱 교회 양식의 지어졌다. 돔과 아케이드, 미사용 가구, 침실 12개, 그림자가 깃들도록 한 베란다, 내부의 서늘한 공기를 유지하기 위해 두꺼운 벽, 천장이 높은 거실 등이 마련되었다. 이집트 사막이라는 거친 환경에서 일하는 발굴단이 편히 쉴 수 있도록 최대한 배려한 건물이었다.

윈록과 리스고 모두 자신들이 발굴한 이집트 유물에 대해 모건이 천진난만하게 좋아한다는 점을 인정했다. 하지만 젊은 고고학자는 모건의 천부적인 열정이 거들먹거리고 유치하기 짝이 없다고 평가했다. 다만 열정이 발굴에 도움이 된다고는 봤다. 윈록의 발굴단원은 1912년 룩소르에서 청동으로 된 콥틱 화로를 발굴했다. 머리 부분에 수퇘지를 공격하는 사자의 모습이 새겨져 있다. 리스고는 "모건 씨가 발굴 지역에서 화로를 팔로 들어올릴 수 있었다. 그는 의기양양하게 화로를 들고 배로 갔다. 아주 기뻐했다. 화로는 그가 보유한 유물 가운데 가장 값진 것이다. 그는 카이로 박물관의 마스페로가 화로를 가져가 버리지 않을까 걱정하고 있다. 우리가 알아서 정지작업을 해놓을 수 있다고 말로 그를 안심시켰다"고 로빈슨에게 전했다. 화로는 현재 메트로폴리탄 박물관에 소장되어 있다.

로런스 주교는 이집트에 대해 모건이 보인 열정의 다른 측면을 묘사했다. 그들이 1912년 나일강을 따라 크루즈할 때 모건이 강가를 가리키며 "저곳이 갓 태어난 모세가 애기부들 사이에 숨겨진 곳인데, 이제는 전혀 다른 곳처럼 보인다. 비평가들은 애기부들이나 모세가 보이지 않는다고 말한다. 하지만 저곳이 그 지점이기 때문에 나는 저곳에 모세가 있었고, 애기부들 사이에 숨겨져 있었다는 사실을 알고 있다. 모세가 숨겨졌던 곳이 틀림없다"고 말했다. 이처럼 모건은 이집트의 고대 지형이 성경에 나온 내용을 입증해준다고 강력히 주장했다. 하지만 다윈주의 이후 합리주의자가 신학의 근본적인 가정을 의심했다. 로런스는 "모건의 종교적 보수주의가 약간은 재치 있지만 비판가들의 거센 공격을 받았다"고 말했다.

———————⟨⟨⟨———————

모건은 겨울철마다 이집트 여행을 마치면 이탈리아와 프랑스로 갔다. 1911년 원록과 이집트 탐험을 마친 뒤 로마로 가 야니쿨룸(Janiculum) 언덕에 마련한 아메리칸 아카데미 부지 등을 둘러보았다. 여러 가지 예술품을 추가로 사들였다. 아카데미 이사들이 구체적인 설계안을 마련하자, 그 예술품을 기증했다. 파리에서는 생 마르탱(Saint Martain)의 유골함 머리 부분을 프랑스 정부에 돌려주었다. 이 유물은 어느 시골 교회에서 도난당한 물품으로 드러나 돌려주기로 결정했다. 프랑스 대통령은 모건의 반환에 아주 기뻐하면서 루브르 박물관 갈레리 다폴롱(Galérie D'Apollon)에 모건을 기념하는 팻말을 전시했다.

1911년 5월 말 런던에서 미국 금융 자본가 모건이 새로 즉위한 왕인 조지 5세를 알현했다. 하루 뒤인 6월 1일에는 모건은 해운 트러스트 IMM의 회장인 J. 브루스 이스메이와 함께 북아일랜드 벨파스트로 갔다. 이곳에서 IMM의 자회사인 화이트 스타가 주문한 타이타닉호(RMS Titanic)호의 진수식에 참석했다. 이 여객선의 무게는 4만 6,000톤이다.

1911년 6월에는 모건은 찰스 래니어를 데리고 독일과 미국 요트 경기가 열리는 키일 항구로 갔다. 모건은 카이저의 요트인 호헨졸레른호에서 빌헬름 2세와 점심을 먹으면서 종교 개혁가 마틴 루터(Martin Luther)가 16세기 신성 로마 제국의 황제인 찰스 5세에게 쓴 편지를 카이저에게 선물했다. 이 편지는 모건이 2만 5,000달러를 주고 1910년 봄에 매입한 것이다. 래니어는 "황제가 아주 흐뭇해하며, 모건 씨에게 높은 명예를 상징하는 붉은 독수리상을 선물했다"고 전했다. 미국 팀이 요트대회에서 독일을 물리쳤다. 카이저는 귀한 선물을 한 모건 일행이 황제 전용 열차를 타고 프랑스 칼레까지 가도록 배려했다.

1911년 7월 모건은 짙은 자홍색 롤스로이스 자동차를 주문했다. 6기통 엔진은 당시로선 고출력인 50마력을 냈다. 고객의 취향에 맞게 전기 시거 잭이 장착됐다. 또 은제 꽃병과 모패(Mother of Pearl)로 만든 작은 쟁반, 청동 부속품, 프로드샘(Frodsham) 시계, 모자용 선반, 벨벳 카펫, 가죽 무릎방석, 비단 커튼, 긴 크랙션 등이 달렸다. 문에는 '존 피어폰트 모건'의 이니셜인 'JPM'이 새겨졌다. 전체 제작비용은 1,455파운드(7,275달러)였다. 모건은 이 롤스로이스 승용차를 무척이나 좋아했다. 이듬해인 1912년 봄 이 승용차가 제작되어 배달된 순간 그는 똑같은 자동차를 만들어 뉴욕으로 보내라고 주문했을 뿐만 아니라 친구 루이스 카스 레디야드에게 크리스마스 선물로 주기 위해 같은 종류의 롤스로이스를 한대 더 주문했다.

모건은 1911년 7월 새로운 상대와 로맨스에 빠진다. 상대 이름은 빅토리아 색빌이다. 모건은 아내 패니와 함께 1876년 색빌의 삼촌이 가지고 있는 켄트의 저택을 방문한 바 있다. 하지만 1900년까지는 빅토리아 색빌과 조우하지 못했다. 두 사람이 처음 눈을 마주친 이후 색빌은 종종 프린스 게이트에 전시되어 있는 작품을 보기 위해 종종 모건을 찾았다. 색빌은 라이오넬 색빌-웨스트와 페피타(Pepita)라는 스페인 댄서 사이에 태어난 숨겨진 딸이었다. 그녀는 프랑스의 한 수녀원에서 교육받았다. 아버지가 1880년대 워싱턴 주재 공사로 부임한 이후 아버지가 주최한 모임에서 안주인 노릇을 했다. 사촌인 또 다른 라이오넬 색빌-웨스트와 1890년대 결혼했다.

　그녀의 아버지 라이오넬은 정치·외교 스캔들에 휘말려 1888년 워싱턴을 떠나야 했다. 영국인이라고 주장한 찰스 머치슨(Charles Murchison)이라는 사람이 캘리포니아에서 워싱턴 공사로 일하고 있는 라이오넬에게 편지를 보내, '다가오는 미국 대통령 선거에서 누가 당선되는 게 영국에 이로운가?'라고 물었다. 어리석게도 라이오넬 색빌-웨스트는 현재 대통령인 클리블랜드가 영국 이익에 이롭다고 대답해준다. 얼마 뒤 '머치슨'이라는 사람은 공화당원으로 드러났고, 라이오넬 색빌-웨스트의 편지는 대통령 선거 열흘 전에 언론에 공개된다. '영국 사자의 발톱이 미국 정치를 할퀴고 있다'는 제목이 신문 헤드라인을 장식했다. 미국 국무부는 영국 외무부에 색빌-웨스트의 소환을 요구했다. 한 달 뒤 그는 형인 모티머(Mortimer)가 숨을 거두자 작위를 물려받아 두 번째 색빌 경이 되었다. 그는 1908년 숨을 거둘 때까지 작위를 유지했고, 사위와 딸이 작위를 물려받아 라이오넬 색빌 경과 '레이디 색빌'이 된다.

　거의 10년 동안 남편 라이오넬 색빌-웨스트와 아내 빅토리아 색빌은 열정적으로 사랑했다고 그녀는 말했다. 두 사람은 비타(Vita)라는 이름을 가진 딸을 하나 두었고, 런던과 놀(Knole)을 오가며 생활했다. 놀에는 라이오넬이 아버지한테서 물려받은 회색 석조 건물들이 꽉 들어차 있는 7,300여 평 넓이의 영지가 있었다. 이는 여왕 엘리자베스 1세가 색빌 가문에 하사한 땅이었고, 영국에서 민간인이 보유한 저택 가운데 가장 큰 건물로 유명했다. 농경지가 일곱 군데나 되었고, 굴뚝은 100개였다. 총안구가 설치된 망루와 400년이 된 정원, 잔디와 수목이 듬성듬성 들어선 광활한 대지, 조상들의 초상화가 걸려 있는 갤러리, 태피스트리 10여 개, '시인의 객실'로 불리는 손님방(교황, 존 드라이든(John Dryden)[1], 윌리엄 콩그리브(William Congreve)[2] 등이 이 방에서 묵었다), 제임스 1세가 머문 왕의 침실, 대장간, 목공실 등이 갖춰져 있다.

딸 비타는 어느 날 거대한 중앙홀의 추위를 피해 뛰어든 한 남자와 우연히 마주친 적이 있었는데, 색빌 영지를 중세의 도시라고 말했다. 색빌 부부는 영지에서 연간 1만 3,000파운드를 벌었다. 놀 영지를 관리하고 유지하는 데 충분한 돈이었다. 하지만 빅토리아 색빌의 사치 욕망을 만족시키기에는 부족했다. 남편 라이오넬이 가족을 부양하기보다는 스포츠에 빠져 있어, 색빌이 가족의 경제를 책임져야 했다. 그녀는 남성 친구들의 정보를 받아 런던 증권시장에서 투기를 벌였고, 놀 영지의 경영을 현대화했으며, 스필스(Spealls)라고 불리는 사우스 어들리(South Audley) 거리에 가게를 열었다. 이곳에서 그녀는 촛대와 문방구, 향주머니를 주로 팔았다. 결혼 10년이 지나면서 라이오넬의 애정이 식기 시작했다.

색빌은 나이 든 남성을 잇달아 만난다. 그녀의 손자 니겔 니콜슨(Nigel Nicolson)은 "그녀는 백만장자뿐 아니라 나이 들고 외로운 예술가들을 매점매석했다"고 증언했다. 그녀의 애인 리스트엔 루디어드 키플링과 키치너(Kitchener) 경, W. W. 애스터, 어거스트 로댕(Auguste Rodin)[3], 에드워드 루티엔스(Edward Lutyens)[4], 고든 셀프리지(Gordon Selfridge)[5], 세실 스프링-라이스(Cecil Spring-Rice), 존 머레이 스코트, 헨리 포드, 모건 등이 들어 있었다. 스프링 라이스는 그녀에게 "당신은 사랑에 도통한 정부다. 마치 바람 속을 날아다니는 갈매기처럼 사랑을 가지고 놀 줄 알고 이용할 줄 알며 관리할 줄 안다. 바람은 갈매기를 띄워주지만, 결코 데리고 가지는 못한다"고 말했다. 스프링-라이스는 영국 외교관으

1. 17세기 영국 시인과 극작가 -옮긴이
2. 17세기 영국 극작가 -옮긴이
3. '생각하는 사람'을 조각한 프랑스 조각가 -옮긴이
4. 영국 건축가 -옮긴이
5. 런던 셀프리지 백화점 설립자 -옮긴이

로 시어도어 루스벨트와 아주 가까운 사이였다. 서정시 '그대에게 내 조국을(I Vow to Thee My Country)'를 작사했다. 이 노래는 다이애나 왕세자비가 가장 좋아하는 곡이었고, 그녀의 결혼식과 장례식에서 연주되었다.

J. P. 모건과 처음 만난 1900년 '레이디' 빅토리아 색빌
(출처: 니겔 니콜슨)

색빌이 모건과 본격적으로 관계를 갖기 시작한 때는 1911년 여름이었다. 그때 색빌의 나이는 마흔아홉 살이었다. 여전히 아름다웠다. 흠 없는 피부와 파란 눈, 부드럽게 물결친 검은 머리가 가득했다. 묶은 머리를 풀면 그녀의 무릎까지 내려왔다. 프랑스어 악센트가 강한 영어를 구사했다. 이 '사랑에 도통한 정부'는 허영심이 강했고 자기 경험을 극화하는 맛에 취해 사는 여성이었다.

색빌은 스스로 전설이 되었다. 애인들의 찬사와 존경, 주고받은 대화 전체를 기록했다. 그녀의 딸은 아버지 라이오넬을 더 좋아했다. 나중에 어머니 빅토리아 색빌에 대해 "무자비하고 완전히 이해할 수 없는 사람이었다"고 말한다. 딸은 이런 기록도 남긴다. "(어머니는) 숭배할 만큼 귀엽고… 사람을 지치게 하며… 정도를 벗어난 여자이고… 변덕스러우면서도 철저하게 응석받이였다. 하지만 우아하고 본성적으로 쾌활해 모든 단점을 덮을 수 있었다."

20세기 첫 10년(1900~1909년) 동안 색빌이 곁을 허락한 애인은 존 머레이 스코트 경이었다. 그는 부유한 총각이고 허트포드 하우스의 월러스 컬렉션의 위임 관리자이다. 두 사람의 '친밀한' 우정은 아름다운 것에 대한 공통적인 평가와 스코트 은행계좌에 대한 그녀의 높은 평가 덕분에 무럭무럭 싹이 텄다. 두 사람의 우정에 성관계는 포함되지 않은 성싶다. 니컬슨은 "할머니는 남성들의 아첨과 유혹을 즐겼지만, 중년이 되면서 육체적 욕망에 싫증을 느꼈다"고 말했다. 그녀의 딸 비타는 프랑스 하인이 스코트 경을 '시어(Seer) 스코트'라고 부르는 바람에 '세리(Seery)'라고 이름지었다. 스코트는 10년에 걸쳐 색빌에게 40만 달러를 주었다. 게다가 그가 숨을 거둘 때 그녀를 위해 상당한 금액을 따로 떼어놓았다. 색빌의 남편은 아내와 스코트의 관계를 격려하고 부추겼다. 색빌이 메이페어(Mayfair)에 있는 집을 사면 스코트가 집값을 지불해주겠다고 했을 때 그녀의 남편이 계약 과정에서 협상을 벌이기도 했다.

'변덕스러운' 색빌은 끊임없이 자신을 숭배하는 남자를 발견했다. 하지만 스코트는 1911년 경제적으로 도와주지 않겠다고 그녀를 협박했다. "내가 갑자기 숨을 거둔다면, 당신의 꿈은 산산 조각나게 된다." 실제로 영국의 자유당 정권의 신임 재무장관인 로이드 조지 경이 '빈곤과 더러움을 상대로 물러서지 않는 전쟁을 벌이기 위해' 1910년 상속재산과 토지에 부과되는 세금과 소득세를 대폭 인상했다. 그 바람에 낭비벽이 심한 그녀의 대차대조표는 심각한 적자를 기록하고 있었다.

엄청난 세금 폭탄이었다. 100만 파운드 이상 되는 상속 저택에 대해 25퍼센트의 세금이 부과되었고, 5,000파운드에 이르는 추가 소득세가 매겨졌다. 소유자가 토지를 매각할 때 시세차익이 발생하지 않았는데도 거래액의 20퍼센트를 세금으로 내야 했다. 윈스턴 처칠은 당시 교역위원회 위원장을 맡고 있었는데, 개혁적 언론들이 '인민을 위한 예산'이라고 부른 팽창예산을 적극 지지했다. 반면 보수주의자들은 혁명적이고 사회주의적 예산 편성이라고 비난했다. 런던의 은행가들은 수상 H. H. 어스퀴스(Asquith)에게 급격한 세금 인상은 경제활동을 위축시키고 고용불안을 야기하며 임금 인상을 가로막는다고 경고했다. 자유당의 급격한 세금 인상은 색빌처럼 상속 토지와 영지에 기대어 먹고 사는 젠트리(gentry) 계층에 엄청난 타격을 주었다. 그녀는 1911년 상속세를 내지 않기 위해 유산 일부를 팔아 현금화하기 시작했다. 그녀가 제일 먼저 시장에 내놓은 물건은 게인즈버러가 그린 '미스 린레이와 동생(Mis Linley and Her Brother)'이었다. 1911년 2월 예술품 딜러에게 3만 6,000파운드에 팔려나갔다. "슬프다! 미스 린레이가 떠났다"라고 그녀는 일기에 적었다. "어떤 미국인이 결국 그 그림을 사들일 것이다. 아 슬프다!" 그해 봄 런던에서 그 그림을 매입한 미국인은 바로 모건이었다.

색빌은 1911년 7월 한 파티 석상에서 모건을 보았다. 그녀는 "모건과 마주치면 아주 조심스럽게 피했다. 내가 태피스트리를 팔려고 하는데, 그를 쫓아다닌다는 인상을 주고 싶지 않았다"고 일기에 썼다. 은밀히 살펴보고 지능적으로 회피할 줄 아는 그녀는 정작 모건이 그녀의 차까지 쫓아오자 진정으로 놀랐다. 그녀의 일기에 따르면, 모건은 "중간상인을 거치지 않고 직접 팔 가보가 있다고 제게 왜 말하지 않으셨습니까? 당신을 꼭 봐야 한다고 생각했습니다. 제게 시간을 내주시고 방문해주십시오. 저는 당신에게 아주 관심이 많습니다. 제게와 어려움을 말씀해주세요"라고 말했다. 사흘 뒤 색빌은 프린스 게이트에 있는 모건 저택을 찾는다. 그녀는 그곳에서 경험한 놀라움도 일기에 적어놓았다. 그녀가 모건을 안내받아 방에 들어선 순간 '미스 린레이'가 걸려 있어 더욱 놀랐다. 하지만 너무 지나치게 청소되었다고 생각했고 "본래 풍겼던 완숙한 맛을 느낄 수 없어 다행히 비참한 기분을 덜 느낄 수 있었다."

그날 모건은 스웨덴 왕자를 만나느라 그녀를 한 시간이 넘도록 기다리게 했다. 어느 순간 그녀에게 다가와 너무 서둘지 말고 기다리는 동안 보라며 중국 도자기 카탈로그를 주었다. 마침내 스웨덴 왕자가 떠나 자유로워진 모건은 미니어처가 전시되어 있는 방으로 그녀를 안내했다. 정원이 내려다보이는 그 방의 소파로 '사랑에 도통한 정부'를 이끌었다. 그리고 말문을 연다.

모건: 왜 가보를 팔려고 하지요?

색빌: 로이드 조지의 세금 때문입니다.

모건: 빌어먹을 로이드 조지! 놀 영지를 가꾸고 관리하느라 수고한 당신과 그 좋은 저택을 망치려 하다니, 너무합니다. 당신을 돕고 싶습니다. 무엇을 팔려고 하는지요?

색빌: 태피스트리입니다.

모건: 저는 태피스트리를 더 이상 사지 않으려고 합니다. 제가 놀로 내려가 직접 둘러봐도 될까요?

색빌: 안 됩니다. 모건 씨! 그것 외에는 팔 게 없습니다. 살지 말지 결정해주시지요.

모건은 2~3분 동안 생각한 뒤 말한다. "제가 놀 영지의 당신을 가장 존경하고 경탄해 마지않았기 때문에 돕는다는 차원에서 매입하겠습니다." 그녀는 얼마를 원했을까? 본디 흥정은 유혹의 사촌이다. 레이디 색빌은 흥정과 유혹의 달인이었다. 그녀는 애초 태피스트리 29점은 4만 파운드, 17세기 카페트 2점은 1만 파운드라고 적힌 제안서를 호주머니에 넣고 있었다. 하지만 모건에게는 태피스트리 가격은 4만 5,000파운드이고 17세기 카펫은 2만 파운드라고 말했다. 이어 "제안서는 제 호주머니에 있습니다"라고 덧붙였다. 모건은 제안서를 보고 싶어 했을까?

모건은 "아닙니다. 당신의 말을 믿습니다. 제가 태피스트리와 카펫 두 장을 6만 5,000파운드에 매입하겠습니다"라고 말했다. 게다가 놀 저택의 다른 물건을 보지도 않고 32만 5,000달러에 매입하기로 결정했다. 모건이 보지 않았다고 해서 높은 위험을 감수한 것은 아니다. 놀 저택은 금테 두른 것이나 마찬가지였다. 더욱이 직접 구매했기 때문에 가격이 상대적으로 낮았고 거간꾼에게 지급해야 하는 수수료도 아낄 수 있었다. 색빌은 딜러를 통했으면 10만 파운드를 더 지불해야 한다면서 "당신의 인생에서 가장 저렴한 가격에 엄청난 보물을 매입했다"고 말했다. 모건은 색빌을 배웅해주기 위해 자리에서 일어섰다. 그리고 "당신을 돕게 되어 아주 기쁘다"고 말했다. 그녀는 약속을 서면으로 해줄 것을 요청했고, 모건은 6만 5,000파운드를 1년 안에 지급한다는 수표를 끊어주었다. 다만 그는 아주 사무적으로 일시불로 지급하지 않을 것이라고 미리 말해준다. 아마도 그녀는 모건의 저택을 방문하면서 가게에서 파는 문방구를 선물로 가졌을 것이다.

거래를 마친 두 사람은 현관까지 같이 걸어나간다. 색빌에 따르면, "가장 놀랍게도 모건은 내 팔짱을 끼면서 '기분 나쁘게 생각하지 않기를 바란다'고 말했다. '당신을 존경하고 애정을 느끼고 있다'며 '우리의 거래를 만족하기 바라고 가시는 동안 행복하기를 바란다. 당신을 무척 존경하고 너무나 멋지게 처신해오셨다'고 덧붙였다." 그녀는 전혀 기분 나쁘지 않았다. 이후 2~3주 사이에 '가을의 구애'는 효과를 발휘했다. 모건은 태피스트리를 보기 위해 놀 저택을 방문했고, '7대 죄악(Seven Deadly Sins)'이 표현된 작품을 얻고 무척 기뻐했다. 색빌은 모건을 영국 명사들과 함께 하는 디너파티에 초대했다. 그 자리에는 전 수상 로즈버리 경과 예술품 수집가이면서 비평가인 휴 레인(Hugh Lane) 경, 은행가 몬테규 노먼(Montegnu Norman), 런던의 〈더 타임스〉 소유주인 노드클리프(Nordcliff) 경, 런던 주재 프랑스 대사, 뉴욕 시절 이름은 미니 스티븐스이고 폴라인(Pauline) 휘트니의 어머니인 레이디 파제트 등이 있었다.

색빌은 다른 손님들의 눈길을 가까스로 따돌리고 "정원에서 모건과 단둘이 오랜 시간 이야기할 수 있었다"고 나중에 일기에 적었다. "그는 아주 부자라는 사실 때문에 시달려야 하는 일들과 무한대의 인간미를 갖추는 게 아주 중요하다고 말했다. 그는 내 처지를 이해했고, 내가 이곳에서 대단한 일을 이루어냈다고 칭찬했다." 그녀는 모건에게 저택 여기저기를 구경시켜 주었다. 모건은 왕의 침실에 있는 은제 개 인형을 여러 점 사고 싶었다. 셰익스피어의 형상을 하고 있는 문 버팀쇠에 감탄하자 그녀는 그것을 그에게 주었다. 그녀는 "나는 그토록 매력적인 사람을 보지 못했다. 그와 몇 분만 만나면 흉측한 코를 잊어버리게 된다. 그의 눈은 반짝거리거나 상냥함 등으로 가득하다… 그는… 놀라운 남자이다. 그는 오는 4월이면 일흔다섯이라고 말했다. 생명력과 에너지로 충만하고 놀라운 남자'라고 결론내린다.

1911년 8월 모건은 태피스트리를 건네받았다. 그녀를 두 번이나 프린스 게이트 저택으로 초대했다. 그녀는 '미스 린레이'를 보고 비통해했지만, 주인 모건에 대해서는 "가장 친절하다'고 평했다. "그와 진정으로 좋은 친구가 되기를 바란다. 그는 모든 사람을 좋아하는 스타일은 아니다. 나를 좋아하는 듯하다. 가장 친절하고 사려 깊으며, 진심으로 우러나는 찬사를 조금 표현할 뿐이다."

색빌은 모건에 대한 질문과 그의 서명이 필요한 종이를 들고 자신을 찾아오는 인간들에 분개했다. 그녀는 사람들에게 '나는 그의 돈에 관심이 없다'고 끊임없이 상기시켜주었다. 그녀의 일기를 읽다 보면, 그녀가 혼자 있을 때 거울을 보며 자신의 몸매를 감상한다는 사실을 발견할 수 있다. 색빌은 늘 매력적이지 않은 곳을 늘 만져보고 가장 매력적인 각도에서 포즈를 취했다. 현실에서 그녀는 나날이 향상되고 있었지만 궁극적으로 어디를 지향하고 있는지를 고백하지 않는다. 한 마디로 일기를 쓰면서도 거짓말을 하고 있는 셈이다. 그녀는 중국의 호박으로 만들어진 모건의 꽃병에 실제로 매료되었다. 하지만 "나는 조르는 것을 싫어한다. 모건은 내가 졸라야 할 마지막 사람이며, 이미 아주 친절했고 태피스트리 거래에서 인정을 베풀었기 때문에 그 꽃병을 마음대로 지켜보지 못했고, 찬탄하지 못했다."

모건이 6만 5,000파운드를 일시불로 지급하지 않아 적이 실망했으면서도, "나는 모건과 예술이나 우정 문제가 아닌 돈이나 주식시장 등을 이야기하고 싶지 않다"고 일기에 적었다. 모건이 뉴욕을 향해 떠날 즈음, 그녀는 빌려준 '셰익스피어 문 고임쇠'를 돌려달라고 했다. 또 호박으로 만들어진 중국제 꽃병을 사겠다는 메모를 띄운다. 또한 '나를 응시하는' 사진도 한 장 달라고 부탁한다. 그녀는 "돈도 선물도 아닌 우정을 원한다"고 했다. 또 "당신에 대해 많은 연민을 느꼈고 지금도 느끼고 있기 때문에 마음을 이해한다"고 덧붙였다. 그는 퀸스타운의 SS 올림픽호에서 전보를 띄운다. 그녀는 전보에 대해 "아주 바쁜 남자한테서 온 이 작은 것들이 내게 기쁨을 준다"고 일기에 적었다. 그해 가을 파리에서 앤 모건은 색빌 가족과 존 머레이 스코트 경과 만나 점심을 같이한다. 패니는 색빌과 같이 차를 마셨고, 그해 말 모건은 태피스트리 값을 모두 지불했다.

<hr />

'월스트리트 나폴레옹'은 영국에 쌓아둔 컬렉션을 미국으로 이송하기 시작한다. 영국 재무장관 로이드 조지가 세금을 많이 물리고 미국에 골동품과 고서에 대한 관세가 철폐되고(페인-알드리치법), 모건 스스로 살 날이 얼마 남지 않았다고 생각한 탓이었다. 그는 1911년 11월 그는 뉴욕항 관세청 책임자인 윌리엄 롭(William Leob) 2세에게 "40여 년 동안 수집한 방대한 컬렉션을 배로 대서양을 가로질러 가져 오겠다"고 말했다.

모건이 수집한 컬렉션은 대부분 100년 이상 묵은 것들이었기에 페인-알드리치법에 따라 관세 면제는 당연했다. 그는 윌리엄 롭에게 두 가지를 더 요청했다. 개정 세법에 따르면 면세를 받기 위해서는 100년 이상 된 작품 또는 골동품이라는 증명서를 판매자한테서 받아 제출해야 했다. 모건은 판매자의 증명서를 거의 갖고 있지 않았다. 대신 모건은 전체 물품의 명세서를 제출할 테니 증명서 제출을 면제해달라고 요청했다.

또한 모건은 컬렉션을 곧바로 뉴욕 메트로폴리탄 박물관으로 보내고 싶었다. 그는 자신의 컬렉션을 따로 분산·전시하기보다는 별도의 전시실을 만들어 선보이고 싶었다. 메트로 박물관의 별도 전시실을 건설하는 데 뉴욕 시가 자금을 지원해주기를 원한 까닭이다. 그는 뉴욕 세관원들이 입항한 컬렉션을 조사하는 동안 도난·분실이 발생할 수 있다고 생각했다. 자신이 비용을 부담하는 조건으로 런던에서 작품들이 포장될 때 뉴욕 세관원들이 검사해달라고 요구했다. 그는 "컬렉션이 공적인 재산이고 교육 목적에 부합하며, 한 번 분실되거나 훼손되면 다시 복원하거나 교체할 수 없고, 뉴욕 세관의 협조 여부에 관심을 갖고 있는 뉴욕 메트로 박물관은 뉴욕 시 정부가 수백만 달러를 투입하고 있는 공적인 기관이기 때문에 저의 요구는 타당하다고 생각한다… 관세청의 조사관들이 컬렉션이 과연 100년 이상 되었는지에 대해 더 정확한 정보를 얻으려고 한다면, 내 오랜 경험에 비추어 볼 때 예술품 전문가로서 컬렉션의 역사를 증언할 자격이 있고, 내가 안전한 통관을 위해 지불하려는 비용이 내 의견을 간접적으로 뒷받침해준다고 말할 수 있다. 게다가 컬렉션의 진품임을 믿는 전문가의 소견을 가지고 있다"고 말했다.

실제 예술과 법률 전문가들은 모건이 자신의 입장을 변호하기 위해 증언해달라고 요청할 경우 거절할 수는 있었다. 하지만 모건이 컬렉션을 매입할 때 학계 전문가의 의견을 구했고 그 물건들이 오래되었고 컬렉션이 공공의 재산이며 교육 목적을 지니고 있다는 사실은 분명했다. 윌리엄 롭은 모건의 제안을 워싱턴에 보고했다. 재무장관 맥비그는 모건의 계획에 동의했다. 그는 모건에게 편지를 띄운다. "시민의 한 사람으로서 컬렉션의 국내 반입에 큰 관심을 가지고 있습니다. 미국 전체가 이익을 보는 컬렉션 반입을 공식적으로 지원하게 되어 기쁩니다."

모건은 1911년 말 프랑스 예술품 딜러인 자크 셀리그먼에게 의뢰해 프린스 게이트의 저택에 소장되어 있는 그림과 미니어처, 가구, 은제 물품, 조각 등을 포장하고 미국으로 선적하도록 했다. 또한 파리에서 남아 있는 휀첼 컬렉션 잔여분과 영국 내셔널 갤러리에 대여되어 있는 작품, 사우스 켄싱턴 박물관에 대여해준 작품 모두도 함께 반입되도록 했다. 빅토리아 여왕은 서거 직전 사우스 켄싱턴 박물관 이름을 '빅토리아 앤 앨버트 박물관'으로 바꾸도록 했다. 모건이 사우스 켄싱턴 박물관 등에 대여한 작품 등은 상아와 브론즈, 마졸리카, 에나멜, 도자기, 금속제 작품, 보석 등 수백만 달러에 달했다. 그가 반입하는 컬렉션은 일단 메트로 박물관으로 이송되지만, 기부의 성격은 아니었다. 이때까지 모건은 이 컬렉션을 어떻게 처분할지 결정하지 못한 상태였다.

런던에서 컬렉션을 포장하고 이송해 선적한 뒤 뉴욕으로 반입하는 데는 1년이 꼬박 걸렸다. 모건은 프린스 게이트 저택이 휑하니 비게 되는 상황을 조금이나마 미루기 위해 빅토리아 앤 앨버트 박물관에 대여되어 있는 물품을 먼저 포장·선적하도록 지시했다. 1912년 1월 모건 컬렉션이 영국 박물관에서 자취를 감추기 시작했다. 그때 영국 언론은 '정부의 단견' 때문에 모건의 '어마어마한 컬렉션'이 영국을 떠나게 되었다고 비판했다. 영국박물관 허큘리스 레드와 독립적인 예술 전문가 J. H. 피츠헨리(Fitzhenry)는 〈더 타임스〉에 보낸 기고문에서 모건은 이전부터 컬렉션을 뉴욕으로 이송하려고 마음먹었고, 이미 영국의 여러 박물관에 많은 기증을 했으며, 영국 당국자들이 보여준 많은 배려에 감사하고 있다고 주장했다. 또한 컬렉션을 영국에 남겨두었을 때 후손들이 내야 할 거액의 세금을 우려하고 있다고 덧붙였다.

미국 관세청은 약속한 대로 예술품 전문가 마이클 네이던(Michael Nathan)을 런던으로 파견해 컬렉션을 조사했다. 그는 〈뉴욕 타임스〉와 인터뷰에서 "어떤 금액을 지불하더라도 모건의 컬렉션을 살 수 없다"고 말했다. 1차로 선적된 물품은 1912년 2월 뉴욕항에 안전하게 도착했다. 모건은 이때에도 화이트 스타 소속 선박만을 고집했다.

컬렉션 수송은 계획대로 진행되었다. 그런데 네이딘이 1912년 3월 말 갑자기 뉴욕으로 돌아갔다. 모건은 모든 선적 작업을 중단시키며 포장과 이송 업무를 주관하는 셀리그먼을 프랑스 엑스레뱅으로 불렀다.

1912년 4월 15일 월요일 온천에 머물고 있는 모건에게 경악할 만한 뉴스가 전달된다. 잭이 띄운 급전이었다. "우리는 자세한 설명 없이 타이타닉호가 빙하와 충돌했다는 루머를 들었습니다. 제발 사실이 아니기를 하나님께 기원합니다." 모건의 파트너들은 급전을 통해 시시각각 소식을 전했다. 초기 뉴스는 상반된 내용으로 가득했다. 모든 승객이 구조되었다는 소식이 들어오기도 했고, 모두 숨겼다는 비보도 전달되었다. 타이타닉은 가라앉지 않는 배라는 주장도 제기되었고, 이미 가라앉았다는 소문도 들렸다. 하지만 화이트 스타의 부회장 필립 프랭클린은 월요일 저녁 타이타닉호가 새벽 2시 20분에 침몰했고, '엄청난 인명 손실'이 발생했다고 공식적으로 발표했다.

4월 17일 수요일 모건 파트너들과 가족들은 75회 생일을 축하하는 전보를 모건에게 띄웠다. 비탄과 충격을 감안해 약식 축하 전보로 대신했다. 그는 생일 축하 전보에 감사하다는 말과 함께 "그러나 타이타닉 침몰 때문에 너무 가슴이 아프다. 내 가슴이… 너무 무겁다"고 답신했다. 〈뉴욕 타임스〉의 엑스레뱅 특파원은 신문사 자체의 축하를 전하기 위해 그를 방문했다. 특파원은 모건이 이집트 여행으로 피부가 타고 건강해졌고, 여러 왕실에서 보낸 축하 전보로 가득한 장면을 목격했다. 하지만 '그는 놀라운 비보에 침통한 표정이었다'고 전했다. 모건은 "사람들이 흥분한 순간에 정확한 정보를 접하기 전까지 말하고 싶지 않다"고 특파원에게 말했다.

셋째 딸 앤 모건은 뉴욕에서 구성된 타이타닉 구제위원회에 참여했다. 뉴욕항에 도착한 생존자들을 맞이했다. 목숨을 잃은 사람들은 1,500명이 넘었

다. 사망자 명단에는 존 제이콥 애스터 대령과 조지 와이드너와 아들 해리, 이
사도어 스트라우스(Isador Straus)[6] 부부, 대통령 태프트의 군사보좌관 아치 부트
(Archie Butt), 로마의 아메리칸 아카데미 집행위원장인 예술가 프랭크 밀레(Frank
Millet)를 비롯해 수백 명의 이름없는 사람들이 포함되어 있다. 벨 다 그린은 "모
건과 교신하느라 전보망이 불이 날 지경이었다. 나는 여러 날 동안 침대에서
나와 옷을 입고 밤새워 그의 물음에 답신을 띄워야 했다"고 당시 상황을 묘사
했다.

해운 트러스트 IMM은 수년째 재무상태가 악화되어 심각한 상황이었다. 여
기에다 인재까지 발생한 상태였다. 타이타닉의 승무원 대부분이 승객을 구조
하기 위해 자신들의 목숨을 포기했는데, IMM의 회장인 J. 브루스 이스메이가
제 목숨을 살리기 위해 구명보트에 뛰어들어 대중의 분노를 유발했다. 미국
상원은 즉각 조사에 착수했다. 잭은 아버지에게 급전을 타전한다. "신문은 이
루 말할 수 없을 정도로 나쁘게 보도하고 있고 의회는 더 심하며, 작심을 한 듯
합니다… (이스메이가) 모든 잘못을 뒤집어쓰고 있습니다."

이스메이에 대한 언론과 정치권의 공격은 모건에게 '악마처럼 야만적으로'
느껴졌다. 미국 해군의 마헌(Mahan) 제독은 이스메이는 타이타닉과 빙하의 충
돌에 직접적인 책임이 없다고 말했지만, 구명보트의 부족에 대해서는 "양심이
있었다면 많은 사람들이 생명을 구할 수 있었고, 적어도 한 명의 생명을 더 구
하기 위해서라도 구명보트에 타지 말았어야 했기 때문에 이스메이에게 책임이
있다"고 지적했다.

브룩스 애덤스는 한 걸음 더 나아갔다. 이스메이 때문에 타이타닉이 구명보
트를 제대로 갖추지 않고 지나치게 고속으로 항해했다고 비판했다. "사정이 이

---

6. R. H. 머시(Macy) 백화점 파트너이고 미국 하원의원을 지낸 독일계 유태인 -옮긴이

런데도 그는 제 목숨을 구했고 1,500명이나 되는 사람을 죽음으로 내몰았다."
애덤스는 상원의원인 프랜시스 뉴랜즈(Francis Newlands)에게 보낸 편지에서 "최근 역사에서 이처럼 비겁하고 야만적인 경우는 없었다. 이스메이가 이 순간에 취해야 하는 태도는 정직과 진정성이다. 나는 국회가 나서서 그런 인간이 다시는 여객선 회사를 경영하지 못하도록 하는 조처를 취하리라 믿는다"고 말했다.

미국 상원과 영국 교역위원회의 조사 결과 전율할 만한 관련자의 부주의와 함께 기술적인 결함이 드러났다. 하지만 이스메이나 해운 트러스트 IMM에 대해서는 별다른 책임을 묻지 않았다. 당시 미국과 영국의 선주들은 유한책임만을 지면 되었다. 화이트 스타를 상대로 한 손해배상 소송액은 1,600만 달러에 달했지만 모두 1916년 법정 밖 타협을 통해 66만 4,000달러 선에서 끝냈다.

본래 이스메이는 타이타닉 침몰이 발생하기 전에 물러날 계획이었다. 대참사가 발생하자 물러나지 않고 정면 돌파하고 싶어 했다. 그는 도덕적인 책임까지 지게 되어 사실상 무한 책임을 져야 하는 상황이었다. 그해 가을 모건의 파트너들은 그를 물러나도록 했다.

타이타닉 사태로 발생한 해리 엘킨스 와이드너의 죽음은 하버드대학에는 기대하지 않은 행운(?)이었다. 대학은 새로운 도서관을 건립할 계획을 가지고 있었다. 1910년 잭에게 모건이 도와줄 의향이 있는지는 물어왔다. 잭은 아버지와 경제적 지원 문제를 의논하지 못했다고 말했지만, 이후 2년 동안 도서관 건립 문제를 하버드의 총장인 A. 로런스 로웰과 주기적으로 의논했다. 잭은 후원 가능성이 있는 인물로 프릭과 카네기, 러셀 세이지(Russell Sage) 부인, 피터 와이드너, 이사도어 스트라우스 등을 꼽았다. 그는 이들은 상류층 사람들인데 하버드대학의 도서관 건립을 도울 수 있는 사람들이라고 말했다. 그런데 1912년 잭은 조셉 초트가 하버드대학의 명예는 아주 소중하기 때문에 "카네기 같은 사람이 기증한 돈으로 지은 도서관을 가질 수 없다"며 카네기의 기부에 반대하고 있다고 로웰 총장에게 알렸다. 그는 그해 4월 로런스 주교에게 도서관 건립 문제를 말해 달라고 부탁하면서, 아버지는 조지 베이커와 함께 일하는 것을 좋아하기 때문에 베이커도 기부할 것이라고 말하면 도움이 된다고 귀띔했다.

2주 뒤 해리 와이드너가 타이타닉 사태로 숨을 거둔다. 1907년 하버드대학을 졸업한 그는 의미 있는 중요한 서적 수집가였다. 피터 와이드너의 손자로 런던의 버나드 쿼리치한테서 프랜시스 베이컨의 《에세이Essay》의 1598년 판을 매입했다. 와이드너는 이 책을 사면서 "타이타닉과 함께 베이컨의 《에세이》를 가지고 미국으로 가겠다"며 배가 침몰하면 나와 함께 사라질 것이라고 운명을 암시하는 듯한 말을 했다. 그의 어머니는 다른 생존자들과 함께 4월 19일 뉴욕에 도착했다. 필라델피아 예술품과 서적 딜러인 A. S. W. 로젠바흐는 "와이드너 부인은 뉴욕항 부두에 도착할 때까지 남편과 아들의 운명을 까맣게 모르고 있었다"고 벨 다 그린에게 말했다. 그해 여름 와이드너 부인은 아들의 이름을 기리기 위해 하버드에 도서관을 짓기로 결정한다. 그녀는 기부하는 대신 건축가를 자신이 지명하고 싶다고 했는데, 지명된 건축가는 바로 호레이스 트럼바우어였다.

미국 재무부는 갑자기 런던을 떠나버린 네이던을 대신해 로렌조 챈스(Lorenzo Chance)라는 관세청 관계자를 모건 컬렉션 조사역으로 임명했다. 셀리그먼이 주관하는 컬렉션 포장과 선적 작업은 재개되었다. 그해 모건은 다른 해보다 길게 엑스레뱅에 머물렀다. 1912년 4월 말 이탈리아 베니스로 갔다. 10년 전인 1902년 붕괴한 베네치아 종탑(Campanile di San Marco)의 준공식에 참석했다. 그는 다시 엑스레뱅으로 돌아와 2주간 더 머무른다. 그해 5월 중순 그는 런던으로 향했고 도착하자마자 레이디 색빌에 전화를 걸었다. 그녀는 모건의 전화에 전율할 정도로 행복했다. 모건은 다음날 전화해달라고 그녀에게 부탁했다.

존 머레이 스코트는 빅토리아에 대한 자금지원을 끊지 않고 그해 1월 숨졌다. 그는 그녀를 위해 현금 15만 파운드와 귀중품, 파리의 류 라피트(Rue Laffitte)에 있는 소장품을 물려주었다. 35만 파운드 정도 되는 물품이었다. 유족들은 반발하며, 색빌이 부당한 영향력을 행사해 유족과 스코트가 멀어지도록 했다고 비난했다. 유족들은 그녀를 '로커스츠(The Locusts: 메뚜기)'라고 불렀다. 유족들의 반발은 거셌지만, 1912년까지 법정 공방으로 번지지는 않았다.

그런데 이듬해인 1913년 유족들은 소송을 제기했다. 그녀가 소송을 이긴다면, 색빌은 스코트가 보유한 런던 컬렉션을 처분할 수 있는 권리를 가지게 된다. 하지만 1912년 여름 그녀는 여전히 경제적으로 쪼들리고 있었다. 그녀는 모건이 전화를 건 5월 일기에 "실제 그에게 무엇인가를 얻어내고 싶은 마음이 없기 때문에 그러는 것으로 보이고 싶지 않다. 그는 나를 존중하고 있고 내 자신이 그의 친구라는 사실이 좋으며 그처럼 위대하고 현명한 남자를 알게 된 것도 행복하다"고 적었다. 그녀가 프린스 게이트의 저택을 방문했을 때인 1912년 5월 20일 모건은 중국 차관 문제를 논의하고 있었다. 그런데도 그녀를 위해 30여 분을 특별히 할애했다. 너무 흥분한 그녀는 숨도 쉬지 못하고 그날 조우를 기록한다.

"그는 소용돌이를 일으키며 나타나 나를 압도했다… 그는 자신이 런던에 온 사실을 아무에게도 알리지 않았지만, 나를 다시 보고픈 마음에 연락했다고 말했다. 따뜻하게 나를 맞아준 것보다 더한 애정 표현은 없었다. 나는 이 대단한 우정에 뒤이어 일어날 것에 대한 두려움이 마구 뒤섞인 기분을 가지고 그의 저택을 나섰다."

색빌은 집에 돌아와 남편에게 모든 것을 그만둘까 생각 중이라고 말하면서,

하지만 '자신과 같은 노인과 친구가 되어줄 수 있는지를 물은 사람(모건)'에게 예의가 아니라고 말하면서 '미스 린레이' 그림 때문에 생각이 바뀌었다고 말했다. 당시 모건의 나이가 일흔다섯 살인 점을 들어 색빌 부부는 '안전하다'고 생각했다. 빅토리아 색빌은 스코트에 이어 모건과 '수지맞는 관계'를 맺어도 된다는 남편의 동의를 확보했다. "이제 스코트의 죽음을 떨쳐버렸다. 다른 것은 생각하지 않는다. 이 사람은 너무나 멋진 인성과 매력을 지니고 있다."

이틀 뒤 오후 다섯 시 정각에 모건은 메이페어에 있는 그녀 집의 문을 두드렸다. "기쁨으로 충만한 눈빛이 나를 좇아다녔다." 모건은 "오래전부터 당신을 마음에 두고 있었지만, 용기를 내어 말하지 못했다"는 말을 몇 차례 되풀이해 말했다. 그는 그녀와 만난 시간과 장소를 모두 기억해 말해주었다. 또 1911년 7월 놀 저택의 정원에서 단 둘이 대화한 순간을 회상하면서 "그 순간 아주 행복했고, 이를 당신이 알아보거나 눈치챘어야 했다"고 말했다.

색빌은 모건의 고백에 대해 '나는 전혀 알지 못했다'고 일기에 적었다. 모건은 그녀가 '병 들거나 추해지고 쓸모없어지더라도' 끝까지 보살펴주겠노라고 약속했다. 그리고 첫 아내 미미의 이야기도 털어놓았다. 단 두 달 동안 결혼한 상태였다(사실은 넉 달 동안이었다)고 말하며, 그의 친절한 눈에서 '눈물이 쏟아져 내렸다.' 미미와 결혼생활 기간을 줄인 게 모건의 의도였는지 아니면 색빌의 실수였는지 불분명하지만, 모건은 한숨도 돌리지 않고 "당신을 향한 내 사랑 같은 것은 세상에는 없다. 또한 오랜 기간 눈여겨 본 결과 당신은 내 돈이나 물건보다는 내 자신을 마음에 두고 있음을 느꼈다"고 말했다. 그녀도 일기에 "얼마나 진심어린 말인가! 내 마음을 끄는 것은 그 자신이었다…"라고 적었다.

마음을 서로 확인한 이후 두 사람의 관계는 연인처럼 친밀해졌다. 그녀의 허락을 받아 모건은 커다란 시거를 입에 물었고, 잠깐 동안 잠을 자기도 했다. 모건은 (코 때문에) 낯선 사람 앞에서 아주 수줍어한다고 말했다. 그녀는 그의 코를 전혀 신경쓰지 않는다고 말했다. 그는 이어 남편 라이오넬과 딸 비타, 얼마 전 숨진 스코트에 대해 이것저것 물었다. 상원의원 알드리치에게 놀 저택을 구경시켜 주기 위해 날짜를 정했다.

모건이 돌아간 뒤 그녀는 그의 사랑을 피부로 느낄 수 있을 정도로 생생했다고 일기에 적었다. "나는 강하게 느껴지는 그의 신사다움과 애정을 거부할 수 없었다… 류 라피트의 저택을 두고 스코트의 유족과 벌이는 소송 문제는 거의 이야기하지 않았다." 두 사람은 서로를 향해 품고 있는 속마음을 드러내 보이면서 상대를 유혹했다. 동시에 좀 더 실용적인 목적을 노렸다. 한쪽이 생활의 주름살을 확 펴줄 현금을 원했다면, 다른 한쪽은 진품으로 가득한 가보를 노렸다. 하지만 너무나 잘 어울리는 이 두 사람 가운데 어느 쪽이 너 나쁜 사람인지는 알기 힘들다. 유치한 나르시시즘과 가식적인 순수함, 돈에 무관한 척하는 빤한 위선으로 가득한 색빌이 더 나쁜지, 아니면 혼외 애정행각의 선수이거나 첫 아내 미미에 대해 '악어의 눈물'을 흘리고 색빌이 돈을 노리지 않는다고 믿으려는 모건이 더 악한 인물인지 판단하기는 어렵다.

알드리치와 함께 놀 저택을 방문한 날 모건은 유달리 좋았다. 색빌은 "딸 비타가 그를 엄청 좋아했다. 그는 말을 많이 했고 가장 좋은 소파에 오래 앉아 있었다. 그가 좋아하는 곳을 함께 둘러 보자고도 했고… 상원의원 A(알드리치)가 우리의 관계를 알지 않도록 하고 싶었다"고 일기에 적어 놓았다. 그날 그는 잠깐 동안 색빌과 함께했을 뿐이다. 호프너(Hoppner)[7]의 그림 두 점과 레이놀스 방에 있는 페르시아산 카펫, 베네치아 방의 태피스트리, 은제 개 인형들을 갖고 싶어 했다. 하지만 "그는 이 물건들을 가지고 가지 못했다."

모건이 채권 3,500만 달러어치를 인수·유통하는 문제로 바쁠 때 알드리치

---

7. 18세기 영국 화가 -옮긴이

는 뒤로 물러나 정원을 감상했다. "얼마나 대단한 사람인가!"라고 색빌은 적었다. 다음날 4시에 모건은 혼자 런던으로 돌아갔다. "그가 커다란 롤스로이스를 멀리 보내라고 말했다. 그는 운전기사에게 5시 30분에 돌아오라고 지시했다. 사람들은 그의 방문을 알아채지 못할 수밖에 없었다." 색빌은 스코트의 유언으로 부자가 되면, 초상화 '미스 린레이'를 아주 많이 그리워한다고 말하며 되살 수 있는지를 물었다. 그녀의 늙은 숭배자는 그녀의 아름다운 눈에 속아넘어갈 사람이 아니었다. "안 되겠소. 지금은 내놓을 수 없소."

색빌: 그러면 당신은 '미스 린레이'를 나보다 더 좋아한다는 말인가요?
모건: 그런 말은 아니오. 생각을 좀 해봐야 할 것 같소. 하지만 그녀와 헤어지고 싶지 않다오.

빅토리아는 책을 한 권 가지러 방을 가로질러 갔다. 그녀가 돌아왔을 때 모건은 그녀의 손을 잡고 그 초상화를 미국으로 가져가지 않겠다고 약속했다. 아들에게 물려주지도 않을 것이고, 메트로폴리탄 박물관에 기증하지도 않겠다고 말했다. 그녀에게 돌아가지 않는다면, 자신의 수중을 벗어나지 않을 것이라고 확언했다. 그녀는 조용히 들고 온 책을 열어 모건이 약속을 깨지 않는 사람이라는 구절을 펴 보여주었다. 그녀가 들고 온 책은 메트로폴리탄 매거진의 편집장인 칼 호베이(Carl Hovey)가 모건에 대해 쓴 기사를 묶어 1911년 펴낸 책이다. 출판사인 스터지스 앤 월튼이 이 책이 주인공의 허락을 받은 전기라고 광고했다. 하지만 모건은 "그 책을 쓴 사람과 일면식도 없고, 그 책과 아무런 관련이 없다"고 불평했다. 호베이는 전체적으로 모건을 미화했다. 1912년 벨다 그린이 이 책의 여백에 메모를 해놓은 것으로 봐서, 그녀가 모건에게 책 일부를 읽어주었을 가능성도 높다.

모건은 예술품과 관련해 자신의 컬렉션이 스코트가 숨지기 전까지 관리했던 월러스 컬렉션보다 좋은지 아닌지를 색빌에게 물었다. "물론 당신의 컬렉션이 더 훌륭하지요"라고 그녀는 유쾌하게 말했다. 종교 문제와 관련해 그는 자신이 독실한 크리스천이고 하나님을 굳게 믿는다고 말하자, 그녀는 적이 놀랐다. 그는 색빌에게 미국에 한번 오라고 말했다. 하지만 미국을 방문하는 게 아주 위험하다고 말했다. "그는 내가 구설수에 오르지 않게 하기 위해 아주 조심스러워했다."

"그러고 나서 상당히 억세지만 멋있게 그는 시거를 꺼내 물었고 사랑하는 마음을 담아 내 손을 쥐었다. 내가 미국에 가지 않겠다고 말해도 개의치 않겠다고 말했다. 또한 자신이 너무 늙어 미안하다며, 진정으로 사랑한 여자는 당신 하나뿐이고 마음은 변하지 않을 것이라고 말했다." 그녀는 일기에서 '미스 린레이'나 돈을 이야기하지 말라고 스스로에게 주문하면서 "나는 싫다. 우리의 우정은 다른 세속적인 욕망에서 자유로워야 한다"고 스스로 다짐하듯이 강조한다.

2~3일 뒤 화이트로 레이즈 부부가 베푼 디너파티 내내 모건은 색빌 곁에 앉아 있었고, 남 몰래 손을 잡았다. 그녀는 모든 사람들이 그를 중심으로 모여들어 이야기하고 파티를 즐기는 듯했다고 전했다. 화제가 남녀 간의 사랑으로 바뀌자, 한 참석자가 어떤 사람도 한 사람과 2년 이상 열정적으로 사랑한 경우는 없다고 주장했다. 그순간 모건은 색빌을 쳐다본 뒤 "반대로 진심이라면, 사랑은 시간이 흐르면서 커진다. 감성과 사랑이 어우러질 때 특히 그렇다"고 반론을 제기했다. 그녀는 그날 밤 "그는 늘 늙었다는 사실을 한탄하지만, 나는 개의치 않는다"고 일기에 적었다.

두 사람은 사나흘 간격으로 만났다. 그가 다른 사람들이 자신을 어떻게 생각하는지 또 자신의 매너가 거칠거나 뻔뻔스럽지는 않은지 묻자, 그녀는 "아주 거칠지만, 따뜻한 친절 때문에 문제되지 않는다"고 대답했다. 그는 그녀의 말에 흐뭇한 미소를 지었다. 그는 넌지시 죽음을 암시하기도 했다. 특히 컬렉션을 뉴욕으로 선적하는 일과 관련해 이야기할 때는 죽음을 떠올리게 하는 말을 곧잘 했다.

컬렉션 선적 이야기는 색빌이 '미스 린레이'를 떠올리며 긴장하게 하는 스토리였다. "어느 날 용기를 내어 '미스 린레이'를 놀 저택에 돌려달라고 이야기해야 한다. 그에게 부탁한다는 게 얼마나 두려운 일인가! 하지만 나는 부탁해야 한다."

빅토리아 색빌은 일단 그의 사랑을 확보하자, 초상화 '미스 린레이'를 되찾는 작업에 집중한다. 하지만 그녀의 칠순 애인은 그림을 돌려주면 두 사람 관계가 멀어질 것이라며 그녀의 간청을 물리쳤다. "그는 내가 스캔들과 가십에 휘말리지 않도록 하기 위해 노력했다. 그는 온갖 스캔들과 소문에 휘말려 애를 먹었다. 그는 '나는 여러 사람의 입에 너무 많이 오르내렸기 때문에 우리는 조심해야 한다'고 말했다."

젊은 시절 모건은 사촌이자 친구인 짐 굿원과 편지를 교환할 때 패니와 약혼하면서 비밀을 강조한 바 있다. 세상 사람들이 남들의 로맨스에 특히 관심이 많다고 보는 모건의 사고방식은 젊은 시절 스스로 중요한 인물이라고 생각하는 속마음을 간접적으로 보여준다. 이제 그는 세계적으로 중요한 인물이고, 세상 사람들이 자신의 사생활에 대해 강한 호기심을 갖고 있는 상황 덕분에 그는 그녀를 뒤에 숨겨놓기가 편했다.

색빌은 스코트의 유산을 확보했을 때 모건에게 게인즈버러의 작품을 매입하라고 주문했다. 모건은 멀지 않은 장래에 사겠다고 말했다. 그가 게인즈버러의 작품을 산 뒤 그녀에게 선물할 가능성은 있었다. 그녀는 혼자 계산해봤다. "그가 얼마나 내게 열중하고 있는지 잘 알고 있고, 그는 내가 선물을 밝히지 않는다는 점을 잘 알고 있다. 나는 그에게 사심없는 여자가 되어 있다." 그녀는 이어 스스로 다짐한다. "그의 우정은 '미스 린레이'보다 중요하다."

모건은 독일 카이저 빌헬름 2세의 초청을 받고 보트경주대회에 참석하기 위해 1912년 6월 하순 테디 그렌펠과 마코 가족, 머튼 패턴 가족을 데리고 키일항으로 코르세어호의 뱃머리를 돌렸다. 그렌펠은 독일 황제가 "아주 매력적이고 모든 면에서 상당히 쾌활했다… 사슬미늘[8]을 낀 주먹은 보이지 않았다. 그는 우리가 마침 아침식사를 마칠 즈음인 오전 9시 45분에 코르세어호를 방문해 사람들을 놀라게 했다"고 말했다. 코르세어호는 1912년 6월 26일 카이저의 요트와 함께 경기에 참가해 다섯 시간 동안 치열한 경쟁을 벌였다. 코르세어호가 20초 차이로 이겼다. 그렌펠은 "승무원 등은 좁은 부표 위에서 기뻐 날뛰며 아주 즐거워했다. 카이저와 시니어 파트너(대표 파트너)인 모건은 승무원들과 함께 요트의 메인 갑판에 올라서 아이들처럼 아주 재미있어 했다… 황제는 지금까지 일곱 번 졌기 때문에 모건을 마스코트처럼 우러러봤고, 모건은 아이처럼 뿌듯해했다"고 말했다.

　여행이 끝난 뒤 그렌펠은 "농담이지만, 모건과 주변 사람은 음식을 무한대로 즐긴다. 그는 가장 사려 깊은 호스트이고 주변을 전혀 개의치 않은 눈치였다. 하지만 그는 모든 것을 관찰했다. 반짝이는 눈빛을 갖고 그가 시의적절하게 말하는 유머 때문에 사람들은 그를 한순간도 방심하지 않는 늙은 여우라고 생각한다. 그는 멋진 사람이고 일흔다섯 살이면서도 젊은 사람을 지치게 하는 정력가"라고 회고했다. 카이저 빌헬름 2세는 1912년 가을 군복 정장을

---

8. 서양 갑옷에 딸린 장구로 기사가 손을 보호하기 위해 끼는 쇠사슬 장갑 -옮긴이

갖춰 입은 자신의 흉상을 선물했다. 실제 크기였다. 새터리는 나중에 그 흉상이 1914년 어디론가 사라졌다고 말했다.

모건은 1912년 7월 독일을 떠나 로마로 갔다. 야니쿨룸에 둔 컬렉션의 소유권을 아메리칸 아카데미로 이미 옮겨놓았다. 맥킴의 건축가 사무실이 예술가와 도서관, 작은 박물관을 포함하는 건물로 디자인한 새로운 아카데미를 위해 적극적으로 모금했다. 모건이 유럽 대륙에 머물고 있는 동안 색빌은 은제 장식품 등을 구경하기 위해 친구들을 데리고 프린스 게이트의 저택을 찾았다. 그녀의 눈에 들어온 장면의 대부분이 포장된 컬렉션이었다. 또한 집사를 통해 '미스 린레이'도 아메리카로 우송된다는 사실을 알았다. "대수롭지 않은 일처럼 생각할 수 있었다." 하지만 그녀는 속마음을 드러내지 않는 대신 모건이 런던으로 돌아왔을 때 만나지 않겠다고 말했다.

모건은 색빌을 볼 수 있을 것이라고 생각하고 댄스파티에 참석했다. 그의 바람대로 그녀와 조우했다. 색빌은 일기에 "나는 다시는 찾지 말아달라고 말했다. 이 말에 그는 비통한 표정을 지었다. 하지만 나는 여러 사람이 보는 앞에서 이별 통보를 한 게 더 좋았을 것이라고 생각한다"고 적었다. 그녀는 편지하겠다고 약속했다. "나는 그가 얼마나 실망했는지 알고 있다… 하지만 우리는 서로 가장 좋은 친구를 놓쳤다. 나는 푸른색 드레스를 입고 에메랄드로 장식했다."

모건은 1912년 7월 중순 침몰한 타이타닉의 자매함인 올림픽호를 타고 대서양을 건너 뉴욕으로 향했다. 그를 동행한 예술작품은 '데번셔 공작부인'의 초상화를 포함한 그림이었다. 그가 영국을 떠나기 전에 빅토리아 색빌에게 자신의 인생이 담긴 책 한 권을 보냈다. 두말할 것 없이 그녀가 봤던 호베이의 모건 전기였다. 그는 책에다 "애정 어린 존경과 함께 레이디 색빌에게, J. 피어폰트 모건으로부터"라고 적었다. 그녀는 일기에 모건과 사랑에 대해 이렇게 결론 내린다. "결정은 내려졌고 우리는 좋은 친구로 남았다. 그에게 하나님의 은총이 함께하기를!"

색빌은 이후 모건을 보지 않았다. 2~3일 뒤 모건은 런던을 떠났다. 예술가인 필립 라슬로(Philip Lazlo)[9]가 놀 저택을 찾아 점심을 먹는다. 본래 그는 모건의 초상화를 그리고 싶어 했다. 색빌에게 주선해달라고 부탁했다. 그녀는 거절하고, 일기에 "그는 내 옛 친구의 코를 생생하게 묘사하고 싶었기 때문에 거절했다. 이는 그의 예술의 진정성을 과장해 드러내 보이려고 하는 의도"라고 적었다.

모건은 초상화 '미스 린레이'를 아들에게 물려준다. 이 그림은 나중에 팔린다. 현재는 매사추세츠 윌리엄스타운(Williamstown)에 있는 스털링 앤 프랜신 클라크 인스티튜트(Sterling & Francine Clark Institute)에 소장되어 있다. 색빌은 1913년 스코트 유족과 법정 공방에서 승리한다. 승리 이유 가운데 하나는 법정 증언대에서 그녀가 보인 뛰어난 연기였다. 그녀는 증언 도중 교차 확인하는 변호사를 꾸짖는다. "스미스 씨는 놀 저택이 햄턴 코트(Hampton court)보다 더 크다는 사실을 인식하지 못하는 것 같습니다." 판사는 빅토리아 색빌이 존 경에게 영향력을 행사했는지, 아니면 "그 영향력이 예술적 기호가 동일한 사람들이 모인 커뮤니티와 자연스런 친밀감에서 비롯된 것인지… 이런 영향력이 완벽한 합법인지를 평결에서 의견을 밝히면 된다"고 배심원들에게 말했다.

배심원들은 색빌의 손을 들어주었다. 그녀는 배심원 판단 덕분에 엄청난 부를 거머쥐었다. 그녀는 현금 15만 파운드를 차지했다. 스코트의 파리 저택에 소장되어 있는 물건을 팔아 27만 달러를 더 벌었다. 그녀의 손자는 "할머니가 물건을 처분한 일은 스코트에게는 아주 수치스러운 사건이다. 애초 그는 놀 저

---

9. 헝가리 부다페스트에서 태어나 영국에서 활동한 화가 -옮긴이

택의 컬렉션을 더욱 풍부하게 하는 데 자신의 유산이 쓰이길 희망했다. 그녀의 용돈을 불려주기 위해 처분하라고 준 게 아니었다"고 말했다.

⚛

페도르 엔케(Fedor Encke)라는 이름을 가진 독일 화가는 모건의 모습을 후세에 남길 일을 맡았다. 그는 단순히 '예술의 진정성을 과장해 드러내 보이려는 의도' 이상을 생각했다. 그는 1903년 모건의 이미지를 이상적으로 그려냈다. 머리숱을 더 많게 했고 눈 크기를 키웠으며 콧수염을 더 진하게 그렸다. 당연히 코의 키는 줄였다. 10년 더 젊어 보이게 했다. 단지 눈썹과 옷만을 객관적인 사실과 일치시켰을 뿐이다. 현재 이 초상화는 뉴욕의 메트로폴리탄 클럽에 전시되어 있다.

2~3년 뒤 존 싱어 사전트가 모건의 초상화를 그리기로 했지만, 나중에 마음을 바꾼다. 모건의 파트너가 1909년 사전트에게 초상화를 그리지 않는 이유를 묻자, "나는 초상화 그리기를 완전히 포기했다. 정말 싫다. 모건 씨가 나를 해고해주길 바란다. 지난 2년 동안 내가 모건의 초상화 그리기를 거부한 사실을 잘 알고 있다"고 대답해주었다. 사전트는 1905년 잭의 아내인 제시의 초상화를 그린 적이 있다. 그는 제시에게 옷 상자를 가지고 오라고 요청했다. 화실 조명에 가장 잘 어울리는 옷을 찾아내기 위해서였다. 자신의 뒤엔 거울을 설치해 어떻게 초상화를 그리는지 제시가 볼 수 있도록 했다. "정말 대단했다… 그는 무척 친절했고 13차례에 걸쳐 포즈를 취했다"고 그녀는 말했다. 초상화가 거의 완성될 즈음, 잭은 사전트에게 그 초상화를 관세를 내지 않고 미국으로 반입할 수 있는지 물었다.

2~3주 뒤 잭은 "세관에서 무슨 일을 하더라도 세금을 내지 않고 그림을 미국으로 들여오라"고 사전트에게 주문했다. 이어 "그림을 들여오는 동안 당신이

겪을 어려움을 모두 보상하겠다"고 말했다. 잭은 화가에게 1,050프랑(5,000달러)을 지급했다. 이 초상화는 현재 뉴욕 피어폰트 모건 도서관에 있다.

사전트는 모건의 초상화 주문을 받은 뒤인 1907년 친구에게 "더 이상 초상화를 그리지 않겠다… 초상화에 신물 났다. 상류층 인사의 초상화를 그리고 싶지 않다"고 말한 바 있다. 하지만 그는 개인적으로 친한 헨리 제임스(1913년)와 존 D. 록펠러(1915년)의 초상화는 예외적으로 그렸다.

모건의 초상화 가운데 가장 널리 알려진 작품은 우연의 산물이었다. 그는 1903년 엔케가 초상화를 그리는 동안 움직이지 않고 포즈를 취하지 않으려 했다. 결국 엔케의 친구이고 당대 전위적인 예술사조인 사진분리파(Photo Secession)[10]의 리더인 알프레드 스티글리츠(Alfred Stieglitz)가 젊은 사진작가인 에드워드 스타이첸(Edward Steichen)에게 초상화를 그리기 위해 모건의 사진을 찍자고 제안했다.

스타이첸은 자신이 직접 현상한다면 사진을 촬영하겠다고 밝혔다. 약속한 날 그는 모건이 앉을 자리에 한 청소부를 대신 앉혀 놓고 초점 등을 미리 조절했다. 얼마 뒤 모건이 촬영 현장에 나타났고, 예의 포즈를 취한다. 스타이첸은 신속하게 첫 번째 사진을 찍은 뒤 카메라에 새로운 필름을 넣었다. 그순간 모건의 포즈가 살짝 바뀌어 그는 머리와 손을 조금 움직이게 했다.

모건은 사진작가의 지시를 순순히 따랐지만, 불편을 토로했다. 스타이첸은 가장 편안한 자세를 취해보라고 모건에게 주문했다. 그의 증언에 따르면, 모건은 몸을 좀 움직여 자신이 편한 자세를 취했는데, 사진작가가 본래 주문한 자세였다. "하지만 인상은 날카로워졌고 몸의 자세는 굳었다. 내가 이래라 저래라 한 데 화가 난 듯했다. 나는 서둘러 두 번째 사진을 찍었다. '감사합니다. 미

---

10. 사진도 순수예술 가운데 하나라고 생각한 미국 사진가 그룹 -옮긴이

스터 모건!'이라고 말한 뒤 카메라에서 필름 판을 빼냈다."

모건: 다 끝났나요?

스타이첸: 네, 그렇습니다.

스타이첸은 숨을 헐떡거리며 대답했다. 모건은 "당신이 마음에 들어, 젊은 친구! 아주 친해질 수 있을 것 같은데"라고 말했다. 스타이첸은 "그는 말을 마치고 커다란 모자를 육중한 머리에 얹은 뒤 두툼한 시거를 들고 거센 바람을 일으키듯이 나갔다"고 당시 상황을 묘사했다. 엘리베이터로 가는 도중, 모건은 100달러짜리 지폐 다섯 장을 꺼낸 뒤 '그 젊은 친구'에게 주라고 엔케에게 건넸다.

스타이첸은 사진촬영 순간 사람을 꼼짝 못하게 하는 모건의 매서운 눈빛만을 보았다. 그는 현상하는 과정에서 "거대하고 약간 기형으로 변했으며 병든 짜리 코가 눈에 들어왔다"고 말했다. 그는 엔케를 위해 한 장을 인화하면서 사진을 약간 다듬었다. 두 번째 사진은 그의 것이었는데, 문제의 코 모습을 약간 두루뭉술하게 만들었고, 거부감을 주는 점을 제거했다.

두 사진의 차이는 문제의 코만은 아니다. 우선 첫 번째 사진은 공식용이다. 어깨와 머리가 드러나는 전형적인 모습이다. 사진 속 모건은 승리의 항해를 하는 거대한 배처럼 느껴진다. 조명이 그의 자킷과 실크 넥타이(삼각건 형태), 풀 먹인 흰색 칼라, 황금 시계 줄의 질감이 드러나도록 해준다. 반쯤 그늘에 가려진 그의 얼굴은 강렬한 힘을 발산한다. 몸은 오른쪽으로, 머리는 왼쪽으로 약간 기울어져 있다. 시선은 카메라 너머를 응시하고 있다. 눈동자가 약간 위로 향해 있어 사진 속 눈과 마주치기가 쉽지 않았다. 스타이첸이 샘플 사진을 뽑아왔을 때 모건은 즉석에서 이 사진을 고르고 십여 장을 인화하라고 주문했다.

두 번째 사진은 다른 각도에서 찍은 것이다. 모건의 '역동적인 자기 주장'이

사진에 나타나 있는 듯하다. 모건은 화난 독수리처럼 깃털을 곤두세우고 있는 듯하다. 눈동자가 사진을 찍는 사람을 강렬한 눈빛으로 노려보는 바람에 눈썹은 아치 형태로 변했고, 턱에는 긴장감이 역력하다. 몸이 어둠속으로 사라진 듯하고, 조명은 그의 머리와 시계, 의자의 금속제 팔걸이를 쥐고 있는 손에 집중되어 있다. 팔걸이는 마치 단검처럼 보인다. 주인공이 사진 프레임 밖으로 뛰쳐나갈 준비가 되어 있는 듯하다. 자본주의의 무자비한 해적이라는 대중적인 이미지와 부합한다.

스타이첸의 설명에 따르면, 이 금융 자본가는 두 번째 사진을 흘깃 본 뒤 "형편없구먼!"이라고 말하고 찢어버렸다. 사진작가는 화가 치밀었다. 그는 모건에게 첫 번째 사진 12장을 인화해 보내주었다. 두 번째 사진은 인화해 몰래 가지고 있었다. 나중에 그는 두 번째 사진을 스티글리츠에게 준다. 스티글리츠는 1906년 〈카메라 워크Camera Work〉라는 잡지의 '스타이첸 서플먼트(Steichen Suppplement)' 기사에 이 사진을 실어 공개했다. 스타이첸은 이 기사로 사진작가

1903년에 찍은 두 번째 사진. 이른바 '단검의 초상화'로 알려진 그림이다.
(출처: 뉴욕 피어폰트 모건 도서관(조안나 T. 스타이첸))

1903년에 찍은 초상화. 모건이 두 장 가운데 고른 공식적인 사진이다.
(출처: 뉴욕 피어폰트 모건 도서관(조안나 T. 스타이첸))

로 이름을 얻기 시작했다. 스티글리츠는 3년 뒤 뉴욕의 5번가 291번지에 있는 자신의 갤러리에서 원본을 전시했다. 벨 다 그린은 1909년 가을 이 갤러리에서 문제의 사진을 본다. 그녀는 그 사진이 자신이 지금까지 본 모건의 사진 가운데 가장 뛰어나다고 생각했고, 스티글리츠에게 문제의 사진을 서너 장 인화해달라고 부탁했다. "미국의 사진에 활력을 불어넣은 당신과 스타이첸 씨에게 축하드린다"고 그녀는 편지를 띄웠다.

모건이 '단검 초상화'로 알려진 원본을 5,000달러에 매입하려고 했던 것으로 봐서, 그린은 스티글리츠한테서 받은 사진으로 '두목'의 생각을 바꿔놓은 게 분명하다. 스티글리츠는 판매를 고사했다. 스타이첸은 3년 동안 이 금융 자본가를 기다리게 한 뒤에야 한 장을 더 인화해준다. "견본 사진을 찢어버린 사람을 다루는 나의 유치한 방식"이라고 말했다.

그린은 두 사람과 친구가 되었다. 스타이첸은 그녀의 풀 네임인 '벨 다 코스타 그린'의 발음이 너무 좋다며, 그녀를 부를 때나 편지를 띄울 때 풀 네임을 썼다. 그녀가 풀 네임을 듣고 기분 좋아했다. 의도했던 것보다 더 효과만점인 찬사였던 셈이다. 스티글리츠는 1914년 특별호로 발행될 〈카메라 워크〉를 위해 '291'번지의 사진 작품을 담은 특별 기고를 그녀에게 부탁한다.

"저는 일상에서 갖기 힘든 특별한 의미를 받아들이는 사람들에게 291번지 갤러리에 대한 글을 부탁합니다. 그들의 느낌을 받아보기 위함이지요… 그린 당신은 늘 제게 291번지 작은 갤러리를 특별하게 여기고 있음을 제게 주었습니다. 저는 개인적으로 제 갤러리를 높이 평가해달라는 게 아닙니다. 이론적인 분석을 원하는 것도 아닙니다. 가슴속에서 자연스럽게 우러나는 글을 원합니다. 이 작은 공간에 대해 특별한 느낌을 가지고 있다면, 291번지 갤러리가 당신에게 무엇을 의미하는지 글로 표현해주시면 정말 감사하겠습니다."

사진은 구체적인 물건을 좋아하는 모건에게 그다지 매력적이지 못했다. 화가 사전트가 1909년 초상화 그리기를 거부한 뒤 모건은 페루 출신 화가인 카를로스 바카-플로르(Carlos Baca-Flor)에게 의뢰해 공식적인 초상화를 그린다. 이 페루 출신 작가는 바카-플로르다 엔케처럼 그릴 대상을 한 곳에 붙잡아 둘 수 없었기 때문에 〈카메라 워크〉에 실린 스타이첸의 사진을 보고 초상화를 그린다. 그는 전형적인 초상화 풍을 채택한다. 검은 새틴 양복 깃을 빛나도록 묘사했고, 한 손은 가죽으로 장정이 된 책에 의지하고 다른 한 손은 조끼의 허리춤 주머니에 꽂고 있는 모습으로 모건을 그려냈다. 이 초상화는 사실 공허했고 경직된 느낌을 준다. 영감이 풍부한 젊은 예술가인 조지 비들(George Biddle)은 이 초상화가 "몇 년 전 유행한 먼지 낀 크리스마스카드를 재생하는 것처럼 수줍어하는 붓놀림으로 표면을 계속 덧칠해 믿을 수 없을 정도로 더 생생한 비현실주의적인 작품"라고 평했다. 비들은 친구의 소개로 도서관을 방문해 모건과 차를 마실 기회를 가졌다. 그가 모건을 본 공간에는 직전에 완성된 초상화가 걸려 있었다. 비들은 "한 금융 자본가가 곰처럼 자신의 초상화를 응시하면서 앉아 있고, 초상화는 멍하게 실존 인물을 응시하고 있었다"고 말했다.

그 '실존 인물'은 말한다. "내 초상화 가운데 가장 탁월한 그림입니다. 바카-플로르는 롬니 이후 가장 탁월한 초상화가입니다." 이 말을 들은 비들은 "이 거물은 예술 전공자들의 비판에 알몸으로 노출된 적이 없는 사람"이라고 결론 내린다.

모건은 바카-플로르한테서 원본 한 점과 사본 2점을 매입하면서 5만 6,000파운드를 지급했다. 그는 한 점을 메트로폴리탄 박물관에 기증했고, 다른 한 점은 고향인 하트포드에 있는 원드워스 아세니엄에게 주었다. 또한 화가에게 2만 3,000달러를 더 주면서 친구인 존 비글로와 조셉 초트의 초상화도 주문했다. 모건 자신만이 그 초상화를 보고 감탄한 게 아니다. 하워드 태프트는 1910년 초 모건 도서관을 방문했다. 이 순간 모건은 유럽을 여행하고 있는 중이었다. 벨 다 그린은 모건에게 "태프트가 초상화를 아주 좋아했고, 그해 봄 백악관에서 바카-플로르에게 자신의 초상화도 그리도록 주문하겠다"고 모건에게 보고했다. 또한 뉴욕증권거래소 전 회장도 모건의 초상화를 보고 벨라스케스 이후 최고의 화가가 그린 작품이라고 극찬하면서 더 이상 뛰어난 초상화나 그림은 최근 200년 사이에 세상에 등장하지 않았다고 말했다. 순간 벨 다 그린은 "아멘!"을 외쳤다. 그리고 그녀 자신과 헨리 월터스, 잭 모건이 바카-플로르의 초상화 모델이 되기로 계약했다. 그런데 페루 출신 '벨라스케스'가 모건의 초상화를 완성한 지 3년이 지난 뒤 갑자기 초상화가 녹아내리기 시작했다. 바카-플로르는 애초 타르가 기본 성분인 검은 물감을 오일과 섞은 뒤 너무 서둘러 캔버스에 칠해 열에 취약할 수밖에 없었다. 1914년 여름 메트로 박물관에 있는 사본의 코트 옷자락 부분에서 물감이 떨어져 내린 뒤 여기저기에서 마치 걸쭉한 땀이 흐르듯이 흘러내렸다.

바카-플로르는 메트로에 기증된 초상화를 가져가 복원했다. 하지만 오랜 시간이 흐른 뒤 이 화가에 대한 자신의 평가를 수정한 벨 다 그린은 1928년 "믿을 수 없는 바카-플로르가 그린 다른 초상화와 마찬가지로… 하트포드에 있는 초상화도 아주 참담한 상태로 변했다"고 말했다. 잭 모건은 1939년 메트로 박물관에 사본을 보내면서 본래 있던 초상화를 제거해달라고 요청한다.

모건이 살아 있는 동안 그의 일생을 문학적인 필체로 그린 작가들 가운데 가장 인상 깊은 사람은 E. M. 포스터와 헨리 제임스이다. 영국 보물들이 미국 금융 자본가의 컬렉션으로 변경되는 과정인 예술품 유출이 가장 심하게 이뤄진 시기는 1909~1910년이었다. 이 시기 영국을 빠져나간 예술품은 100만 파운드어치에 달했다. 대서양을 사이에 둔 국제적인 이 드라마가 가지는 의미가 헨리 제임스의 흥미를 자극했다.

1909년 말 영국인들의 반발 때문에 노포크 공작이 보유한 한스 홀바인의 걸작 '밀란 공작부인(Duchess of Milan)'의 초상화가 헨리 클레이 프릭의 수중에 들어가는 것이 좌절되었다. 영국인들은 국보급 명화를 사수하기 위해 대대적인 모금운동을 벌여 7만 파운드를 내셔널 갤러리에 건네주고 '밀란 공작부인'을 사들이도록 했다. 이 사건이 계기가 되어 헨리 제임스는 1909년 가을 〈아우성The Outcry〉이라는 희곡을 쓰기 시작했다. 이 희곡은 완성되지 않았다. 그는 2년 뒤 애초 희곡으로 쓰기 시작한 글을 바꿔 소설로 펴냈다. 가볍고 재치 있으며 우아한 문체로 유명한 《아우성》은 그의 무거운 후기 작품보다 대중적인 성공을 거두었다. 발표된 지 단 몇 주 만에 5쇄까지 나올 정도였다. 정작 작가는 '아주 보잘것없는 작품'이라고 자평했다.

제임스는 아주 뛰어난 유머 감각으로 작품의 주제인 '가치란 무엇인가?'라는 질문에 답한다. "가치는 예술의 새로운 취향에 의해 구별되고, 특정 예술가의 이름이나 귀족의 혈통에 따라 결정되며, 금액으로 측정된다. 또한 가치는 지식과 상상력, 이타적인 사랑에 내재한다." 제임스와 모건이 조우했다는 기록은 발견되지 않았다. 대신 1880년대 이 작가는 도버하우스에서 모건의 아버지 주니어스와 자주 만났다. 두 사람의 만남에 주니어스의 애인인 앨리스 메이슨이 동석했고 때로는 조너선 스터지스가 자리를 함께 했다. 간혹 스터지스가 모임을 주선하기도 했다.

제임스는 1906년 초대받아 프린스 게이트 저택을 방문해 예술품을 감상했다. 1911년 초에는 뉴욕의 모건 도서관을 들렀다. 그는 《아우성》에서 모건은 성이 두 개인 미국의 백만장자 수집가인 브레큰리지 벤더(Breckenridge Bender)로 등장한다. 벤더의 외모는 모건이다. 제임스는 딸기처럼 웃자란 코를 묘사하지는 않았다. 모건의 눈에 띄는 얼굴을 특징 없는 얼굴도 대체했다. 제임스는 벤더를 이렇게 그린다.

그는 6척 거구이고 막대한 부가 낳은 이익을 막 챙긴 듯한 분위기를 풍긴다. 육중하면서도 편안한 이미지이다. 준수하고 깔끔하며, 물려받았을 뿐 아니라 스스로 갖추기도 했고 다른 사람에 의해 부여된 신성함과 안정감마저 풍긴다. 그의 행동은 거대한 날개로 상징된다. 널찍한 날개 끝은 현재 자신감을 품은 채 접혀 있지만, 엄청난 노력으로 해야 할 먼 비행을 위해 언젠가 활짝 펴질 것이다. 이 모든 것들 덕분에 그는 숭배받는 인물이 되었을 것이다. 활짝 편 인생과 훌륭한 인간성의 이미지를 가지고 있으며 경배의 대상이기도 하다. 확인이나 강조가 필요 없다. 그가 태어난 요람 주변의 부와 지극한 행복, 자연스러움 등은 아주 말쑥한 현재의 모습을 가린다… 그는 외모를 치장하기 위해 별다른 노력을 하지 않은 것처럼 보이지만, 면도기와 스펀지, 칫솔, 안경 등이 그의 외모를 치장하는 데 쓰인다… 그의 이미지는 여러 가지가 조합된 인상착의가 낳은 효과보다 문지르고 광내고 다듬은 얼굴선-그들이 이를 선이라고 할지 알 수 없지만-에서 비롯된다. 게다가 그는 확신감으로 가득하지만 특색 없는 얼굴을 가지고 있다. 그의 얼굴에는 상대에게 경고하는 헤드라이트나 환하게 빛을 발하는 램프 같은 눈이 있다. 이 물체는 적어도 당신에게 그가 어디 있는지를 말해준다. 그리고 대부분의 경우 당신에게 곧장 달려든다.

영국의 보물을 찾아 헤매는 벤더라는 인물은 사랑스럽고 고집 센 레이디 샌드게이트(Sandgate)와 타협한다. 그녀는 벤더에게 증조모의 초상화를 내놓으라고 요구한다. 그녀는 "증조모는 동시대 여성 가운데 가장 아름다웠고, 로런스 가문의 어떤 사람보다 위대했다"고 주장한다. 벤더는 나중에 더 큰 수확을 얻을 수 있는 게임을 벌인다. '가장 값비싼 골동품'을 손에 넣기 위해 그녀가 원하는 바를 들어준다.

벤더가 샌드게이트 친구인 테인(Theign) 경의 데드버러 궁전을 방문했을 때 그는 조슈아 레이놀즈가 그린 '워터브리지 공작부인'의 초상화를 매입하려고 한다. 하지만 테인은 외국에 팔아넘기려 하지 않는다. 테인의 딸이고, 제임스가 극중에서 날카로운 관찰자로서 그리고 도덕적 중심으로 그린 레이디 그레이스(Lady Grace)는 "모든 사람이 외국에 팔아 남겼고, 여기저기서 많은 사람들이 넘기기 위해 거래하고 있다"고 말한다.

제임스가 로저 프라이와 작가의 친구인 휴 월폴을 연상시키도록 설정한 인물이면서 그레이스의 친구인 휴 크림블(hugh Crimble)은 "아, 안타깝다. 그들의 거래가 우리의 거대하고 혜택을 주는 예술품 재산을 사랑하는 나를 편히 쉬지 못하게 한다… 귀중한 물건들이 한 세기 이전에 우리나라에 들어온 속도보다 빨리 이 쇠락한 나라에서 빠져나가고 있다"며 아쉬워한다.

그레이스는 영국의 보물이 영국의 것이 아니라고 지적한다. "예술품 재산은 사들여 온 게 아닌가요? 우리는 애초 다른 곳에서 가져왔지요. 그렇지 않나요? 우리가 창작하고 가꾼 게 아니지요." 이 말은 잠깐 동안이지만 휴의 기분을 살려준다. 그리고 "우리는 가장 귀한 꽃들을 키웠다. 이는 오늘날 가장 널리 알려진 사실이다. 위대한 게인즈버러와 조슈아 경, 롬니, 사전트, 위대한 터너, 콘스터블의 작품 등이 우리의 거대한 정원을 구성하고 있다. 당신의 멋진 '워터브리지 공작부인'의 초상화보다 더 성공적으로 육성된 게 있나요?"라고 되묻는다.

제임스는 캐리커처 양식으로 벤더의 특징을 묘사한다. 급성장하고 에너지로 충만한 미국인이다. 손에는 수표책이 들려 있고, 가슴속에는 원대한 야망을 품고 있다. 자신이 갖고 있는 것보다 갖고 싶은 것에 더 많은 관심을 기울인다. 영국식 영어가 아니라 'ain't'와 'I guess', 'anyhow', 'hey'라는 말을 즐겨 쓴다. 다른 사람들은 미국인들을 '머니 몬스터(Money Monster)'나 '테러', '두려운 부자 녀석들', '래핑턴 양의 롱하이(Longhi)를 가져간 재수 없는 녀석' 등으로 부른다. 한술 더 떠 미국인을 '활이나 전투용 도끼 대신 두터운 수표책으로 무장하고 옛 문명사회를 정복하기 위해 쳐들어온 점령군 무리의 화신'이라고 부르기도 한다. 그러나 벤더는 야만적이고 멍청한 데드버러의 테인 경보다는 덜 해로운 존재이다. 테인 경은 자신의 공허한 '고상한' 가치를 떠벌이고 가보보다는 딸을 팔아먹으려고 더 열성인 인물이다. 제임스는 벤더가 '탐욕스러운 본성'뿐 아니라 '늘 상냥하고 진정성을 가진' 인물로 그린다. 더불어 벤더는 '항상 편안하고 대하기 쉬우며 하지만 늘 모든 사항을 꿰뚫어 보는' 사람이기도 하다. 이 미국인은 네덜란드 화가들에 대해 '위험한' 지식을 드러내 보인다. 영국인 수집가보다 가치에 대한 더 값진 감각을 보유하고 있다. 그레이스가 싫어하는 구애자인 존 경은 모레토 브레스키아(Morreto Brescia)[11]의 초상화에 대해 벤더와 휴 등과 함께 토론하면서 "만토바노의 작품이 모레토의 작품보다 훨씬 값어치 있는가"를 알고 싶어 한다. 이때 휴는 그 그림이 만토바노가 그린 훨씬 더 희귀한 작품이라고 생각한다.

작가 제임스는 자신이 만토바노라는 이름을 지어냈다고 생각했다. 하지만 1912년 16세기 화가인 리날도(Rinaldo) 만토바노라는 작가가 있다는 사실을 알고 적잖이 당황한다. 그의 작품은 현재 영국 내셔널 갤러리에 있다. "내가 지은 만토바노는 작품을 위해 지어낸 상상 속의 인물이다. 내가 지은 이름이 아니라는 사실이 알려지면 나는 매장될 수도 있다"고 오류를 지적하는 친구에게 말한다.

---

11. 이탈리아 르네상스 시대 화가 -옮긴이

다시 제임스 작품 속으로 돌아가면, 휴는 "금전적인 가치를 말하는 겁니까?"라고 묻는다. 이에 대해 존은 "금전적이지 않은 어떤 가치가 있을까요?"라고 되묻는다. 순간 제임스는 이렇게 묘사한다.

"휴는 대답을 망설이면서 어이없는 이런 질문을 묵살해버릴까 생각했을 것이다. '글쎄요. 어떤 것은 금전적인 가치 이상이지요. 또 어떤 작품은 부차적이거나 인공적이기도 하구요. 어떤 작품은 명백하게 예술적인 가치를 지니기도 합니다'라고 대답한다. 벤더가 이때 끼어들며 '어떤 작품은 모든 가치를 지니고 있기도 하지요. 이런 게 가장 높은 수준의 작품입니다'라고 말한다."

소설 속 벤더는 자신을 소재로 유머감각을 보인다. 그가 휴에게 '경매에 올라온 작품'이 만토바노의 것으로서 얼마에 낙찰될 것인지를 묻자, 휴는 테인 경을 돌아보며, "벤더 씨가 저 작품을 낙찰 받는다는 말인가요?"라고 물어본다. 테인은 두 사람을 뚫어져라 바라보며, "벤더 씨의 말이 무슨 뜻인지 모르겠는데"라고 말하며 외면한다. 이때 벤더가 "저 작품을 다른 것보다 비싸게 낙찰 받을 것 같다는 뜻입니다! 그런데 얼마나 비쌀까요?"라고 다시 묻는다.

"당신에게 얼마나 비싸게 낙찰될지 말인가요?"

"만토바노 작품으로서 얼마나 비쌀까요?"

그리고 테인은 왜 자신이 좋아하는 것만큼 모레토 작품 가격을 높여 부르지 않는지 묻는다. 이에 대해 벤더는 "당신이 그 거장의 자연스러운 중용의 미에 행패를 부릴 수 없기 때문"이라고 대답한다.

벤더의 말에 화가 난 테인 경은 관대함보다는 분풀이 차원에서 만토바노의 작품을 내셔널 갤러리에 기증하기로 결심한다. 게다가 샌드게이트가 로런스 작품도 내셔널 갤러리에 기증하라고 강권한다. 벤더는 뜻하지 않게 영국인들에게 해피엔딩을 선물하고 끝내 빈손으로 떠난다. 제임스의 드라마에서 벤더는 상대적인 의미에서 좋은 인물이다.

제임스가 모건을 상징하는 브레이큰브리지 벤더라는 인물을 등장시켜 이 금융 자본가의 여러 모습을 분석한 반면, E. M. 포스터는 1910년 소설《하워즈 엔드Howards End》에서 모건의 실명을 사용한다. 로저 프라이는 포스터의 친구이다. 그는 메트로 박물관에서 해임된 이후 아마도 포스터에게 모건의 정보를 많이 건네주었을 가능성이 크다. 하지만 모건은 영국에서 잘 알려진 인물이었고, 이 소설가도 모건에 대한 나름대로 생각을 가지고 있었다.

《하워즈 엔드》는 돈의 문제를 다룬다. 돈을 누가 소유하고 있고, 누가 소유하고 있지 않는가? 돈은 어떻게 영국을 바꾸어 놓았는가? 블룸스버리 그룹의 인간적인 가치와 도덕적인 상상력이 지향하는 이상적인 생활을 무엇이 가능하게 할까?…

포스터가 에드워드 7세 시절의 영국인을 그린 작품 속에 등장한 부유한 윌콕스(Wilcox) 사람들은 '모든 일에 참견하는 군상들'이다. 그들은 '혼란과 공허감' 그리고 '신문명의 상징인 전보와 분노'에 어우러져 있는 세계에 살고 있다. 또한 인간관계를 열정적으로 중시하는 지적인 슐레겔(Schlegel) 자매와는 동떨어진 사람들이기도 하다.

헬렌 슐레겔은 윌콕스 때문에 우연히 인생이 망가진 은행 직원 레너드 바스트(Leonard Bast)와 대화하던 중, 자신이 한 일을 책임지지 않는 윌콕스 같은 부자들에 대해 분통을 터트린다.

헬렌 슐레겔: 나는 책임감이라는 가치를 믿습니다. 당신은 그렇지 않나요? 개인적으로 저는 책임감 없는 사람을 싫어합니다. 이런 말을 해서는 안 되지만, 윌콕스는 잘못된 길을 가고 있습니다. 아니면 그의 잘못이 아닐 수도 있지요. 아마도 그의 머릿속에서 작은 글자인 '나는'이라는 말이 지워져 버렸

는지도 모르지요. 물론 그들을 비난하는 게 시간 낭비일 수는 있습니다. 하지만 특별한 소수는 머릿속에서 '나는'이라는 단어가 들어 있지 않아 미래에 다수를 지배한다는 악몽 같은 이론이 있습니다. 이런 말을 들어보셨는지요?

레너드: 책 읽을 시간이 없습니다.

슐레겔: 그러면 생각해보기는 했나요? 두 종류의 인간이 있습니다. 우리 같은 인간은 생각하면서 살지요. 다른 인간들은 그렇지 않습니다. 그들은 '나는~'이라는 말을 할 줄 몰라요. 사실 그들은 실존하는 인간이 아니고, 인간 이상의 존재입니다. 피어폰트 모건은 그의 인생에서 '나는~'이라고 말해 본 적이 없어요.

레너드: (싸움닭처럼 헬렌의 주장을 반박하며) 나는 니체주의자는 아니지만, 그 인간 이상의 존재들은 당신이 이기주의자라고 부르는 사람들일 수 있습니다.

슐레겔: 아닙니다. 틀렸습니다. 인간 이상의 존재들은 '나는 ~를 원한다'라고 말하지 않아요. '나는 ~를 원한다'는 말은 '나는 누구인가'라고 자문하게 하고, 연민과 정의감 등을 품게 하지요. 그(모건)는 오직 '원한다'는 말만 해요. 나폴레옹처럼 '유럽을 원한다'고 말하거나, 그가 블루버드라면, '여러 명의 아내를 원한다'고 말해요. 레너드 당신이 그들을 꿰뚫어 볼 수 있다면, 그들 내부에서 공허감과 혼란을 발견할 거예요.

———※———

J. P. 모건은 문학적인 재능을 가진 사람들에게 많은 영감을 준 특별한 존재였다. 또 다른 분야의 사람들에게도 비슷한 존재였다. 벨 다 그린이 다른 사람들의 비난에 맞서 모건을 변호하는 데 적극적이기는 했다. 하지만 모건이 자신이 손에 넣은 것을 자랑할 때는 그의 취향을 얕잡아 보는 말을 서슴지 않았다. "모건의 안목이 최근 아주 좋아져 내 자문 없이는 고서적이나 육필 원고를 거

의 사지 않는다"고 1911년 베런슨에게 보낸 편지에 썼다. 그린이 자신을 은근이 자랑하는 얘기다. 그린은 '보스'가 프랑스 칸 콜렉션에 포함되어 있는 페루자노와 멤링의 육필 원고를 매입해 도서관에 보내왔을 때 아주 즐거워했다. 하지만 그녀는 그가 매입한 모든 것들이 "멤링 원고처럼 가치 있기를 원했다." 때로는 '보스'가 매입한 것들을 '허섭스레기'라고 무시하기도 했다. 그러나 그녀가 자신의 이미지를 아름답게 하기 위해 말로 그려낸 그림은 모건의 관용과 돈의 힘을 이용하지 않았음을 시사한다.

그린은 때때로 모건을 무시했다. 가장 최악의 다툼은 그린이 다른 남자에게 가기 위해 떠날 것이라고 모건이 의심할 때 일어났다. 1911년 가을 그는 그녀가 약혼했다는 루머를 들었다. 그린은 이후 벌어진 상황을 베런슨에게 전한다. "그 소식에 그가 격분했다. 그가 너무 어이없어 역겨울 지경이었고 화가 치밀었다. 그래서 나는 '그 소문이 사실이라고 해도 당신이 상관할 일이 아니다'고 응수했다. 이 말 때문에 우리 관계는 2~3일 동안 싸늘했다. 끝내 그가 눈물을 흘리며 내게 와 떠나지 말라고 애원했고 결혼하지 말라고 간청했으며 다른 남자를 보지도 말라고 사정했다. 나는 '당신을 진정으로 사랑하고 존경하지만, 너무 화가 나 그렇게 하겠다고 말할 수 없다'고 대답했다."

두 사람은 한 달 뒤에도 같은 장면을 연출한다. "그는 화가 머리끝까지 치밀었다. 그순간 그가 졸도할 것만 같았다. 모건이 '당신이 결혼하는 날 당신을 바라보는 마지막 날이 될 것이고 결혼한다면 나한테서 아무것도 얻지 못할 것이라고 말할 때' 나는 역겨움을 느끼며 그를 바라보았다. 사실, 그는 유언장에 나와 관련된 부분을 기술했다. 하지만 나는 너무 화가 나 미칠 지경이 되었다. 처음에는 다른 사람과 결혼할 의사가 전혀 없다고 말해주었지만, 내가 결혼한다고 해도 그의 분노나 유산을 물려주지 않겠다는 협박은 조금도 문제되지 않는다고 그에게 소리쳤다. 그리고 눈곱만큼도 신경 쓰지 않고⋯ 돈에 연연해하지 않으며, 돈을 역겹게 느낀다고 말해주었다. 게다가 돈으로 엄청난 것을 살 순 있지만 내 자신과 사랑은 그렇게 못한다는 말도 빼놓지 않았다.

그 순간 나는 너무 화가 나 단숨에 그런 말들을 마구 쏟아 내놓았다. 그러자 그는 겁을 먹고 떨었고 '그렇게 말하는 게 너무 싫다'고 말했다. 나도 '이렇게 말하는 게 싫지만, 당신이 그렇게 말할 때, 그리고 나를 당신이 돈으로 산 그 무엇처럼 대할 때는 평소 당신에 대해 가지고 있는 존경심마저도 사라져 순간적으로 이성을 잃게 한다'고 말했다. 이렇게 퍼붓고 방을 나왔지만 여전히 너무 화가 나 나를 보기 위해 기다리고 있는 예술품 딜러 두세 명에게 화풀이를 했다. 하지만 반 시간 쯤 지난 뒤에 그가 다가와 길게 사과했다. 그는 마음대로 이야기하는 데 너무 젖어 있다. 그와 다시는 화해하지 않을 마음이다. 심지어 내가 그를 떠나야 한다고 해도 화해하지 않을 것이다. 그가 내게 준 월급만큼 지불할 사람은 아무도 없지만, 필요하다면 가난하게 살아갈 자신이 있다. 나는 정부나 하녀 다루듯 하는 그의 말을 더 이상 듣지 않겠다…"

1912년 노동절 휴가기간 동안 모건이 코르세어호 크루즈 여행을 계획하고 있을 때 벨 다 그린은 롱아일랜드에 있는 친구를 방문하겠다고 말했다. 당시 그녀는 더 이상 맨해튼 업타운인 115번가에 살지 않고 도서관 주변에 살았다. 그녀가 롱아일랜드에 도착한 일요일, 모건이 보낸 전보가 기다리고 있었다. 전보에는 다음날인 월요일 오전 9시 30분까지 도서관으로 출근하라고 적혀 있었다. 반드시 출근해야 한다는 말도 곁들여져 있었다. 그녀는 순간 중요한 일이 발생했다고 생각했다. 서둘러 뉴욕으로 가 월요일 오전 도서관에 들어섰다. "내가 그를 보았을 때 크게 웃고 있었다. 그리고 차분하게 오늘 중요한 비즈니스는 나를 보는 것이라며, 디너파티에 가기 위해 옷을 갈아입을 오후 7시 정각까지 앉아 있으라고 말했다."

모건은 낚시줄을 감아들이듯이 휴가 중인 그녀를 불러들이고 싶었다. "바로 이게 내가 그에 대해 품고 있는 존경심을 버리게 했다. 그가 나를 부른 이유는 없었다. 나를 곁에 두고 싶은 비뚤어진 욕망뿐이다. 내가 그에게 진심으로 헌신하고 그를 위해서 모든 것을 할 것일 텐데도 그저 자신이 그런 권리를 가지고 있다는 것을 보여주려고 나를 불러들였다. 물론 그가 진심으로 나를 좋아하고 나에게 헌신적이며, 내가 어려움을 겪으면 구하려고 할 것임을 알고는 있다."

모건은 해외에 여행 중일 때 1년 중 반 년 동안 그녀가 하고 싶은 모든 일을 다할 수 있다고 그녀에게 자주 상기시켜주었다. "이 말은 내가 원할 때 당신은 늘 내 곁에 있어야 한다는 말과 다를 바 없다." 그녀는 베런슨에게 띄운 편지에서 "당신이 없다면 나는 어느 누구에게도 이런 넋두리를 할 수 없다"고 말했다.

그녀는 모건이 자신과 베런슨의 관계를 어디서 들었기 때문에 외국에 나가지 못하게 한다고 의심했다. "그 이유 때문이라면… 나는 그를 무시한다. 당신이 일흔다섯 살 먹은 노인과 정사를 생각할 때 당신도 무시할 것이다. 하지만 그에 대한 내 애정을 제외하고, 당신에게 말하지 않은 한 가지 이유를 이제야 말하고 싶다."

실제로 그녀는 모건의 유언 이야기를 베런슨에게 이미 했다. "그가 살아 있는 동안 곁을 떠나지 않는다는 조건 아래 아주 상당한 금액을 내게 남긴다고 이미 써놓았다. 그가 살아 있는 동안 나는 결코 떠나지 않겠다. 당신에게 내가 좋은 용병처럼 비쳐질 수 있지만 이는 여러 가지 면에서 당신과 내게 아주 중요한 의미를 갖고 있다. 예를 들어 유산을 받으면 내가 독립적으로 일할 수 있고, 내가 원하는 방향으로 일할 수도 있다… 세계를 여행할 수도 있고 내 가족이 내게 매달리지 않도록 해줄 수도 있다. 내가 무슨 말을 하는지 잘 아실 겁니다. 얼마 남지 않았습니다…"

트러스트와 자본

J. P. 모건은 1912년 초 파리에서 몬테카를로를 거쳐 다시 이집트로 향했다. 이때 스틸먼이 모건을 만났다. 스틸먼은 "모건이 낙관적인 표정이었지만, 기분을 좋게 하기 위해 억지로 휘파람을 부는 것 같다"고 말했다. 이때 모건과 동행한 사람은 로런스와 리스고 부부였다. 그해 2월 그가 나일 강을 크루즈하고 있을 때 컬렉션 1차분이 뉴욕으로 향했다. 하원의원인 아르센 푸조가 이끄는 위원회가 '금융 트러스트'를 조사하기 시작했다. 뉴욕의 변호사 새뮤얼 언터마이어가 푸조 위원회 출범을 도왔다.

언터마이어는 뉴욕의 극소수가 미국의 은행과 대기업, 철도, 보험회사, 증권거래소를 지배하는 '금융 과두체제' 다른 말로 '사람들이 알고 있는 것보다 위험하고 사악한 시스템'에 대한 조사가 '머니 트러스트'의 핵심이라고 규정했다. 그는 "최근 5년 사이에 이뤄진 금융 독점화는 최근 50년 사이에 이뤄진 것보다 심각하다"고 지적했다. 여기서 독점화는 금융과 산업의 경쟁을 고사시키는 현상이다.

그때 〈워싱턴 포스트〉는 의회가 나서 소수가 이 나라의 금융과 산업의 운명을 통제하고 있는지를 완벽하게 조사해 더 이상 논란이 일어나지 않도록 하라고 촉구했다. 〈뉴욕 타임스〉는 핵심 금융 자본가들을 '트러스트 중 트러스트'라고 규정하면서 "이들의 눈 밖에 나면 다른 트러스트는 고사할 수밖에 없다"

고 비판했다.

반면 〈월스트리트 저널〉은 '금융 트러스트'는 사실상 모건을 지칭한다며 이 트러스트가 아무런 문제도 일으키지 않는다고 두둔했다. 이어 "최근 15년 사이에 월스트리트에서 조성된 상황은 상당 부분 개인적인 일이고, 일흔다섯 살 먹은 사람에게 집중된 권위는 후계자에게 승계될 수 있는 성질이 아니다. 그들은 후계자를 가지고 있지도 않고, 그들이 한 일은 그들이 숨을 거두거나 세계가 다른 시스템을 구축해 가동한다면 사라진다."

모건의 파트너들과 변호사들은 1912년 봄 내내 의회 청문회를 대비하느라 분주했다. 그해 3월 스틸과 잭은 '플리치(모건의 암호명)'에게 "우리의 비즈니스 내용을 전반적으로 설명하기는 하지만 예금자와 신디케이트에 참여한 투자자들에 대한 질문에는 답변을 거부하는 게 전반적인 상황을 고려해볼 때 유리하다"는 전문을 띄운다. 제대로 이뤄지기만 한다면, "국민들의 불안을 잠재울 수 있는 기회가 될 수도 있다"고 덧붙이기도 했다.

푸조 위원회는 4월 언터마이어를 조사 책임자로 임명했다. 하원은 조사 대상을 확대하기로 결정했다. 잭은 '타이타닉호'가 침몰한 지 열흘 뒤에 이탈리아 베니스에 머물고 있는 아버지 모건에게 의회 조사가 "아주 불쾌할 수 있다"고 미리 귀띔했다.

1913년 1월 스페인 알레히라스의 벤치에 앉아 담배 피우는 모건.(출처: 피어폰트 모건 도서관)

언터마이어는 재판과 기업 합병에 경험이 풍부한 변호사였다. 그는 1880년대와 1890년대 금융 신디케이트와 기업 합병에 변호사로 참여해 부를 일구었다. 그때 그는 허드슨 리버 밸리의 개인 저택에서 난초와 개를 기르면서 생활하고 있었다. 젊은 변호사가 "독립성을 유지하기 위해서는 500만 달러를 쥐고 있어야 한다"는 말을 하기도 했다. 1890년대는 뉴욕의 민주당 태머니파의 보스인 리처드 크로커를 위해 일했다.

아돌프 옥스(Adolph Ochs)가 1898년 〈뉴욕 타임스〉를 인수했다. 그 뒤 2년이 흘렀을 때 언터마이어는 크로커의 메시지를 들고 옥스를 방문했다. 이러저러한 인물을 언론인으로 영입하면 뉴욕 시 전체의 광고를 차지할 수 있다는 게 메시지의 핵심 내용이었다. 이런 언터마이어가 20세기로 접어들자 돌연 독점 자본에 대해 비판의 목소리를 키우기 시작했다. 1911년에는 정부가 나서 독점 기업을 해체하고 규제해야 한다는 연설을 잇달아 하고 다녔다.

푸조 위원회가 언터마이어를 조사 책임자로 지명한 지 일주일 뒤 프랑스 휴양지 엑스레뱅에서 투자은행 J. P. 모건의 파트너인 헨리 데이비슨은 모건과 상원의원 알드리치, AT&T 회장 시어도어 베일과 회동했다. 그는 청문회 대책을 숙의한 뒤 잭에게 내용을 알린다. "타이타닉호의 침몰과 뉴욕 상황이 좋지 않지만, '플리치'는 아주 유쾌하고 심리상태가 사뭇 철학적이다."

모건과 데이비슨은 1912년 5월 3일 뉴욕 '더 코너'에서 '선임할 수 있는 인물 가운데 최고의 변호사'를 영입해 투자은행 J. P. 모건 임직원들의 대리인으로 내세워야 한다고 말했다. 게다가 최고의 홍보 책임자도 영입해 위원회의 조사 활동과 관련된 정확한 사실과 입장이 국민들에게 전달되도록 해야 한다고 지시했다.

모건의 금융그룹은 이미 당대 최고의 변호사들을 보유하고 있었다. 스테츤과 레디야드, 조셉 초트, 위스콘신 출신 전 상원의원 존 C. 스푸너를 비롯해 U. S. 스틸의 반독점 재판을 변호하고 있던 리처드 린더버리 등 '드림팀'을 구성해 놓고 있었다. 홍보 업무를 맡고 있는 인물은 톰 라몬트였다. 이 인물은 뉴욕에서 자신을 3인칭으로 표시한 전문을 띄워 상황을 보고한다.

"TWL(라몬트 자신)의 대리인이고 보스턴에서 잡지 출판을 해본 인물인 C. T. 브레이너드(Brainerd)가 맥클러의 후손들한테서 잡지 〈맥클러〉를 7만 5,000달러에 인수했다. 라몬트(자신)는 아주 기뻐하고 있고, 이 인수는 나중에 엄청난 힘이 될 것이다." 실제 나중에 브레이너드는 E. J. 에드워즈(Edwards)를 통해 모건의 논리를 홍보하는 데 상당한 성공을 거두었다. 에드워즈는 '홀랜드(Holland)'라는 가명으로 모건에 우호적인 '저널리스트 신디케이트'의 일원으로 활동하면서 금융 관련 칼럼을 기고했다. 그는 '금융 트러스트에 대한 건전하고 가치 있는 태도'를 견지한 인물로 모건 사단에 알려져 있었다. 브레이너드는 언론의 신뢰를 얻기 위해 아주 서서히 조심스럽게 움직인다는 방침을 채택했다. 의회 조사와 관련된 정보도 '아주 비밀리에' 언론인들에게 전달하기로 했다.

라몬트는 '우호적인 저널리스트 신디케이트'에 관한 정보가 세상에 알려지면 그들이 모건의 '정보 파이프라인'이나 '정보국'으로 비판받을 수 있다고 우려했다. 데이비슨은 모건과 알드리치, 베일이 "아주 적극적으로 '정보국' 계획에 동의했다. '정보국'을 활용한 대언론 작업이 가장 중요한 일이고, '정보국'은 전권을 쥐고 가장 효율적으로 운영되어야 한다는 데 뜻을 같이했다"고 전했다.

1912년 5월 말 라몬트는 브레이너드를 워싱턴으로 보내 〈워싱턴 포스트〉의 경영담당 에디터인 윌리엄 P. 스퍼전(William P. Spurgeon)을 만나도록 했다. 브레이너드는 워싱턴 포스트가 푸조 위원회의 조사활동을 견제하거나, 가능하다면 중단시켜야 한다고 상원에 촉구할 수 있도록 하기 위해 '관련 자료와 논리'를 스퍼전에게 전달할 것이라고 라몬트는 데이비슨에게 보고했다. 하지만 라몬트는 "우리는 푸조 위원회에 대한 강한 반발이 일어나기를 희망하고 있지만 정치적인 논리가 강해 결과는 불투명하다"고 덧붙였다. '정치논리'와 리버럴 언론이 여론을 장악하고 있는 상황에서 라몬트는 고군분투하고 있었다. 하지만 그의 노력은 '모건 사단이 전 영역에 촉수를 대고 조종하고 있다'는 대중의 이미지를 더욱 강화하는 꼴이 된다.

라몬트는 '언론·출판 트러스트'를 치밀하게 추진했다. 그는 브레이너드가 미국 주요 일간지에 별지 광고를 낼 수 있는 연합 세력을 구성할 수 있다고 생각했다. 또 워싱턴과 시카고, 뉴욕의 유력 신문을 인수할 수 있다고 봤다. 이렇게 되면 드러내놓고 "폭넓고 탄탄한 '팩트 유통망'을 장악할 수 있다"고 생각했다. 그는 모건이 이미 자금을 지원해 사실상 장악하고 있는 〈하퍼스 위클리〉를 포함해 "우리와 긴밀하게 유대하고 있거나 우리가 사실상 통제하고 있는 비범한 재능을 가진 저널리스트들을 거느린 완벽한 시스템은 수익성이 높은 기업으로 발전할 수 있다"고 말했다. 하지만 그의 뜻대로 일은 이뤄지지는 않았다. 그 와중에 라몬트는 1917년 〈뉴욕의 이브닝 포스트〉를 인수하는 데 성공한다.

라몬트는 10년 뒤에도 모건에 대한 비판적인 여론을 잠재우기 위해 부심해야 한다. 헨리 스틸 코매저(Henry Steele Commager)가 1938년 〈뉴욕 타임스〉 매거진에 푸조 위원회 조사활동에 대한 글을 발표했다. 이때 그는 사실 관계를 바로잡아 달라며 편지를 코매저에게 띄운다. 또한 엔디코트 피바디가 모건의 1895년 금 위기 대응을 비판한 글을 〈그로튼 쿼털리Groton Quarterly〉에 실었을 때에도 사실관계 확인·수정을 요구했다.

이 '모건의 공보장관(라몬트)'은 모건의 전기를 쓴 프레드릭 루이스 앨런(1949년)과 H. G. 웰스(Wells)에게도 편지를 띄워 반론을 제기했다. 웰스는 옛 소련 리더 요제프 스탈린(Joseph Stalin)과의 인터뷰를 1934년 〈헤럴드 트리뷴〉에 쓴 인물이다. 라몬트가 웰스의 기사 가운데 문제를 제기한 부분은 모건이 '사회의 기생충'이고 '오직 이윤만을 추구했다'는 대목이었다. 하지만 웰스를 설득해 표현을 바꾸지는 못했다.

스탈린은 웰스와 인터뷰에서 "이윤을 추구해 부자가 되려고만 하는 자본가들에 대해 이야기하면서, 나는 이들이 아무것도 할 수 없는 무가치한 인간이라고 말하고 싶지는 않다… 우리 소비에트 인민들은 자본가들한테서 많은 것들을 배웠다. 당신이 비판적으로 평가한 모건은 분명히 좋고 유능한 조직가였다"고 말했다.

〰〰〰

라몬트는 1912년 5월 브레이너드를 〈워싱턴 포스트〉에 급파했다. 그순간 뉴헤이븐 철도의 회장 멜런은 보스턴에서 자신이 모건의 꼭두각시라는 비판에 대해 반박하기 위해 안간힘을 쓰고 있었다. 멜런은 〈뉴욕 타임스〉와 인터뷰에서 "스스로 공공의 이익을 지키는 자로 자처하는 사람들의 이야기를 듣자니, 내가 모건 씨의 심복이고 그가 명령을 내리면 목까지 서슴지 않고 자르는 사람이라고 말한다"고 말했다. 그는 '뉴잉글랜드의 철도 트러스트를 설립하기 위해 왜 보스턴의 스테이트 스트리트에 가지 않고 뉴욕의 월스트리트에 도움을 청했는가?'라는 질문을 받자, "월스트리트에서는 내가 필요한 순간에 자금을 조달할 수 있었지만, 보스턴에서 그럴 수 없었기 때문"이라고 말했다.

멜런의 주장은 그가 했던 말과도 앞뒤가 맞지 않는다. 그는 〈타임〉과 1912년 5월 인터뷰에서 자신은 지시를 따랐을 뿐이라고 말했다. 한 해 전인 1911년 보스턴의 〈뉴스 뷰로News Bureau〉의 클레어런스 W. 배런(Clarence W. Baron)과 인터뷰에서도 "모건의 명령을 받고 있지만 아주 자랑스럽다"고 말했다. 1912년 다른 기자에게도 "모건 씨가 자신의 이익을 위해 내일 당장 중국이나 시베리아로 가라고 한다면 나는 당장 짐을 싸 출발하겠다"고 말했다.

모건이 숨을 거둔 뒤 멜런은 파산 직전인 뉴헤이븐 철도에서 축출되었다. 루이스 브랜디스는 회사의 어려움이 '은행관리' 때문이라고 말했다. 하지만 의회 조사결과 그의 윤리적 잘못과 공금 유용·횡령이 드러났다. 결과론이지만, 뉴헤이븐 철도의 실패는 해운 트러스트 IMM과 상당히 유사하다. 빈센트 카로소(Vincent Carosso)는 뉴헤이븐 철도의 부실을 조사한 뒤 이렇게 결론 내린다.

"모건이 고령이나 오랜 출타를 이유로 감시·감독의 소홀을 변명하는 행위는 자신의 명성에 걸맞지 않은 처신이다… 부인할 수 없는 사실은 그가 여러 가지 실책을 범했다는 점이다. 그는 멜런이라는 인물을 잘못 판단했고, 자신의 전략과 경영 방침을 제대로 주지시키지 못했으며, 뉴잉글랜드 지역의 미래 경제 상황과 뉴헤이븐 철도가 짊어진 부채의 이자비용을 감당할 만큼의 순이익을 낼 수 있는지 등을 과대평가했다. 동시에 뉴헤이븐이 꾸준히 배당해야 한다는 점도 간과했다."

카로소는 "모건이 나날이 성장하는 자동차와 트럭운송 산업에 대해 충분한 정보를 가지고 있지 않았다. 자동차가 철도산업에 끼칠 악영향을 과소평가하는 우를 범했다"며 "혁신주의 운동으로 전반적인 시대 분위기가 변하고 있고, 특히 거대 자본에 대한 나쁜 여론을 제대로 간파하지 못한 그의 능력도 작은 문제가 아니었다"고 지적했다.

U. S. 스틸과 TC&I의 합병에 대한 스탠리 위원회의 조사가 봄철 휴가기간을 맞아 잠시 중단되었다. 조사활동이 재개된 5월 말 벨 다 그린은 위원회 조사로 "모건이 너무 긴장하지 않고 또 계획보다 해외에 오래 머물지 않기를 바란다"고 일기에 적었다.

오스트리아 합스부르크 왕가의 계승자인 프란시스 페르디난트(Francis Ferdinand)가 프린스 게이트 저택으로 방문했을 때 모건은 유럽 대륙을 여행하고 있었다. 런던 주재 오스트리아-헝가리 왕국의 대사는 1912년 5월 27일 "왕세자가 갤러리를 아주 즐겁게 감상했고… 당신과 여러 방면의 공통적인 관심사를 가지고 있어 대화가 이뤄졌더라면 아주 즐거운 시간이 됐을 텐데, 서로 만나지 못한 게 유감"이라고 모건에게 전보를 띄워 말했다.

모건은 1914년 보스니아 저격범의 총에 숨져 1차 세계대전이 발발하게 되는 역사적 사건의 주인공인 페르디난트 대공과 결국 만나지 못했다. 사실 1912년 모건의 금융그룹은 터키와 발칸반도 국가들이 미국의 중재를 받아들이는 조건 아래 두 진영의 채권을 인수·유통해주면서 발칸 지역의 긴장을 완화하고 싶었다. 이 '달러 외교'는 애초 모건의 프랑스 파트너인 헤르먼 하제스(Herman Harjes)와 파리 주재 미국대사인 마이런 헤릭(Myron Herrick)이 낸 아이디어였다. 아들 잭은 돈을 빌려줘 봤자 분쟁을 끝내는 데 쓰이는 게 아니라 지속하는 데 쓰일 가능성이 높다고 생각했기 때문에 유럽 분쟁에 개입하는 이 안을 채택하지 않는다. 미국 소설가 존 도스 파소스(John dos Passos)는 "'영감' 모건은 숨지기 전 다가오는 전쟁을 막기 위해 고군분투했지만 그 노력은 대부분 그의 파트너들에 의해 제안된 것으로 보인다"고 말했다.

<hr />

미국 국민의 개혁 요구가 비등해졌다. 위스콘신 상원의원 라 폴레트가 주축이 된 '혁신주의 공화당원 연맹'이 구성되었다. 이들은 철도와 트러스트에 대한 규제 강화와 기업과 정치권 부패 근절, 보수적인 태프트를 대신할 후보 추대를 주장했다. 이들이 내심 후보로 생각한 시어도어 루스벨트가 제안을 거부했다. 결국 라 폴레트는 자신이 대통령 후보 지명전에 뛰어들겠다고 운동했다. 그러나 1912년 시어도어는 자신만이 공화당의 분열을 막고 미국에 합리적인 개혁 프로그램을 제시할 수 있다고 생각하기에 이른다. 그는 오하이오의 한 정치행사에서 기자들에게 "대선후보 경선에 출마한다"고 선언한다. 그는 미국의 자연자원 보호와 '부의 공평한 배분', "이윤을 극대화하는 데 눈이 멀어 자신들이 하는 일 때문에 발생하는 비용을 외면하는 극소수의 사람들에게 집중된 권력과 부의 부당한 사용으로 빚어지는 인간복지의 약화를 막는다"는 명분을 내세웠다. 라 폴레트는 시어도어가 마음을 바꿔 경선에 뛰어드는 데 격분했다.

하지만 라 폴레트의 바람은 시어도어에 의해 쉽게 잠재워졌다.

시어도어가 대통령에 당선되기 위해서는 보수 세력의 지지가 필요했다. 하지만 그는 유연한 실용주의를 아프리카에 두고 왔다. 사법부를 '사회적·경제적 오류를 영속화시키는 장치'라고 강공을 퍼부었다. 그 바람에 공화당의 '구파'들이 대거 하워드 태프트 진영으로 합류해버렸다. 전직 대통령과 그의 한때 정치적 후계자 사이에 벌어진 대결은 그해 봄을 후끈 달아오르게 했다. 어느 날 밤 기자들이 열차 라운지에서 '양손에 머리를 파묻고 있는' 태프트를 발견했다. 대통령은 고개를 들어 기자들을 보면서 "시어도어는 내 절친한 친구"라고 말하며 눈물을 흘렸다. 시어도어는 그해 6월 열린 공화당 전당대회에서 아주 혁신적인 공약을 내세우며 열변을 토했다. 하지만 공화당원들은 압도적인 표를 태프트에게 몰아주어 현직 대통령을 다시 후보로 내세웠다. 시어도어는 분노한 지지자들에게 "범죄가 정치의 원칙과 정직함을 송두리째 앗아갔다… 인류의 선을 위해 우리는 가장 정직한 방법으로 싸워나가겠다… 우리는 아마겟돈을 앞두고 있고, 주님을 위해 싸운다"라고 목청을 돋우었다.

7주 뒤 시어도어는 "수사슴처럼 강한 힘을 느낀다"고 선언하며 제3당인 혁신주의당의 대통령 후보를 수락했다. 그를 지지한 사람은 월터 리프먼과 허버트 크롤리, 제인 애덤스, 헨리 월러스, 펠릭스 프랭크푸터(Felix Frankfurter), 딘 애치슨(Dean Acheson)[1], 허버트 새터리, 조지 퍼킨스 등이었다.

민주당원들은 우드로 윌슨을 후보로 뽑았다. 윌리엄 제닝스 브라이언은 "J. 피어폰트 모건과 토머스 F. 라이언, 어거스트 벨몬트 등 특권을 탐하고 특혜를 갈구하는 인물들을 대표하거나 이들을 위해 뭔가를 해주어야 하는 후보에 반대하는" 결의안을 제출해 민주당 당원들의 동의를 받아냈다. 정작 자신들이

---

1. 트루먼 시절 국무장관을 지내며 한국의 안보와 관련된 애치슨 라인을 그은 인물 -옮긴이

뽑은 우드로 윌슨이 모건과 연결되어 있다는 사실은 까맣게 몰랐다. 윌슨은 '인민의 검찰관'으로 거대 기업을 맹렬히 비판한 루이스 브랜디스를 선거 기간 동안 경제 보좌관으로 삼았다.

태프트는 많은 지지를 받지 못했다. 역사학자 존 밀턴 쿠퍼는 "토머스 제퍼슨 이후 앤드류 잭슨이 당대 미국 기득권에 대항해 싸웠듯이 시어도어와 윌슨도 잭슨 이후 형성된 기득권과 기성 논리에 정면으로 도전했다"며 "이는 미국의 정치사에서 일획을 긋는 순간이었다"고 평가했다. 선거 기간 동안 여러 이슈들이 제기되었다. 하지만 혁신주의 민주당 후보와 전직 공화당 혁신주의자는 트러스트 문제에 모든 에너지를 집중했다.

윌슨은 시어도어가 독점 기업의 설립자들과 커넥션을 가지고 있다고 공격하며, 시장의 경쟁을 소생시키겠다고 약속했다. '새로운 자유'라고 이름 붙인 그의 공약은 이전 혁신주의 규제와는 달리 모든 자유를 증진시키겠다는 것이다. 이 전직 프린스턴대학 총장은 "나는 대기업을 지지하지만, 트러스트는 반대한다"는 수수께끼 같을 말을 외쳤다.

시어도어는 자신의 공약을 '새로운 민족주의'라고 불렀다. '실존하는 불법'을 바로잡고 '실질적인 결과'를 낼 수 있는 '분명하고 구체적인 계획'이라고 주장했다. 반면 윌슨이 제기한 독점 자본과 커넥션은 '꾸며낸 이야기'라고 반박했다. 이 수사슴 후보는 늘 좋은 트러스트와 나쁜 트러스트를 구별할 수 있다고 자신했다. 대통령 시절에는 기업의 규모가 아니라 행태를 처벌하려고 했고, 정부의 권한으로 기업의 불법과 탈법을 견제하고자 했다.

윌슨은 시어도어의 주장이 귀족주의적이고 가부장적인 논리라고 비판했다. 시어도어가 '전문가들이 당시 미국의 문제를 해결할 수 있다'고 해서다. 이는 모건의 생각과 일맥상통한다. 하지만 윌슨은 국민이 정부나 전문가의 일을 이해하지 못한다면, "우리는 자유민이 아니다(그들에게 끌려다닌다)"고 주장했다.

그 순간 모건은 빅토리아 색빌을 유혹하고 있었다. 또 중국 차관문제를 협상하고 있는 중이었다. 독일 황제가 키일 항구에서 열린 요트대회에서 이기도록 도우면서 1912년 7월 말까지 외국에 머무르고 있었다. 그가 뉴욕에 돌아왔을 때 수많은 기자들이 부둣가를 메우고 있었다. 그는 아무런 코멘트도 하지 않았다. 벨 다 그린은 집으로 돌아오는 모건이 "태프트와 시어도어, 퍼킨스를 제외한 모든 사람들의 홍허물을 이해하는 천사적인 마음상태를 유지하고 있다"고 느꼈다.

공화당이 분열하자 모건의 주변 인물도 정치적 견해를 달리하며 입장 차이를 드러내 보였다. 라몬트는 그해 8월 친구에게 모건과 자신은 "안전하고 신뢰할 만하며, 사려 깊고, 지적일 뿐만 아니라, 열린 마음을 가지고 있는 태프트를 지지하겠다"고 말했다. 그는 "태프트가 이 나라의 행복과 번영을 증진시킬 것으로 보인다"고 덧붙였다. 반면, 사위인 새터리와 빌러드 스트레이트, 축출된 퍼킨스는 시어도어 루스벨트를 지지했다. 루이자는 여행 중인 어머니에게 띄운 편지에서 "저는 아주 힘든 시기를 지내고 있습니다. 남편과 아버지가 담장을 사이에 두고 서로 다른 곳에 있습니다. 하지만 저는 두 사람 사이에 있는 담장 위에 서 있을 수 없습니다. 끔찍한 일이죠? 내가 생각하기에 두 사람 모두 틀린 것 같아요. 어떻게 생각하세요?… 내가 남자가 아니고, 여성이 아직 투표하지 않아도 된다는 사실이 얼마나 다행인지 몰라요!"라고 말했다. 하지만 모건의 막내 딸 앤은 여성이 투표권을 가지고 있지 않다는 게 기쁘지 않았을 것이다. 그녀는 그해 가을 혁신주의당 모임에 참석했다.

〈하퍼스 위클리〉의 편집장 조지 하비는 공개적으로 월슨을 지지한다고 밝혔다. 그런데 하퍼스는 모건과 동일시되는 상황이었다. 월슨이 그의 지지를 달가워하지 않은 까닭이다. 하비는 〈뉴욕 타임스〉와의 인터뷰에서 돌변해 모건을 열심히 비판했다.

푸조 위원회의 청문회는 1912년 6월 잠깐 열렸다가 가을 대통령 선거가 끝날 때까지 휴회에 들어갔다. 윌슨의 지지자이고 선거 재정위원회 위원장인 헨리 모겐소(Henry Morgenthau)는 시티은행의 프랭크 밴더리프를 방문했다. 밴더리프는 모겐소와 회동을 마친 뒤 두 사람이 주고받은 폭넓은 대화를 스틸먼에게 보고했다. 그 가운데 한 가지만은 자세히 설명한다.

"모겐소는 언터마이어가 대통령 선거 이후 정부에서 한 자리를 차지하기 위해 준비 중이라고 귀띔해줬습니다… 언터마이어는 자리를 차지하는 데 도움을 줄 수 있는 사람을 여럿 확보해 두고 있습니다. 여러 모로 자신의 캐릭터를 획기적으로 개선할 수 있는 자리를 차지하는 게 그의 궁극적인 목적입니다. 그는 해외 대사 자리를 얻을 수 있다면, 선거자금으로 수십만 달러를 내겠다고 약속했습니다. 이 내용은 1급 비밀입니다. 실제로 그는 주요 나라의 대사 자리를 얻기 위해 상당한 돈을 내놓으려 합니다. 잉글랜드 대사로 지명될 수 있다고 생각하며 열심히 뛰고 있습니다. 윌슨은 어떤 자리를 약속하지 않을 것입니다. 그들은 단지 1만 달러를 받았습니다. 아마도 더 이상 받지 않으려 할 것입니다. 언터마이어는 대사직이 안된다면 법무장관도 마다하지 않을 것입니다. 모겐소는 그가 이탈리아 같은 나라의 대사로 나가는 것은 가능하지만, 법무장관이 되기는 원천적으로 불가능하다고 말했습니다."

상원의 한 위원회가 정치자금을 조사하면서 1912년 10월 초 모건을 워싱턴으로 불렀다. 위원회는 모건이 1904년 대통령 선거기간 동안 시어도어 루스벨트 캠프에 현금 10만 달러를 단독으로 지원하고 별도 선거자금 펀드에 5만 달러를 낸 덕분에 U. S. 스틸과 TC&I의 합병을 묵인 받았는지 여부를 조사할 참이었다. 위원회는 모건이 별도로 5만 달러를 지원한 데 대해 공화당 쪽이 감사하다는 뜻을 밝혔는지 물었다. 그는 "한 번도 감사 인사를 받아 본 적이 없다"고 말했다. 레디야드는 그렌펠에게 "시니어가 증언하는 어려움을 두려워했는데 뛰어난 증언자임을 만천하에 보여주었다"고 말했다.

그러나 매사추세츠 주지사 토머스 R. 마셜은 레디야드의 주장에 동의하지 않는다. 모건이 증언을 마친 그 다음날 마셜은 선거자금 관련 증언으로 모건이 구두쇠임이 세상에 공개되었다고 말했다. "시어도어는 법을 위반하면서 TC&I가 U. S. 스틸과 합병되도록 허용했다. 모건은 이 딜에서 6,900만 달러를 거두어들였는데, 단지 10만 달러를 내놓았다. 다시 말씀드리지만 그는 구두쇠이다."

모건은 정치자금 청문회의 출석을 두려워했다. 하지만 그는 '금융 트러스트'에 대한 조사를 더 두려워했다. 벨 다 그린은 1912년 10월 말 베런슨에게 "버르장머리 없고 역겨우며 불한당 같은 당신의 친구 샘 언터마이어 때문에… 아주 우울하다… 모건의 기분을 전환해주고 북돋아주는 데 내 육체적·정신적 에너지가 다 소모되고 있다"고 말했다. 그녀는 모건이 (혼자 하는 카드 게임인) 솔리테어를 즐기고 때로는 쉬는 동안 그의 곁에 있어야 했다. "모건이 가만히 앉아 생각하거나 순간 치미는 화 때문에 머리를 뒤흔드는 동안 나는 그의 무릎 쪽에 있는 의자에 가만히 앉아 있어야 했다."

공화당의 분열은 예상대로 1912년 11월 선거에서 민주당에게 승리를 안겨주었다. 윌슨은 48개 주에서 승리를 거뒀다. 득표율은 42퍼센트에 달했다. 시어도어는 27퍼센트, 태프트는 23퍼센트를 차지했다. 사회주의자 유진 뎁스는 거의 백만 표인 6퍼센트를 획득했다. 민주당은 그로버 클리블랜드 이후 백악관을 처음 차지했다. 상하 양원에서도 과반수를 차지하게 될 가능성이 높았다.

푸조 위원회는 11월 중순 청문회를 속개했다. 잭은 모건은행이 4만 달러를 주면 조사를 무마해주겠다는 제안을 누군가에게서 받았다. 스탠리위원회가 개리 판사를 불러 청문회를 열 때도 1만 달러를 주면 무마해주겠다는 제안을 은밀히 받았다고 1914년 대통령 윌슨에게 말했다. 하지만 그는 "우리는 아무도 매수한 적이 없다"며 "그런 제안을 한 인물과 어떤 거래도 시도한 적이 없다"고 말한다.

스테츤은 언터마이어에게 자신의 고객(모건)은 위원회 조사에 협조하고 필요한 자료를 공개하겠지만, 회사 고객과 관련된 자료나 증언을 거부한다고 말했다. 또 모건 사단은 미국의 금융 시스템을 획기적으로 개혁해야 한다는 주장에는 동의하지 않고, "현재 금융 시스템만큼 건전하고 좋은 때가 없었으며 금융회사들이 비즈니스 하는 동안 개선은 꾸준하게 이루어져 왔고, 현재도 이루어지고 있다"고 주장했다. 스테츤은 모건의 나이가 너무 많고 곧 외국으로 나가야 하기 때문에 그에 대한 조사가 가능한 한 신속하게 이루어져야 한다고 주장했다.

잭은 1912년 12월 17일 목요일 런던의 그렌펠에게 이런 전문을 띄운다. "아주 좋은 상태인 플리치와 오늘 워싱턴으로 감. 발생할 수도 있는 어려움을 대비한 만반의 준비가 다 되어 있음. 그의 상태는 더 좋을 수 없어, 나는 걱정하지 않는다." 하지만 그때 '플리치'는 감기를 앓고 있었다. 게다가 그가 데이비슨과 라몬트, 잭, 루이자, 다른 변호사 15명과 함께 그날 밤 전용 열차편으로 워싱턴에 도착했을 땐 거의 탈진했다. 큰 딸 루이자는 아버지가 심각한 스트레스 증세를 보이는 것은 아닌지 세심하게 살폈다. 모건은 빌러드 호텔에서 쉽게 잠을 이루지 못했다. 밤늦게까지 솔리테어를 했다. 루이자는 다음 날 일기에 "불확실성 속에서 오전을 허비한 뒤 오후 2시가 되어서야 금융 트러스트 위원회가 자리 잡고 있는 하원 빌딩으로 향했다"고 적었다. 루이자는 잭 그리고 아버지와 함께 의사당으로 가는 차에 올랐다. 다른 차에는 변호사 등이 나눠 탔다.

언터마이어는 실무 조사역을 맡은 통계 전문가 스커더를 모건 쪽에 파견해 오후 3시에 의회에 출석하라고 알린 바 있다. 〈뉴욕 타임스〉는 19일자를 통해 "모건이 증언대에 섰을 때 상당히 지쳐 보였다"고 전했다. "증인은 10월에 열린 상원의 정치자금 조사위원회에 출석했을 때 많은 사람들에게 남긴 인상을 이번에는 보여주지 못했다. 그의 목소리는 번번이 잦아들었다. 하지만 알아들을 만했다." 언터마이어는 거의 30분 동안 모건에게 투자은행 J. P. 모건의 일반적인 상황을 확인했다. 오후 3시 30분 의원들이 하원 회의에 참석해야 했다. 위원장인 푸조가 다음날 오전까지 휴회를 선언했다.

목요일인 다음날 오전 9시 정각 사람들로 가득 찬 홀에서 언터마이어는 철도회사 지배 문제를 모건에게 묻기 시작했다. 그는 서던 철도의 의결권을 위임받은 사람이 모건과 베이커, 래니어이고, 이들은 다시 회사의 주거래 투자은행의 파트너들이라는 사실을 분명히 했다. 이어 특정 금융회사에 증권을 팔기보다는 공개 시장에서 경쟁을 통해 발행·유통하는 게 철도회사 입장에서 더 유리한 것은 아니냐고 물었다.

모건: 저는 그렇게 생각하지 않습니다. 철도회사의 증권이 모두 우량한 것은 아닙니다.

언터마이어: 그렇다고 철도회사의 증권을 인수한 투자은행이 채권의 가치를 법적으로 책임지지는 않습니다. 그렇지요?

모건: 투자은행이 책임지지 않습니다만, 더 중요한 기능을 합니다. 질문하시는 분이 살아 있는 한 보호되어야 하는 도덕적 책임을 집니다.

언터마이어: (아주 냉소적인 어투로) 도덕적 책임이 돈으로 바뀌는 것은 아니지요. 그렇죠?

모건: (투자자에게 돈이 무엇을 의미하는지를 말하며) 도덕적 책임은 돈이 됩니다. 회사는 워크아웃에 들어가거나 다시 설립되어 채권을 발행합니다. 투자자들

은 원금과 이자를 받습니다.

언터마이어는 모건이 한 번도 손실을 본 적이 없음을 지적하면서, 철도회사 회생작업의 1차 목표가 금융회사의 수익이라고 지적한다.

모건: 철도회사 회생작업만이 진행된다면 꼭 그런 것만은 아닙니다.

언터마이어는 회사가 채무를 불이행해 워크아웃에 들어갔지만 채권 은행이 원금과 이자를 회수하지 못한 사례가 있는지를 물었다.

모건: 당장 떠올릴 수는 없지만, 그런 사례가 있는 것은 분명합니다.

사실 모건이 추진했던 워크아웃의 경우 의결권 위원회가 활동을 완료한 뒤에 채무 기업이 다시 부실해진 경우는 많았다. 그 바람에 모건의 금융그룹이 적잖은 손해를 봤다. 그렇지 않은 경우는 그가 다시 개입해 2차 또는 3차 워크아웃을 시작해 살려낸 경우들이다.

'모거니제이션'은 기본적으로 장기 투자이기 때문에 우여곡절은 겪지만 결국엔 투자자와 금융회사에 수익을 안겨주었다. 하지만 당시 모건은 일흔다섯 살 노인이었고 과거 세세한 사항까지 기억하진 못했다. 철도회사의 자금 지원 방식을 강의할 상황도 아니었다.

언터마이어는 청문회 직전에 설립된 금융 트러스트에 대해 묻기 시작했다. 그는 투자은행 J. P. 모건과 베이커의 퍼스트 내셔널 은행, 스틸먼의 내셔널 시티 은행의 관계에 대해 심문했다. 언터마이어는 세 사람이 스스로 '트리오'라고 부른다는 사실을 몰랐다. 위원회의 최종 보고서에 따르면, 세 사람이 통제하는 금융 자본의 총액이 6억 3,000만 달러에 이르렀다. 모건과 베이커, 스틸먼을 비롯해 그들의 금융회사와 계열 신탁회사의 파트너들이 이사로 참여하고 있는 기업의 자본금 총액이 무려 250억 달러로 나타났다. 당시 미국인이 상상하기 힘든 심각한 경제력 집중이었다.

언터마이어는 '트리오'의 커넥션에 대해 질문한다.

언터마이어: 베이커의 은행인 퍼스트 내셔널과 함께 증권을 발행하기도 했고, 인수하기도 했지요?

모건: 그렇습니다.

언터마이어: 증인과 베이커는 오랜 친구이면서 수년 동안 금융계 동료였습니다. 아닌가요?

모건: 아주 긴 세월 동안 우리는 친구였습니다.

언터마이어: 증인이 사업을 시작한 이후부터입니까?

모건: 글쎄요, 1873년 이후부터입니다.

언터마이어는 두 회사가 함께 채권과 주식을 공동 발행하거나 인수한 적이 있는지, 어느 한쪽이 주도한 신디케이트에 다른 회사를 초대한 적이 있는지 여부를 물었다. 두 회사의 커넥션을 드러내 보이기 위해서다. 모건은 아주 솔직하게 그가 원하는 대답을 해준다. "내가 주도한 모든 채권과 주식 인수에 그를 참여시켰습니다."

순간 모건이 이사회에 누가 앉아 있는지 잘 모르기 때문에 데이비슨이 자청하고 나서 화이트로 레이드는 퍼스트 내셔널 은행의 경영위원회 멤버가 아니라고 말했다. 모건은 데이비슨의 말이 맞다고 했다. 언터마이어는 데이비슨의 말을 믿지 않았다. 실제 그런지 자세히 따져보자고 말한다.

모건: 제가 맞다고 생각합니다.

언터마이어: 데이비슨 씨는 증인의 말이 맞다고 말했습니다. 그렇죠?

모건: 그렇습니다.

언터마이어: 데이비슨 씨가 그렇다고 하니 그렇게 생각한 것인가요?

모건: 저는 데이비슨이 한 말을 모두 믿습니다.

모건은 청문회에 출두하기 직전까지 6~8개월 동안 유럽에서 머물고 있었다. 그 기간 동안 데이비슨이 금융 트러스트 구성을 사실상 주도했다. 모건이 구체적인 사안을 알 수 없을 뿐만 아니라 일흔 다섯 살이라는 나이가 비범했던 그의 기억력을 약화시켜 놓았다. 게다가 그의 파트너들과 변호사들은 1912년 정치적·사회적·경제적 지형에서 모건이 회사의 일에 대해 잘 모르고 있는 것처럼 보이는 게 유리하다고 조언했다. 당시 비판세력은 트리오가 음모적으로 미국 금융시장을 쥐락펴락한다고 생각했다. 이런 마당에 모건이 모든 사실을 정확하게 대답하는 것은 옳지 않은 대응이라고 할 수 있다. 하지만 모건은 애매모호하게 답변하는 게 마땅찮았다. 언터마이어가 자신의 권력에 대해 추정한 내용을 적극적으로 부정했다. 이는 사실인 부분까지 시치미 떼는 결과로 이어진다.

언터마이어: 최근 증인은 1년 가운데 절반을 해외에서 보냈지요?

모건: (정직하게 '예'라고 대답하는 게 가물가물한 기억력을 입증해줄 수 있는데도) 꼭 그렇지만 않습니다. 4~5개월 정도 됩니다.

다른 이슈인 로버트 베이컨이 벌인 1898년 무연탄지역 철도회사 인수협상과 관련해 언터마이어는 "로버트 베이컨이 누구입니까?"라고 물었다.

모건: 로버트 베이컨이 누구인지를 묻는 것입니까?

언터마이어: 네!

모건: 언제라구요?

언터마이어: 1898년입니다.

모건: 그는 아마 내 파트너였을 겁니다.

모건이 아주 정확하게 '아마'라는 말을 굳이 붙인 것은 베이컨이 1894~1902년 사이에는 파트너였지만, 이후에는 다른 직함을 맡고 있었기 때문이었다. 그런데 그의 이런 식의 답변은 너무 지나치게 확답을 회피한다는 인상을 줬다.

언터마이어는 이어 1910년 에퀴터블 생명보험의 인수 문제를 자세히 심문하기 시작한다. 모건이 원한다면 베이커와 스틸먼은 이 회사의 지분 25퍼센트씩을 인수하기로 합의한 바 있지만, 모건은 원하지 않았다.

언터마이어: 증인께서는 액면가 기준으로 주식 총액이 5만 1,000달러이고 배당금이 연 3,710달러밖에 안되는 지분을 무려 300만 달러나 주고 매입했는지 설명하실 수 있을 겁니다. 비율로 따진다면 실제 지급한 금액은 액면가 기준 지분가치보다 59배 가까이 많습니다.

모건: 당시 저는 그렇게 지급하는 게 타당하다고 생각했습니다.

언터마이어: 너무 모호한 대답인데요. 모건 씨! 증인께서 당시 상황을 말씀하셨는데, 주식이 라이언 씨 수중에 있는 게 안전하지 않았다는 말인가요?

모건: 네, 그렇습니다. 저 그리고 베이커와 스틸먼이 지분을 보유하는 게 회사의 발전에 좋다고 생각했습니다.

언터마이어는 당시 시중 이자율인 연 5퍼센트 수준인 상황에서 배당률이 이자율보다 턱없이 낮은데도 주식을 매입한 일은 경제논리에 비추어볼 때 말이 되지 않는다고 주장했다.

모건: 저는 돈과 연결해 그 문제를 이야기하지 않습니다.

언터마이어는 다시 왜 에퀴터블 지분을 매입했는지 물었다.

모건: 먼저 말씀드린 대로 제가 해야 할 일이라고 생각했기 때문입니다.

언터마이어: 증인의 말씀은 어떤 것도 설명해주지 않습니다.

모건: 그것이 제가 해드릴 수 있는 말의 전부입니다.

언터마이어: 누구를 위해 해야 할 일이었나요?

모건: 그것은 제가 말할 수 있는 유일한 이유입니다. 실제로 유일한 이유이기도 입니다. 저는 아무것도 숨기고 있지 않습니다. 아시겠습니까?

언터마이어: 알겠습니다. 달리 말하면, 이유가 없다는 뜻이지요.

모건: 그것은 질문자의 생각입니다. 저는 그것은 아주 좋은 이유라고 생각합니다…. 조만간 저의 의견에 동의하실 것입니다.

언터마이어: 증인께서는 앞으로 무슨 일이 일어날지 알 수 없지요. (모건의 말을 그대로 받아) 곧 이 말에 동의하실 것입니다. 모건 씨!"

모건: 좋습니다. 그럴 수 있습니다. 내가 동의한다면, 좋은 이유를 기대하지요.

코믹한 공방을 주고받은 뒤 모건은 돈을 벌 목적으로 에퀴터블을 매입하지 않았다고 주장했다. 하지만 그는 지분이 '조각조각 쪼개지지 않기'를 원했다. 해리먼은 숨을 거두었고, 라이언은 지분의 절반을 처분했다. 이런 상황에서 자산이 무려 5억 달러나 되는 회사를 누가 소유하고 있는지 말할 수 있는 사람은 아무도 없었다.

모건: 소유권이 불분명한 상황을 피하고 싶었다는 게 내 속마음입니다. 내 진심을 말씀드리려고 노력하고 있습니다.

언터마이어가 2~3분 뒤 연간 배당률이 1퍼센트도 되지 않는다는 문제를 다시 제기했다. 모건은 "제가 벌인 모든 거래에서 돈이 어디에 있는지를 설명해야 한다면, 아주 힘듭니다"고 말했다.

언터마이어: 그러실 수는 없지요.
모건: 진정으로 이미 정확한 사실을 말씀 드렸습니다.
언터마이어: 알고 있습니다. 모건 씨. 저는 이 문제와 관련해 진짜 이유를 밝혀내려고 합니다.

실제로 모건은 '진심'을 말하기 위해 노력하고 있는 중이었다. 그가 이런 노력을 해보기는 처음이었다. 그는 에퀴터블이 불필요하게 경영권 쟁탈전의 대상이 되는 상황을 막기 위해 노력했다. 이는 그가 300만 달러를 들여 액면가 기준으로 회사 가치가 5만 1,000달러밖에 되지 않은 지분을 매입하기 위해 필요한 이유로는 충분했다. 물론 그의 행동 이면에는 '바람직한' 이유와 '실제' 이유가 따로 있을 수 있다는 주장은 모건에게는 낯선 사고방식이다.

언터마이어가 금융 트러스트가 백해무익하다고 확신하는 것만큼이나 모건은 평생 동안 국가를 위해 헌신했다고 믿고 있었다. 두 사람의 입장 차이는 경제력 집중에 관한 공방에서 극명하게 드러난다. 언터마이어에게 "생각할 수 없을 정도로 사악하고 위험한" 독점 또는 과점 체제는 모건에게 일정한 범위의 경제 문제에 대한 실용적인 해결책이었다. 언터마이어가 철도회사와 제조업체, 금융회사의 통합과 계열화는 "경제력 집중이라고 생각하지 않습니까?"라고 물었다. 사뭇 '당신이 무슨 말을 해도 믿지 못하겠다'는 태도가 역력했다.

모건: 아닙니다.
언터마이어: (익살맞게) 그렇다면, 경제력 집중이 아니고 분산이라는 말입니까?
모건: 그러면 안 되지요. 있는 그대로 말씀 드리는 겁니다.

1912년 12월 19일 목요일 모건은 청문회 증언이 끝나자 의원들이 앉아 있는 곳으로 가 위원회 멤버들과 악수했다. 친절에 감사하다는 듯을 전했고 기쁜 마음으로 증언했다고 말했다. 그리고 모건 일행은 열차 편으로 뉴욕으로 향했다. 저녁식사 시간에 딱 맞게 도착했다. 루이자는 그날 저녁 일기에 "아버지가 좌중을 압도했다. 언터마이어는 보이지도 않았다!"고 적었다. 이곳저곳에서 축하인사가 맨해튼 월스트리트 23번지 '더 코너'와 매디슨 애비뉴 219번지에 답지했다. 잭은 프랑스법인의 파트너인 해리먼 하제스에게 "아버지는 좋은 일을 했다고 생각하기 때문에 전혀 스트레스 받지 않았다. 아버지가 새해 1월 7일 대서양을 건너 이집트에서 즐거운 휴가를 보내셨으면 한다. 이집트 여행을 앞두고 힘이 나시는 듯하다"고 전했다. 벨 다 그린은 보스가 아주 좋아 보이고, 워싱턴을 향해 떠날 때보다 "70살은 젊어 보인다"고 묘사했다.

패니는 1912년 12월 24일 크리스마스 이브에 유럽에서 돌아왔다. 그녀의 눈에는 "모든 게 좋아 보였고, 특히 피어폰트가 좋아 보였다." 크리스마스 아침 모건은 '참 반가운 신도여(Oh Come All Ye Faithful)'를 흥얼거리며 도서관으로 들어와 "모자와 지팡이를 가장 가까운 석관에 놓고 두 팔로 나를 얼싸 안고 키스했다"고 그린은 말했다. 그녀는 모건이 이집트에 같이 가자고 말했지만, 두 사람 모두가 도서관을 비울 수 없다며 거절했다고 베런슨에게 말했다. 대신 모건은 루이자를 데리고 가기로 했다. 모건은 늘 하던 대로 크리스마스 인사를 보냈다. 로런스 주교와 도안느(Doane), 레이디 색빌, 존스턴, 도킨스, 영국 수상 관저인 다우닝가 10번지의 안주인 마고 애스퀴스(Margot Ashquith)에게 안부를 전했다.

〈하퍼스 매거진〉의 조지 하비가 도서관을 찾아와 모건과 대화했다. 그는 "모건이 윌슨 대통령 당선을 사실 우려하고 있다"면서 하지만 미국의 미래에 대해서는 "아주 낙관적이다"고 전했다. 하비가 도서관을 나서려고 했을 때 "모건 씨는 너무 약해 의자에서 힘겹게 일어났다"고 말했다. "모건 씨는 내가 윌슨을 만나면, '자신이 가지고 있는 영향력과 힘이 미국을 위해 쓰일 날이 오면, 언제든지 말씀만 하시라고 말해줄 것을 부탁했다."

메트로폴리탄 박물관은 모건이 매입해 미국으로 반입한 그림 29점을 전시했다. 모건은 자신의 컬렉션을 메트로 박물관에 기증하는 대신 뉴욕 시가 별도 전시실을 짓기를 바랐다. 하지만 뉴욕 시 공무원들은 별다른 움직임을 보이지 않았다. 메트로 박물관도 조건부 기부를 받지 않기로 내부 방침을 정해 놓고 있었다.

하지만 벤저민 앨트먼은 메트로 박물관이 별도의 전시실을 마련하고 자신이 지명한 큐레이터를 정식으로 채용해 급여를 지급하면 컬렉션을 기증하겠다고 1909년 제안했다. 그때 모건이 박물관 이사회 의장이었다. 모건은 박물관 규정을 고쳐 앨트먼의 조건부 기증을 받아들였다. 앨트먼의 컬렉션은 1913년 숨을 거둔 직후 메트로 박물관에 도착했다. 가치는 1,500만 달러에 달했다. 로빈슨은 "한 시민이 뉴욕 시민을 위해 기증한 것 가운데 가장 탁월하다"고 평가했다.

그런데 예술 평론가 캘빈 톰킨스(Calvin Tomkins)에 따르면, 앨트먼의 컬렉션이 육지 속 호수라면, 모건의 컬렉션은 거대한 대양과 같다고 평가했다. 하지만 중이 제 머리를 깎지 못한다고 했다. 모건은 자신의 컬렉션을 위해 발 벗고 나서 처리할 수 없었다. 뉴욕 시가 별다른 움직임을 보이지 않자, 결국 모건은 1912년 당시 박물관 관장인 로빈슨에게 자신의 컬렉션을 메트로 박물관에 기증하지 않겠다고 말했다. 로빈슨은 자신의 비망록에 "모건 씨가 컬렉션의 가치가 현재 5,000만 달러는 되는 것으로 봤다. 그는 컬렉션이 너무 방대해 자신의 저택에 보관할 수 없다고 말했다"고 기록했다. 이어 이 말은 모건 씨가 컬렉션과 관련해 처음으로 의사를 표시한 것이라고 덧붙였다. 모건은 푸조 위원회의 청문회 직후 컬렉션 처리 문제를 다시 꺼냈다. 그의 그림 컬렉션이 1913년 1월 전시되고 있었지만, 나머지 컬렉션의 포장을 풀지 말라고 로빈슨에게 말했다. 다른 컬렉션을 전시하기 시작하면, 뉴욕 시가 별도 전시관을 짓지 않으려 할 것이기 때문이라고 그는 이유를 설명했다.

로빈슨이 뉴욕 시 평가회위원회가 조만간 적절한 예산 편성을 약속했다고 말하자, 모건은 화를 벌컥 내며 예산이 편성되든 안 되든 자신의 별도 지시가 있을 때까지 컬렉션의 포장에 손대지 말라고 말했다.

모건은 1912년 12월에도 작품을 매입했다. 버나드 베런슨의 추천과 두빈 브라더스의 중개를 통해 필리포 리피(Filippo Lippi)의 '네 명의 성자와 함께 즉위하는 마리아'를 사들였다. 베런슨은 모건에게 보낸 편지에서 "필리포 리피의 작품 가운데 이것이 가장 유쾌하고 건전할 뿐만 아니라 완성도가 가장 높고 개성도 강한 것"이라고 "꽃처럼 너무 아름다워 보티첼리의 작품에 견줄 수 있다"고 말했다. 또 "창조의 에너지가 아주 높았던 15세기 피렌체 지역에서 가장 뛰어난 100대 작품 가운데 하나"라고 덧붙였다. 바사리의 설명에 따르면, '네 명의 성자와 함께 즉위하는 마리아'는 금빛 나무 판위에 템페라(Tempera) 기법으로 그려졌다. 1440년 쯤 이탈리아 피졸레 근처에 있는 알레산드리(Alessandri)의 예배당을 위해 제작됐다. 베런슨은 이 작품의 진위 여부를 증명해주고 이익의 25퍼센트를 가져가기로 중개상 두빈 브라더스와 계약을 맺었다. 그는 알레산드로 데글리 알레산드리(Alessandro degli Alessandri)가 "메디치 가문이 초창기 아주 호의적으로 평가한 이후 역사적으로 엄청난 의미를 지닌 작품"이라고 평했다. 이어 "400년 동안 여러 손 바뀜이 일어난 뒤 마침내 당신의 수중에 들어오는 이 작품이 얼마나 희귀한지 알아야 한다"고 모건에게 힘줘 말했다. 이 작품을 사기 위해 모건은 21만 5,000달러를 지불했다. 벨 다 그린은 1912년 12월 31일 "JP는 이 작품도 메트로 박물관에 보내고 싶어 했지만, 나는 말리겠다"며 "그가 외국에 나가 있는 동안 이 작품이 도착하면 도서관에 거는 것을 상상만 해도 기쁘다"고 베런슨에게 말했다. 하지만 이 작품은 끝내 메트로 박물관에 기증된다. 그린은 베런슨이 쓴 《르네상스 시기의 이탈리안 회화》라는 책을 1932년 읽는다. 그는 이 책에서 모건에게 판 그림의 등급을 'G. P. 수준'으로 낮춰 평가했다. "필리포 리피가 '상당 부분(Great Part)'을 그린 작품"이라는 뜻이다.

그린은 베런슨에게 "애초 당신이 두빈 브라더스에게 보낸 감정 증명서에 그 사실을 밝혔다면 우리가 많은 돈을 절약했을 것"이라고 항의한다. 메트로 박물관은 1935년 그 그림을 매입해 필리포 리피의 작품으로 전시하고 있다.

두빈 브라더스와 베런슨은 크리벨리가 그린 작은 작품도 1912년 가을 모건에게 추천했다. 벨 다 그린은 "베런슨 당신이 추천한 그림을 모건이 사지 않는다면 도서관을 그만두겠다"고 말했다. 모건은 그 작품을 매입하지 않았고, 그녀는 도서관을 떠나지도 않았다. 그해 말 그녀는 "리먼이라는 이름을 가진 사람이 크리벨리의 작품을 45만 달러에 매입했다"고 말했다.

그린은 조지 블루멘설스(George Blumenthals)에서 예일대학에 다니는 리먼의 아들을 만났다. 그녀가 그 그림은 모건이 사지 않겠다고 한 작품이라고 말했다. 순간 리먼의 아들은 낙담했다. 하지만 그녀가 그림의 잘못이 아니라 모건의 잘못이라고 말한 뒤에야 기분이 좋아졌다. 그린은 베런슨에게 "리먼의 아들은 매력적이거나 호기심을 불러일으키는 인물이 아니라 그저 착한 유태인 청년이었다'고 묘사했다.그린이 '그저 착한 유태인 청년'이라고 말한 이는 나중에 메트로폴리탄 부회장과 투자은행 리먼 브러더스의 총수가 되는 로버트 리먼이다. 그의 컬렉션은 메트로폴리탄 박물관 '리먼 전시실'의 핵심이 된다.

모건은 전시회가 시작되기 전인 1913년 1월 5일 벨 다 그린을 데리고 메트로 박물관으로 가 그림을 구경시켜주었다. 그녀는 베런슨에게 이렇게 말했다. "모건은 나와 작품에 대한 의견을 교환하고 싶어 했다. 다행히 10여 점의 작품에 대해 우리의 평이 같았다. 즉, 내셔널 갤러리에 전시되었던 커다란 라파엘 작품은 아주 탁월했고, 필립 리피의 작품은 그 어떤 것보다 좋았다… 크리벨리의 작은 작품이 여기에 함께 있었으면 하는 생각이 들었다! 이어 우리는 페르시아 작품 코너로 갔다. 예술품에 대한 그의 직관적인 안목에 감탄했다. 그는 내가 많은 작품을 놓치지 않고 보려고 걸음을 빨리 한 것을 보고, 유럽에 같이 갔더라면 나와 페이스를 맞추지 못했을 것이라고 말하기도 했다… 나는 베런슨 당신이 좋은 작품을 추천했다고 그에게 말하고 싶었다! 그러나 모건은 그순간 아주 상냥했고 아버지 같았으며 길들여지지 않은 새끼 고양이처럼 행동하는 내 모습을 보고 아주 즐거워했다. 나는 그가 화요일에 여행을 떠나는 게 아주 기쁘지만, 그가 떠난 뒤 잠시 동안 버려진 기분에 우울할 것이다…"

모건은 푸조 위원회에서 추궁 당한 뒤 한동안 아주 유쾌하고 기분이 들떠 보였다. 하지만 얼마 지나지 않아 이전처럼 아주 우울해졌다. 1월 초에는 신경질적이었고 탈진한 듯했다. 잭은 "아버지가 워싱턴에서 과로했다"고 진단했다.

모건의 친구들은 그에게 공식적인 전기 작가를 지명해야 한다고 충고했다. 새터리는 장인이 '아주 사적인 문서들'을 파기하는 모습을 보고 전기 작가 선정 문제를 다시 꺼냈다. 이 사위는 모건의 아버지 주니어스가 숨을 거둔 직후 모건이 문서를 불태운 사실도 알고 있었다. 새터리는 손자들이 할아버지에 관한 기록을 원한다고 말했다. 이에 모건은 "네가 그렇게 생각한다면, 한번 직접 써보는 게 어떤가?"라고 말했다.

사위는 "아버님께서 친구와 파트너, 친척에게 자유롭게 말할 수 있습니까?"라고 묻는다. 모건은 고개를 끄덕였다. 하지만 모건은 "내가 살아 있는 동안 절대 책을 펴내면 안 된다"고 못 박았다. 새터리는 "그러면 제가 아버님의 편지와 문서를 다 읽어도 될까요?"라고 묻는다. 모건은 "네가 발견할 수만 있다면 그렇게 하라"고 대답했다.

모건은 다음날 큰 딸 루이자와 알드리치 가족, 리스고 가족, 애완견 페키니스와 함께 화이트 스타 소속 아드리아틱(Adriatic)호에 올랐다. 루이자는 대서양을 횡단하는 기간 대부분 아버지의 기분이 아주 좋았다고 전했다. 하지만 배가 대서양의 포르투갈령 마데이라(Madeira) 섬에 접근할 때 쯤 모건은 우울해졌다. 스페인 남부 알헤시라스(Algeciras)와 모나코에 잠시 상륙해 경치를 구경한 뒤 그의 기분이 살아나는 듯했다. 일행은 1913년 1월 26일 카이로에 도착했다. 모건과 루이자는 영국의 전설적인 식민지 개척·점령의 전쟁 영웅 허버트 키치너(Herbert Kitchener)[2]와 점심을 함께했다. 키치너는 이집트의 면화 재배를 장황하게 설명했다. 그는 미국인이 이집트에서 발굴한 유물을 가지고 나가는 행위를 강력히 비판했다고 루이자는 일기에 적었다.

모건 일행은 1월 말 카이로에서 트라이브(Tribe)라는 이름을 가진 의사를 합류시킨 뒤 카르게호를 타고 나일강을 따라 남쪽으로 향했다. 크루즈 시작 사흘 뒤 모건은 격심한 신경쇠약 증세를 보였다. 그는 1월 내내 간헐적인 짜증과 신경과민 증세를 보이곤 했는데, 이제는 심각한 편집증과 자살 환각 상태에 빠

---

2. 1차 세계대전 당시 영국에서 제작된 '조국은 당신을 필요로 한다'는 참전 독려 포스터에 등장한 주인공. 보어전쟁 사령관을 지냈고 모건이 방문할 당시에는 이집트 총독을 지내고 있었다. 보어 전쟁 당시 적군의 여성과 아이들을 야만적으로 다루기도 했다. -옮긴이

져들었다. 모건 자신이 창문 밖으로 뛰어내리거나 갑판에서 강물로 뛰어들 수 있다는 생각에 부들부들 떨었다고 친구들이 전했다. 모건은 전혀 먹지 못했다. '사업 실패' 등 여러 가지 악몽 때문에 잠에 들지 못했다. 자신이 죽어가고 있다고 생각했고, 자신을 파멸의 늪으로 몰아넣기 위한 음모가 진행 중이라고 믿었다. 이집트인들이 자신을 죽이려 든다는 착각에 시달리기도 했다. 의사 트라이브는 모건에게 수면제의 일종인 브롬화물(Bromide)을 처방했다.

일행이 메트로폴리탄 박물관의 유적 발굴지인 데이르 엘-바흐리(Deir el-Bahri)에 도착했을 때 모건은 너무 지쳐 점심을 먹을 힘도 없어 배로 돌아가 안정을 취해야 했다. 뉴욕에서 전달된 뉴스에 그는 낙담했다. 루이자는 잭에게 급전을 띄워 즐거운 소식만 전하라고 요청했다. 그녀는 전달된 전보도 스스로 편집해 좋은 소식만 아버지에게 알렸다. 모건은 애초 남쪽으로 더 가 수단의 수도인 하르툼(Khartoum)까지 가려고 했다. 하지만 그의 일행은 2월 중순 카이로로 되돌아가기로 결정했다.

루이자는 수취인만이 암호를 해독해 읽어야 한다는 표시인 '덴크스타인'이 찍은 전보를 잭에게 띄워 "차콜(모건)의 상태가 아주 나쁘다… 수개월에 걸친 스트레스에 지친 몸이 이제 본격적으로 나빠지고 있다… 우리는 강을 따라 되돌아 내려가고 있다. 여기 의사는 여행보다 절대적인 안정이 필요하다고 말한다. 이 사실을 주치의 마코에게 알려주기 바란다"고 말했다. 주치의 마코는 모건의 심기증을 익히 알고 있었다. 그는 별일이 아니라고 안심시키는 전보를 모건에게 띄운다. "의회 증언의 엄청난 스트레스 이후에 자연스럽게 나타나는 증상"이라고 설명해주었다. 마코는 루이자에게 '차콜'이 미국을 떠날 당시 아주 좋은 상태였음을 환기시켜주었다.

모건 금융그룹의 사실상 2인자인 데이비슨은 그해 2월 푸조 위원회에 출석해 증언했다. 그는 모건은행을 대표해 위원회에 보낸 편지에서 금융 자본의 뉴욕 집중은 "세계 여러 도시들이 자국 내 금융 중심지로 떠오르는 과정에서 힘을 발휘한 경제법칙에 따른 것"이라고 말했다. 또한 후진적인 미국의 금융 시스템에서 '트리오' 같은 거물 금융 자본가가 급팽창하는 산업 경제에 필요한 자본의 흐름을 조절하는 것은 당연하다고 주장했다. 그래서 소수의 금융 자본가가 250억 달러나 되는 돈을 보유한 기업들을 통제하고 있다는 식의 위원회 보고서는 정확하지 않다고 데이비슨은 힘줘 말했다. 그 금액 가운데 상당 부분이 공장과 부동산, 설비의 형태로 투자되어 있어, 현금처럼 "개인의 이기적인 유용이나 남용의 대상이 될 수 없다"고도 했다. 또 금융 자본가들이 기업의 이사가 되어 일상적 경영을 통제하거나 증권을 사고 팔 때는 내부자 정보가 아니라 '도덕적인 책임감'에 따라 거래했다고 주장했다. 투자은행가가 기업이 발행한 증권을 인수·유통한 스폰서로서 구실한 것은 기업의 경영방침을 감시하고 투자자를 보호하기 위해서라고 주장했다. "은행가에게 기업의 이사직은 특권이 아니라 의무입니다."

데이비슨의 설명은 위원회 결론을 바꾸어놓지는 못했지만, 2월 중순 상당히 기력을 회복해 보고서와 데이비슨의 편지를 읽을 수 있게 된 모건을 아주 기쁘게는 했다. 모건은 이런 전보를 보낸다. "아주 훌륭한 증언이었다. 당신이 한 일을 아주 기쁘게 생각한다. 당신과 데이비슨 부인에게 안부를 전했다. 나는 썩 좋지 않지만, 의사가 나날이 좋아지고 있다고 말한다."

데이비슨은 총수에게 답변을 띄운다. "제 증언이 마음에 드셨지 안전부절하지 못하던 차에 전보를 받고 무척 기쁩니다." 그는 '대표 파트너'의 기분을 좋게 해주기 위해 "우리 투자은행은 요즘 더 좋아지고 있습니다. 모건 씨의 건강도 가능하면 더 좋아지기를 바랍니다"라고 덧붙였다.

데이비슨의 전보나 의사 마코의 말은 모건의 정신적 질환을 좋게 하지는 못했다. 모건은 새터리에게 이집트로 와 루이자를 도와주라고 말했다. 또 스스로 자신의 마음을 달래려고 노력했다. 또한 "낯선 의사의 치료보다 주치의들의 치료가 더 좋다"고 느껴 마코나 차석 주치의 조지 딕슨(George Dixon)도 카이로로 와 달라고 했다. 차석 주치의 딕슨이 함께 이집트로 출발했다. 마코가 가려고 했지만, 그 자신이 병중이었다. 잭도 따라 나서고 싶었지만, 모건은 루이자를 통해 "네게 달려 있는 일이 얼마나 많고, 네가 얼마나 많은 비즈니스를 처리하고 있는지를 생각하라"고 말하며 이집트에 오지 말라고 지시했다.

1913년 2월 14일 가슴의 심한 통증이 모건을 엄습했다. 현지 의사인 트라이브는 협심증이라고 진단했다. 그의 치료 덕분에 통증은 사라졌다. 하지만 거물 환자는 카이로로 돌아가고 싶어 안달했다. 일행이 세퍼드 호텔에 도착했을 때 훈련받은 간호사가 대기하고 있었다. 리스고는 기자들과 예술품 딜러들을 따돌리는 역할을 맡았다.

트라이브는 카이로에 도착하자, 주치의 마코에게 모건의 상태를 자세히 기록해 전문으로 띄웠다. "식욕은 기복이 심하고 방광질환은 심하지 않음… 과대망상, 우울증, 노이로제, 식욕부진, 불면증, 미세한 위장장애와 식도장애, 가슴이나 복부, 후두에는 별다른 증상 없음, 열없음… 치료를 받아 구강과 방광의 상태는 호전되었으나 신경쇠약과 불면증은 반복되고 있음, 협심증 증세는 신속한 처방으로 호전되고 있지만 환자가 아주 낙담한 상태임, 혈압은 150 수준임, 맥박은 규칙적이고… 진단: 장기간 스트레스가 지속되면서 발생한 일반적인 육체적·정신적 탈진임."

모건의 건강상태가 악화했다는 루머가 월스트리트에 나돌면서 1913년 2월 17일 주가는 약세를 보였다. 잭은 아버지가 약간의 소화불량 증세를 보여 48시간 동안 안정을 취했다고 발표했다. 〈뉴욕 타임스〉는 모건의 건강상태가 심각하다고 보도했다. 사위 새터리가 이집트로 출발했다, 모건이 방에 머물며 안정을 취하고 있다, 모건이 드라이브를 위해 숙소에서 나왔다, 교황이 그를 만나고 싶어 한다 등의 뉴스를 내보냈다.

루이자는 "아버지, 어떻게 하면 제가 우울한 기분을 없애드릴 수 있겠어요?"라고 말했다. 그녀는 잭에게 "어머니가 우울증을 앓아 누구보다 아버지 자신을 잘 이해할 것으로 믿는다"고 말했다. 그리고 "'차콜'이 치통마저 앓고 있다. 몇 년 전 의치를 해 넣었는데, 이게 심각한 문제를 일으켜 우유와 묽은 죽 외에는 먹지 않으려 한다"고 타전했다.

따뜻한 아침에 모건은 호텔 광장에 앉아 휴식했고, 오후에는 드라이브를 즐기기 위해 밖으로 나갔다. 독일 황제가 외교관을 보내 개인적인 메시지를 전했다. 상원의원 알드리치가 병문안을 왔다. 뉴욕에 머물고 있는 주치의 마코가 안심시키는 말과 깊은 관심을 표현한 문장으로 가득한 전문을 다시 보내왔다.

잭은 1913년 3월 초 우드로 윌슨의 초대 내각이 애초 예상보다 나쁘지 않다는 언론용 코멘트를 발표했다. 윌리엄 제닝스 브라이언이 국무장관에 임명되었지만, 브랜디스는 포함되지 않았다. 잭에 따르면 "법무장관 J. C 맥레이놀즈(McReynolds)는 과격한 측면이 있기는 하지만 솔직한 사람"이었다. 윌슨의 취임사는 일 처리가 과거보다는 조용하게 이뤄질 것임을 암시했다.

딕슨과 새터리는 3월 3일 카이로에 도착했다. 그들의 눈에 비친 모건은 야위었고 탈진상태였으며 자신의 정신상태에 심하게 공포감을 느끼고 있는 모습이었다. 게다가 모건은 법정모독 혐의로 소환받거나 유죄가 인정되는 악몽에 시달리고 있었다. 심지어 이집트의 총독인 케디브가 자신을 해칠 것이고, 결국 죽을 것이라고 확신하고 있었다. 그는 어린이처럼 같은 질문을 되풀이해서 물었다. 딕슨은 "아주 고통스럽게 사형집행을 받게 될 신세"라며 "평생 동안 한 번도 나쁜 사업을 벌여본 적이 없음을 세상에게 알리고 싶어 안달하는 모습"이었다고 전했다. 사실 평생 동안 모건은 비판에 전혀 개의치 않았다. 어린아이처럼 부모의 꾸지람도 그저 어깨를 으쓱하고 넘겼다. 학교 선생한테 야단맞을 때는 오히려 선생이 잘못했다고 반발했다. 던컨·셔먼 시절 파트너들이 그의 날카롭고 경직된 매너를 지적하자, 충고에 감사하다고 말하기는 했지만 자신의 태도를 바꾸지는 않았다.

초기에 대중은 모건이 남북 전쟁 때 불량 소총을 납품하고 금을 매집한 것을 주로 비판했다. 하지만 시간이 흐르면서 모건과 유대인들이 주도한 전쟁 채권 상황을 위한 신규 채권 발행, 금본위제 복원, 철도산업의 '모거니제이션', 1895년 금 위기 때 월스트리트와 클리블랜드의 커넥션, 1901년 수십억 달러짜리 트러스트 설립, 노던 퍼시픽의 주식 매집과 패닉, 해운 트러스트 IMM의 실패, 1907년 패닉 당시 모건의 역할, 금융 트러스트의 권력화 등을 비판하기에 이르렀다.

모건의 소명의식과 아버지 주니어스가 임종하면서 하느님을 대리한 듯이 준 축복, 자신과 다른 방식으로 세계를 보는 사람들과의 철저한 절연, 세계 금융인들이 그에게 품은 신뢰, 미국의 미래를 위해 금융과 예술 부문에서 아주 중요한 일을 하고 있다는 확신 등이 비등하는 민중의 분노로부터 자신을 지켜내는 방패였다. 특히 1907년 패닉이 발생한 이후 민중의 분노가 너무 거센 나머지 그는 찬사만을 들으려 했다. 비판 세력의 목소리에 철저히 귀를 막았다. 인생 말년 일반적인 사람들이 겪는 난청 증세를 앓았던 셈이다. 하지만 1911~1912년 미국인들의 분노가 들끓었다. 분노를 무시할 수 없는 상황이 되었다. 스탠리위원회 청문회, U. S. 스틸에 대한 미국 정부의 반독점 기소, 뉴 헤이븐 철도의 '은행관리' 실패에 대한 거센 비판, 타이타닉호의 침몰로 요원처럼 불타오르는 국민의 분노, 대통령 선거자금 조사, 푸조 위원회의 비판 등을 피할 수 없게 되었다.

모건은 평생 동안 우울증과 싸웠다. '주저앉는 느낌'과 모든 것을 부질없어하는 심리상태, '완전한 탈진', '무력감' 등을 자주 호소했다. 그는 "일을 포기하는 게 가장 좋은 대안"이라고 자주 말했고, "잘하는 게 하나도 없다"며 한숨을 내쉬기도 했다. 이런 이야기를 스스럼없이 털어놓고 무기력증을 의논했던 그의 주변 인물들은 그의 내밀한 모습에 대해 철저히 함구했다.

주치의 마코는 직업적인 윤리 규정을 철저히 준수했다. 성공회 신부 레인스포드는 모건이 죽기 직전 정신상태가 극도로 악화했을 때에야 비로소 "그의 심연에 자리 잡고 있는 자연스런 감성이 낙담한 순간에 표출되었다"며 "그는 철저히 자기를 의심한 인물"이라고 말했다. 벨 다 그린은 내연의 관계인 베런슨에게 모건의 정신상태를 일부 누설하기는 했다. 하지만 보스가 말한 "이루지 못한 소망… 실패와 실망" 등의 내용이 무엇인지에 대해서는 말하지 않았다. 그린은 모건의 맹렬한 사교활동 이면에 똬리를 틀고 있는 고독을 봤다. 모건의 인생목표가 '세계의 파괴자가 아니라 건설자가 되는 것'이라는 점도 알고 있었다.

스틸먼은 1912년 "모건이 기분을 좋게 하기 위해 억지로 휘파람을 부는 것 같다"고 말했다. 1913년 초엔 우렁찬 군대 악대마저도 모건의 자책감을 떨쳐버리지 못했다. 이 시기의 결정적인 건강악화는 나이와 육체적 쇠락, 오랜 기간 지속된 우울증, 적대적인 심문자의 질문에 장시간 대답해야 했던 스트레스 등이 십자포화처럼 그를 엄습했기 때문이었다. 특히 청문회 증언은 그의 심리적 방벽을 무너뜨려 그를 주저앉혔다.

카이로의 친구들은 모건이 절대 정신 줄을 놓지 않고 곧 자리를 털고 일어날 것이라고 확언하며 그의 마음을 편하게 해주기 위해 노력했다. 딕슨은 잭에게 모건의 육체적 건강에는 이상이 없다고 알렸다. '대표 파트너'의 생명력은 놀라울 정도이지만, "비즈니스 활동은 더 이상 할 수 없다"는 진단도 함께 통지했다.

사위 새터리와 의사 딕슨이 카이로에 도착하면서 "모건이 미국은 망하고 있고, 자신의 인생은 끝났을 뿐만 아니라 아무것도 아니다"는 생각을 덜 하게 되었다고 루이자는 잭에게 편지했다. 하지만 "아버지는 여전히 이집트를 탈출해 기독교 국가로 가고 싶어 한다"고 했다. 결국 모건 일행은 3월 10일 로마로 갔다. 일행은 로마에 도착하자, 그랜드 호텔의 침실 8개와 응접실 2개짜리 최고급 방에 들었다. 모건은 로마에 도착한 직후 운전기사에게 야니쿨룸으로 가자고 할 만큼 기력을 회복했다. 그곳에서 루이자와 사위 허버트 새터리에게 신축 중인 아메리칸 아카데미의 빌딩을 보여주었다. A. T. 웹(Webb)이라는 치과의사가 달려와 새로운 의치를 만들어 끼워 넣어주었다. 새터리는 예술품 딜러들과 기자들이 접근하지 못하도록 막았다. 대서양 양쪽의 친구들이 보낸 꽃이 답지했다.

모든 의사들이 뉴욕으로 돌아가야 한다고 권했다. 하지만 모건은 예년처럼 로마에서 머문 뒤 프랑스 온천 휴양지 엑스레뱅으로 가겠다고 고집했다. 새터리는 장인에게 "뉴욕으로 돌아가면 의사의 진단서를 받아 다시는 청문회나 법정 증언대에 서지 않도록 하겠다"고 다짐했다. 이 다짐 덕분에 모건의 마음이 상당히 진정된 듯하다고 새터리는 말했다. 하지만 잭은 그렇게 생각하지 않았다.

잭은 아버지 모건이 돌아오는 순간 소환장이 발부될 것이라고 봤다. 그는 '차콜'이 "U. S. 스틸과 인터내셔널 하베스터, 뉴헤이븐 철도, 뉴욕 센트럴 철도 등에 관한 재판에 출두하도록 할 순 없다"며 로마의 일행들에게 모건이 가능한 한 외국에 머물도록 하라고 말했다. "아버지는 일을 할 힘이 남아 있다고 느끼면 모든 일을 도맡아 처리하려고 한다. 따라서 아버지가 재판 출두 등 무익한 일에 자신을 소모하지 않도록 해야 한다."

런던의 〈데일리 메일〉은 로마의 그랜드 호텔이 마치 포위된 요새 같다고 전했다. 여러 가지 물건을 든 딜러들이 물건을 팔기 위해 "아침부터 늦은 밤까지 내려와 진을 치고 있고, 바다의 밀물과 썰물처럼 우르르 왔다가 우르르 물러나고 있었다."

모건의 건강 이상으로 금융시장이 다시 불안해지자, 새터리는 현장 주치의인 딕슨의 진단서를 AP통신에 흘리도록 했다. 딕슨은 소화불량과 머리 열, '지난해 12월 이른바 푸조 위원회의 짜증나는 조사로 절정에 달한' 직업상 스트레스 등으로 모건이 신경쇠약에 시달리고 있다고 밝혔다. 그는 모건이 "결코 위험한 상태가 아니며 현재 절대 안정을 취하면서 건강을 회복하고 있는 중"이리고 설명했다. 딕슨은 비공개로 잭에게 보낸 전문에서 "언터마이어와 푸조 위원회가 내 말로 상당한 타격을 받았으면 한다"고 말했다.

잭은 모건의 건강상태로 비롯된 금융시장 불안을 진정시키기 위해 노력하고 있었다. 그는 새터리에게 "아버지가 워싱턴의 증언 때문에 충격 받았다는 말은 거의 하지 않고 있다. 아버지는 너무나 큰 인물이기에 그 하찮은 일로 신경쇠약이 발생할 수 없다"고 말했다. 더 나아가 "증언이 아버지의 건강에 문제를 야기했다고 인정하면, 이미 시장과 정계에 퍼져 있는 소문을 더욱 증폭시킨다. 미국 전체 국민은 아직 아버지 상태를 모르고 있다. 청문회를 비판하는 성명은 이런 의미에서 좋지 않았다"고 말했다. 잭은 의사가 아버지 모건의 상태에 대해 브리핑을 하려면, 뉴욕과 먼저 상의할 것을 요구했다. 잭은 "악당 같은 언터마이어가 행복한 미소를 지으며 '내가 해냈다'고 떠들고 다닐 수 있는 정보를 주어봐야 우리에게 아무런 쓸모가 없다"고 생각했기 때문이다.

당시 대외적으로 부인했지만, 모건은 "위험할 정도로 상태가 좋지 않았다." 합리적인 사고를 할 수 없는 상태였다. 기억과 생각이 오락가락했다. 다른 사람들이 자신이 한 말을 이해하지 못하면 벌컥 화냈다. 어느 날 그는 "의사 펠프스 씨가 두려워하며 했냐?"라는 기묘한 말을 했다. 이는 "닥터 웹이 내 치아를 고쳤니?"라고 묻는 말이었다. 새터리는 모건의 앞뒤가 뒤바뀐 말이 전혀 틀린 게 아니라 이해하기 어렵다고 생각했다.

모건은 우울증에 빠져 있을 때 자상하고 주위 사람들의 말을 잘 들었다. 하지만 그는 '정신착란'을 일으키면 폭군으로 변했다. 루이자가 안정제를 먹이기 위해서는 새터리가 장인을 결박하듯이 붙잡고 있어야 했다. 그는 이제 이탈리아 왕이 자신이 로마를 떠나지 못하도록 할 것이라며 두려워했다. 누군가 자신을 감시하고 조종한다고 불평하기도 했다. 범접할 수 없는 제왕적 존재에서 어린아이의 의존성과 강박관념으로 가득한 환상에 빠지는 것 자체가 모건에게는 아주 두려운 일이었다. 이를 거부하는 그의 몸부림을 옆에서 보는 사람들은 너무나 고통스러웠다. 그는 과거 자신이 했던 모든 일을 거부했다. 솔리테어를 하려고 하지도 않았다. 꽃향기가 가득한 호텔 특실의 벽난로 주변에 있는 소파에 앉아 하루 중 대부분을 보냈다. 모든 창문이 꼭꼭 닫혀 있고, 온도계가 26.5도를 가리키고 있는 방안에서 시거만 피워댔다. 밤이면 상황에 즉시 대응하기 위해 딕슨과 새터리가 옆방에서 같이 잤다.

딕슨은 패니의 우울증을 전담해 치료했던 정신과 의사인 M. 앨런 스타(Alen Starr)가 이탈리아에 있다는 이야기를 들었다. 즉시 그를 로마로 와 달라고 요청했다. 스타는 1913년 3월 12일 호텔에 도착했다. 모건은 이번에도 정신과 의사 스타를 데리고 아메리칸 아카데미 신축 현장으로 가 구경시켜주었다. 스타는 "그는 예전처럼 일에 흥미를 가지고 10분 동안 활동적이었지만, 금세 심드렁해졌다"고 말했다. 스타는 변덕이 일시적으로 환자에게 이롭다며, 그가 하고 싶은 대로 하도록 내버려 두라고 주위 사람들에게 당부했다.

부활절 일요일인 1913년 3월 23일 모건은 교회에 가고 싶어 했다. 그를 간호하는 사람들도 동의했다. 교회에 다녀온 뒤 그는 다시 쓰러졌다. 딕슨은 "모건이 통제 불능상태를 보일 수 있다"는 점을 두려워하며 어두컴컴한 방 침대에서 안정을 취하도록 했다. 또한 루이자에게 모건이 머물고 있는 방에서 오래 머물지 말라고 요구했다. 루이자는 그날 일기에 "아버지는 진정제와 수면제인 브롬화물과 베로날을 대량으로 처방받아 졸고 있다"고 적었다.

모건의 마지막 독립성과 즐거움을 부정하는 그런 처방은 정신과 의사인 스타의 주문과 배치되는 것이었다. 하지만 그를 좀 더 자유롭게 내버려 두는 처방은 아무런 효과가 없어 보였다. 딕슨은 수요일 뉴욕의 잭에게 "위험에서 벗어난 것 같다"고 전보를 보냈다. 모건은 아무것도 먹으려 하지 않았다. 어느 날 밤에는 잠자리에 들기를 거부하며 학교에 가야 한다고 고집 부렸다. 딕슨은 진통 수면제인 코데인(Codeine)과 모르핀을 처방했다.

스타가 다시 왔다. 그는 더욱 악화한 모건을 살펴본 뒤 전체 일행이 영국의 도버 하우스로 가는 게 좋겠다고 충고했다. 3월 29일 토요일, 새터리는 다음 월요일 오전에 떠날 수 있도록 구급차와 특별 열차편을 준비시켰다. 정작 월요일이 되자, 모건은 혼수상태에 빠져 전혀 움직일 수 없었다. 루이자는 잭에게 "호전될 가능성이 거의 없다. 현실을 편안하게 받아들여야 할 것 같다. 아버지는 혼수상태이다. 고통을 느끼지는 않는다. 지금까지 아버지 곁을 지키지 못한 네가 안타깝다. 가능한 모든 조처가 준비되고 있다"고 알렸다.

〈뉴욕 타임스〉는 '주치의, 모건 상태 위독 인정'이라는 기사를 내보냈다. 〈뉴욕 선〉은 '모건 빠르게 악화'라고 보도했다. 잭은 모든 발표는 뉴욕을 통해서 하라고 새터리와 딕슨에게 다시 주문했다.

월요일인 3월 31일 모건의 체온이 40도까지 치솟았다. 맥박은 분당 140까지 뛰었다. 그는 조용히 잠에 들어 있는 듯했다. 루이자는 오전 내내 아버지의 손을 부여잡고 있었다. 그리고 그날 정오 직후 뉴욕에 "'차콜' 오늘 오후 12시 05분에 돌아가셨다"라는 급전을 타전했다.

그날 저녁 젊은 미국 여성 한 명이 로마에서 피앙세에게 이런 편지를 띄운다. "의사 딕슨 씨가 여기 여러 날 머물고 있는데 지난 금요일 우리에게 이런 저런 이야기를 하면서, 그 노인이 죽어가고 있다고 말했다. 또한 그는 그 노인의 병에 대해 여러 가지 사실을 말해줬다. 모건이나 모건 같은 정신을 가진 사람이 그렇게 나쁜 상태로 생을 마감해야 한다는 게 너무 끔찍하다. 그는 분명히 위대한 사람이다. 그는 상당히 관대하고 미국에서 공적인 책임의식에 가장 투철한 사람이다. 나는 수많은 사람들이 그에 대해 이야기하는 것을 들었다. 그가 한 좋은 일이 나쁜 일보다 훨씬 더 많다. 딕슨 씨는 언터마이어가 모건 씨를 죽였다고 말했다… 맞는 말인 듯하다. 불쌍한 그 노인은 수치심과 모욕감에 밤낮으로 치를 떨었었고, 결국 정신착란을 일으켰다. 최근 10일 사이에 급격히 무너져 내렸다. 무서운 유태인(언터마이어)이 벌인 작은 일 하나가 가장 존경받는 인물에게 엄청난 재앙을 야기했다… (모건은) 낮 12시 30분에 숨을 거두었는데, 그쪽 사람들은 뉴욕의 증권시장이 마감될 때까지 죽은 사실을 밝히지 않으려 한다. 하지만 완벽하게 숨기지 못할 것 같다…"

미국 여성의 편지는 이렇게 계속된다. "여기에 있는 모든 사람들은 넋을 잃은 듯하고, 그가 숨진 곳에 있는 사람들은 아주 큰 충격에 휩싸여 있다… 모든 대사관들이 업무를 중단하고 있다. 로마 사람들이 그의 죽음을 애도해, 그가 마치 고향에서 숨을 거둔 것 같다. 그는 한 개인 이상의 인물이다."

이탈리아 의사가 발행한 사망 진단서에는 모건의 사망원인이 '신경성 소화불량'이라고 기록되어 있다. '신경성 소화불량'은 이 노인이 숨을 거두기 직전 상황을 너무나 잘 묘사해주는 병명이다. 하지만 그가 죽음에 이른 심리적 원인은 정확하게 보여주지 못했다. 프랑스 휴양지 엑스레뱅의 의사는 1905년 모건의 고혈압을 우려했고, '동맥경화'를 걱정했다. 실제로 모건은 말년인 1913년 나일강을 크루즈할 때나 그 이전에 경미한 심장발작을 일으켰고, 마지막 순간에는 심각한 발작이 발생했다. 그의 질환이 어떻게 진행되었든, 또 잭이 사람들에게 알리고 싶은 내용이 무엇이든 간에, 청문회에서 드러난 서로 다른 이데올로기의 충돌과 모건이 평생 동안 해온 일에 대한 대중의 냉소적인 비판이 동시에 그를 죽음에 이르게 했다고 할 수 있다.

모건이 숨을 거둔 다음날 주가는 상승했다. 그의 죽음이 주가에 이미 반영되었다는 시각이 우세했다. 월스트리트에 조기가 나부꼈다. 세계 각지에서 위로 전문과 애도가 로마 그랜드호텔로 답지했다. 하룻밤 사이에 무려 4,000통이 밀려들었다. 교황 비오는 '그는 위대하고 좋은 사람이었다'고 언론에 말했다. 독일 황제 빌헬름 2세는 대사를 통해 유족에게 위로의 뜻을 표했고, 모건의 관에 놓을 화환을 보냈다. 당시 국무장관인 윌리엄 제닝스 브라이언은 정치적으로 모건을 적대시했지만 로마 주재 미국 대사에게 유족들을 돕도록 지시했다. 모건의 화훼 전문가인 뉴욕의 찰스 솔리는 모건이 어떤 꽃을 좋아하는지 잘 알고 있었다. 모건의 죽음 이후 밀려들 주문을 처리하기 위해 로마의 거래 상대에게 연락해 그 도시의 계곡에서 자라고 있는 난초와 백합을 다 매입하라고 했다.

사위 새터리는 그랜드호텔에서 간단한 입관 절차를 밟은 뒤 열차로 장인의 주검을 파리를 거쳐 르 아브르(Le Havre)로 옮겼다. 프랑스 〈르 피가로〉는 분위기를 자세히 전한다. 이탈리아 왕의 사절이 조문했고, 군 의장대가 그의 관 앞에서 분열했다. 파리에서는 많은 사람들이 그의 관에 난초와 카네이션, 장미 등으로 덮었다. 르 아브르에서는 프랑스 군이 그에게 조의를 표했다. 〈르 피가로〉는 "미국의 어떤 시민도 그처럼 유럽에서 존경받아 본 적이 없다. 또 이런 경의를 받을 만한 인물도 없다"고 했다.

모건의 유족들은 그 정도로 만족하지 않았다. 하제스는 큰 딸인 루이자와 새터리가 '이탈리아에 대해 너무나 많은 기여를 했는데도' 이탈리아 국왕이 친히 조문하지 않는 데 대해 아주 섭섭하게 생각한다고 말했다. 하제스는 대표 파트너의 운구를 돕기 위해 파리에서 로마로 달려왔다. 게다가 새터리 부부는 독일의 황제인 빌헬름 2세의 조전과 위로가 전달된 날에도 로마 주재 영국 대사가 직접 와보지 않은 데 대해 상당히 의아해했다. 이런 상황이 프랑스에서도 벌어지지 않도록 하기 위해 하제스는 파리 주재 미국 대사에게 연락해 프랑스가 적절한 예우를 준비하고 있는지 확인하기까지 했다. 결국 프랑스 정부는 르아브르에서 '아주 적절한 방법'으로 예를 표했다. 그는 이어 런던의 그렌펠에게 유럽 정부들이 모건의 업적과 인간성을 높이 평가하고 인정하는 "분위기가 아메리카의 우리 정부 내에 있는 적대적인 분위기와 묘한 대조를 보일 것"이라고 말했다.

새터리는 1913년 4월 5일 모건의 주검과 함께 프랑스호를 타고 뉴욕으로 향했다. 프랭크 밴더리프는 제임스 스틸먼에게 띄운 편지에서 "왕이 서거했다. 뉴욕이 모두 조기를 게양하고 있다. 뉴욕에는 뒤를 이을 왕이 없다는 게 일반적인 생각이어서 '전하 만세!'라는 외침은 없다. 모건은 그가 살았던 시대의 전형적인 인물인데, 계승자를 따로 두지 않았다. 우리는 또 다른 시대를 맞고 있다"고 말했다. 벨 다 그린은 베런슨에게 전보를 띄운다. "내 가슴과 인생이 무너져 내린다."

모건이 숨을 거둔 지 2~3시간 뒤 딕슨은 언론에 발표하기 위해 사망 진단서 초안을 만들어 잭에게 동의를 요청하는 전보를 띄웠다. 1907년 패닉이 안긴 엄청난 스트레스와 1912년 12월까지 이어진 심리적 압박이 모건의 죽음을 촉발했다는 게 주요 요지였다. 잭은 딕슨에게 그 문장을 생략하라고 지시했다. 이틀 뒤 발표된 성명서에는 1907년 패닉과 의회 청문회 증언 등에 관한 언급은 포함되지 않았다.

그러나 정보는 자본의 흐름을 통제하는 것만큼이나 어려운 법이다. 정신과 의사 스타는 기자들에게 청문회 증언 과정에서 발생한 심리적 현상이 모건의 죽음을 야기했다고 말했다. 이는 미국에 널리 퍼졌다. 푸조 위원회의 의원들은 화들짝 놀라 청문회 당시 아주 편안해 하는 모건의 모습을 상기시켰다. 자신들은 모건의 죽음과 관련이 있는 어떤 일도 하지 않았다고 주장했다.

죽은 모건이 탄 프랑스호는 1913년 4월 11일 뉴욕 항에 닻을 내렸다. 꽃으로 둘러싸인 모건의 관은 23년 전 아버지 주니어스 관을 덮었던 장막에 싸여 맨해튼 36번가 도서관으로 운구되었다. '코모도어'는 자신의 장례식 절차에 대해 명시적인 뜻을 이미 밝힌 적이 있다. 아버지 장례식 장례식을 주관할 성직자 선정과 성가대 위치 지정, 장례식 참석자들을 뉴욕에서 하트포드까지 실어 나를 특별 열차 편성 등을 직접 지휘했다. 자신이 숨을 거두면 이렇게 해야 한다는 무언의 메시지였다. 그는 아버지의 탄생 백주년에 치를 장례식을 주관하고 싶어 했지만 그렇지는 못했다.

뉴욕증권거래소는 그를 기리기 위해 4월 14일 거래를 정오까지 중단했다. 이날 오전 9시 30분 모건 도서관의 청동 문이 활짝 열렸다. 운구자 여섯 명의 손에 들린 모건의 관이 계단을 내려와 대기하고 있는 마차에 이르렀다. 장미 5,000송이가 관을 덮었다. 꽃잎이 그가 마지막으로 떠나는 길 위에 떨어져 내렸다. 뉴욕 경찰이 교통을 통제한 가운데 마차 행렬이 도서관에서 맨해튼 2번 애비뷰와 16번 스트리트가 만나는 곳에 자리잡은 세인트 조지 교회로 향했다.

모두 남성으로 구성된 성가대가 오전 10시 교회로 향하는 행렬을 선도했다. 경내에는 추모객 1,500명이 운집했고, 스토이베산트 공원 주변에 몰린 군중은 최고 3만 명에 달했다. 로런스 주교 뒤에 성가대가 뒤따랐다. 성가대 뒤에 배치된 성직자들은 "나는 부활이요 생명이니 나를 믿는 자는 죽어도 살겠고 무릇 살아서 나를 믿는 자는 영원히 죽지 아니하리니…"를 외쳤다.

성직자 대오에 이어 장례위원회 격인 인물들이 모건의 관에 옆에 서서 따랐다. 조지 베이커와 짐 마코, 엘리휴 루트, 로버트 베이컨, 루이스 카스 레디야드, 헨리 페어필드 오스번, 로버트 W. 드 프로스트, 조셉 초트, 엘리어트 그레이, 조지 보도인, 머튼 페이튼, 세스 로 등이었다. 모건의 관이 유족에 앞서 교회에 들어서는 순간 성가대는 찬송가 '여호와여 나의 종말과 연한의 어떠함을 알게 하사'를 합창했다.

성당의 성직자와 성가대 사이에는 커다란 꽃 언덕이 설치됐다. 독일 황제가 커다란 꽃 십자가를 보내왔고, 프랑스 정부는 종려나무 화환을, 워싱턴 주재 영국 대사인 제임스 브라이스는 제비꽃과 백합으로 된 화환을, 이탈리아 왕은 미국 장미와 붉은색, 흰색, 파란색 리본이 부착된 화환을 보내왔다. 모건 유족은 화환 가운데 일부만을 접수했다. 다른 화환은 모건이 후원한 산부인과 병원을 비롯해 뉴욕 각급 병원에 보내졌다. 매사추세츠 주교 로런스와 뉴욕 주교 그리어, 코네티컷 주교 촌시 브루스터(Brewster), 세인트 조지 성당의 주임신부 칼 레일랜드가 장례식을 집전했다.

장례식에는 스터지스와 천시 드퓨, 제임스 힐, E. H. 해리먼, 토머스 포천 라이언, 비버 웹스 가족, H. L. 히긴슨, W. K. 반더빌트, 엔디코트 피바디, 앤드류 카네기, 토머스 에디슨, 찰스 코핀, 어거스트 벨몽트 2세, 헨리 클레이 프릭, 존 D. 록펠러 2세 부부, 조지 코틀유, 프랭크 밴더리프, 찰스 멜런, 오토 칸, 모티머 쉬프, 아이작 셀리그먼, 앤슨 펠프스 스톡스, 헨리 월터스, 에드워드 로빈슨, 벤저민 스트롱, 조지 W. 퍼킨스, 모건은행 파트너들과 직원, 요트 코르세어호 승무원, 모건이 간여한 클럽·회사·자선단체·종교·가문·문화기관 등의 대표들이 참석했다. 모건의 살아 있는 여동생 매리와 줄리엣은 당시 유럽에 머물렀다.

모건은 장례 절차 가운데 송덕문 낭독은 없었다. 성가대는 그가 가장 좋아하는 찬송가인 '주 품 안에서 잠들다(Asleep in Jesus)'와 '내 갈 길은 멀고 밤은 깊은데(Lead, Kindly Light)'를 불렀다. 레일랜드가 고린도서 1장 15절을 낭독했고, 그리어 주교가 사도신경과 기도서를 읽었다. 세인트 조지 성가의 흑인 바리톤 가수인 해리 벌라이(Harry Burleigh)가 도창 '갈보리'를 불렀다. 브루스터가 축복 기도를 담당했고, 운구자들은 "모든 수고를 그치고 쉬시는 모든 성자를 위하여"라고 외치며 관을 운구마차로 옮겼다. 유족과 벗들은 교회에서 곧장 그랜스 센트럴역으로 향했다. 역에 도착한 유족과 조문객은 특별 열차에 올라 하트포드로 향했다.

운구 열차가 오후 2시 하트포드에 도착했다. 4월의 회색 하늘 아래 조기가 게양되어 펄럭였다. 시와 주 정부의 공직자들은 오후 업무를 중단하고 모건의 죽음을 추도했다. 메인 스트리트 주변의 모든 상점과 학교도 문을 닫았다. 수많은 시민들이 역에 운집했고, 운구 마차가 시내 중심부를 따라 세더 힐 묘지까지 향할 때 연도의 시민들이 모자를 벗어 예를 갖추었다. 모건이 태어난 집에는 검은 천이 드리워졌다. 시내 소방서는 일흔여섯 번의 종을 울렸다. 모건이 살아 있다면 사흘 뒤에는 일흔여섯 살이 되기 때문이었다. 모건은 이미 자신이 묻힐 장지를 골라 놓았다. 묘지 언덕에 자리잡은 가문 묘지에서 아버지 주니어스 맞은편이다. 아버지 주니어스의 장례식이 치러진 1890년 5월에는 하얀 천막이 비를 막아주었던 것처럼, 이번에는 도서관과 교회에서 가져온 꽃들이 장례식 참석자들 주위에 놓였고, 빨간 장미가 묘소까지 놓였다.

브루스터 주교가 간단한 예배를 시작했다. "이제 우리는 그의 몸을 대지에 돌려보냅니다. 땅에서 태어나 땅으로 가고…" 아버지 주니어스가 숨을 거둔 뒤 모건이 가족 묘지를 표시하기 위해 세운 붉은 화강암 묘비에는 로마서 6장 5절이 새겨져 있었다. "만일 우리가 그의 죽음을 본받아 연합한 자가 있었으면 또한 그의 부활을 본받아 연합한 자가 되리라." 묘석은 1892년 하트포드 건축가 조지 켈러(George Keller)가 모건을 위해 디자인한 것이다. 손으로 광을 낸

단 하나의 화강암으로 만들어졌고, 중세와 크리스천, 고대 상징이 새겨져 있다. 단풍과 오크 나무가 둘러 심어진 곳 가운데 세워져 있다. 이를 중심으로 모건 가문의 4대 조상들의 얼굴상이 둥그렇게 세워져 있다. 조셉과 사라의 얼굴상이 북쪽에, 주니어스와 줄리엣의 얼굴상은 동쪽에, 모건과 패니의 얼굴상은 서쪽에, 잭과 제시의 얼굴상은 남쪽에 각각 자리 잡고 있다.

그날 모건의 추도식은 런던과 파리에서도 열렸다. 웨스트민스터의 수사신부인 윌리엄 보이드 카펜터(William Boyd Carpenter)가 웨스트민스터 수도원에서 성공회식으로 추도미사를 집전했다. 조지 5세가 대표단을 보냈다. 이탈리아와 독일, 아르헨티나 정부도 대표단을 보내 조문했다. 또한 영국 수상과 부인 애스퀴스, 레오폴드 로스차일드, 주니어스 모건(조카), 하코트 가족, E. C. 그렌펠, 비비안 스미스, 사이빌 스미스, 레이디 도킨스, 토머스 립턴 경, 어네스트 카셀 경, 알머릭 파제트, 허큘리스 레드 경 등이 직접 조문했다.

파리 홀리 트리니티의 아메리칸 교회에서는 검은 상복을 입은 사람들이 모여 모건을 추모했다. 제임스 스틸먼과 상원의원 알드리치 부부, 프랑스 주재 미국 대사인 마이런 헤릭 부부, 자크스 셸리그먼, 윌리엄 리그스, 러퍼드 스토이 베산트 부인, 의사 배쉬포드 딘 부부 등이 참석했다.

장례식 다음날 모건의 아내 패니는 일기에 이렇게 적는다. "눈물이 마구 흐른다… 아침 내내 침대에 누워 있었다. 잭이 피어폰트가 마지막으로 남긴 따뜻하고 애정 어린 유언을 우리에게 읽어주었다."

일주일 뒤 언론이 모건의 유언을 전했다. 그의 아버지 주니어스가 했던 대로 대부분의 저택과 부동산을 아들 잭에게 남겼다. 아내 패니를 위해서는 100만 달러를 신탁해 두었다. 아버지 주니어스가 그녀를 위해 마련한 신탁자산의 수익까지 합해 연간 10만 달러가 패니에게 지급하도록 명시했다. 특히 아버지 주니어스가 며느리 패니에게 남긴 신탁재산이 "내 평생 동안 많이 늘어났다"고 모건은 유언장에 기록했다. 그녀가 연간 받을 소득 10만 달러는 1990년대 가치로 150만 달러에 이른다.

모건은 신탁재산 말고도 크래그스톤의 저택과 매디슨 애비뉴 219호 저택(내부 내용 포함)을 그녀의 남은 여생 동안 맡긴다고 밝혔다. 그는 이와 함께 세 딸을 위해 1인당 300만 달러를 신탁해 놓기도 했고, 사위 허버트 새터리와 윌 해밀턴에게 각각 100만 달러를 남겨주었다. 아들 잭에게는 일시불로 300만 달러와 도서관, 예술품 컬렉션, 영국 저택들, 요트 코르세어, 캠프 웅커스, 뉴 포트의 낙시터 방갈로, 기타 부동산, 모건은행의 지분, 증권, 예금 계좌, 뉴욕의 각종 문화 기관의 직책, 와인 보관소, 시거 등을 남겨주었다. 3년 뒤 그의 유산 가치는 모두 8,000만 달러로 평가된다.

모건은 잭과 새터리, 해밀턴, 레디야드를 유언 집행자로 지명했다. 그는 이들에게 주치의 마코가 평생 동안 해마다 2만 5,000달러를 받을 수 있는 돈이나 자산을 배정하라고 지시했다. 특히 마코의 아내 어네트가 남편보다 오래 살 경우도 그 혜택을 받을 수 있도록 하라고 명시했다. 벨 다 그린에게는 5만 달러를 물려주고, 모건 자신이 숨을 거둘 당시 그녀가 받은 급여를 상속자가 보장해주도록 했다. 이 밖에 세인트 조지 교회를 위해서는 60만 달러를 신탁했고 친구이자 요트 디자이너인 J. 비버-웹에게는 일시불로 25만 달러를, 첫 아내인 '애밀리아 스터지스 모건의 추모 재단'인 뉴저지의 스프링 레이크 비치에 있는 '폐질환 환자를 위한 휴양소'엔 10만 달러를 기부했다.

모건은 패니의 여동생들을 위해서도 각각 10만 달러를 신탁했고, 아버지의 연인 앨리스 메이슨(모건보다 두 달 먼저 죽은 것으로 드러난다)에게는 연간 1,000파운드씩 지급하도록 했다. 애덜레이드엔 특별한 유산을 물려주지 않았지만, 이미 오래전부터 모건이 설정한 신탁자산에서 돈을 얻고 있었다.

'대표 파트너'는 여타 친구들과 코르세어호 함장, 개인 비서, 도서관과 저택, 은행에서 일한 사람들에게도 일정한 액수가 돌아가도록 유언했다. 또한 유언 집행자들에게 자신이 해온 기부와 후원을 죽은 뒤에도 하도록 했고 기타 지시 사항도 이행하도록 했다. 이런 내용을 중심으로 작성된 유언장은 34페이지에 달했다.

그의 예술품 컬렉션은 상속세 등을 위해 평가작업을 거쳤는데, 2,000만 달러로 나타났다. 사실 이보다는 더 큰 가치를 지녔다. 아마도 3~4배 이상의 가치를 지녔다고 보는 게 타당할 것이다. 실제로 1912년 모건 자신이 추정한 금액은 5,000만 달러였다. 그는 유언장에서 "이 컬렉션을 적절하게 처리하는 게 내 오랜 뜻이었다… 미국인들의 교양과 즐거움을 위해 영원히 활용될 것이다. 하지만 시간이 부족해 이를 실행할 수 없었다"고 밝혔다. 모건은 아들 잭이 적절하게 처리하기를 바랐는데, 하트포드의 워드워스 아세니엄이 기증대상에 반드시 포함되어야 한다고 권고했지만 꼭 그렇게 해야 한다고 못 박지는 않았다. 그는 메트로폴리탄 박물관은 언급하지 않았다.

모건은 일생 동안 모든 사항을 스스로 도맡아 책임졌다. 회계장부와 금융 비즈니스, 철도회사, 정부 채권 인수, 트러스트 설립, 성공회 교회, 뉴욕의 주요 문화기관 후원, 손님들의 주말 나들이, 첫 아내 미미의 실패한 치료, 프랑스 쿠티에르 디자인, 영국식 정원의 장미 관리, 샐러드 접시의 무늬 패턴, 자기 장례식 세부 절차까지 모든 사안을 틀어쥐고 자신이 결정하고 관리했다. 하지만 그가 평생 동안 수집한 예술품과 관련해서는 별다른 지침을 남겨주지 않았다. 그저 후손들이 알아서 처리하라고 내맡겨뒀다. 그가 숨을 거둔 지 이틀 뒤 신문은 뉴욕 시가 75만 달러를 들여 모건의 컬렉션을 위한 전용 전시실을 뉴욕 메트로 박물관에 건립하겠다고 밝혔다. 너무 늦은 결정이었다.

그의 유언장은 모건이 평생 동안 믿었던 복음주의적 교리로 시작된다. 즉, 인간의 노력이 아니라 십자가에 못 박혀 간 예수만이 속죄해줄 수 있다는 믿음을 바탕으로 유언장이 시작된다. "나는 구세주가 내 영혼을 거두어 가장 귀중한 피로 깨끗하게 해 하늘에 계신 내 아버지께 가장 깨끗한 상태로 보내주실 것이라 굳게 믿고 내 영혼을 구세주께 드린다. 그리고 내 자식들에게 개인적으로 어떤 희생을 치르더라도 어떤 어려움을 겪더라도 예수 그리스도의 피로써 죄 사함을 받는다는 믿음을 유지하고 지키도록 한다."

미국 전역의 신문들은 4월 20일 유언장 가운데 이 구절을 인용해 보도했다. 언론의 이런 태도는 "우연히 이뤄진 게 아니"라고 라몬트는 데이비슨에게 말했다. "우리는 아주 세심하게 이 문제를 처리했다. AP통신이 수정 없이 전 언론에 타전할 수 있도록 유언장을 2,000단어로 정갈하게 요약했다. 나는 뉴욕 신문들을 상대하기 위해 간단한 요약본을 정리해 두었고, 우리가 잘 알고 있는 뉴욕 신문의 편집장에게는 특별한 이야깃거리를 제공했다." 라몬트의 이런 노력에도 불구하고 텍사스의 한 '불경스런' 편집자는 토요일 '모건의 영혼은 하나님께, 돈은 아들에게'라는 제목의 기사를 내보냈다. 교회 목사들은 자신들의 설교를 위해 유언장 일부를 인용하기도 했다. 월요일 〈뉴욕 이브닝 포스트〉는 이렇게 경고한다. "성직자들이 전날 예배시간에 했던 것처럼 모건의 유언을 인용하는 것은 현명하지 않은 처사다. 성직자들의 찬양은 … 거룩함이 많은 수익을 낳는다는 믿음으로 왜곡될 수도 있기 때문이다."

~~~~~~

투자은행 J. P. 모건의 대표 파트너 모건이 죽었다는 소식이 전해진 순간 테디 그렌펠은 뉴욕에 머물고 있었다. 화이트 스타 소속 올림픽호를 타고 런던으로 돌아가면서, 그는 피앙세에게 모건에 대해 편지를 썼다. "병든 노인의 마지막 순간은 비참했을 것이다. 그의 인생은 투쟁의 연속이었다. 그는 독서나 대화에 별다른 재능이 없었다. 활동적이 못하고 병치레로 점철된 그의 인생은 그 자신과 친구들에게 고문이었다… 미국의 한 금융가의 사망기사가 망자의 태도와 의도에 대한 비판 없이 쓰일 수 있는 경우는 아주 드물다. 그러나 그가 언론과 아무런 상관이 없는 사람인데도 모건에 관한 사망기사는 아주 우호적이다…."

그렌펠의 평가는 이어진다. "모건은 위대한 흔적을 남겼고, 미국의 재앙을 적어도 두 차례나 막았다. 그의 일은 끝났을 수도 있고 그의 거장다운 솜씨로 금융 위기를 예방하고 극복해내는 그런 일은 다시 일어나지 않을 수 있다… 공공선을 위해서 그것이 좋을 수는 있다. 권력을 쥔 사람이 성실하지 않고 인간의 본래 심성을 가지고 있지 않다면 그에게 집중된 권력은 악을 배태할 수 있다. 야망이 그의 성실함을 망쳐놓는다."

그렌펠의 말이 '이기심이 객관성을 앗아간다'는 의미라면, 모건의 푸조 위원회 증언을 높이 평가한 미국 언론의 말과 일맥상통한다. "무소불위의 권력이 선한 사람의 수중에 있기 때문에 괜찮다고 할 수 없을 것이다."

모건은 미국이 세계에서 가장 강력한 경제로 성장하던 시기에 '도덕적 책임'을 감수했기 때문에 선도적인 금융 자본가로서 신뢰를 받았다. 그의 겉모습이 고집스러웠지만, 사람들이 자신을 어떻게 생각하는지에 대해 무관심하지 않았다. 하지만 대중적 인기에 연연해하지 않았고, 거센 반대 때문에 방향을 바꾸지도 않았다. 청문회에서 말했듯이 그는 해야 할 일이라고 생각했을 뿐이다.

지은이

진 스트라우스 Jean Strouse

전기 《앨리스 제임스Alice James》로 밴크로프트Bankroft 상을 수상한 작가이다. 밴크로프트 상은
뉴욕 컬럼비아 대학이 프레드릭(Fredric) 밴크로프트의 유지에 따라 미국의 역사와 대외관계를 주제로
탁월한 책을 쓴 사람에게 수여하는 상이다. 그녀는 이와 함께 〈뉴요커〉, 〈뉴욕 타임스〉 북리뷰, 〈뉴욕 리뷰
오브 북스〉, 〈보그〉, 〈뉴스위크〉에 칼럼과 서평을 쓰고 있다. 존 시몬 구겐하임 기념재단(John Simon
Guggenheim Memorial Foundation)과 인문학을 위한 전국기부재단(National Endowments for Humanities
and Arts)의 회원이기도 하다. 그녀는 뉴욕에 거주하고 있다.

옮긴이

강남규

건국대학교 정치외교학과를 졸업한 1994년 이후 20여 년 동안 신문기자로 일하고 있다. 기자 생활의
시작은 한겨레였다. 지금은 중앙일보에서 일하고 있다. 기자로 재직 중이던 2003~2005년 영국
버밍엄대학에서 머니·뱅킹&파이낸스를 공부했다. 2016년부터는 관훈클럽신영연구기금의 지원을 받아
런던정경대학(LSE) 경제사 석사과정에서 연수 중이다. 《금융투기의 역사》《현명한 투자가》《금융제국
ㅁㅁ》《세계 금융시장을 뒤흔든 투자 아이디어》《신용카드 제국》《월스트리트 제국》등의 역서가 있다.

금융황제 J. P. 모건

2017년 7월 1일 초판 1쇄 인쇄
2017년 7월 15일 초판 1쇄 발행

지은이   진 스트라우스
옮긴이   강남규
펴낸이   이상규
펴낸곳   이상미디어
등록번호   209-06-98501
등록일자   2008.09.30
주소   서울시 성북구 정릉동 667-1
대표전화   02-913-8888
팩스   02-913-7711
E-mail   leesangbooks@gmail.com
ISBN   979-11-5893-036-3 (03320)